Durchkommen
und Überleben

Margarete Dörr

DURCHKOMMEN UND ÜBERLEBEN

Frauenerfahrungen in der
Kriegs- und Nachkriegszeit

Bechtermünz Verlag

Zu danken ist auch dem Historischen Verein Ludwigsburg
unter seinem Vorsitzenden Herrn Dr. Wolfgang Bollacher
für seine freundliche Unterstützung.

Genehmigte Lizenzausgabe
für Weltbild Verlag GmbH, Augsburg 2000
Copyright © 1998 by Campus Verlag GmbH, Frankfurt/Main
Umschlaggestaltung: Külen und Grosche, Augsburg
Umschlagmotiv: Bildarchiv Preußischer Kulturbesitz, Berlin
Gesamtherstellung: Bercker Graphischer Betrieb GmbH, Kevelaer
Printed in Germany
ISBN 3-8289-0376-2

Inhaltsverzeichnis

KAPITEL 1
Durchkommen und Überleben in der Kriegs-
und Nachkriegszeit 9
    KRIEGSZEIT: Ernährung *11* · Kleidung *31* · Andere Entbehrungen *35*
    NACHKRIEGSZEIT: Hunger *38* · Heizen und Kochen *57* · Wohnungs-
    not *65* · Mangel *71* · Zusammenfassung *76*

KAPITEL 2
Arbeit 80
    Arbeitsalltage im Krieg *81* · Dienstverpflichtungen und freiwillige Kriegs-
    dienste *99* · Zusammenfassung *139*

KAPITEL 3
Trennung 144
    Abschied *145* · Warten *148* · Alleinsein und sexuelle Beziehungen *151* ·
    Exkurs: Lebensborn *170* · Schreiben – Feldpost *175* · Urlaubszeiten *191* ·
    Zusammenfassung *199*

KAPITEL 4
Nachrichten 203
    Verwundet *204* · Gefallen *207* · Vermisst (Verschollen) *235* · Gefangen *241* ·
    Zusammenfassung *243*

KAPITEL 5
Bomben und Tiefflieger 247
    »Vorspiel« und Kelleralltag *248* · Luftangriffe *260* · Großangriffe *266* · Tief-
    flieger *296* · Zusammenfassung *298*

Kapitel 6
Evakuierung, Kinderlandverschickung 303
Evakuierung *304* · Kinderlandverschickung (KLV) *326* · Zusammenfassung *336*

Kapitel 7
Freizeit, Feste, Kultur – Normales Leben im Krieg? 338
Verordnete und gesteuerte Freizeit *339* · Unterschiede in den Freizeitmöglichkeiten *341* · Private Freizeit *344* · Exkurs: Analyse eines Heftes der »NS-Frauenwarte« *354* · Kulturelle Veranstaltungen *359* · Zusammenfassung *371*

Kapitel 8
Besetzung 375
Die letzten Kriegstage *376* · Die Franzosen *384* · Die Amerikaner (und Engländer) *394* · Die Russen *406* · Vergewaltigungen, Besondere Beziehungen der Frauen zu den Siegern *419* · Andere Bedrohungen und Erfahrungen am Kriegsende *432* · Zusammenfassung *441*

Kapitel 9
Flucht 448
Die politischen Rahmenbedingungen *449* · Fluchtberichte *450* · Zusammenfassung *486*

Kapitel 10
Zwangsarbeit – Verschleppung – Vertreibung 490
Zwangsarbeit *493* · Verschleppung *516* · Vertreibung *520* · Zusammenfassung *535*

Anmerkungen 540

KRIEGSALLTAG

KAPITEL 1

Durchkommen und Überleben in der Kriegs- und Nachkriegszeit

Wer sich über die Versorgungslage und die materiellen Lebensumstände in der Kriegs- und Nachkriegszeit ein Bild machen will, orientiert sich am Zuteilungssystem, den Lebensmittelkarten, den Bezugscheinen, den amtlichen Angaben über die Zerstörung von Wohnraum und anderen objektiven Quellen. Dort erfährt man, dass während des Krieges die Rationen – aufs Ganze gesehen – sanken, dass aber noch bis zum Winter 1944/45 das Existenzminimum gesichert war, wenn auch mit Engpässen und teilweiser Unterversorgung.[1] Seit Anfang 1945 bis zur Jahreswende 1947/48 wurde die Ernährungslage katastrophal. »Wenigstens drei Jahre lang sah sich der Großteil der westzonalen Bevölkerung täglich vor die alle anderen Probleme überschattende Frage gestellt: Wie werde ich, wie wird meine Familie satt? Insbesondere der städtische Normalverbraucher musste sich mitunter mit einer Tagesration behelfen, die so aussah: Zwei bis drei Scheiben fast trockenen Brotes, einige Löffel Milchsuppe, drei kleine Kartoffeln, zusammen 1014 kcal.«[2] Von den Vereinten Nationen waren 1946 2400 kcal. als Mindestsatz (bei leichter körperlicher Tätigkeit) festgesetzt worden. Die offizielle Ration für KZ-Häftlinge betrug 1632 kcal. (ob sie diese Menge tatsächlich erhielten, darf bezweifelt werden). Der Tiefpunkt war Mitte 1947 erreicht.[3] Man kann weiter erfahren, dass 2,25 Millionen Wohnungen durch den Krieg total zerstört und weitere 2,5 Millionen beschädigt waren – und dies bei einer gestiegenen Bevölkerungszahl durch Flüchtlinge und Vertriebene. Ferner liest man, dass nach dem Krieg kaum Heizmaterial zugeteilt wurde, obwohl die Winter so kalt waren wie schon seit Menschengedenken nicht mehr.

Diese zweifellos eindrucksvollen objektiven Quellen sagen aber nur die halbe Wahrheit. Sie erklären nicht, warum die meisten Deutschen nicht einfach verhungert und erfroren sind, sie können vor allem keine Vorstellung davon vermitteln, wie die Menschen mit Mangel und Hunger fertig wurden, wie sie sich inmitten von Zerstörung und Trümmern einrichteten und die Kälte überstanden. Darüber können nur die Betroffenen selbst Auskunft geben, allen voran die Frauen, denn die Versorgung der Familie war weithin ihre Domäne, dafür waren und fühlten sie sich zuständig und verantwortlich. Zwar konnten sie die Rahmenbedingungen nicht ändern, die der Krieg und die Niederlage geschaffen hatten, aber sie verfügten über einen ganz beträchtlichen Handlungsspielraum.

Dieses Kapitel befaßt sich mit den Fragen, wie die Frauen es anstellten, im Krieg durchzukommen und nach dem Krieg zu überleben.

Dabei wird sich zeigen, dass das Jahr 1945 keine scharfe Zäsur markiert. Wann und warum für den einzelnen der Mangel spürbar und belastend oder sogar lebensbedrohend wurde, hing von vielen Faktoren ab, die zu umgehen nicht in der Macht der Frauen lag, die sie aber doch beeinflussen konnten und auch tatsächlich beeinflusst haben. Am wenigsten möglich ist eine Abgrenzung zwischen der Zeit vor der Kapitulation 1945 und danach bei der Wohnungsnot und der Heizung (man denke nur an Bombenschäden und Flüchtlingsströme), weshalb diese beiden Teilthemen im Zusammenhang betrachtet werden sollen.

Für die Kriegszeit sieht die Rangordnung der Entbehrungen und Schwierigkeiten anders aus als für die Nachkriegszeit. Die Ernährungsfrage steht bei den meisten für beide Zeitabschnitte an erster Stelle. Danach folgen im Krieg die Sorgen um die Kleidung und andere Dinge des täglichen Bedarfs. Erst mit zunehmender Bombardierung und ihren Folgen wird für viele Wohnen und Heizen neben der Ernährung zum Hauptproblem. In der Nachkriegszeit sind außer dem Hunger die Kälte und die Wohnungsnot, noch gesteigert durch den Zustrom von Flüchtlingen, die größten Beschwernisse. Andere Mangelerscheinungen fallen daneben weniger ins Gewicht oder lassen sich noch eher beheben. Für die einzelne Frau ergeben sich natürlich – je nach ihrer individuellen Lage – andere Rangordnungen.

Welche Lasten und Leiden mit dieser großen Überlebensleistung verbunden waren und welche Bedeutung sie für die Frauen selbst, für die Familien, für die Volkswirtschaft und für den Wiederaufbau Deutschlands hatten, soll uns am Schluß des Kapitels beschäftigen.

KRIEGSZEIT

Ernährung

Alle Frauen, die bereits den Ersten Weltkrieg erlebt haben, sind sich darin einig, dass damals viel mehr gehungert wurde als im Zweiten.

ANNE R. (1910)
»Also, ich hab' den Ersten Weltkrieg als Kind miterlebt.
I: *Können Sie sich daran noch erinnern?*
R: Ja, gut. Also, die Versorgung war im Ersten Weltkrieg miserabel. Sehr, sehr schlecht. 1918/19, da ist ja die spanische Grippe gewesen, die so auf die Lunge gegangen ist. Da hab' ich zwei Schwestern verloren innerhalb eines Jahres. Die eine Schwester war 20 und die andere 24, eine dritte Schwester ist todkrank im Krankenhaus gelegen, die ist dann durchgekommen...
I: *Diese Grippe war auch eine Nachwirkung des Krieges?*
R: Hunger! Hunger! Man war ja ausgehungert, die Versorgung war wesentlich schlechter als im Zweiten Weltkrieg. Dadurch hat man ja keine Widerstandskraft gehabt. Ich selber hab' 'ne leichte Tbc gehabt mit 10 Jahren, das war 1920!«

MATHILDE E. (1902) erinnert sich an die Steckrüben, aus denen damals »alles« gemacht wurde, gerieben und gebrannt, sogar Kaffee, und an den Hunger: »Wir haben, wenn wir denn Brot hatten, jeder eine Kerbe reingemacht, damit der andere nicht zu viel abschneiden konnte. Da wurden wir gegeneinander misstrauisch. Es ist schrecklich, es tut mir heute noch weh, aber es ging nicht anders.« Und sie erinnert sich an andere Entbehrungen: »Ich wurde im Ersten Weltkrieg konfirmiert. Da hatten wir so ein Stück Fahnentuch, heute ist die Fahne ja aus fabelhaftem Stoff gemacht, damals war das Fahnentuch steckensteif und gar nicht beweglich. Davon hat mir meine Mutter ein Konfirmationskleid genäht. Dann hab' ich Schuhe aus Holz gehabt, wirklich aus Holz. Die Oberseite war ähnlich wie Fahnentuch und das untere Holz. Nicht allein die Sohle, sondern das ganze Unterteil war Holz.«

Alle sind sich auch darin einig, dass die Versorgung *während* des Zweiten Weltkrieges, besonders zu Beginn, besser war als nach Kriegsende.

ELISABETH E. (1924): »Anfangs des Krieges war die Versorgung ja noch sehr ordentlich. Kinderreiche Mütter gaben gerne z. B. Zuckermarken ab, auch Butter wurde für Kinder anfangs noch reichlich zugeteilt. Manche Kinderreiche hatten gar nicht so viel Geld, um alles zu kaufen, was auf Marken zugeteilt wurde.«

Viele sagen: »Erst nach 1945 ging das Hungern an.« Im Krieg habe man eben »gut einteilen«, eine gute Hausfrau sein müssen, dann habe man schon durchkommen können. Mütter mit kleinen Kindern heben hervor, dass sie für die Kinder zusätzliche Nährmittel bekamen. Manche staunen heute noch, wie die

Versorgung selbst nach großen Luftangriffen fast immer noch relativ gut sichergestellt war.[4]

LORE F. (1924), ihr Vater war Leiter der Molkerei in Waiblingen: »Bei uns waren Pläne da. Wenn ein Angriff auf Stuttgart kam, dann ist gleich nach dem Angriff, da hat man die großen Kannen, die da gelagert waren in der Nachbarschaft, die hat man dann geholt, da sind die ersten Autos mit Milch schon morgens um fünf oder sechs nach Stuttgart gefahren. Vom ganzen Remstal, von allen Ortschaften ist dann die Milch sofort nach Waiblingen gekommen, nicht nach Stuttgart, und dort ist sie verarbeitet worden und kam von dort nach Stuttgart. Und da hat man die großen Autos gehabt mit Holzvergasern, ja, ja!«

Auch die Sonderzuteilungen, die es nach den Angriffen gab, werden anerkennend vermerkt.

Gegen Ende des Krieges sei die Situation schwieriger geworden. Und natürlich habe es eine Rolle gespielt, wo man gewohnt und welche Beziehungen man gehabt habe.

In den Erzählungen wird konkret fassbar, wie die Frauen es fertigbrachten, trotz fortschreitender Verknappung jeden Tag mindestens dreimal etwas möglichst Nahrhaftes und Schmackhaftes auf den Tisch zu bringen.

Eine gute Hausfrau ging nicht ohne *Vorräte* in den Krieg. Das lässt nicht unbedingt auf Kriegserwartung schließen, sondern gehörte einfach zu den Gepflogenheiten eines geordneten Haushalts, obgleich Hausfrauen besonders hellhörig waren, wenn Göring von »Kanonen statt Butter« sprach, die Butter tatsächlich schon vor dem Krieg rationiert wurde und es zu gewissen Einschränkungen im Verbrauch kam. Es wurden jedoch keine Hamsterkäufe getätigt, was dafür spricht, dass die Frauen der Regierung zutrauten, die Ernährung auch in Krisenzeiten zu sichern. Aber man war von jeher gewöhnt, sich für den Winter und für magere Zeiten einzudecken.

MARIA H. (1922): »Die Haushalte waren ja auch früher anders wie heute. Jeder Haushalt hat halt selber Zucker gehabt, einen Zentner Mehl. Immer am Ersten wurde das vom Kaufmann geliefert, etliche Riegel Seife und solche Dinge. Also, von daher haben wir zum mindesten das nicht gleich so stark empfunden, weil der Vorrat ja da war...«

ELISABETH E. (1924): »Ich hatte eine Mutter, die nie von der Hand in den Mund lebte. Ein Grundstock von Nahrungsmitteln war immer vorhanden, und so nahm sie Mehl, Fett, Öl, Seife, Waschpulver mit in die Kriegszeit, nicht in Mengen, aber es war eine Grundlage für die echten Notjahre.«

Selbstverständlich war auch für viele Frauen das *Konservieren* von jeweils günstigen oder gerade erhältlichen Angeboten, auch aus Eigenanbau und Gesammeltem; Kühl- oder gar Gefrierschränke gab es damals nicht. Eindünsten (z. B. Obst, Beeren), Einkochen (z. B. Marmelade), Einlegen (z. B. Sauerkraut, Eier), Einlagern (z. B. Kartoffeln, Möhren, Kraut), Trocknen (z. B. Obst, Pilze), Einstampfen von Frischgemüse mit Salz, alle diese Konservierungsmethoden waren so üblich, dass die Frauen sie in ihren Berichten kaum erwähnen. Nur wo der Krieg besondere Erschwernisse brachte, gehen sie darauf ein. Wenn es nicht genügend Zucker gab, kochte man ohne Zucker oder mit Süßstoff ein. Gab es keine Weckgläser mehr, so verwendete man Konservendosen.

Frauen wurden z.T. *Selbstversorger.* Ihre Aktivitäten erinnern an vor- und frühgeschichtliche Wirtschaftsweisen: Sie betrieben »Ackerbau«, »Viehzucht«, waren »Sammler« und gegen Ende des Krieges und in der Nachkriegszeit sogar in fast makabrer Weise »Jäger«. Wer einen eigenen Garten hatte, nutzte ihn intensiver, funktionierte Blumenrabatten oder Rasenstücke in Gemüsebeete um. Manche pachteten oder kauften ein Stück Land, um es zu bebauen. Nach dem Krieg wurden häufig Anlagen und Parks zur Bearbeitung freigegeben. Manche hielten Hühner, Hasen, Enten, wo es ging, sogar Ziegen und Schweine. Kleintiere brachte man auf dem Balkon unter.

ADDY W. (1907) mauserte sich – nach ihren eigenen Worten – von der Großstädterin und Kunstgewerblerin zur »Kleinbäuerin«, als sie sich schon 1938 mit großen Hypotheken ein Haus mit Garten für sich, ihren Mann und ihre drei Kinder (es sollten im Krieg noch mehrere dazukommen) erworben hatte: »Ich pflanzte Kartoffeln und verschiedene Gemüsesorten in wechselnder Folge an, kaufte Eintagsküken, ließ sie zu Hühnern und Hähnen heranwachsen, verwendete die Eier teils im Haushalt, teils zur Aufzucht weiterer Hühner, konnte ab und zu einen Braten servieren. Ferner kaufte ich ein Ferkel (ein Stall war als Anbau vorhanden), zog das Ferkel auf, ließ es schlachten, in Fleisch zerlegen und verwursten. Als der Krieg ausbrach, kaufte ich auch noch echte Rattenbeißerhündinnen, einige Enten, Gänse und Puten. Um das nötige Futter zu beschaffen, tauschte ich die echten Hundewelpen bei Bauern gegen Korn; damit war zugleich die Schweinezucht gesichert.«

Wenn diese Intensität auch selten war, zeigt sie doch die Richtung an, in welche die Bemühungen der Frauen gingen. Wer immer die Möglichkeit hatte, sammelte in Wald, Feld und Flur alles Essbare: Wildgemüse (z. B. Brennesseln, Melde, Spiegelkraut), Wildsalat (z. B. Löwenzahn, Ackersalat), Früchte (z. B. Schlehen, Hagebutten), Pilze, Eicheln (zu Kaffee, als Zusatz zu Teigen), Blätter und Blüten zu Tee (z. B. Pfefferminze, Wegerich, Schafgarbe, Lindenblüten, Kamillen). In diesem Zusammenhang erzählt Elfriede B. (1904) einen im Krieg kursierenden Witz: »Es isch nacket (*nackt*) und frisst Gras. Was ischt das?«, und sie fügt gleich hinzu: »Mer hat bloß g'wusst, mer muss's Maul halte, mer darf net schimpfe, mer darf nix sage!« Besonders das Ährenlesen (die

Körner wurden gemahlen oder auch als Futter für Hühner verwendet), das Kartoffelstoppeln und das Bucheckernsammeln für Öl waren weit verbreitet, auch schon während des Krieges, besonders aber dann nach dem Krieg.[5]

Als es am Kriegsende und danach kaum noch Fleisch gab, stürzten sich die Menschen, auch viele Frauen, auf angeschossene oder schon verendete Pferde.

HANNELORE S. (1927), damals in Radolfzell am Bodensee: »Nach der Entwarnung zeigte uns der obligatorische Blick auf die Straße, dass nicht weit vom Hause ein Pferd angeschossen, noch eingespannt ins Geschirr, auf der Erde lag, vom Besitzer war weit und breit nichts zu sehen. Wahrscheinlich hatte er sich in einen Keller retten können. Es dauerte nicht lange, bis eine Polizeistreife kam und dem Pferd den Gnadenschuss versetzte. Schon dieser Akt hatte mir innerlich zugesetzt, aber was jetzt geschah, konnte ich kaum fassen. Die Polizisten hatten den Schauplatz noch nicht verlassen, als schon Menschen mit Beilen und Messern aus allen Himmelsrichtungen herbeigeeilt kamen, um sich eine Zusatzration Fleisch zu ergattern. Soweit wir aus der Ferne dieses entsetzliche Geschehen beobachten konnten, ging es unter den Menschen dort nicht gerade sehr friedlich zu. Es war keine allzu lange Zeit verstrichen, als von dem Pferd nichts mehr da war außer dem Schweif und den Hufen. Allerdings staunten wir abends nicht schlecht, als uns Tante Claire verriet, dass auch sie sich einen ordentlichen Brocken Fleisch für die Familie erkämpft hatte. Wir hatten sie gar nicht bemerkt, solch ein Gewusel war an der ›Schlachtstätte‹.«

Und nicht nur aus Berlin wird berichtet, dass nach dem Krieg Hunde und Katzen gejagt und geschlachtet wurden.

TRUDE Z. (1915): »Wir haben auch mal 'ne Katze geschlachtet. Ja, Kopf ab, Schwanz ab, Hase.
I: *Und wie schmeckt das?*
Z: Wunderbar! Es ist dasselbe Fleisch wie Karnickel.«

Städterinnen verkauften ihre *Arbeitskraft an Bauern* gegen Lebensmittel, schon während des Krieges, besonders aber danach, wobei sie sich nicht selten übervorteilt und ausgenützt fühlten. Sie halfen in Feld, Stall und Garten, flickten, wuschen und bügelten oder machten sich sonst nützlich.

RENATE B. (1925): »Meine jüngere Schwester ging zu einer befreundeten Familie, die hatte ein Gut. Dort waren alle Männer weg. Sie ging gern in die Landwirtschaft. Von daher kam dann ein bisschen was. Sie kam manchmal abends mit dem Fahrrad heim, war ein volles Jahr dort. Ging dann wieder zurück in die Schule, denn sie wollte natürlich Abitur machen. Das war aber eine große Hilfe.«

HILDEGARD H. (1912): »Wie ich beim dritten Kind in anderen Umständen war (*wohl 1943*), da hab' ich bei einem Bauern geholfen, weil ich nicht genügend Lebensmittel gekriegt hab', dann hab' ich bei einem Bauern mit sieben Kindern ... eine Menge Tomaten setzen helfen und nachher Tomaten ernten, und wenn ich dabei war, gab's Gsälzbrot (*Brot mit Marmelade*), und wenn ich überraschend kam, hat auch der Franzose (*Zwangsarbeiter oder Kriegsgefangener*) eine Büchse Fleisch oder Wurst, also eine Kilodose, hingestellt gekriegt, und die haben da gegessen, und der Hund lag daneben. Da hab' ich selbst gesehen, wie der Franzose dem Schäferhund von dem Bauern Wurst zugeschmissen hat. Und abends hab' ich drum gebetet, dass ich keinen Lohn, aber einen Liter Milch krieg. Es war hässlich, wie ich da drum flehen musste, für meine Kinder einen Liter Milch für Schwerstarbeit den ganzen Tag! Wie ich nimmer gehen konnte, als ich den Ischiasschmerz hatte durch das Kind, dann habe ich einen Riesenkorb voll Strümpfe und Socken gestopft, und wenn ich eine Stopferei von etlichen Tagen zurückgegeben habe, dann wieder einen Liter Milch, und der war erkämpft!«

ELISABETH B. (1911) bekam von einer Bäuerin mit Ach und Krach für eine gestrickte Jacke aus aufgezogener Wolle ein Pfund Butter. Sie fuhr immer wieder mühsam mit dem Fahrrad bergauf, um für ihre Kinder Milch und Butter zu ergattern.

Eine Zeitzeugin ohne Namen berichtet: »Meine Mutter malte Porträts von Bauernkindern und bekam pro Bild ein Pfund Butter oder drei Liter Milch und zwei Kilo Mehl.«[6]

Wie die beiden letzten Beispiele zeigen, wurden Frauen auch *Kleinhandwerker*, d. h. sie fertigten nützliche Dinge an, z. B. Hausschuhe, Puppen, Kleidung aller Art und tauschten sie bei Bauern gegen Lebensmittel, vor allem nähten oder strickten sie.

Sie gingen verschiedene legale, halblegale und illegale *Handelsbeziehungen* ein, bekannt unter den Stichworten »Hamstern«, »Tauschhandel, »Organisieren«, »Schwarzmarkt«. Die Grenzen sind fließend, auch die Grenzen zur Illegalität. Streng genommen durften ja auch Lebensmittelhändler, Bauern und andere Personen nur über das Zugeteilte verfügen, also über den ihnen zugemessenen Eigenbedarf bzw. die ihnen zugeteilte Ware, die sie nur gegen Lebensmittelmarken verkaufen durften. Für Stammkunden hatten die meisten trotzdem immer noch etwas übrig. Bei der Zuteilung wurde ein gewisser Schwund eingerechnet, und bei den bäuerlichen Selbstversorgern war der Eigenbedarf relativ reichlich bemessen. Aber es gab hier eine breite Grauzone, in der sich Frauen mit mehr oder weniger Skrupeln mehr oder weniger erfolgreich bewegten. Hier ist in ihren Erzählungen auch mit »Erinnerungslücken« und verschleiernder Berichterstattung zu rechnen. Doch ist auffällig, dass diese Aktionen von vielen recht ungeniert und sogar mit einem gewissen Stolz auf die eigene Schlauheit erzählt und selbst die Erzählungen anderer verständnisvoll beurteilt werden.

BARBARA K. (1920): »Meine Mutter und meine Tante hatten ein außerordentliches Geschick zum Organisieren, die machten alles möglich – trotz Verbot. Die haben also nur immer zugesehen, dass zu essen da war, dass Bohnenkaffee zwischendurch für sie beide da war (*lacht*), die tauschten das auch immer aus... Natürlich, die hatten schon damit zu tun, alle beide. Bei meiner Tante war das insofern einfach, weil die nähte. Und in Thüringen, das war in der Gegend zwischen Erfurt und Sondershausen, also reines landwirtschaftliches Gebiet mit großen Gütern. Da kamen ja die Frauen von den Dörfern und brachten dann aber statt Geld ihre Würste und Braten und was weiß ich alles noch... Daher gab's da eigentlich keine Not, muss ich sagen. Wenn man genügend hatte, dann wurde das wieder getauscht, um Schuhe zu bekommen oder für irgendwelche Dinge zum Anziehen oder einen Stoff.«

Am unproblematischsten war das Eintauschen von Zigaretten oder Raucherkarten gegen Lebensmittel, von vielen Frauen geübt, da sie ja zumeist Nichtraucherinnen waren.[7]

Irgendwelche Beziehungen hatte fast jede Frau. Nur ganz wenige sagen, sie seien allein auf die Lebensmittelkarten angewiesen gewesen. Treffend zitiert Eva L. (1920) den schwäbischen Komiker Willy Reichert, und was sie sagt, gilt nicht nur für das Schwabenland: »I weiß net, was die Leut gegen die Lebensmittelkarte hent (*haben*); was man so nebenher kriegt, tät einem ja doch net lange.«

Viele hatten Verwandte auf dem Lande, von denen sie etwas bekamen, freilich meist nicht ohne Gegenleistung.

HILDEGARD G. (1915): »Meine Mutter ging mit dem Rucksack zu Verwandten. Man hat Zigaretten und Streichhölzer und so Dinge des täglichen Lebens mitgenommen, und dann hat sie da zwei Eier gekriegt, dort zwei Eier gekriegt. Am Abend hat sie dann ein bissle Mehl und ein bissle Fett mitgebracht. Wir haben keine so Verwandten gehabt mit großen Bauernhöfen, aber sie hat dann so ein paar Löffel Fett von einem gekriegt in ihre Dose hinein und einen Löffel Fett vom anderen, und dann war das doch wieder etwas.«

Von Hamsterfahrten zu Bekannten, aber auch unbekannten Leuten aufs Land berichten viele, auch schon während des Krieges, wobei selten gebettelt, sondern meist auch getauscht wurde. Oft war das, was die Städter hergaben, unter normalen Bedingungen viel wertvoller als das, was sie an Essbarem dafür erhielten, vom persönlichen Wert für die Besitzer ganz abgesehen.

RUTH P. (1926): »Da ist viel weggegangen. Ich hatte ein wunderschönes kleines weißes Puppenbett mit so kleinen – mein Vater hat das alles alleine angemalt –, so kleinen schwarzen Ornamenten und dann so einen Himmel drüber. Das Puppenbett ist weggegangen. Für so 'ne Gans, so 'ne Ente. Im Ballett war ich – die Spitzenschuhe sind weggegangen für irgend etwas; meine Puppe, meine Christel, so eine Gliederpuppe mit richtigem schwarzen, schicken Pony, hab' ich von einer Tante in Tegel gekriegt – auch weg, auch wieder für ein Kaninchen, für irgend etwas. Also immer für irgend etwas zum Essen.«

Zwei Bäuerinnen, EMMA F. (1920) und LENI S. (1924), von den Fildern bei Stuttgart, erzählen aus ihrer Sicht:

EMMA F.: »Bei uns send Leut komme, die hent (*haben*) Milch kriegt, übern Krieg. Aber mir hent net g'sagt, wie mir heißen, und die hent net g'sagt, wie sie heißen. Des hent mir net wissen wollen. Dass, wenn ebber (*jemand*) komme wär', dann hättet mir kein Name g'wusst. Und auf em Feld hem (*haben*) mir Kraut verkauft, des hätte mir dürfe net neme. Und da husse (*außen*) in Leinfelden Ort ... also dort isch die Haltestelle gwä (*gewesen*). Und mir hent dann Richtung Echterdingen Kraut g'habt. Und dann sind se komme, Kinder mit Säckle... Und dann sind se komme von überall her. Vom Remstal auch. Und dann sind se komme und hem mir dene Kraut gebe. Mir hent natürlich, also des hen mir net doa (*getan*), dass mir's übernomme (*übervorteilt*) hent, dass mer zuviel verlangt hent, des isch ja viel vorkomme. Die hent ihre Eheringe, die hent alles hergebe.«

LENI S.: Ganze Aussteuer.

EMMA F.: Und dann hent mir g'sagt, wir nehmen das nicht, das ist nämlich Sündengeld. Das darf mer net nemme. So ebbes de Leut abnehme, wenn sie vorher nix hent. ... Aber dann isch so der Fall g'wä (*gewesen*)..., wenn da 's Krautfeld isch, dann isch emol (*einmal*) die Polizei grad bei dem Jugendhaus da, bei der Haltestelle da, gstande und hat de Leut alles Kraut abgnomme...«[8]

Bäuerinnen und halbe Selbstversorger berichten ihrerseits von illegalen Aktionen, immer wieder vom Schwarzschlachten und vom heimlichen Buttern.[9]

Manche berichten auch, wie nachts Schnaps schwarz gebrannt wurde. Das war jedoch meist Männersache. Und natürlich gab es Selbstversorger, die für andere etwas übrig hatten, ohne dafür eine Gegenleistung zu verlangen.

ELSE R.: (1924) »Bei der Zwangswirtschaft mussten auch die Nichtlandwirte einen bestimmten Prozentsatz an Eiern abliefern. So musste meine Mutter eines Tages – von jemandem angezeigt – Rede und Antwort stehen, sie hätte zu viele Hühner. Mit Mut (vielleicht verzweifeltem?) sagte sie zum ›Büttel‹: ›Herr Schw., ich bin heute früh nicht zu Hause.‹ – ›Ist recht‹, meinte der gute Mann, ›ich komme heute nachmittag wieder.‹ – Bis er wiederkam, war ein Teil des Federviehs ausquartiert und die richtige Anzahl im Stall.

Auch fuhr sie mal in der Nacht mit dem Stocherkahn auf dem Neckar von Mundelsheim nach Pleidelsheim, wohlverwahrt darauf ein Fässle Wein vom Bruder und sonstige Naturalien. Der Vater war mit dem Handwägele zur Stelle, um das kostbare Tauschgut abzuholen.

Riskiert hat sie auch eine Schwarzschlachtung, obwohl hier Gefängnis darauf stand. Sie war allerdings sehr aufgeregt und hat eifrig im Gesangbuch gelesen, während ich laut und heftig Ziehharmonika spielte und ebenso dazu sang. – Es ging gut! Und wenn ich heute Kolleginnen von damals treffe, kommt immer wieder der Satz: ›Ohne Eure Mutter wären wir verhungert.‹... Vater hätte nichts riskiert.«

IRMGARD F. (1928): »Da wir durch den Beruf meines Vaters als Diplomlandwirt und Domänenpächter zu den sogenannten Selbstversorgern gehörten, hatten wir im landwirtschaftlichen Großbetrieb keinen Mangel. Im Gegenteil, bei uns konnte immer noch viel Besuch sein, und alle konnten satt werden. Wir konnten auch zu Weihnachten für die Verwundeten zwei große Waschkörbe voll Lebkuchenherzen oder Hefesternen backen und in den örtlichen Lazaretten verteilen. Das wurde zur Tradition.«

Gegenleistung konnte auch ein Dienst sein. Berufe wie Arzt, Pfarrer (eine Frau sprach verächtlich von »Rucksackpfarrern«), Handwerker waren hier im Vorteil. Die nicht berufstätigen Frauen, und das war die Mehrzahl, hatten damit meist weniger Chancen, aber mir wurde z. B. auch von Hebammen erzählt, die durch ihren Beruf keine Not leiden mussten.

Davon berichtet IRMGARD B. (1923), deren Mutter Hebamme war: »Einer Metzgerin, deren eines Zwillingskind der Arzt bei der Geburt schon aufgegeben hatte, hat sie das Kind durchgebracht. Von da ab gab sie uns immer mehr, als was wir auf die Lebensmittelkarten bekommen hätten. Immer fragte sie: ›Was noch, was noch?‹ Mutter schickte mich immer, weil die anderen sich genieren. Mutter hat immer Milch in der Wärmeflasche mitgebracht, wenn sie Bäuerinnen entbunden hat, im Geburtskoffer oft Fleisch. Bei jeder Taufe gab's Kuchen. Beim Bäcker bekamen wir Brot, soviel wir wollten.«

Manche Frauen berichten von ganzen Ringtauschaktionen, womit sie sich schon nahe an der Grenze zur Schieberei befanden. Wer selbst ein Geschäft hatte, war König.

JULIE M. (1902) war in einer Apotheke angestellt: »Sehen Sie, das ist so, Apotheken sind überall bevorzugt bedient worden, konnten Tauschgeschäfte machen... Da bekam man schwarzen Tee, und zwar hohe Qualitäten, die zählten zu Medikamenten, ... und Zucker, vor allem zu Sirup, und solche Sachen; da konnte man sehr wohl mal ein Kilo abzweigen, wenn man dafür ein Fleisch bekam... So ist es halt eh und je gewesen.«

INGE DEUTSCHKRON, die bei einem Buchhändlerehepaar als deutsche Jüdin eine Zeitlang untertauchen konnte, beschreibt ebenfalls die Tauschgeschäfte der Frauen:

»Grete (die Gattin) hatte es schwer, Geschäft und Haushalt gleichermaßen zu versorgen. Ostrowski (*ihr Mann*) war nicht leicht zufriedenzustellen. Er verlangte, dass sie Mahlzeiten wie in normalen Zeiten herbeizauberte. Er schätzte das gute Leben und war der Meinung, dass es ihm zustünde. Grete war findig genug, stets einen Weg zu finden, um ihm die gewünschten Leckerbissen zu verschaffen. Da waren nicht nur die Eltern mit dem Lebensmittelgeschäft, von denen sie sich einfach so viel Butter geben ließ, wie der Haushalt benötigte. Da gab es noch die Frau Mausch, die aus gutem Grund als Aufwartefrau in einer benachbarten Buttergroßhandlung und in einer Fleischerei arbeitete. In Aufwischlappen eingewickelt, schmuggelte sie die Waren aus dem Geschäft, die sie dann zu Schwarzmarktpreisen verkaufte oder als Tauschobjekte nutzte. Butter gegen Bohnenkaffee, Bohnenkaffee gegen Fleisch, gegen Seife usw. Grete war so in ihre schwarzen Geschäfte verwickelt, dass sie kaum an anderes denken konnte.«[10]

BERTA H. (1914) hatte eine Tante, die in der Kaserne arbeitete. Dort bekam sie Kommisbrot. Frau H. tauschte Kommisbrot gegen ein Paar Schuhe, die Schuhe für einen Kinderwagen, diesen wiederum gegen eine lebende Ente. Dabei hat sie schwören müssen, dass sie die Federn wieder zurückbringt.

Schwarzmärkte, konzentriert an bestimmten Plätzen, gab es hauptsächlich in Großstädten und zunehmend gegen Ende des Krieges. Der eigentliche Schwarzmarktboom setzte erst nach dem Krieg ein. Frauen berichten selten von eigenen Einkäufen dort, und ich glaube nicht, dass bei den im allgemeinen nicht sehr begüterten Frauen, die ich befragt habe, hier eine mentale Hemmschwelle besteht. Meist wird im Ton der Distanz oder auch des Bedauerns bzw. des Neides berichtet, dass sie dazu kein Talent, nicht genug Geld oder keine Gelegenheit hatten. Größere Schwarzmarktgeschäfte waren, besonders nach dem Krieg, eher Männersache.

Andere Risiken und Gefahren scheuten Frauen hingegen nicht. Manche haben sogar noch aus Trümmern Essbares gerettet.

JULIE M. (1902): »Da kam einmal die Hilde vom Einkaufen. Hat sie gesagt: ›Wenn Sie Mut haben, ich zeige Ihnen, wo man einsteigen kann.‹ Da war einmal ein Kolonialwarenladen in der Johannesstraße, und das ist jetzt alles abgebrannt bis runter. Das Parterre hatte noch ein Dach sozusagen. Und da war so ein Niederparterre, die Fenster waren eingedrückt, da war also ein Luftdruck drin, aber sie hat gesagt: ›Da kann man nämlich reingucken.‹ Und da hätte sie hineingeschaut und da würden zwei Säcke stehen… Wir mit unserem ewigen Hunger, man hat nicht einmal genügend Kaffee-Ersatz bekommen. Dann sind wir losgegangen, mit Tüten bewaffnet und Körben; man hat ja nicht denken müssen, es kommt einer und sagt, ihr stehlt, das war ja alles vogelfrei… Der eine Sack war voll mit Malzkaffee, ungemahlen, also die Körner. Und der andere Sack war voll mit Kartoffelmehl. Das war leicht elfenbeinfarben. Das war eben vom Brand. Das war uns egal. Die Säcke hätten wir nicht nehmen können, weil die zusammengebrochen wären, weil die mürbe waren von der Hitze… Aber wir haben es dann vorsichtig herausgeschaufelt, den ganzen Malzkaffee. Ich habe die Hälfte mit heimgenommen, und die Frau Sch. hat die andere Hälfte mit, die hat ja auch Familie gehabt, und so auch das Kartoffelmehl. Dann haben wir es in so großen Schüsseln auf die Veranda gestellt, dass es Luft bekommt. Das hat angebrannt gerochen (*lacht*). Aber es war etwas zu essen, und man hat es gar nicht mehr gemerkt in dem Ausmaß, und der Kaffee ist sowieso geröstet, wollen wir sagen. Im Kartoffelmehl hat es natürlich von den Mäusen ein paar schwarze Pünktchen drin gehabt, die haben wir halt rausgetan.«

Auch Lebensmittelkarten wurden gelegentlich illegal und aus Gutmütigkeit abgegeben von Frauen, die auf den Ämtern beschäftigt waren.

HEDWIG S. (1914):
»Und dann war ich damals ... noch auf dem Rathaus (*als Angestellte*), da hab' ich meiner Mutter viele Marken zukommen lassen, wo ich ein wenig beschissen hab' auf der Abrechnung. Ich bin natürlich auch kontrolliert worden. Ich hab' auch Schiss gehabt, dass die das merken.
I: *Aber es ist nichts passiert?*
S: Nein, es ist nichts passiert (*lacht*). Aber da hab' ich die Mutter schwer versorgt mit Marken (lacht).

LIDDY T. (1906) aus Berlin: »Ich habe jeholfen; ich wurde entlassen, und zwar aus folgendem Grund: Es gab Lebensmittelkarten, und dann haben sie alle Hunger gehabt, und ich konnte die Lebensmittelkarten ausschreiben und hab' sie zum Chef zum Unterschreiben jejeben, der sie nicht nachjeguckt hat, sondern nur durchgeblättert. Und dann kam da schon mancher und hat jesagt: Frau T., kann ich nicht mal diese Woche... Meine Gutmütigkeit wurde dann ausjenützt, und nachher kam das mal raus, und denn haben sie jesagt, entweder bringen sie mich vors Jericht oder ich werde entlassen.«

Eine große Rolle spielen in den Erzählungen die Päckchen und Pakete der Männer aus den *besetzten Gebieten* und was sie in ihren Urlauben von dort mitbrachten.

MARANJA MELLIN schrieb am 17.4.1942 in ihr Tagebuch: »Vati kam aus Paris zurück. Er brachte sehr viel mit: Kleiderstoffe, Strümpfe, Topfbohner, Briefpapier, Leberwurst, Karotten in Fleisch, Handschuhe, Wäschestoff, Gürtel, Schuhe, Seife, Waschpulver usw. Vier Birnen und Mandeln, auch Zimt und Pfeffer. Der ganze Tisch war vollgepackt. Das ist jetzt so Sitte in Deutschland geworden. Wo die Männer sind, da kaufen sie. Entweder in Holland, Belgien, Frankreich, Griechenland, Balkan, Norwegen usw.«[11]

MARIA G.'s (1881) Mann schickte regelmäßig Päckchen aus Dänemark, einmal 365 Eier!

GERTRUD M. (1913) war Wehrmachtsangestellte in Holland: »Es war eine Lufttransportbehörde mit Sitz in Amsterdam. Die Tätigkeit der Offiziere bestand hauptsächlich aus Beschaffung von alkoholischen Getränken und Lebensmitteln, die an ihre

Angehörigen in Deutschland geschickt wurden. Im übrigen machten sie sich in beschlagnahmten Villen, die die dortigen Juden fluchtartig beim Einmarsch der Deutschen verlassen hatten, schöne Tage; rauschende Feste wurden veranstaltet, an denen wir Sekretärinnen mitmachen mussten... Die Holländer hatten einen verständlichen Hass auf uns Deutsche, was ich durchaus verstand, wurden sie doch mittels Abwertung ihres Guldens ärmer gemacht und ihre Lager, die für fünf Jahre Krieg hätten reichen sollen, wurden ausgeplündert.«

Aber nicht nur aus den westlichen und den skandinavischen Ländern schickten oder brachten die Soldaten Waren, auch aus dem Osten.

MARGRIT H. (1924): »Als wir die Ukraine besetzt haben, da kamen alle Soldaten, die Urlaub hatten, mit einem großen Fresspaket unterm Arm zurück.«

ANNELIESE F. (1916) besuchte ihren Mann am Anfang des Krieges im Warthegau: »Da ging es hoch her, was mich sehr wunderte. Mein Mann wohnte bei einer Familie aus dem Baltikum in Posen. Sie waren aus Riga. Sie hatten ein Lebensmittelgeschäft von den Polen übernommen in Posen. Die Polen bekamen dafür nichts. Sie mussten auch die Wohnung abgeben und bei den Deutschen im Haushalt und Geschäft arbeiten. Hier wurde ein paarmal in der Woche gefeiert. Jeder Grund war recht dazu. Die Tische bogen sich mit Speisen, Geflügel, Fleisch. Es gab alles zu essen und zu trinken, was man sich nur denken kann. Ich war sprachlos. Zu Hause hatten wir schon lange nichts mehr.«

Aber nur wenige Frauen machten sich klar, dass sie auf Kosten der besetzten Länder lebten, dass die deutsche Besatzungspolitik auf die Ausplünderung der Besiegten hinauslief. Kritische Äußerungen klingen in den Erzählungen immer wieder an, allerdings kaum, wenn man selbst davon profitierte. Schamloses Verhalten wird meist bei anderen kritisiert. Die meisten hatten kein schlechtes Gewissen, weil die Männer ja das Geschickte oder Mitgebrachte in ihren Augen nicht geplündert, sondern eingekauft hatten.

TRUDE S. (1910), die wegen der Geburt ihres Kindes im Krankenhaus lag: »Im gleichen Zimmer lag eine junge Frau, deren Mann Wehrmachtspfarrer war. Sie erzählte voller Stolz von Lastwagenladungen, von Teppichen, Pelzen, Kristall, Möbeln, die man den Polen weggenommen hatte, woran auch Herr Pfarrer beteiligt war. Ich war über so viel Dummheit und Würdelosigkeit entsetzt. Sie muss es gemerkt haben. Und schon das war gefährlich.«

ROSWITHA N. (1924): »Mein Vetter war in Frankreich. Die haben dieses Frankreich ausgeplündert. Der hat Berge von Stoff, von Wolle ... Berge von Unterwäsche, also das können Sie sich nicht vorstellen, Pakete, Pakete, so groß wie der Tisch, die hat der heimgeschickt. Die hat nicht gewusst, wohin mit dem Zeug. Die haben Frankreich ... ich hab' gesagt, wenn alle, wenn alle so viel heimschicken, da ist in Frankreich nichts mehr da.«

MARGARETE F. (1918): »Die Deutschen haben ja die Franzosen ausgeplündert! Also ich weiß von einer Freundin, die wunderbare Möbel von ihrem Mann geschickt bekommen hat, von einem Schloss, wunderbare schwarze Lackmöbel und Schränke dazu; also die war eingerichtet wie in einem Salon, das muss von einem Schloss gewesen sein.
I: *Und was war der Mann?*
F: Der war SS-Mann.«

Deutlich formuliert es ELISABETH D. (1899), eine auch sonst und schon damals sehr kritische Frau, die sich noch deutlich an das Hungern im Ersten Weltkrieg erinnerte: »Diesmal haben wir ja einfach die besetzten Gebiete ausgeraubt, und unser Volk hatte nicht zu hungern bis zum Kriegsende.«

Deutsche Frauen, die selbst in den besetzten Gebieten lebten oder arbeiteten, hatten dagegen bis kurz vor Kriegsende kaum Mangel an Lebensmitteln. Die Versorgung war lange Zeit garantiert.[12]

Aber nicht nur die Beschaffung von Lebensmitteln entschied über die Qualität der Ernährung, sondern auch die Art und Weise der *Zubereitung*, und zwar um so mehr, je mehr Mangel herrschte. Maria H.'s Großmutter (1922) spricht für viele, die im Krieg kochen mussten: »Kochen ist keine Kunst, wenn man alles hat. Aber wenn man nichts hat, dann etwas zu machen – das ist eine Kunst.« Sehr viele Frauen waren in diesem Sinn Künstlerinnen. Sie konnten dabei auf bewährte Praktiken aus Mutters und Großmutters Zeiten zurückgreifen, lernten voneinander, probierten Neues. Auch die Zeitungen und Zeitschriften, besonders die NS-Frauenzeitschriften, brachten laufend Rezepte, Speisepläne und Vorschläge für gute Haushaltführung. Die Frauen äußerten sich anerkennend über diese Hilfen; manche haben noch Zeitungsausschnitte mit Tips von damals aufgehoben. Der Phantasie waren keine Grenzen gesetzt.

Es ist unmöglich, alle Kriegsrezepte und -verfahren aufzuzählen, die mir die Frauen genannt haben. Es gibt auch schon Literatur darüber.[13] Einige Beispiele müssen genügen: Was man alles aus Kartoffeln machte, wie man Ersatz schuf für Lebensmittel, die es nicht gab, wie man streckte, wie wichtig die Verwendung auch des geringsten Restchens war und wieviel vom richtigen Würzen abhing.

Die Kartoffel war *das* Grundnahrungsmittel im Krieg. Kartoffeln gab es – laut Aussagen der meisten Frauen – immer; in der Nachkriegszeit wurden sie oft Mangelware. Aber selbst im Krieg war man froh, wenn man einen Vorrat hatte.

HULDA G. (1889) berichtet ihrem Sohn Günther im Feld am 3.10.1941, dass sie sieben Zentner Kartoffeln für den Winter bekommen hat, genug für drei Personen und manchen Besuch: »Ich habe den ganzen Tag vor mich hingesungen: ›Nun danket alle Gott.‹ So froh und dankbar bin ich gewesen, und jetzt stehe ich manchmal andächtig davor. Auch den halben Kohlenvorrat haben wir schon. Gott ist sehr gnädig.« Und am 22.4.1942: »Viele Menschen sitzen nun schon auf Kartoffelmarken, 3 Pfund in der Woche pro Kopf. Das ist natürlich viel zu wenig. Wir haben gottlob noch Vorrat.«

Was konnte man nicht alles aus Kartoffeln machen! Neben den bekannten Gerichten war besonders beliebt das Kartoffelgemüse, das aus Kartoffelscheibchen in Mehltunke bestand und das man beliebig variieren konnte, mit brauner Mehlschwitze und Essig zu saurem Kartoffelgemüse, mit etwas Wurst und/ oder sauren Gurken oder anderen Gewürzen oder Einlagen.

Als das Fett rar wurde, »röstete« man z. B. die Kartoffeln mit kaltem Kaffee. »Oder einfach kalten Kaffee und die Kartoffeln rein, das hat dann so einen Mischmasch gegeben, Kaffee war natürlich Muckefuck. Haben viele Leute gemacht.« (Renate D., 1915) Oder man legte rohe Kartoffelscheiben einfach auf ein Blech oder die heiße Herdplatte. Es wurde Suppe aus Molke gekocht, in die im richtigen Augenblick Kartoffeln hineingerieben werden mussten. Man konnte die Suppe mit Sirup aus Zuckerrüben süßen. Etwas Festliches waren schon Kartoffelhörnchen mit ein wenig Marmelade gefüllt. In der Zeit des großen Hungerns nach dem Krieg wurden aus Kartoffelschalen Brotaufstrich und Buletten gemacht. Wie? – »Die Schalen durch den Wolf drehen, mit etwas Semmelmehl oder Mehl vermischen, Heringslake besorgen, alles verkneten, aufs Brot streichen. Oder wenn man etwas Fett übrig hatte, die gleiche Masse zu Bällchen formen und Buletten braten. Heringslake konnte man im Fischgeschäft besorgen, wenn es zuvor auf Marken Heringe gegeben hatte.«[14] Sogar eine Art Knäckebrot aus Kartoffelschalen gab es: Elfriede B. (1904): »Mir hend d'Kartoffelschale abgezoge und mit Salz vermischt und backe im Backofen. Das hend mer gesse (*gegessen*), und Sie, das hat gut g'schmeckt für damalige Begriffe.«

Eine kalte Kartoffel musste zuweilen als Vesperbrot genügen. Manche waren dankbar, wenn sie das hatten. Ruth P. (1926): »Oder einmal kriegte man geschenkt zum Geburtstag: ein paar große Pellkartoffeln und ein bisschen Öl dazu, für Puffer. Es wurden dann Puffer gemacht. Es war eben ein riesiges Geschenk!«

Die Kartoffel war zudem besonders gut geeignet zum Strecken und um Ersatzlebensmittel herzustellen. Gestreckt wurden besonders Brotaufstriche, teilweise auch mit Mehl und mit Hefe. Anni K. (1919): »Unvergesslich ist mir der Brotaufstrich, den wir aus ranziger Butter aus irgendwelchen Quellen hatten, mit Grieß und Gewürzen aufkochten und so verlängerten.« »Oder ein

Stück Leberwurst hab' ich in' Topf gemacht und dann angerührt mit Brühe und gedickt mit Mehl, da kriegte ich 'ne Schüssel Leberwurst.«[15]

Ersatzstoffe und »falsche« Speisen waren an der Tagesordnung, z. B. Kunsthonig statt Honig, Milei für Eier, Milchpulver statt frischer Milch. Bratlinge und Buletten machte man nicht nur aus Kartoffeln, sondern auch aus Erbsen, aus Linsen, aus Kohlrüben, Kuheutern, die man auf halbe Marken bekommen hat, auch aus Brot. Alles wurde zu Brei verarbeitet, gekocht, dann paniert und gebraten. Falsche Koteletts gab es z. B. aus gekochtem Weißkohl. Beliebt war falsche Schlagsahne, die man aus Magermilch mit etwas Mehl und Zuckerersatz schlug. Eine ganz besondere Leckerei waren schon Marzipankartoffeln, die aus geriebenen Kartoffeln oder Grieß mit Zucker und Bittermandelöl vermischt zu kleinen Kugeln geformt und getrocknet wurden.

Wer damals kochen lernte oder lehrte, der kannte viele solcher Tricks, wie man aus dürftigen Zutaten etwas Genießbares machen konnte.

Selbst der letzte Rest wurde verwertet. Jede Speckschwarte wurde mehrmals zum Einfetten von Backblechen und Pfannen verwendet. Blumenkohl- oder andere Gemüseabfälle ergaben Gemüsesuppen; Kochwasser von Kartoffeln war ebenso Grundlage für Brühe wie feingehackte Knochen. Reste, die man selbst nicht mehr verwerten konnte, wanderten nicht in den Mülleimer, sondern zum Bauern.

HANNELORE S. (1927) berichtet aus der Nachkriegszeit über etwas, das aber schon im Krieg gang und gäbe war: »Alle Kartoffelschalen, der Abfall von Salat und Gemüse, auch Malzkaffee-Ersatz wurde gesammelt und zu einem Bauern in der Nähe gebracht. Dafür bekamen wir alle zwei Tage eine Kanne ›adelige Milch‹ (das war Magermilch, also entrahmte Milch, die etwas bläulich schimmerte, ›blaues Blut in den Adern‹ hatte). Die Bauern erhielten diese Milch für die Aufzucht der Schweine.«

Den Geschmack verbesserte man bei allen diesen Gerichten durch Würzmittel, nicht nur durch Kräuter, sondern auch künstliche Aromen. Sie erzeugten die Illusion von Echtheit, z. B. Bittermandelöl, Vanillinzucker, Zitronenaroma, Sirup, Rum-Aroma. Diese waren immer wieder zu haben.

Kochen im Krieg war für die meisten Frauen eine außerordentlich zeitaufwendige Angelegenheit. Hinzuzählen muss man noch die Stunden, die die Hausfrauen beim Anstehen verbrachten, weil z. B. die Geschäfte zu verschiedenen Zeiten geöffnet hatten oder weil manche Lebensmittel nur nach Aufruf zugeteilt wurden oder gerade ausgegangen waren. Immer wieder gab es Sonderzuteilungen, für die man zusätzlich anstehen musste. Es galt zudem ständig neu aufzuspüren, wo etwas markenfrei abgegeben wurde. Markenfrei waren z. B. oft Obst und Gemüse.

TILLY H. (1908): »Ich bin mal, 1943, mit der Ute in Möhringen in der Mittagshitze gestanden, und das Kind ist unwillig geworden und nass, da gab es ja noch keine Pampers. Und da hat ein Mann gesagt: ›Lasst doch einmal die Frau mit dem Kind vor.‹ Da hat jeder gekämpft ums Leben. Jeder hatte Angst, bis ich drankomme, gibt's nichts mehr... Und da habe ich zwei Kohlräbchen gekriegt. Hatte ich wieder eine Mahlzeit.«

ANNEMARIE Z. (1908) beschreibt in einem Feldpostbrief an ihren Mann vom 13.3.1944, wie aufwendig alle die vielen Besorgungen waren: »Du weißt ja von Deinen kurzen Aufenthalten hier, wie lange man überall braucht, wieviel Zeit man verwartet und wie oft man Wege umsonst macht. Kartoffeln mussten wir zentnerweise holen in verschiedenen Familien, da es im Laden keine mehr gab und wir unser Quantum nicht voll bekommen hatten. Holz müssen wir in der Ludwigstraße holen, weil das nicht ins Haus geliefert wird und man infolge des Gasausfalls viel mehr braucht. Aufs Wirtschaftsamt muss man drei- viermal hinlaufen, bis man etwas erreicht. Und so geht das immer. Will man in der Stadt etliche Besorgungen machen, dann muss man froh sein, wenn man die Hälfte erledigen kann – ein Geschäft ist geschlossen, das andere beschädigt, das andere verlegt, und so geht das fort.«

Kochen im Krieg erforderte neben sehr viel Zeit viele Kenntnisse, oft professionelles Know-how, das die Frauen teils aus der Familientradition übernahmen, teils selbst entwickelten. Es erforderte Experimentierfreude und Ideenreichtum. Zwei Beispiele:

MATHILDE E. (1902) schildert die Herstellung von Kartoffelmehl:
»Also Kartoffeln war das einzige, was wir in reichem Maße hatten. Ich hab' sogar welche nach Hamburg geschickt, weil mein Bruder geschrieben hat, wir haben keine Kartoffeln. Mit Kartoffeln konnten wir machen, was wir wollten... Jedenfalls haben wir einmal einen Zentner und das nächste Mal in langem Abstand noch mal einen mit der Reibe, mit der kleinen Küchenreibe, gerieben, in einer großen Wanne. Das hat natürlich Tage gedauert, und dann Wasser draufgeschüttet, immer das obere wieder abgefischt, und was hat sich unten gesetzt? Kartoffelmehl, reines Kartoffelmehl! Könnte man heute nochmals probieren, immer wieder frisches Wasser drauf auf das Geriebene, das haben wir tagelang gemacht, am Schluss hatten wir reines, weißes Kartoffelmehl, das haben wir auf Löschblättern getrocknet. Das haben wir dann zu Milchsuppen, morgens auch mal für einen Brei für die Kinder oder zum Sämen von einer Soße genommen.
I: *Wer hat Sie auf diese Idee gebracht?*
E: Meine Mutter. Und zwar aus dem Grund: Wenn wir Kartoffelpuffer daheim machten ohne Mehl, dann hat meine Mutter das Ganze in eine andere Schüssel gegossen und dann hat sie gesagt: ›Guck mal, da unten hat sich Kartoffelmehl abgesetzt.‹ Und dann hat sie überlegt, das muss man doch auch im Großen können, das war eine phantastische Idee.
I: *Dieser Einfallsreichtum! Den finde ich immer wieder.*

E: Ja, aber nur, wenn man in Not ist... Man muss irgendwie in Not sein, um das zu erfinden.«

Üblicher und häufiger war die Herstellung von Sirup aus Zuckerrüben, der als Ersatz für Zucker diente. Es wurden mir dazu verschiedene Verfahren beschrieben. Elisabeth E. (1924) praktizierte folgende Methode: »Glücklich, wer einen Bauern kannte, der diese wertvolle Rübe anbaute. Da ließ man sich schon Wochen vorher vormerken, dass man ja gewiss beim Raustun helfen durfte. Zudem konnte man aus den Herzblättern der Rübe einen herrlichen Spinat machen. Wenn man die Rüben dann zu Hause hatte, begann die eigentliche Schwerarbeit. Im Hof hinter dem Haus wuschen wir sie mit der Wurzelbürste. Man glaubt gar nicht, wie viele Rillen aller Art eine solche Rübe hat und wie fest der Dreck daran haftet. In strahlender Sauberkeit wurden sie nun auf dem Krauthobel geschnitten, möglichst dünn, dann mussten sie nicht so lange kochen. Wie viele blutende Finger gab es da! Schnellkochtöpfe gab es damals ja noch nicht, die wären auch viel zu klein gewesen. Diese Menge Geschnitzeltes konnte nur ein Waschkessel oder ein Einkochtopf fassen. Und hier kochte es nun stundenlang vor sich hin, langsam, damit nichts anbrannte. Zum Abkühlen kamen Kessel und Töpfe ins Freie, dann in die Waschküche. Glücklich, wer eine Wäschepresse hatte, natürlich gab's noch keine elektrischen, wenigstens bei uns noch nicht. Aber eine Wäschepresse rund, die Wand voll Löcher, unten eine Auffangschale mit Abfluss. Die eigentliche Presse hatte ein Gewinde, oben einen Griff zum Drehen. Die gekochte Zuckerrübenmasse wurde eingefüllt, und dann kam die Kraftarbeit. Die Kurbel drehte sich spielend leicht, bis sie die eingefüllte Masse erreichte, die nun Widerstand bot. Man drehte, drehte, bis auch das letzte kleine Rinnsal vom braunen Saft in den Eimer geflossen war. Doch nun war es eben immer noch kein Zuckerrübensirup! Wieder kam die Brühe in den Kochtopf und köchelte stundenlang vor sich hin, bis sie immer dicker und dicker wurde und endlich ein Sirup geworden war. So ein Glücksgefühl! Süß, klebrig, wohlschmeckend und vor allem magenfüllend! Ich glaube aber fast, dass unser heutiger verwöhnter Gaumen diesen Sirup gar nicht mehr so arg wohlschmeckend finden würde.«

Sehr viele Frauen mussten sich so plagen. Dennoch gab es Unterschiede in ihrer objektiven Lage und subjektiven Empfindung. Besonders krass traten die Unterschiede am Kriegsende hervor. Deshalb einige kontrastierende Beispiele aus den Jahren 1944 und 1945.

KLARA S. (1911) hat 1944 in Schwäbisch Gmünd im Krankenhaus entbunden. Es wurde von katholischen Schwestern geführt: »Da kann ich mich noch erinnern, wie ich da im Bett lag mit einer riesigen Wurstplatte. Und das 1944! Das hat mich damals so beeindruckt!«

Die Kölnerin MARIANNE PEYINGHAUS schildert in ihren Briefen ähnlich Überraschendes. Am 3.4.1944 schreibt sie nach Hause, wie 1944 in dem kleinen Ort Gertlauken/Ostpreußen Konfirmation gefeiert wurde: »Es gab die leckersten Dinge, die ich Euch besser nicht aufzähle, um Euch nicht den Mund wässrig zu machen ... Wir waren an die dreißig Personen. Zum Kaffee wurden 23 (in Worten: dreiundzwanzig!) der leckersten Torten aufgetragen, und das soll nur die Hälfte gewesen sein, denn mehr konnten die Tische nicht tragen.«

In ihrem Brief vom 19.12. erzählt sie von einer Taufe am 10.12.: »Cohsens haben sechs Kühe im Stall, einen großen Geflügelhof, das gehört hier nun mal zu einer Försterei. Da kannst Du Dir denken, was an Essen und Trinken aufgefahren wurde, wie im tiefsten Frieden.«[16]

MATHILDE WOLFF-MÖNCKEBERG (1879) in einem Brief aus Hamburg vom 29.12. 1944: »Wir haben es jetzt manchmal *sehr* knapp und sehe nicht gerade blühend aus. Besonders am Ende der Periode (Zuteilungsperiode) haben wir fast nie etwas. Wir bekommen nur 3/4 Pfund Butter *im Monat*, verschwindend wenig Käse, sehr wenig Fleisch, jeder nur 1/2 Pfund, und kaum nennenswerte Nährmittel. Selbst mit Brot kamen wir nicht aus. Neulich saßen Ulchen und ich mit trockenen Scheiben vor einem Schälchen Pseudokaviars, der sehr wie Stiefelwichse aussah und so schmeckte, obgleich ich sie noch nie probierte... Manchmal wünschte ich mir mal stundenlang lauter gute fette Dinge zu essen! Und auch *süße;* ich hole mir oft einen Löffel Zukker, obschon auch dieser sehr knapp ist und wir überhaupt keinen über hätten, wenn nicht Jacoba (*ihre verheiratete Tochter*) wäre, die immer ihre Marmeladeration gibt, wenn ich bei ihr bin, damit ich mir auf unsere Karte nur Zucker holen kann...«

Im selben Brief schreibt sie von einer Einladung bei den Hausbesitzern, die unter ihnen wohnten: »Ihr kleiner Tannenbaum erstrahlte im Lichterglanz, und wir wurden fabelhaft traktiert mit Bohnenkaffee, sehr gutem, reichlichem Weihnachtskuchen und endlich mit vortrefflichem Saarwein.«[17]

Wir können erklären, worauf diese großen Unterschiede zurückzuführen sind. Am schlechtesten waren die dran, die keine Zusatzquellen hatten, keine Beziehungen (verwandtschaftliche, berufliche, geschäftliche), nicht die Zeit, Kraft und physische Robustheit besaßen, um sich Zusatzquellen, u.a. außerhalb des Wohnortes auf dem Lande, zu erschließen, die nicht das Geld und/oder die Tauschobjekte besaßen, um »Geschäfte« zu tätigen, auch die, die zu schwach oder unabkömmlich waren oder keine Gelegenheit hatten zum Sammeln, Anpflanzen, denen also die teilweise Selbstversorgung versagt war. Wer all dies nicht hatte, dem nützte auch die größte hausfrauliche Tüchtigkeit wenig. Es war nicht das NS-Regime, das dafür sorgte, dass das Volk im Krieg keinen noch größeren Mangel litt, es war das Volk selbst. Vor allem aber waren es die Frauen, die sich selbst zu helfen wussten. Wer nur auf die Lebensmittelrationen angewiesen war, musste hungern.

Aus dem Tagebuch von INGEBORG G. (1922) geht deutlich hervor, dass ab etwa 1942 in manchen Familien gehungert wurde, wenn keine zusätzlichen Hilfen kamen: 22.5.42: »Papa kam heute früh angereist (*er war geschäftlich weg gewesen*), recht abge-

magert und mit großem Hunger. Ach, diese Sorge um das tägliche Essen! – Wir sind jetzt arg knapp dran.
15.6.42: »Heute kam Papa in Urlaub ... fürchterlich erholungsbedürftig. Aber wir können ihm ja auch kaum zusetzen. Es ist eine große Not.«

Am besten waren die versorgt, die alles an Zusatzquellen besaßen: Beziehungen, Geld, Tauschobjekte und/oder Zugang zu solchen; oder jene, die sich auf den Wohlfahrtsinseln befanden, z. B. in den vom Krieg weit entfernten ländlichen Gegenden oder in bestimmten Teilen der Besatzungsgebiete. In puncto Ernährung hielt sich im Krieg das bekannte soziale Gefälle nicht durch. Die Formel: »Die oben lebten in Saus und Braus und die unten hungerten« ist zu oberflächlich. Gewiss hatten die Bonzen, z. B. die Chefs, von allem genug, wie die Frauen auch bitter registrieren:

MARGARETE B. (1919), die kriegsdienstverpflichtet als Werkstattschreiberin in Stuttgart arbeitete: »Mittags konnte man in der Kantine was einnehmen. Das war natürlich dann spannend. Da hat's vielleicht einmal ein Scheible Fleisch gegeben, sehr dünn, also die Zeitung hat man nicht gerade durchlesen können, aber es war dünn genug, und ein bisschen Soße dazu und ein bisschen Kartoffelsalat. Oder in der Vesperpause ... mein Chef war neben mir gesessen und hat dicke Brote gehabt, und da war Wurst drauf. Der hat sich nicht geschämt, neben mich hinzusitzen und das zu essen, und ich habe vielleicht eine Möhre dabei gehabt oder ein trockenes Brot. Das Brot hat man ja, das bissle Butter, das man gehabt hat, draufgeschmiert, dann wieder runter gekratzt, dann wieder aufs nächste draufgeschmiert. Und im Betrieb konnte man Pellkartoffel kaufen. Da war man froh, wenn man bloß Pellkartoffeln gehabt hat.«

Aber mehr und besser zu essen hatten in der Regel z. B. eine einfache Bäuerinnen oder Arbeiterinnen, die hilfsbereite Verwandte auf dem Lande oder einen Freund in Frankreich hatte, als z. B. die Frau eines Universitätsprofessors, die das alles nicht hatte. Eine kleine Lebensmittelhändlerin oder eine Angestellte in einer Apotheke war unter Umständen besser versorgt als eine Offiziersgattin ohne Beziehungen.

Vor diesem Hintergrund sind die zum Teil völlig unterschiedlichen subjektiven Empfindungen zu erklären, auf die ich immer wieder gestoßen bin. Aber dabei spielen noch andere Gründe mit: Wenn bei Frauen, die damals junge Mädchen waren, die Ernährung im Krieg kein sehr wichtiges Thema ist, so kann das auch daran liegen, dass damals ihre Mütter bzw. Großmütter die Verantwortung dafür trugen. Sie waren es, die die Familie versorgten, und die Töchter, wie auch die übrigen Familienmitglieder, nahmen es oft als selbstverständlich hin, gut versorgt zu werden. Es kam nicht selten vor, bemerkt oder unbemerkt von der übrigen Familie, dass Mütter und Großmütter sich einen

Teil ihrer Ration vom Munde abknapsten, um sie den Männern, Söhnen, Töchtern und Enkeln oder einfach dem Haushalt im ganzen zukommen zu lassen. Selbstverständlich war es z. B., dass sie ihre Kinder so lange wie möglich stillten. Und wenn man bedenkt, wie viele nahrhafte Dinge allein in Feldpostpäckchen verschickt wurden (es gibt unzählige Zeugnisse dafür), nicht, weil die Soldaten hungerten, sondern um ihnen etwas besonders Gutes zukommen zu lassen, dann kann man sich ausmalen, dass doch mindestens ein Teil der Frauen sich selbst viel dafür abgehen ließ. Umgekehrt profitierten zuweilen Familien auch von den Zulagen für Schwerkriegsbeschädigte.

BEATE N. (1914), ihr Mann bekam 1943 Tbc, die dritte Tochter war zu dieser Zeit gerade geboren: »Aber ich war furchtbar herunter. Wir hatten sehr wenig zu essen, weil mein Mann immer wieder zu Hause war im Dienst, aber er lebte von Zulagen, die ich als Wöchnerin bekam. Für ihn musste ich alles abgeben, was Fleisch und Fett und sowas war, so dass ich gesundheitlich furchtbar herunterkam.«

ANGELIKA H. (1926): »Meine Mutter hat dann uns allen noch zugesteckt und war dann am Schluss so dünn und so schlecht dran, dass sie dann tatsächlich vom Arzt Zulage verschrieben gekriegt hat, was sie natürlich uns wieder gegeben hat.«

Wenn sich die Gedanken dauernd ums Essen drehten, dann auch manches Mal nicht aus richtigem Hunger, sondern weil man Appetit auf etwas Gutes und Besonderes hatte oder weil man auf etwas Gewohntes verzichten musste. Doch gelten die nachfolgenden Beispiele fast nur für die, die nicht allein auf die Lebensmittelmarken angewiesen waren.

LORE F. (1924): »Mein Großvater auf dem Bauernhof ist gestorben. Da war die Beerdigung, und da hat's Leichenschmaus gegeben und große Hefekränze. Dann sind wir alle beieinander gesessen und haben auch gegessen, und dann sind wir zur Großmutter, wir waren acht Enkel, und haben gesagt: ›Oma, könnten wir nicht noch mal, wir haben so Hunger nach dem Hefekranz.‹ Dann hat sie gesagt: ›Kommt raus in die Küche, dann krieget ihr was.‹ Und da haben wir ein Freudenmahl gehabt statt einer Beerdigung! Ich weiß noch, ich hab' eingebrockt, dass der Löffel drin steckengeblieben ist, und gelöffelt, und das hat geschmeckt! Heut, wenn ich nachdenk', dann sind wir ja bös gewesen damals, aber da war das tatsächlich im Vordergrund, dass es so was Gutes gegeben hat!«

GERDA O. (1931) träumte als Zwölfjährige: »Wenn man sich wieder alles kaufen kann, dann wünsche ich mir ein Mohnbrötchen. Da ist die untere Hälfte mit Schinken belegt und die obere mit Butter und Honig.«

Für die große Mehrheit der Menschen in dieser Zeit bringt es Maria H. (1922) auf den Punkt: »Also, Hunger haben wir eigentlich schon gehabt, eigentlich immer Hunger gehabt, aber das war nicht so, dass man Hunger gelitten hat.«

Ab wann für wen das wirkliche *Hungerleiden* begann, war also je nach individueller Lage sehr verschieden. Den einen ging es schon im Krieg schlechter als anderen jemals nach dem Krieg. Aufs ganze gesehen, trifft aber sicher zu, wie es ja auch die Mehrzahl der Frauen selbst empfindet, dass das »große Hungern« erst nach dem Krieg begann.

Frauen, die es gewöhnt waren, sehr einfach und anspruchslos zu leben, empfanden den Krieg in dieser Hinsicht als keinen so großen Einschnitt, vorausgesetzt, sie hatten irgendwelche Hilfsquellen.

Immer wieder betonen sie, dass man damals noch Freude an kleinen Genüssen gehabt habe, anders als heute. Ein bisschen Kandiszucker oder ein Bonbon waren schon viel, Schokolade etwas ganz Besonderes. Frauen, die damals Kinder waren, erinnern sich noch heute ganz genau, wann sie ihre erste Orange oder Banane bekommen haben.

DORIS G. (1937): »Die einzige Orange, die ich als Kind gekriegt habe, war 1943 in der Panzerkaserne in Böblingen bei einem, heute würde man sagen ›Tag der offenen Tür‹. Später dann erst nach der Währungsreform.«

EVA L. (1920): »Und ich weiß, dass ich dann, das war wohl noch 1943, dass ich da in den Südschwarzwald gefahren bin und in Basel ... umsteigen musste. Dort war 'ne Orange. Unwahrscheinlich, also das war schon ein Wunder! Und die Kinder wussten dann nachher auch gar nicht, wie dann wieder Orangen kamen, also auch bei den Bananen nicht, dass man die schälen muss, die haben reingebissen.«

Es gibt sogar Stimmen, die der Überzeugung sind, die Ernährung sei damals gar nicht so schlecht gewesen. Sie gehören allesamt zu der größten Gruppe von Frauen, die zwar nicht ganz allein von den Karten lebten, aber doch gut einteilen mussten und auch wollten.

ERIKA K. (1906): »Aber wissen Sie, es war eine ganz gesunde Zeit. Ich habe niemand gekannt, der damals Zucker gehabt hat oder etwas gewusst hat von Cholesterin oder so irgendwas...«

UTA M. (1932) hat ihre eigenen Kinder noch lange nach dem Krieg nach Kriegsrezepten ernährt und ist von einem Arzt auf dem Gesundheitsamt, der das nicht wusste, gelobt worden: »Wie ernähren Sie Ihre Kinder? Da ist kein Gramm Fett zuviel!«

HELGA S. (1933), die selbst noch ein Kind war, urteilt rückblickend: »Mit allergrößter Bescheidenheit haben wir gelebt, und ich glaube, es ist uns gut bekommen damals.«

Schwere Mangelkrankheiten sind erst nach dem Krieg festzustellen, wiewohl anzunehmen ist, dass die immer schlechter werdende Versorgungslage der letzten Kriegsjahre auch dazu beigetragen hat.

In der Tat lesen sich Kriegsrezepte oder Ernährungsratschläge aus der damaligen Zeit oft sehr modern. Sie könnten z.T. aus einem Kochbuch für gesunde Ernährung stammen oder aus einer Fernsehsendung »Was die Großmutter noch wusste«. Sie haben nicht unbedingt ein »Reformhausgeschmäckle«, sondern können selbst für Feinschmecker attraktiv sein. Es wurden z.T. alte Weisheiten weitergegeben, die längst vor dem Dritten Reich bekannt waren und die im Zeichen einer ökologisch verantwortbaren und vollwertigen Ernährung heute wieder bedeutsam werden. Auch das nationalsozialistische Schlagwort »Kampf dem Verderb« gewinnt an Aktualität unter den moderneren Etiketten »Sparsamer Umgang mit den Ressourcen« oder »Recycling«. Das Vorzeichen von Krieg und Zerstörung, unter dem damals alle diese Losungen standen, darf dabei allerdings nicht übersehen werden.

Kleidung

Neben der Ernährung spielt die Versorgung mit Kleidung und Schuhwerk in den Erzählungen der Frauen die größte Rolle. Renate D. (1915) beschreibt die Schwierigkeiten ziemlich genau:

»Man hat die Kleidung praktisch zusammengestupft. Für die Kinder hab' ich alles selbst genäht, Hosen, Mäntel, und zwar immer aus alten Sachen, alten Herrenanzügen, aus Abgelegtem. Und wenn ich da jetzt Bilder angucke, da muss ich heut noch lachen. Aber das konnten nicht alle Frauen. Schwierig war es, was Neues zu bekommen, besonders Schuhe. Also, da hat man ja Bezugscheine gebraucht, und ich glaube, ein Paar hat man bloß kaufen dürfen. Musste man nachweisen. Man hat das beteuert. Man hat damit rechnen müssen, dass die kommen und kontrollieren. Ich kann mich nicht erinnern, ich hab' während dem Krieg nichts Neues gekauft. Ich hab' vom Alten gelebt. Und das war auch gar nicht so wichtig. Das ist so zurückgestanden nach dem, was man eben für Nahrung aufgewendet hat. Das war's erste, und Kleider war das zweite. Man hat von Not oder Armut an der Kleidung nicht so viel gesehen. Jetzt ist das ja alles üppig. Da ist mir's manchmal unheimlich, und das mach ich auch nicht mit und will's auch nicht mitmachen.«

Für die Erwachsenen waren die sechs Jahre Krieg noch aus dem *Bestand* der Vorkriegszeit zu bestreiten. Und da alle wenig Neues hatten, fiel der einzelne mit seiner alten Garderobe wenig auf. Die Ansprüche waren viel geringer als heute.

ILSE S. (1929): »Wir hatten eigentlich ziemlich viele alte Kleider, die wurden zertrennt und zusammen für neue verarbeitet. Das war alles ganz normal, niemand hat sich darüber aufgeregt.«

Junge Mädchen, besonders auf dem Lande, beklagen aber doch, dass sie sich so wenig Schickes beschaffen konnten.

ELSE R. (1924): »Man war aus den Jungmädchenkleidern hinausgewachsen und bekam nichts Gescheites mehr als Nachschub. Eine Kollegin aus diesen Jahren sagte mir noch in jüngster Zeit, was das für ein ›modisches Gefälle‹ war zwischen Stadt und Land. Natürlich war es auf dem Land nicht so wichtig, etwa schick zu sein. War man dann aber beruflich in der Stadt, sah es schon anders aus.«

Was man hatte, wurde *geflickt*, bis fast zur Auflösung. Wo es ging, wurde auf bestimmte Kleidungsstücke (z. B. Strümpfe) verzichtet. Dennoch war der große Flickkorb aus keinem Haushalt wegzudenken. Flicken füllte meist die Abende.

ROSWITHA N. (1924): »Man hat ja keine Strümpfe gekriegt. Wir haben immer wieder mit Kreuzstichen, mit Stopfgarn so Kreuzstichmuster da hinten hoch gemacht. Kaum haben wir sie einen Tag angehabt, dann war es schon wieder weg, und die Löcher sind gekommen, also das war furchtbar mit den Löchern!« Wo es ging, hat man überhaupt auf Strümpfe verzichtet.

Schwieriger wurde es bei Kindern und Heranwachsenden. Hier half nur Selbermachen, aus *Altem Neues* nähen, stricken und zusammensetzen. Erstaunlich, wie viele Frauen, die das nie gelernt hatten, sich diese Fertigkeiten damals bis zur Perfektion aneigneten. Auch hierfür gab es viele gute Ratschläge in Frauenzeitschriften. Wer eine tüchtige Schneiderin an der Hand hatte, war natürlich besonders begünstigt.

ROSWITHA N. (1924):
»Änderungen, Änderungen, nichts wie Änderungen. Meine Mutter war eine Künstlerin, muss ich sagen, die hat aus nichts etwas gemacht. Dann hat man ja diese schwarzen Verdunklungsrollos gehabt, dann hat man einfach den Vorhang genommen, man hat am Fenster dann bloß noch so Schals gehabt und von dem Rest vom Vorhang hat man Kleider genäht... Meine Tante z. B. hat jede Menge noch diese leinenen Hemden gehabt, mit Achselschluss, mit Hohlsaum und so, da hat man Kleider draus gemacht... Meine Mutter hat eine Tischdecke gehabt, so groß ... heut' wär' sie Hunderte von Mark wert, gehäkelt mit so kleinen Eckchen. Da habe ich mir Kniestrümpfe davon gestrickt.
I: *Aufgezogen?*
N: Aufgezogen und Kniestrümpfe davon gestrickt.«

HILDE S. (1909), 6 Kinder: »Ich weiß, wir haben so selbstgestrickte Strümpfe gehabt, so schwarze, die hat man aufgezogen, teilweise, und Jäckle gestrickt, am Schluss bloß aufgetrennt und zusammengenäht mit verschiedenen Nähten und dann mit Rot und Grün umhäkelt.«

Freilich haben die Kinder oft unter den zu schweren Materialien gelitten.

HILDEGARD G. (1915): »Frau Thumm hat aus einem schweren Vorhangstoff ein Wintermäntele für ihre Ursula gemacht, den hätte man sonst nie als Mantel verwendet. Mir hat sie immer leid getan, die Ursel.«

HANNELORE J. (1940): »Meinen ersten Mantel habe ich bekommen aus einem alten Militärmantel vom Großvater, hat mich schier auf den Boden gedrückt. Das war so schwer, das war entsetzlich! Wie 'ne Zwangsjacke!«

Wer es im Nähen und Handarbeiten zu großem Geschick gebracht hatte, konnte sich – auch mit Hilfe von noch bezugscheinfreien Textilien[18] – recht hübsche und originelle Dinge nähen bis hin zu Hochzeitskleidern. Auch dafür wurden oft leichte Vorhangstoffe verwendet. Wer etwas Neues auf Kleiderkarten oder Bezugscheine kaufen wollte, musste oft stundenlanges Anstehen in Kauf nehmen.

Übereinstimmend und wiederholt erinnern sich Frauen, dass *Schuhe* das Hauptproblem waren, besonders für Kinder, die so schnell herauswuchsen. Jüngere Geschwister mussten die ausgewachsenen Schuhe der älteren anziehen.

Aus der Sicht eines Kindes, HANNELORE J. (1940): »Das Schlimmste waren die Schuhe, die nie gepasst haben. Lederstiefele, ein bissle höher wie Halbschuhe, die hab' ich Sommer wie Winter gehabt.«

KLARA W. (1926) erinnert sich an ihre Konfirmation, die erste Kriegskonfirmation 1940: »Für Arbeitsschuhe habe ich Bezugscheine gehabt und Schuhe gekriegt. Aber nicht für Sonntagsschuhe. Mutter hat mir Lackschuhe gekauft (*wahrscheinlich durch Beziehungen, sie hatten eine Gärtnerei*); hab' sie aber nicht anziehen dürfen in der Konfirmation, damit man das nicht gesehen hat, dass ich Schuhe hatte und keinen Bezugschein dafür. Hab' alte Schuhe anziehen müssen. Zum Abendmahl durfte ich die neuen Lackschuhe anziehen.«

Wenn solche Details so genau erinnert werden, dann zeigt das, wie verhältnismäßig glimpflich diese Frau insgesamt durch den Krieg gekommen ist, wie wichtig es auch war, in der Dorfgemeinschaft, in der Kirchengemeinde nicht als jemand dazustehen, der sich etwas »hintenherum« besorgt hatte.

Von einer echten Schuhmisere mit evakuierten Kindern im Schwarzwald und wie man sich mit dem Schuhmacher arrangierte, erzählt URSULA S. (1912): »Man konnte die Kinder oft gar nicht rausschicken. Man hatte ja bloß ein Paar Schuhe und Schnee im Schwarzwald. Und Trainingsanzüge hatte man. Wenn die aber rausgingen, dann waren die natürlich vollgesogen von diesem Schnee. Dann hingen in den ganzen Fluren über der Heizung diese Hosen. Und Schuhe musste man trocknen. Und ein Schuster, es gab nur einen, der war in Mitteltal. Und ich brachte ihm Zigaretten, und man guckte, ob man irgendwie ihm was bieten konnte, und da hatte der Riesenregale mit Kinderschuhen. Und dann hat man sich gegenseitig gefragt: ›Gehst Du heute zum Schuster? Frag doch mal, ob meine fertig sind.‹ Und dann hieß es oft: ›Nee, ihr könnt nicht raus, wir haben keine Schuhe.‹«

Die Schuhe waren oft von schlechter Qualität. Die Frauen verfielen deshalb auf allerlei Aushilfen.

ROSWITHA N. (1924): »Ich hatte mir mal ein Paar Schuhe gekauft ... Nach 2 Tagen haben die schon ausgesehen, als ob sie schon 20 Jahre alt wären... So schlecht gemacht. Und so ein dünnes Leder...
I: *Man hört immer wieder, dass man Schuhe mit Holzsohlen hatte...*
N: Ja, sicher, und hat man da so Gummi drauf, und dann ist der Gummi ausgegangen, dann hat man nicht mehr gewusst, ob man alte Autoreifen kriegt, und dann hat man die... Nur haben die Nägel so schlecht gehoben (*gehalten*) in dem Gummi; jeden Tag hat man wieder hämmern müssen. Also unten Holz, so ein Keil, und dann so Stoff, und dann hat es geschickte Schuhmacher gegeben, die das also gemacht haben.«

ROSE S. (1912): »Man konnte keine Schuhe mehr sohlen lassen, keine Absätze. Holzsandalen hat man gekriegt; was man da für Füße gekriegt hat, kann man sich denken. Wir sind schon im Februar, März, bei den ersten Sonnenstrahlen ohne Strümpfe gegangen.«

Von mehreren Frauen wurde mir berichtet, dass sie selbst keinen Erfolg bei den Ämtern hatten, die für die Ausgabe von *Bezugscheinen* zuständig waren, dass sie dann aber ihre Männer, wenn diese auf Urlaub waren, in Uniform hinschickten und prompt bekamen, was sie brauchten.

HILDEGARD H. (1912): »Mein Mann ist in Urlaub gekommen, und ich hab' zu ihm gesagt: ›Meine Kinder kriegen von ihm (*vom Bürgermeister*) einfach keinen Bezugschein für Schuhe.‹ Und mein Mann ist in Uniform dann aufs Rathaus. Und da haben wir zwei pro Kind gekriegt!«

Ob man einen Bezugschein bekam oder nicht, schien aber auch von der Schlauheit und Gewitztheit der Frauen abzuhängen.

ELISABETH K. (1919) wurde gleich zu Kriegsbeginn zum Wirtschaftsamt abkommandiert: »Tagelang stellte ich Bezugscheine für Kunstseidenstrümpfe aus. Noch im Traum fragte ich: ›Wieviel Paar Strümpfe besitzen Sie?‹ und ›Mehr als 2 Paar kann ich Ihnen leider nicht zuteilen.‹ Sämtliche Frauen Stuttgarts, schien mir, waren ohne ganze Strümpfe. Die ganz Schlauen holten sich eine Heiratserlaubnis und ließen sich vollständige Aussteuern zuteilen.«

Andere Entbehrungen

Wenn man die Frauen fragt, was sie während des Krieges, außer Nahrungsmitteln und Schuhen, am meisten vermisst haben, so bekommt man sehr häufig die Antwort: *Seife* und gute *Waschmittel*. Die Frauen mussten oft waschen, weil sie und ihre Familien nicht so viel Kleidung und Wäsche zum Wechseln hatten.

ERNA M. (1925), die in der Gastwirtschaft ihrer Eltern mithalf: »Ganz schlecht war, dass die Seife so ausgetrocknet ist. Ich musste jeden Tag einen Haufen Geschirr spülen, ich hab' mir meine ganzen Hände kaputtgemacht. Da musste man Soda nehmen.«

HILDEGARD H. (1912), drei kleine Kinder: »Man hat kein Seifenpulver gehabt, das hat man mühselig aus Kastanien hergestellt. Andere haben gesagt, aus Fett; ja, ich hab' doch kein Fett gehabt. Ich hab' nicht gewusst, wie ich waschen soll.«

GERTRUD W. (1914), die zwei kleine Kinder hatte: »Als dann die Kinder kamen, stand jeden Tag der Waschtopf auf dem Kohlen-Küchenherd. Beide Kinder vertrugen keine Gummihosen. Es war ein dauernder Kampf mit schrecklich schlechten Waschmitteln, die Wäsche sauber und wieder trocken zu kriegen, denn es gab ja nicht genügend Babysachen auf Bezugscheine.«

ANNA K. (1910): »Wenn ich mir das heute vorstelle, die Frauen mit den Pampers. Wir haben früher Windeln gehabt, und die hat man jeden Tag gewaschen und jeden Tag ausgekocht, damit sie immer schön weiß waren und schön sauber waren. Aber nachher gab es alles auf Marken. Das Waschmittel hieß RIF, Reichs..., also mit Reich hatte das etwas zu tun, und die andere Abkürzung weiß ich nicht mehr, jedenfalls RIF-Waschmittel. Das war so ein Halbpfundpaket für einen Monat. Jede Person bekam so ein Paket. Aber ich sage dir, das hatte gar keinen Wert. Die Wäsche wurde immer grauer, wenn du sie dann gesehen hast, wenn sie auf der Leine hing und die Sonne schien da drauf. Weiße Wäsche gab es gar nicht mehr. Das konnte man gar nicht mehr haben. Oder Seife. Da gab es zwei Arten Seife: Schwimmseife, die war mit Luft aufgeblasen, die schwamm obenauf und war im Nu alle, oder Bimsseife. Wenn du die Kinder damit gewaschen hast, hat es ihnen die Haut aufgekratzt. Die war hart.« Ein bewährtes Waschmittel war Holzasche, die aufgekocht und durchgesiebt wurde. Die Lauge wurde verwendet und soll die Wäsche recht weiß gemacht haben.

ROSWITHA N. (1924) spricht auch offen über die Monatshygiene, die wohl die meisten Frauen belastete: »Was auch sehr schlimm war, das waren die Camelia... Das ist ein Thema, über das wird ja nicht gesprochen, gell?... Das war eine Katastrophe... Die gab es ja gar nicht mehr. Da hat man sich fertige gekauft, und das war so ein Gestrick. Wenn man dann einmal in der Drogerie Watte gehabt hat, dann hat man die Watte hinein. Und die hat man gewaschen... Da haben wir, wenn man halt keine Watte mehr gehabt hat, meine Mutter hat einen Haufen so alte Fetzen, Lumpen gehabt, und dann Trikot ..., das war wirklich schlimm.«

Überhaupt war die Qualität der Reinigungsmittel schlecht, und viele Wohnungen hatten einen Fußboden, den man einwachsen musste.

GERTRUD W. (1914): »Für den Haushalt gab es keine rechte Seife, kein Wachs für die Böden. Ich hatte ewig rauhe, aufgerissene Hände, die oft bluteten, denn die ganzen Kriegsreinigungsmittel griffen die Haut sehr an.«

Große Probleme brachten für viele der Mangel an geeigneten *Medikamenten* und die Engpässe in der *medizinischen Versorgung*.

ELISABETH M. (1920): »Im Sommer 1943 war in Koblenz eine Scharlach- und Diphtherie-Epidemie, der etwa 300 Kinder mangels Medikamenten zum Opfer fielen, darunter auch unsere liebe kleine Tochter Ingrid, knapp drei Jahre alt.«

DORA G. (1927): »Für Zahnplomben und ähnliches musste während des Krieges Altgold zum Zahnarzt mitgebracht werden. In der Familie G. diente dafür die goldene Uhrenkette des Vaters, die solchermaßen allerdings immer kürzer wurde.«
»Anfang '45 bekam ich Scharlach und musste auf die Isolierstation. Da alle Krankenhäuser überbelegt waren, kam ich in den Gasthof Filderhof in Vaihingen, der umfunktioniert worden war. Diphtherie- und Scharlachkranke lagen zwar getrennt in Räumen. Bei Alarm hatten wir aber einen gemeinsamen Keller. Die Isolierung zwischen den zwei Krankenstationen war also illusorisch.«

Dass bei jedem *Einkauf* die kriegsbedingte Dürftigkeit empfunden wurde, kommt in den Erzählungen selbst kaum zum Ausdruck. Diese Entbehrungen erschienen im Vergleich zu den genannten kaum erwähnenswert. In Tagebüchern und Briefen kann man davon lesen.

INGEBORG G. (1922): 8.10.1940: »Mit Muttilein war ich heute in der Stadt, aber das Einkaufen macht keine rechte Freude mehr, man merkt eben doch, dass Krieg ist.«
18.3.1941: »Mit Muttilein kaufte ich in der Stadt ein, es war sehr kalt und windig. Wir waren unbefriedigt, denn in jedem Laden kommt man sich bald als Bettler vor.«
19.5.1942: »Mit Mutti war ich in der Stadt, um für Onkel ein Geburtstagsgeschenk auszusuchen. Aber es war sehr niederdrückend, und wir fanden nichts.«

HULDA G. (1889) in einem Feldpostbrief am 22.12.1942: »Äußerlich ist es dieses Jahr schwer, Weihnachten feiern zu können, denn die Läden sind vollständig leer. Bei Lotter (*einem großen Haushaltwarengeschäft*) gibt es nur noch Stockhäfen (*Blumentöpfe*) und Bimsstein.«

LISA DE BOOR (1894), 2.-6. Juni 1943: »In unserer Drogerie fragen wir, ob der Drogist uns etwas anzubieten hat; wir dachten an Creme oder Kölnisch Wasser. Statt dessen offeriert er uns Ameisenfresslack, Wühlmaustod, Rattengift, Mottenpulver und Unkrautvertilgungsmittel. Wir danken ergebenst.«

Anfang August 1943: »Radio und Zeitung bringen das Verbot der Neuanfertigung von Kleidern und Mänteln. Ich konnte in der ganzen Stadt kein Hemd für mich kaufen.«[19]

Wie bedrohlich die gesamte Versorgungslage am Ende des Krieges wurde, spiegelt sich in manchen Tagebuchblättern.
LISA DE BOOR am 28. Januar 1945: »Wolf holt die Karten der 72. Lebensmittelzuteilung. Fast glaube ich, dass es die letzte ist. Schon die 71. konnte nur teilweise beliefert werden, es gab keine Nährmittel, keinen Kaffee-Ersatz, kein Gemüse. Ganz verzweifelt steht es mit Streichhölzern und mit Salz, diesen Notwendigkeiten. Und Stopfgarn und Nähgarn gibt es schon seit vielen Monaten nicht mehr. Ebenso gibt es keine Schuhe, auch nicht für Fliegergeschädigte, denn alle Fabriken in der Pfalz sind zerstört. In der ganzen Stadt konnte ich keine Nähnadel kaufen.«
3.3.45: »Ich plage mich redlich, einige warme Mahlzeiten zu schaffen, die Läden sind längst leer von Lebensmitteln. Ein Verkäufer antwortete einer Frau, noch ehe sie den Mund auftat: ›Alles, was Sie fragen wollen, das gibt es nicht.‹ Das ist wenigstens eindeutig.«[20]

NACHKRIEGSZEIT

Hunger

Die Überlebensarbeit der Frauen in der Nachkriegszeit ist in der Literatur schon mehrfach gewürdigt worden.[1] In diesem Kapitel stehen – wie immer – die subjektiven Erfahrungen des Mangels, der nackten Not, aber auch die Anstrengungen vieler einzelner Frauen zur Überwindung dieser lebensbedrohenden Not im Vordergrund.

Wie wir gesehen haben, war der Übergang von Knappheit zu Hunger fließend und sehr unterschiedlich. Es lässt sich auch objektiv nicht zweifelsfrei feststellen, ab wann und in welchen Regionen die Rationen das Existenzminimum nicht mehr deckten, denn die theoretisch zugeteilten Lebensmittel wurden oft gar nicht ausgegeben oder waren verdorben.

Eine Frau in Berlin, Tagebucheintrag vom 11.6.1945: »Schlimm steht es um Kartoffeln. Man hat uns die Rationen bereits bis Ende Juli ausgehändigt, zwangsweise, wir mussten sie abholen. Warum, das riecht jeder: Die Knollen, jetzt erst aus den Mieten gebuddelt, gären und bestehen zur Hälfte aus stinkendem Matsch. Der Geruch in der Küche ist kaum auszuhalten; doch auf dem Balkon, so fürchte ich, faulen sie noch schneller. Wovon sollen wir leben?«[2]

Zu beachten sind die Unterschiede in den einzelnen Besatzungszonen. Wie aus der allgemeinen Literatur zur Nachkriegszeit bekannt, war die Versorgungslage in der amerikanischen Zone relativ am besten, in der französischen am schlechtesten. Kaum erforscht ist bisher die Versorgung in der sowjetischen Besatzungszone. Die Erfahrungsberichte der verhältnismäßig wenigen Frauen von dort, mit denen ich in Kontakt gekommen bin, spiegeln eine noch viel krassere Not als in den Westzonen, besonders für die zugezogenen Vertriebenen.[3]

FRIEDA H. (1909), Bäuerin aus ärmlichen Verhältnissen, mit ihren drei kleinen Kindern aus einem Dorf an der polnischen Grenze vertrieben: »Die Ansässigen haben schon Brotkarten und so was gekriegt, aber wir nicht. Was wir uns gesucht haben, das waren Blätter draußen und ein paar stehengebliebene Runkeln und so ... Runkeln, d. h. Futterrüben, und davon hatten wir uns ein paar Liter Sirup (*gemacht*), das war unser Vergnügen. Und dann haben wir bekommen – da wurde Brot gebakken – also das war außen eine Hülse und innen war Haferspreu. Gegessen wurde alles, dann der Typhus, wir hatten schweren Typhus gehabt – das ist der wahnsinnige Hunger ... Was dann war, dann hab' ich Land mit der Schippe umgegraben und ... Mohrrüben, Salat, alles so was hab' ich mir dann selber für unsere Ernährung angebaut. Ja, da waren wir ungefähr ein Jahr, also bekommen hab' ich für irgend etwas zum Essen gar nichts, det haben wir uns zusammengesucht – die Kinder sind betteln gegangen um ein Stück Brot. Ich bin nicht gegangen, weil ich nicht konnte.«

GERTRUD B. (1919): »Die materielle Versorgung in der sowjetischen Besatzungszone (Dresden, Bautzen), wo ich von 1946 bis 1948 lebte, war eine einzige Katastrophe. Nie zuvor und nie danach habe ich so gehungert. – In dieser Zeit bekam ich Hunger-Ödeme; der Arzt verschrieb mir dagegen Molke, die auch half. – Oft kochten wir eine Suppe aus erbettelter Kleie.«

Hausfrauen wurden als »Normalverbraucher« eingestuft, obwohl sie Schwerstarbeiter waren und nach Schätzungen täglich so viel und so schwer arbeiteten wie etwa ein Lokomotivführer und ein Bergarbeiter. Zum Vergleich: Pfarrer, Künstler und Schulleiter z. B. zählten zu den Schwerarbeitern und bekamen entsprechende Zulagen. Schwerstarbeiterzulagen bekamen nur die berufsmäßigen Trümmerfrauen. Keine der von mir befragten Frauen brachte diese Ungerechtigkeit zur Sprache, keiner scheint sie damals bewusst gewesen zu sein.[4]

Der Tiefpunkt der Versorgung war – wieder nach den Dokumenten und allgemein gesehen – etwa Ende 1947 erreicht, wobei auch hier große Unterschiede in der Versorgungslage anzunehmen sind.

MARGRET B. (1927): »1947 schrieb der britische Gouverneur von Schleswig-Holstein an seine Regierung in London, 50 % der dortigen Bevölkerung gingen einem langsamen Hungertod entgegen. Im selben Jahr heiratete die jetzige englische Queen Prinz Philipp. Die Düsseldorfer Arbeiterjugend schenkte ihnen zur Hochzeit eine Tagesration: 300 g Brot, 5 g Fett, 12,5 g Fleisch, 2 g Käse und 40 g Nährmittel (Grieß, Nudeln oder Haferflocken).«

Die Wende zum Besseren trat nicht für alle automatisch mit der Währungsreform 1948 und dem Marshallplan ein, wenngleich die Ernährungsfrage ab etwa dieser Zeit keine Frage des Überlebens mehr war, sondern eine Frage der besseren oder schlechteren Ernährung, die nun vor allem von der finanziellen Lage des einzelnen abhing. In der Zeit zwischen 1945 und 1948 aber ging es für sehr viele Frauen um die nackte Existenz, denn wie schon während des Krieges waren sie es, auf denen wieder die Last der Verantwortung für die Familie und oft dazu noch für die älteren Angehörigen lag. Wie weh der Hunger tat, lässt sich anhand unzähliger Zeugnisse nachempfinden:

MATHILDE WOLFF-MÖNCKEBERG (1879) schrieb am 6.7.1945: »Müde, müde! Dieser Sommer ist so viel schwieriger als der vorige. So knapp ist alles, und das ganze Interesse konzentriert sich allmählich aufs Essen! Man wird mit dem mangelnden Fett immer gieriger und die Phantasie immer erregter; Würste, Beefsteaks, herrliche Kuchen, Schlagsahne, große Schalen mit Obst, raffinierte Gemüse-Platten voll junger Erbsen, Bohnen, roten Tomaten, zartgrünen Gurken, erbleichendem Blumenkohl und geradezu herausfordernden dicken Spargeln tanzen vor einem neckisch und einladend herum! Das sind Tantalusqualen, wenn man bei Michelsen eine winzige Scheibe Hackbraten bekommt mit Trockengemüse – etwas schmackhaft gemachtes Stroh! –, keine Kartoffeln und vorher einer undefinierbaren Brühe! Wenn man sich das Essen doch abgewöhnen könnte!«[5]

RÖSCHEN H. (1913): »Mein Vater saß oft auf seiner Bettkante und konnte vor Schwäche nicht aufstehen. Er meinte einmal: ›Kann man denn nichts mit Baumrinde anfangen?‹ Ich erinnere mich, dass auch wir, so oft es ging, im Bett blieben, um Kräfte zu sparen.«

UTA M. (1932), die als Flüchtlingskind mit ihrer Schwester allein hausen und sich durchbringen musste: »Wir haben wochenlang nur von Rüben gelebt, von Rettichen, dann wieder von diesem Kürbis. Also je nach Jahreszeit, bis hin – und das war das allerletzte dann – zu Zuckerrüben. Da hab' ich mich dann geweigert. Da hab' ich gesagt: ›Ob ich einen Tag früher oder später verhungere, ist mir jetzt eigentlich gleich.‹ Aber wir kriegten ja alle 10 Tage die Lebensmittelrationen. Nur – die überlebten halt nicht den nächsten Tag. Die fraßen wir an dem Tag auf. Wir schütteten Zucker, das gab's immer, und zwar meistens statt Fett und Fleisch auch Zucker; Zucker, Grieß, Haferflocken, was immer es war, wir schütteten es roh zusammen und tranken Wasser dazu und aßen es auf.« Und einige Zeit später: »Inzwischen war ... eine Schulspeisung eingeführt worden, die aus einem Brötchen bestand, das erstens klein und zweitens hohl war. Aber wenn im Winter die Schule nicht geheizt wurde – es gab ja keinerlei Heizmaterial für Schulen – dann sind wir trotzdem, ein paar von uns, die fast am Verhungern waren, täglich in die Schule gegangen, bei der härtesten Kälte und beim schlimmsten Wetter, nur damit wir in den Genuss des Brötchens kamen.«

RENATE B. (1925), die damals gerade in der außerordentlich anstrengenden Schwesternausbildung stand: »Wir hatten Steckrüben und Sauerkraut oder Erbsen und Sauerkraut. Kartoffeln gab es überhaupt nicht mehr. Und das bei dieser Arbeitsleistung! Ich kam abends oft nicht mehr die Treppe hinauf unters Dach, wo ich mein Schwesternzimmer hatte.«

BERTE B. (1912): »Ich vergess' nie, wie ich meine Zusatzmarken gekriegt hab' für das kommende Baby, bin ich von der Stelle, wo man die Marken gekriegt hat, sofort in die Metzgerei und hab' mir 50 Gramm Wurst gekauft und die gefressen auf der Stelle.«

INGE R. (1924): »1947 war es so schlimm in der amerikanischen Zone, dass die Amerikaner Kartoffelpulver (*Trockenkartoffeln*) an die Bevölkerung abgegeben haben, sonst drohte eine Hungersnot. Ich war damals wirklich am Umfallen.«

Die Überlebensstrategien in der Nachkriegszeit waren im wesentlichen dieselben wie schon während des Krieges, nur unter dramatisch verschlechterten

Bedingungen, und damit noch zeit- und kräftezehrender. Alle geistigen und physischen Energien waren gefordert.

Die Gelegenheit, sich für die ganz ungewisse Nachkriegszeit einen Vorrat anzulegen, gleichsam eine Parallele zur gewohnten Vorratswirtschaft, bot sich unerwartet am Kriegsende. In vielen Orten wurden öffentliche Vorratslager und Wehrmachtsbestände geöffnet. Nur selten kam es dabei zu einer geordneten und gerechten Verteilung, meist wurde wüst *geplündert*. Jeder bediente sich selbst oder raffte zusammen, was er konnte. Niemand hatte die geringsten Bedenken oder Skrupel. Allenfalls wird bedauert, dass so viele gute und nützliche Vorräte sinnlos zerstört und zertrampelt wurden.[6]

Unter dem unmittelbaren Eindruck eines solchen Ereignisses schreibt eine Frau in Berlin am 26.4.1945 in ihr Tagebuch: »… vor der Schupokaserne viele Menschen, mit Körben, Säcken, Taschen. Ich renne in den erstbesten Korridor; er ist dunkel, kühl und ganz leer, also wohl der falsche. Ich hetze zurück, hinter anderen her abwärts in den Keller der Kaserne, höre vor mir Tappen und Keuchen, und Rufe: ›Hierher! Hierher!‹ Hab' mir draußen eine herumstehende kleine Kiste gegriffen, die schleife ich nun hinter mir her.

Ich stoße im Finstern Menschen an, bekomme Tritte gegen die Schienbeine. Bin auf einmal in einem Kellerraum, völlig dunkel, keuchende Menschen, Schmerzensschreie, ein Ringkampf in der Finsternis. Nein, hier wird nicht verteilt. Hier wird geplündert. Eine Taschenlampe blitzt auf, ich erkenne Regale, Büchsen darauf und Flaschen, aber nur unten, die oberen Regale sind bereits abgeräumt. Ich bücke mich, werfe zu Boden und wühle im allerunsersten Fach Flaschen heraus, fünf, sechs Stück, stopfe sie in meine Kiste. Im Dunkeln bekomme ich eine Konservenbüchse zu fassen, da tritt mir einer auf die Finger, und eine Männerstimme schreit: ›Das sind meine Sachen!‹ …« Und so geht es in ihrer Beschreibung noch etliche Seiten weiter.[7]

Noch intensiver wurden alle Möglichkeiten zur *Selbstversorgung* genützt.

GUNHILD RONNEFELDT (1927): »Als Flüchtling (*aus Templin in Friedrichstadt an der Eider*) bekam ich ein Stück Marschland zugeteilt, damit ich selber Lebensmittel anbauen könnte. Morgens um 6 Uhr wurde umgegraben, um 7 begann die Arbeit (*sie war Gärtnerlehrling*). Meine zugeteilten Kartoffeln hatte ich um die Augen herum etwas dicker geschält, diese Augen hab' ich dort gepflanzt – anderthalb Zentner Kartoffeln davon geerntet! Zuckerrüben und Tabak standen noch auf dem Stück Land. Ich lernte Tabak fermentieren und Zigarren rollen. Im Winter wurde dann Sirup gekocht. Jetzt versorgte ich Familie und Freunde mit Kartoffeln, Kohl, den es ohne Marken gab, mit Sirup und sogar mit Zigarren.«[8]

Unter den zahlreichen, schon während des Krieges geübten Sammelaktionen hat sich in der Erinnerung der Frauen besonders das Sammeln von Bucheckern im reichen Bucheckern-Herbst 1945 eingeprägt. Es gab wohl kaum eine Familie, die nicht in die Wälder zog, um zu sammeln.

Sehr genau schildert ELISABETH E. (1924) die Aktion: »Alle Welt war unterwegs, zu Fuß, mit alten Fahrrädern, mit dem Zug, mit Holzgasern. In Trauben hingen die Menschen auf den Trittbrettern der überfüllten Wagen, sogar zwischen den Puffern und auf der Lokomotive fuhren sie mit. Diese ›Buchele‹-Ernte war wahrlich ›Manna, das vom Himmel kam‹. ... Ich fuhr nach Mundelsheim, konnte dort bei Verwandten übernachten und einige Tage im Wald auf den Knien rutschend zubringen. Profis rechten die Bucheckern zusammen und trennten zu Hause dann die Spreu vom Weizen, d. h. die leeren Hülsen von den vollen. Es war eine Sisyphusarbeit. Man kämpfte im Wald um die guten Plätze, sah mit Argusaugen neue Sammler anmarschieren, Säcke auf dem Rücken, Taschen am Arm. Und erfinderisch wurde man: Aus alten Socken wurden Knieschützer angefertigt, damit das Knien leichter zu ertragen war, und abends war man krumm, alles tat weh, doch morgens zog man wieder los, Schal um den Hals, Handschuhe taugten nichts, da war man nicht flink genug, deshalb klamme Finger, abgebrochene Fingernägel, alles egal. Hauptsache, man hatte eine gute Ausbeute. Aber auch hier waren wieder welche am Werk, die sich auf Kosten anderer bereichern wollten. Beim Umtausch gegen Öl wurde über die Qualität gemeckert, möglichst hier ein paar hundert Gramm abgezwackt, dort ein Viertelliter weniger gegeben ... Mit den Rückständen konnte man die Hühner füttern ... Eines weiß ich noch genau, an diesem Weihnachtsfest gab es Gutsle (*Backwerk*) aus Bucheckern im Teig, zur Verzierung, als Fülle, und Kuchenrezepte wurden gehandelt, eines besser als das andere, eines hatten sie aber alle gemeinsam: auf irgendeine Art waren Buchele drin.« – Eine Frau hat ausgerechnet, dass man sich für 1 kg Bucheckern tausendmal bücken musste. Vier Kilo Bucheckern ergaben einen Liter Öl.

Anstehen musste man nicht nur für Lebensmittel, sondern praktisch für alles Brauchbare. Von da und dort markenfrei abgegebenen Waren erfuhr man meist durch Mundpropaganda. Das Anstehen war außerordentlich zeitraubend, noch viel zeitraubender als schon im Krieg. Oft musste man weite Wege auf sich nehmen, manches Mal schon vor Morgengrauen da sein, um noch etwas zu ergattern. Die Kinder waren den Erwachsenen dabei eine wesentliche Hilfe. Beim Metzger gab es z. B. hie und da, besonders an Schlachttagen, Freibankfleisch, Pferdefleisch, »Metzelsuppe« (*Wurstbrühe*), »Blunzen« (*geronnenes Blut*), Kutteln. Stundenlang und oft buchstäblich bis zum Umfallen standen Frauen auch vor den Gärtnereien und vor allen Geschäften, wo es etwas gab, denn brauchen konnte man alles, wenn schon nicht für sich selbst, dann zum Tauschen.

HILDEGARD B. (1923): »Da waren wir in der Hasenmühle (*ein Ort etliche Kilometer von Heilbronn entfernt*), meine Schwester und ich. Und dann hat's geheißen, in Heilbronn gibt's Fisch. Und da war's aber 30 Grad warm. Also bin ich hinmarschiert. Und (*lacht*), bis ich drangekommen bin, hat's keinen mehr gegeben. Zum guten Glück. Bis ich den wieder heimgetragen hätte in der Hitze, hätten wir ja die größte Fischvergiftung gekriegt. Wir hätten's wahrscheinlich gegessen. Stell dir mal den Weg vor für vielleicht pro Nase ein Viertelpfund Fisch! Und so hast du da viel Zeit aufgewendet.«

Für viele ging es jetzt auch nicht mehr nur um ein Zubrot, wenn sie sich *bei Bauern* oder in Gärtnereien *Arbeit* suchten, sondern es ging um das tägliche Brot selbst; sie hatten gar keine Wahl.

UTA M. (1932): »Eine goldene Zeit war für uns (*ihre Schwester und sie, die sich allein durchbringen mussten*) die Zeit im Juni, und zwar wurde da in der Staatsdomäne Z. zum Erbsenpflücken gerufen, dass man also da helfen sollte. Anfangs fuhr sogar ein Auto, und da waren also ständig Weiber dabei, die ham (*haben*) das also da jahrelang schon gemacht für Geld. Da war also ein Feld, auch für meine Begriffe unvorstellbar. Man hat in dieser riesigen Ebene weder die Seiten noch das Ende des Feldes erkennen können. Jeder hat also dann zwei Reihen Erbsen zugewiesen bekommen, die mit der Maschine ja ausgesät worden waren. Diese Erbsen wurden aus der Erde gerissen, die Stauden, die Erbsen selbst wurden heruntergepflückt in Säcke. Obwohl meine Schwester und ich ununterbrochen auch Erbsen gegessen haben, das war erlaubt ... da haben wir trotzdem schnell genug gearbeitet, um fast so viele Säcke vollzukriegen wie diese Frauen. Aber uns ging's nicht um die Säcke, sondern erstens um die Tatsache, dass man von früh bis abends Erbsen essen konnte und dass man ... dann auch ein oder zwei Säcke Erbsen zur eigenen Verfügung bekam. Nun waren die dann aber schon ein paar Tage in den Säcken gestanden, leicht schmierig, also zum Rohessen nicht mehr geeignet. Aber die hat man dann herausgepult, getrocknet und für den Winter als Vorrat aufgehoben ... Im zweiten Jahr fuhr schon kein Lastwagen mehr, sondern da musste man hinauslaufen. Da hab' ich dann früh um vier, wenn wir diese 10 km da hinaufmarschiert sind, einen Eindruck bekommen von der Welt wie am ersten Schöpfungstag. Das war also unwahrscheinlich schön an der Elbe entlang, der Nebel lichtete sich über diesen feuchten Wiesen. Das waren also unvergessliche Stunden, die hab' ich auch unglaublich bewusst erlebt. Da der Mensch nicht von Brot oder von den Erbsen allein leben kann, sind wir am Abend in einen Volkshochschulkurs gegangen, und das war damals gerade ›Faust I‹ und ›Faust II‹.«[9]

Sehr anschaulich erzählt sie auch ihre Erlebnisse als Kuhmagd – die Stelle hatte ihr der Onkel vermittelt. Jeden Tag um halb sechs musste sie die Kühe auf die Weide treiben. War das schon ein Unterfangen mit Hindernissen, so war das Vollpumpen eines Behälters mit Wasser für den Tag für sie kaum zu schaffen: »Ich war ja vollkommen geschwächt. Ich hatte überhaupt keine Muskeln, und es war eine wahnsinnige physische Anstrengung, einen Trog von vielleicht 2 m Länge und 80 cm Breite und 1 m Tiefe da mit Wasser vollzupumpen. Wenn ich das fertig hatte, schlüpfte ich wieder durch den Zaun, rannte nach Hause, die Füße waren ja wie Eis inzwischen, und nun hatte die Frau Milchsuppe gekocht. Ich habe also die verschiedensten Sorten Milchsuppe in meinem Leben gegessen, die war mit Entschiedenheit die beste. Sie hat nämlich Mehl, Zucker und Wasser vermengt wie zu Streusel und das in kochende Milch hineinrinnen lassen. Das gab also so eine leicht klumpige, leicht süße Suppe. Davon hat sie einen riesigen Pott gekocht, und es waren im Haus vielleicht acht oder zehn Personen, die alle zur Familie gehörten und da gearbeitet haben. Ich habe mich mit den ersten zu Tisch gesetzt, wenn ich von meiner Kuhaustreiberei kam, derweil war's vielleicht halb sieben oder so ... Dann hab' ich mich mit den ersten zu Tisch gesetzt, alles schöpfte von oben, alle waren sie kugelrund und kämpften schon gegen die Wohlstandspfunde, obwohl's erst vor der Währungsreform war. Ich schöpfte tief aus dem Topf die Klumpen, denn die bekamen nachher die Schweine. Da sind also die Schweine vielleicht nicht ganz so schnell dick geworden, denn ich habe also vom ersten bis zum letzten Mal dicke Klumpen aus dem Topf geschöpft und mitgefuttert und gefuttert und gefuttert, bis der letzte vom Tisch ging. Dann haben sie mich auf die Waage gestellt alle Tage, da war so 'ne Kartoffelwaage, und siehe da, ich hab' jeden Tag ein Pfund zugenommen, dreizehn Tage lang.«

Es gab nach dem Krieg für Frauen in den Großstädten eine Möglichkeit, zu etwas mehr Lebensmitteln zu kommen, als ihnen sonst als »Normalverbrauchern« zustanden. Sie konnten als »*Trümmerfrauen*« arbeiten.

Was das auf die Dauer bedeutete, schildern die Trümmerfrauen, die Gabriele Jenk in Berlin und Köln befragt hat.[10]

DORA RAUH: »Die Angst und auch das Misstrauen gegen jeden nahmen zu, und außer ›Guten Tag‹ und ›Guten Weg‹ wurde nicht geredet. Auf der Arbeit wurde das Klima auch immer schlimmer. Zu der politischen Unsicherheit (*im Frühjahr 1948 begannen die Ost-West-Spannungen um Berlin; man befürchtete einen neuen Krieg*) kam die körperliche Erschöpfung. Acht oder neun Stunden harte körperliche Arbeit und nichts zu fressen. Irgendwann konnte man nicht mehr. Die Versorgung langte hinten und vorne nicht – das Essen reichte weder zum Leben noch zum Sterben. Viele Frauen kippten einfach um. Ganz still, und weg waren se. Ich erinnere mich zum Beispiel an eine Kollegin so um die Fünfzig. Die hatte einen todkranken Mann zu Hause, ihren Vater und vier Kinder. Nach einigen Wochen war die so erschöpft, dass sie die Eimer kaum noch tragen konnte. Immer wieder setzte sie sich hin, aber sie wollte durchhalten, hielt verdammt lange durch. Bis sie eines Tages einfach umkippte. Einfach so. Ganz leise fiel sie um. So wie sie gelebt hatte, so starb sie auch. Ohne Wehklagen und ohne Laut. Wir standen alle um sie herum und haben geheult. Um diese Frau, aber auch um uns. Paule sagte dann, eine müsste die Familie verständigen, damit sie herkommen und die Leiche abholen. Keine von uns wollte diesen schweren Weg übernehmen, aber er musste doch gegangen werden. Also bin ich mit einer anderen Frau zur Familie hin, die im Wedding lebte. Lebte – was für ein Wort für dieses Vegetieren in einem Loch, ohne Fenster und ohne Licht. Wir stiegen die Treppen runter und kamen in einen Kellerverschlag, wo ihr kranker Mann lag. Vor ihm auf dem Tisch stand eine Flasche mit Wasser, und auf einem Teller lagen ein Stück trockenes Brot und eine kleine Medikamentenflasche. Als er uns hörte, rief er nur: ›Klara, bist du es?‹ Ich ging zu ihm und wollte ganz vorsichtig mit ihm reden, doch der wusste genau, was los war, und schüttelte nur den Kopf, und die Tränen liefen nur so runter. ›Was wird denn jetzt nur aus mir, was soll denn jetzt aus mir werden?‹

Ich wusste es nicht. Niemand. Wir warteten neben diesem weinenden Mann auf die Tochter. Als sie kam und wir ihr vom Tod ihrer Mutter erzählten, zuckte sie die

Achseln und ging mit. Auf der Baustelle hatten die Kolleginnen die Tote mit einigen Tüchern zugedeckt und arbeiteten weiter. Wir halfen der Tochter, die Mutter auf einen Karren zu legen, nahmen unsere Schaufeln wieder in die Hand und arbeiteten weiter. Mitleid hin, Mitleid her – wir hatten auch noch Familien oder auch nur den Willen zum Überleben.«[11]

An *Hamstern* und »*Organisieren*« kam nun niemand mehr vorbei, der nicht verhungern wollte. Es mussten weite, beschwerliche, oft auch erfolglose Fußmärsche oder Fahrten in überfüllten Zügen, per Anhalter, auf dem Fahrrad in Kauf genommen werden. Der Aufwand stand oft in gar keinem Verhältnis zum Ertrag und war auch nicht ohne Risiko. Wer erwischt wurde, dem wurde alles abgenommen und er wurde unter Umständen auch noch bestraft, wenn es nicht gelang, den Ordnungshüter zu bestechen. Frauen mit festen Arbeitszeiten oder auch solche, die niemand zur Beaufsichtigung ihrer kleinen Kinder hatten, hatten es schwer, sich auf diesem Weg das Notwendige zum Überleben zu organisieren.

Die Trümmerfrau MAGDA ANDRE aus Köln konnte sich nur sonntags auf den Weg machen: »Abends nach der Arbeit sofort ins Bett, und dann um 2 Uhr morgens raus, schnell angezogen und los, damit ich noch in die Bahn Richtung Bergisches Land kam...«[12]

In den Erzählungen überwiegen die enttäuschenden Erlebnisse mit Bauern, in dieser Zeit noch mehr als während der Kriegszeit.[13] Sie sind als besonders bitterer Stachel haftengeblieben, wenn es auch noch Verwandte waren oder wenn man sich bei Tauschgeschäften von liebgewordenen Dingen trennen musste.

MARGARETE F. (1918): »Ich habe einmal gehamstert. Das war auf den Fildern. Da bin ich mit einer Verwandten gewesen, und die sagte: ›Ha, ja, da gehst du mit‹, und da haben wir Kraut wollen, und ich bin heulend rausgegangen. Die Bäuerin hat gerade einen Teig gemacht und gesagt, wir wären alles Lumpengesindel und wir sollen machen, dass wir fortkommen. Dann habe ich gesagt, aber ich habe diese Zigaretten gehamstert. Sie kriegen Zigaretten dafür, das ist doch nicht umsonst, und wir bezahlen auch noch, was es kostet. Wir möchten nur ein Kraut. Wir sind damals mit zwei Filderköpfen dann heimgekommen. Wir waren da von Haus zu Haus gegangen, die haben einen unheimlich .... Also, ich konnte das nicht mehr, für mich war das erledigt. Die Demütigung, wie man da als Bettler kam und hinausgeschmissen wurde, weil man einen Filderkopf wollen hat, dass man so doof war, dass man überhaupt das wollen hat...«

ELISABETH R. (1926): »Wir hatten nur Rationen. Meine Mutter hat mal gefragt im Dorf, ob sie nicht ein bissle Mehl bekommen könnte, und das weiß ich heut noch, dann hat die gesagt, die sie gefragt hat, draußen im Wald fliegen genügend Maikäfer.

Die waren teilweis, die Bauersleut, wenn sie heut jammern, das ist bestimmt schwer durch die EG und so, aber die haben wirklich, die waren so geizig, es war wirklich deprimierend. Als meine Schwester da nach dem Krieg mal zur Verwandtschaft kam, da haben sie zu ihr gesagt: ›Marianne, was sollen wir dir geben, isst du gern ein Vesperle oder machen wir dir Kaffee?‹ Und bei allem hat sie ›Nein, danke‹ gesagt, ihr Mann war auch dabei. ›Hast du denn gar keinen Hunger?‹ Da hat sie gesagt: ›Während der schlechten Zeit hast du mich nicht ein einziges Mal gefragt, ob ich Hunger hätte, und Hunger haben wir oft gehabt.‹«

Die Kränkungen und Demütigungen waren den Frauen noch mehr als 40 Jahre danach anzumerken. Mehrmals wurde mir erzählt, dass Bauern den Frauen sogar ihre Eheringe für Lebensmittel abgenommen haben.

Zugezogene hatten noch weniger Aussicht, etwas zu bekommen.

ELFRIEDE W. (1926): »Wir waren auf unsere Rationen angewiesen, weil wir – aus Dresden zugezogen – an unserer Sprache bei vogtländischen Bauern sofort als Nicht-Einheimische erkannt wurden und beim Hamstern nichts bekamen. Meine Mutter war 1945/46 am Verhungern. Mein Vater ging nach seiner Rückkehr kilometerweit und tauschte Stiefel, Uniformmantel u.a.«

HILDEGARD S. (1914), die in einem Bauernort als Evakuierte wohnte:
»'45 ist mein Kind aus zweiter Ehe auf die Welt gekommen. Und ich hab' eine Furunkulose gekriegt, ich konnte nicht mehr stillen. Von der Brustwarze bis zum Bauch runter.
I: *Das war ja sicher auch ernährungsbedingt.*
S: Mit Sicherheit. Der Körper war geschwächt. Die Zeit, das war wohl die schlimmste ... Meine Schwestern in Stuttgart, die haben von ihren Lebensmittelzuteilungen uns aufs Land abgegeben. Gell, das können Sie nicht glauben?
I: *Nein.*
S: Das ist wirklich wahr. Ich glaub, da war Eipulver, Milchpulver und so etwas Wichtiges (*möglicherweise bekamen die Schwestern Care-Pakete*). Ich hab' auf dem Land gewohnt und hab' drei Tage keinen Tropfen Milch gehabt. Am dritten Tag sag ich zum anderen Kleinen: ›Nimm einmal die Milchkanne und frag einmal da unten, ob wir nicht ein bissle Milch kriegen können, wir brauchen's ganz dringend, egal, was es kostet oder was sie wollen.‹ Und dann kommt er und sagt: ›Es gibt keine.‹ Und dann sag ich: ›Es kann nicht sein, also muss ich selber gehen.‹ Und dann stehen grad beide Nachbarn am Gartenzaun und machen einen Abendplausch, und ich komm her und sag: ›Ich brauch' ganz dringend ein bissle Milch.‹ Und die wussten, dass wir ein kleines Kind haben. Und dann zunächst einmal gar nix, kein Wort. Da hab' ich dann einen angesprochen: ›Wie ist es bei Ihnen, Herr Bauer?‹ Da sagt der Herr Bauer, so die Achseln hochgezogen und so ganz, ganz wüscht (*böse*) rausgepoltert: ›Bei mir braucht's 'sKälble.‹ Hab' ich zum andern gesagt: ›Und Herr Vogt, wie sieht's bei Ihnen aus? Ich sollt so dringend Milch haben.‹ Sagt er: ›'s tut mir leid, da ist grad eine drin und holt die letzte.‹ Und ich hab' nichts mehr schwät-

zen können. Da hab' ich gespürt, wie mir Tränen kommen. Da hab' ich gedacht. Bloß nicht zeigen, dass du jetzt gleich heulst. Hab' ich mich rumgedreht und bin wie so ein begossener Pudel davon.«

RENATE D. (zwischen 1915 und 1920) fasst es allgemeiner. Ob sie alles selbst gesehen hat, bleibt offen: »Die Bauern haben sich in dieser Zeit sehr bereichert, haben die schönsten Ölgemälde gekriegt, Klaviere gekriegt, Teppiche.«

ROSWITHA N. (1924): »Die haben nur, nur gegen harte Sachen (*etwas gegeben*). Also, da haben manche gleich ihre ganze Wohnungseinrichtung zu denen raufgeschafft auf die Alb oder ins Oberland.«

Wer ausgebombt war, kratzte oft die letzten Kostbarkeiten aus armseliger Habe zusammen.

HANNELORE S.: »Schuhnestel gegen Mehl oder Brot, Sicherheitsnadeln gegen Eier, einen Füllfederhalter (Marke Pelikan) gegen Fett, Damenbinden – wohlgemerkt, waschbare aus Trikot, die wir irgendwo noch zufällig ergattert hatten, gegen Fleisch oder etwas Blutwurst (genannt Blunzen, reines gekochtes Blut, nur gewürzt, ohne jedes Fettbröckchen). Papa und ich fuhren einige Male mit dem Milchauto früh auf die Alb, um einen ganzen Tag lang (alte!) Kartoffeln aufzukaufen. So schrumpelig sie auch waren und so wenig sie wohl noch einen Nährwert hatten, sie waren unser Hauptnahrungsmittel, das es zu allen Mahlzeiten gab.«

Es kamen ungewöhnliche Tauschaktionen zustande, und es wurde von den Frauen auch über erfreulichere Erlebnisse berichtet, die allerdings den Kontrast zwischen den Wohlsituierten und den Darbenden um so deutlicher hervortreten lassen:

ANONYME ZEITZEUGIN: »Einmal erlebte ich meine Mutter wirklich verzweifelt: Sie eröffnete uns Kindern, dass jetzt absolut nichts mehr zum Essen da sei. Da beschlossen wir, alleine hamstern zu gehen. Ich, die Jüngste, sah am unterernährtesten aus. Eine Bauersfrau bekam jedesmal, wenn sie mich sah, Tränen in die Augen. Weil ich so mager war, nahm sie mich mal vierzehn Tage zu sich, um mich mit Haferflocken und Vollmilch und allem möglichen aufzupäppeln. Besagtes Hamstern von uns Geschwistern, mit mir als Hungerkind, war ein ganz großer Erfolg. Wir brachten unserer Mutter als Überraschung eine Tüte Mehl, drei Eier und ein paar Kartoffeln, worüber sie sich wahnsinnig freute – so spontan, wie sie sein konnte. Sie hat sich kein bisschen geschämt, obwohl wir ja eigentlich gebettelt hatten. Wenn sie einmal im Jahr das Honorar für die Leitung des Kirchenchors bekam, war das das Größte vom Größten, ein Fresskorb mit Naturalien von den Bauern ringsum.«[14]

MARGRIT H. (1924) erzählt, wie sie mit ihrem Vater von Karlsruhe nach Nürtingen fuhr, um dort Obst zu ergattern, da in K. überhaupt kein Obst mehr zu bekommen war. Ihr erstes Kind war damals gerade 1/4 Jahr alt, und sie war dabei, es abzustillen. Als sie mit ihrem Vater in Nürtingen ankam, hatte sie in den Brüsten große Schmerzen, weil doch noch einmal Milch eingeschossen war. In der Verzweiflung fragte sie sich nach der Hebamme durch, die ihr dann die Adresse einer jungen Bäuerin gab, die vor nicht allzulanger Zeit entbunden und mit dem Stillen Schwierigkeiten hatte. Sie machte sich eiligst auf den Weg dorthin und legte erleichtert das Baby an, das mit großem Appetit die unverhoffte Nahrungsquelle ausnützte. Die Bäuerin und der Bauer hätten sich so gefreut, dass sie die mitgebrachten Rucksäcke von Vater und Tochter mit Äpfeln füllten, dass sie die Last fast nicht tragen konnten. Muttermilch gegen Äpfel!

Den damaligen Tauschwert von Lebensmitteln beleuchtet schlagartig das folgende Beispiel:

Eine Mitschülerin von INGEBORG S. (1928) sparte die trockenen Brötchen, die sie in Leipzig als Schulspeisung bekam, und tauschte für 80 Brötchen ein Cello.

Wenn die Frauen die fehlende Solidarität der Bauern mit den Hungrigen beklagen, muss man auch deren Perspektive beachten. Städter und Flüchtlinge fielen in Scharen wie Heuschreckenschwärme über das Land her; Hamstern und »Organisieren« gingen häufig nahtlos in Diebstahl über. Außerdem wurde der Ablieferungszwang härter und die Kontrollen wurden schärfer. Das Wort »Organisieren« drückt selbst die fließende Grenze zur Illegalität aus. Man nahm kaum das Wort »stehlen« in den Mund, sondern sprach harmloser von »klauen« oder »kompensieren« oder von »Mundraub«. Aus der Kölner Gegend ist das Wort »fringsen« bekannt, nach dem dortigen Kardinal Frings, der Verständnis für diese Art der Beschaffung bekundet hatte. Im allgemeinen Bewusstsein der Frauen bedurfte es keiner Rechtfertigung: Die nackte Not war Rechtfertigung genug.

Bei all den auffallend emotionalen Berichten der Frauen ist Vorsicht am Platze. Sie tendieren dazu, persönlich frustrierende Erlebnisse zu verallgemeinern und wohl auch zu übertreiben, typische Klischees zu benutzen, wovon das bekannteste das von den »Teppichen im Kuhstall« sein dürfte, die nur eine meiner Frauen mit eigenen Augen gesehen haben will, wenn sie es wahrscheinlich auch nicht wörtlich meint. (Margarete L.) Zu den stehenden Redensarten gehörte in Schwaben auch: »Heut stehen die Bauernmädle mit dem weißen Schürzle im Stall.« (Erna E.; 1909) Es wird gerne aufs Hörensagen rekurriert. Der »hartherzige«, »habgierige« Bauer mag auch davon abgelenkt haben, dass die allgemeine Misere die Folge des verlorenen Krieges war, an dem man ja selbst nicht ganz unschuldig war. Sicher haften diese Erlebnisse auch deshalb so unangenehm in der Erinnerung, weil niemand sich gern in der Rolle des enttäuschten Bittstellers sieht, zumal dann, wenn man sich als Städter dem Bauern gegenüber überlegen fühlt.

Umgekehrt ist auch bei den Darstellungen der Bäuerinnen zu bedenken, dass sie sich selbst kaum je als solche sehen, die andere übervorteilt haben, sondern als solche, die nach Kräften geholfen haben. Die Halsabschneider waren immer die anderen.

Dass sie selbst regelrecht *Diebstähle* begangen haben, gibt heute keine der Frauen gerne zu, aber es wird auch nicht ganz verschwiegen. Mit Vorliebe wird von »anderen« erzählt – mit Verständnis, oder es wird ganz allgemein das Wörtchen »man« benützt statt »ich«.

ALIDA M. (1914): «Wo ein Kartoffelfeld oder ein Rübenacker etwas abgelegen vom Dorf ist, holt man sich nachts etwas. Kein Weg ist zu weit. Was bleibt andres übrig. Oft werden sogar ältere Kinder mitgenommen. Sie werden zu geschickten Dieben. Was bleibt ihnen anderes übrig, wenn sie essen wollen. Und essen müssen sie, um zu leben, zu überleben. Was nützt es da, dass der Pastor sonntags über die verdorbene Moral schimpft...Es sieht niemand etwas Ehrenrühriges darin, sich vom Feld selbst zu holen, was man sonst nicht bekommt, aber doch zum Leben braucht...Nun hat man entdeckt, dass einige Bauern verborgen zwischen Getreideäckern Mohnfelder angelegt haben. Sobald der Mohn anfängt zu reifen, stellen die Bauern nachts Wachen auf, und trotzdem finden sie manchmal morgens, dass große Stücke ihrer Felder keine Mohnkapsel mehr tragen. Sie wurden abgebrochen und weggebracht, ohne dass sie etwas gemerkt haben. Daraus wird zu Hause Öl gepresst.«

Der eigentliche *Schwarzmarkt*, der sich erst nach dem Krieg in großem Stil entwickelte, scheint auch dann keine Domäne der Frauen gewesen zu sein. Frauen ohne besondere Beziehungen, Tauschquellen oder Geldmittel konnten sich große Transaktionen dort auch gar nicht leisten[15]. Sie berichten in diesem Zusammenhang nur von gelegentlichen »Beschaffungsmaßnahmen« und »Einkäufen um teures Geld«.

ELISABETH KÖTTING brauchte für eine schwierige Reise über die »grüne Grenze« etwas Reiseproviant und etwas harte Währung in Gestalt von Ami-Zigaretten: »Auf dem schwarzen Markt besorgte ich mir etwas Brot und Marmelade für die Reise. Der Schwarzmarktpreis für ein Drei-Pfund-Brot betrug in Bayern etwa 120.- Reichsmark. Außerdem kaufte ich von einem Amerikaner eine Stange Zigaretten für 350.- Mark. Dieser Preis war äußerst günstig, in Berlin verkaufte ich diese Stange wieder für 1500.- Mark. Die Zigarette wurde in Berlin mit 15.- Mark gehandelt«.[16]

JULIE M. (1902): »Und dann ging der schwarze Markt los. Und da ging dann auch mein bisschen Erspartes drauf... Die haben so kleine Lädchen aufgemacht, auch in der Schulstraße, überall. Kaum hat man Platz gehabt. Da standen ein paar Säcke grüner Kaffee, gut gerösteter, und mit der Zeit Kakao, Tee weniger, der war verpackt, wenn es gab. Und dann lief der Handel in der Oberen Reinsburgstraße, vom Feuersee aufwärts, da ist der Handel groß gelaufen, auch in der Augustenstraße in den

Hauseingängen. Es sollte nicht sein, aber es war nicht zu unterbinden. Das musste man laufen lassen. Ich glaube, wir haben einmal für ein halbes Pfund Butter 200.-Mark bezahlt. Aber es gab Butter. Und es gab dort auch Zucker und Mehl, alles in den Hauseingängen, in solchen Säcken ... Und man hatte immer ein bisschen Sorge, ob man wieder rauskommt aus den Hauseingängen. Diese Gestalten, die da drin waren! ... Aber es war einem egal ... man konnte ja nichts mehr kaufen.«

Eine Frau berichtete, dass sich manche auch an deutsche Männer hielten, sich mit ihnen liierten, wenn sie gut waren im »Schroddeln«, so nannte sie das Beschaffen auf dem schwarzen Markt.

ELISABETH H. (1916) : »Vor '48 musste man begabt sein zum Schroddeln. Da entstanden Ehen nur dadurch, das der Mann tüchtig war im Schroddeln. Meine erste Ehe, das spielte da wohl auch eine Rolle, dass mein Mann da tüchtig war.«

Wer trotz allem moralische Skrupel hatte zu klauen, auch nichts zu tauschen oder anzubieten und nicht genug Geld für den Schwarzmarkt hatte, dem blieb nichts anderes übrig als zu *betteln*. Auch dafür gibt es Beispiele: Verschämte Bettelbriefe an gute Freunde oder Bekannte, aber auch direkte erfolgreiche oder erfolglose, oft demütigende Versuche. Schon das Hamstern war oft nicht weit entfernt vom Betteln. Besonders auf der Flucht wussten sich die Frauen mit Kindern oft nicht anders zu helfen.[17]

Oft *hungerten Frauen* – wie schon im Krieg – *noch zusätzlich* und heimlich, um ihren Kindern etwas mehr bieten zu können oder um ihre verhungerten Heimkehrer aufzupäppeln. Erst auf Nachfrage geben es manche zu, oder ihre Töchter erzählen davon.

MARGRET BOVERI beobachtete für ihren Bekanntenkreis: »Die Männer sehen meistens noch schlechter aus als die Frauen, obwohl die Frauen, die ich kenne, viel mehr hungern, um ihren Männern mehr zukommen zu lassen.«[18]

BERTA S. (1912), deren Mann aus russischer Kriegsgefangenschaft völlig entkräftet heimgekommen war: »Na ja, dann war der Krieg aus. Dann haben wir noch Hunger gelitten bis zur Währungsreform, das war schlimm. Wir haben uns Brot vom Mund abgespart. Meine Schwiegermutter kam eines Tages mit einer Brotschnitte und hat gesagt: ›Gib's dem Siegfried, aber der Vater darf's nicht wissen, der hat selber immer Hunger.‹ Und ich hab' auch von mir weggezwackt, was irgend möglich war.«

MAGDALENE B. (1917): »Ich war körperlich damals so (*herunter*), ich hatte starke Anämie, wie sich später herausstellte. Und mich hat alles so schrecklich müde gemacht.
I: *Sie haben sicher alles den Kindern zugesteckt.*
B: Freilich. Wie ich hier einmal zum Doktor gegangen bin, später schon, da war ich noch dünn, richtig mager. Dann hat der Doktor, wie er meine gesunden Kinder gesehen hat, gesagt: ›Fressen die Kinder eigentlich alles ihrer Mutter weg?‹ (*Lachen*).«

HILDEGARD H. (1912), Mutter von drei kleinen Kindern: »Und ich weiß noch, dass ich sehr, sehr oft gedacht habe: Wenn ich nur *einmal* ein Butterbrot kriegen würde! Und hab' dann mal ein Vierteljahr nur Kartoffeln gegessen, damit meine Kinder wenigstens ein Brot kriegen.«

Wie schon im Krieg, sind jetzt erst recht alle hausfraulichen Qualitäten beim *Zubereiten* des wenigen, was aufgetrieben werden konnte, gefragt. Die Frauen mussten nun wahre Zauberkünstlerinnen sein, um noch etwas halbwegs Sättigendes und Genießbares auf den Tisch zu bringen. Was sollte man machen, wenn selbst Kartoffeln schon fast ein Luxus waren? Strecken, Ersetzen, Parfümieren wurden zu einem absoluten Imperativ. Wieder halfen Tageszeitungen und Frauenzeitschriften, auch gegenseitiger Rat, wie die Frauen immer wieder dankbar vermerken. Mit Eichelmehl, mit Kleie, mit Mehlabfällen wurde gestreckt und gedickt. Was normalerweise als nicht genießbarer Abfall weggeworfen wurde, konnte die Grundlage für Hauptmahlzeiten bilden.

MAGDA ANDRE: »Magda kochte aus Kleie oder Mehlabfällen Suppe mit Vanillearoma. Am Samstag verzichtete jedes Familienmitglied auf eine Scheibe Brot, das war dann rund ein halbes Pfund. Daraus briet die Schwägerin künstliche Frikadellen, ebenfalls mit Aromastoff.«[19]

Lebensrettende Hilfen kamen in der Nachkriegszeit aber vielfach von außen. Einmal von den westlichen Besatzern, seltener von den sowjetischen, obwohl Frauen auch hilfsbereite »Russen« kannten. Viele Frauen berichten von persönlicher Hilfe, die sie erfahren haben, nicht nur aus reiner Güte, sondern für allerlei Dienstleistungen.[20]

INGEBORG F. (1924), Dolmetscherin: »Für mich war es gut. Ich konnte sofort vom Engländer übernommen werden. Das ging auf Besatzungskosten, wir wurden damals schon verhältnismäßig gut gezahlt. Ich musste als Dolmetscherin fungieren. Das war erst bei den Amerikanern, die waren kurz in Braunschweig, dann kamen die Engländer. Da hatte ich eine reguläre Stellung als Angestellte in einem store, in einem Materiallager für Ersatzteile in der Verwaltung... (*Sie lebte bei ihrem Onkel, der an Wehrmachtsverpflegung der Engländer herankam*)... Wir haben gelebt wie Gott in Frankreich.«

GERTRUD S. (1913) und ihre Familie wurde von den Engländern aus ihrem Haus ausquartiert. Ihre Mutter und sie durften zwischen Kisten und Akten im Büro leben: »Und da habe ich den Spaß gehabt, bin immer an die Hintertür und habe mir da das Fett geholt und das Weißbrot. Das Fett brauchten sie zum Fritieren. Das wurde dann abgeschöpft und in einer Wanne aufgefangen. Das brauchten die nicht mehr, die machten das immer wieder frisch, aber wir waren froh, dass wir das kriegten. Da war ich immer sehr couragiert. Ich konnte Englisch, habe mich unterhalten.«

Dieselbe Mutter, die im Krieg Porträts von Bauernkindern malte, malte »nach dem Krieg die Frauen und Kinder der französischen Besatzungssoldaten... Von den Franzosen bekam sie Kaffee und Zigaretten, und damit handelte sie«[21].

Wie weit die Bereitschaft ging, auch mehr als die Arbeitskraft zur Verfügung zu stellen, lässt sich aus den Erzählungen schwer erschließen. Hier gibt es eine kaum überwindbare Schamgrenze. Die Frauen, die ich gesprochen habe, urteilten hart und verächtlich über die »Ami-Liebchen« oder Frauen, die sich den französischen Besatzern »an den Hals warfen«. Hier zeigt sich die Befangenheit in den bürgerlichen und nationalen Moralvorstellungen, in denen sie erzogen worden waren und die lange über den Krieg hinaus unerschüttert blieben. Realistisch und ohne Vorurteile sieht es die Trümmerfrau Gabriele Karwendel aus Berlin:

»Nachdem Mitte Juli (1945) das Fraternisierungsverbot aufgehoben wurde, das den alliierten Soldaten jeden privaten Umgang mit Deutschen verbot, freundeten sich viele Frauen mit ihren Besatzern an. Die Grenzen zwischen Vergewaltigung und Prostitution wurden allmählich fließend. So gab es viele Soldaten, die sich nach einer Vergewaltigung mit Brot, Zigaretten, Schokolade oder Strümpfen quasi entschuldigten. Und die jungen Frauen? Sie waren oft so geschwächt, dass sie nicht auf den Trümmern arbeiten konnten, und sie bekamen deshalb auch die schlechtesten Lebensmittelkarten. So freundeten sie sich – oft mit Billigung der Eltern – mit Soldaten an und wurden zum Hauptemährer der Familie.«[22]

Es gab auch Verhaltensweisen der Besatzungstruppen, die die Hungernden empörten und die sie nicht verstehen konnten, aus denen sie aber wiederum das Beste zu machen versuchten.

HELGA S. (1931): »Vis-à-vis von unserem Milchladen war in einem früheren Hotel die Ausgabestelle für die Verpflegung der Amerikaner. Reste von Corned beef und Weißbrot traten sie im Rinnstein in den Schmutz, mit Vorliebe zur Zeit der Milchschlange.«

ALIDA MEYER (1914): »Die Verpflegung der amerikanischen Soldaten ist so reichlich, dass täglich volle Kübel mit bestem Essen übrigbleiben. Diese werden vor den Augen der Hungernden in eine Grube geschüttet und mit irgendwelchen Chemikalien ungenießbar gemacht, damit niemand auf den Gedanken kommt, die Nahrungsmittel wieder herauszuholen.«

Wiederholt wurde die Meinung geäußert, dass die Besatzungsmächte, besonders die Amerikaner, »uns nach dem Krieg mit Absicht verhungern lassen wollten«, was so natürlich nicht stimmt.[23]

Wie groß der materielle Gewinn war, den Frauen aus den Besatzern durch gute Beziehungen aller Art, aber auch durch List und Tücke zogen und wie viele dadurch ihren Familien das Leben retteten oder sie vor schweren Mangelkrankheiten bewahrten, lässt sich nicht quantitativ fassen.

Von großer Bedeutung waren die Pakete, die Hilfsorganisationen, Freunde und Verwandte aus dem Ausland und andere Privatpersonen nach Deutschland schickten. Unvergessen sind die Care-Pakete, die erstaunlich viele erhielten.

HILDEGARD S. (1921): »Wir hungerten uns fast zu Tode, bis der Onkel aus Amerika Care-Pakete schickte.«

GERTRAUD L. (1928): »In ihrer Verzweiflung schrieb unsere Mutter an die Adresse eines entfernten Bekannten in Amerika, und zu unserer Riesenfreude und Überraschung kam eines Tages das erste Care-Paket mit Fett, Trockenei, Trockenmilch, Kakao, etwas Schokolade und anderen wunderbaren Dingen – ich erinnere mich an die köstlichen kleinen Dosen mit Obstsalat. Darauf wünschten wir drei Kinder uns zu Weihnachten 1946 *einmal* echte Bratkartoffeln. Ich weiß auch, dass ich beim Lernen immerzu an das Trockenei denken musste. Wenn du jetzt zwei Teelöffel mit Zucker und Wasser anrührst, dann wäre das eine tolle Süßspeise, ›Goggelmoggel‹ nannten wir das. Manchmal, wenn ich allein zu Hause war, konnte ich der Versuchung nicht widerstehen und stibitzte etwas aus dem Vorrat – und nachher schämte ich mich jedesmal schrecklich.«

RUTH LOAH (1933): »Ab 1946 bekamen wir regelmäßig Care-Pakete mit Lebensmitteln und Kleidung aus den USA. Später haben wir erfahren, dass entfernte Verwandte meines Vaters, die lange vor dem Krieg nach Amerika ausgewandert waren, das veranlasst hatten. In diesen Paketen befanden sich Lebensmittel, die wir noch nie vorher gesehen hatten; die Zigaretten und den Bohnenkaffee haben wir auf dem schwarzen Markt gegen Lebensmittel eingetauscht.«[24]

Mindestens ebenso hilfreich war die Hoover-Speisung[25], die zwar erst 1947 eingeführt wurde, dafür aber alle Schüler und Auszubildenden erreichte.

GERTRAUD L. (1928), damals Gymnasiastin: »Ich habe immer noch den Geschmack auf der Zunge und den Geruch in der Nase von den großen Milchkannen, in denen täglich in der großen Pause die Hoover-Speisung ausgeliefert wurde. Außer dicker Nudelsuppe gab es eine Art Milchpudding mit und ohne Kakao. Zuerst schmeckte es wunderbar, aber dann widerstand mir der süßlich-fade Geschmack. Ich gehörte ja auch inzwischen zu den Privilegierten, die Care-Pakete bekamen. Aber es gab immer noch welche, die schöpften, was sie konnten, und manche krochen sogar in die fast leeren großen Kannen hinein, um die letzten Reste auszukratzen.«

Vereinzelt konnten sich Frauen auch Verbindungen zu den sogenannten Displaced Persons zunutze machen.

STEPHANIE B. (1918): »Nach Kriegsende kamen einige Tausend Displaced Persons in die Kasernen der ehemaligen Wehrmacht. Von der Zeit ab blühte der Schwarhandel, denn von den Letten, Litauern und Esten konnte man sich fast alles kaufen, da sie reichlich mit Care-Paketen versorgt wurden.«

Trotz dieser Hilfen und trotz aller Anstrengungen, die große Mehrheit der Frauen und ihre Familien darbten und hungerten nach dem Kriege mehr oder weniger schwer und mehr oder weniger lange.

Viele Frauen und ihre Familien litten an *unmittelbaren Auswirkungen* der Unterernährung. Wie viele tatsächlich verhungert oder an Mangelkrankheiten gestorben sind, ist noch nicht errechnet worden. Gabriele Jenk schätzt, dass allein in Berlin im Winter 1945/46 60000 Menschen starben, die meisten an Unterernährung oder durch Erfrieren.[26] Frauen berichten immer wieder von Todesfällen als Folge des Hungers, besonders von alten Leuten, die keine Möglichkeit hatten, sich zusätzlich etwas zu beschaffen oder niemanden, der sie unterstützte, und von Säuglingen und kleinen Kindern. Nicht nur auf der Flucht, nicht nur in den Großstädten starben Kinder und Alte an den Folgen der Unterernährung und Kälte. Viele entgingen nur knapp dem Tod. Die Erinnerungen der Frauen spiegeln diese allgemeinen Erfahrungen wider:

Eine Frau in Berlin, Tagebucheintrag vom 4.6.1945: »Gegen 18 Uhr Heimmarsch. Die Straßen waren belebt von vielen müden kleinen Karawanen. Woher? Wohin? Ich weiß es nicht. Die meisten Gruppen zogen in Richtung Ost. Die Gefährte glichen einander: Armselige Handkarren, mit Säcken, Kisten, Koffern hochbeladen. Davor, oft in Stricke gespannt, eine Frau oder ein älterer Junge. Hinterdrein kleine Kinder oder ein karreschiebender Opa. Fast stets oben auf dem Gerümpel des Karrens noch Menschenwesen, ganz kleine Kinder oder etwas Altes. Schrecklich sehen diese Alten, ob Mann oder Frau, zwischen dem Kram aus. Fahl, verfallen, schon halb gestorben, teilnahmslose Knochenbündel.«[27]

DOROTHEA G. (1914) aus Potsdam gebar am 6.7.1945 einen Sohn: »Ich konnte den Kleinen nicht nähren, brachte zu jeder Mahlzeit nur 10 bis 15 Gramm zustande. Milchzuteilung für Babys gab es nicht, gelegentlich Magermilch, von Babynahrung ganz zu schweigen. Der Kleine begann zu spucken, verlor immer mehr an Gewicht und starb nach 20 Tagen. Am Tag nach dem Tod meines Kindes erfolgte die erste Butterzuteilung seit Kriegsende, allerdings nur an Mütter mit Kleinkindern und Schwangere.«

RUTH ANDREAS-FRIEDRICH, Tagebucheintrag vom 3.10.1945: »In Brandenburg beträgt, nach amtlicher Aussage, die Säuglingssterblichkeit etwa achtzig bis neunzig Prozent. Die Stadt Ruppin meldet bei fünfundvierzig Neugeborenen einundvierzig Todesfälle innerhalb des ersten Lebensjahres. Zehntausend Kinder vagabundieren fünf Monate nach Kriegsende elternlos durch Deutschland und ernähren sich ausschließlich von Betteln und Stehlen.«[28]

IRMA B. (1917), die in Berlin lebte: »Immer häufiger kam es nun vor, dass uns in den Straßen junge Frauen begegneten, die auf ihren Kinderwagen kleine Holzkisten geladen hatten, in denen sie ihre toten Kinder zum Friedhof fuhren.« Es gelang ihr, ihren alten Eltern einige ersparte Lebensmittel nach Oranienburg zu bringen: »Ich war entsetzt, als ich meine Eltern wiedersah, es waren nur noch verhungerte, ausgemergelte Menschen. Wenn ich mir noch heute die Passfotos von damals betrachte, staune ich nur, dass sie beide mit dem Leben davongekommen sind. Sie sahen so aus wie die letzten Menschen, die ich im Konzentrationslager gesehen hab'.«

ELFRIEDE W. (1926) berichtet: »Vater sagte später oft zu Bekannten: ›Das schrecklichste Erlebnis des Krieges war für mich das Wiedersehen mit meiner Frau.‹ Meine Mutter wog, bei einer Größe von 1,68 m, im Februar '47 noch 84 Pfund und hatte auch gerade alle Zähne gezogen bekommen.«

Hungerödeme waren häufig, Schwächezustände und chronische Müdigkeit die Regel.

Eine Frau in Berlin, Tagebucheintrag vom 11.6.1945: »Unterwegs zupfe ich mein Brennesselquantum. Ich war sehr matt, das Fett fehlt. Immer wogende Schleier vor den Augen und ein Gefühl des Schwebens und Leichterwerdens.«[29]

Furunkulose war verbreitet. Viele berichten auch, dass die Krätze grassierte, weil der Körper keine Abwehrkräfte hatte und die hygienischen Verhältnisse oft miserabel waren. Vor allem in den großen Städten, aber nicht nur dort, brachen Seuchen aus. Typische Krankheiten waren Typhus, Ruhr und Tuberkulose. Auch die spinale Kinderlähmung forderte in Berlin u.a. Städten Opfer.[30] Erst die systematische Auswertung von Tageszeitungen und Behördenberichten könnte ein genaueres Bild über das Ausmaß und die Verbreitung mangelbedingter Krankheiten vermitteln. Langzeitfolgen stellten sich oft erst viel später heraus.[31]

Aber selbst in dieser Zeit des allgemeinen Darbens, ja Dahinvegetierens am Rande oder unterhalb des Existenzminimums gab es erhebliche *Unterschiede* in der Ernährungslage, gab es Leute, die kaum etwas entbehrten oder sich nur geringfügig einschränken mussten.

GERTRAUD L. (1928): »Ein Erlebnis, das ich nie vergessen werde, es mag 1946 oder -47 gewesen sein. Ich kam eines Abends zu einer meiner guten Freundinnen, um sie zu einer Veranstaltung abzuholen. Der Vater saß gerade beim warmen Abendessen: Spätzle, Soße und Fleisch. Er aß den Teller nicht leer. Und die Mutter schüttete den Rest in den Fressnapf für die Katze. Mir sind fast die Augen aus dem Kopf gefallen. Was hätte ich darum gegeben, wenn ich den Rest hätte aufessen dürfen! Aber ich hab' mich geniert, etwas zu sagen.«

GERTRUD B. (1919), die an Hungerödeme litt und in Dresden in der damaligen Landesverwaltung, der späteren Landesregierung von Sachsen arbeitete, über die Zeit kurz vor 1948: »Dort gab es im ganzen fünf verschiedene Küchen: eine für Minister, eine für höhere Beamte, eine für den mittleren Dienst, eine für untere Angestellte und eine für Arbeiter. Diese waren sehr unterschiedlich. Aus der Ministerküche strömte oft der angenehmste Duft, der uns armen Angestellten der Stufe 4 Übelkeit verursachte.«

Die Grenze zwischen Satten und Hungernden verlief jetzt noch weniger einfach zwischen »Oben« und »Unten« als in der Kriegszeit. Die eigentlichen »Bonzen« waren entweder abgetaucht oder außer Landes oder in Haft. Geldbesitz war bei den Preisen des schwarzen Marktes nur dann von spürbarem Nutzen, wenn er sehr beträchtlich war.

RUTH ANDREAS-FRIEDRICH macht in ihrem Tagebucheintrag vom 5.1.1946 eine plausible Rechnung auf: »Immer grotesker entwickelt sich das Nebeneinander wirtschaftlicher Extreme. Zwischen dreißig und vierzig Mark im Monat liegt der Höchstsatz der Sozialunterstützung für nicht mehr arbeitsfähige Männer und Frauen. Etwa einundzwanzig Mark benötigt der Berliner zum Kauf seiner Lebensmittelrationen. Groß ist die Zahl der nicht mehr arbeitsfähigen Männer und Frauen in Berlin. Neunzehn Mark monatlich verbleiben ihnen nach Abzug der Zuteilungsrationen für ihren restlichen Lebensbedarf. Das heißt: mit dem Pfennig zu rechnen und die Mark dreimal umzudrehen. Lieber einmal mehr zu Fuß laufen, als zwei Groschen für die Straßenbahn verschwenden. Zwei Groschen! – Was sind zwei Groschen. Der Kaufpreis für siebzig Gramm Fett, die dem Durchschnittsbürger pro Dekade zustehen. Der Kaufpreis für eineindrittel Milligramm Fett auf dem schwarzen Markt. Zehn Gramm gleich fünfzehn Mark, gleich dem Belag einer Butterschnitte. Sieben legale Butterschnitten in zehn Tagen machen den Kohl nicht fett, geschweige denn einen Durchschnittsbürger satt. Das Problem der zusätzlichen Butterschnitten schichtet unmerklich die ganze Gesellschaftsordnung um, bildet neue Stände, neue wirtschaftliche Rangstufen.«[32]

Neue soziale Hierarchien waren im Entstehen, ohne feste Konturen gewonnen zu haben. Erstaunlicherweise schlug in der Ostzone die Stellung auf der sozialen Leiter offenbar viel direkter auf die materielle Lage durch als in den Westzonen, wie Berichte wie der von Gertrud B. nahelegen.

Es war aber auch nicht durchweg – wie im Krieg – das Land gegenüber der Stadt bevorzugt; es kam dabei auf die Besatzungszone an. In der sowjetischen Zone wurden Bauern- und besonders Gutshöfe, aber auch kleinere landwirtschaftliche Betriebe oft regelrecht ausgeplündert. Aufs ganze gesehen war ein Stückchen Land aber doch überall eine Art Lebensversicherung gegen den schlimmsten Mangel. In welchem Maße eine Vermögensumverteilung von der Stadt zum Land stattgefunden hat, ist schwer abzuschätzen. Nicht wenige wertvolle Dinge wurden gegen Lebensmittel eingetauscht. Sicher ist, dass sich damals Vorurteile der Stadtbevölkerung gegenüber der Landbevölkerung und umgekehrt bildeten oder vertieften. Dazu sagt Helene S., Bäuerin und langjährige Vorsitzende des Landfrauenvereins Bochum, in einem Brief an den

Deutschen Frauenrat im Jahre 1987: »Ich konnte durch die Verbindung ›Stadt und Land‹, die ich gegründet habe, viel dazu beitragen, die Vorurteile der Stadtbevölkerung gegenüber den Landmenschen, die durch die Notzeit des Hamsterns sich entwickelt hatten, abzubauen.«

Am wenigsten Hunger litten immer noch die bäuerlichen Selbstversorger in den westlichen Besatzungszonen, obwohl viele über die Last des Abzuliefernden seufzten. Es gab immer Mittel und Wege, die Zwänge zu unterlaufen; der Kontrollapparat konnte gar nicht lückenlos funktionieren. Gut ging es auch denen, die weiterhin feste Beziehungen zu solchen Selbstversorgern hatten, auch genügend Tauschware oder viel Geld für den schwarzen Markt. Wer Sachwerte besaß, und dazu zählten auch die Geschäftsleute, z.T. auch Handwerker, litt meist keinen Mangel.

Recht gut stellten sich auch alle, die zu Angehörigen der Besatzungsmächte oder Displaced Persons Verbindungen unterhielten, auf welcher Grundlage auch immer. Schließlich blieben auch die vor dem Schlimmsten bewahrt, die Verwandte im Ausland hatten und von dort Pakete bekamen. Auch innerhalb der Rationen-Empfänger gab es Rangstufen, die keineswegs immer – man denke nur an die Rationen der »Nur-Hausfrauen« – den Leistungen entsprachen.

Am meisten Hunger litten die, die das alles nicht hatten. Das waren diejenigen, die ohnehin schon die härtesten Opfer im Krieg gebracht hatten: die total Ausgebombten und die Flüchtlinge und Vertriebenen, die ohne alles in eine ihnen fremde Umgebung verpflanzt wurden, in der sie keinerlei verwandtschaftliche, freundschaftliche und nachbarschaftliche Beziehungen zu Bessergestellten hatten oder schnell aufbauen konnten. Viele Menschen hatten auch nicht die Zeit, die Kraft und die finanziellen und materiellen Voraussetzungen zum »Organisieren« und »Beschaffen«. In all diesen Gruppen waren ältere, alleinstehende Frauen und Kriegerwitwen mit ihren kleinen Kindern am allermeisten benachteiligt. Sie waren die doppelten und dreifachen Verlierer dieses Krieges.

Heizen und Kochen

Wohnungsnot und Kälte wurden erst in der zweiten Hälfte des Krieges, als die Bombenangriffe immer mehr Häuser zerstörten, zu einer schweren Belastung. Gegen Ende des Krieges und danach verschärften die Flüchtlingsströme das Problem, jetzt auch auf dem Lande, das von schweren Luftangriffen verschont geblieben war.

Auch die Versorgung mit Heizmaterial klappte in der Kriegszeit noch einigermaßen, wenngleich Frauen auch von Schwierigkeiten bei der Zustellung berichten:

RENATE D. (1915): »Das Brennmaterial musste man in Körben holen. Wir wohnten oben auf dem Hasenberg (*Stuttgart*), mussten 105 Stufen runter in die Stadt und mussten die Briketts holen.«

GERTRUD B. (1919): »Wir wohnten in einer Wohnung mit großen Kachelöfen, in der Küche gab es auch einen Kohlenherd. Die Kohlenhändler verlangten aber, dass ich (22-23 Jahre alt, ziemlich schmächtig) meine Kohlen selbst holte und sie auch selbst verstaute. Das stellte eine kaum zu bewältigende Aufgabe für mich dar; da alles ringsum zum Militär eingezogen war, fanden sich auch keine Helfer. Ich weiß heute nicht mehr, wie ich damit fertig geworden bin.«

In schrecklicher Erinnerung sind besonders die beiden ersten Nachkriegswinter, in denen die Zuteilungen von Brennmaterial so gering waren oder überhaupt fehlten, dass jeder praktisch auf sich selbst gestellt war, sich irgend etwas Brennbares zu beschaffen. Natürlich litten die am meisten unter der Kälte, die auch noch in primitiven Unterkünften oder halb zerstörten Behelfswohnungen hausen mussten.

Weil sich in vielen Fällen bei Wohnung und Heizung keine klare Grenze zwischen Kriegs- und Nachkriegszeit ziehen lässt und die akute Not meistens in die Nachkriegszeit fällt, ordne ich sie diesem zweiten Teil des ersten Kapitels zu.

Schon während des Krieges musste man mit dem *Heizmaterial* haushalten. Meist konnte nur ein Raum geheizt werden. Zentralheizungen wurden in der Regel abgeschaltet. Schon jetzt sammelte und verwendete man Holz und Brennbares, wo und wie es ging.

BERTA F. (1909): »Wenn man Holz gesucht hat im Wald, da hat man schon ein Auge drauf gehabt, der Baum ist dürr, und an dem hat man ein bissle genottelt, und da ist er umgeflogen ... Was dürr war, hat man holen dürfen.«

UTA M. (1932): »Es wurde in der Küche ein alter Herd aufgestellt; wir heizten und kochten in der Küche. Im Wohnzimmer war ein Heizofen ... Der wurde nur geheizt, wenn Besuch kam, oder an Sonntagen.«

HEDWIG P. (1919): »Wir haben den Kanonenofen mit Sägemehl vollgestopft. Da gibt's einen großen Pflock in der Mitte, dann das Sägemehl ringsum und festgestampft. Dann den Pflock raus, hat gebrannt.«

RUTH B. (1919): »Die Kohlen wurden immer knapper, und im Winter, der im Vogtland lange anhielt, hatten wir im Wohnzimmer mit seinem bis zur Decke reichenden Kachelofen nur 12 bis 13 Grad Wärme. Ich besorgte eine herrliche Ofenbank aus Nussbaum von einem Antiquar, so dass wir uns ganz dicht an den zarten Wärmespender setzen konnten. Der große Tisch wurde davorgeschoben. Wir selbst waren natürlich in Decken eingehüllt.«

Wegen Brennstoffmangels wurden die Schulen zeitweise geschlossen, Kohlenferien nannte man das. Dass schulfrei war, gefiel den Schülern zunächst. Erst später stellte sich heraus, wie sehr ihre Ausbildung darunter litt.
Schon im Kriegswinter 1944/45 waren viele Menschen oft schutzlos der Kälte ausgeliefert und litten unter den Versorgungsengpässen.

INGEBORG G. (1922), Tagebucheintrag vom 19.1.1945: »Es herrscht eine schreckliche Kohlennot, viele Menschen frieren. Ab morgen soll es für 10 Tage keinen Strom mehr geben, die Fabriken können nicht arbeiten, die Bäcker nicht backen, es fahren keine Züge.«

LORE E. (1922), Apothekerpraktikantin über den Winter 1944/45: »Ich kam 19.30 Uhr aus der Apotheke, klopfte bei Thiels (*die Apotheker*) am Wohnzimmer, die dann meist an einem hübschen Abendbrottisch saßen. In der Nische vom Kachelofen stand ein großer Becher warmer Tee für mich, an dem ich mir die Hände wärmte, während ich zwei Stockwerke höher stieg in meinen Eispalast. Im Mantel aß ich meine Scheibe Brot und trank den Tee, dann zog ich etwas aus und viel an und kroch ins Bett, um zu schreiben, zu lesen oder Strümpfe zu stopfen. Allerdings stand eine Heldentat noch bevor; ich musste irgendwann nochmals zwei Treppen runter zum WC.«

Die Strom- und Gasversorgung funktionierte nicht immer und nicht überall. Nach schweren Bombenangriffen fielen beide Versorgungsnetze oft tagelang aus. Als noch schlimmer ist den Frauen der Winter 1946/47 in Erinnerung. Das Leiden unter der Kälte hat sich vielen Frauen besonders eingeprägt, vor allem dann, wenn auch noch die Wohnverhältnisse primitiv und beengt waren.

INGEBORG S. (1928): »Es war ein trostloser Winter im Jahr 1946/47, sehr kalt, wenig zu essen, fast nichts zu heizen. Wir liefen den ganzen Tag in den Mänteln herum. Mutti hielt die Strapazen nicht mehr aus, sie hatte zu viel Schweres hinter sich, sie war auch nicht mehr die Jüngste. An einem Tag im Februar fand ich sie, als ich aus der Schule kam, auf dem Sofa liegend nach einem Zusammenbruch. Vier Wochen konnte Mutti sich nicht bewegen, sie musste gefüttert und in allem betreut werden.«

MAGDA B. (1919): »Die Winter waren immer sehr, sehr streng... Ich erinnere mich, wie man oft an der Straßenbahnhaltestelle stand und ist fast verfroren. Man hatte ja damals noch keine Stiefel! Immer kalte Füße! Jetzt bin ich immer glücklich, dass man jetzt in den Stiefeln so warm drin ist.«

RÖSCHEN H. (1913): »Wir froren, zogen übereinander, was ging. Auf dem Herd wärmten wir kleine Kacheln, die unsere Tochter aus dem Hamburger Schutt raussuchte, mit denen die ungepflasterte Straße aufgeschüttet war, und nahmen sie abwechselnd in die Hände.«

HANNA L. (1919) war Weberin: »Morgens saß ich immer ganz lahm auf meinem Webstuhl, weil es so kalt im Raum war, dass ich ganz steif wurde, schließlich war ja auch mein Zimmer nicht heizbar, und ich musste froh sein, wenn ich mich in Moserins (*ihrer Wirtin*) kleiner Küche waschen durfte, wenn bei mir das Wasser einfror, und dass ich mich gelegentlich abends auch dort aufhalten konnte. Als sie eines Abends Rübensirup kochte und weggehen wollte, wies sie mich an, ab und zu die Balkontüre zum Lüften zu öffnen. Oh, dachte ich, als sie gegangen war, so schöne warme Luft nach draußen lassen, wo sie den Dachstock und mein Zimmer etwas heizen könnte?! Wie groß war dann mein Schrecken, als ich in meine Stube kam – alles glitzerte von Reif, die Wände, die Decke und natürlich auch das Bett.«

INGEBORG G. (1922), Tagebucheintrag vom 3.2.1947, sie ist an einer nicht heilen wollenden Rippenfellentzündung erkrankt: »Wir haben einen sehr schlimmen Winter erlebt; es waren drei bitterkalte Kältewellen, die wir durchlitten. Die letzte und schlimmste haben wir hinter uns, heut hat das Wetter umgeschlagen. Glücklicherweise bekam ich auf ein ärztliches Attest hin 5 Zentner Kohlen, sonst wären wir erfroren.«

WALLY M. (1924), damals in der Lehre bei einem Optiker; sie wohnte in einem kleinen Dachzimmerchen, berichtet in Tagebucheintragungen. »Dieser besonders kalte Winter 1946/47 wurde für mich schlimmer als alles bisher Erlebte. Es war so kalt, dass meine Wärmflasche neben der Bettdecke morgens eingefroren war, auch das Waschwasser in der Schüssel war Eis. In meiner Verzweiflung verbrannte ich einmal sämtliche alten Briefe und hatte für kurze Zeit einen warmen Ofen. Leider waren viele Briefe dabei, die mir heute wichtig wären.«

Ganz problematisch wurde es, wenn der *Ofen* kaputt war oder erst installiert werden musste.

SOPHIA C. schildert, wie schwierig es war, in dem zerbombten Köln auch nur ein Ofenrohr zu besorgen: »Wir hatten einen sehr kaputten Herd, der mehr qualmte als heizte. Meine Tochter musste ins Krankenhaus mit einer Mittelohrvereiterung. Es kam zu einer Operation, und aus diesem Grunde bekamen wir einen Kanonenofen, da das Kind unbedingt zu Hause einen warmen Raum brauchte. Doch was nützt ein Kanonenofen ohne Ofenrohr. So machte ich mich frühmorgens auf, ein Ofenrohr zu besorgen. Zuerst zu Leisten, einer bekannten Kölner Ofenfirma. Die Verkäuferin konnte mir nur mit Bezugschein helfen. Ich ging zum Chef und schilderte meine Not. Doch er blieb hart. Also weiter zur Bezirksstelle etwa 1/2 Stunde entfernt. Der Sekretärin schilderte ich meine Not und hatte sie auf meiner Seite, denn ich durfte eine gute Stunde voller Hoffnung auf den Vorgesetzten warten. Doch das war ein ernster Mann, der gar nicht einsah, wie dringend ich ein solches Ofenrohr brauchte. Ich flehte ihn an, doch er blieb hart. Also noch zu einer anderen Behörde, hier auch wieder Ablehnung (dabei hatte das Ofengeschäft die ganze Garage voller Ofenrohre). Ich war verzweifelt. Ich holte einen Kuchen, den ich bestellt hatte zum Feiern, dass meine kleine Tochter wieder gesund aus dem Krankenhaus kam. Dann ging ich wieder in das Ofenrohr-Geschäft und stellte mich in die Garage und sah mir die vielen Ofenrohre an. Ein Arbeiter kam und fragte, was ich eigentlich wollte. Ich sagte unter Tränen: ›Ein Ofenrohr!‹ Er ging ans Regal, holte ein Ofenrohr und sagte: ›Ist schon gut.‹ Überglücklich, in der einen Hand das Ofenrohr, in der anderen den Kuchen, zog ich nach Hause.«

Wie aber konnte man zu etwas Brennbarem kommen?

GERTRAUD L. (1928): »Mein Bruder und mein Vetter, die noch vor Wintereinbruch 1945 aus der Kriegsgefangenschaft heimgekehrt waren, gingen öfters beim Morgengrauen in den nahegelegenen Park und schlugen Bäume, was streng verboten war. Das grüne Holz brannte natürlich kaum und rauchte schrecklich. Aber wir hätten sonst überhaupt nicht kochen können, denn es gab zunächst kein Gas für unseren Küchenherd. An Wochentagen saßen wir, meine Mutter, meine Schwester, mein Bruder und ich, in der Küche. Wir hatten uns aus alten Lumpen Fußsäcke genäht, in die wir eine Wärmflasche stellten; so hatten wir wenigstens warme Füße. Als es wieder Gas gab, heizten wir manchmal den Backofen, was man eigentlich auch nicht durfte. Dann lief das Kondenswasser von den Wänden. Unser kleines Zimmer heizten wir mit dem geklauten Holz nur sonntags und zu Weihnachten. Da dauerte es dann sehr lange, bis es einigermaßen warm wurde.«

Frauen haben selten selbst ganze Bäume gefällt. Aber an manchen Orten wurde Holz zugeteilt, das sie dann zersägten, zerhackten und auf irgendeine Weise nach Hause transportierten. Auch vor dem Stehlen schreckten manche nicht zurück, besonders Kohlen wurden auf Güterbahnhöfen oder von den Waggons geklaut. Hauptsächlich aber wurde gesammelt, was nur irgend brennbar war. In zerbombten Orten kletterten Frauen auch in den Ruinen herum, um Holzüberreste, Bretter, Balken, Türen zum Verfeuern zu suchen, sogenanntes Trümmerholz.

HILDEGARD G. (1915): »Der Wald sah damals oft so sauber aus wie ein Zimmerboden, weil man alles gesammelt hat.«

UTA M. (1932): »Ein anderes Problem war natürlich die Kälte, und es ging alles, von der Doktorsfrau bis zur Pfarrfrau, Kohle stehlen. Aber meine Mutter hat das einfach nicht gemacht. Sie hat gesagt, ihr (die beiden Schwestern) könnt ja gehen, und wir wollten das natürlich schon gar nicht. Also Stehlengehen war eigentlich nie unser Metier. So sind wir also über die Elbe gefahren oder auch bei Eis über die Elbe hinüber, die war zugefroren, und haben da von Bäumen mindestens Äste abgesägt mit einem kleinen Fuchsschwanz, und einmal hatte ich das irre Glück, dass also jemand anderes – eine Familie mit Männern – einen riesigen Eichenbaum gefällt hat. Ich bin dann hingegangen und hab' gebettelt, ob ich nur die dickeren Äste nehmen darf. Das haben die mir erlaubt, und ich bin also glückstrahlend mit ein paar Eichenästen nach Hause gekommen zum Heizen. Wir hatten aber in den ganzen drei Jahren an dem Ofenrohr eine Schnur befestigt, um die Lampe über den Tisch zu ziehen. In den ganzen drei Jahren ist diese Schnur nicht einmal durchgeschmort, woran man ersehen kann, dass dieses Rohr nie so richtig heiß geworden ist. Die meiste Zeit haben wir also in den Betten verbracht im Winter, und als der Pastor kam, um Konfirmandenbesuch zu machen, saßen wir wieder in den Betten. Meine Mutter hat sich furchtbar entschuldigt und wollte dann also aufstehen, sie hatte ihm ja aufgemacht. Wir wollten alle aufstehen, und da sagte er: ›Nein, bleiben Sie ruhig drin, dies ist heute schon der vierte Konfirmandenbesuch, bei dem ich die Leute in den Betten vorfinde. Es war also wirklich so, dass man das einzige Zimmer, in dem wir waren, auch überhaupt nie warm bekam.«

Schulen, Ausbildungsstätten, Universitäten, Dienst- und Arbeitsräume waren ebenfalls oft ungeheizt. Zum Friseur und zu manchen Veranstaltungen musste man Heizmaterial in Form von Briketts mitbringen.

UTA M. (1932): »Über den Unterricht ist noch zu sagen, dass also nur Bücher benützt werden durften von vor dem Jahr 1933. Die wenigsten Lehrer hatten so etwas, und wer von seinen Eltern oder Großeltern noch so ein Buch besaß, der hat es dann also benützt. Es war ja aber dann nur ein Exemplar hier, und dann haben die Lehrer also die Lektion so quasi mit Handschuhen im Winter an die Tafel geschrieben, bevor wir kamen, und wir saßen dann, wiederum mit Handschuhen, da, dick vermummt, und schrieben das auf unsere Zettel. Anständige Hefte besaßen wir ja keine.«

Lore E. (1922): »Ich hatte Nachtdienst in der Apotheke, und da legte mir mein Apotheker hin: 2 halbe Briketts, 3 kleine Stückchen Holz und drei Streichhölzer und eine Reibfläche. ›Papier finden Sie ja im Papierkorb.‹ Und da sollte ich mir ein Feuer machen, damit ich die Nacht gut überstand.«

Das einzige geheizte Zimmer musste oft als Allzweckraum dienen, für geschäftliche und familiäre Zwecke:

ERIKA K. (1906): »Wir konnten nur *ein* Zimmer heizen. Da hat mein Mann seine geschäftlichen Besprechungen gehabt, und ich saß unter dem Flügel und hab' mein Kind gestillt.«

Selten macht man sich klar, was der Winter für die *»Trümmerhaufen«* bedeutete.

DORA RAUH: »Während der harten Wintermonate musste die Arbeit auf dem Bau eingestellt werden, weil alles zugefroren war und es unmöglich wurde, auch nur einen Stein abzuklopfen. Aber wir hatten doch nichts und hatten keine Ahnung, wo wir sonst unser Geld verdienen sollten. Wir sind dann zu dem Geschäftsführer hingegangen und haben ihn gefragt, ob wir nicht in den Häusern aufräumen könnten oder so was. Der war auch ganz in Ordnung, und wir konnten dann in den Häusern bei Minus zwanzig Grad Schutt wegräumen und brauchbares Material sortieren. Es war unheimlich kalt, und ich hatte unter meine Hosen noch alte Lappen und Zeitungen gewickelt, so hielt ich mich tagsüber warm. Nachts wurde es noch schlimmer. Wir hatten nur Kohlen, um etwas zu kochen, denn die Elektrik funktionierte hinten und vorne nicht. Na ja, auf jeden Fall, wenn ich abends nach Hause kam, musste ich erst mal Säcke vor die Türen und Fenster hängen. Dann wurde in der Küche vor die Tür ein Schrank geschoben, damit es nicht durch die Fugen friert. Die Betten hatten wir in eine Ecke gestellt und darunter den Nachttopf. Wenn wir einmal in der Küche waren, dann bis zum anderen Morgen. Während Frau Stärke kochte, standen wir ganz dicht am Herd und wärmten unsere Finger und unser Gesicht. Nach dem Essen war es meine Aufgabe, die Betten zu bauen. Auf die Matratzen wurden alte Kleider oder so etwas gelegt, dann kam 'ne Schicht Zeitungen, dann wieder Garderobe. Wenn wir ins Bett gingen, zogen wir uns noch einen Mantel drüber und Zeitungen. Das Federbett teilten wir uns, und so überlebten wir den strengen Winter.«[33]

Ein Sonderproblem, das mit dem Heizen eng zusammenhing, war das *Kochen*. Wann immer Strom oder Gas ausfielen, nach Bombenangriffen oder wegen sonstiger Sperrungen, besonders am Kriegsende und in der ersten Nachkriegszeit, konnten Elektro- und Gasherde nicht benützt werden. Das ging einigermaßen, solange die damals noch in fast jedem Haushalt – zumindest als Beistellherde – vorhandenen Kohleöfen beheizt werden konnten. Waren die Küchenherde kaputt oder zerstört, wichen die Frauen auf *Notbehelfe* aus oder konstruierten selbst Kochstellen und beschafften sich auf alle nur erdenkliche Weise das Brennmaterial. Erschwerend kam hinzu, dass sich oft viele Personen eine einzige Kochstelle teilen mussten.

MARGRET BOVERI in ihren Tagebucheintragungen vom 15.-24. Juni 1945 aus Berlin: »In der Bitterstraße gibt es auch schon Elektrizität, aber die ersten Tage war es so schwach, dass das Rösten von 2 Stück Brot etwa 1/2 Stunde brauchte, dies auf einem Toaster, dessen üble Eigenschaft es war, dass der Toast immer zu schnell verbrannte. Gas wird es auf lange Zeit nicht geben, wegen technischer Schwierigkeiten, aber auch, wie behauptet wird, damit die Zahl der Selbstmorde nicht noch jäher ansteigt. Das größte tägliche Problem ist aber die Kocherei, da weder Holz noch Kohlen geliefert werden. Man sieht Männer und Frauen mit Taschen, Säcken, Wägelchen weit laufen, um Holzstücke aus den Ruinen oder verkohlte Bäume oder Äste und Bäumchen aus dem Grunewald zu holen. Da ich die letzte Zeit bei Manholts mitessen durfte, war ich eine Zeit lang des Problems enthoben. Ab morgen will ich aber wieder kochen, was kein Vergnügen sein wird, denn obwohl es einen echten Herd gibt, wird auf diesem schon gekocht für die Portiersfrau, Frau Funk, Frau Flöter, eine Portiersfrau von zwei Häusern weiter und Frau Peters. Außerdem benützen diese die Küche als Wohnzimmer, essen darin, haben tagelang die Näherin mit der Nähmaschine drin sitzen, empfangen Besuche darin, weil sie zu faul sind, ihre Zimmer in Ordnung zu bringen. – Um für den Anfang gerüstet zu sein, habe ich meine diesmonatige Kaffeeration (60 Gramm) gegen 12 Briketts vertauscht, ein schlechter Tausch, der mir aber über die ersten 12 Tage hinweghelfen sollte.«[34]

Eine Frau in Berlin, Tagebucheintrag vom 21.5.1945: »Zwei Mädchen haben sich auf dem Balkon aus Ziegelsteinen eine Art Herd gebaut, den sie mit mühsam gesuchten Fichtenzweigen speisen. Es dauert ewig, bis das bisschen Brei gar ist. Zudem muss Frieda ständig vor dem Feuerchen hocken, es anstacheln und Zweige nachlegen.«[35]

GERTRUD B. (1919): »Nachts um ein oder zwei Uhr war dann für eine Stunde der Strom da, und man musste schnellstens aufstehen und seine paar Kartoffeln oder sonstiges vorkochen und möglichst danach im Bett oder in Decken und Kissen verpackt warm stellen.«

Unter welch abenteuerlichen Bedingungen nach Bombenangriffen gekocht werden musste, schildert HANNELORE S. (1927): »Die Kocherei wurde immer umständlicher, da längst kein Gas mehr in den Leitungen war. Vor dem Haus, auf einem kleinen freien Platz mit einer – oh Wunder – noch vorhandenen Bank baute ich au's Backsteinen, deren es ja genug gab, einen ›Herd‹, man könnte eher sagen, eine Kochstelle. Hier kochten wir bei jedem Wetter und waren auch nicht die einzigen, denn jede Familie hatte sich irgendwo eine Kochgelegenheit geschaffen. Ein Tag ist mir besonders in Erinnerung geblieben. Ich war gerade damit beschäftigt, unseren Eintopf mit echtem, gutem Fleisch aus der Freibank zu kochen, als es anfing zu regnen – natürlich auch in meinen Topf hinein, da ich keinen Deckel dazu besaß. Das war zwar in einer Weise nützlich, als dadurch die Gefahr des Anbrennens verringert war, aber ich hatte auch ständig zu kämpfen, dass das Feuer nicht ausging. Mehrmals schon hatte ich meine Feuerstelle umbauen müssen, um die Richtung des Lufteintritts zu verändern. Doch ich hatte mit meinen Versuchen, dem Wind ein Schnippchen zu schlagen, einfach nicht den richtigen Erfolg, vielleicht weil er sich ständig drehte und bemüht war, mein Feuer auszublasen oder mir zumindest dicke Rauchwolken ins Gesicht trieb. In meiner trostlosen Stimmung merkte ich gar nicht, dass längst nicht mehr der Rauch an meinen Tränen schuld war, sondern eine unbeschreibliche Trauer, die ich nicht erklären konnte, mich erfasst hatte und mich weinen ließ. Erst als ein Hausbewohner, der Heilpraktiker Wirs, mit einem großen, schwarzen Regenschirm erschien, den er wortlos über meinen ›Herd‹ stellte, mich zur Bank führte und mir tröstend zusprach, wurde ich gewahr, dass ich vor Kummer und Verzweiflung gar nicht mehr sprechen konnte.«

Stromausfälle bewirkten nicht nur den Verzicht auf Licht, elektrische Heizungs- und Kochmöglichkeiten, sondern auch den Ausfall von vielen Maschinen, was besonders für die Bäuerinnen schwierig war.

So klagt die Bäuerin FRIEDA E. (1920): »Nach dem Krieg hat mer ein Vierteljahr kein Licht g'het (*gehabt*). Man hat auch kei (*keine*) Kerze kriegt. Mer hat auch könne nimmer Futter schneide fürs Vieh. Des war des Schlimme! Und dann weiß i (*ich*) halt immer no (*noch*), wie's g'heiße (*geheißen*) hat, gehnt rei (*geht rein*), ihr wisset ja, dass mer in re (*einer*) halbe Stund nix meh sieht, dass mer no nachtesse (*zu Abend essen*) hat könne.«

Hunger und Kälte zusammen wirkten sich lebensbedrohlich aus. Nicht überall ist dies so dramatisch gewesen wie in Berlin, aber in vielen großen Städten war es ähnlich, wie es Ruth Andreas-Friedrich in ihrem Tagebuch am 31. Januar 1947 festhält: »Wieder sinkt das verfluchte Thermometer. Eine Kältewelle löst die andere ab. Stromabschaltungen acht bis zehn Stunden am Tag. Wer heute noch heizen kann, heizt ›schwarz‹. Verschwindend Wenige können schwarz heizen. Mit Rucksäcken, Kiepen und Markttaschen ziehen die Menschen in den Grunewald, drängen sich in den überfüllten Zügen, verschwenden Stunden um Stunden, um für einen einzigen Tag Feuerung zu suchen. Mit dürren Worten melden die Zeitungen: ›Verhungert und erfroren wurden in ihren Betten aufgefunden ... der dreiundsiebzigjährige Rentner Gerhard Z., die vierundsechzigjährige Anna K., die neunundfünfzigjährige Bertha O., der einjährige Joachim D.‹ Je tiefer das Thermometer fällt, desto gespenstischer wächst die Statistik der Kälteopfer.«[36]

Wohnungsnot

Was die Zerstörung von Wohnraum durch den Krieg bedeutete, kann man sich erst richtig vorstellen, wenn man sich klarmacht, auf wie engem Raum die meisten Menschen schon in Friedenszeiten leben mussten. Das gilt besonders für Arbeiterhaushalte.

RUTH LOAH (1933), Hannover, Vater Facharbeiter: »Die Häuser auf unserer Straßenseite sahen ganz hübsch aus: aus roten Klinkern gebaut und alle von einem winzigen Vorgarten mit Holzzaun umgeben. Auf der anderen Straßenseite befanden sich triste, graue Spinnerei-Wohnblocks ohne jeglichen Komfort. Je vier Familien hatten dort zusammen einen einzigen Wasserhahn im Flur und im Hof ein gemeinsames Plumpsklo. In diesen Slums wohnten fast nur kinderreiche Familien, in deren Augen wir die sogenannten ›besseren Leute‹ waren, weil wir der anderen Straßenseite angehörten.

Wir lebten jetzt – 1942 – zu zehnt in sieben winzigen Räumen auf insgesamt etwa vierzig Quadratmetern Wohnfläche. Das Familienleben fand in der höchstens neun (9) Quadratmeter großen Wohnküche statt, die anderen Räume waren vollgestopft mit Betten und Schränken.«[37]

Auch bei ärmeren Bauern wohnte man sehr bescheiden.

HEDWIG B. (1920): »In manchen Familien mussten die Kinder auf der Bühne (*Dachboden*) schlafen. Wenn es schneite, musste man den Schnee erst wegkehren.«

In den Westzonen wurde durch den Krieg fast die Hälfte der Wohnungen völlig zerstört oder unbewohnbar. So kann man sich vorstellen, was es bedeutete, ausgebombte Verwandte und Freunde bei sich aufzunehmen oder andere Bombengeschädigte oder Flüchtlinge zugewiesen zu bekommen oder von den Besatzungsmächten, die ganze Häuser beschlagnahmten, ausquartiert zu werden. Erschwerend kam hinzu, dass es oft nur eine einzige Heizquelle gab.

Viele Frauen schildern die drückende Enge und die Reibereien, die sich im alltäglichen Leben fast zwangsläufig daraus ergaben, die Unmöglichkeit, einmal für sich allein zu sein.

RUTH LOAH (1933): »Nach dem großen Luftangriff auf Hannover im Oktober 1943 haben meine Eltern außerdem (*zu den eben erwähnten 10 Personen*) noch Tante Emmi aufgenommen… Tante Emmi bekam 2 kleine Zimmer im ersten Stock ohne Wasseranschluss, danach lebte die Familie in den restlichen 5 Zimmern von insgesamt etwa dreißig Quadratmetern. Das WC, das die meiste Zeit verstopft war, befand sich in einer Holzbaracke auf dem Hof. In unserer Wohnküche wurde gekocht, gegessen, Wäsche auf dem Waschbrett in einer Zinkwanne gewaschen und über dem Kohleherd getrocknet, gebügelt, Schularbeiten gemacht, Babys gewickelt; hier wurde auch Radio gehört, hier wurden Besucher empfangen. Morgens wuschen wir uns in einer Waschschüssel, alle im selben Wasser. Zahnbürsten gab es nicht. Einmal in der Woche – meistens am Sonntagmorgen – wurden wir Kinder der Reihe nach in der Zinkwanne gebadet, wiederum alle im selben Wasser…«[38]

Im bürgerlichen Milieu empfand man natürlich eine objektiv bessere Lage im Vergleich zu dem, was man vorher gewöhnt gewesen war, als eng, besonders wenn man geistig arbeiten musste.

HANNELORE H. (1925): »Dann war noch ein Bruder meines Vaters … der kam ohne Gefangenschaft heim. D. h. er kam zu uns, und seine Familie, die in Rostock (*sowjetische Besatzungszone*), kam auch. Wir haben das Haus ganz voll gehabt. Nachher, als ich studierte, nach 1945, versuchte ich immer, mich in irgendein Eckchen zu verkriechen, um arbeiten zu können, wickelte mich in Decken und Mäntel.
I: *Wie viele Personen waren das?*
H: Drei Personen. Wir waren fünf, also acht Personen. Ich glaube, 70 Quadratmeter war das ganze Haus. Das war sehr eng.«

HILDEGARD G. (1915): »Dann kamen die Flüchtlinge. Da musste man von seiner Wohnung möglichst abgeben. Wir (*die Mutter und sie*) haben bloß noch zwei Zimmer gehabt, aber es waren Bekannte. Flüchtlinge haben wir im Haus nicht gehabt. Hat natürlich nicht viel Frieden gebracht, wenn so zwei, drei Familien in der Küche waren.«

Aber das sind paradiesische Verhältnisse im Vergleich zu anderen:

HELENE H. (1923): »Wir gingen nach Berlin zurück – und dann kam einer nach dem anderen. Dann kam die Mutter mit meiner jüngsten Schwester, dann kam die andere Schwester. Den Mann hatten die Russen mitgenommen, den hat sie nie wieder gesehen, die hatte drei kleine Kinder. Und dann kam die andere, die hatte nur ein Kind, der Mann war in Gefangenschaft. So haben wir erst mal zum Anfang alle aufgenommen. Wir hatten noch eine ausgebombte Frau, die hatte ein Zimmer. Wir haben uns eben so eingeteilt. Die Fenster waren ja nur Pappe. Nur *ein* Zimmer kriegten wir verglast, und da haben wir die Küche verglasen lassen. Wir hatten Zentralheizung, und die Zentralheizung war ja kaputt. Ofenheizung hatten wir nicht. Aber wir haben dann nachher eingetauscht gegen Bettwäsche usw. so 'n kleinen Badeofen. Und den haben wir in der Küche (*geheizt*). Elektrisch hatten wir ja Kontingent – wir durften ja nur so und so viel verbrauchen – und so konnten wir wenigstens in der Küche uns so'n kleines bisschen erwärmen. Und alles andere war ja nur Pappe. Es war ein sehr, sehr schwerer Winter, aber man hat alle mit durchgebracht.«

Wenn guter Wille auf beiden Seiten vorhanden war, klappte das Zusammenleben auf engstem Raum oft erstaunlich gut.

GERTRAUD L. (1928), *ihre Familie war 1939 aus dem Baltikum in den »Warthegau« umgesiedelt worden, sie kam aber schon 1940 nach Süddeutschland. Vor der russischen Besetzung flüchteten viele und suchten Zuflucht bei Bekannten und Verwandten im Westen*: »Wir bewohnten zu viert ursprünglich eine kleine Dreizimmerwohnung und ein winziges Dachkämmerchen für uns beiden Mädchen. Und dann kamen Ende '44 und Anfang '45 die Flüchtlinge, lauter Bekannte, auch Verwandte, noch von Lettland her. Mein Vater war im Oktober '44 bei einem Fliegerangriff ums Leben gekommen, das wussten die meisten noch gar nicht. Meine Mutter hat sich damals fast die Füße abgelaufen, um alle unterzubringen und sie mit den notwendigsten Möbeln und andrem Hausgerät zu versorgen. Wir selbst nahmen die ganze Familie auf, die in Lettland unten im Haus gewohnt hatte, den kränklichen alten Vater, die schon erwachsene Tochter, die Schwiegertochter (*der Mann war noch im Felde, bei der deutschen Armee; während sie noch bei uns waren, bekamen sie die Nachricht, dass er gefallen war*) und ihr kleines, ebenfalls kränkliches Kind. Die beiden jungen Frauen schliefen oben im Dachkämmerchen, die Eltern und das kleine Kind in dem sehr kleinen Zimmerchen, wo auch tagsüber alle fünf wohnen mussten. Die Küche wurde natürlich geteilt. Ich habe nicht gerne mein Zimmerchen abgetreten; noch schlimmer war für mich, dass ich alles so dreckig fand, die Luft in der Wohnung so schlecht und dass es nie wirklich still war. Aber es gab nie etwas zwischen meiner Mutter und der großen Familie. Sie nahm alles wie selbstverständlich auf sich.«

In bombengefährdeten Städten setzten die Frauen, wenn sie keinen Totalschaden hatten, ihre Wohnungen oft viele Male wieder, wenn auch nur dürftig, instand.

IRMGARD W. (1917): »Die Wohnung wurde eben immer wieder notdürftig zusammengeflickt. Scheiben aus gewaschenen und zusammengenähten Röntgenplatten! Laken unter die Löcher in der Decke!«

Gegen Kriegsende und danach musste man sich für länger notdürftig in halbzerstörten Wohnungen einrichten.

SOFIE H.: »Weil mein Mann in Darmstadt Arbeit fand, versuchten wir in Darmstadt wieder Fuß zu fassen. Auf der Suche nach einem geeigneten Trümmergrundstück fanden wir in einem durch Feuer zerstörten Wohnblock die Möglichkeit, Unterschlupf zu finden. Die Wohnung im zweiten Stock stand unter Wasser, da kein Dach mehr da war und das Wasser durch die Decke drang. Türen und Fenster sowie das Treppenhaus waren auch zerstört. So mussten wir erst einen primitiven Aufgang schaffen. Bretter, Dielen und aus anderen Trümmern Türen weit herholen. Die Fenster mit Brettern zumachen. Tapeten waren keine an den Wänden. Möbel bekamen wir teils geschenkt und geliehen. Im Bett liegend, mussten wir bei Regen die Schirme aufspannen, weil die Zementdecke das Wasser durchließ. Erst nach einem Jahr kam ein Blechziegeldach darüber. So mussten mein Mann und ich, weil kein Ofen vorhanden war, mit einem geliehenen zweirädrigen Handkarren nach dem 22 km entfernten Wersau fahren, um einen alten gusseisernen Bauernofen und eine Holzbank zu holen. 1946 kam unser Sohn Joachim, 1949 Tochter Doris und 1951 Tochter Edith dazu. So mussten wir notgedrungen aushalten, bis das Haus wieder aufgebaut wurde.«

SOPHIA C. (1920): »Wir kamen in das zerbombte Köln. Mein Elternhaus war eine Ruine. Wir bekamen zwei Zimmer. Wenn es regnete, floss das Wasser herein, überall waren Trümmer, beim Sturm gingen wir in den Keller. Unser kleiner Sohn war meist in einer gefährlichen Situation irgendwo in einem zerbombten Haus; mal stand er auf einem Balkon, zu dem es keine Treppen gab, mal durchstöberte er die Keller.«

Wenn es nicht anders ging, musste in *Behelfsunterkünfte* ausgewichen werden, die normalerweise zum Wohnen gar nicht geeignet und daher besonders im Winter eisig kalt waren.

MARIANNE B. (1920): »Ab November kamen wir (*sie, ihr Mann und ein kleines Kind von zweieinhalb Jahren*) in Cuxhaven in ein zunächst vollkommen leeres Zimmer, ohne Ofen. Wir hatten Zeitungspapier, Säcke. Wir bekamen von den Leuten eine alte Matratze, so dass das Kind auf der Matratze liegen konnte. Sie hat noch nass gemacht. Wo sollte ich die Windeln trocknen? Dann war ewig der Po wund, und sie hat entsprechend geschrien... Dann konnten wir in einem Vorort von Cuxhaven in einen ehemaligen Stall ziehen. Da hatten wir zwei Räume, Küche und Schlafzimmer für uns allein und einen Mini-Garten. Ich wurde wieder schwanger. Der Winter '46/47 war wahnsinnig kalt. Wir hatten einen Herd in der Küche und eine gewisse Zuteilung Kohle, so wenig, dass man einmal in der Woche damit heizen konnte. Wenn ich das Kind ins Bett legte, dann mit Mütze und Handschuhen. Der Urin im Topf fror. Unser Hauch hat sich wie ein Eiskristall überall angesetzt. Mein zweites Kind ist erst am 1. Mai 1947 gekommen. Noch im April sind in Cuxhaven zwei Neugeborene in der Neugeborenenstation erfroren. Es gab kein Heizmaterial, und Strom fiel ja auch immer noch aus.«

Wenn Evakuierte zurückkehrten, fanden sie oft eine zerstörte Wohnung vor oder sie trafen auf *Einquartierungen*:

URSULA S. (1912), die mit ihren drei Kindern in den Schwarzwald evakuiert worden war, kam 1945 nach Stuttgart zurück: »Da setzten die uns ab auf dem Wilhelmsplatz. Wir hatten noch so eine Holzkiste uns bauen lassen, um ein bisschen was heimzubringen. Saßen wir auf der Kiste am Wilhelmsplatz und wussten nicht, wie's weitergeht. Und mit klingendem Spiel zogen die Franzosen gerade ab.[39] Und wir haben gedacht (noch im Schwarzwald), oh, die Franzosen, die sind so schlimm wie die Nazis, die nehmen uns gleich die Matratzen ab. Da haben wir gedacht, hoffentlich kommen wir wieder, wenn der Ami da ist. Und das war tatsächlich insofern besser. Bloß wohin? Und die Arztfrau *(mit der sie sich in der Evakuierung befreundet hatte)* hat gesagt: ›Jetzt kommen Sie mal erst zu uns.‹ Sie hatte eine Mietwohnung, und wir haben dort erst mal übernachtet. Dann sind wir in meine Wohnung gegangen. Die war inzwischen auch ausgebombt, d. h. nicht ganz, die ganze Seite war abgerissen. Du konntest wie in 'ne Bühne reingucken, aber von der Seite. Und ich hab' gewusst, es soll Einweisung geben in unsere Wohnung. Hab' ich gesagt, wenn da Menschen ein Heim finden, die zwei Zimmer waren ja noch gut und die Küche. Jetzt kam ich hin, jetzt hab' ich da ein richtiges Pech gehabt. Wenn es ordentliche Leute gewesen wären! Er war Pferdemetzger und sie war 'ne Schnalle oder wie man so sagt.
I: *Liebe Zeit! Die waren dort einfach eingewiesen worden?*
S: Sie waren dort eingewiesen worden. Haben sich dort breitgemacht. Es war doch noch alles eingerichtet. Klavier haben sie schon mal auf ein Podest geschoben im Treppengang, dass man kaum vorbeikam. Die Stühle hatten sie zerhackt. Haben mich überhaupt nicht mehr in die Wohnung reingelassen: ›Ihr Nazipack!‹ *(Der Mann von Frau S. ist 1943 gefallen. Der Vater, Architekt, war Parteigenosse gewesen.)* Da wurde man beschimpft. Also, das war ein furchtbares Heimkommen!«

Die Besatzer beschlagnahmten viele Häuser, kurzfristig oder für länger, ohne Ansehen der Person. Sie suchten sich natürlich die besten heraus. Jetzt bekamen auch solche, die bisher noch begünstigt gewesen waren, die Wohnungsnot zu spüren.

Wiederaufbau bedeutete für viele, zu allererst wieder eine eigene Wohnung zu haben und sich darin einigermaßen häuslich einzurichten. Dieses Ziel wurde oft nach mühseligem Suchen und harter Arbeit erst lange Jahre nach dem Krieg erreicht und bedeutete ein großes Glück. Alleinstehende Frauen, ob mit oder ohne Kinder, waren bei der Beschaffung von Wohnraum benachteiligt. Vollfamilien wurden bevorzugt.

FELICITAS S. (1921), deren Verlobung 1947 wegen der hoffnungslos scheinenden Umstände in die Brüche gegangen war, kehrte nach vierjähriger Evakuierung mit ihrer alten Mutter nach Koblenz zurück: »Noch fast acht Jahre haben wir nur in einem möblierten Zimmer gelebt. 1955 (!) bekamen wir wieder eine menschenwürdige Wohnung. Wir zogen in zwei Zimmer, Küche, Bad und Balkon, ohne jegliches Mobiliar.«

Gar nicht wenige aber hatten ihre Wohnungen unzerstört behalten, hatten keine Bombengeschädigten aufzunehmen, waren von Einquartierungen, Evakuierten und Ausquartierungen verschont geblieben oder hatten es verstanden, derartiges von sich abzuwenden oder doch möglichst unbehelligt zu bleiben, indem sie geschickt an Einzelpersonen vermieteten oder sich ihre Wohnung durch alle möglichen Tricks freihielten. Sie konnten es sich leisten, gegenüber den »Eindringlingen« den Hausherrn bzw. die Hausfrau herauszukehren.

Die vielen Elendsberichte verstellen leicht den Blick für die *Unterschiede*, die es auch in der Wohnungslage gab. Die Verschonten und Begünstigten erzählen keine Geschichten über ihre komfortable Lage. Sie erscheint aber in den Geschichten der anderen als Folie, vor denen sich das Unbehaustsein krass abhebt, besonders, wenn es auch noch mit Schikanen verbunden war.

HILDE A. (1910) wurde 1943 aus Berlin evakuiert. Sie kam zu zwei alleinstehenden Tanten nach Heidenheim: Diese hatten überhaupt nichts im Krieg zu leiden und nichts im Krieg eingebüßt, aber sie wollten z. B. nicht, dass Kinderwindeln in der Küche gewaschen wurden. Frau A. musste in die kalte Waschküche hinunter. Sie verlangten, dass das Pflichtjahrmädchen von Frau A. den Küchenboden auf den Knien schrubbte, er werde sonst nicht sauber. »Ich erlaubte es dann anders, wenn die Tanten schliefen.«

Die Näherin ANNE R. (1909) zog nach ihrer Ausbombung zu ihrer Schwägerin, die ihre Dreizimmerwohnung unzerstört behalten hatte:
»Oh, was i (*ich*) mitg'macht hab' ... darf i gar niemand sage, soviel g'heult han (*habe*) ich no nie ... a (*ein*) Jahr bestimmt han (*habe*) ich da g'lebt, aber 's war mei (*meine*) Leidenszeit! (*schaut betrübt, Pause*).
I: *Um was ging's denn da immer?*
R: Ha, i han (*habe*) mal Wasser verschüttet uff'm (*auf dem*) Herd, un na (*dann*) hat se derart g'schimpft und hat g'schria (*geschrien*): ›Eigner Herd isch (*ist*) Goldes wert.‹ Dann han i g'sagt: ›Else, des han i scho bitter empfunde.‹ ... Und na (*dann*) han i d'Trepp' putza (*putzen*) müssa, na isch vorna, an dem Strohboda ... a Fada (*Faden*) hat sich g'löst g'het (*gehabt*), so a Strang vom Strohboda, von der Matte. (*Äfft die Schwägerin nach*): ›Ha, jetzt han i den Strohboda 26 Jahr, und seit du da bisch (*bist*), isch er heh (*hin, kaputt*)!‹«

Mangel

Gegenüber Nahrung, Behausung und Heizung wogen andere Mangelerscheinungen weniger schwer, auch, weil sie mit Improvisationsgabe leichter zu bewältigen waren.

Da war zunächst die *Kleidung*. Die meisten Frauen verfuhren schon den Krieg über nach den Maximen: »Aus Alt mach Neu«, »Aus zwei mach eins«, »Flicken, Flicken und nochmals Flicken«, »Wirf' nichts weg, jedes Restchen ist kostbar«. All das wurde jetzt noch wichtiger. Jetzt erst recht machte die Not erfinderisch.

DORIS G. (1927): »Nach dem Krieg hab' ich aus dem Fahnenstoff ein rotes Dirndl gekriegt, eine bunte Schürze dazu.«

GERTRAUD L. (1928): »Wir haben einfach Leintücher blau gefärbt und mit roten Stoffresten eingefasst. Das gab hübsche Dirndl-Kleider. Und aus den ungefärbten Bettüchern machten wir Blusen.«

Wer Fallschirmseide ergattern konnte, machte daraus die schönsten Festkleider. Vielfach wurden auch Uniformstücke und anderes Stoffmaterial gefärbt und umgearbeitet.

MARIA T. (1931): »Irgendwo gab es Zuckersäcke, da waren Fäden drin im Gewebe, mit denen die Leute strickten. Ich bekam von einer mausgrauen Decke einen Wintermantel. Damit er nicht so hässlich aussah, hat Rita aus grünem Filz Eichenblätter geschnitten und auf Revers und Taschen genäht.«

FRANZISKA T. (1905): »Die Kinder (6!) mussten gekleidet sein, womit? Und Schuhe! Aus wieviel geschenktem und erbetteltem Kram ich Kleider und Strümpfe zusammengebastelt habe! Ich habe allen Ernstes versucht, beim Stricken zu schlafen.«

Über das Stricken, Nähen und Häkeln hinaus erlernten Frauen neue Fertigungstechniken bzw. wandten alte wieder an, wie z. B. Wolle spinnen und weben. Bäuerinnen waren hier durch die tradierten Lebens- und Arbeitsweisen im Vorteil.

EMMA F. (1920): »Da sind da drauße (*draußen*) von Oberaichen nach Unteraichen, send (*sind*) Schaf unter'n Zug komme. Und da hen (*haben*) wir die Schaf, dene (*den*) Schaf hen mir könne abziehe des Felle und d'Wolle und dann hat mer's wäsche müsse und dann hat mer's müssen kardätsche (*mit der Pferdebürste striegeln*) lasse und dann han i des Ding da g'schponne (*gesponnen*) und dann noch g'wobe (gewoben).«

In vielen Orten wurden Nähstuben eingerichtet, in denen Frauen einander halfen. So berichtet Claudia Liebenau-Meyer von Göppingen, dass dort eine solche Nähstube mit drei Nähmaschinen bestand, wo Frauen von gelernten

Schneiderinnen in dreimonatigen Nähkursen angeleitet wurden. Diese Nähstube war dem Ansturm der Frauen kaum gewachsen, musste aber wegen Materialverknappung nach wenigen Monaten geschlossen werden. Ganz sicher war das kein Einzelfall. Wie viele Frauen in welchen ehrenamtlichen und hauptamtlichen Funktionen in diesem Wohlfahrtsverband und ähnlichen Verbänden und Vereinigungen wirkten und halfen, ist leider unbekannt.

Als etwa 1947 die Mode des »New Look« aufkam mit knöchellangen Kleidern und Röcken, da empfanden das viele Frauen als Herausforderung angesichts der Textilknappheit. Es gab jetzt sichtbar eine »Zwei-Klassengesellschaft«: diejenigen, die sich so etwas leisten konnten, durch welche Begünstigungen und Verbindungen auch immer – das waren wenige – und die große Masse derer, die immer noch das tragen mussten, was sie hatten oder aus den alten Sachen bzw. aus Geschenktem recht und schlecht neu zusammenbastelten. Zunehmend machte sich auch die finanzielle Situation in der Kleidung bemerkbar.

Die Trümmerfrau GABRIELE KALMEYER: »Wir liefen damals wirklich schlimm rum und fanden uns trotzdem noch einigermaßen angezogen... Ich mein, auf den Trümmerbergen war das ja egal, wie man aussah... Irgendwann – ich glaube, es war Juni – waren Anna und ich auf einer Modenschau, für die ich Karten geschenkt bekommen hatte. Auf dieser Modenschau wurden Berliner Modelle vorgeführt, und wir haben nur so gestaunt. So schöne Stoffe und Farben, und die Mannequins so schön. Also wir haben den Mund nicht mehr zu bekommen, es war einfach für uns eine Sensation, und wir kamen uns doppelt hässlich vor. Anna und ich hatten nämlich Kleider aus Taschentüchern, Bettwäsche und Wolle an... In einer Gruppe von Männern stand eine Frau, die so unwirklich aussah, dass wir sie mit offenen Mündern anstarrten. Allein schon die Frisur... dann das wahnsinnige Kleid – hellblau mit schmalen Schultern, Wespentaille und einem sehr weiten, wadenlangen Glockenrock, das war der ›New Look‹. Ich war begeistert, genau wie Anna. Wir fragten uns allerdings, wo die diese Massen von Stoff her hatte, denn wir trugen unsere Kleider ja nicht deshalb fast kniekurz, weil wir das so toll fanden, sondern weil es einfach keinen Stoff gab.«[40]

Schuhe waren – wie schon im Krieg – jetzt verstärkt Mangelware. Vermehrt wurden jetzt Tauschzentralen genutzt, die es auch schon während des Krieges gegeben hatte.

ELISABETH E. (1924): »Im Hause ›Koch am Markt‹ in Stuttgart wurde eine Tauschzentrale eingerichtet. Tausche Kleiderstoff gegen Kochtopf, Kinderspielzeug gegen Angorapullover, Silberbesteck gegen Wintermantel, Pelzjacke gegen neue Schuhe. Eine Großmutter suchte gegen Silberbesteck irgendein Fahrzeug für ihren Enkel. Ja, da konnten wir dienen: Irgendwo stand noch ein ›Holländer‹, einst der Stolz meines

Bruders, dem es aber in französischer Gefangenschaft sicher ganz egal war, was mit seinem Holländer geschah. Dieser wurde aufgemöbelt, sah fast wie neu aus, und die suchende Großmutter war einfach selig. Fürsorglich, wie Mutter war, fand sie, man müsse wohl endlich auch für mich an eine Aussteuer denken; die silbernen Kuchengabeln habe ich heute noch.«

Diese Tauschzentralen zeigen aber auch deutlich, wie ungleich der Mangel verteilt war. Die einen konnten schon an Spielzeug für ihre Enkel denken oder an die Aussteuer der Tochter, den anderen fehlte das Lebensnotwendigste.

Schuhe wurden sogar selbst angefertigt, aus Holz, mit Riemen aus Rolladengurten, aus Maisstroh, aus Seegras. Sohlen bastelte man aus Autoreifen, aus einem alten Fahrradmantel. Schuhsohlen wurden mit Nägeln beschlagen, damit sie länger hielten. Wer Skistiefel oder sonstiges robustes Schuhwerk besaß, trug es »ewig«, im Sommer wie im Winter. Mit eleganten Schuhen fiel man dagegen aus dem Rahmen. Kinder mussten selbstverständlich die Schuhe der älteren Geschwister auftragen, häufig auch von Verwandten oder gar Großeltern. Das war für viele schlimm.

ILSE-MARIA D. (1932): »Ich musste die Schuhe meiner Großmutter auftragen, und das war eine fürchterliche Situation für mich, weil die anderen das nämlich belächelt haben. Das waren so Schuhe aus den 20er Jahren, die waren vielleicht – für heute gesehen – sehr schick, meine Großmutter legte Wert darauf, aber für mich war das etwas ganz Deprimierendes und auch Diffamierendes eigentlich.«

UTA M. (1932), Flüchtlingskind aus dem Sudetenland, erzählt von ihrer Konfirmation (1946 oder '47): »Mein Problem waren wieder mal die Schuhe. Im Sommer lief ich ja ohnedies barfuß, und im Winter hatte ich meine Russenstiefel, aber ich hatte nichts, womit ich in die Kirche hätte gehen können. Eine Lehrerin, die Fräulein L., die hatte sich meiner angenommen und hatte auf ihrem Boden gerümpelt und hatte entdeckt, zum Beispiel eine Spenzerjacke von der Jahrhundertwende, die mich also im Winter gerettet hat. Ich habe sie immer noch. Aus Pietät so quasi hebe ich sie immer noch auf. Dann hat sie mir auch ein Paar Schuhe geschenkt, die sie da gefunden hat. Das waren leichte Sportschuhe, fast wie Turnschuhe, aber aus Leder. Ein rechter und ein linker, aber zwei verschiedene Sorten. Sie sahen sich aber einigermaßen ähnlich und waren schwarz, und ich hab' sie auf Hochglanz poliert und bin damit stolz in die Kirche marschiert.« – Weil junge Mädchen an einem solchen Ehrentage doch besonders hübsch sein wollten, haben sie ihren teilweise abenteuerlichen Aufzug von damals immer noch lebhaft vor Augen.

HANNELORE S. (1927) war froh, dass der Schulunterricht für sie und ihren Bruder im Schichtwechsel abgewickelt werden musste, denn: »Für mich und meinen Bruder war das ein Glücksfall, denn so konnten wir beide mit dem einzigen Paar uns etwas besser passender Schuhe mit ordentlichen Sohlen auskommen. Wer vom morgendlichen Unterricht nach Hause kam, hatte sofort die Schuhe abzugeben und war dazu verurteilt, in Hausschuhen oder Sandalen den restlichen Tag durchzustehen. Übrigens hatten Mutti und ich auch nur zusammen *einen* Büstenhalter, den immer diejenige bekam, die gerade etwas Besonderes vorhatte, sei es ein Arztbesuch, Turnunterricht, eine Einladung oder etwas ähnliches.«

So krass wie EDITH H. (1912) in Berlin haben es sicher nur wenige erlebt: »Ich bin, als der Krieg zu Ende war, jeden Tag noch drei Wochen von Schöneberg zum Anhalter Bahnhof gelaufen, ich glaube, 7 km hin und zurück (*wohl um ihre Arbeitsstelle bei Siemens wiederzufinden*), und hab' in den Ruinen die Vorhänge runtergerissen und sie mir um die Füße gewickelt, weil ich keine Schuhe mehr hatte. Dann hab' ich wieder was gesucht, damit der Stoff an meinen Füßen hält.«

Neben den Schuhen bereitete das *Waschen*, die *Hygiene* insgesamt, die meisten Sorgen und Plagen.[41] Wie mühsam war es, Ersatzwaschmittel herzustellen!

HELENE in dem Bericht von HELGA BORN: »Montags fing ick an, Einweichlauge herzustellen. Das Rezept hatte ich aus der Zeitung von meiner Schwägerin aus München: Über einen Holzbottich musste man 'n altes Tuch legen, unter das Tuch einen Korb, und auf dieses Tuch legte man dann die Holzasche und ließ langsam Wasser drüberlaufen, bis die Asche nass war. Dann noch mal langsam Wasser. Die Lauge, die durch den Korb in den Bottich floss, musste hellgelb und weich sein. Dann schöpfte man die obere Lauge ab, weil die etwas heller war, und da kam die weiße Wäsche rein, in die untere, dunklere Lauge eben die dunkle Wäsche. Dann ließ man die Lauge 24 Stunden stehn. Am anderen Abend kam dann die Wäsche zum Einweichen rein. Wieder einen Tag warten. In der Zwischenzeit habe ick Waschzeug oder besser: Waschlauge hergestellt. Da gab's so ne Lauge aus Kastanien, aber ick weiß nich mehr, wie die ging. Oder aus Kartoffelschalen. Die wurden gekocht, abgekühlt und dann durch'n Tuch gepresst, schaumig geschlagen, und die Wäsche wurde darin gedrückt und ausgespült. Aber dat haben wir zum Glück nich oft machen müssen, weil Karla aus ihrem Krankenhaus später Schmierseife geklaut hat. Dass das Wäschewaschen dadurch leichter wurde, kann ick allerdings nich behaupten. Es musste doch alles mit der Hand gewaschen werden – auswringen, noch mal waschen, und dann das Ganze in der Wohnung aufhängen. Die ganze Wohnung roch eine Woche lang nach Wäsche und Lauge, und wenn man Glück hatte, wurde sie auch trocken. Im Sommer ging das ja noch, aber im Winter war es doch so kalt, da ist mir so manches Mal die Wäsche gefroren.«[42]

BERTA H. (1914): »Knochen – aus Not- oder Schwarzschlachtung – haben wir eingeweicht. Aus dem Pferdefett und bissle Parfum Seife gekocht.«

Windeln waren nicht zu bekommen. Wer altes Bettzeug zerschneiden konnte, war noch gut dran.

Auf eine besondere Idee kam JOHANNA HORRAS (1918): »Eines Tages wird bekanntgemacht, es gibt wieder frei die Hitlerfahnen. Ich zum Ortsvorsteher und ließ mir 4

Fahnen geben; ja, da hab' ich das schwarze Kreuz abgetrennt und machte mir weiße und rote Windeln.«

Bis in die Nachkriegszeit hinein brach auch immer wieder die Wasserversorgung über die Wasserleitungen zusammen. Teilweise musste das Wasser an Hydranten oder Brunnen oder rasch installierten Pumpen geholt werden, im äußersten Notfall fuhren Wasserwagen durch die Straßen. Wasser zu besorgen, jeden Tropfen Wasser sparen zu müssen, war für viele besonders beschwerlich; wieder Leitungswasser zu haben, wurde als eine der größten Erleichterungen empfunden. Um heißes Wasser zu bekommen, musste man oft im Morgengrauen oder noch früher aufstehen, da der Strom knapp war.

Den total Ausgebombten und den Flüchtlingen fehlte es natürlich an allem, an Arbeitsgerät, Geschirr, *Hausrat* Möbeln, und es war schwierig, Derartiges zu bekommen, denn die Geschäftsleute hielten die noch vorhandenen Waren zurück. Das blieb schon damals nicht verborgen und war für die Menschen ein Ärgernis.[43]

Auch die *medizinische Versorgung* blieb mangelhaft. Darauf deuten auch die Verbreitung von Krankheiten und Seuchen hin. Besonders waren davon die Kinder betroffen.

ESTHER E. (1926) war von 1945 bis 1947 Schwesternschülerin in der Kinderklinik Tübingen. Sie bekam einiges vom Klinikbetrieb mit: »Im Säuglingsheim hatten fast alle Kinder Krätze. Ich hatte schon immer Angst, wenn ich die Finger aufgebunden habe, sie könnten abfallen, so zerfressen waren sie. Die Schwestern machten mir keine Vorschriften bei der Behandlung. Ich konnte als Schülerin machen, was ich für gut fand. Es gab aber nur zwei Möglichkeiten: mit Kalipermanganat baden und mit Höhensonne die betroffenen Stellen bestrahlen. In der Frauenklinik gab es *eine* Waschschüssel mit Desinfektionsmitteln im Operationssaal, für alle, für Ärzte, Schwestern usw. Da es keine Kindernahrung gab, mussten die Wöchnerinnen nach dem Stillen noch abpumpen, und wenn es nur 10 Gramm waren. Windeln haben wir unter den Matratzen der Frauen versteckt, damit jeder seine Kinder trocken legen konnte. In der Kinderklinik gab es Ammen, die täglich zum Abpumpen kamen. Jeden Tag musste eine von uns von Lustnau nach Derendingen (*also quer durch ganz Tübingen*) mit dem Fahrrad fahren und Muttermilch sammeln. Wir haben zu Hause Care-Pakete bekommen. Davon habe ich der Oberin ein Päckchen Süßstoff mitgebracht. Das hat sie sorgfältig verwahrt und dann an die Säuglinge ausgeteilt, die Möhrensuppe bekamen, damit es wenigstens ein wenig süß schmeckte. Frühgeburten hatten es besonders schwer. In einer Nacht sind mir einmal drei gestorben, es gab wenig Hilfe für sie. Viele Kinder hatten Furunkulose. Es gab welche, da hat der Arzt bis 100 Schnitte gemacht. Wir mussten die Kinder dann baden und den Eiter ausdrücken. Ich erinnere mich an ein Kind, das die Beine fast ohne Haut hatte. Viele Kinder hatten Gelbsucht, auch ich habe mich angesteckt, bekam nur Rhizinus-Öl, und an Tabletten kann ich mich nur an Prontosil erinnern. Diese Tabletten wurden vielfach eingesetzt. Penizillin kam damals gerade auf. Das gaben die Franzosen aber nur zur Behandlung ihrer Kinder. Ärzte haben es aber fertiggebracht, davon etwas abzuknapsen für deutsche Kinder im schlimmsten Fall, z. B. bei Hirnhautentzündung. Es gab sonst keine Antibiotika. Man hat versucht, sich mit den natürlichen Heilmitteln zu behelfen, z. B. hat man bei Lungenentzündung Senfwickel gemacht und dann die Kinder auf den Balkon gestellt im Winter, wegen der frischen Luft. Nachts gab es keine Heizung. Um die Säuglinge trocken zu machen und zu waschen, gab es am Waschbecken eine Heizsonne. Ein- oder zweimal pro Woche konnte man die Kinder baden. Im Säuglingsheim mussten wir vor Dienstantritt und in jeder Pause an einem Brünnlein im Elysium Wasser holen in einer großen Wanne auf dem Leiterwagen (*20 Minuten Weg*). Unsere Zahnbürste nahmen wir auch gleich mit. Während des Badens und eine Zeit danach lagen die Säuglinge im Keller auf Apfelhurden und wir wuschen die ganze Reihe, das Gesicht mit einer Waschschüssel, unten mit einer anderen. Gejammert und schlapp gemacht hat eigentlich niemand von den Schwestern.«

Die Pakete und Hilfen aus dem Ausland waren nicht nur für die Ernährung, sondern für fast alles andere auch von unschätzbarem Wert. Dazu gehörten auch die Medikamente, z. B. das Penizillin oder das Insulin, die man damals in Deutschland nicht kannte oder nicht auftreiben konnte. Vielen wurde so das Leben gerettet, aber für sehr viele andere reichte es eben nicht.

Wann kam die Wende zum Besseren? Wann endeten die »schlechten Zeiten«, wie die Frauen im Rückblick gerne sagen? Keinesfalls für alle Frauen mit der Währungsreform und noch viel weniger schlagartig. Über den langen Weg zur Normalität wird im Kapitel »Neuanfang« zu berichten sein.

Zusammenfassung

Die Versorgung der Bevölkerung mit dem Lebensnotwendigen gilt – auf Grund der Daten und Fakten des Rationierungssystems – für die Zeit bis etwa zur Jahreswende 1944/45 als gesichert. Das war keineswegs immer und für alle so, wie wir gesehen haben. Ohne die Leistungen der Frauen, ihren Ideenreichtum und ihren Arbeitseinsatz, ihre Erschließung zusätzlicher Versorgungsquellen hätte sie wesentlich schlechter funktioniert, wären Engpässe und Mangel viel krasser in Erscheinung getreten. Wie groß der volkswirtschaftliche Beitrag dieser – wohlgemerkt unbezahlten und daher in keinem Bruttosozialprodukt verzeichneten – Reproduktionsarbeit der Frauen war, kann wohl nicht auf Heller und Pfennig berechnet werden; er ist nicht gering zu veranschlagen. Die Frauen haben – je nach Fähigkeiten und Kräften – auf jeden Fall dazu beigetragen, die Lebensqualität und Lebensfreude ihrer Familien zu heben. Und gerade darin liegt die Zweideutigkeit ihrer Leistungen. Sie haben einerseits direkt dem Leben gedient, andererseits die Kriegswirtschaft entlastet und die Durchhaltefähigkeit gesteigert, also der Kriegführung und damit indirekt dem Tod und der verbrecherischen Politik Hitlers gedient, auch wenn sie es nicht gewollt haben. Diese Ambivalenz ist den Frauen in den allermeisten Fällen verborgen geblieben. Nur von einer Frau hörte ich den Satz: »Wir hielten den Krieg am Laufen.« Auch wenn sie sich nicht anders hatten verhalten können, das Dilemma dieses Verhaltens trat gar nicht in ihr Bewusstsein. Die unbekannte, von mir oft zitierte »Frau in Berlin« sieht sehr deutlich die »Stärken« und »Schwächen« der meisten Frauen, so in ihrem Tagebucheintrag vom 25. April 1945: »Als ich vom Wasserholen zurück war, schickte mich die Witwe auf Kundschaft zur Fleischschlange. Dort großes Geschimpfe. Es scheint, dass immer wieder die Zulieferung von Wurst und Fleisch stockt. Dies ärgert die Frauen im Augenblick mehr als der ganze Krieg. Das ist unsere Stärke. Immer haben wir Frauen das Nächstliegende im Kopf. Immer sind wir froh, wenn wir vom Grübeln über Künftiges ins Gegenwärtige flüchten dürfen. Die Wurst steht zur Zeit im Vordergrund dieser Hirne und verstellt ihnen perspektivisch die großen, doch fernen Dinge.«[44]

Ihre Leistungen waren auch noch in anderer Weise ambivalent. Sie schufen nicht nur Werte durch ihre Arbeit, sie wirkten auch an deren Verteilung mit; man denke an ihre vielfältigen »Handelsbeziehungen«, teils am Rande, teils schon jenseits der Legalität. Dadurch verbesserten die einen ihre eigene Versorgungslage auf Kosten der anderen, die nicht die äußeren und inneren Voraussetzungen dafür hatten. Die knappen Güter wurden umverteilt zugunsten der ohnehin Stärkeren.[45] Nur innerhalb der Familie haben Mütter und Frauen bis zur Selbstverleugnung für die schwächeren Glieder, die Kinder, die Alten, die lädierten Männer gesorgt. Im öffentlichen Leben trat an die Stelle der ohnehin fiktiven Volksgemeinschaft die Ernährungs-Klassengesellschaft. Und dies nicht nur in Deutschland, sondern in noch viel stärkerem Maße im Verhältnis zu den besetzten Ländern. Hier nahmen einige Frauen z.T. recht skrupellos teil an deren Ausbeutung durch die deutsche Wehrmacht und den deutschen Staat. Sie beseitigten oder linderten den eigenen Mangel auf Kosten der Pauperisierung der dortigen Bevölkerung, freilich auch dies wieder fast ohne Unrechtsbewusstsein, weil sie sich die Zusammenhänge nicht klarmachten.

Nach dem Kriege leisteten die Frauen Überlebensarbeit, das ist unbestreitbar. Dass es in Deutschland zu keinem Massensterben kam, ist mit ihrer Verdienst, neben der Hilfe, vor allem aus Amerika, die sie selbst in ihrer Bedeutung richtig einschätzen. Frauen waren nicht nur »Verwerterinnen« der knappen Güter, wie der Historiker Trittel annimmt[46], sie waren auch Erzeugerinnen und Beschafferinnen von Lebensmitteln und Brennmaterial aus Rohstoffen, die ohne ihre Arbeit und ihre Fähigkeiten ungenützt geblieben wären. Man denke nur an die weitverbreiteten intensiven Sammelaktionen von Rohstoffen, die sonst ungenutzt verkommen wären. Sie fertigten auch Kleidung, Schuhwerk und Haushaltsgerät aller Art aus Abfallmaterialien. Sie sparten Ressourcen durch möglichste Vermeidung von Abfall bzw. seine Wiederverwendung. Was sie allein aus dem Besatzungs»müll« herausholten, dürfte beachtlich gewesen sein. Sie führten der deutschen Wirtschaft teilweise auch durch gute Beziehungen, besonders zu den Amerikanern, nicht unbeträchtliche Werte aus den Beständen der Besatzungsarmee zu.

Mit all dem sicherten die Frauen nicht nur den Lebensunterhalt ihrer Familien – woran ihnen allein gelegen war –, sondern schufen volkswirtschaftliche Werte. Wie hoch der Beitrag rein quantitativ war, lässt sich nachträglich nicht ermitteln. Niemand weiß, wieviel Tonnen Bucheckern gesammelt wurden, wieviel Getreide, das sonst auf den Feldern liegengeblieben wäre, wie viele Pilze, Beeren, Wildgemüse usw. Aber wenn man bedenkt, dass fast jede Familie mit von solchen selbst erschlossenen Zusatzquellen lebte, wird ihre große Bedeutung klar.

Mit all dem trugen die Frauen nicht zuletzt zum Wiederaufbau bei. Aber nicht nur durch die von ihnen erzeugten und verwertbar gemachten Güter und durch die bestmögliche Erhaltung der Arbeitskraft ihrer Familien[47], sondern auch durch direkte eigene Wiederaufbauarbeit. Nicht nur die sprichwörtlichen berufsmäßigen und bezahlten Trümmerfrauen räumten Trümmer, sondern auch unzählige unbezahlte Hausfrauen in ihren eigenen Wohnungen und Häusern, bis hin zur Instandsetzung und Einrichtung ihrer Wohnungen. Von der Erziehung der Kinder unter schwersten Bedingungen gar nicht zu reden![48] Niemand konnte und kann den volkswirtschaftlichen Wert dieser unbezahlten Arbeit errechnen.

Die Frauen sind mit Recht stolz auf diese ihre Leistungen. Dabei kommt dieser Stolz fast nie als offenes Selbstlob zum Ausdruck, sondern meist durch Staunen über sich selbst: »Wie wir das nur alles geschafft haben!« Aber sie sehen bis heute fast nur den privaten Nutzen, den Nutzen für ihre Angehörigen und ihr privates Leben. Der volkswirtschaftliche Nutzen blieb und bleibt ihnen – wie auch dem Großteil der deutschen Öffentlichkeit – verborgen.[49] Ihre große Leistung hat kaum zur Hebung ihres politischen Selbstbewusstseins beigetragen und wurde von ihnen kaum in politische und gesellschaftliche Forderungen und Einflussnahme umgemünzt.[50] Im Gegenteil: Die allermeisten Frauen waren durch den täglichen Überlebenskampf völlig absorbiert. Nochmals die anonyme »Frau in Berlin« mit ihrem Tagebucheintrag vom 22.6.1945: »Ich hab' so viel zu tun. Muss schauen, dass ich ein Stück Feuerstein finde für das Gas; denn die letzten Streichhölzer sind verbraucht. Ich muss die Regenpfützen in der Wohnung aufwischen; das Dach leckt wieder, es ist nur mit alten Brettern gedeckt worden. Ich muss herumlaufen und Grünzeug an den Straßenrändern suchen, muss anstehen nach Grütze. Ich habe keine Zeit für ein Seelenleben.«[51] Es blieben den meisten keine Kräfte, sich z. B. politisch zu betätigen, selbst wenn sie gewollt hätten.[52] Es blieben ihnen auch kaum Kräfte für einen Rückblick auf die zwölf Jahre Nationalsozialismus. Sechs Jahre davon waren Kriegsjahre gewesen, in denen die Frauen zwar materiell unter etwas besseren Bedingungen, dafür aber in Angst und Sorgen um ihre Männer draußen sich täglich abgemüht hatten, »ihre Pflicht zu tun«. Und nach dem Krieg wurde der Alltag noch lange nicht leichter. Wer die mangelnde Bereitschaft beklagt, sich mit der Vergangenheit auseinanderzusetzen, sollte diesen konkreten Alltag der allermeisten Frauen erst einmal zur Kenntnis nehmen. Er wird in den folgenden Kapiteln, die von den vielen weiteren Belastungen handeln, noch plastischer.

Wie schon im Krieg, so waren auch nach dem Krieg die Leistungen der Frauen für den heutigen kritischen Betrachter ambivalent. Für Nachgeborene ist es relativ einfach, diese tragische Ambivalenz zu erkennen, für die Zeitzeuginnen war sie schwer erkennbar, zu ändern war sie nicht.

Kapitel 2

Arbeit

Es geht in diesem Kapitel nicht um die Themen, in welchem Umfang Frauen im Krieg in den Produktionsprozess einbezogen, wieweit sie für den Kriegseinsatz mobilisiert wurden, welches die gesetzlichen Arbeitsbedingungen waren, wie hoch die Bedeutung der Frauenarbeit für die Kriegswirtschaft zu veranschlagen ist und welche Rolle sie für die Emanzipation der Frauen gespielt hat. Zur Frauenerwerbsarbeit im Krieg gibt es bereits umfangreiche Untersuchungen.[1] Ob der Krieg den vielfach angenommenen Emanzipationsschub bewirkte, wird – aus der Sicht der Frauen – noch zu erörtern sein.[2]

Gefragt wird vielmehr im ersten Teil dieses Kapitels nach dem Arbeitsalltag der Hausfrauen und Mütter und der berufstätigen oder in der Ausbildung stehenden Mädchen und Frauen. Nicht wenige mussten damals schon alles miteinander verbinden: Haushalt, Kinder und Beruf. Man denke nur an die Bäuerinnen, aber auch an viele Geschäftsfrauen. Meine Gewährsfrauen decken natürlich längst nicht alle Berufsgruppen ab, in denen Frauen damals tätig waren, aber doch die wichtigsten Sparten: hauptberufliche Hausfrauen und Mütter, hinzuverdienende Frauen, Bäuerinnen, Arbeiterinnen, Angestellte, freiberuflich Tätige, Lehrerinnen, Krankenschwestern, Frauen in gehobener Stellung, jeweils alleinstehend oder mit Angehörigen, schließlich Schülerinnen und junge Mädchen in der Ausbildung.

Im zweiten Teil geht es darum, wie sich Mädchen und Frauen zu den verschiedenen Dienstverpflichtungen, die sie abzuleisten hatten oder zu denen sie sich freiwillig meldeten, verhielten: Pflichtjahr, Landjahr, Arbeitsdienst, Kriegshilfsdienst, Dienst als Wehrmachtshelferinnen, andere Dienstverpflichtungen, auch von Schülerinnen und Studentinnen, und mehr oder weniger freiwillige Kriegsdienste und »Kriegseinsätze«. Wie haben sie diese Arbeiten erlebt?

Arbeitsalltage im Krieg

Fast alle erwachsenen Frauen hatten einen *Haushalt* zu versehen. Die Mühsal der Hausarbeit war nur teilweise kriegsbedingt. Sie lag vor allem daran, dass moderne Haushaltgeräte und technische Hilfen weitgehend fehlten. Trotzdem ist es für das Verständnis der Arbeitsleistung wichtig, sich diese nach heutigen Begriffen schon im Frieden primitiven Arbeitsbedingungen wenigstens in groben Zügen zu vergegenwärtigen, weil man erst dann ermessen kann, was es für die Hausfrauen bedeutete, wenn dann noch die kriegsbedingten Mangelerscheinungen und Erschwernisse, wie in Kapitel 1 beschrieben, hinzukamen. Es gehört nicht zum Thema »Kriegserfahrungen«, die normale Hausfrauenarbeit detailliert zu beschreiben, Stichworte zu den wichtigsten Verrichtungen mögen genügen: Gekocht wurde meist auf Gas- und Elektroherden (eine Bequemlichkeit, die im Kriege nicht immer funktionierte). Viele, besonders auf dem Lande, mussten sich noch mit einem Kohleherd begnügen. Überwiegend gab es noch Kohle-Beistellherde, die täglich gereinigt werden mussten. Geputzt werden musste meist ohne Staubsauger, vielfach auf den Knien; die schwer zu pflegenden Fußböden mussten eingewachst, z.T. gespänt, mit schweren Blockern gebohnert werden. Geheizt wurden einzelne Öfen, auch mit Holz und Kohle (sofern es diese gab), d. h. das Feuer musste täglich entfacht, die Ofenroste mussten gereinigt werden, immer wieder auch die Ofenrohre, was viel Schmutz verursachte. Eingekauft wurde fast täglich, weil es keine Kühl- oder gar Gefrierschränke gab, ohne das moderne Transportmittel Auto. Höchstens ein Fahrrad erleichterte das mühsame Anschleppen.

Der härteste Teil der Hausarbeit war das Waschen ohne Waschmaschine, Schleuder und Trockner. Hier möge wenigstens *eine* ausführliche Beschreibung einer Frau stehen, die zeigt, was damals »große Wäsche« bedeutete:

ANNI K. (1919): »Gewaschen wurde in der Waschküche im Keller. Dort stand ein gemauerter Herd, der mit Holz und Briketts gefeuert wurde. In der Mitte war ein großer Kupferkessel, in den das Wasser gefüllt wurde. Persil wurde darin aufgelöst. Die schmutzige Wäsche war sortiert in verschiedenen Waschbehältern aus Holz und Zinkwannen, eingeweicht mit Henko. Die Wäsche (*nur die weiße Kochwäsche!*) wurde zum Kochen gebracht und mit Holzstöcken umgezogen. Danach wurde sie herausgezogen und über dem Waschbrett kurz oder auch länger gerubbelt. Anschließend wanderte sie in einen Zuber mit kaltem Wasser zum Vorspülen. Inzwischen war die Seifenlauge vom Waschkessel in flache, ovale Holzwannen auf drei hohen Beinen gewandert, dort wurde sie noch für die bunte Wäsche verwandt, während die weiße Wäsche noch einmal in den Waschkessel wanderte und dort ein heißes Sil-Bad erhielt. Danach wurde alles in einem gemauerten Bassin mit Wasserhahn kalt gespült, eventuell mit einem Blaukissen. Bevor die Wäsche nun draußen auf dem Hof auf die Leine kam, wurde sie durch die Wringmaschine gedreht *(nicht alle besaßen eine, dann musste von Hand ausgewrungen werden),* damit sie schneller trocknete. Wir wuschen alle 4-6 Wochen, das Waschfest dauerte drei Tage vom Einweichen übers Waschen, Trocknen und Bügeln. Auch die Wäsche wurde sortiert aufgehängt: Bezüge, Laken, Tischwäsche und die Leibwäsche ebenfalls unter sich, die Küchentücher und Handtücher in Reih und Glied. Es herrschte preußische Ordnung, außerdem wurde gezeigt, was man hatte.«

Auf dem Lande wurde die weiße Wäsche noch gebleicht, d. h. auf dem Bleichplatz in der Sonne ausgebreitet und dann und wann begossen. Eine vorbildliche Hausfrau stärkte die Oberwäsche. Dazu kam die tägliche kleine Wäsche, v.a. der Windeln, denn Pampers oder dergleichen gab es nicht.

Wann immer nach all diesen notwendigen Arbeiten noch Zeit blieb, meist am Abend und bis spät in die Nacht, wurde sie mit Flicken und Nähen ausgefüllt. In Kapitel 1 war schon die Rede davon, was Frauen da alles leisteten.

Von den Frauen gar nicht zur »Arbeit« gezählt, weil selbstverständlich, war die Fürsorge für Säuglinge und Kinder über die rein physische Versorgung hinaus. Heutige Begriffe wie *Beziehungsarbeit* existieren im Wortschatz der Frauen und in ihrer Vorstellungswelt nicht. Mütter haben auch damals mit ihren Kindern gespielt, sich um ihre Anliegen gekümmert, sie beschenkt und erzogen. Sie haben trotz Überlastung versucht, auch in den schwersten Kriegstagen, so etwas wie ein normales Leben für ihre Kinder, ihre Angehörigen zu retten. In den folgenden Kapiteln wird noch davon zu sprechen sein, was es bedeutete, mit den Kindern Bombenangriffe und Flucht zu bestehen. Und in welche Notlagen die Frauen gerieten, wenn die Kinder krank wurden! Auch die Pflege der Beziehungen zu den eingezogenen Männern, Söhnen, Brüdern und Freunden gehörte dazu. Wieviel Kraft und seelische Tapferkeit sie in diese »Beziehungsarbeit« steckten, entzieht sich der Beschreibung und Berechnung. Die Frauen erwähnen das alles gar nicht als besondere Leistung, und es betrifft auch nicht nur die Ehefrauen und Mütter. Dass aber die Kinder oft wirklich nur nebenher liefen, ja sogar zu Arbeiten eingespannt wurden, die teilweise über ihre Kräfte gingen, weil gar nichts anderes übrig blieb, erwähnen vor allem Bäuerinnen und Geschäftsfrauen mit schmerzlichem Bedauern.

Erschwerend wirkten sich für alle die schwierigen Kommunikations- und Transportmöglichkeiten aus. Ein Telefon hatte damals fast niemand; ebenso selten war ein Auto, das es praktisch nur für Geschäftsleute oder als Dienstwagen gab. Die öffentlichen Verkehrsmittel waren überlastet und nach Angriffen besonders am Ende des Krieges oft außer Betrieb. Man machte das meiste zu Fuß, wenn man Glück hatte, mit dem Fahrrad. Das Fahrrad war für viele das einzige private Beförderungsmittel und daher ein sehr kostbarer Besitz. Ersatzteile waren schwer zu bekommen.

Den nicht berufstätigen Frauen oblag aber häufig noch die Versorgung älterer, zuweilen pflegebedürftiger Angehöriger. Die Betreuung von Alten und Kranken wurde damals noch viel seltener von staatlichen Stellen oder öffentlichen Fürsorgeeinrichtungen übernommen. Sie war Sache der Familien, sprich: der Frauen. Dass es hier auch ein gegenseitiges Nehmen und Geben gab – wie in jeder »Beziehungsarbeit« –, soll nicht verkannt werden. Beim Heranschaffen von Lebensmitteln, bei Fliegerangriffen und vor allem auf der Flucht waren die Älteren viel eher auf die Hilfe der Töchter und Schwiegertöchter angewiesen als umgekehrt.[3]

Auf eine »Arbeitsleistung« der Ehefrauen und Mütter ist besonders hinzuweisen, die sie selbst so nicht nennen: *Schwangerschaften und Geburten,* die im Kriege oft unter ganz schwierigen Umständen stattfinden mussten. Davon wird meist im Zusammenhang mit Fliegerangriffen und Flucht erzählt.[4] Zwar waren vier, fünf, sechs, ja neun Kinder damals keine Seltenheit, aber insgesamt haben die Frauen dem Wunsch des Führers nach möglichst vielen Kindern gerade nicht entsprochen.[5] Trotzdem war jede einzelne Geburt im Krieg eine zusätzliche schwere Bürde.

Ein Beispiel für viele erzählt ANNELIESE F. (1916). Sie hatte schon eine Fehlgeburt hinter sich: »Am schlimmsten während dieser Zeit war der Gedanke für mich, was passiert, wenn ich zur Geburt wegen eines Fliegeralarms nicht ins Krankenhaus gehen kann. Ich habe versucht, über Bücher mich zu informieren, was bei einer Geburt zu tun ist. Meinen Arzt traute ich mich nicht zu fragen, er trat auf wie der liebe Gott persönlich. Glücklicherweise war in der Nacht vom 14. auf den 15.3.43 kein Alarm, und alles ging gut. Ab der ersten Nacht zu Hause musste ich mit dem Baby in den Keller und nicht nur nachts. In dem Krankenhaus, in dem ich entbunden hatte, bekam jede Frau eine Brustdrüsenentzündung, was zur Folge hatte, ich durfte mein Kind nicht mehr anlegen, sondern musste die Milch abpumpen. Im Anfang genügte das Quantum, aber da ich Bestrahlungen bekam, wurde die Milch weniger, so dass ich zu Hause noch 6 Wochen erst Milch abpumpte, dieselbe dann wieder erwärmte, dann das Baby nach dem Trinken wog, danach zusätzlich Haferschleim kochte, mein Baby mit dem Rest fütterte, trocken legte. Vor dem Füttern wurde gebadet. All dies nahm so viel Zeit in Anspruch, so dass mir am Ende eine Stunde Zeit blieb, und dann musste ich schon wieder mit dem nächsten Abpumpen anfangen. Nach sechs Wochen hatte ich keine Milch mehr, die zeitraubende Pumperei hörte auf. Nun wurden die Fliegeralarme immer zahlreicher. Es war schwierig, immer Milch zu bekommen. Oft war sie sauer. Es musste eingekauft werden, das wenige, was es auf Karten noch gab, man stand Schlange. Welch ein Glück, dass ich meine Eltern noch hatte.

Mutter versorgte, wenn ich nicht da sein konnte, meinen Jungen. Ich musste immer noch zur Bestrahlung meiner Brust ins Krankenhaus. Eines Morgens lag ich unter dem Apparat, als ein ganzer Bombenteppich ohne Alarm auf Wiesbaden fiel.«

Doppelt und dreifach belastet waren Frauen und Mütter, die neben Haushalt und Kindern zusätzlich mitverdienten, im Geschäft mithalfen bzw. es allein weiterführten, wenn der Mann einrücken musste, oder gar voll erwerbstätig waren.[6]

MARGARETE B. (1929) schildert den Tageslauf ihrer Mutter, die auf dem Lande ein Lebensmittelgeschäft führte; ihr Mann war zunächst noch daheim, dann im Feld, schließlich in Gefangenschaft: »Mei Mutter musst' jeden Morgen um fünfe aufstehe. Fünf Kinder in d'Schul' richte. Sie hat immer g'sagt: ›Bis das G'schäft offe isch, muss i im Haushalt fertig sein.‹ – ›Mir (*wir*) sind ja meistens so um halb acht zum Haus raus und na (*dann*) hat sie de Lade aufg'macht und – i moin (*ich meine*) – da ging's de ganze Tag (*den ganzen Tag*). Also das Essen hat sie immer g'richt (*gerichtet*) g'habt, aber mir (*wir*) musste viel mithelfe. Na (*dann*) spüle (*Geschirr abwaschen*). Mir waret auch immer eiteilt (*eingeteilt*), meine Schwestern und i (*ich*), oine, zwoi (*eine, zwei*) hent (*haben*) g'spült mitnander (*miteinander*), andere musstet Schuh putze a Woch lang. Und abends, oder nach de Schulhausaufgabe, da hat's immer g'hoiße (*geheißen*): Hände waschen, Schürzle – mir han (*haben*) immer so weiße Schürzle g'habt, na musstet mir die anziehe und oft für den Lade (*Laden*)... Wissen Sie, da hat man no (*noch*) de Zucker und alles no (*noch*) abg'füllt... Und na musstet ma, konnt ja kaum uff (*auf*) de Tisch raufsehe, woiß (*weiß*) i des no (*noch*), die Tüte fülle mit dene Würfelzucker, und unser Vater hat's g'woge und zug'macht am Abend. Und Nudle und die Sach' (*Sachen*), und des oft bis Zehne, Elfe. Des war au net immer schö (*schön*). Da wär mer na scho froh g'wä (*gewesen*), mer hätt in Dienst (*gemeint ist BDM*) gehe könne. Da musstet mer viel helfe.« Ohne die Mithilfe der Kinder, die Kinderarbeit, wäre es gar nicht gegangen. Margarete B. erzählt aus einer Zeit, als der Vater noch zuhause war. Später war es sicher noch viel schwerer.

Auch wenn Frauen mit Kindern und Geschäft eine Hilfe hatten (z. B. ein Pflichtjahrmädchen), trugen sie die Verantwortung dafür, dass alles lief.

GERTRUD L. (1910) führte ein Gemischtwarengeschäft und hatte drei kleine Kinder, das vierte wurde 1941 geboren. Ihr Mann war Soldat. In ihren Erinnerungen schreibt sie: »Das Leben musste weitergehen, trotz Krieg, Geschäft und kleinen Kindern; ich wurde gefordert und musste sozusagen meinen Mann ersetzen und stehen. Im Haushalt hatte ich eine Hilfe sowie ein Pflichtjahrmädchen. Es war oft schwierig, denn die Mädels hatten noch wenig Erfahrung in Hauswirtschaft und mit Kindern. Aber ich war angewiesen auf Angestellte, besonders für die kleinen Kinder. Wenn ich am Abend aus dem Geschäft kam, waren die Kinder oft schon im Bett. Aber wenn sie noch wach waren, erzählten sie mir, was sie gemacht und gespielt hatten... So vergingen weitere Kriegsjahre... Ich habe das Geschäft geführt mit einem Lehrling, so gut ich konnte. Wenn mein Mann in Urlaub kam, lobte er mich, er war zufrieden mit mir. 1941 war ich in guter Hoffnung. Wieviel bange Sorge, wieviel Gedanken, wie soll es werden? Die Bombenangriffe wurden öfter auch über unserem Gebiet vorgenommen. Wieviel Ängste wir ausgestanden haben, wenn wir in den Bombenkeller mussten, kann wohl kaum jemand heute verstehen. Ich mit meinen drei kleinen Kindern und meinem vierten unter dem Herzen. Meine Nachbarin, Frau W, die als Untermieterin bei mir wohnte, half mir oft… Am Tage musste das Geschäft weitergehen, und allzuviel änderte sich noch nicht im Alltagsleben. Bei mir war immer die bange Frage, wie wird es weitergehen, wenn unser Kind geboren wird? … Ich war im Geschäft ganz unentbehrlich. Die Großeinkäufe machte mein Herbert (*ihr Mann*) bei den Lieferfirmen in Danzig. Ich hatte nur bei den Grossisten in Marienburg einzukaufen… Gesundheitlich ging es mir während der Schwangerschaft gut, bis auf die letzte Zeit. Es traten Blutungen auf. Die Hebamme riet mir, nichts Anstrengendes zu tun. Eigentlich hätte ich liegen sollen. Am Sonntag konnte ich ruhen. Und mein lieber Herbert konnte ein paar Tage Urlaub bekommen, da konnte ich mich schonen… Am 14. September 1941 wurde unsere Erika geboren, die Freude über unser Sonntagsmädel war groß. Zu unseren 3 Buben hatten wir uns ein Mädchen gewünscht… Mein Herbert war zu der Zeit immer im Geschäft, er hatte 10 Tage Urlaub bekommen, ich konnte mich also erholen. Aber als er abfahren musste, war ich noch gar nicht so gut auf dem Posten, musste aber morgens ins Geschäft gehen. Es fiel mir noch sehr schwer. Herbert bekam noch ein paar Tage Urlaub, da konnte ich mich noch richtig auskurieren. Ich hatte noch eine Brustentzündung bekommen. Meine liebe Erika habe ich, bevor ich ins Geschäft ging, noch gestillt, bin dann aber auch am Tage noch mal nach Hause gekommen und habe sie an die Brust gelegt und gestillt… Abends habe ich sie gebadet… Erika gedieh trotz Krieg und obwohl ich zu wenig Zeit hatte, doch gut.« Frau L. musste später mit ihren vier Kindern aus der Heimat fliehen und war zwei Jahre in dänischer Internierung.

Die eigentlichen »Lasttiere der Gesellschaft« waren die *Bäuerinnen*, denn für sie liefen sozusagen der Haushalt und die Kinder »nebenher«. Die Hauptarbeit war auf dem Feld, im Stall, im Garten zu verrichten. Die einzige Entlastung gegenüber der Städterin war, dass sie nicht auch noch Lebensmittel auftreiben mussten. Keineswegs überall blieben sie vor Fliegerangriffen verschont; am Ende wurden sie oft noch in Kampfhandlungen verwickelt oder litten bei der Feldarbeit unter Tieffliegerbeschuss. In der Literatur kann man Angaben über Arbeitszeiten lesen: »Die durchschnittliche Arbeitszeit einer Bäuerin betrug im Jahr 1942 13 bis 15 Stunden täglich, insgesamt also mehr als die 1944 noch als ungewöhnlich betrachtete 72-Stunden-Woche eines Rüstungsarbeiters.[7] Im Frieden stellten sie fast 50 % der ländlichen Arbeitskräfte, arbeiteten im Durchschnitt 75 (im Krieg: 82) Wochenstunden, zur Erntezeit 100 Wochenstunden. Die 65 Jahre alten und älteren Frauen leisten den größten Arbeitsanteil. Auf kleinen Höfen leisten die Frauen 75 %, auf mittleren Höfen 50 %, auf großen Höfen 25 % der Arbeit.«[8] In ihren Erzählungen über den Krieg dominiert denn auch die Erinnerung daran, wie sie haben schuften müssen. Fast alles musste ja noch ohne Maschinen gemacht werden.[9]

MARIA T. (1920), eine Bäuerin aus Bayern: »Schaffen war man ja gewöhnt. Aufgestanden ist man in der Ernte vielleicht um 3 Uhr. Dann war der ganze Stall voll Vieh. Da hat man Küh' melken müssen mit der Hand und hat Mist raustun müssen. Und dann das Getreide mähen, dann aufstellen bei der Hitz' jeden Tag, dann füttern bis neun jeden Tag. Das kann man heut den Jungen nimmer erzählen, die sagen: ›Ihr seid ja blöd gewesen!‹

I: *Wie haben Sie das rein körperlich durchgestanden?*

T: War manchmal schon schwierig, aber krank geworden ist man von dem auch nicht. Die Zeit, wo's so schwer war, ist ja wieder vorbeigegangen. Man war ja schon viel durchtrainierter in der Zeit, das tät man heut sowieso schon nimmer schaffen.

I: *Und dann war ja noch der Haushalt.*

T: Da hat man ja keine Waschmaschine gehabt. Mein Vater, der war Schnupfer, der hat gleich dreißig, vierzig Schnupftücher gehabt in der Woche (*lacht*), und dann die Kinder, alle die Wäsch! Alle Tage frisch angezogen, das wär net gange, wie heut. Man hat halt das Notwendigste gemacht.«

Wie hart auch schon junge Mädchen arbeiten mussten, schildert Antonie F. (1923), Tochter eines Bauern mit kleiner Brauerei und Gastwirtschaft: »Der Tageslauf war immer so ziemlich der gleiche. Um 6 Uhr aufstehen. Mutter und ich machten die Stallarbeit. Um 7 Uhr ging ich in die Kirche, um die Orgel zu spielen. Seit meine Brüder im Krieg waren, musste ich diesen Dienst übernehmen. Meine um fünf Jahre jüngere Schwester machte die Gastwirtschaft sauber und half im Haushalt. Danach Grünfutter machen für das Vieh. Mutter hat dann gekocht, und ich musste mit Vater die Feldarbeit machen und in unserer Kleinbrauerei arbeiten. Leider hat mein Vater viel gekränkelt und war oft nicht einsatzfähig. So musste ich meinem Vater den Sohn ersetzen, und das vierzehn Jahre lang.[10] Dabei war ich nur ein schmächtiges Mädchen. Man musste noch alles mit der Hand erledigen. Die Technisierung in der Landwirtschaft kam bei uns erst Anfang der 60er Jahre. Da fiel dann in der Außenarbeit viel schwere Arbeit für die Frauen weg.«

Ohne die Fremdarbeiter wäre gar nichts gegangen: »1944 sind fast die Hälfte aller in der Landwirtschaft Beschäftigten Ausländer, Polen, Russen, westliche Kriegsgefangene, Italiener, Ungarn, Slowaken. Ohne sie wäre die Landwirtschaft schon 1940 zusammengebrochen.«[11] Was die Bäuerinnen mit ihnen erlebten, wird uns in Band III beschäftigen.[12]

Wie sah der Arbeitsalltag der *Arbeiterinnen* aus? Anstelle von Zeugnissen einzelner Frauen soll hier ein Bericht von Arbeiterinnen aus der Pulverfabrik I.E. Eisfeld, Silberhütte/Harz zitiert werden, wie er sich in den geheimen Lagerberichten des Sicherheitsdienstes der SS niedergeschlagen hat[13]:

»Die verheiratete Frau muss etwa um 4 Uhr aufstehen... Mit dem gegen 5 Uhr früh aus Harzgerode fahrenden Zug gelangt sie zum Bahnhof Silberhütte, um dann nach einem Fußweg von etwa einer halben Stunde ihren Arbeitsplatz zu erreichen. Gegen 17 Uhr ist die Arbeit beendet. Es folgt ein Fußmarsch bis zum Bahnhof, dort ein längerer Aufenthalt und endlich kommt dann die Frau mehr oder weniger pünktlich mit dem Zuge der Harzbahn gegen 1/2 7 Uhr abends in Harzgerode an. Sie stürzt sich in die gerade noch offenen Geschäfte, läuft nach Hause, bereitet das Abendbrot und sinkt nach dem Essen übermüdet ins Bett, um am nächsten Morgen wieder um 4 Uhr aufzustehen. An die notwendige Hausarbeit ist gar nicht zu denken. Die Frauen meinen, dass sie das auf die Dauer nicht aushalten können.«

Hinzu kommen Klagen über weitere Erschwernisse, die ebenfalls den Berichten des Sicherheitsdienstes zu entnehmen sind:
Sie haben nicht genügend Zeit für die lebensnotwendigen Besorgungen (die Zeit, die sie dafür brauchen, wird im Verlauf des Krieges immer länger)[14]. Die Schwierigkeiten bei der Unterbringung und Betreuung der Kinder (Mangel an Kindertagesstätten und Kinderkrippen)[15] machen eine geregelte Arbeit außer Haus fast unmöglich. Es bleibt nicht genügend Zeit für die Hausarbeit (sie möchten wenigstens einmal im Monat ihre Wohnung saubermachen, Strümpfe und Wäsche waschen und stopfen).[16] Dafür ist die Arbeitszeit zu lang (auch die achtstündige; es wird vorgeschlagen, nur 5 Stunden zu arbeiten). Die langen Fahrwege kosten zusätzlich Zeit, zumal die Verkehrsverhältnisse schlecht sind. (Dadurch verlängert sich die Arbeitszeit mancher Frauen täglich um 2-3 Stunden). Die Arbeit selbst ist zu schwer, vielfach wird Männerarbeit von ihnen verlangt, auch Nachtarbeit[17]; Arbeitsschutzbestimmungen werden nicht überall eingehalten, z. B. werden ihnen schwere Lasten zugemutet.[18]

Zu alledem sind die Löhne zu niedrig. Aus Nürnberg wurde z. B. gemeldet, dass dort Mädchen bei einem Stundenlohn von RM 0,30 und einer 60stündigen Arbeitszeit einen Bruttolohn von RM 18.- erhalten[19]. Es werden zahlreiche Fälle genannt, in denen Frauen, trotz Männerarbeit, einen um 20 % geringeren Lohn bekommen.[20]

Gemessen an den Bäuerinnen und Arbeiterinnen waren die Frauen, die in einem Büro oder als Verkäuferinnen *angestellt* waren, begünstigt. Aber auch sie mussten sich sehr anstrengen. Es gab bei weitem noch keine 40-Stunden- und keine Fünftagewoche. Zudem wurden gegen Ende des Krieges die Arbeitsverhältnisse immer schwieriger und gefährlicher.

CHRISTEL BEILMANN (1921), die an verantwortlicher Stelle in einem Verlag in Bochum arbeitete, schreibt am 9.9.1944 an ihren Bruder, Soldat im Osten: »Ich stehe jetzt im 10-Stunden-Dienst. Was bei mir durch die Fahrerei zum 13-Stunden-Arbeitstag wird. Zudem kannst Du Dir vorstellen, dass die Arbeit durch die sehr veränderten Verhältnisse hier im Westen eine ziemlich anstrengende ist. Wenn der Krieg sich so auf uns zubewegt, ist erstens die Sorge sowieso schon ziemlich groß, die man um daheim und die anderen, die einem lieb sind, hat. Zudem greift das Geschehen auch in den Verlag ein und gibt uns manche Nuss zu knacken auf. Unsere ›Wochenschau‹ ist schon eingestellt und unser Hauptblatt, der ›Anzeiger für Maschinenwesen‹, ist ab ersten Oktober auch ein gewesener Traum. Das ist aber nicht so wichtig. Sorge haben wir in der Hauptsache um unser Personal, zwei Drittel unserer Männer sind schon zum Schanzen am Niederrhein, und wir bekommen laufend weitere Einberufungen. Anfang der Woche sah's auch so aus, als ob wir Frauen zur ›Maulwurfaktion‹ herangezogen werden sollten. Doch bis jetzt ist es hier noch ruhig in der Beziehung. In der Eifel sind allerdings schon junge Mädchen eingesetzt, und an der Mosel auch. Nun, mir ist alles gleich. Ich tue meine Pflicht, wo ich auch stehe...«[21]

Wegen der drohenden Brandgefahr durch Bomben mussten die Angestellten im Turnus in regelmäßigen Abständen Nachtwachen in ihren Firmen ableisten.

HILDEGARD G. (1915): »Man hatte Luftschutzanzüge und Helm und hat dort geschlafen. Bei Alarm ging man in den Keller und nachher ging man durchs ganze Haus mit der Taschenlampe. Es war ein 5stöckiges Haus, war ziemlich unheimlich, ob nicht irgendeine Brandbombe liegt. Meist waren wir zu sechst.«

Manche, die tagsüber arbeiten mussten, haben nachts noch Stollen gegraben zum Schutz gegen Fliegerangriffe. Nach großen Angriffen war es oft fast unmöglich, die Dienststellen zu erreichen. Trotzdem haben die meisten Frauen bis zum Schluss alles darangesetzt, um nicht zu fehlen.

MARGARETE B.(1919): »Man ist an manchen Tagen morgens in den Dienst nach Hedelfingen rausgelaufen, weil keine Straßenbahnen mehr gefahren sind, da war man ungefähr anderthalb Stunden unterwegs, waren noch Bomben am Wege gelegen, oder hat man einmal per Anhalter oder mit einem Laster oder mit irgend etwas rausfahren müssen...«

ELISABETH E. (1923), bei der Hauptverwaltung in Stuttgart tätig: »In den Jahren der Fliegerangriffe, z. B. 1943, '44, als in Stuttgart und Umgebung die Fahrmöglichkeiten eingeschränkt waren oder nach einem Angriff ganz ausfielen, ging ich manchmal die 10 km zu Fuß nach Stuttgart. Abends dann eventuell auf einem Lastwagen, dessen Fahrer einen netterweise aufsteigen ließ, wieder zurück, oder ein Stück mit Straßenbahn, ein Stück zu Fuß usw. Ich erinnere mich an einen Morgen auf Mehlsäcken sitzend nach Stuttgart, abends auf einem Kohlenauto zurück.«

Mit Stolz berichten einige noch von Leistungswettkämpfen und »Berufserziehungslehrgängen«, die auch während des Krieges fast bis zum Schluss weitergingen. Noch 1945 wurden Berufsausbildungen begonnen und junge Frauen zu Lehrgängen einberufen und leisteten dem Folge. Prüfungen wurden abgewickelt. Hiltgunt Zassenhaus machte mitten in den schweren Bombenangriffen auf Hamburg 1943 ihr Vorphysikum, nachdem sie sich durch die Trümmerwüste bis zu ihrem noch unzerstörten Physikalischen Institut durchgekämpft hatte.[22] In ungeheizten Zügen, mit dem Fahrrad oder auch auf weiten Wegen zu Fuß suchten junge Mädchen unverdrossen, zu ihren Ausbildungsorten zu gelangen.

Unter besonderer Belastung standen die *Krankenschwestern*.[23] In diesem Beruf kamen die Frauen ständig mit den schrecklichsten Kriegsfolgen, dem Leiden und Sterben von Menschen, in Berührung. Die Erinnerungen daran verfolgen sie bis heute.

DOROTHEA B. (1922), OP-Schwester in Stuttgart: »Unten (*im Bunker*) war der Operationssaal genau so eingerichtet wie oben, mit Notaggregatoren... Und da ging der Krieg für mich dann in seiner schrecklichen Form an. Viele Verwundete, die Lazarettzüge kamen. Ich war ja damals erst 22. Hab' auch damals zu der Oberin gesagt: ›Ich fühle mich eigentlich zu jung für diesen schweren Posten.‹ Dann hat sie gesagt: ›Ich weiß, du kannst es. Ich verlass mich auf dich.‹«

Sie erzählt dann von verschiedenen schrecklichen Erlebnissen.

»Und noch eine tragischere Sache: Da ging eine Luftmine runter, und zwar muss das bei Zuffenhausen oder Feuerbach gewesen sein, in eine Kaserne. Die Soldaten sind in ihren Betten gelegen. Da gab es furchtbar viele, die ganz, ganz schwere Verletzungen gehabt haben, und einer, der hatte einen Splitter in die Lunge gekriegt, und den hat man reingebracht, und der Arzt hat gesagt, den können wir jetzt nicht machen. Und die eine Nonne (*die Nonnen arbeiteten als Schwestern dort*) hat runtertelefoniert, ob man ihn noch irgendwo unterbringen kann zu einer richtigen Operation, der hätte sofort eine richtige Lungenoperation gebraucht, es war alles voll belegt. Dann haben wir notdürftig die Wunde verbunden und ihn wieder weggefahren. Dann kommt die Nonne nach einer halben Stunde: ›Herr Doktor, Herr Doktor, schnell, schnell, den einen mit der Lunge!‹ Und da hat er noch, als er beim ersten Mal hinausgeschoben worden ist in den OP, hat er gesagt: ›Schwester, muss ich sterben?‹ Und dann hab' ich gesagt: ›Wir tun, was wir können, dass wir Ihnen helfen.‹ Und dann bringt sie ihn, ich hab' ihn fast nimmer erkannt, die ganze Luft, die er eingeatmet hat, ist alles ins Gewebe eingegangen, das hat dann so geknistert überall, wo man ihn angefasst hat, er konnte auch nicht mehr sprechen. Und da hab' ich mich unsteril gemacht, da hab' ich gedacht, das kann ich nicht, dass ich den Burschen so jetzt sterben lass. Dann hab' ich seine Hände genommen und festgehalten, bis er selber losgelassen hat. Aber ich habe gedacht, er muss spüren, dass noch jemand bei ihm ist bis zum Schluss. Und seither geht es mir immer durch und durch, wenn etwas so knistert, nicht vom Feuer, sondern von einem Gewebe, das geht mir ganz durch...«

WALTRAUD G. (1925), Schwesternschülerin am Robert-Bosch-Krankenhaus in Stuttgart: »Da war eine Kellerstation, da lagen die schwersten Fälle unten. Kein Tageslicht, den ganzen Tag bei elektrischem Licht. Ich erinnere mich auch, dass man vom Operationssaal die Patienten oft mitten in der Operation – wenn Alarm kam – auf dem OP-Tisch durch den Gang und mit dem Aufzug runterschaffte. Da war ein Notoperationssaal eingerichtet, und da wurde dann weiter operiert... Ich war als junge Schülerin auch auf der Kellerstation, und mein schlimmster Fall war eigentlich der, da war eine Schleuse, und da lag ein total verkohlter Patient, so etwas habe ich nie wieder gesehen. Er war bei so einem Fliegerangriff verbrannt. Merkwürdigerweise hat sein Herz noch geschlagen, war alles wie eine vergessene Brezel im Ofen, halt schwarz war der Mann. Der hatte noch eine Sonde durch die Nase bekommen, so hat man ihn ernährt. Der hat unsinnige Schmerzen gehabt. – Er ist dann natürlich bald gestorben. Noch ein Erlebnis im Keller: Wurde ich mal ans Bett einer jungen Frau gesetzt, hat auch durch Tiefflieger das Bein verloren, das wurde amputiert, und da hat man mich hingesetzt, bis sie aufwacht von der Narkose. Da war ich so verzweifelt! Was sag ich der, wenn sie aufwacht? Und ich als Achtzehnjährige, und ich bin gesund und mir geht es gut, was sag ich der? Da ging nachher der Trost von der Patientin aus. Sie hat selber gesagt: ›Da darf man nicht fragen, warum, sondern wozu?‹ Die Frau war vielleicht 35. Die inneren Ängste weiß ich noch: Was sag ich da?«

Und Waltraud G. weiter: »Man hat oft Nachtdienst gehabt, und da war man oft mit der Hebamme allein mit 120 Patienten. Das war auch kriegsbedingt, als ein Personalnotstand bestand. Man wurde sehr, sehr tüchtig bei dem allem, man hat sehr bald gelernt, selbständig zu arbeiten, sich auch etwas zuzutrauen.«

HANNA L. (1919) kam als Wehrmachtshelferin mit einer Kameradin in letzter Stunde mit einem Verwundetentransport aus Paris heraus. Beide hatten keine Ahnung von Krankenpflege. Sie hatten dann während vier Tagen und Nächten mit nur einem Arzt 450 zum Teil schwerverwundete Patienten zu betreuen (vier »Hilfssanitäter« beteiligten sich nicht an der Pflege, angeblich, weil sie nicht pflegen durften): »Ich hatte in mehreren Wagen sehr schwere Fälle mit großen Verbänden, und es kam bald die Gelegenheit, sie zu wechseln und zu sehen, was darunter war. Ich musste tief Luft holen, dass mir nicht die Sinne schwanden, sonst wäre ich in all die eiternden Wunden hineingefallen. Die Verwundeten lagen ja im Stroh, und ich kniete davor. Wir hatten nur wenig Verbandsmaterial und Papierbinden, kein Pflaster, keine Schmerzmittel und kein Wasser oder nur gelegentlich von den Lokomotivzapfstellen. Ich konnte nur in einen anderen Wagen wechseln, wenn der Zug hielt, meist auf der Strecke, und die Entfernung vom Schotter bis rauf ist groß mit nur einem Tritt dazwischen. Ein paar Aufstehpatienten konnten mir wenigstens die Wasserkannen abnehmen und mich hochziehen.«

ELISABETH M. (1920) machte kurz nach Kriegsende ein Praktikum in einem schwäbischen Kreiskrankenhaus in Sigmaringen: »Wochenarbeitszeit 72 Stunden an sechs Tagen, nur ein Sonntag im Monat frei... Dann kam ein Zug mit deutschen Soldaten. Schwerstverwundeten. Die Kerle haben natürlich geschrien, geschrien! Wir haben Tag und Nacht gearbeitet. Ich war 24, 25. Ein Bein musste amputiert werden, der Gips wurde nur ganz wenig abgemacht zum Abschneiden. Ich hab' das Bein festgehalten. Die Wanzen kletterten aus der Lücke schon heraus. Und dann musste ich das Bein samt den Wanzen und dem Gips so vor mir her in die Heizung tragen. Das wurde verbrannt... Und was hatten wir für schreckliche Methoden! Ich hatte z. B. Blutgruppe 0. Ich hatte bestimmt nicht viel Blut übrig! Aber wie oft wurde Blutgruppe 0 gebraucht! Wer hat Gruppe 0? Ach komm, schnell, schnell! Wir legten uns auf die Bahre, hier angeschlossen, dort abgegeben. Da kriegte ich dann 'ne Flasche Wein und zwei Eier oder so! Aber deshalb haben wir's ja nicht gemacht. Blutkonserven gab's kaum damals!... Ich denke rückschauend, dass wir damals unheimliche Kräfte hatten; niemand von uns hat je schlapp gemacht, weder Ärzte noch Pflegekräfte.«

ANNE E. (1920), die noch neben ihrer Bürotätigkeit freiwillig als Rotkreuzhelferin arbeitete, auf die Frage: »Wie hat man das ausgehalten?« »Das hat man nur ausgehalten, indem man verdrängt hat. Wir haben keine Zukunft gehabt. Konnte man sich überhaupt nicht vorstellen und wollte es auch nicht.«

Aber gerade bei diesen helfenden und heilenden, als typisch weiblich angesehenen Berufen springt die Doppeldeutigkeit der Frauenarbeit besonders ins Auge. Frauen reparierten aufopferungsvoll Schäden, die eigentlich gar nicht hätten entstehen dürfen. In einer Äußerung von Marianne W. (1920) kommt das – ihr selber kaum bewusst – sehr drastisch zum Ausdruck. Sie war »Schwimm-Meisterin« (*so bezeichnet sie sich selbst*) und Masseuse. Befragt, wie sie ihr Verhalten während der NS-Zeit beurteile, sagte sie, »als gut und richtig. Ich habe viel Publikumsverkehr gehabt, Soldaten, wie sie nach Hause kamen, waren auch bei mir. Versehrte haben Schwimmen gelernt, Beinamputierte. Da bin ich selber mit ins Wasser gegangen. Ich habe viel geholfen, was das anbetrifft.«

Freiberuflich Tätige waren nicht unter meinen Gesprächspartnerinnen. Als ein Beispiel für eine Ärztin möge der Bericht ihrer Sprechstundenhilfe stehen. Er ist gewiss aus einer eingeschränkten und nicht durchweg freundlichen Perspektive erzählt, vermittelt aber dennoch etwas von den Schwierigkeiten und Nöten einer praktischen Ärztin im Kriege.

JULIE M. (1902): »Ich war ja nun nicht unbedarft, wenn man vorher in der Klinik tätig war. Gut, ich bin dann zu ihr hin und dann haben wir gesprochen, und dann sagt sie: ›Ich bin ja schon froh, wenn Sie überhaupt kommen, ich habe niemand, der die Patienten rein und raus lässt und mir meine Sachen ein bisschen richtet.‹ Die hatte eine langjährige Haushälterin, ein bescheidenes, einfaches Wesen. Hedwig hat sie geheißen. Die hat Spritzen ausgekocht bis zur nächsten Sprechstunde mit so einem kleinen Töpfchen. Da hat sie ein Leinenläpple hineingelegt. Es musste weitergehen.
I: *Was für eine Art von Patienten kam da?*
M: Das war eine Praktikerin, eine praktische Ärztin. Da kam alles. Da kamen Kinder, da kamen Männer. Ich erinnere mich an einen, der hatte den ganzen Hals voll Furunkel. Das war furchtbar viel Mühe, das zu behandeln. Es gab doch keine

Antibiotika. Im Wartezimmer, da waren oft zwanzig, dreißig Leute drin, an einem Mittag. Dann kamen noch ein paar Fliegeralarme, und die Leute haben Angst gekriegt, und dann sind die hinübergerannt ins Schwabtunnel. Wir haben das einmal gemacht und sind ins Schwabtunnel – und nie mehr. Ha, da haben sie Angstzustände bekommen, wenn sie drinnen waren... Wir haben dann so einen großen Emailleeimer gehabt mit Deckel, speziell für Ärzte, und da haben wir das wichtigste Verbandszeug, was nicht kaputt gehen durfte, Spritze und Geräte, die sie gebraucht hat, das haben wir da rein, mit in den Keller genommen, und wenn der Alarm vorbei war, sind wir wieder herauf, und die Leute sind wieder gekommen. Und dann ging es wieder weiter... Die Frau Doktor, die war dann mit der Zeit auch nervös. Die hat morgens Hausbesuche gemacht zu Fuß. Da ist sie von der Gutenbergstraße zu uns rüber und dann da hinüber ... Sie ist von einem Eck ins andere. Sie hat einen guten Namen gehabt, als Diagnostikerin auch, aber sie war auch eine schwierige Frau. Wissen Sie, sie kam z. B. einmal von einem Patientenbesuch morgens. Ich war schon da, ab zwei Uhr hatten wir Sprechstunde. Und dann kam sie rein, die Handtasche unter dem Arm, das werde ich auch nie vergessen. Die Handtasche hat sie so, und die Handschuhe an die Tür hingeschmissen, das lag nachher alles auf dem Boden herum, und dazu hat sie gesagt (*lacht*): ›Sagen Sie, was wollen diese Menschen alle von mir da draußen?‹ Ich habe gedacht, die spinnt. Wissen Sie, es war einfach zuviel, auch für sie.

I: *Hatten Sie denn in der Zeit noch genügend Medikamente? Denn das muss ja auch schwierig gewesen sein.*

M: Ja, man musste sich sehr behelfen, auch mit dem Verbandstoff, mit den Binden, mit allem. Es war schon sehr provisorisch. Und die Frau Doktor selber ist damals noch Stollen graben gegangen.

I: *Um die Zeit noch?*

M: Ja, da war ja der Krieg noch nicht zu Ende, aber der Stollen war in Angriff genommen. Der muss in den Berg hineingegangen sein, in so einen Weinberg da am Schwabtunnel rum.«

Der Lehrerinnenberuf gehörte damals zu den typisch »weiblichen« Berufen. Der Arbeitsalltag der *Lehrerinnen*, besonders auf dem Lande, war oft abenteuerlich. Dafür möge ein einziger, dafür aber etwas längerer Bericht einer jungen Lehrerin stehen, die sich noch sehr lebhaft an ihre erste Lehrerinnenzeit kurz vor und während des Krieges erinnert.

FRIEDA L. (1917) machte mit 20 1/2 Jahren ihre erste Dienstprüfung: »Vom Oktober '37 war ich im württembergischen Schuldienst auf mehreren Stellen mit stark wechselndem Lehrauftrag. Habe die verschiedenen Volksschultypen von der ausgebauten Kleinstadtschule ... über die zweiklassige Dorfschule ... zur Einklassenschule und dann auch die städtische Mittelschule aus eigener Erfahrung kennengelernt...

Und dann hab' ich meinen Versetzungsbefehl bekommen ins Hohenlohische... Es war ja gar nicht leicht zu erreichen. Kein Zug ging dahin. Und man ist ja immer mit dem Koffer gefahren. Man ist eben mit seinem Handköfferle umgezogen. Wenn man gewusst hat, welche Klasse man hat, hat man das Lehrbuch noch reingesteckt, und im anderen Fall ist man schnell am nächsten Wochenende heim und hat die Bücher geholt, die man dort braucht, weil oft nichts da war... Das war also Crailsheimer Gegend. Das war Westgardshausen. Am Samstag habe ich aufgehört und am Montag musste ich dort anfangen. Ich bin heimgefahren und habe auf allen Karten gesucht: Wo liegt denn das?«

Sie schildert ihre Fahrt und Ankunft in Westgardshausen. Die Frau des eingezogenen Lehrers machte ihr aber Verhaltensvorschriften: »Ich dürfte den Herd nicht anzünden, ich dürfte auch im Ofen nichts warm machen. Und bitte, es war Winter. Also den Ofen durfte ich heizen in meinem Zimmer, aber ich wollte doch auch einmal einen Tee morgens oder sonst was. Mittagessen hab' ich ja dann im Gasthaus gehabt, also ganz bäuerlich. Kurzum, ich war so dumm, dass ich das für bare Münze genommen hab. Auf alle Fälle, am Anfang ist mir irgendein Bauernhaus zugewiesen worden: ›Die gebet Ihnen die Milch und da kaufet Sie's Brot‹, weil's ja keinen Bäcker gegeben hat. Und morgens, wenn ich aufstand, war die Milch ganz dick reingefroren, und da saß ich und hab' gefrorene Milch zum Frühstück gehabt, so lange, bis mein Magen so verkorkst war, dass ich nur noch gespuckt habe. Nach drei Wochen habe ich um 10 Pfund abgenommen gehabt.«

Sie musste dann neben der Einklassenschule Westgardshausen noch die Einklassenschule im nahegelegenen Schüttberg übernehmen; dort fand sie ein völlig leeres Schulhaus vor. Es waren zunächst drei Wochen Kohlenferien. Während dieser Zeit unterrichtete sie die Großen vormittags im Bürgermeisteramt. Für die Kleinen stellte eine Bäuerin nachmittags ihre Wohnstube zur Verfügung. Als dann wieder Schule war, hat sie nach einem ausgeklügelten Stundenplan im Schichtunterricht die verschiedenen Klassenstufen unterrichtet, im Sommer täglich von sieben bis zwölf und von eins bis vier, im Winter von acht bis zwölf und eins bis vier, also täglich sieben bis acht Stunden. Gewohnt hat sie drei Tage in Westgardshausen und drei Tage in Schüttberg in äußerst primitiven Quartieren: »In W. hab' ich dann in einem Stüble unterm Dach gewohnt. Da hab' ich mich nicht einmal ausziehen können, weil das alles so staubig war, also da lag der Staub... Da ist nichts frisch überzogen worden, und auf Stroh. So hab' ich dort gehaust! Und dann hab' ich den Trainingsanzug angezogen und ein Kopftuch aufgesetzt, so bin ich ins Bett gegangen.« Täglich musste sie von dem einem ihrer Schulorte zum andern zu Fuß gehen. Wie das im Winter sein konnte, schildert sie: »Und dann, wo ich das erste Mal von Westgardshausen nach Schüttberg rauf musste, hab's am Nachmittag mir zeigen lassen von einer Schülerin, die den Weg gut kannte – am anderen Morgen musste ich losziehen. Und wie ich aufgestanden bin, hat es geschneit und geschneit. Da war ein Kälteeinbruch sondersgleichen. Hab' ich mich auf den Weg gemacht. Und dann musste ich von der Straße zu dem Wald rüberkommen, und das war so ein eingeschnittener Weg, rechts und links Bäume und der Straßengraben. Und kurz vor dem Wald war dann noch ein Bauernhaus. Und dann hat es aber so geschneit, dass ich überhaupt nicht mehr gesehen hab, wo dieser Weg, der eingeschnittene Weg, läuft, und wo der

Graben ist. Ich bin eingesunken bis zur Hüfte, und dann hab' ich gedacht: Was machst du jetzt bloß? Da oben sind die Kinder und warten auf dich. Du musst raufkommen, helfe, was helfen mag. Und es war mir wirklich zum Heulen. Und dann sind mir paar Tränen runter und die sind sofort angefroren. Und da hab' ich gesagt: Heulen gibt's nicht. Etwas musst machen, jetzt fängst halt an singen. Und hab' auch zwei, drei Töne vorgebracht. Und da hab' ich gesagt: Da hinten ist der Wald, und da kommst du hin, da windet's nicht so. Und dann bin ich da einen ganz steilen Hang hinauf ohne Weg, also bloß von Baum zu Baum mich gehangelt, und oben war dann wieder ein Weg. Und da standen die Bauern, die in den oberen Parzellen gewohnt haben. Wie ich da rauskam aus dem Wald, standen die Männer da mit ihren Schippen und gucken mich an wie ein Gespenst! Haben sie gesagt: ›Ja, des isch ja d'Freilein Lehrer!‹ Hab' ich gesagt: ›Ja, ich muss in d'Schul!‹ Und dann haben sie gesagt: ›Ja, dass Sie da raufkommet, haben Sie da kei Angst, bei dem Wetter?!‹ Dann hab' ich gesagt: ›Ich bin gestiefelt und gespornt.‹ Und das war ein geflügeltes Wort. So hat man mich charakterisiert. Ich hab' Stiefel gehabt, einigermaßen feste Schuhe, aber keine Rohrstiefel, und hatte einen Trainingsanzug. Das war das Ganze. Und dann bin ich da rein und war gottfroh, wie ich bei den Kindern war. Und die sind natürlich von ihren Eltern gebracht worden. Und später, da haben mir die Leute erzählt, dass die Bauersfrauen, wenn die Männer wieder gesagt haben: ›Heute ist so ein Sauwetter, heut geh ich net in Wald. Also, da jagt man ja keinen Hund naus!‹ – ›So, denk an unserer Lehrerin, die geht auch naus. Die isch g'stiefelt und g'spornt‹, haben sie dann immer gesagt...

Im Dritten Reich haben die Lehrerinnen 90 % des Gehaltes eines Mannes bekommen. Für all das, was ich getan habe, hat man mir dann noch 10 % abgezogen. Von heute aus muss ich sagen: Ich habe mich auch zu wenig gewehrt. Heute würde ich das nicht hinnehmen. Das war so mit dem Gehalt: Eine Frau taugt nicht so viel, arbeitet nicht so viel... So ist an uns gespart worden. Damit haben wir den Krieg finanziert.«

Auch Lehrerinnen an höheren Schulen hatten ungeahnte Probleme zu bewältigen:

CLARA S. (1910): »Also in Friedrichshafen ist die ganze Schule verbombt worden, und da musste jeder Klassenlehrer sich selber einen Ort heraussuchen, wo er seine Klasse unterbringen konnte. Und da hab' ich an allen Orten (da ist mir die »Schwäbsche Eisenbahn« eingefallen: Stuttgart, Ulm und Biberach, Meckenbeuren, Durlesbach), da hab' ich beim Bürgermeister und Schulleiter gefragt, ob es möglich sei, eine Schulklasse, auch mit Quartieren, evakuiert aufzunehmen. Und erst in einem kleinen Ort bei Balingen bin ich durchgekommen. Und dann bin ich mit meiner Klasse für den Winter 1944/45 nach E. gefahren. In Balingen war ein Gymnasium, ich glaube, meine Schülerinnen haben auch z.T. in Balingen gewohnt. Ich hab' in E. im Schulhaus oben im Dachstock gewohnt, ohne Heizung. Am Schluss, wie es dann Februar, März wurde ... auf der Alb hat es so ein Gas gegeben, was man brauchen konnte für die Munition, es ist im Gestein gefunden wurden, ich weiß nicht mehr, wie dieses Gas geheißen hat, und seitdem sind dann auch da Fliegerangriffe gewesen, und die Front war damals schon ganz nah. Und das hat zur Folge gehabt, dass ich meinen Unterricht nicht mehr im Schulhaus halten konnte, sondern dass ich jeden Vormittag morgens in der Fliegerpause (die Flieger kamen morgens so um sieben, acht, neun Uhr, und dann kam eine Weile nichts, und dann kamen sie nachmittags), also um neun rum in den Wald in eine Hütte, in eine Waldhütte mit Mänteln und Pelzen und was wir so hatten, mit Vesper, da haben wir ›Maria Stuart‹ gelesen. Und die waren unheimlich dabei! Damals hat man Angst gehabt, sonst gar nichts. Da war das Geistige, das man da miteinander betrieben hat, eine Rettung vor der dauernden Bewusstheit, wie angstvoll das Dasein war. Da ist man unheimlich zusammengewachsen, das war eine goldige Klasse.«

Am Ende des Krieges, als die Front schon ganz nahe war, nahm sie die Verantwortung für ihre Klasse selbst in die Hand. Sie schickte die Schülerinnen nach Absprache mit den Eltern mit vertrauenswürdigen Lastwagenfahrern nach Hause. Alle kamen gut daheim an. Aber sie selbst ging ein hohes Risiko ein: »Dann hab' ich aufgeatmet und bin an irgendeinem Tag in Balingen auf die Straße gelaufen und wollte irgendwohin, ich weiß nimmer, wo, und plötzlich kommt ein Mann in Zivil, ist vor mich hingetreten und sagt: ›Sie sind doch Frau S.!‹ Dann sag ich, ›Ja, wieso denn?‹ Ausweis rausgezogen: Gestapo. ›Ja also, was ist los?‹ An dem und dem Tag ein Termin auf der Gestapo. ›Was ist denn los?‹ ›Ja, Sie haben ja Hochverrat begangen.‹ ›Ja wieso?‹ – ›Ja, Sie haben ja Ihre Schüler heimgeschickt.‹

I: *Meine Güte!*

S: ›Die Schüler waren vorgesehen, jetzt kommt die Front zu uns, die Schülerinnen waren vorgesehen als Rotkreuzhelferinnen, das wäre ein Dienst an unserem Vaterland und Volk gewesen. Und davon haben Sie die Schüler abgehalten. Das ist Hochverrat. Daher haben Sie in drei Tagen vor der Gestapo zu erscheinen.‹ Gefängnis wäre mir ganz sicher gewesen, vielleicht wäre ich sogar zum Tod verurteilt worden. Und dann sind *einen* Tag vor meinem Termin die Franzosen einmarschiert!«

Wie aber empfanden die damaligen *Schülerinnen* und *Mädchen in der Ausbildung* die Arbeit im Krieg? – Wie schon die Schilderungen der Lehrerinnen zeigen, waren die Unterrichtsverhältnisse oft ziemlich provisorisch und beschränkt. Viel Unterricht musste ausfallen wegen fehlender Lehrer, nächtlichen Fliegeralarmen[24], zerstörter oder beschlagnahmter Schulhäuser und mühsamer Suche nach neuen behelfsmäßigen Unterkünften, Schichtunterricht, Evakuierungen und Kohlenferien. Auch die Qualität des Unterrichts litt zuweilen durch pensionierte Lehrerinnen und Lehrer, die die eingezogenen Lehrkräfte ersetzen mussten und nicht immer ihrer Aufgabe gewachsen waren. Gegen Ende des Krieges wurde die Unterrichtszeit zusätzlich durch Dienstverpflichtungen verkürzt, ganz abgesehen davon, dass in der Freizeit oft ehrenamtliche »Einsätze« erwartet bzw. verlangt wurden. Ältere Schülerinnen mussten abwechselnd Nachtwachen in den Schulen übernehmen, um unter Umständen Brandbomben zu löschen.

Die Schulwege selbst wurden gefährlich, besonders für auswärtige Oberschülerinnen, weil Züge und öffentliche Verkehrsmittel durch Tiefflieger beschossen wurden. Die Schülerinnen kamen oft übermüdet zum Unterricht. Die Schulzeit endete für die Abschlussklassen oft recht abrupt ein Jahr früher mit dem sogenannten Notabitur.

Dass durch den Krieg und durch Eingriffe des Regimes die eigenen Berufswünsche stark behindert, wenn nicht durchkreuzt wurden, empfanden schon damals viele junge Mädchen und Frauen schmerzlich, manchen ging es erst später auf.

HANNELORE S. (1927) sieht es von heute aus so: »Die ganze Bildungsfrage wurde ja durch den Krieg beeinflusst. Also, wenn ich z. B. heute sehe, was die Jungen lernen, und was wir nur Gelegenheit hatten zu lernen, dann muss ich sagen, das waren halt immer nur Ausschnitte. Ich bin hier (*in Stuttgart*) zur Schule gegangen, ins Katharinenstift. Wir sind neun Mal umgezogen mit diesem Gymnasium (*damals ›Oberschule für Mädchen‹*), weil gleich zu Beginn des Krieges ist diese Schule eingerichtet worden als Übernachtungslager für Soldaten, die irgendwie am Bahnhof angekommen sind und vielleicht am nächsten Tag erst weiterfahren konnten. Und dann kamen noch Bombeneinwirkungen dazu, und dann sind wir durch neun Schulen durchgewandert in Stuttgart… Und wenn man sich vorstellt, welche Strapazen, welche Wege man da auf sich genommen hat, nur, um was zu lernen, das können die heut' gar nicht mehr nachvollziehen. Wir sind Stunden gegangen, durch Trümmer, durch Tunnel… Die Kriegsjahre und die Jahre danach haben die Richtung in meinem Leben festgelegt. Ich konnte dann nicht mehr den Beruf ergreifen, den ich gerne hätte ergreifen wollen.«

GERTRUD S. (1915), als Krankengymnastin ausgebildet, wollte nach ihrem Notexamen 1939 in ein Kindersanatorium, wurde aber im Frühjahr 1940 ins Lazarett nach Stuttgart-Bad Cannstatt einberufen. Später wollte sie in eine landwirtschaftliche Ausbildung wechseln, um sich zusammen mit ihrem zukünftigen Mann (*unterschenkelamputiert*) auf die Übernahme eines Hofes vorzubereiten: »Als ich mal sagte, ich möchte weg, ich möchte in die Landwirtschaft, ›das gibt's ja gar nicht‹, hieß es dann da. ›Da werden Sie in die Rüstung gesteckt.‹ Es wurde über einen verfügt, es wurde über einen verhandelt, man selbst hatte eigentlich keine Entscheidung, nur den Wunsch danach. Es war schrecklich, dass man da mit solcher Macht konfrontiert war, dass man nicht frei war zu entscheiden.«

Starker Druck wurde auch auf die Landmädchen ausgeübt, um sie ans Land zu binden:

ILSE L.'s (1921) Eltern hatten eine Schmiede und eine kleine Landwirtschaft: »1936 war meine Schulentlassung von unserer Volksschule im Dorf. Natürlich wollte ich im Sinne meiner Eltern einen Beruf erlernen. Also ging mein Vater mit mir nach N. zum Arbeitsamt wegen einer Lehrstelle mit folgender Antwort: ›Ihre Tochter ist vom Land und bleibt auf dem Land, gleich im Dorf sucht ein Bauer Hilfe für Kuhstall und Feld.‹« Auch nach mehrmaligen späteren Versuchen gelang es nicht, eine Lehrstelle zu bekommen. Daraufhin meldete sie sich nach dem Arbeitsdienst zum Nachrichtendienst zur Ausbildung.

Aber für Frauen der Unterschicht ergaben sich im Krieg auch unerwartete Chancen, wie im zweiten Teil dieses Kapitels zu zeigen sein wird. Das gilt auch für studierwillige Mädchen, die jetzt im Krieg wieder an der Universität willkommen waren.[25]

SIBYLLE H. (1923), die in Berlin und Tübingen Germanistik studierte: »...das war wunderbar; man hat sich so ungeniert bewegt, und die Professoren haben sich auch für einen interessiert.«

Allerdings mussten Studentinnen, die im Sommer 1944 noch weniger als vier Semester hatten, mit dem Studium aufhören und sich für den »totalen Kriegseinsatz« zur Verfügung stellen.

Unter meinen Gesprächspartnerinnen waren nur wenige in *gehobenen Stellungen* und noch weniger gelangten durch den Krieg in solche Positionen. Das ist kein Zufall, sondern hat tiefgreifende Gründe in der NS-Frauenpolitik, auf die an anderer Stelle einzugehen sein wird.[26]

Ein herausragendes Beispiel ist THEA H. (1906). Sie wollte Literatur oder Medizin studieren, aber die Familie verarmte nach dem Tode des Vaters, so war kein Geld da. Sie machte eine Lehre in einem Eisenhüttenwerk und stieg bei der Firma Krupp auf bis zur Prokura: »Als Prokuristin bin ich dann, als unser Betrieb in Frankfurt ganz darniederlag, bin ich dann nach Colmar geschickt worden, um zu erfahren, wohin wir verlagern sollten, was mit uns geschieht usw. Ich sollte verhandeln mit Idar-Oberstein, dass wir da einen Betrieb aufbauen konnten. Ich hatte noch einen Techniker dabei, der war Meister, und einen anderen, der war wohl Ingenieur. Ich hatte nur den kaufmännischen Direktor über mir. Ich musste Maschinen besorgen, ich musste zunächst mal Leute besorgen, Ausländer. Da bin ich gleich zu dem Bürgermeister, und der half mir. Die Ausländer hab' ich untergebracht in einem Barackenlager in Idar-Oberstein oben auf der Höhe. Dann musste ich alle Leute, den Direktor, den Ingenieur, den Techniker, zwei, drei Lageristen, mich, musste ich unterbringen. Und dann hab' ich gesagt: Wie mach ich das? Und dann gab der Bürgermeister mir die Liste mit Einquartierungen. So bin ich denn in den Villen rumgereist und hab' dann für fast alle ein Quartier bekommen. Und die Arbeiter, die samstags heimfahren wollten nach Frankfurt und montags wieder kamen, hab' ich in einem Hotel untergebracht. So war also Unterkunft, und wir fingen an. Dann musste ich Maschinen besorgen, und die hab' ich nur über das Oberkommando in Koblenz bekommen, und die mussten dann mit unseren Lastwagen hergeholt oder mit Truppenfahrzeugen gebracht werden, Drehbänke, Fräsbänke usw., bis das wieder klappte. Und dann hab' ich die Arbeiter und Ausländer in den Stollen reingeschickt, und die haben gebohrt und gebohrt, den Innenraum erweitert, dass wir Schutzräume hatten.

I: *Das war dann der Bunker?*

H: Ja, und der ist immer größer geworden. Wir waren zuletzt ja 150 oder 160 Leute.

I: *Was waren das für Ausländer?*

H: Das waren Holländer, Franzosen und Russen, und die drei haben sich nie untereinander vertragen. Die Franzosen, wenn da am Käse Schimmel war, dann haben die sich gefreut. Wenn die Russen Schimmel im Käse hatten, dann haben die gesagt, ich will sie vergiften, da haben die Franzosen die wieder und so. Ich musste die verpflegen. Nebenan war eine Wirtschaft, in der Wirtschaft haben wir zunächst gekocht, und dann musste ich eine Küche aufbauen mit Kesseln, und da ist die Firma Fissler, die hat mich mit allem ausgestattet. Das war wunderbar.

I: *Sie konnten sie ausreichend verpflegen? Es wird doch oft gesagt, die hätten so sehr gehungert.*

H: Nein, das ist nicht wahr. Ich konnte sie ausreichend verpflegen, natürlich nicht immer wunderbar. Wir hatten z. B. mal Graupensuppe, ja die schmeckte nicht jedem, aber das konnte man nicht ändern. Ich hatte aber in Idar-Oberstein immer solche Verbindungen, dass sie immer satt waren.

I: *Das ist ja gut!*

H: Die haben ja auch Lebensmittelkarten bekommen, weil sie ja in einem Kriegsbetrieb waren. Dann musste ich alle Leute uk stellen. Idar-Oberstein war eine oldenburgische Enklave, deren Regierungssitz in Birkenfeld war, das war ungefähr 10 Kilometer weg, und die uk-Stellungen musste ich immer in Birkenfeld einreichen.

I: *Und das konnten Sie souverän bestimmen?*

H: Ja. Ich hab' um jeden gekämpft. Es musste immer in bestimmten Abständen wiederholt werden. Dann kamen zum Schluss von der Westfront die Fahrzeuge, ob das nun Lastwagen waren oder Panzer oder Abwehrfahrzeuge, die kamen mit Fahrer und Beifahrer. Die mussten bei uns repariert werden. Die Leute, mit denen hatte ich die größten Schwierigkeiten, die wollten dann immer in Urlaub fahren. Wie lang dauert's? Ich fahr schnell dort- und dorthin. Das war unangenehm. Und wenn's zu weit war, dann konnten die nicht nach Haus fahren, dann musste ich sie mit beköstigen und unterbringen. Und da war es so, dass im Oberkommando in Kreuznach ein Oberst immer mit mir zusammengearbeitet hat, dem hab' ich gesagt: ›Ich brauch das und das noch‹, und der hat dann gesagt: ›Die Frau will ich mal sehen, die das alles fertigbringt!‹ Und ist extra nach Idar-Oberstein gekommen, um mich zu sehen...

I: *Sie waren also vollständig beansprucht durch ihre Arbeit während des Krieges? Konnte man da überhaupt noch von Freizeit sprechen?*

H: Da war man ja auch gar nicht auf Freizeit eingestellt. Da kamen Tiefflieger an. Auf dem Weg von meinem Quartier bis zum Betrieb und vom Betrieb wieder zur Wohnung, da war man von Tiefflieger bedroht. Dauernd war Alarm. Sind drü-

bergeflogen, immer, fast immer. Wenn sie kamen, kamen sie auf diesem Weg da rein. Und so war man ja dauernd in Sorge. Wenn auch selten Bomben fielen, wurde man auch leichtsinnig.
I: *Mussten Sie auch nachts oft heraus?*
H: Aber nachts hab' ich gedacht, ach ... und bin nicht aufgestanden.
I: *Gesundheitlich haben Sie das durchgehalten?*
H: Ja, ja. Ich war damals scheinbar noch in ganz guter Verfassung, oder man hat sich ja mehr oder weniger zusammengerissen. Ich hatte immer sehr viel zu leiden unter meiner Menstruation, ich bin fast alle vier Wochen ausgefallen für zwei Tage, aber damals gar nicht.
I: *Da musste man.*
H: Ich musste nach Trier mit dem Auto, ich musste nach Frankfurt. Da haben wir dann noch in dem Schutthaufen, mussten meine Leute noch Ersatzteile raussuchen. Wir sind dann weggefahren und haben noch Besorgungen gemacht und sind dann heimgefahren in Wind und Wetter und im Schnee. Es war eine schwere Zeit... Ich bin dann noch zum Verdienstkreuz vorgeschlagen worden, das wollte ich von den Nazis nicht haben.
I: *Haben Sie es abgelehnt?*
H: Ja. Ich hab' gesagt, ich hab' nichts getan wie meine Pflicht. Das ist keiner besonderen Auszeichnung bedürftig.«

Dienstverpflichtungen und freiwillige Kriegsdienste

Pflichtjahr, Landjahr und Arbeitsdienst gab es schon vor dem Krieg. Weil aber viele meiner Gesprächspartnerinnen *im* Krieg ihr Pflichtjahr machten und ihren Arbeitsdienst ableisteten, gehört diese Zeit ganz wesentlich zu ihren Kriegserinnerungen und zu ihrem Arbeitsalltag im Krieg. Das *Pflichtjahr und das Landjahr* haben die meisten als anstrengend, aber lehrreich in Erinnerung, mit heiteren Missgeschicken, manchen Aufregungen, aber guten Bewährungsproben.

CHARLOTTE P. (1925): »Nach der Lehrzeit musste ich das Pflichtjahr ableisten. Dieses Jahr bei einer katholischen Lehrersfamilie mit acht Kindern war ein schweres, aber sehr gutes, und ich habe bis heute herzliche Verbindung zu dieser Familie.«

IRMGARD B. (1923), die vorher ein halbes Jahr Haushaltungsschule absolviert hatte: »Ich bin auf ein Dorf gekommen bei Selb. Da war noch eine Magd aus Österreich und ein Rumäne und die Bäuerin in anderen Umständen, der Bauer im Feld. Ich musste so viel machen wie die anderen. Ich hab' dort auch Neuerungen eingeführt. Z. B. ist da immer aus der Schüssel gegessen worden mit dem Löffel. Und dann hab' ich gesagt: ›Warum nehmen wir denn keine Teller?‹ – ›Ja, wenn's die du aufwäschst!‹

Da ist's mit Tellern probiert worden, ich hab' abgewaschen. Dann, wenn eine ein Kind gekriegt hat in dem Ort, dann hat die Bäuerin gesagt: ›Du kommst von der Haushaltungsschul, Du backst jetzt einen ganz besonderen Kuchen. Guten Gesundheitskuchen in dem Kachelofen.‹ Ich weiß noch, wie ich da geschwitzt hab, anderthalb Stunden, und der ist nicht braun geworden. Und mit den besten Zutaten bei den Bauern, Eier und Butter und alles hatte ich. Ach Gott, wenn der Kuchen nix wird! Ich hatte z. B. auch die Hühner, da musste ich die Eier aus dem Nest holen. Da war mein erstes Missgeschick. Da saß eine Henne, und immer, wenn ich hinwollte, saß die da, die hat gebrütet. Bis ich mir das sagen hab' lassen, bin ich geschimpft worden! Oder wieder einmal sollte eine Henne geschlachtet werden, die war krank. Dann hab' ich sie schon gleich versehentlich rausgelassen, war falsch. Musste man sie wieder einfangen. Die Henne ist dann unter die Scheune, da durften die Hühner drunter scharren. Und ich konnte wieder nicht hinlangen, ich hab' sie durchgelassen. Es war anstrengend für mich, aber gelernt hab' ich, wirklich was gelernt. Beim Schnitt musste ich genau so viele Garben binden wie die anderen. Und der Athanas (der Rumäne) hat immer gesagt: ›Irmgard, schnell, schnell, schnell!‹ Und dann haben sie gemerkt, dass ich vor Spinnen Angst hatte, vor den großen. Haben sie mir immer die Spinnen hin. Aber das war alles eine Erfahrung ... Es waren auch schöne Tage, da musste ich Essen tragen, ganze Tage ist man nicht heimgekommen, wenn die Wiese weit weg war, dann ist dort hinten Kaffee getrunken worden, Mittag gegessen worden, das war alles meine Aufgabe, das zu bringen. Oder wenn gefischt worden ist, da sind sie ja nachts hinten geblieben. Also, es waren herrliche Dinge, vielseitig. Und dann bekam die Bäuerin ihr Kind, und dann hat sie gesagt: ›Wenn das losgeht, musst du deine Mutter holen *(die Mutter war Hebamme)*.‹ Ich hab' sie dann auch nachts geholt. Und als ich dann damals fertig war, weiß ich noch, 10.- Mark hat man da, glaube ich, gekriegt im Monat, das war der Lohn. Und wie ich fertig war, hab' ich 20.- Mark gekriegt, einen großen Laib Brot, Butter eingeschlagen in so große Blätter, die waren im Brunnen. Also, es waren auch herrliche Zeiten.«

Dass die Pflichtjahrmädchen auch als billige Arbeitskräfte ausgenützt wurden, kam und kommt vielen Frauen kaum in den Sinn. Leider habe ich nur wenige Zeugnisse von Frauen, die ein Pflichtjahrmädchen beschäftigten, aber aus den Erzählungen der Mädchen selbst lässt sich doch indirekt erschließen, dass sie im allgemeinen als hilfreich empfunden wurden und dass es – bei gutem Willen auf beiden Seiten – nicht zu größeren Konflikten kam.

Der *weibliche Arbeitsdienst* soll hier vor allem unter dem Gesichtspunkt des Arbeitsalltags betrachtet werden.[27] Was die jungen Mädchen in diesem Halbjahr sonst noch erlebten, was sie begeisterte, was sie ärgerte und abstieß, wäre eigentlich Thema des dritten Bandes dieser Arbeit. Weil es sich aber nicht vom normalen Tageslauf abtrennen lässt, muss einiges auch hier zur Sprache kommen. Einige Anmerkungen zur Art des Erinnerns seien vorausgeschickt.

Bei auffallend vielen der von mir interviewten Frauen sind die Erinnerungen an ihre Arbeitsdienstzeit stark und detailliert.[28] Es war für die meisten wohl eine prägende Zeit. Sie erinnern sich überwiegend an die »schönen Seiten«, für nicht wenige war es ihre »schönste Zeit«. Das hat nicht allein mit nostalgischer Verklärung der eigenen Jugend oder mit Rechtfertigung zu tun. Erinnert werden auch Schikanen, primitive Unterkünfte, unliebsame Führerinnen, Ablehnung oder Belästigung durch Bauern, schwierige Arbeitsbedingungen. Das Bild entspricht wohl dem damals wirklich Erlebten. Wenn der Arbeitsdienst abgelehnt wurde und wird, dann so gut wie nie aus politischen Gründen, auch nicht wegen der Arbeit selbst, kaum wegen der »gestohlenen Zeit« und der »Ausbeutung der Arbeitskraft«, sondern aus persönlichen Gründen, je nachdem, »wie man's eben gerade getroffen hat«. Konflikte gab es aus religiösen Gründen, wenn z. B. Gottesdienstbesuch verboten oder bestraft wurde[29] oder auch, weil der »Zwang zur dauernden Gemeinsamkeit« von manchen als quälend empfunden wurde, während andere gerade dies schätzten und nicht als Zwang erlebten.[30] Politische Schulung, die ja zum Programm des Arbeitsdienstes gehörte, wird kaum erinnert, allenfalls die Feierlichkeit des Fahnenappells am Morgen, der von anderen wieder als lästig und langweilig eingestuft wird. Man könnte gerade bei solchen Erinnerungen Verdrängungen vermuten, aber die zahlreichen persönlichen Dokumente aus der Zeit selbst, die mir vorliegen, zeigen, dass die politische Programmierung im Arbeitsdienst schon damals im Bewusstsein der Mädchen eine sehr untergeordnete Rolle spielte[31], es sei denn, man unterstellt, dass sie schon so selbstverständlich internalisiert worden war, dass man sie kaum bemerkte und deshalb auch nicht erwähnte. Das lässt sich aber kaum beweisen. Es wird wohl im allgemeinen zutreffen, was Waltraud G. (1926), Tochter eines Bauern, Absolventin einer Höheren Handelsschule, meint:

»Die politische Schulung, eine Stunde täglich, wurde von blutjungen Führerinnen gehalten, die eigentlich nur alles nachplapperten, was sie in der Zeitung lasen. Man hörte hin und vergaß gleich wieder.« Besonders von Gymnasiastinnen wurden diese Schulungen schon damals als »primitiv« und »nicht fundiert« eingestuft.

Insgesamt fällt in den Erzählungen die Neigung zum Anekdotischen auf: Es werden blamable oder beängstigende Situationen, die aber fast immer einen glücklichen Ausgang hatten, oder auch überstandene und vor allem gemeisterte Schwierigkeiten geschildert.

Unter dem Schwerpunkt »Arbeitsalltag« sollen nun Beispiele gegeben werden zu Arbeitstag und Arbeitsbedingungen im Außendienst, in den Lagern, Gewinn (und Verlust) für die Arbeitsmaiden, die »Arbeitgeber« und den Staat.

Arbeitstag und Arbeitsbedingungen im Außendienst

MARGARETE B. (1919) schildert den Tageslauf sehr genau. Sie spricht zwar vom »Landdienst«, den sie 1944/45 nach abgeschlossener Volksschule im Rahmen des Pflichtjahres ableisten musste. Der Tagesablauf entspricht aber im großen und ganzen dem des Arbeitsdienstes:[32] »... morgens hen (*haben*) mer Wecken g'habt um 6 Uhr. Dann ging's runter in Waschraum, immer splitternackt sind sie g'rennt (*gerannt*), rauf, nunter, des war damals – wisset Sie – heut isch des selbstverständlich. Aber da hab' i (*ich*) mi (*mich*) au erscht dran g'wöhne müsse, da hat ma sich am Ofang (*Anfang*) geniert, gell. Ging ma runter, und da hen ma en Waschraum g'het (*gehabt*) und a paar Duschen. Eiskalt unter die Dusche! G'schwind (*geschwind*) duscht, des ging in a paar Minute, war des alles vorbei und wieder Trepp hoch. Und da musste ma Falle baue, net (*die Fallen bauen, nicht wahr*)? Das Bett, Falle hen ma immer g'sagt. Musst ma Falle schö rei (*schön rein*) mache, den Spind in Ordnung halten, da war jeden Morgen Spindappell und Fallebau. Da war a Unterführerin...

I: *Wie beim Militär.*

B: Ja, ja, oder a Mädel vom Dienst, die musst no melde, dass ma fertig sind, und da stand jeder an seinem Spind, und Lagerführerin kam, hat die Runde g'macht, hat guckt, ob's Bett sauber drin war, hat au die Decke g'lupft (*gehoben*), manchmal. Da hen sie oft en Training (*einen Trainingsanzug*) reig'steckt oder was Dreckig's und so. Des hat sie no rauszoge (*herausgezogen*), gell, und da musst ma frisch reimache. Na (*dann*) hat sie gleich die ganze Falle rauszoge. Und im Spind, also i hab's nie erlebt, weder Falle noch Spind.

Morgens, da hen ma Appell g'habt, und dann ging's zur Fahne, jeden Morgen. Fahne hochziehe, hat man en Spruch g'sagt, i woiß (*weiß*) net, i woiß (*weiß*) heut nimmer – Schnell wie Windhund, hart wie Krupp-Stahl, i woiß gar nimmer, wie er g'hoißen hat, jedenfalls sollet wir Deitsche (*Deutsche*) sein, net. Und na hat ma die Fahne hochzoge, Lied g'sunge, und na sind mir verabschiedet worde, mit ›Heil Hitler‹ und gingen zum Bauern. I glaub, um sieben sind ma zum Lager rausmarschiert in Gruppen. Also ich z. B. musste mit meiner Gruppe jeden Morgen fünf Kilometer laufen.

Beim Bauern. Da musset mir – vor allem war's gedacht für Haus und Garte. Aber manche musstet au aufs Feld. Also, i hab, zum Glück, a guates Haus g'hett. Am Anfang, wie i nakomme bin (*hingekommen bin*), war's arg dreckig in dem Haus. Mir war so schlecht am Abend, i han denkt – des halt i net aus, i kann da net bleibe. Und han mi dann glei bei meiner Führerin beschwert, und na hat sie g'sagt, sie guckt glei danach. Sie kam jeden Monat oinmal (*einmal*) zum Bauern und die hat es dann in Ordnung bracht. Vorher de Tagesablauf wollt i sage ... Wir sind um 7 weg, um 8 hat man beim Bauern ang'fange, und abends ging ma, i glaub, um 6 wieder beim Bauern weg, wieder ins Lager... Des war en langer Tag, und abends hat man sich schnell müsse wäsche (*waschen*), umziege (*umziehen*), weil mir hen ja Arbeitskleidung anghet (*angehabt*), musst man sich umziehe und in Tagesraum komme. Und da war jeden Abend entweder Gesundheitslehre oder was anderes.

I: *Da haben Sie noch so eine Art Unterricht bekommen?*
B: Ja, ja des war wichtig, gell, man hat Tagebuch g'führt. Und oine (*eine*) war dann, immer ein Monat lang einteilt, Mädel vom Dienst. Da musste ma morgens sorgen zum Appell und des melde und zur Fahne, wenn ma g'stande is – mir stande ja immer so im Kreis. Da musste ma – und das Mädel vom Dienscht musste melde, dass alle zur Fahne bereit sind, und na kam die Führerin und na ging's 'Heil Hitler!'
I: *Das Tagebuch, war das ein offizieller Bericht?*
B: Ja, das war ein Tagesbericht, was ma g'schafft hen beim Bauern, was mir selber g'macht hen... I musst au so manches mache. Ganz am Anfang, des denkt ma noch (*daran kann ich mich noch erinnern*), Hase füttre. Hat mir die Bäuerin g'sagt, die Hohenlohischen, die sprechet ja anderscht wie mir, die saget zu de Hasen Hosen. Und da sagt die Bäurin, ob i au schon d'Hosen g'füttret han? Jetzt han i dacht, Männerhosen! Na sag i: 'Oh, des han i no nie g'macht, aber sie soll halt mal bringe, no probier i's.' Jetzt hat sie's Fenschter aufg'macht, im Garten standen die Haseställ. Na hat sie g'sagt, die *Hasen* hat sie g'meint. Da bin i so erschrocken, do hab' i denkt (*gedacht*), des kann i niemals, i habs na au g'lernt... I musst die Hase füttre, musst vor allem im Haushalt beim Kochen und Backe helfe und Veschper richte, wenn die Männer, da waren er no (*der Bauer*) und der Sohn und ein Pole, hat mer im Krieg no g'habt ... und da hat ma scho im Haushalt – bis man bloß einkocht und eidünstet (*eingedünstet*) hat, und da hen sie viel Kirsche g'habt, au Kartoffelkäfer suche musste ma, des woiß i no, da hen mir uns immer troffe, mir Landdienschtmädle... Wenn das Kartoffelkäferlese aus war am Abend sen ma zurück mitnander ins Lager.

Schö (*schön*) war's für mich im Hohenlohischen... Die schönste Zeit, des war mei Landdienstzeit. Das war die schönste Zeit. Da hen ma so viel Spaß g'het und so viel, trotz allem, au g'lacht, und des war so a schöne Zeit im Lager. Es war halt au sorgenlos, weil da hinten hat man von Fliegerangriff' gar nix g'merkt.
I: *Und waren Sie mal krank?*
B: Nein, die ganze Zeit nicht, dass i da krank g'wese wär...
I: *Kommen wir nochmals auf den Abend zurück, das haben Sie kurz angeschnitten. Da haben Sie oft Unterricht gehabt...*
B: Gesundheitslehre, man isch au aufgeklärt worde. I woiß no, mir hen mal 'n Aufklärungsabend g'het. Aber irgendwie waret mir, heut sind sie, heut werdet sie no bälder aufklärt. Die verstehen's besser. I han's (*habe es*) damals no net so begriffe. Also, auf jeden Fall, mir hent uns net g'schickt ang'stellt. I und meine Freundin, mir musstet immer lache. Da hat die Führerin g'sagt, ob uns des so lächerlich vorkommt, na sollet ma in d'Falle. Und des war uns grad recht, mir sind gern gange (*lacht*). Und dann hen sie immer g'sagt, da hen ihr viel versäumt, da hen ihr viel versäumt! Aber i woiß des heut nimmer, was da so wichtig war.
I: *Und Gesundheitslehre, können Sie sich noch erinnern?*
B: Gesundheitslehre, des war vor allem Körperpflege. Wie man sich täglich wäscht von Kopf bis Fuß, gell. Und wichtig war, dass man sich kalt abg'wasche hat oder duscht hat.

I: *Damit man abgehärtet wird?*
B: Ja, abg'härtet, des war wichtig, dass man sich abg'härtet hat. Ernährungslehre, da hat ma dann immer wieder gelernt, wie man Essen zubereitet, gell. Da sind a paar Sachen g'wese, was ma im Krieg so g'macht hen – Kartoffelschnitz und Spätzle, weil ma hat ja au sonst net viel g'habt zur Verfügung. Oder Dampfnudel, des ma au selber probiert hat im Lager...«

Die Erfahrungen bei den verschiedenen Arbeitsstellen waren sehr unterschiedlich. Margarete B. hatte es gut getroffen. Die meisten Stadtmädchen fanden die Landarbeit sehr ungewohnt und schwer. Viele berichten, dass ihre Periode während der ganzen Zeit ausblieb[33], manche wurden ernstlich krank. Aber die meisten wurden – nach manchmal anfänglichem Gewichtsverlust – im Laufe der Zeit »dick und rund« und fühlten sich auch allgemein gekräftigt.

Neben der Landarbeit war der Dienst in kinderreichen Familien am häufigsten.

IRMGARD B. (1923): »Alle anderen hatten alle vier Wochen eine andere Außenstelle. Ich war in einem Hotel, das zwar geschlossen war, aber doch irgendwie weitergeführt wurde. Der einzige Sohn war gefallen. Die Frau war sehr niedergeschlagen. Sie hat mich ins Herz geschlossen. Hat mich länger behalten dürfen. Dann kam ich in eine Familie mit vier Kindern. Da war alles dreckig. Hab' den Kindern Märchen erzählen wollen, es ging toll zu. Die Frau hat immer gelächelt. Der Mann war im Krieg. Einmal, wo sie weg war, hab' ich aufgeräumt. Die hatten so ein breites Fenstersims, da war die Butter neben dem Kamm und all so was... Bis die wiederkam, hat sie gesagt: ›Du, das darfst mir net machen. Da muss schon Ordnung herrschen!‹« (*Gelächter*)

Klima im Lager

Das Klima im Lager hing von zwei Bedingungen ab: am meisten von der Persönlichkeit der Lagerführerin, aber auch nicht unwesentlich von der Qualität der Unterbringung.

Anders als im BDM, wo die Führerinnen, gleich welchen Ranges, mit »Du« angeredet wurden, redete man die Lagerführerinnen mit Fräulein X an und siezte sie. Meist wurden sie nicht nur respektiert, sondern bewundert, oft verehrt.

WALTRAUD G. (1925): »Für die Führerinnen hat man auch ein bissele geschwärmt. Da waren tolle Persönlichkeiten dabei.« Ähnliches kann man vielfach in den persönlichen Dokumenten von damals lesen.

Es gab aber auch solche, die die Mädchen schikanierten, sich in quasimilitärischem Drill gefielen (obwohl das nach den Richtlinien gerade nicht erwünscht war) oder sich ganz bestimmte Opfer herauspickten, besonders Gymnasiastinnen, aber auch in ihren Augen »politisch Unzuverlässige« oder Mädchen, die als »religiös« auffielen.

WILHELMINE H. (1921): »Wie wir gekommen sind, hat's als erstes geheißen: ›Schmuck darf nicht getragen werden.‹ Dann hat eine gesagt: ›Meinen Verlobungsring lege ich nicht ab.‹ Dann hieß es, gut, Verlobungsringe dürfen getragen werden. Und da war eine dabei, groß, schlank, elegant, mit Ohrringen! Das war die Tochter eines hohen Polizeioffiziers. Und dann kam die Arbeitsverteilung am nächsten Tag, und die haben sie in den Schweinestall gesteckt! Also, das war ausgesprochene Bosheit. Während die Abiturientinnen, die Gymnasiastinnen, die sind vorwiegend zum Holzsägen eingeteilt worden... Und dann haben wir eine Hauswirtschaftsgehilfin gehabt, die hat nur gebrüllt. Und ihre Hauptmasche war der Besen. Wenn ein Besen auf den Borsten gestanden ist, dann hat die gebrüllt. Und die hat tagelang uns nur mit Brüllen eingeschüchtert. Und dann war Sport. Eine war langsam. Die hat sie rumgejagt im Kreis, die hätte einen Herzschlag kriegen können.«

RÖSCHEN H. (1913), die in einer Konsumgenossenschaft als Verkäuferin gearbeitet hatte und durch die Ausschaltung dieser »Arbeiterläden« arbeitslos geworden war, musste, nachdem die Arbeitslosenunterstützung abgelaufen war, in den damals noch »freiwilligen« Arbeitsdienst eintreten: »Im Arbeitsdienst galt: Mund halten, mit den Wölfen heulen, gut arbeiten. Trotzdem ist mein Gegnertum bemerkt worden. Die Leitung wusste auch, dass mein jüngster Bruder ein Jahr im Gefängnis gewesen war. Er hatte für die Rote Hilfe (*Hilfsorganisation für Verfolgte der verbotenen kommunistischen Partei*) Geld gesammelt. Das war eine Organisation, illegal, die die Familien unterstützte, von denen Mitglieder eingesperrt waren. Deshalb sollte ich den Arbeitspass, ohne den man keine Arbeit bekam, nicht bekommen, der nach drei Monaten fällig gewesen wäre. Weil an meiner Arbeit nichts auszusetzen war, wurde ich des Kameradendiebstahls beschuldigt. Gezeichnetes Geld 1,80 RM, weil wir alle 10 Tage zwei RM bekamen, fand sich in meiner Geldbörse. Man glaubte mir meine Unschuld natürlich nicht. Zur Strafe entzog man mir jegliche Betätigung, und vier Wochen lang durfte niemand von den 60 ›Maiden‹ mit mir sprechen. Das war sehr schlimm. Den ›Heiligen Geist‹ bekam ich auch, einen Eimer Wasser ins Bett. Als ich in Osnabrück den für die HJ zuständigen Rechtsanwalt aufsuchte, ihm erklärte, dass mein ›Schild der Ehre nun unschuldig befleckt‹ wäre, sagte er: ›In 10 Jahren ist das alles vergessen!‹ Wie man sieht, ist es das heute noch nicht nach 53 1/2 Jahren.«

ELISABETH M. (1920), eine überzeugte Katholikin: »... Dann hatten wir Schulung. Das war nicht fundiert. Da hat man einfach Dinge, z. B. Euthanasie, das wurde in einem Glanz dargestellt, dass das ideal ist, wenn sich jemand auch freiwillig sterilisieren lässt, wenn er z. B. irgendwelche körperlichen Missbildungen hat. Hat eine der Führerinnen u.a. gesagt: ›Wir hatten eine Kameradin, die hatte an den Füßen so Schwimmhäute, und das ist eine Erbkrankheit (man hat damals mehr Erbkrankheiten gezählt, was heute gar nicht mehr als solche zählt), die hat sich freiwillig sterilisieren lassen.‹ Und dann hab' ich gesagt: ›Da hatte die ja 'ne flotte Karriere vor sich!‹ Da ist dann nichts passiert.

I: *Und das übrige haben Sie an sich ablaufen lassen, den Fahnenappell...*

M: Der Fahnenappell, das war noch das wenigste, da konnte man nebenher ein Morgengebet verrichten. (*lacht*) Unsre Führerin hatte eine ganz große Begabung, die konnte dirigieren. Wir haben Madrigale gesungen, jeden Morgen, ehe wir in den Außendienst gingen, 'ne Stunde Madrigalsingen. Wirklich sechsstimmig, die hat das hingekriegt.«

Besonders zu Beginn der Verpflichtung von Frauen zum Arbeitsdienst (ab 1939), aber gelegentlich auch während der ganzen Kriegszeit, waren die Lager primitiv eingerichtet.

WILHELMINE H. (1921), die mit dem ersten Jahrgang am 15.10.1939 eingezogen wurde: »Dadurch, dass jetzt auf einmal sehr viele Mädchen pflichtmäßig eingezogen worden sind, sind wir in ein verlassenes Männer-Arbeitsdienstlager gekommen. Das musste man zuerst einmal wirklich einrichten. Dann war das ein Riesenschlafsaal, können Sie sich gar nicht vorstellen, da waren, glaube ich, 60 in dem Schlafsaal. Dann haben wir das mit Spinden etwas unterteilt. Also, dass man da überhaupt schlafen konnte, hat einen gewundert, gell. Und dann ist alles mögliche gekommen. Früher war es doch eher ein wenig eine Elite, aber dadurch, dass jetzt alles eingezogen wurde ... geklaut haben die wie die Raben. Es war ja so anonym. Und die Führerin, unsere Lagerführerin, die war die Tochter eines alten Kämpfers. Und die war natürlich voller Hingabe, ›doppelbraun‹. Die war eine kommissarische Führerin und die hat den Ehrgeiz gehabt, also sie hält das Lager. So Blechrinnen mit Hahnen oben als Waschgelegenheit. Und nun ist der kalte Winter gekommen. Da sind zwei Lager aufgelöst worden, weil sie nicht mehr haltbar waren, dann hat sie die auch noch aufgenommen, da waren wir an die 130! Dann sind die in die Baracken noch reingelegt worden. Und dann ist die Wasserleitung eingefroren. Das war etwas außerhalb von dem Städtchen. Und ich weiß noch, ich war damals in der Küche. Mit dem letzten Wasser haben wir noch gespült. Und das ist immer kälter geworden, und es war mit Rinderfett gekocht worden! Jetzt hatte ich an der Hand schwarze Ringe vom Spülen und kein Wasser mehr zum Waschen! Bin ich mit den schwarzen Ringen rumgelaufen. Unsere Geschäfte haben wir verrichtet im Klo, aber es war nix zum Nachspülen. Mit dem Schnee haben wir die Zähne geputzt. An sich hätten wir auch heimgeschickt gehört, aber das hat ihr Ehrgeiz nicht zugelassen. Dann ist jeden Tag von einer Brauerei so ein großer Kesselwagen gekommen und hat Wasser gebracht. Und da mussten dann die, die zu Hause waren, die mussten Wasser tragen, erstens einmal in die Küche, dass Kochwasser da war und Spülwasser, zweitens in die Putzeimer, dass man auch putzen konnte, drittens jede Führerin hat ihr Waschwasser gekriegt, viertens die Waschküche. Und dann haben wir unser Wasser in unsere Spinde eingesperrt, den Waschkrug, weil's geklaut geworden wäre! Manche haben sich vom Außendienst in einer Milchkanne ein Wasser mitgebracht, damit sie sich waschen konnten. So und so oft haben wir uns auch nicht gewaschen. Da war ein städtisches Bad, da sind wir dann am Samstag auch baden gegangen. Ach, und meine Freundin, die hat sich Gesichtswasser schicken lassen, und dann war die Watte schwarz!«

Luxuriös waren Ausstattung und Verpflegung nie; eine bewusst einfache Lebensweise wurde ja auch angestrebt. Doch gaben sich die Lagerleitung und die Mädchen meist alle Mühe, durch Blumen, Bilderschmuck und ähnliches die Umgebung so ansprechend und geschmackvoll wie möglich zu gestalten, auch in erzieherischer Absicht als Vorbild für die spätere Gestaltung des eigenen Heims. Auf Sauberkeit und Hygiene wurde großer, für manche übertriebener, Wert gelegt. Sonn- und Festtage, auch Geburtstage, wurden meist festlich begangen, zum mindesten freundlich beachtet, Dorfabende wurden gestaltet. Unter den Beschäftigungen im Lager nahm neben politischer Schulung, Sport und Gymnastik das Singen den größten Raum ein. Die Frauen berichten auch von viel Spaß und Schabernack, den sie untereinander und auch mit den Führerinnen trieben. Manches davon mutet für 17- bis 19-jährige Mädchen noch recht kindlich an. »Gute Laune« und »Fröhlichkeit« waren angesagt, nach dem Motto des weiblichen Arbeitsdienstes: »Wo Ihr seid, soll die Sonne scheinen!«

Gewinn (und Verlust) für die »Arbeitsmaiden«

Wer nicht zu den Schikanierten und Ausgegrenzten gehörte und annehmbare Bedingungen im Lager und im Außendienst antraf – und das waren die meisten –, sieht die Arbeitsdienstzeit in der Regel als persönlichen Gewinn an. Sicher hätten manche die Zeit zunächst lieber für sich selbst und ihre private Ausbildung genützt, hinterher aber möchten sie die Zeit nicht missen, auch wenn sie den Nationalsozialismus insgesamt heute ablehnen. Das erklärt auch die Treffen ehemaliger Arbeitsmaiden, an denen manche bis heute teilnehmen, auch wenn sie vom Nationalsozialismus innerlich weit abgerückt sind.[34]

WALTRAUD G. (1925), die als bewusste evangelische Christin sich schon bei der Herrenberger Schwesternschaft angemeldet hatte, kommt immer wieder auf den Arbeitsdienst zu sprechen: »Ich kam im Frühjahr 1944 in den Arbeitsdienst, nach dem Abitur. Da bin ich dann das erste Mal weit fortgekommen in die Gegend vom Rhein bei Koblenz. Das war natürlich schon eine Sache, weil ich die einzige Schwäbin war unter Kölner Mädchen. Ich kam ja aus einem behüteten Elternhaus…

Das Begeisterungswürdigste war mir morgens der Appell zur Fahne. Da könnte ich mich heute noch begeistern, tut mir leid. Der Morgen ist sowieso ein Erlebnis. Da wurde dann der Wimpel hochgezogen, und da waren alle einheitlich gekleidet. Und eine musste Meldung machen: ›So und so viel Mädchen zum Appell angetreten.‹ Dann musste man namentlich sagen, wer wegen Erkrankung nicht da ist. Dann wurde die Fahne gehisst, und da hat man natürlich schon die Hand hochgehalten, solange die hochgezogen wurde – es war wirklich eine Art heilige Handlung –, hat man auch so empfunden. Für junge Menschen finde ich das grandios. Das kann man auch erleben in einem Jugendlager, das müssen ja nicht Nazi sein, aber das möchte ich wirklich nicht missen. Und da haben wir auch schöne Lieder gelernt: ›Heilig Vaterland‹, ›Deutschland, heiliges Wort‹, und da hat man nichts Überhebliches gedacht...

Wir sind sonntags, wenn wir frei hatten, auf die Burgen gewandert am Rhein, das war natürlich auch sehr schön. Wenn man frei hatte, hat man die Landschaft durchstöbert. Und da lag man auf dem Rücken und hat in den Himmel gestarrt, und dann kamen die Flieger, und da hat man gewusst, jetzt fliegen sie gen Süden, nach Stuttgart oder so, dann war man sehr gespannt auf die erste Nachricht, die man wieder bekam, ob nichts passiert war zu Hause...

Auch dass man nützliche Arbeit geleistet hat, ja, das war befriedigend... Das morgendliche Singen ist auch noch etwas, was mich begeisterte. Jeden Morgen haben wir eine halbe Stunde Singen gehabt, und da haben wir unendlich viele Lieder kennengelernt, die mir wirklich mein Leben lang geblieben sind, also natürlich auch Wanderlieder, nicht bloß nazistische Lieder. Sowieso war da eigentlich kaum etwas auffällig...

Man hat gelernt, spartanisch zu leben, aber man hat nicht gehungert. Das muss man deutlich sagen. Wir wurden immer runder und dicker... Wir sind aufgegangen wie die Dampfnudeln. Spaß hat einem eigentlich auch die Uniform gemacht, der Hut hat mir eigentlich ganz gut gestanden.«

SIBYLLE H. (1923), Abiturientin: »... Als ich in den Arbeitsdienst kam 1941 ... das ist eine Erfahrung, die ich also überhaupt nicht missen möchte, denn es wär' mir sonst in meinem Leben nicht passiert, da bin ich dann eben ein halbes Jahr mit achtzig Mädchen, mit Arbeiterinnen, Verkäuferinnen, Buchhändlerinnen, Drogistinnen, was weiß ich, alles eben, und das hat man auch so gemacht, dass das ein bisschen aus den Gegenden gemischt wurde. Also ich bin in einem Lager gewesen, was heute in 'ner polnischen Gegend liegt, also so Wartheland, Odergebiet bei Landsberg an der Warthe ... von Berlin aus ja ganz naheliegend, aber da waren nicht bloß die Berlinerinnen, sondern da kam dann noch aus kleineren Orten in der Gegend ein Schwung, und es kamen auch eine ganze Menge aus Düsseldorf, also Süddeutsche waren nicht dabei, aber wir waren doch ziemlich gemischt, und also da finde ich eigentlich, dass das von aller Ideologie abgesehen, etwas Nützliches ist, und das könnte, also ich bin durchaus eine Verfechterin der Ansicht, dass so etwas eingerichtet werden könnte, ohne natürlich diesen blödsinnigen Fahnenappell und all so'n Quatsch, auch ohne das Autoritäre, aber dass man eben für eine gewisse Zeit, wenn man jung ist, zusammen etwas machen muss und auch sich daran gewöhnen muss, dass man da zusammen, natürlich, mein Gott, ich war verwöhnt, und da dann eben mit acht Mädchen zusammen im Schlafsaal ... und vor allen Dingen, dieses Lager, in das ich kam, war ursprünglich für den männlichen Arbeitsdienst gewesen... Ich hätte mir ja nie träumen lassen, dass es so was gibt, die Klos, das war 'ne kleine Baracke, wo dann eben so diese Sitze nebeneinander, ohne Trennungswände, also viere nebeneinander. Also ich hab' da geheult wie'n Schlosshund (*lacht*), als ich die... Dann hat man sich auch daran gewöhnt, man hat sich unterhalten, also Gott, wenn man achtzehn ist. Also, ich möchte eigentlich sagen, dass dieses von zu Hause in die Schule gehen, Abitur machen und dann da hin, das war für mich die allerallerstärkste Unterscheidung und Wende in meinem Leben, aber nachträglich muss ich sagen, nicht schlimm, also nicht, dass ich sage, ach Gott, das müsste man jemandem ersparen.«

INGEBORG G. (1922) an ihren Verlobten am 19.6.1941: »Seit einer Woche bin ich in einem neuen Außendienst bei einem Großbauern. Wir stehen in der Heuernte. Die Arbeit macht mir Freude, strengt mich aber auch mächtig an, weil sie eben ganz ungewohnt für mich ist. Wir arbeiten jetzt 10 Stunden lang, haben auch keinen freien Nachmittag mehr, 10 Stunden lang in glühender Sonne auf dem Feld bei harter Arbeit, das kostet Schweißtropfen. Abends sinken wir nur noch todmüde in unsere Betten oder erfrischen uns beim Schwimmen im Waldsee. So manche weint abends auf ihrem Strohsack und meint, sie könne es nicht mehr schaffen. Aber alle sind stolz, wenn es am nächsten Tag doch wieder geht. Warum sollen wir nicht auch Äußerstes leisten, wo Ihr jetzt Euer Letztes gebt.«

Waltraud G., Sibylle H. und Ingeborg G. erwähnen viele positive Punkte, die auch bei den anderen vorkommen, wenn auch bei den einzelnen in verschiedener Gewichtung.[35] Ordnet man nach der Bedeutsamkeit, die für die meisten gilt, so ließe sich folgende Reihe aufstellen:

— Wegkommen von daheim (aus dem »behüteten Elternhaus«), einmal etwas ganz anderes sehen, ein Stück Freiheit genießen.
— Neue Landschaften und auch neue Menschen kennenlernen.
— Mädchen aus verschiedenen sozialen Schichten und anderen Gegenden Deutschlands kennenlernen und mit ihnen zusammenleben, Kameradschaft erleben und üben.
— Eine nützliche Arbeit verrichten, anderen helfen können.
— Etwas lernen, arbeiten lernen, fremde Arbeitsformen kennenlernen, verantwortlich sein.
— Einen Schatz an Liedern »fürs Leben« mitnehmen.
— Eindrucksvolle Führerinnen kennenlernen, die Vorbild sein konnten.
— Möglichkeiten zum Feiern nutzen, Feste und Feiern schön gestalten.
— In einer Gegend sein, in der man vom Krieg nicht viel merkte, außer, wenn schlimme Nachrichten von zu Hause kamen. Es gab aber auch Lager in bedrohten Gebieten.[36]
— Genug zu essen haben und immer gut versorgt sein, wenn man auch einfach lebte (für manche auch in sich selbst ein Wert).

– Sich als »verwöhnte Tochter« auch äußerlich harten Lebensbedingungen anpassen.

Die genannten Zeugnisse werden durch weitere ergänzt, die noch andere positive Seiten hervorheben:

HILDEGARD S. (1921), Abiturientin, kam 1940 vor dem Beginn ihrer Ausbildung zur Buchhändlerin in den Arbeitsdienst »teils in der Pfalz, teils in Saarbrücken, wo die Menschen aus ihrer Evakuierung in verschmutzte Wohnungen zurückkehrten. Der Arbeitsdienst war meine einzige Zeit außerhalb des Elternhauses. Ich empfand diese Zeit als sehr wertvoll für mich, da ich mich zum ersten Mal behaupten musste in einer fremden Umgebung und in enger Gemeinschaft mit Fabrikarbeiterinnen und Menschen aus anderen Lebenskreisen«.

BRIGITTE H. (1923): »Man leistete irgend etwas Positives. Und wenn man bloß 10 Garben gebunden hat. Ich hatte immer Blasen an den Händen, weil ich das nicht gewohnt war... aber als ich zum ersten Mal eine Kuh melken konnte, da hab' ich zum ersten Mal irgendwo ein Erfolgserlebnis gehabt... Ich hab' im Arbeitsdienst eine Möglichkeit gesehen, um für die Allgemeinheit irgend etwas zu bewegen. Und wir haben auch viel bewegt. Im Dorf hat man sich immer eingebracht, wenn da irgend etwas gefeiert wurde oder wenn irgendwo Hilfe vonnöten war.«[37]

ELISABETH M. (1920), die aus religiösen Gründen viele Vorbehalte gegen die ideologische Ausrichtung im RAD hatte, schreibt in ihrem kurzen Lebensabriss: »Oktober 1938 – April 1939 RAD am Niederrhein. In den Hilfsdiensten erstmals enge Kontakte mit sozial Schwachen, Bauern, Arbeitern. Hier entstand meine sozialpädagogische Neigung, Schwächeren zu helfen.«[38]

Es werden also noch besonders hervorgehoben:

– Sich behaupten lernen.
– Sich in den ländlichen Arbeiten wirklich auskennen und manches »für die Allgemeinheit« tun können.
– Eine Art »Berufsfindungszeit« haben.

Wer die Führerinnenlaufbahn einschlug oder vielleicht auch nur Kameradschaftsälteste wurde, erlernte Menschenführung und übernahm Verantwortung für andere.

Schließlich bot der Arbeitsdienst auch Aufstiegsmöglichkeiten zur Arbeitsdienstführerin verschiedenen Ranges.

Ein wohl nicht untypisches Beispiel für eine RAD-Laufbahn ist ANNEMARIE G. (1915): Der Vater starb 1921; sie machte die mittlere Reife, absolvierte die höhere Handelsschule, war zweieinhalb Jahre Lehrling in einem Schmuckwarenexportgeschäft in Pforzheim: »Damals war ich arbeitslos. Weiß ich noch, wie ich mich beworben hab'

beim Arbeitsdienst. War also die Möglichkeit, zehn Wochen, zwanzig Wochen, ein halbes Jahr *(damals war der Arbeitsdienst noch freiwillig)*. Sag ich zu meiner Mutter: ›Mama, was soll ich denn jetzt schreiben?‹ Sagt sie: ›Also wenn schon, dann gehst du gleich auf ein halbes Jahr.‹ Dass ich natürlich dort bleibe, hat sie auch nicht gedacht. Wir haben sehr klein angefangen. Die Arbeitsmaid hat 20 Pfennig gekriegt pro Tag. Die Führerinnen fingen damals mit 25.- Mark an, später 60.- Mark.
I: *Und Ihre Mutter, die war nicht dagegen, dass Sie das machten mit dem Arbeitsdienst?*
G: Nein. Ich kam ja dann auch vorwärts[39], und ich sah und hörte viel, konnte mir auch manches erlauben, pekuniär...«

Die Entscheidung, RAD-Führerin zu werden, fiel in manchen Fällen aus ideologischen und idealistischen Gründen, teils aber auch, wie das Beispiel von Annemarie G. zeigt, weil Frauen hier eine Chance für das persönliche Fortkommen sah, die sie sonst nicht gehabt hätten. Junge Frauen, die anderweitig gute Aussichten hatten, ließen sich trotz intensiver Bemühungen der RAD-Führerinnen nicht anwerben, das wurde mir öfters berichtet.

Gewinn für die »Arbeitgeber«

Den vielen Zeugnissen der damaligen »Arbeitsmaiden« stehen nur wenige direkte Zeugnisse derer gegenüber, die sie beschäftigten, was auch wieder mit der Altersstruktur der von mir Befragten zusammenhängt. Die Äußerungen der Maiden selbst lassen aber durchblicken, dass sie sich – trotz der Härte der Anforderungen und gelegentlicher Fehlleistungen – kaum je als Versager vorkommen mussten. Die Dauer und Schwere des Dienstes scheinen in verschiedenen Lagern und zu verschiedenen Zeiten unterschiedlich gewesen zu sein, besonders hart natürlich zur Erntezeit auf dem Lande. In der Regel wurde auch Rücksicht genommen auf ihre Leistungsfähigkeit. So wird deutlich, dass die Mädchen im ganzen für die überlasteten Bauersfrauen und für kinderreiche Mütter eine nicht gering zu schätzende Hilfe gewesen sind.[40] Sie haben auch voneinander lernen können; Stadt und Land kamen sich näher, wenn die Mädchen sich bewährt haben. Immer wieder kommt zum Ausdruck, dass die »Dorfabende«, welche die Arbeitsmaiden gestaltet haben, mit Märchen und Liedern, Theateraufführungen und Musik, eine willkommene Abwechslung für die Dorfbewohner waren.

Gewinn für den Staat

Genau wie beim Pflichtjahr und später beim Kriegshilfsdienst spielt die minimale Bezahlung für die geleistete Arbeit in den Erzählungen der Frauen kaum eine Rolle. Es erschien selbstverständlich, dass »das Vaterland« einen solchen Einsatz verlangen konnte, zumal im Krieg. Wiederum ist nie berechnet worden, wie viele Arbeitsmaiden wie viele Stunden um ein spärliches Taschengeld schwer gearbeitet haben. Sie fühlten sich nicht ausgenützt, auch heute noch nicht.

Aber es hat auch nicht wenige gegeben – gemessen an dem großen Heer der »Pflichtbewussten« sicher nur eine Minderheit –, die sich der Arbeitsdienstpflicht zu entziehen vermochten; fast nie aus Gegnerschaft gegen den Nationalsozialismus, sondern aus purem Egoismus – so beurteilen es wenigstens die anderen. Es werden »ärztliche Atteste« genannt, eine andere sagt: »Es war möglich, freizukommen, wenn man einen ›anständigen Beamten‹ auf der Behörde hatte.«

Auch der Arbeitsdienst wurde bis zum Ende des Krieges aufrechterhalten, oft bis fast zum letzten Tag vor der Besetzung. Es wurden noch »Marschbefehle« nach anderen Lagern ausgegeben. Vielfach lag es im Ermessen der Lagerleiterin, das Lager aufzulösen. Teilweise löste es sich von selbst auf, indem die Mädchen auf eigene Faust den Heimweg antraten und dabei oft in abenteuerliche und gefährliche Situationen gerieten. So wurde z. B. Gertraud K. (1924) noch im März 1945 als Hauswirtschaftsleiterin eines Lagers nach Neresheim abgeordnet und trat dieses Amt auch an. Erst am 20.4. hat sie sich nach Oberbayern abgesetzt, die Mädchen ließ sie ziehen.

Kriegshilfsdienst

Ab Ende Juni 1941 mussten die jungen Frauen nach ihrem halben Jahr Arbeitsdienst noch sechs Monate Kriegshilfsdienst leisten. Sie konnten in der Regel wählen zwischen Fabrik, Straßenbahn (o.a. Verkehrsbetrieben), Lazarett oder Krankenhaus, sozialen Diensten (Kindergarten, Haushalt), Wehrmachtshelferin. Es konnte aber auch sein, dass sie einfach zu diesen Diensten abgeordnet wurden. Aber auch hier brachten es manche fertig, eine Stelle zu finden, die ihren eigenen Neigungen entsprach.

Über die Arbeit im Lazarett oder Krankenhaus wurde schon gesprochen. Der Kriegshilfsdienst unterschied sich hier nicht grundsätzlich von der Arbeit der Krankenschwester. Die Tätigkeiten bei der Wehrmacht fallen unter das nächste Stichwort. Wie aber erlebten die jungen Frauen den Kriegshilfsdienst in der Fabrik und bei der Straßenbahn?

Von der von der Propaganda verbreiteten fröhlichen Stimmung »Wir helfen siegen« kann bei den meisten Rüstungsarbeiterinnen nicht die Rede sein.

Wenn sie in der Rüstungsindustrie arbeiten mussten, ließ es sich kaum vermeiden, dass sie mit ausländischen Zwangsarbeitern in Berührung kamen. Viele berichten davon. Im Vorgriff auf eine genauere Betrachtung dieses Problems in Band III[41] soll aber hier schon, stellvertretend auch für andere, ähnliche, ELSE W. (1924) zu Wort kommen und knapp kommentiert werden. Sie berichtete am ausführlichsten, mit starker innerer Anteilnahme:

»Dann kamen wir zum Kriegshilfsdienst, und zwar das ganze Lager geschlossen. Und zwar nach Wolfratshausen bei München. Da war ein sehr, sehr großes Munitionslager mitten im Wald. Waren Bunker. Oben drauf mit Gras zugewachsen, teilweise Bäumchen und Gebüsch drauf. Wir selber waren im Lager, zwölf bis 15 Kilometer von dort weg. Das Lager, wo wir wohnten, das waren alles Siedlungshäuschen, Reihenhäuser. Wir Arbeitsmaiden hatten unsere Straße für uns, einige Hundert Arbeitsmaiden. Dann waren Fremdarbeiterinnen, sehr, sehr viele, und zwar Jugoslawinnen, sehr, sehr viele Französinnen, dann Ungarndeutsche, Rumäninnen. Wir waren ein bunt zusammengewürfeltes Volk. Nur wir Arbeitsmaiden, wir waren praktisch abgetrennt. Wir hatten zwei Straßenzüge. Ganz stabile Häuser. Links ein großer Aufenthaltsraum, ein eingebauter Schrank, da hat jede ihr Fach gehabt, wo man Lebensmittel unterbringen konnte. Tisch, Bank ringsrum. 14 Arbeitsmaiden im Haus. Unten der kleinere Schlafsaal mit sechs und oben acht Stockbetten ...' Waschraum. Bad, Dusche oder dergleichen gab's damals nicht. Dann noch ein Kellerraum als Luftschutzraum. Am Anfang der Straße Büro, Haus für die Führerinnen. Wir haben morgens um sechs angefangen. Zunächst zu Hause gefrühstückt. Abwechselnd zubereitet. Lebensmittelkarten gehabt. Die Zuteilung war nicht sehr üppig. Wir haben sehr viel Hunger gehabt. Wir haben schwer arbeiten müssen, und vor allem beim Brot, da hat es sehr, sehr gehapert. Wir haben unser Brot im Laden bekommen, da haben wir manches Mal zwei Wochen im Monat Brot gehabt und die nächsten zwei Wochen keines mehr. Wir hatten alles aufgegessen. Dann sind wir dazu übergegangen, dass eine Kameradin der anderen ihr Brot zu sich genommen hat, damit sie da keines runterschneiden konnte, aber das war auch nicht das Ideale. Wir haben uns dann gesagt: Wenn heut nacht ein Fliegerangriff kommt, dann haben wir nicht einmal unser Brot gegessen. Wir sind in einer Gemeinschaftskantine verpflegt worden. Auch da war das Essen nicht sehr gut. Ich hatte eine ebenfalls dienstverpflichtete Kameradin, die war gelernte Verkäuferin. Die war dort im Verkauf. Da waren auch Vorgesetzte, die wollten natürlich entsprechend besser bedient werden. Wollten mehr an Brot und Butter haben. Da sie sich dazu nicht hergab, ist sie nach kurzer Zeit rausgekommen und in die Munitionsfabrik gesteckt worden. Es gab Gemüse, es gab Kartoffeln. Die Kartoffeln waren z.T. schwarz, ausgewachsen, wie's eben in der Zeit war. Gerade durch diese Verkäuferin (durch Heide, wir stehen heute noch in Verbindung) hab' ich erfahren, da wurde wahnsinnig viel verschoben. Wenn wir alles bekommen hätten, was ins Lager reingekommen ist, hätten wir zu essen genügend gehabt. Es ist dann aufgeflogen. Was war das Ende vom Lied? Es war ein Lagerverwalter da, ein Tscheche, der hatte mit einer deutschen Frau zwei Kinder. Ihm hat man's in die Schuhe geschoben. Er war es bestimmt nicht, er konnte sich's überhaupt nicht leisten. Er hat sich aufgehängt. Er hatte keine andere Möglichkeit. Er war der Sündenbock.

Wir hatten zwei Schichten: von sechs bis zwei und von zwei bis zehn. Nachtschicht haben wir Arbeitsmaiden nicht gehabt. Wir sind durchs Lagertor. Vorne war der Bahnhof. Da sind wir dann in Waggons verfrachtet worden, aber alle zusammen mit diesen ganzen Ausländern. Dann in die Munitionsfabrik. Alles vollgepfropft. Wir waren dauernd verlaust. Es wurde eine allgemeine Entlausung durchgeführt. Dann war noch eine Sache, das war damals, sehr, sehr, sehr schlimm. Es gab auch Filzläuse. Wir waren davon nicht befallen. Aber da wurden alle untersucht, da mussten sich die Frauen nackt ausziehen. Es waren fünf, sechs Männer da, die die Frauen untersucht haben nach Filzläusen, unter dem Arm, an den Genitalien, das war schrecklich. Und ich war die einzige, die nicht untersucht worden ist. Ich geh nicht. Die können machen, was sie wollen. Ich stell mich vor keinen Mann nackt hin. Es waren keine Ärzte. Das gab dann sehr böses Blut. Das haben die Maiden nach Hause geschrieben. Da hätte man Frauen einsetzen können. Man hat mich nicht erwischt. Die Mädels haben z.T. bitter geweint. Der Führerin war es furchtbar peinlich.

Um sechs Uhr angefangen. Es war nicht schwer. Wir haben Sprengkörper gemacht für die Panzergranaten. Wir haben einen blauen Anton getragen, haben Holzschuhe tragen müssen. Es durfte keine einen Ring haben. Wir haben Kopftücher tragen müssen, dass keine Haarklammer hätte runterfallen können. Wir hatten eine Armbinde mit RAD drauf.

Wir haben mit Russenmädchen zusammengearbeitet. Vier Russinnen und eine Französin. Manches mal auch zwei, drei Französinnen. Es war ein Stahlbetonbunker, sehr dick und stark. Da drin waren Maschinen. Es wurde Pulver geliefert. Dies haben wir eingefüllt. Pulver reingedrückt und gepresst. Zweimal war eine Explosion im Nachbarbunker. Die einen haben dann zwei Tage nicht gehen müssen, weil die unter Schock standen. Dann gab's bei uns auch Sabotage. Was ich damals auch verstanden habe. Ich hab' mir das so oft vor Augen gehalten: Man muss doch bedenken, dass die Waffen gemacht haben, mit denen ihre eigenen Brüder und Väter erschossen werden sollten.

Eine der Russinnen, die Sina, hat mir besonderen Eindruck gemacht. Sie soll nur achtzehn, neunzehn Jahre alt gewesen sein. Ein bildhübsches Mädchen, blondes, hübsches Mädchen, ganz zart. Sie muss aus gutem Hause gestammt haben. Und auch die anderen beiden, die waren etwas robuster, sind wohl vom Land gewesen. Darüber hab' ich so oft und oft und oft nachdenken müssen und hab' mir den Tod meines Bruders vor Augen gehalten und dachte mir: Das muss schrecklich sein! Da war Sabotage. Wir haben die fertige Munition der Sprengkörper, der war innen hohl, da ist noch etwas reingekommen, und da haben wir das messen müssen, dass das genau passt... Bei den Metallhülsen war einmal unten Holz oder Reisig drin, das hätte nicht mehr gezündet. Das gab einen Heidenwirbel. Da kam damals auch SS. Wir wurden ganz streng kontrolliert, zur Toilette geführt, verhört. Damals hat es geheißen, es wäre eine Französin gewesen. Man hat es nie erfahren. Über fünf, sechs Tage hat man gesucht. Dies kam nicht mehr vor. Einmal ist auf dem Güterbahnhof die ganze Arbeit von ein oder zwei Wochen in die Luft geflogen. War auch Sabotage. Dies in diesen sieben Monaten, wo ich da war.

Sadismus habe ich dort kennengelernt. Wir waren erschüttert, dass so blutjunge Mädchen deportiert wurden, man kann es nicht anders bezeichnen. Es war uns klar, dass die nicht freiwillig gekommen waren. Durch Heidi habe ich alles so erfahren. Die waren auch extra: Russen und Polen in einem Lager. Diese Menschen sind barfuß in Holzschuhen gewesen. Mitten im Winter! Keine Strümpfe! Sehr, sehr, sehr wenig zu essen. Wir waren drei Mädels, Resi, die zweite weiß ich nicht mehr, und ich. Die Mädels haben uns sehr, sehr leidgetan. Wir mussten jeden Tag vor Schichtwechsel den ganzen Bunker säubern, nass rauswischen. Die Russinnen haben das Wasser schleppen müssen. Wir haben es umgekehrt gemacht. Wir haben das Wasser geholt. Wir hatten ja nicht viel, aber als wir diese Armut sahen, da haben wir manches Mal ein halbes Brot ihnen gegeben oder irgendwo Obst. Wissen Sie, immer mal wieder so eine Kleinigkeit. Die konnten das gar nicht fassen, dass es das gibt. Die haben uns nachher erzählt, die haben sich vor uns gefürchtet. Es hat eine Zeit gedauert, bis sie merkten, dass wir es ehrlich mit ihnen meinten. Und die haben gesagt: Die Maiden, die bis jetzt da waren, wenn irgend etwas nicht gut war oder was auch sonst war, alles waren sie. Und sie wurden dann entsprechend behandelt. Und da waren wir mal mittags fertig, der Bunker war sauber. Da war 'ne Aufseherin da. Wir Maiden standen da, die Russenmädel standen da praktisch vor dem Wagen, und die Sina gerade, dieses ganz, ganz zarte Mädchen, das stand da und hatte so seinen Kopf aufgestützt (*macht es vor*). Und die Frau läuft hin und haut diesem Mädchen rechts und links ein paar auf die Wangen (*ist ganz erregt*). Ich kann Ihnen sagen, wissen Sie, das kann man eigentlich gar nicht schildern, was das war. Es war dermaßen entsetzlich! Man bebte, man zitterte, man konnte nichts tun, man konnte und durfte nichts tun! Es hat einem die Schamröte ins Gesicht getrieben. Es kamen einem die Tränen. Man hat sich umgedreht. Die Mädels mussten schuften, hatten nichts zu essen, die haben Nachtschicht machen müssen, hatten kaum etwas anzuziehen, waren barfuß in den Schuhen, in den zerlumpten, in denen sie kamen. Was glauben Sie, was die frieren mussten! Und dann schlägt man sie ohne Grund! Nur weil das Mädchen so dastand.

I: *Das waren sadistische Menschen.*

W: Also die war wirklich sadistisch. Die hat diese Mädchen schikaniert, wo es nur ging.

Und dann noch 'ne kleine Episode. Wir haben immer das Wasser getragen. Und ich hab' mal einen Tag gehabt, da hab' ich mich absolut nicht wohlgefühlt. Sie merkten es auch, und dann haben sie mich gefragt. Ich hatte meine Tage, und da ging es mir manches Mal gar nicht gut. Und da haben sie gesagt, ich soll nix arbeiten, sie machen alles. Und die haben mich dann oben so auf den Tisch gesetzt. Und da war ein Russe, er hieß Alex. Der kam immer und hat das Pulver gebracht. Und der kommt rein und sieht mich sitzen. Und ist richtig zornig geworden, wütend, er hat gedacht, die Madame sitzt hier, und die müssen schaffen! Der hat dermaßen geschimpft, das hätten Sie mal hören sollen, wie die Mädels mit ihm umgegangen sind! Die haben ihn ganz, ganz bitter zurechtgewiesen. Und er ist am nächsten Tag gekommen und hat mir so einen kleinen Schlüsselring gebracht, den er irgendwo hatte von Kameraden, die irgendwo gearbeitet haben. Ist er gekommen, hat ihn mir gebracht und hat ihn mir geschenkt. Quasi als Entschuldigung. Und ich habe für eines dieser Mädchen, es war nicht Sina, einen Brief an ihre Eltern geschrieben. Die hatte über Umwege, über einen Landser, von zu Hause Post bekommen gehabt. Und der hab' ich einen Brief geschrieben, auf Deutsch. Der Soldat hat ihn dann in Empfang genommen. Die haben ja auch Leute gehabt, die Russisch konnten. Sie wussten dann wenigstens, dass ihre Tochter lebt und gesund ist. Und als dann die Zeit kam, dass wir wegmussten, uns hat's sehr, sehr leid getan, und gerade die Resi, die hat oft gejammert. Die hat als gesagt: ›Warum hab' ich denn keinen Bauernhof? Ich tät alle die drei Mädels mitnehmen.‹ Als die Zeit kam, dass wir weggingen, haben die Mädels oft geweint... Wir durften ja mit den Ausländern nicht sprechen. Wenn wer in der Nähe war, haben wir natürlich auch nichts gesagt, und wenn wir den Mädels mal was gaben, das musste man alles ganz heimlich machen. Da hat man mal irgendwo was liegen lassen, was hingelegt.

I: *Waren Sie da eine Ausnahme? Sie drei?*
W: Ich weiß es nicht. Wir konnten im Lager darüber nicht sprechen, wissen Sie, man wusste nicht, was der nächste darüber denkt. Ich glaube schon, dass wir Mädels, die wir aus ländlichen Gegenden kamen, ich möchte es einmal so ausdrücken, vielleicht nicht so rassistisch erzogen waren. Wissen Sie, bei uns war das Menschliche da, der Mensch und nicht diese »minderwertige Rasse«. Die anderen waren ja keine Menschen. Das waren ja unsere Feinde, die wollten uns ja vernichten.
I: *Es war einfach das menschliche Miteinander, das Sie überzeugt hat, dass das auch Menschen sind und dass sie in einer schweren Lage sind.*
W: Eben. Und Mitleid vor allen Dingen. Eben gerade diese Sina, dieses blutjunge Mädchen... Und das habe ich mir immer so vorgestellt: ihr Zuhause. Und sie wurde weggerissen als Sechzehnjährige vielleicht, als Kind, und kam hierher und muss praktisch die Munition machen, die gegen ihre Eltern, gegen ihre Verwandten, gegen ihre Heimat eingesetzt wird, das ist furchtbar!
I: *Da konnten Sie auch nicht so gut an das »Untermenschentum« glauben?*
W: Nein, hab' ich nicht. Eher die Frau, die die Sina geschlagen hat. Es ging dann dem Ende zu. Wir haben übrigens nicht nur diese Frau als Aufseherin gehabt, wir haben auch Männer gehabt. Das waren aber nur zwei, die haben mehrere Bunker auch gehabt. Und im Bunker daneben, da war auch eine Arbeitsmaid, die hat das, was wir ausgesondert hatten, noch mal geprüft. Die hat sich eigentlich mit den beiden Meistern ja – gewählt ausgedrückt – gut verstanden. Es kamen manches Mal so ganz kleine Belobigungen: Es gab mal ein Buch oder es gab mal eine Sonderration. Das wurde dann im Bunker verteilt. Und diese Arbeitsmaid war eigentlich immer bei allem dabei. Wir wussten, warum. Ich muss noch einflechten: Es ging dem Ende zu, und dann hat man uns gesagt, wir sollten uns freiwillig melden. Manche sollten sich als Straßenbahnschaffnerinnen melden, die soll-

ten in München eingesetzt werden. Manche als Nachrichtenhelferinnen oder was sonst noch war. Und das wollte ich nicht mehr. Denn ich hatte da so viel gesehen, ich bin mir treu geblieben. Und dann hab' ich mir überlegt, wenn ich irgendwo rauskomme als Nachrichtenhelferin oder was sonst auch ist, man hält das noch eine Zeit durch; irgendwann schmeißt man auch alles über Bord und sagt sich: Ja, wieso soll ich diejenige sein, welche nur Nachteile hat? Das wollte und wollte und wollte ich nicht. Heidi hat mich als mitgenommen zu ihren Eltern. Die hatten auch wenig, aber doch. Sie haben mal was vom Bauern bekommen. Es war ein sehr herzliches Verhältnis. Durfte ›Tante Anni‹ zu ihrer Mutter sagen. Wir sollen uns freiwillig melden. Wenn wir das nicht getan hätten, wären wir nach Hause gekommen, da hätte man uns gleich wieder geholt. Und da hab' ich damals gesagt: Zu diesem Sauhaufen geh ich nicht mehr.«

ELSE W. wird durch das, was sie erlebt, in den ihr eingeimpften Vorstellungen von »Deutschen« und »Ausländern« erschüttert. Sie erlebt die Lage der Zwangsarbeiterinnen aus nächster Nähe: mit Hunger, Frieren, Schwerstarbeit und schmutzigster Arbeit, brutaler Behandlung durch die Aufseherinnen. Ganz besonders hat sich ihr die Szene mit der sadistischen Aufseherin eingeprägt. Hier entlarvte sich für sie die Rassenideologie als das, was sie war, krasse Lüge (ein »Untermensch« ist eher die Frau, die Sina geschlagen hat). Sie meint, dass es ihre Herkunft vom Lande war, die sie ohnehin schon gegen diese Ideologie immunisiert habe. Vielleicht war einfach die Mitleidensfähigkeit und die unmittelbare Begegnung mit Sadismus (auch und gerade einer Frau!) die stärkere Antriebskraft für ihr Verhalten. Die Schwierigkeit und das Risiko zu helfen werden deutlich. Trotzdem war es möglich, dass sich so etwas wie Frauensolidarität zwischen den drei deutschen Mädchen und den Ausländerinnen entwickelt hat (die russischen Mädchen schützen Else sogar gegen den eigenen Landsmann). Keineswegs darf dieses Verhältnis verallgemeinert werden. Für die vorhergehende deutsche Arbeitsmaidengruppe waren die Ausländerinnen bequeme Sündenböcke. Die Russinnen konnten es zuerst gar nicht glauben, dass Deutsche auch anders sein können. Else hat sogar Verständnis für die Sabotageakte der Ausländerinnen. Aber sie zweifelt nicht grundsätzlich und für sich selbst an der Berechtigung, Waffen gegen »Feinde« einzusetzen, fragt sich nicht grundsätzlich, warum eigentlich die Mädchen, mit denen sie zusammenarbeitet, ihre »Feinde« sein sollen, gegen die Krieg geführt werden muss.

Aber auch die angeblich deutsche Unbestechlichkeit und Anständigkeit erscheint brüchig. Die Mädchen werden um die ihnen zustehenden Rationen betrogen, und dafür haftbar gemacht wird ein Tscheche, wobei jeder weiß, dass er nicht der Betrüger war. Es sind die eigenen Landsleute, die verschieben und betrügen.

Auch mit der vielgepriesenen Ehrfurcht vor der deutschen Frau ist es nicht weit her, wenn irgendwelche Männer die jungen Mädchen in dieser Weise »untersuchen« dürfen wie hier geschildert.

Ebensowenig sind die Arbeitsmaiden eo ipso tugendhafte Wesen, sondern auch unter ihnen gibt es solche, die bereit sind, auch einen nicht so tugendhaften Preis zu bezahlen, wenn sie sich dafür irgendwelche Vorteile einhandeln können.

Else W. gelingt es, sich weiteren unangenehmen Verpflichtungen, etwa als Straßenbahnschaffnerin oder Nachrichtenhelferin, zu entziehen. Sie kommt in einem kriegswichtigen Betrieb, in dem Tee für die Wehrmacht hergestellt wird, unter. Von dem »Sauhaufen« hat sie genug, obwohl sie vorher begeistert beim BDM und im RAD war.

Recht unterschiedlich, aber im ganzen freundlicher sind die Erinnerungen an die Arbeit als Straßenbahnschaffnerin. Es kommt darauf an, über welchen Ort und über welche Zeit berichtet wird.

LORE B. (1923) sieht ihre Tätigkeit von heute aus ganz positiv: »Ich war im Kriegshilfsdienst in München bei der Straßenbahn. Da mein Vater damals in Riga war, wurde ich versetzt nach Mannheim zur Straßenbahn, um meiner Mutter da ab und zu zu helfen *(im elterlichen Geschäft)*. Das ging dann ganz gut zu machen, und ich muss sagen, diese Zeit in der Straßenbahn, das war ein ganz positives Kriegserlebnis. Da kamen morgens zu der ersten Straßenbahn die Arbeiter mit 'nem Brot, mit 'nem Apfel. ›Da Mädle, hasch was zu essen.‹ Abends genauso. Also da wurden wir richtig liebevoll behandelt von allen Leuten, quer Beet, egal, wer das war. Das war 1942/43 in dem bitterkalten Winter. Da zog mal einer seine Handschuhe aus und hat sie mir gegeben. Ich weiss nicht, also die Menschlichkeit im Krieg bei denen, die daheim waren, die habe ich nachher nie mehr kennengelernt.«[42]

Viel anstrengender und gefährlicher war es bei EVA STERNHEIM-PETERS: »Ihr *(sie schreibt von sich in der dritten Person, nennt sich E.)* Dienst als Straßenbahnschaffnerin begann um 15 Uhr und endete planmäßig um 1 Uhr nachts im Depot mit der Abrechnung der Tageseinnahmen. Dieser Dienstschluss stand in den letzten Kriegswochen allerdings nur auf dem Papier, denn der allnächtliche Fliegeralarm endete meist erst einige Stunden später. Anschließend mussten Hunderte von Soldaten, die in Paderborn ein Kino oder eine Kneipe besucht hatten, in Sonderschichten zum Truppenübungsplatz Sennelager gefahren werden.

Auch während des Tages verkehrte die Straßenbahn oft nur wenige Male, da die Sirenen unaufhörlich vorwarnten, warnten, vorentwarnten und nur für wenige Stunden endgültig entwarnten. Außerdem musste der Himmel ständig beobachtet werden, da die Bordschützen tieffliegender feindlicher Jäger mehr und mehr dazu übergingen, nicht nur militärische Objekte, sondern Frauen auf den Feldern, Kinder auf dem Schulweg, Straßenarbeiter, Radfahrer und Fußgänger mit Maschinengewehrsalven zu bedenken. Auf der Detmolder Strecke hatte es mehr als 20 Tote unter Fahrgästen der Straßenbahn gegeben. Die Beobachtung des Luftraumes übernahmen ganz selbstverständlich Soldaten, die während der Fahrt in allen Türen von Triebwagen und Anhängern Posten bezogen und den Fahrer durch Reißen an der Leine auf die Gefahr aufmerksam machten. Es galt dann, möglichst schnell im Straßengraben oder in einem der vielen ausgehobenen ›Ein-Mann-Löcher‹ Deckung zu beziehen. E. zwang sich, den Ausstieg aller Fahrgäste abzuwarten und gegebenenfalls dabei behilflich zu sein, ehe auch sie sich in Sicherheit brachte.

An die ständige Lebensbedrohung hatte sie sich gewöhnt. Wenn sie nach oft 14- 16stündiger Arbeitszeit endlich zu Hause eingeschlafen war, mussten schon Bomben fallen, ehe sie sich dazu bequemte, wieder aufzustehen und den Luftschutzkeller aufzusuchen.«[43]

Gegen Ende des Krieges schien manchen der Kriegshilfsdienst nur noch eine Beschäftigungstherapie zu sein, weil es eigentlich nichts mehr zu tun gab.

LORE E. (1922): »Ich kam nach Diebenow in den Fliegerhorst, da haben wir gefroren und gehungert.
I: *Was mussten Sie dort machen?*
E: Formulare zählen und Tintenfässer reinemachen, weil sie keine Arbeit für uns hatten. Das war Beschäftigungstherapie.«

INGE R. (1924): »Dann kam ich in die Fabrik nach Karlsruhe.... habe mich schrecklich gelangweilt. Ich kam ins Büro, man hat mich eigentlich gar nicht gebraucht. Wie wir hinkamen, sagte der Direktor: ›Ja, wir brauchen euch doch gar nicht, was sollen wir denn mit euch machen?‹ Hat man uns hineingestopft, wir wohnten zu 15 in einer Dreizimmerwohnung. Wir hatten Sehnsucht nach dem RAD, wo wir draußen im Grünen waren...«

Wehrmachtshelferinnen

Frauen konnten den Kriegshilfsdienst auch bei der Wehrmacht ableisten, oder im Rahmen der Kriegsdienstverpflichtung zur Wehrmacht abkommandiert werden. Ihnen stand auch offen, den Beruf der Wehrmachtshelferin zu ergreifen und in ganz verschiedenen Funktionen auszuüben. Diese im einzelnen zu beschreiben, dazu bedürfte es einer speziellen Untersuchung auf breiterer Grundlage, die die objektiven Bedingungen und die subjektiven Erfahrungen einschließt.[44] Ich kann hier nur einige Überlegungen zum Schwerpunkt »Arbeit der Wehrmachtshelferin« anstellen, so wie sie sich in der Erinnerung meiner Gewährsfrauen darstellt.

Warum ergriffen Mädchen diesen Beruf? Viele wollten von zu Hause weg, weil sie dort keine Perspektiven für ihr Leben sahen. Es konnte auch sein, dass ein anderer Berufsweg versperrt war. Es versprach, interessant und abenteuerlich zu werden. Man konnte auf diese Weise einer anderen lästigen Kriegsdienstverpflichtung, vor allem der Fabrikarbeit, entgehen. Die Mädchen sahen fremde Länder, in denen sie z.T. noch wie im Frieden leben konnten, hatten Gelegenheit, interessante Männer kennenzulernen, Freundschaften zu schließen oder andere Beziehungen einzugehen. Die Arbeit selbst überanstrengte sie in der Regel nicht. Sie war auch meist fesselnd, abwechslungsreich. Die Frauen lernten Dinge, die sie sonst nicht hätten lernen können. Das Freizeitangebot war reichhaltig, zuweilen wie in Friedenszeiten. Über den Inhalt und die Konsequenzen ihrer Tätigkeiten machten sie sich meist wenig Gedanken. Die allgemeinen Lebensumstände und die menschlichen Beziehungen waren weit wichtiger. Nicht alle hatten schockierende Erlebnisse, wurden Zeuginnen von Kriegsverbrechen, kamen in gefährliche Situationen. Und diejenigen, die in schlimme Dinge verwickelt wurden, versuchten sich so gut wie möglich gefühlsmäßig abzuschotten.

Bei den Frauen, die mir von ihren Erfahrungen als Wehrmachtshelferinnen erzählt haben, überwiegen die positiven Erfahrungen.

HANNA L. (1919) meldete sich 1942 freiwillig beim Roten Kreuz in den Soldatenheimeinsatz: »Sonst wäre ich irgendwohin dienstverpflichtet worden, und das hätte die Rüstungsindustrie sein können.« Sie kam nach Norwegen, lebte da in Ruhe, ohne Bomben, mit reichlich Lebensmitteln, gestaltete Feste und Spiele, konnte ihr Talent »Stimmung in die Bude zu bringen«, voll entfalten. Anfang April '44 wurde sie nach Frankreich versetzt: »Leider wurden die Zeiten aufregender, denn Nacht für Nacht bombardierten britische Bomber die um Paris liegenden Rangierbahnhöfe. Aber auf den Märkten konnte man noch alles kaufen.«

ELISABETH M.: (1918): »Der Beginn des Krieges war für mich sehr interessant und aufregend, denn am 1.5.40 trat ich meinen Dienst bei der Distriktsverwaltung Warschau an. In meiner Heimatstadt Augsburg fühlte ich mich sehr allein und überflüssig, wollte mein Leben ändern, hatte aber keine finanziellen Rücklagen. Hier sah ich also eine Möglichkeit der Veränderung.«

Immer wieder sagen Frauen, die beim Luftnachrichtendienst beschäftigt waren, die Arbeit habe ihnen »Spaß gemacht«.

Aber andere Kriegsdienstverpflichtete machten auch böse Erfahrungen.

ANNELIESE K. (1923): »Die haben uns junge Mädchen zuerst zum Arbeitsdienst eingezogen, dann wurde der um ein halbes Jahr verlängert zum Kriegshilfsdienst, und dann ist man glücklich heimgekommen und hat gedacht, jetzt wird's schön, jetzt kannst wieder in deinen Beruf hinein, und dann kam wieder der Stellungsbefehl, so hat's geheißen, ›laut Führerbefehl!‹.

Der Jahrgang 1923 wird eingezogen nach Möhringen in die Luftnachrichten. Wir haben nicht wählen dürfen. Und dann sind wir ausgebildet worden, sechs Wochen. War so ziemlich die schlechteste Zeit in meinem Leben. Furchtbar, wie die Männer haben wir müssen hinstehen und strammstehen. Und da hat man eine Führerin gehabt, und wen die hat nicht leiden können! ... Vorher im Arbeitsdienst mit Bettenbauen und Spindrücken, das hat mir nix ausgemacht, aber die hat dann immer gepfiffen, und da hast müssen raus, und wir waren am Ende und haben das oft nicht gehört, und dann ging's los... War in der Kaserne. Und da ist mal ein Frontsoldat gekommen und hat gefragt, wo seine Frau sei. Dann hat's geheißen: ›Dort‹ – also bei den Luftwaffenhelferinnen. Ich war Nachrichtenhelferin. Und dann hat der bloß den Kopf geschüttelt und hat gesagt: ›Jetzt haben wir den Krieg verloren, jetzt brauchen sie sogar noch die Frauen!‹ Das war '43. Wir haben sämtliche Flugzeugtypen kennen müssen. Dann bin ich für das Flugwachkommando ausgebildet worden. Ich hätte nach Paris kommen sollen. Und da ist von meinem Bruder eine Nachricht gekommen, dass er vermisst ist, und meine Mutter hat einen Herzanfall gekriegt. Und dann bin ich zu der Führerin und hab's ihr gesagt, und die war sehr menschlich, und die hat gesorgt, dass ich nach Stuttgart komme. Da haben wir fest schaffen müssen als Flugwache. Wir haben Flugaufnahme und Flugweitergabe gemacht. Wir haben Informationen aufnehmen und weitergeben müssen, direkt an die Flak, auch an Krankenhäuser. Wir waren ungeschützt. '44 ging eine Bombe rein. Alle, die da geschafft hatten, die ganze Ablösung – es waren drei Gruppen – waren tot. Ich war nachher im Kompaniegeschäftszimmer. Das kam dann ins Wagenburgtunnel. Es war eine große Nervenanspannung. Wir haben auch immer wieder Ausbildung gehabt. Wir haben uns nicht als Soldaten gefühlt, wir waren in Zivil. Die im Ausland waren, die haben alle Uniformen gehabt.

Die von der Flugwache, die da draußen stehen mussten bei Nacht, die haben ganz dicke, wüschte (*hässliche*) Hosen angekriegt. Stiefel, also die haben ausgesehen! Haben den Himmel beobachtet. Die haben schon etwas drauf geachtet, wer wohin will.«

Zu den traumatischen Erlebnissen einiger Wehrmachtshelferinnen gehört, dass sie beim Rückzug der Front einfach ihrem Schicksal überlassen wurden und sich unter schwierigsten Umständen nach Hause durchschlagen mussten.

ANNEMARIE K. (1919) hatte vor dem Krieg einen Lehrgang beim Roten Kreuz besucht und wurde 1941 als Schwesternhelferin in Wehrmachtslazaretten verpflichtet. Sie war von da an bis Kriegsende nicht nur in Deutschland, sondern auch in Russland und Frankreich im Kriegseinsatz und machte in den drei Ländern jeweils den Rückzug mit. Ironisch schreibt sie in einem Brief an die Badische Zeitung am 20.7.1986, den sie mir zur Verfügung stellte: »Dieses dreifache Chaos (u.a. einige Kilometer von der Frontlinie entfernt, unter Beschuss und auch von Partisanenüberfällen nicht verschont) war für eine Frau von Anfang 20 ein wunderschönes und nachhaltiges Erlebnis!«

Nicht berichtet wurde mir von direkten Verwicklungen in Kampfhandlungen; ich kann nicht beurteilen, wie häufig sie waren. Auch Cordula Koepcke nennt keine Zahlen. Sie schreibt: »Damals sind unzählige in die Kampfhandlungen verwickelt worden, und zwar auch solche, die lediglich als zivile Arbeitskräfte bei den Streitkräften tätig waren. Viele Tausend sind in Gefangenschaft geraten, wo sie besonders in der Sowjetunion schwerste Arbeit verrichten mussten. Unendlich viele haben diesen Strapazen nicht standhalten können.«[45] Aber dieses Schicksal ereilte nicht nur Arbeitskräfte bei der Wehrmacht, sondern viele Zivilpersonen in den von der Roten Armee besetzten Gebieten.[46]

Freiwillige Kriegsarbeit – Frauen in Männerberufen

In den verschiedensten Berufssparten, sei es im Büro, auf dem Lande, in der Industrie, mussten Frauen damals Männer ersetzen. In diesem Abschnitt handelt es sich aber um Beispiele von Tätigkeiten, die Frauen in normalen Zeiten mit Sicherheit nicht ausgeübt hätten. Sie wurden auch nicht dazu verpflichtet, sondern sie übernahmen sie freiwillig. Es boten sich nämlich gerade für Frauen der Unterschicht im Krieg Chancen im zivilen Sektor, die sie sonst nicht gehabt hätten. Dafür steht das Beispiel der Lieselotte S.[47], die vom Dienstmädchen zum Bahnhofsvorstand avancierte, zum ersten Mal in ihrem Leben etwas lernen, einen verantwortungsvollen Dienst ausüben durfte und ihn glänzend meisterte. »Beruflich war es meine schönste Zeit«, sagte sie.

Ähnliches erzählt ERIKA N. (1924). Sie stammt aus einem kleinen Wingerter (Weingärtner)-Haus im Kreis Mergentheim, hatte noch drei Geschwister, war die Zweitälteste und betont, sie habe immer »furchtbar schwer schaffen müssen«. Sie musste an verschiedenen Stellen Kriegsdienst leisten, bis sich ihr die Möglichkeit eröffnete, sich auf einem ganz neuen und anspruchsvollen Feld beruflich zu bewähren. Durch Vermittlung eines Onkels kam sie zur Bahn. Was sie dabei erlebte, veränderte damals grundlegend ihr Leben und bildet den Kern ihrer erzählten Lebensgeschichte:

»Da hat's mir dann auch gefallen. Da war ich knappe 3/4 Jahr dort. Fahrkarten ausgeben hab' ich gemusst. Das Kursbuch hab' ich nachts gelernt, wenn die vielen Soldatenzüge da kommen sind, die Sonderzüge und das alles, es war schon schwer. Es hat mir Spaß gemacht, die Route raussuchen. Dann hab' ich auch an die Sperre gemusst. Jetzt krieg ich den Güterverkehr! Hab' gesagt: ›Das kann ich nicht.‹ Hat er (*der Bahnhofsvorsteher*) gesagt: ›Das musst du machen, das hab' ich vorgeschlagen, dass du bei mir bleiben darfst.‹ Dann hab' ich auch die Warenmeldungen noch machen müssen, hab' einfach *alles* machen müssen. Eines schönen Tages komme ich nach Elpersheim, ist gleich bei Weikersheim, so'n Haltepunkt. Der dort hat einrücken müssen... Da bin ich halt da drunten ghängt, ganz allein! Das war schlimmer. Im Bahnhof Weikersheim hat jeder seinen Posten gehabt, hab' mal den Dienst gemacht, dann den Dienst, und da hab' ich *alle* Dienste machen müssen. Abends um fünf habe ich eine Ablösung gekriegt, das war ein Bauremädle, die hat überhaupt nix könnt. Alles wie vorher abwickeln müssen, und dann noch zusätzlich die Butterfahrten und die Quarksachen. Und die Schraube war schlimm. Das war eine ganz große Verantwortung. Und ich hab' das noch gar nicht alles gelernt gehabt, da ist so viel auf mich zugekommen! Wie ich mich dann mal eingeschafft hab, da hat mir das gar nichts mehr ausgemacht. Und dann hab' ich die zehntägige Abrechnung vom Fahrkartenschalter gemacht und auch die tägliche. Die hat die Abrechnung nicht machen können, auch mit dem Fahrkarten-Ausgeben, die könnte das nicht. Alle Donnerstag haben wir einen Butterwagen in Weikersheim laden müssen, weil bei uns konnte keiner halten, das ist *ein* Gleis gewesen. Und dann bin ich nach Weikersheim, hab' die Frachtbriefe fertigmachen müssen. Und dann ist der Güterzug gekommen, ein großer, langer Zug. Da sind ja dann schon so langsam die Ladeschaffner ausgefallen. Da kommt eine Ladeschaffnerin. Der Lokführer und der Heizer. Ich bin an der Rampe gestanden und hab' so und so viel Quarkfässer, wie viele, weiß ich nimmer, so schwere Quarkfässer und die vielen Butterpacken, und wir zwei mussten das machen. Ich seh' das heut noch, der Heizer und der Lokführer gingen nicht herunter. Alles mit der allein... Hab' ich mich beschwert: ›*Ein* Mann muss wenigstens dabei sein, das ist zu viel für uns.‹ Aber es war ja alles fort. Hat nichts genützt... Ich hab' dann mal so Schmerzen gekriegt in der Leiste. Dann hat mein Vater gesagt: ›Das geht nicht. Ihr macht euch kaputt!‹ Dann bin ich zum Arzt gegangen, sagt der: ›Mädle, dir fehlt nix.‹ Dann hab' ich halt wieder weitergemacht. Dann war ich halt da drunten bis Kriegsende. Und dann kamen die Bombenangriffe. Fast jeden Tag hab' ich das Geld abliefern müssen nach Weikersheim. Und da bin ich das Bahngleis entlang mit meinem Fahrrad hinaufgefahren. Oder wenn ich gewusst hab', es kommt eine Lok bis Crailsheim, dann bin ich da mit. Die Frau im Haus (*vom früheren Bahnhofsvorsteher, der gefallen war*), die hat das dann mit der Zeit übernehmen müssen. Dann bin ich da mal naufgefahren, und es war schon Alarm. Da war dann schon Heilbronn kaputt am 4. Dezember (*1944*). Da sind dann schon die Urlauberzüge alle die Strecke gefahren über Crailsheim. Ich hab' auch ein Stück Strecke selber mit dem Schraubenschlüssel nachgucken, nachziehen müssen. Die Schienen haben das nimmer ausgehalten. Die Lokführer haben das gemeldet, das merken die scheint's. Den Schraubenschlüssel hab' ich auf den Rücken genommen und bin naus, man hat's nicht immer gleich erwischt, hat meist mehr nachsehen müssen, und hat *eine* Umdrehung gemacht, bis es nimmer weiterging. Die Streckenkontrolle hat das nimmer geschafft.

In Elpersheim ist der Zug am Bahnhof zusammengeschossen worden, und die Fensterscheiben waren alle raus. Totale Verwüstung im Bahnhof. Der Schreibtisch war durchlöchert. Keine einzige Fahrkarte mehr am Platz, Telefon kaputt... Ich durfte meinen Dienst nicht verlassen. Neben dem Büro war ein Zimmer, da hab' ich geschlafen... Die Flieger haben nicht geruht. Die Sanitätszüge sind alle durch Crailsheim. Wir haben eine schwarze Tafel gehabt, an der Tafel sind Züge und Züge gestanden, ich hab' bald nimmer gewusst ... jedes Mal die Schranke runter. Und draußen standen die Bauern vor der Schranke und wollten auf ihre Äcker und haben getan! Es war für mich furchtbar. Ich war dann so fertig, dass ich gesagt hab',

jetzt geh ich heim. Und dann hat's geheißen, ich durfte den Dienst nicht verlassen. Und ich hab' meine ganze Uniform weggeschmissen, Käpple, Anzug. Und gefroren! Da hab' ich mein Blut verfroren. Ich hab' nachher lang zu tun gehabt, Ausschläge und Allergie und immer kalt, keine Durchblutung...
Und einmal kam wieder ein Sanitätszug und hält wieder bei uns. Da sind die Türen aufgegangen, und die Sanitäter sind raus und haben gesagt: ›Gebt uns Wasser! Die sterben uns alle!‹ Jetzt hat man nur noch Wasser geschleppt. Und immer, während wir Wasser geschleppt haben, ist halt immer ein Flugzeug oben rum. Und auf den Zug haben sie dann nicht geschossen. Und dann bin ich durch den Zug mit durchgegangen. Menschenskind! Das war ein Greuel! Der eine ist gestorben grad und der andere nicht weit davon. Die haben bloß noch nach Wasser gelechzt! Es war furchtbar.«

Der Bericht zeigt den Stolz auf die vollbrachte Leistung, aber auch die bis zur Überforderung gehenden physischen und nervlichen Strapazen mit Nachwirkungen über den Krieg hinaus.

Frauen, die nicht berufstätig sein mussten, auch nicht unter irgendeine Kriegsdienstpflicht fielen, also vor allem bürgerliche verheiratete Frauen mit nicht schulpflichtigen Kindern, drängten sich nicht nach außerhäuslicher Tätigkeit. Nur selten wird davon berichtet – und wenn, dann waren es keineswegs nur überzeugte Nationalsozialistinnen, wohl aber Frauen, die es »als ihre nationale Pflicht« ansahen, jetzt im Krieg ein übriges zu tun, sich für den »freiwilligen Ehrendienst«, wie es in der Sprache der Propaganda hieß, zur Verfügung zu stellen.

Recht typisch scheint mir GERDA F. (1917) zu sein; sie war allerdings von der »guten Sache« überzeugt. Am 26.9.1943 schreibt sie in den Aufzeichnungen für ihren vermissten Mann:

»Ich hatte Ende Januar ... den Entschluss gefasst, mir wieder eine halbtägige Arbeit zu suchen, 1. um bei der voraussichtlichen Mobilisierung weiblicher Arbeitskräfte mir vorher noch etwas nach meinen Wünschen aussuchen zu können, 2. um doch auch irgendeinen kleinen Beitrag für den Krieg zu leisten und mein allmählich recht gemächliches Leben, d. h. die unbefriedigende bummelige Lebensweise nur für das Kind und mich, inhaltvoller und ausgefüllter zu machen... Mutter hatte sich nach den üblichen Redensarten von wegen ›nicht so dumm sein‹ usw. doch bereit erklärt, die Kleine mittags zu betreuen.«

Sie arbeitete dann auf dem Gesundheitsamt. Indirekt geht aus dem Bericht hervor, dass doch viele Frauen das »gemächliche, bummelige« Leben recht gut aushielten. Unter den damaligen Umständen war das »Nur-Hausfrau-Sein« gewiss auch keine allzu bequeme Sache, wie wir gesehen haben. Vor allem, weil das Kind viel krank war und es den Großeltern zuviel wurde, kündigte sie schon nach wenigen Monaten. Später machte sie dann noch einmal eine Weile Heimarbeit und dann »freiwilligen Ehrendienst« in der Fabrik.

Am 3.9.1944: »Vier Tage bin ich nun schon Fabrikarbeiterin bei Perkeo ... in nächster Nähe. Ich sollte im freiwilligen Ehrendienst für Bleyle Kinderkleidle sticken, das war mir aber nicht kriegswichtig genug. Da meldete ich mich selber bei Perkeo, wo ich gleich angenommen wurde. Nachmittags von eins bis sechs Uhr arbeite ich, und Hanne ist solange im Kindergarten. Die Kindergärten müssen ja jetzt die Kinder von Berufstätigen behalten, bis die Mütter sie holen, sonst hätt ich das nicht getan.«

Sie machte die Arbeit dort gerne, auch weil sie sie ablenkte von den Gedanken an den Krieg und ihren vermissten Mann.

Kriegsdienstverpflichtungen von Frauen, Schülerinnen und Studentinnen

Mädchen und Frauen, die zum Kriegsdienst verpflichtet waren, wurden auf den verschiedensten Gebieten eingesetzt: im Büro, in der Krankenpflege, in der Rüstungsindustrie, als Heimarbeiterinnen, bei der Wehrmacht, oft bei den Luftnachrichten. Schülerinnen und Studentinnen mussten in den Ferien auch aufs Land. Es kam oft vor, dass Frauen, die schon arbeiteten, in andere, kriegswichtigere Betriebe versetzt wurden, vor allem in die Rüstung. Gegen Ende des Krieges wurden Frauen zu Schanzarbeiten oder zum Ausheben von Schützengräben herangezogen.

Die Tätigkeiten als Angestellte, Arbeiterin, Krankenschwester oder Wehrmachtshelferin, als Aushilfskraft auf dem Lande glichen den schon beschriebenen. Es sollen daher hier nur Schülerinnen, Studentinnen und Frauen zu Wort kommen, die ihre Erfahrungen in bisher für sie *ungewohnten Beschäftigungen* in ungewohnter Umgebung beschreiben.

Ausführlich schildert die angehende Abiturientin ANGELIKA H. (1926) ihren »totalen Kriegseinsatz« an zwei verschiedenen Orten. Über den ersten in der Fabrik sagt sie: »Wir waren von '44 auf '45 zehn Stunden in der Fabrik; schlecht beheizt, schlecht beleuchtet, gefährliche Arbeit. Ja, wir haben also diese Hülsen für Flugzeuge gemacht, Führungshülsen hießen sie, die eben Zeitzünder gehabt haben. Das waren neunzig Arbeitsgänge. Wenn man da eben einen Ausrutscher gemacht hat mit den Händen, dann konnt' die ganze Sache explodieren und des ist auch tatsächlich einer Mitschülerin ins Auge gegangen. Und dann war's ja doch ein geheimzuhaltender Betrieb, wir war'n also verpflichtet, nichts zu sagen, und wir durften auch kein Fenster aufmachen, damit man von vis-à-vis net reingucken konnte. Und wir waren eben die zwölf Mädchen, die zwölf Schülerinnen, angehende Abiturientinnen, die dem Betrieb noch'n bisschen, ja 'n Ansehen gegeben haben. Und wenn irgendwie von nazistischer Seite jemand gekommen ist zum Überwachen, dann sind wir ihm immer, immer extra vorgeführt worden und so, und da ist uns also geschmeichelt worden, aber ich weiß, Stundenlohn waren, glaub' ich, 33 Pfennig, und wenn man, man musste stempeln, und wenn man eine Minute zu spät gekommen ist, ich weiß nicht, is' einem 50 Pfennig oder was abgezogen worden, und des hat sich halt summiert. Dann waren die Arbeiten, also war feines Zeug, also man musste da einbrennen, ganz dünne Drähte und so, und wenn dann der Strom weggeblieben ist oder wenig geblieben ist, haben wir also mit Körperkraft versuchen müssen zu drücken und so, und des ging halt auch schlecht. Und wir sozusagen geschulte Mädchen gegenüber den anderen in der Fabrik, den Fabrikarbeiterinnen, also ich hab' am Tag so, glaub' ich, an die 1000 Stück da bearbeitet, und meine Vorgängerin hat halt 200 gemacht, und da waren wir halt angesehen – von der Spitze und von unten waren wir natürlich gehasst.«

FRIEDA E. (1920) wurde von der Strickwarenfabrik in einen Rüstungsbetrieb versetzt: »Da hat mer Haubenverschlüss' g'macht für Flugzeuge. Das hat mer net gern g'macht, weil man sich g'sagt hat, der Rüstungsbetrieb wird eher angriffe wie a Strickwarenfabrik. Mer musst halt. In dem Rüstungsbetrieb war koi (*kein*) Luftschutzraum. Und no (*dann*) ware mir 800 Personen. Wenn d'Siren doa (*getan*) hat, no sin mer in en – wie will i denn sage – in so'n Grabe sin mir dann triebe worde, 800 Leut! War wohl bissle Wald, war dort, aber des het ein Blutbad gebe. Und wie i zurückkomme bin, war mei Stuhl und mei Tisch durchg'schosse. Alle Fenschter neig'schosse. Das war a schlimme Zeit! Jede Minut' hat mer denke müsse, jetzt! Bis mer in den Grabe komme isch, da war koi Deckung, da hent die von obe die 800 Leut laufe sehe, wär a Kleinigkeit gwe (*gewesen*). Und wo i heimkomme bin, isch mei Mutter vorm Haus gwe (*gewesen*) und hat g'sagt: ›Heut han i net gwisst (*gewusst*), ob du wiederkommscht.‹«

ANNE R. (1909) hatte keine Kinder; der Mann musste 1940 einrücken und sie in die Rüstungsfabrik: »V-Waffen eins und zwei sind da gemacht worden. Ich wurde aber vereidigt, dass ich's niemand sag, verstehst Du. (*Sie meint die Interviewerin.*) Da stand ich an einer Maschine und musste fräsen und an einer Bohrmaschine, das musste ich als Frau machen. Durfte aber erst weg, und dann kam ja wieder Alarm, das ist ja immer dazwischen gekommen, durfte aber erst von meinem Posten weg, wenn die ersten Bomben in Stuttgart gefallen sind.« Sie kämpfte dann aber darum, dass die Frauen alle bei Alarm den Bunker aufsuchen durften und setzte das durch.

MARGARETE L. (1916): »Musste im Krieg 2 1/2 Jahre in einer Rüstungsfabrik Bombenkisten herstellen. Schweißen, nageln, schwere Holzbalken schleppen, 8 1/2 Stunden unter fronartigem Antrieb in kalter Baracke. In einer Nebenbaracke hörte ich das Schlagen der russischen Kriegsgefangenen, die die gleiche Arbeit hatten. Als Einzelhandelskauffrau bin ich Stehen gewöhnt. Das war Frauenarbeit! Zumal meine Wohnung 19 Kilometer vom Werk entfernt lag. Zum Bus eine Viertelstunde Fußweg, dann eine halbe Stunde Autofahrt, vom Autobus bis Werk 18 Minuten Fußweg, also hin und zurück über eine Stunde Fußweg, eine Stunde Auto mit Verspätung. Im Winter wartete ich oft bei Eis und Schnee auf den Bus, entweder er fiel wegen Benzinmangel aus oder Bombenalarm. Zweimal hatte ich Rippenfellentzündung, heute noch nicht ganz ausgeheilt. Kam ich 1/2 Stunde zu spät, wurde ich gemeldet. Eine Be-

schwerde konnte ich mir nicht leisten, da unsere Familie unter Nazikontrolle stand.«
(*In der Familie gab es Verfolgte.*)

Bei den Berichten über die Arbeit in der Rüstungsindustrie fällt Verschiedenes auf. Die – meist bürgerlichen – Frauen und Mädchen kamen in eine ihnen besonders hart und unmenschlich erscheinende Umwelt. Sie machten sich kaum klar, dass dies die normale Arbeitswelt eines großen Teils der Frauen, der Arbeiterinnen, damals war. Die soziale Kluft blieb bestehen, ja sie wurde durch die Tüchtigkeit der geschulten höheren Töchter noch vertieft. Sie waren gleichzeitig Vorzeigeobjekte. Sinn und Zweck ihrer Arbeit hinterfragten die allerwenigsten. Die Herstellung von Kriegswerkzeugen – sie wussten in der Regel, was sie herstellten – wurde wie jede andere Arbeit ohne Skrupel möglichst effektiv ausgeführt.[48]

Es waren vor allem die schmutzige und schwere Arbeit, die langen Arbeitszeiten, das frühe Aufstehen, das proletarische Milieu, die oft weiten Wege und das Ungeschütztsein, was den bürgerlichen Frauen einen »Horror vor der Fabrik« einflößte. Sie versuchten mit allen Mitteln, dieser Art von Kriegsdienstverpflichtung zu entgehen. Wenn sie sich schon nicht ganz entziehen konnten, so versuchten sie, wenigstens ins Büro oder in die Krankenpflege auszuweichen. Wenn es gelang, quittieren sie es meist mit den Worten: »Ich habe Glück gehabt, musste nicht in die Fabrik.« Abgesehen von den kriegsdienstverpflichteten jungen Mädchen arbeiteten nur ganz wenige der von mir befragten Frauen in der Rüstungsindustrie, und wenn dort, dann meist im Büro. Und viele arbeiteten überhaupt nicht außer Haus. Die Frauen wurden zu keinem Zeitpunkt »total« für den Kriegseinsatz mobilisiert, das ist durch die Forschung inzwischen geklärt.[49] Die unmittelbar kriegswichtige Arbeit lag vor allem auf den Schultern der Unterschichten. Die »Erfassung« war schon nach den Gesetzen ungerecht. Sie ließen zu viele Ausweichmöglichkeiten für Frauen, die nicht schon vor dem Krieg gearbeitet hatten, arbeiten mussten, und daher auch nicht über das Arbeitsbuch erfasst werden konnten. Empörung darüber äußerten die von mir befragten Frauen nicht, wohl, weil sie überwiegend zu den Bevorzugten gehörten. Die Berichte des Sicherheitsdienstes sind dagegen voll von Unmutsbezeugungen von Frauen aus der Arbeiterschicht.[50]

Aber nicht einmal alle diejenigen, die – laut Gesetz – hätten dienstverpflichtet werden müssen, wurden es tatsächlich. Sie arbeiteten nicht nur selbst nicht, sondern hatten sogar noch Hausangestellte.

GERTRAUD L. (1928): »Ich erinnere mich an mindestens zwei Haushalte in unserer Bekanntschaft, die bis zum Ende ein Dienstmädchen hatten, die Frau eines Obersten und eine Arztfrau. Es waren keine kleinen Kinder da, für die sie hätten sorgen müssen. Die Kinder gingen alle in die Schule.«

GERDA F. (1917) schreibt in dem Bericht für ihren vermissten Mann über ihre Hausgenossin: »Frau W. tut immer noch nichts, aus gesundheitlichen Gründen! Es sind jetzt fünf Monate seit der Operation, aber sie wird wohl noch das halbe Jahr voll werden lassen, bevor sie was anfängt. Sie weiß nicht, was sie will oder soll, heut sagt sie so, morgen so. Vielleicht hofft sie, der Krieg gehe schnell aus, bevor sie noch ans Arbeiten kommt! Dafür kommt sie halt öfters ins Kino.«

Es waren wohlhabende Frauen, die sich Dienstmädchen leisten und auch bis zum Schluss halten konnten[51]. Unter diesen Dienstmädchen waren auch Zwangsarbeiterinnen aus den besetzten Gebieten, besonders Russinnen, Ukrainerinnen. Es kam vor, dass Männer, die als Offiziere im Feld standen, ihren Frauen durch Gesuche an die entsprechenden Arbeitsämter Dienstmädchen besorgten. Die Meldepflichtverordnungen vom 27.1. und 22.7.1943, die alle Männer vom 16. bis zum 25. und alle Frauen vom 17. bis zum 45. (ab dem 22.7. bis zum 50.) Lebensjahr erfassen sollten, boten selbst viele Schlupflöcher. Wenn z. B. eine Frau zum Zeitpunkt des Aufrufs noch ein nicht schulpflichtiges Kind hatte, das aber dann 1944 schulpflichtig war, wurde sie nicht mehr erfasst, auch wenn sie gut abkömmlich gewesen wäre, weil etwa Großmütter oder andere Verwandte im Hause lebten, die den Haushalt hätten betreuen können, oder auch dann nicht, wenn die Kinder inzwischen in der Kinderlandverschickung[52] waren. Überdies waren Frauen über 45 bzw. 50 ja auch durchaus noch nicht hinfällig und hätten gut arbeiten können, wenn sie gewollt hätten. Die meisten haben aber nicht gewollt.[53]

Wie brachten es aber nun diejenigen, denen die Verordnungen selbst eigentlich keine Chance dazu ließen, fertig, sich teilweise und zeitweise oder auch ganz zu drücken? Zahlreiche Varianten werden mit Genugtuung über sich selbst und mit einer Mischung von Neid und Geringschätzung über andere erzählt:

Eine Möglichkeit war ein ärztliches Attest. EVA ZELLER (1923): »Glück hat meine Mutter, sie braucht keine Granaten zu drehen, als Sekretärin arbeitet sie im gut getarnten Büro einer Munitionsfabrik, neuerdings bloß noch halbtags, denn Großmutter konnte ein ärztliches Attest beibringen, das bescheinigt, wie hinfällig sie in letzter Zeit geworden sei, man könne sie unmöglich den ganzen Tag allein lassen. Wie Mutter ihr das erzählt, bringt sie ein Lachen zustande; ich kann mir ausmalen, wie gekonnt Großmutter zum erstenmal in ihrem Leben die Hinfällige gemimt hat.«[54]

Alleinstehende Frauen reisten viel herum oder wechselten den Wohnsitz. IRMGARD W. (1917): »Ab 1942 nach der Totgeburt habe ich mich oft politisch abgemeldet, da ich mit oder bei meinem Mann war (er war Fliegeroffizier). Ehe sie mich nach Rückmeldung fanden, war ich wieder weg. Einmal hatten sie mich aufs NS-Parteibüro bestellt, da sollte ich Sekretärin machen bei einigen zigarrenrauchenden ›Alten‹ (ca. 65), aber ich konnte wieder ›verreisen‹.«

Der am häufigsten genützte Ausweg war heiraten und Kinder kriegen.[55] ELLEN K. (1921):«Wenn eine Frau heiratete und ein Kind bekam, war sie frei von Dienstverpflichtungen. Diese Frauen wurden von den anderen, die dienstverpflichtet waren, beneidet. Manche Ehe ist wohl auch so zustande gekommen.«

URSULA VON KARDORFF schreibt am 13.11.1944 in ihr Tagebuch: »Viele Frauen erwarten jetzt plötzlich Kinder, denn Schwangerschaft rettet sie vor der Fabrik.«[56]

Frauen übernahmen auch ehrenamtliche Tätigkeiten, nicht aus Enthusiasmus, sondern um sich vor der Dienstverpflichtung zu schützen.[57]

TRAUD R. (1911) hatte 1943 oder '44 mit diesen Vermeidungsstrategien amtlich zu tun. Sie wurde Leiterin einer Abteilung, die Privat- und Geschäftshaushalte nach Frauen durchzukämmen hatte, die noch kriegsdienstverwendungsfähig waren: »Was meinen Sie, was da für Bestechungssachen passierten!« Sie selbst »drückte auch hin und wieder ein Auge zu« und stellt das heute als rein humanitäre Aktion dar.

Bei nahezu allen diesen »Drückebergerinnen« wäre es verfehlt, ihr Verhalten als eine Art von Widerstand zu interpretieren. Es ging fast allen nur um ihre persönliche Freiheit und Bequemlichkeit.

Es gab aber auch nicht wenige Mädchen und Frauen, die mehr als ihre Pflicht taten, die zusätzlich zu den üblichen Belastungen noch ehrenamtliche Dienste übernahmen. Das waren Schülerinnen, Jungmädel und BDM-Mädel und viele Frauen, die als Mitglieder der NS-Frauenschaft und der NS-Wohlfahrtsverbände auf dem Posten waren, wo immer sie gebraucht wurden.

Dieser ganze Komplex der NS-Wohlfahrtsverbände ist noch nicht umfassend erforscht, die vielfältigen *ehrenamtlichen Tätigkeiten* der Frauen sind so bisher noch kaum systematisch untersucht worden. Sie sind natürlich besonders anfechtbar, sollten aber nicht einfach deshalb entwertet werden, weil sie unter einem falschen Vorzeichen standen. Es muss – mangels entsprechender Unterlagen – offen bleiben, ob diese Frauen, was sie taten, primär »für den Führer«, »für die Partei« oder »fürs Vaterland« taten[58]. Es ist Erstaunliches geleistet worden, unzähligen Menschen wurde geholfen, unzählige Leben konnten gerettet werden, etwa nach schweren Bombenangriffen oder auf der Flucht.[59] Aber auch die tätige alltägliche Fürsorge auf den verschiedensten Gebieten ist nicht gering zu veranschlagen.[60] Das alles fand selbstverständlich unter Leitung und Anweisung von hauptamtlichen, streng nationalsozialistisch ausgerichteten Kräften statt, die damit auch, wenn nicht hauptsächlich, ideologische Ziele verfolgten. Zweifellos wurde viel Druck ausgeübt, nicht alles wurde so »freiwillig« geleistet, wie es – besonders in der Propaganda – hervorgehoben wurde. Ein Antrieb war zumindest auch ein schlichtes menschliches Helfen-Wollen vieler idealistisch und gütig gesinnter Frauen.

Die »Ehrendienste« der Hitlerjugend und der Schule bewegten sich in einem schwer bestimmbaren Rahmen zwischen Freiwilligkeit und Zwang. Je nach Eifer und Linientreue der lokalen HJ-Führer und Schulleiter wurden »Dienste« über das vorgeschriebene Maß hinaus angesetzt. In der Schule ging es hauptsächlich um Sammlungen aller Art. Der moralische Druck war unterschiedlich stark. Bei den Jugendlichen spielten natürlich der Konformitätsdruck der Gruppe, Ehrgeiz und der Geist des Wettbewerbs eine große Rolle.[61] Doch war die Bereitschaft, solche zusätzlichen »Dienste« als »Ehrensache« zu betrachten und sich »einzusetzen«, meist größer als der Zwang.

Es ist unmöglich, auch nur eine annähernd vollständige Systematik aller ehrenamtlichen Tätigkeiten junger Mädchen und Frauen aufzustellen. Nur einige seien herausgegriffen, die in den Erzählungen immer wieder auftauchen. Jedoch muss gerade hier mit Zurückhaltung gerechnet werden, die nicht verwundert. Wer seine damalige Einsatzbereitschaft zu sehr betont, könnte in den Verdacht geraten, allzu »braun« gewesen zu sein und erfahrene Hilfe von »Parteileuten« zuzugeben, könnte missverstanden werden als Reverenz an eine Partei, die – von heute aus gesehen – doch nur Verachtung verdient. Deshalb sind besonders die nach dem Krieg publizierten Berichte nicht frei von bewusster und gewollter Ironie und Abwertung. Die Frauen konstatieren aber auch nicht ohne Bedauern und Bitterkeit, dass soziale Dienste schon deshalb heute desavouiert sind, weil es sie »damals« gegeben hat.

Was Jungmädel und ihre Führerinnen, die ja gleichzeitig Schülerinnen waren, damals alles machten, daran erinnert sich HANNELORE S. (1927): »Oft wurden wir bei der Beseitigung von Kriegsschäden eingesetzt. So lernte auch ich, Dächer zu decken, Fenster aus- und einzuglasen, irgendwelche Provisorien zu errichten, um vom Einsturz bedrohte Zimmer einigermaßen bewohnbar zu machen. Immer wieder mussten wir in den verschiedensten Stadtteilen Schutt wegräumen, wenn der Schulunterricht ausfiel. Auch beim Bau von Lufschutzstollen konnte man uns brauchen. Die in den Stollen von den Männern mit Erde gefüllten Loren schoben wir auf Schienen nach draußen, um mehr Leute in Stollen oder Schutzräumen in den Bergen von Stuttgart unterbringen zu können. Ich selbst war oft mit meinem Vater zusammen in den frühen (und häufig auch späten) Abendstunden, wenn die berufstätigen Männer mithelfen konnten, in den Stollengängen unter der Herz-Jesu-Kirche in Gaisburg tätig. Er half, wenn Schriftliches zu erledigen war oder wie ich beim Herausschieben der Loren.«

Und sie sagt heute dazu: »Wir hatten das Gefühl, wir müssten zusammenhalten. Die Soldaten sind an der Front und leisten ihre Pflicht, und wir haben sie zu Hause zu leisten.« – »Ich hab' mich dann 1944 freiwillig als Schwesternhelferin im Karl-Olga-Krankenhaus gemeldet. Es war keine Schule, ich habe das Gefühl gehabt, ich muss was tun, mit mir waren noch drei andere Klassenkameradinnen.«

ANNE E. (1920) arbeitete neben ihrer Berufstätigkeit als Kontoristin ehrenamtlich beim Roten Kreuz, abends und nachts. Sie arbeitete auf dem Bahnhof und hatte mit vielen Soldatenzügen zu tun: »Es war ein schwerer Dienst. Nervenzusammenbrüche (von Soldaten und Offizieren) gab es am laufenden Band, alles wurde vertuscht.«[62]

ILSE P. (1913): »Im Juli 1943 hatte ich trotz Schwangerschaft *(und mit drei Kindern)* eine Woche lang 100 Hamburger mit Hilfe anderer Frauen und Mädchen versorgt, von 6.00 – 22.00 Uhr und Großalarm jeden zweiten Tag.« Sie tat das freiwillig.

EDITH H. (1912), damals Werksfürsorgerin bei Siemens[63] in Berlin, selber acht Mal ausgebombt, machte weit mehr als »Dienst nach Vorschrift«: »Wir hatten damals 2500 Leute mindestens in Großberlin. In dem Stadtteil, in dem die Bomben gefallen sind, haben wir überall einen Ring gehabt für Nachbarschaftshilfe. Dass die nächsten Monteure wieder die Elektrifizierung gemacht haben. Wir haben Mauern gebaut, wir haben eigentlich alles gemacht, damit wir in den Ruinen weiterleben konnten. Wir sind ins Büro gelaufen, wir haben also unheimliche Entfernungen zurückgelegt, um unsere Arbeit zu machen. Und ich hatte dann drei Tiefkeller durch KdF (Kraft durch Freude), durch die Arbeitsfront, wo ich alles mögliche gekriegt habe, um den Leuten zu helfen. Also ich hatte Geschirr, Notbesteck, ich hab' zu essen organisiert, und ich hab' Babysachen organisiert, und ich hab' Watte organisiert für die Frauen, die Periode hatten, ich hab' dann freiwillig Luftschutzdienst im Siemens-Haus gemacht, damit ich endlich einmal ein Bett hatte, und da waren wir also Gruppen von 30 Leuten vielleicht. Dann wurde eine Werkfrauengruppe aufgebaut. Ich war dann Werkfrauen-Gruppenführerin, das ging von der DAF aus. Also was in der Zeit sozial gemacht worden ist, das tät uns heutzutage gut, aber man darf ja nichts nachmachen.« – »Es war eine unglaubliche Zeit!« Sie fuhr dann auch am Wochenende hinaus auf die Felder, um Kartoffeln herauszumachen, und kam am Montag ganz kaputt im Büro an, und eine ihrer Vorgesetzten, Frau W., »die sehr gegen Hitler war, hat mit mir geschimpft: ›Sie sind doch nicht für so was da!‹ ›Wir Frauen müssen zusammenhelfen, dass die Leut was haben‹, hab' ich gesagt.« – »Und während des Krieges gab's keine Samstage und Sonntage, da haben wir immer zu tun gehabt.«

EVA ZELLER beschreibt, wie sie in einem Flüchtlingslager aufgenommen wurden, deren Leiterin »eine gewisse Frau Wolgemut« war: »... eine gewisse Frau Ebeling ... eine gewisse Frau Schmaus, eine gewisse Frau Weber, eine von den famosen Frauen, die das Beste aus allem machen, ohne die das Ganze zusammenbrechen würde. Ich bin ihnen immer wieder begegnet, den Unentwegten, deren Wahlspruch ›*Hilf dir selbst, dann hilft dir Gott*‹ heißt. Den Heldinnen der Heimatfront. Immer sehen sie so aus, als sagten sie: Was kostet die Welt. Auf ihren Schultern liegt die Last des Kriegsalltags. Sie wachsen über sich hinaus. Sie erliegen den Parolen, die in sich logisch und widerspruchsfrei und eben deshalb so schlagend sind. Für nichts und wieder nichts setzen sie sich bis zur Selbstaufgabe ein, schaffen das Notwendige herbei, auch wenn's an allen Ecken und Enden fehlt, zum Beispiel an Klinikbetten im März '45. Im Rückblick auf diese Frauen, deren Zahl Legion gewesen ist, fühlt man sich zu ironischer Beschreibung aufgestachelt, aus der sich konsequent das Klischee und daraus die Karikatur ergäbe und somit genau der Widerstand, den man sich beim Schreiben wünscht. Wie könnte ich mich zu ihrem Anwalt machen? Sind meine Geschöpfe etwa verletzlich? Hätten diese Frauen nicht so fabelhaft funktioniert, das Dritte Reich hätte sich kaum solange etablieren können. Ihrer Tüchtigkeit, Findigkeit, Brauchbarkeit, ihrem Rückgrat ist es zuzuschreiben, dass das Volk durchmarkt wurde von diesen Tugenden. Sie lebten es vor. Sie meinten es gut. Und wussten nicht, welchem Unheil sie Vorschub leisteten.«[64]

Auf der Grenze zwischen Freiwilligkeit und Kriegsdienstverpflichtung stand der sogenannte *Osteinsatz*, vornehmlich im sogenannten Warthegau (die besetzte ehemalige Provinz Posen), der von BDM-Führerinnen, aber auch Junglehrerinnen und sogar Schülerinnen übernommen wurde, teils in den Ferien, teils auch für länger, eine Tätigkeit und Erfahrung, die es ohne den Krieg nicht gegeben hätte. Über die Zielsetzungen, das Ausmaß und die Formen dieses »Einsatzes« müsste eine eigene Untersuchung auf Aktenbasis und auch aus der Sicht der polnischen Bevölkerung geschrieben werden. Hier können nur einige Streiflichter auf die subjektive Sicht der deutschen Lehrerinnen geworfen werden. Die jungen Frauen, die dabei waren, erzählen meist engagiert und ausführlich davon. Doch müssen ihre Erzählungen genau unter die Lupe genommen werden, denn es handelte sich dabei ja nicht um eine Arbeit wie jede andere, sondern um eine politisch und ideologisch extrem belastete. Unter den unmittelbaren Eindrücken von damals berichtet die Junglehrerin MARIANNE PEYINGHAUS. Ihre Briefe sind ein besonders wertvolles Zeitzeugnis:

Aus dem Ernteeinsatz in Joniec im »Warthegau« schreibt sie an ihre Eltern am 14.7.1942: »Dort wurden wir in einer Jugendherberge untergebracht. Wir waren insgesamt zweihundert BDM-Führerinnen aus Ostpreußen, sechzehn aus Düsseldorf und dazu wir Junglehrerinnen.

Hier wurden wir auf unseren Arbeitseinsatz in einem Gebiet, das bis 1939 zu Polen gehört hatte, vorbereitet. Schmutz, Faulheit, Primitivität, Flöhe, Läuse und Krätze seien dort allgemein, wurde uns gesagt. Wir sollen nun Kultur bringen. Ich kam mir ganz komisch vor als ›Kulturträgerin‹.

Am Sonntag besuchten wir das Reichsehrenmal in Tannenberg.[65] Es wirkte wie eine Art Heiligtum, zu dem ständig gewallfahrtet wird. Mit seinen mächtigen Türmen und den Ehrenwachen vor den Gräbern machte es einen gewaltigen Eindruck.

Am Montag fuhren wir ab. Ich gehörte zu einem Trupp, der nach Joniec ging. Die Fahrt führte über Zichenau nach Nasielsk. An Häusern und Feldern erkennt man sofort, wo früher die deutsch-polnische Grenze verlief. Nasielsk ist ein elendes Nest mit kleinen schmutzigen, verkommenen Häusern mit flachen Dächern, vielen Panjewagen, gezogen von kleinen, zähen Pferden, vielen ›Galanteriegeschäften‹, einem ordentlichen deutschen Café und einem auffallend prächtigen Gebäude, der Synagoge. Von den siebentausend Einwohnern sollen vier- bis fünftausend Juden gewesen sein.

Überall begegnet man jenen Gestalten, die man von Bildern aus dem Osten kennt, die Frauen mit Kopf- und großen Umschlagtüchern und meistens barfuß.

Von Nasielsk fuhr ein Bummelzug weiter. In Wkran stiegen wir aus und marschierten die zwei, drei Kilometer bis Joniec zu Fuß. Von unserer Unterkunft wurden wir angenehm überrascht. Wir sind in der Schule untergebracht, einem Backsteingebäude, und haben nagelneue Bettgestelle und Strohsäcke; auch Küche, Waschraum, Turnhalle und so weiter sind blitzsauber. Im Dorf leben etwa fünfzig polnische und vier deutsche Familien, ähnlich ist es in der ganzen Umgebung. Die Häuser der Polen sind einfache Holz- und Lehmhütten.

Heute haben wir zum ersten Mal Dienst gehabt. Ich arbeite bei Volksdeutschen vom Bug, einer Familie Restau. Fabelhaft sauber und sehr nett. Eine fünfzehnjährige Tochter lebt hier, die Söhne stehen im Feld. Zum Teil wissen die Leute gar nicht, was sie mit uns anfangen sollen und behandeln uns wie Sommerfrischler.«

Am 22. Juli 1942 schreibt sie: »Bei Familie Restau bin ich wie ein Kind im Haus. Arbeiten darf ich gar nicht. Sie möchten nur immerzu, dass ich ihnen von unserem Leben erzähle, dazu gehört auch unsere Geschichte. So habe ich die ganze Nibelungensage erzählt und dankbare Zuhörer gehabt, und dann von der Völkerwanderung und von Karl dem Großen – quer durch unsere Geschichte. Es mutet seltsam an, dass sie nie davon gehört haben. Wenn ich mich nützlich machen will, und wenn's nur Spülen ist, heißt es gleich: ›Ach nein, lieber erzählen!‹

Manchmal flechte ich eine Ballade ein, zum Beispiel ›Die Nibelungen‹ von Agnes Miegel, aber auch alles, was ich sonst an Gedichten auswendig kann: Eichendorff, Mörike, Fontane, Storm. Ich glaube aber auch, dass die Leute sich gern ablenken lassen, denn sie haben Sorgen und fühlen sich nicht wohl. Sie haben ihre Heimat am oberen Bug verlassen und dachten, in einem deutschen Dorf angesiedelt zu werden. Nun leben sie unter Polen. Die Polen mussten ihre Höfe an die Deutschen abtreten, aber Restaus brachten es nicht fertig, den ehemaligen Besitzer vom Hof zu vertreiben. Nun arbeitet er als Knechte auf dem Hof, der ihm einstmals gehörte. Restaus haben ein ausgesprochenes Unrechtsgefühl ihm gegenüber. Ich finde das schrecklich für beide. Restaus können doch nicht zurück, und der Pole muss sie doch hassen. Der Pole fuhr mich mal mit dem Pferdewagen zu unserem Lager, der Schule. Stumm spannte er das Pferd ein und half mir stumm auf den Sitz. Wir fuhren durch das Dorf, die Männer, Frauen und Kinder standen vor den Häusern, auch sie schwiegen und guckten mich an. Ich bekam richtig Angst und habe mich auch geschämt.

Wir gehen morgens zu unseren Familien und sind um fünf Uhr wieder im Lager. Frühstück gibt's in der Schule, zuvor Frühsport, dann Waschen und Fahnehissen. Wir sind zehn Mädels. Jeden Tag zieht eine andere die Fahne hoch, eine zweite sagt den Tagesspruch, dann singen wir gemeinsam ein Lied. Also, ich weiß nicht, es kommt mir seltsam vor, wenn wir in der Frühe so allein, fast verloren, diese Zeremonie vollziehen – da war es doch ganz anders im Segelfluglager, schwungvoller, fröhlicher.

Nach Arbeitsschluss sind wir ein paarmal an den Fluss gegangen, an dem Joniec liegt; er ist ziemlich breit und klar. Ein einfacher Holzsteg mit Geländer führt hinüber, das Ufer ist wunderschön. Ein ganzes Stück vom Dorf entfernt haben wir eine geschützte Stelle gefunden und sind nackt ins Wasser gegangen. Nie habe ich das Wasser so weich und schmeichelnd empfunden, es war eine Lust zu schwimmen.«

Am 26. Juli 1942 berichtet sie von einer Fahrt nach Plöhnen, der Kreisstadt von Joniec: »Unsere Lagerführerin hatte dort zu tun, und zu zweit sollten wir dort einen Rock beim Schneider abholen. Sie setzte uns in der Stadt ab, aber der Rock war noch nicht fertig, so dass wir durch ein paar Straßen bummelten.

Stellt Euch vor, Ihr geht durch Straßen, vorbei an Häusern, wo alle Fenster und Türen von außen dick mit Brettern vernagelt sind, und doch herrscht dahinter ein unentwegtes Geräusch – Gemurmel und Bewegung. Dann kommt zwischen den Häusern ein langer Bretterzaun, der nicht ganz bis zur Erde reicht, und darunter sieht man Füße, zahllose Füße, nackte, in Pantoffeln, Sandalen, in Schuhen. Das Stimmengewirr schwillt an, es riecht nach vielen Menschen, und wenn du dich auf die Zehen stellst und über den Zaun blickst, siehst du kahle Köpfe. Dann geht es einem plötzlich auf, dass das ein Getto ist und die zusammengepferchten Menschen dahinter Juden sein müssen. Wir sind ganz schnell zu unserem Schneider zurückgegangen, und er erzählte uns, dass er auch Jude ist und das Getto tagsüber zum Arbeiten verlassen darf. Er bügelte gerade mit unendlicher Behendigkeit eine Hose mit einem Eisen, in das ein glühender Bolzen kam. Er spuckte auf den Kniff und bügelte blitzschnell: Spucken – bügeln – spucken – bügeln…Wir lobten ihn, und er lächelte uns traurig an. Ich war sehr froh, als Plöhnen endlich hinter mir lag.«[66]

In nuce werden hier die politische Brisanz und die Problematik dieses »Osteinsatzes« greifbar: Die Arbeitsbelastung und der Arbeitsertrag waren in diesem Fall gering[67], die Mädchen wurden wie »Sommerfrischler« behandelt und lebten in bequemen Verhältnissen. Der Auftrag war eindeutig politisch. Sie sollten »Kulturträgerinnen« sein für die neu angesiedelten Volksdeutschen. Die Mädchen erfahren aber auch, dass diese Volksdeutschen belogen wurden, als man ihnen vormachte, dass sie in deutsche Dörfer umgesiedelt würden. Sie erleben, wie die Deutschen mit Polen und Juden umgehen. Marianne Peyinghaus hatte ein unbehagliches Gefühl, sie schämte sich auch, sie war froh, als Plöhnen endlich hinter ihr lag. Ein tiefergehender, bleibender und sie verwandelnder Eindruck war es dennoch nicht.[68]

Wenn Frauen heute über ihren »Osteinsatz« erzählen, sparen sie diese unangenehmen Erinnerungen meist aus oder berühren sie nur am Rande, obwohl doch fast jede sie damals wahrgenommen haben müsste. Man kann ziemlich sicher annehmen, dass sie diese Erlebnisse verdrängt haben.

Beispielhaft möge ELFRIEDE S. (1921) stehen, deren Erzählung fast ganz um ihre Erlebnisse als Schulhelferin im Warthegau von 1942 bis 1945 kreist:

Nach der mittleren Reife folgte sie 1942 dem Aufruf für bewährte Führerinnen (sie war Jungmädel-Gruppenführerin), in Posen eine dreimonatige Ausbildung in der Lehrerinnenbildungsanstalt zu machen. Lehrerin war schon von jeher ihr Traumberuf gewesen. Sie kam an eine seit dem 18. Jahrhundert deutsch geführte Minischule mit vierzehn Kindern in der Nähe von Hohensalza in ein Dorf mit deutschen Großbauern. Hier Ausschnitte aus ihrem sehr ausführlichen Bericht:

»Das Dorf war so ung'fähr anderthalb Kilometer lang. Da waren die Höfe auf der rechten Seite und zum Teil auf der linken, so alle in der Art ang'legt. Des waren lauter große Höfe, so e Windmühle war au da. Und dazwischen waren vielleicht so kleine Häusle, wo die Arbeiter, die so im Deputat gearbeitet haben, gewohnt haben. Und des waren polnische Arbeiter. Die ham mir erzählt, die hatten die ganze Zeit nie polnische Arbeiter, immer bloß deutsche Arbeiter, aber jetzt waren die deutschen Arbeiter zum Teil Soldat, zum Teil waren se weg auf größere frühere polnische Höf umg'siedelt worden, jetzt zu Hitlers Zeiten, und deshalb mussten sie sich polnische Leut herholen. Die Frauen, die haben zum Teil sogar polnische Verwalter g'habt, weil die deutschen Söhne, die deutschen Männer, die waren alle Soldat, egal, ob des nun zwei, drei waren, die waren alle Soldat, war kein deutscher Mann da. Außer den alten dann, gell, aber die jüngeren, die noch Soldat sein konnten, waren alle weg. Und die Frauen allein konnten's net schaffen. Die hatten schon Maschinen, so Mähdrescher und alles. Ich hab' des von hier, von unserer kleinen Landwirtschaft alles gar net gekannt. Das hab' i dort alles nachher erst zum ersten Mal g'sehe.«

In den Weihnachtsferien zu Hause erlebte sie Bombenangriffe, Lebensmittelknappheit und ängstliche, gedrückte Stimmung. Sie fuhr gern wieder nach Osten, wo sie in einem recht gemütlichen Schulzimmer unterrichtete. Ihr eigenes Wohnzimmer befand sich direkt neben dem Schulzimmer. Zwar musste sie sich mit Petroleumlampe und sehr einfachen sanitären Verhältnissen behelfen, aber der Unterricht machte ihre Freude:

»Und dann kamen die Kinder. Erst war mer sich natürlich fremd, aber no ham wir gegenseitig erzählt und dies g'macht und jenes g'macht, und i muss sagen, no ham wir uns sehr bald kenneng'lernt und gut vertragen, gut verstanden, und i war mit Freude, mit Begeisterung dabei, und die Kinder ham mitg'macht und sind au sehr aufg'schlosse g'wese. Also i kann mer gar net denke, dass es da irgendwelche Schwierigkeite gebe hat. Des war eher so, net so wie Schule in dem Sinn, mit nem strenge Schullehrer, sondern des war so wie e Familie untereinander… Ich hab' meine Hefte und Bücher von zuhause mitg'nomme g'habt und hab' dann mit den Vorlagen, die i da g'habt hab, grad in Naturkunde oder Heimatkunde, hab' i des weitergebe könne, denn andere Bücher oder was anders konnt mer sich ja net beschaffen, und wenn i denk, dass doch nachher einige au wieder an die Oberschul und weitergingen und dort ohne weiteres mitkamen, muss i sagen, dass i also mindestens den Standard dort g'habt hab. Vorm Schulamt in Hohensalza, da musst mer sich natürlich au vorstelle beim Schulrat, hat mer en Stoffverteilungsplan gekriegt, der dort allgemeingültig war, und nach dem musst mer sich richten und musst natürlich seine Stunden wieder vorbereiten und nachher wieder Notizen darüber machen, wie's ausgange isch.

I: *Und wie war das so mit nationalsozialistischer Indoktrination? Mussten Sie das…*

S: I moin, des war ja mir überlassen… Na ja, irgendwie politisch sicher, mer hat den Wehrmachtbericht verfolgt und hat den ganzen Verlauf des Kriegs verfolgt… Man

hat über Heldentum und solche Dinge, hat man natürlich au mal geschwätzt, aber des war schon von der ganzen Struktur der Klasse her war do gar net soviel. Was fängst mit Sechs- und Siebenjährige an? Könnt i net sagen, dass da irgendwie viel verlangt worden ist... Verlangt isch überhaupt nix worde. Aber es war koi Religionsunterricht zum Beispiel, dafür war halt in der Richtung mehr für Volk und Vaterland. Der Tag morgens hat mit 'me Sinnspruch ang'fange und mit 'me Lied.
I: *Der war vorgegeben?*
S: Der war net vorg'schriebe, der war au von mir und do konnt i mir's aussuche, wie i wollt. Ich bin no dann auf meine Zeit als Jungmädelführerin zurückgangen und hab's auch dementsprechend wieder auslege könne, wie ich wollt ... und ... ja, des Lied durften die sich sogar, hab' ich sogar so ei'g'führt g'habt, da durft jeden Tag ei anderer e Lied an die Tafel schreiben, was mer singen sollt morgens zu Beginn...«

Sie erlebt die Frühjahrsfeldbestellung auf den im Vergleich zu ihrer Heimat riesigen Feldern.

»I hab' des immer wieder festg'stellt, wenn i no mal zwischendurch heimkam oder wenn i drüber nachgedacht hab, dass hier alles so... scho von der Landschaft und von allem her irgendwie enger isch und... also i hab' mir's mindestens eingebildet, dass dort alles freier und großzügiger in der ganzen Anschauung war... Der Ortsvorsteher hat mir vorg'schlagen g'habt, dass ich zum Essen reihum zu den Bauern geh, jede Woche zum anderen Bauer, des hat er mit dene abgesprochen. Ich hab' e Kleinigkeit bezahlt und war dann dort jede Woche immer (*in einem*) andren Bauernhof. Also, wenn's so vierzehn waren, no kam i so immer wieder reihum. Und do hat man natürlich mir immer einiges vorg'setzt und wollt's b'sonders recht mache, und dadurch kam i au mit den Leut ins G'spräch, war mit allen bekannt im ganze Dorf. Wenn Geburtstag war oder sonst irgendwas, war i natürlich au eig'lade, war net bloß zum Essen dort. I hab' mitgekriegt, wenn emol die Kuh e Kalb gekriegt hat oder wenn's Pferd e Fohlen kriegt hat, denn die ham ja mindestens, ja i kann's heut nimmer so genau sage, aber so zehn, zwölf Pferde und dreißig, vierzig Kühe und sechzig Schweine und so ham die mindestens g'habt und Hühner und Federvieh und so, des woiß i gar net, also 's waren große Bauern...

I war dann au für die Spar- und Darlehenskasse zuständig. Da isch des Milchgeld, also was die an Milch abg'liefert ham und was sie nachher Geld dafür gekriegt ham, musst i den Bauern wieder auszahlen, die kamen da bei mir vorbei...

Und wenn dort im Dorf Soldaten auf Besuch kamen, einmal der Sohn kam, no war i natürlich au mit dabei, des war ja klar, no must man die neu Lehrerin sehe, und war i au mit eingeladen... Vielleicht sollt i noch sagen, dass im ganzen Dorf, dass überhaupt nur Deutsch g'sprochen worden isch. In den umliegenden Dörfern au. Es isch überhaupt nix g'wesen... Es hat polnische Dienstboten g'habt, und mit denen hat sich der Bauer so etwas unterhalten könne, weil der's in der Zwischenzeit g'lernt hat. Aber die Frauen oft, die Bäuerinnen, die konnten oft gar net polnisch... Und die erwachsenen Söhne, und die ham 's no g'lernt. Und Weihnachten hab' i mit meine Kinder für de ganze Ort so e kleine Weihnachtsfeier gestaltet, im Gasthaus.

Des Gasthaus war na grad bei uns im Ort kaum belegt, da war e bissle en Kaufladen, da konnt man mal e Kleinigkeit auf seine Lebensmittelkarten an Zucker oder was man grad gebraucht hat, konnt man kaufen. Ham wir dort g'macht, da kamen au die Leut, i moin, man hat's net im christlichen Sinn, die Weihnachtsfeier, man hat's halt, so mit... so wie man's damals gestaltet hat mit Sonnenwende und so in der Art, au die Lieder entsprechend, aber die Lieder singt man au heut noch, also des isch net so, dass des alles bloß so einseitig politisch damals gewesen wär... Und so war man eigentlich e große Gemeinschaft und e gewisse Einfluss hat man auch g'habt als Lehrerin, au wenn man noch jung war und wenn man vielleicht net die große Erfahrung g'habt hat, die e lang Ausgebildete g'habt hat, aber für dort hat's im Grund ausg'reicht... Und es war ja au scho hier bei uns so g'wesen, dass christliche Weihnachtsfeiern... wohl in de Kirche abg'halte worde sind, dass man aber irgendwie... sich e bissle zurückg'halte hat. Des musst man net, aber, wenn man so Jungmädelführerin war, wie ich's damals war... I kam aus de evangelische Jugend, aber man hat sich nachher doch e bissle zurückzoge, i woiß net, i woiß eigentlich net, 's war ganz einfach der Trend no damals...

Wenn i zum Mittagessen irgendwo hin kam, da hab' i mit den polnischen Mägden oder wer da in der Küche war, oder mit den Knechten, mit denen hab' i genauso g'redet wie mit alle andre au, und wenn's g'heißen hat, ja, die müssen vom Gehweg runter und die dürfen net aufm Gehweg gehn und des alles, des isch vielleicht in der Stadt so g'wesen, aber wir da aufm Dorf, do hat man des gar net g'merkt. Und so, ja, der polnische Verwalter, ja der isch beim Mittagessen mit am Tisch g'sessen. Die Bäuerin hätt sich net getraut, zu dem zu sagen, geh du naus und iss bei den Knechten da draußen in der Küche, denn des sind stolze Herren g'wesen, die ham selber emal e Gut g'habt irgendwo im Gouvernement, also im jetzige Gouvernement (*gemeint ist das Generalgouvernement*), dene isch des bloß wegg'nomme g'wese, also des isch bis zum e gewisse Grad scho respektiert worden... So e Frau, sie selber hat ja bloß sich im Haus ausgekannt, und alles andere hat er ja mache müsse, gell, und die Wirtschaft, die musste ja umgetriebe werde, vor allem au mit dem Vieh und mit allem... Und wie weit die natürlich in ihr eigene Tasch g'schafft haben oder was da war, gell, des kann i alles gar net sagen, da hab' i mi au nie drum g'schert, da war i viel zu... i möcht beinah sage, naiv, als dass i dadrüber mir große Gedanke gemacht hätt...«

Für Elfriede S. und für viele Frauen gehören die Erfahrungen im »Warthegau« zu den eindrucksvollsten ihres Lebens. Zum ersten Mal waren sie weit weg von zu Hause, mussten sich zunächst in der Ausbildung, dann in einer völlig fremden Umgebung und mancherlei Unbequemlichkeit zurechtfinden, was ihnen gut gelang. Sie nahmen als ganz junge Menschen oft eine verantwortungsvolle Position von gewissem Rang ein, denn als Lehrerinnen »aus dem Reich« waren sie bei den deutschen Bauern hoch angesehen. Trotz Rückständigkeit auf manchen Gebieten (kein elektrisches Licht, keine Wasserleitung) imponierten ihr die Großzügigkeit und das Niveau der deutschen Bauern dort und bestätigten wohl ihre Vorstellung von der deutschen Überlegenheit und von der Berechtigung des deutschen Anspruchs auf dieses Land. Sie gewann das Land lieb und empfand auch ein Gefühl der Freiheit gegenüber den engeren Verhältnissen zu Hause im Schwabenland. Mangel musste sie nicht leiden; sie wurde reihum nach bestem Vermögen verpflegt. Von Bomben war sie verschont, was ihr besonders in den Ferien in Esslingen (Nähe Stuttgart) deutlich zum Bewusstsein kam. Reden konnte man dort freier als zu Hause, es gab keine Aufpasser und Spitzel. Es gab auch keine Veranlassung, sich zu beklagen, denn das Gebiet war vom Krieg so gut wie verschont. Mit ihren Schülern verband sie – und das war ihr sicher das Wichtigste – eine fast familiäre Beziehung. Die Tätigkeit in einer Einklassenschule forderte ihre Improvisations- und Organisationsgabe. Als Lehrerin fühlte sie sich ganz in ihrem Element, hatte Erfolg und auch viel Freiheit in der Gestaltung des Unterrichts. Bei der Bevölkerung genoss sie Ansehen und Vertrauen. Sie wurde zu allen wichtigen Ereignissen eingeladen. Feste wurden gemeinsam gefeiert.

Das Politische tritt in ihrer Erinnerung ganz zurück. Nur auf ausdrückliche Nachfrage räumt sie ein (auffällig ist an diesen Stellen das Stockende, Unsichere ihrer Erzählweise), das »Deutsche« und »Heldische« habe schon eine Rolle gespielt. Es lag eben »im Trend« – wie sie sich modern ausdrückt – ebenso wie die Sonnwendfeier anstatt des christlichen Weihnachtsfestes, von dem sie sich als Jungmädelführerin schon zu Hause distanziert hat. Sie erfährt zwar auch etwas von der »Umsiedlung« ehemals dort arbeitender Deutscher in polnische Höfe und von den polnischen Verwaltern, die »Herren« mit eigenen großen Höfen im »Gouvernement« gewesen waren, aber das scheint sie nicht zu befremden, ebensowenig, dass die polnische Bevölkerung in der deutschen Enklave nur in untergeordneter Stellung auftritt. Über Spannungen berichtet sie nichts. Eher unterstellt sie den »polnischen Verwaltern«, sich auf Kosten der Deutschen bereichert zu haben als umgekehrt. Das alles berührt sie aber wenig, heute sagt sie, sie sei wohl zu naiv gewesen, um sich darüber weitere Gedanken zu machen. Wie stark die Verbindung zu ihrer Arbeit im Osten war, erweist sich noch am Ende des Krieges. Sie kehrt im Januar 1945 – obwohl ihre Eltern sie zurückhalten wollen – unter großen Schwierigkeiten – in ihr Dorf zurück, muss sich dem Flüchtlingstreck anschließen und wird von russischen Panzern eingeholt. Sie gerät später in polnische Gefangenschaft. Die Erinnerung daran ist der zweite Schwerpunkt ihrer Erzählung. Er gehört in einen anderen Zusammenhang.[69]

Unberücksichtigt bleiben in diesem Kapitel alle Arbeiten, die nicht berufsmäßig oder im Rahmen einer Dienstverpflichtung geleistet wurden und die doch einen wesentlichen Teil vieler Frauenalltage von damals ausmachten. Es sind die ungezählten Hilfeleistungen an Hilfsbedürftige in der Nachbarschaft, Bekanntschaft und Verwandtschaft, von denen in allen Kapiteln dieses zweiten Teils die Erzählungen und Biografien berichten. Überall finden sich Beispiele für mitmenschliche Solidarität, ohne dass die Frauen viel Aufhebens davon machen. Für viele verstand sie sich von selbst.

Zusammenfassung

Es ist nicht ganz einfach, die Grade der Arbeitsbelastung von Frauen im Krieg festzustellen. Die historischen Forschungen zur Frauenarbeit in diesem Zeitraum[70] kommen zu dem Ergebnis, dass sich die sozialen Unterschiede in der Arbeitsverpflichtung spiegelten: Frauen, die aus finanziellen Gründen schon vor dem Kriege zu arbeiten gezwungen waren, waren es zumeist auch im Kriege, weil einmal die Unterhaltszahlungen für den eingerückten Ehemann nicht ausreichten (sie betrugen bis zu 85% seines Lohnes bzw. Einkommens) und weil sie sich zum anderen der Dienstverpflichtung am wenigsten entziehen konnten; sie waren durch ihr Arbeitsbuch schon erfasst. Dennoch wäre es falsch, sie pauschal als die arbeitsmäßig am stärksten Beanspruchten zu sehen. Nach der Zahl der Arbeitsstunden und der physischen Anstrengung waren das zweifellos die Bäuerinnen. Sie mussten buchstäblich bis an die Grenzen ihrer Leistungsfähigkeit und darüber hinaus schuften; für die normalen Tätigkeiten einer Hausfrau und Mutter, die allein zeitaufwendig und kräftezehrend genug waren, blieb viel zu wenig Zeit. Die Frage nach Freizeit und Urlaub war bei ihnen völlig sinnlos. Sie kannten so etwas nicht. Charakteristisch ist der Satz von Maria K. (1908): »So ging der Krieg zwischen Arbeit, Bangen und Hoffen vorbei.«[71] Für viele Frauen war Freizeit ein Fremdwort.

Im übrigen spielte der soziale Status auch im Krieg eine wesentliche Rolle. Frauen der »besseren Gesellschaft« konnten sich nicht nur bis zum Schluss Haushaltshilfen leisten, sondern sich auch mit größerem Erfolg als »einfache Frauen« von Kriegsdienstverpflichtungen freihalten. Und doch gibt es keine schematische Entsprechung von sozialem Status und individueller Arbeitsbelastung. Diese hing von vielen zusätzlichen Faktoren ab: Von der unterschiedlichen Betroffenheit durch Kriegseinwirkungen (Bomben, Kampfhandlungen, Flucht, Zwangsarbeit und Vertreibung), von der Kinderzahl, aber auch vom persönlichen Engagement, d. h. von freiwilligen Hilfeleistungen gegenüber Nachbarn, Verwandten, Evakuierten, Flüchtlingen, ob mit oder ohne Auftrag der Partei.

Bei Berufstätigen spielte eine große Rolle, wie die Kinder während der Arbeitszeit versorgt werden konnten, wie weit der Arbeitsplatz von der Wohnung entfernt war und wie die Verkehrsverbindungen dorthin funktionierten.

Die Arbeitslasten wurden im Verlauf des Krieges immer schwerer, als die Heimat mehr und mehr zur »Front« wurde. Doch bis zum Schluss haben Frauen Strümpfe gestopft und die Wohnungen geputzt. So banal und lächerlich das klingt, was blieb ihnen anderes übrig? Bis zum Schluss schlugen sich Arbeiterinnen und Angestellte unter unsäglichen Strapazen zu ihren Dienststellen durch, machten frag- und klaglos Überstunden[72], pflanzten Bäuerinnen im Morgengrauen Kartoffeln, bevor die Tieffieger kamen, versuchten Lehrerinnen, den Unterrichtsbetrieb aufrechtzuerhalten. Sie taten es nicht allein unter Zwang, sondern aus einem heute kaum noch nachvollziehbaren Pflichtbewusstsein und aus purem Überlebenswillen.

Frauen und Mütter waren eigentlich nie ausgeschlafen; je länger der Krieg dauerte, desto weniger. Viele waren ausgepowert und erschöpft und rappelten sich dennoch immer wieder von neuem auf. Man muss sich dann noch die Unterernährung, die fehlende Nachtruhe durch Fliegeralarme und alle anderen Belastungen, die in den folgenden Kapiteln entfaltet werden, hinzudenken. So schreibt Marlies Flesch-Thebesius von ihrem Vater, der Arzt war: »Später im Krieg, als die Männer an die Front kamen und die Frauen in die Fabrik, als die Lebensmittel bewirtschaftet waren und man schließlich keine Nacht mehr ruhig schlafen konnte wegen der Luftangriffe, musste er immer häufiger eine Diagnose stellen, für die es im Grunde überhaupt kein Medikament gibt: Nervöse Erschöpfung.«[73] Und Lenelotte B. (1915) sagt: »Eine Mutter durfte einfach nicht krank werden.«[74] Es gab auch Zusammenbrüche, Nachwirkungen über die Kriegszeit hinaus[75], aber die viele Arbeit half auch überleben, ließ ungeahnte Kräfte wachsen. Andererseits lähmte auch der ständige Arbeitsdruck das Nachdenken.

So stark auf der einen Seite die Fähigkeit und Bereitschaft war, das Letzte aus sich herauszuholen, vor allem für die eigene Familie und für die Nächsten, aber bei manchen, vor allem den Jüngeren, auch für die »Volksgemeinschaft«, so raffiniert und erfolgreich waren auf der anderen Seite viele Frauen, wenn es galt, offizielle Verpflichtungen, besonders die Arbeit in der Rüstungsfabrik, von sich abzuwenden. Das traditionelle Pflichtbewusstsein und die »soziale Ader« der Frauen – ob angeboren oder anerzogen, sei dahingestellt – bezog zwar auch das Vaterland ein, aber in einer recht abstrakten Form; die Frauen fühlten sich in ihrer großen Mehrheit nicht verpflichtet, für die Front Bomben und Granaten zu drehen.

In viel allgemeinerer Weise stellte der Krieg für die meisten Frauen die beruflichen Weichen anders, als sie sich das ursprünglich vorgestellt hatten, und hatte Auswirkungen auf ihr späteres Arbeitsleben. Für viele durchkreuzte der Krieg die persönlichen Berufswünsche und Karrieren, sei es durch Dienstverpflichtungen, sei es durch Kriegseinwirkungen der verschiedensten Art[75]. Am stärksten eingespannt durch Arbeitsdienst, Kriegshilfsdienst und die oft anschließende Kriegsdienstverpflichtung waren die Jahrgänge zwischen etwa 1921 und 1924, die mehrere Jahre ihres Lebens verloren, sofern sie nicht frühzeitig heirateten und Kinder bekamen.

Positiv aber schlug bei vielen zu Buche, dass sie an Selbständigkeit und Selbstbewusstsein, auch an Arbeitserfahrung und Vielseitigkeit hinzugewannen. Die Hausfrauen, aber auch die im Geschäft oder als Bäuerinnen mithelfenden Frauen hatten jetzt die Hauptverantwortung zu tragen, mussten und durften selbst entscheiden, selbst organisieren, sich ohne Männer behaupten. Dies zu können und zu meistern, wurde eine bleibende Erfahrung und wirkte sich später in Ehe, Haushaltführung und Familie aus, auch wenn die Männer zurückkamen.[77]

Auch im Berufsleben mussten Frauen oft Männer ersetzen. Manche wuchsen dabei über sich selbst hinaus, aber nur wenige rückten in Führungspositionen auf[78], schon weil es an der nötigen Ausbildung dafür fehlte. Die meisten Frauen übten weiterhin – selbstgewählt oder dazu verpflichtet – nach damaligem Verständnis typisch weibliche Tätigkeiten aus: »mütterliche«, »helfende«, »pflegende«, untergeordnete in der Verwaltung, im Verkehrswesen, im Betrieb, auch in der Wehrmacht. Sie blieben dienend unterhalb ihrer Möglichkeiten. So erklärt sich auch, dass sie nach dem Kriege diese Positionen, die sie nur doppelt belasteten oder physisch und psychisch überforderten, meist freiwillig wieder räumten.

Aufstiegsmöglichkeiten boten jedoch die NS-Frauenschaft, die Hitlerjugend, der Reichsarbeitsdienst. Frauen konnten hier Berufslaufbahnen einschlagen, die ihnen sonst verschlossen gewesen wären, wirkliche Führungsaufgaben bewältigen und in größerem Maßstab selbst gestalten. Für diese Frauen bedeutete das Kriegsende einen harten Karrierebruch, verbunden meist auch mit einer Persönlichkeitskrise, aber Kompetenzen und Erfahrungen konnten unter anderen Vorzeichen wieder eingebracht werden. Grundsätzlich haben viele Erfahrungen besonders der RAD-Zeit den Horizont der Mädchen erweitert, ihre Selbständigkeit gefördert. Margarete B. (1929): »Mei Mann sagt heut, wenn ich den Ton angeb: ›Jetzt lässt‹ (lässt du) deine Landdienstführerin wieder raus!‹ Da war man doch, da war man jemand als Frau!« Manche gewinnen selbst ihrer Tätigkeit in der Fabrik von heute aus noch Positives ab. Gertraud K. (1924): »Ich habe halbtags in der Rüstung gearbeitet, und für mich ist das bis heute ein großer Wert gewesen. Ich hab' an der Fräsmaschine gestanden. Mir macht niemand was vor, was Bandarbeit heißt, und ich bin in der Abnahme gewesen, wo es auf Millimeter ankam... Und dann war bis heute für mich von Wert, dass ich auch in der Metallurgie Sachen machen durfte.«

Diesen emanzipationsfördernden Erfahrungen steht aber bei vielen die Tatsache gegenüber, dass sie durch die Eingriffe des NS-Regimes, durch Krieg und Kriegsfolgen in ihrer Ausbildung behindert, wenn nicht gar aus ihrer Berufsplanung geworfen wurden.

Welchen Nutzen brachte die Frauenarbeit für den Staat, für die Kriegführung? Zunächst einmal zogen der Staat und die Volkswirtschaft enormen Gewinn aus der unbezahlten Hausfrauenarbeit. Das ist bis heute so geblieben. Diese Arbeit existiert als volkswirtschaftliche Größe bekanntlich bis heute nicht. Daneben verschaffte sich der Staat Vorteile durch die minimal entlohnte Dienstleistung der dienstverpflichteten Mädchen und Frauen im Pflicht- und Landjahr, im Arbeitsdienst, im Kriegshilfsdienst. Der Staat profitierte auch durch niedrigere Frauenlöhne. Im Vergleich zu den Männern erhielten die Frauen im Durchschnitt 10 bis 20 % weniger Lohn bei gleicher Tätigkeit, wobei sie im Krieg in den gleichen Positionen oft weit mehr leisten mussten als der Mann in entsprechender Stellung in normalen Zeiten, die nichtbezahlten Überstunden gar nicht gerechnet. Man erinnere sich an das Beispiel der Volksschullehrerin Frieda L.

Dass Frauen mit all dem den Krieg finanzieren halfen, war für sie damals kein Problem und ist es bis heute nicht. Vielleicht empfanden manche die Ungerechtigkeit der ungleichen Entlohnung, geäußert hat sich keine darüber. Die einzige Ausnahme ist Frieda L., die auch – dies allerdings aus einer reflektierten heutigen Sicht – den Zusammenhang klar formuliert: »So haben wir den Krieg finanziert«, sagt sie. Hinzu kommen noch die vielen ehrenamtlichen Arbeitsleistungen, die weder entlohnt noch gezählt wurden. Der im Felde stehende Willi W. schrieb aus seiner Soldatenperspektive am 19.3.1943 an seine Verlobte über seine Mutter: »Niemand außer mir weiß es ja, was diese Frau, Mutter, Hausfrau und tüchtige Geschäftsfrau nicht alles durchzustehen hatte. Ich will auch nicht besondere Ehrenzeichen für sie, aber ich glaube, was sie geleistet hat für die zu Hause im ersten und jetzigen Krieg, wäre eines K.V. K. I (Kriegsverdienstkreuz erster Klasse) würdig. Offen gestanden, im ganzen Tross habe ich keinen Offizier oder Mann getroffen, der diese Arbeitsleistung vollbrachte.« Aus nationalsozialistischer und aus neutraler Sicht ist dem nicht nur für die Mutter von Willi W., sondern für die meisten Frauen zuzustimmen. Überall und besonders in den Zeiten der Not »seine Pflicht zu tun«, war für die meisten Frauen damals mitnichten eine hohle Phrase. Alle preußischen, christlichen und bürgerlichen Traditionen, von Generation zu Generation weitergegeben, entfalteten gerade im Kriege ihre volle Kraft. Die meisten Frauen waren so »programmiert« und konnten gar nicht aus ihrer Haut heraus. Wir sehen heute aber auch die andere Seite, die die Frauen damals kaum sehen konnten und die sie z.T. heute noch nicht erkennen. Zwar haben sie sich nicht in dem Maße für direkte Kriegsanstrengungen mobilisieren lassen wie etwa die Frauen in England oder in den USA, aber sie trugen durch ihre Arbeit erheblich dazu bei, dass die »Heimatfront stand«. Einen »Streik der Frauen gegen den Krieg« hat es nicht gegeben; er hätte ja auch Selbstmord und Mord an den eigenen Angehörigen bedeutet. Bei aller Hervorhebung der ungeheuren Arbeitsleistung der Frauen im Krieg bleibt diese Leistung für den heutigen Betrachter ebenso ambivalent wie ihre Leistung für die Sicherung der materiellen Lebensgrundlagen für sich und ihre Familie, die wir im ersten Kapitel kennengelernt haben.

Bei ihrer Arbeit in den Rüstungsfabriken und im »Osteinsatz« kamen viele junge Frauen ganz unmittelbar mit den menschenverachtenden Seiten der nationalsozialistischen Politik und Praxis in Berührung. Sie fühlten sich verunsichert, teilweise verstört. Wie sie sich damit auseinandersetzten, muss im dritten Band weiterverfolgt werden.

KAPITEL 3

Trennung

Der Zweite Weltkrieg hat die Menschen auf zuvor nie erlebte Weise auseinandergerissen. Es gab niemand, der nicht von einem nahestehenden und geliebten Menschen Abschied nehmen musste für kürzere oder längere Zeit, oft für immer.

Der Krieg trennte Frauen von ihren Männern, Söhnen, Brüdern, Freunden. Er trennte aber auch Familien durch Dienstverpflichtungen, Kriegseinsätze, Flucht vor Bomben, vor der heranrückenden Front, durch Vertreibung, schließlich durch die kriegsbedingte Teilung Deutschlands.

Trennung im Krieg, das bedeutete für die Frauen, die Männer hinausziehen zu lassen in die Todesgefahr, Warten auf Nachrichten zwischen Hoffen und Bangen, Alleinsein, Schreiben, ein Zusammensein für die nur kurzen Tage der unberechenbaren Urlaube, wieder Abschied nehmen und so fort, sechs Jahre und noch länger. Was das alles für sie bedeutete, wie sie damit zurechtkamen oder auch nicht, ist Gegenstand dieses Kapitels.

Doch war diese Trennung nur eine unter einer ganzen Kette weiterer Trennungen, die der Krieg den Frauen abverlangte:

In den folgenden Kapiteln ist zu lesen, wie sich Frauen in der Evakuierung einrichteten, in fremder Umgebung zurechtfanden, wie sie und ihre Kinder die Kinderlandverschickung, die Mütter die Trennung von ihren kriegsdienstverpflichteten Töchtern erlebten. Es wird weiter zu bedenken sein, wie durch Bomben, Flucht, Vertreibung und die Grenze mitten durch Deutschland nicht nur Heimat und Habe, sondern auch menschliche Lebenszusammenhänge zerstört wurden, Kinder und Verwandte buchstäblich verlorengingen.

Abschied

Nicht der 1. September 1939 war für viele Frauen das in ihr Leben einschneidende Datum des Kriegsbeginns, sondern der Gestellungsbefehl für ihren Mann, wann immer er kam.

BERTE B. (1917): »Wir haben dann im Mai '39 geheiratet. Und da haben wir halt ein Vierteljahr lang gespart, feste, dass wir haben im Juli eine Hochzeitsreise machen können mit einem geliehenen Zelt und alles auf dem Buckel, im Rucksack, und dann sind wir Samstag abends heimgekommen, nachts, und Mittwoch morgens um 7 Uhr schellt's an der Haustür, Gestellungsbefehl, sofort einrücken. Und da hat mein Mann gesagt: ›Ich wart da erst eine Weile, aber dass sie mich daheim nicht holen können, gehen wir noch in die Stadt und laufen noch eine Weile spazieren.‹ Dann sind wir in der Stadt umeinandergependelt bis mittags um eins. Und er hat von Stuttgart nach Ludwigsburg (*etwa 25 km Entfernung*) einrücken müssen, und die Ulmer, die waren schon da und die von weiter fort, und er hat gleich eine Strafe verdonnert gekriegt, weil er als Stuttgarter zuletzt gekommen ist. Und dann war er kurze Zeit in Vaihingen droben und in Sindelfingen ... und dann ist er hinüber nach Frankreich gekommen.«

HANNE S. (1914), Bäuerin: »Mein Mann ist Jahrgang 1911. Nicht alle sind gleich eingezogen worden. Man hat kolossal Angst gehabt. Unser einziger Gaul hat den ersten Stellungsbefehl bekommen, den haben sie fort, aber mein Mann erst '41 im Oktober... Eines Tages kam der Stellungsbefehl, ich weiß des noch wie heute. Er war draußen auf dem Kartoffelacker. Der Brief war im Briefschalter. Dann bin ich mit dem Fahrrad da hinausgekommen und hab' den Stellungsbefehl in der Tasche gehabt. Hab' ich ganz lang gewartet – und dann ist er Soldat geworden, am 2. Oktober '41... Im Dezember hat er angerufen, er muss nach Russland. Wir haben ganz nette Bekannte gehabt in Ulm (*er war damals in Ulm, bevor er nach Russland kam*). Die haben die Frauen allemal eingeladen von den Soldaten, die durften dort übernachten. Die haben zu ihm gesagt: ›Lass doch deine Frau kommen.‹ Da weiß ich noch ganz genau, wie ich aufs Postamt gegangen bin zum Telefonieren. Hab' ich gesagt: ›Soll ich noch kommen?‹ Und dann hat er gesagt: ›Nein, das können wir nicht mehr ertragen.‹ Und so ist er dann nach Russland gekommen...« Er ist gefallen.

GERTRUD L. (1910), mit ihrem Mann zusammen betrieb sie eine Gemischtwarenhandlung; sie hatten vier kleine Kinder: »Am 23. Januar 1943 kam am Abend ein Telegramm, er solle sich in Berlin auf dem Flugplatz melden. Das war nun ein sehr, sehr trauriger Abschied, denn wir wussten, vom Flugplatz geht es raus ins Feld. Russland... Es war ein trauriger Abschied, von einem Kinderbettchen zum anderen, die Tränen standen ihm in den Augen.«

Von Kriegsbegeisterung keine Spur, nicht nur in diesen Beispielen, sondern bei fast allen. Vorherrschend sind Trauer und Angst, auch der Wunsch, die

Trennung hinauszuschieben, solange es ging, oder auch den Abschied abzukürzen, weil er unerträglich wurde.[1] »Russland«, das war fast ein Todesurteil. Geredet wurde nicht viel bei solchen Abschieden. Jeder wusste, wie es dem anderen ums Herz war, und jeder versuchte, dem anderen das Herz nicht noch schwerer zu machen.

Von nichtsahnenden jungen Männern, den Söhnen und Brüdern, berichten Frauen auch den Wunsch, an die Front zu kommen. Von den Jüngeren berichten sie vereinzelt auch, dass diese an einen kurzen Krieg glaubten. Wie es aber allen, auch den ganz Jungen, in Wahrheit zumute war, schildert ANGELIKA H. (1926):

»Da war'n die Jungen von unserer Klasse, die sind also mehr oder weniger zusammen eingezogen worden (1943), das waren also rund sechzig, siebzig Buben, ja, und wir zwölf Mädchen standen also am Bahnhof... Es gab grad diese, diese frühen Astern, die großen Asternstauden, und bei uns, bei den Großeltern, da gab's große Stauden, da hab' ich also lauter kleine Sträußle gemacht, so siebzig Sträußle, und die hat man alle dann angeheftet, die Eltern standen natürlich da, und man hat wohl gelacht und gewinkt, alles mitnander, aber es war im Grunde allen doch zum Heulen.«

Bei den verheirateten Männern mit Familie ist kaum je von dem Wunsch, an die Front zu kommen, die Rede, höchstens aus Pflichtbewusstsein, aus Solidarität mit den Kameraden (»Wenn so viele draußen sind und ihren Kopf hinhalten, kann ich nicht zu Hause bleiben«).[2]

Die Frauen fügten sich ins Unvermeidliche. Nur wenige lehnten sich innerlich dagegen auf.[3] Kaum je kam es Frauen in den Sinn, Männer und Söhne zurückzuhalten; es wäre ja auch ein nahezu aussichtsloses, vielmehr sehr gefährliches Unterfangen gewesen. Verzweifelte Ansätze dazu gab es.

MARIA T. (1931): »Mein Bruder Fritz wurde vom RAD weg zur Waffen-SS ›Prinz Eugen‹ eingezogen. Er hatte kurz Urlaub. Mutter war darüber entsetzt, schrieb an Himmler, dass sie damit nicht einverstanden ist. Ihr Junge wäre nicht volljährig, und sie habe das Recht, diesen Zwang abzuweisen. Darauf bekam sie nie eine Antwort. 1945 kam er dann noch in den Kampf gegen Tito, zur Partisanenbekämpfung. Im Januar hatte er noch Urlaub... Er sah schlecht aus. Die Mutter meinte, Fritz könne sich verstecken, denn es könne nicht mehr lange dauern. ›Auf keinen Fall‹, sagte Fritz, er könne doch seinen Chef nicht im Stich lassen... Er fuhr im Januar fort für immer; noch heute, wenn ich den Bahnsteig sehe, ist die Erinnerung da. Ich hab' ihm gewunken, auf immer fort, er war erst neunzehn.«

Alle klammerten sich an die Hoffnung, dass der geliebte Mensch wiederkommen, dass der Krieg bald vorüber sein werde.[4]

Frauen sagen heute, dass sie auch Vorahnungen gehabt hätten. Natürlich könnte das eine Rückprojektion sein, aber es scheint auch nicht ganz abwegig, besonders, wenn letzte Abschiede so atmosphärisch dicht geschildert werden wie in den folgenden Beispielen:

MAGDALENE B. (1917): »Im April 1944, am 4.4.44 habe ich ihn begleitet nach München, da wurde er nach Italien geschickt, da hab' ich ihn zum letzten Mal gesehen. Da hat's geregnet, das war ein furchtbar schwerer Tag. Irgendwo hat man gewusst...« (*Abbruch, kann nicht weiter sprechen.*)

ELISABETH R. (1926): »Ich weiß noch, als der Vetter, mit dem ich Tanzstunde gemacht hab', nach Russland musste, wollte ich mit auf den Bahnhof. Und da hat die Tante, die älteste Schwester meiner Mutter, gemeint, wir sollten nicht mit. Und dann sind wir die Treppe runter, es war so ein offenes Treppenhaus, die Mutter war dabei, hab' ich furchtbar weinen müssen, hat er oben runtergerufen: ›Elsbeth, lach halt noch einmal!‹ Ich hab' genau gewusst, der kommt nimmer, ich hab' das genau gewusst, und so war es auch.«

MAGDA B. (1919) über ihren Bruder, mit dem sie sehr verbunden war: »Und an seiner Hochzeit. Er hatte mir auch anvertraut, dass er heiratet, weil er mit diesem Mädchen intim war und er will sie nicht so zurücklassen, er kommt nicht mehr wieder, diese Ahnung hatte er... zu seiner Hochzeit hat er das Lied ›So nimm denn meine Hände‹ ausgemacht. Ich habe es gleich verstanden, dass er weiß.«

MARTHA L. (1914): »Ende Oktober ist er (*ihr Mann*) auf Urlaub gekommen, sechs Tage ... und am 31. Oktober ist er wieder weggefahren... Und dann hat er so ... ist ihm der Abschied so schwer geworden, so schwer geworden. Und die Mutter war im Bett gelegen, und da hat er sich auch ins Bett gelegt und hat geweint und geweint... und von jedem hat er sich mit Handschlag verabschiedet, als ob er schon geahnt hätte... Dann ist er auf dem Milchwagen... Christel und ich sind dann noch mitgefahren bis Waren, und von da ab ging der Zug wieder weiter, und *so schwer, so schwer* ist ihm das gefallen, Abschied zu nehmen.«

BERTE B.(1917): »1944 im November, da war mein Mann das letzte Mal da. Da sind wir im Wald auf einem Bänkle gesessen in der Kälte. Dann hat er seinen Ehering ausgezogen und hat gesagt: ›Zieh den einmal an, wie das aussieht, wenn ich nicht mehr komme.‹ Das vergesse ich nie. Hat er gesagt: Du wirst sehen, ich muss den ganzen Sch... bis zu Ende mitmachen, und dann verwischt mich's doch noch.‹ Und so war's.«

Letzte Worte beim Abschied werden wie Vermächtnisse behalten.

ANNA J. (1912), der Mann war Postbeamter; sie hatten zwei kleine Mädchen: »Im Spätherbst 1943 besuchte ich meinen Mann noch in Polen, bevor er an die ferne Front musste. Ich werde seine Worte beim Abschied nie vergessen: Sollte er im Kriege fallen, sollte ich doch nicht alleine bleiben, da ich noch zu jung wäre. Ich sollte jedoch nicht bloß an mich denken, sondern auch an die Kinder, die einen guten Vater brauchten. Mein Mann ist aus dem Krieg nicht mehr zurückgekommen.«

Viele Frauen haben viele Abschiede und Abschiede von vielen ihnen nahestehenden Menschen überstehen müssen. In manchen Familien waren mehrere Söhne an der Front, viele Verwandte, die Freunde und Bekannten gar nicht mitgerechnet. Es kamen immer neue Gestellungsbefehle, auch in Familien, in denen schon Gefallene zu beklagen waren. Hinter den nackten Zahlen in den folgenden Beispielen stehen lebendige Menschen, stehen schwere und häufige Abschiede.

MAGDALENE B. (1917), sie hatte drei Kinder: »Da war dann noch meine Schwester, auch mit drei Kindern. Deren Mann war in Murmansk bei den Gebirgsjägern. Unsere sechs Soldaten, unsere Männer und meine vier Brüder waren eine ganze Weile alle sechs in Russland, alle sechs! Das war ein Sorgen!« Drei sind nicht wiedergekommen.

JOHANNA H.'s ganzer achtseitiger Bericht an den Deutschen Frauenrat ist durchzogen von Abschieden und schlimmen Nachrichten von den Fronten: »Meinem Mann seine Familie hatte nun schon sechs Söhne und einen Schwiegersohn im Krieg.«

Warten

»Die aufregendste Frage jeden Tag war: Was bringt die Post?« sagt Isa P. (1910). Sie hatte vier Brüder und vier Schwäger an der Front. Warten auf Feldpost, Warten auf Urlaub, Warten auf das Ende des Krieges, Warten auf Heimkehr, Warten zwischen Hoffen und Bangen, Zuversicht und Verzweiflung. Warten, Warten, Warten... Das war der vorherrschende Gemütszustand bei allen Frauen, die nahestehende Menschen »draußen« hatten. Kein wichtiges Wort kam in den Erzählungen häufiger vor.

Der Gang zum Briefkasten bestimmte den Tag. Jeder Feldpostbrief wurde freudig begrüßt und vermochte doch immer nur halb zu beruhigen, denn er war ja schon länger unterwegs – und was mochte in der Zwischenzeit alles geschehen sein? Die Feldpost funktionierte auch längst nicht immer, obwohl sicher große Anstrengungen unternommen wurden.

HILDEGARD L. (1907): »Wir waren eigentlich – mit Unterbrechungen – neun Jahre getrennt. Ich habe ihn (*ihren Mann*) zweimal ein ganzes Jahr nicht gesehen. Und die Briefe, die man in der Hand hatte, waren alles wochenalte Briefe... Also meine jungen Jahre waren wirklich Warten.«

ELFRIEDE W. (1926) sagt von ihrer Mutter: »Ich kann heute behaupten, ihr ganzer Tag drehte sich um *einen* Punkt: hatte mein Vater geschrieben? Meine Mutter schrieb *täglich* an meinen Vater.«

KLARA S. (1911): »Wissen Sie, in dieser Zeit hat man so gelebt, dass man immer gewartet hat auf Post, und fast jeden Tag ist man enttäuscht worden, weil keine Post kam. Als mein Mann auf der Krim war, hab' ich überhaupt keine Ahnung gehabt, wo er ist, was mit ihm los ist. Und da ist doch das Kind geboren. Ich war fast ein Vierteljahr ohne Post. Es war ein solcher Druck auf mir.«

Wie sehr die Gedanken um die fernen Angehörigen kreisten, zeigen nicht nur die Milliarden von Feldpostbriefen, sondern auch die Briefe, die Frauen einander schrieben, die Tagebücher und die Gespräche. Die Frauen verfolgten die Nachrichten dann am gespanntesten, wenn sie annahmen, dass die Kämpfe sich gerade dort abspielten, wo sie die Männer vermuteten. Frauen, die es aus Gesinnungsgründen und aus Angst abgelehnt hätten, Feindsender zu hören, taten es, wenn sie hoffen konnten, etwas über ihre Vermissten zu erfahren. Jede Nachricht aus der Nachbarschaft, aus dem Bekannten- und Verwandtenkreis wurde ausgetauscht, weckte neue Befürchtungen oder auch Hoffnungen. Frauen stützten sich auch gegenseitig. »Da es fast allen gleich erging, war die Zeit des Alleinseins und der Sorge doch besser zu bestehen.« (Irmgard E., 1915) Je schlimmer die Kriegslage wurde, je mehr Gefallenenmeldungen eintrafen, desto bedrückender wurde das Warten. Die Frauen klammerten sich an die Hoffnung auf einen »Heimatschuss« (*Verwundung, die den Transport in ein Heimatlazarett zur Folge hatte*), schließlich sogar an die Möglichkeit der Gefangenschaft, die vor dem Schlimmsten bewahren könnte.

Wie zermürbend das Warten sein konnte, daran erinnern sich die Frauen bis heute. Die bange, leidvolle Sorge teilte sich der ganzen Familie mit. Töchter berichten, wie sie damals ihre Mütter erlebten:

CHRISTA K. (1921): »Mein Vater war zu alt, der war nicht mehr eingezogen, später musste er doch noch zum Volkssturm, aber meine Brüder dann natürlich... Ich kenne meine Mutter eigentlich nur noch verweint. Meine Mutter muss wahnsinnig gelitten haben.«

MAGDALENE B. (1924): »Meine Mutter war eine einfache, tiefgläubige Frau, für die der Krieg eine schwerste psychische Belastung bedeutete. Die Angst und Sorge um ihre Kinder an der Front (*zwei Brüder und der Schwager im Fronteinsatz*) und für die Zukunft ihrer Familie war ihr ins Gesicht geschrieben. Wenn sie abends oft im Stillen weinte und für die Heimkehr ihrer Kinder betete, empfand ich dieses als sehr bedrückend.«

GERTRUD M. (1913): »Ich hatte oft den Eindruck, dass meine Mutter psychisch und auch physisch gestört war. Hauptsächlich wegen der Sorge um ihre Söhne.«

ROSA T. (1910) wurde krank: »Ist es nicht klar, dass man seelisch krank ist, wenn einen der liebste Mensch auf Gottes Erdboden während dem ganzen Krieg nur dreimal für zehn Tage besuchen darf, und dann die Sorge, lebt er wohl noch?« (So in einem Brief vom 20.6.1990, den sie mir noch als 80jährige zusandte.)

Von einer extremen Reaktion, die sicher nicht repräsentativ ist, wohl aber ein Licht auf schwer verständliche Widersprüchlichkeiten im Verhalten mancher Frauen wirft, berichtet ELFRIEDE W. (1926): »Meine Großmutti (die Mutter meines Vaters) war zwar stolz gewesen, als ihr Sohn Offizier geworden war. Aber gegen Hitler war sie und gegen den Krieg, durfte es aber nicht laut sagen. – Als von meinem Vater im Frühjahr '43 wochenlang keine Post gekommen war (Rumänienfront), schied meine Großmutter durch Selbstmord aus dem Leben.«

Häufiger war wohl das Gegenteil, das HERTA B. (1933), damals ein Kind, miterlebte: »Gerade die Familie des Bruders meiner Großmutter, die Frau konnte nicht sterben, die hat am Schluss nichts mehr gegessen, bloß noch ein paar Löffel Sekt, die hat immer noch gewartet, oder ich weiß es nicht. Sie waren beide in Russland, die Söhne.«

Nicht nur gingen die ersten Gedanken der Frauen am Morgen und die letzten vor dem Einschlafen hinaus an die Front, bis in die Träume verfolgten sie Sorge und Angst um ihre Lieben. Wochenlang ohne Post zu sein, war fast normal. Viele Frauen mussten Monate warten. Noch viel länger dauerte das Getrenntsein, unterbrochen von seltenen und kurzen Urlauben.

HILDE H. (1914) heiratete am 28.12.1941; im Februar bekam ihr Mann ein paar Tage Urlaub: »Und da kam dann das Telegramm, musste er ganz schnell zurück. Und dann hab' ich ihn anderthalb Jahre nicht mehr gesehen ...«

IRMGARD E. (1915): »So kam's, dass wir nach sieben Ehejahren wohl drei Kinder besaßen, aber kaum sieben Wochen gemeinsam gelebt hatten.«

JULIANE F. (1916): »Ich habe vergessen zu erwähnen, dass mein Mann (*zunächst noch ihr Verlobter*) vom Mobilmachungstag an bis zur Gefangenschaft Kriegsdienst leistete, und zwar Polenfeldzug, Frankreichfeldzug, zweimal Russlandeinsatz, zuletzt im Westen. Ab Arbeitsdienst, Wehrdienst, Kriegsdienst und Gefangenschaft war mein Mann dreizehn Jahre von mir weg, ohne Berufssoldat zu sein! Das hat man als Frau auch durchstehen müssen.« (Brief vom 25.1.1989)

Für viele bedeutete das Ende des Krieges noch keineswegs das Ende des Wartens. Über 11 Millionen Männer waren in Gefangenschaft geraten, die oft Jahre währte. Bekanntlich kamen die letzten Kriegsgefangenen erst 1956 aus der Sowjetunion zurück.[5]

Viele warteten vergeblich. Statt eines Briefes von »draußen« kam der eigene Brief zurück mit der Aufschrift: »Gefallen für Großdeutschland«[6], oder die Nachricht wurde von einem Funktionär überbracht.

Das qualvollste Warten aber fing bei der Nachricht »Vermisst« an. Wie

Frauen sie aufnahmen und wie sie damit weiter lebten, davon wird im folgenden Kapitel gesprochen.

Alleinsein und sexuelle Beziehungen

Frauen, die von ihren Männern, Verlobten und Freunden durch den Krieg getrennt wurden, mussten mit ihrem Alleinsein als Frau fertig werden. Sie mussten ja nun allein auch mit ihrer Erotik und Sexualität zurechtkommen. Wie gingen sie damit um? Dies ist allerdings ein heikles und schwer zugängliches Thema, denn unter den Frauen der Kriegsgenerationen war und ist es nicht üblich, darüber zu reden. Wir sind deshalb in besonderem Maße auf die Briefe und Tagebücher angewiesen, aber auch auf Erzählungen »über andere«, die leichter berichtet werden, besonders, wenn es in der Empfindung der Frauen um »kompromittierende Dinge« geht.

Es bestanden große Unterschiede im Verhalten von bürgerlichen Mädchen und Frauen und den sogenannten unteren Schichten, vor allem zwischen den Vorstellungen, wie sie im BDM zu diesen Fragen als Norm galten und den Normen und Zukunftsentwürfen der männlichen Parteispitze, besonders Himmlers und Bormanns, die allerdings nicht öffentlich gemacht wurden.

Für junge Mädchen aus dem Bürgertum, besonders in christlichen Kreisen, war »Sauberkeit« bis zur Ehe eine fraglose Verhaltensnorm und ein absolutes Ziel. Kein Leitspruch wurde mir öfter zitiert und fand sich häufiger in Spruchbüchern und Poesiealben als Walther Flex' »Rein bleiben und reif werden, das ist schönste und schwerste Lebenskunst«.[7]

Wie prüde, eng und unaufgeklärt die meisten erzogen wurden, belegen viele Zeugnisse.

IRMGARD B. (1923), Bannmädelführerin seit 1941: »Ich bekam meinen ersten Kuss mit 15. Das war für mich dermaßen ein überwältigendes Erlebnis, das traut man sich heut gar nimmer zu sagen, dass ich tagelang gedacht hab', ob ich net doch ein Kind krieg'.« Dabei war ihre Mutter Hebamme!

LORE E. (1924), deren Eltern nicht kirchlich, sondern »nationalsozialistisch-gottgläubig« eingestellt waren, durfte 1943 – zu ihrem großen Erstaunen – mit ihrem Verlobten zehn Tage in Flensburg in einem Hotel verbringen. Sie waren dabei aber nicht intim. »Das Körperliche wurde zurückgedrängt«, sagt sie.

HANNELORE S. (1927) schreibt in ihren Erinnerungen: »Besonders interessiert waren wir alle an dem Abschnitt des Biologieunterrichts, der die Entwicklung des menschlichen Fötus und die weiblichen Geschlechtsmerkmale zum Inhalt hatte.

Künstliche Embryonen in verschiedenen Entwicklungsstadien befriedigten unsere Neugier fürs erste. Keine von uns wagte aber zu fragen, wie denn die ganze Geschichte beginnt! Das war 1945/46, 12. Klasse im Gymnasium!«

ROTRAUT J. (1924), Jungmädel-Ringführerin: »Für uns waren die wenigen, die ›Weibchen‹ waren, die so ein bisschen rumpoussiert haben, verächtlich. Wir haben alle für jemand geschwärmt, jede Woche für jemand anderes, aber das war irgendwo platonisch, und wir waren Spätzünder, und das hat auch zu uns nicht gepasst. Aber so drei, vier hat man gehabt, die hat man als Poussierstengel angeguckt und sie für schlecht angeguckt. Die waren bloß normal. Wir waren nicht normal, das ist einem nicht aufgegangen...

Noch zum Punkt Fraulichkeit: Das war Feldpostbriefe-Schreiben, das war irgendwie anonym, und das Gefühlsmäßige, das hat man in die Schmalzlieder im Radio hineingelegt (*sie meint vor allem das ›Wunschkonzert‹*), es da irgendwo verausgabt, weil jemand anderes war nicht da. Man hat ja gewartet, bis alles vorbei ist.«

Die Feldpostbriefe dieser jungen Mädchen sind ganz in diesem »platonisch-schwärmerischen« Stil gehalten, auch voller »philosophischer« Betrachtungen über Gott und die Welt, voller schöner und idealistischer Sinnsprüche.[8]

CHRISTA MEVES (1925), die am Ende des Krieges zur Flakhelferin ausgebildet wurde, sagt über die Mädchen in ihrem Lager: »Diese Männer (*sie meint ihre Ausbilder*) gebärdeten sich wie geschlechtslose Zinnsoldaten, was sicher dadurch erleichtert wurde, dass der Großteil der Mädchen des Jahrgangs 1925 aus ebenso urgesunden wie ungeweckten Jungfrauen bestand. Auch im späteren engen Gruppenleben des Fronteinsatzes ließ sich das in den vielen intimen Nachtgesprächen ausmachen: Neunzehnjährige Mädchen mit sexuellen Erfahrungen waren damals eine verschwindende Minderheit.«[9]

In welch schwere Konflikte manche von ihnen gestürzt wurden, wenn sie Soldatenbekanntschaften machten, verrät CHRISTA K. (1921), allerdings erst auf meine Nachfrage: »Meine Gedanken? Ich war Idealist durch und durch! Irgendwie helfen wollte ich, mehr in Richtung Nonne... Ich war immerhin 23. Landser kamen auf Urlaub. Es hat mich einer angelacht, unvorbereitet, das war ganz schlimm.
I: *Warum schlimm?*
K: Die wollten ja nicht an die Front gehen, ohne was gehabt zu haben. War gezielt aufs Körperliche. Und darauf war ich gar nicht vorbereitet... Und dann die strenge katholische Erziehung – und alles Körperliche war Sünde. Hat mich in irrsinnige Konflikte gestürzt.«

In den Briefwechseln zwischen Freundinnen spielen Männer eine überragende Rolle. Je nach geistigem und menschlichem Niveau bewegen sich die Mädchen zwischen Klatsch und tiefgründigen Gedanken über Liebe und Ehe. Exemplarisch für verschiedene Ausprägungen der »Liebe im Krieg« sind die Briefe von Magdalene B. (1924) an ihre Freundin Inge, die deshalb etwas ausführlicher zitiert und kommentiert werden sollen:

MAGDALENE B. (1922), Tochter eines Missionars, von Männern sehr umschwärmt und verehrt, alles andere als ein Mauerblümchen, selbst ihrem Ideal nicht immer ganz treu geblieben, schrieb der Freundin fortlaufend aus dem Arbeitsdienst, dem Kriegshilfsdienst und von zu Hause,

22.4.1942 (*sie war gerade zwanzig Jahre alt, ihr Freund Heinz, SS-Offizier, besuchte sie im Arbeitsdienst*): »Gerade auf erotischem Gebiet ist es schwer, einander zu verstehen, weil beide Teile so ganz verschieden veranlagt sind. Ich habe heute genauso wenig wie früher das Bedürfnis nach körperlicher Berührung, aber ich hab' jetzt mehr Verständnis dafür... Früher hab' ich kein Wort über diese Dinge sagen können, so oft wir auch den Versuch dazu machten. Aber jetzt können wir ganz offen miteinander darüber reden. Und das ist sehr schön, denn dadurch erleichtert man die Sache wesentlich. Und ich weiß jetzt auch, dass dieses Verlangen nur durch die Liebe geweckt wird, wenigstens bei charakterfesten Menschen. Denn Heinz erzählte mir, dass sich genug Gelegenheit dazu bieten würde, sogar noch vorige Woche in D'dorf bei einer jungen, verheirateten Frau.«

Im Brief vom 13.1.43 redet sie ihrer Freundin ins Gewissen, die offenbar verschiedene »Bekanntschaften« ausprobiert und ihr von einer Enttäuschung berichtet: »Ich begreife nicht ganz, wie Du trotz Deiner nicht gerade glänzenden Erfahrungen immer noch den Willen hast, neue Bekanntschaften zu machen... Was hast Du schließlich davon? ... Wenn Du ... soundsoviel Enttäuschungen erlebt und dann endlich den Richtigen kennengelernt hast, glaubst Du, das wäre schön? Das Einmalige, unendlich Beseligende ist dann dahin... Warum stellst Du Dich all den anderen gleich, die heute nichts anderes mehr kennen als Erleben, Erleben, Erleben und Auskosten bis zur Neige – je eher, je lieber.«

Sie schreibt aus einem Kriegshilfsdienstlager, wo sie mit vielen Mädchen aller Schichten zusammen ist und offenbar diese Erfahrungen macht. Und im selben Brief: »Ich weiß, dass ich allein als Frau und Mutter alle meine verworrenen Gefühle, Wünsche und Hoffnungen, meine Fähigkeiten und Interessen in diesen Aufgaben vereinigen kann... Du beklagst Dich, dass wir Mädel meist nur als Spielball, als Amusement für einige Stunden angesehen werden. Du hast leider nur allzu recht. Fast jeden Tag kann ich diese Beobachtung machen, obwohl ich noch nicht in der Stadt gewesen bin. Wir haben in unserem Arbeitshaus nun täglich ungefähr 8 – 10 Soldaten, bzw. Unteroffiziere oder Feldwebel eines Feuerwerkslehrganges, die bei uns unsere Arbeit selbst kennenlernen sollen und also den ganzen Tag bei uns sitzen. Zwischendurch kommen Offiziere und andere Feuerwerker durch den Raum, die mal wieder das Bedürfnis haben, uns Maiden ihre überaus wichtige Existenz zur allgemeinen Besichtigung vorzuweisen. Ich sitze augenblicklich an der Kontrollwaage, von der aus ich alles beobachten kann, was mir großen Spaß macht, die einzelnen mal so kennenzulernen; aber langsam kommt es mir dabei doch hoch. Eine Maid geht durch den Raum, mehr oder weniger beschwingt durch die Anwesenheit der Männer, deren sämtliche Köpfe wie auf Befehl sich automatisch herumdrehen; ein abschätzender Blick von oben bis unten, und das weibliche Wesen ist in irgendeine Rubrik – wahrscheinlich gibt es deren nur zwei – untergebracht. Einmal hörte jemand von uns, wie einer sagte: ›Sieh mal dahinten die Frau, die ist eine Sünde wert!‹ und damit deutete er auf eine bei uns völlig Verrufene, die aber eine ganze Ecke von ihnen entfernt saß. Diese versteht es, von jedem angesprochen zu werden, jeden kennt sie. Wir sind immer sprachlos. Und dann immer dieses Schöntun von fast allen Mädchen, diese Blicke, diese Bewegungen – ja, ist es da ein Wunder, wenn wir so behandelt werden, falls die Männer nicht auf den ersten Blick merken, dass sie bei manchen doch an eine verkehrte Adresse kommen!? Und unsere Feuerwerker, die fast alle verlobt oder verheiratet sind, was aber heute, wie Du ja selbst erfahren hast, nicht im geringsten einen Hemmschuh bedeutet, gehören äußerlich bestimmt zu den sog. ›besseren‹ Soldaten. Es widert einen an, wenn man das alles sieht. Und da mittun? Nein, nie im Leben!«

Am 20.9.44: »Der Jugend schwerste Aufgabe ist wohl das Sichbewahren für eine spätere Zeit, das Warten, an dem so viele scheitern. Auch ich habe dieser Probe nicht standgehalten... Inge: Hältst Du Dich für eine große und fürs Leben reichende Liebe noch fähig, wenn Du Dich weiterhin so zersplitterst und an jedem Mann ein Stück Deines Herzens lässt, wie Du selbst zugibst? ... Ein Wort Lavaters werde ich nie vergessen: ›Nie verdunkle Dir ein Moment des Sinnengenusses Gott und deine Würde und die alles vergeltende Zukunft.‹ Diese drei sind es, die unbedingte Reinheit von uns verlangen.

Ich bin jedesmal wieder aufs neue erschüttert, wenn ich die Äußerung der tollen Angstpsychose der Mädchen, nur ja noch einen Mann zu bekommen, feststellen muss, die man durchaus nicht nur in den sogen. niederen Kreisen wahrnimmt.«

Man könnte aus diesen und anderen Briefen von jungen Mädchen die Textbeispiele um viele vermehren. Doch zeigen schon die ausgewählten sehr bezeichnende Züge in bezug auf das Thema Sexualität und Liebe im Krieg:

Der Krieg schuf auch in der Beziehung zwischen Männern und Frauen einen Ausnahmezustand. Mädchen im Arbeitsdienst, im Kriegshilfsdienst oder in anderen Kriegseinsätzen waren relativ frei von der elterlichen Aufsicht und von der Kontrolle durch das gewohnte und bekannte soziale Umfeld. An die Stelle eines natürlichen Miteinanders in Schule, Familie, Ausbildung oder Beruf trat ein »künstliches« Zusammentreffen mit Fremden, das auf beiden Seiten, besonders auch bei den Männern, durch erzwungene kürzere oder längere Enthaltsamkeit erotisch besonders aufgeladen war. Lockerheit im Verhalten anderer wirkte überdies ansteckend. In dieser Atmosphäre waren die Verlockungen zur Freizügigkeit groß, und viele gaben ihnen auch nach. Magdalene B. konstatiert das ausdrücklich, und nicht nur bei den »unteren Schichten«, sondern sogar bei ihrer moralisch streng erzogenen Freundin. Auch verheiratete Frauen riskierten verhältnismäßig schnell sexuelle Abenteuer, wenn sich Gelegenheiten boten.

Magdalene B. – und mit ihr nicht wenige Mädchen – setzt dagegen auch unter diesen Bedingungen das Gebot der absoluten Reinheit. Sie hält unbedingt an der untrennbaren Verbindung von Sexualität, Liebe und Ehe fest. Dabei überforderte sie sich selber und ihre Partner, wie ihre Eingeständnisse der »Schwachheit« belegen. Bei solchen Ansprüchen konnten Enttäuschungen nicht ausbleiben. Wie ihre spätere Lebensgeschichte zeigt, jagte sie – und mit ihr manche dieser so kompromisslos eingestellten Mädchen – einem Phantom nach, vielleicht der Idealgestalt des Ernst Wurche aus Walther Flex' »Wanderer zwischen beiden Welten«, einer Mischung von stahlhartem Kämpfer und lyrisch-romantischem Schöngeist. Kein realer Mann vermochte ihren Ansprüchen auf die Dauer zu genügen. Sexualität, Liebe und Ehe ließen sich nie vollkommen zusammenbringen.[10]

Aber die erzwungene oder vielmehr selbstgewählte Abstinenz von der sexuellen Erfüllung konnte der Beziehung zwischen jungen Mädchen und jungen Männern in dieser Zeit auch eine Innigkeit und Zartheit verleihen, wie sie nur die Sehnsucht nach vollkommener Einheit hervorbringen kann. Sie spricht sich in vielen Feldpostbriefen aus, die zu den schönsten Liebesbriefen gezählt werden können. Auch bei Verlobten und Eheleuten hat die erzwungene Trennung zu besonders intensiven und schönen Briefen inspiriert.[11]

Magdalene B. wurde Augen- und Ohrenzeugin von nach ihren Vorstellungen »unsittlichem Lebenswandel« ihrer Kameradinnen. Nicht nur ihr Freund Heinz, sondern auch andere Männer berichten häufig und z. T. sehr verständnisvoll[12] von der Bereitschaft auch ehelich gebundener Frauen zu »Gelegenheitslieben«, »wilder Sexualität« bis hin zur Promiskuität.

Schließlich prangern auch die SD-Berichte immer wieder das »unwürdige Verhalten« der deutschen Frauen an, die sich mit anderen Männern »geschlechtlich auslebten«, anstatt dem Ehemann an der Front die Treue zu halten.[13] Soldaten berichten, dass »Bratkartoffelverhältnisse« weit verbreitet waren; sie sprechen auch von »Offiziersmatratzen«.[14] Was erfahren wir von den Frauen selbst? Wie hielten sie es mit der Treue?

Diejenigen, bei denen ich es wagen konnte, das Thema anzusprechen, wiesen Untreue fast empört weit von sich. Sie wollten zudem auch keine andere Frau kennen, bei der sie sich »so etwas« überhaupt vorstellen könnten. Ich habe keinen Grund, an der Ehrlichkeit meiner Gewährsfrauen zu zweifeln und kann auch annehmen, dass bei den allermeisten bürgerlichen, vor allem den christlich orientierten Frauen, auch nur Ansätze zu erotischer oder gar sexueller Libertinage absolut tabu waren. Was diese Frauen mit ihren Phantasien, Sehnsüchten, aber auch mit ihrem Gefühl der Schutzlosigkeit machten, muss letztlich ihr Geheimnis bleiben. Manches von ihrer Not und ihrer Liebesfähigkeit konnten sie in ihre Briefe hineinlegen, aber längst nicht alle waren zu solcher Sublimierung fähig.[15]

Und doch gibt es ähnlich wie bei Magdalene B. immer wieder Äußerungen von Frauen, dass Geschlechtsgenossinnen, die sie kaum oder überhaupt nicht kannten, in besonderen, kriegsbedingten Situationen ihre Hemmungen verloren. Das wird von ihnen mit deutlichem Abstand und scharfer Abgrenzung der eigenen Person, aber doch auch nicht ohne Verständnis erzählt.[16]

ANNA K. (1910) fuhr im Januar oder Februar 1944 von Bayern nach Hamburg: »Da hab' ich auch etwas erlebt, was ich nicht für möglich gehalten hätte... Da war ein Mann und eine Frau. Nicht gerade jung, vielleicht auch so alt, wie ich damals war, Mitte 30. Ich weiß es, dass beide sich nie vorher gesehen haben, denn da unterhielten sie sich, und er muss furchtbar angegeben haben. Ich habe auch so ein bisschen zugehört... Und ich will die Toilette besuchen (*leise*), und da waren die beiden da drin. (*Langes Schweigen*) Das war so, ich möchte fast sagen, wie in einer Pestzeit, wo man alles noch mitnehmen will, was zu haben ist.«

EVA M. (1926): »Das war 1943, und da fuhren wir ... mit einem Fronturlauberzug nach Ostoberschlesien (zu einem Landarbeits-Einsatz), und der fuhr ja auch Tag und Nacht, Tag und Nacht, und noch nie in meinem Leben war ich so lange Strecken mit 'nem Zug gefahren, noch nie. Was war das für eine Stimmung! Es war gespenstisch und sehr bedrückend. Und da gab's eben auch solche Mädchen, und die Soldaten, die wussten ja auch nicht, ob sie lebend wiederkommen. Und in diesem Zug hat man sich auch geliebt. Ich hab' das nie so ganz direkt gesehen, in der Nacht war's ja auch dunkel. Und außerdem, der Zug war so voll, dass man das überhaupt ausgehalten hat... Also da waren wirklich die Gestalten aneinandergepresst, so war das... Und die Luft war auch entsprechend. Ich weiß noch, wenn man da den Kopf rausstreckte, und wie traurig war die Nacht. Es war dunkel, denn alles war ja verdunkelt, auch wenn man durch 'ne Ortschaft fuhr.«

HANNA L. (1919), die deutsche Soldatenheime in Norwegen leitete, schreibt in ihren Erinnerungen, dass Frauen mittleren Alters in Norwegen »schon außer Kontrolle geraten sind.« Auf meine mündliche Nachfrage erzählt sie: »Ja, die hatten den Alkohol und die Zigaretten unter Verschluss, und die Männer taten sehr viel, um an diese Sachen zu kommen, und haben dann auch so eine Person mit in Kauf genommen mit Intimitäten und was sie so brauchte für Leib und Seele, vor allem für den Leib, und das war manchmal nicht sehr schön.«

ERNA M. (1925) arbeitete als Schreibkraft auf dem Flughafen von Bonlanden bei Stuttgart, sie spricht von »Luftwaffenhelferinnen«, ohne sie genau zu klassifizieren: »Fast alle ausgebombte Mädchen aus Mannheim. Die mussten mit unsern Soldaten auf Bautrupp gehen, Telefonleitungen wickeln und so was... Die Mädchen waren jung und noch ein bisschen lebenslustig. Dann musste man die ja mit den Soldaten fortschicken. Man hat immer Angst gehabt, was wird da noch draus? Da hat der Chef manchmal gesagt: ›Sagen Sie mir, wen kann man mit wem fortschicken?‹ Dann hat man immer die schönen Mädchen mit den wüsten *(hässlichen)* Soldaten fortgeschickt, mit den alten.«

AGATHE K. (1917) erzählt in ihren Aufzeichnungen für ihre Enkel über das Kriegsende in Nonnenhorn am Bodensee: »Unten im Parterre wohnte eine jüngere Frau mit Kind und Mutter aus dem Rheinland. Sie war zwangseingewiesen worden, eine Ausgebombte aus Essen ... und eine sehr unangenehme Person, die dauernd deutsche Soldaten bei sich im Zimmer, auch im Bett, hatte, tagsüber. Wenige Tage später waren es dann französische Soldaten, die bei ihr ein- und ausgingen.«

URSULA VON KARDORFF in ihrem Tagebucheintrag vom 18.3.1943 in Kitzbühel: »Beobachtete im Café Reisch die Gier der Mädchen und vor allem der mittelalterlichen Frauen. Die paar Männer, die hier aufkreuzen, werden umgirrt und umgarnt. Hörte, wie neben mir einer sagte: ›Nur noch gegen Fleischmarken.‹«[17]

Wenn man über weibliches Sexualverhalten spricht, kann man nicht umhin, auch die männliche Seite ins Auge zu fassen. Eine umfassende Untersuchung über die Sexualität in den Kriegsjahren ist noch nicht in Angriff genommen worden, und sie könnte sich selbstverständlich nicht allein auf die Methode der Oral History stützen.[18] In diesem Zusammenhang muss ein kleiner Exkurs genügen.

Sicher ist, dass man auch hier stark differenzieren muss, dass es auch bei Männern puritanische Strenge und absolute Treue gegeben hat, aber ganz offensichtlich wurde das Verhalten von Männern und Frauen mit zweierlei Maß gemessen, im Bewusstsein der Männer selbst, in der breiten Öffentlichkeit und von Staats wegen.

Auf den Musterkodex für einen jungen Mann aus gutbürgerlichem Hause deutet der Brief eines Vaters an seinen Sohn im Feld hin:

OTTO H. *(mit dem seine Ehefrau in der Erziehung der drei Kinder voll übereinstimmte)* am 10.7.1940: »Deine Wiener Freundin hatte wohl angenommen, dass Du sie heiraten würdest? Es wäre für eine Bindung noch etwas zeitig gewesen, denn an Heirat kannst Du wohl noch lange nicht denken. Und einen langen Brautstand wünsche ich Dir nicht – Du weißt, ich spreche aus Erfahrung, denn bei uns lag der Krieg zwischen Verlobung und Heirat. Du kennst wohl auch noch zu wenig Frauen, um schon eine Entscheidung zu treffen. Früher kam man ja durch das viel intensivere gesellschaftliche Leben mit viel mehr Menschen zusammen als heute... Je zurückhaltender ein Mädchen ist, desto begehrenswerter ist es für den Mann. Es ist eben durch die Natur bedingt, dass ein vorehelicher Geschlechtsverkehr – auch wenn er ohne Folgen ist – beim Mann anders zu werten ist als bei der Frau, der Mann ist der gebende Teil, die Frau der empfangende (auch ohne Empfängnis). Das bedingt aber auch, dass der anständige Mann, der Ehrenmann, sich hütet, sich ein Mädchen willfährig zu machen. So wie er wünscht, ein nicht entjungfertes Mädchen zur Frau zu bekommen, so wird er – und wenn die Versuchung noch so groß ist – nie ein Mädchen deflorieren. Es laufen ja leider Gottes genug Frauen herum, an denen nichts mehr zu verderben ist.«

Dem Sohn werden Erfahrungen mit Frauen durchaus zugestanden, was bei der Tochter völlig undenkbar war. Junge Mädchen und Frauen, die ein »Verhältnis« eingingen, riskierten nicht nur die soziale Ächtung, sondern konnten, besonders wenn sie aus der Unterschicht kamen und ihre Partner häufiger wechselten, sogar als »asozial« eingestuft werden mit den bekannten Folgen der Zwangssterilisation, der Einweisung in eine Jugendstrafanstalt oder gar in ein Konzentrationslager. Die Bespitzelung und Überprüfung lag übrigens zu allererst in den Händen weiblicher Fürsorgerinnen.[19]

Den deutschen Soldaten wurde die Befriedigung ihrer sexuellen Bedürfnisse nicht nur zugestanden, sondern ermöglicht bzw. erleichtert durch die Einrichtung von Wehrmachtsbordellen zur »Hebung der Kampfmoral«.[20] Das schloss auch den Geschlechtsverkehr mit »fremdvölkischen« Frauen mit ein.[21] Beziehungen deutscher Frauen zu Ausländern wurden hingegen mit Kahlscheren, Pranger, Gefängnis, wenn nicht mit KZ bestraft. Von solchen Frauenerfahrungen muss gleich noch gesprochen werden.

Wie verhielt sich nun aber der Soldat, der Offizier, der deutsche Mann im Krieg gegenüber deutschen Frauen? Wenn Frauen darüber erzählen, so ist das natürlich eine parteiische Perspektive. Sie neigen dazu, den weiblichen Anteil an den »Belästigungen«, den es sicherlich auch gegeben hat, herunterzuspielen oder ganz zu unterschlagen. Ihre Erzählungen müssten durch die entsprechenden Berichte aus der männlichen Perspektive ausbalanciert werden. Doch verdienen ihre Aussagen Aufmerksamkeit, weil sie einen verbreiteten, spezifisch männlichen Habitus im Krieg beschreiben.

Die Nachrichtenhelferin ILSE W. (1920) schreibt am 16.7.1944 an ihren Verlobten, der auch Soldat ist: »Wenn ich mir dann oftmals so das Treiben der Soldaten anschaue und mir ihre Ansichten über dieses und jenes anhöre, wird mir oftmals recht bang zumute, und ich bin nur immer wieder froh, dass Du in Deinem Netz (*er ist wohl Funker*) nicht einen Mädeleinsatz von 900 Mädeln als Deine reizende Nachbarschaft bezeichnen kannst. Die vernünftigsten Männer kommen hier oftmals wirklich auf die tollsten Gedanken und Wünsche, die sie immer mit einem Wort zu entschuldigen wissen: Es ist halt Krieg, und wer weiß, wie lange uns diese schöne Erde noch beherbergt, nimm mit, was du kriegen kannst! Ein Standpunkt, der sicherlich auch viel Wahres in sich birgt, aber nach meiner Meinung doch nicht auf alles anzuwenden (*ist*). Und nun sind diese Männer drauf und dran und wollen mich belehren, dass alle Männer, ganz ohne Ausnahme, so eingestellt sind, und ich komme mir dann immer vor wie einer von dem Fähnlein der 7 Aufrechten, der mutig seine Sache vertritt.«

Natürlich ist die Frage berechtigt, was die Soldaten zu dieser Einschätzung der Nachrichtenhelferinnen gebracht hat, wenn Ilse W. sich schon selbst zum »Fähnlein der sieben Aufrechten« zählt.

MARIA G. (1891) schreibt an ihren Mann, Offizier in Dänemark, am 8.5.1943 über eine Verwandte, die ihren offensichtlich treulosen Mann in Konstanz besucht hat, und fügt hinzu, dass »Ehebrüche eine alltägliche Sache sind und die verheirateten Offiziere nie ohne eine Dame in den Lokalen gesehen werden (während die armen Frauen weit weg zu Hause Haus und Hof und Kinder verwalten und das nicht ahnen). Zechgelage mit völliger Betrunkenheit und dgl.«

Auch hier muss die Frage erlaubt sein, wer die zitierten Damen waren.

MARIANNE M. (1921) arbeitete in Brüssel bei der Firma Bosch in der Rüstungsindustrie auf der Schreibstube. Sie schreibt in ihren Aufzeichnungen aus dem Jahr 1975: »Dass ich nicht in die Fänge eines Soldaten, Offiziers oder eines der zahllosen auf den Besatzungsämtern herumwimmelnden Wehrmachtsbeamten fiel, verdankte ich meiner angeborenen Scheu und auch einer Ablehnung denen gegenüber, die sich im besetzten Gebiet recht angenehm die Zeit vertrieben, während die armen Frontsoldaten in Russland froren und starben.«

Welche zynischen Umgangsformen und Einschätzungen sich deutsche Männer gegenüber deutschen Frauen herausnahmen und wohl offenbar herausnehmen konnten, zeigt sich in manchen Passagen von Feldpostbriefen von Männern an Männer, die auch den relativ gebildeten Kreisen angehörten:

»Balle« (ERNST) an FRITZ K. über ein geplantes Treffen in Berlin am 23.9.1941: »Viel wichtiger ist ja die Frauenfrage! Wenn wir Sonnabend dann erst auf Suche gehen müssen, ist ja trist! Bist Du Laie denn nicht in der Lage, zwei Puppen zu organisieren? Halte einmal Rücksprache mit Deinem Ölgemälde (*welche Rolle diese Frau spielte, ist unklar*). Frauen wissen ja immer Rat. Meinen Geschmack kennst Du ja.«

Am 30.3.1943: »Einige Wochen bis zu meiner Ehe werden schon noch vergehen... Ich trinke zur Zeit so gut wie gar nichts. Gewöhnlich 8 Glas Bier, und sonst hatte ich immer eine ungeheure Latte auf dem Bierdeckel stehen. Wein ist äußerst knapp. Die Küche hat so quasi eine Hausbar. Tadellos! Einige halbnackte Frauen, es genügen zwei, und dann so einen richtigen Budenzauber... In Ermangelung von Ostereiern wünsche ich Dir dicke Eier und frohe Ostern verbunden mit erotischer Bastelstunde.« Auch nach seiner Eheschließung wird der Ton der Briefe nicht viel anders.

Viele Frauen haben traumatische Erinnerungen an Belästigungen, die sich bis zu Vergewaltigungsversuchen steigern konnten. Bei manchen kreisen die Erzählungen um diesen einen Punkt; immer wieder kehren sie dahin zurück, besonders dann, wenn es sich um Männer handelte, denen die Frauen untergeordnet, von denen sie abhängig waren. Gleichzeitig wird auch das Verhalten anderer Frauen beleuchtet, werden rühmliche Ausnahmen erwähnt.

ANNE R. (1909), die kriegsdienstverpflichtet in einer Rüstungsfabrik arbeitete, ihr Mann war im Feld: »Dann kam aber was, über das ich heut' noch empört bin. Kam er *(der Chef)*, der eine nette Frau hatte, mit 'nem Buch ... und wollte mich eintragen. Da hab' ich gesagt: ›Herr H., was wollen Sie da eintragen?‹ – ›Ihnen aushelfen, Ihr Mann ist ja nicht da. Sie brauchen doch auch mal was.‹ Wörtlich hat der das zu mir gesagt! Dann hab' ich gesagt *(entrüstet)*: ›Herr H., etwas muss ich Ihnen sagen, ich bin kein Freiwild.‹ Das ist mir im Krieg passiert. Ich bin kein Freiwild. Und dann hat eine Kollegin zu mir gesagt, die sich hat eintragen lassen, ich sei dumm, sie tät jetzt seither Schuh und alles kriege... Hab' ich zu ihr gesagt: ›Was *Sie* mache, ist mir egal, Sie denke nicht an Ihren Mann, aber ich denk' an meinen Mann.« Der Chef von Anne R. hat anscheinend Frauen, deren Männer im Feld waren, auch an seinen Sohn und an andere Männer vermittelt.

ELISABETH M. (1918), die bei der zivilen Bezirksverwaltung in Warschau war: »Mein eigentliches Problem aber wurde mein Chef. Sofort bei meinem Dienstbeginn ließ er meinen Schreibmaschinentisch in sein Büro bringen, so dass ich den ganzen Tag bei ihm saß... Mein Chef war Oberinspektor in der Uniform eines Hauptmanns, ein großer Mann aus Königsberg, Alter schätzungsweise 48 Jahre, wohl verheiratet, und mir nicht besonders sympathisch. Es dauerte nicht lang, dass aus einem gelegentlichen Handküssen während der Dienstzeit Küsse wurden, gegen die ich mich heftig wehrte...«

Aus ihrem Tagebuch zitiert sie weitere Annäherungsversuche, denen sie aber auch widerstand und die er dann auch nicht zum äußersten trieb. »Als er merkte, dass ich überhaupt kein Interesse an seiner Freundschaft hatte, hat er mich von heute auf morgen zum Kommandoflughafenbereich ›abkommandiert‹, kurz und schmerzlos und für mich total überraschend.«

Sie erlebte dann aber auch einen ganz anderen Offizier: »Während der Zeit im Fliegerhorst O. und im Flughafenbereich M. hat mir der liebe Gott buchstäblich einen Schutzengel geschickt in Gestalt eines Hauptmanns Werner B. So einen selbstlosen Freund habe ich nur einmal im Leben kennengelernt. Er war in München verheiratet, 46 Jahre alt und hatte eine einzige Tochter in meinem Alter. Er betrachtete mich als Tochterersatz und hat mich mit so viel väterlicher Fürsorge und Liebe umgeben, dass es mir heute noch wie ein Wunder vorkommt, dass es so etwas gab.«

IRMA R. (1915), Rotkreuz-Schwester in einer Führungsposition, musste sich gegen die fortgesetzten Annäherungsversuche ihres Vorgesetzten wehren: »General K. Er war ein Frauenarzt und ist dann als Generalführer vom Roten Kreuz eingesetzt worden... Ich bin dann abgehauen, weil der so hinter mir her war. Der hat Töchter gehabt in meinem Alter. Ich bin durchgegangen. Ob Sie's glauben oder nicht, ich hab' aus lauter Verzweiflung geheiratet und kam nicht weg. – Ich bin in der Nacht durchgegangen und hab' 'n Nervenzusammenbruch gekriegt.« Immer wieder kommt sie auf seine Vergewaltigungsversuche zu sprechen. Es scheint *das* Kriegserlebnis für sie gewesen zu sein. Wiederholt sagt sie: »Sie konntet sich ja nicht wehren... So'n hohes Tier!«

Was haben die Ehefrauen vom Verhalten ihrer Männer gewusst oder geahnt? Und umgekehrt die betrogenen Ehemänner vom Verhalten ihrer Frauen? Jeder und jede möchte natürlich am liebsten für den Partner die Hand ins Feuer legen, aber unterschwellig ist doch bei manchen zum mindesten ein leises Misstrauen nicht zu unterdrücken. Es deutet sich auch in den Briefen sehr eng verbundener Paare an.

MARIA G. (1891), deren Briefe ganz erfüllt sind von einer grenzenlosen Liebe zu ihrem Mann, am 3.2.1943: »Heute nacht aber, o weh, da träumte mir, denk nur, Du seist mir untreu geworden, eine Frau habe Dein Herz ganz eingenommen, und da bin ich schrecklich hilflos und betrübt dann aufgewacht, so geht's oft.«

Manche Frauen mussten mit ihren Männern böse Enttäuschungen erleben (das Umgekehrte kam natürlich auch vor).

ANNELIESE F. (1916): »Mein Mann war inzwischen erst in Posen gelandet und dann nach Bentschen weiter versetzt worden. In beiden Orten besuchte ich ihn und erwischte ihn mit einer Polin, was mir einen Schlag versetzte, das Vertrauen war zerstört.«

Wahrscheinlich hat er sie mit Geschlechtskrankheit angesteckt: »Ich fühlte mich nach der Geburt so wohl und war gesund. Mein Mann war von Posen auf Urlaub gekommen, und danach hatte ich eine ganz schlimme Unterleibsentzündung. Mein Arzt schrie mich an: ›Was haben Sie nur gemacht?‹ Ich erwiderte: ›Gar nichts, mein Mann war auf Urlaub da.‹ – ›Diese Schweine!‹ sagte er. Als ich wissen wollte, was er damit meint, gab er keine Antwort. Es gab keinerlei Mittel, die schmerzhafte Entzündung zu beheben, und ich bekam gesagt, ich könnte nie mehr Kinder haben... Damals war meine Ehe schon am Ende (*es kamen noch andere schmerzliche Erfahrungen hinzu*), und so langsam reifte in mir der Entschluss, mich von meinem Mann zu trennen.«

IRENE K. (1920): »Er hatte in seinem Schrank einen Schnellhefter mit lauter Liebesbriefen drin. Hab' sie gelesen und habe gedacht, ach Gott, alles zu deiner Zeit! Er hatte schon vor der Verheiratung Verhältnisse, ich hab's nicht gewusst. Er hatte dauernd Verhältnisse. Da hat meine Mutter ihm geschrieben. Da hat er ihr geschrieben, ich müsste mich bescheiden, er sei schließlich fünf Jahre Soldat, da hätte er das Recht dazu.
I: *Wie haben Sie das verkraftet?*
K: Ja, ja eben. Die Zeit war ja gegen uns, eigentlich (*sie meint, dass sie die Kinder nicht hätte alleine versorgen können*).«

Frau K. bestreitet, dass die Untreue ihres Mannes mit dem Krieg und der Trennung zusammenhing, es sei in seinem Charakter gelegen: »Aber ohne Krieg wäre es mir leichter gewesen, mich von ihm zu trennen. Und ohne die Nachkriegszeit erst recht.« Sie hatte zwei Kinder, das dritte war unterwegs, kein Geld und keine Heimat mehr.

Das Beispiel der Irene K. zeigt noch etwas weiteres: Die eheliche Untreue von Männern war für diese folgenlos, nicht nur, weil sie keine Kinder bekommen, sondern auch, weil ihre Frauen sich praktisch nicht dagegen wehren konnten. Eine Scheidung war für viele aus materiellen Gründen und wegen der Kinder, mit denen sie natürlicherweise stärker verbunden waren als der ferne Vater, unmöglich. Die Kriegs- und Nachkriegszeit erschwerte es für sie ungemein, sich auf eigene Füße zu stellen.

Dennoch nahmen Ehescheidungen während des Krieges zu. Sie sind aber nur der radikale Schlusspunkt einer Entfremdung und auch die Folge eines erleichterten Partnertausches für Männer im Krieg. Dass vor allem junge Ehen diesen Belastungen nicht standzuhalten vermochten, wird oft bezeugt, auch wenn es nicht in allen Fällen zur Trennung kam.

Zum Misslingen und zur Trennung trug erheblich bei, dass viele Ehen sehr rasch geschlossen wurden, ohne dass sich die Partner vorher richtig kennengelernt hatten und in den kurzen und seltenen Urlauben zusammenwachsen konnten.[22] Im Krieg selbst traten die Schwierigkeiten eines täglichen Zusammenlebens noch nicht immer offen zutage. Sie wurden überdeckt durch Zukunftsträume; die idealen Vorstellungen vom Partner nützten sich in den kurzen Zeiten des Zusammenseins noch nicht so schnell ab. Doch »knirschte« es manchmal schon in der Korrespondenz. Die schwerste Bewährungsprobe aber mussten die Ehen erst nach dem Krieg bestehen, als es darum ging, wieder zusammenzufinden und in den schwierigen Nachkriegsverhältnissen auf Dauer miteinander zu leben.[23]

Es war bisher immer nur von den Beziehungen zwischen deutschen Frauen und Männern die Rede. Wie aber standen deutsche Frauen zu den Fremd- und Zwangsarbeitern, zu Kriegsgefangenen im eigenen Land? Durch den Krieg von ihren Familien und Angehörigen getrennt, kamen diese Ausländer mit deutschen Frauen in Berührung, die unter »Männermangel« litten. Jeder Verkehr mit ihnen über das rein Arbeitstechnische hinaus war untersagt.[24] Hier geht es nur um engere Beziehungen. Die Frauen wussten, was ihnen drohen konnte, wenn sie sich mit einem »Fremdvölkischen« in engere Beziehungen einließen. Üblicherweise wurden Frauen in solchen Fällen kahlgeschoren, mussten am Pranger stehen, wurden verspottet (z. B. durch ein entsprechendes Schild um den Hals) und blieben gebrandmarkt. Dennoch hatten nicht wenige ein Verhältnis mit einem Ausländer.[25] Wie viele es waren, werden wir nie wissen. Unter meinen Berichterstatterinnen war keine, der die Haare geschoren wurden.[26]

Die Frauen erzählen immer wieder Bruchstücke, immer von anderen.

MARGARETE F. (1918) war Fotografin: »Und ich habe dann auch noch Bilder gekriegt, das war sehr weit gestreut durch meinen Beruf gewesen, von den Frauen, die sie geschoren haben, weil sie sich mit Ausländern eingelassen haben. Die waren kahl geschoren. Das waren keine eigenen Aufnahmen.
I: *Die haben Sie auch zum Vervielfältigen bekommen? Sind die dann in Zeitungen gekommen?*
F: Ja, das waren Stuttgarter Fälle. Da sah man, wie der Friseur dahintersteht und denen alle Haare abgeschoren hat. Das waren zum Teil sehr hübsche Frauen. Und der Ausdruck dieser Frauen, ich seh' das immer noch, weil ich mir das vorgestellt habe, wie entsetzlich das sein muss, was denen passiert, diese Demütigung. Wenn das in Weilimdorf (kleiner Ort bei Stuttgart) gewesen wäre, das wäre unmöglich gewesen. Die hätten sie kaputtgemacht. Da hatten sie eine Schnur um den Hals mit einem Karton, und da stand drauf: Ich bin eine ehrlose Frau. Das war kein Einzelfall, sondern das waren mehr.«

Erzählt dagegen MARGRIT H. (1924) von einer rühmlichen Ausnahme? – :«Im Dorf haben wir Kriegsgefangene gehabt, Polen. Ein Pole hat ein Verhältnis gehabt mit einer Deutschen, und da wurde zwar darüber gelästert, der Deutschen ist aber der Kopf nicht kahlgeschoren worden. Sie haben nach dem Krieg sofort geheiratet. Der Pole ist dageblieben. Eine Brotbäckerei war auf die Fremdarbeiter angewiesen, die hätten ohne die gar nichts machen können. Im Dorf war aber alles so menschlich, obwohl ein ›Goldener-Parteiabzeichen-Träger‹ da war. Ich weiß nicht, dass da irgend etwas stattgefunden hat.«

ROTRAUT J. (1924): »Bei zwei entfernten Verwandten von mir, da waren die Männer im Krieg, da war ein Pole. Habe selbst ich mitgekriegt, aha, das ist der Ersatz-Ehemann. Der Mann war nett, er war ehrlich und alles. Und als der Angetraute nach dem Krieg tatsächlich gesund wiederkam, ist der verschwunden. Wie das war und ob der Mann das heute weiß, weiß ich alles nicht, aber ich bin überzeugt, diese Frau, die ich kenne und die ich ungeheuer geschätzt habe, weil sie ihre Kinder so gut durchgebracht hat und sich wacker herumgeschlagen hat. Das menschliche Problem, wenn man mit vier Kindern allein dasteht, und da ist nun plötzlich ein Mann im Haus, der da schafft und ist nett und der braucht vielleicht auch ein bissle menschliche Wärme. Haben Sie schon mal über so Probleme nachgedacht? Ich will nicht einmal das Wort ›Entschuldigung‹ nehmen, aber wenn man das einmal bringen würde, was da wirklich passiert ist bei solchen Frauen. Viele Jahre hab' ich da so ein bissle moralisch ›dranhingeguckt‹, heut möcht ich sagen, ich kann die Frau verstehen. Sie hat vermutlich niemand weh getan. Ich will sie nicht entschuldigen, ich hab' nicht das Recht dazu, aber ich guck's heut anders an als damals. Das sind doch die Leben gewesen, die gelaufen sind, die kleinen, armen Menschen, die weiterleben mussten.«

Aber es wurden mir auch Beispiele erzählt, dass Frauen sich von Fremdarbeitern belästigt fühlten und sich energisch zur Wehr setzten. Von zwei Frauen habe ich ausführliche, aber gegensätzliche Berichte über ihr Verhältnis zu einem Franzosen. Sie sollen – stark gekürzt – vorgestellt und kommentiert werden:

THILDE H. (1921) arbeitete als Verkäuferin in einem Fotogeschäft: »Ich bin ja schrecklich gern zum Tanzen, schon vor dem Krieg. Ich bin schon heimlich zum Tanzen, schon mit sechzehn. Vater hätte mich in eine Erziehungsanstalt, wenn er's gewusst hätt'... Dann war kein Tanz mehr, ab '43. Und dann hat da ein Café -Restaurant, hat dann so was veranstaltet, da konnte jeder was zum besten geben. Tanzen durfte man nicht. Bin ich mit meinen beiden Schwestern hingegangen, und da hat man was zum besten gegeben, ein Sketch oder ein Lied. Ich hab' gesungen am Mikrofon, so was gab's.«

Dort lernte sie einen französischen Kriegsgefangenen kennen, der in Frankreich ein Tuchgeschäft hatte und für deutsche Offiziere nähen musste. Er durfte auch Zivil tragen und hatte Ausgangserlaubnis.

»Der stand halt da und hat sich sehr bemüht ... er wollte mich kennenlernen. ›Thilde, der sieht fein aus‹, sagten die beiden Schwestern. Ich sagte: ›Ich kann mich doch nicht mit einem Franzosen sehen lassen.‹ Hat mich mal abgepasst und mich zu einem Rendezvous gebeten. Hab' ich gesagt: Es geht nicht. Hat er gesagt, er komme in Zivil. Kam dann immer in Zivil. Hat sich immer weiter bemüht, und dann hab' ich endlich nachgegeben. Er hatte so 'ne feine Art. Er sprach gebrochen Deutsch, aber verständlich. Haben uns verabredet, werde ich nie vergessen, im Königshof, so ein Holzpavillon. Er saß da in der Mitte und war selig. Am ersten Abend passierte eigentlich nichts. Aber es ging dann weiter, ich habe ihn wieder getroffen, weil er so zurückhaltend war. Ich hatte damals Verhältnisse mit deutschen Soldaten, das war mir dann besonders angenehm, war mir dann eine richtige Wohltat, dieser Gegensatz, das hat mir richtig gut getan. Und das ging dann 'ne Weile, und dann hab' ich gemerkt, dass der aufs Ganze gehen wollte, ernst. Er wollte eine wirkliche Beziehung. Er hat mich wirklich geliebt. Hat mir auch nicht gesagt, dass das verboten war. Ich hab' gewusst, dass es nicht gern gesehen wird, aber ich in meiner Naivität habe gedacht, na ja. Dass es bei Strafe verboten war, das habe ich mir eigentlich nicht klargemacht. Dann hatte ich eine Kollegin, die war bei der NS-Frauenschaft, also eine 150%ige. Es war 'ne ältere Dame, ledig. Hat das immer gesehen, wie er samstags dastand mit Veilchen, war auch bissle Neid dabei. Hat zu mir gesagt: ›Wissen Sie, was Sie da tun?‹ Hab' ich gesagt: ›Ja, ich halt's mit dem Schiller. Wie hat der gesagt? Seid umschlungen, Millionen, diesen Kuss der ganzen Welt! Ich kann nichts dafür, dass Krieg ist und dass die Menschen so verrückt sind.‹«

Sie verlobte sich dann mit ihm. Ihre Bekannten fanden ihn sehr nett. Die Mutter hatte nichts dagegen. Aber ihre Kollegin zeigte sie an und sie musste zum Verhör:

»Und ich kam in ein Zimmer rein. Da saß so ein ›Oberst‹ (ich weiß nicht mehr genau den Grad), und ich seh' den, und ich weiß es von meiner Straße, der war verheiratet im Elsass und hatte eine Freundin, das war bekannt. Und *der* hat mir Vorhaltungen gemacht: Wieso ich dazu käme? Ich hätte ihm am liebsten gesagt, was Sie machen, ist auch nicht legal. Aber ich konnte ja nichts sagen, ich musste ja ruhig

sein. Er hat mich nicht gekannt, nur ich ihn. Dann sagte er: ›Jetzt müssen Sie runter zur Gestapo‹, war im Planiebau.
Da kam so ein SS-Mann, so eine Art Verhör. ›Wir machen jetzt mal nichts.‹ Aber die Adresse und alles haben sie aufgeschrieben. ›Sie verlassen Stuttgart nicht.‹ Bin ich einigermaßen erleichtert gegangen. Hab' gedacht, na also, geschoren werd' ich nicht.«
Ihr Verlobter bekam verschärften Arrest in einem Kriegsgefangenenlager in Ludwigsburg:
»Da hat er mir durch einen Lastkraftwagenfahrer einen Brief zugestellt, einen Zettel aus Butterbrotpapier und Kekspapier. Er wollte mich mal sehen im Wald in Ludwigsburg.«
Sie trafen sich tatsächlich, wurden erneut gefangen und einem Gestapo-Verhör unterzogen und mussten unterschreiben, dass sie sich nicht mehr treffen würden. Sonst passierte nichts.
I: »*Wie haben die Freunde auf die Beziehung mit dem Franzosen reagiert?*
H: Sie haben es verstanden, weil er eben sehr sympathisch war. In der Nachbarschaft, da wurde natürlich geredet.
I: *Und Ihr Chef?*
H: Der Chef hat mir gar keine Vorhaltungen gemacht. Hat mir ein Geschenk gemacht zur Verlobung und mir gratuliert. Und sie (*die Kollegin*) hat laut gesagt: ›Zu so was kann ich nicht gratulieren‹.«
Nach dem Krieg ging er zunächst nach Hause, kam aber wieder zurück, um sie zu heiraten. Sie hatte inzwischen ein Verhältnis mit einem Amerikaner, von dem sie ein Kind bekam. Der Amerikaner, in den sie wirklich verliebt war, ließ sie aber im Stich. Der Franzose wollte das Kind adoptieren. 1972 kam Thilde H. mit einer Reisegesellschaft nach Paris. Sie war inzwischen längst verheiratet, auch er war verheiratet. Sie schrieb ihm einen Brief und bat ihn um Verzeihung, die er ihr gewährte, weil er sie immer noch liebte.

ELSE BECKMANN (1915) arbeitete in der Buchhandlung der Firma Kärcher in Winnenden. Sie war eine »fanatische« BDM-Führerin, wie sie selbst sagte, damals sogar noch freiwillig, und Parteimitglied. Sie heiratete 1940 und bekam ein Kind. Der Mann musste bald darauf einrücken. Sie sagt von ihm: »Des war ein charmanter Mann, und der hat's eben mit viele Mädchen gut gekonnt, er hat mich da praktisch auch betrogen.«
Das Interview mit Else Beckmann (geführt von einem Mitarbeiter des Süddeutschen Rundfunks) beginnt mit einem Brief an den kriegsgefangenen Franzosen André B.: »Für meinen sehr geliebten André. Danke für Deine beiden Briefe, für die Lieder, die Schokolade, die Blumen. Sie haben mir viel Freude gemacht. Mein André, ich denke, dass ich jetzt vernünftig sein muss, obgleich es schlimm für mich ist, wenn ich Dich nicht so oft sehen darf. Das Wesentliche ist, dass Du mich liebst, und das macht mich glücklich. Aber wenn ich Dich sehe, mein André, musst Du auch bitte lächeln. Der Wachmann war heute lange Zeit bei mir auf dem Büro. Ich fragte ihn über die Franzosen. Man sagte, die Franzosen seien sehr frech, und er erzählte mir

viel. Sonntag hat er einem Franzosen einen Schlag versetzt. Wer war dies, vielleicht Du? Ich war immer der Ansicht, dass der Wachmann gut sei, jetzt weiss ich, dass er nicht gut ist. Er ist Dein Feind und deshalb ist er auch mein Feind. Ein Stelldichein in der Fabrik ist sehr gefährlich, denn es ist um 5.30 Uhr nicht sehr dunkel. Vielleicht ist es in acht Tagen besser. Ich kann zwei Worte außen an Deinem Brief nicht lesen, muss ich Dir Papier geben? Es kommt ein Wort, aber das kann ich nicht lesen. Ich habe von Marianne eine Gesichtscreme für Dich bekommen, aber ich denke, dass Dein Kamerad Dir die Creme gegeben hat. André, abends musst Du rechts gehen. Mein André, Du darfst immer nur mir gehören, denn ich liebe Dich so. Ich gebe Dir meine süßesten Liebkosungen, meine größten Küsse. Dein grosses Kind Else.«...

I: »*Wie hat denn der Briefverkehr funktioniert?*
B: Des war also praktisch nur im Vorübergehen. Dass man das in der Hand hat, und jemand läuft vorbei oder umgekehrt. Wenn er einen Brief in der Hand g'hett hat, dann hat mr's so eig'richtet, dass man sich möglichst nahe komme isch.
I: *Da konnte Ihnen ja auch niemand helfen. Das durfte ja kein Mensch wissen.*
B: Noi, deshalb han i des ja ganz allei... Gell, des isch so a prickelnde Sache worde, und des isch so ein netter Kerl g'wese, und an Mann han i, der nebenaus goht (*fremd geht*), und da war i schon beim Rechtsanwalt au nach der Geburt von dem Kind. Und han die Scheidung ei'g'legt, mit dene Briefe, i han die ganze Briefe vorg'legt von dene Freundinnen, war also schon Grund...
I: *Gab es denn einen Moment, wo Sie sich hätten treffen können mit dem André?*
B: Nein, nein, gell, i moin, im G'schäft im Treppenaufgang.
I: *Er hat auch bei Kärcher gearbeitet.*
B: Ja, mit dene Gefangene, und da hent die in der Firma g'schafft. Und da hat sich des, vielleicht ein Händedruck, vielleicht eine Umarmung, des weiß i au net, aber mehr hat's gar net gebe...
I: *Sie haben sich gesehen, Sie haben Schokolade bekommen, haben mal einen Händedruck ausgetauscht und Briefe geschrieben, das war so die Liebesgeschichte.*
B: Das isch die ganze Liebesgeschichte. Und wenn man denkt, was diese liebliche Liebesgeschichte, was die dann für Folgen g'habt hat.«

Am 10.11.1942 durchsuchte die Gestapo das Gefangenenlager der Firma Kärcher und fand die französischen Liebesbriefe der Else Beckmann. Sie wurde verhaftet.

B: »Wegen verbotenen Umgangs mit Kriegsgefangene, des war verbote, wenn man sich des vorstellt, heut sind überall Partnerstädt mit Frankreich. I war also praktisch die erscht (erste), die a Partnerschaft g'sucht hat mit Frankreich.« (*lacht*)

Sie kam für eine Nacht ins Gefängnis in Winnenden und musste am nächsten Tag nach Stuttgart zur Gestapo. Ein Polizist begleitete sie zum Bahnhof.

I: »*Auf dem Weg zum Bahnhof, war das nicht ein Spießrutenlaufen?*
B: Ha freilich, aber da isch des so, da tut m'r des alles weg, 's war a Spießrutenlaufe. Mei Mutter hat später mole g'sagt, der Lehrer hot in der Schul angekündigt, um die und die Zeit kommt die Frau nach Stuttgart und sie sollten als warnendes Bei-

spiel do gucke. Natürlich han i des net beachtet, i han überhaupt keine Leut a'guckt und nix. Da macht m'r Vogel-Strauß-Politik. I hab' nix g'sehe mehr.«

Im Dezember '42 wurde Else Beckmann zu einer fünfwöchigen Gefängnisstrafe verurteilt und kam ins Frauengefängnis nach Gotteszell bei Schwäbisch Gmünd.

I: »*Mit welchen Gefühlen ist die Mutter Else Beckmann nach Gotteszell gegangen?*
B: Mit ganz schlimme Gefühle. Aber trotzdem, in Winnende, i kann m'r s denke, i hab' mir extra a Hütle kauft, ein Hütchen, schön, und hoch erhobenen Hauptes in Winnenden rumg'laufe, und da musst man ja selber hinfahren nach dem Gotteszell, hab' i au g'macht mitsamt dem Hütle, wo i entlasse worde bin, han i ja 's Hütle wieder kriegt, net. In dem Gotteszell kriegt m'r ja überhaupt nix Eigenes, nix, nur Sache von dort. Ein graues Gewand und 'n Riesenschlafsaal, wie viele, weiß i net, sind's 50 g'wese oder no mehr dort, immer in Doppelbetten. Jedes hat so a kariert's Beutele g'habt, wo man halt 's Brot rei duo (*reingetan*) hat, 's übrige, des war mir halt jeden Morgen rausg'stohle. Die andere, die ebe scho Jahre des machte, die hent ebe no mehr Hunger g'hett. No han i's halt so g'macht, wenn i Brot übrigg'hett han, han i's glei verteilt. Des war an sich a schlimme Zeit, und dann des Schlafe vor allem mit so viel Leut, und da sind zwei riesige Kübel dag'stande fürs Wasserlasse, und die sind natürlich gegen früh überg'laufe, und die, wo dort in der Nähe g'schlofe hen, die hen da Rabbatz g'macht, wenn die dann komme sin, no hen se's net g'lasse (*lacht*), und sonst tagsüber, da war's erträglich, bin i no eiteilt worde zu 're (*einer*) Firma in Schwäbisch Gmünd zum Nähen. Da bin i 's erschte Mal an 're elektrische Nähmaschine g'sesse, und da musst man an die Gasmaske die Bändel da annähe. In han da viel kaputtg'macht, weil i konnt überhaupt net nähe, aber da hen die drüber weggesehe. So kurz war eigentlich keine dort, was dort war, die haben alle Jahre verbringen müssen.
I: *Die waren wegen desselben Delikts in Haft?*
B: Oh, da hat's alles mögliche g'hett. Au scho wege dem. Wegen Ehebruch sind sie damals noch im G'fängnis g'wese, Kindsmörderinnen usw. 'S Schlimmste war Weihnachten in Gotteszell, hot m'r au in d'Kirch dürfe, und die viele Fraue, das is ja no ein Jammer, jetzt, das muss i sage, bei mir sind keine Träne komme, des isch an mir, wie wenn i's gar net erleb. Und auch die Jahre nachher hab' i des verdrängt, des kann m'r gar net so an sich ranlasse.
I: *Und was passierte denn dann, als Sie zurückkamen?*
B: Da hat's viele, die hent mich nicht mehr gegrüßt und sind an mir vorbei'laufe, es war ja immer no Kriegszeit, grad die von der Partei, i hätt' ja da vielleicht manchem schade könne, aber i hab' des alles so verdrängt g'habt, aber i han registriert, der grüßt nimmer, und der grüßt au nimmer. Und später sind ja die ganze Männer sowieso im Krieg g'wese ...
I: *Gab's denn auch Zeichen von Solidarität mit der etwas verfemten Else Beckmann?*
B: Ja, da kann i mi ebe an eine Frau erinnern, die hat a Wirtschaft g'hett in der Marktstroß, die hat meiner Mutter 'n Guglopf (*Gugelhopf, ein Kuchen*) bracht. Das war ein Solidaritätsgefühl. I hab' nie mit jemand über des g'sproche, i wollte nix mehr.«[27]

Else Beckmann bekam dann wieder eine Stelle, wo die Leute von dem Vorfall nichts wussten, ihre Scheidung wurde vollzogen, sie wurde aus der Partei ausgeschlossen. Von André bekam sie nur noch einen Brief aus Ratibor. Über eine Deckadresse eines anderen Franzosen erfuhr sie, dass es ihm gut ging. Die übrigen gefangenen Franzosen behandelten sie besonders freundlich. Nach dem Krieg hat sie sich an niemand gerächt.

Der Vergleich der beiden Geschichten belegt beispielhaft, auf wie unterschiedliche Weise solche Beziehungen zustandekamen, sich entwickelten, von der Umgebung aufgenommen und öffentlich geahndet wurden und was das Erlebnis für das Leben der Beteiligten bedeutet hat.

Thilde H. war ledig, recht lebenslustig, wechselnden Männerbekanntschaften aufgeschlossen. Die Initiative ging von dem französischen Gefangenen aus, seine Aufmerksamkeit, Liebe und Fürsorglichkeit, seine »feine Art« im Gegensatz zu ihren deutschen Soldatenbekanntschaften taten ihr gut. Sie ließ sich auf ihn ein, ohne ernste Absichten zu haben, während er eine dauerhafte Bindung anstrebte. Die beiden konnten ihre Beziehung bei Einladungen, Veranstaltungen, Spaziergängen bis zu einem gewissen Grade ausleben, weil er mehr Bewegungsfreiheit genoss als andere Kriegsgefangene.

Auch Else Beckmann war für die Freundlichkeit eines Mannes empfänglich, aber aus anderen Gründen: Sie war enttäuscht von ihrer jungen Ehe, ihr Mann hatte sie auf infame Weise betrogen, und sie betrieb die Scheidung. Ihre Parteizugehörigkeit, die ohnehin nur noch formal war, hinderte sie nicht in ihren fraulichen Gefühlen zu einem »Feind«. Sie hatte die Beziehung nicht gesucht, sie ergab sich zufällig, die Initiative ging eher von ihm aus. Es blieb auch bei einer fast platonischen Beziehung mit mühsam zusammengestoppelten Briefen, einem gelegentlichen Händedruck, kleinen Geschenken. Mehr ließen die Umstände nicht zu. Die Umgebung reagierte bei Thilde H. erstaunlich unbefangen: Mutter, Freunde und sogar ihr Chef duldeten ihr Verhältnis nicht nur, sondern unterstützten es sogar, weil sie ihren französischen Freund sympathisch fanden. Eine Ausnahme machte die »Hundertfünfzigprozentige«, bei der – nach Ansicht von Thilde H. – auch Neid auf ihre bei Männern so erfolgreiche Kollegin mitspielte. Hinter ihrem Rücken wurde schon geredet, aber mehr so, wie Nachbarn gern den etwas lockeren Lebenswandel einer Frau zu kommentieren pflegen.

Ganz anders bei Else Beckmann in Winnenden, wo man nicht so in der Anonymität verschwinden konnte wie in der Großstadt Stuttgart. Dort reagierten die Leute nahezu geschlossen ideologiekonform bis hin zum Lehrer. Thilde H., die mit ihrem Freund viel intimer geworden war, kam glimpflich davon. Else Beckmann musste für ihre harmlose Liebesgeschichte schwer büßen. Sie wurde vom Arbeitsplatz weg verhaftet und musste eine fünfwöchige Gefängnisstrafe – mit Schwerverbrecherinnen zusammengesperrt – unter unwürdigen Bedingungen verbringen. Ihre gesellschaftliche Isolierung hielt bis zum Kriegsende an, abgesehen von einzelnen Solidaritätsbekundungen. Thilde H. tröstete sich nach dem Kriege rasch mit einem Amerikaner und ließ ihren treuen französischen Freund, den sie sogar geheiratet hatte, buchstäblich sitzen. Else Beckmann verlor die Spur ihres »Geliebten«. Sie wollte ihn jetzt ihrerseits auch nicht in Unannehmlichkeiten wegen einer Beziehung zu einer Deutschen bringen. Auch die fehlenden Sprachkenntnisse waren ein Hinderungsgrund. Thilde H. hatte keine Scheu, nach 25 Jahren wieder Kontakt zu ihrem Freund zu suchen, Else Beckmann verdrängte das schlimme Erlebnis total. Sie hatte auch keine Rachegefühle gegenüber denen, die ihr das angetan hatten. Als heute 75jährige würde sie sich sehr freuen, ihren André wiederzusehen.

Dass Männern hingegen selten etwas passierte, wenn sie mit Fremdarbeiterinnen anbändelten, wird mehr als nur einmal bezeugt.

WALTRAUD G. (1926): »Ich glaube, niemand sah in den französischen Kriegsgefangenen einen Feind. Sie waren arme, bedauernswerte Opfer des Krieges, von der anderen Seite zwar, die wohl noch länger auf ihre Heimkehr warten mussten. Manches Mädchen hätte wohl ganz gerne mit ihnen angebändelt, das war verboten, kam aber vor. Beziehungen (*von Männern*) zu polnischen Zivilarbeiterinnen aber wurden toleriert. Ich weiß auch von Kindern aus diesen Beziehungen.«

Es ist hier nicht der Ort, das männliche Sexualverhalten in den besetzten Ländern darzustellen, dazu fehlen genauere Recherchen.[28] Einige wenige Stichworte mögen zeigen, daß auch hier ganz eklatant mit zweierlei Maß gemessen wurde.

Wir wissen, dass den Soldaten Beziehungen zu Frauen in den besetzten Ländern erlaubt waren. In Norwegen waren sie sogar erwünscht wegen der zu erwartenden »nordischen« Kinder[29], auch wenn Heiraten auf Schwierigkeiten stießen. Es gab ungefähr 500 Wehrmachtsbordelle[30], für die Frauen der besiegten Völker, auch Jüdinnen, z. T. brutal zwangsrekrutiert wurden. Aus Angst vor Geschlechtskrankheiten versuchte man auf Seiten der Wehrmacht und des NS-Regimes, das Sexualverhalten zu kontrollieren und zu »verwalten«, was nur unvollständig gelang.[31] Wir haben Berichte, dass deutsche Männer – obwohl offiziell verboten und unter Strafe – auch vor Vergewaltigungen nicht zurückschreckten. Gleichwohl gab es aber auch freie Kontakte und echte Liebesbeziehungen.

Was wussten und wissen deutsche Frauen über dieses Verhalten deutscher Soldaten und Offiziere? Was haben ihnen ihre Männer und Söhne davon erzählt? Erlebnisse ehelicher Untreue wurden schon mehrmals erwähnt. Frauen haben auch vom Treiben deutscher Wehrmachtsangehöriger viel mitbekommen, wenn sie bei der Wehrmacht arbeiteten. Auch das kam schon zur Sprache. Darüber hinaus haben Männer in ihren Briefen oder mündlich einiges mitgeteilt, auffälligerweise immer von Kameraden, deren Seitensprünge sie angeblich weder billigten noch mitmachten.

ANNELIES N. (1906) erwähnt, ihr Mann habe ihr von Offiziersgelagen mit norwegischen Frauen geschrieben, was »ihn in Not gebracht hat, denn was dabei verbraucht wurde, ging den Soldaten ab«.

TILLY H. (1913): »Mein Mann hat erzählt, in Norwegen war es keine Schande, wenn da einer ein Kind gekriegt hat ... Und hat spaßeshalber (*sic!*) immer erzählt von einem Kollegen. Der hatte da oben ein Kind. Und da hat er gesagt, was sage ich nur? Und da hat er gesagt, ich sage einfach zu meiner Frau, ich habe müssen. Die SS-Leute sollten ja Kinder zeugen, rassisch einwandfreie. Das hat mein Mann immer im Scherz erzählt.«

Viel offener schrieben dagegen Männer untereinander:

HERBERT an FRITZ K. am 9.7.1941 (*Herbert ist als Soldat auf dem Balkan eingesetzt; Fritz K. ist verlobt*): »Bei den Frauen musst Du Dich besonders vorsehen. Von 100 sind 99 krank. Da siehst Du erst, wie gut Du es hast.«

Am 28.8.1941: »Ich bin dann (nach dem Dienst) in die nächste Stadt gefahren und habe da einen draufgemacht. Schade, dass Du nicht dabei warst! So, wie man hier mit den Frauen reden kann und wie die sich anbieten, findet man kaum wieder. Abends hatte ich dann noch ein Fass Bier gestiftet. Hatte ich Dir überhaupt schon geschrieben, dass wir im Horst einen Puff haben? Er soll verhindern, dass die Landser nach draußen gehen und sich irgendwie anstecken.«

Keine einzige Frau hat über Bordellbesuche *ihres* Mannes gesprochen, jede hätte auch nur den leisesten Verdacht weit von sich gewiesen. Die allermeisten wissen bis heute nicht, dass es diese Etablissements überhaupt und in so großer Zahl gab.[32] Und keine würde auch nur für möglich halten, dass es in ihrem Freundes- und Bekanntenkreis Vergewaltiger gegeben hat. Die deutsche Wehrmacht war in den Augen der allermeisten auch in dieser Beziehung »sauber«.

Exkurs: Lebensborn

Die damals noch fast allgemein akzeptierte Norm von der Treue zwischen Mann und Frau wurde aber nicht allein dadurch unterlaufen, dass im Krieg unter den Soldaten außereheliche Beziehungen geduldet wurden, sondern noch viel mehr durch den Wunsch der Parteispitze, »erbgesunden Nachwuchs« zu befördern, was gerade im Krieg wegen der vielen Gefallenen zu einem dringenden Gebot wurde. Schon 1935 hatte Heinrich Himmler den »Lebensborn« gegründet. Im Laufe des Krieges entwickelten vor allem er und Martin Bormann Entwürfe, die auf die Auflösung der monogamen Bindungen zielten und dem deutschen Mann das Recht auf außerehelichen Geschlechtsverkehr zwecks Zeugung einer größeren Zahl von Kindern zubilligten, ja ihn sogar dazu ermutigten, wenn nicht verpflichteten. So befahl Himmler den letzten Söhnen der SS, »so rasch wie möglich durch Zeugung und Geburt von Kindern guten Blutes dafür zu sorgen, dass ihr nicht mehr die letzten Söhne seid«, bevor sie wieder an die Front zurückkehrten. Martin Bormann befürwortete unehelichen Geschlechtsverkehr zwecks Zeugung von Kindern, indem er das Wort »unehelich« aus dem Sprachgebrauch streichen wollte.[33]

Im Krieg konnten diese Pläne, die tatsächlich auf eine Degradierung der Frau zur »Zuchtstute« oder »Gebärmaschine« hinausliefen, der breiten Öffentlichkeit noch nicht zugemutet werden, dennoch wurde unter der Hand und mit der allgemeinen Aufforderung, »dem Führer möglichst viele Kinder zu schenken«, der Ehebruch amtlich sanktioniert in eklatantem Gegensatz zu allen feierlichen Bekenntnissen zur Würde der Frau eines deutschen Mannes.

Wie wirkte das auf die Frauen? Von den zitierten Auffassungen Himmlers und Bormanns wussten sie damals nichts und wissen sie bis heute kaum etwas. Über ihre Geburtenfreudigkeit wird noch zu reden sein. An Appelle, unehelich Kinder in die Welt zu setzen, können sie sich nicht erinnern. Das wäre auch ihren verinnerlichten Moralvorstellungen stracks zuwidergelaufen.[34] Auch die Vorstellungen der Frauen über die nationalsozialistische Einrichtung des »Lebensborn« waren und sind ziemlich vage. Nur ganz wenige kamen persönlich mit der Organisation in Berührung, einige wissen von Erfahrungen ihrer Bekannten oder Freundinnen. Ganz dunkel glauben manche, sich an Gerüchte über diese Anstalten zu erinnern, in denen angeblich BDM-Mädchen mit SS-Männern zwecks Paarung zusammengebracht wurden, um reinrassige Kinder zu zeugen, die dann in diesen Heimen aufgezogen wurden.

Das einzige Zeugnis einer Frau darüber, das ich ermittelt habe, ist ebenfalls recht unbestimmt. ELFRIEDE S. (1921): »Und ... sicher, mit Mutterkreuz, ja, das hat's auch gebe, aber ... es war auch ... die Tendenz ... später, nachher schon, dass mehr Kinder auf d'Welt kommen sollet, und es hat ... das war in Esslingen mal, wie ich noch in Esslingen war, da sind ... isch von der SS irgendso eine Veranstaltung g'wese, Ball oder irgendsoetwas ähnliches, und da sind sämtliche Führerinnen dazu eingeladen worde, und mir sollet hingehe, und ich war damals, einmal war ich noch net in der Tanzstunde g'wese und hab' mir gesagt, tanze kannst eh net, gehst net hin, und für so Veranstaltungen war i auch net so und ... irgendwie zu de Männer hab' i auch koi so Beziehung g'habt. Und da isch nachher erzählt worde, dass die also versucht haben, scho ziemlich direkt auf die Mädle einzugehe und dass die nix dagege g'habt hättet, wenn's zu 'me Verhältnis komme wär, egal, ob verheiratete, hat ja net verheiratet sei brauche, also des stimmt schon. Und dann hab' i eine Bekannte g'habt, die heut in Winterbach isch, die war nachher eine Zeitlang, da waren die evakuiert nach Nürtingen zum Jungborn (*sie meint Lebensborn*) und im Jungborn ... da waren Mädel untergebracht, die praktisch uneheliche Kinder zur Welt bracht haben, und des isch von der ... Bevölkerung ... isch des net so angnomme worde, aber 's isch halt von der Partei her gefördert gewesen, aber letzten Endes sind die Mädel nachher au im Stich g'lasse worde, gell, und die Kinder, und 's isch ja nachher durch den Krieg und durch 's Ende vom Krieg isch 's ja, hat's ja au koi Fortsetzung g'funde, 's isch also e sinnlose Sache g'wese, gell... Und des isch wieder was ganz anders, g'hört da net her, aber man, es isch ja bekannt, dass zum Beispiel von Norwegen her viele heut noch en Anspruch g'stellt haben, weil's, weil ihre Väter deutsche Soldaten waren, gell. Und wie weit des alles freiwillig war oder was da war, gell.«

Die speziellen Forschungen über den Lebensborn sind zu präziseren Ergebnissen gekommen.[35] Die Heime boten in erster Linie schwangeren, nicht verheirateten Frauen die Möglichkeit, in einem Entbindungsheim des Lebensborn das Kind unauffällig zur Welt zu bringen, um eine Abtreibung zu verhindern. Nach wie vor ist ungeklärt, ob es auch Heime gegeben hat, die zusätzlich oder ausschließlich der Zeugung »erbbiologisch wertvollen« Nachwuchses dienten. Nur ganz wenige Frauen aus meinen Befragungen scheinen das zu bestätigen.

RUTH B. (1919) hatte als Krankenschwester 1940 u.a. einen »sehr hohen SS-Offizier« zu pflegen. Sie schreibt in ihren Lebenserinnerungen: »Eines Tages erhielt er von sechs SS-Offizieren Besuch. Er blinzelte, ich betrat das Zimmer, und zwölf gierige Augen betrachteten mich. Dann fragte mich der Patient, was wir für eine Schwesternschaft wären, da wir so ›hochgewachsene Schönheiten‹ als Schwestern hätten. Sehr ausführlich erzählte ich von unserer Schwesternschaft (*Ev. Diakonieverein Berlin-Zehlendorf*). Einer der Offiziere räusperte sich und stammelte: ›Haben Sie schon mal etwas von unserem ›Lebensborn‹ gehört?‹ Ich hatte!! Dort wurden arische Menschen gezüchtet. Nun wusste ich genug. Was ich im einzelnen sagte, weiß ich nicht mehr. Jedenfalls entschuldigte sich der Patient, als die Besucher weg waren.«

LORE B. (1923): »Wir hatten einmal ein Mädchen, die Trudel. Die hatte einen Freund, der war bei der Waffen-SS. War verheiratet, hatte drei Kinder und die Freundin. Mit dieser Freundin bekam er drei Kinder, und das wurde gefördert vom Dritten Reich. Mein Gott, ich war damals siebzehn. Die hat mich aufgeklärt, also dass die deutsche Frau, die gesunde deutsche Frau eben dazu da ist, dass sie von deutschen Männern einen kerngesunden, germanischen Nachwuchs produziert. Und da war sie eifrig dabei. Die hat mir auch erzählt, ich habe das nie geglaubt und habe es nachher noch oft gehört, dass es diese Häuser gab, wo eben ausgesuchte Männer und Frauen beisammen waren zur Zeugung dieses rein arischen Nachwuchses.«

Die einzige Frau unter meinen Interviewpartnerinnen, die selbst ein Lebensborn-Kind hatte, ist MARIANNE W. (1920). Das Interview sei deshalb etwas ausführlicher zitiert:

»Ich habe sehr sorgen müssen, dass ich die Tochter groß brachte. Meine Tochter ist im Harz in Wernigerode geboren, grad in einem Lebensborn-Heim... Der Vater war bei der SS. Ich konnte nicht heiraten, er war verheiratet. Er hat aber für mich gesorgt die Jahre hindurch und hat mir das ermöglicht, dass ich in das Heim konnte und dort meine Tochter zur Welt bringen. Das war im Harz in Wernigerode. Da war ein Heim für werdende Mütter. Das war eigentlich eine sehr schöne Zeit. Ich möchte sagen, fast die schönste Zeit in meinen jungen Jahren. Da kann ich überhaupt nicht klagen. Es wird bekannt sein, dass die Mütter, es waren so ca. 20 - 25 Mütter, sich alle mit den Vornamen angesprochen haben, z. B. Frau Marianne und Frau Wilma. Wir hatten ein Mütterhaus und ein Entbindungshaus mit Kreißsaal u.a., einen Arzt, wenn Komplikationen waren. Das war über der Straße ein großes Haus, wir haben uns da sehr wohl gefühlt. Abgeschirmt von der Umwelt, wir hatten da eine Hebamme, eine Oberschwester, NS-Schwestern. Es war alles da, was für uns Mütter nur denkbar war.

I: *Sind Sie zu dieser Einrichtung ›Lebensborn‹ gekommen über ›Glaube und Schönheit‹ (BDM-Organisation)?*

W: Der Vater meiner Tochter hatte Verbindung mit der SS unmittelbar und hat sich da erkundigt beim Rasse-, Haupt- und Siedlungsamt (*sie meint das Rasse- und Siedlungs-Hauptamt in Berlin*). Da bekamen wir die Aufforderung, beide, uns untersuchen zu lassen. Das war so ein SS-Gremium. Arier-Nachweis, mindestens bis zu den Großeltern. Das konnte ich erbringen.

I: *Haben Sie den Mann schon vorher gekannt?*

W: Ja, ja.

I: *Sie wurden ihm nicht zugeteilt, wie man es auch hört.*

W: Nein, um Gottes willen. Davon habe ich überhaupt nichts gehört, nichts gesehen. Das dritte war dann ein polizeiliches Führungszeugnis. Ich konnte dann meinen Dienst nicht mehr ausfüllen, ich hatte in Thüringen eine Schwester, die war in Blankenburg verheiratet. Da bin ich vorher hingefahren, hatte da noch eine schöne Zeit, und dann wurde ich halt einberufen, konnte ich kommen nach Wernigerode. Da war ich, bis meine Tochter geboren wurde und dann danach noch, die ganze Stillzeit. Das war alles unter Aufsicht.

I: *Der Vater hat für das Kind gesorgt?*

W: Ja, ja. Das kostete ja, das Ganze.

I: *Ist dem Vater im Krieg nichts passiert? Hat er nach dem Krieg noch für das Kind gesorgt?*

W: Ja, er ist 1947 verstorben, und dann habe ich Halbwaisenrente bekommen für meine Tochter. Es ist weiter gesorgt worden. Wie wir wieder nach Hause kamen, habe ich die Halbwaisenrente beantragt. 1947 ist er verstorben, auch an Kriegseinwirkungen ...

I: *Sie haben dann zu Hause ihren Beruf wieder ausgeübt? (Sie war staatlich geprüfte Schwimmeisterin).*

W: Ja, ich bin dann mal zurückgegangen, habe meine Tochter dort gelassen im Heim in Wernigerode. Da wurde gefragt, ob man das Kind mitnehmen könne. Haben Sie eine Pflegestelle oder können Sie es bei sich behalten? Oder wollen Sie es adoptieren lassen? Aber da habe ich gesagt, das kommt überhaupt nicht in Frage! Ich nehme meine Tochter mit. Aber ich kann sie jetzt noch nicht brauchen. Ich gehe erst wieder in den Beruf zurück. Da konnte ich die Heide, meine Tochter, dalassen. Und ich kriegte dann mal ein Telegramm während meiner Dienstzeit: ›Kind erkrankt, kommen!‹ Ich hatte zu bald abgestillt. Ich hatte genug Milch, aber uns wurde gesagt, bloß nicht zu schnell abstillen, nur stufenweise. Es gibt eine Magenverstimmung. Bei ihr war es der Fall. Ihr Leben hing bloß noch am Strohhalm. Da habe ich alles stehen und liegengelassen und bin raufgefahren. Und sie lag schon ganz alleine im Zimmer, ich durfte dann rein und habe ihr teelöffelweise Muttermilch gefüttert. Das haben die Mütter alle spendiert, die noch im Heim waren. Denn es war ein Haus für Mütter gewesen und ein Stillzimmer, es war alles getrennt. So habe ich sie dann wieder über die Runden gekriegt. Da kam sie dann nach Kochensalis, in das Haus Stondenwiese, das ist auch wieder ein Kinderheim bei Altenburg, der Spielstadt, Spielkartenstadt, ist ein schönes Kinderheim. Dort habe ich sie dann jede Woche besucht, und kurz vor Weihnachten habe ich sie dann nach Hause genommen. Von da ab hab' ich sie immer bei mir gehabt.

I: *Was waren das für Frauen im Lebensborn?*

W: Das waren Durchschnittsfrauen. Die mögen verheiratet gewesen sein, mögen ledig gewesen sein, Flakhelferinnen, die zurückgekommen sind vom Feld. Wir haben uns nur mit dem Vornamen angesprochen. Es war ein sehr gepflegtes, schönes Haus. Kann's nicht anders sagen.

I: *Haben Sie die Frauen dort als angenehm empfunden?*

W: Sehr. Es tut mir leid, dass wir uns nach dem Krieg aus den Augen gelaufen sind. Dass wir uns so getrennt haben. Keine hat mehr von den anderen gehört. Vielleicht mal durch einen Aufruf?

I: *Sie waren bis jetzt die einzige, die etwas Persönliches vom Lebensborn erzählt hat.*

W: Ich kann mich an die ganzen Schwestern erinnern... *(zählt die Namen auf).* Es war wunderschön, eine sehr schöne Zeit. Kann's nicht anders beschreiben!

I: *Wurden Sie in diesem Heim auch politisch beeinflusst?*

W: Nein, überhaupt nicht. Es gab eine Namensgebung, keine Taufe. Da war ein Standesbeamter da in Wernigerode, es war eine Namensgebung mit der Fahne, geschmückt.«

Frau W. hat später einen Kriegsteilnehmer (einen »Stalingradkämpfer«) geheiratet, der das Kind adoptiert hat. Zum Gespräch ist quellenkritisch zu bemerken, dass Herr W. die ganze Zeit anwesend war, wodurch sie gehemmt erschien, wie »unter Aufsicht«. Er mischte sich ab und zu auch selbst ein. Dennoch ist ihre subjektive Erinnerung an die Zeit in den Heimen des Lebensborns sicher ehrlich. Dass in den Bedingungen, die erfüllt werden mussten und in der Namensgebung statt der Taufe strikte ideologische Vorgaben lagen, durchschaut sie nicht.

Schreiben – Feldpost

Um die langen Zeiten der Trennung halbwegs erträglich zu machen, gab es nur ein Mittel: Schreiben. Mehr als 40 Milliarden Feldpostbriefe wurden während des Zweiten Weltkriegs geschrieben, drei Viertel davon aus der Heimat an die Front, überwiegend von Frauen.[36]

Ich habe Tausende von Briefen von Frauen an Männer und von Männern an Frauen gelesen, vollständige Korrespondenzen und Teile daraus, alle im Privatbesitz der von mir befragten Frauen. Feldpostbriefe von Frauen werden bislang kaum systematisch gesammelt und archiviert. Sie sind in weit geringerer Zahl erhalten geblieben als die der Männer, weil die Männer sie nicht immer aufbewahren und heimbringen konnten, vielleicht auch wollten. Frauen haben z. T. auch ihre eigenen Briefe vernichtet, weil sie sie für nicht so wichtig hielten. Die Briefe ihrer Männer und Söhne haben sie meist aufgehoben. Über Feldpostbriefe von Frauen gibt es noch keine wissenschaftlichen Untersuchungen, im Gegensatz zu denen der Männer[37], eine umfassende und vergleichende Analyse steht noch aus. Auch ich kann sie in dieser Arbeit nicht leisten, sie würde den Rahmen sprengen.[38] Versucht werden soll eine Skizze mit nur wenigen Beispielen.

Gegen Feldpostbriefe als historische Quelle können gravierende Einwände erhoben werden. Es war den Schreibenden bekannt, dass ihre Briefe zensiert werden konnten. Das erklärt auch, warum über die Kriegslage, die Stimmung und die Politik im allgemeinen nur sehr vorsichtig berichtet wird, und wenn, dann meist systemkonform. Aber die Schreibenden verstanden damals, zwischen den Zeilen zu lesen, und dem aufmerksamen Leser heute gelingt das meist auch. Frappierend ist, wie trotz allem immer wieder offen über den »unsinnigen Krieg« geredet wird.[39]

Selbstverständlich prägt auch die Rücksicht auf den Adressaten Inhalt und

Ton der Briefe. Niemand wollte den anderen belasten, im Gegenteil, man wollte einander Mut machen und möglichst auch erfreuen. Deshalb geben die Briefe im allgemeinen ein geschöntes Bild, ganz abgesehen davon, dass das Grauen des Krieges alle Mitteilbarkeit überstieg. Dennoch ist diese innere Zensur nicht lückenlos. Die oft entsetzliche Wahrheit schlägt immer wieder durch – und deshalb sind diese Zeugnisse von besonders beachtenswerter Signifikanz.

Kein Grund, den Briefen zu misstrauen, besteht bei allen Themen, die nicht politisch aufgeladen waren. Sehr viel lässt sich über gegenseitige, familiäre, verwandtschaftliche und nachbarschaftliche Beziehungen, über Alltagsarbeit und Alltagsleben, vor allem aber über Wünsche, Hoffnungen und Sehnsüchte aus den Briefen erfahren. Schon allein deshalb sind sie eine unersetzliche Quelle.

Die Briefe decken das ganze Spektrum des Kriegsalltags ab.[40] Deshalb werden in allen Kapiteln dieses zweiten Teils auch die Briefe als Belege herangezogen. Manches von der damaligen Stimmungs- und Bewusstseinslage geben sie unmittelbarer wieder als die Erinnerungen von heute. Wenn die Töchter die Briefe ihrer Mütter aufbewahrt haben, kommen auch Frauen der Jahrgänge zu Wort, die man nicht mehr selbst befragen kann. Es lässt sich damit – trotz aller gebotenen Vorsicht – einiges über die Einstellung zum Krieg und zum Nationalsozialismus aus den Briefen entnehmen. Entsprechende Belege werden in Band III eingebaut werden.

Hier geht es lediglich um den Aspekt »Trennung«. Die Untersuchungsfragen lauten: Wie spiegelt sich das Getrenntsein in den Briefen, und wie haben die Frauen (und die fernen Männer) diese Ferne empfunden, wie versuchten sie, diese zu überbrücken? Soweit Einschätzungen über Kriegsverlauf und Kriegsende über die Chance des Zusammenkommens entscheiden, werden sie einbezogen.

Die Korrespondenzen sind in Thematik und Stil sehr verschieden, nicht allein abhängig vom Bildungsstand und dem Niveau der Briefpartner, sondern auch von der Intensität ihrer Beziehung und der Lage, in der sich die Schreibenden befanden, natürlich auch von ihrer grundsätzlichen, besonders der politischen und religiösen, Lebenseinstellung. Ich muss auf eine Binnendifferenzierung nach Bildungsstand und Schichtzugehörigkeit verzichten. Auch Veränderungen im Verlauf des Krieges können nicht berücksichtigt werden. Leider verfüge ich über keine Unterlagen aus Arbeiterkreisen. Im wesentlichen stammen die Briefe, auf die ich mich stütze, von Frauen aus dem Bürgertum, zum Teil auch von Bäuerinnen. Ich beschränke mich auf folgende Gruppen: Ehepaare und Verlobte, Mütter und ihre Söhne und versuche, Gemeinsamkeiten, aber auch einige charakteristische Unterschiede innerhalb und zwischen den Gruppen herauszustellen.[41]

Das weitaus wichtigste Thema in allen Briefen ist die *Hoffnung auf ein baldiges Kriegsende* und auf ein gesundes Wiedersehen. Das Wort »hoffentlich« scheint mir das meistgebrauchte Wort in allen Kriegsbriefen zu sein. Damit eng verbunden ist die Sorge um das Ergehen des anderen: »Wie geht es Dir?« ist in allen Variationen die brennendste Frage, keineswegs eine Floskel.

Deshalb sind das Warten auf *Post*, die Klage über das lange Ausbleiben von Briefen, die Ermahnung, doch ja bald zu schreiben, die Bitte um Numerierung der Briefe und die Beschwerden über schlechte Postzustellung ständig wiederholte, für den heutigen Leser fast ermüdende Sätze.

Die Post brachte ja nicht nur Briefe, sondern auch *Päckchen*, die natürlich sehnlichst erwartet wurden, besonders draußen im Feld. Ausführlich wird berichtet, was geschickt wurde, was angekommen ist, was gebraucht wird; die Päckchen wurden numeriert, damit man eine Kontrolle hatte. Frauen haben wahrscheinlich insgesamt auch Milliarden von Päckchen geschickt. Wie viel sie sich dabei vom Munde absparten, haben sie mir nur in einigen Fällen verraten.

Einen großen Raum nehmen »*Familiengeschichten*« im weitesten Sinne ein, auch ein wenig Klatsch, auch Konflikte, die Eltern, Verwandte und deren Ergehen, Familienfeiern, besonders Hochzeiten, die – ohnehin ein großes Ereignis im Leben einer Frau – als Unterbrechung des Kriegsalltags eine besonders herausragende Bedeutung gewannen. Bis in alle Einzelheiten wird der Festverlauf geschildert, was es zu essen, was es zu trinken gab und wie man es aufgetrieben hatte, was dargeboten wurde, wer dabei war und gratulierte.

Eine große Rolle spielt auch *das* deutsche Familienfest, *Weihnachten*, an dem der Ehemann und der Vater ganz besonders vermisst wurden.

Mit zunehmender Kriegsdauer häufiger und ausführlicher finden sich *Nachrichten* über gefallene, vermisste, in Gefangenschaft geratene Verwandte, Freunde, Nachbarn, mitfühlende und traurige Kommentare dazu. Es fällt aber auf, dass sich auch in den Briefen zuweilen eine gewisse Abstumpfung gegenüber fremdem Leid breitmacht, besonders wenn eigener Kummer und eigene Probleme die Gedanken ausfüllten. Es wird dann nur mehr aufgezählt: » Der und der und der ist auch gefallen.«

Obwohl die Frauen in ihrer großen Mehrheit ihre Männer draußen im Feld möglichst wenig belasten wollten, treten doch mehr und mehr die *Probleme des Kriegsalltags* in den Vordergrund; je nach Situation sind es Versorgungsengpässe[42], zunehmend die Folgen der Bombenangriffe, der Wohnungsnot, Probleme der Evakuierung, aber auch die Bewältigung der Arbeitslast, besonders bei Geschäftsfrauen und Bäuerinnen. Auffällig ist dabei, dass Frauen gelegentlich auch um Rat fragen, dass sie aber letztendlich selbst entschieden haben, oft mit Billigung der Männer (»Du wirst es schon richtig machen«), oft aber auch anders, als ihre Männer es gemacht hätten.

Gegenüber diesen überwiegend menschlichen und praktischen Dingen treten »abstrakte« Themen zurück. Aber hier gibt es große Unterschiede, mehr nach Veranlagung und innerer geistiger Welt der Frauen als nach dem Bildungsstand, obwohl dieser natürlich unverkennbar ist. Während das Wetter im allgemeinen keine so große Rolle spielt wie in den Briefen der Männer[43], schildern viele Frauen ausgesprochen schön *Naturbeobachtungen*, besonders den eigenen Garten, die heimische Landschaft, als wollten sie ihren Männern ein Stück Heimat vermitteln. *Kulturelle Erlebnisse* wie Konzerte, Literatur, Lektüre werden nur von gebildeteren Frauen angesprochen. Die Briefe zeigen, wie beschränkt diese Freizeitmöglichkeiten im Kriege waren.[44] »Einfache« Frauen erzählen gelegentlich vom Kinobesuch.

Mitunter werden *philosophische und/oder religiöse Fragen* angeschnitten, aber meist nicht spekulativ, allgemein, eher verbunden mit dem eigenen Schicksal und dem Krieg, der Suche nach dem Sinn dieses Lebens. Bei den religiösen Frauen ist es meist die Bitte um Bewahrung und Führung für sich und den geliebten Mann, auch der Versuch, sich und dem Partner Vertrauen auf diese Führung und Mut zuzusprechen.[45]

Wie viele Menschen haben das Beste, was sie fühlten und dachten, zu Papier gebracht! Es wäre lohnend, dies in großer Breite zu untersuchen; die Feldpostbriefe sind eine erstrangige Quelle zur Mentalitätsgeschichte.

Dagegen halten sich die Frauen in *Analysen zur Kriegslage* zurück; nicht nur aus Vorsicht, sondern weil sie sich für »das Politische« insgesamt nicht kompetent fühlen, es sie auch im einzelnen nicht so brennend interessiert. Dies ganz im Gegensatz zu vielen Männern, die über Kräfteverhältnisse, technische Über- oder Unterlegenheit, Strategien usw. viele Betrachtungen anstellen. Wohl finden die großen Siege und Rückschläge (z. B. Stalingrad) ihren Niederschlag in den Briefen der Frauen, aber wirklich wichtig ist ihnen das Kriegsende, so oder so. Natürlich hoffen sie auf einen deutschen Sieg, die meisten sind national, viele nationalsozialistisch eingestellt, aber trotzdem empfinden fast alle »den Krieg an sich« als sinnlos. Sie abstrahieren dabei in einer merkwürdig unlogischen Weise vom Freund/Feind-Denken, d. h., sie wollen zwar, dass »der Feind« geschlagen wird, aber nicht, dass es ihre eigenen Männer sind, die ihn schlagen müssen. Auch überzeugte Nationalsozialistinnen fürchten nichts mehr, als dass ihre Geliebten an die vorderste Front müssen.[46] Die Frauen sind im ganzen skeptischer. Während viele Männer, besonders die jungen, noch 1945 vom Sieg träumen und ihre Frauen davon überzeugen wollen, haben diese längst die Aussichtslosigkeit durchschaut und warten nur noch auf das Ende. Enthusiastische Siegeszuversicht kann man ab 1943/44 so gut wie niemals in ihren Briefen finden. Sie schweigen sich darüber aus oder flüchten in ganz allgemeine Floskeln wie: »Hoffen wir, dass alles gut geht...«, denen man die Ungläubigkeit unschwer anmerkt. Oder sie sprechen von ihren Bemühungen, nicht zu resignieren oder gebrauchen NS-Phrasen (»Wir müssen siegen«), wobei deutlich spürbar wird, dass dies vergebliche Versuche von Autosuggestion sind, dass ihr innerstes Gefühl dagegen rebelliert und im Untergrund die Verzweiflung lauert.

Die Nachrichtenhelferin ILSE S. (1920) an ihren Verlobten am 22.3.1944: »Nun ist es also doch eingetreten, wovor ich mich immer so gefürchtet habe; ich habe keine ruhige Minute mehr, wenn Du erst wieder zurück bist (*sie meint an der Front*). Und ob ich mir auch tausendmal sage, fast alle Frauen haben doch ihre Männer an der Front und dürfen sich nicht klein und mutlos zeigen, es nimmt mir diese innere Unruhe aber nicht. Ich bete zur Vorsehung, sie möge Dich mir gesund und heil erhalten. Aber was uns auch die Zukunft bringen möge, muss sie uns nicht trotz allem immer stark und gläubig finden? Harte Zeiten erfordern noch härtere Herzen ... Sei nicht traurig, dass ich jetzt so verzagt bin, aber es dauert schon ein wenig, bis ich mich in diese völlig neue Situation hineingefunden habe, trotzdem ich ja eigentlich immer damit hab' rechnen müssen. Aber ich hab's gemacht wie der Vogel Strauß, den Kopf in den Sand gesteckt, und wollte es auch nicht wahrhaben, dass es auch mal anders kommen könnte. Da ist nachher das Erwachen natürlich desto schmerzlicher und bitterer. Meine Gedanken, Wünsche, meine ganze Liebe sind immer bei Dir, mein Liebster.«

Und am 6.8.1944: »Im großen und ganzen sehe ich sonst weniger optimistisch in die Zukunft, auch wegen uns beiden, denn die Aussichten sind doch alle recht trübe.«

ANNEMARIE Z. (1908) am 17.12.1943 aus Stuttgart: »Ich habe begreiflicherweise nicht viel Weihnachtsstimmung und hoffe aber, dass die Kinder sie mitbringen (*sie haben vier Kinder, die beiden Großen sind evakuiert*). Doch bin ich sehr unruhig, wenn ich daran denke, dass die Flieger vielleicht gerade in der Zeit kommen könnten, wo die Kinder hier sind. Aber das kann man ja nicht ändern. Mehr denn je bemühe ich mich, keine Sorgen und Ängste aufkommen zu lassen, denn ich muss mich jetzt viel um Frau Lang (*eine Bekannte*) kümmern, die vollständig zusammengeklappt ist. Sie hat so entsetzliche Angst, dass sie immer am Heulen ist und ganz zittert.«

Ganz schwer ist es für beide Teile, sich *in das Kriegserleben, den Kriegsalltag des anderen wirklich hineinzuversetzen*. Für die Männer war das leichter, weil sie sich im Urlaub selbst an Ort und Stelle ein Bild machen konnten. Aber der Urlaub, wenn es nicht ein Bombenurlaub war oder der Mann zu Hause in einen Bombenangriff hineingeriet, war doch eine Ausnahmezeit. Die Frauen hatten nicht nur an Essen und Trinken alles für diesen Besuch aufgespart und aufgetrieben, was sie konnten; sie nahmen sich auch für den Urlauber so viel

Zeit wie irgend möglich, ließen alles nicht unbedingt sofort zu Erledigende liegen, so dass der Ehemann meist nicht die ganze Wirklichkeit der Belastungen seiner Frau kennenlernte. Umgekehrt war es noch schwieriger. Abgesehen davon, dass die Angst vor der Zensur die Realität beschönigte und sie ihre Frauen vor der ganzen Wahrheit verschonen wollten, sie war auch unvermittelbar. Das ganze Grauen, die physische und psychische Kriegsrealität überstieg die Vorstellungskraft der meisten Frauen, zumal die Wochenschauen ein relativ harmloses oder heroisches Bild zeichneten. Noch weniger konnten sie nachvollziehen, dass ihre Brüder, Männer, Söhne, Freunde, also ihnen liebe und vertraute, friedliche Menschen, fortgesetzt töten mussten, und zwar keine abstrakten »Feinde«, sondern lebendige Menschen.

Viele Male liest man den Satz: »Man kann gar nicht schildern, was man hier erlebt«, oder auch: »Hier ist die Hölle los«, aber selbst diese starke Wendung ist noch zu allgemein und blass. Wie ohnmächtig letztlich alle Versuche waren, sich in die Wirklichkeit des Frontgeschehens hineinzuversetzen, zeigen folgende Beispiele:

FRAU K. B., Düsseldorf, 8. August 1941, Freitag: »... Durch die Wochenschau bekommen wir ja eine kleine Ahnung von dem, was im Osten geschieht, und glaube mir, dieser Ausschnitt erweckt in uns schon so viel Grauen, dass wir am liebsten die Augen schließen möchten, um ungesehen einige Bilder vorbeirollen zu lassen. Und die Wirklichkeit, wie mag sie nur sein? Ich glaube, vorstellen werden wir uns sie nie können. Wenn ich unsere Infanteristen in der Wochenschau vorbeimarschieren sehe, dann muss ich immer denken, so wirst auch Du vormarschieren – immer weiter durch brennende Sonne und strömenden Regen. In der letzten Zeit hat's dort wohl fürchterlich gegossen, die Wege sind ja tiefster Morast geworden. Und das Koppel wird wohl auch recht eng geschnallt werden müssen – denn in den Drecklöchern der Russen ist wohl nichts zu finden. Da bot Frankreich doch eine üppigere Fülle an Leckerbissen. –

Wenn es in diesem Tempo weitergeht, dann wird's wohl mit dem Ende Russlands nicht mehr lange dauern. Für uns rast die Zeit ja dahin, und auch manche Stunde wird in der Gefahr zur Ewigkeit, darum werden die Tage und Nächte unendlich sein, und Ihr werdet unserem ›Es wird nicht mehr lange dauern‹ verständnislos gegenüberstehen...«[47]

ROTRAUT J. (1924), damals noch unverheiratet, auf die Frage, ob ihr späterer Mann ihr jemals vom Krieg erzählt habe: »Er war nur einen Tag an der Front und hat gleich das Auge verloren und ist dann in Cannstatt im Lazarett gelegen. Aber ich hab' natürlich viele Briefe, die mir mehr gesagt haben, was Krieg bedeutet, z. B. ein damaliger Freund (*ein HJ-Führer*), wie der über den Don ging und dann einen langen Brief schreibt... Da schreibt er, mit welcher Begeisterung er in den Krieg gegangen sei, und jetzt, was daraus geworden sei. Es war an seinem Geburtstag. Ich hab' ihm vom Arbeitsdienst geschrieben, und dann kam zurück: Gefallen für Großdeutschland. Also diese Desillusionierung, die ist mir mehr geblieben als das, was mir mein Mann erzählt hat.«

Manche Männer haben versucht, in ihren Briefen ihre Wahrheit und ihre Verzweiflung deutlicher zu schildern, weil sie sich die Qual einfach von der Seele schreiben mussten, und es ist erstaunlich genug, dass sie es wagten.[48]

SIEGFRIED STARKE an ANNE EGERTER (1920) am 24.3.1942: »Mit dem heutigen Tage hat das Frühjahrstauwetter begonnen. So sehnlich man auch das Ende des Winters erwartete, was jetzt kommt, ist vorübergehend mindestens ebenso unangenehm wie der Winter mit seiner Kälte. Hinzu kommt, dass der Schnee doch viel mit dem Mantel der Liebe zugedeckt hatte, was nun als graues Elend zutage tritt. Die Fratze dieses Krieges grinst einen überall aus zerschossenen Häusern, Pferdekadavern und Russenleichen an. Überall Schmutz, Zerstörung und Elend! Ein Glück, dass man selbst als fein empfindender Mensch gegen derartige Anblicke und Erlebnisse abhärtet. Man wäre sonst auch gar nicht in der Lage, hundertprozentig seine Pflicht als Soldat zu tun.

Fünf Tage Einsatz in vorderster Linie habe ich nun erst hinter mir; jetzt sind wir für ein paar Tage abgelöst. Aber ich glaube, in diesen fünf Tagen doch den russischen Krieg gleich richtig kennengelernt zu haben. Meinen Eltern kann ich aus begreiflichen Gründen keine Einzelheiten schreiben. Ihnen aber will ich ein Bild vermitteln von dem, was hier der deutsche Soldat leisten muss. Fünf Tage fast ohne Schlaf, das ist an sich schon eine Strapaze. Hinzu kommt eine miserable, nur schlecht heizbare Bunkerbude aus Holz, in der die Männer zusammengepfercht unmittelbar am Feind liegen. Dauernde Alarmbereitschaft spannt die Nerven an, und besonders in der Nacht, wenn überall die Kugeln pfeifen und das übermüdete, vom beißenden Rauch der primitiven Bunkeröfen entzündete Auge allerorten Bewegungen zu erkennen glaubt, dann wollen die Stunden nicht vergehen.

Der Stützpunkt, den ich mit 25 Mann besetzt hielt, lag besonders ungünstig. Von zwei Seiten aus konnten die Russen heranschleichen. Ein russischer Scharfschütze schoss uns 3 Posten an. Im Stützpunkt selbst lagen allenthalben tote Russen herum, mitunter nur mit einem Bein oder Arm aus dem Schnee heraussehend. Nicht auszudenken, wenn es jetzt taut! Die drei Mann waren aber nicht die einzigen Verluste in diesen 5 Tagen. Unsere Stellung wurde regelmäßig von russischen Granatwerfern beschossen, die drei weitere Opfer forderten. Eine Granate ging als Volltreffer in einen der Unterstände und forderte einen Toten und einen Schwerverwundeten. Mein Bunker war fast ständig Lazarettstube, da die Verwundeten erst bei Dunkelheit abgeholt werden konnten. Sie können sich vorstellen, wie deprimierend dieser Zustand auf mich wirken musste. Zuletzt freilich gewöhnt man sich auch daran, aber über die Nerven ging das alles doch sehr. Man wurde gereizt und ungeduldig und sehnte die Ablösung herbei.

Erschwerend war für mich als Stützpunktleiter, dass die Männer, die mir zur Verfügung standen, nur zum geringeren Teil wirklich einsatzfähige Soldaten waren, auf die man sich verlassen konnte. Einer erlitt schon am zweiten Tag einen Nervenzusammenbruch, einen anderen fand ich schlafend auf seinem sehr wichtigen Posten. Ich hätte ihn der Vorschrift nach vors Kriegsgericht bringen müssen, was ihn sein Leben gekostet oder doch zerstört hätte. Ich unterließ es, weil ich sah, dass der betreffende Mann vollkommen überanstrengt und ›fertig‹ war. Und das waren nur fünf Tage!! Was haben die geleistet, die den ganzen Winter in Russland zugebracht haben! ...«[49]

Trotz solcher Schilderungen, die nicht häufig waren, blieben zwischen Heimat und Front Abgründe der Fremdheit, zwischen Mann und Frau Zonen des nicht gemeinsam Erlebten und Verstehbaren, die auch dazu beitrugen, dass das Wieder-Zueinanderfinden nach dem Krieg für viele nicht leicht war.[50]

Es konnte auch sein, das es die Männer draußen besser hatten als die Frauen daheim, wenn z. B. die Männer in der Etappe waren und die Frauen in einer bombengefährdeten Gegend, besonders in den Großstädten, lebten oder auf die Flucht gehen mussten. Auch das kommt in den Briefen zur Sprache und konnte innerlich trennen.

Wie aber spiegelt sich das Alleinsein, die Trennung vom Partner, in den Briefen? Auch das ist sehr unterschiedlich und natürlich abhängig von der Tiefe und dem Reichtum der *Beziehungen,* auch von der Artikulationsfähigkeit.

Es gibt Briefe, die kaum etwas vom inneren Gefühlsleben preisgeben und die doch in der Art, wie sie auf den anderen eingehen und wie sie ihn einbeziehen in ihr eigenes Leben, auch in ganz wenigen und sparsamen Sätzen – und seien es nur die abgegriffenen:«Hoffentlich geht es Dir gut« oder »Ich hab' Dich lieb« oder »Wann kommst Du?« so viel Liebe ausdrücken wie der schönste Liebesbrief. Dies offenbart sich aber nur dem aufmerksamen Leser, der sich die Mühe macht, ganze Korrespondenzen zu lesen und sie in die Biografien einzuordnen. Es gibt auf der anderen Seite Briefe, auch wenn es nur wenige sind, die überhaupt nicht auf den anderen eingehen, die fast nur die eigenen Sorgen zum Gegenstand haben und von Misstrauen gegenüber dem Partner durchsetzt sind. Man spürt in diesen Briefen, dass eine wirkliche Partnerschaft niemals bestanden hat oder dass sie Risse hat. Die Lebensgeschichten bestätigen das fast immer. Die Ehen gingen nach dem Krieg auseinander.

Schöne und echte Liebesbriefe zu schreiben, ist nicht nur eine Sache des echten Gefühls, sondern eine literarische Kunst, derer die meisten Frauen nicht mächtig waren. Manches wirkt auf heutige Leser kitschig oder übertrieben romantisch. Daraus auf eine entsprechende Persönlichkeitsstruktur zu schließen, verbietet sich.

Auch Unbeholfenheit und Armseligkeit im Ausdruck dürfen kein Maßstab sein. Jeder, der analysiert und kritisiert, sollte sich vor Augen halten, dass sehr viele Feldpostbriefe von Menschen geschrieben wurden, die sonst kaum Briefe schrieben (allenfalls einmal eine Ansichtspostkarte), die keine Gelegenheit hatten, eine Briefkultur zu erlernen. Schreiben war für viele Frauen eine ungewohnte, schwierige Ausdrucksform. Kein Wunder, dass sie sich einer »gestanzten Sprache« bedienten, gängiger Wendungen, von denen man ein ganzes Arsenal zusammenstellen könnte.[51] Aber immer wieder schlägt ganz Individuelles, Persönliches und Originelles durch, das nur dieser eine Mensch diesem einen Partner in gerade diesen Worten sagen und das nur der Empfänger so verstehen konnte, wie es gemeint war.[52] Dem Historiker muss hier vieles verschlossen bleiben.

Niemandem, der sich auf eine eingehende Lektüre der Frauenbriefe einlässt, wird entgehen, dass – bis auf wenige Ausnahmen – das A und O dieser Briefe, ihre Substanz, das Leiden an der Trennung und die Sehnsucht nach dem Partner ist, nach seiner körperlichen Nähe und Zärtlichkeit und nach der »Ganzheit« mit ihm zusammen.[53] Dazu gehört auch die Beglückung, ja die Gewissheit, dass ihre Liebsten genau so empfanden. In den Feldpostbriefen haben Frauen (und Männer) Worte gefunden, die sie einander im normalen, alltäglichen Zusammenleben vielleicht nicht gesagt hätten. Einige wenige Auszüge von Briefen hin und her können das andeuten, wenn auch für den Außenstehenden nicht ganz nachvollziehbar machen.[54]

ILSE W. (1920) am 27.2.1944 an ihren Verlobten: »Ich kann mir mein Leben ohne dieses Hoffen und Planen gar nicht mehr vorstellen, ach, Du glaubst ja gar nicht, in wieviel schönen Farben ich mir unsere Zukunft ausgemalt habe und wie schön es sein wird, wenn wir beide erst einmal unser Stübchen in Stuttgart haben werden.«

Diese Zukunft kam nicht. Im Januar 1945 wurde er als vermisst gemeldet. Sie hörte nie wieder etwas von ihm.

Der sonst eher nüchterne Schwabe WILLY W. schreibt am 8.3.1944 an seine Verlobte Ilse: »Du, ich muss mir gestehen, dass Du mich wahrhaftig gelehrt hast, mich richtig, weißt Du, so richtig zu freuen. Oh ja, es klingt fast komisch, aber früher hatte ich keinen Begriff davon, was es heißt, sich rein und tief zu freuen... Weißt Du, heute ist meine Freude ja auch nicht nur zeitweise..., nein, es ist eine tiefe innere Freude, die sich immer gleich bleibt, immer andauert, alle Stimmungen übertönt und überdauert, die immer das Bewusstsein auf sich lenkt und in Anspruch nimmt, ich glaube, dass dies die richtige Liebe ist, die Liebe, die allen Gefährnissen trotzt und ewig währt. O, es ist schon so, und ich will sie immer nähren.«

Und am 30.12.1944 an seine junge Frau: »Meine liebe Ilse! ... ach, weißt Du, je öfter ich unser Bild anschaue, umso mehr Freude spendet es mir. Ganz besonders mein Zugehörigkeitsgefühl wird dadurch mächtig gestärkt. Diese beiden Gesichter bilden doch geradezu ein geschlossenes Ganzes, und es ist unmöglich, das eine vom anderen zu trennen. Um mich von dieser Ansicht zu überzeugen, verdeckte ich mit-

tels eines Papierstreifens mal Dein, mal mein Gesicht; und siehe da, ich habe recht, denn bei jedem Fall drängt sich ganz überzeugend die Einsicht auf, dass nicht nur etwas, sondern gerade ›die andre Hälfte‹ fehlt. Und da dachte ich mal tiefer darüber nach und kam zum Schluss: Heute ist es tatsächlich so um mein Herz bestellt, dass es nur mit dem meiner lieben Ilse zusammen ein ganzes ist, mit ihm zusammen schlägt und glücklich ist.«
Willy W. ist seit März 1945 vermisst.

Der Handwerksmeister B. an seine Frau. Er schickte ihr immer wieder selbstverfasste Gedichte, Blumenkarten, gepresste Blumen. Am 1.1.1945: »Habe so Heimweh und Sehnsucht nach Dir. Ich möchte jetzt nur meinen Kopf in deinen lieben Schoß legen und alles Elend vergessen, wie wäre das so schön; man darf an so etwas gar nicht denken, ist ja furchtbar!«
Das Paar hat am 27.5.1939 geheiratet. Am 23.1.1945 kam seine letzte Karte, die er im Lazarett schreiben ließ. Sechs Jahre waren sie getrennt. Er kehrte nicht zurück.

Aus den Briefen von INGEBORG G. (1922) an ihren Verlobten GOTTHOLD S.,(1919), 20. APRIL 1941: »Mein Liebster! Wieder ist Sonntag. Ich sitze in unserem großen Tagesraum (*im Arbeitsdienst*), viele andere Mädels sitzen auch da – alle schreiben. Im Radio spielt das Wunschkonzert. Wie oft habe ich es zu Hause gehört und dabei an Dich gedacht, und nun in der Fremde, und wieder denke ich an Dich. Heimlich und leise steigt die Sehnsucht herauf, und ich schaue durch die hellen Fensterscheiben über die weiten grünen und braunen Felder, weiter zu dem dunklen Wald und darüber hin zu den Alpen, die heute wieder hell und weiß in der Sonne leuchten; aber mein Blick möchte noch weiter ziehen, in ganz ferne Lande, dorthin, wo Du bist, Du Ziel meiner Sehnsucht. Dann finde ich wieder zurück zu dem entfalteten Stück Papier, das vor mir liegt, zu Deinem treuen, lieben Brief vom 15. März, in dem als Frühlingsgruß ein Blümlein lag. Ich danke Dir für alle Zeichen Deiner treuen Liebe. Ich bin nicht allein – Du bist nicht allein, auch die Ferne trennt uns nicht.«
Waldsee, den 5. August 1941 (*im Arbeitsdienst*): »Mein Liebster! Mit Dir durch die reifen Kornfelder wandern, Arm in Arm, über den kleinen Bach und hinüber zu dem herrlichen Wald, in dem viele rote Beeren warten, bis sie abgepflückt werden – ach, wie schön wäre das, wie sehne ich mich danach! Ein Kornblumensträußlein würde ich Dir anstecken und all die roten Beeren in Deinen Mund pflücken. Man könnte traurig werden, wenn man über dies prächtige Sommerland blickt, über dem sich der tiefblaue Himmel spannt, auf das die warme Sonne brennt und aus dem die Lerchen in die Lüfte steigen und ihren Morgenchoral singen. Drüben auf dem Hügel steht eine kleine Kapelle, zu der die Bauern in ihrem Sonntagsstaat pilgern. Eine kleine Glocke singt mit hellem Klang übers Land – singt sie nicht vom Frieden auf Erden? Ist das alles nur Schein? Gibt es weit, weit dort hinten etwas anderes? Muss es Krieg geben? Solchen Krieg? Man könnte traurig werden. Aber ich darf nicht traurig werden, ich habe ja Mut, viel inneren Mut, Du sollst Dich auf mich verlassen können. Doch meine Sehnsucht nach Dir wird immer größer, und ich weiß, dass Du dasselbe fühlst. So oft träume ich in der Nacht von Dir, und der Traum begleitet mich

dann den ganzen Tag hindurch. Bei allem, was ich arbeite, sind meine Gedanken bei Dir, mit ihnen möchte ich Dich umhegen und schützen, denn täglich höre ich, wie höllisch der Kampf im Osten ist, täglich erfahren wir Schlimmes aus den Soldatenbriefen, und immer wieder erzählen mir meine Bauern, dass nun auch der und der gefallen sei.

Dennoch glaube ich ganz fest, dass ich Dich gesund wiedersehen darf. Wir wollen zusammen ganz stark bleiben in unserem Glauben. Gott hat uns schon so viel geschenkt, er wird auch weiter helfen. Alles wird gut und schön werden, wenn wir diese Bewährungszeit überstanden haben, meinst Du nicht auch?

IN DER FERNE, DEN 18. SEPTEMBER 1941: Du mein inniggeliebtes, einziges Mädele! Einen innigen Gruß am Abend. Wie schön das ist, dass es abends stiller um einen wird und man an so manches denken kann, das sonst von des Tages Lärm verdeckt wird. Warum man wohl gerade um diese Zeit besinnlicher wird? Hängt es damit zusammen, dass einem das Herabsinken der Nacht das wahre Wesen des Lebens deutlicher zeigt? Ich will Dir jetzt keinen philosophischen Vortrag über den Abend ›an sich, als solchen‹ halten, wollte nur meinem Lieb angedeutet haben, dass diesen Tagesabschnitt ein besonderer Zauber umrahmt und dass ich das im Augenblick stark empfinde, dass meine Gedanken in der Stille des Abends mit besonderer Sehnsucht zu Dir fliegen. Und ich denke zurück an die vielen Abende, die ich bei Dir zu Hause verbringen durfte, da wir so inniglich beieinander saßen, oder an manche abendliche Heimfahrt von einem Ausflug, als Dein Köpfchen an meiner Schulter lag. Und ich denke an den einen Abend im ersten Urlaub, als Du bei uns übernachtet hast und wir uns halt gar nicht trennen konnten, bis wir mehr oder weniger ›hinausgeworfen‹ wurden. So möchte ich auch heute abend mit Dir zusammensitzen, Deine lieben Hände halten und Dir nur immerzu in Deine treuen, glückverheißenden Augen schauen. So groß ist meine Sehnsucht nach Deiner Nähe, und ich weiß, die Deine ist es nicht minder. Da ist eine starke Verbindung zwischen uns beiden, unsichtbare Kräfte schließen unser Leben immer enger, fast körperlich zusammen, Kann da das Letzte ausbleiben, die Krone, das Wiedersehen? Als ich heute wieder Nachtwache hatte und gerade so innig an Dich dachte, da fiel im selben Augenblick eine Sternschnuppe nieder, genauso wie vor ein paar Tagen. Es war mir wieder ein Zeichen des Himmels, der uns zusammenführen will.«

WALDSEE, DEN 21. SEPTEMBER 1941: »Mein inniggeliebter Holder! So weit ist nun der Weg zu Dir, dass dies heute schon ein Geburtstagsbrief werden soll. Wie fern bist Du mir, und wie nahe wollte ich Dir doch sein an solchem Festtag. Es ist nicht das erstemal, dass meine Gedanken Dich in der Ferne suchen müssen, und doch ist es diesmal anders: Du stehst mitten in dem schweren Kampf, der Euch so ungeheure Aufgaben stellt. Meine Arme strecken sich nach Dir aus, meine Augen suchen die Deinen, nahe bei Dir möchte ich sein. So will ich es dem Winde auftragen, der die Wolken hintreibt zu Dir, will es den Vöglein auf ihren Weg mitgeben, will es den Blumen und Sträuchern sagen, dem Bächlein zuflüstern, dass sie an deinem Geburtstag alle kommen als meine Stellvertreter und Dir meine lieben Wünsche überbringen. Möge der Tag so schön sein, wie er heute bei uns über dem Land liegt. In der Frühe hing überall noch der Nebel wie ein leichter undurchsichtiger Schleier, der sich erst am Mittag lüftete und nun goldene Herbstsonne scheinen lässt. So recht nach Mörikes Gedicht: ›Im Nebel ruhet noch die Welt ...‹ Möge es doch auch in Russland solch goldenen Herbsttag geben, damit Du hinausgehen kannst, um all meinen Gesandten Gehör zu schenken!«

Die Feldpostbriefe haben das Zusammengehörigkeitsgefühl gestärkt und vertieft, wenn auch in einer den Belastungen des gemeinsamen Alltags enthobenen Weise. Pläne schmieden für eine gemeinsame Zukunft, sie sich plastisch auszumalen, ist eines der Lieblingsthemen der Feldpostbriefe zwischen Liebenden. Dass es dann, »wenn alles vorüber ist«, noch Schwierigkeiten miteinander geben könnte, ist unvorstellbar. Der Krieg wird als ein schweres Hindernis auf dem Weg in ein gemeinsames Glück empfunden, er wird in manchen Briefen verwünscht und verflucht. Einen Ausweg gibt es für den einzelnen nicht, der Gedanke an Desertion kommt nicht auf, er käme in den allermeisten Fällen dem Selbstmord gleich. Besonders bei den jungen Menschen ist der Krieg aber auch eine Bewährungsprobe, die zu bestehen einen des zukünftigen Glücks würdig macht. Für sie ist gerade diese Hoffnung auf »später« mit der Notwendigkeit eines deutschen Sieges untrennbar verknüpft, für den es tapfer zu streiten gilt. So hat auch die Trennung bei vielen zu einer Stabilisierung der Kriegführung beigetragen.

Mütter sprechen in ihren Briefen an die Söhne im Grunde dieselben Themen an wie die Ehefrauen, wenn auch in anderer Gewichtung. Die Zuneigung drückt sich anders aus, und die praktische Fürsorge für den Sohn ist in den Briefen das Hauptanliegen der Mütter. Sie schicken ihren Söhnen Päckchen mit guten und brauchbaren Dingen.

So auch HULDA G. (1889), in deren Briefen an ihren Sohn Günther die Päckchen einen großen Raum einnehmen. Sie erkundigt sich ständig, was die Söhne brauchen (*sie hat zwei Söhne im Feld*), was sie schicken soll, ob alles angekommen ist. Wie die Feldpostbriefe werden auch die Päckchen meist numeriert. Hulda G. schickte ihren beiden Söhnen nach Russland Zeitungen, Bücher, Lebensmittel, Turnschuhe, Socken, Handschuhe, Strümpfe und vieles andere. Teilweise waren nur 100-Gramm- oder gar nur 50-Gramm-Päckchen erlaubt; oft gab es eine Päckchensperre, weil die Feldpost überlastet war oder die Einheiten verlegt wurden.

FRIEDRICH M. bescheinigt seinen Eltern am 2. März 1942 das vierte Päckchen des Jahres, am 7.3. das neunte, am 16.3. schon das vierzehnte und fünfzehnte. Die Mutter hat zuweilen 5-12 Päckchen (*wohl 50 bis 100 Gramm*) auf einmal nach Russland abgeschickt. Bis Juli 1942 hat er 170 Päckchen erhalten! Vielleicht war diese große Zahl eine Ausnahme, aber die meisten Mütter haben ihr Möglichstes getan. Er bedankt sich besonders für »Gesälz« (*selbst eingekochte Marmelade*), für Lebkuchen, Pralinen, Kuchen, sogar Wurst.

Für die Briefe der Mütter ist auch bezeichnend, dass sie intensiv auf die Söhne eingehen, auf deren Bedürfnisse, auf deren Sorgen und Enttäuschungen, dass sie auch erzieherische und andere Ratschläge geben, mit Stolz, Freude und Sorge das Erleben der Söhne begleiten.

Wie getreulich die Mütter mit den Söhnen in der Ferne lebten, schildert MARIA T. (1931): »Die Brüder mussten mit sechzehn weg, als Kinder, und das für viele Jahre... Jeden Mittag nach der Küchenarbeit setzte sie sich hin und schrieb Feldpostbriefe an die Söhne, sie gingen umsonst.« Maria T. ist übrigens die einzige Frau, die erwähnt, dass Feldpostbriefe nichts kosteten, was für ärmere Leute ganz wesentlich war.[55]

An den Briefen der Mütter lässt sich besonders gut der grundsätzliche innere Konflikt der Frauen damals aufzeigen, in den sie – ihnen selbst oft gar nicht bewusst – durch den Krieg gerieten, als das Leben der eigenen Söhne aufs Spiel gesetzt wurde. Auf der einen Seite sahen sie es als selbstverständliche Pflicht an, ihren Beitrag zur »Verteidigung des Vaterlandes« zu leisten[56], auf der anderen Seite wollten sie mit allen Fasern ihres Herzens ihre Söhne behalten. Zwei Fallbeispiele aus verschiedenen Milieus sollen dies belegen:

LUISE K. (1889), Frau eines Lebensmittel- und Kohlenhändlers. Sie hat zwei Söhne im Feld, der jüngere ist in Russland, aber noch in der Ausbildung; an ihn schreibt sie am 30.6.1941: »Sieh zu, dass Du nicht rauskommst.«

Am 27.1.43: »Was wird wohl aus den armen Kerlen bei Stalingrad... (*ihr Sohn Hans war dabei*). Ach Junge, ich darf ja gar nicht denken, auch Papa ist schon ganz verzweifelt. Es muss doch wirklich ein Wunder geschehen, wenn wir unseren Jungen wieder sehen werden... Wir wollen beten, dass uns der Herrgott verschont und uns unseren Jungen wieder gibt.«

15.3.1942: »Hast Du heute den Führer gehört oder gar gesehen (*der Sohn ist zu der Zeit in Berlin*)? Da schämt man sich doch, wenn man manchmal kleinmütig ist, wie weiß er einem Mut zuzusprechen, und wie er von den Verwundeten sprach, rührend.«

Der Zwiespalt ist unüberbrückbar: Sie will nicht kleinmütig sein, sie glaubt an den »Führer« wie an eine Art Übermensch, einen Heiland, aber ihr Herz ist in verzweifelter Sorge um ihren Sohn Hans, und sie will ihn nicht dem »Führer« opfern. Das Gebet an den »Herrgott«, der im übrigen in ihren Briefen nicht vorkommt, ist eine Floskel, sie glaubt im Grunde nicht an ihn. Vor allem aber, sie gibt ihrem Sohn Fritz unmissverständlich zu verstehen, dass sie möchte, er solle sich vor dem Fronteinsatz drücken: »Sieh zu, dass Du nicht rauskommst!« Das war wohl für die meisten Mütter der letzte, unlogische Ausweg aus dem Konflikt zwischen Pflichterfüllung und der emotionalen Weigerung, die logische Konsequenz dieses Glaubens, den Tod ihrer Söhne, anzunehmen.

Kompliziert ist das Beispiel HULDA G. (1889). Sie ist eine tief christliche Frau, aktiv tätig in der evangelischen Frauenarbeit, hält viele Vorträge in Frauen- und Mütterkreisen, ist daher viel unterwegs. Zum Nationalsozialismus hat sie einerseits eine distanzierte Haltung, weil dieser das Christentum ablehnt, andererseits ist »der Führer« auch für sie eine unantastbare Figur. Sie hat zwei Söhne im Feld. »So alle zwei bis 3 Tage geht ein Gruß an Dich ab«, schreibt sie an ihren Sohn Günther (1921), der mir ihre Briefe zur Verfügung gestellt hat.[57] Sie schreibt oft unter widrigen Umständen, auf Bahnhöfen, in Zügen, oft spät abends, z. T. auf schlechtem Papier, Blättern aus Schulheften, Büropapier, Formularen, Kalenderblättchen, auch viele liebe kleine Grüße auf winzigen Zettelchen, kurze Gedichte, die sie vielen Päckchen beilegte und die ihr Sohn alle aufbewahrt hat. Die Briefe drücken vor allem die tiefe Liebe und Güte dieser Mutter aus, die sich auch der großen Zuneigung und Hochschätzung durch ihre Söhne gewiss sein kann.

2.1.1941: »Zuerst Dir, lieber Günther, liebe Glückwünsche zum neuen Jahr. Ich kann Dir nichts Besseres und Schöneres wünschen, als was seither so hell über Deinem Leben gestanden hat, Gottes Schutz und Bewahrung... Wir wünschen ja, aufs Allgemeine gesehen, dass Friede wird und unsere Soldaten dann bald Werke des Friedens tun dürfen. Wie schön wäre es, wenn Du dann als Studio (*Student*) wieder in der Heimat wärst.«

2.4.1941: »Wir freuen uns mit ihm (*Paul, dem älteren Sohn*), dass er nun Leutnant ist, und er sieht nett aus mit seinem neuen Mantel und dem Dolche. Ja, so erlebt man allerhand Erfreuliches.«

4.4.1941: »Dann gab es allerhand Lauferei wegen Pauls Uniform, denn höre und staune: Der Paule ist seit 1. April Feldwebel und soll am 1. Mai, spätestens 1. Juni Leutnant sein ... Aber es ist natürlich auch wieder eine Freude, die auch ihre Not in sich schließt, wenn man an den Krieg denkt und dass so ein junger Leutnant dann erstens eine ganz große Verantwortung hat und zweitens sicher vorne hin muss. Aber ich freue mich doch sehr für ihn, und Du musst schon ganz selbstlos denken und Dich mitfreuen. Er wird schön herumgerannt sein, bis er seinen Säbel und die Sterne und die Mütze hatte, und eine schöne Hose konnte ich ihm auch jetzt besorgen.« Im gleichen Brief später: »Wieviel froher kann ein Kämpfer sein, der etwas davon weiß, was Ostern uns sagen will.«

18.5.1941: »Wir können Euch nur immer in Gottes Hand legen und sonst eine tapfere Soldatenmutter sein, wenn auch das Herz manchmal bangt und sorgt.«

1.7.1941: »Nun ist also der Russe doch gekommen. Du und ich, wir haben ihm ja nie getraut, mir ist wohler, ihn als Feind zu haben, als ihn als Freund zu wissen, ihm nie trauen zu können... Bist Du schon mit dem Feind in Berührung gekommen, dann wird der Dienst hochinteressant sein.«

8.8.1941: »Was hat sich nun in diesem Jahr alles ereignet und wie ist Dein jetziges Leben so ganz anders gestaltet! Statt der friedlich strahlenden Geburtstagslichter um ein süßes Küchlein, siehst Du in brennende Dörfer und erlebst den größten Jammer der Menschheitsgeschichte mit eigenen Augen. So ist Dein junges Leben hineingestellt in einen bitteren Ernst und allerlei Grausen, in den Schmerz um treue Kame-

raden, die gefallen sind... Im eigenen persönlichen Dasein gibt es allerhand Entbehrungen zu erdulden und tapfer dem Tod ins Auge zu sehen. Das ist eine hartmachende Schule, die wohl die Seelenkräfte heranreifen lässt, sie männlich und stark macht.«
10.6.1942: »Ich habe jetzt so manche Soldatenmütterabende zu halten. Da sieht man in die Frauenherzen hinein. Nicht alle sind tragfähig; aber Gott kann Kraft schenken.«
Weihnachten 1942: »Ich trage augenblicklich ein wenig schwer am Krieg, obwohl ich an Pauls Genesung (*er wurde verwundet*) glaube. Aber die ganze Lage der Dinge macht ernst und ich spüre auch den moralischen Verfall da und dort herausschauen. Und das betrübt mich mehr. Dazu das Aufgeriebenwerden der Menschen in der Heimat, die mit wenigen Ausnahmen nur noch Maschinen sind.«
30.12.1942: »Die Gefahr ist ja größer und wird in diesem Krieg immer schwerer. Je länger er dauert, desto erbitterter wird gekämpft, und desto hässlicher werden die Waffen. Und wann wird er enden? Und manchmal setzt man dazu: ›Wie?‹ Aber hinter allem Geschehen steht ja Gott.«
Nach einem Urlaub von Günther, als sie weiß, dass er nun in einen schweren Einsatz in Russland geht, am 23.1.1943: »Wir haben zu danken, Gott und Dir, dass wir Dich haben und so haben, wie Du bist, mit Deiner ganzen Hingabe, Fürsorge, Treue und Liebe für uns und mit Deinem ehrlichen, starken Willen zum Guten. Und was nicht in Worten zwischen uns hin- und hergegangen ist, das lag im Blick der Augen und im Druck der Hand und dem festen Wissen umeinander und der Liebe, die uns gegenseitig umschlingt. Immer wieder will ich bei Dir sein und Dich begleiten. Mögest Du in der Gewissheit ruhig draußen auf dem Platz stehen können, dass das Dein Auftrag ist von Gott. In seiner Erfüllung liegt immer unser innerstes Glück. Um mich sorge Dich nicht. Ich will für Euch alle da sein und weiß, dass ich deshalb auch für mich sorgen muss.«
21.1.1943 (unter dem Eindruck von Stalingrad): »Ich wünschte sehr, dass es Dir noch geschenkt wird, Dich etwas weniger schwer zu öffnen... Aber der Frontsoldat wird sicher schweigsamer noch als der gewöhnliche Mensch, wenn er nicht oberflächlich ist. Ich könnte mir wohl denken, dass in der Heimat ihn manchmal das Gefühl befällt: Ihr, die Ihr im hellen Frieden sitzt, Ihr könnt ja nicht im geringsten auch nur ahnen, wie draußen alles ist! Und ich glaube auch, dass wir es nicht ermessen können. Das Primitive, das Unterdrücktsein aller geistigen Interessen, weil das Einfachste nun das Sein erfüllt: Essen, Trinken, Schlafen und Lauern. Und dann zuletzt und zuerst das Grauen des Krieges, Kampf und Jammer, Töten und Laufen ums Leben usw. Aber unser Herz tastet sich doch hinein zu Euch und trägt mit, das darfst Du glauben. Jetzt gehen wir in der Heimat schon unter einer schweren Last. Welikij Luki, Stalingrad, die Soldaten, die in dieser furchtbaren Not drinstecken.«

Auch für HULDA G. ist der Krieg etwas Entsetzliches, auch sie sehnt für ihre Söhne und sich selbst den Frieden herbei. Sie versucht, sich in das Erleben der Frontsoldaten einzufühlen, und muss doch zugeben, es nicht ganz ermessen zu können. Aber sie bewundert auch das Soldatische, die »hartmachende Schule«, »die »die Seelenkräfte heranreifen lässt«. Sie hat ein Faible für Uniformen, kümmert sich selbst um »schöne Hosen«, würdigt Säbel und Dolch, ist stolz auf die Beförderungen ihrer Söhne. Sie zweifelt auch nicht daran, dass es sich um einen Verteidigungskrieg handelt, besonders gegen »den Russen«, und dass ihre Söhne »in Gottes Auftrag« draußen stehen. In und mit ihren Briefen stärkt sie die Kampfmoral ihrer Söhne, wie sie in der Heimat bei Soldatenmütterabenden die »nicht tragfähigen Herzen« der Mütter aufrichtet. Letzten Endes erübrigt sich für sie auch die Frage nach der Schuld an diesem Krieg wie auch nach seinem Sinn, denn »über allem Geschehen steht Gott«. Sie liebt ihre Söhne von ganzem Herzen, möchte sie nicht allein für sich, sondern um ihrer eigenen Zukunft willen bewahrt wissen. Bei aller Genugtuung über den »Leutnant« hat sie Angst, dass er nun »sicher vorne hin muss«.

Sie hat ihre Söhne behalten dürfen; so blieb ihr die härteste Probe ihrer Gesinnung erspart. Aber man kann wohl sicher sagen – dafür sprechen viele ähnliche Beispiele –, sie hätte auch den Verlust »aus Gottes Hand« genommen, auch wenn er ihr das Herz gebrochen hätte.

Es wäre reizvoll, ausführlicher auch aus Briefen von Söhnen an ihre Mütter zu zitieren. Sie drücken vieles aus, was die Söhne sonst vermutlich kaum über die Lippen gebracht hätten. So beglückend die Mütter diese Zeugnisse der Dankbarkeit, der Liebe und des Vertrauens auch empfunden haben mögen, sie haben ihnen die Trennung noch schmerzlicher zum Bewusstsein gebracht.

Gleichzeitig spricht sich in vielen dieser Briefe aus, wie sehr die jungen Männer den Erwartungen, die nicht nur der Staat und das Regime, sondern auch die Mütter in sie setzten, entsprechen wollten, wie sehr sie sich bemühten, »tapfere Soldaten« zu sein. Wenigstens zwei Beispiele seien zitiert. Zunächst der erste Brief eines 17jährigen Flakhelfers an seine Mutter, ein Brief in steiler, unbeholfener Kinderschrift, der zugleich die Brutalität und den Aberwitz dieses Kriegs schlaglichtartig erhellt.

HANNES S. am 25.2.1945: »Liebe Mutter! Viele Grüße von Deinem nunmehr 17jährigen Sohn. Für Deinen lieben Brief recht herzlichen Dank. Er hat mich sehr gefreut, die Marken konnte ich leider heute noch nicht umsetzen, da der 1. Zug Bereitschaft hat und ich als Angehöriger des 3. Trupps zu diesem Zug gehöre. An meinem Geburtstag selbst war es mir, auf deutsch gesagt, k...übel, ich konnte fast nichts essen und hatte Kopfschmerzen. Das waren allerdings Nachwirkungen vom Scharfschießen mit Karabiner am Tage vorher. Ich zog nämlich das Gewehr nicht richtig ein, so dass es mir ans Ohr schlug, trotzdem traf ich mit 3 Schuss 14 Ringe. Abends saßen wir in unsern Deckungsgräben und sahen den Angriff auf Pforzheim sowie 5 Abschüsse von feindlichen Terrorbombern. Heute war unsere Vereidigung. Die Bilder von ihr schicke ich, wenn sie entwickelt sind.

Zum Schluss noch eine Bitte, schicke mir bitte Strümpfe, wir bekommen nämlich keine, und die, die ich dabei habe, gehen langsam aus dem Leim, da ich sie tagtäglich anziehen muss. Es grüßt Dich herzlich Dein Hannes.
N. S. Die Anschrift heißt *nicht* 3. Zug, sondern 3. *TRUPP*.«

HELMUT B. aus gut bürgerlich, nicht nationalsozialistisch, aber national eingestelltem Elternhaus, am 17.1.1942: »Meine liebe Mutter!... Und Du, meine liebe Mutter, wirst Dir wieder Sorge machen um mich. Aber unser aller Leben steht ja in Gottes Hand; er hat es uns gegeben, er kann es uns nehmen... Ja, liebe Mutter, ich denke oft mit Stolz an Dich, denn ich weiß, wie tapfer Du alles seither getragen hast und auch jetzt wieder trägst. Was ist so eine Mutter doch für uns hier draußen. Wir tun ja nur unsere Pflicht, wissen, dass es eben so sein muss. Aber auf Euch Müttern und Frauen liegt die Last dieses ganzen Geschehens, die Hauptlast des Krieges. So fließt von Euch zu uns, von uns zu Euch ein dauernder Strom der Kraft und Liebe. Und dieses Gefühl des Zusammengehörens macht uns froh und reich, selbst in der trostlosen Weite des rußischen Raumes. Wie schön war es doch immer wieder zu Hause! Ich kann Dir, Euch allen, nicht genug danken dafür. So Gott will, kann ich es Euch vielleicht einmal durch mein Tun beweisen. Und jetzt hier draußen bemühe ich mich, meine Sache recht zu machen, und will Euch Eltern keine Schande bereiten.«

Urlaubszeiten

Kurze Unterbrechungen der langen Trennung waren die Urlaube. Sie waren höchst ungewiss. Niemand konnte zu bestimmten, regelmäßigen Zeiten damit rechnen. Je nach Kriegslage und Situation der bestimmten Wehrmachtseinheit gab es unvermutete Urlaubssperren und für den einzelnen undurchschaubare Regelungen. So war jeder Urlaub fast ein Gnadengeschenk, das eben auch oft ausblieb, und die Frauen erinnern sich immer mit besonderer Freude an ein überraschendes Heimkommen.

Dass sie alles daransetzten, um diese kurzen Tage so glücklich und festlich zu gestalten wie möglich, versteht sich von selbst. Alles nur irgend Aufzutreibende an Ess- und Trinkbarem wurde aufgeboten, um auch noch etwas mitgeben zu können. Lieblingsspeisen wurden gekocht und Verwandte eingeladen. Die Väter konnten ihre Kinder genießen, mussten aber auch erleben, dass diese »fremdelten« oder sie gar nicht kannten. Wenn ein Neugeborenes zu begrüßen war, wenn der Urlaub auf ein Familienfest fiel, war das natürlich eine besondere Freude. Es wird stets erwähnt.[58]

HANNE S. (1914), Bäuerin: »Wenn mein Mann in Urlaub gekommen ist, haben wir jedes Mal ein großes Fest gemacht und gesungen außer Rand und Band... Unser jüngstes Kind war acht Monate alt, als er eingerückt ist. Als er wieder gekommen ist, war sie zweieinhalb Jahre! Haben wir halt auch eng gelebt. Es war ein Zweifamilienhaus: wir hatten unten unsere Räumlichkeiten, im ersten Stock haben die Schwiegereltern gelebt, und oben war noch ein Zimmer für ein Mädchen, Pflichtjahrmädchen oder Lehrmädchen. Und dann hab' ich halt das große Kind in Vaters Bett gelegt neben mich, und das kleine war im Bettle daneben. Jetzt ist der Mann nachts um halb zwölf gekommen, nachdem man tagelang nicht gewusst hat, wann er kommt. Immer Urlaubssperre. Immer Scheißhausbolle! Mit dem Ausdruck hat man das gesagt, immer wieder so Parolen und dann war wieder nichts. Auf einmal klopft's an den Laden, und der Mann kommt! Und sagt: ›Seit wann hat denn das Kind Locken?‹ Und dann sage ich: ›Das ist doch gar nicht die, das ist doch die kleine.‹ So lang hat's gedauert. Dann hatten wir den schönen Urlaub, dann haben wir auch ein Reisle gemacht. Mal nach Reutlingen zu unseren Bekannten, und da saßen wir so glücklich im Zug nebeneinander. Auf einmal schreit eine Frau: ›Wegen euch zwei bin ich jetzt eine Station weitergefahren! Weil ihr so glücklich seid!‹ (*Gelächter*) Wir haben Spaß gemacht miteinander. Wenn dann die halbe Zeit rum war, dann kam wieder der Tornister vor, drei Wochen waren's im ganzen, dann ist es einem wieder da drin gehockt im Magen! Dann hat man ihn halt mal wieder auf den Bahnhof begleitet. Im Wingert bin ich dann auf einmal zu mir gekommen, wie ein Flieger da rübergeflogen ist. Ich hab' unter dem Stock ein bissle gevespert, und dann bin ich selig und total erschöpft eingeschlafen.«

MARIE LUISE S. (1914): »Wir haben jeden Urlaub so ausgerichtet, als wäre es das letzte Mal.«

STELLA S. (1914): »Wir haben geheiratet am 2. Januar 1941, und Traude kam dann im Dezember. Da hat der Vater sein Kind das erste Mal gesehen. Dann kam er gleich an die Ostfront... Und dann war also kein Urlaub... Wie er dann wieder in Urlaub kam, das war vielleicht wieder nach einem oder anderthalb Jahren, da hat sie entsetzlich gefremdelt. Ich konnte die zwei nicht allein im Zimmer lassen; es war ein Jammer. Sie hat sich nicht an ihn gewöhnt, weil sie gar keine Männer gewöhnt war.«

Nicht immer und zunehmend weniger verliefen die Urlaube ungestört. Wenn es z. B. ein Genesungsurlaub war, war der Gesundheitszustand eine ständige Sorge. Viele Männer übernahmen daheim auch sofort wieder Arbeit, die liegengeblieben war oder ganz allein an den Frauen hing. Bei Bauern und Geschäftsleuten war das ganz selbstverständlich, da gab es wenig Erholung.[59] Zudem waren die Urlaube überschattet vom Leid der Familie um Gefallene und Verwundete.

Schließlich gerieten die Urlauber zuweilen aus einem relativ friedlichen Leben in der Etappe erst richtig ins Kriegsgeschehen hinein, erlebten sie Bombenangriffe, von denen viele sagten, das sei ja schlimmer als an der Front.[60]

Die Erzählungen, Briefe und Tagebücher der Frauen beschreiben ausführlich weniger die Urlaubszeit selbst als das Warten auf den Urlaub und die Rückerinnerung an die schönen, so rasch vergangenen gemeinsamen Tage. Ankunft und Abschied dominieren in der Erinnerung:

Das Hin- und Hergeworfensein zwischen Vorfreude, Enttäuschung, wenn der Erwartete nicht kam, Glück und Seligkeit des Beisammenseins, Schmerz und grenzenlose Sehnsucht nach der erneuten Trennung spiegeln Tagebuchaufzeichnungen von INGEBORG G. (1922). Obwohl sie erst 18 Jahre und noch Schülerin war, fühlte sie sich mit Gotthold S. (1919) verlobt. Die beiden heirateten 1944.

15.11.1940: »Eine wild bewegte Nacht habe ich hinter mir, in Träumen wurde ich von Glück und Unglück hin- und hergerissen. Einmal war mir mein Gotthold nahe, dann wieder war ›das Wasser zu tief‹, er konnte nicht zu mir kommen, er bekam keinen Urlaub. Um 7 Uhr klingelte es zweimal stürmisch, ich dachte ans Telephon, raste im Nachthemd aus dem Bett, rannte in die Wohnung, doch es war der Bäcker, der ausnahmsweise geschellt hatte. Kein Gotthold kam, der ganze Tag verlief wieder in Spannung.«

19.12.1940: »Gotthold kommt nicht! Weihnachten ohne ihn!, Das ist so schwer, und meine Sehnsucht ist so unendlich groß. Nicht! Also ist das doch eingetroffen, was wir befürchtet haben, und alle Hoffnung war umsonst! Mein Liebster ist fern und allein, dieser Gedanke tut so weh! Sicher wird nun ihre ganze Truppe verschoben – wer weiß wohin? Und der Urlaub rückt wohl auf lange Zeit hinaus. Ich kann's nicht weiter ausmalen – und ich will doch auch tapfer sein. Krank fühle ich mich und bin's auch eigentlich, weiß aber nicht recht, wo mir's fehlt.«

9.3.1941: »Zu groß war das Geschenk! Größtes Glück – tiefster Schmerz! Trotzdem ich gestern durch unglückselige Umstände den Zug versäumte, mit dem wir fahren wollten, wurde es doch noch so schön! Wir haben uns alles gegeben, was wir uns geben konnten. Der Weg ging von Urach aus über die Gutensteiner Wasserfälle, nach St. Johann, wo wir zu Mittag speisten, dann eine Randwanderung mit herrlichem Blick nach Honau unterhalb des Lichtensteins. Wir waren so glücklich, so fröhlich! Süß waren die Stunden, in denen wir uns so innig liebten wie noch nie! Alles Liebe taten wir uns, so viel Liebes sagten wir uns! Und dann die Heimfahrt im Zug! Ganz eng zusammen, niemand störte uns, wir küßten und küßten uns immerzu, und wir waren so glücklich, ach so glücklich!! Ich kam heim: etwas passiert! Telegramm: Sofort zurückkehren! Ich konnte den Wortlaut nicht verstehen, verständnislos sah ich um mich, dann kam der Schmerz. Und ich schlief und träumte: Ich ging in aller Frühe zum Bahnhof, er stand mit den Eltern da, der Zug kam, fuhr hinaus, Hände winkten – ach so viele!! Wie lange, bis ich Dich wiedersehe! Wie lange! Liebster, ich liebe Dich, hörst Du? Und wenn die Welt untergeht, meine Liebe bleibt.

Dann verbrachte ich einen Schmerzenssonntag in Korntal – und bei Jetters herrschte Jubel. Ihr Soldat war auch auf Urlaub da. Ich weine – die Tränen tun so wohl! Liebster, Gott schütze ihn! Ich bitte dich!«

30.6.1942: »Vor meinem Fenster ging vorhin jemand vorbei und blies auf einer Mundharmonika. Seltsam fremder Laut aus einer anderen, versunkenen Welt. Seit der Krieg tobt, ist niemand mehr mit einer Mundharmonika vor meinem Fenster vorübergegangen. Aber es ist gut, den Tönen nachzuhorchen, sie singen von Frieden, vom Wandern, unbeschwert und Hand in Hand, durch grüne Wälder und blühende Wiesen. Gut sind diese Töne, aber sie verklingen wie ein Traum.«

14.7.1942: »Immer diese große Sehnsucht nach Gotthold: Ich trage eine große Sehnsucht im Herzen, und das Herz scheint manchmal fast zu zerspringen. Könnte

ich doch meinen Liebsten nur einen Augenblick lang sehen! Es ist eine harte Probe! Aber sie kommt von Gott und drum ist sie gut. Er wird auch weiterhelfen.«
26.12.1942: »Die größte Freude aber ist die Nachricht, die uns ein Urlauber telefonisch brachte: Gotthold ist auf der Fahrt, am 20. hat er die Reise angetreten, er kommt! Ich kann es kaum erwarten, ich möchte ihm entgegeneilen, ich kann nicht mehr schlafen, das Warten hat seinen Höhepunkt gefunden. Ich bin voller Freude!!! Holder!!!!!!«
24.12.1942: »Immer noch bin ich in großer Erwartung. Alle Nerven sind aufs höchste angespannt – beim geringsten Geräusch fahre ich hoch. – Ich kann es doch kaum mehr erwarten, den großen Augenblick. O du, wie freue ich mich auf Deine Augen!«
Inzwischen wurde sie kriegsdienstverpflichtet und war Straßenbahnschaffnerin.
28.8.1943: »Gottes Güte ist unfassbar. Wieder hat Er uns das Wiedersehen geschenkt, wie es wohl kein zweites mehr geben wird. Er kam zu mir in die Straßenbahn, wo ich als Kriegshilfschaffnerin funktionierte. Es war ein seltsames Gefühl und doch auch süß. Am Abend feierten wir dann Wiedersehen auf dem Kirschbaumbänkle und sprachen süße Worte, und alles war so schön, wie am letzten Abend, bevor er fortging. Herrliche Urlaubswochen liegen noch vor uns.«
19.9.1943: »Vorbei, alles vorbei! Langsam legen sich die Wogen des Glücks, des übergroßen Glücks. Es waren drei volle Urlaubswochen.«
Am 13.4.1944 feierten sie ihre Kriegshochzeit. Im Sommer bekam er nochmals Urlaub. Zu Weihnachten 1944/45 konnte sie ihn in Posen besuchen. Am 25.1.1945 bekam sie einen Brief, dass er in den Fronteinsatz komme. Er wurde bei der Verteidigung von Posen eingeschlossen. Die letzte Nachricht kam im Februar 1945. Dann hörte sie nichts mehr von ihm.[61]

Nur andeutungsweise berühren die Frauen in ihren Erzählungen zwei Fragen, die zentral mit der Trennung und dem sporadischen Zusammensein während des Krieges zusammenhängen: *die Familienplanung und die Kommunikation über den Krieg.*

Die Kinder, die ab Mitte 1940 zur Welt kamen, sind ganz überwiegend in Urlaubszeiten gezeugt worden. Es hieß damals auch, die Männer seien eben zu diesem Zweck so oft wie möglich in Urlaub geschickt worden.[62] Bekanntlich haben die Nationalsozialisten alles für eine »aktive Bevölkerungspolitik« getan.[63]

Sehr genau erinnert sich ANNA K. (1910) an die Propaganda. Sie arbeitete als Weberin in einer Fabrik.

I: »*Wie wurde das den Frauen denn gesagt, dass sie viele Kinder haben sollten?*
K: Die Lektüre war danach und die Zeitungen. Jeden Tag übers Radio hörte man alle Augenblicke ein Kindergeschrei, eine Sonderdurchsage, sowieso hat ein Kind geboren, das wurde dann den Soldaten bekanntgegeben, das ging am laufenden Band. (*Sie meint besonders die sonntägliche Sendung »Wunschkonzert«*). Da war mal was ganz

Großes in der Zeitung, da hat eine Frau ein Kind zur Welt gebracht und, noch ganz schwach, sagte sie: ›Adolf soll er heißen, (*in die Länge gezogen*): *Heil Hitler!*‹ Das sollte die deutsche Frau eben, und was mich immer so aufgeregt hat... Eine Frau, die hatte nachher, wie ihr Mann auf Urlaub kam, der hat sich scheiden lassen, die hatte einen großen Stempel auf dem Arsch: ›Eigentum der Luftwaffe.‹ (*Lachen*) Da haben sich die, mit denen sie geschlafen hat, einen Spaß gemacht. Das hat damals in der Zeitung gestanden, das sollte irgendwie die Frauen davor warnen, vor den Soldaten, dass die sich dann nachher solchen Witz damit erlauben.«

Wie haben sich die Frauen selbst dazu verhalten? Wir wissen bisher wenig darüber. Die Frage direkt zu stellen, getraute ich mich nicht. Aus den verstreuten Andeutungen kann ich nur einige unsichere Hypothesen ableiten. Der Krieg hat auf das generative Verhalten im Prinzip keinen Einfluss gehabt, wenn auch in den Zeiten des Urlaubs ein besonders intensives Eheleben anzunehmen ist. Die allermeisten Frauen wollten Kinder haben, nicht dem Führer oder dem deutschen Volk zuliebe, sondern weil das ihrem Rollenverständnis von »Frau und Mutter« entsprach. Wenn sie sich dabei auch noch gewürdigt und geehrt fühlen konnten, um so besser.[64] Einen sicheren Weg zur Geburtenkontrolle gab es damals nicht. Ohne Zweifel wurde damals auch schon »aufgepasst«, nach welchen Methoden, bleibt unklar.[65] Abtreibung stand für deutsche Frauen unter strengster Strafe. Dennoch kam sie vor, und zwar häufig.[66] Auch »ungeplante« Kinder wurden wohl meist akzeptiert, sei es als Schicksal, sei es als »Geschenk Gottes«. Aufschlussreich ist in diesem Zusammenhang das Tagebuch von Margarete E. (1893). Zwar bekam sie ihre sieben Kinder schon vor dem Krieg, aber der Krieg änderte – wie gesagt – die grundsätzliche Praxis in dieser Frage nicht. Aus ihren Aufzeichnungen geht klar hervor, dass sie selbst nur die Enthaltsamkeit als Möglichkeit der Verhütung sieht, diese aber nicht immer üben kann aus »Schwachheit des Fleisches« (wie sie sich ausdrückt) oder weil sie meint, ihre ehelichen Pflichten erfüllen zu müssen. Eine andere Frau, die acht Kinder zur Welt brachte, spricht unmissverständlich aus, dass sie einfach nicht wussten, wie »das alles funktionierte«. Ähnlich äußerten sich auch andere Frauen.

ELISABETH B. (1911) erzählte, wie sie kurz nacheinander zwei Töchter bekommen hat. Ihre älteste Tochter, die bei dem Gespräch anwesend war, warf ein: ›Was auch nicht geplant war.‹
B: »Ja nun, was heißt geplant? Früher hat man keine Pillen und nichts gehabt. Da hat man halt das Kind gekriegt.«

Die vorhin zitierte ANNA K., Weberin und Hausfrau, fünf Kinder: »Ich habe schon oft zu meinem Mann gesagt: Wir sind viel zu früh geboren. Wir mussten so viele Kinder haben, heute gibt es die Pille. Das gab es für uns damals nicht. Für die

Frauen selber gab es schon mal gleich gar nichts. Du konntest höchstens zum Frauenarzt gehen und dir irgend etwas machen lassen, ich weiß nicht was. Aber das wusste man auch nicht. Das war halt so gegeben. Heute kann man es sich raussuchen.«

Die Statistik ist in diesem Falle eine bessere Quelle als die mündliche Überlieferung.[67] Sie belegt eindeutig, dass die Eltern nicht so fruchtbar waren, wie sie hätten sein können und nach den Wünschen der Partei hätten sein sollen. Erwünscht und mit großem Propagandaaufwand immer wieder gefordert, waren möglichst viele Kinder »guter«, d. h. »arisch-germanischer«, »deutscher Rasse«, nicht nur, um die Gefallenen zu ersetzen, sondern auch zur Besiedlung des im Osten zu erobernden Landes und als Reservoir für künftige Kriege.

Schließlich dürfen auch nicht die Bevölkerungsverluste vergessen werden, die durch die Tötung angeblich »Minderwertiger« entstanden. Auch sie mussten durch »wertvollen Nachwuchs« ausgeglichen werden.

Vier Kinder wurden als Mindestzahl erwartet. Ab dieser Zahl erhielt eine Frau das Mutterkreuz in Bronze und konnte sich als »vollwertige Mutter« fühlen.[68] Es wurde auch Druck ausgeübt.

BERTE B. (1917): »Ich hatte kein Kind, und im Dritten Reich, wenn die Männer vom Urlaub zurückgekommen sind: ›Kriegt Ihre Frau diesmal ein Kind?‹ Das war das erste.« Frau B. wusste aber aus dieser Situation geschickt aufgrund einer ärztlichen Bescheinigung noch einen Besuchsurlaub bei ihrem Mann herauszuschlagen: »Und ich habe mir gesagt, wenigstens ein paar Tage will ich meinen Mann noch einmal sehen. Es hat in der Beziehung, dass ich ein Kind gekriegt hätte, nichts gebracht, aber wir haben uns noch mal gesehen.«

Frau B. bedauerte aber ihre Unfruchtbarkeit, die, wie sich herausstellte, auf die psychische und physische Anspannung während des Krieges zurückzuführen war (nach dem Krieg bekam sie noch Kinder), nicht deshalb, weil sie sich als »bevölkerungspolitische Versagerin« fühlte, sondern weil sie sich ein Kind so sehr wünschte.

Die allermeisten Frauen (wie Männer) ließen sich nicht unter Druck setzen. Sie verhielten sich so, wie sie sich auch ohne Nationalsozialismus verhalten hätten. Die Kinderzahl stieg während des Dritten Reiches zwischen 1933 und 1938 zunächst ziemlich stark, zwischen 1939 und 1941 war sie schwankend und sank bis 1942 auf das Niveau von 1933.[69] Die deutschen Mütter (und Väter) versagten im »Geburtenkrieg«.[70]

Am Ende dieses Kapitels bleibt noch die Frage: Was haben die Männer im Urlaub vom Krieg erzählt, von ihren Erlebnissen an der Front? Die meisten haben darüber geschwiegen. Das Thema wird uns ausführlicher im Zusammenhang der Nachkriegszeit beschäftigen.[71] Dieses Schweigen ist verwunderlich, denn jetzt hätte – im Gegensatz zu den Feldpostbriefen – im vertrauten Kreise und mit den nächsten Menschen angstfrei darüber geredet werden können. Vielleicht wollten die Frontsoldaten wenigstens für eine kurze Zeit die Hölle, der sie entronnen waren, vergessen, vielleicht wollten sie ihre Frauen und Nächsten schonen, vielleicht gab es für das, was sie durchgemacht hatten, keine Worte. Aber es gibt doch eine Reihe von Ausnahmen: Immer wieder wurde mir berichtet, dass Urlauber im engsten Kreise, oft auch nur unter vier Augen, den Frauen oder den Eltern »entsetzliche Dinge« erzählt haben, die »da draußen geschehen« und die sie gesehen hatten; sie wollten nicht mehr hinaus, um nicht töten zu müssen.

GERDA O. (1931) über ihren Bruder (1922): »Mein Bruder war öfter auf Heimaturlaub. Er hat zu Hause viel erzählt. Zwei Berichte erinnere ich besonders deutlich. Er erzählte, dass er einen Russen erschießen musste. Das hat er überhaupt nicht verwunden, dass er den direkt hat erschießen müssen. Er hat uns wochenlang, solang er da war, immer wieder diese Sache erzählt, meiner Mutter, meinem Vater, mir. Er hat gesagt: ›Stellt euch das vor!! Da taucht plötzlich einer auf, und ich schieß dem ins Gesicht!‹ Es war offensichtlich ein Partisan, der da lag und plötzlich auftauchte. ›Ich hab' den erschossen, sonst hätte er mich erschossen. Ich hab' kein schlechtes Gewissen, aber ich kann das nicht vergessen. Ich habe einen Menschen erschossen. Ich habe ihn gesehen, und der war vielleicht 18 Jahre alt. Ich habe ihn mitten ins Gesicht geschossen.‹ Das konnte er nicht wegstecken. Ich vergesse nicht, wie er das letzte Mal von zu Hause wegging. Da wollte er einfach nicht gehen. Mein Vater hat ihm zugeredet wie einem kranken Hund: ›Das kannst du nicht machen. Wenn sie dich erwischen, stellen sie Dich gleich an die Wand. Wo willst du dich denn verstecken? Du musst gehen!‹ Dann hat er sich frühmorgens mit Tränen in den Augen von mir verabschiedet. Alle haben wir geheult.«

ERNA B. (1914), im Warthegau angesiedelte Bessarabiendeutsche, sagte immer wieder im Laufe des Gesprächs, ihr Mann habe im Urlaub viel davon gesprochen, dass es furchtbar war, was sie in Russland anrichteten: »Da ist ja immer« eine neue Ortschaft umgebracht worden, und gucket einmal, was haben Deutsche in Moskau gesucht?« Bezeichnenderweise widerspricht ihr (die auch beim Gespräch beteiligte) Helene H. (1923): »Mein Mann war immer im Angriff, war immer vorne, der hatte nichts mit der Zivilbevölkerung zu tun.«

DOROTHEA B. (1922), ihr Verlobter ist 1944 gefallen: »Walter und ich machten uns in unseren Briefen hin und her (und auch in den Urlauben) viele Gedanken über das Wort: ›Liebet eure Feinde ...‹ Dass wir als Christen gar nicht anders können, als jeden zu lieben; aber mit dem Krieg war das eine Frage, die uns keine endgültige Antwort gab. Aber sie hat uns nicht losgelassen.« (Brief vom 27.3.1995)

Es konnte vorkommen, dass sich Soldaten sogar wildfremden Menschen gegenüber öffneten, um sich eine schreckliche Last von der Seele zu reden.[72]

MARIANNE B. (1920), Krankengymnastin in einem SS-Lazarett in Prag, wo sie u.a. Nachbehandlungen nach Amputationen, Ausgleichsgymnastik mit Blinden usw. machen musste: »Ich bekam einen Patienten, mit dem ich eine lockernde Ausgleichsgymnastik im Park des Lazaretts machen sollte. Er lag auf der neurologischen Station, und der Arzt sagte mir, der ist so'n bisschen durchgedreht durch die Kriegsereignisse, hat da wohl einen Schock, muntern Sie ihn mal 'n bisschen auf. Und dass es sehr schnell dazu kam, weil ich merkte, der Mann wollte keine Ausgleichsgymnastik, er wollte reden. Und wir haben viel und lange im Park miteinander geredet, d. h. ich habe zugehört. Und was er mir da erzählte, war so, dass ich es ihm nicht geglaubt habe und hinterher zum Arzt ging und zu ihm sagte: ›Ja, Sie haben recht, also der ist ganz durcheinander. Was er so erzählt, kann man nicht recht glauben, aber es ist sonst ein netter Mensch.‹ Es war ein SS-Unterscharführer (*entspricht etwa dem Unteroffiziersrang*). Er war, damals fand ich es, älter, so um die vierzig rum, und war Bibliothekar im Privatleben. Er war auch Angehöriger der Waffen-SS, gehörte zu einer Einheit, die in Russland oder – ich weiß nicht mehr genau, wo – Gräber ausschaufeln musste, und dann wurden da die nackten Juden an den Rand hingestellt. *Die* mussten das große Loch selber schaufeln, und dann ... und sie waren Aufsichtspersonal und haben dann eben, jeder musste einen anvisieren und dann eben anlegen... Und ich habe es nicht geglaubt, nein.«

Offener als in den Briefen wurde im Urlaub über die Kriegslage gesprochen. Hier gibt es Zeugnisse, dass die reiferen Männer, die direkt von der Front kamen, spätestens ab 1943/44 die Sinnlosigkeit und Aussichtslosigkeit des Krieges erkannten und die überwiegend skeptischeren Frauen in ihrer Meinung bestätigten.[73]

Einige Männer vertrauten ihren Frauen auch an, dass sie sinnlose Befehle nicht ausgeführt haben.

Aber die weitaus meisten mochten sich die Urlaubstage nicht durch derartige Gespräche verdüstern, waren sie doch täglich mehr überschattet vom drohenden Abschied. Es bedurfte keiner Worte, um bei dem anderen die wachsende Bedrücktheit und die Angst vor der erneuten Trennung zu spüren, vor dem erneuten ewigen Warten und dem Alleinsein und davor, dass es diesmal der letzte Abschied sein konnte.

MAGDA B. (1919): »Wenn er (*der Bruder*) auf Urlaub war, die ersten paar Tage war er glückselig, dass er da war, dann ist er unruhig geworden: ›Ich muss wieder zu meinen Kameraden, ich kann doch die nicht im Stich lassen!‹ Das sind vollkommen gespaltene Persönlichkeiten geworden. Am Schluss hat er immer gesagt: ›Meine toten Kameraden rufen mich.‹ Immer wieder.«

Zusammenfassung

Die meisten Frauen lebten den ganzen Krieg über in Sorge und Angst. Während die Todesangst bei Bombenangriffen, Tieffliegerbeschuss, auf der Flucht und vor Vergewaltigungen durch die Besatzer bei den meisten auf die letzten Jahre des Krieges und das Kriegsende beschränkt war, waren Sorge und Angst um die Lieben an der Front für fast alle eine Dauerbelastung durch die nahezu sechs Jahre des Krieges und darüber hinaus. Sie bestimmten die Gemütsverfassung Tag für Tag. Sie waren auch schwerer zu ertragen als die Angst vor dem Verlust von Hab und Gut, ja sogar der Heimat, weil Menschenleben unersetzlich sind, und viele fürchten mussten, mit dem Mann ihre gesamte Existenzgrundlage zu verlieren.

Die Milliarden von Feldpostbriefen waren für Absender und Empfänger lebenswichtige Brücken der Verbundenheit, aber auch ein bitterer, als unzulänglich empfundener Ersatz für das normale Zusammenleben. Die Feldpostbriefe sind ein beredtes Zeugnis dafür, dass die Frauen auf nichts sehnlicher warteten als auf das Ende des Krieges, selbst um den Preis der Niederlage. Gerade weil sie weithin Persönliches, Alltägliches, ja Banales zum Thema haben, sind sie unersetzliche Quellen nicht allein für den Kriegsalltag und die allgemeine Mentalitätsgeschichte, sondern vor allem für die Art, wie die Trennung empfunden und verarbeitet wurde und wie nahe menschliche Beziehungen sich ausdrückten und entwickelten. Auch »einfache«, nicht literarisch gebildete Menschen legten ihr Bestes in die Briefe und fanden immer wieder zu einer erstaunlichen Ausdruckskraft. So haben die Trennung und die Briefe sicherlich auch zu einer Intensivierung der Gefühle füreinander beigetragen. Das erklärt auch, dass Frauen heute dazu neigen, ihre damalige Ehe zu verklären, vor allem dann, wenn sie durch den Krieg beendet, durch den Tod gleichsam geadelt wurde. Briefe und Urlaube waren »Sonntagsbeziehungen«, die – trotz des schweren Kriegsalltags- für beide unter einem besonderen Stern standen und den gewöhnlichen Reibereien nicht ausgesetzt waren.

Andererseits konnte die Trennung auch zur Entfremdung führen, besonders, wenn die Beziehungen ohnehin locker und schnell geknüpft waren (z. B. Kriegsheiraten), oder wenn – bei Verlobten oder Ehepaaren – andere Partner dazwischentraten.

Ob von einer allgemeinen Verwilderung der Sitten im Zweiten Weltkrieg gesprochen werden kann, wie von einigen angenommen wird, möchte ich bezweifeln.[74] Wenn überhaupt, so mag dies für bombenzerstörte Großstädte in den allgemeinen Auflösungserscheinungen des Kriegsendes gelten. Fast zwei Drittel aller Deutschen lebten aber in Städten und Gemeinden mit weniger als 20 000 Einwohnern, in denen die gegenseitige Kontrolle wohl noch recht gut funktionierte. Wahrscheinlich gab es hier auch schichtspezifische Unterschiede, denen ich nicht nachgehen konnte. Auch die bei der Wehrmacht angestellten Frauen waren in einer besonders exponierten Position.[75]

Der Krieg war auch für die Geschlechterverhältnisse ein Ausnahmezustand. Ganz sicher gab es bei vielen Frauen Lockerungen der Moral und »machte die Gelegenheit Diebe«, und ganz sicher entsprachen die Verhaltensweisen nicht durchweg den bürgerlichen und christlichen Treuevorstellungen. Dass die NS-Führungsspitze im Widerspruch dazu geradezu programmatisch die Auflösung der monogamen Ehe favorisierte und sie für die Zeit »nach dem Endsieg« ernsthaft ins Auge fasste, blieb den Frauen damals und weithin bis heute unbekannt. Mit dem »Lebensborn« kamen vergleichsweise sehr wenige in Berührung.[76]

Im ganzen waren die rigiden Moralvorstellungen, besonders bei bürgerlich und christlich erzogenen und orientierten Frauen, noch fest verankert. Im Kriege zeigte sich die doppelte Sexualmoral besonders eklatant. Grundsätzlich wurden »Seitensprünge« bei Männern akzeptiert oder als Kavaliersdelikt betrachtet, während ähnliches Verhalten eine Frau abwertete, wenn nicht entwertete.[77] Im Krieg wurde von den Frauen absolute Treue und Kinderreichtum erwartet als Beitrag zur Stabilisierung der Kampfmoral der Männer und zur Regenerierung und Stärkung des »Volkskörpers«. Dafür wurden sogar uneheliche Kinder »rassisch wertvoller »Erzeuger hingenommen und sogar von der SS gefördert.[78] Abgesehen davon wurde den Soldaten die Triebbefriedigung mit »Fremdvölkischen« in der Heimat und an der Front nicht nur erlaubt, sondern auch erleichtert, wenn man auch aus Angst vor Geschlechtskrankheiten versuchte, sie zu reglementieren. Frauen, die auch nur eine engere (unter Umständen gar keine intime) Beziehung zu Fremdarbeitern oder Kriegsgefangenen knüpften, wurden stigmatisiert und oft demütigend und hart bestraft. Freiwilliger Kriegsdienst und Kriegsdienstverpflichtungen brachten Frauen oft in abhängige Positionen von Männern, die manche von diesen schamlos ausnützten, ohne dass sich die Frauen wehren konnten. Frauen, deren Männer im Krieg »fremdgingen«, blieb gar nichts anderes übrig, als die Untreue hinzunehmen. In der Kriegs- und auch in der ersten Nachkriegszeit war es für sie, falls sie auch noch kleine Kinder hatten, sehr schwer, wenn nicht unmöglich, sich von dem »Ernährer« zu trennen.

Die Frauen, die ihren Männern die Treue hielten und von ihnen Kinder bekamen, taten das aber in ihrer großen Mehrheit nicht, weil sie ihren Männern neuen Kampfgeist vermitteln und zukünftige Soldaten gebären oder gar »dem Führer ein Kind schenken« wollten, sondern weil sie ihre Männer liebten und Kinder haben wollten oder einfach nicht wußten, wie man sie verhütet. Viele müssen es aber gewusst haben, denn die Geburtenziffern im Krieg blieben weit unter den Erwartungen der Führung.

So sehr man sich in den Feldpostbriefen auch bemühte, die Trennung dadurch erträglich zu machen, dass man den Partner möglichst umfassend am eigenen Leben teilnehmen ließ, indem man ihm so konkret und anschaulich und so oft wie möglich schrieb, blieb vieles ungesagt. Das betrifft weniger die Analysen der Kriegslage, die sich in den Männerbriefen relativ häufig finden, und die Kriegsstimmung, die bei Männern, besonders den jungen, meist optimistischer war als bei den Frauen, auch wenn es immer wieder zu Zornesausbrüchen gegen den »sinnlosen Krieg« kommt. Was die Frauen jedoch nur sehr selten und abgeschwächt erfuhren, war das wahre Gesicht des Krieges draußen an der Front mit seinem die Phantasie übersteigenden Grauen und der zwangsläufig verrohenden Tötungsmentalität. Und nur ganz wenige scheinen etwas von den deutschen Verbrechen an der Zivilbevölkerung, einschließlich der Juden, in den besetzten Ländern erfahren zu haben. Nur selten scheint in Urlaubsgesprächen etwas davon durchgesickert zu sein.

Obwohl die Grundgefühle der allermeisten Frauen das Bangen um die Lieben im Felde und die Friedenssehnsucht waren, gab es auch in ihrem Gefühlsleben Ambivalenzen und Widersprüche. Sie fallen besonders bei bürgerlichen Frauen auf. Obwohl sie den Krieg in ihrem innersten Herzen ablehnten, stärkten sie mit ihren Briefen doch den Durchhaltewillen, und zwar nicht allein dadurch, dass die »Verteidigung von Weib und Kind und Müttern« ihren Männern und Söhnen um so wichtiger erscheinen musste, je stärker und enger ihre ehelichen und familiären Bindungen waren, sondern vor allem durch den Stolz, den Frauen und Mütter über Auszeichnungen und Karrieren zeigen. Obwohl die Frauen ihre Söhne und Männer vor dem Schlimmsten bewahren wollten, erwarteten sie doch Tapferkeit und Pflichterfüllung von ihnen. Obwohl sie sie am liebsten irgendwo im Hinterland versteckt hätten, impften sie ihnen Abscheu vor »Drückebergerei« ein. Sie hatten zwar keine Wahl, als »sich in das Unvermeidliche zu fügen«, wie sie heute mit Recht betonen, aber sie hatten in ihrer Mehrheit ein letztlich ungeklärtes und unlogisches Verhältnis zum Krieg, das tief in der Tradition, in der sie aufgewachsen und erzogen worden waren, begründet war. Krieg war für sie nicht nur etwas Unvermeidbares, ein notwendiges Übel, dessen historische Ursachen sie sich nicht klarmachten, Krieg war auch Bewährung, besonders »Bewährung echter Männlichkeit«. Krieg war für die religiösen Frauen zwar nicht ausdrücklich Gottes Wille, aber auch nicht etwas, was ohne Gottes Willen geschah.[79]

Die Trennung der Frauen von ihren Männern während des Krieges hat noch einen anderen Aspekt, der manchen von ihnen erst nach Beendigung der Trennung aufging.[80] Mir fiel auf, dass die Frauen in den Briefen, aber auch in Gesprächen ihre Männer zwar sehr vermissten, dass sie vieles gerne mit ihnen beredet, ihren Rat gehört hätten, aber nur selten fühlten sie sich völlig schutz- und ratlos ohne ihre Männer und zunehmend weniger, d. h., sie lernten es immer besser, allein zu leben und mit den Schwierigkeiten fertigzuwerden. So war die Trennung auf der einen Seite zwar ein großer Verlust an Lebenserfüllung, aber sie gewannen durch sie auch ein Stück Freiheit und Selbständigkeit. Hat der Krieg also auch »etwas Gutes« für sie gebracht? Gewiss nicht, denn dieses Stück Emanzipation wurde im Bewusstsein der allermeisten in einer guten ehelichen Beziehung lebenden Frauen zu teuer erkauft.

Kapitel 4

Nachrichten

Täglich mussten die Frauen auf schlimme Nachrichten von den eingezogenen Männern gefasst sein. Auch wenn sie soeben noch einen Feldpostbrief bekommen hatten, konnte schon am nächsten Tag eine ganz andere Botschaft eintreffen, die mit einem Schlag ihr Leben veränderte, über ihr künftiges Schicksal entschied. Annähernd nachvollziehbar wird die Bedeutung der lapidaren Nachrichten »Verwundet« – »Gefallen« – »Vermisst« – »Gefangen« erst für den, der die Vorgeschichte in den Biografien und Beziehungen kennt.

Bei BERTE B. (1917) begann unser Gespräch so: »Also, ich hab' heut morgen noch ein bisschen die Sachen zusammengesucht. Mein Mann hat am letzten Tag vor seinem Tod noch eine Karte schreiben lassen, weil er selber nicht mehr schreiben konnte. Wissen Sie, das erschüttert einen dann wieder so, wenn man diesen Kampf miterlebt hat oder nachempfindet. Ein junger Mensch mit 31 Jahren! Ich habe in der Zwischenzeit ermöglicht gehabt, dass mein Mann seine Meisterprüfung hat machen dürfen. Er war Maler. Wir haben anfangen wollen nach dem Krieg. Ich habe geschafft und gespart und gegeizt und habe 5000 Mark erspart gehabt. Das war dortmals ein wahnsinniges Geld mit dem bissle, was man verdient hat, dass er gleich anfangen könnte. Mein Schwiegervater hat schon Baumaterial zusammengehamstert gehabt und im Garten gestapelt, dass man gleich hätte anfangen können, es wäre ja natürlich dies der Start gewesen. Ja, aus war's! Und dann ist er gekommen und hat ein halbes Jahr Urlaub gehabt (*weil der Bruder gefallen und er der einzige Namensträger der Familie war, hat er den Urlaub zur Vorbereitung auf die Meisterprüfung bekommen*). Und er hat geschafft und getan! ... Und auf einmal kommt ein paar Tage vor Weihnachten ein Telegramm, er muss sofort zur Truppe zurück... Und dann sind wir natürlich von Pontius zu Pilatus ... Dann hat er 14 Tage noch nachgekriegt und hat eine Notprüfung machen dürfen und hat seine Meisterprüfung gehabt. Und musste dann nach Weihnachten zurück.« Er kam dann noch einmal kurz auf Bombenurlaub heim, dann nicht mehr.

Wie sind die Frauen mit den endgültigen und den nicht endgültigen Nachrichten umgegangen? Wie haben sie reagiert? Was hat ihnen geholfen? Was bedeuteten sie für ihr Leben? Wie wurde das Massensterben[1] verkraftet und verarbeitet?

Verwundet

»Es ist ein grotesker Zustand, in dem es erleichtert, Menschen krank oder verwundet zu wissen«, schrieb Ursula von Kardorff am 1.9.1943 in ihr Tagebuch.[2] Ähnlich äußerte sich Magdalene B. (1917): »Im Februar 1944 kam er (*ihr Mann*) kurz heim. Eine Verwundung hat man ein ›Heimatschüssle‹ genannt und hat sich gefreut.« Wenn es irgend möglich war, haben Frauen versucht, ihre verwundeten Männer und Söhne im Lazarett zu besuchen. Dabei nahmen sie oft große Strapazen und Gefahren in Kauf. Ihr Besuch konnte lebensrettend sein.[3]

ELFRIEDE G. (1912) schreibt in ihrem Rückblick auf das Jahr 1942: »Mein Mann war im Fronteinsatz in Russland bei Smolensk. Unser zweites Kind Lieselotte war gerade acht Wochen alt geworden. Wir lebten in Karlsruhe in unserer sehr gemütlichen Wohnung und bangten täglich und warteten auf eine Nachricht von ihm. Selbst auf die Geburtsanzeige kam kein Zeichen von ihm.

Da brachte eines schönen Tages der Briefträger einen eingeschriebenen Brief mit fremder Handschrift aus Lublin (Polen). Der Schrecken war groß! Kaum konnte ich den Brief öffnen und lesen. Eine Schwester aus dem Lazarett teilte mir mit, dass mein Mann schwer verwundet dort eingeliefert worden sei. Lungensteckschuss und Durchschuss mit nachfolgender Operation und Rippenresektion. Die folgenden Tage waren furchtbar. Die Ungewissheit, die Zweifel, wird er es durchstehen? Wird er am Leben bleiben? Nichts konnte ich für ihn tun! Ein Telegramm mit der Nachricht über den sehr bedenklichen Zustand ließ mir keine Ruhe mehr. Ich musste handeln. Fast täglich war ich unterwegs, bis ich mir eine Einreiseerlaubnis nach Polen verschaffen konnte und alles geordnet und geregelt war mit Hilfe von guten Bekannten. Klein-Lieselotte brachte ich nach Mannheim zu meinen Eltern, was auch nicht ungefährlich war wegen der Luftangriffe dort. Urselchen, das größere Kind (drei Jahre alt), wurde bei den Schwiegereltern auf dem Land untergebracht. Die Reise konnte also mit gemischten Gefühlen angetreten werden. Im letzten Moment schloss sich mein Schwiegervater an, da es doch zu gefährlich war, in ein Frontlazarett nach Lublin nahe der russischen Grenze in Polen zu fahren. Die Fahrt war furchtbar! Die Züge gingen nicht fahrplanmäßig und waren meist nur mit Soldaten voll besetzt, und die Fahrt dauerte drei Tage und zwei Nächte. An der polnischen Grenze musste mein Schwiegervater aussteigen, da er in der Kürze keine gültigen Papiere besorgt hatte.

Alleine und in finsterer Nacht kam ich endlich in Lublin an. Auf die Straße konnte ich mich nicht wagen. Es war zu unheimlich auf diesem schmutzigen Bahnhof, und nur Soldaten standen da herum. In meiner Verzweiflung sprach ich einen deutschen Offizier an, dessen Fahrer mich dann mit einem Militärfahrzeug ins Lazarett brachte. Die Schwestern waren natürlich sehr erstaunt, nahmen mich aber sehr freundlich auf. Ich durfte sogar noch ganz kurz meinen Mann sehen, der kaum zu erkennen war in dieser Nacht. Worte konnten wir keine finden, unseren Tränen ließen wir freien Lauf. Diese Gefühle und diese Stimmung können nicht mit Worten beschrieben werden. Nur wir beide wussten von der Bedeutung dieser Wiedersehensfreude in diesem Lazarett in Lublin. In einem Verbandszimmer auf einer Pritsche durfte ich den Rest der Nacht verbringen, gestärkt mit einer heißen Tasse Tee. Nach zwölf Tagen musste ich wieder zurückreisen, da meine Aufenthaltsgenehmigung abgelaufen war. Der Gesundheitszustand meines Mannes wurde täglich besser, so dass ich mit großer Zuversicht abreisen konnte. Beim Abschied sagte mir der Arzt: ›Sie haben Ihrem Mann das Leben gerettet.‹ Eine tiefe Dankbarkeit erfüllte mich, und ich musste denken, wie viele Frauen hätten ihren Mann retten können, wenn sie eine solche Möglichkeit gehabt hätten! Im Lazarett habe ich die Krankenzimmer aufgesucht und den verwundeten, oft in elendem Zustand befindlichen Soldaten Zuspruch geben und erzählen können, was in der Heimat geschah. Viele hatten monatelang keinerlei Verbindung mehr. Eine Menge Briefe, die sie mir anvertrauten, nahm ich unter meiner Wäsche versteckt mit und leitete sie weiter.

Nach siebenmonatlichem Aufenthalt im Lazarett konnte mein Mann endlich entlassen werden ... Nach dem Genesungsurlaub wurde mein Mann nach Stuttgart zum Innen- und Heimatdienst beordert.«

Es konnte sein, dass die Besuche der Frauen zu spät kamen.

Emma R. (1918): »An und für sich war der Krieg für uns zu Ende oder gelaufen, als mein großer Bruder gefallen ist... Im Dezember 1942. Meine Eltern sind nach Krakau gefahren, um ihn im Lazarett zu besuchen. Sie haben sein Grab gefunden. Er ist am Tag vorher beerdigt worden. Sie standen am halbzugeschütteten Grab... Unsere Mutter ist nach der Nachricht, nicht der Todesnachricht von meinem Bruder, sondern als das Telegramm kam ›Schwer verwundet, Besuch erwünscht‹, obwohl er schon tot war, als das Telegramm rausgegangen ist in Krakau, der Uhrzeit nach, da ist unsere Mutter in einer Viertelstunde um zehn Jahre gealtert. Aber sie war immer die Stärkste in unserer Familie und sie hat die ganze Familie getragen (*es waren noch ein Bruder und eine Schwester da*). Unser Vater war dermaßen verzweifelt, ich weiß nicht, der hätte alles Mögliche angestellt. Und sie hat ihn eben geleitet, aber sie hat sehr schwer am Krieg getragen.«

Manche Männer mussten sich lange mit den schweren Verwundungen herumquälen und erlagen ihnen dann doch. Die Frauen konnten sich den langen Todeskampf ausmalen und litten mit.

MAGDA B. (1919): »Mein Verlobter ist am ersten Tag des Russlandfeldzugs (22.6.41) verwundet worden. Er war von einer Granate getroffen worden: Bein, Arm, Kiefer. Und dann ist er am 9. November erlöst worden. Von diesen entsetzlichen Qualen.«

HILDEGARD S. (1914) heiratete ihren schwer verwundeten Verlobten. Andere taten das auch. Die meisten Ehefrauen oder Verlobten blieben bei ihren Männern, auch und gerade, wenn sie schwer kriegsbeschädigt waren.[4]

JULIANE F. (1916): »Mein Verlobter ... war im September 1941 mit Granatsplittern in der linken Schulter im Lazarett in Neumarkt/Oberpfalz. Dann wieder von August 1942 bis April 1943 mit Durchschuss des vierten Lendenwirbels mit furchtbaren Nervenschmerzen im Lazarett in Meiningen/Thüringen. Von Nürnberg aus habe ich ihn öfters besucht oder, als es ihm dann besser ging, auf halber Strecke in Lichtenfels getroffen. Mein Verlobter wollte die Verlobung lösen, weil er mir nicht zumuten wollte, einen kranken Mann zu heiraten, der mit starken Nervenschmerzen belastet war. Er hat weder Wärme noch Sonne vertragen können. Nach Befragen bei seinem Arzt musste ich damit rechnen, dass Lähmungserscheinungen auftreten könnten. Aber es wurde besser. Wir hatten am Heiligen Abend Hochzeit im kleinen Familienkreis.«

INGE R. (1924) schildert ihre Beobachtungen am Stuttgarter Hauptbahnhof: »Und dann gab es Züge mit Blinden, die ankamen. Und da kamen vor allem junge Mädchen hin und haben sich einen der Blinden, wie sie da ankamen, geholt, und haben den geheiratet. Manche haben da einfach zugegriffen, haben das Schicksal auf sich genommen. Ich kenne eine solche Familie in Tübingen. Ein Offizier, der aus pommerschem Adel stammte, blind, und da hat sich die Frau auch bereit erklärt, ihn zu heiraten.«

Manche Frau musste es erleben, dass ihr Mann, nachdem sie ihn schon gerettet glaubte, doch früher oder später an den Folgen seiner Verwundung starb. Wie das Ehe- und Familienleben mit den kranken und beeinträchtigten Männern von den Frauen gemeistert wurde, ist ein besonderes Kapitel der Kriegs- und Nachkriegsgeschichte.[5]

Dass manche schon während des Krieges damit sehr belastet waren, geht aus dem Bericht von PAULA L. hervor: »Mein Mann wurde 1943 in Russland infolge Erfrierung an beiden Unterschenkeln amputiert. In Arolsen wurde er amputiert und kam dann ins Lazarett nach Frankfurt. Da er zu dieser Zeit noch keine Prothesen hatte, brachten ihn die Schwestern vom Lazarett mit dem Rollstuhl übers Wochenende nach Hause und holten ihn montags wieder ab. Wenn es Fliegeralarm gab, musste ich ihn in den Luftschutzkeller auf dem Rücken tragen und ebenso wieder nach oben, was nicht so einfach war... Mein Mann trat 1943 wieder seinen Dienst bei der Dresdener Bank an und hatte ein Zimmer bei einem Onkel. Wollte er uns am Wochenende besuchen, musste er von einem kleinen Bahnhof, wir wohnten ca. 5 km von dort entfernt, von den Bauern mit einem Fuhrwerk abgeholt werden und auch wieder zur

Bahn gebracht werden. Für diese Fahrten musste ich mit den Bauern einen Tag aufs Feld, um zu helfen. Dies war eine große Belastung für mich, denn ich hatte doch das Kind und meine Schwiegermutter.«

Ein bislang totgeschwiegenes Thema sind psychische Verwundungen, die Männer im Krieg erlitten haben. Es muss weit zahlreichere Nervenzusammenbrüche und psychische Dauerschädigungen gegeben haben, als bis heute bekannt ist, die aber aus guten Gründen verheimlicht wurden, da sie nicht in die Öffentlichkeit dringen durften. Das Regime befürchtete die »Schwächung der Kampfmoral«, die Familien »die Schande« und die mögliche Sterilisation als Geisteskranke. Daher gibt es nur wenige und andeutungsweise Zeugnisse darüber.

ANNE E. (1920): »Mein Bruder drehte in Frankreich durch. Er wurde schikaniert. War in Andernach in der Klinik mit einem Nervenzusammenbruch. Das Familienleben wurde unerträglich. Es durfte ja nichts nach außen dringen. Es war die Gefahr der Sterilisation, falls es Schizophrenie gewesen wäre. Es war aber keine ...«

Sie arbeitete freiwillig neben ihrer Bürotätigkeit als Rote-Kreuz-Helferin am Tübinger Bahnhof und kam dabei mit vielen Soldaten und Offizieren in Berührung: »Nervenzusammenbrüche gab es am laufenden Band, alles wurde vertuscht.«

Gefallen

Zu den Erlebnissen, die sich dem Gedächtnis der Ehefrauen und Verlobten wie mit eisernem Griffel eingegraben haben, gehören die unmittelbare Vorgeschichte, meist das letzte Zusammensein, Zeitpunkt, Ort und Umstände der Todesnachrichten und ihre eigenen spontanen Reaktionen. Hier gibt es keine Entstellungen und nachträglichen Umdeutungen, hier tritt ihre innerste Wahrheit zutage. Lassen wir sie selbst sprechen:

MAGDALENE B. (1917), Pfarrfrau: »An unserem fünften Hochzeitstag, da kam ein Brief aus dem Hafen von Rom, aus einer ganz zerstörten Stadt. Er sitzt da in einer Ruinenwohnung in einem Sessel, sieht das Meer von weitem, schreibt mir da einen sehr liebevollen Brief. Kurz darauf legt er noch einen Zettel bei und schreibt, da sei gerade noch ein Melder gekommen, sie müssten weg in die Richtung Albaner Berge. Und dort ist er dann gefallen, wenige Tage nach dem Brief. Da bekam ich lang, sechs Wochen, gar nichts. Und war natürlich schon recht verzweifelt. Eines Tages... Ich weiß noch den Tag. Ich wollte mir ein rotes Kleid machen lassen, und dann ruft mein Schwager an ... Ging ich am Abend vorher noch mit meiner Schwägerin in ein Konzert, und da treffe ich unterwegs unseren Hausgenossen, einen Pfarrer. Der sagt zu mir: ›Ach, das ist schön, dass ihr das Konzert genießt!‹ Sagt das in einem merkwürdigen Ton, der mich in meinem Hinterkopf irritiert hat. Am anderen Morgen ruft mein Schwager an: ›Bist du daheim? Wir kommen zu dir.‹ Hat mich auch irritiert. Dann kamen sie mit schwarzen Kleidern (*lange Pause*)... Also, da ist schon ziemlich viel zusammengebrochen ... Die erste Zeit ist man gar nicht bei sich ...«

DOROTHEA B. (1922), Operationsschwester: »Und '44, da kam dann wirklich keine Nachricht mehr. Und wie eine Pause war beim Operieren, oben war das, da seh' ich dann die Lydia S. (*Schwester ihres Verlobten*) schwarz dastehen. Dann hab' ich gesagt: ›Ist was mit dem Walter?‹ Und wir mussten gleich weiter operieren. Und ich bin dann in den Verbandsraum und hab' zum Fenster rausgeschaut in den Garten vom Lazarett, und dann kam unser Arzt, der Dr. Winter, und hat mir die Hand auf meine Schulter gelegt und hat gesagt: ›Arme Schwester Dorle, müssen Sie es auch erfahren!‹ Ja, und dann ging's weiter mit Operieren.«

ERIKA S. (1912), Frau eines Zahnarztes, drei Kinder: »Ich begleitete ihn noch bis Halle/Saale (nach seinem Urlaub, 1942). Wir waren dort noch einen Tag bei meinen Eltern, und von dort ging der Transport ab. Auf dem Bahnsteig scherzten fremde Kameraden noch: ›Der kommt wieder!‹ Aber ein Wiedersehen gab es nicht. Ich erhielt noch spärliche Berichte von Operationen unter primitivsten Verhältnissen und ohne Hoffnung. Das Weihnachtsfest verging ohne Nachricht. Im Traum hatte ich zuvor meinen Mann meinen Namen rufen hören, das wird seine Todesstunde gewesen sein. Dann kam ein Braunhemd und brachte die Nachricht: ›Am 29.11.42 gefallen in Bjeloy, Durchschuss Kopf und linkes Knie und Beförderung zum Assistenzarzt d. R.‹ Die neuen Achselklappen und das Seitengewehr warf ich dem Überbringer vor die Füße.«

MARIA L. (1906), verheiratet seit 1938, drei Töchter, geboren 1939, 1940, 1943: »Die Nachricht vom Tode meines Mannes erreichte mich in Zell am See. Es war inzwischen März 1944. Die deutschen Truppen waren in Russland auf dem Rückzug. Lange hatte ich keine Nachricht bekommen und war in Unruhe, als am 8. März ein Brief eintraf, geschrieben am 29. Februar. Ich war glücklich über das Lebenszeichen. An einem Donnerstag im März standen meine Schwiegermutter und der Bruder meines Mannes plötzlich vor der Tür. Ich freute mich und fragte immer wieder, wo sie herkämen und wieso sie mich plötzlich besuchen kämen. Meine Schwiegermutter wohnte in Bielefeld in meiner Wohnung, da sie ausgebombt war. Sie sagten mir sofort die Wahrheit. Mein Mann war am 2. März bei Smolensk gefallen, Kopfschuss. Er lag begraben mit 32 anderen in einem Massengrab. Die Nachricht war an unsere Bielefelder Adresse geschickt worden. Ich setzte mich auf die Milchbank vor dem Haus und sagte kein Wort. Eine Starre legte sich über meinen Körper, alle Gedanken setzten aus, der Atem war abgeschnürt. Ein paar Stunden später stand ich an dem kleinen Bauernfenster unseres Zimmers. Die Starre wollte nicht weichen. Ich blickte auf den Kastanienbaum vor dem Haus und sah plötzlich einen Buchfink. Seither haben Buchfinken für mich eine besondere Bedeutung. Das Vögelchen schien so etwas wie ein Gruß zu sein, wie ein Zeichen des weitergehenden Lebens.«[6]

HERTHA B. (1933) hat gesehen, »wie eine Frau aus Großengstingen das Hitlerbild zum Fenster nausgeschmissen hat, weil ihr dritter Sohn gefallen ist. Die Nachbarn sind schnell gerannt und haben es weggeräumt, damit es nicht so ein Fanatiker sieht, der sie noch angezeigt hätte deshalb.«

Die ersten Reaktionen sind sehr unterschiedlich: sie reichen von Lähmung, Fassungslosigkeit, Nicht-Wahrhabenwollen bis zu ohnmächtiger Wut, die sich zunächst auf den Überbringer der Schreckensbotschaft richtete. Natürlich gab es auch Frauen, die »Haltung bewahrten«, was nichts über die Tiefe ihres Schmerzes aussagt. Von »stolzer Trauer« und »freudigem Opfer auf dem Altar des Vaterlandes« ist nicht das Geringste zu spüren.[7]

Wie einschneidend der Tod des Mannes damals und bis heute empfunden wurde und wird, zeigt sich nicht nur in der genauen, minutiösen Erinnerung an die Umstände der Schicksalsnachricht, sondern auch in der Komposition und der Akzentsetzung des ganzer Lebensberichte. Manche Erzählungen laufen in Teilabschnitten oder im ganzen direkt auf dieses Ereignis zu oder kehren immer wieder zu ihm zurück.

Achtzigjährig erzählte mir ROSA T. (1910) in ihrem 14 Seiten langen Brief von 1990 auf den ersten drei Seiten ihr Leben bis zum Tode ihres Mannes so dicht, dass sie im Wortlaut zitiert seien:

»Ich bin geboren als sechstes Kind am 20.2.1910. Als 1914 der Krieg begann, waren wir acht, und mein Vater wurde eingezogen zum Militär. Mein Vater war Betriebsschlosser bei FA Spohn in Blaubeuren. Am Anfang des Krieges gab es noch keine Lebensmittelmarken, und wenn meine Mutter in den uns zugeteilten Laden kam, um für uns alle was zum Essen zu kaufen, sagte man ihr, es ist alles ausverkauft, und es gab wenig zu essen, zumal auch der Staat nicht gerade großzügig mit den Geldmitteln war. Meine Mutter bekam für jedes Kind monatlich 3.- und für sich 6.- Mark! Das musste reichen für alles, Miete, Kleidung und Essen. Da hat uns manchmal der Magen geknurrt. 1918 kam mein Vater für ganz nach Hause (wir waren inzwischen 9 Kinder). Er war vier Wochen zu Hause; in dieser Zeit fabrizierte er unseren Jüngsten und starb an den Folgen des Krieges. Lange Zeit gab es nur die Weiterzahlung von der Stadt, bis endlich der Nachweis erbracht wurde, dass mein Vater als schwerkranker Mann entlassen wurde. Ich glaube, dies war erst 1920 der Fall. Ich selber wurde mit 8 Jahren zu einem Bauern auf der Alb als Kindermädchen und zum Mithelfen im Haushalt geschickt. Dafür bekam ich Essen und Schlafen. Meine Mutter war froh, dass sie wenigstens eines der Kinder aus der Schüssel hatte. Als ich dann zehn war, musste ich wieder nach Hause. Aber ich war ein Fremdling und unerwünscht. In diese Zeit fiel auch die Entschädigung für die Kriegsopfer. Dann kam die Inflation! Meine Mutter musste jeden zweiten Tag an die Zahlstelle, um das Geld, das man in Etappen bekam, abzuholen. Meistens war ich es, die mitgehen und warten musste, bis Mutter herauskam. Und da hatte sie schon einen Zettel vorbereitet, was

ich alles in der Stadt im Konsum holen musste. Ich musste springen, weil um 12.00 Uhr geschlossen wurde und man am Nachmittag höchstens nur noch die Hälfte von dem bekam, was man am Vormittag kaufen konnte.
Einen Beruf durften wir Mädel nicht lernen; wir mussten in Stellung im Haushalt und unser Geld abliefern. Ich bekam nicht einmal ein paar Groschen für eine Limonade! Dann kam Hitler! Es ist kein Wunder, dass alles mit wehenden Fahnen in sein Lager kam, er gab uns Arbeit und Brot. Obwohl ich *nie* Nationalsozialistin war, war doch vieles leichter und das Leben lebenswerter. Ich ging in die Lehre in eine Brauerei und lernte das Hotelfach und legte meine Prüfung als Saaltochter ab. Meine erste gute Stellung war das Hotel »Bären« in Aalen. Dort war ich gerne und lernte auch dort meinen Mann kennen. Er war Bademeister, und wir gingen zusammen nach Bad Mergentheim, wo wir 1938 geheiratet haben. Es war die schönste Zeit meines Lebens. Wir gingen zusammen nach Ulm und zogen in die Hintere Rebengasse. Wir hatten ein ganz allerliebstes Heim und waren wie die Kinder. Leider haben wir vergebens auf Nachwuchs gewartet, denn es kam der Krieg. Wir waren genau ein Jahr und fünf Monate verheiratet, da holte man meinen Mann. Er kam nach Kremsier sechs Wochen zur Ausbildung und dann nach Frankreich, auf kurze Zeit, und dann nach Russland. Er kam die ganze Zeit nur zweimal nach Hause. Beim zweitenmal habe ich ihn gebettelt, bleib' doch noch einen Tag! Aber er meinte, er werde standrechtlich erschossen, wenn er nicht rechtzeitig in Berlin sei. Dies war das Ende unserer Liebe! Er kam in den Kessel von Minsk und wurde gefangengenommen. Ich hörte nie mehr etwas von ihm. Erst 1974 bekam ich vom Roten Kreuz die Mitteilung, dass mein Mann im März 1945 gestorben sei im Ural in Asbest.«

Der Schmerz um den Verlust der Söhne war nicht weniger tief und wird von den Töchtern oft bezeugt. Dabei geht es aber nicht mehr um den ersten Schock, sondern um die ausgelebte Trauer. Eigene Schilderungen der Mütter sind selten, einfach, weil diese Jahrgänge zum größten Teil nicht mehr befragbar sind. Das Zeugnis einer Tochter stehe für viele:

ELSBETH J. (1908):
I: »*Erinnern Sie sich an die Nachricht vom Tod Ihres Bruders?*
J: Das war eine böse Sache. Da war nämlich die Mutter bei uns (*am Bodensee*). Mein Vater war noch in Stuttgart, und der Vater kam und brachte die Nachricht. Das war grausig. Die Mutter hat es nicht geglaubt. Sie hat immer gesagt: ›Er kommt wieder!‹«

Die Trauer der Schwestern um ihre Brüder war und ist abhängig von der Intensität der Beziehungen, die nicht unbedingt etwas mit dem Altersunterschied zu tun hatte. Manche Frauen berichten davon mit relativ großer Distanz, für andere kam der Verlust fast einer Amputation gleich.[8]

ELSE W. (1924): »Es ist bei uns im Ort von 1939 bis 1941 nicht ein einziger gefallen. Und so hat man auch keine Angst gehabt um die nächsten Angehörigen. Es war selbstverständlich, dass alle heil davonkommen, und im Juli '41 ist mein Bruder als erster gefallen! Und das war so entsetzlich für mich! Das kann man eigentlich fast nicht beschreiben. Ich hing an meinem Bruder fast mehr als an meinen Eltern. Er war dreizehn Jahre älter als ich. Er stammt aus der ersten Ehe meines Vaters... Da waren wir so zusammengewachsen. Ich hab' so wahnsinnig darunter gelitten, ich bin fast um den Verstand gekommen. Ich bin nicht mehr aus dem Haus gegangen, ich hab' Tag und Nacht nur noch geweint, und das ist über Monate und Monate gegangen... Und meine Schwägerin ist mit 23 Jahren Witwe geworden. Sie kam, ach, ich vergess es nie, wie sie meinem Vater um den Hals fiel (*die Stimme versagt ihr*) und immer schrie: ›Vater, sag doch, dass es nicht wahr ist!‹ ...« (Lange Pause)

Dagegen erwähnt MARTHE N. (1909) eher beiläufig den Tod ihres Bruders: »Mein Bruder ist auch gefallen. Er hat sich als Kind an Pocken infiziert, hatte Pockennarben und ein unglückliches Leben überhaupt.«

Nun muss man sich vorstellen, dass die Nachricht »Gefallen« viele Familien nicht nur einmal, sondern mehrmals traf. Viele Frauen berichten davon, nur einige wenige seien zitiert:[9]

OLGA R. (1910): »Gleich zu Beginn des Zweiten Weltkrieges wurden meine übrigen sechs Brüder (sie hatte sieben Brüder) zum Heer eingezogen, Kampf fürs Vaterland. Wovon dann drei ihr Leben lassen mussten. Das war für meine Eltern unsagbar schwer, nachdem sie froh und dankbar waren, dass sie uns acht durch all die schwere Zeit zuvor durchgebracht hatten und wir nun selbständig waren, z.T. mit eigenen Familien. Mein Vater sagte mal: ›Nun muss ich von vorne beginnen und für meine verwaisten Enkelkinder sorgen.‹ Er war damals 75 Jahre alt.« Der vierte Bruder kehrte erst nach 3 1/2 Jahren Kriegsgefangenschaft aus Sibirien zurück.

STEFANIE B. (1918) schreibt: »Je länger der Krieg dauerte, um so größer wurde das Leid in den Familien. Mein Onkel verlor alle drei Söhne im Krieg und seinen Schwiegersohn. Zwei Söhne fielen an der Front, der dritte wurde Pfleger in einem Seuchenlazarett (als seine beiden Brüder gefallen waren) und starb, weil er sich angesteckt hatte. Der Schwiegersohn war Flieger und wurde über dem Kanal abgeschossen. Der Mann meiner Schwester starb in Russland. Mein Bruder geriet Ende 1944 an der Kanalküste in Gefangenschaft und war als vermisst gemeldet. Er kam erst 1948 aus englischer Kriegsgefangenschaft zurück. Mein Cousin (und unser Trauzeuge) fiel 1940 bei den Kämpfen in Frankreich... Ein anderer Cousin starb wenige Tage vor Kriegsende als Zivilist durch einen Granatsplitter nachts bei einem Kontrollgang in seinem Heimatort. Auch die jungen Kollegen meines Mannes, mit denen wir 1939 und 1940 manches unternommen hatten, starben im Krieg, der eine 1943 auf Kreta, der andere 1944 in Russland.«

MARIA T. (1931): »Einer Schulkameradin fielen fünf Brüder, der schlimmste Fall in Osterburken.«

Rechnet man noch die Ziviltoten hinzu, so sind manche Familien fast ausgelöscht worden.

ROSE D. (1921) schreibt über die Familie ihres Mannes: »Mein Mann stammt aus einer Familie, die dem NS-Regime genauso kritisch gegenüberstand wie die unsere. Sein Vater hatte es als Lehrer ungleich schwerer als mein Vater als Pfarrer. Er wurde vom Land in die Stadt Heilbronn strafversetzt, wohl, weil sein Einfluss auf dem Dorf gefürchtet wurde. Dort ist er mit Frau und Tochter dem Bombenterror zum Opfer gefallen; die beiden Brüder meines Mannes sind 1942 und 1945 gefallen. Er ist als 17jähriger als einziges Glied einer sechsköpfigen Familie übriggeblieben.«[10]

Greift man über den engsten Familien- und Verwandtenkreis hinaus, so wachsen die traurigen Bilanzen ins Unvorstellbare.

Damals junge Mädchen der Jahrgänge um 1920 erinnern sich an die Dezimierung ihrer Schulklassen, ihrer Tanzstundenpartner, ihrer Mitkonfirmanden, ihrer Vettern und Freunde, auch ganzer militärischer Einheiten.

MARIANNE M. (1921) summiert den für ihren und die Nachbarjahrgänge typischen entsetzlichen Befund: »Mein Bruder getötet in Frankreich, die Hälfte meiner Tanzstunden›herren‹, die Hälfte der Jungen meines Schuljahrgangs, alle Freunde meines Bruders, fast alle meine Vettern ›gefallen‹. Ich mag diesen beschönigenden Ausdruck nicht.«

ERIKA S. (1923): »Aber wenn dann um einen herum der Vetter nicht mehr heimkam, der andere Vetter auch nicht, einfach immer wieder dieses Wegnehmen eines Menschen für eine – wie uns das eben zu dem Zeitpunkt erschienen ist – sinnlose Idee. Das habe ich doppelt stark dann empfunden, dass selbst die Vettern nicht mehr zu uns zurückgekommen sind, weil bei uns sowieso der Mangel an älteren Männern im Hause groß war. Dann fehlten die uns auch, auch die aus dem Freundeskreis meiner Mutter, meiner Großmutter, meiner Tante sind eben sehr viele gefallen, nicht mehr heimgekehrt. Selbst von unserem Jahrgang, die bei der Luftwaffe als Luftwaffenhelfer eingesetzt waren, sind viele, die mit mir konfirmiert wurden, nicht mehr zurückgekehrt. Das war immer ein Schmerz, das kann man eigentlich gar nicht in Worte fassen, den fühlt man einfach. Das tut ganz drin irgendwo furchtbar weh, dass man ihn nicht mehr sieht und er nicht wiederkommt.«

Wie verkrafteten die Frauen dieses *Massensterben*? Auch wer im engeren Familien- und Verwandtenkreis relativ verschont geblieben war – und das waren wenige –, konnte die Augen nicht davor verschließen. Die immer länger werdenden Kolumnen der Gefallenenanzeigen in der Zeitung, der Jammer in der Nachbarschaft, die Berichte von Bekannten konnten nicht übersehen und überhört werden.

Sehr häufig kommen Sätze wie: »Das war sehr schlimm«, »Das hat man als persönliches Leid empfunden«, »Das ging immer mit einem mit.«

ROTRAUT J. (1924): »Einer nach dem anderen ist weggekommen, und einer nach dem anderen ist gefallen. Wenn jemand gefragt hat, weißt Du schon ..., dann hat man sich schon gehalten, weil man gewusst hat, jetzt kommt wieder eine Nachricht. Also, das hat mich schon sehr geschlaucht.«

Aber es lässt sich doch auch beobachten, wie die Fähigkeit zum Mit-Leiden an ihre Grenzen kommt. In manchen Berichten, auch in Lebenserinnerungen, besonders von damals jungen Mädchen, bleibt der massenhafte Tod irgendwie fern. Er wird registriert, aber man lässt ihn nicht ganz an sich heran, sicher auch ein Stück Selbstschutz, ein Sich-Abfinden mit dem Unvermeidlichen oder auch eine Flucht aus der Realität. Andererseits brach mit dem Tod von Menschen, die man persönlich gekannt, geschätzt oder geliebt hatte, die Kriegswirklichkeit erstmals in eine Alltags»normalität«, die sich in noch bombenverschonten Gegenden erstaunlich lange gehalten hat.[11]

RENATE G. (1928): »Sind natürlich sehr viele gefallen, mein Vater ist gefallen, sehr viele Brüder von Schulkameradinnen sind gefallen, das war schon ... man hat einfach gedacht, das wär halt so, das müsste halt in der Welt so sein, ich weiß nicht, also ...«

EVA L. (1919), nachdem sie aufgezählt hat, wie viele in ihrer Bekanntschaft, Freundschaft und Nachbarschaft gefallen sind: »Eigentlich erstaunlich, denke ich heute oft ... natürlich war man entsetzlich unglücklich beim einzelnen, wie man's doch fast als normal, nein, nicht normal ... man hat's einfach hingenommen, und die Mütter und die Frauen mussten das ja hinnehmen.«

HILDEGARD B. (1923): »... Und auch, wenn z. B. ein Schulkamerad gefallen ist. Du, wir haben das gar nicht erfasst, was Tod ist. Wir sind gleich wieder zum Alltäglichen übergegangen, verstehst Du. (*Sie duzt ihre Interviewerin.*) Heute würd' ich das anders sehen, heute nimmt mich das viel mehr mit, wenn irgendwo jemand Bekanntes stirbt oder so ... Du, das war alles Gewohnheit. Weißt, die waren sowieso ja fort, die sind einfach nimmer gekommen.«

SIBYLLE H. (1923): »... Aber das nun wiederum war dermaßen schon an der Tagesordnung, dass die Brüder, die Freunde, die Kavaliere, die Bräutigame usw., dass die eben fallen, das ist etwas, was mir selber immer unheimlich ist, wie man so selbstverständlich damit gelebt hat.«

Gab es auch Frauen, die nicht trauerten? Gab es sogar solche, die sich befreit fühlten? Es mag angesichts der Millionen von Leidtragenden zynisch klingen, aber es gab sie, besonders unter den Ehefrauen. Keine Frau wird in einem Interview auch nur Andeutungen über derartige eigene Empfindungen machen, aber manches verrät sich wiederum in der »vox populi«, auf die immer wieder Bezug genommen wird, durch versteckte Bemerkungen in Briefen oder in späteren Äußerungen von Müttern ihren Töchtern gegenüber. Es ist nicht auszuschließen, dass es Frauen gab, die ihren Männern gewiss nicht den Kriegstod wünschten, aber das »Schicksal« eben doch als einen Ausweg aus einer unglücklichen Ehe sahen.¹² Es gibt sogar Zeugnisse der Erleichterung über den Tod eines missratenen Sohnes.

Sehr aufschlussreich schreibt ANNELIESE F. (1916): »Mit der Fortdauer des Krieges fielen auch immer mehr Männer aus dem Bekanntenkreis, was mich sehr mitnahm. Oft waren es Männer, die, wenn man die Frauen hörte, gut gewesen waren. Damals ging ja auch der Satz herum, die Guten fallen, und die Stromer, die nichts taugen, wo die Frauen froh wären, wenn sie nicht mehr wiederkämen, denen passiert nichts.«

Hier ging der NS-Propagandaton »Die Besten fallen« mit der Einteilung der Männer durch die Frauen in »gute« und »schlechte« (= Stromer) eine Liaison ein. Indirekt gaben die Frauen, die so sprachen, zu, dass sie keinen übertriebenen Wert auf die Rückkehr der »Stromer« legten.

Durch ihren »Heldentod« wurden auch die eigentlich ungeliebten Söhne und Männer nach damaligem offiziellen Verständnis noch aufgewertet, fast geadelt.

Der überwältigenden Mehrheit der Frauen und Mütter, die ihre Männer und Söhne wirklich geliebt haben, half eine solche Heldenverehrung nicht. Sie waren nicht stolz auf die Gefallenen, und sie waren nicht stolz auf ihr eigenes Opfer. Das zeigten schon ihre ersten spontanen Reaktionen. Eine Frau spricht es direkt aus:

ERIKA S. (1927): »Sie (*die Mütter*) haben nicht mit freudigem Herzen sozusagen dieses Opfer gebracht. Dass die Söhne nicht für ein ruhmreiches Volk..., dass es keine ruhmreiche Sache war, für die sie gestorben sind (*haben sie empfunden*). Sondern dass es wirklich und wahrhaftig sinnlos war, Menschen bis hinein nach Russland zu hetzen, dort erfrieren zu lassen, oder dann wieder nach Westen zu schicken, wo man gesehen hat, dass daraus keine Ruhmestat werden kann. Sie haben also nicht mit freudigem Herzen ihre Söhne geopfert, das auf gar keinen Fall.«

Wie steht es aber dann mit den vielen Todesanzeigen in den Zeitungen, die genau die »stolze Trauer« zu beweisen scheinen? Dazu müssen wir ihren Umgang mit den Todesnachrichten, ihre Trauer und die Quellen ihres Trostes noch genauer betrachten.

Die Nachricht wurde nicht allein und nicht immer mündlich durch einen Amtsträger überbracht. Es blieb auch nicht bei der Rücksendung der nun überflüssigen Feldpostbriefe mit der quer über dem Briefumschlag rot gedruckten Aufschrift: »Gefallen für Großdeutschland«.¹³ Fast immer kam noch ein *offizielles Begleitschreiben* eines Vorgesetzten. Die Fassungen variieren je nach Vermögen und Persönlichkeit des Schreibenden, aber es lässt sich unschwer ein Grundschema erkennen.¹⁴ Dafür zwei Beispiele:

Abschrift
Dienststelle Feldpostnummer 01080   O.U., den 15.12.1942
Frau
Erika S.
Stuttgart - Wangen
Marktplatz 6

Sehr geehrte Frau S.!

Ich habe die traurige Pflicht, Sie von dem Heldentod Ihres Mannes, des Unterarztes Dr. Helmut S., geb. am 2.2.1909 zu Spiegelberg, zu benachrichtigen. Er fiel am 29. November 1942 bei einem Angriff der Russen mit starken Panzerkräften.

Wir verlieren mit Ihrem Mann einen ausgezeichneten Kameraden, der in der Kompanie als Arzt und Soldat Vorbild war.

Wir trauern mit Ihnen um den Verlust. Sein Andenken bleibt uns unvergessen.

In aufrichtigem Mitgefühl grüße ich Sie

Heil Hitler!

gez. Unterschrift
Oberstabsarzt und Kompf.Chef

Für die Richtigkeit der Abschrift:
Stuttgart, den 31. Dezember 1942
Siegel und Unterschrift, Stabszahlmeister

Kampfgeschwader XXX   Im Felde, den 24.2.1941
 I. Gruppe
Der Kommandeur

Sehr verehrter Herr Branddirektor!

Nach Tagen bangen Wartens erhielt ich heute durch ein Schreiben des Internationalen Roten Kreuzes die schmerzliche Mitteilung, dass Ihr Sohn Wolf, unser junger Leutnant H., in England für sein Vaterland auf dem Felde der Ehre gefallen ist.

Wie Ihr Sohn den Heldentod starb und wo er zur letzten Ruhe gebettet ist, kann ich Ihnen z. Zt. leider nicht mitteilen, da hierüber bei meiner Dienststelle kein Bericht vorliegt. Vielleicht können Sie durch Vermittlung der Hauptstelle des Deutschen Roten Kreuzes in Berlin nähere Angaben erfahren.

Zu dem schweren Verlust spreche ich Ihnen und Ihrer Gattin in meinem sowie im Namen der ganzen Gruppe mein aufrichtiges Beileid aus und versichere Ihnen, dass die Gruppe Ihren Sohn niemals vergessen wird. Ich bin mir der Schwere des Verlustes sehr bewusst, da ich aus dem Munde Ihres Sohnes und von seinen Kameraden weiß, welch besonders inniges und herzliches Verhältnis zwischen Ihrem Sohn und seinen Eltern bestand. Gerade unter diesen Umständen fällt es mir schwer, für Sie Worte des Trostes zu finden. Möge Ihnen die Gewissheit ein kleiner Trost sein, dass Ihr Sohn als vorbildlicher Soldat und außerordentlich beliebter Kamerad seine Pflichten bis zum letzten und größten Opfer für Führer und Volk erfüllt hat.

Sobald ich noch irgendwelche Mitteilungen erhalte, werde ich Sie sofort benachrichtigen. Zugleich wäre ich Ihnen sehr dankbar, wenn Sie etwa bei Ihnen eingehende weitere Nachrichten mir mitteilen würden. Es ist selbstverständlich, dass ich Ihnen in der Angelegenheit Ihres Sohnes jederzeit zur Verfügung stehe.

Mit dem Ausdruck meines ganz besonderen Beileides grüße ich Sie und Ihre verehrte Gattin
mit Heil Hitler
Ihr ergebener
E. K.
Major und Kdeur.
Meine Feldanschrift: ... ...

Der Brief des Kompaniechefs an Erika S. ist die komprimierteste Fassung. Anfang und Schluss sind Standardwendungen: »Ich habe die traurige Pflicht ...« und »In aufrichtigem Mitgefühl grüße ich Sie«. Der Tod bleibt ein abstrakter »Heldentod«. Nähere Umstände, Leiden und Todesqual bleiben ausgespart. Die Frauen sollen sich das konkrete Sterben im Krieg gar nicht vorstellen. Die »starken Panzerkräfte der Russen« unterstreichen die Heldenhaftigkeit des Kampfes. Auch die Charakterisierungen des Gefallenen sind stereotyp: »ausgezeichneter Kamerad«, »Vorbild«. Was von ihm bleibt, ist das Andenken. Eine tiefere Sinndeutung wird gar nicht versucht. Der Brief zeichnet sich – trotz seiner Klischees – durch die Abwesenheit von Phrasen, insbesondere von NS-Phrasen aus, abgesehen von der obligatorischen Schlussformel »Heil Hitler«. »Führer, Volk und Vaterland« kommen nicht vor. Die Benachrichtigung des Oberstabsarztes genügte vom Standpunkt der NS-Ideologie gerade noch dem Minimum. Allerdings fehlt ihr auch alles Persönliche.

Anders das Schreiben des Majors und Kommandeurs. Der Brief ist wesentlich länger und handschriftlich abgefasst. Er klingt, als sei er ganz persönlich für dieses Elternpaar geschrieben. Das enge Verhältnis zwischen Sohn und Eltern wird angesprochen, was indirekt auch das gute und persönliche Verhältnis zwischen dem Kommandeur und seinem Leutnant und innerhalb der ganzen Gruppe zum Ausdruck bringt. Der Kommandeur bedauert auch, dass er keine näheren Angaben über die Art und Umstände des Todes machen kann. Er zeigt sich interessiert an einem weiteren Kontakt mit der Familie und an weiteren Nachrichten. Er spricht auch im Namen der ganzen Gruppe das Beileid aus, empfiehlt das Rote Kreuz als Anlaufstelle und bietet seine Hilfestellung an. Er grüßt mit »dem Ausdruck meines ganz besonderen Beileids«. Zieht man diesen mehr von Mensch zu Mensch gehenden Anteil des Briefes ab, so bleiben die bekannten Hauptelemente: Der Sohn starb den »Heldentod«; er ist »für sein Vaterland auf dem Felde der Ehre gefallen«; er war ein »vorbildlicher Soldat« und »außerordentlich beliebter Kamerad«. »Die Gruppe wird Ihren Sohn niemals vergessen.« Der Brief geht aber noch ein Stück weiter, indem er sich über die Feststellung des Heldentodes und des Todes fürs Vaterland hinaus um eine tiefere Sinndeutung und um Trost bemüht: Er hat »seine Pflicht bis zum letzten und größten Opfer erfüllt«. Diese Floskel – schon im Ersten Weltkrieg verbreitet – folgt deutschnationaler Tradition. Sie wird im nationalsozialistischen Sinn überhöht, auch im Sinne des Soldateneides auf Hitler persönlich, »für Führer und Volk«. Immerhin ist der Verfasser so bescheiden, in diesem Zusammenhang nur von einem »kleinen Trost« zu sprechen. Er wird ihm möglicherweise keine große Wirkung zugetraut haben.

Diese Dokumente übergaben mir die Frauen kommentarlos. Keine erwähnte, dass diese offiziellen Schreiben ein besonderer Trost für sie gewesen seien. Aus einer zeitgenössischen Mitteilung spricht eine eher zwiespältige Reaktion:

CLARA MEYER schreibt in den »Rundbriefen deutscher Lehrerinnen« am 9.6.1942: »Unser Gerhard ist gefallen! Ein Kopfschuss, und sein Leben war beendet. Genau vor einem Jahr hat er die russische Grenze überschritten, und jetzt liegt er in ewiger Ruhe. Sein Major schrieb mir: ›Er hat freudig sein Leben gegeben für Volk und Führer. Seinen Leuten voranstürmend, hat er sich als tapferer und schneidiger Offizier bewährt.‹ Sein Grab befindet sich an der Narewbrücke von Bialystock. Ich bin froh, dass ich schon so alt bin und mein Weg auf dieser Erde auch zu Ende geht. Denn für mich ist der Reichtum meines Lebens dahingegangen. Auch Erika leidet sehr. Die beiden Geschwister waren stets wie eine Einheit.«[15]

Auf der einen Seite zitiert sie die anerkennenden Worte des Majors mit sichtlichem Stolz[16], auf der anderen Seite ist ihr einziger Trost das zu erwartende baldige eigene Ende. »Der Reichtum meines Lebens ist dahingegangen«, dies dürfte der dominante Grundton bei den meisten Frauen gewesen sein, auch wenn sie es nicht mit diesen Worten sagen würden.

Was alle sehr stark bewegte, was sie unbedingt wissen wollten, waren die konkreten Einzelheiten: Wie und wo starb er? Was hat er zuletzt noch getan, gesagt, empfunden? Was ist von ihm übriggeblieben? Wo und wie ist er bestattet worden? Allen Kameraden und Vorgesetzten, die darüber Genaueres sagen konnten, ob mündlich oder schriftlich, waren sie sehr dankbar. Auch wenn es schmerzlich war, sich auf die Einzelheiten einzulassen, es war besser als im Ungewissen zu bleiben und sich das Schreckliche zwanghaft ausmalen zu müssen, denn die Frauen glaubten nicht an den gnädigen und schnellen »Kopfschuss«.

MAGDALENE B. (1917): »Ich bekam von meinem Mann ein kleines Päckle, da waren die Eisernen Kreuze, der Geldbeutel und der Ring drin, das war alles. Das war sehr schlimm. Es ist mir eigentlich noch schrecklicher zum Bewusstsein gekommen, der Ring von meinem Mann, das Todeszeichen. Ich hab' dann einfach meine beiden Ringe an einer Kette um den Hals getragen. Dann hab' ich mal eine Fahrt mit meinen drei kleinen Kindern im Zug nach Oberkochen gemacht, da hat mich eine Frau gegenüber angeguckt. Da kam mir eigentlich erst zum Bewusstsein, dass ich jetzt allein bin, komisch, es ist natürlich wie eine Schutzhaut, dass einem das gar nicht bewusst wird. Das war dann doch ein Moment, wo ich gesagt hab: Du bist eigentlich eine arme Frau.«

ERIKA S., deren offizielle Benachrichtigung wir eben analysiert haben, bekam von einem Sanitätsoffizier zusätzlich einen Brief, in dem er ihr mitteilte, dass ihr Mann völlig von den Russen ausgeraubt wurde: ›Nicht einmal seinen Ehering fand ich vor.‹ Sie war ihm so dankbar für diese Mitteilung und fragte nach weiteren Einzelheiten, so dass er ihr noch einen weiteren langen Brief schrieb, in dem er die näheren Umstände schilderte, allerdings auch so schonend wie möglich. Er schickte zugleich eine kleine Kartenskizze und eine Fotografie von seiner Grabstätte.

Aber wie oft mussten die Frauen auch hören: »Wir haben nichts mehr von ihm gefunden«, ohne dass dabei auch nur die geringste Hoffnung bestand, er könnte in Gefangenschaft geraten sein.

Als makaber empfanden Frauen die posthumen Beförderungen und die nachträglich noch verliehenen Auszeichnungen.

Was hielt die Frauen aufrecht, nachdem der erste Schock überstanden war? Unter den innersten und eigensten *Quellen des Trostes* kehren vor allem zwei in den Erzählungen immer wieder: Die *Kinder,* die zugleich Stütze und Aufgabe waren, und – insbesondere bei bürgerlichen Frauen und Bäuerinnen – der *christliche Glaube.*[17]

MAGDALENE B. (1917): »Die erste Zeit ist man gar nicht bei sich. Und dann, als ich wieder aufgewacht bin ... ich bin eigentlich nicht zum Trauern gekommen, die Trauer kam eigentlich zu kurz, ich hab' das später manchmal gedacht. Wenn ich so die Kinder gesehen hab, dann hab' ich mir gedacht: Die Kinder haben ihren Vater verloren, die dürfen ihre Mutter nicht verlieren. Das war eigentlich das, was mich gehalten hat. I: *Die Kinder konnten das ja gar nicht begreifen, der Vater war ja so viel weg.*

B: Nein, Jörg war vier, Monika war drei, Beate war kaum ein Jahr. Man hält sich dann auch, um selber gehalten zu werden, an die Kinder.«

GERTRUD K. (1912): Ihr Mann kam 1944 bei einem Tieffliegerangriff auf einen Lazarettzug ums Leben. Sie wähnte ihn in Sicherheit, weil er nicht an der Front war, sondern ganz in der Nähe von ihr. Der Schlag der Todesnachricht traf sie deshalb ganz unerwartet. »Die Kinder (*sie hatte drei*) brauchten mich noch lange, und ich durfte nicht aufgeben... Ich musste und würde es schaffen, damit fertigzuwerden.«

DOROTHEA B. (1922), die als Operationsschwester die Todesnachricht von ihrem Verlobten mitten in einer Operation erhielt: »Und da hab' ich mich innerlich so weit durchgerungen und hab' gesagt: ›Herr, Du weißt, wenn wir so auseinandergegangen sind, haben wir immer gesagt, es kann das letzte Mal sein. Wenn es Dein Wille ist, kannst Du uns zusammenbringen, wie wir miteinander gebetet haben und Abschied genommen haben. Und nun ist es eben so, und Dein Wille ist geschehen.‹ Und dann hab' ich gesagt: ›Nein, das muss ich jetzt auch tragen (*spricht sehr bewegt*).‹ Es war schon schwer, weil wir wirklich ein Herz und eine Seele waren.«

OLGA R. (1910), deren sechs Brüder eingezogen waren, von denen drei nicht mehr heimkehrten, schrieb im April 1989: »Meine Eltern und wir Kinder erlebten die ganze Zeit im Wissen: Gott sitzt im Regimente. Dieses Wissen ließ uns durchhalten. Noch lange Jahre danach beteuerten mir immer wieder Nachbarn, Verwandte, Bekannte usw., dass ihnen die getroste Haltung meiner Eltern selbst eine große Hilfe war in ihrem eigenen Erleben und Erleiden. War dies nicht auch ein positiver Beitrag? Als am Ende des Krieges noch die Nachricht vom Heldentod meines jüngsten Bruders kam, gefallen am 23. März 1945 beim Kampf um Görlitz, konnte meine Mutter, zwar unter Tränen, aber gefasst und ergeben sagen: ›Der Herr hat's gegeben, der Herr hat's genommen; der Name des Herrn sei gelobt.‹«

Diese Haltung war das Ergebnis einer christlichen Erziehung und wurde durch die Kirchen unterstützt. Kirchliche Trauergottesdienste für Gefallene bestärkten die Frauen in ihrer Ergebenheit in den »Willen Gottes«. Sie gehören zu den beiden wichtigsten Quellen des Trostes, die ihnen von ihrer Umgebung zuteil wurden, wobei die Hilfe der Kirche von den Frauen keineswegs als etwas von außen an sie Herangetragenes empfunden wurde, sondern mit ihren eigenen verinnerlichten Vorstellungen untrennbar verschmolz.

Betrachten wir als *ein* Beispiel die Schilderung eines solchen *Trauergottesdienstes:*

GERTRUD L. (1910): »Die Nachricht vom Tode meines Mannes kam am 25.4.1944. Am 3.5.1944 haben wir die Trauerfeier in der Kirche in Tiegenhof gehabt. Bis auf den letzten Platz war die Kirche gefüllt mit Trauergästen, denn mein lieber Mann war sehr beliebt bei allen, und wir hatten viel Kundschaft. Auch zu weniger Reichen und zu den Armen, zu allen hatten wir ein gutes Verhältnis. Pfarrer Kurowski, der uns vor acht Jahren getraut hatte, hielt die Predigt, wohl eine sehr gute, denn alles schluchzte und weinte, aber ich war starr und konnte nicht mehr weinen. Der Pfarrer brachte die Worte: ›Man muss sich fragen, gibt es einen Herrgott, der es zulässt, dass einer so jungen Frau der liebende Mann genommen wird und vier Kinder den Vater verlieren?‹ Aber dann kamen die tröstenden Worte: ›Gott legt uns nicht mehr auf, als wir tragen können.‹ Der Kirchendiener hatte die Kirche schön geschmückt mit Lorbeerbäumen, davor eine Gewehrpyramide mit Stahlhelm. Meine Verwandten, Pachen, die Schwiegermutter, die Geschwister, die Schwägerin Selma, alle kamen noch zu mir in die Wohnung. Aber alle waren wir traurig. Meine Jungen, Erika war schon im Bettchen, waren auch an der Kaffeetafel. Mein kleiner Manfred war immer sehr fröhlich und ein Schelm. Ihm gefiel diese traurige Gesellschaft nicht, er sagte dann, und dabei fasste er Tante Selma am Arm: ›Wir wollen doch mal schunkeln oder Alle meine Entchen singen!‹ Er wollte uns etwas erheitern, und trotz aller Traurigkeit kam ein müdes Lächeln auf. Manni hat dann so lustig sein Entenliedchen mit sehr viel Mimik vorgebracht. Ja, meine lieben Kinder haben ihren Vater nur kurze Zeit haben dürfen. Und mein Leben musste ich nun auch anders gestalten. Ich musste meinen Kindern Mutter und Vater sein.«

Aufschlussreich ist, woran sie sich nach über 40 Jahren vor allem erinnert, was ihre damalige seelische Erstarrung tröstlich durchdrang: Die Anteilnahme des »gesamten Ortes«, ein Beweis für das Ansehen der Familie und die Beliebtheit des Mannes. In der bis auf den letzten Platz gefüllten Kirche konnte sie dies so konzentriert erfahren wie sonst nirgends (»alles schluchzte und weinte«). Derselbe Pfarrer, der sie getraut und wohl auch ihre Kinder getauft hatte und so nicht nur eine respektierte geistliche Autorität, sondern ein Vertrauter der Familie war, hielt die Predigt. Sie unterstellt, dass er sehr gut predige; seine Worte hatten wohl schon immer großes Gewicht für sie. Aber von der ganzen Predigt fielen nur zwei Kernsätze in ihr Herz: die Frage nach dem Gott, der so etwas zulassen konnte, die wohl auch ihre eigene verzweifelte Frage war, aber dann auch die Antwort, die ein direktes Eingehen auf die Rätselfrage der Theodizee umgeht, statt dessen eine praktische Handlungsanleitung gibt: »Gott legt uns nicht mehr auf, als wir tragen können.« Im Ertragen des undurchdringlichen Ratschlusses Gottes und im Vertrauen, dass gerade diese Last einem von Gott persönlich zugemessen ist, liegt die Bewährung für den Christen. Die Trauer wird gleichsam gezähmt, indem ihr ein zwar unbegreiflicher, aber göttlicher Sinn unterlegt wird.

Gertrud L. erinnert sich auch an die geschmückte Kirche ziemlich genau: Lorbeerbäume, wie sie zu ganz besonders feierlichen Anlässen, freudigen und traurigen, aufgestellt werden, als Zeichen der Ehrung. Sie bilden die Kulisse für die Gewehrpyramide mit Stahlhelm. Nicht der Mensch wird geehrt, sondern der Soldat, der Held. Sein Sterben auf dem Schlachtfeld wird von der Kirche sanktioniert, kann also nicht ganz sinnlos gewesen sein.

Wichtig ist darüber hinaus, dass die Trauerfeier auch der Anlass ist, dass die Verwandtschaft sich einfindet, dass sie also das stützende *soziale Netzwerk* um sich herum verspüren kann. Dies ist die zweitwichtigste Quelle des Trostes, die ihr die Menschen um sie herum gewähren konnten. Sie steht nicht allein mit ihrer Trauer. So schließt der Bericht über den Gottesdienst ganz konsequent mit dem rührenden Protest ihres Söhnchens gegen die Traurigkeit, seinem und ihrer anderen Kinder Anspruch auf »Mutter und Vater«, dem sie nun zu genügen hat und genügen will.

Gertrud L. hat die Trauerpredigt nicht in ihrem vollen Inhalt behalten. Deshalb sei eine typische Predigt im Wortlaut wiedergegeben.[18] Sie galt dem Bruder von Berte B., die später auch noch ihren Mann verlieren sollte. Es war eine nicht unübliche, freundliche Geste, eine Abschrift der Predigt den Angehörigen zu überreichen.

»Gedächtnisgottesdienst von Karl K. (ohne Datum)

Text: Matth. 5, Vers 4: ›Selig sind, die da Leid tragen; denn sie sollen getröstet werden.‹

Liebe Leidtragende! Unser Volk steht in einem Krieg von unvorstellbaren Ausmaßen und unvorstellbaren Folgen. Es ist in der Tat ein Krieg auf Leben und Tod. Große Anforderungen stellt er an unser Volk. Das Schwerste, das er fordert, das ist das Opfer des Lebens. Die Opfer, die gebracht werden, erfordern Leid, namenloses Leid von denen, die davon betroffen werden. Diesem Leid kann sich niemand entziehen. Schicksalhaft bricht es über uns herein. Wer persönlich noch nicht davon getroffen ist, trägt am Leid der anderen mit. Wahre Volksgemeinschaft zeigt sich auch darin, dass alle anderen Glieder mitleiden, wenn ein Glied leidet. Gern möchte man jedem die Hand reichen, um sein tiefempfundenes Beileid zum Ausdruck zu bringen. Letzten Endes muss aber jeder sein Leid selbst tragen. Dieses Tragen kann sehr schwer werden. Deshalb stellen wir uns unter das Heilandswort: ›Selig sind, die da Leid tragen, denn sie sollen getröstet werden.‹

Ich glaube, dass es ganz im Sinne Jesu ist, wenn wir dabei den Nachdruck auf das Wort <u>tragen</u> legen. Damit ist uns gesagt, dass das Leid eine Last ist, die getragen werden muss. Entziehen können wir uns ihr nicht. Es kommt nur darauf an, wie wir sie tragen.

Wenn uns plötzlich ein lieber Sohn oder Bruder mitten aus der Blüte seines Lebens gerissen wird, dann werden wir leicht zum Widerspruch gereizt. Wir können Gott nicht mehr verstehen. Oder wir zwingen uns zur Ruhe. Wir versuchen, ruhig und gelassen uns in das Unabänderliche zu schicken. Doch wie wir es auch unternehmen mögen, damit fertigzuwerden, so empfinden wir dabei nur das Bittere und stehen in Gefahr, verbittert zu werden.

Im Sinne Jesu das Leid tragen heißt: Über sein Leid nicht hadern, sondern es mit Gott tragen. Darin liegt unser Trost; denn über die, die ihr Leid tragen, spricht Jesus, sie sollen getröstet werden. Worin dieser Trost für den Einzelnen besteht, können wir nicht sagen. Gott weiß jeden Menschen auf seine Weise zu trösten. So gibt es mancherlei Trostmittel. Er schenkt uns Kraft zur Arbeit und schenkt uns Lust und Liebe zur Arbeit. Das hilft uns über vieles hinweg. Damit verlieren wir uns nicht in unfruchtbarem Schmerz. Ein Trost ist es auch, auf das Leid anderer zu sehen. Dabei brauchen wir heute nicht weit zu gehen oder lange zu suchen. Es sind ja nicht mehr nur Vereinzelte, deren Blut geflossen ist. Es ist bereits ein großer Strom, in den das Blut des einzelnen eingemündet ist. Viele tragen ihr Kreuz dahin.

Wenn wir auch zu diesem und anderem Trost greifen dürfen, so ist dies noch nicht das Letzte und Beste. Im Sinne Jesu Leid tragen, heißt seinen Kummer in Gebete wandeln. Das Leid, das wir als Gebet zu Gott schicken, fällt irgendwie als Segen in unser Leben zurück. Es gibt stille und einsame Stunden, die uns schwer werden. Wir können müde sein von des Tages Last und Hitze, aber im Innersten fehlt uns die Ruhe. Wir spüren das, was der Psalm in dem Wort zum Ausdruck bringt: ›Was betrübst du dich, meine Seele, und bist so unruhig in mir?‹ Da ist der Herr für uns wegweisend, der spricht: ›Schließ die Tür hinter dir zu und bete zu deinem Vater im Verborgenen!‹ Man könnte ein Heer von Zeugen aufrufen, die schon Leid zu tragen hatten und die darin ihren Trost und Frieden fanden.

Wenn Gott tröstet, dann stillt er den Sturm nicht gleich, sondern dann erhält er uns im Sturm. Er führt uns mit seinem Trösten nicht aus dem Leid zur Leidlosigkeit, sondern gibt Kraft zum Tragen. Diese Kraft ist dort am stärksten, wo die Gewissheit ist, die, die uns genommen sind, sind nicht vergangen und verloren, sie ruhen in Gott. Ganz richtig wurde einmal gesagt: Der Tod hat keine Hände, d. h., der Tod kann niemand für sich behalten. Er muss seine Beute wieder dem geben, der die Auferstehung und das Leben ist.

Nun verstehen wir vielleicht etwas davon, was Jesus sagt: ›Selig sind, die da Leid tragen, denn sie sollen getröstet werden.‹ Es ist nicht gleichgültig, ob wir im Leiden getröstet werden oder ohne Trost dastehen. Den Christentrost hat ein Soldat nach schwerer Schlacht in diesem Krieg zusammengefasst, mit dem wir schließen wollen:

> Alle, die gefallen in Meer und Land,
> sind gefallen in deine Hand
> Alle, die kämpfen im weiten Feld,
> Sind auf deine Gnade gestellt.
> Alle, die weinen in dunkler Nacht,
> sind von deiner Gnade bewacht.
>   Amen.«

Die Grundfigur, die wir schon bei Gertrud L. antrafen und die für beliebige Todesfälle anwendbar ist, nämlich die fromme Ergebung in den Ratschluss Gottes, wird in dieser Predigt ausgestaltet für den speziellen Kriegstod in der speziellen historischen Situation. Die Einleitung nimmt die nationalsozialistische Interpretation des Krieges auf: »Ein Krieg auf Leben und Tod« (= »Um Sein oder Nichtsein unseres Volkes«, wie es Hitler und Goebbels oftmals formulierten). In diesem »Schicksalskampf« ist kein Opfer zu groß, auch nicht das Opfer des Lebens. Die von den Nationalsozialisten so häufig beschworene Volksgemeinschaft kann sich in der »Volksgemeinschaft des Leidens« erst ganz bewähren. Umstandslos wird die berühmte Seligpreisung Jesu als Predigttext gewählt, ohne zu fragen, ob diese Seligpreisung auch für ein Leid gilt, das man möglicherweise selbst mit verursacht hat. Mag der »einfache Pfarrer« an den »uns aufgezwungenen Schicksalskampf unseres Volkes« geglaubt haben, die Kirchenleitungen, von denen ja auch der einfache Pfarrer Handreichung und Ausrichtung für seine Trauerpredigten erhielt, wussten es besser.

Indem die Leidtragenden des Krieges in einen Zustand der Selig-zu-Preisenden erhoben werden, kann dieser Krieg sogar als Quelle des Segens interpretiert werden. Das rechte Tragen des Leides erweist sich in der Gottergebenheit. Das Trostmittel Arbeit ist ein altbewährtes, noch recht profanes. Der Ratschlag, auf das Leid anderer zu sehen, ist in diesem Zusammenhang makaber. Kann der »Strom von Blut« wirklich eine Quelle des Trostes sein? Dass »einer sich am Leid des anderen tröstete«, wurde allerdings auch von den Frauen oft erwähnt. Das beste Mittel aber ist das Gebet, womit der leidtragende Mensch wieder an die Gemeinde der Gläubigen (»ein Heer von Zeugen«) und damit auch an die Kirche zurückgebunden wird. Und diese kann ja im Namen Gottes das ewige Leben verheißen.

So kann schließlich das Sterben in diesem Krieg verklärt werden zu einem »Heimholen in Gottes Hand«. Der Vers, mit dem die Predigt schließt und den »ein Soldat nach schwerer Schlacht« verfasst hat, könnte genau so in einer NS-Totenfeier gebraucht worden sein. Ähnliche Versionen waren den Frauen bekannt. Anneliese Kley (1923) erinnert sich an »die Sprüche da« und zitiert: »Die da fallen, fallen Gott ans Herz. Von oben ist das gekommen.«[19] Der Sinn dieses Krieges wurde in keiner der mir zugänglich gemachten Trauerpredigten, auch nicht einmal in Andeutungen, angezweifelt.

Auch die *NSDAP* nahm sich der seelischen Betreuung von Soldatenfrauen und Kriegerwitwen an. Es gibt genügend Schulungsmaterial, auch NS-Hausbücher über den Umgang mit dem Tod im Sinne des Nationalsozialismus.[20] Nicht zu unterschätzen ist auch die Dauerberieselung in Wochenschauen, Radiosendungen, Heldengedenkfeiern der Partei. Die Heldenverehrung steigerte sich im Laufe des Krieges zum Heldenmythos und zur Beschwörung historisch-«germanischer» Durchhalte- und Untergangsszenarien (Friedrich der Große im Siebenjährigen Krieg, der Untergang der letzten Goten, der Nibelungen), welche die Bevölkerung zum Kampf bis zum letzten Mann, zur letzten Frau aufstacheln sollten. Wie werden diese Angebote, diese Interpretationen und Sinndeutungen von den Frauen erinnert? In den Erzählungen kamen sie kaum vor. Frauen, die davon sprachen, taten sie als »Sprüche«, als »schwer erträglich« ab. Keine der von mir befragten Frauen kann sich erinnern, dass für ihre Gefallenen eine NS-Trauerfeier veranstaltet wurde, auch an offizielle Feiern haben sie kaum Erinnerungen, auch auf ausdrückliche Nachfrage, obwohl es sie ja nachweislich gegeben hat. Ich muss offenlassen, ob es sich hier um eine kollektive Verdrängung handelt, oder ob die offiziellen Toten- und Heldengedenkfeiern nur einen relativ kleinen Kreis von NS-Funktionären und in den NS-Organisationen erfassten Frauen und jungen Mädchen erreichte.[21] Auffallend ist, dass es auch für höhere HJ-Führer nicht unbedingt eine persönliche Trauerfeier gab.[22]

GERTRUD B. (1919): Der letzte Brief ihres Mannes war vom 3.1.1943 aus Stalingrad. Sie sagt in diesem Zusammenhang: »Die schlimmste Zeit des Krieges waren für mich die Wochen der Schlacht um Stalingrad; es war mir unerträglich, die Propagandareden um die ›Märtyrer für Deutschland‹, ›Die Helden‹ usw. zu hören. Ich wusste ja, dass mein Mann ganz gegen seinen Willen dort war, dass er furchtbar leiden musste unter Hunger und Kälte, vielleicht verwundet, vielleicht krank. Er war gerade 28 Jahre alt, und er war nie ein Nazi, immer ein fröhlicher, unbeschwerter Sunny-Boy gewesen, der von Militär und Politik gar nichts wissen wollte, der nun in diesem Kriegs-Chaos unterging.«

ELISABETH K. (1919), bis 1942 Wehrmachtsangestellte in Frankreich: »Erst nach meiner Heimkehr, ich begleitete am Anfang einige Male Lazarettzüge, wurde mir richtig bewusst, was das war, Krieg, und ich empfand die Todesanzeigen ›In stolzer Trauer‹ und ›Für Führer, Volk und Vaterland‹ angesichts des erbärmlichen Sterbens, das da geschah, als Blasphemie. Und trotzdem hoffte ich auf den Endsieg, denn man hatte uns gesagt, sonst kommen die Untermenschen und bringen uns alle um. Wir Frauen wurden ständig berieselt mit Durchhalteliedern, wie ›Tapfere kleine Soldatenfrau‹, ›Es wird alles wieder gut‹, ›Liebe kleine Schaffnerin‹. Sonntagmorgens kam die Sendung ›Aus dem Schatzkästlein‹, mit trauten Geschichten von Johann Peter Hebel, und dazu das Wunschkonzert und die Meldungen: ›Hallo, Gefreiter Sowieso, im Kessel von... Du hast einen strammen Jungen.‹ Dazu ein Wiegenlied usw.«

Auf viele junge Mädchen aber verfehlte das Helden-, Kampf- und Todespathos seine Wirkung nicht. Das zeigen Gedichte und Sprüche, die sie sich in ihre Tage- und Spruchbücher notierten, die sie auch untereinander, mit Freundinnen und Freunden, tauschten.²³ Zu den am häufigsten eingetragenen Sprüchen und Versen gehören: »Es ist nicht nötig, dass ich lebe, wohl aber, dass ich meine Pflicht tue« (Friedrich der Große) und das vorhin schon angeklungene Gedicht Hans Baumanns:

> Kein Leben umsonst,
> Kein Tod vergebens.
> Doch sternengleich strahlet
> des Opfertodes Erz.
> Die sterben, dienen
> dem Gesetz des Lebens,
> doch die da fallen,
> fallen Gott ans Herz.

Aber es war doch mehr der »heroische Ton«, an dem sich diese jungen Mädchen berauschten, und nicht der reale Tod, das definitive Ende, das sie sich gar nicht vorstellen konnten, und auch der Wunsch, dem eigenen, noch ganz unfertigen und unbedeutenden Leben einen »großen« Sinn beizulegen.

Trotzdem ist schwer erklärlich, dass auch junge Frauen, die das wahre Gesicht des Krieges als Rote-Kreuz-Helferinnen oder Begleiterinnen von Lazarettzügen schon ganz nahe gesehen hatten, weiterhin beeindruckt waren von dieser Kitsch-Lyrik in hölderlinisierendem, raunendem Pathos.

Die soeben zitierte nüchterne ELISABETH K. (1919) schenkte noch am 19.3.1944 einem Freund einen Gedichtband mit der Widmung: ›Dir, lieber Eugen, für eine besinnliche Stunde‹, in dem z. B. folgendes Gedicht steht:

An die Mütter der Gefallenen

> In euren Traum
> Dröhnt dumpf der Hufschlag
> Des Rosses, das den hageren Reiter trägt,
> Der – seine Sense schwingend –
> Eure Söhne mäht.
>
> Ihr habt Gesichte.
> Aus geborstner Erde
> Steigen die Männer
> Fahlen Blicks
> Zum Sturm –
> Blutregen fällt,
> Und Glut
> Zuckt aus des Berges Flanken.
> Den Todesschrei

> Hört ihr der Sterbenden,
> Und wehen Rufes
> Greift ihr ans wunde Herz.
> Das Dunkel würgt euch:
> Licht! –
> Der milde Schein erwärmt,
> Und mählich wieder
> Rückt sich die Welt in ihre Ordnung ein.
> Mühsam nehmt ihr das Alte Buch zur Hand
> Und hört die Stimme Gottes.
>
> Tagsüber
> Ist euer Leben zwiefach.
> Ihr ersetzt den Mann
> In seiner Werkstatt,
> Reißt die Scholle,
> Ihr sät, ihr erntet.
> Kinder gebärt ihr,
> Lasst Greise sterben.

Zeigen nicht Beispiele wie diese, dass die ideologische Infiltration sehr viel tiefer gedrungen ist, als die Frauen heute wahrhaben wollen und als sie damals merkten? Als Beleg dafür taugen aber die Schulungsmaterialien und auch die erwähnten, vom konkret erlebten Tod sehr abgetrennten Dichtwerke und Sprüche wenig. Ein recht zuverlässiger Prüfstein sind dagegen die damals abgefassten Traueranzeigen[24], Kondolenz- und persönlichen Briefe und auch die ganz privaten Tagebucheintragungen.

Es hat sie natürlich zuhauf gegeben, die Anzeigen mit den Wendungen »In stolzer Trauer« und »Gefallen für Führer, Volk und Vaterland«, dafür genügt ein Blick in Zeitungen von damals. Wie erklären sie sich? Inwieweit entsprechen sie den Empfindungen der Frauen?

Ähnliche Auseinandersetzungen, wie sie EVA STERNHEIM-PETERS schildert (sie spricht von sich in der dritten Person als E.), mögen sich in manchen Familien abgespielt haben: E. war begeisterte Jungmädelführerin, ihr Vater überzeugter Nationalsozialist. Die Auseinandersetzung mit der Mutter um die Formulierung der Todesanzeige für den so sehr geliebten Bruder Günther spiegelt den verzweifelten Versuch der 17jährigen wider, sich mit seinem Tod abzufinden:

»Für Führer, Volk und Vaterland ...‹, von dieser Floskel unter den Eisernen Kreuzen der kleinen Gefallenenanzeigen, die manchmal eine ganze Seite des ›Westfälischen Volksblattes‹ füllten, wurde zwar der Führer in Paderborn häufig ausgelassen, Volk und Vaterland waren jedoch immer dabei, und die Mutter erhob keinen Einspruch. Darunter wollte E. setzen: ›Was auch immer er hätte werden können, etwas

Größeres hätte er nicht erreicht!‹ Auch da stimmte die Mutter noch zu, wenngleich zögernd und mit Bedenken. Aber als es um die ›stolze Trauer‹ ging – ›In stolzer Trauer‹ – protestierte sie mit einem wilden Aufschrei des Schmerzes: ›Nein, das nicht. Das kommt nicht in Frage. Auf keinen Fall!‹ E. kämpfte nicht um diese Formulierung, denn auch ihr war nach allem anderen als nach ›stolzer Trauer‹ zumute. Und weil der Schmerz so unermesslich war, einigten sie sich darauf, dass überhaupt nichts von Trauer darunterstehen sollte. So lautete die Anzeige:
Für Führer, Volk und Vaterland/ fiel am 6. Mai 1942 unser guter Sohn und Bruder/ SS-Sturmmann/ Günther Peters/ Inhaber EK 1. und 2. Klasse/ und des Verwundetenabzeichens./ Nachdem er den Westfeldzug/ und den russischen Winter überstanden/ hatte, starb er am Ilmensee den/ Heldentod im fast vollendeten/ 21. Lebensjahre./ Hans Peters, Studienrat/ Frau Aenne, geb. Determeyer/ Erwin Peters, z.Zt. im Felde/ Eva Peters/ Paderborn, den 24. Mai 1942.
Der Spruch war wegen Platzmangels gestrichen worden.«[25]

Beachtenswert scheint mir auch, dass »der Führer« in Paderborn (und nicht nur dort) häufig nicht erwähnt wurde. Hingegen sind die übrigen Formulierungen in den meisten anderen Traueranzeigen zu finden: die Erwähnung der militärischen Auszeichnungen, die Wendungen »Für Volk und Vaterland« und das Wort »Heldentod«, ein weiterer Beweis dafür, dass Kampf und Tod im Krieg als eine »Ehrensache« und eine Pflicht angesehen, propagierte Ursachen und Ziele des Krieges nicht in Zweifel gezogen wurden.[26] Auch das hat eine lange Tradition. Manche Frauen gebrauchen heute noch ganz unreflektiert das Wort »Heldentod«. Anders zu formulieren, etwa nur »in tiefem Leid« oder, ohne jeden Zusatz, nur »gefallen«, wie man es auch nicht selten lesen kann, erforderte schon etwas Zivilcourage. Das gilt auch für die immerhin häufig anzutreffenden christlichen Wendungen.

Eher seltsam berührt fühlten sich Frauen, wenn Geburtsanzeigen mit dem Kriegstod des Mannes in Beziehung gebracht wurden.

RUTH B. (1919): »In den Zeitungen las man schon längere Zeit Geburtsanzeigen: ›Das Vermächtnis meines Mannes wurde geboren: Unser Sohn X. In Trauer und Freude.‹ – ›Ich bin stolz, dass mein gefallener Mann ein Vermächtnis hinterließ, meine kleine Tochter X.‹«

Daraus eine Art »Geburten-Pflichterfüllung« für »Führer, Volk und Vaterland« herauslesen zu wollen, ist jedoch nicht unbedingt zulässig; eher drückt sich darin aus, dass das neugeborene Kind eine Erinnerung an den gefallenen Mann und ein »Vermächtnis« war, das weiterzuleben half.

Um des erwarteten Kindes willen und um nicht ganz unversorgt dazustehen, haben manche Frauen sich der unheimlichen und schmerzlichen Prozedur einer Kriegstrauung mit dem schon Toten unterzogen.[27]

SIEGLINDE EGER: »Die Heiratspapiere, die hat er schon alle in Händen gehabt, zu Weihnachten. Und am 9. Januar schrieb eben der Kompaniechef, dass er infolge Autounfalls tödlich in Italien verunglückt ist. Und dann habe ich den Bescheid eben bekommen, und die Heiratspapiere waren auch da, und dann am 18. Mai 1944 habe ich mich dann trauen lassen hier im Rathaus, mit Säbel und Stahlhelm... Das lag auf dem Schreibtisch bei dem Beamten. Damit meine Tochter ehelich zur Welt kommt. Dass ich eben auch eine Witwenrente bekam ... Das können Sie sich gar nicht vorstellen. Da wurden wir eben bestellt. Wir waren alle schwarz gekleidet. Ich war in anderen Umständen, ich war im 8. Monat ... und direkt eben wie eine gewöhnliche Trauung.«[28]

Die veröffentlichten Traueranzeigen sind gewiss auch geprägt durch Anpassung an den Zeitstil und Angst vor abweichenden Formulierungen.[29] Für die rein privaten Kondolenzbriefe treffen diese Einschränkungen weniger zu. Aus ihnen spricht die persönliche Haltung zum Kriegstod ziemlich unverfälscht. Aus den Versuchen, Trost zu spenden, kann man auch etwas über die innerste politische und religiöse Einstellung der Schreibenden herauslesen. An einigen wenigen Beispielen seien mir typisch erscheinende Grundzüge aufgezeigt:

LORE H. (1922) an ihre Freundin am 4.5.1941:
»Meine liebe Annemarie!
Trost kann ich Dir jetzt nicht geben, dazu bin ich selbst viel zu erschüttert. Aber Du sollst doch wissen, dass ich in Gedanken ganz bei Dir bin. Wie gern möchte ich Dich jetzt in den Arm nehmen, Dir sagen, wie ich mit Dir fühle. Aber Du weißt auch so, ohne dass ich bei Dir sein kann, dass ich stets für Dich da bin. Seit mir die Eltern gestern schrieben, musste ich immer an Helmuts Worte denken: ›Halte mir die Annemarie hoch!‹ Diese Verpflichtung lastete schwer auf mir, bis ich eben Deinen Brief erhielt, der mir eine Haltung zeigte, die Deiner und seiner würdig ist. Annemarie, bewahre Dir diese stolze Haltung! Wir beide aber werden noch enger zusammenrücken. Deine Lore.«

LENI H. (1893) am 5.5.1941 an dieselbe Adressatin:
»Meine liebe Annemarie!
›Ach, unsere leuchtenden Tage / Glänzen wie goldene Sterne, / Als Trost für künftige Klage / Glühn sie aus ewiger Ferne. / Nicht weinen, dass sie vorüber! / Lächeln, dass sie gewesen! / Und werden die Tage auch trüber, / Unsere Sterne erlösen!‹
Du musst Dir diese schönen Verse recht oft vorsagen, Du musst sie Dir einprägen und immer wieder hervorholen, wenn der Schmerz Dich überwältigen will. Hast Du doch – wie wenig andere Menschen – den Trost, einem lieben Toten viele leuchtende Tage geschenkt zu haben. Deine Mutter erwähnte Deine Äußerung, Du habest keine trübe Erinnerung an Helmut, und Du wirst merken, dass eine große Beruhigung ausgeht von dem Gefühl: ›Ich gab ihm alle Liebe, deren ich fähig war.‹

Mein liebes Mädel, es tut uns leid, dass Du jetzt so allein bist, denn ich weiß aus jüngster Erfahrung, wie wohl es tut, einen Menschen um sich zu haben, der den gleichen Schmerz trägt. Du brauchst jetzt Lore. Wir hoffen, Du wirst auch so fertig. Ich schätze Dich als einen Menschen, der, wie wir, sein Leid nicht nach außen abreagiert, sondern es in seinem Innern heilig hält und daran wächst. Du warst stolz auf Deinen Helmut und kannst durch seinen Tod noch stolzer auf ihn sein. Sein Einsatz verpflichtet Dich zu einer würdigen Haltung und zu dem Bestreben, an diesem Schmerze zu reifen. Es sind die liebevollsten Gedanken, die unsere Toten umkreisen, denn sie haben uns Ehre gemacht. Vergelten wir Gleiches mit Gleichem, indem wir alles leisten, was in unseren Kräften steht, für Führer, Volk und Vaterland. Das sind wir nicht nur unseren Toten schuldig, sondern allen Deutschen, die sich jetzt bis zur Grenze des Möglichen für das Volksganze einsetzen. So wird uns unsere Trauer zum Ansporn.

In herzlicher Liebe Deine H.'s.«

Brief einer mir Unbekannten:
»Biberach, den 7. November 1943
Liebe Tante!

Heute feiert die Kirche das Fest Allerheiligen.

Ich war erst in der Kirche, und nachher ging ich mit den vielen Menschen auf den Friedhof, und jedes begab sich an das Grab seiner Lieben. Auch ich wollte auf das Grab dessen gehen, den ich so innig liebte. Doch leider, ich fand kein Grab. Ich ging zum Kriegerdenkmal, es war nicht das, was ich suchte. Mit anderen Menschen weiter gehend, kam ich zufällig zu den Kriegsgefangenengräbern. In Gedanken gab ich ihnen ein Weihwasser. Am liebsten wäre ich dort eine Weile geblieben, es sind doch auch so arme Menschen, die in fremder Erde ruhen. Die Gräber waren alle schön geziert. Und wieder ging ich weiter, mein Blick ging nach dem Osten. Weit, weit entfernt in russischer Erde liegt das Grab, das ich suche, einsam und verlassen. Kein Tropfen geweihtes Wasser kommt darauf, und wohl auch kein Blümlein ziert das Grab. Ich glaube es nicht, denn der Ort ist in Feindesland.

Ich ging dann wieder heim, allein und unbefriedigt. Peter hat heute morgen schon bei Vaters Bild ein Armenseelenlicht angezündet. Auch habe ich das Bild mit Blumen geschmückt und im Kerzenschimmer schreibe ich Euch diesen Brief. Ich werde dann noch mit den Kindern eine kurze Andacht halten und für die beten, die uns im Leben so teuer waren. Auch werden sie uns dann auch nicht vergessen. Solche Tage sind immer hart und werden hart bleiben. Nur mit dem, der die Geschicke der Welt lenkt, müssen wir uns trösten und uns seinem Willen unterwerfen.

Mit schwerem Herzen sende ich Euch die herzlichsten Grüße, Eure dankbare Josephine.«[30]

Aus Lore H.'s kurzem Brief an die Freundin spricht die ganze ehrlich empfundene Hilflosigkeit angesichts des Todes. Wenige Monate zuvor war ihr eigener Bruder gefallen. Sie kann keinen Trost anbieten, sie findet keine Worte außer der Versicherung der menschlichen, freundschaftlichen Nähe. Die »stolze Haltung«, die sie aus dem Brief der Freundin herausgelesen hat (der Brief ist leider nicht erhalten) ist eher etwas Aufgesetztes, das sie nach den Anforderungen ihrer Erziehung der Freundin und sich selbst schuldig zu sein glaubt.[31]

Der Brief von Leni H., Lores Mutter, könnte geradezu als Musterbeispiel eines nationalsozialistischen Beileidsbriefes gelten: Was bleibt, ist die »leuchtende Erinnerung«, das Leid ist ein »heiliges Leid«, etwas, an dem man wächst. Die Richtung des Wachsens und Reifens ist klar, der noch größere Einsatz für »Führer, Volk und Vaterland«. Die Sätze »Es sind die liebevollsten Gedanken, die unsere Toten umkreisen, denn sie haben uns Ehre gemacht« und »Du kannst nach seinem Tode noch stolzer auf ihn sein« lassen die Vermutung zu, dass der Stolz die Trauer überwiegt. Aber gerade an diesem Beispiel lässt sich zeigen, wie wichtig es ist, die gesamte Biografie der Verfasserin zu berücksichtigen.[32] Es handelt sich um dieselbe Frau, die ihren jüngsten Sohn, als er am Kriegsende auch noch zur Flak eingezogen werden sollte, ins Bett steckte und vorgab, er sei krank. Den Verlust des Ältesten hat sie nie verwunden. In ihrem Lebensbericht findet sich noch 1981 der Satz: »Heute ist Wolfs 40. (!) Todestag.« So eindeutig war auch die Haltung einer überzeugten Nationalsozialistin nicht.

Aus dem Brief der mir unbekannten Josefine Metz spricht unverhüllte Trauer um alle Gefallenen, auch die »Feinde«, die sie ebenfalls nur als »arme Menschen« zu sehen vermag. Der Krieg bliebe ein unbegreifliches Verhängnis, wäre da nicht wieder die letzte Zuflucht der frommen Ergebung in Gottes Willen, die freilich den Schmerz nicht wegzunehmen vermag.

In wie vielen Betroffenen stritten zwei Gefühle oder auch Kopf und Herz miteinander, so wie es auch MARIANNE PEYINGHAUS beobachtete:

In ihrem Brief an die Eltern vom 25.3.1943 schreibt sie: »Neulich war ich abends bei der Familie Mauritz. Er hat ein Baugeschäft und ist ein stiller, ruhiger Mensch. Vor zwei Monaten ist ihr einziger Sohn gefallen, 19 Jahre, ein fleißiger, freundlicher Junge. Er war Hitlerjugendführer und wurde im April 1942 eingezogen. Ich habe ihn gekannt. Er hatte die Gesellenprüfung und arbeitete im Geschäft des Vaters. Jetzt sind nur noch 2 Töchter, 17 und 6 Jahre, da. ›Das Vaterland darf jedes Opfer fordern‹, sagte die Mutter ganz still, aber sie und ihr Mann weinten dabei.«[33]

Wie bei vielen jungen Mädchen und Frauen, bröckelte auch bei der Lehrerin Marianne Peyinghaus die geschlossene, eher deutschnationale als nationalsozialistische Weltanschauung, als der Tod ganz nahe an die eigene Familie herantrat:

Im Brief vom 10. März 1943 schreibt sie an ihre Eltern: »Vergangenen Sonntag habe ich in ›Kunstschrift‹ (gotisch, wie wir es auf der Hochschule gelernt haben) die Ehrenliste der Gefallenen unseres Dorfes in das Dorfbuch eingetragen. Bis jetzt sind es 23 Namen aus dem jetzigen Krieg, 36 aus dem Ersten Weltkrieg, einer von 1870/71 und keiner von 1813. Über die Namen habe ich Worte von Walter Flex geschrieben: Wir sanken hin für Deutschlands Glanz,/ Bleib, Deutschland, uns als Totenkranz./ Der Bruder, der den Acker pflügt,/ Ist mir ein Denkmal wohlgefügt,/ Die Mutter, die ihr Kindlein hegt,/ Ein Blümlein überm Grab mir pflegt./ Die Büblein schlank, die Dirnlein rank/ Blühn mir als Totengärtlein Dank./ Blüh, Deutschland, überm Grabe mein/ Jung, stark und schön als Heldenhain.«

Am 5. April 1945 notiert sie in ihr Tagebuch: »Ich bin so allein – meine Hand ist zu müde zum Schreiben. Was soll werden? Wolfgang (ihr Bruder) ist tot. Keinem kann ich sagen, wie leer es in mir ist. ›Gefallen für Großdeutschland‹ steht auf dem Brief, der zurückkam. Gefallen für Großdeutschland! Mein Gott, wie ein Hohn kommt es mir vor. Wo? Wann? Hat er gelitten? Wissen es Vater und Mutter? Sie müssen doch die amtliche Nachricht bekommen haben! Arme Mutter!«[34]

Frau B.K. vermag keinerlei Sinn in diesem unnatürlichen Tod zu sehen. Zu ihrem grenzenlosen Schmerz kommt noch ein Schuldgefühl. Söhne für den Krieg zu gebären, wie es die NS-Ideologie letztlich von den Müttern erwartete, kommt ihr nicht nur unnatürlich vor, sondern auch schuldhaft:

»Röthenbach, Kr. Calw, 23. April 1944, Sonntag: Zu was sind wir auch geboren auf dieser Welt? Es ist ja doppelt schwer für mich. Mein Fritz kann mich anklagen und sagen, wenn er nicht geboren wäre, dann hätte er nicht müssen in den Krieg. Oh, ich verzweifle in meinem Elend. Wenn ich doch auch bei ihm wäre. Mein Fritz ist mir weit voraus. Er hat jetzt das Erdenleid überstanden, und mir bleibt der Schmerz. Die bitteren Wermutstropfen, wenn mein Fritz da gestorben wäre, so täte es mir, glaube ich, nicht so weh. Ich könnte nur sagen, der Herr hat ihn jetzt können zu sich nehmen, und ich könnte auf sein Grab zu seinem Ruheplätzchen. Ich könnte auch Zwiesprache mit ihm halten. Aber so bleibt mir, solange ich noch lebe, Schmerz und Leid. Das tut mehr als bitter weh, wenn man seinen Buben hergeben muss zum Verschießen...«[35]

So viel oder auch so wenig die Teilnahme in Briefen, die Trauerfeiern, die Gedächtnisgottesdienste, der eigene Glaube, die Kinder, Verwandte, Bekannte und Nachbarn trösteten und halfen, der Schmerz um die Allernächsten musste doch von jeder Frau allein getragen werden. Und diese Trauerarbeit war sehr schwer. Die seelischen Schmerzen und Wunden bleiben bis heute spürbar.

MARIA L. (1906): »Nun war ich also Witwe, Kriegerwitwe. Ein paar Beileidsbriefe gab es noch, die Zusendung seiner Papiere und einiger persönlicher Gegenstände. Mein Schwager musste bald wieder zurück, er war bei der ›Heimwehr‹ eingesetzt. Meine Schwiegermutter aber blieb bei mir, weinend und trauernd. Ich sagte immer noch nichts. ›Mein persönliches Leben hört jetzt auf‹, schrieb ich an eine Freundin. ›Aber ich habe so viel Glück erfahren, dass es für ein ganzes Leben reicht.‹ Meine

Freundin wollte mir nicht recht glauben; sie werde mich in 20 Jahren noch einmal darauf ansprechen, antwortete sie in ihrem Beileidsbrief. Aber ich meinte es ernst. Meine Ehe war kurz gewesen. Mein Mann hatte während seines Fronteinsatzes genau dreimal 21 Tage Urlaub gehabt, fast zwei Jahre waren wir verheiratet gewesen, als er eingezogen wurde. Es wäre müßig, die Zeit zusammenrechnen zu wollen, die uns vergönnt gewesen war. Ich war glücklich gewesen, aber selbst das war nicht entscheidend für meine Überzeugung, nur noch für die Kinder dasein zu müssen. Man war allgemein der Auffassung, dass die Kriegerwitwen ihre einzige Aufgabe in der Erziehung der Kinder sehen müssten; man ging davon aus, dass die Ehe etwas Einmaliges war und Witwenschaft etwas Endgültiges. Heute ist mir klar, dass diese Auffassung einen ganz einfachen praktischen Grund hatte: Es waren ja gar keine Männer mehr da, also musste man diese Lebenssituation irgendwie rationalisieren.

Ich trauerte, wenn mich niemand sehen und hören konnte. Es wäre zwecklos gewesen, meinen Schmerz zu zeigen; vor den anderen – auch vor Angehörigen – zu weinen! Millionen Frauen mussten dieses Schicksal tragen; warum sollte ausgerechnet ich Mitgefühl erwarten oder gar verlangen, wo doch alle anderen auch damit fertig werden mussten? Das Kriegs- und Nachkriegsschlagwort: individuelles Leid zählte nicht. Also weinte ich nur nachts, wenn ich wusste, dass die Kinder tief schliefen. Denn die Kinder mit meinem Kummer zu belasten – das wäre die unverzeihlichste Vernachlässigung meiner Mutterpflichten gewesen. Als Mutter hatte man gerade in diesen schweren Zeiten ausgeglichen zu sein! Wenn ich schreien musste, presste ich mir ein Kissen in den Mund, und die nächtlichen Wanderungen durch die Wohnung dauerten auch nach dem Krieg noch manches Jahr.«[36]

JOHANNA A. (1912) wurde von ihrer Enkelin interviewt:
I: »*Nach dem Krieg, hat es da irgend etwas gegeben, was du dir ganz arg gewünscht hast?*
A: Ich hab' mir nur das eine gewünscht, dass mein Mann wieder kommt. Sonst war ich wunschlos glücklich. Da bist du so bescheiden geworden, dass du froh warst, wenn du soweit mit allem durchgekommen bist, die Angriffe überstanden hast, dass deine Familie beieinanderbleibt. Das war mein einziger Wunsch, dass mein Mann wiederkommt. Das war leider nicht der Fall.«

So schmerzlich auf der einen Seite die Zerstörung eines jungen Eheglückes war, so milderte für manche gerade die Kürze des gemeinsamen Lebens die Trauer. Es gab Frauen, die die Trauer einfach »wegzustecken« schienen, die eine echte Trauerarbeit gar nicht zuließen, ob aus Empfindungsarmut oder aus Ablehnung jeder Art von Selbstmitleid, muss dahingestellt bleiben. Auf der anderen Seite stehen solche, die an ihrem Schmerz zerbrachen oder für lange Zeit verstummten.

INGE R. (1924) erzählt von Klassenkameradinnen: »Die eine hat ihren Verlobten verloren, als sie im Arbeitsdienst war, die hat sich das Leben genommen, war Apothekerin; die andere war auch noch in der Abiturklasse, das war so eine lustige Person. Von einem Tag auf den anderen kam die totenbleich in die Schule und hat nie mehr ein Wort geredet bis zum Abitur. Sie hatte einen Freund, der auch gefallen ist... Erst Jahre später hat sie sich verheiratet. Wir haben es alle miterlebt, haben versucht, sie wieder zum Reden zu bringen, aber umsonst... Eine Freundin verlor ihren Bruder in Russland. Von da an wurde sie krank, hat sich nie mehr erholt.«

ELEONORE V. (1924): »Man hörte oft von Frauen, deren Söhne oder Männer vermisst oder gefallen waren, dass sie seelisch und körperlich krank wurden. Einige aus meinem Bekanntenkreis sind gestorben; sie konnten den Schmerz nicht verkraften.«

Eine psychotherapeutische Behandlung solcher »Fälle« lag außerhalb jeder Vorstellung sowohl der Frauen selbst als auch der Gesellschaft.

Einer Historikerin steht es nicht an, in psychologisierender Weise Trauerarbeit nach ihrer Art und Länge als »gesund«, »normal«, »gelungen« oder »misslungen« einzuteilen oder gar einzustufen. Sie kann nur aufzeichnen, wie Frauen selbst ihre Trauer empfanden und empfinden. Den meisten half die Zeit über den akuten Schmerz hinweg. Der Besuch der Kriegsgräber, wo immer es möglich war, oft erst viele Jahre nach dem Krieg, besiegelte zwar die Unwiderruflichkeit des Endes, gab manchen aber auch Trost durch ein Gefühl der Nähe zu dem geliebten Toten.

LORE E. (1922) schrieb mir in einem Nachtrag zu unserem Gespräch über ihren gefallenen Bruder am 14.2.1991: »Sagte ich Ihnen, dass er seine Erkennungsmarke nicht trug? Sie lag bei seinen Sachen in seinem Spind. Aberglaube? Oder der Versuch, das Schicksal zu beeinflussen? Jedenfalls barg die Tatsache, dass er nach seinem Tod nicht durch die Nummer identifiziert werden konnte, für mich (*und vielleicht auch für die Eltern*) immer noch die Hoffnung, dass er lebte, dass es ein anderer gewesen sei, der in Wolfs Maschine gestorben war. Erst als ich mit Mutter 1965 (!) an seinem Grab in England stand, war er auch für mich gestorben.«

Nicht alle fanden zu einer solch abgeklärten Haltung, wie sie ANNELIESE B. (1906) beschreibt:

Sie erzählt von einem Besuch bei den Verwandten Vietor: »Neun Kinder waren es bei Vietors, von denen aber der älteste Sohn Karl schon ganz jung im Ersten Weltkrieg fiel. Der Zweite Weltkrieg kostete später noch zwei Söhne und zwei Schwiegersöhne. Es ist mir unvergesslich geblieben, wie ich mit Tante Hedwig bei einem meiner letzten Besuche bei ihr in den frühen 50er Jahren darauf zu sprechen kam, wie schön es doch sei, dass man bei uns auch so selbstverständlich von den Verstorbenen sprechen dürfe. Da sah sie mich mit ihren schönen blauen Augen sehr freundlich an und sagte die mir tief haften gebliebenen Worte: ›Anneliese, es ist alles noch da; aber es tut nicht mehr weh.‹«

Die allermeisten spürten die Lücken, die Verarmung und das Alleinsein bis zu ihrem Tod und bis heute.

ANNA J. (1912): »Eine Schwester meines Mannes verlor 3 Söhne, alle waren prachtvolle junge Burschen. Diese Schwägerin hat bis zu ihrem eigenen Tode daran immer noch schwer gelitten.«

ANTONIE F. (1923): »Die ganze Sorge meiner Mutter galt ihren Söhnen im Feld. Dass ihr jüngster Sohn, der so ein heiterer, lebensfroher junger Mensch war, schon mit 18 Jahren völlig sinnlos geopfert wurde, hat sie nie ganz verwunden.«

HANNE S. (1914): »Ich bedaure mich jetzt gar nicht, obwohl man immer wieder denkt, wie wäre es gewesen, ein Leben zu zweit? Aber was mir weh tut, Männer, die um dieses Leben betrogen worden sind. Und die fähigen jungen Männer! Allein die, die wir gekannt haben! Und mein Mann ist so gern ein bisschen gereist und war so lebensfroh und hat gern gut gegessen. Und immer hat man sparen müssen, wie kärglich haben wir gelebt! Bis ein Bauer eine eigenes Einkommen hat, wo man auch sagen kann, jetzt können wir uns auch was leisten! Da geht einige Zeit rum. Das war unser Anfang, und dann kommt der Krieg und nimmt einem das alles!«

Die Beispiele ließen sich beliebig vermehren.

Berte B., die im Krieg besonders schwer heimgesucht wurde[37], konnte dennoch sagen: »Es war meine schönste Zeit.« Es war die Zeit ihrer kurzen Ehe, der schönsten menschlichen Beziehung, die sie in ihrem Leben gehabt hat. Aus der Art, wie sie darüber sprach, wie sie mir die Briefe ihres Mannes zeigte, das gepresste Edelweiß, das er in einem mitgeschickt hatte, die Fotos, die Bilder, die er für sie gemalt hatte, sprach eine solche Wärme, aber auch ein solcher Schmerz, dass ich wusste: Diese Frau wird nie über den Verlust hinwegkommen.

Noch nach einem halben Jahrhundert wird in den Erzählungen, im Duktus des Sprechens, im Ton und im Versagen der Stimme, in den langen Pausen, manchmal in Tränen, das Leid spürbar, das ganz persönliche Leid, das nicht fassbar und vorstellbar ist in den nackten, kalten Zahlen von Millionen Kriegstoten, welche die Statistik nennt. Es belastete mich, dass ich Wunden wieder aufreißen musste.

Ein erschütterndes Nachspiel erlebte ich noch 1998. Felizitas S. (1921), der ich die Abbildung des Briefumschlags auf der Titelseite dieses Bandes verdanke, schickte mir auf meine Bitte das Original. Der Brief war ungeöffnet. Sie hatte ihn 1943, als er mit der Aufschrift »Gefallen für Grossdeutschland« zurückgekommen war, nicht öffnen können, und sie bat mich, ihn ungeöffnet zu lassen.

Junge Mädchen haben manchmal den Verlust des »Einzigen« nicht verschmerzt oder hatten das Gefühl: Jetzt bleibt man übrig. Und viele sind ja auch wirklich allein geblieben, weil die Partnerjahrgänge im wahrsten Sinne des Wortes aus*gefallen* waren. Wer hat damals, in der Nachkriegszeit und bis heute das Schicksal dieser kriegsbedingt Unverheirateten wahrgenommen und ernstgenommen in einer Gesellschaft, in der man eine alleinstehende Frau als »alte Jungfer« oder als »sitzengeblieben« bezeichnen darf?

EMMA R. (1918) hatte zu Beginn des Krieges ihren »Herzallerliebsten« gefunden. Seit 1941 war er vermisst vor Moskau. »Seither ist Schweigen... Ich bin manchmal sehr schwerblütig; ich habe dann keinen Anschluss mehr gefunden. Obwohl der Leutnant mir damals geschrieben hat, gewissermaßen sagt man im Volksmund: Eine andere Mutter hat auch ein liebes Kind... Durch das ist mein Leben eigentlich in eine ganz andere Bahn gekommen.«

HANNA L. (1919): »Ich war 20, wie der Krieg anfing; ich war zweimal verlobt, und ich hatte die jungen Männer noch nicht einmal meinen Eltern vorgestellt, wie schon alles zu Ende war.« – Sie ist unverheiratet geblieben.

MARGARETE B. (1919): »Da sind zwei, sagen wir mal, zwei ›Freunde‹ (*zögert etwas, wie sie sie bezeichnen soll*) gefallen in der Zeit. Dann habe ich gesagt: So, jetzt ist es aus. Dann war mein Entschluss gefasst, nicht zu heiraten, gell, ich meine, das erzählt man nicht jedem ..., aber das sind Erlebnisse, wo man dann sagt: Jetzt bleib' ich für mich, und da draus hat sich mein Leben dann ganz anders geformt.«

Vermisst (Verschollen)

Was ist schlimmer gewesen? Die Nachricht »Gefallen« oder die Nachricht »Vermisst«?

HILDE H. (1914), ihr Mann ist gefallen: »Ich hab' eine Freundin, mit der ich jetzt noch zusammenkomme, der ihr Mann und mein Mann waren Schulfreunde schon und auch später Freunde, und wir sind immer zusammengekommen, und der ihr Mann ist vermisst, die hat nie was gehört von ihm. Wir kommen heut noch zusammen. Die wohnt da oben in der Schellbergstraße. Und das ist viel, viel schlimmer ...
I: *Wenn man immer noch wartet?*
H: Ja, ja, das ist viel, viel schlimmer, und der war neu in der Kompanie, und keiner konnte sagen, wie, wo er verblieben ist, das war im Rückzug, muss da alles durcheinander gelaufen sein, und den Mann haben sie noch nicht so gekannt, und da ist, wahrscheinlich hat keiner so drauf geachtet, war er bloß verwundet oder ist er in russische Hände gefallen oder war er gleich tot oder was ist also, keiner weiß Bescheid, oder kam er noch in die Gefangenschaft und ist dort gestorben? Nichts weiß man, gar nichts.«

Hilde H. spricht aus der Rückschau. Sie weiß heute, dass keine Nachricht mehr kam. Aber die meisten Frauen klammerten sich an den kleinen Funken Hoffnung, obwohl sie wussten oder ahnten, dass nur wenige Männer wiederkommen würden.[38] Zumeist ging der Nachricht schon eine längere Zeit ohne Lebenszeichen voraus. Es konnte auch sein, dass zwischendurch noch Post kam, nachdem der Mann schon als vermisst gemeldet worden war, so dass man wieder Hoffnung schöpfte.[39] Wenn dann endlich die Vermisstenmeldung eintraf oder wenn überhaupt keine Meldung kam, bedeutete das zunächst, dass das Warten und Bangen weiterging, quälender und aufreibender als zuvor, dass die Hoffnung aufglomm und wieder fast erlosch, immer neu genährt von irgendwelchen Berichten von Kameraden oder Gerüchten, ein zehrendes Auf und Ab der Gefühle. Dazu kam noch der fast unausweichliche Zwang, sich die Szenarien des möglichen Sterbens ausmalen zu müssen.

Die offiziellen Nachrichten über die Vermissten waren nach ähnlichem Muster ausgefertigt wie die Nachrichten über den »Heldentod«, nur dass am Schluss die Hoffnung ausgesprochen wurde, die Betroffene möge möglichst bald vom Roten Kreuz eine Nachricht über den Verbleib des Vermissten erhalten.

Wenn das Rote Kreuz nichts von sich hören ließ, von der Truppe nichts mehr kam, auch kein Lebenszeichen aus der Gefangenschaft, was sehr lange dauern konnte, begann das lange Suchen über Kameraden und über alle nur erdenklichen Suchdienststellen.

ILSE S. (1920) hat im Laufe der Jahre z. B. folgende Stellen angeschrieben:
1. Die Assoziazone Schedario Mondiale dei Dispersi Roma (Weltkartei der Versprengten) am 19.8.1947;
2. das Staatliche Durchgangs- und Heimkehrerlager Ulm/Donau, Kienlesberg am 15.9.1949;
3. die Deutsche Dienststelle für die Benachrichtigung der nächsten Angehörigen von Gefallenen der ehemaligen Deutschen Wehrmacht. Abwicklungsstelle Berlin-Wittenau am 3.3.1952;
4. den Volksbund deutscher Kriegsgräberfürsorge. Bundesgeschäftsstelle Kassel. Dieser hatte damals noch keine Möglichkeit, in Ungarn zu arbeiten, wo der Vermisste auch vermutet werden konnte, am 21.9.1966;
5. das Deutsche Rote Kreuz. Suchdienst München am 1.9.1972.

Erst 27 Jahre nach der Vermisstenmeldung erfuhr sie, dass ihr Mann »mit hoher Wahrscheinlichkeit gefallen« sei.

Auch STELLA S. (1914) litt unter der jahrelangen Ungewissheit:
I: *Sie haben auch gar keine Vermisstenmeldung bekommen?*
S: Nein, einfach gar nichts. Da kam das ganze Schlamassel 1945, da hat der Krieg dann aufgehört, da war alles durcheinander.
I: *So lange haben Sie immer gehofft?*
S: Es war so: Es kam im Laufe des Sommers 1945 mein Bruder zu Fuß von Berlin. Und dann hat man gedacht: Jetzt ist der Fritz wieder da, vielleicht kommt der Albrecht doch auch. Und es kamen ja immer wieder welche, und es kamen noch

lange welche. Auch aus Büchern hat man immer wieder gehört, noch aus dem Ersten Weltkrieg, wie lange die aus russischer Kriegsgefangenschaft kamen, und immer wieder hat es ja geheißen, es sind immer noch Gefangene, und man hat – komisch – immer noch gehofft ...«

Erst am 3. Dezember 1972 erhielt Stella S. vom Suchdienst des Deutschen Roten Kreuzes auf ihren erneuten Antrag die Nachricht: »Das Ergebnis aller Nachforschungen führte zu dem Schluss, dass Albrecht S. mit hoher Wahrscheinlichkeit im Februar 1945 während der Rückzugskämpfe, die im Raum nordwestlich von Graudenz geführt wurden, gefallen ist.«

Auf eine Suchanfrage an das Sowjetische Rote Kreuz wurde ihr am 19.1.1978 mitgeteilt, »dass die Nachforschungen nach dem Verschollenen zu keinem Erfolg geführt haben. Alle bisherigen Ermittlungen des DRK-Suchdienstes lassen aber nur die Schlussfolgerung zu, dass er in sowjetischer Kriegsgefangenschaft verstorben ist.« Bis heute hat Stella S. noch keine Klarheit über das Schicksal ihres Mannes.[40]

Bei den Frauen (und Müttern) der Vermissten und Verschollenen zog sich der Kampf der Gefühle jahre- und jahrzehntelag hin zwischen Suchen, weiterem Hoffen und dem innerlichen Annehmen des Schwersten, dem allmählichen Sich-Abfinden.[41] Ihre Trauer vermischte sich im Laufe der Zeit mit jener der Hinterbliebenen von Gefallenen. Nur dass es für diese Männer keine Gedächtnisgottesdienste und kein öffentliches Gedenken gab.

GERDA F. (1917) will am Anfang noch gar nicht wahrhaben, dass ihr Mann womöglich nicht mehr kommt; sie erhält (für sich selbst) die Korrespondenz mit ihm aufrecht. In ihrem »Weihnachtsbrief« 1943 schreibt sie: »Weißt Du, ich bemühe mich sehr, heiter und mit den anderen, vor allem mit der Kleinen, vergnügt zu sein. Als wir dann aber bei unserem einsamen Abendessen saßen und die Kleine ins Bett musste, kam ich mir doch sehr allein vor, und der Gedanke, wie und wo und mit welcher Sehnsucht Du das Weihnachten '43 begehen wirst, trieb mir das Weinen hoch. Ach, ich will ja schon zufrieden sein mit dem Hoffen und Glauben, dass Du lebst und einmal zu uns zurückkehren wirst, aber ich muss doch immer an Dich und Dein vermutliches Schicksal denken und kann nicht immer das trostlose Alleinsein und die Sorge um Dich so ruhig ertragen. Ich bin doch auch nur eine kleine Frau voll Sehnsucht und Wünschen.« – Er kam nicht wieder.

In INGEBORG G.'s (1922) Tagebüchern lassen sich die Qual der Ungewissheit, das Auf und Ab von Hoffen und Bangen, aber auch die allmähliche Bereitschaft zur Überwindung gut verfolgen. Seit Februar 1945 hatte sie nichts mehr von ihrem Mann, einem jungen Theologen, gehört. Er war bei Posen eingeschlossen. Hier nur einige wenige Auszüge:

28.2.1945:»Holder schreibt aus dem belagerten Posen: ›Mit diesem Fort stehen und fallen wir.‹ ... Die Sorge will mir das Herz brechen ...

4.3.: Ich habe unsagbares Heimweh nach meinem geliebten Holder. Aber in den Abendstunden ist er mir oft so nahe, dass ich ganz sicher zu wissen glaube, dass er lebt und seine sehnenden Gedanken zu mir schickt. Neulich stand ich unter leuchtenden Sternen und sah die helle Venus, und es war mir, als würde er seine Augen auch gerade dorthin lenken und mich grüßen. Ach, wie mag es Dir gehen in russischer Gefangenschaft? *(Das ist nur eine Vermutung von ihr; sie bekam nie eine Nachricht.)*

Karfreitag, 30.3.: In der Nacht träumte ich von dem Geliebten. Er war wieder so müde und sprach kein Wort mit mir, aber er war da, und ich war nimmer allein.

29.4.: Der erste friedliche Sonntag – ohne Alarm, ohne Schrecken. Wir hatten eine wunderbare Predigt von Dr. Thielicke von Christus, der über die Wellen schreitet. Aber wir waren doch auch sehr traurig, ich hatte Heimweh nach meinem Holder.

4.6.: Ich bin sehr traurig in den letzten Tagen und meine oft zu zerbrechen an der Sehnsucht und dem Heimweh nach dem Geliebten. Wenn doch irgendein Zeichen zu uns dringen würde! Ach Herr, hab' Erbarmen!

19.8.: Vorhin kam am Radio die Nachricht, dass die ersten Transporte von deutschen Kriegsgefangenen aus Russland eintreffen. Gott gebe, dass doch auch mein Gotthold eines Tages dabei ist. Ach, es ist kaum zum Ausdenken!

27.8.: Heute war ich in Feuerbach beim russischen Komitee. Das war ein schwerer Gang, und ich konnte auch keinerlei Möglichkeit finden, um etwas von dem Geliebten zu erfahren. Es war sehr deprimierend.

(Immer wieder, besonders an den Festtagen, hat sie grenzenloses Heimweh, träumt von Holder, und dann folgt wieder das bittere Erwachen.)

21.9.: Gestern war ich in Esslingen und sprach einen Soldaten, der aus dem Posener Gefangenenlager kam, aber er hatte keinen Gruß für mich und wusste auch nichts von dem Geliebten. O, ich mach mir grässliche Sorgen – sonst war doch mein Holder der erste, der irgendeine Nachricht durchbringen konnte.

22.9.: Heute war ein müder, schwüler Tag, und wir waren alle traurig. Die Ungewissheit und die Bangigkeit lässt mich kaum mehr atmen. Ich bin sehr gedrückt. Wie wird Gott meinen Weg weiterführen? Ich will mich ganz in seine Hände fallen lassen.

2.10.: Gestern abend kam Werner aus Tübingen mit dem Rad angefahren und brachte aufregende Nachricht. Der Kamerad Schwab, der mit Gotthold im gleichen Loch auf dem Fort Roedern gestanden ist, ist heimgekommen. Gotthold aber ist am 4. Februar verwundet worden: ein Granatsplitter habe ihm den Unterschenkel durchschossen. Am 5. Februar habe ihn ein Krankenauto abgeholt und nach Posen gebracht, von wo ein Flugzeug in die Heimat hätte abgehen sollen. Ob er aber noch rauskam oder in Posen geblieben ist – das ist jetzt das Rätsel und meine Sorge. Und doch bin ich so dankbar, dass das Dunkel sich ein wenig gelichtet hat und die Hoffnung vergrößert ist. Wann werde ich etwas Direktes hören? O, *wie* warte ich und sehne ich mich!

14.2.46: Gestern erfuhr ich von Manfred Müller eine Adresse von einem Heimkehrer, der aus Posen kam. Und ich suchte ihn heute in Degerloch auf. Von meinem Geliebten konnte er mir aber nichts berichten, nur das eine, dass eben bis jetzt noch kein deutscher Offizier weder krank noch verwundet, entlassen wurde. Die Offiziere hätten bessere Verpflegung und brauchten nicht zu arbeiten. Er meinte auch, dass er sicherlich in ein Lazarett im Süden gekommen sei, das ordnungsgemäß übergeben worden sei.

16.5.: Ich dachte, es hätte aus dem Wald wieder gerufen – aber es war eine Täuschung. Nur ein einsamer Stern funkelte über dem Wald, und aus den Wolken ging rot der Mond auf. Die Bäume warfen Schatten, und das Gras stand hoch, durch das ich ging. Die Abendluft war kalt. Gotthold, wirst Du wieder zu mir kommen, kannst Du es noch – oder werde ich allein bleiben müssen? – Wie konnte ich jemals denken, dass ich es nimmer sei! Meine Seele schreit nach Dir, es ist wie ein schriller Geigenstrich, bevor die Saite reißt.

20.10.: Von Gotthold noch kein Lebenszeichen. Es ist wie ein Stein auf der Brust, der das Atmen schwer macht. Darf man überhaupt noch Hoffnung haben?

3.2.47: Von Gotthold wissen wir immer noch nichts. Neulich sah ich vor meinen geschlossenen Augen ein schwarzes Holzkreuz, auf das sich langsam Holzleiste auf Holzleiste legte, und eine Stimme fragte mich: ›Bist du jetzt bereit?‹ Ich kämpfe zur Zeit viel innerlich, und ich glaube manchmal, dass ich jetzt ›ja‹ sagen kann, dass mich die Nachricht nicht mehr umwerfen wird. Ich habe keine Hoffnung mehr, dass Gotthold lebt und ich ihn je wiedersehen werde, und ich denke an den 12. Februar vor zwei Jahren, da mir das Herz still zu stehen schien und ich in der Nacht ans Fenster ging ...« (An dieser Stelle bricht das Tagebuch ab.)

Es kam keine Nachricht. Erst fast zehn Jahre später ging Ingeborg G. eine zweite Ehe ein.

STELLA S. (1914) fährt nach der Schilderung ihrer Suchaktionen fort: »Man hat – komisch – immer noch – es ist eigenartig, dass mir's heut noch so gehen kann, dass ich doch ... bloß kann man sich's jetzt nicht vorstellen, jetzt wär er auch ein alter Mann, das ist das Komischste dran. Ja, was heißt Hoffnung? Man hat eben gedacht: es könnte durchaus sein. Deshalb, wenn die Leute sagten, vermisst ist schlimmer als gefallen, so möchte ich das nicht sagen. Man hat immer noch einen Funken Hoffnung, und im Laufe der Jahre gewöhnt man sich ans Alleinsein ... und merkt: Du musst eben dein Leben in die Hand nehmen. Also insofern möchte ich sagen: Es ist noch nichts Endgültiges.

I: *Sie haben nicht den schrecklichen Schlag erlitten?*
S: Nein, das nicht. Einfach allmähliches Verlöschen.«

HANNE S. (1914): »Man hat ja auch immer noch gehofft, dass er wiederkommt. Bis 1949 und 1955 sind ja immer noch welche gekommen. Ich hab' da einmal erfahren von einer Frau, dass sie den Namen gelesen hat. Es kam sogar einmal ein Mann zu mir in die Küche, der war mit meinem Mann in der gleichen Kompanie, und die waren zusammen in Urlaub damals. Als der da reinkommt in die Küche, da hat mein Herz geschwind geklopft. Und dann hat er gesagt: ›Erschrecken Sie nicht, ich bring' bloß Enttäuschungen. Ich weiß nichts.‹ Ich habe über den Roten Halbmond, übers Rote Kreuz gesucht. Vor ein paar Jahren bin ich dann einmal aufs Rathaus gebeten worden, dass man unterschreiben muss, dass die Suche offiziell eingestellt wird.«

RÖSCHEN H. (1913): »1951 kam mein ältester Bruder aus russischer Gefangenschaft zurück, fand durch uns seine Frau wieder, baute sich eine Garage aus und nahm unsere Mutter zu sich. Sie starb 1953 mit fast 85 Jahren. Sie wartete bis zuletzt auf ihren 5. Sohn, der als vermisst galt und, wie sie, Lehrer gewesen war. Er war noch im April (*1945*) bei Berlin gefallen.«

Den endgültigen Schnitt mussten die Frauen oft selbst vollziehen. Wenn sie eine neue Bindung eingehen wollten oder wenn es um das Erbrecht ihrer Kinder ging, mussten sie selbst den Vermissten oder Verschollenen für tot erklären lassen. Welche Gewissensnöte und Qualen damit verbunden waren, kann man sich vorstellen.

ILSE S. (1920) ließ 1967 ihren vermissten Mann für tot erklären, als ihre Schwiegereltern starben, weil sonst ihre beiden Söhne vom Erbe ausgeschlossen gewesen wären. Sie suchte aber weiter.

Und selbst nach solchen amtlichen Todeserklärungen hofften manche weiter und kamen innerlich noch nicht zur Ruhe, wider alle Vernunft.

BEATE S. (1917): »Ich hörte dann nichts mehr von ihm, seit 10. März 45. Ich habe mich ans Rote Kreuz gewandt, nach Schweden, in die Schweiz. Überallhin geschrieben, an alle Suchdienste... Er hat bis März '45 geschrieben... Da hat er noch in seinem letzten Brief aus Schlesien geschrieben, es sei so furchtbar. Wenn er auf allen Vieren kriechen könnte, würde er heimkriechen. In Niederschlesien. Sie mussten den einzigen Elbe-Übergang halten. Die ganze Einheit ist da verschollen; er war Kompanieführer.

Als meine Schwiegermutter gestorben ist, hab' ich ihn für tot erklären lassen sollen, durch den Notar, wegen meinem Sohn. Dann kam vor 15 Jahren vom Roten Kreuz, sie würden das abschließen, diese Aktionen. Mit 98%iger Sicherheit wäre er bei den Kampfhandlungen gefallen.

I: *Wie lange haben Sie immer noch gedacht, er kommt vielleicht doch noch?*
S: Bis 1955. Eigentlich schon früher. Ich hab' mir's dann selbst eingeredet, er ist tot, weil Anfang '50 habe ich gedacht, wenn er noch am Leben ist, im Winter in Sibirien und vielleicht in den Bergwerken, das hat mich so fertiggemacht. Dann hab' ich mir lieber eingeredet, er ist tot. Das war dann beruhigender. Mit der Zeit immer mehr. Aber irgendwie ist mir immer ein Bild vorgeschwebt, dass die an die Wand gestellt werden und abgeknallt.

Und dann, wo dann die große Aktion '55 kam, vielleicht ist er doch irgendwo da hinten in Sibirien. Auch noch bei der Wende 1985 (*Sie meint Gorbatschows Machtantritt*). Aber das war so geschwind ein Gedankenblitz, das hab' ich jetzt auch aufgegeben.«

Gefangen

Wenn lange überhaupt keine Nachricht kam oder auch die Nachricht »Vermisst«, konnten die Frauen immer noch hoffen, ihr Angehöriger sei in Gefangenschaft geraten. Das war noch nicht gleichbedeutend mit Lebensrettung, besonders dann nicht, wenn es die sowjetische Gefangenschaft war, aber gemessen an allem, was ihm sonst zustoßen konnte, noch das Gnädigste.

Das Warten auf das erste Lebenszeichen war kaum weniger aufreibend und angsterfüllt als zuvor das Warten auf Feldpost. Wie viele eigene Briefe und Grüße erreichten den Empfänger nie, wie viele Nachrichten der Männer aus der Gefangenschaft, selbst der Westalliierten, gingen verloren oder wurden gar nicht befördert! Welche Wege und Umwege über das Ausland oder über Kameraden wurden gesucht und versucht, wie oft vergeblich! Und wie viele Falschmeldungen ängstigten zusätzlich oder weckten vergebliche Hoffnungen! Wie bedrückend war es für die Frauen, wenn sie durch Berichte erfuhren oder bei Besuchen sahen, welche z.T. katastrophalen Zustände in den französischen und den grenznahen amerikanischen Kriegsgefangenenlagern herrschten! Zunächst kamen meist nur vorgedruckte Karten mit 25 Worten, und es dauerte lange, bis ein einigermaßen normaler, wenn auch immer noch beschränkter Briefwechsel möglich war.[42]

LINA S. »Im November '46 ist der Mann heimgekommen. Er war in amerikanischer Gefangenschaft. Furchtbar ging es da auch zu. Das schlimmste Lager, da war der Schnee so hoch (*zeigt die Höhe an*), und nicht einmal ein Papier zum Hinlegen auf den Schnee. Immer drei in einem kleinen Zeltle, es war ein Einmannzelt. Mein Mann hat einen Freund gehabt, der hatte einen dicken Mantel und er einen dünnen. Dann haben sie einem Gefallenen den dicken abgenommen und den dünnen hingelegt. Und das hat ihnen das Leben gerettet. Die beiden Mäntel um die zwei Männer und sich gegenseitig gewärmt. Und fast nichts zu essen bekommen. Dann ist er in ein besseres Lager gekommen, also ein Jahr. Januar '46 ist er heimgekommen, da war er schon ein bissle wieder erholt. Das ist unsagbar, was die Männer durchgemacht haben! Und wenn einer zum Zelt hinaus ist, haben sie gleich oben heruntergeschossen. Wen sie getroffen haben, haben sie getroffen. Jeden Morgen sind Säcke hinausgeschmissen worden, Verhungerte, Tote. Ein Jahr habe ich gar nichts gewusst. Ganz am Schluss hab' ich Post gekriegt. Er hat immer wieder schreiben dürfen, aber nie ist etwas angekommen. Ich habe auch schreiben dürfen, mein Mann hat nichts gekriegt.«

HILDEGARD H. (1912): »Ein Herr K. von Esslingen, Küfergasse, der war auch Offizier und auch bei meinem Mann. Die waren irgendwo untergebracht, im nassen Dreck gelegen, fürchterlich. Also die Franzosen waren nicht vornehm. Herr K. wurde entlassen, weil er so schwer krank war, mein Mann hat ihm immer die Läuse abgefangen. Das quält einen ja schier zu Tod. Wie er zurückkam, bin ich zu dem Herrn K. hingefahren, und der hat gesagt, also Ihr Mann hat nur eine Sommeruniform an, so eine ganz leichte. So ist er halt in Gefangenschaft geraten, ich glaub nicht, dass Ihr Mann noch heimkommt. Und dann kam wieder ein Major von Eberbach, da bin ich dann hingefahren mit dem Zug, und der saß und hat endlich gegessen, der war froh, dass er jetzt endlich was Gutes zum Essen bekommen hat, ein paar Tage, nachdem er zurück war. Hat mich da drüben sitzen lassen, hat weiter gevespert. Hat mir bloß erzählt, mein Mann würde an die Wand gestellt, und ich brauchte gar nicht damit rechnen, dass mein Mann wieder heimkommt. Ich weiß nicht, wie ich zurückgekommen bin, ich weiß keinen Schritt rückwärts. Ich kann mir nicht denken, bin ich wieder mit dem Zug gefahren, bin ich zu Fuß heimgelaufen, ich weiß nichts. So hat er mich darüber aufklären wollen, dass mein Mann nicht mehr kommt. Und mein Mann hat eben nicht geraucht, viele haben Zigaretten erbettelt und ihr Brot hergegeben und sind an dem eben dann gestorben. Das Lager war nicht gemeldet in Genf beim Roten Kreuz. Da hat ein Amerikaner gemerkt, dass da was nicht stimmt, und hat in der ganzen Umgebung seine Kameraden zusammengeholt und in den Bäckereien der Umgebung alles Brot beschlagnahmt. Und da hat jeder Gefangene einen Laib Brot gekriegt. Aber wer das ganze Brot im Heißhunger gegessen hat, der ist gestorben. Einer hat einem andern sein Brot weggenommen und hat zwei Brote im Laufe von zwei Tagen gegessen, der hat sich das Leben genommen, so hat der sich nachher geschämt. So weit ging's mit dem Hunger.«

Einige brachten es sogar fertig, ihre Angehörigen in grenznahen Gefangenenlagern auf deutschem Boden ausfindig zu machen, ihnen dort Botschaften zukommen zu lassen, sie zu besuchen.[43]

Aus der *Sowjetunion* kamen während des Krieges so gut wie keine Nachrichten, nach Kriegsende manchmal erst nach Jahren.[44] Weil die Frauen gar nicht mit Nachrichten rechnen konnten, gaben sie das Warten erst auf, als die letzten Kriegsgefangenen zurückkehrten. Das war in den fünfziger Jahren, für einzelne noch später.[45]

RUTH NIKOLAY (1921): »Fünf Jahre nach Kriegsende. Eine Meldung im Rundfunk: Der Russe entlässt in den nächsten vier Wochen die restlichen deutschen Kriegsgefangenen. Nun musste mein Walter kommen, und er wird kommen! Ich war fest davon überzeugt. Ich ging nicht mehr ins Bett, saß am Fenster meines kleinen Stübchens und beobachtete die Straße.

Eines Nachts, es war schon lange nach Mitternacht, kam ein Soldat die Straße entlang. Figur und Größe wie mein Mann! Er versuchte in der Dunkelheit, die Hausnummern zu lesen. Mein Herz wagte kaum zu schlagen: Das ist er, jetzt kommt er! Doch der Soldat ging an unserem Haus vorbei. Ich muss laut geschrien haben. Dann wurde ich ohnmächtig, wie lange, weiß ich nicht. Nervenzusammenbruch. Seit dieser Nacht wuchsen meine Haare weiß aus dem Kopf heraus, ich war noch keine 29 Jahre alt.

Ich hatte alle Möglichkeiten genutzt, nach meinem Mann forschen zu lassen. Es gab mehrere Stellen, die sich darum bemühten, die Vermisstenschicksale aufzuklären. Erst 34 Jahre nach Kriegsende bekam ich vom Deutschen Roten Kreuz am Tage meines 58. Geburtstags die Nachricht, dass mein Mann mit hoher Wahrscheinlichkeit bei den Kämpfen, die im April 1945 in und um Berlin geführt wurden, gefallen ist.«[46]

Es gibt nur wenige Informationen über die Internierungen und Verschleppungen von Männern in den französisch und sowjetisch besetzten Zonen, die oft völlig Unschuldige trafen und Familien für lange Zeit, oft für immer, auseinanderrissen.

Aber es kamen auch solche Nachrichten: » In der Gefangenschaft verstorben.« Nicht immer bedeutete das, dass jemand an Krankheit oder Unterernährung zugrunde gegangen war, er konnte auch ohne Gerichtsverfahren umgebracht worden sein.

CÄCILIE W. schreibt im Namen ihrer Schwester Maria B.: »Ich hatte 1945 die Nachricht aus der Gefangenschaft erhalten (*Herr B. war in Kurland gefangengenommen worden*), dass mein Mann noch lebe und vielleicht bald entlassen würde. Wir waren voller Hoffnung und warteten und warteten, bis nach einem weiteren Jahr diese Hoffnung auf brutale Weise zerstört wurde. Mein Mann starb, nachdem er den Krieg und einige Jahre der furchtbaren Gefangenschaft überstanden hatte, auf grausame Weise. Seine heimkehrenden Kameraden berichteten mir, dass die russische Wachmannschaft meinen Mann, der wie viele seiner Kameraden gesundheitlich stark geschwächt war, nach der Rückkehr von Zwangsarbeitseinsätzen ins Gefangenenlager aus purer Willkür erschossen hatte ...«

Viele Heimkehrer aus der Gefangenschaft wussten gar nicht, wo sie ihre Familien suchen sollten. Ihre Angehörigen waren nicht selten auf der Flucht, waren vertrieben worden oder lebten in polnisch oder russisch besetzten Gebieten.

Zusammenfassung

Für die leidvolle und massenhafte Zerstörung und Beschädigung menschlichen Lebens durch den Krieg, ihre Sinndeutung und Verarbeitung fühlten sich Historiker im allgemeinen bisher nicht zuständig. Diese Bereiche wurden zumeist der Literatur, den Bildenden Künsten oder der Theologie überlassen.[47] Sie sind aber ein wesentlicher Teil der historischen Wirklichkeit, besonders auch der Kriegswirklichkeit von Frauen. Ihr unermessliches Leid erschließt sich nur dem, der versucht, sich in die individuellen Schicksale hineinzuversetzen.

Der Umgang mit diesem Leid, vor allem mit dem Kriegstod, ist aber nicht nur von privatem, rein menschlichem Interesse, sondern von immenser historisch-politischer Bedeutsamkeit. Dies haben die Nationalsozialisten nur zu gut erkannt. Nicht umsonst haben sie der Heldenverehrung und dem Totenkult eine zentrale Stelle in ihrer Propaganda eingeräumt. Sie haben alles getan, um dem Leiden und dem Tod im Krieg einen heroischen Sinn im Geiste der nationalsozialistischen Ideologie zu verleihen. Trotzdem war ihr Erfolg auf diesem Gebiet nicht tiefgreifend und nicht eindeutig. Unsere Analyse der Erinnerungen, der privaten Korrespondenz und der Tagebücher von Frauen, lässt von einer heldenhaften und freudigen Opfergesinnung bei den betroffenen Frauen wenig spüren. Die Formulierung »In stolzer Trauer« in Gefallenenanzeigen – wenn sie denn überhaupt von Frauen getragen war – war eher ein floskelhaftes Zugeständnis an den Zeitgeist als ehrliche Überzeugung.[48] Dennoch ließen sich vor allem junge Mädchen, die durch die Schulung der Hitlerjugend gegangen waren, vom Helden- und Todespathos beeindrucken; allerdings meist nur, solange der Tod sie nicht in ihrem engsten Lebenskreis berührte.

Viel stärker wirkten bei bürgerlichen und bäuerlichen Frauen die Trauergottesdienste. Die religiöse Sinndeutung erwies sich als ambivalent: Indem sie das »Kämpfen und den Tod fürs Vaterland« als Christenpflicht und Christenschicksal gleichsam mit höherer Weihe versah, konnte sie von den Betroffenen subjektiv als Quelle des Trostes empfunden werden. Objektiv verhinderte sie eine rationale Auseinandersetzung, sie verhinderte die Frage nach dem Sinn dieses Krieges, nach den Verantwortlichen und dem eigenen Anteil an dieser Verantwortung.

Die meisten Frauen haben die Sinnlosigkeit, aber nicht das Verbrecherische dieses Krieges, des Krieges überhaupt, zutiefst gespürt, ohne dass sich dieses innerste Gefühl gegen die angebotenen Sinndeutungen auflehnen und durchsetzen konnte, kaum in der eigenen Wahrnehmung und noch weniger im schriftlichen oder mündlichen Gedankenaustausch. Ein öffentlicher Diskurs war unter den Bedingungen der Diktatur ohnehin unmöglich, zum mindesten lebensgefährlich.

Kennzeichnend für die meisten scheint mir erneut eine Art »gespaltenes Bewusstsein«[49]: Auf der einen Seite ein verinnerlichter Pflichtgedanke dem Vaterland, jedoch nicht unbedingt Hitler gegenüber, oft christlich untermauert, auf der anderen Seite eine elementare, aber ohnmächtige Empörung über das unsinnige Hinschlachten.

Deshalb haben letztlich die Millionen von Kriegstoten den Willen zum Durchhalten nicht geschwächt. Bei wenigen führten die Verluste zu einem

»Jetzt erst recht«, bei vielen zu einem stoischen Aushalten aus Pflicht mit dem trotzigen, die Gerechtigkeit des Schicksals herausfordernden Gedanken: »Mein Opfer kann doch nicht umsonst gewesen sein«, bei den meisten aber zu einem sehnlichen Warten auf das Ende, gleichgültig, ob Sieg oder Niederlage, damit das entsetzliche Morden endlich aufhörte. In nicht wenigen verbanden sich auch die verschiedenen und widerstreitenden Haltungen. Die Leidensfähigkeit und die Leidenswilligkeit der Frauen, die mit zu den Voraussetzungen der Kriegführung gehören, blieben erhalten. So sehr man sich auch an der Schicksalsgemeinschaft der Leidenden aufrichtete und tröstete, so führte gerade die Massenhaftigkeit des Leides auch zu einer gewissen Gefühlsabstumpfung. Viele, besonders junge Mädchen, schotteten ihr Gefühlsleben gegen das Übermaß des Sterbens ab. Auffallend ist bei fast allen das fehlende Mitgefühl für die Kriegsgegner. Mütter und Frauen, die um ihre Angehörigen trauerten, sahen nicht die Mütter und Frauen der Gegenseite, die auch um ihre Männer, Brüder und Väter trauerten. Sie sahen »die Feinde« nicht als menschliche Wesen, sondern als wesenlose Teile eines Abstraktums »Feind«. Nur höchst selten finden sich schwache Andeutungen von Empathie.[50] Deutsche Nachrichten- und Flakhelferinnen zählten mit demselben Stolz und derselben Genugtuung abgeschossene feindliche Flugzeuge, wie das die Männer taten. Auch ihnen schien es nichts auszumachen, nein, es drang gar nicht in ihr Bewusstsein, dass mit jedem Abschuss menschliches Leben ausgelöscht wurde.[51]

Kriegsverletzung oder Kriegstod ihrer Männer veränderten das Leben sehr vieler Frauen von Grund auf. Sie mussten das Leben mit einem Kriegsversehrten ganz neu lernen. Oder sie mussten sich allein, oft mit kleinen Kindern, durchs Leben schlagen.[52] Diese Frauen wurden auf eine neue Rolle festgelegt, sie waren »Kriegerwitwen«. Das bedeutete, dass ihr ganz persönliches Leben als Frau zurückzutreten hatte hinter die Pflichten gegenüber ihren Kindern. Sie waren dafür verantwortlich, dass aus »vaterlosen« Kindern »rechtschaffene und brauchbare Menschen« wurden. Das wurde von ihnen erwartet, und sie übernahmen ganz selbstverständlich diese Verantwortung. Was damit an Verzicht und Opfer, an Tatkraft und Mut verbunden war, wird in der historischen Betrachtung kaum beachtet. Während des Krieges war die materielle Versorgung der Kriegerwitwen noch einigermaßen gesichert. Der eigentliche Existenzkampf begann erst nach dem Krieg.[53]

Frauen überbrückten vielfach ganz allein die Zeit, bis die Männer aus der Gefangenschaft zurückkehrten, und legten damit den Grund für den Wiederaufbau.[54]

Für junge Mädchen, etwa der Jahrgänge 1920 bis 1928, bedeuteten der Verlust des Freundes, des Verlobten oder des Mannes und die Dezimierung der

Partnerjahrgänge, dass viele von ihnen allein bleiben würden. Hinter der Wortprägung vom »Frauenüberschuss«, auch wenn sie nicht diskriminierend, sondern statistisch neutral gebraucht wird, verschwindet das persönliche Schicksal mit seiner Einsamkeit, aber auch seiner Tapferkeit ebenso wie der einzelne Mensch hinter den Millionen der »Wehrmachtsverluste«.

Frauen von Vermissten, die erst nach Jahren, Jahrzehnten oder niemals die endgültige Gewissheit haben konnten, dass ihr Mann tot war, kamen in die größten Konflikte, wenn sie eine neue Verbindung eingehen wollten.

Alle Frauen, die schwere menschliche Verluste hinnehmen mussten, blieben mehr oder weniger vom Leid gezeichnet. Manche kamen mit der Trauerarbeit bis heute nicht zu Ende. Haben alle diese Erfahrungen ihre Einstellungen zum Krieg auf Dauer verändert? Und was bedeutete es, als es für alle offenbar wurde, dass ihr Mann, ihr Sohn nicht »fürs Vaterland« und »zur Verteidigung der Heimat«, sondern für einen Verbrecher gestorben waren? Wie soll nach der Vorstellung der hinterbliebenen Frauen der Gefallenen und Verschollenen des Zweiten Weltkriegs gedacht werden? Diese Fragen müssen uns in Band III beschäftigen.[55]

KAPITEL 5

Bomben und Tiefflieger

Zu den ausführlichsten und dramatischsten Schilderungen vieler Frauen gehören die Bombenangriffe und der Tieffliegerbeschuss am Ende des Zweiten Weltkrieges. Hier erlebten sie die Kriegshandlungen am eigenen Leibe, doch anders als die Männer an der Front. Sie konnten sich nicht wehren, sie töteten nicht selbst[1], sie waren Opfer.[2]

Die Frauen gehörten in den Augen der Alliierten zur »Heimatfront«. Waren sie Teil einer Kriegsmaschinerie, die welche Welt bedrohte, so waren die alliierten Luftangriffe Vergeltungsmaßnahmen gegen einen Aggressor, der, wenn er gekonnt hätte, auch ihre Städte »ausradiert« hätte.[3]

Sahen die Frauen diesen Zusammenhang? Wie erlebten und erlitten sie die Lebensbedrohung, die Zerstörung ihrer Wohnungen, ihres Ortes oder ihrer Stadt, nicht nur der materiellen Werte, sondern eines wesentlichen Teils ihrer Lebensarbeit, ihrer Identität, eines großen Stückes Heimat? Wie ertrugen sie Tod, Verschüttetsein, Verletzungen und Verstümmelungen ihrer Nächsten und Nachbarn, deren Zeuginnen sie wurden? Wie versuchten sie sich, ihre Kinder, ihre Alten zu schützen? Denn im Gegensatz zu den Männern an der Front, die für sich allein verantwortlich waren[4], standen Frauen in einem Lebenszusammenhang, der sie stützte, aber auch forderte. Welche Gefühle hatten sie an der Grenze zum Tod? Wie konnten sie damit weiterleben?

Es gab große Unterschiede, nicht nur in der Heftigkeit der Angriffe, sondern auch in der Dauer der Gefährdung durch Bomben.[5] Manche Städte wurden zu 70 bis 80 % zerstört, andere mussten nur gelegentliche oder gar keine Bombenabwürfe hinnehmen. Im Rheinland setzten die ständigen Alarme und Angriffe schon 1940 ein; die ersten schweren Angriffe trafen Lübeck (28./29.3.1942), Rostock (23./24.4.) und Köln (30./31.5.1942). Hamburg erlebte Ende Juli 1943 seine schlimmsten Angriffe, Berlin wurde ab Januar 1943 fast täglich bombardiert. Dresden war völlig unzerstört, bis es am 13. Februar 1945 den schlimmsten Angriff des Zweiten Weltkriegs über sich ergehen lassen musste. Es gab Gegenden, vor allem ländliche, die völlig von Bomben verschont blieben, und Orte, die es erst ganz am Ende traf. Und auch in den einzelnen Orten waren die Menschen unterschiedlich betroffen.[6]

Vor diesem Hintergrund sind die folgenden Berichte zu lesen. Sie beschränken sich nicht auf lokale Erzählungen, die sehr divergent ausfallen müssten, sondern versuchen, das gesamte Spektrum der mir berichteten Erfahrungen zu beleuchten.

Während durch den »Bombenterror«[7] nur ein, wenn auch großer Teil der Frauen betroffen war, am meisten diejenigen, die in Großstädten lebten, waren die Tiefflieger am Ende des Krieges eine »Landplage«, die keinen bislang noch so friedlichen Winkel ausließ. Frauen schildern sehr prägnant Szenen der Todesbedrohung und was sie dabei empfanden und dachten.

»Vorspiel« und Kelleralltag

Die Kriegsvorbereitungen des Regimes schlossen die *Ausbildung* der Zivilbevölkerung, also besonders der Frauen, im *Luftschutz* ein.

Schon am 25. Mai 1938 notierte LENI H. (1893) in ihr Tagebuch: »Gasmasken geholt.« Und im Zusammenhang mit der Sudetenkrise schreibt sie in den Tagen zwischen dem 25. September und dem 1. Oktober 1938: »Otto (*ihr Mann*) ist Vertrauensmann im industriellen Luftschutz... Im zivilen Luftschutz ist noch nicht viel getan. Es sollen Keller eingerichtet werden, und es sollen in jedem Haus ausgebildete Selbstschutzkräfte da sein, aber die Arbeit des R.L.B. (*Reichsluftschutzbundes*) scheiterte oft an der Interesselosigkeit der Leute. Jetzt sind wir alle wach. Jetzt strömen die Leute den Kursen zu. Auch das Rote Kreuz hat kolossalen Zustrom...«

Die Frauen erinnern sich, dass Druck auf sie ausgeübt wurde, und sie erinnern sich der Kurse teils mit einem gewissen ironischen Amusement, teils mit Skepsis gegenüber den empfohlenen Maßnahmen, teils aber auch mit Freude an der Aufgabe, ohne dass sie sich den »Ernstfall« auch nur im geringsten vorstellen konnten.[8]

Nach den Erfahrungen im Ersten Weltkrieg rechnete man auch bei einem neuen Krieg mit Gasangriffen.

TILLY H. (1908): »Ja, das muss gewesen sein 1942/43 im Winter oder im Frühjahr 1943. Wo es immer schlimmer wurde. Da hatten wir abends Versammlung von der NS-Frauenschaft... Und da ging es um die Gasmasken. Da hat es geheißen, die kommen noch mit Gas. Es sollen Gasmasken angeschafft werden. Ja, was gibt's dann mit den Kindern, die keine Gasmasken aufsetzen konnten, so von einem halben Jahr oder dreiviertel Jahr? Und da kam das mit den Gasbettchen. Es sollten die Kinder Bettchen kriegen, die gasdicht abgeschlossen waren. Aber wie richtig, das weiß ich nicht mehr. Ich weiß nur, dass Frauen gesagt haben, das mache ich nicht. Dann erstickt das Kind, wenn mir was zustößt, dann erstickt das Kind da drin.«

Wie effektiv die Ausbildung war, ob sie flächendeckend gelang und in welchem Ausmaß geeignete Schutzräume mit entsprechender Ausstattung vorhanden waren, ist nicht bekannt. Aus den Erzählungen zum Luftkrieg wird aber sehr deutlich, dass es bei weitem keine Sicherheit für alle gegeben hat, trotz mancher Verbesserungen im Laufe des Krieges. Der Stollenbau wurde in manchen gefährdeten Wohngegenden durch Zusammenarbeit der Bewohner erst nach und nach vorangetrieben.[9] Vor allem auf dem Lande fehlten sichere Schutzräume, was immer wieder angesprochen wurde. Die Bauern suchten z.T. Schutz in den Wäldern.

Recht ahnungslos gegenüber dem, was ihnen aus der Luft drohte, sind die meisten Frauen in den Krieg hineingegangen. Davon zeugen auch die Erzählungen von den ersten Fliegeralarmen und Bombenabwürfen, die wie ein sensationelles Schauspiel neugierig betrachtet wurden. Auch jetzt konnte man sich Ernsteres noch nicht recht vorstellen.

MATHILDE WOLFF-MÖNCKEBERG (1879), Hamburg, schreibt am 12.1.1941 rückblickend in einem Brief an ihre Kinder: »Am 17. Mai (1940) um 12 1/2 war Fliegeralarm bis 2 1/2. In Hamburg wurde eine ganze Straße zertrümmert, es krachte fürchterlich, und am Himmel war ein großes Feuerwerk von Leuchtkugeln in allen Farben und zerplatzenden Geschossen. W. (*ihr Mann*) und ich standen lange unter der Kellertür. Das würde man jetzt nach 200 Alarmen auch nicht mehr tun! Aber die Nacht war unvergesslich, und das Knattern und Krachen der kleinen Flak und der großen Flak am Stadtpark setzte nicht für eine Minute aus.«[10]

DORIS W. (1920): »Ich hab' dann in Königswusterhausen zum erstenmal erlebt... Da war Fliegeralarm, die Sirenen heulten. Mich hat das so kolossal interessiert – ich hatte das ja noch nie erlebt – und bin vors Haus gegangen. Und da war im Krankenhaus so'n großes Blechdach – und unter diesem Blechdach hab' ich gestanden und habe gesehen, wie die Flakscheinwerfer ein Flugzeug so ins Fadenkreuz nahmen – und dann schoss die Flak. Und da hab' ich gedacht, es regnet – und jemand riss mich an der Schulter und schrie: ›Sind Sie verrückt, Menschenskind, das sind doch Flaksplitter, kommen Sie rein!‹ Hab' ich ja alles nicht verstanden. Waren eben Flaksplitter auf diesem Blechdach.«

Kinder sammelten und tauschten Splitter von Bomben und Flakgeschossen und empfanden anfangs wohl auch ein gewisses Gefühl des Abenteuers. Schüler freuten sich, wenn wegen des Alarms am nächsten Tag die ersten Stunden ausfielen.

Bald aber fing man an, bei Alarm die *Luftschutzkeller* aufzusuchen. Im Laufe der Zeit entwickelten viele ein Gespür dafür, wann das nötig erschien und wann nicht. Die Sirenen allein kümmerten sie noch nicht.

HILDEGARD G. (1915): »Man hat das Gefühl, man hat es schon gewusst, die gehen weiter über uns weg, es wird nicht so schlimm. Sind gewisse Dinge gewesen, die man schon beinahe im Blut gehabt hat. Wenn man dann Christbäume (*Positionslichter, welche die Flugzeuge abwarfen, um das zu bombardierende Gebiet zu markieren; sie wurden im Volksmund so genannt*) gesehen hat, dann ist's Zeit gewesen, dann sind wir runter.«

Wie hat man sich diesen für viele bald wichtigsten Aufenthaltsraum im Kriege vorzustellen? Außerordentlich verschieden. Es gab keine verbindlichen Vorschriften für die Sicherheit[11], noch viel weniger, wie die Ausstattung für den Ernstfall auszusehen hatte. Viele, besonders große Häuser, hatten damals sehr tiefe, gewölbte Keller, andere nicht viel mehr als einen »Souterrain«, der nur wenig unter die Erde reichte. Viele suchten daher Nachbarkeller auf oder Bunker oder bauten sich in Nachbarschaftshilfe eigene Stollen.[12] Die Einrichtung und der »Komfort« im Keller waren auch sehr unterschiedlich:

GERTRAUD L. (1928): »Unser Keller war sehr primitiv. Es ging wohl zwei Stockwerke unter die Erde, aber dort unten war er durch Latten abgeteilt in verschiedene Verschläge, in denen die Mieter ihre Kohlen und Kartoffeln aufbewahrten. Im Vorraum zu diesen Verschlägen waren ein paar alte Stühle aufgestellt; wir waren nur sechs oder sieben Personen im Haus. Der Boden war aus gestampftem Lehm und immer ziemlich staubig. Eine trübe Funzel erhellte den Raum. Lesen konnte man kaum.«

MATHILDE WOLFF-MÖNCKEBERG (1879) schreibt am 12.1.1941 rückblickend: »Anfangs waren wir in einem ganz unzureichenden langen schmalen Kellerstreifen nebeneinandergereiht auf harten, ausrangierten Stühlen, gähnten uns frierend an oder mussten, wie schon gesagt, von sehr lebenslustigen Blondinen ein ganz belangloses Gewäsch anhören. W. (*ihr Mann*) und ich standen oft vor der Kellertür, was jetzt strengstens verboten ist, und manche Stunde habe ich auch auf einem der hohen Mülleimer gesessen. Jetzt sind zwei große Keller ganz für Luftschutzräume eingerichtet; jeder hat einen bequemen Liegestuhl, ja es sind sogar von der Stadt Etagenbetten aufgestellt worden. Dann sind überall Lampen, dass man lesen kann, Kissen, alte Teppiche, und auf dem Gang steht ein Skattisch für die Herrn. Neuerdings haben wir sogar eine Gasschleuse und gassichere Türen, und ein Durchbruch ist gemacht durch sämtliche Keller bis zur Dorotheenstraße. Man braucht die dünne Wand nur mit einem Fußtritt zu durchstoßen, ein Beil liegt bereit. Im Sommer '40 waren noch verschiedene Kinder im Hause, und ich ließ mein eigenes Kinderbett hinunterschaffen, damit zwei kleine Würmer wenigstens liegen konnten.«[13]

Mütter haben alles getan, damit die Kinder den Aufenthalt im Keller möglichst wohnlich und normal empfinden sollten.

HELGA S. (1933): »Später ist unser Keller zu einem Luftschutzkeller ausgebaut worden. Ich war dabei, als die dicke Eisentür eingehängt wurde. Wir waren zwölf Kinder im Haus, da bekamen wir einen eigenen Bereich im Keller, der mit Kindertischchen und Kinderstühlchen ausgestattet war, mit Spielsachen: ›Fang den Hut‹, ›Mensch ärgere dich nicht.‹ Wir waren abgelenkt. Wir haben gespielt und manches unliebsame Geräusch haben wir Kinder gar nicht wahrgenommen. Die Mütter versuchten auf ihre Weise, uns Kinder im Luftschutzkeller zu beschützen.«

Es wurden auch Merkblätter ausgegeben mit Hinweisen für das allernötigste Schutzraumgepäck.[14]

Frauen aber war noch anderes wichtig. Sie bauten vor für alle Fälle. Viele verstauten im Keller an Vorräten und Gebrauchsgegenständen, was einigermaßen zu verstauen war. Kleider und Wäsche wurden wegen der Feuchtigkeit immer wieder gelüftet. Wertgegenstände wurden, wenn möglich, in den Bunker geschleppt. Kluge Frauen lagerten Wäsche, Besteck, Möbel und anderen Hausrat aufs Land aus, zu Verwandten oder Bekannten[15], oder nahmen in die Evakuierung mit, was sie konnten.

Bald aber begann für viele so etwas wie der Kelleralltag, d. h., die Alarme wurden so häufig und so bedrohlich, dass besonders Frauen mit kleinen Kindern oder solche, die sich um ältere Verwandte kümmern mussten, keine Wahl hatten, als für den Gang in den Keller alles rechtzeitig vorzubereiten. Das begann mit dem Anziehen der Kinder, mit dem Bereitstellen des Luftschutzgepäcks, mit der Organisation des Transports in den Keller oder in den Bunker, was oft gar nicht so einfach war und schnell gehen musste.

ANNEMARIE Z. (1908) in einem Feldpostbrief an ihren Mann vom 19.5.1943: »Wir haben wieder einige unruhige Nächte hinter uns – Angriffe gab's aber nicht. Aber das Aufstehen in der Nacht, bis alles unten ist und wieder oben, die Aufregung und alles, das schlaucht doch ziemlich. Ich komme dann fast nicht mehr die Treppen hinauf mit dem ganzen Kruscht (*Plunder*). Es ist wirklich ein Glück, dass ich Emmi habe. Stell' Dir vor, 7 Koffer, 2 schwere Taschen und ein Korb, drei Stühle und einen Kinderstuhl, 2 Kinderwagen und 4 Kinder! Ein Glück, dass wir im Parterre sind! Die Kinder wachen schwer auf. Sie sind glücklicherweise nicht nervös und haben auch keine Angst. Wenn ich dann wieder heraufkomme und alle wieder versorgt sind, muss ich die Milch abpumpen, da ich sonst nicht schlafen kann. Das kommt von der Anstrengung und ist eine Schwäche, dass sie da so einschießt. Ich bleibe eben dann morgens noch liegen, denn sonst reicht es nicht aus. Wenigstens rege ich mich nicht auf über Dinge, die nicht wichtig sind, das ist ein Plus.«

ROSE S. (1912): »Wir mussten am Schluss bis zu siebenmal in der Nacht in den Viadukt hinunter in den Bunker, und kaum war man wieder den Berg heroben, dann war wieder Fliegeralarm.- Ich hab' dann in jeder Hand einen Riesenpack von meinen Schwiegereltern gehabt, die konnten nimmer. Auf dem Rücken hab' ich den Rucksack gehabt, das Nötigste für meinen Mann, wenn er zurückkommt. Und so sind wir gewandert.«

MAGDALENE B. (1917): »Die Luftangriffe fingen schon 1940 an. Ich erinnere mich, dass ich die ersten Wochen mit meinem ersten Kind sehr viel im Keller saß. Der hat seine ersten Wochen im Keller zugebracht. Es fielen da auch schon Bomben, wenige, aber doch. Immer wurde man nachts herausgerissen, immer den Waschkorb bereit, um die Kinder reinzulegen, den Rucksack auf den Rücken, einen Korb mit dem Notwendigsten zum Essen. Also später musste man morgens, sobald man raufkam, schnell was kochen, damit man was mitnehmen konnte in den Keller. Das Einkaufen musste auch schnell, schnell geschehen. Mit zwei Kindern hatte ich ein Pflichtjahrmädchen. Kam ich mal heim morgens vom Einkaufen. Im Radio war Voralarm. Da sagte mein kleiner Sohn: ›Kannst du nicht früher heimkommen, wenn Luftgefahr 13[16], oder so ähnlich, ist?‹ Die Kinder wussten das schon.«

Wer kranke Menschen zu betreuen hatte, war besonders übel dran:

ELISABETH S. (1927) war in einer besonders schwierigen Situation; aber sicher erging es vielen ähnlich. Ihr Vater war schon 1930 gestorben, der Großvater 1940, die Mutter bekam 1943 eine Herzembolie. Sie selber war noch Schülerin: »Es war eine sehr schlimme Zeit, schon allein deswegen, weil bei uns kein Mann im Hause war... Es war ein männerloses Haus ... das war eben diese Schutzlosigkeit, dieses Ausgeliefertsein diesen Mächten gegenüber, das nachts In-den-Keller-Rennen, Dinge zusammenraffen, die einem vielleicht lieb und wert sind, sehen, dass die Großmutter mitkam, die Tante, die Mutter, all das empfand ich *(als schlimm)*, wenn man so aus dem Schlaf gerissen wurde, und das war ja fast jede Nacht... Ich musste dann sorgen, dass die Mutter mit Hilfskräften in den Keller getragen wurde, weil in unserem Haus selber kein sehr guter Keller war. Da musste ich eine Trage besorgen und sehen, dass ich irgendwo ältere Männer auftrieb, die dann Mutter in den gegenüberliegenden Keller geschafft haben. Ich habe selber am Stollen mitgeschafft, damit wir ein Anrecht für die Großmutter, für die Tante und für meine Mutter, meinen Bruder, der zu der Zeit studierte, und mich hatten, dass wir dadurch ein Anrecht haben konnten auf einen Sitzplatz. Da musste ich mit Karren fahren mit den Männern, die eben da noch zu Verfügung waren.«

Viele Stunden bei Nacht und bei Tag saßen die Menschen ja im Keller, ohne dass eine Bombe fiel. Niemand hat je ausgerechnet, was da an Zeit und an Nachtruhe verlorenging.

So konnte es gar nicht ausbleiben, dass im Keller so etwas wie ein »normales Leben« weiterging, ja, dass sich sogar eine neue »Kellergeselligkeit« entwickelte. Davon erfährt man aus heutigen Erzählungen wenig, weil es über-

deckt wird durch spätere grauenvolle Erlebnisse, aber die Briefe und Aufzeichnungen von damals sprechen davon:
Von den Kellergesprächen berichten die Frauen nicht immer Erfreuliches: es gab viel Tratsch, viel Politisiererei.[17] Im kleineren Kreise guter Hausgemeinschaften und Nachbarschaften kam es auch zu freundlichem und freundschaftlichem Gedankenaustausch und gegenseitiger Unterstützung:

ELEONORE SZECZINOWSKY schrieb ihre Berichte wenige Monate nach den Hamburger Bombennächten im Juli 1943, oft im Keller, während draußen die Luftangriffe wüteten: »Von dem Greuel draußen wollten wir nicht mehr reden, machten wir aus (wenn man auch, ob man wollte oder nicht, immer wieder darauf zurückkam). Also sprachen wir von unseren Leibgerichten. Das scheint ein sehr beliebtes Kellergespräch gewesen zu sein. In den verschiedensten Kellern, in denen wir während des Krieges saßen, brachte man dieses Thema mit ganz besonderer Vorliebe aufs Tapet. Auch über Theater und Film sprachen wir gern, und es saß in unserem Keller eine Theaterratte aus den ersten Jahren dieses Jahrhunderts, die viel über die Aufführungen aus der guten alten Zeit und die damaligen Darsteller zu berichten wusste. Diese Erzählungen waren sehr interessant, und auch in dieser Nacht war die Rede davon. Dann amüsierten wir uns über unseren Jüngsten, den kleinen Peter Nickel, der mit seinem kleinen Kinderkauderwelsch und seinen anspruchslosen Spielereien, an denen jeder teilnehmen musste, uns diese schreckliche Kellersitzerei überbrücken half. Erst im Keller merkten wir, dass wir eine Gemeinschaft waren mit gleichen Sorgen und mit dem einen heißen Wunsch: ›Wenn dieser Krieg bloß erst ein Ende hat!‹«[18]

Frauen flickten oder strickten, machten Handarbeiten. Es wurde vorgelesen, gespielt, sogar Feste wurden im Keller weiter gefeiert oder eigens veranstaltet. Das mag von heute aus sonderbar erscheinen, ist aber bezeichnend für das Bestreben, auch unter desparaten Umständen noch ein Stück Lebensfreude und Normalität zu retten.[19]

GERTRAUD L. (1928): »Wir mussten in unserem Gymnasium regelmäßig Nachtwachen halten, um eventuell Brände zu löschen oder Dinge zu retten. Das waren richtige Feste für uns. So vier oder fünf Freundinnen suchten sich den ›richtigen‹ Lehrer oder die Lieblingslehrerin, mit der wir dann – in der Hoffnung, dass kein Alarm kam – etwas unternahmen. So haben wir z. B. mit unserer Chemielehrerin einmal Glas geblasen. Jede brachte irgend etwas Gutes zum Essen mit, und so freuten wir uns schon immer auf das nächste Mal. Dass es einmal wirklich ernst werden könnte, daran dachten wir überhaupt nicht, dazu waren wir zu jung und unbekümmert… 1944 machte ich mit meiner Freundin einen Kochkurs, mit Kriegsrezepten natürlich; ja, auch das gab es '44 noch! Und da war oft zwischendurch Alarm. Wenn wir Glück hatten, war irgendeine Speise schon fertig. Die aßen wir dann im Keller- und das war sogar ein besonderer Spaß.«

MATHILDE WOLFF-MÖNCKEBERG (1879) im Brief am 19.5.1941: »Manche haben das nächtliche Zusammensein so genossen, dass sie es in den Wintermonaten richtig entbehrten und am 1. Advent eine kleine Feier *ohne* Alarm im Keller veranstalteten mit Tannenzweigen und Lichtern und kleinen Engeln und sogar Glühwein und Gebäck. Eine sonderbare Welt.«[20]

Durch alle Erzählungen von Müttern ziehen sich wie ein Leitmotiv *die Kinder*. Dass sie die Kinder aus dem Schlaf reißen mussten, und dies immer häufiger, beklagen alle Mütter noch heute. Die Kinder sollten nicht unter dem Kellerleben leiden, so waren sie auf Ausgleich bedacht.

ANNEMARIE Z. (1908) in ihrem Feldpostbrief vom 19.3.1944 (die beiden größeren Kinder sind evakuiert): »Trotz allem sind wir nicht nervös, und ich bin recht froh, dass es mir selbst gesundheitlich so gut geht wie nur je. Abgesehen von zeitweisem ›Bunkerhusten und Kellerschnupfen‹, den auch die Kinder immer wieder haben. Die Spaziergänge mit den Kindern sind neben dem anderen das Wichtigste jetzt augenblicklich, da man den Aufenthalt im Keller durch viel frische Luft ersetzen muss. Beide sind aber munter. Krista läuft gut und weit. Wir gehen immer solche Wege, auf denen man rasch wieder heimkommen kann, falls man aus irgendeinem Haus das Zeichen Luftgefahr hört. Brüderlein fährt jetzt im Sportwagen aus. Heute war ein herrliches Frühjahrswetter, sonnig und warm. Brüderlein sagt immer gleich ›Ada‹, wenn er merkt, dass es fort geht, und wenn er etwas will, dann macht er so nett bitte, bitte. Krista hat beim Anblick der kaputten Häuser heute gefragt: ›Wo wohnen denn die Bomben?‹ Die Sache beeindruckt sie glücklicherweise nicht. Als sie die kaputten Fenster in der Wohnung sah, hat sie mich ausgeschimpft und behauptet, ich hätte das gemacht.«

Den allermeisten Müttern ist es gelungen, den Kindern ein Gefühl der Geborgenheit zu vermitteln. Auf der einen Seite konnten Kinder die Größe der Gefahr nicht ermessen, auf der anderen Seite sind sie ja in einer besonderen Weise mit ihren Müttern verbunden; sie spüren fast jede Seelenregung genau. Die Angst und Nervosität der Mütter übertragen sich auf die hilflosen Kleinen. Davon berichten viele Frauen:[21]

ELISABETH D. (1899) hatte zwei kleine Kinder in Pflege und noch ein junges Mädchen von 15 Jahren zeitweise bei sich aufgenommen: »Und das war immer so nett, wenn dann Alarm kam, dann freuten die sich schon, weil sie dann in dem großen Waschkorb sitzen durften und dann weggetragen wurden… Einmal war eine Bekannte von uns da, und die fuhr auf ›Alarm, Alarm!‹ Und dann fingen die Kinder an zu weinen. Und dann habe ich gesagt: ›Also, hör mal, das gibt es nicht bei uns, nein, wenn Alarm kommt, dann freuen die sich‹ *(lacht)*.«

MARGRET K. (1935): »Unsere Mütter waren im Keller sehr ruhig – bis auf eine. Sie wurde ganz hysterisch und bekam daraufhin von den anderen Müttern einige Ohrfeigen. Danach wurde sie ruhiger. Aber die anderen Mütter strahlten eine unheimliche Ruhe aus.«[22]

Wie Kinder den Krieg erlebten, welche Schocks, physische und psychische Schäden sie – trotz aller Anstrengung und Bemühung der Mütter – auch aus dem Bombenkrieg und später auf der Flucht davontrugen, müsste eingehend untersucht werden.[23] Immer wieder wird berichtet, dass kleine Kinder von den vielen Aufenthalten in den feuchten Kellern krank wurden oder sogar starben.

Für unser Thema ist die symbiotische Verbindung zwischen Müttern und Kindern wichtig, die auf die einfache Formel zu bringen ist: Das Befinden der Mütter bestimmte das Befinden der Kinder in hohem Maße und umgekehrt. Die Mütter und Frauen waren bei weitem nicht alle und nicht immer stoische Heldinnen; sie hatten selbst Angst, aber fast alle Kinder empfanden sie als Schutz und als sehr tapfer – und das auch und gerade in den schweren Angriffen und danach. Dennoch konnten die Mütter ihre Kinder natürlich nicht vollkommen gegen die entsetzlichen Erfahrungen und Bilder abschirmen. Wie die Mütter immer wieder hervorheben, zeichneten sich bei allen Schrecken und Ängsten aber auch die Kinder durch eine erstaunliche Reife, Hilfsbereitschaft und Vernünftigkeit aus. Sie fühlten irgendwie, dass sie auch ihrerseits ihre Mütter nicht im Stich lassen durften.[24]

Keller und Bunker konnten – solange keine Bomben ins eigene Haus einschlugen oder ganz große Angriffe alles veränderten – bis zu einem gewissen Grade in das Alltagsleben eingebaut werden. Dazwischen ging dieses Alltagsleben seinen gewohnten Gang.

Das Leben ging überhaupt weiter mit Geburten, Hochzeiten, Beerdigungen, mit Krankheiten, Festtagen, Naturkatastrophen, den üblichen Glücks- oder Unglücksfällen, auch mit Freizeit und kulturellen Veranstaltungen.[25] Wie spielte sich das alles unter und zwischen Alarmen und Bomben ab? Dafür mögen nur einige Beispiele zu den für die Frauen wesentlichsten Lebensereignissen stehen: Geburt, Hochzeit, Krankheit.

Viele Frauen bekamen ihre Kinder bei Fliegeralarmen oder während der Luftangriffe.

ANNA K. (1910), damals wohnhaft in Hamburg: »Das war dann... '39 ist Gisela geboren worden. Im Jahr darauf ist Gerhard geboren, und Gerhard ist in einer Nacht geboren, da gab es Großalarm und auch Großangriff. Und ich hatte zwei Kinder, Karl und Gisela, und dann wie die Wehen einsetzten – ich konnte nicht mehr in den Keller runter – dann kam Alarm. Es war niemand zu erreichen. Es fielen auch schon Bomben, und mein Mann hat sich dann einen Eimer auf den Kopf gestülpt und hat versucht, die Polizeiwache zu erreichen. Er ist noch in den Keller runtergegangen und hat eine Nachbarin gebeten, ob sie nicht so gut sein möchte, ob eine der Frauen nicht so gut sein möchte, zu seiner Frau raufzugehen, die läge und hätte schon Wehen. Da ist eine alte Frau raufgekommen und bei mir gewesen. Dann ist das Kind geboren. Nur die alte Frau war am Bett und hat es abgenommen. Es lebte und schrie, sie hat es dann zugedeckt. Dann kam mein Mann wieder, und so zirka einundhalb Stunden hat es noch gedauert, dann kam die Hebamme in einem gepanzerten Auto, und sie hatte auch einen Stahlhelm auf. Also, es war alles ganz putzig – jetzt im nachhinein. Aber die Nacht selbst war so grauenhaft, das Geschirr klirrte, und in der Nähe ist auch eine Bombe runtergegangen. Ich hatte wahnsinnige Angst. Dadurch wurde die Geburt auch beschleunigt...

Dann wurde Ende '42 im Dezember mein Mann eingezogen. Da hatte ich vier Kinder und ging mit Christa schwanger. Am 2. Mai 1943, acht Tage vor ihrer Geburt, war wieder ein so großer Alarm, und da bin ich mit Lore im Arm die Treppe runter und gefallen. Kurz danach bekam ich Schmerzen und dachte, das würde nun schon auf die Geburt losgehen. Das hat es aber nicht. Die Hebamme ist gekommen, hat mich untersucht und sagte, die Gebärmutter sei noch völlig geschlossen, es dauert noch ein paar Tage. Ich hatte aber immer Schmerzen. Und dann, wie die Geburt losgehen sollte eines Abends, da hat sie mich untersucht und sagte, sie fühle Finger. Ich war natürlich schrecklich erschrocken, ich hatte vier Kinder und ins Krankenhaus war schon unmöglich – damals kam man für eine Geburt auch nicht ins Krankenhaus. Da hat sie den Nachbarn ans Telefon geschickt, wir bräuchten dringend einen Arzt. Ich habe Angst gehabt und lag da so, da geht die Tür auf, und es kam ein ganz junger Mann rein. Im ersten Moment hab' ich gedacht, um Gottes willen, der ist ja noch gar nicht erwachsen, das kann doch nicht der Arzt sein! Da hörte ich dann, wie die Hebamme leise zu ihm sagte: ›Sind Sie denn in Geburtshilfe schon ausgebildet?‹ Und er sagte, das Allgemeinwissen habe er. Er war noch gar kein richtiger Arzt. Es war ein Notarzt. Und eben für diesen Fall haben sie wohl keinen anderen gehabt, und da haben sie ihn eingesetzt. Nun, ich hatte Angst. Die Wehen blieben weg. Dann hat er sich vor mich hingesetzt und hat versucht, das Kind zu drehen. Er hat es auf die Füße gebracht. Dann kam das Kind mit den Füßen zuerst. Ich hatte gar keine Kraft mehr, und ich sollte helfen, ich sollte helfen, und die Hebamme hat es auch mit der Angst gekriegt, und da hat sie mich ins Gesicht geschlagen. Sie sagte: ›Willst du dich mal jetzt zusammennehmen‹, sie kannte mich, denn sie hatte schon die anderen vier Kinder zur Welt gebracht, ›willst du jetzt daran denken, dass dich da vier Kinder brauchen, und nun hilf!‹ Dann kam das Kind zur Welt, war weiß und sagte nichts. Keinen Ton. Sie haben das schon vorausgesehen, und der Nachbar und seine Frau, sie waren beide bei mir, haben in der Küche heißes Wasser gekocht. Dann haben sie Wechselbäder gemacht... Dann haben sie das Kind ordentlich geschlagen, und dann kam doch ein Piepser. Nach dieser Behandlung hat sie dann doch geschrien... Dann war sie ein Vierteljahr alt, und wir mussten Nacht für Nacht aus dem warmen Bett raus – es war ja so, da gab es gar keine Nachbarschaftshilfe. Die Leute hatten schon alle ihre Taschen und Koffer und alles schon bei der Tür stehen, und wenn Alarm kam, da raste bloß alles runter und rettete seine Klamotten. Aber ich hatte doch fünf Kinder, und mein Ältester war ja auch noch keine elf Jahre, so viel konnte er mir auch nicht behilflich sein – dann wurde sie krank, bekam eine Lungenentzündung, und ich musste sie ins Krankenhaus geben. Ich musste täglich die Milch hinbringen. Das Krankenhaus war in einem anderen Stadtteil, ich musste meine Kinder dann immer alleinlassen.«

Die Erzählung von Anna K. zeigt auch, dass es mit der vielbeschworenen Volksgemeinschaft nicht so weit her war; in Extremsituationen scheint doch jeder sich selbst der Nächste gewesen zu sein.[26]

Viele Frauen erlitten (zuweilen mehrere) Fehlgeburten, die auf Angst, Aufregung und Beschädigungen durch den Bombenkrieg zurückzuführen waren.

Auch das Stillen konnte zum Problem werden, sei es, dass Frauen nicht rechtzeitig zu Hause bei ihren Säuglingen sein konnten und die gestaute Milch Schmerzen verursachte, sei es, dass die Milch im Keller bei Angriffen ausblieb oder zur Unzeit einschoss.

Viele mussten hochschwanger oder ganz kurz nach der Niederkunft ganz allein und mit dem Neugeborenen in den Keller.

ADDY W. (1907): »Oft saßen wir Nacht für Nacht im Keller. Um die Kinder abzulenken, las ich ihnen Märchen und Gedichte vor und erzählte ihnen aus Geschichte und Erdkunde so vieles und wohl auch für sie interessant, wie immer es mir nur möglich war. Damit versuchte ich zugleich, meine eigene Angst zu überspielen. Zweimal saß ich einige Stunden nach meiner Niederkunft (*im eigenen Haus*) schon wieder mit meiner gesamten Kinderschar einschließlich des soeben geborenen Kindes im Keller, weil schon wieder Bombenverbände im Anflug gemeldet wurden. Ich ließ mir aber meine Angst nie anmerken, und den Kindern konnte ich damit helfen.«

GERTRUD W. (1914): »Ich erinnere mich, im Limburgerhof war ich einmal allein mit Peter (*ihrem Kind, das 1944 zwei Jahre alt war*). Die Mutter lag mit Magenkrebs-Operation in Heidelberg, mein Mann war zum Schanzen in die Südpfalz geschickt worden. Da fielen plötzlich Bomben. Ich, hochschwanger, schnappte meinen schlafenden Sohn und stürzte mit ihm in den Keller. Als ich aus einer tiefen Ohnmacht auf dem Kellerboden liegend erwachte, sagte mein Sohn: ›Hast lange geschlafen, Mutti.‹«

Kriegshochzeiten werden von Frauen vor allem in Briefen und Tagebüchern detailliert beschrieben, besonders, wenn es ihre eigenen waren. Sie erzählen von den Schwierigkeiten, die notwendigen Ausstattungsstücke, einschließlich Hochzeitskleid und Brautstrauß, auf die doch ein Mädchen auch im Krieg nicht verzichten wollte, zusammenzubringen, festtägliche Mahlzeiten zusammenzusparen, eine Wohnung oder auch nur *ein* Zimmer als eigenes Nest aufzutreiben und einzurichten, vom Bangen, ob der Bräutigam von der Wehrmacht auch zum vereinbarten Termin Urlaub bekommen würde, ob vielleicht gar der Hochzeitsurlaub der letzte sein könnte. Oft musste alles ganz schnell organisiert und improvisiert werden.[27]

Je länger der Krieg dauerte, desto mehr musste man damit rechnen, dass das schöne Fest durch Alarme, wenn nicht gar durch Bomben, gestört oder zerstört wurde. Die Angst vor der Sirene war immer mit dabei.

INGEBORG G. (1922) in ihrem Tagebuch am 13.4.1944: »Der 1. März war ein *Entscheidungstag,* so wie ich es schon lange vorausgeahnt hatte. Als ich nach Hause kam, lagen zwei Briefe von Holder (*ihrem Verlobten*) da. In einem schreibt er von der Möglichkeit seiner Abstellung an die Front und, im zweiten ist dies schon Tatsache geworden, und aus diesem Grund hat er ein Gesuch für Heiratsurlaub unterschrieben. Zunächst sah ich nur die dunkle Seite: Die Sorge um meinen Holder, dass er nun auch vor muss und dass die Hochzeit und diese Urlaubstage (womöglich nur acht!) wohl das Letzte seien. Ich weinte heiße Tränen. Nun kam alles so überstürzt, nichts war gerichtet, und er konnte vielleicht morgen schon dastehen – und ich sah keinen Ausweg. Ich telefonierte den Eltern, auch da herrschte große Bestürzung, besonders beim Vater. Wann wird er nun kommen? Um 4 Uhr kam schon das Telegramm: ›Komme morgen früh aus Richtung Nürnberg.‹ Nun mussten wir an die Vorbereitungen denken – ach, was es da alles auszumachen gibt! Möglichst soll die Hochzeit schon am Samstag sein. Wird das Brautkleid bis dahin fertig sein? – Ich gehe zu Frl. W. – sie ist nicht zu Hause. Am späten Abend kommt sie zu uns, wir besprechen lange. Meine Mitschülerinnen werden das Kleid machen, es muss fertig werden.

In der Nacht kommt ein schwerer Angriff auf Stuttgart. Im Keller großes Bangen um die Hochzeit: ›Ach Herr, doch nicht, bitte nicht, vor der Erfüllung!‹ Wir zittern, während die Bomben pfeifen – gelt, unser Gotthold denkt jetzt so an uns! Als wir aus dem Keller kommen, brennt es in der ganzen Stadt – ein Bild wie zu Neros Zeiten. Das Neue Schloss brennt ganz ab, Bosch brennt, alle wichtigen Fabriken rundum.

Am 2. März gehe ich zu Fuß über rauchende Trümmer zum Bahnhof, treffe mit Gerhard zusammen, und wir warten und warten, aber der Zug kommt nicht. Wir stehen bis Mittag, gehen zum Essen – wieder Alarm. Ich gehe betrübt nach Hause. Das Brautkleid kann nun nicht fertig werden bis Samstag, also müssen wir die Hochzeit auf Mittwoch verlegen. – Als ich telefoniere, ist Gotthold doch schon angekommen (er ist bei seinen Eltern in K.) – wir sprechen miteinander. – Über vier Wochen Urlaub! Ein glückliches, weites Land liegt vor uns. Aber ich kann ihn heute nicht mehr sehen, das ist sehr enttäuschend für ihn. Es gibt ja noch soviel zu erledigen. Morgen!

Am 3. März möchte ich hinausfahren, kein Zug geht nach Weilimdorf, erfahre ich, kann nirgends anläuten und gehe zu Fuß einsam, schwerbeladen und frierend noch durch Eis und Schnee nach K. Im Garten kommt er mir entgegen... Ach, er ist's! So frisch und glücklich schaut er aus! Ich hab' ihn gleich schrecklich lieb! Wir gehen in *unser* Zimmer hinauf, küssen uns wieder zum erstenmal! O Du!! Was gibt es alles zu reden, zu besprechen für das große Fest! Überallhin verschicken wir Telegramme und laden ein... Am 4. gehen wir nach Stuttgart, besorgen noch Papiere auf dem Gesundheitsamt, gehen aufs Standesamt und bestellen das Aufgebot. Ich muss mein Braut-

kleid ausprobieren, und du musst lange warten. Dann gehen wir zu Mutti und fahren abends wieder nach K. ...
Am Sonntag machen wir nach der Kirche Besüchle und laden die Paten und Freunde ein. Wir haben viel zu tun, die Möbel werden in unserem Zimmer hin- und hergerückt, die Bilder von Wand zu Wand gehängt – es wird gemütlich...«
Ein halbes Jahr später, am 20.11.1944: »Was war das für ein strahlender Tag, als ich im fließenden weißen Kleid meinem Holder entgegentrat und er mich nicht zu berühren wagte: ›Wie aus einer anderen Welt.‹ Und ich hatte dunkelrote Nelken im Arm, und der Stoffel durfte den Schleier tragen, und die Orgel spielte, und die Geige jubelte himmlische Töne, und wir knieten vorm Altar meiner geliebten Waldkirche vor dem Bild des Kreuzberges von Golgatha. Es war ein großes Fest im ›Kurhaus auf der Heid‹ im Kreise all der vielen lieben Verwandten und Freunde.«
»Wie aus einer anderen Welt« könnte man über das ganze Hochzeitsfest schreiben. Die beiden hatten Glück an ihrem großen Tag. Aber nicht einmal ein ganzes Jahr später kam die letzte Nachricht von ihm.[28]

Mütter konnten es sich im Krieg eigentlich nicht leisten, *krank* zu sein. Trotzdem kam es vor, dass eine Mutter sogar einmal ins Krankenhaus musste. Die Krankenhäuser waren darauf nur unzulänglich vorbereitet. Helene H. (1923) hatte eine »Unterleibsgeschichte von dem vielen In-den-Keller-Rennen in Berlin«. Sie musste ins Krankenhaus: »Die Kinder kamen in den Bunker, die Mütter blieben auf Station, wenn Alarm war.« Wie schlimm das für beide Teile war, kann man sich vorstellen.

ELISABETH S. (1912) bekam in ihrem beschädigten, zugigen Haus eine schwere Mittelohrentzündung mit Fieber: »Ich konnte nicht mehr in den Bunker gehen, schickte das Mädchen (Pflichtjahrmädchen) allein mit den Kindern. Ich hörte gar nichts, aber wenn ich die Blockleiter von der Straße verschwinden sah, ging ich in den Keller und machte die eiserne Tür zu mit dem Gedanken: ›Jetzt machst du deinen Sarg zu.‹«

Krankenschwestern erzählen, dass in Kellern und Bunkern in Not-Operationssälen mit Notaggregaten auch während der Luftangriffe operiert wurde:

DOROTHEA B. (1922) durfte im Juli 1944 als Krankenschwester mit anderen Schwestern als Auszeichnung für ihre Arbeit zu den Bayreuther Festspielen: »Und dann haben wir erfahren, dass da am 25./26. Juli die schweren Luftangriffe waren auf Stuttgart. Da konnte man nur noch bis Untertürkheim mit dem Zug reinfahren, das war ein Sonderzug mit lauter Festspielteilnehmern, ein ganz großer Sonderzug. Und da hab' ich ein Sanitätsauto erreicht, ich war ja immer in Uniform, und bin damit bis Cannstatt gekommen. Dann bin ich über Trümmer, über Rauchendes. Mensch, wie wird's ausschauen bei uns im Krankenhaus? Und ich hab' mich, wirklich so wie ich war, die Tasche in den Vorraum geworfen, hab' mich umgezogen und gewaschen und gleich in den OP. Und das waren die längste Nacht und die längsten Tage in meinem

Leben, die ich gearbeitet hab. Da haben wir den ganzen Abend noch, die ganze Nacht durch operiert, und dann den ganzen Tag über. Die Nonnen (*Mitarbeiterinnen im Krankenhaus*) haben uns von hinten her immer wieder einen Tee, einen warmen, oder einen Zwieback zugereicht, dass man wieder bestehen konnte. Das waren zwei Tage und zwei Nächte, das waren ganz, ganz schwer Bombenverletzte... Dann kamen von überall her Patienten. Dann wurde ja auch das Katharinenhospital getroffen und verschiedene andere Krankenhäuser, und die haben ja dann auch nimmer weiterarbeiten können, also da hat sich unser Bunker schon bewährt. Auch wenn die Angriffe auf Stuttgart waren, hat der Bunker unten geschwankt, 25 Meter unter der Erde.«

Schlimm war es für die Mütter, wenn die Kinder ansteckende Kinderkrankheiten hatten, z. B. Scharlach oder Masern. Sie durften dann nicht in den Keller.

Luftangriffe

Immer wieder war in den Berichten schon von Angriffen die Rede. Aber was ein Luftangriff wirklich bedeutete, davon kann man sich aus dem bisher Geschilderten noch keine Vorstellung machen. Bei den Frauen, die sie durchleben mussten, stehen diese Luftangriffe im Zentrum der Erinnerung. Mir liegt eine große Anzahl mündlicher und schriftlicher Zeugnisse über Bombenangriffe vor. Auch gibt es zu diesem Thema schon sehr viele lokalgeschichtliche Untersuchungen, die z.T. auch auf Augenzeugenberichten fußen, für fast alle deutschen Städte, die mehr oder weniger zerstört wurden. Es wäre nicht sinnvoll, einfach weitere Beispiele aus meiner Sammlung zu zitieren, vielmehr geht es mir darum, die »Innenansicht« von Frauen konsequent zu rekonstruieren.[29] Ich versuche wieder einen kategorialen Zugriff, indem ich die Berichte nach den Gesichtspunkten ordne, die sie selbst als wichtigste ansprechen. Auch die bisher in der Literatur vernachlässigten Landfrauen sollen zu Wort kommen.

Noch immer wird etwas von dem Entsetzen spürbar, wenn Frauen berichten, wie sie bekannte Städte aus der Ferne sterben sahen.

ELISE B. (1907), während der Kriegszeit in Nagold: »Wir erlebten (von Nagold aus) die fast totale Zerstörung von Pforzheim (*Luftlinie etwa 40 km*) mit. Es war unheimlich, wie sich die von verschiedenen Seiten einfliegenden Flugzeuge über Nagold sammelten, ihre ›Christbäume‹ setzten und dann geradewegs nach Norden flogen. Und einige Zeit später war schon der Horizont schauerlich erhellt. Wir standen da und wussten, dass eine Stadt zugrunde ging... Es war eine Zeit, in der man immer mit dem Tod lebte, auch wir in unserem kleinen Nagold konnten jederzeit bombardiert werden, da wir auf dem Eisberg eine Fliegereinheit hatten und in der Nähe ein großes Munitionslager.«

RUTH KLEIN: »Am 4. Dezember 1944 hatte ich Mittagsschicht. Ungefähr um 19.00 gingen in Bönnigheim (ca. 20 km von Heilbronn) die Sirenen. Wir waren kaum im Keller, da rief mich mein Chef wieder nach oben: ›Das gilt heute Heilbronn.‹ Wir standen da und sahen das Neckartal und die Silhouetten von Heilbronn von den ›Christbäumen‹ taghell erleuchtet. Wir sahen den glühend roten Feuerschein über der Stadt, die Luftkämpfe oben drüber, sahen, wie einer abgetrudelt ist. Er schien direkt auf uns zuzukommen, ist dann aber nicht weit von uns in ein Feld gestürzt. Ich kann es mir nicht erklären, denn von dort, wo wir standen, sieht man normalerweise nichts. Oft bin ich hinterher hingegangen. Man sieht wirklich nichts. Aber in jener Nacht haben wir den Lauf des Neckars, jedes Städtchen, das Flammenmeer über Heilbronn so genau gesehen wie auf einer Karte.«[30]

HANNELORE W. (1918), damals in Lobenstein: »Da gab es einen unterirdischen Stollen, riesengroß, aber nur mit einem Ausgang und ohne Frischluftzufuhr, in den mussten wir, wenn Bomberverbände L. überflogen. Aber drinnen hatten wir mehr Angst als draußen, draußen war es wahrscheinlich doch aus, wenn es knallte, aber drinnen ... langsam ersticken... Und so standen wir in einer Nacht draußen, wagten kaum zu sprechen, als ob die da oben, die über uns in einer Welle nach der anderen flogen, uns hören könnten, und sahen den Feuerschein am Horizont, so groß, so weit, als brenne es ganz in der Nähe, aber die Bombenexplosionen so weit, dass wir wussten, die Bomben galten einer großen Stadt, eine ganz große Stadt brannte ... bald wussten wir es, irgendeiner wusste es, gab es weiter: *Dresden*... Fast die ganze Nacht standen wir und sahen mit Grausen, wie es brannte, ahnten, was da war! Aber ich ahnte nicht, dass Mutti und Jürgen (ihr Bruder) mitten drin waren...«

Die eben zitierten Frauen lebten selbst ständig oder in der Evakuierung in kleineren Städten oder Dörfern. Wie die Berichte zeigen, waren sie dort auch nicht völlig sicher. Immer wieder wurden auch dort Bomben abgeworfen, entweder, weil wichtige Industriebetriebe oder Wehrmachtseinheiten am Ort oder in der Nähe stationiert waren oder einfach aus Versehen oder gezielt zur Verunsicherung auch der ländlichen Bevölkerung, wie manche Frauen vermuten.

Angriffe auf dem Lande hatten für die Betroffenen eine andere Qualität als für die Städter. Sie hatten zwar keine infernalischen Ausmaße, aber sie waren sehr eingreifend in das Leben, weil sie meist unerwartet kamen, weil die Luftschutzeinrichtungen meist noch viel unsicherer waren als in den Städten, weil fast jeder jeden kannte und man an den wechselseitigen Schicksalen regen Anteil nahm. Beispielhaft ist der Angriff auf Lauffen/N. vom 13. April 1944, erzählt aus der Sicht dreier Augenzeuginnen, die mir gemeinsam berichtet haben, ergänzt durch einen späteren Bericht einer weiteren Laufenerin.

Es erzählen HANNE S. (1914, zwei Kinder), LINA S. (vier Kinder), LYDIA S. (1911, zwei Kinder); Ergänzungen stammen aus späteren Aufzeichnungen von MARTHA F. (1914).

HANNE S.: »Den Bahnhof von Stuttgart hat man imitiert (*in Lauffen*), dass die Flieger das für Stuttgart halten sollten. War ja auch so eine Tallage, das sollte die Flieger ablenken.

MARTHA F.: Der Stuttgarter Bahnhof wurde mit allen 16 Bahnsteigen ins Große Feld als Scheinattrappe nachgebaut. Nachts wurden die Weichen beleuchtet, und die Rollwagen liefen. Die Gaskessel von Stuttgart-Berg sauber mit Backsteinen gemauert und Bosch als Barackenstraße aufgestellt. Auf dem Feld über den Weinbergen hatten wir 14-16 Scheinwerfer der Flak stehen, die bei Alarm den Himmel absuchten nach feindlichen Fliegern.

LYDIA S.: Im April '44 kam ja dann der Angriff. Wir sind hinausgefahren aufs Feld mit unserem Franzos. War ein feiner Kerl, war wie ein Vater zu uns. Die Flieger kamen schon. Man hat Angst gehabt. Ich bin runter vom Wagen, an die Bahngärten hinaus. Da kamen lauter ›Wattebäuschle‹...

HANNE S.: Ein Flugzeug hat den Befehl gegeben, dass sie die Bomben schmeißen. Das waren die ›Wattebäuschle‹, Zeichen, dass es jetzt kommt.

LYDIA S.: Die kamen gestaffelt.

HANNE S.: Wir haben eigentlich nicht ins Feld gedurft, es war Alarm. Es war Voralarm, und dann kam lang nichts. Wir wollten aber alle unsere Sachen ins Feld bringen. Da war ein Frühkartoffelgebiet, und da wurde die Auflage gemacht, das ist zu gut für Frühkartoffeln, da muss Gemüse gebaut werden. Und an dem Tag haben die Leute das Setzgut bekommen, da musste man das schnell hineinbringen. Das verwelkt ja sonst. Man hat gedacht, da kommt nichts mehr. Dann ist alles 'naus, die einen ins Kartoffelstecken, die anderen zum Gemüsepflanzen, je nach Richtung. Konzentriert etwa 200 Leute auf den kleinen Äckerle, auch fremde Arbeitskräfte. Dort hinein haben die dann Splitterbomben geschmissen, und die Splitter haben die Leute tödlich verrissen und sehr viele verletzt.

Dann sind die großen Bomber über die Stadt (*Kleinstadt*) runter, das haben wir vom Acker aus gesehen.

LYDIA S.: Wir sind oben auf dem Berg gewesen, etwa 100 Meter Luftlinie, dann war die Stadt ganz schwarz. Man hat nichts mehr gesehen nach den Bomben. Der Gaul hat gescheut. Wir sind in den Weinbergkeller, dann sind schon wieder die zweiten gekommen. Wir haben uns auf den Boden gelegt. Man hat gebetet. Wie's ruhiger war, bin ich hinaus und hab' über's Städtle guckt, dann kam Rauch, Sch.'s Haus hat gebrannt, an so verschiedenen Stellen hat's gebrannt. Dann sag' ich: ›Unser Haus steht nicht mehr.‹ Hab's genau gesehen. Habe ich meine Kinder beim Kindermädchen gelassen und runter! Da haben die Leute zu mir gesagt: ›Frau S., Ihr Haus ist weg!‹ Dann kam mein Schwiegervater mit einem Korb auf dem Buckel, er hat auch Kartoffel stecken wollen, ist immer hin- und hergelaufen und hat gesagt: ›Da schreien die Säu, man kann nicht hin. Eine Sprengbombe ist hinein, und dann hat es noch gebrannt. Alles ist verbrannt.‹ Ich habe Parterre gewohnt, und Nachbarn waren in meiner Wohnung und haben mein Schlafzimmer hinausgeschafft. Das Harmonium vom Haus vis-à-vis hat's bei mir ins Schlafzimmer hineingeworfen. Und wir hatten doch so dicke Wände, es war ein altes Haus. Die Türen waren alle weg. Das Treppenhaus hat lichterloh gebrannt. In die Küche konnte man auch nicht mehr. Im vorderen Zimmer, da hat man die Einrichtung schon raus. Den großen Schrank haben sie raus, ohne ihn auseinanderzumachen. Den Schreibtisch grad rausgeschmissen, die Kredenz raus! Den Tisch haben wir nicht hinausgebracht, es war arg! Der Nachbar hat geschafft wie ein Wilder, ich hab' ihn vorher nicht gekannt gehabt, es war wohl ein Soldat auf Urlaub. Er hat immer gesagt: ›Frau, kommen Sie doch rein und holen Sie ihr Sach!‹ Im ersten Stock haben die eine Marmorplatte von einer Waschkommode an ein Seil gebunden, die rutscht aus dem Seil und hat mich zugedeckt! Ich hab' heut noch die Narbe, eine Vertiefung, so lang! Dann hab' ich nichts mehr gewusst. Sie haben mich in einen Graben gelegt, haben gemeint, ich sterb'. Ich war blutüberströmt. Eine Bekannte hat mich gewaschen. Ich war so dreckig, dann verbunden. Dann hat man alle Verletzten gesammelt und ins Krankenhaus gebracht. Da sind sie gelegen! Auf den Tragen! Ich hab' die Leute nicht mehr gekannt! Schm.'s Ernst hat Schreie gelassen, der hat Schmerzen gehabt! Die Leute waren so entstellt! Der Dr. B. hatte einen weißen Gummischurz an, war blutig von oben bis unten. Wo er mich gesehen hat, hat er mich in sein Zimmer hinein, hat mir Spritzen gegeben. Ich konnte abends wieder heim. Die Frau K., die haben sie geführt, der ihr Mann und ein Kind sind ums Leben gekommen. Und die Frau Kn. haben sie hüben und drüben geführt. Ihre Tochter und das Kind und ihr Mann sind umgekommen. Ich hab' das nicht gewusst. Das war ein unbeschreibliches Elend in dem Krankenhaus! Dass ich das meiner Lebtage nicht vergesse.

LINA S.: Meine Schwester hat man im Keller gefunden, ich glaube, am anderen Nachmittag. Die war schwer verletzt. Die hat immer noch Beschwerden am Kopf. Man hat das Gehirn gesehen. Und meine Schwägerin war tot. Die konnte sich jetzt auch nicht um die Kinder kümmern.

I *(zu Lydia S.): Haben Sie von der Verletzung jetzt noch Folgen?*
S.: Lange, lange Kopfweh gehabt! Ich hab' dann eine Rente gekriegt, hab' mich abfinden lassen. Ich hab' doch schaffen müssen, war doch niemand da. Und ins Feld habe ich ohne Tabletten überhaupt nicht gehen können. Manches Mal hab' ich mich in so einen Maisacker hineingelegt, weil ich's vor Schmerzen nicht mehr ausgehalten hab. Dann hat mir's den Kiefer zusammengeschlagen gehabt. Bin später wegen dem operiert worden. Dann hat man halt so weitergemacht. Eine Wohnung haben wir vis-à-vis von meinem Schwager gekriegt. Der Schwager hat dann unseren Betrieb übernommen.

Als man uns vom Krankenhaus rübergeführt hat, hat's so hoch Schutt gehabt (*zeigt andeutungsweise die Höhe an*), das kann ich nicht beschreiben. Den ganzen Ort durch und Bettfedern!

Bei einer Familie sind die Frau und vier Kinder umgekommen, ein Kind war woanders und hat überlebt. Als der Mann vom Feld kam, traf er niemand mehr, nur das Kind.

HANNE S.: Am 13. April sind wir auch ins Kartoffellegen. Wir sind dann oben gestanden, da hat man schon die Bomben fallen sehn... Wo die ersten vorbei waren, haben wir gedacht: Jetzt müssen wir gucken, was passiert ist, und, und ich musste ja nach meinen Kindern schauen. Eine pensionierte Forstfrau hat in der Nähe gewohnt, hat nach den Kindern geguckt, die durften zu ihr in den Keller. Lauffen war eine Wolke! Vor dem Stadttor kam schon der zweite Verband. Martin N. war da mit dem Rad, hat nur geschrien: ›Schmeiß dich hin!‹ Dann bin ich in den Graben hineingelegen und dann geschwind zu M.'s in den Keller: ›Kommen Sie schnell runter in unseren Keller! Was tun Sie da auf der Straße?‹ Wo wir heimgekommen sind, haben wir da die Toten liegen sehen... Gott sei Dank war bei uns bloß der Hausgiebel drin, das Gebälk und die Kinder unversehrt.

LYDIA S.: Man hat dann gefragt: Was macht man? Wo geht man heute abend hin? Meine Kinder haben sie zu meinen Eltern, haben noch gelebt. Wir sind zwei Schwestern und zwei Brüder. Meine Kinder haben immer geheult: ›Meine Mama ist kaputt!‹ Man konnte kaum glauben, dass ich noch lebe! Ich hab' doch schaffen müssen, ich hab' doch nicht krankmachen können! Mit meinem Schwager hab' ich's dann besser gehabt, kein Vieh mehr, ein Gaul und ein Wagen, das war unser ganzes Vieh. Die Schwester hat eine Gärtnerei gehabt und einen Bauernhof, haben wir bei der Schwester geschlafen. Die Schwiegereltern haben wir auch notdürftig untergebracht. Das war geschwind ein Problem. Leute mit 70, 75 Jahren, die haben mir arg leidgetan. Solange man noch jung ist, hat man noch Kraft und kann aufbauen, aber alte Leute sehen nicht mehr drüber.

MARTHA F.: Alles ging nicht mehr, kein Wasser, kein Strom, das Gaswerk war ausgebombt, und kein Telefon. Vom Rathaus wurde dann ein Motorradfahrer nach Heilbronn geschickt, um Hilfe zu holen. Wir brauchten die Feuerwehr, Krankenwagen und Ärzte. Eine Stunde ist da eine Ewigkeit. Es waren 55 Tote und über 100 Schwerverletzte. Es gab Familien mit zwei, drei und fünf Toten... Familien, die nicht kochen konnten, erhielten in der Schulküche ein Essen. Die NS-Frauenschaft war gefordert. Am Samstag und Sonntag wurde dann aufgeräumt. Den Bauern half man auf dem Feld und in den Weinbergen, denn es blieb ja alles tagelang liegen. Die Frühjahrsbestellung sollte eben auch weitergehen, so wie das Leben mit Vieh, Leid und Trauer. Am Mittwoch der darauffolgenden Woche war Trauerfeier auf dem Klostersportplatz. Die Särge waren zuvor in der Turnhalle (*heute Museum*) aufgestellt. Nach den üblichen Ansprachen wurden die Särge auf den Friedhof getragen. Nur die nächsten Angehörigen durften mitgehen. Ein Sarg neben dem anderen kam dann in ein Massengrab. Anschließend war Trauergottesdienst in der Regiswindiskirche. Da fehlte dann die braune Prominenz, nur ein einziger SA-Mann war in der Kirche.«

Man hatte demnach in Lauffen/N. eine Attrappe des Stuttgarter Bahnhofsgeländes aufgebaut, um die Flieger von Stuttgart abzulenken. Das mutete man der Bevölkerung zu, ohne spezielle Warnungen auszugeben und entsprechende Schutzräume einzurichten. Zwar war am 13. April 1944 Alarm, aber daran hatte man sich schon gewöhnt; es waren auch schon vorher immer wieder einmal Bomben gefallen. Selbst unter diesen Umständen hatten die Landleute eindeutige Prioritäten: Das frisch angelieferte Setzgut konnte man nicht verderben lassen, die Kartoffeln mussten gesteckt werden. Die Arbeit ging absoluter persönlicher Sicherheit vor. Der Angriff geschah nicht, weil die Alliierten noch glaubten, Stuttgart zu treffen, wenn sie das überhaupt je geglaubt hatten, sondern war bewusst gegen die ländliche Bevölkerung gerichtet. Sie setzten dort ihre Orientierungsmarken (welche die Frauen als »Wattebäuschle« bezeichnen), wo sie Menschen erblickten. So wurden die Arbeitenden Opfer gezielter Sprengbombenabwürfe, eine besonders grausame Art, Menschen zu töten und zu verstümmeln. So konnten, ja mussten etwa 200 Lauffener die Zerstörungen, die in ihrer Stadt angerichtet wurden, bei hellichtem Tage von den Äckern am Rande von Lauffen selbst beobachten. Die Frauen konnten die getroffenen Häuser identifizieren, weil sie die meisten kannten. Frau Lydia S. rettete beherzt aus ihrer Wohnung, was zu retten war, erfuhr auch Hilfe von Nachbarn. Die Solidarität unter den Nachbarn war auf dem Lande besonders groß; man war ja auch sonst aufeinander angewiesen. Sie wurde Opfer eines mit den Rettungsaktionen (man wollte ja so viel wie möglich vom »Sach« retten – die Marmorplatte wäre nicht lebensnotwendig gewesen) verbundenen Missgeschicks und erlebte am eigenen Leibe und dann im Krankenhaus das furchtbare Elend der Verwundeten und der übriggebliebenen Frauen. Sie nennt sie mit Namen. Sie weiß auch, wie viele Tote es gegeben hat; die meisten kannte man wohl.

Sie selbst, die Schwester von Lina S. und sicher auch noch viele andere hatten an den Folgen ihrer schweren Verletzungen noch lange zu tragen, die Schwester bis heute.

Und wieder war es die Arbeit, die sie zwang, irgendwie, mit Schmerzen und Tabletten, weiterzumachen: der kategorische Imperativ der Bauersleute, besonders der Frauen, im Krieg: »Ich hab' doch schaffen müssen, ich hab' doch nicht krankmachen können!«

Und was sollte aus den Kindern werden? Das war die zweite Hauptsorge. Die Kinder auf dem Lande waren notwendigerweise viel sich selbst überlassen, weil die Mütter so viel arbeiten mussten. Lydia S.'s Kinder schrien um ihre Mutter. Und wieder bewährte sich die Familie: die Eltern, die Schwester, die Schwiegereltern, alle standen füreinander ein. Die verwandtschaftlichen Beziehungen auf dem Lande waren eng, eine Stütze, aber auch eine zusätzliche Belastung und Aufgabe, die Lydia S. (exemplarisch für viele andere) bewusst wahrnahm. In all ihrer eigenen Bedrängnis konnte sie sich in die alten Leute hineinversetzen, die es am schwersten getroffen hatte. Der Verlust des

Hofes bedeutete den Verlust der ganzen Lebensarbeit und der Existenz, die sie als 70-75jährige nicht mehr neu aufbauen konnten wie die Jungen, auch wenn diese schwer lädiert waren.

In dem Bericht von Lydia S. wird auch die kreatürliche Angst spürbar, die Mensch und Tier bei diesen Vernichtungsaktionen befiel. Der Gaul scheute, die Schweine schrien im Stall. Im Weinbergkeller, der bei einem Volltreffer sicher keinen Schutz geboten hätte, lagen sie auf dem Boden und beteten.

Die Schilderung des Angriffs auf Lauffen zeigt viele für Angriffe auf ländliches Gebiet exemplarische Züge. Er war im wörtlichen und übertragenen Sinn »überschaubar«, ohne dass seine Folgen für die Betroffenen verharmlost werden sollen. Die Großangriffe auf die Städte waren es nicht.

Großangriffe

Frauen, die Großangriffe miterlebt haben, tragen bis heute unauslöschliche Schreckensbilder mit sich herum, jede einzelne ihre eigenen. Viele können immer noch nicht darüber reden, oder sie sagen, dass sie es nicht beschreiben können.

GERTRAUD L. (1928): »Mitten in einem Angriff habe ich plötzlich gedacht: ›Wenn das einmal einer beschreiben wollte, er könnte es nicht!‹« Und von heute aus kommentiert sie *(sie hat Literatur studiert)*: »Da habe ich instinktiv gespürt, dass es eine unüberbrückbare Kluft gibt zwischen dem Leben und der Sprache, zwischen dem Leben und der Literatur. Es gibt Grenzerfahrungen, die sind nicht beschreibbar.«

Und doch haben Ungezählte mit oder ohne literarischen Anspruch versucht, ihre Eindrücke in Worte zu fassen. Es gibt Aufzeichnungen, die unmittelbar nach Angriffen oder sogar während der Angriffe gemacht wurden. Fast alle Autobiografien aus dieser Zeit schildern einen oder mehrere Angriffe. Wer viele dieser Schilderungen hört und liest, für den kristallisieren sich bei aller individuellen Verschiedenheit Grundmuster heraus, die immer wiederkehren und, zusammengenommen, etwas ahnen lassen von dem eigentlich Unbeschreibbaren. Gewiss schlagen sich darin auch literarische Prägungen aus später Gelesenem und Gehörtem nieder; es entsteht so etwas wie ein vielstimmiger Chor kollektiver Erinnerung an diese von Millionen geteilte grauenhafte Erfahrung. Die Orte zu nennen, ist in diesem Zusammenhang unerheblich, denn die Erfahrungen glichen sich überall.

Alle Sinne wurden aufs äußerste angegriffen, erschüttert. Schon die Sirene, die Fliegeralarm ankündigte, das rhythmische, durchdringende Auf und

Nieder des Geheuls, war entnervend. (»Es geht mir heut' noch durch Mark und Bein«, sagte manche Frau.) Aber daran konnte man sich gewöhnen; das Sirenengeheul allein musste noch nichts bedeuten. Schlimmer war es, was auch vorkam, dass schon Bomben fielen, ehe überhaupt Alarm ausgelöst wurde. Sofern noch Zeit zum Radiohören war, gab es neben der direkten Ankündigung: »Starke Bomberverbände im Anflug auf die Stadt..., Entfernung ... km«, ein untrügliches Zeichen, dass es ernst wurde: Die »Christbäume« oder »Weihnachtsbäume« (*Positionslichter, mit denen die Piloten das anzugreifende Gebiet markierten*), die immer genannt werden.

MARGARETE F. (1918): »Da war das dann sogar schön, ich weiß noch, es war eine Vollmondnacht, und da haben sie ihre Christbäume gesetzt, und die waren so grünlich, also es war wunderbar im Grunde, das war wie ein Feuerwerk, bloß war es eben tödlich.«

Darauf folgten bald erdbebenartige Erschütterungen, je nach Einschlag zitterte und bebte der ganze Keller. Bersten, Krachen, Splittern, Dröhnen erfüllten die Luft. Dazwischen das pfeifende Sausen der Bomben. Das elektrische Licht ging aus; man musste sich mit Kerzen und Taschenlampen behelfen. Einige Sätze, die immer wiederkehren: »Eine der letzten Bomben brachte unser Haus zum Einsturz. Das Gewölbe des Kellers schwankte hin und her.« »Plötzlich ein unbeschreiblicher Krach und Steinerieseln. Unsere Souterraindecke barst. Die Luftschutztür zwischen Vorkeller und Gewölbe platzte auf und hieb mir gegen das Bein. Die Straßenfront loderte. Die Balken zitterten. Es gab einen immensen Druck in den Ohren.« »Der ganze Keller tanzte und bebte wie ein Schiff im Orkan.« »Durch den Angriff wurde unser Keller so sehr erschüttert, dass sich sechs Frauen gegen die Eisentür stemmen mussten, damit sie durch die Druckwelle nicht aufspringen konnte.« Herabrieselnder Kalkstaub, Steinbrocken konnten verletzen und die Luft zum Atmen nehmen.

Wenn der Schutzraum sich neben dem Kohlenkeller befand oder die Ausgänge verschüttet und versperrt waren, konnte der Keller zur Falle werden. Man musste dann versuchen, sich über den Notausstieg ins Freie oder durch den Durchbruch ins Nachbarhaus zu retten. Das gelang oft nur mit knapper Not oder gar nicht. Dann konnte man nur hoffen, dass man noch rechtzeitig von außen befreit wurde.

LIDDY T. (1906): »Im Nachbarhaus stand einer, der war tot, der stand so da, also den haben wir anjefasst, da kippte der um, durch den Schlag, durch den Knall war der tot. Und wir waren unten im Keller; wir kamen da nicht mehr zur Schule hin, wir mussten in den Luftschutzkeller, und dann waren wir sechs Stunden verschüttet, bis sie uns jefunden haben. Sechs Stunden waren wir ohne Wasser, ohne Luft (*von außen*), ohne alles.

I: *Wie viele Leute waren da unten?*
T: Da waren ungefähr 25 bis 30 Leute, auch Kinder. Ich hatte ein totes Kind im Arm, das durch den Knall eben och kaputtjegangen ist, jestorben ist. Und nach sechs Stunden, wie sie da aufjeräumt haben, haben wir immer jekloppt dagegen und so weiter und so fort. Da war die Treppe, wo man runterjehen musste, die war verschüttet. Und da wussten sie nicht, wo war wo. Nach sechs Stunden haben sie dann unsere Klopfzeichen gehört, wo sie alles schon aufjeräumt hatten, und dann wurden wir rausjeholt.
I: *Und was haben sie dann getan?*
T: Na, wir haben weiterjelebt, wat sollten wir machen. Wir mussten ja weiterleben.«

Hatte man endlich einen Ausgang gefunden, konnte man draußen erst recht in ein Inferno geraten. Oft werden der entsetzliche *Feuersturm* beschrieben, die verzweifelten Versuche, sich in Sicherheit zu bringen, einander, besonders die Kinder, nicht zu verlieren, die Bilder des Grauens.

THALITTA FÖRSTER: »Im Löschzuber feuchteten wir Tücher an und zwängten uns durch das Fensterloch. Orkanartige Luftwirbel stoben uns entgegen, knisternde Brände! Wie sollten wir uns auf den Beinen halten, wo Schutz finden im unheimlichen Flammensog? ›Lass uns zurück!‹ Mutter riss mich am Arm. Ich drängte, kaum meiner Schritte mächtig, zum Erdbunker im Nachbargarten. In meiner Not, das Kind zu gefährden (*ein Säugling, den sie im Arm trug*), stand plötzlich ein Bild vor meinen Augen: Das brennende Sodom! Ich war Frau Lot, sah ins Feuer erstarrend wie sie.«[31]

FRAU K. (1936): »Als wir im Keller saßen, begann das Haus einzustürzen. Wir sind wie die Ratten aus dem Kellerfenster gekrochen. Alle Leute, die mit uns gegangen waren, wurden vergraben und verschüttet. Nur wir konnten uns retten. Draussen rannten wir ziellos umher. Wir wussten nicht wohin, und wir kamen nirgends durch. Plötzlich wehte meine Schwester wie ein Blatt Papier weg – einfach so im Feuersturm – weg. Meine Mutter hielt mich fest. Ein SA-Mann brachte meine Schwester wieder zurück.«[32]

GERTRUD B. (1919) schrieb mir am 18.8.1992: »Zu den Angriffen auf Dresden möchte ich nicht so sehr ins einzelne gehen, es ist zu schrecklich, sich alles immer wieder genau vorstellen zu müssen. – Nur soviel: Meine Kinder und ich mussten während des zweiten Angriffes das brennende Haus, in dessen Keller wir gewesen waren, verlassen. Meine Kinder waren drei und vier Jahre alt, ich hielt jedes an einer Hand. Unsere befeuchteten Kopftücher flogen sofort weg, denn es herrschte ein sehr starker Feuersturm, der auch die Mäntel und andere Kleidung aufwirbelte. – Auf der Straße brannte alles: der Asphalt, die anderen Häuser, Bäume usw. ... Wir gingen gegen den Sturm an, denn ich versuchte auf die Elbwiesen zu gelangen, die eigentlich nicht weit entfernt waren. Aber wir mussten immer durch regelrechtes Feuer gehen, und zwar ziemlich langsam, da meine beiden Kinder nicht schneller vorwärts kommen konnten und sich zudem sträubten und zurück ›zur Oma‹ wollten. Meine Mutter ging zuerst hinter uns, dann jedoch haben wir sie verloren und erst Jahre danach wiedergesehen. – Bis zur Elbe brauchten wir wohl ca. zwei Stunden, aber wir kamen hin, und zwar ohne Brandwunden und ohne versengte Kleidung, nur verräuchert und schwarz von Ruß.«[33]

Obwohl das Feuer das Schlimmste war, waren die Flüchtenden zusätzlich bedroht durch weitere Angriffswellen mit Luftminen und Sprengbomben; auch Blindgänger machten die ohnehin fast unpassierbaren Straßen zu Todespfaden. Die schlimmste Angst für Kinder und Mütter war, sich gegenseitig zu verlieren.

MARGRET KAUFMANN (1935), die als Kind die schweren Angriffe auf Hamburg im Juli 1943 mitmachte: »Die Angst vor den Bomben war nie so groß wie die Angst, meine Mutter zu verlieren. Fiel eine Bombe, besaß man keine Vorstellung, was passieren könnte. Aber die Mutter zu verlieren, das wusste man, das wäre fürchterlich. Dieses Abgerissensein. Diese Panik habe ich auch bei Müttern gesehen, die ihre Kinder verloren.«[34]

Die, die sich retten konnten, erlebten aus nächster Nähe mit, wie Menschen um sie herum oder vor ihren Augen elend zugrunde gingen, verstümmelt wurden, ohne dass sie helfen konnten. Das gehört zu den bedrückendsten Erinnerungen.

GERTRUD HOFSTETTER: »Grässliche Todesschreie kamen aus den Luftschutzkellern von Menschen, die dort verbrannten.«[35]

INGEBORG S. (1928) erlebte den Großangriff auf Leipzig am 3.12.1943 (in ihrem Tagebuch): »Eine Dreiviertelstunde dauerte der Angriff. Durch zwei Luftminen wurde unser Haus in Trümmer gelegt. Durch Phosphor brannte dann noch der Rest ab. Unsere Nachbarn wurden fast sämtlich verschüttet. 16 Menschen kamen in unserer näheren Umgebung ums Leben. Auch wir blieben nicht verschont. Durch den starken Luftdruck stürzte die Garage über uns zusammen. Wir waren verschüttet. Dazu kam, dass alle außer mir durch die Glasscheiben der Tür und des Fensters verwundet waren. Hans (*ihr Bruder*) trug die schwerste Verletzung davon. Die Schlagader am Kopf war zerschnitten. Er suchte sofort, nachdem wir uns durch den Luftschacht befreit hatten, die Verbandsstelle auf, wo alles genäht wurde. Mit dem Hinweis: ›Sofort ins Krankenhaus!‹ kehrte er zu uns zurück. Hans und ich machten uns auf den Weg nach einem Krankenhaus, während die Eltern nach dem Geschäft gucken wollten. Wir irrten zwei Stunden durch die brennende Stadt, ohne Aufnahme zu finden. Alle Krankenhäuser waren beschädigt oder überfüllt. Schließlich konnte Hans nicht weiter, er hatte zu viel Blut verloren. So sahen wir zu, dass wir schnellstens zu W. Weigels (dem Bruder meines Vaters) kamen, wo sich Hans gleich hinlegen konnte.«

ANNELIESE F. (1916) musste wegen einer Brustentzündung zum Bestrahlen ins Krankenhaus: »Eines Morgens lag ich unter dem Apparat, als ein ganzer Bombenteppich ohne Alarm auf Wiesbaden fiel. Auf dem Weg in den Keller wurden die ersten Schwerverwundeten eingeliefert. Eine Lehrerin, die ich vom Ansehen kannte, lag auf einer Bahre; ihr war ein Bein abgerissen worden, und die Tochter stand dabei und schrie: ›Meiner Mutter haben sie das Bein abgerissen!‹ Daneben lag ein Mann, dem hingen die Därme aus dem Leib. Ich war wie erstarrt. Eine Schwester nahm mich am Arm und sagte: ›Gehen Sie in den Keller. Das hier ist nichts für Sie.‹«[36]

HANNELORE S. (1927) schildert, wie einige Helfer, darunter auch ihr Vater und sie, nach einem Luftangriff auf Stuttgart im Spätsommer 1944 versuchten, zu Verschütteten zu gelangen: »Mit einigen anderen kämpfte auch ich mich durch Rauch und Qualm in einem der beiden Nachbarhäuser zum Keller hinunter. Im anderen Nachbarhaus versuchte eine andere Gruppe dasselbe. Wirklich gelang es mir, bis in den ans brennende Nachbarhaus angrenzenden Keller vorzudringen. Die Zwischenwand zum anderen Keller war bereits eingeschlagen, und man konnte einen Menschen in der Öffnung sitzen sehen. Da ich die kleinste und schmalste war, ließ man mich vorankriechen und – turnen, denn natürlich waren auch in diesem Keller die Verwüstungen durch die Luftmine so stark, dass man nur mit Mühe vorankam. Herr L. war dicht hinter mir und hielt mich an der Kleidung fest. Vermutlich wurde auch er festgehalten, um die Verbindung nach draußen nicht verlorengehen zu lassen. Schutt rieselte von überallher herein, und durch den dichten Staub kämpften wir uns über eingefallene Luftschutzbetten, Stühle, Regale und Koffer näher zum Durchgang hin. Ich hörte schon aus dem Nachbarkeller ein kleines Kind wimmern. Endlich erreichte ich den in der Maueröffnung sitzenden Mann und wollte ihn eben auffordern, den Weg freizugeben, als er durch meine Berührung umkippte und mir vor die Füße fiel. Da sah ich, dass er tot war. Ein Backstein hatte ihn wohl im Genick getroffen und erschlagen. Mühsam nur konnten Herr L. und ich den Toten im Gewirr von Holz und Mauersteinen nach hinten schaffen, um den Weg wieder freizubekommen. Andere nahmen den Mann dann ab, und wir versuchten, wieder vorwärtszukommen. Da stürzte im Nachbarkeller etwas ein. Unter der aufquellenden Staubwolke konnte ich kurz das Gesicht und die sich bewegenden Händchen des etwa zweijährigen Kindes erkennen, dann war alles vom Staub eingehüllt, verschluckt! Und wir bekamen fast keine Luft mehr! Von hinten rief es nach uns, wir sollten sofort den Rückweg antreten… In der Zwischenzeit hatte das Feuer auf das Haus, von dem aus wir die Rettung versuchten, übergegriffen. Die Hitze machte uns immer mehr zu schaffen, doch mehr noch der Gedanke an die vielleicht noch lebenden Menschen dort unten! Herr L. zog mich mit sich, und wir machten uns auf den Weg nach oben in der Hoffnung, dass vielleicht vom anderen Nachbarhaus die Retter besser durchgekommen waren und Hilfe bringen konnten. Schmutzig und schwarz im Gesicht und an den Händen standen wir aber draußen der anderen Rettungsgruppe gegenüber. Keine Rettung möglich! Wir konnten nur hoffen, dass die Menschen da unten aus Mangel an Sauerstoff und wegen des Kohlenmonoxidgases eingeschlafen und gestorben waren, bevor die Flammen sie erreichten. Ich konnte die Tränen nicht mehr zurückhalten und muss ein schauerliches Bild geboten haben, denn meine Mutter war vom

Schreck über mein Aussehen wie gelähmt ... sie glaubte, ich sei verletzt. Dass mein Vater mich stützte beim Nachhausegehen und mir ständig beruhigend zuredete, muss diesen Eindruck noch verstärkt haben. Ich selbst weiß davon nichts mehr, man hat es mir später erzählt. Als ich am nächsten Morgen an der Brandstelle vorbeikam, waren alle drei Häuser (es waren Reihenhäuser gewesen) nur noch ein rauchender Trümmerhaufen. Ich kann die Empfindungen kaum schildern, die mich befielen, als ich an einem der nächsten Tage zufällig Zeuge wurde, wie die zusammengeschrumpften und verkohlten Leichen der Bewohner des mittleren Hauses herausgetragen wurden. Alles kam mir – wieder einmal – so sinnlos vor, der ganze Krieg, alle Aufrufe zum Durchhalten, dieses letzte Kräfteaufgebot, um einen Sieg zu erringen, wenn kleine, unschuldige Kinder auf so schreckliche Weise ihr Leben verloren. Warum ließ Gott dies zu? Gab es überhaupt einen Gott?«

Es hat auch das gegeben, dass eine Lehrerin tot im Keller der Schule lag und erst nach 14 Tagen – völlig ausgeplündert – aufgefunden wurde und dass ein Schulmädchen bei einem Fliegerangriff auf Ulm als einzige von zehn Personen aus einem provisorischen Schützengraben geborgen wurde. Man muss sich viele ähnliche Einzelschicksale vorstellen!

Aus den Berichten geht klar hervor, dass es keinen zureichenden Schutz für die Zivilbevölkerung gab. Es ist hier nicht der Ort, Betrachtungen darüber anzustellen, in welchem Maße und aus welchen Gründen die NS-Führung es versäumt hat, mehr dafür zu tun, und wie viele Menschen dadurch hätten gerettet werden können. Bunker- und Stollenbau wurden – wie schon gesagt – während des Krieges, teilweise durch Privatinitiative, in Gang gebracht, und es wurde drauf geachtet, dass Menschen nicht in unzulänglichen Hauskellern blieben, aber auch die Bunker und selbst die »natürlichen« Schutzräume wie Tunnels, U-Bahnschächte und selbstgegrabene Erdstollen waren nicht hundertprozentig sicher. Sie waren oft überfüllt, weil mit den heftiger werdenden Angriffen die Menschen sich zunehmend aus ihren Hauskellern in die *Bunker* flüchteten. So kam es oft zu Luftnot, auch zu Panikreaktionen. Wenn es sehr schnell gehen musste und schon Bomben fielen, konnte es sein, dass Menschen sich vor den Eingängen zu Tode trampelten. Auch der Bunker konnte zur Todesfalle werden, wenn z. B. die Ausgänge verschüttet waren oder Wasserrohre brachen. Wenn man in einen Bunker oder einen sichereren Luftschutzraum ging, musste man meist ein Stück zu Fuß zurücklegen. Oft war das ein Wettlauf mit der Zeit. Es war auch bedrohlich und gefährlich, weil es oft durch freies Gelände ging ohne Licht. Manche hatten mit schwarzem Papier beklebte Taschenlampen bei sich, die nur im Notfall benützt werden durften. Im Bunker bekam man nicht immer einen Sitzplatz wegen des großen Andrangs.

HANNELORE S. (1927): »Mit dem Rücken an der blanken Felswand stehend, eng aneinandergelehnt, schliefen wir oder versuchten es zumindest, bis wieder irgendwo die Kette brach, weil einer umgefallen war.«

Viele, besonders damalige Kinder, beschreiben ihre »Bunkerangst«.

CHRISTA B. (1933): »Als die Angriffe (auf Stuttgart) schlimmer wurden, musste man ins Schwabtunnel. Da waren bloß solche Birnen an der Decke, und wenn es dann ganz schlimm wurde, dann ging das Licht aus. Und da war schlechte Luft, da sind manchmal Frauen ohnmächtig geworden, Frauen haben geweint, dann haben auch die kleinen Kinder geheult.

I: *Man fühlte sich eingesperrt?*

B: Das war schrecklich, ja. Da waren zwei Türen. Die äußere war eine Stahltür. Und da ging man also rein und saß auf dem Boden. Hat man Decken mitgenommen. Hinten an der Wand waren solche Bänke. Das war schon unheimlich.«

RUTH LOAH (1933), Hamburg: »Viele Familien sind – unabhängig davon, ob Alarm gegeben war oder nicht – jeden Abend in den Bunker gegangen und haben die Nacht auf Bänken und Pritschen verbracht. So lebten dort im Laufe der Kriegsjahre immer mehr Menschen, die ihre Wohnungen durch Bomben verloren hatten, unter entsetzlichen Bedingungen, und da meine Eltern es auf die Dauer unmöglich fanden, mit ihren kleinen Kindern viele Stunden in einem von Menschenmassen überfüllten Bunker zu verbringen, sind wir schließlich in unseren eigenen Kohlenkeller gegangen.«[37]

BERTE B. (1917), Stuttgart: »Die grausigste Nacht meines Lebens hab' ich im Wagenburgtunnel verbracht. Als unsere Wohnung in Degerloch kaputt war, bin ich mit einer Frau vom Haus nachts zu meinen Schwiegereltern und hab' gedacht, wir können da schlafen. Und dann kam wieder Alarm, und da wollten wir mit denen in den Bunker, da hat mein Schwiegervater geholfen schaffen, damit die Familie hineindurfte. Und ich komme hin an den Bunker, und dann hat es geheißen: ›Für Sie hat Ihr Schwiegervater nicht gegraben, Sie dürfen nicht hinein.‹ Und schon Alarm. Dann mussten wir von Gablenberg bis hinunter an den Wagenburgtunnel marschieren. Jede hat eine Tasche mit ihrer Habe gehabt. Und auf der Wagenburgstraße vor dem Wagenburgtunnel war ein Bombenloch, und da bin ich hineingefallen, voll mit meinen beiden Knien. Meine Tasche habe ich aber nicht losgelassen, ich habe das Silberbesteck dringehabt und ein bisschen Wäsche, und dann wieder rausgerutscht und – gekrabbelt, und dann sind wir hingekommen ans Wagenburgtunnel, und natürlich überfüllt. Das war für 1000 Menschen gerichtet, und in der Nacht waren 4000 da.[38] Und die Polen, die haben ja außen stehen müssen und haben geschrien vor Angst. Und ich habe auch geschrien, das war grauenhaft. Und das vielleicht nachts um elfe, und immer noch bum, bum! Und da haben wir immer gedrückt und immer gedrückt und geschoben, und irgendwann bin ich halt ohnmächtig geworden. Also, da weiß ich nichts mehr. Irgendwann bin ich halt in so einem Kämmerle zu mir gekommen. Sicher auch durch den Sturz, viel geblutet usw. Das ist aber schon gegen Morgen gewesen, und dann sind wir wieder losmarschiert... Das war die schrecklichste Nacht meines Lebens. Ich fahre auch nie durchs Wagenburgtunnel, wo ich nicht drandenke.«

Viele waren während der Fliegeralarme und Fliegerangriffe nur mangelhaft oder gar nicht geschützt. Das konnte in Betrieben sein, auch im Dienst bei der Luftüberwachung; man konnte unterwegs von einem Angriff überrascht werden, oder der Alarm wurde nicht rechtzeitig gegeben.

DOROTHEA D. (1924) war im Labor des Rüstungsbetriebs der Firma Kreidler in Stuttgart-Zuffenhausen tätig. Dort musste sie Luftschutzdienst machen: »Das war so eine Art Telefondienst, wo die Meldungen von Bränden innerhalb des Firmengeländes weitergegeben werden mussten... Die Betriebsleitung saß im sicheren Schutzraum, und wir saßen zu ebener Erde, ungeschützt.«

ANNELIESE K. (1923): »'43 sind wir für dies Flugwachtkommando ausgebildet worden (man hat nicht wählen dürfen)... Da haben wir fest schaffen müssen: Flugwache, Flugaufnahme und Flugweitergabe, direkt an die Flak. Die Informationen aufnehmen und weitergeben an die Flak, an Krankenhäuser usw. Da waren wir ungeschützt. '44 ging eine Bombe rein. Alle, die da geschafft haben, die ganze Ablösung (es waren drei Gruppen, die sich jeweils abgelöst haben) waren tot. Wir haben auch gemeutert und haben gesagt: ›Da können wir nicht bleiben.‹ Da hat man uns vertröstet.«

LORE B. (1923) war kriegsdienstverpflichtet in der BASF nach Oppau (bei Ludwigshafen): »Zuerst kam ja Voralarm. Da geschah nichts. Dann kam der Hauptalarm, und dann geschah bei der BASF nämlich auch nichts, da musste man weiterarbeiten im Krieg. Dann kam der Werksalarm. Und mit dem fielen aber schon die ersten Bomben. Und dann ging man außen am Haus so eine fürchterliche Wendeltreppe runter. Also dass ich da nicht runtergefallen bin, das versteh ich heute noch nicht. Dann ging's in den Keller. Und anschließend wurden die Toten aus dem Bunker geholt und aus den Labors. Ja, es gab auch Labors, wo die Kriegsgefangenen durcharbeiten mussten.
I: *Und die sind durch Bombeneinwirkung dort umgekommen? Also nicht durch irgendwelche ausströmenden Gase?*
B: Auch durch Ammoniak. Wir hatten direkt das Ammoniaklager gegenüber. Da ist mal ein Volltreffer rein. Und Ammoniakleichen sind eben nur noch so groß (*zeigt mit den Händen eine Länge von ca. 70 cm an*). Da hat man uns reingeschickt. Aber wir waren ja schließlich auch erst 20 Jahre alt.«

In den Berichten von Lore B. und Berte B. ist von Menschen die Rede, die überhaupt keinen Anspruch auf Schutz vor Bomben hatten, die brutal aus Bunkern und Luftschutzkellern ausgesperrt wurden. Hier kamen die Frauen in unmittelbare Berührung mit den todbringenden Folgen der Ausgrenzung von Fremdarbeitern und Kriegsgefangenen. Einige wussten auch, dass die Gefangenen im Gefängnis bei Alarm in ihren Zellen bleiben mussten.[39] Andere berichten von Juden und Halbjuden, die den Luftschutzkeller nicht betreten durften.[40]

Es wird auch erzählt, dass russische Kriegsgefangene die Toten aus den glühenden Kellern herausholen mussten. Bei der Bergung von Leichen waren auch öfters KZ-Häftlinge beschäftigt. Die Frauen erwähnen das eher beiläufig. Es scheint jedoch, als habe die eigene Todesangst die allermeisten unfähig gemacht, mehr als nur flüchtiges Mitgefühl für die Angst der völlig Ungeschützten zu empfinden.

Jede war mit ihren eigenen Gefühlen und ihrer eigenen Not vollkommen beschäftigt. Was sie im Keller oder im Bunker an der Grenze zum Tod empfunden und gedacht haben, ist ihnen heute noch ganz gegenwärtig, obwohl gerade dies sich am schwersten in Worte fassen lässt. Übereinstimmend wird das Gefühl der völligen Ohnmacht beschrieben, das unwillkürliche Zittern und die große Stille auf dem Höhepunkt der Angriffe. Wendungen wie: »Wir saßen starr und stumm«, »Wir waren wie gelähmt«, »Ich war wie betäubt«, »Es war immer eigentlich eine Stille wie in der Kirche«, »Es war eine unheimliche Ruhe« kehren immer wieder, auch ein Gefühl des aufs äußerste angespannten Wartens auf das Ende, das Ende des Lebens oder das Ende des Getöses. Letzte Gedanken verwandelten sich in Stoßgebete um Hilfe, oft um Hilfe und Rettung für die Kinder. Seltener wird von unkontrolliertem Schreien erzählt, eher von verzweifelten und gepressten Ausrufen des Entsetzens. Immer wieder wird von lauten Gebeten berichtet, die manchmal beruhigend wirkten, wenn sie von gefassten und wirklich gläubigen Menschen kamen, manche Ungläubigen aber auch aufregten. Es kam auch vor, dass Frauen in Ohnmacht fielen, einen vorübergehenden Schock erlitten, nicht mehr sprechen konnten, oder – ganz vereinzelt wird auch davon erzählt – dass sie den Verstand verloren. Dann waren meist noch andere schwere Schicksalsschläge vorausgegangen. Die meisten hielt die Verantwortung für die Kinder aufrecht. Sie durften nicht »durchdrehen«. Es kam auch sehr darauf an, welche »Leitfiguren« im Keller oder im Bunker waren. Oft waren es Frauen, die durch ihre besonnene Art und durch ihre Nervenstärke beruhigend auf die ganze Umgebung wirkten. Einmal wurde mir berichtet, dass Frauen während der Bombeneinschläge sangen.

Instinktiv duckten sich die Menschen unter den Einschlägen. Oftmals fassten sich Mütter und Töchter an den Händen, umklammerten sich, suchten ihre Kinder mit ihren Körpern zu schützen.

Ganz bewusst wurde man sich der ausgestandenen Todesangst und der täglich neuen Lebensbedrohung erst, wenn das Schlimmste überstanden schien, wenn es draußen wieder ruhiger wurde. Bekenntnisse dieser lähmenden und angsterfüllten Grundstimmung schlugen sich deshalb besonders in Tagebüchern und Briefen, später in Autobiografien nieder.

Ein Beispiel aus dem Tagebuch der Schülerin LILO G.: »Diese Nacht war wieder ein entsetzlicher Angriff, sie kommen jetzt alle Tage. Man merkt richtig, wie die Nerven langsam kaputt gehen... Wenn dann mit unvorstellbarem Krach die Bomben um dich her krachen, so greift der Tod mit eisiger Hand nach deinem Herzen. Nur einen Gedanken hast du: ›Wenn es doch aufhörte!‹ Aber es hört nicht auf, du meinst, im nächsten Augenblick müssten deine Nerven zerspringen, müsstest du aufschreien, aber du darfst es ja nicht, musst Haltung bewahren... Aber außerhalb des Kampfes um die notwendigste Haltung reicht es auch bei mir nicht mehr aus zu Fröhlichkeit und Freude, denn drohend ragt immer, wenn du dich freuen willst, das Gespenst des Todes, der Angst vor dir auf und lässt dich schaudern...Du wirst fragen, warum ich Angst hätte, wo ich doch fromm sei. Ja, antworte ich dir, ich bin fromm... aber mein Herz ist zu schwach, die menschliche Angst vor dem Letzten ist so unvorstellbar groß, dass im Augenblick des unmittelbaren Todes doch nichts übrig bleibt von Stärke und Ergebenheit in Gottes Willen, als ein zitterndes Menschenherz...«[41]

Nach schweren Bombenangriffen fielen die Entwarnungssirenen aus, so dass man nicht wusste, wann die Gefahr vorüber war. Deshalb warteten viele Frauen gar nicht darauf, sondern verließen die Keller, um im Haus zu löschen und zu retten, wo es nötig und möglich war. Von einigen hörte ich, dass sie es »mitten im Bombenhagel« riskierten. Auch wenn man von dieser Aussage vielleicht Abstriche machen muss, fest steht, dass Frauen sich sehr beherzt verhielten, wenn es galt, Brandbomben aus den Häusern zu werfen, zu löschen oder Möbel und Hausrat zu bergen, und immer wieder wird (übrigens auch von Männern) hervorgehoben, dass Frauen dabei weniger aufgeregt und mutiger waren als Männer.

HANNELORE W. (1918) über den ersten Bombenangriff auf Stettin, der die Stadt in Schutt und Asche legte, am 20.4.1943: »Unser Haus traf nur eine Brandbombe, die meine Mutter und eine Bewohnerin mitten im Bombenhagel unbeirrt löschten.«

ROSE S. (1912): »Wir haben viele Brandbomben im Dachstock gehabt, aber da sind wir immer hinauf und haben die nausgeworfen auf die Straße. Es ist gut gegangen.
I: *Und Sie haben sich auch beteiligt am Löschen?*
S: Ha freilich, ich bin mit meinem Schwiegervater hinauf, der war ja auch schon alt. Entweder du stirbst oder nicht. Sonst wäre das Haus abgebrannt.«

TILLY H. (1913 oder älter): »Aber was ich festgestellt habe, was man ruhig einmal sagen kann, dass Frauen tatkräftiger waren wie Männer. Dass die Männer mehr Angst hatten wie die Frauen. Das habe ich festgestellt. Ja, vielleicht liegt das so drin, dass man die Verantwortung für die Kinder ja hatte. Das ist eigentlich Natur.«

Auch an den folgenden Tagen versuchten Frauen immer noch, Dinge aus den Ruinen herauszuholen, selbst unter Lebensgefahr. Sie mussten ja dafür sorgen, dass das Leben weitergehen konnte.

Fast ebenso schlimm wie die Erinnerungen an die Angriffe selbst sind die Eindrücke kurz danach, wenn das ganze Ausmaß der Zerstörung offenbar wurde. Wieder stehen die menschlichen Schicksale im Vordergrund, aber nicht nur die der eigenen Familie, sondern auch Bilder und Erlebnisse mit Toten, Verletzten und Verschütteten, dazu der allgegenwärtige, entsetzliche Leichengeruch.

ROSWITHA N. (1924), Stuttgart: »Da bin ich ins Geschäft gelaufen, durch die Lerchenstraße, das war entsetzlich. Lerchen- und Senefelder-, das war ein ..., das sieht man ja heute noch an den Häusern, da waren Häuser, also die waren runtergebrannt bis auf den Keller, und im Keller sind die Leute nicht mehr hinausgekommen und sind ganz dick aufgequollen und sind hängengeblieben in den Fenstern, und dann ist der ... der (*technische Hilfsdienst*) gekommen, die haben dann die Keller ausgeräumt, da sind vor dem Haus so die Leute gelegen, so groß wie Puppen, alles Wasser war verdunstet, so sind sie da ... Obwohl, ich bin ins Geschäft gegangen, da hat es nichts gegeben, so sind wir gelaufen (*zeigt, wie sie sich die Nase zugehalten hat*) ... nach verbranntem Fleisch und ... au, das war furchtbar, das war ganz, ganz furchtbar.«

MARGARETE B. (1928) erzählt von ihrer Familie bei dem zweiten schweren Angriff auf Böblingen. Der Vater war im Keller des eigenen Hauses geblieben, um zu retten, was zu retten war, und hat die Mutter und zwei Schwestern mit einer Freundin in den besseren Keller eines Hotels in der Nachbarschaft geschickt, als es schlimm wurde (sie selbst war damals im Landdienst). In diesem Hotelkeller wurde die Freundin getötet, die ältere Schwester erlitt einen doppelten Schädelbruch, die andere Schwester hat es vom Luftdruck hinausgeworfen auf eine Wiese, wo sie stundenlang bewusstlos lag. Ihre Hausfrau, die auch in dem Nachbarkeller war, war ebenfalls tot. Ihr Haus wurde völlig zerstört. Nach dem Angriff: »Und dann kam meine Mutter und steht vor dem Haus, vor dem Schutthaufen, und Papa nimmer da. Der muss im Keller sein, der ist verschüttet, hat man gedacht. Und dann ist gegraben worden, ist die Organisation Todt, die ist immer eingesetzt worden nach Fliegerangriffen, und hat dann müssen helfen, den Schutt abzuräumen. Und dann haben sie, ich weiß nicht, auf jeden Fall haben sie einen halben Tag oder einen Tag gegraben und haben ihn nicht gefunden. Und dann haben sie gesagt, jetzt stellen sie's ein, für sie sei's erledigt, den finden sie doch nicht und Parteigenosse war er sowieso nicht. Dann sind die weggelaufen. Das hat meiner Mutter vollends den Rest gegeben. Und dann hat sie gesagt: ›Da bin ich gestanden und hab' geheult.‹ Und dann sind Soldaten, die vom Urlaub kamen, die Bahnhofstraße raufgekommen, und die sind dann hergelaufen, und denen hat sie's erzählt, und dann hat einer gesagt, das war ein Feldwebel, sie soll warten, er kommt wieder ... zurück mit ein paar. Und dann ging der zurück in die Kaserne nauf und hat so einen offenen Panzerwagen gebracht, und da haben sie die

Steine weggezogen, wo meine Mutter gesagt hat, da könnte er liegen. Und die haben die weggezogen, und da ist er gelegen. Hat ihm vermutlich die Lunge verrissen.
I: *Und Ihre Mutter hat das irgendwie überstanden?*
B: Ha, es war für sie schlimm und schwer, gell. Das Haus und das Geschäft innerhalb von einer Stunde alles kaputt, und dann 5 Kinder, keins war richtig in der Ausbildung oder fertig.
I: *Und ein Kind noch schwer verletzt.*
B: Ja, meine Schwester war lange noch bewusstlos in einem Krankenhaus. Das war schlimm. Und dann, wohin?«

Ein Brief an Lore E.(1922) von ihrer ehemaligen Kollegin Christa P. vom 5.1.1946:
»... so bin ich in der Lage, Ihnen die traurige Mitteilung zu machen, dass der letzte Luftangriff auf Halle, vormittags am 6. April 1945 mit tragischem Schicksal unter den brennenden Trümmern der Stern-Apotheke das junge Leben meines einzigen Kindes auslöschte. 17 Stunden lang haben die unglücklich Eingeschlossenen (40) noch gelebt, um Hilfe gerufen, Verbindung mit uns gehabt, gesprochen, aber immer wieder stürzten brennende Nachbarmauern über sie und bereiteten den qualvollen Tod. Tags darauf wurden die ersten entstellten Leichen geborgen, eingeklemmt, angebrannt, ihres Schmuckes beraubt. Bald waren es nur Menschenknochen – Schädel – verkohlt. Immer irre ich noch auf dem Trümmerhaufen umher, gehe zur Kriminalpolizei, stehe an den vielen unbekannten Gräbern und suche meine Christa. Sie war mein Stolz und meine Stütze. Nun bleibt mir nur die Sehnsucht nach meinem Kinde, das Wandern durch die Jahre, ein freudloses Alter und immer der Gedanke an das qualvolle Ende meiner Christa...!«

Viele mussten Angehörige, die sie während des Angriffs verloren hatten, suchen, haben sie nicht mehr gefunden oder mussten ihre Leichen identifizieren.

RUTH KLEIN: Vater und Mutter hatten sich während des großen Angriffs auf Heilbronn am 4.12.1944 verloren. Die Stieftochter sucht die Mutter am nächsten Tag: »Wie verkohlte Äste, wie ein Stück Baumstamm, ganz schwarz, so sahen die ersten Leichen aus, auf die ich stieß. Da ich die Schuhe von Mama kannte, musste ich die Decken nicht ganz abnehmen, sondern nur so weit, bis ich die Schuhe sah. Viele Beine und Füße waren aber abgebrannt, da musste ich dann genauer hinsehen. Da ich meine Stiefmutter in der Allee nicht finden konnte, schaute ich in der Halle des SHD (Sicherheitshilfsdienst). Auch dort lagen viele Tote. Dann ging ich die Hohe Straße runter. Rechts und links lagen sie in Reih und Glied. Ich habe sie mir alle angeschaut – auch im Luftschutzkeller war ich – doch finden konnte ich sie nicht.
Inzwischen war es Mittag geworden, und ich konnte nicht mehr. Ich ging zu meiner heutigen Schwägerin. Ihre Familie hatte eine Bäckerei in der Südstraße. Als meine Schwägerin und ihre Schwester sahen, in welcher Verfassung ich war, setzten sie die Suche für mich fort. Sie fanden meine Stiefmutter relativ schnell in einer Halle in der Nähe der Südstraße. Ich musste nun hin und die Leiche identifizieren.

Mama sah friedlich schlafend aus. Infolge von Sauerstoffmangel hatte sie das Bewusstsein verloren. Sie hatte einen breiten dicken Gürtel um. Wahrscheinlich hatte man sie daran aus dem Keller hochgezogen. Mein Vater erfuhr später, dass sie noch lebend geborgen worden war. Sie sollte auch noch unter eine Sauerstoffmaske kommen – es war aber zu spät.

Die Männer vom SHD entfernten für mich Ehering und Uhr mit einer Zange, da sie wegen der Leichenstarre anders nicht mehr abgingen. Danach musste ich den Tod meiner Stiefmutter in der Notmeldestelle bekanntgeben. Von dort schickte man mich noch einmal zurück, um meiner toten Stiefmutter einen Zettel mit ihren Personalien an den Fuß zu binden.«[42]

Bekannt durch viele Bilder sind die Botschaften auf Häuserwänden und Ruinen, die Angehörigen und Bekannten etwas über Schicksal und Verbleib der Bewohner mitteilen sollten. Man wusste oft lange nichts voneinander, da auch das Telefonnetz (Telefon hatten damals ohnehin nur wenige) und der Postverkehr durch die Angriffe gestört, wenn nicht für längere Zeit lahmgelegt wurden. Wenn immer es ging, machten sich Frauen, auch Kinder, selbst auf den Weg durch die Trümmerwüsten, um nach Eltern, Schwiegereltern, Verwandten und Freunden zu suchen und zu sehen, wie es ihnen ergangen war. »Das waren reinste Völkerwanderungen«, sagt eine Frau.

Neben der Sorge und dem Leid um die Nächsten und den schrecklichen Todesbildern wurde die ganze unheimliche Atmosphäre stark empfunden, besonders, dass es gar nicht mehr hell wurde, obwohl es noch oder wieder Tag war.

URSULA CORINTH (1930), Hamburg: »Nach dieser schlimmen Nacht ging am nächsten Morgen in Hamburg nicht mehr die Sonne auf. Wir sahen nur noch einen roten Ball, und es war neblig, die Luft voller Rauch.«[43]

URSULA VON KARDORFF, Berlin: »21. Juni 1944, abends: ... Der schwerste Tagesangriff, den wir bisher hatten. Als ich mit Uta aus dem Bunker wieder an die Oberwelt stieg, war es so finster, dass man gerade ein paar Meter weit sehen konnte. Blauschwarze Rauchwände türmten sich ringsum, dazwischen hellrote Flammen – das Fegefeuer auf mittelalterlichen Bildern ist nicht anders dargestellt. Olivgrüner Staub und weißlicher Kalkschutt liegen fußhoch auf den Straßen. Dabei war das Ganze von einer wilden Schönheit.«[44]

Trümmer und Verwüstungen machten die vertraute Umgebung unkenntlich und die Orientierung schwierig. Die Straßen wurden durch Bombentrichter und auch durch die noch lange andauernde Hitze unpassierbar. Dass ganze Stadtviertel und Städte tot waren, dass es nie mehr sein würde wie früher, spürten alle, obwohl die Bedeutung dieses unwiederbringlichen Verlustes angesichts der unmittelbaren eigenen Not erst allmählich ins Bewusstsein trat und erst in der Rückschau beklagt wurde.

GRETE B. (1913) nach dem Angriff vom 14.3.1945 auf Homburg: »Draußen ist Nacht geworden, aber was für eine Nacht! Von brennenden Häusern schauerlich beleuchtet, in allen Straßen brausender Feuersturm. Was ist aus meinem ›Schwesterngässle‹ geworden, das von Gärten begrenzt ist, auf dessen anderer Seite der Schlossberg ragte, aus dessen Gebüsch Nachtigallen sangen? – Eine mit Balken, Steinen, zersplittertem Glas übersäte Schlucht mit tiefen Bombenkratern und aufgeworfenen Erdwällen.«

P. M. nach dem Angriff vom 4.12.1944 auf Heilbronn: »Was war Heilbronn für eine schöne Stadt gewesen! Wunderschöne Patrizierhäuser mit wertvoller Steinmetzarbeit, viele kunstvoll geschmiedete Türen und Tore, alles schien für die Ewigkeit erbaut – und nun stand, nach dieser einen Nacht, vom Hauptbahnhof bis zum Karlstor nur noch das alte Postamt und ein Hotel am Bahnhof. Die ganze Stadt lag in Trümmern.«[45]

Was es bedeutete, »ausgebombt« zu sein, wie man damals sagte, alles oder fast alles verloren zu haben, wurde erst wirklich erfasst, wenn man wieder einigermaßen in Ruhe und Sicherheit war. Es kam vor, dass Menschen buchstäblich nur ihre Haut retten konnten, entweder, weil sie von einem Angriff überrascht worden waren oder weil sie ihr Notgepäck im Keller, Bunker oder im Feuer lassen mussten. Hildegard B. in Weinsberg (etwa 8 bis 10 km von Heilbronn) erlebte, wie nach dem Angriff vom 4. Dezember 1944 Heilbronner nach Weinsberg kamen: »Viele waren trotz der strengen Kälte nur im Nachthemd und in Hausschuhen dem Feuermeer entronnen. Das Entsetzen stand in ihren Gesichtern.«[46]

Für junge Mädchen, die noch keinen eigenen Hausstand hatten, war der materielle Verlust im allgemeinen leichter zu ertragen als für Frauen, die sich ihn mit viel Mühe und Liebe im Laufe der Jahre aufgebaut hatten. Die Töchter konnten sich nicht immer gleich in den Jammer ihrer Mütter hineinversetzen, begriffen aber dann doch, was es für sie bedeutete.

ELISABETH R. (1926), 1944 wurden sie total fliegergeschädigt: »Erst später ist mir bewusst geworden, was das für meine Mutter war, für den Vater vielleicht weniger, aber für die Mutter, nun weitermachen ohne einen Schrank, ohne alles. Auch mein kleiner Bruder hat geweint... Dass meine Mutter eigentlich das alles gemeistert hat, was an sie an Schwierigkeiten alles kam, auch nachdem sie ausgebombt war! Das waren ja 5 1/2 Zimmer, und sie ist mit einer kleinen Handtasche herausgekommen. Oma ist rausgekrabbelt mit dem Handtäschle. Sie war nachher nur in einem Dachkämmerle ..., da war ein kleiner Plattenkocher. Sie war damals 77 Jahre, hat nie geklagt. Das fand ich irgendwie großartig, auch Mutter nicht. Das war ein ausgesprochen gepflegter, schöner Haushalt mit allem Drum und Dran.«

Dass alles »weg« sein konnte, auch die Arbeit von vielen Jahren, erlebten auch jüngere Frauen schmerzlich.

LISELOTTE ORGEL-PURPER (1918, Bildberichterstatterin) in einem Brief an ihren Mann an der Front, zwei Monate nach ihrer Hochzeit am 25.11.1943: »Und Berlin mit einem Frontgesicht. Du kennst es nicht wieder! Wir sind geschlagen, wieder einmal! schwerst geschlagen! Mutti geht in Gedanken unaufhörlich die Wohnung durch! Und was ging alles in Flammen auf! Auch Deine ganzen geliebten Briefe. Und – Deine so kostbaren Kriegstagebuchblätter!! Ach Kuddel! Dies und anderes lag zurecht, um auf der nächsten Fahrt hierher mitgenommen zu werden. Meine Geige! Meine 6 000 Archivbilder, sämtliche Kontakte von sieben Jahren! Meine Arbeit von diesem Jahr. Unsere Hochzeitsnegative, unsere Negative von der Hochzeitsreise, und die sollten Dein Weihnachtsgeschenk sein. Bildschön bereit! Alles hin! Alle Bücher, Bilder, Andenken, Briefe und Tausenderlei. Mein Radio, Grammophon und Platten, die schöne Lampe, ach alles, alles, woran mein Herz hing.«[47]

Für die Töchter war die Zerstörung des Elternhauses ein tiefer Einschnitt:

ERIKA S. (1927): »Als wir am Morgen des 12. September (1943) vor einem großen Loch standen, hatte ich das Gefühl, dass ich mit einem Schlag erwachsen werde. Die ganze Kindheit war eigentlich mit dieser Bombennacht zu Ende. Das, was einem lieb geworden war, die Puppen, das Spielzeug aus der frühen Kindheit, vielleicht ein Kleidchen, das man als Kind gern anhatte, all das war mit einem Schlag weg, und man war erwachsen.«

Immer wieder haben mir Frauen Möbelstücke oder Gegenstände gezeigt, die »übriggeblieben« waren oder die sie später noch in den Trümmern gefunden hatten und die noch die Spuren der Verwüstung trugen.

Ausgebombt sein hieß vor allem obdachlos sein. Nicht immer konnten oder wollten Nachbarn, Verwandte oder Bekannte helfen. Dann mussten viele Menschen irgendwo und irgendwie kampieren, häufig in Bunkern, Kellern und Trümmern, manche für lange Zeit. Für kleine Kinder war es lebensgefährlich, wenn sie in den Trümmern herumturnten. Es gab auch solche, die tagelang auf der Straße lagen. Wie schwierig war es, auch nur die primitivsten Lebensbedürfnisse zu befriedigen!

HANNELORE S. (1927): »Lange konnten wir nicht mehr in dem engen Keller auf den harten Luftschutzbetten mit den dünnen Strohsäcken schlafen, jeweils zu zweit in einem dieser so schmalen Betten. Außerdem war es auch so erniedrigend, jeden Morgen jemanden bitten zu müssen, uns das Badezimmer oder eine andere Waschgelegenheit zur Verfügung zu stellen. Ganz zu schweigen von den Bittgängen um die Gelegenheit zur Benutzung einer Toilette.«

Und wenn man schließlich eine Bleibe fand, war sie oft unzumutbar, oder es ergaben sich Schwierigkeiten und Reibereien in den überbelegten Wohnungen.[48] So mussten viele von einem Notquartier zum anderen wandern, unstet und heimatlos.

ROSA T. (1910): »Bei dem großen Angriff auf Ulm (17.12.1944) war ich im Dienst (*im Luftnachrichtendienst*), und als ich heimkam, war statt meiner Wohnung ein Loch in der Erde! Ich war verzweifelt! Kein Heim und nichts mehr zum Anziehen, nur, was ich auf dem Leib hatte, und nicht wissen, wohin. Ich habe 10 Nächte im Münster bei den Sarkophagen geschlafen, bis sich jemand um mich erbarmte und mir ein Zimmer anbot, allerdings war die halbe Decke durch den Angriff heruntergekommen, aber es war ein Dach. Eine Eisenbettstelle habe ich mir von der Karlskaserne geholt, die ja auch zerbombt war.«

Aber war denn jeder einzelne sich ganz selbst überlassen? Gab es keine Bewirtschaftung von Wohnraum, amtliche Zuweisungen und Zuteilungen? Wie stand es überhaupt mit der Organisation des Zivilschutzes während der Jahre des Luftkrieges?[49] Es geht hier nicht um die Darstellung des offiziellen Krisenmanagements, die zuständigen Dienststellen und Organisationen, sondern wieder nur um die Frage, wie Frauen diese Hilfe durch Organisationen und durch ehrenamtliche Helfer erlebt haben.

Sie erwähnen immer wieder Rettungsdienste, Verbandsstellen, Auffangstellen, Rot-Kreuz-Stationen, Gemeinschaftsküchen, amtliche Anweisungen, wo man sich zum Abtransport aus der Stadt einfinden sollte. Sie erwähnen große Verteilungsstände für Lebensmittel. Es gab nach schweren Angriffen immer Bohnenkaffee, Sonderrationen, auch Wurst und Schnaps, für die Kinder Milch. Es ist die Rede von der Organisation Todt, von Soldaten- und Baukompanien, welche die ganz schweren Aufräumungsarbeiten machten, vom »technischen Hilfsdienst«, von Lastkraftwagen, die Frauen und Kinder aus der Stadt transportierten usw.

Die Beurteilung der Effektivität der Organisation ist widersprüchlich, jedoch überwiegen die anerkennenden Stimmen, etwa in dem Sinn: »Es hat trotz allem erstaunlich gut geklappt, besonders auch die Versorgung.«[50] Aber es gibt auch negative Erfahrungen.

HANNELORE H. (1925): »Gerade als 1943 die ganz schweren Angriffe auf Hamburg waren, hat die Versorgung so phantastisch geklappt, dass man es sich heute vielleicht überhaupt nicht vorstellen kann. Ich wurde sofort eingesetzt in einem Bunker von der NSV (*Nationalsozialistische Volkswohlfahrt*). Dort musste ich die Leute, die dort Schutz gesucht hatten, versorgen, unterstützen, die sind z.T. im Nachthemd in die Bunker gekommen und hatten wirklich nur das Nachthemd auf dem Leibe noch. Wir kriegten in diesen Bunker Verpflegung für Säuglinge, für Kleinkinder und für Erwachsene. Es war ein Hochbunker. Das weiß ich nämlich ganz genau, weil ich mich noch daran erinnern kann, wenn wir im Bunker saubermachten, dass wir auf den Klos Brot fanden, belegtes Brot, was die Leute schon wieder weggeworfen hatten. Es war so reichlich da, dass die Leute schon wieder so etwas wegwerfen konnten. Deshalb ist mir das so in Erinnerung geblieben. Und ich weiß, ich habe das selber nicht gesehen, aber es wurde Brot und Wurst (alles ohne Marken) angefahren, es kriegte jeder, dass die Leute sagten, die Leute treten in den Würsten auf der Moorweide herum. Die Moorweide war eine große Wiese, auf der auch mal Versammlungen waren. Da wurden wahrscheinlich die Sachen angeliefert. Dass die Leute schon gar keine Achtung mehr davor hatten. Es kam auch Wasser, es wurden Wasserwagen herangefahren. Wir waren versorgt.«

Es wird auch hervorgehoben, dass man immer extra Bezugscheine bekam für Betten, Wäsche usw., solange das noch ging. Ab 1944 gab es dann auf diese Sonderbezugscheine kaum noch etwas zu kaufen. Kritisiert wird, dass die Hilfsdienste oft selber hilflos waren, dass ihnen z. B. das Wissen fehlte, wie man Verschüttete bergen konnte. Zu fragen ist dabei natürlich, ob unter den damaligen Umständen die technischen Möglichkeiten überhaupt zur Verfügung standen. Bei manchen ganz schweren Angriffen versagte dann auch jede Hilfe.

Beim Angriff auf Dresden muss die Organisation völlig zusammengebrochen sein. GERTRUD B. (1919): »Auf den Elbwiesen lagerten sehr viele Menschen, und es geschah gar nichts: niemand versuchte, irgend etwas zu tun, es gab weder etwas zu essen noch Tee oder Suppe oder sonst etwas.«

Die Helfer waren zum größten Teil zu diesen Einsätzen verpflichtet. Es muss aber – besonders unter den Frauen – viele Freiwillige gegeben haben, die selbst ausgebombt oder unter großem Stress stehend, dennoch Zeit und Kraft aufbrachten, anderen zu helfen. Wurde in den Bombenstädten also doch die echte Volksgemeinschaft gelebt, wie sie die NS-Propaganda ständig beschwor?[51] Wie stand es überhaupt mit der *Solidarität* unter den bombenbedrohten und -geschädigten Schicksalsgenossen und -genossinnen? Auch hier sind die Erfahrungen widersprüchlich, aber es schält sich aus den Zeugnissen doch recht klar heraus, dass – abgesehen von den idealistischen und altruistischen »Helferinnen-Typen«, deren Zahl nicht zu ermitteln ist – die einfache Regel jeden menschlichen Zusammenlebens auch in diesen äußersten Notsituationen galt. Die Bereitschaft zu helfen und füreinander einzustehen war am stärksten im engsten Kreis und nahm mit wachsendem Abstand voneinander ab. Je gefährlicher und bedrohlicher die Situation war, desto mehr wurden beide Verhaltensweisen zum äußersten getrieben: Auf der einen Seite bis zur restlosen Aufopferung von Müttern für ihre Kinder, auf der anderen Seite bis zur völligen Kälte gegenüber dem Schicksal Fremder, mochten sie auch »deutsche Volksgenossen« sein. Ganz am Rande der Wahrnehmung und fern von Zuwendung standen ohnehin die Ausgegrenzten. Dazwischen gab es alle Abstufungen. Und es verwundert nicht, dass von vielen Frauen die Hilfsbereitschaft der Nachbarn, die man damals selbstverständlich alle persönlich gekannt hat, besonders hervorgehoben wird, war man doch aufeinander angewiesen. Es gab nicht »die Volksgemeinschaft«, es gab die »Notgemeinschaft« auf Gegenseitigkeit. In diesen Rahmen lassen sich die folgenden Zeugnisse einordnen:

Ausnahmsweise sei hier ein männlicher Zeuge zitiert, weil sich an ihm zeigen lässt, wie fragwürdig sein enthusiastisches Lob der »Volksgemeinschaft« ist. Willy W. erlebt auf Heimaturlaub einen Angriff auf Stuttgart mit und beschreibt die Hilfe der Nachbarschaft in einem Brief an seine Braut am 22.3.1944: »Beim ersten Angriff, 30 Minuten nach Alarmauslösung ließen die Tommys einen Feuerregen über unseren Stadtteil ergehen. Mein Vater und die übrigen Angehörigen waren die ersten, die die Brände bekämpften. Meine Schwägerin stürzte mit den Worten: ›Wenn mein Hab und Gut vernichtet ist, will ich auch nicht mehr leben!‹ in ihre Wohnung und löschte auch wacker mit. Dann kamen die Nachbarn alle (daraus kann man ersehen, wie beliebt meine Angehörigen sind) und sagten einmütig: ›Dieses Haus muss unbedingt gerettet werden.‹ Hunderte von Metern lang reichten die Wasser-Träger-Reihen. Die Schreinerei im Nebenhaus hatte inzwischen Großfeuer gefangen. Da stürzten fremde Menschen in unsere Wohnung, Laden und Lager (*sie hatten ein Lebensmittelgeschäft*) und trugen alle Gegenstände fort. Die Löschkommandos arbeiteten unter größten Schwierigkeiten und unter Aufgebot aller Kräfte bis zum frühen Morgen. Das Nachbarhaus brannte noch über 10 Tage, doch war die Gefahr für das unsrige halbwegs gebannt. Da standen die Meinen dann im leeren Haus!! So langsam kamen dann täglich, noch nach 14 Tagen, die Einrichtungen und Waren zurück. Und, können wir nicht stolz sein auf unsere Volksgenossen – alles, aber auch alles hat sich ganz von allein eingefunden. Wie ist doch das Werk unseres Führers, die Volksgemeinschaft, so groß und schön!«

Er beachtet nicht, dass es sich hier erstens um schlichte Nachbarschaftshilfe handelte, bei der jeder sich ausrechnete, dass auch ihm geholfen würde, wenn er »dran« war, und dass es zweitens ratsam war, sich mit den Inhabern eines Lebensmittelgeschäftes gut zu stellen, zum mindesten, solange das Geschäft bestand.

Ähnlichen Erlebnissen von Hilfsbereitschaft, die aber sonst nie mit diesem von Ideologie durchtränkten Pathos beschrieben werden, stehen andere gegenüber. Frauen beklagen sich öfter über Offiziere und Soldaten, die in der Heimat Dienst taten und wenig hilfsbereit waren. In vielen, auch schon zitierten Berichten, erzählen sie von Plünderungen, Diebstählen, Ausrauben von Leichen, obwohl darauf die Todesstrafe stand. Sie berichten, dass keine Rücksicht auf Schwächere genommen wurde, wenn z. B. Transporte in die Evakuierung abgehen sollten. Verwundete ließ man einfach liegen. Soldaten und Offiziere mussten mit der Waffe eingreifen, um für Schwache Platz freizubekommen. Auch die Bewohner der umliegenden Dörfer weigerten sich z.T., Ausgebombte aufzunehmen.[52] Frau K. (1936) hat noch im Ohr, wie jemand sagte: »Ihr verfluchten Bombenweiber, schert Euch wieder hin, wo Ihr hergekommen seid.«[53]

ANNA K. (1910) hatte eine kleine Tochter im Krankenhaus und geriet auf dem Heimweg in einen Tagesangriff: »Ich wollte in ein Haus rein, das wollten sie mir gerade vor der Nase noch zumachen. Die haben immer gesagt, je mehr noch im Keller sind, um so weniger Luft haben sie. Die haben einfach das Haus dann zugemacht, damit nicht einer von der Straße reinkommt. Da dachte jeder an sich. Da dachte bei Gott jeder nur an sich.«

ROSWITHA N. (1924) bringt es auf den Punkt. Im Anschluss an eine grausige Begebenheit, die sie anhören musste,[54] sagt sie: »So, so, so hart war man da. Aber nur ... aber die Gemeinschaft, sagen wir mal im Haus oder so, die war eisern, die war eisern, da, da wäre es also eine Tragödie gewesen, aber alles ... alles andere hat einen eigentlich nicht gerührt.

I: *So dass man sich also auf einen kleinen Kreis reduziert hat. Geschaut hat, dass man da überlebt?*

N: Für den ist man durch das Feuer gegangen, und er ist für einen durch das Feuer gegangen. Alles andere war, war nicht so wichtig... Das hat auch gar nicht wichtig sein können, weil man, weil man hat ja selber sozusagen um das Überleben gekämpft, gell.«

Dass nach den großen Bombenangriffen nicht alles völlig zusammenbrach, ist vor allem der Arbeitsdisziplin der Menschen, darunter nicht unwesentlich auch der Frauen, zuzuschreiben. Wenn in vielen Werken zum Zweiten Weltkrieg festgestellt wird, dass die Versorgung nie ernsthaft bedroht war, dass die Betriebe weiter liefen, dass relativ schnell die notwendigsten Verkehrsmittel wieder fuhren, Post und Banken funktionierten, die Theater wieder spielten, Konzerte gegeben wurden usw.[55], dann steht dahinter die nicht erlahmende Bereitschaft, trotz des nach jedem Angriff vorgefundenen Chaos weiterzuarbeiten. Man sieht dies als Ausdruck der Regimetreue bis zum bitteren Ende, erklärt es auch mit der Angst vor angedrohten drakonischen Strafen. Sicher war beides wirksam. Wenn man die Frauen hört, dann war die Hauptantriebskraft das Pflichtbewusstsein, über das sie sich heute z.T. selbst wundern (»So pflichtbewusst war ich damals!« »So diensteifrig war ich!«). Sieht man aber genauer hin, so stand dahinter der schlichte Überlebenswille. Jede einzelne wusste, dass sie einfach durchhalten musste, ob zu Hause oder im Beruf, wenn es überhaupt irgendwie weitergehen sollte. Selbst wenn bei der Berufsarbeit nicht mehr viel herauskam, so erhielt allein das Bewusstsein aufrecht, überhaupt noch etwas zu tun.

Wie erschwert die Arbeit der Hausfrauen und die Arbeit der berufstätigen Frauen unter diesen Bedingungen war, kann man sich leicht ausmalen. Essen, Wohnen, Heizen, Sich-Kleiden, diese Grundbedürfnisse mussten ja nach wie vor befriedigt werden.[56]

Das hieß, wenn man keinen Totalschaden hatte, Kochen auf Behelfsherden, oft nur mit ein paar Backsteinen im Hof[57], das hieß, jeden Tropfen Wasser vom Wasserwagen oder einer Zapfstelle weit herholen, manchmal gab es nur *einen* Eimer pro Tag zum Kochen, Waschen und allem; das bedeutete mitunter, in den Trümmern – oft unter Lebensgefahr – nach Essbarem oder sonst Brauchbarem zu graben und zu suchen; das bedeutete aber vor allem fortwährendes Putzen und Räumen von Schutt, mühsames Instandsetzen und fortgesetztes *Reparieren* mit immer schwerer zu beschaffenden und unzulänglicheren Mitteln. Dabei wurden schon die Kinder eingespannt und erwiesen sich als erstaunlich tüchtig. Die Männer und Söhne bekamen nur bei Totalschaden ihrer Wohnungen Bombenurlaub. Eine große Rolle spielt in den Erzählungen das Ersetzen von Fensterscheiben und das Reparieren von Türen, besonders in der kalten Jahreszeit. Man war bestrebt, wenigstens *einen* Raum wieder halbwegs bewohnbar zu machen.

HILDEGARD G. (1915), Stuttgart: »Wiederholt waren die Fenster drin, hat's die Türen aus den Angeln gerissen. Das hat man einfach hingenommen. Da ist man nicht hingesessen mit Murren, sondern hat am anderen Morgen, wenn's wieder hell geworden ist, den Besen genommen und erst die Scherben zusammengekehrt und nachher hat man geguckt, ob man wieder Glas kriegt. Wenn der Angriff groß war, hat der Glaser natürlich nicht für alle Glas gehabt, hat man Pappdeckel genommen, sofern man gehabt hat, und Papier, bis man's hat wieder ersetzen können, und so war das des öfteren. In der Nachbarschaft waren viele Häuser ganz kaputt.«

CHRISTA B. (1933): »Kinder mussten nach den Bombenangriffen Wasser ganz weit holen. Mit einem Wägele fahren. Meine Großmutter hat eine Wanne draufgestellt. Wir waren richtige Helfershelfer, und wir haben ganz wichtige Sachen gemacht. Wir haben aus den Trümmern Holz geholt und gesägt. Meine Großmutter und ich haben gekocht, wir mussten einkaufen und Schlangestehen. Haben nach den Bombenangriffen geputzt und zusammengekehrt. Wir waren so realistische Kinder.«

CHRISTEL BEILMANN (1921) arbeitete in einem Verlag in Bochum. In einem Brief an Bekannte, datiert Mitte November 1944: »Der (*Angriff*) am 25.10. traf unser Haus ziemlich schwer. Unsere Maschinensäle blieben jedoch einigermaßen heil, während die Büroräume und alle anderen Räume erheblich litten, so dass wir erst 14 Tage nur Dreck geschaufelt haben, Türen vernagelten, Fenster verpappten und verglasten, was jedoch in einer Woche dreimal aufs neue begonnen werden musste, weil jedesmal durch kleine Angriffe alles wieder herausflog. Neuerdings schwimmen wir fort, weil die Dächer infolge Fehlens von Dachpappe und Ziegeln nicht abgedichtet werden können. Wir haben weder Gas noch Licht noch Wasser. Nur ein Notkabel gibt uns ein klein wenig Strom, damit wir Lebensmittelkarten drucken können. Ob Ihr ahnen könnt, unter welchen Umständen die Menschen hier leben? Stellt Euch nur das Waschen vor und das Kochen. Die nächsten Wasserstellen liegen oft viertelstundenweit weg. Morgens tappt alles in der Dunkelheit in halbverfallenen Zimmern herum und kommt auf völlig verschlammte Straßen, die voller Schutt liegen, so dass oft nur ein Fußpfad überbleibt, zu den Arbeitsstellen, um in der Nässe und im Zugwind und in all dem Dreck herumzuwirtschaften.«[58]

Für viele war der Kampf mit Dreck, Schutt, Bombenschäden eine Sisyphusarbeit, denn kaum war alles mühsam wieder einigermaßen instandgesetzt, konnte ein neuer Angriff kommen, und alles fing von vorne an. Und die Todesgefahr blieb ständiger Begleiter. Diese *Dauerbelastung*, besonders im letzten Kriegsjahr[59], war kaum noch zu ertragen.

MATHILDE WOLFF-MÖNCKEBERG (1879) schreibt am 29. April 1944 über Hamburg: »Ich habe längere Zeit nicht an Euch, meine lieben fernen Kinder ... geschrieben. Es wird immer dunkler und schwerer um uns und in uns. Wir leben in einer Symphonie des Grauens! Kein Tag, fast keine Nacht ohne Voralarme. Aber sie heißen jetzt ›öffentliche Luftwarnung‹, und es gibt kleinen und großen Fliegeralarm. Tagsüber haben wir diesen Zustand manchmal 4-5mal, und viele laufen dann schon zum Bunker mit all ihrem tragbaren Hab und Gut, aus Angst, denn alle haben jetzt Angst, Angst! Ich auch, meine Phantasie arbeitet manchmal so stark, dass ich unser Haus förmlich zusammenkrachen höre, dass ich fast fühle, wie ich hinuntergerissen werde und wie mit einem furchtbaren Krach alles aus ist. Es muss ja jetzt bald das entsetzliche Ende kommen, so oder so.«

Und am 5. November 1944: »Stellt Euch vor, dass wir im Monat Oktober 1944 (ich habe es gerade nachgezählt) 35 Mal Alarm hatten und darunter 8 schlimme Angriffe auf unsere Stadt.«[60]

Über das »Bunkerleben« schreibt ELFRIEDE G. (1912): »Da unten war alles in kleine Zellen eingeteilt für je eine Hausgemeinschaft mit übereinander stehenden Feldbetten. Viele Stunden und Nächte mussten wir da mitten in den stickigen, kleinen Räumen aushalten. Am Tag verzehrten wir dann das oft halbfertige, in Eile mitgenommene Mittagessen, oder oftmals hatten wir gar nichts zu essen. Wasser gab es zum Trinken, aber auch nur begrenzt. Als die Angriffe immer häufiger wurden, schliefen wir ganz im Bunker. Ingeborg, unser drittes Kind, war damals unterwegs, und ich hatte mir schwere gesundheitliche Schäden zugezogen.«

CHRISTA B. (1933): »In Aschaffenburg haben wir schreckliche Angriffe mitgemacht. Wir saßen wirklich ständig im Keller. Das war wirklich wie eine ewige Gefangenschaft. Man hat bloß zwischendurch noch gelebt. Ich bin immer bloß angestanden in solchen Schlangen wegen so ein bissle Milch und so. Das war wirklich eine Tortur, das letzte Kriegsjahr, das habe ich wirklich nur als Überlebenskampf empfunden. Das wunderbare Erlebnis bei Kriegsende war, dass man schlafen konnte.«

Viele waren mehrmals total ausgebombt und erlebten darüber hinaus auch noch schwere menschliche Verluste und andere zusätzliche Belastungen.

IRMA B. (1917): »Die Eltern meines Mannes wohnten in Südende (Berlin). Gleich nach unserem Umzug nach Berlin erlebten wir in Südende einen furchtbaren Angriff, wodurch meine Schwiegereltern das erste Mal ausgebombt wurden, was ihnen später noch viermal passiert ist. Sie verloren all ihr Hab und Gut durch den Krieg, auch ihren einzigen Sohn; nur ihr Leben ist ihnen geblieben.«

EDITH H. (1917), die alleinstehend berufstätig in Berlin war: »Ich war acht Mal total ausgebombt und fünfzehn Mal mittel und schwer. Ich habe dann nicht mehr weiter gezählt, ich bin immer dabeigewesen. Wer mich in der Nacht aufgenommen hat, der wurde in der Nacht ausgebombt. Ja, aber warum bin immer ich übriggeblieben?«

Wie reagierten die Frauen auf die Angriffe und die Dauerbelastung? Ganz allgemein herrschte bei denen, die einen oder viele schwere Angriffe überstanden hatten, die Freude vor, überlebt zu haben, wenn auch die Angehörigen überlebt hatten. Der Verlust der Habe war daneben zweitrangig. Vielen kam es wie ein Wunder vor, dass sie »übriggeblieben« waren, was sie – je nach Glaubenseinstellung – dem lieben Gott oder dem Glück zuschrieben.

MATHILDE WOLFF-MÖNCKEBERG (1879) am 18.7.1945: »Ich war nach langer Zeit einmal wieder in der Stadt (*Hamburg*)... Und ich ging durch die verwüsteten Straßen wie im Traum. Ob Eure Phantasie wohl ausreicht, um Euch vorzustellen, welche Höllenmächte sich in Bewegung setzen mussten, um dieses Zerstörungswerk zu vollbringen? Ich glaube es nicht, da selbst meine Vorstellungskraft jetzt schon nicht mehr ausreicht, um mir die Hunderte von schwersten Bombenangriffen zu vergegenwärtigen, die über uns hereinbrachen mit ihrem Krachen und Donnern und Tosen, mit dem Regen von Brandbomben, den heulenden Luftminen, den Sprengbomben, Volltreffern, den Teppichen von Bomben über ganze Straßen und dem Feuermeer, das alles taghell beleuchtete, und den geborstenen Mauern, zusammengestürzten Häusern, ausgerissenen Laternenpfählen und Bäumen, aufgewühlten Fahrwegen und toten Menschen! Man muss sich das immer wieder wiederholen, um sich klarzumachen, dass man das wirklich *erlebt* und *überlebt* hat. Und Ihr werdet am Ende denken, ich übertreibe und phantasiere. Kommt nur und seht es Euch an, und wenn Ihr dann die Ruinen und Häuserreste, Trümmerhaufen und Riesenlücken im Stadtbild seht, dann werdet Ihr mir glauben und wie ich den Kopf schütteln, dass das möglich war und man dabei nicht den Verstand verloren hat.«[61]

Jüngere Frauen ohne »Anhang« verspürten eine geradezu euphorische Lebensfreude, die sich in improvisierten Festen Luft machte, die sie selber wie einen »*Tanz auf dem Vulkan*« empfanden. Oder man suchte andere Formen, um sich abzureagieren. Von Zügellosigkeit und hemmungslosem Sich-Ausleben-Wollen wird aus manchen Großstädten berichtet.[62]

EDITH H. (1917): »Zwischen den Angriffen war es der Tanz auf dem Vulkan. Da haben wir Schallplatten gespielt und haben getanzt, weil wir übriggeblieben sind.

Wenn wir uns verabschiedet haben, dann haben wir ›Auf Wiedersehen‹ gesagt, ›bleib übrig!‹ Das war der Gruß. Und wenn wir ›Auf Wiedersehen‹ gesagt haben, haben wir ›Auf Wiedersehen‹ gedacht.«

DORA G. (1927): »Wir waren fröhlich. Wir waren keine traurigen jungen Leute. Natürlich kam immer mal wieder ein Schock. Aber wenn man den verkraftet hatte, hat man um so mehr das Bedürfnis gehabt... Jeder hat die Angriffe auf seine Art abreagiert. Ich habe nach den Angriffen im Jahr '44, die ich gewissermaßen im Kriegseinsatz sehr bitter erleben musste mit Löschen und Wasserschleppen und geschädigten Familien beim Putzen, Helfen und Dachdecken... Als da das Schlimmste abgeklungen war, bin ich in den Herbstferien auf das Rad gesessen und ins Hohenloher Land gefahren. Ich habe eine Radfahrt ganz allein gemacht... Das ist einer von meinen bleibenden Eindrücken. Das Hohenloher Land mit seinen herrlichen verträumten Schlössern und dieser unberührten Landschaft dort im Herbst, buntes Laub.«

Die meisten bewahrten Ruhe, weil Panik nichts besser machte, zuweilen gepaart mit Galgenhumor und dem trotzigen Willen, »weiterzumachen«, »weiterzuleben«. Sicher half auch das Bewusstsein, dass sie ihr Schicksal mit vielen anderen teilten, oder sie kamen vor lauter Anspannung bei Tag und Nacht gar nicht zur Besinnung. Die Angst vor dem nächsten Angriff verfolgte alle, auch wenn sie diese zu verdrängen suchten. Manche kämpften mit der Hoffnungslosigkeit, aber auch mit dem Mut der Verzweiflung:

RENATE B. (1925) suchte mit ihrer Mutter in Tübingen eine Wohnung: »Da waren wir im Hotel, mussten nachts in den Keller, und zwar in den zweiten, tieferen. Und dann fiel eine Luftmine, und es presste den Staub bis unten rein, dass uns die Luft wegblieb. Das war die Luftmine, die das Uhlandhaus zerstört hat. Da hab' ich gedacht: ›Jetzt ist's ganz egal. Irgendwas bringt dich um in der nächsten Zeit.‹ Da hat man dann irgendwie auch eine Abwehr dagegen entwickelt. Wenn du das in dir sich festsetzen lässt, dass es dich umbringt, kannst du gar nichts anderes mehr tun, als darauf warten. Das hat man abgeschottet. Rauskommen und sich wundern, dass man noch lebt. Überall in der Stadt waren Plakate angeklebt: ›Wer beim Plündern erwischt wird, wird sofort standrechtlich erschossen.‹ An jeder zweiten Straßenecke zu lesen. Als Mutter und ich an einem Abend so am Ende unserer Kräfte waren, weil alles erfolglos gewesen war, sagte ich, sagten wir: ›Wenn sich gar nichts mehr zum Besseren ändert, dann fang ich an zu plündern, dann werden wir standrechtlich erschossen.‹... Das war so der Galgenhumor, den man aus der Trostlosigkeit rauszuholen versuchte.«

ELISABETH K. (1919): »Alle die Trümmer, die wir aufräumten, die verschütteten Nachbarn, die wir ausgruben, die Brände, die wir versuchten zu löschen, belasteten mich nicht bis zur Depression, wahrscheinlich, weil ich pausenlos in Aktion war, z. B. nachts im Keller und tagsüber bei der Arbeit oder mit dem Rettungswagen im Katastropheneinsatz.«

Sehr viele waren zermürbt, warteten fast apathisch und mit einem dumpfen Gefühl der Hilflosigkeit nur noch auf das Ende des sinnlosen Mordens und Zerstörens und taten, was getan sein musste, um zu überleben.

HELENE MÜLLER (etwa 1878) im Rundbrief am 13.3.1944: »Es muss doch einen Weg aus diesem Chaos geben. Wir sehen ihn aber nicht. Um uns herum ist alles dunkel.«[63]

ELISABETH S. (1914): »Aber irgendwie war man ja zum Ende des Krieges schon völlig fatalistisch und wartete eben nur auf das Ende und versuchte, so gut es ging, seine Haut zu retten.«

URSULA VON KARDORFF am 3. Februar 1945 nach dem, wie sie schreibt, schwersten Tagesangriff auf die Innenstadt Berlins: »Wir wanderten inmitten eines Stromes grauer, gebückter Gestalten, die ihre Habseligkeiten mit sich trugen. Ausgebombte, mühselig beladene Kreaturen, die aus dem Nichts zu kommen schienen, um ins Nichts zu gehen. Kaum zu merken, dass der Abend sich über die glühende Stadt senkte, so dunkel war es auch tagsüber schon. Die Arbeiterviertel sollen am schlimmsten mitgenommen sein.

Warum stellt sich niemand auf die Straße und schreit ›genug, genug‹, warum wird niemand irrsinnig? Warum gibt es keine Revolution?

Durchhalten, blödsinnigste aller Vokabeln. Also werden sie durchhalten, bis sie alle tot sind, eine andere Erlösung gibt es nicht.«[64]

Nur selten und manchmal nur auf Nachfrage werden *Gefühle gegenüber den Feinden* und den Bomberpiloten geäußert, werden Reflexionen darüber angestellt, wer die Schuldigen an diesem Desaster seien, wird davon gesprochen, welches ganz allgemein die Wirkung auf die politische Stimmung der Bevölkerung war. Es gibt darüber aber auch zeitgenössische Zeugnisse in Briefen.

CHRISTEL BEILMANN (1921) in einem Brief an Bekannte, datiert Mitte November 1944: »Es ist erstaunlich, welche Haltung die Bevölkerung hat. Das hat nichts mit Partei und so Dingen zu tun, lediglich die persönliche Anständigkeit und das Pflichtbewusstsein und die Hilfsbereitschaft der hiesigen Bevölkerung schafft das alles.«

ELFRIEDE S. (1921) über die Stimmung im Bunker (Stuttgart): »Da waren viele Leute beieinander, und das war immer eine gespannte Atmosphäre dort, einmal die Angst… man hat genau gemerkt, die Leute sind unruhig und unzufrieden mit allem, und man hat mitgekriegt, der eine ist gefallen, und da sind zwei Söhne gefallen, und da ist der Mann nimmer kommen und … das alles. Man hat's verschwiegen; man hat schweigen müssen, man hat nix sagen dürfen, denn es war ja immer jemand da, der aufgepasst hat, gell.«

GRETEL D. (1903), eine ausnehmend mutige Frau, die auch sonst kein Blatt vor den Mund nahm, erzählt, wie sie nach der teilweisen Zerstörung des Hauses noch in ihre Wohnung hineinwollte: »Dann stand einer von der Organisation Todt da und hat gesagt: ›Raus, raus, Einsturzgefahr!‹ Und dann hat der Mann zu mir gesagt: ›Bedanken Sie sich bei unseren Feinden, das waren Kanadier.‹ Da habe ich gesagt: ›Was soll ich mich? Die haben auch bloß ihre Pflicht getan. Wie unsere, die die Bomben da drüben schmeißen. Schon jahrelang.‹ Und dann hat er gesagt: ›Wenn Sie jetzt nicht so aufgeregt wären, würde ich Sie abführen lassen.‹ Dann habe ich gesagt: ›Und? Sie dürfen mich jetzt an die Wand stellen, das stört mich gar nicht. Meinen Sie, das würde mich aufregen? Sie können Ihre Waffe nehmen und mich zusammenschießen... Sie dürfen versichert sein, das, was ich jetzt schon weiß, das ist so grauenhaft, was ihr schon angestellt habt und was ihr noch anstellt.‹«

Gruppengespräch in einem Stuttgarter Altersheim mit fünf Frauen.

I: *Hat man eine Wut oder einen Hass gehabt auf die Amerikaner und Engländer über die Bombenangriffe?*

ROSE S. (1912) (*die anderen stimmen dem zu*): »Wir haben gewusst, dass wir es genau so machen in England und Frankreich. Ich hab' gesagt: ›Das sind die Folgen von einem Wahnsinnskrieg.‹ Geb's Gott, dass es das letzte Mal war!«

MATHILDE WOLFF-MÖNCKEBERG (1879) berichtet über Vorkommnisse in Hamburg: »Da man kaum kochen konnte, wurden überall Gemeinschaftsküchen errichtet, und überall, wo sich Menschen anhäuften, entstand Unruhe. Die Parteiabzeichen wurden den Trägern abgerissen, und der Schrei ertönte: ›Wir wollen den Mörder!‹ Die Polizei schritt niemals ein.«[65]

WILMA LAUTERWASSER-PFLUGFELDER über ihre Tante Mina in Heilbronn: »Damals (als ich sie zu ihrem Geburtstag in Heilbronn besuchte, am 11. November 1944), sagte sie: ›Wir gehen hier alle in der Stadt zugrunde. Was haben die mit den jüdischen Familien gemacht, mit Sängers vorn in der Sülmer Straße, das waren so rechte Leute, die Gummersheimers, die Familie Feis, die Familie May und die vielen anderen Menschen; Männer, die im ersten Krieg dabei waren! Diese Verbrechen müssen wir büßen. Wegen diesem Lump (*damit meint sie Hitler*) müssen wir zugrunde gehen.‹«[66] Am 4.12.1944 wurde Heilbronn zerstört.

RUTH NIKOLAY (1921): »Als Tags darauf (nach dem schlimmen Angriff auf Braunschweig am 10.2.44) ein langer Zug mit Särgen zum Friedhof, begleitet von vielen Tausenden Trauernden, unterwegs war, ertönten erneut die Sirenen, heulend und schaurig wie immer. Alles flüchtete in die nahen Bunker. Als die Menschen wieder ans Tageslicht kamen, sahen sie das Grauenvolle: Die Lastwagen mit den Toten waren erneut das Ziel der Bomben gewesen. Alles floh entsetzt nach Hause.

Für soviel Grausamkeit hatte niemand von uns Verständnis. In dieser grenzenlosen Hilflosigkeit dachten damals viele nur an Vergeltung.«[67]

Es hat also die verschiedensten und gegensätzlichsten Stimmungen und Gefühle gegeben, von ängstlich unterdrücktem Groll gegenüber dem Regime bis zu offenem Widerspruch und laut geäußerter Empörung über die Schuldigen, die man in der eigenen Regierung suchte (ohne die eigene Verstrickung in das System zu bedenken) oder auch – ganz im Sinne des Regimes – bei den Feinden.

Das Wort »Vergeltung« wird in zwei sich widersprechenden Bedeutungen gebraucht: Einmal als verdiente Strafe für deutsche Verbrechen und das andere Mal als Rache an den Gegnern, denen man die Schuld am Bombenterror zuschiebt. Eine zahlenmäßige Gewichtung ist nach den vorliegenden Unterlagen nicht möglich. Sicher aber ist, dass eine grundsätzlich regimekritische Haltung auch in der Beurteilung des Bombenkrieges durchschlug. Die kritischen Äußerungen stammen von Frauen, die dem Regime insgesamt skeptisch bis ablehnend gegenüberstanden oder die selbst Verfolgungen zu erdulden hatten. Es gibt aber Anhaltspunkte dafür, dass sich auch anfänglich regimetreue Menschen unter dem Eindruck des Furchtbaren, das sie erleben mussten, von der Partei abwandten.[68] Mit ihrer richtigen Einschätzung des Zusammenhangs von Ursachen und Folgen rechtfertigen sie jedoch nicht den »Bombenterror«. Auch diese Frauen benutzen das Wort ohne Anführungszeichen.[69]

Ein Prüfstein könnte das Verhalten gegenüber abgeschossenen Feindfliegern sein. Nur drei der von mir befragten Frauen kamen darauf zu sprechen. Eine berichtet von Lynchjustiz, allerdings nur vom Hörensagen. Sie selbst und ihre Eltern fühlten sich schon durch das Gerücht belastet. Eine andere ist als Krankenschwester einem sterbenden Engländer, der in ihr Krankenhaus eingeliefert worden war, hilfreich beigestanden, die dritte berichtet von ihrem Vater, der Arzt war und zu dem die aufgeregte Menge einen notgelandeten Flieger brachte, der dann auch von ihm behandelt wurde. Die Frage muss offenbleiben, ob und wie viele Frauen an Racheakten, die es nachweislich gegeben hat, beteiligt waren.[70] Es ist anzunehmen, dass auch in der Beurteilung des Bombenkrieges die Gefühle und Verhaltensweisen in ganz individueller Weise gemischt waren.

Nach den besonders schweren Angriffen setzten ungeordnete Fluchtbewegungen in die ländliche Umgebung ein. Mit steigender Bombengefahr wurden Mütter mit kleinen Kindern in sicherere Gebiete *evakuiert*. Millionen von Kindern aus den gefährdeten Städten kamen in die *Kinderlandverschickung*. Das waren die ersten großen deutschen »Völkerwanderungen« während dieses Krieges[71], Massenwanderungen, die es in der deutschen Geschichte noch nie gegeben hatte. Betroffen waren vor allem Frauen und Kinder. Von der Evakuierung und der Kinderlandverschickung handelt das nächste Kapitel.

Eine panische Angst trieb die Menschen zu Tausenden aus den brennenden und verwüsteten Städten. »Rette sich, wer kann!« hieß die Devise.[72] Für Mütter mit kleinen Kindern, für alte Menschen, überhaupt für die Schwächeren, war es allein physisch eine ungeheure Strapaze, aus der Stadt herauszukommen und das noch erhaltene Notdürftigste zu retten. Vielfach schleppte man sich zu Fuß weiter, hatte Glück, sich in einen noch fahrenden überfüllten Zug hineinzudrängen, von einem Lastkraftwagen mitgenommen zu werden, in dem die Plätze regelmäßig schwer umkämpft waren, verlor einander und suchte verzweifelt nach den Nächsten. Wie viele mögen dabei noch durch zusammenstürzende Gebäude oder Luftminen, durch brennenden Phosphor und Blindgänger umgekommen sein? Und wie schwierig war es, irgendwo eine wenigstens kurzfristige Bleibe zu finden! Die Menschen in der Umgebung waren oft wenig bereit, die Flüchtenden aufzunehmen, die öffentliche Organisation war der Aufgabe ganz offensichtlich nicht gewachsen, wie die Frauen berichten. Stellvertretend für viele mögen nur zwei kurze Berichte stehen, das wunderbare Erlebnis der Anna K. und das Beispiel einer hilfsbereiten Frau auf dem Lande:

ANNA K. (1910) wurde nach einem der schweren Juli-Angriffe 1943 aus Hamburg evakuiert: »Abends dann, mit dem allerletzten Lastwagen[73], der noch fuhr, bin ich mit meinen Kindern noch fortgekommen. Überall, wo man runtergucken konnte, lagen Leichen. Licht und Straßenlampen waren nicht, und rechts und links waren nur Ruinen. Und da trottet da ein altes Weib mit einem Eimer in der Hand, trottet die nach Horn zu. In Horn haben meine Eltern gewohnt. Da hält der Wagen an und lupft die Alte rauf, und es war meine Mutter (*gerührt*)! Das war meine Mutter! Die kam vom Hauptbahnhof – die alte Frau dachte, sie könnte zu ihrem Sohn nach Meseritz fahren.«

CHARLOTTE HEGE auf einem Hof im Hohenlohischen: »Die wenigen Züge, die auf unserem Bahnhof (*von Heilbronn*) einfuhren, brachten geflüchtete Heilbronner. Deren Kleider hingen voll Brandgeruch, ihre Haare waren versengt, ihre Augen entzündet. Aber sie antworteten nichts auf unsere aufgeregten Fragen. Wir kochten Erbsensuppe im großen Waschkessel, sie wärmten und sättigten sich, ehe sie ins Hohenloher Hinterland weiterzogen. Stumm, apathisch schlürften sie ihren Eintopf und starrten vor sich hin.«[74]

Alle, denen es gelungen war, sich aus der Trümmerwüste zu retten, erlebten den ungeheuren Kontrast zwischen der eben durchlebten Hölle und der heilen Welt des friedlichen Landes, wo es noch einen hellen Himmel gab und frische Luft. Man kann sich diesen Kontrast nicht groß genug vorstellen, mithin auch die Unterschiede in den Lebensverhältnissen.

Es war nicht nur der Gegensatz zwischen Stadt und Land, sondern auch zwischen von Fliegerangriffen heimgesuchten und verschonten Städten. Deutlich wird der Unterschied zwischen Groß- und Kleinstädten, wobei es einerseits nicht alle Großstädte gleichermaßen traf, und andererseits viele Kleinstädte, besonders noch am Ende des Krieges, schwer in Mitleidenschaft gezogen wurden.[75]

Wer z. B. aus Berlin nach Wertheim kam oder aus Stuttgart nach Reutlingen, kam sich plötzlich vor wie »im Frieden«.

EDITH H. (1912), die am Ende des Krieges aus Berlin in ihre Heimatstadt Wertheim zurückkehrte: »Und dann war ich eine Zeitlang in Wertheim, und es war so schrecklich, die Leut, die haben noch Wohnungen gehabt, die haben Vorhänge gehabt! Ich war doch gewohnt, das Zeug runterzureißen und mir um die Füße zu wickeln! Ich hab' so an mich halten müssen, dass ich nicht geklaut hab! Und dann bin ich zum Städtle rein und hab' gesagt: ›Denk einmal, Mutti, gib mir schnell die Marken, hier gibt's Brot!‹ Sagt sie: ›Wir kriegen doch immer Brot!‹ Das war alles für mich unglaublich.«

Dass man das überstanden hat und »dass man dabei nicht den Verstand verloren hat«, schreibt Mathilde Wolff-Mönckeberg mit ungläubiger Verwunderung an ihre Kinder im Ausland. Manche Frauen – wir wissen nicht, wie viele – *haben* den Verstand verloren. Und wie viele haben physische und psychische Verwundungen davongetragen, die niemand je gemessen hat! Für die körperlichen Verletzungen gab es oftmals keine angemessene Therapie, für die psychischen gar keine. Frauen und Kinder mussten mit den Schreckensbildern leben, und es tut bis heute weh, daran zu rühren. Und doch muss man sich wenigstens einigen wenigen dieser *schrecklichsten Eindrücke* nochmals stellen, um zu ermessen, welche seelische Last Frauen ihr ganzes weiteres Leben mit sich herumgetragen haben.

GERTRUD HOFSTETTER, die in einer Kaserne in Heilbronn eine Notunterkunft gefunden hatte: »Von der Kaserne aus, die auf einer Anhöhe lag, konnten wir mit dem Fernglas sehen, wie die Toten mit Schubkarren und Lastwagen in den Ehrenfriedhof gebracht wurden. In riesige Löcher wurden sie hineingeworfen. Männer mit weißen Kitteln haben nach jeder Fuhre Kalk über die Leiber geworfen: eine Schicht Kalk, eine Schicht Menschen, Kalk, Menschen, Kalk, Menschen... so ging das tagelang. Nachts, wenn ich die Augen zumache, immer sehe ich die Toten in der Kalkgrube. Ich werde sie nie vergessen können.«[76]

WILMA LAUTERWASSER nach dem Angriff auf Heilbronn: »Da fährt eine Mutter mit leerem Blick ihre zwei toten Kinder, die steif wie Gliederpuppen in einem Leiterwagen sitzen, Gasmasken vor den Gesichtern, dem Friedhof zu – ein Bild, das man nie vergisst.«[77]

ANNA K. (1910) hatte ihre kleine Tochter verloren: »Sie war vier Jahre alt. Jetzt such mal in diesem Getümmel deine kleine Tochter! Ich hatte noch von meiner Schwester den fünfzehnjährigen Jungen dabei, aber der war auch schon vor Angst halb wahnsinnig. Und da lauf ich durch die Schule und lass sie ausrufen, mach eine Tür auf, und da sehe ich, da lag eine Frau auf ein paar Tischen, und es waren zwei oder drei Ärzte dabei, und die hatte keine Haut mehr, und hinten am Kopfende saß meine Gisela (*aufgeregt*). Ich bin hin und hab' meine Deern geschnappt – ich war ja auch verzweifelt – und hab' sie geschüttelt. Dann sind wieder welche auf mich los, ich sollte das Kind loslassen, ich sei wahnsinnig. Ich sagte: ›Lassen Sie mich ja in Frieden (*nahe am Weinen*), das ist mein Kind!‹ Oh, ich sag Dir, du warst oft dem Wahnsinn nahe.«

MARGARETE L. (1916), Hamm: »Im August 1943 bekam Hamm einen Bombenangriff, eine Stunde lang. Es fielen bei Voralarm schon die Bomben, es brach eine Panik aus, so dass die Menschen wie eine Viehherde zum Bunker stürmten, wer hinfiel, wurde totgetrampelt. Diesen Angriff erlebte ich auf der Erde liegend im Freien, weil der Bunker überfüllt und geschlossen war. Von meiner Tante fanden wir eine Handtasche und ein Bein, die Kinder (*wohl der Tante*) ganz weg. Habe eine Woche nicht geschlafen, das kann man keinem schildern. Meine Nerven sind davon heute noch zerstört.«

HILTGUNT ZASSENHAUS, die sich durch das zerstörte Hamburg zu ihrer Universität zum Examen quält: »Doch noch einmal stockte mein Schritt. Auf den Stufen einer halb abgebröckelten Treppe saß ein Junge. Er konnte nicht älter sein als vier Jahre. Die Hände waren im Gebet gefaltet. Seine Augen standen unwahrscheinlich groß in dem blassen Gesicht. Sie hingen an den hüpfenden blauen Flämmchen; dann starrte er auf die Trümmer und in die leeren, ausgebrannten Fenster, aus denen zerfetzte Gardinen wie verkohlte Strünke baumelten. Die schmächtige kleine Gestalt war die eines Kindes, doch die stummen, hilflos verwundeten Augen glichen denen eines Greises.«[78]

Nachwirkungen waren lange, teilweise sind sie bis heute zu spüren. Von vielen wird erzählt, dass sich die Menschen in ihrem Aussehen veränderten, dass sie plötzlich gealtert waren, dass sie für lange Zeit, wenn nicht für immer, gezeichnet waren, dass sie nur mit Mühe, wenn überhaupt, das Gesehene und Geschehene verarbeiten konnten:

HANNELORE W. (1917), deren Mutter und Bruder den Angriff auf Dresden überlebt hatten und zu ihrer Tochter nach Lobenstein kamen: »Aber war sie das noch? Diese alte, verhärmte, schmutzige Frau, der die Angst und das Grauen noch im Gesicht standen? Noch heute (*1979, als H.W. ihre Erinnerungen aufschrieb*) hat sie die Angst nicht überstehen können, noch heute erlebt sie diesen Tag, wenn der Kalender ihn anzeigt. Und sie vergisst das Datum nicht bei ihrem außerordentlichen Zahlengedächtnis. 34 Jahre – und noch lebt das Grauen in ihr.«

Gesundheitsschäden auch nur annähernd aufzuzählen ist unmöglich, zumal sie oft nicht nur auf Bombenangriffe, sondern auf die gehäuften und verschiedenartigsten Belastungen des Krieges im ganzen zurückzuführen sind.[79]

Eindeutig ursächlich auf Bombeneinwirkungen zurückzuführen sind vor allem Verbrennungen durch Phosphor und Verstümmelungen:

FRAU LINDE, die bei dem Angriff vom 25./26. Juli auf Hamburg nachts durch das Feuer gelaufen war und unter einer Brücke während der Nacht Schutz gefunden hatte:

»Bis zum nächsten Morgen blieben wir unter der Brücke. Und erst jetzt merkten wir, dass uns gegenüber Fässer mit brennbaren Sachen lagen. Das war furchtbar. Wir rafften uns schnell auf und liefen zur Rettungsstelle. Sie war völlig überfüllt. Wir baten lediglich um etwas zu trinken; es gab aber nichts. Als ich mit den Kindern zum Verbandraum ging, wurde ich ohnmächtig. Wieder zu mir gekommen, lag ich draußen auf einer Liege. Da kein Wasser vorhanden war, konnten meine Beine nicht gesäubert werden. So wurden auf die vom Phosphor verbrannten Beine einfach Binden gewickelt.« Weil die Beine nicht rechtzeitig richtig behandelt werden konnten, litt sie noch lange entsetzliche Qualen, an denen sie fast gestorben wäre. »Im Januar bekam ich Wunddiphtherie. Meine Beine sahen furchtbar aus. Das kann ich Ihnen gar nicht beschreiben – schwarz mit grünem Eiter. Außerdem war ich von Flöhen stark zerstochen. Überall kribbelte es an den Beinen. Ich kratzte mich, und dann kamen dikke weiße Maden raus. Es gab keinen richtigen Verbandsstoff mehr. Oft wurde ich mit Papier verbunden, durch das der Eiter schnell durchsabbelte. Beim Verbinden haben sie mir immer etwas vor das Gesicht gehalten, damit ich meine Beine nicht sehen konnte. Aber einmal sah ich sie doch und erblickte nur Knochen und Hautfetzen. Bis Ende April habe ich gelegen. Dann wurde ich mit kaputten Beinen entlassen und lief mit kaputten Beinen noch bis in die 60er Jahre herum. Ich musste immer wieder zum Verbinden. Nach dem Krieg wurde mir gesagt: ›Warum haben Sie denn nicht wieder gearbeitet?‹ Aber wie sollte ich denn!«[80]

GERTRAUD B. schrieb mir am 6.4.1990 einen Brief aus Offenburg, aus dem ich zitiere: »Ich war viereinhalb Jahre alt, als eine Bombe unser Haus traf und mein Gesicht teilweise zerstörte. Erst als ich 16 war, konnte die erste kosmetische Operation erfolgen. Ich habe buchstäblich den Krieg in meinem Gesicht getragen, und ich habe erlebt, wie ich die Erwachsenen gehindert habe, zu verdrängen. Sie wollten alle so schnell wie möglich vergessen, und dann stand ich da. ›Woher hast du das?‹ – ›Vom Krieg.‹ Ich habe ihre Wut gespürt, ihre Sprachlosigkeit erfahren, aber als Kind konnte ich das nicht richtig einordnen und habe es als gegen mich gerichtet erlebt. *Ich* war nicht in Ordnung, *ich* war nicht so, wie ich sein sollte. Sie können sich kaum vorstellen, wie viele Jahre ich versucht habe, ›normal‹ zu werden, so wie die anderen, nicht etwas ›Besonderes‹. Jetzt bin ich 51, und langsam kann ich analysieren, was abgelaufen ist.

Im Augenblick läuft meine Klage auf Berufsschadensausgleich, und da wird mir deutlich, wie wenig die Erwachsenen der Nachkriegsjahre auf die Klagen eines Kindes gehört haben; weder meine Eltern noch die Ärzte haben meine Schmerzen ernst genommen. Ich denke heute, es war eine zu große psychische Belastung für sie. Die Erkenntnis steht wohl noch aus, dass ein Krieg mehrere Generationen gestörter Menschen hinterlässt. Denn auch meine Kinder haben sich mit meinem zerstörten Gesicht auseinandersetzen müssen.«

Der Brief von Gertrud B. führt über dieses Thema hinaus zu den Fragen des Umgangs mit den Nachwirkungen des Krieges und des Gesprächs zwischen den Generationen, die später noch genauer aufgegriffen werden sollen.[81]

Tiefflieger

Am Kriegsende waren die feindlichen Jagdbomber, »Jabos« genannt, allgegenwärtig. Frauen berichten besonders häufig von Tieffliegerangriffen auf Züge, aber auch auf Bauern bei der Feldarbeit, auf spielende Kinder, auf Radfahrer, auf Beerdigungen, auf Flüchtlingstrecks[82], auf Mütter, die mit Kindern unterwegs waren, einfach auf »alles, was sich bewegte«.[83]

Sie haben die Szenen der Todesbedrohung, in denen sie teilweise sogar die Piloten in den Flugzeugen erkannten, noch deutlich vor Augen.

MARIA T. (1931): »Im März '45 war es ganz schlimm mit den Tieffliegern, sie kamen meist pünktlich um 16 Uhr, wenn der Personenzug nach Rosenberg fuhr. Sie beschossen den Bahnhof und Umgebung, es gab Verwundete und Tote. Auf einer freien Strecke zwischen Osterburken und Rosenberg schossen sie auf die Leute im Zug. Der Zug fuhr dann meist zurück in den Bahnhof; man brachte Tote und Verletzte ins Krankenhaus. Im Hof waren die Toten aufgebahrt. Ich sah einen jungen Försterslehrling da liegen, zerschossen... Die Leute, die im Bahnhof die Waggons säuberten, sprachen mit Entsetzen von dem Unglück. Hirn hing an der Decke. In der Nähe wurde ein Bauer mit Pferd auf dem Acker mit Bordwaffen getroffen. Am 19. März 1945, am Josefstag, man traf sich am Marktplatz und wanderte zum Josefsbild am Schlierstadter Wald. Oft sprang man in den Graben am Weg.«

MARTHA F. (1914) beschreibt, wie man schon das Schießen der heranrückenden Front hörte, und fährt dann fort: »Um 4.00-5.00 früh fütterten wir das Vieh. Um halb sechs kam der Franzose, dann fuhren wir aufs Feld und säten Gerste, Hafer und Sommerweizen. Um 7.00-8.00 lagen wir an manchen Tagen schon in den Splittergräben, die auf den Feldern ausgegraben waren. Es war immer schönes Wetter, und die Jagdflieger schossen oft stundenlang umher. Die machten sich regelrecht einen Spaß daraus, auf alles zu schießen. Von unserer Seite war ja keine Abwehr mehr da. Einmal waren wir im Seefeld 300 m von der Bahnlinie und dem Tunnel entfernt. Mein Vater und ich hockten in einem Angerschenloch. Die zwei Gespanne standen in der Mitte des Ackers, und der Franzose lag unter einem Weidengebüsch. Mein Vater rief: ›Um Gottes Willen, da kommt ein Zug!‹ Der Zugführer wollte noch in den Tunnel kommen, aber der Zug fuhr nur noch ganz langsam. Ortsfremde Fahrgäste hingen an den Notbremsen, da sie nicht wussten, dass ein Tunnel kommt. Die Trittbretter waren voll von Menschen, die abspringen wollten. Dann kam ein Flieger über das Rottland herunter und schoss, was er nur schießen konnte, auf den Zug. Wir mussten mit ansehen, wie die Menschen erschossen wurden und von den Trittbrettern fielen. Von Lauffen kam rasch Hilfe, aber es waren viele Tote und Verletzte. Ich glaube, das war einer der letzten Züge, die noch fuhren. Unser Franzose sagte: ›Das sind doch keine Soldaten mehr, das sind Verbrecher.‹«

ROSWITHA N. (1924): »Ich habe sogar einmal einen Tieffliegerangriff auf die Straßenbahn in Botnang (Stuttgart) gesehen... Ja, und zwar sind wir oberm (*über dem*) Bot-

nanger Sattel gestanden, und da kam einer runter, und da unten ist eine einsame Straßenbahn gefahren, und da hat er die angegriffen, aber er hat sie also offensichtlich ... wahrscheinlich hat er Angst gehabt, er kommt nicht mehr hoch, hat es dann bleiben lassen... Und gerade da bei dem Tieffliegerangriff, unterwegs, da hat er also eine Bahnlinie weiter drüben angegriffen, das habe ich gesehen, und dann hat er einen Bauern auf dem Feld mit seinen Pferden angegriffen, und dann ist er wieder ab, und dann ist er nach ein paar Minuten auf uns los. Also, das war also, der Bauer, Bauer, man stelle sich das vor, der da gepflügt... (*entrüstet*).
I: *Das haben die Deutschen vorher auch gemacht in Polen.*
N: Das war furchtbar. Das ist entsetzlich. Da sind Soldaten in dem Zug gewesen, die haben so gezittert, die haben gesagt, so etwas, lieber an der Front wie so etwas.«

EVA M. (1926): »Es war Anfang April (*1945*)... Da hatten wir so 'ne Obstplantage, einige alte Bäume stehen noch, die Bäume sind angeschossen worden, aber meine Eltern waren ja mittendrin und andere alte Leute auch. Das haben die gemacht. Da überlegt man sich, wer kann denn so was Idiotisches tun? Na ja, da haben wir uns vorgestellt, das sind so ein paar junge Kerlchen, denen es Spaß macht, die alten Leute rennen zu sehen wie die Hasen. Es gibt ja auch Leute, die aus Spaß auf die Hasen schießen. Mal sehen, was die dann machen, wenn die sich überschlagen und tot umfallen. So kann das nur gewesen sein.«

Die Reaktionen der Frauen drücken bitteres Unverständnis und Empörung über die Roheit aus, die eigentlich nichts mehr mit rationaler Kriegführung zu tun hat. Bezeichnend aber ist, dass z. B. Roswitha N. den Einwurf der Interviewerin »Das haben die Deutschen vorher auch gemacht in Polen« völlig überhört. Dies ist noch in mehreren anderen Interviews feststellbar. Die Vorgeschichte und dieser Zusammenhang ist den Frauen damals nicht aufgegangen und – wie ihre heutigen Reaktionen zeigen – auch heute nicht allen klar.
RUTH KLÜGER (1931), die deutsche Jüdin, den Konzentrationslagern entkommen und mit einem Amerikaner verheiratet, schildert die Begegnung mit einem ehemaligen Tieffliegerin Amerika mit großer Fairness:

»Über die Mentalität dieser Tiefflieger erfuhr ich mehr als jungverheiratete Frau in Amerika. Wir waren eingeladen bei Veteranen, Kameraden meines Mannes, der im Krieg Fallschirmjäger gewesen war. Da erzählte ein solcher Tiefflieger, der einstigen Machtausübung wohlig gedenkend, wie er einem verzweifelten Menschen das Leben ließ, weil der es sich durch hartnäckiges Hin- und Herlaufen zwischen Straße und Straßengraben »verdient« hatte. Der Flieger hatte ihn wie einen Hasen gejagt, es endlich lachend und »bewundernd« aufgegeben, und behauptete, er habe dem Verschonten noch zum Abschied mit den Flügeln seiner Maschine gewinkt. Diesem fröhlichen Amerikaner fiel es nicht ein, dass der Deutsche sich in dem Moment in einer ziemlich anderen Gemütsverfassung befand als der, der sicher im Flugzeug saß und die Wahl zwischen Töten und Nichttöten hatte; dass der Gejagte dieses Flügelwinken, wenn er es überhaupt bemerkte, nicht als ein kameradschaftliches Kompliment aufgefasst haben wird. Ich konnte mir das nicht anhören und warf ein, man dürfe doch so nicht mit einem Menschenleben umspringen; ich widersprach nicht aus Liebe zu den Deutschen, sondern weil dieser Mann nicht wusste, wie man vergleicht, weil er Spieler und Gegenspieler sah, wo er Jäger und Gehetzte hätte sehen sollen. Kann ja gut sein, dass die Rollen vertauschbar gewesen wären, dass die beiden sich dem Charakter nach nicht so unähnlich waren, dass der Geschundene auch Schinder hätte sein können und irgendwann auch gewesen ist, das weiß ich alles nicht. In dem Moment, von dem ich weiß, waren sie ein Täter und ein Opfer, der eine ausgeliefert an die Willkür des anderen. Der Sprecher ist verstimmt, auf ernsthafte Einwände war er nicht gefasst, mir geht auf, dass Frauen in diesem Kreis nur geduldet sind, wenn sie den Mund halten.«[84]

Mir liegt nur das Zeugnis einer Frau vor, die über einen abgeschossenen Tieffliegerpiloten berichtet. Wir müssen auch hier offenlassen, wie repräsentativ dieses Beispiel ist.

MARIA T. (1931): »Einmal stand ich an der Bahnschranke, da war ein Luftkampf. Deutsche Jäger brachten ein amerikanisches Flugzeug zum Absturz. Ich lief die Treppe hoch, zum Kapfenwirt in den Hauseingang. Flugzeugteile fielen runter, und man dachte, das fliegt einem auf den Kopf. Das Wrack lag bei Leibenstadt-Seehof. Dann sah man Fallschirme runterkommen. Gärtner Hoffmann nahm den Gelandeten im Hädwäldle gefangen; er kam erst hier ins Krankenhaus. Von da fuhr ihn Baumann Erna zum Bahnhof, er wurde nach Tauberbischofsheim in ein Lazarett gebracht. Rotkreuzschwester Erna achtete darauf, dass der Amerikaner im Rollstuhl von der Bevölkerung, die über die Angriffe sehr erbost war, nicht belästigt wurde, er sei doch verwundet.«

Zusammenfassung

Die Bombardierung bezog zum ersten Mal in der Geschichte Frauen und Kinder in großem Umfang in das unmittelbare Kriegsgeschehen ein. Das »Fronterlebnis« der Frauen waren die Bomben, gegen die sie sich nicht zur Wehr setzen konnten. Die Vorkehrungen zum Schutz der Bevölkerung waren unzureichend. Absolut sicher war man selbst im Bunker nicht, ganz zu schweigen von den privaten Schutzräumen. Auch an ihren Arbeitsstellen waren die Frauen oft mangelhaft oder gar nicht geschützt. Das grauenhafte Zerstörungswerk traf die Frauen unvorbereitet.

Die Wahrscheinlichkeit, in das Inferno großer Luftangriffe zu geraten, war nicht abhängig von der Schichtzugehörigkeit[85], wohl aber vom Wohnort.

ZUSAMMENFASSUNG

Einen »logischen«, für die Betroffenen kalkulierbaren Bombardierungsplan schien es nicht zu geben. Es traf große wie kleine Städte und Ortschaften, und das mehr oder weniger häufig und heftig zu nicht vorhersehbaren Zeiten. Insgesamt nahmen die Heftigkeit und Häufigkeit der Angriffe zu; die Großstädte trugen das höchste Risiko. Aber Luftangriffe in ländlichen Gegenden waren für die Betroffenen kaum weniger schlimm, schon weil es gerade hier an geeigneten Schutzräumen fehlte. Im Verlauf des Krieges, später vor allem durch den Tieffliegerbeschuss, dann durch die Kampfhandlungen im eigenen Land, wuchs die Lebensgefahr. Frauen übernahmen die Verantwortung für ihre Kinder und alten Angehörigen, denen sie Schutz und Hilfe waren, von denen sie aber auch ihrerseits gestützt wurden. Die schlimmste Angst der Mütter war, ihre Kinder im Chaos zu verlieren. Sie haben alles in ihrer Kraft Stehende getan, damit diese nicht noch größere Schäden davontrugen. Die Wirkungen und Nachwirkungen gerade auch des Bombenkrieges auf die Kinder bedürfen einer Spezialuntersuchung. Es ist anzunehmen, dass sie gravierend waren, obwohl die Mütter viel abgefangen haben. Kinder müssen schon dadurch gelitten haben, dass sie ständig aus dem Schlaf gerissen wurden. Übereinstimmend wird festgestellt, dass sie sich sehr diszipliniert verhalten haben, für ihr Alter ungewöhnlich viel halfen und z.T. schwer eingespannt wurden, dass sie vor der Zeit »erwachsen« geworden sind.

Auch wenn keine Bomben fielen, verbrauchten die häufigen Alarme in zunehmendem Maße Zeit und Nervenkraft. Der Kriegsalltag wurde für immer mehr Frauen zum »Kelleralltag«, wobei daneben noch die notwendigen Subsistenzarbeiten bewältigt werden mussten. Mitten im Bombenkrieg haben Frauen Kinder geboren, Hochzeiten ausgerichtet. Auch Krankheiten mussten oft buchstäblich »unter Bomben« durchgestanden werden. Die Tage und Nächte wurden zu einer einzigen Nervenanspannung, einem sich seelisch und körperlichen Hinüberretten von einem Tag zum anderen.

Bis auf wenige Ausnahmen haben die Frauen und jungen Mädchen standgehalten; sie haben, wo es ging, noch beherzt gelöscht und Sachwerte unter großer Gefahr gerettet, zuweilen unerschrockener und tatkräftiger als Männer.

Der Verlust von Hab und Gut traf Frauen besonders schwer, weil es ja ihr Heim war und das Heim für ihre Familie, meist in jahrelanger Arbeit liebevoll eingerichtet und ausgestaltet mit unersetzlichen, teils über Generationen vererbten persönlichen Dingen und Werten. Damit wurde ihnen auch ein Stück Identität geraubt. Dennoch sind die Klagen darüber selten und werden eher von den Töchtern erspürt, als dass die Mütter lamentiert hätten. Sie hätten es wohl auch als unpassend empfunden, Dingen nachzutrauern, wo es so viel Trauer um Menschenleben gab. Oftmals mussten sie beides ertragen. Die Älteren haben den Wiederaufbau und die »besseren Zeiten« nicht mehr erlebt.

Frauen haben klug vorgebaut, vieles ausgelagert oder Wertgegenstände im Keller oder sogar im Bunker verstaut. Die Bomben haben ganze Existenzen zerstört, Geschäfte, Betriebe und Bauernhöfe, die Frauen mit aufgebaut hatten. Der Verlust ideeller Werte, die Zerstörung der Heimat traten vorerst noch gegenüber dem Verlust des unmittelbar Lebensnotwendigen und Privaten zurück.

Frauen haben immer und immer wieder versucht, die halbzertrümmerten, beschädigten Wohnungen notdürftig instandzusetzen und ein Minimum von Behaglichkeit zu retten.

Durch den Zufall der Bombentreffer kam es zu einer ganz neuen Art der Vermögensumverteilung. Eine neue Form von Klassengesellschaft entstand: Diejenigen, die »alles verloren«, und diejenigen, die »alles behalten« haben. Wenn die Habenichtse durch den späteren Lastenausgleich auch eine gewisse Kompensation erhielten, so steht doch außer Frage, dass er kein vollgültiger Ersatz sein konnte und dass im Krieg und unmittelbar danach die Lebensumstände der Bombengeschädigten sehr viel schlechter waren als die der Bombenverschonten. Schon allein bei den immer notwendiger werdenden Tauschgeschäften waren diejenigen, die nichts mehr zum Tauschen hatten, sehr benachteiligt. Hinzu kam die Schwierigkeit, irgendwo Unterschlupf und schließlich ein Zuhause zu finden. Die »Ausgebombten« waren vom Wohlwollen der anderen abhängig und von diesen oft nur widerwillig geduldet. Von den damit verbundenen alltäglichen Schwierigkeiten und Miseren waren wieder vor allem die Frauen betroffen.

Von einer durch den Bombenkrieg »zusammengeschweißten, verschworenen Volksgemeinschaft«, wie sie propagandistisch herausgestrichen wurde, kann kaum gesprochen werden, eher von einer »Notgemeinschaft«, einem Verhältnis des gegenseitigen Sich-Aushelfens in Familie und Nachbarschaft. Wo keine Gegenleistung erwartet werden konnte, fehlte diese Gemeinschaft weithin. In Extremsituationen war sich jeder selbst der Nächste, wobei zu den »Nächsten« immer auch die Kinder und nahe Angehörige zu zählen sind.

Aus Selbsterhaltungstrieb haben sich die Frauen abgeschottet gegen fremdes Leid, so auch gegen die ohnehin Ausgegrenzten, die Fremdarbeiter, Gefangenen, Juden, die bei Alarm nicht einmal in den Keller oder Bunker durften, auch die Häftlinge, die Leichen aus glühenden Kellern bergen mussten. Man hat sie nur am Rande wahrgenommen. Außer etwas Mitleid war keine emotionale Reserve für sie übrig.[86]

Frauen sprechen offen über ihre Gefühle in den Grenzsituationen zwischen Leben und Tod. Alle geben ihre große Angst unumwunden zu, eine ganz elementare, kreatürliche Angst, »in der Falle« zu sitzen, die auch von einer Gefühls- und Denklähmung begleitet sein konnte. Sie sagen auch, was ihnen Trost gegeben hat, eigene Gebete oder Gebete gläubiger Menschen, körperliche Nähe zu den Nächsten. Frauen huldigten keinem »Tapferkeitsideal«, sie waren tapfer, weil sie es sein mussten, auch um ihrer Kinder und der ihnen Anvertrauten willen.

Sie haben aus- und durchgehalten an dem Platz, auf den sie gestellt waren, sei es zu Hause oder im Beruf, trotz Angst, Erschöpfung und Zermürbung. Es ging ihnen nur noch ums Überstehen. Ich habe bei ihren Reaktionen die Einschätzung der Kriegslage vorerst ausgeklammert.[87] Vorwegnehmend kann aber schon gesagt werden, dass nach den großen Bombenangriffen seit 1943 der Glaube an eine »Vergeltung«, von der die Führung bis zuletzt sprach, immer mehr schwand. Wenn das Kriegsende 1945 als Befreiung empfunden wurde, dann hauptsächlich als Befreiung von der Bombengefahr. »Dass man wieder ruhig schlafen konnte«, war *die* große Erleichterung.[88]

Es kam nicht zu Meutereien, auch wenn Unmut und Wut geäußert wurden, und zwar weniger über die »Feinde«, wie es erwünscht gewesen wäre, als über die »Sinnlosigkeit des Krieges« und vereinzelt auch über die Schuldigen, nämlich das nationalsozialistische Regime, Hitler nicht ausgenommen. Ursachen und Folgen des Bombenkrieges wurden aber nur von vergleichsweise wenigen im richtigen Zusammenhang gesehen. Trotzdem hat sich – bis auf wenige Ausnahmen – kein Hass gegen die entwickelt, die die »Terrorangriffe« flogen, obwohl dieser NS-Ausdruck damals und heute viel benutzt wurde und wird. Es schien eine stillschweigende Übereinkunft darüber bestanden zu haben, dass das nun einmal zum Krieg gehörte und dass jeder diesen Krieg mit allen ihm zur Verfügung stehenden Mitteln führte.[89] Aber die Feinde, die die eigenen Städte und Häuser und überwiegend Frauen, Kinder und alte Menschen »zerbombt« hatten, nachher als Befreier zu sehen, war nicht möglich, so sehr man auch das Kriegsende herbeisehnte.[90]

Zorn und Empörung wurden schon damals über die Tieffliegerangriffe geäußert, wo direkt und mit voller Absicht, gleichsam mit Blickkontakt, auf wehrlose Menschen gezielt wurde, obwohl dem überhaupt keine kriegsentscheidende Bedeutung mehr zukam. Dass »Unsere« das auch gemacht haben, als sie die Möglichkeit dazu hatten, war und ist den allermeisten Frauen unbekannt. Auch Angriffe auf Lazarettzüge werden bitter kommentiert.[91]

Es kam nicht zu ernsten Unbotmäßigkeiten, noch viel weniger zu einem allgemeinen Chaos. Die Forschung hat festgestellt, dass die »Moral« des deutschen Volkes durch die Bombenangriffe nicht gebrochen wurde, was die erklärte Absicht der Alliierten war. Einen großen Anteil daran hatten die Frauen. Aber der Grund war nicht, wie manche vermuten, dass sie sich »um so fester um ihren Führer scharten«, sondern der Grund war, dass Unbotmäßigkeit und Meuterei nicht nur lebensgefährlich gewesen wären, weil überall Spitzel lauerten, sondern auch ganz unmittelbar die eigene Übrlebenschance gefährdet hätten. Das bereits durch die Bombenangriffe angerichtete Chaos konnte man nicht auch noch durch eigenes chaotisches Verhalten vermehren, sondern nur durch äußerste Disziplin zu mindern suchen. Das schon mehrmals zitierte tief verwurzelte Pflichtgefühl fiel zusammen mit dem instinktiven Willen zur Selbstbehauptung. Eine Möglichkeit, durch eigenes Verhalten oder Verweigern das Kriegsende herbeizuzwingen, gab es nicht. Wie diese Bombenerfahrungen ihre spätere Haltung zum Krieg und zur Kriegsverhinderung beeinflusst haben, soll in Band III erörtert werden.[92]

Besonders junge Mädchen haben auch immer wieder ihre Ventile zum »Abreagieren« gefunden, ließen sich inmitten von Tod und Zerstörung die Lebensfreude nicht völlig nehmen.[93]

Die Evakuierung und die Flucht aus den Bombenstädten retteten viele vor dem Zusammenbruch. Auf die, die den großen Angriffen entronnen waren, wirkten die Evakuierungsgebiete wie Oasen des Friedens. Gesundheitliche Nachwirkungen reichen bei vielen weit über die Kriegszeit hinaus. Auch für diese Wunden gab es nur unzureichende medizinische Betreuung, geschweige denn eine Psychotherapie.[94]

Angesichts von mehr als 600 000 »Ziviltoten« durch den Bombenkrieg, zumeist von Frauen, Kindern und alten Menschen, muss wiederholt werden, was schon in der Einleitung gesagt wurde: Das Erleben derer, die in den Kellern, auf den Straßen, in den Feuerstürmen umgekommen sind, bleibt unbeschreibbar, denn die Toten haben keine Stimme mehr. Deshalb bleibt auch hier das Schlimmste ausgespart und das Bild unvollständig.

KAPITEL 6

Evakuierung, Kinderlandverschickung

Die Trennung der Frauen von den Männern, die einrücken mussten, war nur ein Teil des Auseinandergerissenwerdens von Familien, das ein Signum dieses Krieges war. Der Luftkrieg erzwang noch weitere Trennungen: Mütter flohen mit ihren Kindern vor den Bomben, wurden evakuiert. Kinder kamen mit der Kinderlandverschickung (KLV) häufig weit fort. So zerfielen die Familien noch weiter, auch solche, in denen der Vater noch zu Hause war. Die Kinder waren zum Teil in verschiedenen Gegenden. Die gewohnten nachbarschaftlichen und freundschaftlichen Verbindungen, die gerade in dieser Zeit so wichtig waren, mussten gelöst werden. Frauen mussten oft allein den Umzug organisieren, sich auf ganz neue Menschen und fremde, meist eingeschränkte Gegebenheiten einstellen oder auch auf Verwandte, denen sie nun in einer ganz neuen Rolle als arme Bittsteller begegneten; die Kinder, die bei ihren Müttern bleiben konnten, mussten sich neu zurechtfinden und neuen Anschluss suchen. Hinzu kam, dass die älteren Töchter, die unter normalen Umständen noch zu Hause gewesen wären, durch Arbeitsdienst, Kriegseinsätze und Kriegsdienstverpflichtungen weit weg waren. Ganze Dienststellen wurden evakuiert und mit ihnen die Angestellten, was weitere Trennungen mit sich brachte. Die Verbindungen untereinander waren zunehmend gestört, so dass man oft lange ohne Nachricht voneinander blieb.[1] Hannelore S. (1927): »Das Schlimme war…, dass keiner vom anderen wusste, ob er noch lebte und wie es ihm erging, ob er Hab und Gut noch besaß oder bereits vor dem Nichts stand.«

Die Evakuierung und die KLV betrafen sehr viele Menschen, überwiegend Frauen. Die Zahlen schwanken zwischen 5 und 10 Millionen.[2] Es handelt sich um die erste Migrationsbewegung großen Maßstabs in Deutschland. Die zweite umfaßte Flucht und Vertreibung am Ende des Krieges, die dritte die Flucht aus der sowjetisch besetzten Zone bzw. der DDR in den Westen. An den ersten beiden waren vor allem Frauen beteiligt.

Nicht die Organisation und die Durchführung der Evakuierung und der KLV interessieren hier, sondern es interessieren die Erfahrungen der Betroffenen, insbesondere der evakuierten Frauen[3], aber auch derjenigen, die Evakuierte aufnahmen oder aufnehmen mussten. Der Perspektivenwechsel scheint mir hier besonders wichtig.

Auf die Erfahrungen der Kinder können nur einige Streiflichter fallen, weil diese Jahrgänge in meiner Sammlung nur schwach vertreten sind. Überdies stellt sich eine für dieses Thema empfindliche Lücke heraus: Söhne habe ich nicht befragt, so dass zur KLV lediglich aus der Sicht der Töchter einige Bemerkungen gemacht werden können. Dem sollen einige wenige Zeugnisse von älteren Schülerinnen, also Gymnasiastinnen, und deren Lehrerinnen hinzugefügt werden als erste Anregung für notwendige weitere Untersuchungen. Nicht näher beleuchtet werden die erwähnten Trennungen der Mütter von ihren älteren Töchtern.

Die vielfach zu spät eingeleiteten Massnahmen zur Evakuierung vor der anrückenden Front im Osten und die panikartigen Versuche, die Bevölkerung auch vor den herannahenden Westalliierten in noch unbesetzte Reichsgebiete zu evakuieren, leiten schon über zum Kriegsende und sollen in den Kapiteln 8, »Besetzung«, und 9, »Flucht«, angesprochen werden.

Einige der von mir befragten Frauen waren auch von der Evakuierung am Beginn des Krieges aus den grenznahen Westgebieten betroffen, manche mussten eine wahrhafte »Odyssee« von »Evakuierungen« mitmachen.[4]

Insgesamt aber sind die Erzählungen über die Evakuierung lange nicht so ausführlich und farbig wie etwa die über Bombenangriffe, Besetzung und besonders die Flucht und Vertreibung. Obwohl das tägliche Leben dadurch stark verändert wurde, tun viele Frauen die Evakuierung mit nur wenigen Sätzen ab, rechnen sie offenbar einfach zu den normalen Wechselfällen des Lebens, über die man nicht viele Worte machen muss.

Evakuierung

Von einer geordneten Evakuierung konnte nach großen Bombenangriffen, auch wenn alle Anstrengungen unternommen wurden, nicht die Rede sein, eher von panikartiger *Flucht*.[5] Dafür noch zwei Zeugnisse, eines von einer alleinstehenden berufstätigen Frau, die nur die Nächte auf dem Lande verbringt und sich jeden Morgen wieder nach Berlin durchschlägt, um Schutt zu räumen, und eines einer Mutter, die mit drei kleinen Kindern, einem 15jährigen Neffen und einer 75jährigen Mutter, flieht:

RUTH ANDREAS-FRIEDRICH in ihrem Tagebuch: »Sonntag, 8. August 1943: Trommelwirbel im Hof. Ich schrecke aus dem besten Morgenschlaf. Wo brennt's? Was ist los! ›Berliner! Berlinerinnen!‹ leiert eine heisere Stimme. ›Der Feind setzt den Luftterror gegen die deutsche Zivilbevölkerung rücksichtslos fort. Es ist dringend erwünscht und liegt im Interesse jedes einzelnen, der nicht aus beruflichen oder sonstigen Gründen zum Verbleiben in Berlin gezwungen ist – Frauen, Kinder, Pensionäre, Rentner und so weiter – sich in weniger luftgefährdete Gebiete zu begeben.‹ Trommelwirbel.

Dienstag, 10. August 1943: Völkerwanderung nach Osten und Westen, nach Norden und Süden. Herrn Goebbels' Nachtwächterparole hat die gesamte Stadt in Aufruhr gebracht.

Durch die Albrechtstraße wälzt sich ein Flüchtlingsstrom. Über tausend Menschen stehen wie eine Mauer vor dem verschlossenen Gitter des Bahnhofseingangs. Einzeln werden sie bei jeder neuen Zugankunft durchgeschleust. Die Stunden rinnen. Zentimeterweise schiebt sich die Menge vorwärts. Schrillt nicht schon wieder die Sirene? Kommt ein neuer Alarm? Endlich sind wir auf dem Bahnsteig. Der Zug fährt ein. Wie Trauben hängen die Menschen aus den Türen. Hinein, was noch irgend hineingeht. Man drückt, man quetscht, von hinten pressen sie nach. Gottlob, wir sind im Wagen, wenn auch nur mit der Kante einer Fußsohle. Wer mit uns fährt, kommt aus der gleichen Hölle wie wir. Verrußt, verschmiert und tödlich erschrocken.

Sieben Stunden brauchen wir für eine Fahrt, die man sonst in vierzig Minuten zurücklegt. Um neun Uhr abends sinken wir, vor Erschöpfung fast weinend, in die klammen Federbetten eines abgelegenen Dorfgasthauses.

Neudorf – Montag, 30. August 1943: Täglich dreieinhalb Stunden Bahnfahrt nach Berlin. Täglich viereinhalb Stunden Rückreise aus Steglitz. Fahrrad durch den Wald, Fernbahn – umsteigen. Vorortbahn – umsteigen. Stadtbahn – umsteigen. Ein viertes Mal umsteigen und zwanzig Minuten Fußweg bis zur zertrümmerten Wohnung. Seit sieben Tagen halten wir es so. Verlassen das Dorf beim Morgengrauen, fahren in die Stadt, räumen ein paar Stunden und kehren am Nachmittag aus den Ruinen unseres Vorortes ins Dorf zurück.«[6]

ANNA K. (1910) wurde nach den Großangriffen auf Hamburg im Juli 1943 nach Bayern evakuiert. Sie hatte vier Kinder, das jüngste, einen Säugling, hatte sie im Krankenhaus zurücklassen müssen.[7] Ihre 75jährige Mutter fand sie wieder, als sie mit dem »letzten Lastwagen« aus Hamburg herauskam.[8] Sie hatte noch den 15jährigen Sohn ihrer Schwester bei sich:

»Wir sind die Nacht durchgefahren, und dann wurden wir in einen Zug gesetzt, in einen Waggon, der nur mit Stroh ausgelegt war. Meine Kinder hatten doch die zweite Nacht nicht geschlafen, die haben geweint. Und die, die keine Kinder hatten (*ärgerlich*), die haben gemotzt, ich müsste sie besser erziehen und so. Du hast schon manchmal zu schlucken gehabt. Überhaupt die jungen Weiber, die ihren Mann bei sich hatten, die konnten ein Maul riskieren... Da kamen wir nach Wittenberg, das ist hinter Berlin...Dann haben sie den Wagen abgehängt in Hof, das ist in Bayern. Nun hatte ich zwei Tage schon die Milch in der Brust und keine Pumpe und nichts. Zudem hatte ich noch Schmerzen. Das darfst du ruhig miterzählen, das ist ja ein Kriegserlebnis. Normal ist es ja nicht. Die Rotkreuzhelferinnen schickten mich in einen Warteraum rein mit den vier Kindern, die Jüngste war ja im Krankenhaus. Werner und meine Mutter, die hab' ich in Wittenberg zurückgelassen. Die hab' ich aus den Augen verloren, und meine Mutter, mit einem Mal – du musst dir das so vorstellen, wenn du jetzt so die Demonstrationen siehst und wenn da einer nur um zwei Personen sich verschlängelt, den findst nicht mehr wieder – mit einem Mal war meine Mutter weg. Da sagte ich nachher: ›Werner, du weißt ja, wo ihr hin wolltet, du bist fünfzehn Jahr alt, ich kann dich nicht mitnehmen (*traurig*).‹ Du, die sind hingekommen, beide für sich (*lachend*). Er hat meine Mutter nicht gefunden... Und nun stand da ein Kinderwagen (*im Warteraum*). Also ich vergesse das in meinem Leben nicht, diese Verzweiflung. Also, das war wirklich der Mut der Verzweiflung. Außer dem Kind hätte mich niemand von der Milch befreien können. Ich hab' es versucht mit meiner kleinen Tochter, aber die biss gleich in die Brust hinein. Ich hab' das Kind rausgenommen, das Kind guckte, vielleicht hat er auch Hunger gehabt, ich weiß es nicht. Die Leute waren eine ganze Weile weg. Der hat tatsächlich eine Brust leergeschluggelt. Und dann kamen Leute herein und stürzten auf mich los: ›Was machen Sie mit unserem Kind?‹ Damit habe ich ja gerechnet, dass ein Donnerwetter kommt. Und sie waren so menschlich, sie waren so menschlich (*betont*). Also, wenn ich jemals für jemanden beten möchte, dann für dieses Paar. Ich fing sofort an zu weinen und bat sie um Verzeihung und ich sagte, nur ihr Kind könnte mir helfen, sonst niemand. ›Sehen Sie, das sind meine Kinder, ich bin eine gesunde Frau.‹ Ich könnte heute noch heulen (*schluchzt*). Ich sagte ihnen, ich musste mein Kind in Hamburg zurücklassen und hatte keine Gelegenheit, die Milch loszuwerden. Dann hat der Kleine gespuckt, und sie haben einen Arzt kommen lassen. Der hat den kleinen Jungen angeguckt und seinen Bauch gedrückt. Dann sagte der Arzt: ›Etwas Besseres hätte dem Kind ja gar nicht passieren können als eine solche Zwischenmahlzeit.‹ Dann haben wir noch eine Weile zusammengesessen, und ich glaube, deren Zug fuhr eher. Bevor sie gingen, sagte die Frau: ›Legen Sie ihn ruhig nochmal an.‹ Der hat die andere Brust auch noch leergemacht.

I: *Haben sich die Rotkreuzhelferinnen im Bahnhof eigentlich nicht um Sie gekümmert?*
K: Ach, weißt du, du warst ja kein Einzelfall. Das ist so zu verstehen wie jetzt mit den Kurden. Das war so viel, da konnten sie sich um den einzelnen gar nicht kümmern. Da warst du einer aus der Menge, du kriegtest da so einen Pappbecher, was zu trinken. Für die Kinder gab es einen Wecken oder so.«

Von den Hilfen in dieser Situation zwischen Ordnung und Chaos, die sie und andere Frauen erfuhren, berichtet

HANNELORE H. (1925): »Ich bin 1943 mit meiner Stiefmutter und meinem Bruder raus nach dieser Katastrophe in Hamburg, nach diesen drei großen Angriffen. Da hieß es, Frauen und Kinder müssen fort. Da bin ich mit ihr in den Warthegau. Von Hamburg aus wurden Züge zusammengestellt, um Frauen und Kinder wegzubringen. Da meine Stiefmutter wieder schwanger war, hat er (*der Vater*) gesagt: ›Du musst mit, sie kann nicht allein fort.‹ Der Zug wurde dann geleitet von Hamburg (von einem Güterbahnhof, weil alles andere kaputt war) über Mecklenburg, Pommern bis nachher in den Warthegau. Das ist sicher auch etwas, was man nicht vergisst. Überall auf dieser Strecke an den kleinen Bahnhöfen standen Frauen und Mädchen und hatten für Säuglinge Ernährung da, Flaschen mit Säuglingsnahrung, hatten Brot und anderes. Bis wir im Warthegau waren, waren wir versorgt mit Lebensmitteln.«

Ein Zwang zur Evakuierung bestand nicht, nur eine »dringende Aufforderung«. Es geschah nicht selten, dass Frauen sich gegen die Evakuierung entschieden und – trotz Bombenbedrohung – zu Hause blieben. Manche kehrten auch wieder nach Hause zurück, weil die Schwierigkeiten zu groß waren oder die Bedrohung auch die Evakuierungsorte traf. Anders war es natürlich bei denen, die total ausgebombt waren. Ihnen blieb nichts übrig, als sich irgendwo um eine Unterkunft zu bemühen.

ANNEMARIE Z. (1908) in Stuttgart im Brief an ihren Mann im Feld am 19.8.1943: »…Was uns hier augenblicklich am meisten beschäftigt, ist die Frage, ob man weg muss oder nicht. Ich habe Dir schon geschrieben, dass Else Gr. uns eventuell nehmen würde. Aber einen endgültigen Bescheid habe ich noch nicht von ihr. Es ist nämlich so, dass Erwin (*ein Verwandter*) an sich keine Evakuierten nehmen müsste, weil er sechs Kinder hat. Else hat auch kein rechtes Mädchen, nur eine 16jährige, die alle paar Tage mal durchgeht. – Man kann ja verstehen, dass keiner gerade darauf aus ist, eine Familie mit vier Kindern aufzunehmen, wenn er nicht muss. Ich würde mich auch nicht darum reißen. Auch von der Ortsgruppe aus, wo ich mich erkundigt habe, kann man nur unterkommen, wenn man die Wohnung hier ganz aufgibt, und dann kriegt man auch höchstens zwei Zimmer. Außerdem wird, wenn man die Wohnung beibehält und weggeht, einfach jemand hereingesetzt, ohne dass man vorher verständigt wird. Man kann nicht einmal seine Sachen wegpacken, weil es keine Kisten gibt und kein Packmaterial. Evakuiert werden zur Zeit hier nur Leute mit zwei Kindern, scheinbar, weil die eher untergebracht werden können. – Ich horche natürlich weiter herum – aber ich möchte eigentlich nicht weg. Es ist mit schrecklichen Schwierigkeiten verbunden. und ich habe nicht das Gefühl, dass uns hier mehr passiert als beispielsweise in Schramberg. Frau L. ist derselben Meinung. In Schramberg haben sie mich zuerst ein wenig konfus gemacht. Wenn jetzt nämlich alle Städte evakuiert werden, dann werden die Flieger eben auch aufs Land kommen. Und die Verpflegung wird dort immer schwieriger werden. Hier weiß ich doch, dass ich bekomme, was mir zusteht, weiß auch, dass ich einen ordentlichen Keller habe usw. Man muss sich immer auch überlegen, dass es ein Dauerzustand ist, wenn man geht und man evtl.

nicht einfach zurück kann, wenn es sich zeigt, dass es unhaltbar ist. Na, ich warte mal ab, wenn sich wirklich etwas findet, dann kann man immer noch weiter sehen. Angst habe ich nicht.«

Und in ihrem Brief vom 5. September 1943: »... Ich habe wiederholt die Sache mit der Umsiedlung mit Vater besprochen. Er hat sich auch bei allen seinen Bekannten erkundigt nach Unterkunft für uns. Es ist überall besetzt oder beschlagnahmt für Leute aus dem Rheinland oder Hamburg. Auch Frau L. hat keinerlei Erfolg gehabt mit ihrer Sucherei. Die in Schramberg haben mich aber auch ganz konfus gemacht, denn ich habe an sich gar keine Angst, und ich muss Dir sagen, ich habe auch nicht das Gefühl, dass uns hier wirklich etwas passiert. Ich möchte nicht weg. Auch Frau L. hat sich entschlossen hierzubleiben, zumal ihr Mann, der bisher immer fürs Weggehen war und sie immer gedrängt hat, im letzten Brief schrieb, sie solle bleiben. Ein Kamerad von ihm, der in einem gottverlassenen Nest auf dem Lande daheim ist, sei aus dem Urlaub zurückgekommen und habe erzählt, sein ganzes Dorf sei abgebrannt, ein paar Brandbomben sind gefallen, die Leute haben keinen Alarm und haben geschlafen, und nachher war's zum Löschen zu spät. Es ist jetzt doch so, dass so unendlich viele betroffene Städte evakuiert werden und alles überfüllt ist. Durch die Trokkenheit bekommt man jetzt schon sehr wenig Gemüse und Obst. Im Winter und in Gegenden, die gar nicht auf solche Menschenmengen eingerichtet sind, wird das katastrophal werden. Zudem haben wir hier unsere Kohlen. Woanders bekommen wir keine, transportieren kann man die nicht. Auch Hausrat wird nur mit großen Schwierigkeiten verfrachtet. Man bekommt ja nicht einmal Kisten, um etwas zu verpacken. Und dann sitze ich irgendwo draußen, bekomme allerhöchstens zwei Zimmer, hab' nichts zu essen und muss frieren und hier in der Wohnung wird mir x-wer hereingesetzt, und ich kann nicht einmal die Sachen wegpacken, die ich fremden Leuten nicht überlassen möchte, weil ich keine Kisten habe. Auflassen muss ich auch alles, falls etwas passiert, und einen Keller, wie unsern, gibt's auf dem Land auch nicht. Ich glaube zudem, dass die Flieger, wenn alles draußen ist, erst recht auch das Land aufsuchen. Also alle können nun einmal nicht fort. Ich staunte selbst, als Vater sagte: ›Man muss auch ein wenig Vertrauen haben.‹ Ich fühle mich viel sicherer hier in meiner gewohnten Umgebung, als wenn ich fort müsste, der Gedanke daran macht mich schon ganz unruhig. – Wenn es wirklich so kommt, dass man fort muss, dann ist immer noch Zeit, die Sache wieder aufzunehmen. Dann werde ich voraussichtlich zu Gr.'s können. Vater meint aber, dass Schramberg auch nicht sicher ist, denn dort ist viel Industrie. Hier ist ja alles Wichtige verlegt. Die Engländer wissen das doch genau. Wie ich schon sagte, kommt auch Frau K. wieder hierher zurück. Sie möchte nur aus der Gartenstraße fort, weil in dem Haus ein öffentlicher Luftschutzkeller ist, und sie fürchtet im Ernstfall die Panik. Dass man, bei vollständigem Wegzug von hier das Wohnrecht in Stuttgart behält, ist ein Schmarren. Derartige Versprechungen seien nicht rechtsgültig, stand in der Zeitung neulich. Immerhin bin ich hier auch nicht allein, wenn etwas los ist, und Du kannst Dir denken, dass das auch ein Punkt ist, der für uns ins Gewicht fällt. Käthe hat erzählt, dass auch in Kreuznach schon evakuiert wird. Ja wo sollen denn um Himmels willen die Menschen alle hin? Zum

Schluss ist es so, dass wir, die hierbleiben, Sonderzuteilungen bekommen, meinte Frau L.! Nun kannst Du Dir an Hand dieser Beschreibungen mal ein Bild machen. Seit ich zu dem Entschluss gekommen bin hierzubleiben, bin ich wieder ganz ruhig. Es wird uns nichts passieren. Papa, schau nur, dass Du gesund zu uns zurückkommst, und mach Dir nicht zu viel Sorgen!«

Aus den Briefen von Annemarie Z. gehen sehr deutlich die *Befürchtungen und Belastungen* hervor, die mit einer Evakuierung verbunden waren:

— Es war gar nicht so einfach, einen Platz zu finden, denn offenbar gab es nicht für alle Städte ausgearbeitete Evakuierungspläne, sondern es wurde je nach Dringlichkeit improvisiert. Bevorzugt waren z. B. Frauen aus dem Rheinland evakuiert worden, wo die Bombenangriffe am frühesten bedrohliche Ausmaße annahmen, nach den Juli-Angriffen 1943 auf Hamburg dann auch Hamburger, so dass es etwa für Stuttgarterinnen schon schwierig wurde, irgendwo unterzukommen.
— Besonders Frauen mit mehr als zwei Kindern konnten kaum auf freiwillige Aufnahme rechnen, mochten auch ihren Verwandten so viele Menschen nicht zumuten.
— Man bekam höchstens zwei Zimmer zugewiesen. Viele berichten aber nur von einem Zimmer oder anderen kaum zumutbaren Quartieren. Wie eng da eine sechsköpfige Familie wie die der Annemarie Z. hätte hausen müssen, ist leicht vorstellbar.
— Bei einer vorschriftsmäßigen Evakuierung musste man die eigene Wohnung aufgeben.[9] Ging man heimlich weg, lief man Gefahr, irgend jemanden einquartiert zu bekommen.
— Hausrat konnte man weder in genügender Menge mitnehmen noch wegpacken und damit vor dem Zugriff eingewiesener Mieter sichern.
— Irgendwo »auf dem Lande« oder in kleineren Ortschaften war es auch nicht unbedingt sicherer, weil die Alliierten mehr und mehr auch ländliche Gegenden bombardierten und die Schutzräume dort mangelhaft waren oder ganz fehlten.
— Unsicher war auch die Versorgung der nun überbelegten ländlichen Orte, sowohl was Verpflegung als auch was Heizung anbetraf.
— Die Rückkehr nach Hause nach einer Evakuierung war ungewiss; das Wohnrecht in der Heimatstadt wurde nicht garantiert.
— Zu Hause war man in der gewohnten Umgebung und in dem gewohnten sozialen Netzwerk, was zusätzlich Halt und Sicherheit bedeutete.

Annemarie Z. entschied sich für das Bleiben gegen den ausdrücklichen Wunsch ihres Mannes. Sie fällte die Entscheidung nach rationaler Abwägung aller Gesichtspunkte völlig eigenständig. Ihre beiden ältesten schulpflichtigen Töchter kamen mit der KLV ins Allgäu.

Wer gute Beziehungen, gutsituierte Verwandte, womöglich mit großem Anwesen, hatte oder gar ein eigenes Land- oder Ferienhaus besaß, konnte sich komfortabel in Sicherheit bringen bzw. bringen lassen.

ERNA E. (1909): »Ich war in Untermiete. Der Herr, der Fabrikant, der hat seine junge Frau evakuiert, ursprünglich in Österreich. Bei Bludenz hatte sein Bruder ein Anwesen. Wie er gemerkt hat, es geht dem Kriegsende zu, hat er gesagt, Österreich wird wieder ein Land für sich, und wir werden verjagt. Hat er seine Frau irgendwo ins Allgäu. Da hat er sie am Schluss auch nimmer gelassen, hat sie rausgebracht in die Nähe von Backnang in einen ganz kleinen Ort.«

HILDEGARD L. (1907), Pfarrfrau, Mann eingezogen: »Ich bin ja dann mit meinen Kindern, wie der Krieg ausbrach, nach Wörishofen gezogen, da hatte mein Bruder ein Haus, da hab' ich den Reinhard erwartet, und da hat dieser Bruder, der dieses Haus der NSV hätte zur Verfügung stellen müssen, gesagt: ›Zieh doch da rein, da habt ihr keine Bombenangriffe, da habt ihr's ruhig.‹ Und da war man natürlich dann mit drei Kindern beschäftigt.«

MARIANNE B. (1906), Stuttgart, konnte durch ihren Mann, der viele geschäftliche Beziehungen hatte, in Güglingen im Zabergäu mit ihren drei Kindern ein geräumiges Haus bewohnen: »Dadurch, dass ich drei kleine Kinder gehabt habe, bin ich von vielem verschont geblieben...

Für die Kinder war es in Güglingen wirklich eine schöne Zeit. Und für die Mutter ist ja die Hälfte schon geregelt, wenn die Kinder glücklich sind und es ihnen gut geht.«

Das sind keine Einzelbeispiele, und die jeweiligen Ausgangsbedingungen entschieden ganz wesentlich mit darüber, wie die Zeit der Evakuierung und damit ein großer Teil des Krieges von den Frauen erlebt wurde.

Für Anneliese F. und viele andere aber waren schon der Umzug und die Aufnahme ein Alptraum.

ANNELIESE F. (1916): »Die Fliegeralarme (*in Wiesbaden*) häuften sich, und jedesmal, wenn ich aus dem Keller kam mit Hans-Jürgen (*damals ein knappes Jahr alt*), hatte er Fieber. Die Ärztin schrie mich am Telefon an, ich solle machen, dass ich aufs Land käme mit dem Kind, oder ich müsste bei Alarm oben in der Wohnung bleiben. Ich also zum Rathaus, einen Schein besorgen, dass ich aufs Land kann. Ich besorgte mir einen Tapezierwagen, darauf kam das Kinderbett mit dem Bettzeug zusammengeschnürt, zwei große Koffer, eine große Tasche, in der das Essen und Trinken sowie alle Kleider von Hans-Jürgen waren. Die Fahrt ging erst mal nach St. Goarshausen. Um 4 Uhr nachts machten wir uns auf den Weg zum Bahnhof mit Herzklopfen. Die Eltern halfen mir, immer in der Angst, es gibt Alarm, aber in dieser Nacht hatten wir

Glück. Dann lief der Zug ein, total überfüllt. Ich machte eine Tür auf und bat die Leute, mich und mein Kind reinzulassen; sie sagten, es ist alles voll. In meiner Verzweiflung packte ich das Kinderbett, schrie: ›Füße weg!‹ und das Bett war schon mal drin. Die Koffer folgten ins andere Abteil, und dann saß ich mit HJ und allem Gepäck im Zug, er fuhr ab, ich war so froh. Die Leute waren nachher sehr nett, als sie hörten, dass ich mit meinem Kind aus gesundheitlichen Gründen fortmusste. Wie überhaupt jeder schon dem anderen half, wenn es irgendwie ging. In St. Goarshausen teilte man mir mit, ich müsse nach Obertiefenbach. Also erst gab ich das Bett, die zwei großen Koffer mit der Bahn auf nach Nastätten. Fuhr selbst auch mit dem Zug. Dort angekommen, lieh ich mir einen vierrädrigen kleinen Leiterwagen aus (die anderen Sachen holte später mein Bauer mit Pferd und Wagen von der Bahn ab). Hinten quer im Wagen stand die große Tasche, da konnte sich HJ anlehnen, und er saß auf einer Decke, und dann ging es los, an die drei Stunden über Berg und Tal! Es war ein milder Novembertag, und HJ schaute mit großen Augen um sich. Hoch oben am Himmel zogen die feindlichen Geschwader zu neuen Angriffen. Mein Junge muckste sich nicht, ich sprach mit ihm, gab ihm zu essen und zu trinken, er war wirklich ein kleiner braver, süßer Kerl. Endlich erreichten wir Obertiefenbach, um zu erfahren, dass wir weiter mussten, ca. noch 3/4 Stunden zum Hof Spriestersbach, der oben auf einem Plateau lag. Jetzt ging es den Berg rauf. Die Familie, zu der wir sollten, nahm uns nicht. Also mussten wir wieder runter in den Ort, um zu telefonieren. Wir erhielten eine neue Adresse, die schrien nur raus: ›Mir nemme niemand!‹ Der Hof Spriestersbach bestand aus vier Bauernhöfen. Eine Frau hatte mir vorher gesagt: ›Wenn Sie niemand nimmt, dann kommen Sie halt zu uns.‹ Also ging es mit dem Leiterwagen wieder den Berg herauf. Wir bekamen zu essen und zu trinken und ein Bett in einem Zimmer, wo das Fenster ein Loch hatte. Es war inzwischen 10 Uhr abends geworden. Ich lag endlich mit meinem Jungen im Arm im Bett, ohne Angst haben zu müssen vor Fliegerangriffen, und dankte meinem Herrgott dafür. Von diesem Tag an hatte HJ nie mehr Fieber.«

Ein besonders krasses Beispiel ist LUCIE P. (1910, vor ihrer Verheiratung 1935 als Köchin in einem gutbürgerlichen Haushalt beschäftigt). Sie berichtete die Geschichte ihrer Evakuierung aus Essen dem Deutschen Frauenrat 1987. Es war ihr zentrales Kriegserlebnis:

»Ich wurde also evakuiert, mit meinem Säugling (im Steckkissen), so auch das Kind (*ihre Tochter Christel*), welches 5 3/4 Jahre alt war. Es war sehr beschwerlich für mich, denn ich musste den großen Kinderwagen, auch Bettwäsche und sonstiges mitnehmen. Mein Mann konnte nicht mehr helfen, denn er hatte nur 5 Tage Urlaub. Wir wurden mit dem Zug bis nach Bilitz in Polen geschickt. Es sei noch vermerkt, erst in Halle/a. Saale bekamen wir einen Teller Haferflockensuppe. Den Säugling stillte ich ja selbst. Zum Glück hatte ich für Christel und mich noch etwas zu trinken und Butterbrote. Eine Nachbarin aus Essen war mit einem drei Jahre alten Jungen bei mir. Die junge Mutter war gestorben, also hatte die Freundin den Vater geheiratet und war eine wunderbare Mutter zu Udo. In Polen angekommen, hatte sie auch Glück und kam zu einer deutschen Frau, welche Landwirtschaft hatte (zwei Kühe, Schweine und Hühner). Ich erwähne das, es gab Milch, Eier und zu essen. Ich wurde auf eine lange Dorfstraße weitergeschickt. Es war unglaublich, was man mir anbot. Auf dem Hof rutschte man schon aus über Pferde-, Schweine-, Kuh- und Hühnermist. Ein kleiner Raum, was wohl ein Zimmer sein sollte, da lag ein Haufen Stroh in der Ecke, ein kleiner Tisch, so groß wie das Kopfkissen von meinem Säugling Irmgard; ein Stuhl, worauf ich sitzen konnte, war auch da. Die Frau sagte nur zu mir in gebrochenem Deutsch, die Flüchtlinge bekommen ja alles von Hitler. Ich soll mich melden, wo ich einen Ofen bekomme, denn ich müsste mich selbst versorgen. Meine kleine Christel war weinend herausgelaufen und die Dorfstraße entlang zur Tante K. (meiner Nachbarin). Diese gab ihr etwas zu essen. In dem Hause habe ich allerdings die Windeln von Irmgard gewaschen, auch gab mir die Frau eine Kartoffelsuppe, welche gut geschmeckt hat. Jedenfalls war ich bemüht, die Windeln auch draußen zu trocknen. Da kam dann Frau K. und holte mich mit Genehmigung der deutschen Frau zu sich. Leider Gottes bekam ich von allem Ekel (weil ich dort auch auf dem großen Bauernhof zur Toilette musste) Brechdurchfall. Es lässt sich in Worten gar nicht schildern, was noch alles geschah. In der Nacht haben meine Kinder beide gut geschlafen. Ich habe draußen an der Jauchegrube gestanden, der liebe Gott hatte mir den hellen Mond geschickt, damit ich nicht hineinfiel, weil ich so erbrochen hatte. Aber am anderen Morgen kochte die nette Bauersfrau für Irmgard verdünnte Milch mit Mondamin, Christel bekam ein gutes Butterbrot, auch verdünnte Milch zu trinken, für mich hatte sie Zwieback und schwarzen Tee. (Frau K. und ich weinten vor Freude). Meinen Säugling konnte ich auch in einer großen Schüssel baden. Mir wurde dann ein anderer Platz angeboten, eine Viertelstunde von Frau K. entfernt.

Ich kam vom Regen in die Traufe. Diesmal ein altes Ehepaar, er war Schuster, aber durch denen ihr Schlafzimmer hätte ich in meinen Raum gekonnt. Hier stand eine Bettstelle, die mit Stroh gefüllt war, nicht einem Strohsack. Ich nahm meine Taschen, wo ja jetzt die saubere Wäsche drin war und suchte das Haus vom Pastor auf. Aber der hatte die Frau zu sich genommen, welche nur die eine Nacht mit ihrem zweijährigen Jungen in dem Zimmer geschlafen hat, welches man mir mit dem Säugling anbot. Ich ging weiter und kam an ein kleines Wirtshaus. Man nahm deutsches Geld an. Dort trank ich dunkel Bier und aß Brötchen dazu, weil ich doch mein Kind stillen musste. Meine Christel hat auch gegessen, der Wirt ließ uns allein, da haben wir alle drei bitter geweint. Ich wiege meine Irmgard im Arm, Christel und ich beten zum lieben Gott. Der hat uns dann auch getröstet. Es kommt der Wirt (er hatte ja kein Zimmer für mich), aber er bringt eine große Frau mit, welche eine Bäckerei hatte und auch eine Deutsche war. Sie hatte einen viereckigen Waschkorb mitgebracht, und da konnte ich meine Irmgard hineinlegen. Sie ging mit mir zur NS-Versorgungsschwester. Dort war auch ein Kindergarten. Es ist schon eine Woche vergangen und unser Gepäck, wie Oberbetten, Kinderwagen, Wäsche etc., war noch nicht da. Wir konnten noch keine Kleider wechseln. Sonntag ist der Kindergarten geschlossen. Ich hatte etwas Lebensmittel gekauft, um mich am Sonntag zu verpflegen. Es war ein Ofen da, aber der Kamin zog nicht. Meine Irmgard schlief im Korb an der frischen Luft, aber am Abend holte ich sie ins Zimmer (um 11.00 Uhr). Christel weint, bricht, hat Durchfall, Irmgard hustet und weint, und ich spüre Kohlenoxydgas. Wir wären fast vergiftet. Ich ziehe mit letzter Kraft den Korb mit Irmgard aus dem Zimmer. Nachts um halb zwölf Uhr kam endlich die NS-Fürsorgeschwester vom Tanz nach Hause. Die Fenster hatte ich schon aufgemacht, damit frische Luft hereinkam, dann versagten meine Knie. Die Schwester gab uns Tee und Tropfen.

Am anderen Morgen kommt die Ortsgruppenleiterin um 9.00 Uhr und bringt mir *endlich* eine kleine Baby-Zinkwanne. Freudig rufe ich aus: ›Gott sei Dank, aber woher bekomme ich warmes Wasser?‹ Aber diese Frau wie eine, die im Konzentrationslager (*Befehle gibt*), schreit: ›Wo haben Sie Ihr Gepäck? Dieses Zimmer ist nicht für Sie gedacht!‹ Es war ein Waschtisch darin, ich hatte auch Wasser an der Pumpe geholt, alles war primitiv... Jetzt sind es schon 10 Tage und mein Gepäck war nicht gekommen. Frau K. war mit mir nach Bilitz gefahren, ich mit meiner Irmgard im Kissen auf dem Arm, erst danach hatte man mir das Gepäck geschickt. Aber es waren noch zwei junge Frauen aus Essen im Dorf Kurzwald, Frau D., 25 Jahre alt, und der Junge, neun Monate, und Frau W., 21 Jahre, mit einem Sohn von einem Jahr. Auch diese Frauen konnten nicht länger bleiben. So habe ich die jungen Mütter zur Ortsgruppe nach Bilitz geschickt; sie haben auch meinen Zustand geschildert, und sie selbst hatten auch einiges vorgetragen. Wir wollen zusammen nach Essen zurück. Das war allerdings eine ganze Tagesfahrt von Bilitz hin und zurück. Ich, die ich sowieso schon so geschwächt war mit drei Kleinstkindern. Christel spielte mit den Kindern, die Leiterin war auch ganz nett. Nun mussten wir ja auf eigene Faust, alles selbst bezahlen, wieder nach Essen. Im Dorf wohnte ein Ungar, der gut Deutsch sprach. Er hatte ein Pferd und einen Wagen. Er nahm dann die Last auf sich, uns bis Bilitz zum Hauptbahnhof zu fahren. Der Wagen hatte unterwegs noch ein Rad abgebrochen wegen Überlastung. Aber es gibt so viel, was noch passiert ist! Jedenfalls waren wir nach drei Tagen Fahrt über Krakau, sieben Stunden Aufenthalt in Kattowitz, dann Breslau, in Berlin. Die jungen Frauen hatten ihre Eltern am Bahnhof stehen. Ich bin dann zu meinen Eltern nach Essen gefahren. Meine Mutter hatte gefühlt, wie wir in Not waren, und täglich eine Kerze angezündet und gebetet, damit wir glücklich wieder nach Hause kommen. Christel hatte 5 Pfund abgenommen, meine Irmgard 300 g, wo doch ein Säugling 150 g jede Woche zunehmen müsste.«

Der Bericht offenbart eine extreme Desorganisation, primitivste Unterbringung, gleichzeitig aber auch ein Stück Frauensolidarität, auch von solchen, von denen es eigentlich nicht zu erwarten war. Die »volksdeutsche« Bäuerin (offenbar mit stark polnischem Einschlag; sie spricht nur gebrochen Deutsch) ist zunächst abweisend (»Die Flüchtlinge bekommen ja alles von Hitler«), bietet dann aber doch eine wohlschmeckende Kartoffelsuppe an. Die »nette deutsche Bauersfrau« verpflegt die Kinder und die kranke Mutter rührend. Hingegen schneiden die NSV-Schwester und die Ortsgruppenleiterin schlecht ab.

Sie sind offenbar ihren Aufgaben nicht gewachsen. Frau P. und zwei Berlinerinnen tun sich zusammen und erzwingen die Rückfahrt, weil die Unterbringung sich für alle als unzumutbar erweist. Frau P. erinnert sich an kleine Einzelheiten, war sie doch durch den nicht ziehenden Kamin in unmittelbarer Todesgefahr durch Gasvergiftung. Sie schreibt noch an den Rand ihres Berichtes: »Was ich Ihnen hier aufgeschrieben habe, ist nur ein Bruchteil von allem.«

Aber auch im eigentlichen Reichsgebiet und sogar in der näheren Umgebung oder bei Verwandten war die Aufnahme keineswegs immer herzlich. Es überwiegen die negativen Stimmen, sicher auch deshalb, weil die ohnehin nervlich und physisch angeschlagenen »Ausgebombten« und »Bombenflüchtlinge« besonders empfindlich auf Unfreundlichkeit reagierten und diese Empfindlichkeit ihre Erinnerung prägte.

ANNA K. (1910), Hamburg: »Ja, und dann kam ich nach Bayern. Nun saßen wir da alle in einer Wirtschaft, ein ganzer Trupp. Und einer nach dem anderen ging weg, und ich saß da noch mit meinen vier Kindern. Es ging schon auf elf Uhr zu, dann kam noch ein Bauer, und der nahm mich und die drei Kinder mit, und der Älteste kam zu einem anderen Ehepaar, zu einem älteren kinderlosen Ehepaar.
I: *Warum kam er zu einer anderen Familie?*
K: Weil der Bauer ihn nicht mehr nehmen konnte. Er hatte ja nur zwei Betten frei, und da waren Läuse drin, oh mein Gott, oh mein Gott! Und meine Kinder waren zerbissen. Wir hatten alle Läuse, die Kinder hatten Läuse, die alte Großmutter. Du hast ja keine Mittel gehabt...«[10]

EMMA W. (1912), Ludwigshafen: »Im Oktober 1944 versuchten wir (d. h. sie mit zwei kleinen Kindern und ihrer Mutter) in Oberkessach ein ruhigeres Domizil zu bekommen. Diese Gegend war aber für Evakuierte aus Essen bestimmt. Nur weil Oberkessach die Heimat meiner Mutter war, bekamen wir hier ein Zimmer. Hier erlebten wir das Ende des Krieges... Der Aufenthalt als Evakuierte war kein Zuckerschlecken! Wir wurden als ›Bombenmenscher‹ bezeichnet, die nur faulenzen wollten, und noch vieles mehr...«

HANNELORE S. (1927), die Familie war in Stuttgart ausgebombt, der Vater mit seiner Dienststelle nach Reutlingen evakuiert, sie selbst mit ihrer Schulklasse nach Heidenheim, ihrem Bruder drohte die Evakuierung mit der Schule an einen dritten Ort: »Fliegergeschädigte aus anderen Gegenden und Städten wurden wie die ersten Flüchtlinge aus dem Osten als Aussätzige behandelt und erfuhren durch die Behörden kaum Hilfe bei der Lösung ihrer Probleme, ob es nun um die Zuweisung einer Wohnung oder um die Beschaffung lebensnotwendiger Dinge für die Führung eines Haushalts ging.« Nur durch zufällige freundschaftliche Vermittlung kam die Familie zu einer Wohnung in Reutlingen, wo dann auch die Kinder die Schule besuchen konnten.

FRIEDA S. (1931): »In Adelshausen in Niederbayern haben wir zunächst auf dem Dachboden einer Gaststätte gelebt. Das Essen erhielten wir in einer anderen Gastwirtschaft; wir selbst hatten ja nichts. Später wurden wir auf Privatquartiere verteilt. Bei einem Bäcker bekamen wir ein Zimmer. Dort wohnten wir zu viert – mein älterer Bruder muss auch dabei gewesen sein. Die Bayern waren von uns ›Preußen‹ nicht sehr angetan. Die wollten uns nicht haben. Dann hat die Gemeinde für uns ein Haus zur Verfügung gestellt, wo wir mit der Frau und ihrer Tochter wohnten. Es war äußerst primitiv, verkommen und feucht. Die Toilette war außerhalb des Hauses und völlig verkommen. Uns war aber in erster Linie wichtig, dass wir wieder frei waren, wieder unter uns und unser Leben selbst gestalten konnten. Denn es war dort nicht einfach. Ich erinnere mich noch, dass selbst der Pfarrer in der Kirche vor uns gewarnt hat. Mein Bruder und ich hatten in einem nahegelegenen Fluss gebadet, das war anscheinend nicht mit ihrer Moralvorstellung vereinbar.«[11]

Die Reserve, ja Ablehnung, auf welche die Evakuierten besonders auf dem Lande stießen, lässt sich aus den Zitaten erklären:[12]

– Die Evakuierten beanspruchten Wohnraum und Hilfe, engten also den Lebensraum und Lebensstandard der Einheimischen ein.
– Ihre landsmannschaftlich geprägte Eigenart (hier Bayern – dort »Preußen«) wurde als fremd und unsympathisch empfunden. Schon die Sprechweise musste den einen affektiert, den anderen vulgär erscheinen. Erschwerend konnten noch konfessionelle Vorurteile hinzukommen (der Pfarrer bangt um die Moral!).
– Das Gefälle Stadt – Land in den Wohnverhältnissen, besonders den sanitären Einrichtungen, schuf weitere Gräben: Den Städtern erschien manches primitiv, was ländlicher Standard war; den Bauern erschienen die Ansprüche der Städter überzogen.
– Die evakuierten Frauen arbeiteten in der Regel nicht, sondern versorgten ihre Kinder. In den Augen der schwer arbeitenden Bäuerinnen waren sie Faulenzer.[13]
– Manche gebildeteren Städterinnen stießen sich an den Schikanen und dem engen Horizont ihrer Wirtsleute.[14]

Wenn von den Evakuierten überwiegend der schlechte Empfang erinnert wird, so gibt es auf der anderen Seite viele Stimmen der *Aufnehmenden,* die von großer Bereitschaft zu Einschränkungen und Hilfe sprechen und diese auch durch Taten beweisen. Viele sagen, dass ihre Wohnung und ihr Haus bis zum letzten Plätzchen belegt waren[15], oder dass sie freiwillig Evakuierte aufgenommen haben. Die Erfahrungen, die sie mit den Einquartierten machen mussten, waren nicht immer positiv.

RENATE B. (1927): »Wir hatten auch mehrere Familien. Der Garten wurde aufgeteilt. Gegen Kriegsende noch Verwandte, die aus dem Osten geflohen waren. Man kann es heute kaum noch vermitteln, was das enge Aufeinanderwohnen, das Zurücknehmen aller eigenen Wünsche bedeutet hat. Da waren kleine Kinder im Haus. Einmal kam ich recht niedergeschlagen, missgestimmt aus der Arbeit und setzte mich ans Klavier. Da sagte die Mutter: ›Du kannst doch jetzt nicht Klavier spielen, die Kinder schlafen!‹«

Pfarrfrauen, die meist ein großes Pfarrhaus hatten, machten gar kein Aufhebens davon, dass sie »das Haus immer voll« hatten. Z. B. ELSBETH J. (1909), damals in Meersburg: »Und dann hatten wir von Anfang des Krieges an irgendwelche Leute im Haus. Und am Ende des Krieges kam dann meine Schwägerin mit ihren Kindern, die waren in Wien ausgebombt... Wir haben zeitweise für 12, 15 Leute gekocht, am Ende des Krieges im Kohleofen unten im Gang des Hauses; aber das war alles nicht so schlimm«.

FRIEDA S. (1910) heiratete einen Witwer mit fünf Kindern, hatte selbst drei Kinder (Geburtsjahrgänge 1937, 1940, 1945). Der Mann war Bürgermeister der Gemeinde: »Bald trafen auch die ersten evakuierten Frauen mit Kindern aus Hamburg ein, später immer wieder Flüchtlinge und Heimatvertriebene. Der Mann nahm als Bürgermeister immer die größte Familie auf seinen Hof. So kam es, dass über die ganze Kriegs- und die ersten Jahre der Nachkriegszeit die verschiedensten Menschen aus den verschiedensten Gebieten bei uns untergebracht waren, oft gab es mehr als 20 Kinder auf dem Hof. Das brachte gelegentlich auch Unstimmigkeiten untereinander, die man zu schlichten hatte...

Mein erstes eigenes Kind wuchs in die unruhevolle Kriegs- und Nachkriegszeit hinein. Das zweite Kind kam im Mai 1940 zur Welt. Als ich mit dem kräftigen Buben von der Entbindung nach Hause kam, war eine Hamburger Frau mit vier Kindern einquartiert worden. Bald stellte sich heraus, dass alle Kinder Keuchhusten hatten. Unter diesen Umständen wollte niemand sie aufnehmen, es gab überall gefährdete Kinder. Prompt wurde unser Kleiner auch angesteckt. Wochenlang musste man nachts bei ihm wachen, damit er nicht erstickte. Infolge der starken Schwächung stellte sich dann Mittelohreiterung, zuletzt noch Lungenentzündung ein. Der Kinderarzt sagte, wenn er nicht gestillt worden wäre, hätte er wohl nicht überlebt. Der Ernstl, mein drittes Kind, geboren im August 1945, hatte während der ganzen Schwangerschaft kaum einen ruhigen Tag. Jedermann weiß um das schlimme Kriegsende. Unser Hof liegt in der Nähe des Flugplatzes. Tagtäglich flogen die feindlichen Flugzeuge zu Angriffen über unser Haus im Tiefflug. Man konnte im Freien kaum mehr arbeiten. Die Stadt Straubing, 7 km entfernt, erlebte 1945 u.a. zwei schwerste Großangriffe. Das Haus, in dem der 85jährige Schwiegervater wohnte, wurde von Bomben zerstört. Er selbst lag unter den Trümmern und starb einige Tage später. Der Kreisleiter wollte die Stadt unbedingt verteidigen. Frauen und Kinder sollten die Stadt verlassen. Scharenweise strömten sie nun in die Dörfer der Umgegend, nur mit dem Nötigsten versehen. Wir öffneten die Tore der großen Scheune, schütteten Stroh auf und kochten eine kräftige Kartoffelsuppe. In der ersten Nacht starb ein Kind. Zum Glück konnten die Menschen bald wieder zurückkehren.«

IRMGARD SCHÜDDEKOPF, selbst am Beginn des Krieges von der Westgrenze in den Thüringer Wald evakuiert und mit einem thüringischen Beamten verheiratet, versetzt sich in die Thüringer Bauersfrauen hinein: »Endlich der Umzug nach Thüringen, dem ›Grünen Herzen Deutschlands‹, wie man damals sagte. Eine Idylle war das, gar keine Flieger 1941/42. Die Ackerbürger gingen ihrer Arbeit nach: Wo Mann oder Sohn eingezogen waren, schufteten die Frauen außer in Haus und Stall auch auf den Feldern. Da lebten fleißige Menschen am Thüringer Wald, geübt schon in Friedenszeiten, in die Beeren und in die Pilze zu gehen, Fallobst zu verwenden, Ähren und Kartoffeln zu stoppeln. Man konnte nur lernen von ihnen. Frauen und Kinder machten das alles. Das war schon immer so gewesen.

Als der Krieg ausgebrochen war – weit weg von Thüringen – evakuierte die Regierung Hunderte von jungen Soldatenfrauen mit Kleinkindern von der Westgrenze ins ›Grüne Herz‹, in die Dörfer und kleinen Städte. Die sprachen ihren rheinischen Dialekt, bekamen monatlich festes Geld (viel Geld für thüringische Begriffe) und hatten weiter nichts zu tun, als ihr Kind zu päppeln und sich zu langweilen. Sie waren jung, hübsch, voller Spott über das einfache Leben in Thüringen, über die Plumpsklos sogar in der Stadt, über die Alltagskleidung der schwer arbeitenden Frauen. Dabei machten sie sich nicht gerade beliebt bei ihren Zwangswirtinnen, denen die Paradiesvögel gerade noch gefehlt hatten.«[16]

Aufs Ganze gesehen, haben sich dann doch beide Seiten im Laufe der Zeit aneinander gewöhnt, sich auch »zusammengerauft«, und die Lebensverhältnisse gestalteten sich erträglich, wenn nicht sogar gut. Die Fülle meiner Zeugnisse erlaubt weder eine ganz positive noch eine ganz negative Beurteilung der Evakuierungserfahrung.[17] Wo beiderseits guter Wille zur Anpassung vorhanden war, wo die Evakuierten sich zu arrangieren und zu behelfen verstanden und die Unterbringung passabel war, kam es auf die Dauer sogar zu freundschaftlich engen Beziehungen, auch unter den evakuierten Frauen selbst, die bis heute gepflegt werden. Eine Schlüsselrolle dabei spielten die Kinder. Wo die Mütter den Eindruck hatten, dass die Kinder sich wohl fühlten, dass sie sich gut entwickelten, fühlten auch sie sich wohl und konnten den Aufenthalt in relativem Frieden, ohne Angst vor ständigen Luftangriffen und ohne allzu große Ernährungssorgen als Zeit des Ausspannens und Kräftesammelns sogar genießen, wenn auch die Sorge um die fernen Angehörigen in der Heimat und an der Front blieb und viele Unannehmlichkeiten und Notlösungen hingenommen werden mussten. Als besonders hilfreich empfanden es die Frauen, wenn sie mit näheren Verwandten (Schwägerinnen, Schwestern usw.), Freundinnen und Nachbarinnen in der Evakuierung zusammenbleiben konnten. Viele halfen auch bei den Landarbeiten, leisteten z.T. schwere, sie auch zuweilen überfordernde Feldarbeit, oder machten sich sonst nützlich, z. B. mit Stricken und Nähen. Bei manchen klingen die Schilderungen der Evakuierung fast wie idyllische, wenn auch etwas abenteuerliche Ferienberichte. Bei anderen hört sich die Erzählung bis zum Ende wie eine Horrorgeschichte an. Bei den meisten aber mischen sich Positives und Negatives.

ANNELIESE F. (1916) nach einer Fahrt mit Hindernissen und einer Nacht in einer unzumutbaren Behausung auf einem heruntergewirtschafteten Bauernhof: »Am nächsten Morgen beim Kaffeetrinken kam die Bäuerin, zu der ich eingewiesen worden war, und bat mich vor die Türe. Sie sagte: ›Frauchen, hier können Sie nicht bleiben bei der Wirtschaft. Ich habe mit meinem Mann gesprochen, und bevor wir jemand anderes nehmen müssen, wollen wir Sie haben, Sie gefallen uns. So gingen wir gleich mit. Und von da an fühlte ich mich bei Mutter und Vater K. wie daheim. Außer Vater und Mutter bestand der Haushalt noch aus der Schwiegertochter und deren dreijährigem Sohn Werner, der Polin Josefa und dem Russen Andre.

Ich wurde gefragt, ob ich selbst kochen wollte oder bei ihnen mitessen möchte. Letzteres war ja in meiner Situation ideal, ich bezahlte also mit Verpflegung im Monat 120.- Mark, dazu kam noch das Holz zum Heizen des kleinen Zimmers, welches ich im Parterre bewohnte. Natürlich erklärte ich mich sofort bereit mitzuhelfen, es machte mir Spaß, ich lernte auch eine Menge, denn noch nie hatte ich für so viele Leute gekocht. Von Mutter K. lernte ich im Laufe meines Aufenthaltes auch noch spinnen am Spinnrad, und da ein Schäfer in der Nähe war, kaufte ich bei ihm Wolle. Später strickte ich Pullover von der Wolle. Die Männer und Josefa hatten in der Landwirtschaft zu tun. Aber zu den Mahlzeiten fanden sich alle in der Wohnküche ein. Abends kam manches Mal ein Russe aus dem Nebenhaus, und die beiden saßen dann da und schnitten Tabak ganz fein mit scharfen Messern, den sie sich angebaut hatten. Über dem Hof war ein Brunnen, und dort wurde das Wasser zum Kochen und für den Kupferkessel zum Kochen für die Wäsche geholt. Da war dann noch das Plumpsklo. Da das Haus am Hang lag, saß man hoch oben, und es plumpste mindestens drei Meter herunter. Wie schon gesagt, kam ich im November hin, und es zog auf dem Klo wie Hechtsuppe, und für den Jungen war es viel zu kalt. Sagte der Bauer: ›Ei geht doch in de Stall bei die Kiih, do is es schee warm.‹ Das haben wir dann auch gern getan... (*Nach Kriegsende*) wollte ich so schnell als möglich wieder nach Hause. Es dauerte aber noch einige Wochen, bis es möglich war, mit einem Lastwagen mit allen oder wenigstens den meisten Dingen nach Hause mitgenommen zu werden. Nun kam der Abschied von Mutter und Vater K., Andre und Sofia. Die Bauern wollten sie gerne behalten, aber auch sie zog es natürlich in die Heimat zurück. Auch die junge Frau war nun aufgeschlossener. Diese Menschen auf dem Hof waren mir ans Herz gewachsen.«

HILDE H. (1914) aus Stuttgart wird auf Vermittlung einer Bekannten bei deren Bekannten mit ihrem kleinen Buben in Donzdorf aufgenommen: »Und die haben mich also dermaßen nett aufgenommen. Mit dem Kind, kann ich Ihne sage, also ich weiß noch, die Frau B., die war au begeistert, also mei Jörg war au a nett's, nett's Kind, gell, und na war er so rund und so also wirklich, und hat so g'sund ausg'sehe. Und i ha na also wirklich mit Familienanschluss g'hett (*gehabt*). Und na isch die Frau B. kurz drauf krank worde. Hat a schwere Angina kriegt und isch z'bald aufg'stande, und na hat se a ganz schweres G'lenkrheuma kriegt und war also ganz hilflos, und ihre Leut sin ins G'schäft gange (*gegangen*), und na han i se mitbetreut, gell. Und i muss sagen, 's war so a schöne Zeit für mich da obe. Also, dass ich se überhaupt net misse möcht. Die ganze Landschaft war schön, die Leut waret nett, gell. I bin gern auf'm Land, und in han au überall mitg'macht. Und na han i, weil ich au viel g'näht han, mir waret immer die reinschte Nähstub z'haus. Und na han i dene au wieder ihre Sache a bissle g'flickt und g'richtet und g'macht, also es war eine sehr harmonische Zeit.«

MARIE-LUISE S. (1914) wurde nach der starken Beschädigung ihres Hauses in Heidelberg ins Elsass evakuiert, von wo sie allerdings Mitte September 1944 fliehen musste: »Wir waren die einzigen Heidelberger. Wir hatten dort keine Verwandten oder Bekannten... Wir wohnten bei lieben Elsässern in einem kleinen Häuschen und hatten mit den Leuten immer Kontakt. Nach 22 Jahren – also 1966 – sind mein Sohn und ich noch einmal zu der elsässischen Familie gefahren. Beim Wiedersehen fielen wir uns in die Arme und weinten sehr. Wir konnten nach dem Krieg dorthin zu Besuch kommen, denn die Elsässer wussten, wir hatten damals nichts mit der NS-Partei gehabt.«

ERIKA S. (1912), Stuttgart: »Anfang 1945 hieß es: ›In einer Stunde kommt ein Lastwagen, der bringt Sie und Ihre Kinder aufs Land!‹ Schnell Federbetten und Wäsche und warme Sachen in einen Reisekorb gepackt. Wir landeten auf der Rauhen Alb, wurden in einen kleinen Wartesaal des Bahnhofs abgeladen, nachts, und saßen auf den Rucksäcken bis zum Morgen. Die Bewohner wollten uns nicht. Schließlich kamen wir bei einem Wagnermeister in einem dürftigen Küchele (ohne Wasser), mit nur einem Herd und einer kleinen Kammer mit zwei leeren Betten unter. Das war über der Werkstatt gelegen mit steiler Holztreppe nach unten. Die Familie wohnte im Anbau, aber mir wurde nicht erlaubt, dort Wasser zu holen. Ich musste bei der Kälte in den Hof an der Pumpe Wasser holen und das Abwasser ebenso runterschleppen. Wir hörten keine Nachrichten. Für den Herd, die einzige Heizmöglichkeit, wurde mir Holz zugeteilt, Stämme, die ich zum Gaudi der Nachbarn, die in den Fenstern lagen und lachten, sägte und spaltete. Zuvor noch nie gemacht. Die Hausfrau, streng katholisch, ging dreimal am Tag in die Kirche: ›Gucken Sie nach meinem Braten!‹ Und wir hatten Kartoffeln und Molke. Plötzliche Mehrzuteilung holte ich unter Flakbeschuss in der Mühle. ›Sie können meine Karten auch haben.‹ Als der Franzose, den man dienernd empfangen hatte (*das war also offenbar schon nach dem Einmarsch*), fort war, hieß es: ›So war das nicht gemeint, dass Sie das Mehl behalten dürfen, ich hatte nur gemeint, *holen*!‹ Wenn das Lastauto vom Stuttgarter Milchhof kam, forschte ich immer nach den Stuttgarter Verwüstungen, ob wohl unsere Wohnung noch stand? Die Franzosen durchsuchten unseren Dachstock nach Soldaten, nachts, einen konnte ich gewaltsam aus unserer Schlafkammer befördern, der Hausherr kümmerte sich nicht um mein Rufen, dass da noch ein Franzose zurückgeblieben sei. Anderentags zog er (*wohl der Franzose*) sich vor meinen Kindern aus und verlangte von mir, dass ich seine Wäsche wasche! Ich tat es in einer Wanne auf dem Hof, während er mit der Pistole die Hühner um mich erschoss und das Federvieh auf dem Bach abknallte, was ich dann wieder braten durfte, natürlich ohne Anteil. So erlebten wir das Ende des Krieges. Nach Wochen wagte ich mit den Kindern die Heimkehr mit Teilen des Gepäcks, natürlich ohne Auto, sondern im Güterzug auf nackigem Boden mit Kohlenstaub.«

Eine außergewöhnliche Geschichte erlebte IRMA B. (1917): »Wir schrieben jetzt das Jahr 1943. Die Angriffe auf Berlin wurden immer schlimmer. Da hieß es, dass alle Mütter mit Kleinkindern evakuiert werden sollten. Da meine Schwester Gretel mit ihrer kleinen Renate und ich mit Moni (*2 Jahre alt*) in gefährdeten Vorortgebieten von Berlin mit viel Rüstungsindustrie wohnten, beschlossen wir, uns vier dieser Evakuierung anzuschließen. Unsere beiden Männer waren ja an der Front. Wir hofften doch, dass diese eines Tages zu uns zurückkämen. Also packten wir einige wenige Habseligkeiten – viel konnten wir ja nicht mitnehmen – und machten uns nun auf die ungewisse Reise. Von einem noch nicht zerstörten Bahnhof fuhren wir in vollgepferchten Bahnwagen ab. Unsere kleinen Kinder wurden z.T. in den Gepäckablagen über unseren Plätzen abgelegt, wo wir dauernd aufpassen mussten, dass sie durch die Schuckelei des Zuges nicht herunterfallen würden. Stunden um Stunden fuhren wir; bei einigen Halten auf Bahnhöfen wurde unseren Kindern und uns warme Suppen und Milch ausgeteilt. Dann ging es wieder weiter. Es wurde Abend und Nacht. Wir kamen dann in Deutsch-Eylau an, wo wir alle umsteigen mussten. Wieder ging es bei tiefschwarzer Nacht weiter. Unterwegs hatten wir oft Halt, wenn Flieger über uns waren und wir immer dachten, jetzt würden sie unseren Zug bombardieren.

Endlich wurden wir ausgeladen und glaubten, am Ziel unserer Fahrt zu sein. Nein, was jetzt kam, habe ich bis heute nicht vergessen. Wir wurden umgeladen, und meine Schwester mit ihrer kleinen Reni und ich mit Moni mussten eine Kutsche besteigen, und es ging in die Nacht hinein. Vor uns auf dem Kutschbock saß ein Mann, der nur Polnisch sprach und uns nicht sagen konnte, wohin er mit uns fuhr und wo wir waren. Wir froren entsetzlich, es war eine eiskalte Nacht und die Kutsche war offen. Wir vier krochen buchstäblich ineinander, um uns aneinander zu wärmen. Wir schützten hauptsächlich unsere kleinen, übermüdeten und vor Kälte zitternden Mädchen. Zirka zwei Stunden fuhren wir, manchmal setzte uns der Herzschlag aus, weil wir glaubten, dass der Fahrer geradewegs mit uns in ein tiefes Wasser fuhr. Wir glaubten, unsere letzte Stunde sei gekommen. Endlich, ganz plötzlich, sahen wir langgestreckte weiße Häuser. Dort bog der Kutscher ein und hielt vor einer Veranda. Hier standen zu unserem Empfang zwei ältere Frauen, von denen die eine etwas Deutsch verstand. Wir wurden freundlich empfangen, vor allem wurden unsere kleinen Mädels gleich emporgehoben und in die warme Stube getragen, wo sie liebevoll umsorgt wurden. Wie wir dann herausbekamen, waren wir auf einem Gut, 90 km vor Warschau, untergebracht, und zwar in dem Verwalterhaus, welches jetzt von den früheren polnischen Gutsherren bewohnt war. In dem eigentlichen Gutshaus saß ein deutscher Verwalter, der sich nicht um uns bekümmerte. Wir vier waren also völlig auf die Hilfe dieser – aus ihrem Eigentum vertriebenen Polen – angewiesen. Die eine Frau – Tante Anna genannt – war eine frühere Lehrerin und daher auch etwas der deutschen Sprache mächtig. Ihr Bruder ist von den Deutschen im Ghetto in Warschau umgebracht worden. Da sie italienischer Abstammung waren, durften sie noch in dem Verwalterhaus weiter wohnen bleiben. Also bei diesen armen Menschen waren wir untergebracht. Niemals und nirgendwo nachher haben wir so viel Liebe und Verständnis gefunden – von unseren sogenannten Feinden – wie dort. Zu der Familie gehörte noch eine alte weißhaarige Oma, sie lief schwarz gekleidet mit schneeweißem Haar, wie im Märchenbuch, an ihrem Stock durch die Felder und Gärten. Außerdem war dort noch ein bildhübscher 15jähriger Junge, schwarzgelockt, dem es besonderen Spaß machte, mit meiner kleinen Moni auf dem Arm herumzuspazieren. Ich sehe immer noch diese beiden Köpfe vor mir, die schwarzen Locken des Jungen und die langen blonden Ringellocken von Moni. Wie Tante Anna uns später sagte, erschien es ihnen, als wir ankamen, als ob zwei kleine Engelchen aus der schwarzen Nacht hervorgetreten seien.«

Oft waren es die *Kinder,* die am schnellsten die Brücke zu den Einheimischen fanden und so auch ihren Müttern das Einleben erleichterten. Die wenigen Töchter, die mir davon erzählten, erinnern sich gerne an diese Zeit, die sie zusammen mit ihren Müttern in der Evakuierung verlebten. Auch die Kinder der Gastfamilien schienen keine Probleme mit den »fremden« Kindern gehabt zu haben. Die Kinder registrierten aber auch – wie immer sehr feinfühlig – die gespaltene Gemütslage ihrer Mütter.

FRIEDA S. (1931) aus Hamburg, die zunächst von der wenig herzlichen Aufnahme in Niederbayern erzählt, berichtet über die Zeit danach positiver: »Nach einiger Zeit verstanden wir uns mit der Dorfbevölkerung besser. Ich fand in der Schule Freundinnen... Als später Flüchtlinge aus Schlesien und Ostpreußen kamen, wurden diese von den Bayern abgelehnt. Da hieß es: ›Also mit den Hamburgern kommen wir viel besser zurecht.‹ Inzwischen hatten wir gute Kontakte, vor allen Dingen mit Kindern, mit Jugendlichen; für mich war es so interessant, deren Leben kennenzulernen. Ich hatte eine Freundin, deren Vater war Mesner. Mit ihr bin ich immer zum Mittagsläuten gegangen. Sie war ja katholisch. Der Vater einer anderen Freundin war Brauereibesitzer. Sie besaßen eine Loge in der Kirche. Dort durfte ich unterhalb der Brüstung den Gottesdienst miterleben. Der Wechsel der Gewänder und die ganze Zeremonie waren sehr interessant für mich.«[118]

HANNELORE H. (1932) erinnert sich noch an viele Einzelheiten: »Wir sind zuerst von Frankfurt fort nach Thüringen, freiwillig, wir hatten dort Verwandte. Meine Großeltern wohnten in Arnstadt in Thüringen und eine Tante in Erfurt. Vater war in Berlin. In Thüringen waren keine Angriffe zu der Zeit. Da war ich begeistert, hatte meine

Freundinnen, liebte die Schule, den BDM. Es war für mich eine tolle Zeit, eine wunderbare Zeit. Mutter hat sich nicht so wohlgefühlt. Für sie war es etwas schwieriger in dem Familienverband, mit meiner Tante und ihren zwei Kindern und meiner Mutter und ihren zwei Kindern bei den Großeltern. An und für sich ging das sehr harmonisch und gut, aber meine Mutter hatte dann wahrscheinlich etwas Sehnsucht gehabt nach ihrer Mutter und ihren zwei Schwestern, die mittlerweile bei Weilburg in Thüringen evakuiert waren. Da beschlossen wir dann, dorthin zu gehen nach Aarhausen *(Mai 1944)*. Und das war dann ein alter Schweinestall, in dem wir wohnten. Ich musste jeden Tag eine Stunde zu Fuß hin und eine Stunde zu Fuß zurück zur Schule nach Weilburg. Hat mir aber nichts ausgemacht. Ich war begeistert! Ich hätte sonst in die Volksschule gemusst. Ich war so unglücklich, dass ich nach 8 Tagen gesagt habe, ich geh hier weg, ich halte das nicht aus. Der Direktor in Weilburg wollte mich zuerst nicht nehmen, er habe keinen Platz. Schließlich hat er mich doch genommen, aber ich musste jeden Tag woanders sitzen, wo jemand krank war. Und so war es auch. Wenn keiner gefehlt hat, war ich da zu dritt in der Bank gesessen. Ich war glücklich. Ich hab' mich dann angefreundet mit einer Bäckerstochter, und da durfte ich jeden Morgen, wenn ich meine Stunde Fußweg hinter mir hatte, bin ich dann um Viertel nach 7 in die Backstube gegangen, bekam jeden Tag zwei frische Roggenbrötchen. Der Schulweg führte an der Lahn entlang. Man musste damals keine Angst haben, es passiert einem was. Als junges Kind ist man da ja noch unbefangener. Ich bin oft im Stockdunklen aus dem Haus. Ein Fahrrad gab es erst ab 5 km, und mein Schulweg war nur 4 1/2 km! Mittags war's dann etwas beschwerlicher, wenn es heiß war im Sommer.

Zu dem Familienverband (die da zusammen wohnten) gehörten dann meine Mutti, ihre Schwester, meine Großmutter, mein Bruder und drei Cousins (also die Söhne meiner Tante). Und es war eine wunderbare Zeit. Ich kann mich da überhaupt nicht erinnern, dass wir Krach hatten oder dass da Spannungen waren oder dass wir Händel hatten. Es war immer was los, und auf diesem engen Raum haben wir uns hervorragend verstanden.

I: *Schweinestall, sagten Sie?*

H: Ja, die Familie wurde gezwungen, Wohnraum abzugeben, und da hatte ich in diesem Haus ein Stübchen gehabt zum Schlafen. Meine Mutter in einem Bauernhaus mit meinem Bruder zusammen. Meine Großmutter und mein anderer Cousin in einem Zimmer. Meine Tante und ihre zwei Buben wieder woanders. Wir haben also in vier Häusern geschlafen und am Tag gekocht, und gelebt haben wir in diesem Schweinestall. Hinten war noch ein kleines Fenster dran mit Gitterstäben, vorne war eine Tür mit so 'nem Guckloch drin, aber im Sommer stand die Tür meistens auf.

I: *Sie fanden wohl alles recht abenteuerlich?*

H: Es war toll! Das Land war toll, die Freundinnen waren toll. Wir gingen Buchekkern suchen, haben Holz gesammelt, das war toll. Es war alles im Grund positiv. Ich kann mich überhaupt nicht erinnern, dass da irgendwie… es war schön, es war eine wunderschöne Zeit.

I: *Ihre Mutter und Großmutter haben es auch so empfunden?*
H: Die waren natürlich bedrückter. Meine Tante hatte ihren Mann im Feld, wir unseren Vater in Berlin. Die andere Schwester der Mutter war dienstverpflichtet in Frankfurt, so dass immer eine Sorge war, wie geht es ihnen allen? Für ein Kind dominiert das Positive.
I: *Und mit der Verpflegung ging es dann auch?*
H: Nee, mit der Verpflegung war's sehr knapp. Immerhin, was ich heute noch gern tue, einkehren. Sonntags wurde nicht gekocht, da gingen wir ins Dorf essen, gegen Marken natürlich. Geld hatte man ja. Und das war herrlich, da gab's nämlich auch für Kinder ein kleines Gläschen dunkles Bier. Und dann gingen wir spazieren. Samstags wurde ein Kuchen gebacken. Das war nur einmal in der Woche möglich. Ein großes Blech. Das musste man noch zwei Kilometer in die Backstube tragen und wieder holen, und das war eine große Versuchung. Wer das Backblech abholte, da wurden immer alle Kinder geschickt, damit nichts gegessen wurde davon. Jetzt kam dieser herrliche Kuchen – ich hab' den Geschmack noch auf dem Mund – der herrliche Hefeflechtkuchen mit Äpfeln kam dann nach Hause – noch ofenwarm – und dann gab's also ein Stück samstags und ein Stück sonntags. Das war was ganz Besonderes. Deshalb reagiere ich heute natürlich ... ich möchte im Grunde immer etwas sagen, wenn ich in einer Konditorei stehe oder in einer Bäckerei und seh' die Kinder mit ihren Müttern, und die werden gefragt: ›Was willst du?‹ ›Mäh...!‹ ›Was möchtest du denn haben?‹ ›Hab' keinen Hunger!‹ ›Ja möchtste net des und des?‹ Dann muss ich sehr an mich halten.«

Aber auch in den vermeintlich sicheren Evakuierungsgebieten konnte man durch Bomben umkommen. LYSA K. (1931) erlebte den Tod ihrer Mutter, den sie nie verwunden hat.[19]

Sie war mit ihrer Mutter und ihrem kleinen Bruder auf Anraten des Vaters in die kleine Stadt Büren evakuiert worden zu Verwandten. Dort fühlte sie sich ganz wohl, abgesehen davon, dass sie durch vorherigen Unterrichtsausfall Schwierigkeiten in der Schule hatte:

»... Es wird Frühling. Wir suchen Schlüsselblumen und Veilchen. Über 1/4 Jahr sind wir jetzt schon hier. Mutti zählt die Tage bis zu Vatis nächstem Kommen. Ob er diesmal pünktlich ist? Fast, aber er bringt unerfreuliche Nachrichten mit. An den Fronten steht es immer schlechter. Etliche unserer Bekannten sind ausgebombt. Herr P., der Vater von Annelins Freundin, ist tot. Seine Bäckerei total zerstört. Hubert R., der Bruder meiner Freundin, gefallen. Neunzehn Jahre war er alt. Die Luftangriffe werden immer häufiger und schrecklicher. Nur gut, dass zu uns keine feindlichen Flugzeuge kommen. Vaters Entscheidung war schon richtig, wenn er auch allein in dem großen Haus zurückgeblieben ist und Sehnsucht nach uns hat. Er weiß uns in Sicherheit und ahnt nicht, wie unglücklich seine Frau über die Schikane der beiden unverheirateten, ungeduldigen Tanten ist... Aber wir waren ja Flüchtlinge – trotz Verwandtschaft! Den lästigen Eindringlingen wurde nicht einmal erlaubt, das Kla-

vier, geschweige denn das Harmonium unseres Onkels, dem die Tanten bis ins hohe Alter den Haushalt geführt haben, zu benutzen...
Die Tage werden viel länger und gehen dahin. Immer dasselbe. Nein! Plötzlich nicht mehr! Alarm – Fliegeralarm! Hoher blauer Vormittagshimmel. Ich nehme ihn bewusst wahr auf dem Weg in den Keller in die große Schulküche am Morgen des 19.4.44. Alle hasten, sind aufgeregt und fürchten sich. Ich komme mir abgebrüht vor, mir ist diese Situation ja nicht unbekannt, und ich beruhige die, die Angst haben. Wir hören Motorengeräusch. Aber nicht so laut und drohend, kein Vergleich mit dem dumpfen Dröhnen der Verbände über den großen Städten. Mir kommt die Zeit lang vor, die müssten da oben doch längst weiter sein? Das Brummen wirkt näher, wird lauter, kommen da mehrere? Da! Pfeifendes Sausen, gleichzeitig Detonationen! Das stabile Schulgebäude bebt. Bomben! Bomben auf Büren! Viele weinen, wollen raus. Wir sollen still sein und warten. Ich weiß nicht, wie lange. Frau Haferkamp, Christas Mutter, holt ihre Tochter und – wie komisch – auch mich ab. Sie kennt mich kaum. Draußen von der höher gelegenen Schule sehe ich runter zur Almestraße. Das Haus der Tanten ein Trümmerhaufen! Ich kann es nicht fassen. ich will hinlaufen, helfen, wissen, was los ist, wo Mutti und Wiho sind. ›Nein, nein, erst musst du mit zur Aufbauschule‹, heißt es. Meine Schwester soll ohnmächtig sein. Wieder höre ich: ›Auf alle Fälle erst zur Aufbauschule!‹ ›Warum in aller Welt‹, frage ich mich. Die Erwachsenen erklären: ›Deine Schwester braucht dich.‹ ›Meine Mutter und der kleine Bruder?‹ ›Denen geht es gut, sind zwar im Krankenhaus, aber nichts Schlimmes.‹ Ich lasse mich tatsächlich mitzerren. Meine Schwester wird lieb von Gertrud Sitzer, der Schulsekretärin, betreut. Ich will von da endlich zum Krankenhaus. Es wird mir nicht erlaubt, ich soll warten, wir würden abgeholt. Warum bloß? Wir können doch allein gehen. Endlich unterwegs, da hören wir von mehreren Toten. Wir erfahren, dass eine unserer Großtanten tot ist. Tot auch Ulli, der kleine Foxterrier, den ich so gern hatte. Welch ein Glück, dass die anderen nur verletzt sind. Komisch lang wird der Weg. Überall entsetzte Gesichter, aufgeregte Menschengruppen. Das friedliche Büren ist aufgeschreckt. An verschiedenen Stellen Tote und Verletzte. ›Gehen wir immer noch nicht ins Krankenhaus?‹ Nein, wir sollen mal erst zur Burgstraße zu den anderen Verwandten. Dort wird uns immer wieder versichert, es gehe den beiden gut. Ich vermisse in der großen Küche Kusine Gertrud, dafür sind da andere Frauen. Eine will wissen. ›Wer ist denn die zweite Tote in dem Haus?‹ Blitzschnell läuft Tante Lilly zu der Fragenden und hält ihr den Mund zu, dabei sieht sie uns erschrocken an. Schweigen! Wir haben begriffen. Das Schluchzen meiner Schwester geht mir durch und durch. Ich werde in den Arm genommen, jetzt weiß ich alles. Mir werden Regie und Ablauf dieses endlosen Vormittags klar.

Ich weiß nicht, wie lange es dauert, wird es schon dämmerig, oder ist das der Trümmerstaub? Wir gehen schließlich zum Krankenhaus, besuchen unseren kleinen Bruder. Gelblichbraun ist er vor lauter Jod, überall Abschürfungen, trockenes Blut und Verbände. Er guckt uns gar nicht richtig an, sieht weg und spricht nicht. Seine rechte Hand ist ganz dick verbunden. Er selbst weiß, dass ihm Finger fehlen, weiß auch, als wir ihm sagen: ›Mutti kommt bald‹, dass sie schon tot ist und schüttelt den Kopf.

Unter den Trümmern hat er gerufen: ›Ihr müsst schneller machen! Wir kriegen keine Luft mehr!‹ Die Männer draußen, unter ihnen sein großer Freund Paul Ebbers, hören die verzweifelte Kinderstimme. Als man endlich an die Verschütteten gelangt, ist Tante Anna schon tot. Unsere Mutter wird mit ihrem Sohn in einem Krankenwagen transportiert. Dort gibt sie keine Antwort auf sein Bitten: ›Mutti, sag doch was! Hörst du mich nicht?‹ Von dieser furchtbaren Fahrt erfahren wir erst, als wir ihn behutsam darauf vorbereiten wollen, dass wir keine Mutter mehr haben.«

Wenn Kinder allein fort mussten, oft weit weg zu Verwandten oder Bekannten, waren Abschiedsschmerz und Heimweh schon groß, zumal sie auch die Sorge um die Lieben daheim mitnehmen mussten. Aber meist kamen die Kinder – wenn sie Anschluss unter ihresgleichen fanden – doch mehr oder weniger schnell über das Heimweh hinweg. Wie schwer den Müttern die Trennung von ihren Kindern wurde und wie besorgt sie um sie waren, wird oft erwähnt. Auch die Geschwister waren nun vielfach getrennt. Manche hielten es aber auch nicht aus oder gerieten in Situationen, denen sie nicht gewachsen waren. Das zeigt am deutlichsten der Bericht von GERDA O. (1931):

»1943 wurde ich (*aus Stuttgart*) nach Metzingen evakuiert, zu Bekannten des Vaters. Ich war völlig verzweifelt und drohte, mir das Leben zu nehmen, wenn ich nicht zu den Eltern zurückdürfte. Schlimm war für mich zusätzlich, dass ich nicht im Klassenverband evakuiert wurde, sondern die einzig ›Städtische‹ in der neuen Klasse war. Ich war ein Fremdkörper, ›zu fein‹, ich wurde abgelehnt. Deswegen war ich so unglücklich. Dann immer diese Angst, dass was passiert. Wenn ein Angriff war, habe ich in Richtung Stuttgart geguckt. Da hat man immer gesehen, wie der Himmel ganz rot war. Die ewigen Aufregungen wirkten sich so aus, dass ich eine Gastritis bekam und ins Krankenhaus musste. Alle zwei Wochen fuhr ich nach Hause, die Eltern besuchen. Deshalb machte ich in Stuttgart auch fast jeden großen Angriff mit. Ich erinnere mich noch an einen Abend. Da musste ich schon in Untertürkheim aussteigen und musste den Weg laufen bis Cannstatt. Es war im Frühjahr 1944, vielleicht auch schon im Herbst, jedenfalls nicht im Sommer. Ich hatte einen Riesenkoffer, weil man immer die schmutzige Wäsche mit nach Hause nehmen musste. Ich konnte den gar nicht tragen. Da sind mir die Tränen runtergelaufen. Als Kind! Da weiß man ja nicht, was man tun soll. Ich hab den Koffer immer 10 Meter getragen und hab mich dann wieder draufgesetzt. Stehenlassen ging nicht, da wäre er in zwei Minuten weg gewesen. Dann hat irgendein Soldat, der auch die Strecke lang lief, der hat mich dann gesehen und hat mir den Koffer dann bis Cannstatt getragen... Das war schlimm. Für die Kinder war es schlimm. Am nächsten Tag hat mein Vater mich dann wieder auf den Zug gebracht. Nicht nach Cannstatt, sondern nach Untertürkheim, und hat mich dummerweise abends dort stehen lassen... Der Zug kam überhaupt nicht. Da standen Hunderte von Menschen auf dem Bahnhof. Abends war es noch empfindlich kühl. Ich hab' gefroren! Weg konnte man ja nicht. Was sollte man denn machen? Nachts um drei kam dann ein Viehwaggon. Der fuhr nach Göppingen. In Göppingen hatte ich damals eine gute Freundin. Da habe ich gedacht: Was sollst du denn machen? Das ist immer noch besser, als bis morgens auf dem Bahnhof stehen. Dann bin ich mit dem Viehwaggon nach Göppingen gefahren. Dort waren wir morgens um halb fünf. Da stand ich wieder mit meinem Koffer. Ein Soldat vom Fliegerhorst hat mich mitgenommen. Er hat mich zu der Freundin gebracht und hat zu mir gesagt: ›Kind, das will ich dir sagen. Du darfst nie wieder mit einem wie mir gehn. Ich hab' dir jetzt nichts getan, aber das darfst du nie wieder machen.‹ Ich hab' gesagt: ›Was hätte ich denn machen sollen?‹ Meine Eltern haben zwei Tage nicht gewusst, wo ich war.«

HANNELORE J. (1940): »Meine Schwester, 1935 geboren, kam zu alten Leuten, die konnten sie nicht eigentlich pflegen. Die Mutter fuhr manchmal hin, um ihr die Haare zu waschen und die Nägel zu schneiden. Die leidet heute noch darunter... Kontakt mit meiner Schwester hatte ich eigentlich erst nach dem Krieg.«

Kinderlandverschickung (KLV)

Die Kinderlandverschickung betraf die 10- bis 14jährigen. Sie erfolgte im Klassenverband. Aber auch Schülerinnen der gymnasialen Mittel- und Oberstufen wurden mit Lehrern und Lehrerinnen evakuiert, ohne der Organisation der KLV zu unterstehen. Nach welchen Planungen und mit welcher konkreten Hilfe durch Behörden oder Parteidienststellen das geschah, muss hier offenbleiben. Mir liegen einige wenige Zeugnisse von Lehrerinnen und Schülerinnen vor, die das Ganze sehr improvisiert, ja abenteuerlich erscheinen lassen. Ob dies einmalige Fälle waren oder der Regel entsprachen, vermag ich nicht zu entscheiden.

Hier wären Aktenstudien und weiteres Quellenmaterial aus persönlichen Erinnerungen nötig.

Aus der Sicht einer Lehrerin, CLARA S. (1910), sie erzählt vom Anfang der Evakuierung[20]: »Also in Friedrichshafen ist die ganze Schule verbombt worden, und da musste jeder Klassenlehrer sich selber einen Ort raussuchen, wo er seine Klasse unterbringen konnte (*sie hatte die Mädchen eines 10. Schuljahrs als Klassenlehrerin*). Und da hab' ich an allen Orten (da ist mir die ›Schwäb'sche Eisenbahn‹ eingefallen): ›Stuttgart, Ulm und Biberach, Meckenbeuren, Durlesbach‹) beim Bürgermeister und Schulleiter gefragt, ob es möglich sei, eine Schulklasse, auch mit Quartieren, evakuiert aufzunehmen. Und erst in Engstlatt bei Balingen bin ich durchgekommen. Und dann bin ich mit meiner Klasse für den Winter '44/45 nach Engstlatt gefahren. In Balingen war ein Gymnasium; meine Schülerinnen haben auch z.T. in Balingen gewohnt. Ich hab' in Engstlatt im Schulhaus oben im Dachstock gewohnt, ohne Heizung.«

Zwei Zeugnisse aus der Sicht der Schülerinnen:

HANNELORE S. (1927): »Unsere Wohnung in Stuttgart war den Bomben zum Opfer gefallen. Meine Eltern und Bruder Rolf hatten nach Reutlingen ziehen müssen, da dorthin meines Vaters Dienststelle verlagert worden war. Ich selbst war mit der Schule nach Heidenheim evakuiert und einem kinderlosen Ehepaar zugeteilt... worden. Schon die Hinfahrt nach Heidenheim war mehr als abenteuerlich gewesen. Mehrere Klassen unserer Schule, des Königin-Katharina-Stiftes, d. h. es waren nur Bruchteile der Klassen, da viele Schülerinnen mit ihren Eltern Stuttgart schon verlassen hatten, warteten auf einem Bahnsteig des Cannstatter Bahnhofs auf den Zug nach Aalen-Heidenheim. Ich weiß heute nicht mehr, ob es ein Sonderzug war oder ob nur ein oder mehrere Waggons an einen normalen Zug angehängt worden waren; mir kam es damals so vor, als ob eine Riesengruppe junger Mädchen mit diesem Zug wegfahren sollte. Aber vielleicht täuschte ich mich und hatte nur nie mehr so viele Schülerinnen zusammen gesehen. Da die einzelnen Klassen unserer Schule im letzten Jahr in den verschiedensten Schulgebäuden der Stadt untergebracht waren, habe ich auch neunmal den Unterrichtsort wechseln müssen. Dies nahm ich aber gern in Kauf, da ich unbedingt weiterhin zur Schule gehen wollte und mir das Abitur als Ziel gesetzt hatte.

Und nun waren wir also bereit, die zerbombte Stadt zu verlassen. Letzte Ermahnungen der Mütter erreichten uns am Fenster des Zuges, und ein wenig bänglich reisten wir der unsicheren Zukunft entgegen, von der wir nicht wussten, was sie für uns bereit hielt, und ob wir überhaupt an ihr teilhaben würden. Zu oft schon hatten wir gehört, dass Züge von Tieffliegern angegriffen worden waren.«

Das war dann tatsächlich der Fall, ging aber glimpflich ab.

»In Heidenheim angekommen, wurden wir auf die einzelnen Quartiere verteilt und erreichten die neuen ›Eltern‹ dann gegen Abend. Ich erinnere mich noch gut, wie wenig herzlich, ja kühl ich empfangen wurde und wie mir meine Wirtsleute gleich erklärten, sie hätten selbst keine Kinder und daher keine Erfahrung, wie man mit ›Kindern‹ umgehen müsste. Ich war siebzehn Jahre alt und nach all dem, was ich in diesem Jahr erlebt hatte, kam ich mir absolut nicht mehr wie ein Kind vor! Doch ich war viel zu müde, um mich zu wehren, und wollte so schnell wie möglich ins Bett. Es war sehr schwer, dies meinen Wirtsleuten klarzumachen. In umständlichster Weise wurde erst einmal Bettzeug hergeschleppt (wann hatte ich denn zum letzten Mal in richtigem Bettzeug geschlafen?); ich bekam Verhaltensmaßregeln wegen der Verdunkelung, und nachdem sie endlich das Wohnzimmer verlassen hatten, konnte ich mein Bett, d. h. eine Couch, in Besitz nehmen. Doch ungewohnt wie die ganze Umgebung für mich war – vor allem war es stockdunkel, da ich die Verdunkelungsrollos auf keinen Fall hochziehen durfte, bekam ich in der Nacht einen fürchterlichen Alptraum. Ich muss wohl geschrien haben, E.'s erwachten jedenfalls daran. Verzweifelt suchte ich nach dem Lichtschalter und konnte ihn nicht finden. In Schweiß gebadet fand mich dann Frau E. Ich weiß nicht, wer von uns beiden aufgeregter und aufgelöster war. Ich muss es ihr hoch anrechnen, dass sie mir gleich am nächsten Tag im guten ›Herrenzimmer‹ ein Bett aufschlug (ein ganz richtiges Bett!) und ich dort zum Schlafen die Verdunkelungsrollos hochziehen durfte, so dass mir die Orientierung bei Nacht leichter fiel. Jetzt erst konnte ich entspannt schlafen, kam mir nicht mehr so eingeschlossen wie in einem Keller vor... Gesundheitlich ging es mir dort recht gut, ich bekam vor allen Dingen einigermaßen ordentlich zu essen. Frau E. hatte Verwandte in Niederstetten, die Landwirtschaft und auch eine Gastwirtschaft hatten. Von dort erhielt sie regelmäßig etwas zugesteckt, so dass sie nicht nur auf unsere Lebensmittelkarten angewiesen war. Gertrud erging es viel schlechter. Nicht nur, dass ihre Wirtsleute (ein Lehrer-Ehepaar) sie sehr lieblos behandelten, sie hatte auch morgens immer großen Hunger, da sie sehr wenig zu essen bekam. Manchmal wurde ihr sogar schlecht vor Hunger. Heimlich steckte ich von meinem mir zur Verfügung gestellten Brot etwas ein, bestrichen mit Marmelade (natürlich gab es keine Butter!) und konnte damit Gertrud etwas unterstützen. Das klappte sehr gut, da ich immer allein frühstücken musste. Herr E. musste wesentlich später aus dem Haus. An manchen Tagen aber konnte sich Gertrud trotzdem kaum auf den Beinen halten, und ich wies nun das Ehepaar M. (*das waren ihre Lehrer*) auf diesen Mißstand hin. Nachdem sie Gertruds Wirtsleuten erst Vorhaltungen machten und später sogar noch mit einer Anzeige drohten, wurde es ein wenig besser. Das Verhältnis zu den Wirtsleuten wurde dadurch natürlich sehr belastet, und Gertrud war oft bei mir, da sie es in ihrem ›Zuhause‹ nicht aushielt. Zum Glück zeigten E.'s großes Verständnis für uns.

Unterricht gab es für unsere kleine Gruppe (wir waren nur sechs Mädchen aus unserer Klasse) in der Wohnung unseres Lehrers, Prof. Dr. M., und seiner Frau. Natürlich war das Angebot an Fächern sehr beschränkt: Deutsch, Latein, Geschichte (von Prof. M.), Englisch, Biologie (von Frau M.), und ab und zu durften wir am Heidenheimer Gymansium den Mathematik-Unterricht der uns entsprechenden Klasse besuchen, einige Male auch den Physik- und Chemie-Unterricht. Davon hatten wir mit unseren großen Lücken nicht allzuviel Gewinn, aber wir bekamen dadurch wenigstens eine Ahnung, was wir eigentlich wissen oder lernen sollten. Das Gymnasium dort erschien uns so erschreckend ›ganz‹, ohne irgendwelche Spuren von Einschlägen oder zerborstenen und zugenagelten Fenstern. Wir fühlten uns unter der dortigen Mädchenschar wie Menschen von einem anderen Stern, wie Gezeichnete.«

BRIGITTE P. (1927) wurde im November 1944 mit dem Hölderlin-Gymnasium Stuttgart nach Giengen an der Brenz evakuiert: »Wir wurden dort nicht gern gesehen. Und für uns waren die wieder komisch. Uns konnte jede Sekunde alles weggenommen werden. Man war froh, wenn man jeden Tag meisterte. Und dort sagte die Frau: ›Wir wissen nicht, ob wir nächstes Jahr noch Kohlen haben.‹ Also die haben noch für das nächste Jahr mit eingeteilt (*lacht*)! Wir hatten Schichtunterricht, weil die Schulräume nicht ausreichten.

Die Frau, bei der ich wohnte, die hatte 'ne Putzfrau. 'Ne deutsche sogar! Die konnten nicht verstehen, dass wir nichts arbeiteten. ›Solche Kapital-Weibsbilder, die solltet was schaffe!‹ hieß es.

In den Weihnachtsferien waren wir wieder in Stuttgart.

Im Dezember '44 war eine Direktorenkonferenz. Es sollten keine Fahrkarten an die Schülerinnen mehr ausgegeben werden, damit die nicht heimfahren. Frau Wendel (*die Direktorin*) kommt nach Giengen und sagt: ›Ab morgen gibt es keine Fahrkarten mehr für Schüler. Ich bin der Meinung, bei dem was kommt, seid ihr am besten bei Euren Eltern aufgehoben!‹ Das hätte ihr den Kopf kosten können. Dass die ihr Leben riskiert für uns, war uns sofort klar. Wir sind sofort auf die Bahn, sind sofort heim. Das war natürlich gefährlich, schon wegen der Tiefflieger, und das hat die alles auf sich genommen. In Aalen haben wir stundenlang auf den Anschlusszug warten müssen, dann kam Fliegeralarm. Der Bahnhof hätte bombardiert werden können.«

Aus den Schilderungen der damals schon älteren Schülerinnen werden vor allem noch einmal der Kontrast und die Distanz deutlich zwischen den Bombengeschädigten und den Menschen in den Evakuierungsorten, die noch ein fast normales Leben führten. »Wir kamen uns vor wie Menschen von einem anderen Stern, wie Gezeichnete«, sagt Hannelore S.. Es zeigt sich auch, welchen Rückstand in der Schulbildung der Krieg für die Großstadtmädchen brachte, auch Unverständnis der Kleinstädter gegenüber »höherer Mädchenbildung« wird deutlich. Ob überhaupt noch etwas gelernt werden konnte, hing von dem Engagement der Lehrkräfte ab, die sie begleiteten. Diese und andere Beispiele zeigen, dass es überdurchschnittlich war unter den extrem schwierigen Bedingungen. Schließlich belegen die Zeugnisse die Verantwortungsbereitschaft mancher Lehrerinnen und Direktorinnen, die Schülerinnen in der allgemeinen Auflösung nicht einem ungewissen Schicksal zu überlassen, sondern sie – mit Risiko für sich selbst – noch rechtzeitig nach Hause zu schikken.

Nach meinen Unterlagen lässt sich nicht entscheiden, ob die Kinderlandverschickung von den Eltern, besonders von den Müttern, eher abgelehnt oder gern angenommen wurde. Die Zeugnisse widersprechen sich und reichen für eine auch nur grobe Quantifizierung bei weitem nicht aus. Es lassen sich aber einige Gründe für Zustimmung bzw. Ablehnung entnehmen.[21]

An die Einstellung ihrer Eltern erinnert sich LYSA K. (1931). Der Vater veranlasste 1943 die freiwillige Evakuierung der ganzen Familie von Rheine in seine Vaterstadt Büren: »Eigentlich wäre ich gern mit all den anderen in die KLV gefahren, aber das wollten meine Eltern nicht. Sie sehen immer alles mit anderen Augen. Unsere beiden Oberschulen – streng nach Geschlechtern getrennt – schließen die unteren Klassen. Gemeinsam geht es nach Bayern in verschiedene, bestimmt herrliche Lager. Vater will meine große Schwester, sie geht ja schon in die Untertertia, nicht von mir und uns zwei nicht von der Familie trennen. In Erwachsenengesprächen höre ich von Beeinflussung; die Lagerleiter sind doch alle linientreu, und die Erzieher müssen ja den gleichen Kurs haben; Kirche und Religionsunterricht wird es bestimmt in keinem KLV-Lager geben. Wir Kinder werden bei diesen Erwägungen meist fortgeschickt.«

ANNEMARIE Z. (1908), deren beide ältesten Töchter Renate und Uta im Allgäu sind, schreibt in ihren Feldpostbriefen mehrmals recht zufrieden, den Kindern gehe es ausgezeichnet, beide hätten »ganz runde Gesichter«. Renate habe Läuse von der Schule mitgebracht, sie seien aber schon fast wieder weg. Renate sei äußerst eifrig und fleißig in der Schule und jeden Fetzen Zeitung, den sie in die Hand bekomme, lese sie. (Nach einem Brief vom 19.3.1944)

Sich von den Kindern in dieser ungewissen Zeit trennen zu sollen, war für die meisten Mütter eine zusätzliche schwere Zumutung, zumal gegen Kriegsende Sicherheit nirgends mehr gewährleistet schien. Die Kontrolle über die Erziehung gänzlich aus der Hand zu geben, erschien in einem Land, in dem die Internatsschulen wenig verbreitet waren – anders als etwa in England – als Risiko, besonders für Eltern, die dem Regime nicht anhingen.

Auf der anderen Seite spielten die relative Sicherheit und die im allgemeinen bessere Verpflegungslage eine Rolle. Auch ein einigermaßen ordnungsgemäßer Unterricht schien ohne Alarme und Angriffe besser gewährleistet. Dass die Zurückhaltung und der Unwille gegen die KLV gegen Ende des Krieges zunahmen, war nur allzu verständlich; man wollte sich auf keinen Fall in dem zu erwartenden Chaos verlieren. Diese Befürchtung war nicht unbegründet.[22]

Für viele Eltern spricht das Zeugnis von IRMGARD F.'s (1928) Familie; der Vater hatte als Diplom-Landwirt und Leiter der Ackerbauschule in Ellwangen ein Schlossgut bei E. gepachtet und beherbergte viele Kinder aus bombenbedrohten Städten, auch im Rahmen der KLV: »Im letzten Kriegsjahr lebte ein Junge eines Freundes meines Vaters bei uns und ging auch mit den Brüdern zur Schule... Er stammte aus dem Rheinland, und als die Front immer näher kam, holte sein Vater ihn, trotz vieler Bedenken, bei uns ab. Die Familie wollte das Kriegsende zusammen erleben oder zusammen sterben.«

ANNA K. (1910), die mit ihren drei kleinen Kindern in Bayern evakuiert war, musste ihren ältesten Sohn – wider besseres Wissen und gegen ihren Willen – auf Druck der Behörden und ihres Mannes in ein »Internat« (wohl im Rahmen der KLV) nach Reichenbach in die Oberpfalz geben: »Und nachher wurde die Schule noch einmal verlegt, und als der Krieg zu Ende war, da haben sie die Kinder sich selbst überlassen, und das ganze Lehrpersonal ist seiner Wege gegangen, bei Nacht und Nebel, und die Kinder waren sich selbst überlassen. Mein Sohn hat sich ganz alleine von N. zu Fuß durchgeschlagen und ist nach Niederbayern gekommen. Er war 13 Jahre alt. Ich habe ihn schon verloren gegeben, weil sie gesagt haben, da sind die Russen, und die Russen hätten alle Kinder kassiert. Ich hab' mich vor Kummer und Entsetzen fast umgebracht. Es hieß ja, die Russen hätten die Schulen alle kassiert und die Kinder alle in die Sowjetunion gebracht. Aber Kalli kam.«

Wie die Töchter die Kinderlandverschickung erlebten, ist ein noch weithin unerforschtes Thema. Larass[23] trennt nicht zwischen Jungen und Mädchen, wenn er sagt, die meisten hätten positive Erinnerungen an diese Zeit[24]; dagegen beschreibt Hermand[25] seine schockierenden, brutalen Erlebnisse in fünf Jungenlagern. Obwohl ich dem nur wenige Zeugnisse von Mädchen entgegenstellen kann, möchte ich annehmen, dass deren Erfahrungen sich stark von denen in Jungenlagern unterschieden.[26] Ich möchte – bis zum Nachweis des Gegenteils – bezweifeln, dass es vergleichbare Exzesse, Gewaltakte und Quälereien, wie sie Hermand für die Jungenlager beschreibt, bei Mädchen entsprechenden Alters gegeben hat. Soweit die Kinder und jüngeren Mädchen von damals auf die Kinderlandverschickung zu sprechen kommen, erinnern sie vor allem das Heimweh, das sie aber auch bei Verwandten und Bekannten befiel. Sie erinnern, dass auch die Mütter unter der Trennung litten und sich Sorgen um sie machten. Im Gedächtnis geblieben sind die Verpflegung, die Unterbringung und besondere Vorkommnisse. Von Schikanen berichtet niemand, eher von netten Streichen. Merkwürdigerweise wird auch die angebliche Dominanz der Hitlerjugend, also bei den Mädchen vor allem der BDM-Führerinnen, nicht bestätigt. Die Entscheidungsbefugnis habe bei den Lehrern gelegen. Einige berichten allerdings von Konflikten, die sie beobachteten. Von politischer Indoktrination ist kaum die Rede, aber an diese war man so gewöhnt, auch zu Hause, dass sie möglicherweise in der Kinderlandverschickung nicht besonders auffiel. Erinnert wird, dass Lehrer über die Kriegsereignisse informierten, und dies natürlich patriotisch. Auffällig sind die dankbaren und verehrenden Erinnerungen an Lehrerinnen.

MARGRET B. (1927): »Ich war aus Berlin in die Tschechoslowakei ausgelagert... Anfangs wurde man bei der Verlagerung sehr gut versorgt, später war es schlecht mit dem Essen. Es war freiwillig... Ich war volle zwei Jahre nicht mehr zu Hause. Es war zu gefährlich mit dem Zugverkehr. Die Tschechen waren teilweise uns gegenüber aggressiv. Untergebracht waren wir in einem wunderschönen Sanatorium in Teplitz; es war ein herrliches Gebiet, so bergig. Das Sanatorium war beschlagnahmt für uns. Die Lehrer waren mit, und es gab immer einen Führer oder eine Führerin so für das Haus, die in Uniform waren. Wir selbst trugen auch viel Uniform, weil wir die gestellt bekamen. Auf die Kleiderkarte konnte man nur sehr wenig kaufen. Es ging uns da erst sehr gut, auch im Essen, und später, da geriet es dann so'n bisschen aus der Form. Das war 1940-42. Dann war das zu Ende. Das Lager wurde aufgelöst. Das war mit den Tschechen zu heikel. Und wenn ich zurückkam, erlebte ich immer, dass meine Mutter, dass die furchtbar gelitten hat.«

Auf genaueres Nachfragen schrieb sie mir am 15.10.1994: »Ich habe die Zeit eher positiv erlebt. Für die Kriegszeit gab es gutes und reichliches Essen. Es gab keinen Fliegeralarm mit schrecklichen Ängsten, daher auch keinen Unterrichtsausfall. Die

Lehrer hatten größere Entscheidungsbefugnisse (*als die HJ-Führer*). Die Führerinnen waren nur für die Freizeit bei Spiel, Singen und Sport zuständig. Das Verhältnis zu Lehrern, Führerinnen und untereinander war gut. Als ich nach zwei Jahren wieder in meine normale Schule zurückkehrte, hatte ich einen beträchtlichen Vorsprung vor den Nichtverschickten.«

GITTA HEYL (1933): »Ich hatte auch furchtbare Angst und Heimweh in der KLV. Ich habe später oft darüber nachgedacht, wie furchtbar es auch für die Mutter gewesen sein muss, die Angst ihrer Kinder zu sehen und einfach machtlos dabeizustehen.«[27]

CHRISTA B. (1933): »Für mich war es eigentlich schön; ich war bei der Großmutter. Ich weiß, für die anderen Kinder war's schwer, in die KLV zu kommen. Meine Freundin hat mir mal erzählt, die ist davongelaufen, die hat so Angst gehabt. Die hat geschrien, sie will zu ihrer Mama. Die war im Oberland, bei Saulgau irgendwo. Die ist ganz weit gelaufen, und irgend jemand hat sie auf der Straße aufgelesen; irgendwie ist sie dann nach Stuttgart zurückgekommen.«

HELGA S. (1931) war im KLV-Lager in Reichenau in der östlichsten Ecke Sachsens. Sie empfand die Zeit als positiv, nachdem anfängliche Schwierigkeiten überwunden waren. Im Oktober 1994 beantwortete sie meine schriftlichen Fragen folgendermaßen: »Die ersten sechs Wochen waren schlimm. Heimweh, besonders durch die Leitung einer unfähigen Lehrerin, die dann durch Protest der Eltern abberufen wurde. Außerdem war das Kinderheim verwanzt. Nach dem Kammerjäger und der Auswechslung von zwei Lehrern und der ersten BDM-Führerin, die ein ›Kasernenregime‹ einführte, war es sehr schön.« Sie kam aus einer Gaudig-Reformschule, wo die Eltern offenbar ein Mitspracherecht hatten. »Die Qualität des Unterrichts war gut. Die Freizeitgestaltung war sehr gut. Wir sind viel gewandert, haben gesungen, Aufführungen im Ort gemacht (Theater, ›Zirkus‹), auch heimatkundliche Exkursionen mit kulturellen und botanischen Erläuterungen, da zufällig die entsprechenden Fachlehrer mit dort waren. Die zweite BDM-Führerin machte den Appell, fügte sich in den Schul- und Heim-Betrieb ein. Sie war jung. Das Verhältnis der Kinder untereinander war gut, es gab Kameradschaft untereinander und Freundschaften. Eine ›Hackordnung‹ mit Unterdrückung der Schwächeren und eine ›Cliquenbildung‹ gab es an unserer Schule grundsätzlich nicht. Die NS-Indoktrination habe ich als schwach empfunden. Die Lehrer *mussten* Kriegsereignisse erklären und kommentieren, z. B. die zweite Front am 6.6.1944 o.ä. Montags vor der Schule wurde Appell gemacht, es wurde eines der üblichen Lieder gesungen. Aber bei jeder sich bietenden Gelegenheit (z. B. Sonntagssingen auf dem Marktplatz) sangen wir das Lieblingslied unseres Musiklehrers, der mit im KLV-Lager war: ›Die Gedanken sind frei…‹ Ansonsten kann ich mich bloß noch an unwahrscheinlichen Blödsinn erinnern, den wir machten und über den dann der ganze Ort lachte. Echte, geistvolle, heute leider nicht mehr übliche Kinderstreiche, z. B. in einer echten Nacht- und Nebelaktion die Kaninchen im Ort vertauscht, stundenlang in den Schulmappen Karnickel umquartiert! – Es lief im Kino ›Der weiße Traum‹. Die Lehrer und die Großen gingen ins Kino. Wir ›Mittleren‹ saßen zur selben Zeit rittlings in Nachthemden auf dem Dachfirst und sangen: ›Kauf dir einen bunten Luftballon.‹ Alarmiert von Einwohnern, kamen die Lehrer aus dem Kino angestürmt. Ergebnis: Am nächsten Tag gingen wir alle ins Kino. Das Verhältnis zwischen Lehrern und Schülern war kameradschaftlich; die Lehrer waren zum Teil Vertrauenspersonen.«

Besonders enthusiastisch äußert sich ELFRIEDE B. (1927), vor allem über ihre Klassenlehrerin, die ihr ein menschliches Vorbild wurde. Elfriede B. kam aus einem nichtnationalsozialistischen Elternhaus. Ihr Vater (Studienrat) war 1933 vom Dienst suspendiert worden. Ihre Mutter, Malerin, musste erleben, dass sechs Bilder von ihr aus einem Schaufenster heraus beschlagnahmt und von einem Gestapo-Mann zerstört wurden. Elfriede B. spürte deshalb die nationalsozialistische Beeinflussung in der KLV stark und ließ sich davon auch beeindrucken. Sie war in verschiedenen Lagern, am längsten in Policka (16 km von Zwittau entfernt) in den Jahren 1943-45 mit der Berlin-Wilmersdorfer Cäcilien-Schule, die zusammen mit der Droste-Hülshoff-Schule evakuiert wurde.

»Ich möchte liebend gerne meiner geliebten Lehrerin, aber auch den ungeliebten Lehrern ein Denkmal setzen für ihren enormen Einsatz rund um die Uhr. Sie haben bedingungslos *alle* ihre Kräfte eingesetzt, sowohl im schulischen wie im lagermäßigen Bereich. Die Lehrer wollten uns die Eltern ersetzen. Auch die HJ- und BDM-Führerinnen zeigten viel Idealismus und viel guten Willen. Ihre Leistung war doch eindrucksvoll und effizient. Es herrschte eine hervorragende Disziplin. Jeder gab sein Bestes. Jeder wollte noch vaterlandsliebender sein. Es war in allen mir bekannten Lagern eine große Rivalität zwischen HJ und Lehrerschaft, wobei ja die Lehrerschaft auch geteilt war.

Über ihre verehrte Lehrerin Anna Encke sagt sie: »Sie war meine Klassenlehrerin an der Cäcilienschule, wurde Lagerleiterin… Alle haben sie angebetet. Sie war so um die 50, gab Deutsch und Geschichte. Sie war sehr herb, voll Humor und Schlagfertigkeit. Sie war nicht hübsch, sondern altmodisch-streng. Sie war politisch nicht ganz zuverlässig. Und die BDM-Führerin war eine Schülerin… Die Lehrer übernahmen freiwillig auch die organisatorischen Aufgaben, um die Schülerin zu entlasten. Die Freundin der Lehrerin, damals Referendarin, veranstaltete Feste, damit kein Heimweh aufkommen sollte. Und die Feste waren echt und intelligent, voller guter Ideen. Unsere Lehrerin hat uns nicht gegen die einheimische Bevölkerung aufgehetzt. Wir seien Gäste, aber wir sollten möglichst nicht allein spazierengehen. Am Schluss brach kein Chaos aus. Die Lehrer haben alle zurückgebracht.«[28]

Es mag sein, dass die letzten beiden Beispiele Ausnahmen sind, handelte es sich doch um eine Gaudig-Reform-Schule und eine Berliner Schule, die so etwas wie eine pädagogische Provinz gewesen sein muss.[29] In beiden Schulen reichte der Einfluss der Eltern erstaunlich weit. Immerhin gab es solche pädagogischen Freiräume. Aber es müssten noch viel mehr Erfahrungsberichte von

Betroffenen gesammelt werden, ehe ein einigermaßen objektives Bild über Mädchen in der Kinderlandverschickung gezeichnet werden kann. Zu einem differenzierten Bild der Erfahrungen würden auch die Erinnerungen anderer Beteiligter gehören, etwa der Lehrer selbst, der BDM-Führerinnen, der Wirtschafterinnen und sonstigen Angestellten, nicht zuletzt der einheimischen Bevölkerung, besonders in den besetzten Gebieten Polens und der Tschechoslowakei. Von allen gibt es bisher nur ganz sporadische Berichte.[30]

Wie auseinandergerissen und dezimiert manche Familien am Kriegsende schon vor der großen Flucht waren, zeigt am deutlichsten das Beispiel von GERTRUD H. (1929):

Die Pfarrerstochter schrieb mir am 14.10.1994: »Bis 1942 lebten wir alle zehn, die Eltern mit ihren 8 Kindern, in Stuttgart-Gablenberg in einem geräumigen Pfarrhaus. 1942 kam unser Ältester, Ulrich, Jahrgang 1926 zur Flak, von da zum Arbeitsdienst, dann nahtlos zur Wehrmacht. 1945 kam er um. Wir haben uns in den Jahren zuvor kaum gesehen.

1943 kam der zweite, Hans, Jahrgang 1927 zur Flak, von da zum Arbeitsdienst, dann zur Wehrmacht. Er kam im Herbst 1945 aus französischer Kriegsgefangenschaft zurück.

Im Sommer 1943 mussten alle Kinder Stuttgart verlassen. Meine Eltern brachten uns zunächst bei den Großeltern unter: meine drei Schwestern und ich kamen zur Mutter des Vaters nach Reutlingen. Unsere Großmutter war damals 73 Jahre alt und lebte zusammen mit der Schwester ihres verstorbenen Mannes und Lina, die seit ca. 30 Jahren schon den Haushalt versorgte. Dazu kamen nun vier Mädchen: die Jüngste, Elisabeth, Jahrgang 1940, dann Margarete, 1931, Hanna 1930 und ich, 1929. Unsere jüngeren Brüder Helmut, 1935 und Walter, 1937, zogen zunächst zum Vater der Mutter nach Urach. Die Großmutter war kurz zuvor verstorben. Auch dort gab es eine Haushalthilfe Rosa, die aber der neuen Aufgabe wohl nicht ganz gewachsen war.

Meine Mutter bewegte sich zwischen Urach und Stuttgart hin und her. An beiden Orten wurde ihre Anwesenheit angefordert. Irgendwann wurde dann beschlossen, die beiden Buben anders unterzubringen. Helmut kam nach Ludwigsburg zu Prälat Schlatter, einem Freund und Kollegen meines Vaters, und Walter zu einer Schwester meines Vaters nach Balingen in eine Familie mit damals auch schon drei Kindern.

Vor Weihnachten 1944 beschlossen meine Eltern, uns alle nach Stuttgart zu holen. Die Bombardierung der mittleren Städte hatte begonnen. In Stuttgart gab es bessere Bunker und Stollen. Auch wollten meine Eltern einfach ihre Kinder um sich haben, soweit es möglich war. Mein Vater hat wegen diesem Ungehorsam ein Schreiben der damaligen Schulbehörde erhalten, dass seine Kinder vom weiteren Besuch einer Oberschule und damit vom Studium ausgeschlossen würden. Doch das hat ihn wenig erschüttert.«

Vor allem Frauen in Grenzgebieten befanden sich während des Krieges fortgesetzt auf Wanderschaft kreuz und quer durch Deutschland, meistens nicht selbstbestimmt, sondern bestimmt durch die Kriegsumstände, den Wunsch des Mannes, aber auch durch Verdienstmöglichkeiten. Die Elsässerin IRENE K. (1920) und ihre Familie sind ein Musterbeispiel für solche Schicksale.

Hier die Rekonstruktion ihrer »Odyssee«: Sie lebte mit ihrer Mutter und drei Schwestern (zwei älter, eine jünger als sie) in *Mulhouse* im Elsass. 1937 blieb die Familie nach einem Besuch bei Verwandten in Deutschland dort, nur eine der Schwestern kehrte ins Elsass zurück, »weil sie es in Nazi-Deutschland nicht aushielt«. Irene hing zu sehr an ihrer Mutter und ihrer kleinen Schwester und blieb. Fünf Jahre arbeitete Irene in *Prenzlau* (Uckermark) als Verkäuferin in einem Textilgeschäft (sie war gelernte Buchhändlerin). 1942 heiratete sie und folgte ihrem Mann, der von der Wehrmacht zum Studium der Pharmazie beurlaubt worden war, nach *Münster*. Dort wohnten sie möbliert. Im August musste sie (ihr Mann setzte sie so stark unter Druck) in seiner Heimatstadt *Breslau* entbinden, weil er es dort für sicherer hielt. Weiter wörtlich:

»Peter war zehn Wochen alt, da hielt ich es bei meiner Schwiegermutter in Breslau nicht mehr aus und fuhr im November 1943 nach *Mühlhausen*, wo auch meine Mutter mit kleiner Schwester, um dem Bombenhagel auf Berlin zu entgehen, Zuflucht suchten. Zu viert wohnten wir in einem Zimmer. Meine elsässische Schwester, inzwischen mit einem Franzosen verheiratet, flüchtete 1939 mit ihrem 14 Tage alten Sohn nach Lyon, kehrte zwar Anfang 1945 nach Mühlhausen zurück, inzwischen von den Deutschen geräumt, aber ich habe sie doch erst 1954 wiedergesehen, also nach 17 Jahren... Zum Wintersemester – Münster war bombardiert und zu 80 % kaputt – wurde mein Mann zum Weiterstudium nach *München* versetzt. Ich traute mich nach der Invasion 1944 nicht mehr, in Mühlhausen zu bleiben, denn ich hatte ja einen Deutschen zum Mann, war wieder ein paar Wochen in *Münster,* dann vier Monate in *Ahaus*, wieder schwanger, sollte in die ›sicherste Ecke Deutschlands‹ (so mein Mann), also nach *Schlesien* zurück. Wieder gehorchte ich...

Im Januar 1945 musste ich aus Breslau fliehen, mit Zug und Pferdekarren bis *Liegnitz, Görlitz*. Wohin sollte ich? Ich hatte keine Nachricht von meinem Mann. Also wählte ich *Prenzlau* als Ziel. Dort wusste ich meine beste Freundin. Sie hat sich am 1. Mai 1945 mit ihrem Mann auf der Flucht, nach Vergewaltigung durch Russen, aufgehängt. Ende Februar '45 erhielt ich endlich Nachricht von meinem Mann. Peter war nun eineinhalb Jahre alt, ich im sechsten Monat schwanger. Ich war auf dem Weg von Prenzlau über *Berlin,* wo ich mein Schwesterlein zum letzten Mal sah (sie starb 18jährig an Kinderlähmung, die als Folge des Krieges in Berlin grassierte) nach *München*. Ich war drei Tage und drei Nächte unterwegs. Im *Landkreis Freising* – ich durfte ja nicht in München bleiben – bekam ich ein Bett mit Strohsack bei einem Bauern und ein Zimmer. Da waren wir wirklich die ›Huren-Flüchtlinge‹.« (Nach einem Brief von Irene K. vom 27.6.1992). Die Evakuierung war in Flucht übergegangen, und die Wanderschaft mit dem Mann, von dem sie sich schließlich trennen musste, weil er sie fortgesetzt betrog, war noch lange nicht zu Ende. Am Schluss schreibt sie: »Und endlich, 50jährig, habe ich 1970 meinen Wohnort selbst bestimmt.« Die Odyssee endete in Heidelberg.

Frauen, die in die östlichen Gegenden Deutschlands oder ins Elsass als die vermeintlich sichersten Gebiete gezogen waren oder evakuiert wurden, gerieten am Kriegsende in den Strudel der Flucht.[31]

Zusammenfassung

Die Evakuierung von Millionen Frauen und Kindern aus den von Bomben bedrohten Großstädten hat vielen das Leben gerettet. Sie war jedoch – trotz Druck und Propaganda – keine Zwangsaktion eines totalitären Staates, sondern blieb bis zum Ende zum mindesten formal freiwillig. Es gab nicht wenige Frauen, auch nationalsozialistisch eingestellte, die mit ihren kleinen Kindern zu Hause blieben. Die Evakuierung war keine perfekt durchgeplante Verwaltungsaktion, sondern wurde vielfach als ungeordnet, mangelhaft organisiert empfunden, abhängig vom guten Willen der Evakuierenden und Evakuierten, der Aufnehmenden und der übrigen Beteiligten.

Den Evakuierten wurde die heile Welt der bisher vom Krieg fast unberührten Gebiete so recht vor Augen geführt. Die Aufnehmenden wiederum fühlten sich in ihrem bisher recht normalen Leben ungebührlich eingeengt. Gegenseitige Vorurteile und Fremdheit erschwerten das Zusammenleben. Insofern war die Evakuierung ein Vorspiel für die spätere Eingliederung der Flüchtlinge und Vertriebenen, die jedoch noch viel höhere Anforderungen stellte, weil die Flüchtlinge nicht nur vorübergehend da waren, sondern in ungleich größerer Zahl dablieben.

Ob die Evakuierung positiv oder negativ erlebt wurde, hing stark von der Fähigkeit und dem guten Willen auf beiden Seiten ab, die neue Lebensform gemeinsam zu bewältigen. Dabei halfen den Müttern das Gefühl der relativen Sicherheit vor Angriffen und die insgesamt guten und gesunden Lebensverhältnisse für ihre Kinder. Sie profitierten auch von der im ganzen besseren Versorgung auf dem Lande. Nicht selten wurden neue soziale Beziehungen, neue Freundschaften aufgebaut, die z.T. bis heute gehalten haben.

Die Frauen mussten in fremder Umgebung ganz neue Probleme lösen, die Anpassung, Eigenständigkeit und Improvisationsgabe erforderten. Nicht alle, aber die meisten Frauen waren den ungewohnten Anforderungen gewachsen. Sicher hat die Bewährung in einer für sie nicht ganz einfachen Situation die Eigenständigkeit und das Selbstwertgefühl der Frauen gestärkt. Ob die Evakuierung dafür so entscheidend war, wie Meyer und Schulze annehmen[32], scheint mir zweifelhaft. Sie mussten ja schon vorher in den Städten, aus denen sie kamen, ungleich Schwereres leisten und ertragen. Für sie war die Evakuierung eher eine Rettung vor dem physischen und nervlichen Zusammenbruch, nicht gerade eine Erholungszeit, aber zumindest eine Atempause.

Dabei wurde die Trennung, nicht nur vom Mann, sondern auch von den älteren Kindern (KLV, Schulverlagerungen), von den Verwandten, vom bekannten Lebenskreis gerade in der Fremde besonders schmerzlich empfunden. Die Frauen in der Evakuierung fühlten sich vielfach abgeschnitten von vertrauten menschlichen Bindungen, von ihnen lieben und wichtigen Menschen, um die sie ja auch ständig und nun erst recht in Sorge sein mussten.

Diese dominierende Empfindung des Auseinandergerissenseins versuchten sie wenigstens teilweise dadurch zu mildern, dass sie Verwandte und Freundinnen in die Evakuierung mitnahmen oder nachzogen. Die schmerzliche Erfahrung des Getrenntseins wurde nach dem Krieg der stärkste Impuls für das Zueinanderstreben der Familien. Die Erinnerung an die frühere eigene, heile Welt und die Hoffnung auf ein lebenswertes, friedliches Leben war mit der intakten Familie verbunden.

Nicht selten gerieten Frauen in der Evakuierung in nicht geringere Schwierigkeiten und Gefahren als zu Hause. In den grenznahen Gebieten überrollte sie die Front, oder sie wurden hineingerissen in die Strapazen und Leiden der Flucht. Was es bedeutete und was dazugehörte, in den Wirren des Kriegsendes und der unmittelbaren Nachkriegszeit wieder heimzukommen, zusammenzukommen, behandelt ein späteres Kapitel.[33]

Für eine ausgewogene Zusammenfassung der Erfahrungen, die mit der KLV verbunden waren, ist es noch zu früh. Die Basis der vorliegenden subjektiven Erinnerungen ist zu schmal. Es fehlen noch viele Zeugnisse von Mädchen, auch von Müttern und von anderen beteiligten Personen. Um beurteilen zu können, ob die Kinder und jungen Menschen insgesamt mehr gelitten haben oder in ihrer Entwicklung gefördert wurden, dazu müssten noch viele Zeitzeugen befragt werden. Deshalb sind auch die hier vorgelegten Beobachtungen als sehr hypothetisch zu betrachten. Ich vermute, dass sich die Erfahrungen von Mädchen fundamental von denen der Jungen unterschieden, wie sich ja auch der »Dienst« im Jungvolk stark von dem im BDM oder bei den Jungmädeln unterschied.[34] Dafür sprechen alle mir vorliegenden Zeugnisse.

So schwer es auch fällt, einem menschenverachtenden Regime menschenfreundliche Aktionen zuzubilligen, und welch fragwürdigen Erziehungsziele es auch damit verband, so steht doch fest, dass die KLV vielen Kindern das Leben gerettet hat.[35] Und nicht die Motive oder auch belastende Begleitumstände, sondern dieses Ergebnis zählt für die Betroffenen letztlich am meisten.

Kapitel 7

Freizeit, Feste, Kultur – Normales Leben im Krieg?

In den Erzählungen über den Krieg herrschen ganz selbstverständlich Kriegserlebnisse vor. Nach dem Nicht-Kriegsmäßigen musste ich eigens fragen. Erst dann trat zutage, dass es ein normales, ja fast friedensmäßiges Leben während des Krieges durchaus gegeben hat, für viele sogar lange Zeit, so lange, bis der Krieg durch Bomben oder Trennung und Verluste von Angehörigen ganz unmittelbar das eigene Leben berührte. In den heutigen Erinnerungen der Frauen überlagert oft das katastrophale Ende diese Zeiten oder Phasen der relativen Normalität. Aber selbst inmitten persönlicher Bedrohungen und spürbarer Einschränkungen erhielten sich das Bedürfnis und die Fähigkeit, Gegenkräfte gegen die Kriegswirklichkeit aufzubieten und zu mobilisieren.[1]

Es ist bekannt, dass das kulturelle Leben während des Krieges weiterging, dass fast bis zum Ende die Kinos und Theater spielten, Konzerte gegeben und vielfältige Unterhaltung im Radio gesendet wurden.[2] In diesem Rahmen kann kein auch noch so knapper Abriss des Kulturbetriebs im Dritten Reich während des Krieges gegeben werden, auch nicht eine Darstellung des Verhältnisses von Künstlerinnen zum Nationalsozialismus. Die Reichweite der kulturellen »Gleichschaltung« ist bisher wenig erforscht worden. Über die Rezeption dieses Angebots durch »das Volk«, insbesondere die Frauen, die ja während des Krieges die Masse des Publikums im Kino, in den Theatern und in den Konzertsälen ausmachten, können nur die Frauen selbst berichten.

Im Folgenden soll versucht werden, solchen Spuren in den Lebensgeschichten nachzugehen, die nicht unmittelbar durch den Krieg geprägt waren, aber eben auch ein nicht unwesentlicher Teil des Lebens im Kriege waren. Die verlässlichsten Korrekturen einer »Nur-Katastrophengeschichte« des Zweiten Weltrieges sind wiederum Briefe und Tagebücher.

Was haben die Frauen getan, wenn sie nicht gearbeitet haben oder den alltäglichen Kampf ums Durchkommen führten, Feldpostbriefe schrieben oder in den Luftschutzkellern saßen? Wie groß war überhaupt der Bereich der Freizeit? Welches waren die Möglichkeiten zur Unterhaltung und Entspannung, und wie brachten sie es fertig, ihr persönliches Leben in der Familie und mit den Kindern auch im Krieg noch zu gestalten und zu bereichern, sich des Lebens zu freuen? Welche öffentlichen Freizeitangebote haben sie genützt und unter welchen Schwierigkeiten? Was hat sie besonders beeindruckt, vielleicht sogar den Krieg für kurze Zeit vergessen lassen? Wie groß waren die Unterschiede zwischen Städterinnen und Landfrauen, zwischen den Schichten, den Generationen? Doch wir müssen unterscheiden zwischen dem Begriff, den wir uns heute von Freizeit machen, und den Möglichkeiten, welche die Frauen damals zur Freizeitgestaltung hatten.

Verordnete und gesteuerte Freizeit

Die Nationalsozialisten wollten nicht nur den arbeitenden Menschen unter Kontrolle haben, sie versuchten auch, sich seiner Freizeit zu bemächtigen und sie in ihrem Sinne zu organisieren; die »Erfassung« war tendenziell total.

So könnte man den »Dienst« in der Hitlerjugend, der ab 1939 für Mädchen von 10 bis 18 Jahren Pflicht war, als »verordnete Freizeit« bezeichnen, in der die Jugendlichen nur zu einem geringen Teil selbst bestimmen konnten, wie sie diese gestalten wollten.

Auch die zahlreichen NS-Feiern, z. B. zum 1. Mai, zum Muttertag, zum »Heldengedenktag« usw., kulturelle Veranstaltungen der NS-Frauenschaft, der Deutschen Arbeitsfront (DAF) fallen unter diese Rubrik, auch wenn die Teilnahme nicht für alle Frauen Pflicht oder gar Zwang war.

Auffällig ist, dass Frauen mir nichts über solche NS-Veranstaltungen erzählt haben. Ganz sicher ist hier Verdrängung mit im Spiel, oder sie bringen die Veranstaltungen nicht mit der NSDAP in Verbindung, weil Aktivitäten im Rahmen der Partei nicht zu dem Bild passen, das sie sich von sich selbst und ihrer Rolle im Dritten Reich gemacht haben.[3] Ich habe aber Grund anzunehmen, dass diese Art von »Freizeit« keinen allzu großen Raum in ihrem Leben einnahm und sie auch nicht sonderlich beeindruckt hat. Wo sie wirklich Schönes erlebt haben, haben sie es nicht vergessen und berichten auch offen und freimütig davon, so z. B. von den KdF-Reisen und -Urlauben. Diese Reisen, um die man sich ja auch bewerben musste, wurden als ein Privileg und nicht als mehr oder weniger lästige Pflicht empfunden. Sie gehören daher zu den attraktiven öffentlichen Freizeitangeboten, von denen gerne Gebrauch gemacht wurde, wobei die ideologischen Implikationen im Bewusstsein der Frauen ganz in den Hintergrund treten. Vor allem, dass sich jetzt auch die Ärmeren Reisen und Urlaub leisten konnten, wird hervorgehoben. Dankbar vermerkt werden von manchen die von den Gesundheitsämtern veranlassten und bewilligten und auf Staatskosten veranstalteten Ferien für erholungsbedürftige Kinder.[4]

ELISABETH E. (1923) in einem Brief vom 11.11.1994: »Meine Eltern leisteten sich keinen Urlaub; mein Vater hatte einen Handwerksbetrieb, der vollen Einsatz forderte, da in den 30er Jahren das Geschäft aufblühte. Wir hörten von solchen, die Reisen machten, z. B. mit der ›Gustloff‹ nach Norwegen, das fanden meine Eltern besonders beeindruckend, dass das möglich war. Die Reisen waren sehr billig und auch für Arbeiter erschwinglich. Ich erinnere mich, dass mein Vater nach dem Krieg zu einem Nachbarn, der eingefleischter Kommunist war und sich nach dem Krieg als Antifaschist aufspielte, sagte: ›Warum bist du denn dann mit KdF gefahren, wenn du so dagegen warst?‹ Antwort: ›Das war doch so billig, da wäre ich schön dumm gewesen, das nicht auszunützen.‹ Das Reisen war vor dem Krieg Luxus, den sich nur wenige leisten konnten, und das Angebot von Reisen, die auch für die Arbeiter, d. h. gerade für diese, reizvoll *und* erschwinglich waren, fand Anklang. Es reisten auch solche, die nachher ›schon immer dagegen waren‹. Ich habe nie etwas Negatives über diese Reisen gehört.«

Die Bäuerin HANNE S. (1914) erinnert sich in ihrem Brief vom 14.11.1995 an eine Reise zur landwirtschaftlichen Ausstellung nach München, die vermutlich vom Reichsnährstand organisiert worden war, und an einen anschließenden Ausflug ins Gebirge: »Zum ersten Mal habe ich da die Alpen gesehen!«

ELISABETH H. (1916): »Eine KdF-Reise vor dem Krieg an die Ostsee, nach Zingst bei Stralsund, hat mir gut gefallen, obwohl man sie mit den heutigen Ansprüchen nicht vergleichen darf. Es gab Vierbettzimmer, zum Frühstücksbrötchen nur Marmelade, keine Butter. RM 28.- für die ganze Woche. Eine Urlaubsreise für Leute mit mittlerem Einkommen war unmöglich, das gab es nur für die Reichen... Eine politische Infiltration fand nicht statt..., auch wurden die Teilnehmer nicht ausgesucht nach Parteizugehörigkeit usw.; man hat sich einfach angemeldet.« (Brief von 1994)

Ebenso überwiegend positiv eingeschätzt werden auch die Freizeitangebote der Hitlerjugend, von denen damalige Jungmädel und BDM-Mädel begeistert erzählen. Das erklärt zu einem großen Teil die Faszination des Regimes für diese jungen Menschen und soll daher im dritten Band in einem besonderen Kapitel behandelt werden.[5] Hier mögen Stichworte genügen: Singen, Musizieren, Basteln, Werkarbeit, Sport in den vielfältigsten Formen, Fahrten und Lager, Feiern, Wettbewerbe, Jugendfestspiele, Tanz, Theaterspiel u.a. Trotzdem geht man fehl in der Annahme, die Jugend sei in ihrer Freizeit total von der Hitlerjugend vereinnahmt gewesen. Obwohl organisierte Freizeitgestaltung außerhalb der NS-Organisationen verboten war und besonders Führerinnen durch die HJ oft stark beansprucht waren, blieb den meisten genug Zeit für ganz private Beschäftigungen und auch für Unternehmungen in der Gruppe, sei es mit Klassenkameradinnen, sei es mit der Familie oder im Rahmen der Kirche.

GERTRAUD L. (1928), die über die ganze Kriegszeit Tagebuch schrieb und selbst Scharführerin einer JM-Spielschar war, erwähnt in ihren Eintragungen folgende Aktivitäten: Lektüre (sehr häufig), Tätigkeit als Kindergottesdiensthelferin, Singen im Kirchenchor, kirchlicher Mädchenkreis mit Spielen und Singen, Teilnahme in einem privaten Chor, Urlaubsfahrten und Wanderungen im Kreise der Familie und mit Bekannten, von den Schülerinnen selbst geplante und durchgeführte Theateraufführungen, ohne die Hilfe von Lehrern gestaltete Klassenfeiern, Zusammenkünfte mit Freundinnen zum Spielen, Musizieren und Basteln, Teilnahme im Turnverein, Familienfeste, kirchliche Vorträge, Kino, Theater, Klavierstunden. In ihren Tagebüchern spielen die Veranstaltungen der Hitlerjugend mit Ausnahme der Reichsjugendwettkämpfe kaum eine Rolle. Die Vorbereitungen für den »Dienst« zeichnete sie in einem besonderen Heft auf.[6]

Gertraud L. mag ein besonders aktives junges Mädchen mit weitgespannten Interessen gewesen sein, aber sie war prinzipiell keine Ausnahme. Bei den meisten der aufgezählten Betätigungen machten ja auch Freundinnen und Klassenkameradinnen mit. Bis auf Tanz und Radio (ihre Familie besaß keines) findet sich bei ihr die ganze Skala privater und öffentlicher Möglichkeiten von Freizeitgestaltung, die mehr oder weniger intensiv auch von anderen Mädchen und Frauen genützt wurden.

Aber ehe wir etwas näher auf sie eingehen, müssen die großen Unterschiede in den Freizeitmöglichkeiten gesehen werden.

Unterschiede in den Freizeitmöglichkeiten

Gertraud L. war damals Gymnasiastin in einer lange Kriegsjahre nicht bombardierten mittleren Stadt in Württemberg, von Kriegsdienstverpflichtungen bis fast zum Kriegsende nicht betroffen. Wäre sie Schülerin z. B. in Köln gewesen, könnte sie nicht von so viel Freizeit erzählen. Die Luftangriffe hätten das Leben bestimmt, und in der Evakuierung irgendwo hätte es die meisten der erwähnten Möglichkeiten gar nicht gegeben. Die großen Unterschiede zwischen den kriegsbedrohten und kriegsverschonten Regionen wirkten sich natürlich ganz entscheidend auf die Freizeit aus.

Oft, aber nicht immer, waren die *ländlichen Gegenden* die friedlichen. Hier aber fehlten kulturelle Angebote fast ganz, es fehlte die Bildung zu selbstgesteuerter kultureller Betätigung, vor allem aber fehlte die Zeit. Bei manchen Frauen kam mir schon meine Frage nach »Freizeit im Krieg« ganz unsinnig vor. Bei Zuschriften fand ich oft an dieser Stelle meines Fragebriefes ganz lapidar das Wort »keine« oder einen Leerstrich. Bäuerinnen und »einfache« Frauen verstanden meine Frage gar nicht.

ELISABETH U. (1905): »Freizeitgestaltung war für mich keine. Hobby, so was kannte man damals nicht. Man war den ganzen Tag mit den Dingen des Lebens beschäftigt und hatte immer zu tun.«

Auf dem Lande ließen die Eltern die jungen Mädchen oft nicht einmal in den BDM, weil sie diese zum Arbeiten brauchten.[7]

ELSE R. (1924) lebte in einem Dorf: »Geselligkeit im heutigen Sinne gab es nicht, Zusammenkünfte mit Gleichaltrigen vor dem ›Milchhäusle‹, wo man abends frische Milch bei den Bauern kaufen konnte, oder eine Radfahrt in der näheren Umgebung – im Sommer den Neckar zum Schwimmen ... das war's auch schon.«

Die Zeit fehlte auch den vielbeschäftigten Müttern und den berufstätigen oder kriegsdienstverpflichteten Frauen. Spaziergänge mit den Kindern oder Besuche im Schwimmbad waren in ihrer Situation schon viel.[8]

ERIKA H. (1914), die in leitender Stellung in der Konzernverwaltung bei Dornier in Friedrichshafen arbeitete, erzählt im Zusammenhang mit ihrer Wochenarbeitszeit von 60 Stunden: »Da war nicht viel Freizeit möglich. Wir waren eine relativ kleine Clique. Eines war gemeinsames Wandern, sonst noch gemeinsames Unternehmen, dass man zusammengehockt ist und sich was erzählt hat, aber mehr war nicht drin.«

HELENE H. (1923) arbeitete als Schwesternhelferin in Berlin: »In meiner Lazarettzeit hatte ich viel Nachtdienst. Wenn ich eine Freikarte für zwei bunte Stunden bekam oder mit den Patienten eine Dampferfahrt miterleben durfte, dann war ich glücklich. Bücher lesen, dazu war keine Zeit.«

EVA M. (1926), sie besuchte die Frauenfachschule, wo sie 1945 noch die Prüfung machte: »Ich musste mit der kleinen Bahn 24 Kilometer hin- und herfahren, von der Schule zum Wohnort und retour, und dann hatte man in der übrigen Zeit alles mögliche zu tun ... und Päckchen packen für die Soldaten an der Front und dafür häkeln, stricken oder nähen, damit die an der Ostfront nicht erfrieren. Das alles. Ja, und wir selbst, wir waren ja Selbstversorger, wir hatten niemanden bestohlen und nichts ergaunert, sondern was wir für uns brauchten, das haben wir selber hergestellt, und dazu brauchte man Zeit und Kraft. Da war man ausgelastet, und da war man froh,

wenn man endlich schlafen konnte. Also viel Zeit blieb da gar nicht. Ich kann mich gar nicht erinnern, was ich da gelesen hab'...
Man war immer eingespannt, man kam gar nicht zum Nachdenken. Ach so, und dann war's ja auch so: Es musste an allem gespart werden, also, wann kann ich denn lesen? Im Winterhalbjahr war's früh dunkel, wenn ich wegfuhr von zu Hause, und wenn ich abends zurückkam, war es auch dunkel. Ich brauchte also ein Licht, und wo konnte man da lesen? Mit 'nem Kerzenlicht, Kerzen gab's auch fast gar keine, und ich konnte auch nicht heimlich unter der Bettdecke lesen, weil ich immer unter Aufsicht war. Ich schlief nicht alleine, es ging auch nicht. Mit der Taschenlampe, auch das ging nicht, es gab ja auch keine Batterien. Also ich hätte das so gern gehabt und so gern gemacht, aber es ging einfach nicht. Aber etwas hab' ich gemacht: ich hab' gesagt, also jetzt muss ich endlich was für meine Bildung tun, außerdem interessiert es mich brennend, und da fiel mir die Odyssee in die Hand, die von irgend jemandem liegengeblieben war. Ach ja, hauptsächlich die Odyssee war das, und da weiß ich immer noch, die hat mich verzaubert. Es heißt doch da, das kehrt immer wieder: ›Also ... wie heißt denn die Gottheit? ... Die Morgenröte erwachte, wie heißt nur die Gottheit? Aurora? Aurora ist die Morgenröte, dann muss das wohl so gewesen sein. Das hab' ich nun doch vergessen. ›Aurora, die rosenfingrige Morgenröte, erwachte.‹ Ich hab' dann so diesen Rhythmus in mir gespürt, diese wundervolle Sprache, herrlich. Ja, und Reclam lag jede Menge herum, von wem, weiß ich nicht, ich glaube das war vielleicht Schulliteratur meiner Schwester, kann sein.
I: *Bei Ihnen zu Hause lag das rum?*
M: Ja, das gehörte aber meiner Schwester. Das waren ja keine so wunderschönen Bücher, das waren einfach Reclamhefte, die kosteten ein paar Pfennige, und die hab' ich mir dann so (*einverleibt*).«

Hingegen waren die *Nachrichtenhelferinnen* und andere Wehrmachtsangestellte sehr gut mit Freizeitangeboten versorgt.[9]

Aus ILSE S.'s (sie war Nachrichtenhelferin) Briefen der Jahre 1943 und 1944 an ihren Verlobten und Mann lässt sich – trotz des anstrengenden Dienstes – (sie hatte z. B. jede vierte Nacht Dienst) doch eine nahezu friedensmäßige Fülle von Möglichkeiten entnehmen. Als sie im Herbst 1943 in Paris ist, kommt sie in die erste Handballmannschaft und darf viel reisen, nach Utrecht und Amsterdam, Brüssel, Bordeaux, Biarritz: »Welch ein wundervolles und unvergessliches Erlebnis diese Fahrt für mich war, wirst Du Dir denken können.« (Brief vom 5.1.1944)

Es fanden auch alle möglichen Kurse statt: Kochen, Nähen, Säuglingspflege, Buchführung (Brief vom 4.3.1944)

Sehr oft durfte sie ins Kino gehen (Sie erwähnt die Filme: »Das Bad auf der Tenne«, »Die kluge Marianne«, »Immensee«, »Ein glücklicher Mensch«, »Altes Herz wird wieder jung«, »Die schwedische Nachtigall«). Kammermusikabende und andere Musikveranstaltungen mit bekannten Schlagerkomponisten fanden statt. Sie erwähnt Peter Igelhoff, der eigene Lieder sang: »Ich bin so verschossen...«, »Der Student geht vorbei«, einiges aus dem Film »Wir machen Musik«. Ilse tanzte auch sehr gern in schön eingerichteten Soldatenheimen (Brief vom 19.3.1944). Auch Opernbesuche waren gelegentlich möglich (Brief vom 27.3.1944). Sie konnte selbst nach der Invasion noch reiten und bekam sogar regelmäßig Unterricht (Brief vom 6.7.1944). Erholungsurlaub gab es auch. Sie selbst findet sich enorm begünstigt, wenn sie sich z. B. mit ihrer Schwiegermutter vergleicht, die sich in Stuttgart von morgens bis abends in Geschäft und Haushalt abschindet und Bombenschäden beseitigen muss.

Ende August wird sie nach Verona versetzt und erlebt da noch viel Schönes, macht Spritztouren an den Gardasee und kann Obst essen in Hülle und Fülle (Brief vom 17.9.1944). An Silvester 1944 startet in Verona ein großes Fest: »Wein und Likör sind auch schon in annehmbaren Mengen vorhanden. Es gibt sogar richtige Silvesterkrapfen.« (Brief vom 31.12.1944)

Private Freizeit

Es gab immer *eine* Art von privater Freizeitgestaltung (obwohl sie von den Frauen nicht so bezeichnet wird) selbst im einfachsten Milieu und bei größter Arbeitsbelastung, und an ihr wurde auch unter wachsender Kriegsbedrohung zäh festgehalten: Die *Geselligkeit* im Familienkreis, unter Bekannten, Freunden, Nachbarn. Man traf sich, meist nicht nach formellen Einladungen, sondern ungezwungen, mit wenig Aufwand; man ging auch gern einmal ins Café, selbst wenn es nur noch Kriegskuchen auf Marken und keinen Bohnenkaffee mehr gab. Es hat den Anschein, als habe es die sich näherstehenden Menschen in der Not erst recht zueinander gezogen; zumal Frauen schlossen sich z.T. eng aneinander an.[10] Das Niveau war selbstverständlich unterschiedlich. Neben Zusammensitzen, Erzählen, Essen und Trinken (wobei man oft Marken zusammensparte und zusammenlegte) gab es auch Singen, ein bisschen »Schöngeistiges«, Hausmusik, sogar Hausbälle. Die Briefe sind voll von Mitteilungen, wer wen wann besucht hat, was es für Neuigkeiten gab, was man gegessen und getrunken hat.

ILSE S. (1929): »Die kleinen Freuden im Familienkreis: Geselligkeit, Feste, Hausmusik, das ging ja alles im Kriege weiter, wenn man nicht ausgebombt wurde.«

ELEONORE V. (1924): »Es gab viele schöne Stunden, z. B. an den langen Winterabenden saßen wir mit Nachbarinnen und Freunden zusammen. Es wurden Handarbeiten gemacht, Volkslieder gesungen und erzählt. Überhaupt war der Zusammenhalt unter den Menschen damals viel größer, ja herzlicher! Man half sich untereinander, so gut es nur ging, und tröstete, wenn einer sein Leid klagte.«[11]

MARGARETE F. (1918): »Da hat man eben versucht, über die Runden zu kommen. Man hat das auch versucht durch ein bisschen Schöngeistiges. Also wir haben Pilze gesammelt und haben Schallplatten gehabt und haben Kerzen gebrannt und so. Man hat es so ein bisschen gemacht. Einfach, um dem Hässlichen und Bitteren zu entrinnen. Man hat einfach furchtbar Hunger gehabt. Und wenn Besuch kam, die haben einem ja manchmal entweder ein Stück Holz oder ein Brikett mitgebracht. So hat man sich da geholfen. Das Menschliche war z.T. sehr schön, also im Freundeskreis.«

Familienfeiern wie Konfirmation, Weihnachten und Silvester, natürlich die Urlaube von Männern aus dem Feld, wurden so festlich begangen, wie es eben ging, vor allem, wenn das ohnehin der Brauch war und Mütter und Großmütter dafür Talent hatten. Hochzeiten wurden sorgsam vorbereitet. Junge Menschen versuchten, sich mit allen Mitteln und über viele Beziehungen einen eigenen, wenn auch noch so bescheidenen Hausstand einzurichten. Das ist eines der wesentlichen Themen in den Feldpostbriefen Verlobter. Die Sorge um das Hochzeitskleid war eine vordringliche.

GERDA F. (1917) in ihren fiktiven Briefen an ihren vermissten Mann Mitte Januar 1945: »An Silvester feierten wir mittags schon mit den Hausleuten, was recht nett und Hanne (*ihrer kleinen Tochter*) sehr wichtig war. Es ist ja in unserem Haus eine nette Sitte geworden, Geburtstage gemeinsam zu feiern. Abends saßen wir bei Frau W., wozu auch noch Frau U. und Frau R. erschienen. Du kannst Dir denken, dass fünf junge Frauen viel zu schwätzen wissen; man kam vom Hundertsten ins Tausendste, wobei der Klatsch nur einen geringen Teil abbekam. Frau U. erwartet nächsten Monat ihr zweites Kind, das gab natürlich ein sehr frauliches Thema – und viel Anteil an den Gesprächen hatten unsere Männer, die Zukunft in allen Farben und natürlich auch die Feindflieger. Es ist dann mit *gutem* Kaffee, Kuchen Erdbeerbowle, belegten Broten und deutschem ›italienischem‹ Salat und Wermut 3 Uhr geworden. Ein Fest, dass wir nur sagen konnten: ›Und das im 6. Kriegsjahr!‹ Aber wir sagten uns, warum sollen wir's uns nicht auch einmal recht nett machen; wer weiß, wie lang wir's können! Es war doch schöner, als wenn jede für sich daheim zum mindesten Trübsal geblasen hätte.«

HANNELORE H. (1925): »Bis 1941 lebte meine Großmutter noch, die gewohnt war, ein großes Haus zu führen. Da war es Sitte, dass immer die ganze Großfamilie beieinander war (*bei Familienfesten*). Bis 1941 Großmutter starb. Obgleich sie nicht mehr ihr großes Haus hatte, hat man das in ihrer Wohnung immer noch durchgehalten in Hamburg. Da hat aber jeder dazu beigesteuert an Lebensmitteln. Da hat man etwas mitgebracht. Das Familienleben wurde aufrechterhalten. Immer.«

Nahezu phantastisch für die gesamte Kriegszeit klingen die Beschreibungen von IRMGARD F. (1927). Der Vater bewirtschaftete als Diplomlandwirt einen landwirtschaftlichen Großbetrieb und leitete eine Ackerbauschule.[12] : »Meine Mutter verstand es ganz hervorragend, aus jedem geeigneten Anlass ein schönes Fest zu machen. Sie organisierte zusammen mit meinem Vater viele wunderschöne Familienfeste.« Sie berichtet ausführlich davon. Der Höhepunkt des Jahres war Weihnachten: »Am 23. Dezember wurde das Weihnachtszimmer abgeschlossen. Vater richtete den drei Meter hohen Weihnachtsbaum. Er schmückte ihn mit von uns Kindern blank geputzten roten Äpfeln, vergoldeten Nüssen und Sternen, die wir Kinder gebastelt hatten. Im Lauf der Jahre wuchs der Schmuck für den Weihnachtsbaum durch immer neue WHW-Figuren[13] und durch Bastelarbeiten von uns Kindern. Etwas Lametta und viele weiße Kerzen vervollständigten schließlich Vaters Weihnachtsarbeit. Unter dem Baum baute er die Weihnachtskrippe auf, und an den untersten Ästen des Baumes schwebte der ›himmlische Chor‹ in Gestalt vieler kleiner Wachsengel, die unser Entzücken waren.«

Zu Familienfesten, aber auch zum Alltag gehörten die Hausmusik mit Singen und Musizieren. Es wurde viel mehr gesungen als heute. Mädchen aus der Mittelschicht hatten fast immer Klavierstunden.

Eine große Rolle spielen in den Tagebüchern und Briefen die Geschenke, welche die Mädchen und Frauen unter größter Mühe auftrieben oder meist selbst verfertigten (z. B. anlässlich von Geburtstagen oder anderen Festtagen). Stolz und Freude, auch in der Kriegsarmut für die Kinder oder die Angehörigen eine Überraschung zu haben, klingen überall durch.

Den Kindern von damals stehen die Geschenke, die sie in der Zeit bekamen, als »es eigentlich nichts gab«, heute noch lebhaft und beglückend vor Augen.

GERDA F. (1917) beschreibt in der Weihnachtszeit 1943 in dem Bericht an ihren vermissten Mann ausführlich die Weihnachtsvorbereitungen und das Weihnachtsfest. Hier nur der Schlussabschnitt:

»Ich hatte schon vormittags unser kleines Bäumle im üblichen Stil, vermehrt durch ein paar gebackene Sterne und Ringle, geschmückt und die Bescherung gerichtet. Ach, mir kamen fast selber die Tränen, als unser Kind das sehnlichst gewünschte Puppenwägele sah. Sie strahlte fast noch mehr als die Kerzle am Baum und begann gleich, die Puppen in der Stube hin- und herzufahren! Es ist ein kleines Stubenwägele aus einem Traubenkistle, das ich mal Frau W. abknöpfte und an das der Schreiner ein Fahrgestell und Lenkstange machte. Das Bettle dazu hatte ich noch von meinem eigenen Puppenwägele, nur einen neuen Behang außen rum hab' ich aus nett geblümtem Stoff dazu genäht. Von H.'s jr. hat die Kleine ein nettes Wachstuchtäschle für den Kindergarten bekommen, und ich bekam einen Hasenschlegel als Festbraten.«

Und im Januar 1945 gedenkt sie ebenso ausführlich des Weihnachtsfestes 1944, des letzten im Kriege. Der Bericht schließt mit den Sätzen: »Am Weihnachtsfest gingen wir zum Hasenbratenessen in die Olgastraße, wohin kurz nach uns auch Tante Marie kam, auf dem Weg über die alte Wohnung natürlich, wo die neue Anschrift mit Gips an die Haustür gemalt ist (die Wohnung war ausgebombt und unbewohnbar). Der Hauptschaden entstand übrigens durch Wasser, und im vorderen Zimmer, wo wir geschlafen hatten, sei die Decke durchgebrochen. Ob's wieder bewohnbar gemacht wird, ist unsicher, denn es sei baufällig.«

Übergangslos stehen bürgerliches Weihnachten und Kriegsgeschehen nebeneinander. Soeben Fliegergeschädigte trotzen den Belastungen und Kümmernissen immer wieder ein Stück Normalität ab.

GERTRAUD L. (1928) beschreibt in ihrem Tagebuch am Neujahrstag 1944 ganz genau ihren Weihnachtsbaum und leitet die Beschreibung mit dem Satz ein: »Wenn wir im nächsten Jahr vielleicht keinen mehr haben, dann will ich unseren jetzigen wenigstens recht fest im Gedächtnis behalten.« Die Beschreibung endet: »Und erst wenn die Kerzen brennen, dann leuchtet er (*der Baum*) in festlichem, warmem Glanze, und sein milder Schein macht unsere Alltagsstube zum Feiertagsraum, in dem wir uns ganz wohl fühlen; und der Weihnachtsbaum macht unser Heim zum Zufluchtsort vor Kriegs- und Weltleid, wenn nicht äußerlich, so doch tief, tief innerlich.«

Im Oktober 1944 kam ihr Vater bei einem Fliegerangriff ums Leben.

Am 26. Dezember schreibt sie nach der Schilderung eines Angriffs, der auch ihr Haus und vor allem die Nachbarschaft in Mitleidenschaft gezogen hat, eine Liste der Weihnachtsgeschenke, die sie bekommen hat, genau durchnumeriert. Viele Menschen haben versucht, den vaterlosen Kindern eine Freude zu machen, so erklärt sich die lange Liste: 1. Kleiderstoff, 2. Dirndlschürze, 3. Ein Paar Strümpfe, 4. Wolle für ein Jäckchen, 5. Bücher (*die dann von 6 bis 14 durchnumeriert sind und folgende Titel tragen: Graf Zeppelin; Das Unser Vater; Acker Gottes; Luise [Königin Luise von Preußen]; Dora Rappart; Hanna wird fünfzehn; Der 5. Evangelist; Heimgefunden; Adolf Stöcker*), 6. Die Quempasflöte (*ein Liederbuch*), 7. Karten, 8. Ein Heft mit Stahlecken, 9. Notizblock, 10. Drei Büchlein (*nicht näher gekennzeichnet*), 11. Quartettspiel, 12. Geduldspiel, 13. Füllermäppchen, 14. Taschenkalender, 15. Eine Tafel Schokolade, 16. Ein Teller Gutsle (*Weihnachtsgebäck*).

Der folgende Eintrag vom 4.2.1945 beginnt: »Die Russen stehen knapp 100 km vor Berlin. Wir bekommen zwei Flüchtlingsfamilien (*eine vierköpfige Familie hatten sie schon aufgenommen*) aus dem Warthegau, B.'s und Tante A. und Onkel O. Alfred N. (*ihr Brieffreund*) ist wahrscheinlich gefallen.«

Auch diese Eintragungen zeigen, wieviel gerade den vom Krieg geschlagenen Mädchen und Frauen die Zuwendung anderer Menschen und ein Rest von Geborgenheit und Schönheit bedeuteten.

HANNI H. (1885), die unverheiratet als Chefsekretärin beim Direktor der TH Dresden arbeitete, vermerkt in ihrem Tagebuch von 1943 Geburtstags- und Weihnachtsgeschenke, die sie 1943 macht und bekommt. Sie führt auch Buch über ihre (sehr umfangreiche) Korrespondenz. Besonders auffällig ist, wie sie sich in die einzelnen Menschen hineinversetzte, um für jeden etwas Besonderes zu finden. Vieles war selbst eingemacht, selbst gebacken, selbst gekocht. Äpfel und Birnen wurden stückweise verschenkt. Blumen und Blumenzwiebeln konnte man immer wieder einmal bekommen. Aber sie sparte sich auch von ihren Marken etwas ab, verschenkte z. B. einmal ihre ganze Kaffeezuteilung. Sie verschenkte auch eigene Bücher, Ererbtes (Briefmarken vom Vater, Meißner Porzellan), Fotos. Aber auch Papiertaschentücher,

Zahnpasta, Hautcreme, Dextropur und andere Stärkungsmittel waren kostbare Geschenke.

ELISABETH E. (1923): »In dieser Zeit war es sehr leicht, Freude zu bereiten: eine Tube Zahnpasta, ein Stück Seife, ein Stück Hefekranz waren Sachen, die man getrost als Geburtstagsgeschenke mitbringen und sehr dankbare Blicke dafür ernten konnte.«

DORIS G. (1937): »Weihnachten 1943, das war das letzte Weihnachten, wo der Vater da war. Da gab's was für die Puppenstube. Die Möbel stammen alle von der Tante Hildegard, Plüschsessel und Tisch mit Marmorplatte und Büffet. Das Schlafzimmer bekam ich 1942 zu Weihnachten, damals ein modernes, oder war's die Küche? Und einen Riesenherd. Man konnte mit Esbit kochen. Mit Mutter zusammen haben wir gekocht und gebacken. Im Wohnzimmer hatte ich eine Lampe, der Schirm war aus Bakelit, und unten war Stoff dran zum Zusammenziehen. Die Lampe hing überm Tisch in der Mitte. Da hab' ich eine Kerze druntergestellt, und plötzlich hat es gebrannt, ist aber nur die Lampe kaputtgegangen. Auch was zum Anziehen hab' ich gekriegt, ein Bleyle-Kleid. Das hab' ich mit 12 Jahren auch noch gehabt. Wurde bei Bleyle immer angestrickt.«

Auch abgesehen von den festlichen Zeiten lebte die Sehnsucht nach ein wenig Schönheit und Luxus.

URSULA VON KARDORFF schreibt im zerstörten Berin am 19.8.1943 in ihr Tagebuch: »Die schlimmste Erregung in Berlin, das Panikartige, hat sich gelegt. Auch Angst kann zur Gewohnheit werden und abstumpfen. Auf der Rückfahrt beobachtete ich in der Frankfurter Allee vor den Blumenständen lange Schlangen. Frauen, die ihr bisschen Zeit mit Anstehen nach Blumen opferten. Ihr Verlangen nach Schönheit im Grau des allgemeinen Daseins rührte mich.«[14]

Erstaunlich ist, wieviel *Ferien- und Urlaubsreisen* während des Krieges gemacht wurden, noch bis hinein in den Sommer 1944, trotz zerstörter Verkehrslinien, überfüllter Züge und Tiefflieger- und Bombengefahr, trotz der eindringlichen Aufforderung, Zivilreisen einzuschränken. »Räder müssen rollen für den Sieg« hing in großen Lettern in jedem Bahnhof. Trotzdem rollten auch viele Räder für das Vergnügen.

HELGA S. (1931), der Vater war Kunstmaler Jahrgang 1878, ihre Familie wohnhaft in Leipzig: »Bis 1943 sind wir noch verreist. In eine Hütte in der Nähe des Ammersees. Auch ins Fichtelgebirge. Nach dem ersten Großangriff auf Leipzig im Dezember 1943 konnte man die Wohnung nicht alleinlassen. Nach Weihnachten 1943 kam ich dann ins KLV-Lager.«

CHARLOTTE P. (1925), der Vater, Jahrgang 1884, hatte ein Lebensmittelgeschäft in Bautzen: »Ich war zweimal privat und einmal mit KdF im Zittauer Gebirge im Urlaub.«

Hannelore S. (1927), Vater Beamter, Kriegsversehrter des Ersten Weltkriegs, wohnhaft in Stuttgart: »Ich bin sehr viel mit den Eltern verreist. Da wir im Schwarzwald zu Hause waren, sind wir da häufig hin. Wir waren im Schwarzwaldverein und im Radolfzeller Skiclub und haben Hütten besucht im Schwarzwald. Oder waren am Bodensee. Da hab' ich eigentlich keine Einschränkung erfahren. Unser letzter Urlaub 1944, da waren wir im Glottertal, und da haben wir die Nachricht bekommen, dass unsere Wohnung beschädigt ist... Und dann hatten wir Verwandte am Bodensee, die hatten noch Landwirtschaft. Und da habe ich mitgeholfen, bin ab und zu hin, zur Heuernte und so, Getreideernte. Das war eigentlich ganz selbstverständlich. Aber wir sind natürlich auch mal mit den Jungmädeln im Donautal gewesen in so 'nem Zeltlager.«

Felizitas S. (1921), Versicherungsangestellte in Koblenz: »Urlaub hatte ich bis '42 noch in verschiedenen Urlaubsorten. Ich war z. B. im Allgäu, ab '43 bei Verwandten in München, bis diese ebenfalls '44 ausgebombt wurden.«

Irmgard W. (1917), Vater Landgerichtsdirektor in Berlin, Mann Offizier und Ausbilder bei der Luftwaffe: »Wir sind mehrmals in Tirol zum Skilauf gewesen, in Urlaub 14 Tage. Dort beim Bergbauern gab es reichlich zu essen, heimlich wurde gebuttert, denn Zentrifugen hatte man eingezogen. So schöpfte man Sahne ab, es gab Sauerrahmbutter. Auch Speck war da! Da haben wir uns gut erholt.«

Gertraud L. (1928), Vater Pfarrer, Jahrgang 1890, wohnhaft bei Stuttgart, schildert in ihrem Tagebuch ausführlich einen Erholungurlaub mit ihrem Vater, ihrer Schwester, Freundin und Bekannten im August 1944 in Tirol mit Ausflügen und Touren.

Liselotte Orgel-Purper (1918) konnte noch Ende 1943 mit ihrem Mann, der Hochzeitsurlaub bekam, eine Hochzeitsreise von Norddeutschland nach Bad Aussee machen. Im D-Zug nach Wien gab es damals, also fünften Kriegsjahr, noch einen Speisewagen![15]

Diese Beispiele sind keine Ausnahmen. Sie zeigen aber auch, dass es sehr auf den sozialen Hintergrund ankam, ob man sich einen Urlaub leisten konnte. Häufig waren es Familien, in denen die Väter altershalber oder aus anderen Gründen nicht eingezogen waren und den Urlaub arrangieren konnten. Vielfach wurden auch Verwandte in reizvollen Gegenden besucht, oder die Ferien wurden mit Erntehilfe verbunden. Für manche trat die Arbeit bei Bauern an die Stelle von Ferien und Urlaub. Es war der aussichtsreichste Weg, an etwas mehr Lebensmittel zu kommen.[16]

Diese Zeugnisse belegen ebenfalls, dass die Ferien und der Urlaub nicht etwa von der Partei oder der Hitlerjugend verplant waren; es gab genug Spielraum für private Initiativen.

Berufstätige Frauen mussten allerdings jederzeit damit rechnen, aus dem Urlaub zurückbeordert zu werden an ihren Arbeitsplatz. Auch durch schlimme Nachrichten von zu Hause konnten schöne Urlaubstage jäh beendet werden.

ELSE R. (1924), die in einem Rüstungsbetrieb arbeitete, zunächst im Büro, durfte 1940 mit ihrer Schwester in den Bregenzer Wald zu Bekannten: »Von dort wurde ich nach drei Tagen von meiner Firma telegraphisch wieder zurückgerufen – arbeiten!«

HANNELORE S. (1927): »In Heuweiler im Glottertal ... war die Welt noch in Ordnung, bis – ja bis die Nachricht von Nachbarn uns erreichte, dass unsere Wohnung ... in Stuttgart schwer beschädigt sei. Vorbei war es mit den schönen Wanderungen, vorbei mit dem Klettern auf Kirschbäume, um die kleinen schwarzen Kirschen für die so begehrten Kirschkuchen im ›Grünen Baum‹ zu ernten, vorbei auch die ›Schachturniere‹ mit Papa, den ich nun doch schon recht gut schlagen konnte! Vorbei die netten Abende mit einer anderen Familie, die im ›Grünen Baum‹ zu Gast war..., deren Tochter uns öfters mit Gesang und Tanz erfreute! Vorbei auch die Besuche von Familie G., besonders von Sohn Arthur, den ich zwar nicht besonders mochte, dessen ›Anhimmeln‹ ich aber doch mit dem Gefühl des Begehrtseins genoss! Vorbei das abendliche Wandern zu unserer Glühwürmchenhecke und die Nachtspaziergänge, bei denen ich mit meinem Vater Zukunftspläne schmiedete oder mir den Sternenhimmel erklären ließ! – Von heute auf morgen und mit ernsten Gesichtern packten meine Eltern ihre Sachen zusammen, um die Rückreise in die gefährdete Großstadt anzutreten.«

Für sozial Schwächere und vor allem Landmädchen und -frauen war »Urlaub« ein Fremdwort vor dem Krieg, im Krieg und teils bis lange nach dem Krieg. Viele Frauen erzählen, dass sie erst Ende der 50er Jahre oder sogar noch später kleine Ausfahrten haben machen können. Richtigen Urlaub oder gar Reisen ins Ausland kennen manche bis heute nicht.[17]

Wie schon den Erzählungen von Hannelore S. zu entnehmen ist, gab es auch auf dem Gebiet des Sports noch Möglichkeiten, sich außerhalb der Parteiorganisationen zu betätigen. Gewiss waren die Sportvereine gleichgeschaltet, aber beim Turnen, Skifahren, Wandern hatte das kaum Auswirkungen auf die Teilnehmer, der Sport selbst war das Wichtigste. Auch ganz privat konnte man mit Schulkameradinnen, Kommilitoninnen und Freundinnen spazierengehen, wandern, radfahren, schwimmen, Tennis spielen, Reitstunden nehmen, ins Freibad gehen. Natürlich waren das alles nur Freizeitbeschäftigungen für die Töchter der Mittelschicht, aber sie wurden – selbst im Krieg – häufig ausgeübt. Besonders die Tanzstunde blieb ein wichtiges Ereignis in ihrem Leben und wird lebhaft erinnert.

EVA STERNHEIM-PETERS (1925) erlebte ein unbeschwertes Sommersemester 1944 in Jena: »Wenn E. an diesen Sommer zurückdenkt, an Ausflüge mit Kommilitoninnen in den Thüringer Wald, zu den Burgen ›an der Saale hellem Strande‹ und den

Schlachtfeldern von Jena und Auerstedt, an vorgeschichtliche Exkursionen, botanische und ornithologische Wanderungen, so ist es ihr noch heute unerklärlich, wie es ihr gelingen konnte, aus Politik und Zeitgeschichte – wenn auch nur für wenige Monate – auszusteigen.«[18]

ERNA M. (1925): »Zum Reiten bin ich gegangen, zum Stuttgarter Reit- und Fahrverein... Hinter dem Bahnhof war die Reithalle... Also, 1940 bin ich konfirmiert worden, da hat mein Vater gesagt (*er war Gastwirt*): ›Du darfst jetzt irgendwas machen.‹ Da war noch manches möglich, da bin ich auf das Reiten verfallen. Mein Vater war bei der Kavallerie, dann dieses etwas bäuerliche Blut in mir. Und dann bin ich hin. Es war uns nur verboten, öffentlich in der Reithose rumzulaufen. Die haben wir dann im Köfferchen mitgenommen. Das sollte nicht auffallen, hat es geheißen, dass Mädchen während dem Krieg sich das leisten. Aber die Pferde waren da, die sollten geritten werden. Da sind auch viele, vielleicht Offiziersanwärter, die dort einen Reitkurs gemacht haben.
I: *Wie viele Mädchen waren das denn ungefähr?*
M: Vielleicht, da gab es ja verschiedene Stunden am Tag, aber wir waren zehn, zwölf Mädchen... Es waren meist so Offizierstöchter... Ausreiten gab es natürlich sowieso nicht. Einmal durften wir ins Freie, da war ein Reitplatz direkt vor der Reithalle. Aber das war das einzige Mal. Es sollte einfach nicht auffallen. Da hat es geheißen, andere müssen kriegsdienstverpflichtet in der Fabrik arbeiten, und wir reiten da rum. Aber, wie gesagt, der Betrieb ging bis zum bitteren Ende. Das kann man sich nicht vorstellen.«

HILDEGARD B. (1923), Kontoristin: »Und wir waren immer im Freibad, jede freie Minute, gell. Und da war das Freibad noch zu, und wir sind trotzdem in der alten Brühe von einem Jahr vorher rumgetaucht. Gell, ich hab' ausgesehen, mit Algen überzogen (*lacht*)! Aber es war schon eine schöne Zeit da immer im Freibad. Sonst hat's ja nix gegeben, Tanz und so. Das letzte war Manöverball, da waren wir aber noch zu jung, da hat man nicht hingedurft. Jedenfalls, wann war denn das? Bevor der Russlandkrieg war, sind in Weinsberg Einquartierungen gewesen, gell, und da war ein Manöverball. Ach, da wär' man so gern hin und hätt' auch getanzt. Nachher war im Krieg aber das Tanzen verboten.[19] Da hat man sich halt im Freibad harmlos, harmlos vergnügt. Und wenn dann welche auf Urlaub waren, da hat man sie halt im Freibad getroffen. Und dann hat man halt gesungen und ist am Beckenrand gehockt und was weiß ich (*lacht*). War alles viel harmloser wie heut. Aber war auch schön.«

Das persönlichste und wohl auch verbreitetste Freizeitvergnügen war damals sicher das *Lesen*. Es wurde viel mehr gelesen als heute[20], und es wurden von vielen dieselben Bücher gelesen. Meine Nachfrage nach erinnerter Lektüre führte zu einer Liste von Büchern, die wohl damals in vielen Bücherschränken des kleinen und mittleren Bürgertums standen. Es lässt sich eine fiktive idealtypische weibliche Hausbibliothek rekonstruieren, die folgende Titel enthalten haben mag:

Allen voran die Klassiker SCHILLER und GOETHE. Die großen Erzähler des 19. Jahrhunderts: KELLER, MEYER, RAABE, STORM, weniger FONTANE, STIFTER, JEAN PAUL. Unter den Büchern des 19. und 20. Jahrhunderts gab es viele, die schon vor dem Dritten Reich gelesen wurden und auch während des Dritten Reiches »Bestseller« waren oder durch weitere Werke der jeweiligen Dichter bzw. Schriftsteller ergänzt wurden, z. B. GUSTAV FREYTAG: »Soll und Haben« (1855), »Die Ahnen« (1873-1881); FELIX DAHN: »Ein Kampf um Rom« (1876); INA SEIDEL: »Das Wunschkind« (1930), »Lennacker« (1938); ISOLDE KURZ: »Vanadis« (1931, Volksausgabe 1935); RUDOLF G. BINDING: »Erlebtes Leben« (1928); HANS CAROSSA: »Rumänisches Tagebuch« (1924, in Neuauflage »Tagebuch im Kriege«, 1934), »Das Jahr der schönen Täuschungen« (1941); ERWIN GUIDO KOLBENHEYER: »Paracelsus« (Romantrilogie, 1912, 1922, 1925); HANS GRIMM: »Volk ohne Raum« (1926); EMIL STRAUSS: »Freund Hein« (1902), »Der Schleier« (1931); GERTRUD VON LE FORT: »Das Schweißtuch der Veronika« (1928); WILL VESPER: »Das harte Geschlecht« (1931); WERNER BERGENGRUEN: »Der Großtyrann und das Gericht«(1935), »Der spanische Rosenstock« (1940); JOCHEN KLEPPER: »Der Vater« (1937); ERNST WIECHERT: »Die Magd des Jürgen Doskocil« (1932), »Die Hirtennovelle« (1935), »Wälder und Menschen« (1936), »Das einfache Leben« (1939); EDWIN ERICH DWINGER: »Zwischen Weiß und Rot« (1930), »Und Gott schweigt?« (1936); FRIEDRICH SCHNACK: »Das Waldkind« (Bearbeitung von 1939 des 1929 erschienenen Werkes »Der Sternenbaum«); WALDEMAR BONSELS: »Die Biene Maja«; WALTER FLEX: »Der Wanderer zwischen beiden Welten« (1917); GUSTAV FRENSSEN: »Jörn Uhl« (1901); AGNES GÜNTHER: »Die Heilige und ihr Narr« (erschien 1917 bereits in der 44. Auflage!); HERMANN HESSE: »Peter Camenzind« (1904), »Demian« (1919), »Der Steppenwolf« (1927), »Narziss und Goldmund« (1930); ERNST JÜNGER: »Auf den Marmorklippen« (1939); KURT KLUGE: »Der Herr Kortüm« (1938), »Die Zaubergeige« (1940); GERTRUD BÄUMER: »Die Frauengestalt der deutschen Frühe« (1927, neubearbeitet 1940), »Adelheid« (1936); RAINER MARIA RILKE: »Weise von Liebe und Tod des Cornets Christoph Rilke« (1906), Gedichte; AGNES MIEGEL: Besonders Gedichte und Balladen; JOSEF WEINHEBER: Gedichte; HERMANN LÖNS: Gedichte. Die Gedichtanthologien enthielten viele der bedeutendsten Gedichte aus allen Jahrhunderten.

Auch wenn unter den aufgezählten Schriftstellern keineswegs alle Nationalsozialisten waren, sondern manche von ihnen in Distanz, »innerer Emigration« und Gegnerschaft standen, ja selbst unter Verfolgungen zu leiden hatten (z. B. JOCHEN KLEPPER, ERNST WIECHERT), waren ihre Werke nicht verboten und wurden weiter gelesen.[21] Sie wurden übrigens nach 1945 bruchlos weitertradiert.²² Es ist in dieser Arbeit nicht möglich, diese Bücher inhaltlich und formal zu analysieren. Die Auflistung kann als Grundlage für weiterführende Studien zur Mentalitätsgeschichte im Nationalsozialismus dienen.²³ Neben Klassischem wurde viel »Romantisches« (im weitesten, nicht literaturgeschichtlichen Sinne) gelesen, gute Unterhaltungsliteratur neben Seichtem und Kitschigem, Religiöses und Pseudoreligiöses, viel Geschichtliches, Völkisches und Heroisches. Nur weniges deckt sich mit der nationalsozialistischen Ideologie, obwohl Geistesverwandtes, zum mindesten dem Nationalsozialismus nicht Entgegenstehendes transportiert wurde. Eva M. (1926) nennt unter den Schriftstellern, die sie schon vor 1933 gelesen hat und die dann im Dritten Reich weiterhin »Bestseller« waren, GUSTAV FREYTAG und FELIX DAHN, und meint, dass diese Bücher Wegbereiter nationalsozialistischen Gedankengutes waren. Christel Beilmann listet auf, was im katholischen Jugendmilieu gelesen wurde und an welchen kulturellen Veranstaltungen sie teilgenommen hat und bemerkt dazu: »Mir wird beim Zusammenstellen dieser Liste klar – sie stellt nur einen kleinen Ausschnitt dar, weitere Dokumente fehlen –, dass die Nationalsozialisten sich gar nicht lange damit aufgehalten haben, ›unser Milieu‹ umzuerziehen. Bis zuletzt hat man den Bürgern das bildungsbürgerliche Kulturgut gelassen und daneben rigoros Fakten geschaffen, zwar mit den Bürgern, aber in ganz bestimmter Weise an ihrem Bewusstsein vorbei, man forderte sie gar nicht aus ihrem geistigen Ghetto heraus.«²⁴

Aus den hohen Auflageziffern von ausgesprochenen NS-Autoren ist nicht unbedingt darauf zu schließen, dass sie auch entsprechend häufig gelesen wurden. Es waren allzu oft »Eintagsfliegen«, im NS-Kulturbetrieb hochgejubelte und prämierte Aushängeschilder, z. B. HEINRICH ANACKER, WERNER BEUMELBURG, DIETRICH ECKART, HANS JOHST, JAKOB SCHAFFNER, KARL ALOYS SCHENZINGER, GEORG SCHMÜCKLE, WILL VESPER.

Zu den Ausnahmen, den von Frauen viel gelesenen NS-Autorinnen, zählen BETTINA EWERBRECK: »Angela Koldewey«, RUDOLF KINAU: »Kamerad und Kameradin« und natürlich Johanna Haarer: »Die deutsche Mutter und ihr erstes Kind«, ein Buch, das für jede deutsche werdende Mutter fast Pflichtlektüre war und auch unzählige Male verschenkt wurde. Unter den Lyrikern und Liederdichtern waren die bekanntesten Hans Baumann, Hermann Claudius, Gerhard Schumann.

Beliebt waren unter den ausländischen und offiziell zugelassenen Autoren besonders SIGRID UNDSET, SELMA LAGERLÖF, ALEXANDRA RACHMANOWA.

In den meisten der gerne gelesenen Bücher ging es um Liebe und Leid, Erfolg und Versagen, Tragik und Glück, Ringen um Lebenserfüllung, Persönlichkeitsentwicklung, Tod, um die ewigen, allgemein menschlichen Themen.²⁵

Lesen als wichtigste Freizeitbeschäftigung bedeutete aber nicht nur Lesen von Büchern, sondern viele Frauen lasen – ebenso wie heute – Zeitschriften, »Illustrierte«. *Die* Frauenillustrierte von damals war die monatlich erscheinende »NS-Frauenwarte«, die einzige parteiamtliche Frauenzeitschrift. Von wie vielen Abonnentinnen sie tatsächlich regelmäßig und gern gelesen wurde, ist nicht bekannt; manche abonnierten sicher nur aus Opportunitätsgründen. Trotzdem kann man aus dieser Zeitschrift wenigstens eine ungefähre Vorstellung davon gewinnen, mit welcher Art von Literatur man damals die Frauen in ihrer Freizeit glaubte ansprechen zu können. Ganz sicher ging die Zeitschrift nicht am Geschmack der meisten Abonnentinnen vorbei. Für unser Thema »Freizeit im Krieg« ist von besonderem Interesse, wie es die Nationalsozialisten anstellten und wagten, mitten im Krieg, zu einer Zeit, als die Niederlage sich schon abzeichnete und der Bombenkrieg Deutschland verwüstete, »Unterhaltung« zu präsentieren und gleichzeitig den Durchhaltewillen zu stärken.[26]

Eines dieser Hefte, das vom September 1943, soll hier genauer betrachtet werden. Es stammt aus der Dokumentensammlung einer Frau, die einige Exemplare aufbewahrt hat.

Exkurs: Analyse eines Heftes der »NS-Frauenwarte«

Als Hintergrund sei die allgemeine Kriegslage Ende August 1943 skizziert: Im Osten befindet sich die deutsche Front auf dem Rückzug etwa im Raum Ladoga-See, Wjasma, Orel, Charkow, Kuban. Die Alliierten haben die zweite Front auf Sizilien erfolgreich eröffnet und sind auf dem Vormarsch in Unteritalien. Schwere Luftangriffe treffen viele deutsche Städte, besonders Hamburg, Mannheim und Ludwigshafen, Bonn, Duisburg, Bochum, Berlin, Nürnberg.

Die Septemberausgabe der »NS-Frauenwarte« umfasst 16 Seiten. Etwa 6 Seiten sind politisch-wissenschaftlich gehalten, 4 Seiten gehören der Kunst, 5 Seiten geben Tips für die zeitgemäße, sprich: kriegsgemäße Haushaltführung (Nähen, Kochen und Backen, Waschen), 1 Seite bringt Verschiedenes.

Die politische Absicht wird heute sofort erschreckend deutlich: Erzeugung von Hass gegenüber den Kriegsgegnern und den Juden, Ansporn zum Heldentum und die Stärkung des Durchhalte- und Opferwillens. Für damalige Leserinnen war die auf uns heute plump wirkende Indoktrination nicht ohne weiteres durchschaubar. Von einem gewissen Prof. Dr. Johann von Leers verfasst, erweckt der Einleitungsartikel »Was der Jude über die Frau denkt« einen durchaus seriösen Anschein: Jüdisches Rechts-, Ehe- und Frauenverständnis und das entsprechende Verhalten werden aus der Bibel, dem Talmud und anderen jüdischen Gesetzestexten sowie aus Spezialstudien »belegt« und in lüstern-sadistischen Beispielen konkretisiert. Davon soll sich natürlich die Hochachtung der germanischen Rasse vor der Frau vorteilhaft abheben. Der Verfasser dieses Artikels spekulierte damit auf zweierlei: auf ein gewisses Interesse an erotisch Schlüpfrigem und Makabrem gerade in der prüden, offiziell moralisch rigiden Zeitatmosphäre und auf das Gefühl des Geschmeicheltseins durch die Aufwertung der *deutschen* Frau durch den *deutschen* Mann.

Nicht weniger raffiniert ist der zweite Artikel über »Die anglo-amerikanischen Luftbanditen – die Kulturschänder des 20. Jahrhunderts«. Abgebildet werden zerstörte oder beschädigte deutsche Kulturgüter, die Dome von Köln und Lübeck, die Innenstadt von Nürnberg, das Kölner Rathaus und der Gürzenich. Stolz auf das große Kulturerbe und Hass auf seine Zerstörer sollen geweckt, gleichzeitig die moralische Überlegenheit der angeblich fairen deutschen Kriegführung fest in den Köpfen verankert werden. Der Siegeswille wird gestärkt, denn einem solchen Feind in die Hände zu fallen, wäre unausdenkbar schrecklich.

Wie wir gesehen haben, ist bei den meisten Frauen tatsächlich der Durchhaltewille durch die Bombenangriffe nicht geschwächt worden. Dazu trug sicher die propagandistisch unaufhörlich geschürte Angst vor dem Ende bei; hingegen ist der Hass auf die »Luftbanditen« ganz offensichtlich während des Krieges nicht im erwünschten Maß erzeugt worden.

Rachegefühle gegenüber den Tätern, Optimismus und Einsatzbereitschaft bis zum letzten sollen auch die beiden folgenden – kürzeren – Beiträge über Haltung und Stimmung der Bevölkerung in den bombardierten Städten wecken. Es sind Tatsachenberichte aus dem Rheinland über die Tapferkeit der Bevölkerung, besonders auch der Frauen, über die »Arbeits- und Schicksalsgemeinschaft des deutschen Volkes«, dessen Tatkraft und »unbeugsamem Lebenswillen« es zuzuschreiben sei, dass »Tag um Tag ein Stück des gewohnten Lebens nach dem anderen zurückgewonnen wird«. Der »Odem des unbesiegbaren Lebens« soll sich auch den Leserinnen mitteilen und sie zu ebensolcher Tatkraft und Zuversicht anspornen.

Aus all diesen politischen Artikeln springt letztlich nur *eine* simple Botschaft heraus, die sich den Leserinnen einprägen soll: Alle Schwierigkeiten können in gemeinsamer Anstrengung gemeistert werden. Sogar mitten im Krieg lässt sich »gewohntes Leben« zurückgewinnen. Furchtbar ist nicht, was es jetzt gemeinsam zu überwinden gilt, die heroischen Aufgaben können sogar das Lebensgefühl steigern, furchtbar wäre die Kapitulation vor den barbarischen Feinden, hinter denen *das* Ungeheuer lauert – der Jude!

Wie weit die Leserinnen diesen Teil der Zeitschrift aufmerksam lasen, wie weit sie ihm Glauben schenkten, ist ungewiss. Außer den nicht sehr zahlreichen »Hundertprozentigen« dürften die meisten nicht mehr an den »Endsieg« geglaubt haben. Trotzdem darf man die durch die »NS-Frauenwarte« ständig betriebene Infiltration mit NS-Gedankengut nicht gering veranschlagen, wenn auch nur als Teil der über alle öffentlichen Kanäle und Verlautbarungen vermittelten Indoktrination. Manches wird »hängengeblieben« sein.

Aber wichtig waren den Frauen an der Zeitschrift und auch am sonstigen Unterhaltungsangebot – wie sie mir sagten – nicht diese ersten »politischen« Seiten, sondern das Folgende, insbesondere die Ratschläge für die Haushaltführung, die Rezepte, die Anleitungen zum Nähen, denn mit ihnen konnte man den grauen Alltag etwas aufhellen, ja für eine Weile vergessen. Die Kleiderskizzen für die Dame haben Schick und Pfiff, erlauben es, sich hübsch zu machen oder zum mindesten hübsch vorzustellen. Hier treten tatsächlich »Damen« auf, nicht biedere Hausmütterchen, Damen in Hüten und Handschuhen, mit modernen Lockenfrisuren wie Filmdivas. Wäre die Zeitung farbig, wären sie sicher geschminkt, obwohl »eine deutsche Frau sich nicht schminkt«. Diese Modepuppen sehen aus, als würden sie – wie im tiefsten Frieden – über den Kurfürstendamm promenieren. Sie passen nicht in das fünfte Kriegsjahr einer Trümmerstadt. Auch den Kinderkleidern sieht man nicht an, dass es an irgend etwas fehlt. Zu allen Modellen gibt es genaue Schnittmusterbogen in der Beilage.

Die reiche Rezeptsammlung (zwei enggedruckte Seiten) enthält einfache Rezepte für Eintöpfe, Gemüse, Aufläufe, einfache Kuchen, aber auch Rezepte für besonders leckeres Kleingebäck und jahreszeitliche Besonderheiten, wie z. B. Pilzgerichte im September. Für den Anbau von Erdbeeren wird geworben. Erstaunlich, was mit einfachen Mitteln alles an kulinarischen Genüssen hergestellt werden konnte.[27] Wenn auch viele Zutaten fehlten, einiges konnte man doch nachkochen und das andere sich zum mindesten ausmalen oder für besondere Gelegenheiten zusammensparen.

Ob die Regeln für »zeitgemäßes Waschen« als ebenso hilfreich empfunden wurden, mag bezweifelt werden, denn die Frauen wussten nur zu gut, dass die Waschmittel in der Qualität schlecht waren und nirgends hinreichten.

Bleiben fast 6 Seiten »Kultur«, die sich auf Buchempfehlungen und Bildbeispiele mit kurzen Kommentaren zur »Großen Deutschen Kunstausstellung 1943« in München (die vierte im Kriege) verteilen: Der penetrant rassistische Text, der die Überlegenheit des »germanischen Kunstschaffens« herausstreicht, zählt die Sparten des »artgemäßen Kunstschaffens« recht ermüdend und mit vielen Namensnennungen von Künstlern auf: »Stimmungsbilder reiner Landschaftsmalerei« (worin sich zugleich die Zugehörigkeit zu einem »deutschen Stamm« ausdrückt), Landschaftsbilder mit symbolischem und allegorischem Gehalt, Kriegsbilder, Bilder des »Volks der Arbeit« (Industrie, Technik, Handwerk, bäuerliches Leben), Bildnisse, Stimmungsbilder von Städten, Tierbilder, Bilder von »schönen Menschen«, besonders von Frauen, Blumenbilder, »Schönheit der kleinen Dinge«, historisierende Bilder. Aus verschiedenen Sparten werden Bildbeispiele abgedruckt, wobei mir die Auswahl für die Leserinnen bezeichnend erscheint: Unter den zehn abgebildeten Beispielen sind nur drei ausgesprochene Kriegsbilder (darunter das Titelbild »Anstürmender Grenadier«) und eines aus der Welt der Arbeit. Die meisten zeigen Frieden und Idylle, eine nährende Frau, Tier- und Blumenbilder, Familienleben. Über den Kunstwert der Bilder aus dem Dritten Reich ist schon viel geschrieben und diskutiert worden.[28] Auffallend ist auch an diesen Bildern das Epigonenhafte, Schablonenhafte, die Mischung aus hohlem Pathos und Idylle, brutaler Kälte und Rührseligkeit, eben das, was man unter Kitsch versteht. Wichtig ist aber in diesem Zusammenhang, dass der Krieg in die Frontbilder verbannt ist, in eine den Frauen letztlich ferne und fremde »Männer- und Kampfeswelt«, die aber nicht lokalisiert wird. (Eine Berichterstattung über den Frontverlauf gibt es nicht.) Die Kriegserfahrung der Frauen hingegen wird nirgends künstlerisch thematisiert und gestaltet, vielmehr wird den Frauen eine heile und intakte »Friedenswelt« als Ausstiegs- und Fluchtmöglichkeit aus ihrem trüben Alltag angeboten und zugleich suggeriert, dass alle Anstrengungen und Leiden nur der notwendige Übergang zu diesem den Frauen eigentlich entsprechenden Leben sind, zu einem Leben mit und in der Familie, mit und in der Natur, mit Blumen und Tieren. Dass das »Schlachtfeld der Frauen« das Gebären ist, wird in einem kleinen, in Stil und Inhalt recht sentimentalen Bericht über einen Neugeborenen eingeschoben, der Hartmut, d. h. »der kühne Kämpfer« genannt wird.[29]

Die Buchbesprechungen sind Empfehlungen für Feldpostausgaben, also Hinweise, was man den eingezogenen Männern schicken sollte. Selbstverständlich konnten die Abonnentinnen daraus auch manches für die eigene Lektüre entnehmen. Es werden einige Feldpostbüchereien vorgestellt.[30] Die angeführten Titel sind altbekannte Klassiker, z. B. Schiller: »Der Verbrecher aus verlorener Ehre«; Goethe: »Novelle«; Keller: »Der Schmied seines Glücks«; Storm: »Im Nachbarhaus links«; Fritz Reuter: »Enspekter Bräsigs Abenteuer in Berlin«. Daneben finden sich junge und heute noch bekannte Schriftsteller wie Hermann Löns, Hans Grimm, Agnes Miegel, Heinrich Lersch. Doch überwiegend werden Namen und Werke wohl mehr oder weniger linientreuer Autoren genannt, die heute niemand mehr kennt.

Inhaltliche Schwerpunkte sind – laut Besprechung – Liebesgeschichten, heitere Kurzgeschichten, historische Porträts, Entwicklungsgeschichten, Geschichten von »Glück und Schicksal«, Kinder- und Heimatgeschichten, Gedichte und Balladen, Anekdoten und Schnurren, auch philosophische Betrachtungen. Die Lektüre soll in eine Gegenwelt zur Kriegswelt versetzen, an der Front und in der Heimat: Kampf und Krieg sind zwar nicht ausgeklammert, werden aber als vorübergehende Bewährungsproben und Gelegenheiten zur Reifung und Vollendung dargestellt.

Schließlich der Fortsetzungsroman »Junger Baum im Sturm«. Schon aus dieser einzigen Seite erschließt sich die Machart solcher Fortsetzungsromane: Es geht um verwickelte Beziehungen zwischen Männern und Frauen, um Liebe und Eifersucht.

Was in heutigen Illustrierten einen großen Raum einnimmt, Anzeigen und Werbung, bekommt nur eine halbe Seite und besteht im wesentlichen aus Appellen, mit den bekannt »guten Produkten« sparsam umzugehen, ganz wenigen Inseraten von Heil-, Wasch- und Ersatzmitteln und einigen Stellenangeboten. Sie füllen übrigens die vorletzte Halbseite. Die letzte Seite ist wieder der Kultur gewidmet. Auch dadurch wird die Ärmlichkeit des Angebots kaschiert.

Wenn man heute diese Zeitschrift liest und sich die reale Kriegslage im September 1943 vergegenwärtigt, ist man bestürzt über ihre Wirklichkeitsblindheit. Der Krieg wird in der künstlerischen Bearbeitung zu einem Heldenmythos überhöht und dadurch noch ferner gerückt als in den Wochenschauen. Die Wirklichkeit der »Heimatfront«, die doch vielen Frauen täglich vor Augen stand, wird als eine problemlos zu bestehende Herausforderung für eine »tapfere Volksgemeinschaft« verharmlost, die Angst vor der Niederlage wird raffiniert und eher unterschwellig geschürt, um den Durchhaltewillen bis zum äußersten zu mobilisieren. Es überwiegt das »Positive«, die Illusion eines (fast) normalen Lebens mitten im Krieg, mit der Freude an gutem oder doch schmackhaftem Essen, hübschen Kleidern, an »aufbauender« und nicht »zersetzender« Kunst und Kultur und den ewig-menschlichen Beziehungen. Selbst diese Zeitschrift mit ihrem für heutige Leser überdeutlichen politischen Auftrag erlaubte einen Rückzug aus dem Politischen in die ganz privaten Nischen, in den Traum vom privaten Glück, besonders dann, wenn man – wie es die meisten Frauen vermutlich taten – die ersten Seiten überschlug.

Kulturelle Veranstaltungen

Die eigentliche Gegenwelt im Krieg war das *Kino*. Der Film war unter den kulturellen Veranstaltungen diejenige, die fast allen Städterinnen zugänglich war und von den meisten oft und gern besucht wurde. Die Land- und Dorfbewohnerinnen waren auch hier benachteiligt, weil es auf dem Lande in der Regel keine Kinos gab. Sie erinnern sich auch kaum an irgendwelche kulturellen Angebote – und wo sie sich erinnern, da waren es einmalige und großartige Erlebnisse, die sie nie vergessen haben.

GERTRUD L. (1910), vier Kinder. Sie betrieb mit einer Angestellten ein Gemischtwarengeschäft in einem kleinen Ort in der Nähe von Danzig: »Es gab keine Reise, keinen Urlaub, aber einmal kam aus der Stadt Danzig zu uns nach Tiegenhof eine Theatergruppe. Die haben die Operette ›Der Vetter aus Dingsda‹ aufgeführt. Das war das einzige schöne Erlebnis.«

RUTH P. (1926): »Ach, ins Kino bin ich viel gegangen. Aber es war immer alles nur bis 16 Jahre. Was drüber war, da durfte man ja nicht gehen. Ich hab' mir immer ein Programm mitbringen lassen von Mutti. Es gab zwei Sorten, eins zum Aufklappen und eines richtig wie so ein kleines Heft. Aber die Mutti hat das beim Umzug alles weggegeben, da könnt ich noch weinen. Ja, Filme hab' ich gesehen, natürlich. Zarah-Leander-Filme oder diese Kriegsfilme auch, wie hießen denn die Filme alle? ›Heim zu neuen Ufern‹ mit Zarah Leander und ›Wunschkonzert‹ war ein sehr schöner Film und na, was war das noch alles?... Marika-Rökk-Filme und dann eben auch so Soldatenfilme, die gab's auch. Dann war ein ganz toller Film mit dem Horst Kaspar, der hat den Schiller gespielt in jungen Jahren, das war ein toller Schauspieler. Da waren wir alle begeistert. Ich hatte ja immer am Bett immer mit Nadeln angepickt an der Tapete, wer gerade mein Favorit war. Ich hab' die Bilder heute noch. Hans-Joachim Brönige, Horst Kaspar, Braun und Willy-Fritsch-Bilder, und auch Frauen dabei, Zarah Leander, Kamilla Horn und alles so was. Doch, das war schon. Kino war schon ... Bei uns in der Nebenstraße war das Kapitol, da sagten wir das ›Kapi‹. Ins ›Kapi‹ konnte man also für Pfennige gehn, ja 20, 25 Pfennige, 50 Pfennig war schon ein guter Platz.«

Es gibt Analysen von Filmen im Dritten Reich[31]. Sie arbeiten mit Recht die Durchdringung auch scheinbar reiner Unterhaltungsfilme mit Propaganda heraus. Über die künstlerische und technische Qualität der Filme, vor allem aber über die Wirkungsgeschichte der Filme müsste meinem Eindruck nach noch genauer gearbeitet werden.[32] Es wäre dabei auch zu untersuchen, in welcher Weise die Geschmacksbildung beeinflusst wurde. Ein Vergleich mit dem Niveau gegenwärtiger Fernsehproduktionen und ihrer Einschaltquoten wäre ebenfalls aufschlussreich.

Wie tief die beabsichtigte ideologische Wirkung ging, muss offenbleiben. Sie trug sicher – wie alle anderen mündlichen und schriftlichen Verlautbarungen – zu einer systemkonformen Atmosphäre bei. Auch hier handelt es sich eher um eine Wirkung auf das Unterbewusste als um rational fassbare Beeinflussung. Wichtiger war – und auch das war die erklärte Absicht des Propagandaministeriums – die Unterhaltung selbst. Die Menschen sollten im Kino abgelenkt werden von ihren Sorgen und Mühen, sie sollten sich ein paar Stunden entspannen und in eine andere Welt versetzen können. Und das scheint auch bis zuletzt gelungen zu sein.[33] Die Frauen erinnern sich an rührende und erhebende Geschichten, an Komik und Tragik. Vor allem erinnern sie sich an Filmschauspieler und -schauspielerinnen, häufig werden noch deren Namen genannt. Die Schwärmerei für die »Stars« (so sagen sie heute, obwohl das ein Anachronismus ist, ein Nachkriegsimport aus Amerika) war womöglich noch heftiger als heutzutage, weil es nur ein begrenzter Kreis von deutschen Schauspielern war, den fast alle kannten, und weil z.T. auch die Filmhelden in der Phantasie die real fehlenden Männer ersetzen mussten.[34]

Welche Filme am häufigsten genannt werden, hängt vom Alter der Frauen ab. Die jungen Mädchen waren am tiefsten beeindruckt von den Filmen über *große Persönlichkeiten* und *historische* Filme:
»Robert Koch« (1939); »Eine kleine Nachtmusik« (historische Liebesromanze um Mozart, 1939); »Bismarck« (1940); »Die Entlassung« (Bismarcks, 1942); »Carl Peters« (1941); »Ohm Krüger« (Leben des burischen Freiheitskämpfers, 1941); »Friedemann Bach« (1941); »Der große König« (Friedrich der Große im Siebenjährigen Krieg, 1942)[35]; »Rembrandt« (1942); »Diesel« (1942); »Andreas Schlüter« (1942); »Paracelsus« (1943); »Der unendliche Weg« (biographischer Film um Friedrich List, 1943). Hier war auch die indirekte Beeinflussung im NS-Sinne am stärksten, ohne dass die Beeindruckten es damals immer merkten.

GERTRAUD L. (1928): »Mein größtes Filmerlebnis war ›Der große König‹, der Film über Friedrich den Großen im Siebenjährigen Krieg. Ich war so erschüttert, dass ich nicht begreifen konnte, wie meine Freundin auf dem Heimweg über belanglose und banale Dinge reden konnte. Die Wirkung ging so tief, dass ich in meinem Tagebuch Gedichte über Friedrich schrieb, alles über ihn lesen wollte, und beschloss, Geschichte zu studieren. Dass dieser Film etwas mit unserer Gegenwart zu tun hatte, unseren Durchhaltewillen in aussichtsloser Situation stärken sollte, ging mir damals überhaupt nicht auf.«[36]

Den reiferen und älteren Frauen gefielen – je nach Temperament – die *Liebesfilme, Frauenfilme* und die *heiteren* Geschichten oder auch *Verfilmungen von Literatur* am besten. Als Beispiele werden genannt: »Befreite Hände« (1939);

»Der Postmeister« (nach der Novelle von PUSCHKIN mit Heinrich George in der Hauptrolle, 1940); »Immensee« (nach THEODOR STORM, 1943); »Träumerei« (biographischer Musikfilm um Robert und Clara Schumann); »Wunschkonzert« (1940); »Quax, der Bruchpilot« (groteskes Lustspiel um die Sportfliegerei mit Heinz Rühmann, 1941); »Zwei in einer großen Stadt« (1942); »Wiener Blut« (1942); »Die große Liebe« (mit Zarah Leander und dem fast allen Frauen bekannten Lied: ›Davon geht die Welt nicht unter‹); »Die goldene Stadt« (1942, der zweite deutsche Farbfilm); »Frauen sind keine Engel« (1943); »Altes Herz wird wieder jung« (Familienkomödie, 1943); »Romanze in Moll« (1943); »Die Feuerzangenbowle« (mit Heinz Rühmann, 1944); »Ich brauche Dich« (1944); »Das Bad auf der Tenne« (1944); »Opfergang« (1944).

Fast alle kennen auch die Filme, die von der Reichskulturkammer das Prädikat »*staatspolitisch besonders wertvoll*« oder gar die höchste Auszeichnung »Film der Nation« erhielten. Ein Beweis für die gelungene Verschmelzung von Publikumsgeschmack und Staatsinteresse waren dabei die Filme: »Mutterliebe« (1939); »Ohm Krüger« (1941) (der am höchsten ausgezeichnete Film im Dritten Reich) und »...reitet für Deutschland« (1941).

Die *unverhohlen ideologische Ausrichtung* in manchen Filmen wird durchaus erinnert. Sie waren ebenfalls größtenteils »eindrucksvoll gemacht«, wie einige Frauen sagen, schienen ihnen aber schon damals überdeutlich und überzogen. So z. B. »Die Rothschilds« (1940) und vor allem »Jud Süß« (1940), den fast jede deutsche Frau damals gesehen hat.

Aber auch die Filme mit antibritischer Spitze, wie »Mein Leben für Irland« (1941) oder der schon genannte »Ohm Krüger«, verfehlten ihre Wirkung nicht.

Getarnt als Problemfilm warb ein vielgesehener Film für den Gedanken der Euthanasie: »Ich klage an« (1941).

Filme, die das *Kriegsgeschehen* des Zweiten Weltkriegs selbst thematisierten, waren relativ selten. Die Kriegsthematik wurde verpackt und verkleidet in ein historisches Kostüm, wie z. B. »Der große König«, der Friedrich II. von Preußen in fast aussichtsloser Lage im Siebenjährigen Krieg zeigte, der dennoch nicht aufgab und am Ende siegte. Oder der Krieg wurde zum Heldenepos hochstilisiert, wie z. B. »U-Boote westwärts« (1941) oder »Stukas« (1941), bei denen auch die Kriegstechnik selbst imponierte. Oder die Filme feierten die enge Verbindung zwischen Front und Heimat, wie der Film »Wunschkonzert« (1940) mit Ilse Werner und Carl Raddatz, der mit 26,5 Millionen Besuchern der erfolgreichste Film des Dritten Reiches wurde.

Von der brutalen Wirklichkeit des Krieges und des Kriegsalltags wurde in solchen Filmen nur wenig gezeigt. Das Kriegsgeschehen in der Heimat war überhaupt kein Thema. Ein einziger Filmbericht von 1944, betitelt »Der Wille zum Leben«, befasst sich mit der ärztlichen und beruflichen Betreuung von Kriegsversehrten. Wie weit er wahrgenommen wurde, entzieht sich meiner Kenntnis. Der letzte Film, der zur Uraufführung kam, war bezeichnenderweise ein Frauen- und Liebesroman: »Das uralte Lied« (30.3.1945).

Die Wochenschauen zeigten nicht das nackte Grauen des Krieges, sondern heroisierende »Heldenepen« oder fröhliches »Landsertum«.

Die nicht sehr häufigen *Kriminal- und Abenteuerfilme* sind kaum im Gedächtnis, am meisten noch der Abenteuer- und Ausstattungsfilm »Münchhausen« (1943).

Besonders erwähnt und gut bewertet werden von manchen Frauen die *Kulturfilme.*

ANNELIESE F. (1916): »Das einzige, was ich konnte, hin und wieder ins Kino gehen. Da wurden die ersten Farbfilme gezeigt. Der erste war ein Film über die Kurische Nehrung mit wunderbaren Naturaufnahmen; es war ein großes Erlebnis für mich.«

Von fast allen gesehen und gut bewertet wegen seiner filmischen Qualität wurde der *Olympia-Film* von Leni Riefenstahl.

Theater- und Konzertbesuche waren vor allem etwas für gebildetere bürgerliche Städterinnen. Die Nachfrage war meist größer als das Angebot – übrigens auch für das Kino –, erstaunlicherweise auch bis zum Ende des Krieges und unter den schwierigsten Umständen.[37] Oft wurden die Aufführungen durch Fliegeralarme gestört, und die Zeit dafür musste der vielen Arbeit abgerungen werden.

KARLA HÖCKER, selbst Musikerin, schreibt in ihren Berliner Aufzeichnungen 1945: »28. Februar: Nachmittags Erna Berger in der Tribüne. Sie singt, von Hertha Klust begleitet, Schubert, Brahms, Wolf. Man hört alles so anders, so ohne fachliche Distanz. Musik ist jetzt nur noch Medizin.

Als Erna Berger ›Immer leiser wird mein Schlummer‹ singt, erlischt das Licht. Jemand bringt Kerzen. Bis dahin singen und spielen beide auswendig weiter, als ob nichts geschehen sei. Es *ist* nichts geschehen.« Und sie zitiert die Sängerin Erna Berger:

»Wenn ich in mein Notizbuch von 1945 schaue, muss ich mich wundern, was wir trotz Bombenangriffen und sonstigen Schwierigkeiten damals noch geleistet haben. So fiel z. B. die U-Bahn streckenweise aus, und man musste zu Fuß von Dahlem nach Charlottenburg laufen. Über das Konzert in der Tribüne habe ich damals eingetragen: ›Nervös, Sturm und Nachtangriff. Schlecht geschlafen mit Lebermittel und Schlaftablette.‹ Ich hatte gerade erst eine Gelbsucht überstanden und versuchte, mich davon zu erholen – soweit man sich damals überhaupt erholen konnte. Trotzdem musizierten wir, Hertha Klust und ich, am 28. Februar, und ich weiß noch, dass wir so an die Musik hingegeben waren, dass es uns kaum irritierte, als plötzlich das Licht erlosch. Im Dunkeln sang ich weiter, und Hertha Klust, diese phantastische Begleiterin, spielte auswendig weiter. Dann wurden Kerzen gebracht und der Liederabend fortgeführt, und es gab sogar noch vier Zugaben am Schluss. Ich sage das, weil man denken könnte, dass damals jeder so schnell wie möglich vor dem Alarm zuhaus sein wollte. Aber sowas gibt es ja wohl nur in Berlin!«[38]

MATHILDE WOLFF-MÖNCKEBERG (1879) am 25.3.1944: »Aber unser Leben ist nicht nur so materiell eingestellt, so handelstüchtig. Ich habe noch nie so viele schöne Musik gehört wie diesem 5. Kriegswinter. Wir haben uns auf verschiedene Zyklen abonniert und sind bei Sturm und Regen und wüstem Schneetreiben nachmittags um 4 Uhr in die Musikhalle gepilgert. Besonders genussreich waren für mich die Beethoven-Nachmittage von Hans Erich Rübensahm. Er spielte *alle* Sonaten auswendig, jedesmal 5, und lebte selbst derartig darin, dass er einen in atemloser Hingabe mitriss. Ich hatte vorher eine große Beethoven-Biografie von San Galli gelesen und mich auf jede Sonate vorbereitet und war so auf literarischem Wege zum musikalischen Verständnis durchgedrungen. Manches hat mich tief erschüttert, und ich sah Beethoven selbst ganz deutlich vor mir. Herrlich war auch die Johannespassion und das Stroßquartett, das einmal das Schubert-Trio spielte, das wir so oft auf dem Grammophon von Thys hören und von dem ich jede Note kannte... Und dazwischen Sirenengeheul, Flakschießerei, Listen von Toten, jungen Gefallenen, Berichte von den fürchterlichsten Kämpfen, die die Weltgeschichte je gesehen, von den grausamsten Waffen, von Gas und Mord, Schlamm und Eis, Versenkungen und Abschüssen, zusammenstürzenden alten Kathedralen, verschütteten Menschen, verkohlten Leichen. Und in den Zeitungen die hohnvolle Verheißung des *Endsieges!* Lügen, Lügen überall!«[39]

ERNA M. (1925): »Ich glaube, ich bin zwei oder drei Tage, bevor die Liederhalle (*in Stuttgart*) zusammengebombt wurde, da war ich noch bei einem Klavierkonzert. Also da ist man noch ins Konzert gegangen. Verstehen Sie, das ist das, man hat sich dann immer überlegt, komm ich da noch heim, wenn Fliegeralarm ist? Mit dem hat man leben müssen. Man ist nicht so weit gegangen, oder man hat gesagt, wo ist ein Bunker? Man wollte doch bei der Mutter sein, man wollte sich nicht so weit entfernen. Also Liederhalle, da hat man gedacht, man schafft es noch. Man hätte es nicht geschafft, wenn der Angriff direkt auf Stuttgart gekommen wäre... Wenn der Angriff Stuttgart gegolten hat, dann war Alarm, und die Bomben fielen dann doch sehr schnell. Aber wenn sie weitergeflogen sind, dann hat man können...das war gerade ein Glücksspiel.«

SIBYLLE H. (1923): »Die Uni war Unter den Linden, und um zu meiner S-Bahn, mit der ich nach Hause fuhr, rauszukommen, bin ich über den berühmten Gendarmenmarkt, also einen der schönsten Plätze in Berlin, wo das Schauspielhaus ist, wo Gründgens (*damals gespielt hat*). Und da waren auch damals in den Kriegsjahren eben die Karten ungeheuer begehrt (und man musste oft lange anstehen). Aber es wurden auch Karten zurückgegeben. Und dann bin ich manchmal ins Theater gegangen, ohne es vorher vorzuhaben, einfach weil ich dran vorbeigekommen bin. Ja, und dann bin ich eben im Theater geblieben. Und da war einmal 'ne Aufführung von ›Der Widerspenstigen Zähmung‹, Hauptrolle Marianne Hoppe, Gustav Knuth die männliche Hauptrolle, also war 'ne sehr schöne Aufführung. Und natürlich, das war allgemein bekannt, konnte es ja passieren, dass während der Aufführung der Alarm beginnt. Und da galt nun folgende Regelung: Dann ging man also in den Luftschutzkeller, der natürlich da vorbereitet war, und wenn die Entwarnung des Alarms vor Mitternacht kam, dann wurde das Stück zu Ende gespielt, wenn nicht, dann musste man das als Pech hinnehmen, dass man dann eben nach Hause ging... Und bei dieser Aufführung, wo ich da war, war das eben so, kam Alarm, alles ging runter, und das dauerte etwa 'ne Stunde, und dann ging man eben, strömte man nach oben, und dann ging der Vorhang hoch an derselben Stelle, wo die grad aufgehört hatten, da war dann übrigens die Stimmung, ist natürlich dann herrlich, wenn man so aus dem Luftschutzkeller herauskam und es war einem nichts passiert, da war man natürlich ›high‹, und das Publikum hat also erst mal einfach einen Riesenbeifall (*gespendet*), als bloß der Vorhang hochging, und dann wurde das Stück zu Ende gespielt. Ja, also dieses als Beispiel dafür, dass man sich eben eingerichtet hat und das Alltagsleben trotzdem (*weiterging*).«

Das *Radio* war nicht nur die wichtigste Informationsquelle neben der Zeitung, es sorgte auch für Unterhaltung. Von allen Sendungen werden von den Frauen nur zwei besonders hervorgehoben: das sonntägliche »Wunschkonzert«[40] und – mit großem Abstand – das »Schatzkästlein«. Auch wenn nicht immer die ganze vierstündige Sendung des »Wunschkonzerts« gehört wurde, Ausschnitte daraus verfolgten und kannten alle. Die Musik des »Wunschkonzerts«, klassische, aber auch Schlager, Volks- und Soldatenlieder gehörten zum Repertoire fast aller Frauen. Das war die imaginäre Brücke, auch der jungen Mädchen, zu den Männern »draußen« (so sagen sie). Trotz der technisch-akustisch phantastisch gelungenen Verbindung und obwohl die Stimmen von Frontkämpfern, von Frauen und Kindern, das Schreien von neugeborenen Babys zu hören waren, blieb die Brücke unwirklich, d. h., auch das »Wunschkonzert« vermittelte nicht das reale Frontgeschehen, die wirklichen Gefühle, sondern gleichsam eine »Sonntagsausgabe« davon, gemischt aus Sentimentalität und heldischem Pathos. Aber das war den wenigsten Frauen damals bewusst. Sie erlebten das »Wunschkonzert« als eine Manifestation der »Volksgemeinschaft«, auch als Ersatz für reale Beziehungen, die ihnen der Krieg vorenthielt.

ROTRAUT J. (1924): »Noch zum Punkt Fraulichkeit: Da war Feldpostbriefe-Schreiben, das war irgendwie anonym, und das Gefühlsmäßige, das hat man in die Schmalzlieder im Radio hineingelegt. Es da irgendwo verausgabt, weil jemand anderes nicht da war, man hat ja gewartet, bis alles vorbei ist... Am Schluss war es wirklich nur noch Warten mit dem Wunschkonzert.« Sie erinnert sich noch besonders an Lieder, die die Verbundenheit von Front und Heimat ausdrückten: »Heimat, deine Sterne«, »Gute Nacht, Mutter«, »Junge, komm bald wieder«, »Lili Marleen«, »Es steht ein Soldat am Wolgastrand«. Andere fügen noch hinzu: »Die kleine Stadt will schlafen gehn«, »Das Englandlied« (»Denn wir fahren gegen Engeland« und »Bomben auf Engeland«), »Es geht alles vorüber«, »Unter der roten Laterne von St. Pauli«, »Und wieder geht ein schöner Tag zu Ende«, »Glocken der Heimat«, »Wovon kann der Landser denn schon träumen?«.

ELISABETH H. (1916) berichtet in einem Brief: »Es gibt so unendlich viele, und es fällt mir schwer, Vorkriegs- und Nachkriegsschlager zu trennen. Besonders gefielen mir die Lieder von Zarah Leander und Marika Rökk. Oder zeitlose Operettenmusik (Barcarole von Offenbach) oder ›Meine Lippen, die küssen so heiß‹, oder ›Ich bin so verliebt‹. Alles einschmeichelnde, gefühlvolle Melodien.«

LORE E. (1922) bekennt, dass sie von der Sentimentalität (von heute aus gesehen) sehr beeindruckt war: »Oft war ich den Tränen nahe. Besonders bei (außer den immer wieder genannten) ›Im Feldquartier auf hartem Stein‹, ›Antje, herzliebes Mädel mein‹, ›Komm zurück, ich warte auf dich, denn du bist für mich all mein Glück!‹ und den heiteren ›Es saßen mal drei Mädel auf der Bank‹, ›Die Lore und die Lene und die Liese‹, ›Es ist so schön, Soldat zu sein, Annemarie‹«. Und sie fügt hinzu: »Ich kann noch alle Texte.« (Brief vom 8.11.1994)

WALLY M. (1924): »Einmal in der Woche durften wir am Abend im Radio das Wehrmachtswunschkonzert hören. Wir freuten uns immer sehr darauf, und unsere Lieblingslieder waren ›Lili Marleen‹ und das Schlaflied aus ›Annelie‹; doch auch ›Bomben auf Engeland‹ hörten wir.«

ELEONORE V. (1924): »Das Wunschkonzert, welches … jeden Sonntag Nachmittag durch den Rundfunk übertragen wurde, fand bei Jung und Alt viel Beifall. Wenn Wilhelm Strienz mit seiner wunderbaren Stimme ›Heimat, deine Sterne‹ sang, war es mäuschenstill in unserer Gaststätte. Alle Abende um Punkt 22.00 Uhr erklang dann noch von Radio Belgrad ›Lili Marleen‹, gesungen von der unvergesslichen Lale Andersen. Dieses Lied wurde in Ost und West übertragen; für unsere Soldaten war es ein lieber Gruß aus der fernen Heimat.«

HANNELORE W. (1939) erinnert sich besonders an das Lied »Es geht alles vorüber…«: »Der Text sprach unsere geheimen Hoffnungen an und gab uns zugleich Trost.«

ELISABETH E. (1923): »Frontsoldaten wurden von der Heimat gegrüßt, Spenden von Geschäften wurden verlesen, es wurde viel gespendet: Kinderwagen, Bekleidung, Radios usw; den Vätern an der Front wurde mitgeteilt, dass z. B. ›ein gesunder Sohn, 8 Pfund schwer‹, angekommen sei. Es ist ja so lange her, und ich war siebzehn, achtzehn Jahre alt, aber die Sendung fand Anklang. Es war eine Unterhaltungssendung wie heute im Fernsehen gezeigt (Unterhaltungswert wie z. B. ›Der große Preis‹), doch die Verbindung ›Heimat-Front‹ fanden wir sehr wichtig. Und das war es für die Soldaten sicher auch, oft das einzige Bindeglied zu daheim. Lieder, Schlager, an die ich mich erinnere: ›Lili Marleen‹ (natürlich), ›Rosemarie‹, ›Heimat, deine Sterne‹ (als besonders schön empfunden). ›Schwarzbraun ist die Haselnuss‹, alle Frühlingslieder, ›Auf der Lüneburger Heide‹, Volkslieder, die man heute noch singt. Lieder von Hans Baumann, die uns sehr gefielen, z. B. ›Nun lasst die Fahnen fliegen in das große Morgenrot‹. Dann noch ›Nichts kann uns rauben Liebe und Glauben zu unserem Land‹, ›Heilig Vaterland, in Gefahren, deine Söhne sich um dich scharen‹, Löns-Lieder: ›Alle Birken grünen in Moor und Heid‹, ›Wildgänse rauschen durch die Nacht‹. Kanons: ›Wachet auf, es krähte der Hahn‹, ›Erwacht, ihr Schläferinnen‹, ›Es tagt, der Sonne Morgenstrahl weckt alle Kreatur‹, ›Morgensonne lächelt auf mein Land.‹« (Brief vom 11.11.1994)

Das »*Schatzkästlein*«, auch eine Sonntagssendung (am Vormittag) richtete sich an musisch interessierte, meist ältere Hörerinnen. Die damals jüngeren Mädchen haben daran so gut wie keine Erinnerung. Dargeboten wurden klassische Musik, meist gute Gedichte, aber auch solche im zeitgenössischen »NS-Ton«, Prosatexte deutscher Dichter und Schriftsteller. Hineinverwoben waren, oft recht unauffällig und geschickt, politisch-ideologische Botschaften, sei es das Gedenken an einen gefallenen Helden, sei es die Verherrlichung von »deutscher Art«, »deutscher Leistung«, »deutschem Opfersinn«, »deutschem Frohsinn«. Eine genauere Analyse des Programms – der Rundfunkprogramme insgesamt – wäre lohnend. Unter den von mir befragten Frauen war kaum eine, die sich an Einzelheiten erinnerte. In Briefen findet man den einen oder anderen Bezug, der den tiefen Eindruck dieser Sendung auf künstlerisch beeindruckbare Gemüter zeigt:

MARIA G. (1891) schwärmt in ihren (täglichen!) Feldpostbriefen an ihren Mann des öfteren vom »Schatzkästlein«, z. B. am 8.11.1943: »Eine wundersame, allerdings tiefernste Schatzkästleinstunde gestern, Gedenken an Kurt Eggers – dieser Eggers ist als Panzerkommandant gefallen im Osten, denk', und er war dazu ein Dichter, wie ich selten einen der Jetztzeit hörte. Er erinnert an Hölderlin und ist doch viel verständlicher und lebensnaher. Ich will an den Rundfunk schreiben, ob man diese Gedichte nicht bekommen kann. Er fiel nun auch, und es ist, als ahnte er im tiefen Innern seinen Tod voraus in diesen tiefdurchdachten Gedichten. Der Sprecher war ganz besonders – wie keiner – geeignet, diese Gedichte zu übertragen bzw. wiederzugeben – es war erschütternd und ergreifend – und die Brahmsmusik und Beethovenmusik dazu und Schubert. Oh, mein Liebster, Brahms und Schubert wieder voll Erinnerungen. Draußen lag ein kahler, verhangener Sonntag.«

BARBARA K. (1928): »Das ›Schatzkästlein‹ habe ich meistens für mich allein gehört und entdeckt, entdeckt deshalb, weil ich diese Sendung hörenswert empfand, es waren für mich ganz neue Klänge. Ich entdeckte dabei meine Liebe zu Mozart. Seine ›Kleine Nachtmusik‹ küsste mich gewissermaßen wach.« (Brief vom 24.11.1994)

Auf der Grenze zwischen privaten und öffentlichen Vergnügungen im Kriege lag das *Tanzen,* das von damals jungen Mädchen häufig angesprochen wird. Wer im Tanzstundenalter war, machte in den ersten Kriegsjahren noch Tanzstunde. Später wurden ja dann die potentiellen Tanzstundenherren zur Flak und zur Wehrmacht eingezogen. Öffentliche Tanzveranstaltungen waren im Krieg offiziell verboten, aber es muss Ausnahmen gegeben haben, denn manche Frauen erinnern sich, dass man zum Tanzen gehen konnte. Die Aussagen sind hier widersprüchlich. Hausbälle und private Einladungen ersetzten oft das Tanzen in Lokalen, und sie wurden, so gut es ging, gefeiert. Die Tanzstunde oder bestimmte Tanzveranstaltungen blieben auch deshalb in Erinnerung, weil so viele der jungen Tanzstundenherren nicht mehr aus dem Krieg zurückkamen; es waren die Jahrgänge, die am stärksten dezimiert wurden. Für verheiratete Frauen, deren Männer im Feld waren, schickte es sich nicht, zum Tanzen zu gehen.

ANNELIESE F. (1916): »Zum Tanzen hätte ich in ein paar Lokale gehen können, aber erstens machte man das nicht als verheiratete Frau, und dann hätte ich ja auch Angst gehabt, bei einem Alarm nicht zu Hause zu sein.«

MARGARETE F. (1918): »Da gab es hier (*in Stuttgart*) ein ›Haus Vaterland‹, und das war natürlich schon am Rande der Sünde, da ist immer wieder ein anderes Licht aufgegangen, rot und grün, solange man getanzt hat, also...das war schon anrüchig. Ja, mit den Soldaten, da ist man ausgegangen, das war eigentlich keine schlechte Zeit in Stuttgart, solange noch keine Bomben geflogen sind.
I: *Das war also in der Zeit vor 1943/44, vor dieser schlimmen Zeit. Und was war dieses ›Haus Vaterland‹? War das eine Gaststätte, oder?*
F: Nein, das war ein großes Tanzlokal an der Königstraße oben irgendwo, ich weiß nicht mehr genau. Dann ist man in den Mittnachtbau gegangen, da waren immer so Geiger mit schluchzenden Sachen; ich habe furchtbar gerne getanzt.
I: *Und wenn Sie zu diesen Tanzveranstaltungen gegangen sind, ist da eine Gruppe von jungen Frauen zusammen gegangen?*
F: Nein, das war mit Männern (*verschmitztes Lachen*), mit Soldaten, die man von Weilimdorf kannte. Die waren auf Urlaub da. Vielleicht war man mal vier oder sechs, also drei Pärchen, so schon...
I: *Aber Sie kannten vorher die Leute, mit denen Sie da hingegangen sind.*
F: Ja, ja.
I: *Ja, die werden sich auch gefreut haben, dass sie mal etwas anderes sehen.*
F: Ja eben, deshalb hat man es ja gemacht... Und im Bahnhof gab es auch so ein Lokal, auch ein Tanzlokal. Und ich war da mit drei Studenten, mit einem Mediziner, einem Juristen und einem Theologen, also drei Paare, und da sind wir auch öfters ausgegangen. Denn sie hatten ja kein Geld.
I: *Das waren auch Soldaten, oder waren das Studenten, die hier waren?*

F: Das waren Studenten, die noch nicht eingezogen waren. Die kamen dann alle auch raus und sind dann auch gefallen.«

DORA G. (1927): »Tanzen konnte man privat, in privaten Tanzstunden. Sie musste bei uns verkürzt werden, weil unsere Herren als Flakhelfer eingezogen wurden. Ich erinnere mich daran, besonders an das nächtliche Nachhausegehen. Die Straßenbahnen fuhren nachts nicht mehr, also hatte man einen weiten Fußweg, und das war schön!! Hausbälle waren die einzigen Tanzveranstaltungen, die noch möglich waren. Zum Schlussball bekam ich ein Kleid, das hab' ich heute noch, aus einem Stoff, den meine Mutter in den ersten Kriegswochen gekauft hatte. Da gab es noch ›Luxusstoffe‹ ohne Marken. Zugeschnitten hat es meine ältere Schwester, genäht hab' ich's selbst. Bei den Hausbällen wurde auch Swing-Musik gespielt. Wir wussten, dass das offiziell verboten war. Wir haben jede Gelegenheit genützt, um zu feiern. Wenn der Kirschbaum blühte, war das ein Anlass, einige Freunde einzuladen. Man hat sich sehr angestrengt, um ein nettes Treffen zustande zu bringen. Die Leute sollten möglichst einige Lebensmittelmarken abgeben. Das Obst aus dem eigenen Garten hat man gegen andere Lebensmittel eingetauscht. Man hat Primitivkuchen gebacken, aber mit echtem Obst drauf. Sehr beliebt war immer der Hackbraten. Da konnte man alles, fast bis zum Kaffeesatz, druntermischen... Die letzten ›Feste‹ wurden kurz vor Kriegsende mit den letzten Flaschen Wein gefeiert.«

EDITH F. (1924), Gymnasiastin in Stuttgart: »Die Schule war das wichtigste. Abends gingen wir sehr oft ins Theater, in die Oper oder ins Konzert. Einen Winter lang war Tanzstunde, ab da war ich oft auf Bällen. Öffentlicher Tanz war im Krieg nicht erlaubt – da gab es halt ›geschlossene Veranstaltungen‹ mit ›Karten‹. Karten zu ›Schlussbällen‹ waren für jedes Wochenende leicht zu beschaffen. Donnerstag war in der Tanzschule ›Übungsabend‹, zu dem alle Tanzstundenabsolventen kommen konnten, mit einem Gast! So war es überall: einerseits Zwang und Gebote, andererseits ging vieles über Um- und Auswege weiter wie gehabt. Jedenfalls in Württemberg.«

ROTRAUT J. (1925) hat ihre Tanzstundenzeitung vom Winter 1940/41 aufgehoben und mir zur Verfügung gestellt. Sie unterscheidet sich nicht von der üblichen Machart aller Tanzstundenzeitungen.

In was für einem makabren Umfeld sich diese Vergnügungen abspielen konnten und wie die Kriegswirklichkeit einen doch einholte, zeigt folgendes Beispiel:

LORE E. (1922): »1940 bin ich noch in die Fähnrichtanzstunde im Fliegerhorst gegangen, da waren wir als Tänzerinnen für die Fähnriche sehr begehrt. Auch Silvester haben wir im Kasino verbracht. Und die hatten ihre Butterrationen aufgespart, uns Karpfen mit brauner Butter vorgesetzt, wovon uns in Verbindung mit eiskaltem Sekt schlecht wurde, aber da fand noch Geselligkeit statt. Und in dem Buch von der Gerda Szepansky[41], da ist der Briefwechsel drin von der Annemarie Schilling mit ihrem Sohn Horst. Die Briefe schickte sie ins Leere, denn der Horst lebte ja schon gar nicht mehr. Und das ist eine Tante von mir. Der ältere Sohn Wolf, dessen Tod beschreibt die Tante da. Und da war ich zu einem Tanzvergnügen, nachdem der Wolf verwundet war. Der war abgestürzt bei der Landung auf den Flughafen, da hat die Maschine versagt, und lag querschnittsgelähmt. Und ich war zu einem Tanzvergnügen, und da waren junge Offiziere vom Fliegerhorst. Und ich tanzte mit einem und sagte: ›Sie sind so furchtbar ernst.‹ Und der sagte: ›Ja, ich hab' erfahren, dass mein Schwager querschnittsgelähmt ist.‹ Stellte sich heraus, dass er denselben meinte wie ich. Von mir war's ein Vetter, von ihm war's der Schwager. Das war schon ulkig, dass man da noch tanzen ging. Aber es fielen immer welche, vielleicht hat man gedacht: ›Genieße den Krieg, denn der Frieden wird schrecklich.‹ Und so war's dann auch.

Als mein Bruder gefallen war, da war ich knapp 19, da war's dann sowieso vorbei, da bin ich nicht mehr aus dem Haus gegangen.«

Es werden auch noch andere, nicht unbedingt parteipolitisch gebundene kulturelle Angebote von den Frauen genannt, aber nicht mehr in Einzelheiten erinnert, so z. B. Zirkusveranstaltungen, aber auch Vorträge, Kabarett, Kurse auf vielen theoretischen und praktischen Gebieten.[42]

Einen großen Raum mit genauen Erinnerungen nimmt jedoch bei vielen *das kirchliche Leben* ein, das im weitesten Sinn unter »Kultur« zu rechnen ist. Obwohl organisierte Freizeit außerhalb der NS-Organisationen verboten war und sich die Kirchen auf rein seelsorgerliche Belange, auch in der Jugend- und Frauenarbeit, beschränken sollten, wurde das nie durchgesetzt. Der Bericht von Gertraud L. zu Anfang dieses Kapitels ist beispielhaft. Viele junge Mädchen sangen im Kirchenchor, waren in der Jungschar oder im Mädchenkreis, wo nicht nur Bibelarbeit gemacht wurde. Sogar kirchliche Freizeiten fanden statt, wenn auch getarnt als Privateinladungen.[43] Das alles konnte, wie ebenfalls das Beispiel von Gertraud L. zeigt, durchaus neben der Hitlerjugend herlaufen, obwohl Konflikte früher oder später vorprogrammiert waren. Bei ihr, wie auch bei vielen anderen, füllte das kirchliche Leben nicht nur den größeren Teil der Freizeit, sondern sie auch selbst innerlich mehr aus als der »Dienst« in der HJ.

Studentinnen erzählen von Diskussionsabenden innerhalb der Studentengemeinde, in denen es auch zu Kontroversen zwischen christlich und nationalsozialistisch eingestellten Teilnehmern kam. Teilweise näherten sich die Treffen konspirativen Unternehmungen an.

ELISABETH M. (1920): »Es wurde immer gefährlicher, sich als katholische Gruppe in den Städten zu treffen. Bei dem Treffen bei einer Familie H. in Sigmaringen zeigte uns eine Nachbarin an. Ein Polizist kam ins Haus: ›Was geht hier vor?‹ Wir haben die ganze Nacht Bundesadressen und Rundbriefe vernichtet und auf eine Vorladung gewartet. Der gute Polizist hat die Sache aber in seiner Schublade gelassen für den Fall, dass die böse Nachbarin nicht nachforschen würde... Der Jugendbund (*kath. Jugend*) hatte im Bregenzer Wald eine Almhütte gemietet für Zeiten, wenn das Vieh abgetrieben war. Dort führten wir Ski- und Wanderfreizeiten durch mit Jugendseelsorgern, die als Sportlehrer deklariert wurden. So schulten wir unsere Bundesschwestern aus dem ganzen Reichsgebiet nach dem Abitur, bevor sie in den RAD einrückten.«

GERTRAUD L. (1928): »Unsere größeren Jungen von der evangelischen Jugend hatten im großen Garten unserer Gemeindehelferin im hintersten Winkel in privater Freizeitarbeit ein entzückendes Holzhäuschen gebaut, das man sogar heizen konnte. Dort versammelten wir uns oft zu Jungschar- und Mädchenkreisnachmittagen und -abenden. Es wurde Bibelarbeit gemacht, aber auch viel gesungen, gebastelt und gespielt. Niemand hat uns angezeigt. Die Gestapo hätte das natürlich nicht wissen dürfen. Aber wir kamen uns gar nicht so vor, als ob wir etwas Verbotenes täten.«

In Württemberg hat ein namhafter Theologe bei den christlichen Mädchen und Frauen mit seinen Vorträgen einen ganz tiefen Eindruck hinterlassen: Helmut Thielicke. Er hatte im ganzen Reich Predigtverbot. Der württembergische Landesbischof Wurm erreichte es, dass er in Württemberg »Vorträge« halten durfte. Seine Vorträge in der Stuttgarter Stiftskirche, aber auch an anderen Orten, waren immer überfüllt.

EDITH F. (1924): »Die Vorträge von Thielicke fanden donnerstags in der Stiftskirche Stuttgart statt, waren – auch bei Fliegeralarmgefahr – brechend voll. Wir Jungen schrieben mit, tippten die Vorträge mit 10 Durchschlägen auf der Maschine und schickten sie ins Feld, in Altenheime etc. Als ich 1944 im RAD war, bekam ich sie geschickt. Es stand immer Gestapo mit in der Kirche, griff aber nie ein. Thielicke war immerhin so vorsichtig, dass er, als er unser Mitschreiben sah, verkündigte, dass er die Mitschreiber bitte, nach dem Vortrag in die Sakristei zu kommen, wo er eine Kurzfassung diktieren werde. Er wollte nicht riskieren, dass ein Text seines Vortrags in die Welt hinausgeschickt würde, in dem der Mitschreiber eigene Gedanken und Formulierungen mit einbrachte, denn seine Vorträge waren natürlich hart an der Grenze des Erlaubten, und Andeutungen, Anspielungen mussten das auch bleiben.«

Es war nicht so, dass von diesen kirchlichen Veranstaltungen unbedingt und häufig direkte Anstöße zum Widerstand gegen den Nationalsozialismus oder gegen den Krieg ausgingen. Man kann sogar sagen, dass es die Kirchen an ganz klarer Orientierung fehlen ließen.[44] Dennoch bewahrten und überlieferten sie ein geistiges Erbe, das ein Widerstandspotential enthielt und der völligen kulturellen Gleichschaltung im Wege stand.[45]

Zusammenfassung

Ob und wieviel Freizeit eine Frau im Kriege hatte und wie sie diese nützte, hing in erster Linie von dem Grad ihrer Arbeits- und Kriegsbelastung ab. Er war, wie wir gesehen haben, nicht unbedingt schichtspezifisch. Was die Verfügung über die Zeit betraf, waren die Landfrauen und die kriegsdienstverpflichteten Arbeiterinnen gegenüber den bürgerlichen Frauen allerdings durchgängig benachteiligt. Besonders am Freizeitgebaren mittelständischer Frauen entzündete sich denn auch der Unmut der Arbeiterinnen, die ein »Luxusleben« gerade im Krieg als ungerecht und untragbar empfanden.[46] Wo Arbeits- und Kriegslasten vergleichbar waren, da spielten auch im Krieg Bildung und Geld die ausschlaggebende Rolle für die Freizeitgestaltung. Sie war und blieb – zumindest bei den öffentlichen kulturellen Veranstaltungen – ein Privileg der bürgerlichen Mittelschicht. Eine Ausnahme machte das Kino, das von fast allen besucht wurde.

Für nahezu alle Frauen aber gilt, dass sie sich auch in diesem mörderischen und totalen Krieg »eingerichtet« haben. Sie sind vergleichsweise banalen und kriegsfernen Vergnügungen und Beschäftigungen nachgegangen, wo sie sich boten. Mitten in der Abnormalität haben sie – zumindest zeitweise – »normal« gelebt, vermochten die »große Politik« und das grausame Geschehen für kurze Zeit zu vergessen. Das ist für die meisten Tagebuchaufzeichnungen, für viele Briefe in ihrem oft unvermittelten Nebeneinander von Gefühlen der Todesnähe und intensiv genossenem und gepflegtem privaten Leben kennzeichnend. Ein besonders auffälliges repräsentatives Beispiel ist der Brief von LENI H. (1893):

Sie schreibt am 9.8.1940 an ihren Sohn im Feld: »Wir waren in den letzten anderthalb Wochen noch beschäftigter als sonst. Sonntag, 30.VI., kam ein Lazarettzug aus Brüssel mit über 100 chirurgischen inneren Fällen. Das Ausladen klappte unter Vaters (der Vater war Rotkreuz-Kreisführer) Leitung tadellos. Tante Berti fuhr einen Krankenwagen und, da Vater nur eine Zusatzkraft brauchte, ließ ich mich als Helferin im Karolinum einsetzen. Gegen 15.00 Uhr fing der Betrieb an, zuerst hatten wir zu waschen, zu verpflegen, die Sachen der Leute auszugeben und ihnen zu helfen, sich heimisch zu machen. Nach 19.00 Uhr, als wir Aushilfskräfte langsam daran dachten, heimzugehen, forderte Dr. R. einen Teil davon zu weiterem Bleiben, solange es nötig sei. Ich meldete mich mit und hatte das große Glück, in den Operationssaal zu kommen und helfen zu können, als R. die Verbände wechselte, die verletzten Glieder säuberte, tamponierte, einrichtete und gipste. Es waren nur die schweren Fälle, die noch vorgenommen wurden in dieser späten Stunde, und doch haben wir gewürgt bis 1/2 5. Der Operationssaal glich einem Schlachtfeld, wir wateten sozusagen in Blut und Eiter, denn kein Mensch hatte Zeit aufzuräumen. Aber es war eine große Be-

friedigung, den Leuten, die seit Brüssel nicht verbunden und deren Wunden durchweg vereitert waren, zu helfen.
Dafür hatte ich dann am Mittwoch einen schönen Ferientag. Vater hatte in Jöhstadt zu tun ... und so fuhren wir mit Ehepaar H. ... bei schönstem Wetter hin, aßen mit Frau F. und den dortigen Herren auf F.'s Kosten in ... zu Mittag, kriegten da noch einen guten (wenn auch nicht Bohnen-)Kaffee und Kuchen, außerdem für die Kinder eingepackt und landeten höchst befriedigt zum Abendbrot wieder daheim.«

Tagebuch- und Kalenderaufzeichnungen sprechen dieselbe Sprache einer verkehrten Welt. Sie sind deutliche und zum Teil akribische Zeugnisse eines Alltags im Ausnahmezustand.

Aus dem Tagebuch von HANNI H. (1885), sie lebte unverheiratet in Dresden und war Chefsekretärin in einem kriegswichtigen Betrieb: »16.1.43: 8 1/4 Alarm (beide Kinder mit im Keller in zwei Wagen). 30.1.: 8 Uhr Einladung bei Prof. List. Rotwein, Schnaps, Brot mit Ente, Semmel mit Leberwurst, Brezelstangen, Äpfel. 31.1.: Geschrieben an O.'s (Wolf zwei Jahre tot, *ihr Neffe, der gefallen war*). 11.2.: Fritz Z. steht als gefallen in der Zeitung. 21.2.: Abend bei Z. Gelbe Narzissen für Fritz mitgenommen und Spaghetti für Onkel. 1.3.: Toller Luftangriff auf Berlin. 15.3.: Schauspielhaus: ›Ich brauche Dich‹. 20.3.: Nach blauen Knöpfen in vier Geschäften (gesucht). 27./28. : Nachts Alarm, Keller. 29./30. : Nachts Alarm, Keller. 8.4.1944: Apfelkiste von Frau L. bekommen (42 Stück!). Gleich die 4 schönsten für Leni (*ihre Schwägerin, die mit einer Magenoperation im Krankenhaus lag*) verpackt und noch zur Post 24 am Bahnhof gebracht. 17.4.: Abends UT-Kino mit Contia und Frau M.: ›Du gehörst zu mir‹ mit Birgel.«[47]

Besonders junge Mädchen nutzten – trotz aller Beschränkungen – jede Möglichkeit zu noch so bescheidenen Vergnügungen und Freuden, auch noch inmitten von Trümmern. Die öffentlichen Freizeit- und kulturellen Angebote, auch im Rahmen der Hitlerjugend und – soweit sie attraktiv waren – auch im Rahmen der NS-Organisationen, besonders die KdF-Reisen, wurden geschätzt, die privaten und »unpolitischen« waren viel gefragter. Die Mütter versuchten, mit Phantasie und zusätzlicher Arbeit, für sich und vor allem für die Kinder festliche Stunden zu gestalten, Weihnachten und Geburtstage zu feiern, Geselligkeit unter Verwandten und Freunden zu pflegen, ein Stück Schönheit, Farbigkeit und Fröhlichkeit in dem immer grauer und beschwerlicher werdenden Alltag zu retten.

Die meisten Frauen bewegten sich auch in ihrer Freizeit in verschiedenen Lebenskreisen. Der Wichtigkeit nach kamen zuerst das Haus und die Familie, der Kreis der Mitschülerinnen bzw. Kollegen, danach die Kirche (abgesehen von den nicht sehr Zahlreichen, die während des Dritten Reiches aus der Kirche austraten) mit dem oft weit über rein religiöse Aktivitäten hinausgehenden Gemeindeleben und erst am Ende die Partei und ihre Organisationen, abgesehen von den dort hauptamtlich Beschäftigten. So zeigt sich im Freizeitverhalten mehr als nur die Bewahrung privater und individueller Nischen vor dem totalen Zugriff des Regimes[48]; es manifestiert sich darin auch das Festhalten an Kulturtraditionen, die – obzwar vielfach vom NS-Regime missbraucht oder mannigfach mit dem Regime verflochten – der Ideologie dieses Regimes diametral entgegenstanden. Die humane Kraft, die in der christlichen Botschaft lag, konnte nicht ausgemerzt werden.

Die Beeinflussung durch die Filme und Bücher war sicher sehr groß, und sie transportierten Inhalte, die der Konditionierung im Sinne des Nationalsozialismus dienten. Diese Beeinflussung war aber oft mehr unterschwellig als direkt wirksam, eine subtile, tief eindringende Manipulation, der sich die meisten damals kaum bewusst waren, und die sie deshalb auch bis heute kaum rational analysieren können. Die Frauen und Mädchen, die den Krieg bewusst erlebt haben, teilen einen gemeinsamen Schatz von Erinnerungen an Filme, Lieder, Bücher in sich, den es wohl in dieser Gemeinsamkeit früher oder später nicht gab. Sie haben ihn über Jahrzehnte in ihrem Gedächtnis bewahrt.

Es bleibt festzuhalten: Die Nationalsozialisten konnten nicht eine völlig neue Kultur schaffen, sondern es wurde weiter gelesen, gespielt und gesungen, was vor und nach dem Dritten Reich gelesen, gespielt und gesungen wurde. Es gab weder 1933 noch 1945 einen totalen kulturellen Bruch. Die klassischen Kunstwerke konnten nicht eliminiert werden, auch wenn es die Bücherverbrennung, Schreib- und Arbeitsverbote für Künstler gab und viele der Besten emigrierten. Auch den Nationalsozialisten kam es niemals in den Sinn, einen Goethe oder einen Nietzsche oder die Bibel vollständig zu verbieten, ebensowenig wie Bach und Beethoven. Und wenn diese missbraucht wurden, so entfalteten sie doch selbst in finsteren Zeiten ihre Kraft.[49] Die Kultur gehörte – neben dem Glauben – für die Frauen zu den stärksten Kraftquellen. Sie bestand keineswegs nur aus oberflächlicher Unterhaltung und diente nicht nur, wie es die erklärte Absicht von Goebbels war, der Ablenkung vom bedrückenden Kriegsalltag. So erklärt sich auch, dass das Interesse an Literatur und vor allem an Musik unter den Kriegsbelastungen nicht abnahm, sondern dass das Elend des Krieges die Sehnsucht nach einer »anderen Welt« so steigerte, dass viele große Strapazen und Gefahren auf sich nahmen, um einen Film oder eine Theateraufführung zu sehen, ein Konzert zu hören.

Dennoch kann man sich – wenn man die persönlichen Dokumente aus der damaligen Zeit liest – des Eindrucks nicht erwehren, dass bewusst oder unbewusst eine Gegenwelt aufgebaut wurde, die eine Art Scheinwelt war gegenüber der brutalen und harten Wirklichkeit des Krieges. Dorthin flüchtete man sich, um nicht sehen und nicht nachdenken zu müssen. Oder – und dies war am häufigsten – man bewegte sich zwischen beiden Welten übergangslos hin und her. Gewiss gehört das zu den psychologischen Schutzmechanismen des Menschen (nicht nur der Frauen), die das eigentlich Nicht-Erträgliche erträglich machen, aber eben auch um den Preis des Nicht-Wahrnehmens von Unmenschlichkeit und Verbrechen, das mit diesem Krieg verbunden war. Untergründig war wohl ein Gefühl von Panik wirksam, das in dem damals viel gebrauchten und oft zitierten Satz verräterisch aufscheint: »Genieße den Krieg, der Friede wird fürchterlich.«

KAPITEL 8

Besetzung

Jede Frau hat die Besetzung erlebt, und nahezu jede erzählt davon. Es war für sie meist die erste Begegnung mit dem Feind, der als Sieger kam.[1]
In der Propaganda waren Franzosen, Engländer und Amerikaner in den Zeiten der Siege als den Deutschen weit unterlegen oder als lächerlich dargestellt worden. Frauen erinnern sich, wie sie anlässlich von NS-Veranstaltungen oder Volksbelustigungen auf Pappköpfe von Churchill und Roosevelt mit Bällen werfen durften. Als die Niederlage drohte, wurden die Kriegsgegner mehr und mehr zu Unmenschen gestempelt, die das deutsche Volk für alle Zeiten zu versklaven gesonnen waren. Die »Terrorangriffe« schienen diese Absicht zu bestätigen. Viele, besonders junge Frauen, konnten sich ein Weiterleben nach der Niederlage nicht vorstellen.[2] »Der Russe« war in der nationalsozialistischen Rassenlehre und dann praktisch vom Anfang des Sowjetfeldzuges an der »Untermensch«. Über die Greueltaten der Roten Armee beim Einmarsch verbreiteten sich – noch angefacht durch die Propaganda – die schlimmsten Nachrichten und Gerüchte.
Die wenigsten Frauen waren im Ausland gewesen oder hatten Kontakte zu Ausländern gehabt. »Schwarze« hatten sie kaum je mit eigenen Augen gesehen.[3] Englisch und Französisch hatten zwar viele in der Schule gelernt, es aber selten zu flüssiger Sprechfähigkeit gebracht. Doch sollten sich schon Schulkenntnisse als sehr nützlich erweisen. Russisch konnte fast keine.
Wie bereiteten sie sich auf den absehbaren Einmarsch der Alliierten vor? Wie erlebten sie die erste Begegnung mit den Besatzungssoldaten? Welche Erfahrungen machten sie mit ihnen? Ihre Erzählungen darüber sind außerordentlich farbig, nuancenreich und oft sehr individuell.[4] Lassen sie sich dennoch zu allgemeinen Erfahrungs- und Verhaltensmustern zusammenfügen? Worin liegen die Gründe, dass die Erlebnisse so unterschiedlich waren? Dass

Engländer und Amerikaner, Franzosen und Russen sich in ihren Zonen unterschiedlich verhielten, ist bekannt, aber nur *eine* Erklärung.

Frauen bildeten am Ende des Krieges den Hauptteil der Zivilbevölkerung. Viele Männer waren gefallen, noch in Kriegsgefangenschaft oder suchten sich möglichst unerkannt nach Hause durchzuschlagen.[5] So waren die Frauen von der Besetzung am unmittelbarsten betroffen. Als Frauen waren sie in besonderer Weise den Siegern ausgeliefert; Vergewaltigungen waren – nicht nur in der sowjetisch besetzten Zone – ein Massenschicksal. Wie wurden sie damit und mit anderen schlimmen Erfahrungen fertig? Gab es positive Kontakte zu den Siegern? Im Zusammenhang mit dem Kriegsende und der Besetzung gerieten die Frauen in noch andere Turbulenzen hinein. Die Kriegsgefangenen und ausländischen Zivilarbeiter, die Zwangsverschleppten, wechselten ihre Rolle; sie gehörten jetzt auch zu den Siegern und verhielten sich entsprechend.

Manche Frauen sahen nun zum ersten Mal KZ-Häftlinge, entweder auf Todesmärschen von deutschen Bewachern aus den Lagern getrieben oder aus den befreiten Lagern auftauchend. Nicht wenige kamen in nähere Berührung mit ihnen.

Schließlich wurden Frauen nicht nur Augenzeuginnen des Umgangs der Alliierten mit deutschen Kriegsgefangenen und Internierten, sondern versuchten auch, sich einzumischen und zu helfen. Inwieweit verfestigte sich das ihnen eingebleute Feindbild durch ihre Erfahrungen, inwieweit konnten sie es revidieren?

Die letzten Kriegstage

Das Kriegsende kam nicht für alle Frauen zur gleichen Zeit. Von September 1944 bis zum 8. Mai 1945 dauerten die Kämpfe auf deutschem Boden, besetzten die Alliierten von Osten und Westen her immer größere Teile Deutschlands. So waren für die Frauen je nach Wohnort die Kriegshandlungen früher oder später zu Ende, wurden sie früher oder später besetzt.[6] Viele erlebten diese Besetzung während der Flucht oder irgendwo fern von zu Hause im Kriegshilfsdienst. Als Nachrichtenhelferin, als Arbeitsmaid oder als Evakuierte suchten sie auf abenteuerlichen Wegen nach Hause zu gelangen oder ein neues Zuhause zu finden, gerieten in Gefangenschaft oder wurden verschleppt. Davon soll in den folgenden Kapiteln die Rede sein. Dieses Kapitel handelt von den Frauen, die die Besetzung zu Hause oder zum mindesten an einem festen Ort erlebten.

Die Niederlage begann sich für viele ganz sichtbar durch den Rückzug deutscher Soldaten und zurückgetriebene Gefangene abzuzeichnen. Der traurige Anblick der abgekämpften und zersprengten Truppenreste und die Sinnlosigkeit jeder weiteren Verteidigung hat sich vielen tief eingeprägt.[7]

LORE F. (1924): »Tagelang, wochenlang sind die Kriegsgefangenen durchgeschleust worden bei uns in der Straße, und am Schluss sind noch die wenigen deutschen Soldaten durch, barfuß, ganz kaputt; man hat sie dann versorgt usw. und gemacht, was man hat machen können, aber man hat dann das Ende gesehen.«

DORA G. (1927): »Wir haben auf der Neuen Weinsteige (*Stuttgart*) das ganze traurige Ende der deutschen Wehrmacht erlebt. Die Soldaten haben die Motorräder ohne Benzin die Neue Weinsteige hochgeschoben, sind dann wieder runtergefahren, haben geweint in der Verzweiflung; wo sie hinkamen, ging es nicht mehr weiter. Wir haben an Kleidern geholt, was wir noch hatten. Dann haben sich manche zivil angezogen, damit sie sich nach Hause durchschlagen konnten.«

CHRISTA B. (1933): »Ostern '45, das ... das war etwas vom Grauenhaftesten. Da war so ein Soldat, das war so ein schmächtiges Bürschle, der war vielleicht 18 und mager ... also bloß noch Haut und Knochen, und so ein riesiger Wehrmachtsmantel um, geschlottert, und diese Angst in dem seinem Gesicht! ›Die Amerikaner kommen, und die bringen mich um!‹ Da hab' ich selber gelernt, was Krieg ist.«

Nicht weniger erbärmlich und niederdrückend war der Anblick des *Volkssturms*; das »letzte Aufgebot« wird mitleidig bis empört kommentiert.

ISA VERMEHREN (1918) beobachtete in ihrem 1947 niedergeschriebenen Bericht in Berlin den Volkssturm: »Zu allem Überfluss, zu allem Hohn und Spott trainierte während dieser Woche im Lustgarten der Volkssturm für seine letzte Schlacht. Schulkinder im Alter von 15, 16, teils aus Potsdam, teils aus den Trecks, übten sich dort an Knüppeln, die das Gewehr ersetzen mussten, und Papphülsen, die als Panzerfäuste dienten. Sie trugen kein Koppel mehr, sondern Stricke jeglicher Art, keine Stiefel mehr, sondern irgendein Schuhzeug, sie parierten nicht, denn viele von ihnen konnten kein Deutsch, und die meisten fanden alles wie große Pause im Schulhof. Nicht weniger erschütternd war die Tragikomödie, die die älteren Volkssturmjahrgänge aufführten. Die Herren erschienen offenbar direkt vom Büro auf diesem improvisierten Kasernenhof. Eine Kompanie in Hut und Mantel macht keinen vertrauenerweckenden Eindruck, noch weniger dann, wenn sich Einarmige und Einbeinige darunter befinden, die in grausamer Verstümmeltheit versuchen, stramme Haltung anzunehmen, wozu dann der Deutschlandsender in frevelhafter Oberflächlichkeit das Lied spielte: ›Es geht alles vorüber, es geht alles vorbei ... ‹ Es kostete den Zuschauer nur Tränen des Entsetzens, und seine Angst vor dem Irrsinn wächst ins Ungeheure gegenüber der Angst vorm verlorenen Krieg.«[8]

EVA M. (1926): »Da haben sich in unverantwortlicher Weise Leute aufgemacht und haben die letzten Reserven noch mobilisiert, das heißt, mit den alten Menschen konnten sie nichts mehr anfangen, die haben die Sache durchschaut, denn sie haben ja schon genügend Lebenserfahrung gehabt. Aber mit den kleinen Kindern, da konnte man was machen. Man hat ihnen gesagt: ›Du bist ein Held, wenn du das Vaterland verteidigst.‹ Und ich denke an eine besonders tragische, schlimme Geschichte. Wenn man denkt, es war dort in Thüringen, wo ich zu Hause war, eigentlich bis dahin weder Front noch sind Bomben gefallen, aber die amerikanische Armee kam immer näher, und da hat man den kleinen Kindern erzählt, dass sie den Ort verteidigen müssen. Und da war der kleine Bruder eines Klassenkameraden. Das Kind war gerade neun Jahre alt. Dem Kind hat man, wie den anderen auch, eine Panzerfaust gegeben, und man hat ihm gesagt, wie man damit zu schießen hat, und hat auf die amerikanischen Panzer gezielt, nämlich, die kamen dann, und dann hat dieses – Baby kann man fast sagen – auf die amerikanischen Panzer gezielt und ist, glaube ich, nicht mehr zum Schuss gekommen, sondern vorher vom Feind – falsch! – also von den fremden Truppen erschossen worden, der kleine Junge von neun Jahren!«

Desertionen nahmen am Ende des Krieges enorm zu. Viele haben Deserteure mit Zivilkleidern versorgt. Das war angesichts des bevorstehenden Endes kein allzugroßes Risiko, aber auch nicht ganz ungefährlich. Es herrschte immer noch Angst vor der SS und der Feldgendarmerie, auch wenn sie keine Soldaten hängen sehen mussten, was vielen Frauen nicht erspart blieb.[9] Viele haben auch Ratschläge für den Weiterweg gegeben oder den Weg gezeigt, die Soldaten mit Essen versorgt. Es gab auch solche, die noch weiter gingen und Deserteure bei sich versteckt haben, was bei den rücksichtslosen Suchkommandos der deutsche Feldgendarmerie und später der Besatzer lebensgefährlich sein konnte. Später haben sie dann auch deutschen Soldaten zur Flucht aus der französischen Besatzungszone verholfen, damit sie nicht zur Zwangsarbeit nach Frankreich kamen.[10]

LORE B. (1923): »Wir hatten alle sehr große Angst. Wir waren im Keller und hatten zwei deutsche Soldaten versteckt im gleichen Keller. Dann kamen am 8. Mai die Amerikaner. Da kamen zwei Dunkelhäutige zu uns runter in den Keller, und oben stand ein hellhäutiger Offizier. Die kamen runter mit so einem schrecklichen Gewehr im Arm. Und ich hatte sowieso immer Angst. Und wir hatten doch die zwei Soldaten bei uns. Im Keller war noch so eine Falltreppe nach unten, da waren die drin. Wir haben uns alle da draufgesetzt auf die Decke, mussten aber dann aus dem Keller raus. Was die mit uns gemacht hätten, wenn sie jemand gefunden hätten, weiß ich nicht. Auf jeden Fall haben sie sie nicht gefunden.«

HERTA B. (1933) wohnte damals auf der Schwäbischen Alb: »Oben drin hat ein Kunstmaler gewohnt… Und da habe ich erst hinterher begriffen, der wollte nicht zum Volkssturm. Hätte in Düsseldorf dahin müssen und hat sich dann zu der Frau Pfarrer S. geflüchtet nach Pfullingen, und die hat ihn in ihre Ferienwohnung gelassen. (*Diese befand sich im oberen Stock des Hauses.*) Das war wahrscheinlich schon so ein bisschen Widerstand, hat dem Unterschlupf gegeben. Der kam jeden Abend runter und hat Kartoffeln bei uns geholt, der hatte ja gar keine Lebensmittelkarten.«

Dass nicht nur Männer, sondern auch Frauen als »Defätisten« mit dem Leben büßen mussten, dürfte kaum bekannt sein. Ilse-Maria D. (1932) erzählt von einer Mutter, die vor den Augen ihrer vier Kinder und aller Leute auf dem Bahnhofsvorplatz in Schwerin am letzten Tag, bevor in Schwerin der Krieg zu Ende war, an einer Laterne aufgehängt wurde.

Nicht nur Menschen wurden in den letzten Kriegstagen versteckt. Verstecken und Verschwindenlassen hieß die allgemeine Devise in den letzten Kriegstagen. Versteckt und vergraben wurde, was man vor dem Zugriff der Feinde unbedingt retten wollte, vom Familiensilber bis zu Lebensmitteln. Besonders die Frauen verfielen auf die ausgefallensten Ideen und waren vielfach – wenn auch nicht immer – erfolgreich. Am gängigsten war das Vergraben im Garten. Ganz Schlaue legten über der Stelle ein Beet an. Aber es wurde auch auf dem Friedhof vergraben mit Hilfe des Totengräbers, auf dem Heuboden versteckt, in Seitenkämmerchen, vor denen die Tür zutapeziert oder vor die ein Schrank gerückt wurde, oder in Schächten und unter dem Dach von Gartenhäuschen. Vernichtet wurde alles, was einen als »Nazi« hätte verdächtig machen können, allem voran Hitlerbilder[11], Uniformen, Schriftstücke mit Hakenkreuzen und anderen NS-Emblemen, »Mein Kampf« und andere Bücher und Schriften, die nach NS-Ideologie aussahen. Männer scheinen dabei noch gründlicher vorgegangen zu sein als Frauen. Frauen waren oft leichtsinniger und suchten z.T. sogar zu retten, was später evtl. wertvoll sein konnte. Leider sind damals auch viele Feldpostbriefe und andere persönliche Dokumente verlorengegangen, wie mir Frauen mehrfach berichteten. Diese Trennung von allem, was mit dem Regime auch nur von ferne zu tun hatte, scheint ziemlich schmerzlos gewesen zu sein; von keiner Frau hörte ich, dass sie Skrupel oder gar Bedauern bei der Vernichtungsaktion empfunden hätte, im Gegenteil. Es mischten sich Gefühle der Enttäuschung, dass man so betrogen worden war, mit Scham darüber, dass man sich so hatte betrügen lassen, Angst, sich in Gefahr zu bringen, und die schnelle Bereitschaft, sich nun den neuen Gegebenheiten anzupassen. Bewusst oder unbewusst war diese »Säuberungsaktion« bei vielen auch der erste Versuch, sich eine »reine Weste« zu verschaffen, sich aus der Verantwortung für das Geschehene zu stehlen. Diejenigen, aber das war die Minderheit, die tatsächlich immer dagegen gewesen waren, entledigten sich der Gegenstände und Spuren mit dem Gefühl der Befreiung. Wo noch etwas erhalten geblieben ist, da geschah dies eher durch Zufall oder aus Unachtsamkeit als mit Absicht und aus Überzeugung, oder weil man die Dinge für politisch nicht so wichtig hielt, wie z.b. Tagebuchaufzeichnungen und immerhin eine große Anzahl von Feldpostbriefen.

Fast noch wichtiger als das Beseitigen von verdächtigen Spuren und das Verstecken von Lebensmitteln und Wertgegenständen war die Beschaffung von zusätzlichen Lebensmitteln. Teilweise wurden Lebensmittelrationen auf Wochen im voraus ausgegeben. Es sprach sich auch herum, und man machte die Ohren auf, wo noch irgend etwas zu ergattern war. Lebensmittellager und Wehrmachtsbestände wurden geöffnet und bis zum letzten ausgeplündert. Dabei kam es oft zu tumultuarischen Szenen.[12] Die Plünderungen setzten sich z.T. noch während der ersten Besatzungstage unter den Augen der Besatzer fort.

RENATE B. (1925): »Als sich das herumsprach, dass die Tore der Kasernen offen waren, sind die Menschen gerannt und haben alles gerafft, was sie nur erwischen konnten. Gruben mit den Händen, um sich was zu sichern. Und die Amerikaner standen mit der Kamera da... Eine Frau hatte auf ihrem Handwagen lauter Bettwäsche, hat daraus dann andere Sachen genäht, konnte prima tauschen. Haben sich drum geschlagen, schlimme Sachen sind da passiert. Jeder sollte später nur ein bestimmtes Quantum behalten dürfen, und der Rest sollte an Sammelstellen abgegeben werden. Es wurde natürlich niemals abgegeben, sondern im Wald vergraben.«

Während die einen in relativer Seelenruhe weiter ihren alltäglichen Geschäften nachgingen[13], war für andere das vordringlichste Problem, sich in Sicherheit zu bringen, soweit das eben ging. Das war natürlich abhängig davon, ob der eigene Wohnort noch verteidigt wurde oder nicht. Keine der Frauen konnte das jedoch im voraus abschätzen, und oft hing es ja an einem Faden, ob gekämpft und geschossen wurde oder nicht. Die meisten hatten darauf keinerlei Einfluss. Außerdem hielten die Luftangriffe bei Tag und Nacht bis zum Ende an, nahmen in Frontnähe sogar an Heftigkeit zu. Die meisten richteten sich, wenn es brenzlig zu werden begann, notdürftig und auch für längere Zeit in ihren Kellern ein. Dieses Kellerdasein war alles andere als angenehm. Wenn es sich über viele Tage hinzog und auch noch Strom und Wasser ausfielen, konnte man sich kaum oder gar nicht mehr waschen; die sanitären Verhältnisse waren unzureichend, warmes Essen fehlte. Je nach Wohnort suchten manche auch Zuflucht im Wald. Den oft sinn- und kopflosen Evakuierungsbefehlen von Parteidienststellen wurde in den nicht unmittelbar an der Grenze gelegenen Westgebieten kaum noch Folge geleistet, ganz anders im Osten.[14]

Kaum ernster wurden Aufrufe und Befehle zu *Sabotageakten* und zu *Werwolfaktionen* genommen, die unter Frauen besonders an BDM-Führerinnen gerichtet waren, von ein paar ganz fanatischen abgesehen.[15]

ANNEMARIE K. (1927), BDM-Scharführerin: »Die Führerinnen wurden im April '45 auf den Bann bestellt. Wir sollten Sabotageakte machen, wenn der Feind einrückt. Da habe ich Zweifel bekommen. Selbst ist die Bannführerin abgehauen ins Allgäu.«

ROTRAUT J. (1924), hauptamtliche Ringführerin: »Drüben auf der Dienststelle habe ich dann alles aufgelöst. Die hohen Herren haben sich ja alle abgesetzt, da hab' ich mich geweigert mitzugehen.

I: *Das stand damals wirklich zur Debatte, dass man sich absetzt?*

J: Ja, ja, es hat ja geheißen in Richtung Allgäu. Da hab' ich gleich gesagt: ›Da geh ich nicht mit.‹ Und da wurde mir großartig der Schlüssel übergeben, ich soll da noch die Stellung halten. Hab' ich gesagt: ›Ohne mich.‹ Und ich hab' dann die ganzen Papiere, so weit ich konnte, verbrannt und die ganzen Stempel weggeworfen. Dann hab' ich den Schlüssel rumgedreht und hab' gesagt, da geh ich nicht mehr hin, aber nicht aus Angst, sondern weil ich nichts mehr wissen wollte. Hab' den Schlüssel dem Hausmeister gegeben und gesagt: ›Für mich ist diese Periode zu Ende.‹ ... Dann hat der Bannführer noch einmal telefoniert und hat mir Ratschläge gegeben, dass ich die Stellung halten soll und dann nachher Werwolf spielen. Und dann hab' ich gesagt: ›Gerhard, das darfst dann du machen.‹ Ich hab' das so abscheulich gefunden, dass die abgehauen sind, und die kleinen Hunde sollen dann die Drecksarbeit machen.«

Das Verhalten der Parteibonzen, ihr feiges Sich-Absetzen, während sie immer noch Durchhalteparolen ausgaben, haben viele mit Erbitterung beobachtet und kommentiert.[16]

In *umkämpften Orten* waren die Frauen unmittelbar in das Kriegsgeschehen einbezogen. Meistens war das eine Sache von Stunden oder höchstens Tagen, und die waren gefährlich genug. Auf dem Lande mussten die notwendigsten Arbeiten, z. B. im Stall, auch unter Beschuss weiter verrichtet werden. Viele haben erleben müssen, dass ihre Häuser jetzt am Ende des Krieges noch zerstört oder beschädigt wurden, ihre letzte Habe, die sie vielleicht noch aus den Fliegerangriffen hatten retten können, auch noch draufging.

INGEBORG S. (1928) berichtet nach den Tagebuchaufzeichnungen ihres Vaters über das umkämpfte Zerbst: »Am 11.4. wurden sämtliche Akten der Partei verbrannt. Am 13. April nachmittags 5 Uhr wurden die Panzersperren geschlossen. In dem Zerbster Schloss war, glaube ich, Goebbels noch mal da und hat gesagt, Zerbst dürfe auf keinen Fall kapitulieren. Das müsse verteidigt werden. Da haben sie die Panzersperren geschlossen und haben die Lehrer und was so an älteren Leuten da war, Volkssturm, haben sie dahin gestellt. Am 14. April 18.30 Terrorangriff auf Zerbst, Spreng- und Brandbomben. Am 14./15. April nachts achtstündiger Artilleriebeschuss auf Zerbst, der auch am 15. tagsüber anhielt. 16. 4. vormittags schwerer Terrorangriff auf Zerbst, der einen großen Teil der Stadt in Trümmer legte. Eine große Zahl an Menschen kam um. Wie wir später gehört haben, waren 20000 Einwohner in Zerbst, und 2000 sind umgekommen, also jeder Zehnte... Wir wohnten in der ›Alten Brücke‹, so hieß die Straße. Unser Haus stand noch bis auf Schäden an Türen und Fenstern. In unser Zimmer im zweiten Stock war ein halber Baumstamm durch das Fenster geschleudert, hatte Verwüstungen angerichtet und lag auf dem Bett. Die Häuser der ›Neuen Brücke‹ standen in hellen Flammen. Ein Haus war in die Nute gestürzt, so dass diese über ihre Ufer trat und wir bereits Wasser in den Kellern hatten. Also bei uns stieg im Keller das Wasser, wir mussten raus. Durch Hitze, Qualm und Wasser waren wir gezwungen, abends 18.00 Uhr aus Zerbst zu flüchten. Trotz Artilleriebeschuss und Tieffliegerangriffen haben wir – öfters Deckung suchend – unseren beschwerlichen Weg über Trümmer, an brennenden Häusern und erschlagenen Menschen vorbei, über die ›Alte Brücke‹ gebahnt... Dann mussten wir nachher noch über die Panzersperre klettern, weil die ja geschlossen war. Und das mit einem Mann, der fast erblindet ist. Unser Weg führte nach Leps, das ist ein kleines Dorf, wo wir unversehrt gegen 20.00 Uhr eintrafen. Da der Ort fast dauernd unter Beschuss lag, konnten wir nur im Keller hausen. In einer anschließenden Gesindestube waren die in Arbeit stehenden Polen und Russen, auch teilweise von anderen Höfen, untergebracht. Wir waren im ganzen 50 Personen. Am nächsten Tag, dem 17.4., hatte das Dorf drei Tote. Edith F., eine Bekannte von uns, wurde, als sie nach ihrem Vieh im Stall sehen wollte, von einer Granate tödlich getroffen.

Der Aufenthalt in Leps war sehr unglücklich. Am Sonntag, dem 22. 4., riskierten wir, von Zerbst unsere zwei Koffer von Bäcker M. mit dem Handwagen zu holen, was uns auch glückte. Ein Beutel mit Wolle und Strümpfen, den wir an dem einen Koffer befestigt hatten, war uns gestohlen worden. Wir besuchten noch die Schwester meiner Mutter, die auch dort bei Bekannten Zuflucht gefunden hatte. Als wir an der ›Alten Brücke‹ 20 vorbeikamen, wo wir gewohnt hatten, mussten wir leider feststellen, dass durch weitere Terrorangriffe und Beschuss die ganze ›Alte Brücke‹ in Trümmern lag. Unser Haus war ein Schutthaufen, unsere Koffer, Möbel usw. waren restlos zerstört oder verbrannt. Am Abend kehrten wir wieder nach Leps zurück. Als in dem einen Kilometer entfernten Dorf Eichholz die Panzersperren geschlossen wurden, entschlossen wir uns, Leps zu verlassen. Am 23.4. früh um halb acht fuhren wir mit unseren zwei Rädern und einem Handwagen, der mit unserem wenigen restlichen Hab und Gut beladen war, los. Um dem Beschuss auszuweichen, liefen wir über ein anderes kleines Dorf, über das vollständig ausgebrannte Ankun, das ist ein Teil von Zerbst, nach Zernitz, wo wir wieder bei einer Bekannten im Dorf Aufnahme fanden. Ihr Haus war auch bereits voll von Flüchtlingen. Trotzdem räumte sie uns noch ein Zimmer ein. Die ersten Tage war es im Ort ziemlich ruhig. Man hörte nur das Artillerieschießen auf Zerbst und solches in der Nähe von Güterglück. Am 28.4. bekam Zerbst amerikanische Besatzung, nachdem die Stadt nach fünfmaliger Ablehnung endlich übergeben worden war. Die haben so lange Bomben abgeworfen, bis sie sich eben nachher endlich ergeben haben. Am Sonntag, dem 29. April, vormittags 10 Uhr, fuhren sechs mobilisierte Fahrzeuge, darunter zwei Panzerwagen, in Zernitz ein. Das waren Amerikaner.«

Was es aber bedeutete, wochenlang Frontstadt zu sein, mitten in den Kämpfen, die sich Straße um Straße, Haus um Haus in völlig unübersichtlicher Lage und mit wechselnden Siegern hinschleppten wie in Berlin, dafür habe ich keine Augenzeugin befragen können. Hier muss ich auf die Aufzeichnungen von Margret Boveri, Ursula von Kardorff und anderen Frauen verweisen.[17]
Nicht alle Frauen waren passive Opfer des Kampfgeschehens. Es gab auch solche, die aktiv eingriffen, und zwar, indem sie *sinnlose Verteidigung verhinderten*. Viele berichten, dass sie – trotz entgegenstehender Befehle und Drohungen des Ortsgruppenleiters oder der SS – weiße Fahnen, meist Laken, Vorhänge, Tischtücher oder Handtücher zum Fenster heraushängten oder den Einmarschierenden mit weißen Fahnen entgegengingen. Einige berichten, dass sie oder andere ihnen bekannte Frauen Panzersperren weggeräumt haben.[18] Manche sagen, sie hätten vor der SS mehr Angst gehabt als vor dem Feind. Einige beobachteten mit Wut und Verachtung die nicht selten stattfindenden Gelage der SS.

MARTHA L. (1914): »Bei mir waren SS-Leute untergebracht ... und die haben gefeiert da bei mir, wie die Be... Alles hatten die, Kaffee, Sekt, das war ja gleich nach Ostern, wie die alle ankamen, und da haben die gefeiert wie die Verrückten, und zwei Mann haben Posten gestanden bei mir vor der Tür... Und da sollte ich kochen für die, na ja, 'n Braten hatten sie, 'n Reh geschossen, wollten sie noch Rehbraten essen. Wie sollte ich das machen? Ich hatte doch gar keinen Bratofen. Hatt' ich ja so'n kleinen Herd, aber doch nicht für so viele Personen! Da hab' ich mich auch blöd angestellt, hab' was genommen, damit ich Durchfall hatte, damit ich nicht ... damit ich gebrochen hab, und dann hat der Kommandant gesagt, also dann muss die da drüben auf dem Bauernhof, die Frau. Ich sollt' mitfeiern. Ich hab' gesagt: ›Nein, ich feier nicht mit. Ich hab' meinen Mann verloren! Ich feier nicht mit.‹ Sollten die feiern, soviel sie wollten, aber ich feier nicht mit. Und das war nachts. Du! Glaubst du, mit einem Mal, da klingelt's. Alarm? Du glaubst gar nicht, wie die, die ganze SS, da abgehauen sind. Da war der Russe schon auf der Pelle.«

WILHELMINE H. (1921): »In der Nacht herrscht in unserem Hause Jubel, Trubel, Heiterkeit. Die SS-Offiziere veranstalten mit ihren Weinvorräten Saufgelage. Sie finden auch weibliche Gesellschaft dazu. Unsere Frau W., die über dem Zechraum wohnt, kann mit ihrem Kind nachts nicht einschlafen, so laut geht es da unten zu. Frau W., am Fuß verletzt beim Ausgraben ihrer Kinder aus dem zerbombten Haus..., ihr Kind am Kopf verletzt, in Trauer um das tote Mädchen, in Sorge um den Mann, der wieder an die Front musste, hätte wirklich ihre Nachtruhe nötig und ist empört über das Treiben der Herren da unten, die andere Soldaten kontrollieren und selber ein Herrenleben führen. Jeden Morgen zeugt eine Kiste leerer Weinflaschen von dem nächtlichen Gelage.«

LORE V. (1924), Waiblingen: »Dann hat einer von der Nachbarschaft geschrien: ›Auf geht's, auf geht's!‹ Alles musste jetzt da hinaus. ›Da draußen ist eine Panzersperre, die müsst ihr wegmachen, sonst ist das ganze Krankenhaus hin!‹ Die haben direkt vors Krankenhaus ihre Panzersperre hingemacht. Das war lächerlich. Da haben sie (*die Volkssturmleute*) lauter Frauen zusammengetrommelt, keine Männer, und dann sind wir Frauen da hinaus und waren gerade dabei, das Ding wegzumachen – ein Panzer wäre glatt durchgefahren –, haben wir das Ding weggemacht, und die Ärzte im Krankenhaus haben nicht eingegriffen, es waren ja Feldärzte, die ja auch dem Militär unterstellt waren. Dann ist einer von der SS gekommen auf einem Motorrad. Da waren immer noch in jedem Eck welche von uns, und hat gesagt, wir sollen aufhören, sonst würde er schießen. So eine Angst hab' ich in meinem ganzen Leben noch nie gehabt. Dann sind wir so schnell wie möglich wieder heim. Eine Viertelstunde später sind die Amis gekommen.«

Nur *eine* Frau hat mir erzählt, dass Frauen Panzersperren errichten mussten und das auch getan haben.

Die Franzosen

Die Franzosen waren unter den Besatzern die »nächsten Nachbarn«, sie waren andererseits auch der »Erbfeind«.[19] In den Erinnerungen der Frauen lebten noch die erbitterte Gegnerschaft im Ersten Weltkrieg, die Demütigung von Versailles, die französische Ruhrbesetzung. Die totale Niederlage der Franzosen im Zweiten Weltkrieg hatte zwar diese Schmach ausgelöscht, aber wiederum den Wunsch nach Revanche auf seiten der Besiegten angestachelt. Man konnte also nichts Gutes von diesen Siegern erwarten. Angst hatten die Frauen aber vor allem vor den »Schwarzen«, auch eine Folge der Erlebnisse und der Propaganda im Zusammenhang mit der Ruhrbesetzung und der Rassenideologie. Diese Angst war viel größer als die vor den Engländern und Amerikanern, obwohl doch diese die schrecklichen Bombenangriffe geflogen hatten.

Die *erste* Begegnung und die *spontanen Gefühle* dabei sind vielen noch gut im Gedächtnis, zumal die ersten französischen Soldaten, die sie zu Gesicht bekamen, meist Nordafrikaner waren.

ROSE R. (1923): »Am 19. April waren die Franzosen schon in Tübingen. Damals hat der Flieder schon geblüht. Da haben junge Mädchen und Frauen gemeint, sie müssten den Franzosen mit Fliedersträußen entgegengehen. Ich fand das erniedrigend, obwohl ich doch so froh war, dass alles vorbei war.«

ELISABETH B. (1911): »Und in Calmbach (*im Schwarzwald*) ... die Weiber da, wie die den Franzosen und Algeriern, den Schwarzen, gell, wie die denen entgegengerannt sind und entgegengejubelt und entgegengeschrien (*haben*), also das war ganz furchtbar!«

ELFRIEDE G. (1912) in ihren Tagebuchnotizen: »Wir saßen im Schlosskeller mit allen anderen Mitbewohnern und warteten auf den Einmarsch der Franzosen mit Angst und Bangen. Den Augenblick des Einmarsches der Franzosen ins Städtchen, das Rollen der Panzer, begleitet von Schüssen, und schließlich das Läuten der Glocken der nahegelegenen Kirche werde ich nie vergessen. Es war derartig niederschmetternd, dass ich mir nur durch lautes Weinen (wie alle anderen auch) Luft machen konnte und meine drei verängstigten Kinder fest an mich drückte. Alles war aus! Der Krieg war verloren, alle Opfer umsonst!«

Mit den »*Schwarzen*«, vor allem Marokkanern und Algeriern, verbinden sich überwiegend *böse Erinnerungen*, besonders an Vergewaltigungen, Plünderungen, Verwüstungen, »Lumpereien«, wie eine Frau es ausdrückt, selbst von Totschlag.[20] Eigentümlicherweise haben mir nur ganz wenige meiner Frauen von persönlich erlebter Vergewaltigung durch Soldaten der westlichen Besatzungsarmeen erzählt, wohl aber durch Russen. Ein Grund könnte sein, dass von letzteren viel mehr Frauen betroffen waren. Sie erzählen teils vom Hörensagen, teils als Zeuginnen, hauptsächlich aber erzählen sie, wie sie es angestellt haben, davonzukommen. Das sind dann oft sehr lange und dramatische Geschichten.[21]

LYDIA S. (1911): »Und dann sind wir die Straße rauf, und dann ist ein deutscher Offizier da gewesen: ›Nichts mehr, alles von der Straße weg! Sie schießen schon rein!‹ Dann sind wir natürlich wieder heim. Und dann haben wir Angst gekriegt, weil sie so geschossen haben, und sind in den Keller. Wir haben ein paar Betten drunten gehabt. Jetzt in der Nacht geht auf einmal ein Geschrei los. Das ist ein Doppelhaus – und jetzt haben sie da ein Loch rausgemacht gehabt von einem Keller zum anderen. Jetzt ist da die Frau Sch. rübergekommen und hat Schreie gelassen – und hinterdrein sind zwei Schwarze, zwei Marokkaner, also ganz kleine Kerle mit dem Stahlhelm auf und das Gewehr da drüber. Mein Vater hat dann gleich gesagt: ›Gut Kamerad‹ und hat ihm auf die Achsel geklopft und hat ein frisches Leintuch rausgezogen, dass wir uns ergeben (*lacht*). Wir hatten auch unsere Polin dringehabt. Dann haben wir alle rauf müssen, selbst meine Eltern, und meine Mutter hat doch so schlecht laufen können… Dann haben sie uns wieder runterdirigiert ins Haus daneben. Und wie wir da runtergehen, da schreit der Nachbar runter: ›Frau S., gehn Sie zum Teufel!‹ Und ich unter den Bettladen runter, da ist ein Nachttopf drunter gewesen, der ist ins hinterste Eck geflogen, und Marianne, die ist hinter ein Fass. Sie wird so vierzehn, fünfzehn Jahre gewesen sein. Mein Herz hat so geschlagen! Und dann ist's wieder ruhig geworden. Dann hab' ich mich wieder rausgetraut von unter dem Bett und hab' gesagt (*flüstert*): ›Marianne, komm!‹ Und dann sind wir wieder nüber in unseren Keller. Dann haben wir gedacht, wo gehen wir aber hin?« Die Nacht verbringen sie im Kohlenkeller ihres Onkels.

»Und wo's hell geworden ist so nach und nach, da sind sie da gelaufen, die Schwarzen, wir konnten das von unserem Versteck aus sehen. Und da hab' ich mich gewundert, da nebendran bei E.'s, da haben sie so rausgelacht, da ist die Martha gewesen und die Anna, die da gewohnt haben. Und die haben rausgeschäkert und gelacht. Und dann hab' ich zu der Marianne gesagt: ›Ich als Frau, ich hab' Angst vor denen‹, und die Jungen, die waren ledig, die haben da nausgelacht. Und dann sind wir liegengeblieben. Und dann ist mein Onkel gekommen und hat sein Viech gefüttert und hat Angersche (*Rüben*) geholt. Und dann hab' ich mich verständigt. Und dann hat der's meinem Vater gesagt, dass wir da sind, und dann ist mein Vater gekommen und hat gesagt: ›Bleibet, bleibet! Die haben sie alle vergewaltigt.‹ Jetzt hat Anna und Martha, man darf zur Martha nichts sagen, die hat einen halben Nervenzusammenbruch gehabt. Da sind x Kerle auf sie rein. Und ich hab' noch zur Marianne gesagt: ›Jetzt horch nur einmal, wie die draußen lachen aus dem Fenster!‹ Und dann haben sie die kassiert. Und dann ist's Mittag worden, und dann ist mein Franzos' gekommen, der hat nach uns geguckt. Der hat noch ganz Schwäbisch gesprochen, wie die (*ihre Verwandten*) ihn später besucht haben in Frankreich, der war ziemlich alt schon. Dann sagt er: ›Auf, Lydia, mir ebbes (*etwas*) kochen.‹ Da bin ich mit ihm nüber in meine Wohnung. Und dann sind zwei gekommen, die da im Keller uns kassieren wollten, und den ganzen Tag sind die da ums Haus herumgelaufen und haben uns gesucht. Und dann sagt mein Franzos', wo die wieder gekommen sind, die zwei schwarze Kerle: ›Weg!‹ hat er gesagt, ›ich nix machen. Die bissele viel getrunken. Ich nix machen. Du weg!‹ Und da bin ich immer durch die Wohnung den Kerle vorne draus gelaufen. Aber die Angst! Da haben sie derart viele vergewaltigt. Unser Franzose hat's dann gemeldet, und dann haben sie so Streich gekriegt! Aber die Angst, die wir gehabt haben!... Aber wissen Sie, wir haben immer noch ein bissle Humor gehabt... Den Kopf haben wir nicht gehängt.«

ELISABETH B. (1907), Pfarrfrau in Nagold: »Wir installierten uns im Keller und warteten ab. Dabei hofften und beteten wir, dass es nicht mehr lange gehen möchte, bis die Franzosen kämen... Am 16. April war es soweit. Wir saßen im Keller wegen der dauernden Tieffliegerangriffe – da hörten wir plötzlich Panzerketten rasseln. Es wurde beklemmend still, bis dann Soldaten in unser Haus eindrangen... Die Franzosen waren in der Hauptsache mit Kolonialtruppen gekommen, Marokkanern und Algeriern, die über die Frauen und Mädchen herfielen in unvorstellbarer Brutalität, zumal sie ein großes Weinlager entdeckt hatten. Am nächsten Morgen kam der ganze Jammer heraus... Die Kinderschwestern und viele andere kamen zu uns. Wir waren insgesamt 29 Leute, die bei uns schliefen und aßen. Menschen in unserer Nähe wurden umgebracht, eine ganze Familie, das Haus wurde angezündet, die Nagolder fingen an zu plündern, es war ein vollkommenes Chaos. Mehr als einmal war auch ich von Schwarzen bedroht und wurde auf meinen Mann das Gewehr angelegt. Doch wurden wir wunderbar behütet und lebten in der großen Gemeinschaft zusammen für einige Wochen. Jeder hatte eine Aufgabe: beim Bäcker anzustehen, das Dach zu decken oder Suppe zu kochen für die Hunderte von Deutschen, die in einem Lager zusammengepfercht waren und hungerten. Mein Mann hatte viele Jungen zu beerdigen, die an die Flakgeschütze gestellt wurden, als die Wehrmacht abrückte, und wurde dabei oft bedroht. Im Krankenhaus war ein Ansturm von Frauen, die vergewaltigt worden waren und nun Angst hatten vor Krankheit und Schwangerschaft. Man half und handelte unkonventionell in dieser schrecklichen Zeit. Manche waren ganz schlimm zugerichtet, so eine Studienratsfrau, die in einer Nacht 40 Mal vergewaltigt wurde mit ihrer Tochter.«

Die meisten Frauen berichten sowohl Schlimmes als auch Erfreuliches und Normales, auch ausgesprochen Witziges von den »Schwarzen«, ein Zeichen, dass sie nicht nur selektiv nach ihren Ängsten und Vorurteilen wahrgenommen und behalten haben, sondern offen waren für Unerwartetes. Wahrscheinlich haben sie dies auch besonders gut registriert, *weil* es so unerwartet war. Dabei zählen zu den positiven Erinnerungen für sie nicht nur freundliches Verhalten der Afrikaner, sondern auch ihr eigener Umgang mit ihnen; z.B. wie sie es verstanden, eine kritische Situation zu ihren eigenen Gunsten zu wenden oder den stolzen Siegern, den »Machos«, wie man heute sagen würde, ein Schnippchen zu schlagen.

LINA S. (1912): »Von Nordheim her kämpften die Franzosen, Schwarze, Marokkaner und Tunesier. Zwei Tage hatten wir etwa 100 Soldaten im Haus. Das war eine Verwüstung! Alles wurde abgeschlachtet, Hasen, Hühner. So dick ist der Dreck gewesen im ganzen Haus *(zeigt es an)*. Wir haben im Keller geschlafen, der Schwiegervater und wir und auch der Pole und unsere vier Kinder. Auf einmal kam einer der Franzosen rein, die haben uns nachts eingesperrt, die haben auch Angst gehabt. Ein ganz Schwarzer, ich hatte ihn gar nicht so gesehen. Dann hab' ich gedacht: ›Was will denn der?‹ So harmlos war ich! Der Schwiegervater hat gedacht: ›Oh, jetzt geht's los!‹ Und wir hatten noch ein Pflichtjahrmädchen da gehabt. Der ist rein, hat uns geschwind die Decke weggezogen und ist wieder hinaus und zugesperrt. So hat's den gefroren! Bloß die Decke hat er gewollt! Ein anderer, Tunesier, hat gesagt: ›Ich nicht bös, ich schlafen.‹ Ich hab' gedacht: ›Ach, Menschen wie wir auch.‹«

ROSWITHA N. (1924): »Und dann haben die Franzosen ja drei Tage Plünderungsfreiheit gehabt, und das haben sie natürlich, vor allem diese Fremd ... Fremdvölker, ausgenützt. Tunesier weniger, das war überhaupt nett mit diesen Tunesiern, die waren also wie Kinder. Wir haben mit einem gesprochen, die sind die Treppe raufgekommen mit dem Gewehr, haben geläutet, sind ins Wohnzimmer hinein und sind hingesessen. Sind einfach hingesessen.
I: *Und dann?*
N: Und dann hat man ihnen vielleicht etwas zum Essen hingestellt und noch was zum Trinken, und dann haben sie gegessen und getrunken, und dann sind sie wieder gegangen. Das war... Die waren also... Oder wenn man spazieren ist, plötzlich, meine Freundin und ich, haben wir so ein Tunesierlein neben uns laufen ge-

habt. Und da hat uns einer erzählt, der war beim Rommel in Afrika, Afrikakorps, der hat ein bisschen Deutsch können, natürlich, und wo dann diese Schlacht um Afrika vorbei war, haben sie sie einfach in die französische Armee gesteckt, gell. Und dann war er da, gell. Und so hat jede Familie ihre Tunesier gehabt, gell... Und die haben das natürlich ausgenützt. Und haben dann die Tunesier in den Bäckerladen hineingeschickt, und die Bäcker, die haben ja Angst gehabt vor denen und haben dann einfach Brot hergegeben, wo wir doch selber nichts gehabt haben, und gewisse Leute sind in Brot geschwommen, gell.«

HANNELORE J. (1940, also damals 5 Jahre alt): »Ein Marokkaner hat mich auf den Arm genommen, ich hatte schöne blonde Locken, er hat mich auch gestreichelt. Und meine Mutter kommt raus aus dem Haus und sieht das. Das war der schlimmste Schreck während der ganzen Kriegszeit für sie. Sie hat mich aufgegeben. Er konnte nicht Deutsch. Er hat gemerkt, dass sie Angst hat. Ich wurde dann wieder wohlbehalten übergeben.«

INGE R. (1924): »Ich musste zu der Familie meines Verlobten nach Tübingen. Dort lebte ein Algerier in der Familie, war ein Berber, aber ganz lieb. Die ersten Tage war es schlimm zugegangen, aber die waren vorbei, und nun war es ruhig. Hat sich angeschlossen an die Familie wie ein Sohn. Ohne den wären wir verhungert. Es gab nichts zu essen. Er brachte alle paar Tage einen ganzen Hammel.«

AGATHE K. (1917): »Nach einer schlaflosen Nacht, unausgezogen in den Kleidern verbracht, richtete ich grad das Frühstück für die Kinder in der Küche, hatte Eva auf dem Arm, Christel und Frau F. waren auch dabei, da sah ich durch das kleine Küchenfenster überm Spülstein (die Bevölkerung war gebeten worden, die Häuser nicht zu verlassen) den ersten Panzer einfahren, ein Schwarzer saß oben auf dem Geschützturm und blickte scharf umher. Später, und das war die erste persönliche Konfrontation, kam ein ›Neger‹ zur Küche herein, völlig verschwitzt, hielt den schweißnassen Helm in der Hand, deutete mit dem Finger darauf und sagte mit tiefer, rauher Stimme: ›Most!‹ Ich erschrak, weil man doch vorher über dieses Alkoholproblem so viel geredet hatte. Ich hatte Eva auf dem Arm und Vroni an der Hand, Christel und Frau F. standen dabei (ich hatte vorher auch gehört, dass junge Frauen rücksichtsvoller behandelt würden, wenn sie Kinder auf dem Arm oder an der Hand hätten) und sagte: ›Kein Most im Haus.‹ Vielleicht sagte ich es auch auf Französisch. Er rollte die Augen und wiederholte in seiner gutturalen Aussprache kategorisch das deutsche Wort ›Most‹. Ich schüttelte den Kopf und ließ den Wasserhahn laufen und bot ihm Wasser an. Er zog seine Pistole (oder war es ein Messer? Jedenfalls eine Waffe, vor der ich Angst hatte) und wiederholte, ja schrie ›Most!‹ Blitzartig kam mir ein Einfall: ›Schnell, Christel, lauf in den Keller und hol' eine Flasche Himbeersaft.‹ Ich sagte zu ihm: ›Attendez.‹ Christel kam mit der Flasche, deren roter Inhalt durchs helle Glas schimmerte, es war mit Zucker eingedickter Saft, den wir immer nur stark verdünnt tranken, eigentlich für uns eine Kostbarkeit wegen des Zuckers, der ja Mangelware war, und von diesem Saft waren höchstens ein oder zwei Flaschen im Keller, da sie für

Sonder- und Krankheitsfälle aufbewahrt wurden. Ich schüttete den ganzen Flascheninhalt unverdünnt in den schweißstinkenden Helm, der Krauskopf beugte sich darüber und schlürfte das süße Zeug in einem Zug leer! Die Waffe hatte er wieder eingesteckt, er rollte die Augen und schmatzte mit der Zunge, lachte mich an und stapfte wieder aus der Küche durch die Diele zur Haustür hinaus. Ich erinnere mich nicht, ob ich ihm seinen Helm noch mit klarem Wasser ausgespült habe, eigentlich hätte man das tun müssen!«

Die Nordafrikaner standen vielfach unter dem Kommando weißer französischer Offiziere. An sie, wie überhaupt an die Franzosen, haben die Frauen ebenfalls *gemischte Erinnerungen*. Immerhin wurde die anfängliche Willkür bald durch Anordnungen der Militärregierung ersetzt, und Offiziere boten oft Schutz vor Zügellosigkeit und Ausschreitungen. Mit Elsässern klappte die Verständigung besonders gut.[22] Aber auch von Nichtfarbigen wurden Übergriffe der verschiedensten Art verübt. Es wurde geplündert und gestohlen, auch mutwillig zerstört, was Frauen am wenigsten verstehen konnten. Anneliese H. (1909): »Ich habe nach 20 Jahren noch Scherben im Garten gefunden, wenn ich gegärtelt habe, von dem zerbrochenen Porzellan durch die Franzosen... also der Garten war auch eine Wüste, eine Wüste.« Gewaltakte gegen Frauen und Kinder durch weiße Franzosen werden selten berichtet.[23]

Dass Radios, Fotoapparate, Anzüge, Feldstecher u.a. abgeliefert werden mussten, nahm man mehr oder weniger als legitimes Recht der Sieger hin. Viele hatten ja ohnehin die wertvollsten Stücke vorher in Sicherheit gebracht oder wussten sich geschickt aus der Affäre zu ziehen. Manche brachten auch durchaus Verständnis auf für die Requirierungen, weil »wir ja vorher auch die Franzosen ausgeplündert haben«. (Erna E., 1909) Wenig Verständnis hatten sie aber, wenn sie die abgelieferten Gegenstände nach einiger Zeit kaputt irgendwo herumliegen sahen.

Schlimmer waren schon Beschlagnahmungen größeren Ausmaßes, auch von damals besonders Kostbarem, wie Textilien, Kleidung, Bettwäsche.[24] Beschlagnahmungen des Hauses oder der Wohnung kamen häufig vor und hinterließen oft verheerende Spuren. Auch die Verschleppung von deutschen Kriegsgefangenen und die oft völlig willkürlichen Menschenjagden auf arbeitsfähige Männer wurden mit Schrecken beobachtet. Manche Frauen versuchten zu helfen.

MAGDA B. (1919): »Leute sind auch direkt von der Straße weg eingefangen worden. Mein Nachbar, er war schon über 50, war bei der Degerlocher Post, die war in die Tübinger Gegend verlagert worden. Da ist der einfach geschnappt worden und nach Frankreich! ... Leute, die die Amerikaner in Cannstatt entlassen haben, die sind in Degerloch wieder eingefangen worden von den Franzosen! Und die wollten es nicht glauben, wenn man sie von weitem gewarnt hat. Den Entlassungsschein haben die Franzosen lachend zerrissen. Auf die Lastwagen und ab!«

HERTA B. (1933): »In Honau haben sie einfach einen Bauern mit. Wollte mit dem Kuhfuhrwerk auf die Alb hochfahren auf seine Felder. Dann kam ein Lastwagen, hat den Bauern geschnappt. Er war vier Jahre fort! Weil ihnen einer entsprungen ist, und damit die Zahl wieder stimmt, haben sie den einfach geschnappt.«

Einquartierungen von Besatzern konnten sehr lästig werden, gewährten andererseits auch einen gewissen Schutz vor Marodeuren. Die Frauen mussten vielfach für die Einquartierten kochen und waschen, wovon sie auch wieder profitierten. Auch die Sperrstunden[25] brachten, besonders für die Landbewohner, zusätzliche Erschwernisse.

Aus den Berichten der Frauen sprechen vielfältige Erfahrungen:

GERHILD U. (1924): »Das Haus musste geräumt werden. Wir wurden aus dem Haus rausgeschmissen, suchten nach Unterkunft, praktisch mit nix. Haben wirklich suchen müssen. Bei einer alten Frau im Nachbarhaus sind wir schließlich untergekommen. Nach 14 Tagen oder vier Wochen konnten wir schon wieder rein. Da war eine Kommandozentrale gewesen. Ich habe immer wieder etwas rausgeholt. Einmal bin ich belästigt worden, aber als ich ›nein‹ gesagt habe, war nichts. Die haben furchtbar gehaust. Ich bin mit einer Schippe und einem großen Korb in ein Zimmer hinein, damit man wieder wohnen konnte. Von dem großen Haufen, den ich zusammengekehrt habe, habe ich verlesen, was man noch brauchen konnte. Die haben Schränke mit dem Seitengewehr aufgestochen, obwohl der Schlüssel gesteckt ist, haben gestohlen usw., es war übel.«

Aus dem Tagebuch von ELFRIEDE G. (1912): »Später wurde dann vom französischen Kommandanten ein Zimmer bei mir beschlagnahmt, da ich eine sehr schöne, große Wohnung hatte. Es zog ein hoher Offizier ein mit seinem Burschen. Beide haben sich tadellos benommen. Mit Angst sah ich und Aufregung dem Einzug des Mannes entgegen. Als erstes sah ich, wie er ein Bild seiner Frau mit zwei Kindern auf dem Schreibtisch aufstellte. Das beruhigte mich sehr. Der Bursche wohnte woanders und kam jeden Tag und machte das Zimmer und putzte draußen im Hof die Schuhe und bediente seinen Vorgesetzten. Wir hatten also nichts zu befürchten. Es gibt eben überall und bei allen Völkern gute und böse Menschen!«

ANNE E. (1920): »Auf der Tübinger Chronik, wo ich gearbeitet hab', war nebendran das französische Büro. Es war immer Abstand zwischen den Franzosen und uns. Wir waren für die französischen Offiziere Untermenschen. Aber einmal kam ein französischer Offizier auf mich zu, der hat gut Deutsch können, der sagte: ›Ich möchte gern hier in der Gegend ein Zimmer haben. Können Sie mir helfen? Ich möchte das Zimmer dann mieten.‹ Sagte ich: ›Sie können sich doch jedes Zimmer nehmen!‹ – ›Nein, das ist nicht mein Stil. Ich möchte, dass ich freiwillig irgendwo aufgenommen werde.‹ Eine Offizierswitwe hat sich gefunden. Er sagte zu mir: ›Ich bin zuständig für die Entlassung deutscher Soldaten. Wenn Sie einen Wunsch haben, Sie können jederzeit kommen.‹ Ich hab' das nicht in Anspruch genommen, aber ich fand das doch sehr menschlich. Es gab solche und solche. Bei uns in Ebingen war es auch hochinteressant. Mein Vater hatte einen Hasenstall hinten im Garten gebaut. Es war dann so, wenn sonntags der Hase dann auf dem Tisch stand, keiner ihn essen wollte, weil man die Häsle aufgezogen hat. Und dann kamen die Franzosen, und es war bekannt, die räumen sämtliche Hasenställe aus. Wir haben gehofft, dass das bei uns auch geschieht. Aber vor unserem Haus stand ein Posten, sie wollten da wohl die Kommandantur einrichten, und nicht ein einziger Hase verschwand. Und dann kam Einquartierung. Es muss ein richtig netter junger Franzose gewesen sein. Der ist immer zuerst, wenn er kam, in die Küche hinein und hat meiner Mutter die Kochtopfdeckel gelupft und hat auch was gekriegt. Der kam dann nach Indonesien, er hätte geweint, wo er wegging.«

ERIKA K. (1906): »Das Haus, in dem ich lebte, war von den Franzosen besetzt, so eine … ich weiß nicht, wie ich's sagen soll, so eine Art Bordell. Ich wohnte mit meiner kleinen Tochter oben im Mädchenzimmer. Nachts durfte ich nicht rein ins Haus, tagsüber durfte ich rein, um zu putzen. Nachts war ich dann mit meiner kleinen Tochter oben und habe dann manches gehört und gesehen, was so grauenvoll war, dass ich immer Angst hatte. Es war mal zufällig ein höherer Offizier in dem Haus, der hat alles so gelassen, wie es war. Und der kam und hat diesen Ring so angeschaut *(zeigt auf ihre Hand)*. Es war ein Verlobungsring von mir, und ich hab' unwillkürlich den Ring abgezogen und eingesteckt. Das hat er gesehen, und dann hat er gesagt: ›Nein, Madame, so ist das nicht!‹ Und da war ein Monsieur S., das war ein Mann, der in Paris eine Tankstelle hatte, und der hat mir eines Tages angeboten, weil er gemerkt hat, dass ich mich gut mit den Franzosen verstanden habe, weil sie höflich waren zu mir: ›Ich fahre nach Heilbronn, ich bin krank geworden. Wenn Sie mitfahren wollen, nach Ihrem Sohn schauen *(der Sohn war als 17jähriger Flakhelfer dort in amerikanischer Gefangenschaft)*, ich nehme Sie mit.‹ Und da hat er mich mitgenommen nach Heilbronn zu einer Zeit, als das ja nicht so üblich war, und unterwegs hat dann jemand gesagt: ›Aha! Eine Deutsche und ein Franzose!‹ Hat mich so belastet damals! Bin ich mal in meinem Badezimmer gestanden, und da kam ein junger Franzose rein, nahm mich so in den Arm und sagte: ›Madame!‹ Hab' ich gesagt: ›Non, jamais!‹ Von da ab hieß ich ›Madame Jamais‹.«

ANNELIESE W. (1921): »Und dann, als die Franzosen kamen, wurde das Haus … uns gleich genommen, und dann ist also ein General reingekommen. Erst durften wir noch, meine Mutter, meine Schwester und ich waren nur da … und da durften wir noch ein bisschen was rausholen. Es stellte sich gleich raus, dass es sehr gut war, wenn man Französisch sprach. Meine Mutter konnte recht gut … und ich konnte nicht besonders, aber ich konnte mich dann schnell mit denen verständigen. Und habe dann, weil sie mich dann noch reingehen ließen, habe noch Federbetten, da musste ich dann mit einem verhandeln, dass ich noch rausholen konnte. Und wir bräuchten noch was und so. Und da haben wir auf so 'nem Leiterwagen dann noch Zeug rausgefahren…

Und dann hatten sie ja noch einen Tick. Außer diesem, dass sie die großen Herren und die Sieger sein wollten, haben sie bei den größeren Häusern, die so einen Gartenzaun hatten, haben sie den Gartenzaun richtig schön blau-weiß-rot gestrichen. Bei uns ging's 'ne Ecke rum, also ganz gestrichen. Und dann so ein Häuschen aufgestellt. Und da stand einer, und da durfte keiner auf dieser Ecke auf dem Gehweg gehen. Alle mussten auf die andere Straßenseite rum. Und da hat mein Bruder und ein Freund, die haben da mal Quatsch gemacht, sind sofort festgenommen worden. Und dieses blau-weiß-rot, also da haben wir natürlich ausgelacht, wir fanden das ja so was von... Und das passte irgendwie auch zu denen. Na ja, für die war das natürlich der Nachholbedarf nach den Jahren, wo sie erst von uns besetzt und nachher von den Amis quasi befreit waren.«

ELSE R. (1910), Ärztin: »Also, die Franzosen hatten die Hälfte unseres Krankenhauses besetzt, wir saßen zusammen im Laboratorium. Wir mussten dieselben Sachen benutzen. Die hatte da ihre Kranken liegen, und wir hatten in der anderen Hälfte auch noch unsere Kranken liegen. Wir haben da recht gut, und nachher auch mit den Amerikanern, zusammengearbeitet. Und eines Tages kam, als die Franzosen noch da waren, von deren Leitung (das haben wir genauso gemacht, haben meine Kollegen mir gesagt), da kam die Anweisung von der Zentrale, wieviel das Krankenhaus abgeben musste: soviel Bestecke, soviel Bettzeug, soviel Mikroskope, soviel Röntgen ... (*Abbruch*). So eine ganze Liste, was man abgeben musste. Das war bekannt, das haben wir (*in Frankreich*) genauso gemacht. Und dann hätten wir aber nicht weiterarbeiten können. Wir waren eines der wenigen Krankenhäuser, die hier in Stuttgart fast nicht zerstört waren. Da haben wir schließlich Mut gefasst und haben mit unseren Herrn französischen Kollegen, einige von uns, wir konnten so ein bisschen Französisch, außerdem saß man öfter zusammen und sah sich die gleichen Röntgenbilder an oder so etwas, und haben denen erzählt, dass wir jetzt alle Mikroskope abgeben sollen und dass wir dann ja nicht weiterarbeiten können: ›Sie kennen ja den Betrieb hier. Wir sind fast das einzige Krankenhaus in Stuttgart, das überhaupt noch etwas hat, könnten Sie uns nicht einen Rat geben?‹ Wissen Sie, was die getan haben? Das waren also Offiziere, und die hatten ihre Privatzimmer oben im 4. Stock in unserer Privatabteilung. Da hat jeder ein Mikroskop genommen und in sein Bettkästchen gestellt... Als die Leute nun also kamen und die Sachen einsammeln wollten, konnten sie überall rumgehen, es waren keine Mikroskope mehr da. Und da dachte ich noch, entweder nehmen die Herren Kollegen sie dann mit, die haben eine Menge mitgenommen auch, haben wir nicht übelgenommen, wenn ich meine Freunde aus der eigenen deutschen Soldateska frage, die haben das gleiche gemacht. Man nahm mit, was man kriegen konnte ... oder wir kriegen wirklich was. Stellen Sie sich vor, wir haben diese Mikroskope wirklich wieder gekriegt. Und so war unsere Zusammenarbeit mit diesen Franzosen schließlich außerordentlich freundschaftlich, also kollegial. Man sprach auch mal über ein Röntgenbild oder so etwas, ebenso nachher mit den Amerikanern. Außerdem hatten wir immer warme Zimmer, es wurde immer geheizt, woanders in Stuttgart konnte nicht geheizt werden. Wir hatten immer genug zu essen, denn wir kriegten die Reste. Wir hatten einfach Glück. Ja, ich erzähl das gerne. Man muss auch mal was Gutes erzählen.«

AGATHE K. (1917): »Die beiden Franzosen – es waren gebildete Weiße – schauten sich das Haus von unten bis oben an. Im unteren Stock hausten noch die Essener Frauen in meinen Chippendale-Möbeln, in der Mitte wohnte ich mit den Kindern, und im obersten Seezimmer wohnte das Ehepaar F. Die beiden Quartiermacher bestimmten, dass der untere Stock bis zum Abend freigemacht werden müsste, da er belegt würde. In der Mitte könne ich bleiben. Als sie dann die obere Treppe hinaufstiegen, sagte ich, ich müsse da vorangehen, weil da ein altes Ehepaar wohne, das ich vorbereiten müsse. Ich dachte daran, dass der alte F. mit seinem ›Heil Hitler!‹ den Leuten gegenübertreten könne (er war PG und hatte das vorher angekündigt). Wir standen also zu dritt vor der Tür im Dunkeln; ich klopfte, und Frau F. öffnete einen Spalt, ich sah hinein und sah den alten F. in Unterhosen stehen und eben in einen Nachttopf pinkeln. Er war gerade vom Mittagsschlaf aus dem Bett gestiegen. Ich schüttelte den Kopf zu den beiden jungen Offizieren und lachte. ›Un moment!‹ Und dann drängten sie eben doch hinein, und das erste, was sie entdeckten, waren die Bilder von der Tour de France, die F. in seiner Jugend mitgefahren war und deren Trophäen als Erinnerung an seine große Zeit er an der Wand aufgehängt hatte. ›Oh, Tour de France, c'est Lille, c'est Reims usw.!‹ Und so ging's weiter. F. blieb die Spucke weg. Er war überwältigt und dachte nicht mehr an seinen Adolf Hitler. Er hatte sich inzwischen die Hosen wieder hochgezogen, eine Verbrüderung schien im Gang, und man verabschiedete sich herzlich von Fahrradfan zu Fahrradfan. Ja, sie müssten die Wohnung nicht räumen, könnten wohnen bleiben, ihre Anwesenheit im Haus würde Monsieur le Commandant nicht stören.«

HANNELORE S. (1927) erlebte das Kriegsende auf einem Bauernhof am Bodensee, der auch Einquartierung bekam: »Zu uns kam ein junger Franzose vom Land; sichtlich verlegen und befangen drehte er seine dunkle Baskenmütze in den Händen und machte uns klar, dass er kein Wort Deutsch könne. Nur ›Krieg ist Scheiße‹ wiederholte er immer wieder, wohl, um damit Sympathien für sich zu wecken. Er schlief recht primitiv auf dem Sofa der Wohnstube und war bald in der Familie integriert, weil wir in ihm bald keinen feindlichen Soldaten mehr sahen, sondern den einfachen, liebenswerten und recht friedliebenden Bauernsohn aus Burgund.«

Ein besonderes Erlebnis hatte ROSE R. (1923), damals in Tübingen: »Mutter hatte Sorge, weil wir fast lauter Frauen im Haus waren, und hat einen Besuch gemacht beim französischen Militärpfarrer und hat um eine entsprechende Einquartierung gebeten. Wir bekamen zwei Männer, einer davon eigentlich noch ein Junge, ein überlebender jüdischer Bub. Der andere war ein Algerier, ein sehr freundlicher Mensch. Der Junge ist in Frankreich noch vom Zug abgesprungen, mit dem seine ganze Familie nach Auschwitz transportiert wurde. Er hat sich der Résistance angeschlossen und wurde dann zu der regulären Truppe übernommen. Er war ja fast noch ein Kind, muss 15 gewesen sein, als ihm seine Eltern weggenommen wurden. War also da vielleicht 17. Ich habe ihn eigentlich als ein großes Kind noch in Erinnerung. Er war durch die Jahre, in denen er im Untergrund wohl bloß mit Männern zusammengelebt hat, hart und voller Hass gegen die Deutschen. Dann hat er in Tübingen die schrecklichen Vergewaltigungen deutscher Frauen erlebt, hauptsächlich durch Marokkaner. Er war verstört. Der französische Militärpfarrer hat gehofft, es würde ihm guttun unter uns Frauen. Eine Frau hatte ihren doppelt amputierten Mann noch im Haus, dann waren da noch zwei kleine Kinder. Er sollte das Haus beschützen; eine bekannte Weinkellerei war im Nebenhaus, da haben sich die Soldaten furchtbar besoffen. Er sollte als Beschützer kommen – und das nach dem allem, was er mit den Deutschen mitgemacht hatte. Mutter konnte sehr gut Französisch, ich damals auch einigermaßen, und die eine Frau auch. So ging das Gespräch ohne große Probleme. Ich weiß die Einzelheiten, was wir gesprochen haben, nicht mehr. Aber atmosphärisch war es für ihn etwas völlig anderes. Es war etwas Gegenseitiges in dieser seltsamen Konstellation. Über Auschwitz wussten wir damals noch zu wenig, und er wusste noch nicht, ob seine Familie tot ist. Als er wegging, hat er wohl weniger Hass gehabt.«

Die Amerikaner (und Engländer)

Einige der von mir befragten Frauen haben nacheinander die Besetzung durch die Franzosen und danach durch die Amerikaner erlebt.[26] Alle betonen den großen Unterschied. Johanna A. (1912), die aus Stuttgart nach Oggenhausen evakuiert war: »Man hat immer gehorcht, solange Franzosen da sind, konnte ich nicht (*zurück*) nach Stuttgart. Wo die fort waren, da bin ich heim. In Oggenhausen waren Amerikaner. Vor denen hast du keine Angst haben müssen.«

Ich habe zu wenige Zeitzeuginnen aus der englischen Besatzungszone befragt, als dass ich die *Engländer* gesondert behandeln könnte. Die Berichte, die ich habe, legen es nahe, dass Frauen mit ihnen ähnliche Erfahrungen gemacht haben wie mit den Amerikanern. Das wäre jedoch noch genauer zu prüfen.

Während man sich vor den Franzosen, denen aus den genannten Gründen ein schlechter Ruf vorausging, meist versteckte und so den Einmarsch selbst oft nicht miterlebte und sich eher plötzlich auf unangenehme oder angenehme Weise mit den Besatzern konfrontiert sah, wurden die Amerikaner bei ihrem Einrücken von zahlreichen Frauen genauer beobachtet. Die *ersten Eindrücke* und ihre *Gefühle und Reaktionen* dabei stehen ihnen noch deutlich vor Augen.

ELISABETH R. (1926) erlebte den jämmerlichen Rückzug der deutschen Soldaten zu Fuß, mit Leiterwagen usw. und fährt dann fort: »Und dann kamen die Amerikaner, und das weiß ich auch noch. Im Haus war auch ein Klavier untergestellt, auch aus

Stuttgart aus Sicherheitsgründen. Und da hab' ich mich in meiner Verzweiflung, also ich hab's nicht begreifen können, dass jetzt die anderen das Sagen haben, das war schon schlimm, und da weiß ich noch, da hab' ich das Fenster aufgesperrt und hab' das ›Deutsche-Weisen‹- Buch geholt und hab' gespielt: ›Freiheit, die ich meine‹ und dazu geheult wie ein Schlosshund.«

BARBARA K. (1928): »Vater fühlte sich als absoluter Herrenmensch. War der festen Meinung, dass wir Deutschen das absolute Herrenvolk sind. Alles andere ist verachtenswert, Untermensch, die Franzosen ein degeneriertes Volk usw. Schwarze waren das Allerletzte. Ich hatte bis '45 gar keinen Neger gesehen. Habe das auch geglaubt. Als ich dann die ersten Neger sah, Amerikaner, schwarze Elitesoldaten, mit meinen 16 Jahren ... diese prachtvollen Figuren sollen Untermenschen sein? Das waren ganz fantastische Körper, voller Eleganz. Fand ich ungeheuer eindrucksvoll. Man hat uns immer dieses Ideal von Glaube und Schönheit und von schöngebauten Körpern eingeimpft. Das Gesicht eines Schwarzen ist schon zuerst einmal fremd. Aber die Figuren und Bewegungen so vollendet und schön. Dann konnte man sich im Laufe der Zeit auch mit den Gesichtern abfinden.«

EVA STERNHEIM-PETERS (1925): »Diesmal rollte der erste Panzer aber nicht vorbei, sondern hielt an, der Deckel wurde geöffnet, einige Gestalten spähten zunächst vorsichtig nach allen Seiten, ehe sie sichernd ausschwärmten. Als sie bemerkten, dass an jenem Bauernhaus kein weißes Bettuch hing, brüllten sie etwas Unverständliches und legten ihre Maschinenpistolen an. Die Kinder liefen schreiend ins Haus, während E.'s Mutter und Katharina mit zitternden Fingern ein weißes Laken zuerst an einem Besenstiel und dann am Scheunentor anbrachten. E. beteiligte sich nicht an diesem ›Kapitulationsritual‹, sondern blieb stehen, bohrte die Hände tief in die Tasche ihrer weiten tschechischen Militärhose und dachte: ›Sollen sie dich doch abknallen, diese lächerlichen Soldaten. Gegen Frauen und Kinder kämpfen, das können sie. Vielleicht müssen erst noch die Ratten in Paderborn (*ihrer zerbombten Heimatstadt*) weiße Fahnen hissen, ehe die sich trauen, eine Stadt zu erobern!‹ Sie bemühte sich, verachtungsvoll – und doch voller Neugier – durch die khakibraunen Gestalten ›hindurchzublikken‹. Die Sprache, in der sie sich brüllend miteinander verständigten, musste ja Englisch sein, hatte aber mit E.'s Schulenglisch nicht das geringste zu tun. Die merkwürdigen mimischen Signale, die von unablässig mampfenden Kinnbacken ausgingen, schienen ihr Anzeichen leichter bis mittelschwerer geistiger Behinderung, denn langlebige, noch dazu von Erwachsenen gekaute Kaugummis waren bis dahin in Deutschland unbekannt. Ein kurzgeschorener Haarschnitt mit igelartig abstehenden Borsten erinnerte sie an Sträflingsfrisuren in amerikanischen Gangsterfilmen, und die Uniformen mit den taillenkurzen Blousons und den stramm sitzenden Hosen über prallen ›vollgefressenen‹ Hintern schienen ihr unästhetisch. Das Fazit der ersten Begegnung mit den Siegern aus Übersee: feige, lächerliche, schlampige Soldaten, bestenfalls stumpfsinnige, primitive Hinterwäldler, die zu hassen viel zu viel Ehre gewesen wäre. Nicht einmal Verachtung lohnte sich für die ›geschichts- und kulturlosen Barbaren‹ aus der Neuen Welt. Am besten war es, sie gar nicht zur Kenntnis zu nehmen.«[27]

VILMA STURM (1912): »Aber statt der Russen bewegte sich eines Tages Anfang Mai eine motorisierte Einheit von Amerikanern auf der Straße nach Radstadt. Ich beobachtete sie von meinem Krautacker aus, oben auf dem Hügel. Ich empfand nichts dabei, jedenfalls hielt das Gedächtnis keinerlei ungewöhnliche Regung fest. Seit Wochen von Gerüchten lebend – denn Zeitungen gab es nicht mehr, und welchem Rundfunksender sollte man glauben? – befanden wir uns ja in einer Art Taubheit der Außenwelt gegenüber, auf alles Ungeheuerliche gefasst, aber auch wieder kaum erleichtert, wenn es nicht eintrat. Heute erscheint es mir unbegreiflich, dass die tägliche Nahrungssuche alle Anteilnahme an den Ereignissen verschlang. Aber so war es. Nachdem ich die Amerikaner gesehen hatte, widmete ich mich, als sei nichts geschehen, aufs neue dem Kohl auf meinem Acker, ärgerlich über die Raupen, die sich an ihm gütlich taten.«[28]

HEDWIG H. (1918) nach Tagebuchaufzeichnungen aus dem umkämpften Boxberg, 2. Mai 1945: »Der Abend senkte sich herein, das schwere Rollen der Panzer kam immer näher. Dicht gekauert saßen wir im hinteren Keller. Die Treppe dazu führte nicht im Haus selbst nach unten, sondern an der Rückseite des Gebäudes, das von einem größeren ummauerten Garten umgeben war. Bald merkten wir, dass im Ort selbst geschossen wurde. Angst erfasste uns, wie es weitergehen würde. Auf einmal vermuteten wir, dass vor unserem Haus oben auf der Straße ein Panzer getroffen sein musste. Wir hören die ersten amerikanischen Laute. Was wird nun geschehen? Sind die Kämpfenden auch schon über uns im Haus? Werden die feindlichen Soldaten zu uns in den Keller kommen? Ob sie den Eingang finden? Die feigen Männer meinten, ich könne doch Englisch, ich sollte dann mit ihnen reden. Dazu war ich auch bereit, falls es notwendig sein sollte – gestützt von dem Bewusstsein, ja als Nazigegner immer gegen diesen Krieg gewesen zu sein. Doch, was hätte es wohl im ›Ernstfall‹ genützt? Unendlich lang erschien uns die kriegerische Nacht. Gegen Morgen stellten wir fest, dass es ruhiger geworden war, die Kämpfenden, d. h. die Übriggebliebenen, wohl weitergezogen sein mussten. Sie hatten uns nicht gesucht. Wer sich als erster hinauswagte, um die Lage zu erkunden, weiß ich nimmer. Es gab ›Entwarnung‹, wir krochen ans Tageslicht, stiegen die Treppe hinauf. Welch ein Anblick bot sich uns! Was hatte sich über unseren Köpfen im Haus abgespielt! Nie werde ich den Anblick vergessen: Im breiten Flur lag auf dem Rücken ein junger toter Amerikaner, einige Meter weiter, in der Tür zu unserem Aufenthaltsraum, ein ebenso junger deutscher Soldat auf dem Bauch. Und die Nudeln waren auf dem Boden zerstreut! Draußen auf der Straße überall Spuren des Kampfes. Aus dem vor dem Haus abgeschossenen Panzer wurde später von den z. T. im Ort gebliebenen Amerikanern ein toter Kamerad herausgezogen. Geschlagen schlichen wir uns in unsere Quartiere. Und auch erleichtert, dass das lang Gefürchtete uns am Leben gelassen hatte, dass ein Ende all des Tötens bald in Aussicht stehe. Es war Ostern! Welche Ostern! Später hörten wir, dass in Boxberg-Wölchingen 37 oder 38 deutsche Infanteristen gefallen seien. So kurz vor Schluss! Ob wenigstens deren Identität festgestellt und die Angehörigen später benachrichtigt werden würden, fragte ich mich. Denn die deutschen Truppen befanden sich ja längst in der Auflösung.«

ISA P. (1910): »Ganz am Schluss sind noch ganz alte Männer eingezogen worden, und mit dem Rucksäckle mussten die sich in Ulm treffen, sind also durch den Wald. Da kamen die Amerikaner, diese jungen Burschen, jeder sitzt auf einem Panzer. So ging das stunden-, tagelang. Und ich hab' mir an den Kopf gelangt und habe gesagt, und gegen so ein Volk wollten wir Krieg führen, bei uns wurde das Letzte rausgeholt!«

LORE V. (1924): »Dann haben wir in unserem Geschäft, das ist eine Buchdruckerei gewesen, da waren so Pfeiler, und unter diesen Pfeilern war ein großer Raum, und da haben wir also ein Sofa hinuntergestellt und sonst noch ein paar Sachen, Stühle. Das war morgens um fünfe... Ins Haus hat man auch von hinten durch den Garten reinsehen können. Und da hat meine Schwester plötzlich gesagt: ›Du, da unten auf dem Sofa und auf den Stühlen sitzen lauter Amerikaner und möchten was zum Essen (*lautes Gelächter*). Und dann haben wir gesagt, wir haben bloß das, was wir jetzt für uns gekocht haben, aber dann haben wir doch eine gewisse Angst gehabt und haben alles getan, was die gesagt haben, und sind hinunter, damit uns nichts passiert, d. h. unsere Großmutter, weil wir jungen Mädle wollten da nicht nunter. Die haben alles gegessen, was wir ihnen gebracht haben. Wie sie fertig waren, ist einer aufgestanden und hat sich im Namen seiner Kameraden bedankt, und dann hat er uns Schokolade und Zigaretten und alles mögliche aus ihren Taschen raus auf den Tisch gelegt, bevor sie gegangen sind. Das war für uns irgendwo beruhigend, aber das haben wir nicht so ganz schlucken können, dass jetzt das der Sieger ist und dass der nicht gleich weiterschießt und uns nichts zuleide tut, sondern sogar noch guten Willen uns entgegenbringt.«

ADELHEID B. berichtet über den Einmarsch der Engländer in ihrer Heimatstadt: »Die englische Artillerie beschoss die Stadt Bremervörde. Mühsam nur konnten wir unser hungriges Vieh versorgen. Eines Tages stand plötzlich ein Panzerspähwagen neben unserem Haus, er war mit Engländern besetzt. Wir gingen auf einen von ihnen zu und sagten ihm, er sei der erste Engländer, den wir bisher sahen. Er machte ein freundliches Gesicht und sagte: ›Kommt, wir geben uns die Hände!‹ Das haben wir dann auch getan und gedacht, das sind ja genauso Menschen wie wir.«

In diesen und vielen anderen Zeugnissen fiel den Frauen der Kontrast zwischen dem erbärmlichen Anblick der abgekämpften und erschöpften deutschen Soldaten und den gut ausgerüsteten, wohlgenährten Amerikanern auf, für die dieser Krieg fast ein »Spaziergang« gewesen zu sein schien.[29] Besonders die Mädchen empfanden die Demütigung der Niederlage stark und fühlten sich in ihren Vorurteilen gegenüber den Siegern bestärkt oder entwickelten neue Ressentiments. Einige weigerten sich immer noch, an die endgültige Niederlage zu glauben. So schreibt Ilse S. (1929) in Hockenheim (nachdem sie schon am 2.4. von Amerikanern besetzt worden waren) am 3. April in ihr Tagebuch: »Hoffentlich kommt bald der Gegenstoß, dass sie wieder das Laufen gelehrt werden. Büßen müssen sie's ja doch. Der deutsche Sieg kommt. Heil Hitler!«

Bei anderen bekam das Feindbild schon die ersten Risse. Sie empfanden den Zwiespalt zwischen der Demütigung der Niederlage und der Erleichterung über das Kriegsende. Eine freudige Begrüßung der »Feinde« hielten die meisten für charakterlos. Die etwas älteren Frauen waren nach wie vor fast gänzlich damit beschäftigt, möglichst ungeschoren die neuen Gefahren zu bestehen und für das Weiterleben zu sorgen.[30]

Auch mit den amerikanischen Besatzungstruppen verbinden sich *gemischte Erlebnisse*, oft bei ein und derselben Frau. Dabei überwiegen die positiven Erfahrungen, mitunter durch die Fähigkeit der Frauen, sie ins Positive zu wenden.

Wie bei den Franzosen werden auch bei den Amerikanern die Erlebnisse mit Schwarzen, mit »Negern«, immer besonders herausgehoben. Sie sollen deshalb auch gesondert ins Augen gefasst werden. Hier eine Auswahl aus den überwiegend (aber nicht durchweg freundlichen) Erinnerungen an die weißen Amerikaner:

LORE E. (1922): »Die Amerikaner hatten die ganze Straße für die Nacht beschlagnahmt. Mutter hat ihre Rotkreuztracht angezogen und ist in der Wohnung geblieben aus Angst vor Plünderungen. Ist in den Keller hinunter. In der Nacht sind auch Polen gekommen, die jetzt frei waren, und wollten den Keller plündern; es stand ja alles offen. Und da ist meine Mutter rauf zu den Offizieren und hat gesagt: ›Da unten sind Leute, die wollen plündern.‹ Und da hat einer gesagt: ›Finden die noch was zum Plündern?‹ Meine Mutter konnte Englisch. ›Ja, sind noch ein paar Flaschen Wein.‹ Da ist der runter und hat die rausgeschmissen. Und dann hat meine Mutter ihm die paar Flaschen Wein gegeben. Und da ist sie mit denen ganz friedlich hingekommen.

I: *Da war sie aber sehr mutig!*

E: Ja, die war mutig. Die Amerikaner hatten unseren Fotoapparat herausgelegt zum Mitnehmen, und den hat sie aus dem Auto wieder herausgenommen. Nein, die Briefmarkensammlung. Und den Fotoapparat haben sie mitgenommen, und dafür hat sie sich einen anderen aus dem Auto rausgenommen. Wir hatten dann einen amerikanischen Foto. Da war meine Mutter ganz beherzt.«

ANNELIESE K. (1913): »Als der Amerikaner kam, hatte Mutter gesagt, ich soll kein Wort Englisch sprechen. Sie sah mich schon auf dem Jeep rumfahren oder so. Dann mussten wir ja aus dem Haus raus, die Amerikaner nahmen nicht ein einzelnes Haus, sondern immer gleich so Straßen, die schön lagen. Da mussten wir innerhalb von einer halben Stunde raus... Es hieß, wir dürften etwas mitnehmen. Aber wir wussten noch gar nicht, wohin. Und da hab' ich auf einen Zettel in Englisch geschrieben: ›Bitte, vergessen Sie nicht, die Blumen zu gießen. Nehmen Sie Rücksicht auf mein Klavier.‹ Drunter hab' ich geschrieben: ›Die Tochter.‹ Wir standen da auf dem Hof mit unserem kleinen Wagen. Da kam der Offizier und fragte, ob ich die Tochter sei. Er wollte mir Schokolade anbieten, die hab' ich nicht genommen. Im Garten hatten wir Obst und im Keller Eingemachtes. Das war ja *die* Hilfe! Da hab' ich gefragt, ob wir den Schlüssel zum Keller mitnehmen dürften. Und ab und zu etwas aus dem Keller holen? Und für die ganze Straße? Und wir durften. Dann haben alle gesagt zu meiner Mutter: ›Ihre Tochter!‹«

ISA P. (1910) lebte in der Evakuierung: »Wir wussten, die Amerikaner kommen jetzt, und das Haus hat keinen Keller gehabt. Dann sind wir in einen 10 Minuten entfernten Bauernhof gegangen, der einen sehr großen Keller hatte. Bevor wir gegangen sind, hab' ich einen Zettel an meine Türe gemacht, also sie möchten barmherzig sein, ich weiß nicht mehr, wie ich's in Englisch ausgedrückt hab', ich wäre hier mit drei kleinen Kindern, und mein Mann nicht da. Und als ich zurückkam, also es ist dann nichts passiert, lediglich ein paar Taschentücher sind mir weggekommen. Sie haben alles durchsucht, und dann, so vielleicht nach einer Stunde, kommt so ein junger Amerikaner, stellt sich da vor mich und sagt mir auf Englisch, sie wären gekommen, dass meine youngsters nicht mehr in den Krieg müssen. Das fand ich also eine reizende Geste. Der hat gesehen, dass ich so eine Flüchtlingsfrau bin, und kommt extra nochmals zurück, um mir das zu sagen.«

Später bekam sie dann eine Einquartierung: »Ich glaub', der von mir war auch Student. Und die haben Klampfen und Geigen dabeigehabt. Also bei uns waren die Amerikaner sehr nett, auch zu den Kindern. Die haben denen Schokolade gegeben. Unsere Kinder wussten ja nicht, was Schokolade ist. Da war man immer in so einem gewissen Zwiespalt, was man den Kindern sagen soll, das dürft ihr nicht nehmen, oder das dürft ihr nehmen. Die haben es sicher gut gemeint, und es ist eine menschliche Begegnung gewesen. Es hat immer zwischendurch so kleine menschliche Züge gegeben.«

Eine ganze Serie von dramatischen Erlebnissen aus der Besatzungszeit, in deren Mittelpunkt ihr Vater und ihre Mutter stehen, erzählt ERIKA N. (1924). Hier nur eine Szene am Ende ihrer Erzählungen: »Und dann sind sie raus aus unserem Haus. Wir sind rein und haben geputzt. Das Wohnzimmerbuffet, das hat der Vater gemacht, das steht heut noch wie neu da. Wir haben alles aufgelassen, dann haben sie nichts kaputtgemacht... Nicht ein Schlüssel hat gefehlt, nicht ein Kratzer dran – nichts. Zwischendrin sind wir einmal hinaufgekommen, da sind sie mit den Stiefeln in den Betten gelegen. Und meine Mutter schreit: ›Schuhe raus!‹ Und die haben's gemacht! ›Ja, Mama.‹ Wir hatten geputzt, da kommt einer mit dem Gewehr: ›Naus!‹ Ich bin auf dem Boden gekniet und hab' eingewachst, Mutter hat's so verlangt. Da hab' ich so geheult! Und dann sind wir halt wieder naus. Und dann waren wir wieder 14 Tage draußen. Und dann haben die Amerikaner per Flugzeug Verpflegung bekommen. Ach, da hat's Schokolade gegeben, da hat's Bohnenkaffee gegeben! Die haben's uns aufgedrängt. Wir haben eine Speisekammer gehabt, die war schön groß. Die war vollgestanden, da haben wir nicht mehr reingekonnt mit lauter dem Zeug. Uns haben sie Eierpulver gegeben und unsere Eier haben sie geholt. Und dann hat meine Mutter mal unten Pfannkuchen gebacken, dann haben die Pfannkuchen gewollt und haben die gegessen.«

RUTH P. (1926): »Erst waren die Amerikaner da (später kamen die Russen), die waren auf dem Hof einquartiert, und die waren aber alle nett und alle ... ach, es war wirklich kein Böses und auch kein den Mädchen-Nachstellen, also gar nicht. Waren bloß nett und lustig. Und einmal war dabei ein ganz großer, weißhaariger Mann mit einem braungebrannten Gesicht, das weiß ich wie heute. Und der wurde mir als Doktor empfohlen, weil ich sagte, ich suche einen Doktor, etwas Englisch konnte ich sprechen: ›Meine Mutti liegt da oben, die ist krank.‹ Und dann ist er die Leiter hochgeklettert und hat die Oma beguckt, in die Augen geguckt und da und dort. Und dann hat er ihr eine Spritze gegeben. Und jeden Tag um dieselbe Zeit kam dieser graue Kopf die Leiter hoch und hat nach ihr geguckt, bis sie eines Tages wieder normal war.«

WILHELMINE H. (1921) nach Tagebuchaufzeichnungen: »Die Amerikaner verhalten sich korrekt. Zu den Kindern sind sie oft freundlich, beschenken sie mit Schokolade und Kaugummi. Am freundlichsten sind die Neger. Sie genießen das ›Bestauntwerden‹. Wir Erwachsenen werden etwas von oben herab behandelt: Man lässt uns fühlen, dass wir ›Besiegte‹ sind, die Amis die ›Herren im Land‹. Erklärlich wird mir diese Haltung, als ich Wochen später nach Langenaltheim komme. In meinem Zimmer haben Amis genächtigt. Meine Hausleute mussten das Haus räumen. Wie gut, dass ich noch meine Sachen durchgesehen hatte! Sie haben meine Bücher durchgekramt, sind teilweise darauf herumgetreten. Ich finde noch eine US-Armeezeitung vor, die sie hinterlassen haben. Darin entdecke ich einen Artikel: Bild einer deutschen Familie, aus einem Fotoalbum entwendet, eine der Töchter in BDM-Uniform. Dazu folgender Text: ›The family-album does not lie: Changing their clothes does not mean changing their minds! Take care!‹ Ferner werden in einem Artikel die KZ-Greuel geschildert. Ich bin sehr erschrocken. Nun kann ich mir auch die Einstellung der Amis zu uns erklären: Man hält uns alle für Nazis, und man verachtet uns wegen der KZ-Greuel.«

ERNA N. (1907) konnte sich in ihrem Schulenglisch verständigen und zog außerdem ihre Rot-Kreuz-Tracht an; sie hatte im Krieg im Bahnhofsdienst und in der Luftschutz-Schulung gearbeitet: »Auf dem elterlichen Hof meiner Mutter befand sich zu meiner Überraschung eine Art amerikanisches Hauptquartier: Panzer waren ringsum abgestellt, Tisch und Sofas und Sessel umstanden den sonnigen Hofplatz. Unsere Eroberer flegelten sich wie Schulbuben herum. Sie ritten auf ungesattelten Pferden, ja sogar auf verdutzt dreinschauenden Kühen, trieben Ulk mit Zylindern und Gehröcken, pfiffen und lachten, dass es eine Art hatte! ›Vorgesetzte‹ waren einfach nicht herauszukennen, weder durch Uniformen noch durch eine würdige Haltung.

Mein Rotkreuzkleid und vor allem die Kenntnis ihrer Muttersprache verschafften mir Zutritt und sogar unerwartetes Ansehen, man brachte mich ins Haus zu drei Offizieren, die sich ausgerechnet im geretteten Schlafzimmer meiner Mutter befanden. Höflich boten sie mir Platz an und auch eine amerikanische Zigarette, die ich natürlich annahm. Dann fragte man mich im Stil eines Verhörs: ›Wo ist Hitler?‹ Wer in Deutschland hätte eine Antwort gewusst? Ich konnte nur den Kopf schütteln, musste lächeln und erklärte dann den Grund meines Kommens und auch die Herkunft des Zimmers. Fragen und Antworten gingen hin und her, aber trotz ehrlicher Bemühung auf beiden Seiten: Wir verstanden uns nicht! Nicht nur Deutschland, das alte Europa hatte den Krieg verloren – und nicht nur ein anderer Kontinent, sondern ein neues Zeitalter war über den Ozean gekommen mit den silbernen Bombern, die uralte Städte in Schutt und Asche legten. Unbefangen waren diese Menschen, gesund, satt, mit sich und ihrer Welt zufrieden – sie waren jung und ganz unbegreiflich unkompliziert.

Zum Schluss ergab sich noch eine großartige Geste: An der Wand hing ein Foto meines jüngsten Bruders in Uniform mit Eisernem Kreuz. Ein Amerikaner folgte meinem Blick und frage: ›Ein Nazi, kennen Sie ihn?‹ Ich antwortete: ›Ja, mein Bruder, er ist mit achtundzwanzig Jahren in Italien gefallen.‹ Und einer der Offiziere stand auf, nahm das Bild von der Wand und überreichte es mir mit einer Verbeugung.«

Fasst man zusammen, was die Frauen am Verhalten der Amerikaner besonders *negativ* oder belastend empfanden, dann waren es nicht so sehr die Ausquartierungen selbst, sofern sie nicht zu lange dauerten, als vielmehr die sinnlosen Zerstörungen und der Schmutz, den sie oft hinterließen. Frauen, die sich bemühten, sorgsam mit den Dingen umzugehen und ihr Haus ordentlich zu halten, konnten dieses hemmungslose Sich-Austoben und Kaputtmachen nicht verstehen. Sie konnten nicht verstehen, dass Männer daran auch noch Freude haben und sich selbst in dem angerichteten Chaos wohlfühlen konnten.[31] Delfter Vasen und wertvolles Kristall als Zielscheiben zu benützen, schien von einer »Kulturlosigkeit« zu zeugen, die über Dummejungenstreiche, die man wohlwollender betrachtete, hinausgingen. Auch die »Requirierungen« wurden hingenommen, obwohl sich viele Frauen über die Gier der Amerikaner nach Uhren wunderten, wo »Amerika doch so ein reiches Land war!« So Rita S. (1911): »In der Mansarde hat ein Amerikaner gewohnt, der hatte eine Kette um den Hals, da hingen lauter Uhren!« – Gertrud S. berichtet:«In Olpe wimmelte es von amerikanischen Soldaten. Einer aber trug eine mehrere Meter lange Schnur mit Trauringen um den Hals. Waren sie von den Toten oder Gefangenen? Keiner nahm Notiz davon, auch nicht die amerikanischen Offiziere.« – Kleinere und größere Schikanen, unbegründetes Festgehaltenwerden bei Razzien, die Einschränkungen durch Sperrstunden empfand man zwar als lästig, aber nicht so gravierend. Unverständlich und nur als Ausdruck eines grenzenlosen Hasses zu interpretieren, fanden sie die Vernichtung von Lebensmitteln angesichts des Hungers der Deutschen. Als *positiv* werten sie, dass man als Frau vor den Amerikanern im allgemeinen keine Angst zu haben brauchte. Die Amerikaner suchten den Kontakt eher auf freiwilliger Basis. Man konnte bis zu einem gewissen Grade mit ihnen verhandeln. Und das trotz des Fraternisierungsverbotes, das es den Amerikanern von Anfang an untersagte, mit Deutschen Kontakt aufzunehmen. Die Amerikaner waren nicht gänzlich unzugänglich bei Notlagen. Dankbar wurden die »kleinen menschlichen Gesten« begrüßt, nicht nur die gelegentliche Schokolade für die Kinder, sondern auch schlichte Freundlichkeit und Hilfe, z.B. dass die Frauen zuweilen in ihrem Hause wohnen bleiben durften, aus den beschlagnahmten Häusern Notwendiges holen konnten, dass manche sogar ärztlich behandelt wurden. Es ergaben sich schon sehr früh Kontakte zwischen Siegern und Besiegten, die sich gegenseitig wieder als Menschen und nicht nur als Feinde sehen lernten. So war das Fraternisierungsverbot nicht länger aufrechtzuerhalten. Es wurde schon im August 1945 aufgehoben. Nur wenigen wurde bewusst, dass die Amerikaner nicht nur als Sieger nach einem »normalen« Krieg kamen, sondern dass sie die Deutschen als Verantwortliche für die schrecklichen Verbrechen sehen mussten, die sie bei der Befreiung von Konzentrationslagern mit eigenen Augen sahen oder durch ihre Zeitungen erfuhren.

Einige Frauen haben vollkommen *negative*, ja sogar bis heute fortwirkende *feindliche* Erinnerungen an die Amerikaner. Das sind diejenigen, die für lange Zeit ihre Häuser räumen mussten und sich dabei ungerecht behandelt fühlten, oder die, die Zeuginnen von Unmenschlichkeiten und Vergewaltigungen wurden, die auch bei den Amerikanern vorkamen[32]; schließlich die, die den Amerikanern die Schuld an ihren Kriegsverlusten zuschoben.

BERTE B. (1917) schrieb mir anlässlich der Einladung zu einem Gespräch am 15.7.1988: »Ich bin Jahrgang 1917, habe meinen Mann, zwei Brüder, meinen Schwager, einen Vetter und mein Heim in Stuttgart verloren, ebenso wurde meine nächste Zuflucht, mein Elternhaus, beim Einmarsch der Amerikaner schwer beschädigt. Zu erzählen hätte ich also allerhand.«

Im Laufe unseres darauffolgenden Gesprächs kamen wir auf die Besetzung zu sprechen: »Und dann am Ostersonntag oder -montag ging's Geballere los, und da kamen die ersten Ami. Um neune haben sie die ersten gefangenen Ami bei uns vorbeigeführt, also waren doch noch deutsche Truppen da. Wir haben rundum Wald auf der Höhe. Also haben sie sich dort versteckt gehabt und haben doch die Ami abgefangen. Und ich muss sagen, da schäme ich mich eigentlich heute noch drüber: Wo sie den ersten verwundeten Ami bei uns vorbeigeführt haben, er hat das Gesicht voller Blut gehabt, vielleicht haben sie ihm hineingeschlagen gehabt, da habe ich hinuntergeschrien vom Haus aus: ›Schlagt ihn tot, den Hund!‹ Also, wenn ich unten gewesen wäre, das sage ich ehrlich, hätte ich diesen blutüberströmten Menschen angefallen, weil ich sie gehasst habe. Sie haben mir ja *alles* genommen gehabt, alles. Na ja, ich war zum Glück nicht unten, aber ich schäm' mich heute noch dafür. Es war auch ein Mensch. Der hat auch nichts dafür können, vielleicht. Na ja, und dann haben sie denen ihre Taschen ausgeräumt, die haben so Offizierstaschen mit Kartenmaterial. Da haben sie nichts dringehabt wie Eheringe, Fingerringe, geklaut bei den Deutschen, geplündert, auch Uhren, Uhren! Die ganzen Taschen voll mit Schmuck! Da langt ein deutscher Unteroffizier hinein und hat eine Handvoll gehabt und hält sie meiner Schwester und mir hin und sagt: ›Wollt ihr?‹ Und wir *Idioten* haben sie nicht genommen! Das reut mich heut' noch, denn an demselben Tag mittags sind die Ami gekommen und haben das Dorf gestürmt, und mein Elternhaus hat ›zu allem Glück‹ noch zwei Volltreffer gekriegt. Was ich in Stuttgart noch ein bisschen gerettet hab, das ist da vollends draufgegangen. Und das Elternhaus auch... Und dann haben die Ami bei uns im Dorf vielleicht drei Stunden gekämpft, bis sie es gehabt haben... Da war deutscher Widerstand doch noch, erstaunlicherweise. Die haben sich so versteckt gehabt. Und dann haben sie einen deutschen Sanitätszug in die Luft geschossen, die ehrenwerten Ami. Das sollte man nämlich auch der Welt sagen, und nicht bloß, was wir gemacht haben an den Juden... Und dann haben sie die deutschen Verwundeten, die ums Dorf herum gelegen sind, liegengelassen. Und meine Schwester hat ihre Rotkreuzuniform angezogen, hat mir auch eine Armbinde gegeben und hat gesagt: ›Wir gucken nach denen‹, und hat ihr Verbandszeug genommen, und wir wollten – das war etwa 100, 150 Meter vom Dorf weg – haben die geschrien um Hilfe, die Verletzten, und da wollten wir gehen, und dann sind die Ami gekommen mit dem angelegten Gewehr und haben gesagt: ›Zurück!‹ Wir durften nicht hin. Die deutschen Soldaten mussten jämmerlich krepieren, tagelang geschrien, uns unten laufen und reden hören, und niemand hat hindürfen. Und wo sie dann krepiert waren, endlich, dann hat man sie geholt und beigesetzt. Sieben Stück, sieben Stück! Auf unserem Friedhöfle... Und dann hat man raus müssen aus dem Haus, wenn die Ami Haussuchung machen wollten. Wir waren drei Frauen, meine Mutter, meine Schwester und ich. Meiner Schwester hat das Haus gehört, das hat meine Mutter der schon geschenkt gehabt. Und dann hat es immer geheißen: ›Nur der Hausbesitzer darf im Haus bleiben, alles sonst muss raus.‹ Dann haben wir meine Mutter hinten hinuntergeschickt und haben die auf der Geldtasche sitzen lassen, weil die Ami ja alles geklaut haben, auch das Geld, und ich habe gerade noch was verschieben wollen, und da kamen schon zwei Ami die Treppe herauf, und der eine gleich mit meiner Schwester auf die eine Seite, und vor den anderen bin ich oben hingestanden und habe den angeschrien und habe gesagt: ›Ihr Schweinehunde, ihr elenden, gestohlen habt ihr, was noch zu stehlen war, langt es nicht, dass ihr totgeschossen habt?‹ Und hab' fürchterlich geschrien. Der hat seinem Kameraden gerufen: ›Come on!‹ Und nie wieder ins Haus, nie wieder! Dem ist es vergangen. Das wäre mir vollkommen wurscht gewesen, wenn der mich erschossen hätte. Meine Schwester hat nachher gesagt: ›Um Gottes willen!‹ Hab' ich gesagt: ›Ja, was hätt' ich denn verloren?‹«

EMMA W. (1912): »Ohne dass ein Schuss fiel, wurde am 5. April Oberhessach den Amerikanern übergeben. Schon am zweiten Tag erlebte der Ort die negativen Seiten der Befreier. Ab 18.00 hörte man die Hilferufe von Frauen. Ca. um 22.00 kamen zwei betrunkene amerikanische Soldaten in unsere ›Gasse‹. Haustür um Haustür versuchten sie mit Nachschlüsseln zu öffnen. Wo dies gelang, wurden Frauen vergewaltigt. Meine Angstgefühle kann ich nicht schildern, als sie an unserer Haustüre angelangt waren. Es war eine 200 Jahre alte Tür mit einem schweren Schloss, das nur mit Raffinesse geöffnet werden konnte. Was ich sonst verfluchte, war jetzt unser Glück! Das Schloss war mit einem Nachschlüssel nicht zu öffnen, schräg gegenüber drangen die beiden Amerikaner ein. Der Vater wollte seine Tochter schützen, er wurde erschossen. Nachdem die Schüsse gefallen waren, kam die MP (Military Police) und erschoss auf der Stelle die beiden Soldaten. Auf die vielen Hilferufe vorher reagierte die MP nicht, erst musste ein Mensch sein Leben lassen. Von einigen Einbrüchen abgesehen, war für den Rest der Besatzungszeit im Ort Ruhe.«

GERTRUD W. (1914): »Als die Amerikaner einmarschierten, mussten wir unser Haus räumen. Die Soldaten verbrannten in der Küche alles, was aus Holz war, als Latrine benützten sie das Rosenbeet im Garten, das einzige grüne Beet. Dann mussten die Freunde, bei denen wir untergebracht waren, ebenfalls ihr Haus räumen. Wir zogen wieder in unser Haus mit den Freunden. Am nächsten Tag holten die Amerikaner meinen Mann mit der Behauptung, er sei beim Werwolf! Sie hatten in unserem Haus die Fotografie eines Freundes gesehen in Uniform; dieser war Korvettenkapitän gewesen, mein Mann nur Obergefreiter. Dann kamen über viele Tage Hausdurchsuchungen. Ich ließ alles auf Haufen in den Zimmern liegen, bis der Spuk aufhörte. Das waren übrigens die dritten Hausdurchsuchungen, die ich in meinem Leben erlebte. 1923 waren es die Franzosen, weil wir ›so gute Deutsche‹ waren (während der Ruhrbesetzung), 1933 die Nazis, weil wir ›so schlechte Deutsche‹ waren, und 1945 die Amerikaner, weil wir ›Nazis und Werwölfe‹ gewesen sein sollen.«

Welches Bild haben nun die *farbigen Amerikaner,* die »Neger« oder »Schwarzen«, wie die Frauen sie nennen, in ihrem Gedächtnis hinterlassen?

Auffälligerweise gibt es hier – im Gegensatz zu den Nordafrikanern in der französischen Armee – kaum Unterschiede zu den weißen Amerikanern. Es werden auch keine besonderen Grausamkeiten oder Vergewaltigungen berichtet. Zerstörungen, Diebstähle und Plünderungen scheinen auch nicht ausgeprägter gewesen zu sein. Da erzählt Elisabeth B. (1914), dass die »Neger« in der Schule alles, was aus Holz war, verbrannten, so dass die Kinder nachher zum Unterricht Stühle mitbringen mussten, aber sie fügt hinzu: »Sie taten das wegen der Kälte, eben zum Heizen.« Eher werden ausgesprochen nette, sogar lustige Geschichten erzählt, gerade weil sie so gar nicht dem Bild entsprachen, das vorher von dieser »primitiven Rasse« gezeichnet worden war.

Die ehemalige Bannführerin IRMGARD B. (1923) wird von zwei »Schwarzen« ins Internierungslager Hammelburg gefahren. Sie und noch eine Frau im Führerhaus, die zu internierenden Männer hinten auf dem Lastwagen. Diese Farbigen waren die ersten, die sie überhaupt näher gesehen hat. Zur Einleitung ihrer Geschichte erinnert sie sich an einen Heimabend: »Wir hatten da einen Heimabend, der mich ganz besonders beeindruckt hat. Da gab's dann wieder ein Büchle, und den Heimabend hab' ich auch gehalten. Die Rasse, die ist natürlich da hochgelobt worden. Und das ging dann so, wie eine Weiße mit einem Schwarzen so quasi ... also, die musste mit dem, und wie sie da in Todesangst ausgerissen ist, aber ich weiß halt nimmer die Zusammenhänge. Aber noch in der Kriegszeit war da so ein Heimabend über Unvereinbarkeit von Schwarz und Weiß. Das war Rassenschande. Und plötzlich soll ich zwischen zwei so Kerle da. Und die waren freundlich, die beiden. Haben sie so den Arm um mich gelegt, aber doch gar nicht irgendwie ... ›Do you speak English?‹ Zur Vorsicht hab' ich gesagt: ›Nein, nix.‹ Ich konnte es auch nur ein bissele. ›Your age?‹ Hab' ich erklärt: ›21.‹ Hat er gesagt: ›I also.‹ Hab' ich gedacht, das kann nie und nimmer stimmen, die haben ausgeschaut wie über 30. Und dann die Finger, das war für mich zum Fürchten. Da vorne der Reif, der war so ganz weiß... Aber sie waren nett. Auf einmal hält er mir Zigaretten hin. Hab' ich gesagt: ›Ich rauche nicht.‹ Hat er sie wieder weg. Nach 'nem Stück hat er mir Schokolade hingehalten. Hab' ich gesagt; ›Nein!‹ Ganz stolz. Darf man ja auch nichts nehmen, Besatzungsmacht – und noch Schwarze! Hab' nix genommen. Die haben sich bemüht um mich, aber sie waren immer nett. Da kam zwischendurch 'ne Pinkelpause für die Männer. Und die Männer sind abgestiegen, gleich auf mich los: ›Haben sie Ihnen keine Zigaretten gegeben?‹ Hab' ich gesagt: ›Ich hab' sie nicht genommen.‹ Die hätten mich ja bald zerrissen! Wie ich so dumm sein kann. Die Männer haben Äpfel von den Bäumen runtergerissen, und dann bin ich wieder rein ins Auto, und auf einmal langt der vor, gibt mir eine ganze Schachtel Zigaretten und macht so (*deutet nach hinten auf den Wagen*). Er hat das bestimmt mitgekriegt, dass die mich da geschimpft hatten – gibt der mir eine ganze Schachtel Zigaretten! Das war das erste, wo ich meine innere (*falsche Vorstellung*) gebrochen hab'. Dann hat es nicht lange gedauert, hat er gesagt: ›We change.‹ Hab' ich gedacht, was will er denn jetzt wechseln? Bringt er vorne heraus zwei Orangen und will meine Äpfel, die mir die Männer gegeben hatten. Ist doch Unsinn, dass die da die halbreifen Äpfel wollten! Der wollte mir das leichtmachen, dass ich was nehm'! Also, wenn ich mir das heut überleg', was man für Vorurteile hat gegen Leute, die man überhaupt nicht kennt oder wo man gar nix weiß! ... Und dann haben die sich verabschiedet, und da sagt der eine: ›Warum du hier?‹ Hab' ich gesagt: ›Ich weiß nicht.‹ Hat er gesagt: ›Du schon wissen, du Nazi.‹« (*Lachen*)

Beziehungen konnten auf ganz unverfängliche Weise angebahnt werden. MARIANNE B. (1920): »Man musste in Straubing das Wasser am Brunnen holen. Rings um den Brunnen standen die Negersoldaten. Gingen zu jeder jungen Frau natürlich und boten ihre Hilfe an mit den Wassereimern. Ich hatte das Kind auf einem Arm und in der anderen Hand den Eimer. Ich habe die Hilfe nicht in Anspruch genommen und weiß, dass dadurch die Soldaten wussten, wo entsprechende junge Frauen waren, und dass die dann alle heimgesucht wurden von denen.«

Die Russen

Von den heranrückenden Russen[33] ging der größte Schrecken aus. Die Berichte über die Greueltaten der Roten Armee, die durch Zeitungen, Radio und in Wochenschauen bewusst verbreitet wurden und ja auch weithin auf Tatsachen beruhten[34], schienen das von der NS-Propaganda gezeichnete Bild vom »slawischen Untermenschen«, von den »asiatischen Horden« nicht nur zu bestätigen, sondern noch zu übertreffen. Die tiefsitzende Angst vor dem »Bolschewismus«, die Unkenntnis der russischen Sprache, die Mauer der Isolierung, welche die Sowjetunion seit der Oktoberrevolution von 1917 faktisch umgab und fast keine persönlichen Kontakte erlaubt hatte, steigerten die Angst bis zur Panik und setzten die massenhafte Fluchtbewegung in Gang, der wir uns im nächsten Kapitel zuwenden werden.

Von vielen Menschen wird berichtet, dass sie schon vor dem Einrücken der Sowjetarmee *Selbstmord* begingen. Es wäre zu prüfen, ob es hauptsächlich Frauen waren, die das taten, und ob sie in Familien oder bei Ehepaaren der treibende Teil dazu waren. Mir scheint der Anstoß häufiger von Männern ausgegangen zu sein, die sich vor der Rache der Sieger zu fürchten hatten und/oder nicht wollten, dass ihre Frauen Opfer wurden.[35] Kinder hielten ihre Mütter eher von der Tat ab, wenn es sich nicht um einen Typ von Frauen handelte, der besonders zu hysterischen Reaktionen neigte, wie Frauen selbst bemerkten.

Das fast unerträgliche, angstvolle Warten und dann die *ersten Eindrücke* von den Russen, noch aus einer gewissen Entfernung und ohne persönliche Berührung, werden immer wieder geschildert. Den Frauen, die nacheinander die amerikanische und die russische Besetzung erlebt haben[36], fiel der ungeheure Kontrast zwischen den beiden Armeen auf. Die Eindrücke – auch bei ein und derselben Frau – sind durchaus widersprüchlich.

Eine Frau in Berlin: »Ich schlief bis gegen 5 Uhr früh. Hörte dann im Vorraum jemand herumgeistern. Es war die Buchhändlerin, sie kam von draußen, fasste mich bei der Hand, flüsterte: ›Sie sind da.‹ – ›Wer? Die Russen?‹ Ich bekam kaum die Augen auf. ›Ja, soeben sind sie bei Meyer (dem Spirituosenladen) durchs Fenster eingestiegen.‹ Ich zog mich fertig an, kämmte mich, während drinnen im Luftschutzraum die Frau ihre Neuigkeit kundtat. In ein paar Minuten war der ganze Keller auf den Beinen.

Ich tappte über die Hintertreppe aufwärts in den ersten Stock, wollte unsere paar Lebensmittel verstecken, soweit sie noch nicht versteckt sind. Ich horchte an der zersplitterten, nicht mehr verschließbaren Hintertür. Alles still, die Küche leer. In der Kniebeuge kroch ich zum Fenster hin. Die morgenhelle Straße lag unter Beschuss, man hörte das Klatschen und Pfeifen der Kugeln.

Um die Ecke biegt russische Vierlingsflak – vier eiserne Giraffen; drohende, turmhohe Hälse. Zwei Männer stapfen die Straße hinauf: breite Rücken, Lederjacken, hohe Lederstiefel. Autos rollen heran, halten am Bordstein. Geschütze rasseln im frühen Tagesschein durch die Straße. Das Pflaster dröhnt. Durch die zerbrochenen Scheiben weht Benzinduft in die Küche.

Ich ging wieder in den Keller zurück. Wir frühstückten wie unter einem Alpdruck. Trotzdem verzehrte ich zum Staunen der Witwe zahlreiche Brotschnitten. Mir kribbelte es im Magen. Es erinnerte mich an das Schulmädel-Gefühl vor einer Mathematik-Arbeit – Unbehagen und Unruhe und der Wunsch, dass doch schon alles vorüber wäre.

Nachher stiegen wir zusammen aufwärts, die Witwe und ich. In ihrer Wohnung staubten wir ab, wischten, fegten und schrubbten mit unserem vorletzten Wasser. Der Teufel weiß, warum wir uns so plagten. Wahrscheinlich, um die Glieder zu rühren oder um wieder mal vor dem Künftigen ins handfeste Gegenwärtige zu fliehen.

Zwischendurch krochen wir immer wieder ans Fenster. Draußen fuhr ein endloser Tross auf. Pralle Stuten, Fohlen zwischen den Beinen. Eine Kuh, die dumpf nach dem Melker muhte. Schon schlagen sie in der Garage gegenüber ihre Feldküche auf. Zum ersten Mal erkennen wir Typen, Gesichter: Pralle Breitschädel, kurzgeschoren, wohlgenährt, unbekümmert. Nirgendwo ein Zivilist. Noch sind die Russen auf den Straßen ganz unter sich. Doch unter allen Häusern flüstert es und bebt. Wer das jemals darstellen könnte, diese angstvoll verborgene Unterwelt der großen Stadt. Das verkrochene Leben in der Tiefe, aufgespalten in kleinste Zellen, die nichts mehr voneinander wissen.«

EVA M. (1926) beginnt ihren Bericht mit den amerikanischen Soldaten, die zuerst in Thüringen einmarschiert sind: »Das muss so 'ne Eliteeinheit gewesen sein, die sahen alle blendend aus. Wunderbar ernährt und die Uniform tadellos und lauter so schmucke, gutaussehende junge Männer... Die waren bestens ausgerüstet, die waren wunderbar satt gegessen, die waren unheimlich hochnäsig, na klar, die waren ja die Sieger, und dann kamen die Sowjets. Das waren ja auch Sieger, aber wie diese Sieger aussahen! Abgerissen, verkommen, dreckig und halb verhungert, schrecklich... Ich habe nun ganz bewusst gesehen... Ich hab' das mit – sagen wir's mal so – mit Maleraugen gesehen, obgleich ich ja kein Maler bin, aber ich hab' mich davon anregen lassen. Ich hab' gesehen, was das für unglaubliche Reiter waren. Nämlich, die kamen da erst mal mit diesen ... Pferden, die waren nicht gepflegt, nein, aber die hatten ein Temperament, diese Pferde, und die Reiter hatten ein Temperament. Und die hab' ich mir angesehen, wie die da reitend des Weges kamen oder wie die in einem Zug eine steile Straße hinaufgeritten sind, und der große Mantel wehte im Wind, und immer war er rot gefüttert, also es war so ein malerisches Bild. Dann diese wilden Gestalten dazu. Ich habe sehr viel später gelesen, die Reiterarmee, da hab' ich mich sehr erinnert, das war dieses Milieu, so wild und nicht zu bremsen, über alle Maßen.«

So *widersprüchlich* wie die allerersten Eindrücke, so widersprüchlich waren dann auch die längerfristigen *Erfahrungen* der Frauen. Sie umfassten die – neben den Bombenangriffen – grauenvollsten Erlebnisse der gesamten Kriegszeit, aber auch Erinnerungen an schlichte menschliche Hilfsbereitschaft, Korrektheit, ja Noblesse.[37] Diese Erfahrungen lassen sich auf keinen gemeinsamen Nenner bringen, nicht einmal bei ein und derselben Frau und auch nicht bei ein und demselben Russen, wenn auch im ganzen die Schreckensbilder im Vordergrund stehen und jede neue Berührung mit »den Russen« angstbesetzt blieb. Dieses Gefühl des Unberechenbaren und das tiefe, auch wohl gegenseitige Misstrauen blieben vorherrschend.[38]

HANNELORE W. (1935) hatte als damaliges Kind ein »Schlüsselerlebnis«, das die als fremd und unheimlich empfundene Mentalität (sie benützt dieses Wort) treffend zum Ausdruck bringt:

»Zwei Offiziere betraten unseren Keller, in dem wir während des Beschusses saßen und durchwühlten alles, fanden dabei eine Tüte mit Pistolenmunition, die meiner Tante, einer Polizistenfrau, gehörte; die Waffe dazu hatte sie vergraben, ohne an die Munition zu denken. Die russischen Offiziere befahlen uns, die Mäntel anzuziehen und mit ihnen zu gehen. Der eine hatte das Gewehr unablässig auf uns gerichtet. Wir zogen uns voll Entsetzen an; ich sehe noch heute das Entsetzen in den Gesichtern der Erwachsenen. Der andere Offizier schaute sich derweil weiter in den Kellerräumen um. Plötzlich erschien er mit einer gefundenen Flasche Schnaps. Das Gewehr wurde wieder verstaut, sie winkten versöhnlich lächelnd ab und verschwanden aus unserem Hause.«

Ganz unvermittelt konnte sich eine lebensgefährliche Situation in eine harmlose verwandeln, aber auch das Umgekehrte konnte geschehen. Hanna R. drückt es so aus: »Wir wurden aus den Russen nie recht schlau – sie waren mal gutmütig, mal sadistisch.« – Es ist deshalb bei ihnen noch weniger möglich als bei den westlichen Besatzern, zwischen positiven und negativen Erlebnissen zu trennen. Ich muss beide nebeneinander stehenlassen. Damit will ich die Greuel, die verübt wurden, nicht relativieren oder gar verharmlosen. Aber mein Material lässt es nicht zu, ein einseitig negatives Bild zu zeichnen, wie es westdeutschen Stereotypen vom Verhalten der Roten Armee entsprechen würde. Es lässt auch keine quantitativen Abwägungen zu. Immerhin ist beachtenswert, dass fast keine Frau nur das eine oder das andere berichtet, besonders dann nicht, wenn sie in längerem Kontakt zu Russen stand.[39]

Zunächst sollen drei etwas ausführlichere Berichte von Frauen zitiert werden, die länger oder immer wieder mit Russen zu tun hatten, eine in Berlin (Edith H.), eine in ihrer Heimatstadt Swinemünde (Hanna L.), eine, die aus der Evakuierung nach Hause, nach Oranienburg, unterwegs war und auch dort noch weitere Berührung mit Russen hatte (Irma B.). Ihnen werden noch einige kürzere Zeugnisse angefügt, die ebenfalls gegensätzliche Erfahrungen schildern.

EDITH H. (1912): »Als Berlin eingenommen worden ist, da waren wir im Luftschutzkeller, haben so mitgewackelt, aber keiner wollte rausgehen... Und wir saßen da unten und hatten noch eine ganz kleine Petroleumfunzel, die für uns 67 Leute Tag und Nacht gebrannt hat. Wir haben vergessen mit der Zeit, dass es Tageslicht gibt. Ach, das war also entsetzlich in dem Luftschutzkeller. Haben immer die Kellertür aufgemacht, und die hat immer so gequietscht. Und dann hat die Frau, die immer aufgemacht hat, geschrien: ›Der Russe kommt, der Russe kommt!‹ Und bei jedem Aufmachen dachten wir, jetzt kommen sie, jetzt kommen sie. Haben also da unten Notquartiere gehabt und kein Kleidungsstück mehr ausgezogen. Wir konnten uns auch nicht waschen... Und dann ist eines Tages das zweite Haus eingenommen worden, dann sind die Seitenflügel eingenommen worden, und dann kamen sie in den Luftschutzkeller. Und dann haben sich die Russen eben gleich auf uns gestürzt. Ich hab' so einen schönen Mohairmantel gehabt, einen grünen, weiten, den hab' ich auf die anderen Sachen angezogen gehabt, und den Brillantring, den ich von der Mutti im Januar '39 bekommen habe, dass er mich beschützt, den hab' ich während des Krieges im Hosenbund vernäht. Man hatte ja damals die ›Entwarnungsfrisur‹, das waren gelegte Locken, und da haben wir dann die Nadeln reingesteckt. Und darauf so und so viele Kopftücher. Und dann hatten wir uns das Gesicht dreckig gemacht, dass die Russen nicht merken sollten, dass wir junge Frauen sind. Wir waren richtiggehend bewusst verdreckt. Und wie die runtergingen und sich auf die Frauen gestürzt haben, bin ich aus dem Mantel so rausgeschlüpft und durch die Leute gesprungen und die Kellertreppe nauf und dem Kommandeur in die Hände, und der schreit da nunter und ruft seine Russen rauf und verbietet die Vergewaltigung.
I: *Tatsächlich? Der Offizier?!*
H: Ja, es war *einer, ein* Anständiger. Und dann mussten wir mit hocherhobenen Armen, eskortiert von Russen rechts und links, von Steglitz nach Dahlem laufen. Ich kann Ihnen nicht sagen, wie weit das ist und wie lange es gedauert hat. Und immer wieder haben sie einen von uns erschossen. Wir wussten nicht, wer die nächste ist... Und dann sind wir nach Dahlem gekommen... Da haben uns die Russen verlassen.
I: *Ja, warum haben sie Sie überhaupt dahin gebracht?*
H: Das weiß ich nicht.«
I: *Sie kommen dann in Dahlem unter. Sie versuchen, abwechselnd aus einem in der Nähe gelegenen SS-Vorratslager Essen zu beschaffen.*
H: »Und auf dem Heimweg, da haben mich welche (*Russen*) gepackt, ich weiß nicht mehr, waren's fünf oder waren's sieben, und haben mich dann irgendwo reingedrückt und halten mir den Revolver an die Schläfe. Und ich hab' immer geschrien: ›Schießt doch, schießt doch! Ich will nicht mehr leben!‹ Und dann hab' ich's über mich ergehen lassen. Ich hab' nur gesehen, es waren sehr saubere, es muss Elite

gewesen sein. Es war also irgendwie bei allem Schreien und allem Weh hab' ich gedacht, die sind sauber. Und von da ab mussten wir uns jeden Tag melden auf dem Rathaus dann, da war ein Arzt. Hat's geheißen, die Frauen, die vergewaltigt worden sind, sollen sich melden, sie kriegen geholfen. Am letzten Tag war angeschrieben: ›Russische Soldaten vergewaltigen keine Frauen, das ist gelogen.‹ Dann habe ich also geholfen gekriegt, aber ich hatte dann eine Eierstockvereiterung und Gebärmutterentzündung, ich konnte nicht mehr gehen, ich konnte nicht mehr gehen, ich konnte nur noch so Schrittchen machen, gelt... Ich bin dann endlich in Wertheim (*ihrer Heimatstadt*) gelandet. Also es war ein Weg von neun Tagen und zehn Nächten. Ich bin in einem der Züge von einem der Bahnhöfe aus Berlin, wir waren die ersten, die damals aufs Dach gestiegen sind, um mitzukommen. Bin auf dem Dach gefahren, und da hatte ich den Kinderwagen mit den drei Rädern dabei, und das hat man dann draufgehoben, und die Soldaten, die fremden, die haben uns zugeschaut, also das war genehmigt, dass man fahren konnte. Nachher mussten wir dann wieder laufen. Ich hab' immer im Straßengraben gelegen, ich hab' bloß noch 76 Pfund gewogen, und dann haben sie mich immer auf die Schulter genommen, weil ich so schön schlecht aussah, durfte ich immer betteln für alle...

Und dann sind wir an die britische Grenze gekommen... Und dann ist einmal Nacht geworden, und da war eine Straße, und auf der einen Seite haben Russen kampiert, und wir waren auf der anderen Seite im Straßengraben. Da war so ein junges Lehrerehepaar bei uns, die haben uns irgendwie hochgehalten, und dann haben die Russen ein russisches Lied gesungen. Ich kann heut' noch keine russischen Lieder hören, glauben Sie das? Wir haben also das gehört, und dann sagt die junge Lehrerin zu mir: ›Wenn die singen, können wir auch singen, wir werden ja nachher sowieso ermordet.‹ Und dann haben wir ein Volkslied nach dem anderen gesungen, dann haben sie uns zu sich gerufen, dann haben wir gemeinsam gesungen, abgewechselt zwischen russischen und deutschen Liedern. Der eine, der etwas Deutsch konnte, ist zu uns her und hat gesagt, er bringt uns über die Grenze. Wir wussten aber nicht, ob's stimmt, gelt. Haben sie uns noch an glänzenden Sachen, die wir hatten, weggenommen, und dann hat der uns gesagt, wo diese Bewachungstürme sind, und dann ist noch eine Anlage gewesen, und da ist immer einer hin- und hergelaufen, diese 20 Meter, und dann hat der uns ein Blinkzeichen gegeben, wie wir da ins andere Gebiet können. Und dann sind wir über ein Gitter hinaufgestiegen, und da war ein ganz Alter dabei, der war mindestens 50 (*lacht*), der macht 'ne Zigarette an. Den hätten wir ermorden können! Sie glauben nicht, in der Dunkelheit, was das für eine Helle gibt! Und dann waren wir auf dem britischen Gebiet. Wenn Sie nachts durchs Laub gehen, das Laub ist so laut! Das ist laut! Und dann sind wir durch eine Wiese gerobbt.

I: *Der Kinderwagen?*
H: Den hab' ich irgendwo stehenlassen, nee, ja, ich weiß nicht mehr. ›Den können Sie nicht mitnehmen!‹ hat der gesagt, ja, so war's. Und da hab' ich um mein Ge-

päck Riemen rumgemacht und hab's auf den Rücken. Und dann kam ich bis nach Hersfeld.«[40]

HANNA L. (1919): »Ich hatte mir eine Art angewöhnt, die irgendwo eine kleine Mauer war. Ich war so lange unter Männern gewesen, im Lazarettzug, und irgendwo haben die Leute Respekt vor mir gehabt. Es hat nicht so leicht einer gewagt, mich anzugreifen, sei es nur mit einer Umarmung, und das war schon immer sehr viel. Ich hab' sogar einmal einen Russen an seinem Koppel aus dem Haus gezerrt und hab' laut geschrien, damit die Nachbarn es hörten und mir zu Hilfe kamen, denn ich wusste nicht, wie lange kann ich den noch halten (lacht), ich bin ja nun wirklich kein Riese, aber ich meinte, der sollte in diesem Hause nicht räubern können. Er hatte wahrscheinlich keine Pistole dabei... Ich weiß noch, wie sie um die Häuser nachts tobten und ›Frau, Frau!‹ schrien, und wenn sie dann wirklich in ein Haus hineinkamen, dann haben sie die Betten gezählt und die Frauen und Mädchen, und dann haben sie gesucht, bis sie alle hatten. Vor allem eben im Vormarsch, wo sie völlig unkontrolliert waren. Und auch in Berlin, ich mein', es sind ja überall fürchterliche Sachen passiert, aber man kann ja auch mit den Menschen nicht sprechen... Ich kann zwei, drei Worte Russisch, aber das reicht doch nicht...

Ich wurde Zimmermädchen bei einem sowjetischen Oberst, der in einer kleinen Pension in unserer Straße Quartier genommen hatte. Meine Mutter putzte in einem anderen Haus. Zum Oberst gehörte Iwan, sein Bursche, der mich jeden Morgen mit Handkuss begrüßte und auch sonst sehr freundlich war. Abends wollte er mich heimbringen, dass mir nichts passiert, und das per Arm, was mir wahnsinnig peinlich war, aber er ließ sich nicht abwimmeln und wusste genau, wo ich wohnte... Der Oberst schrieb mir in lateinischer Schrift Vokabeln auf, die ich lernen sollte – einige kann ich noch. Abends sollte ich ihm sein Zimmer heizen, obwohl es warm war – denn er hätte mich dann gerne vernascht, aber dann kam immer Iwan mit der Besitzerin, einer älteren Dame, die ich gut kannte.

Als ich bald danach im Swinemünder Strandviertel arbeiten musste, konnte ich diese Menschen studieren wie ein fremdes Buch. Zu sieben weiblichen Wesen, darunter meine Schwägerin Helga und meine Freundin Marianne, machten wir erst Möbeltransport, d. h. die Einrichtungen, die ihnen gefielen, mussten wir zerlegen und vor das Haus schaffen, von wo alles auf Lastwagen an den Hafen gefahren wurde und dort abgeladen in einem großen Haufen, darunter auch ein Flügel, der auf den Abtransport per Schiff in die UdSSR wartete in Sonne und Regen. Schließlich kam auch ein Schiff und wurde beladen, aber nicht fachmännisch, und so kenterte es gleich beim Auslaufen... Vor der Mole, etwas weiter draußen, lagen noch einige Schiffe auf der Reede, die bewegungsunfähig voll von verhungerten Flüchtlingen waren. Der Treibstoff war aufgebraucht, und sie bekamen von den Sowjets keine Landeerlaubnis! Die fuhren dann später rüber und plünderten alles aus... In einem Haus lagerten Hunderte von Einzelteilen von Bettgestellen aus Natureiche, wie sie damals sehr beliebt waren. Wir sollten nun diese Teile wieder zu Betten zusammenbauen, aber leider waren sie nicht genormt oder numeriert und alle ganz ähnlich, so dass wir viele Stunden mühsam schafften und kaum ein sichtbares Ergebnis hatten, was die Russen wieder gar nicht verstehen konnten und an Sabotage glaubten. Bei ihnen musste immer alles ganz schnell gehen, wenn es die anderen zu tun hatten.

Bald danach wurde ich Zimmermädchen im Offiziersheim, und eines Tages nimmt mich ein Bursche mit, um irgend etwas zu holen. In einer verlassenen Wohnung findet er in der Küchentischschublade einen finnischen Dolch, den er mir auf der offenen Handfläche überreicht als Geschenk, und ich stand in der offenen Tür und war ganz auf Flucht eingestellt. Nun brauchte ich mich nicht mehr fürchten, aber finden durfte den Dolch auch keiner bei mir! Schließlich fanden wir auch Biergläser, die er suchte, und nahmen alle zwölf mit und brachten sie den Offizieren, die mich nun zu einem Butterbrot einluden, aber vorher musste ich einen Wodka trinken aus dem Bierglas. Ich nahm an, es sei entsprechend mit Wasser aufgefüllt, aber dem war leider nicht so, und mir kamen die Tränen. Und dann durfte ich das Butterbrot essen, an dem ich natürlich nicht vorbeigehen konnte, so hungrig, wie ich war. Dann schmierten sie ein zweites Butterbrot, und ich achtete darauf, dass nun viel Wasser im Glas war, denn trinken musste ich wieder, das ist russische Sitte. Nach dem zweiten Butterbrot und Wodka dankte ich und verließ das Zimmer, ohne dass sie mich hinderten. Vor der Türe standen meine Kolleginnen voller Sorge. Wenn ich nun nicht gekommen wäre, hätten sie das Zimmer gestürmt. Wir konnten uns aufeinander verlassen. Gleich danach gingen wir zum Essen, zu einer sehr wässrigen Suppe, und danach hatte ich den dringenden Wunsch, meinen Rausch auszuschlafen! ... Da sich nichts Besseres fand und das Wetter schön war, legte ich mich hinter die hintersten Grabsteine auf dem alten Friedhof, an dem wir vorbeikamen. Als ich aufwachte, steht ein Russe vor mir, dass ich ganz schnell die Augen wieder schloss und hoffte, er hält mich für krank. Nach zwei Stunden konnte ich wieder zur Arbeit gehen... Wir wunderten uns immer wieder, dass die Russen leidlich zivilisiert mit uns umgingen, bis wir erfuhren, dass der Stadtkommandant 1929 beim Flottenbesuch mit dabei gewesen war und die Stadt noch als wunderschön in Erinnerung hatte und große Achtung vor den Bewohnern! Das war der Grund.

IRMA B. (1917), auf der Flucht mit ihren alten Eltern und zwei kleinen Kindern: »In einem Dorf – Schömberg in der Mark – kamen wir dann nicht mehr weiter. Die Straßen waren völlig verstopft, ein Weitergehen hätte keinen Zweck mehr gehabt, die Straßen zur Elbe hin waren nicht mehr zu erreichen. Wir hörten den Kanonendonner immer näher kommen. Da blieben wir in einem Haus, wo die paar Bewohner schon die weiße Fahne gehisst hatten, und gingen alle in den Keller. Hier erwarteten wir die Russen. Wir waren dort ca. 26 Menschen. Es dauerte nicht lange, da hörten wir oben russische Laute. Wir waren so sehr erfreut, dass endlich der grauenhafte Krieg aus war, und gaben auch unserer Freude diesen fremden Soldaten gegenüber Ausdruck. Die Russen verteilten sofort Zucker, Milch und Gebäck an unsere Kinder. Sie zeigten sich uns gegenüber freundlich. Was aber dann nachts kam, konnten wir ja nicht ahnen, denn wir wussten ja sowas noch nicht. Es war ja erst mittags und viel Zeit für die Soldaten, ihren Sieg mit viel Schnaps zu feiern.

Gretel (*ihre Schwester*) und ich lagen mit unseren beiden kleinen Kindern in einer Ecke bei den Eltern im Keller. Dort befanden sich noch ca. 25 ältere Menschen. Im Nebenraum waren zwei jüngere, ca. 35jährige Frauen, die gut mit den Russen sich polnisch unterhalten hatten. Nachts mit einem Mal hörten wir sie furchtbar schreien. Dann wurde unsere Kellertür aufgerissen, und mehrere baumlange Russen stürmten in unseren Keller. Sogleich stellten sich zwei Russen vor uns hin, und wir sahen und hörten, dass sie sich sehr streiten mussten, denn nach einer Weile zogen die anderen ab, nur die beiden blieben bei uns. Sie legten sich vor uns hin und fingen nachts mit uns ein Gespräch an. Wir erfuhren, dass der eine ein Lehrer aus Moskau war, der andere war ein Mongole. Letzterer ließ von dem anderen übersetzen, dass die Deutschen seine ganze Familie umgebracht hätten. Trotzdem hat uns dieser mit dem anderen Russen die ganze Nacht beschützt. Noch einige Male spielte sich dieser Auftritt ab, und wir hatten Angst und wussten ja noch gar nicht, was eigentlich los war. Erst als morgens weinend die beiden Frauen zu uns durchs Kellerfenster kamen und uns erzählten, dass sie laufend vergewaltigt worden waren und erst später in der Nacht hatten flüchten können, da begriffen wir, was auch mit uns geschehen sollte. Hätten wir diese beiden russischen Soldaten nicht gehabt, die sich schützend vor uns gestellt hatten, so wäre uns das gleiche passiert. Morgens schliefen wohl die Russen in dem Haus ihren Rausch aus, da verließen uns die beiden Soldaten, denen wir heute noch zu großem Dank verpflichtet sind. Der eine Russe, der ganz gut Deutsch sprach, sagte, wir müssten weiter, denn noch einmal könnten sie uns nicht beschützen. Heute kann ich es noch nicht fassen, dass wir damals verschont geblieben sind. Wie kam es dazu, dass uns die siegreichen Feinde beschützt haben, die selbst durch die Deutschen alles verloren hatten? Das verdanke ich auch meiner Schwester Gretel, in die sich der Lehrer, ein blonder Russe, verguckt hatte. Aber er war ein kultivierter Mensch, der wusste, was er sich schuldig war und wie er sich Soldatenfrauen, deren Männer an der Front waren, und den unschuldigen kleinen Kindern gegenüber zu verhalten hatte ...»

Zu Hause in Oranienburg fanden sie alles total verwüstet vor, aber die Eltern lebten noch... »Trotzdem waren wir aber glücklich, dass der furchtbare Krieg endlich aus war und wir noch bei den Eltern unser eigenes Dach über dem Kopf hatten...

Aber wenn nachts die Hunde anfingen zu bellen und die Autos fuhren, dann begann für uns die Zeit des Zitterns. Wir erwarteten jeden Moment, dass man uns die Fensterläden einschlug oder die Tür und die Russen ins Haus traten. Mein Vater hatte eine schmale Leiter vom Flur aus zum Boden. Diese nahm er abends fort, weil wir oben auf dem Dachboden mit unseren Kindern die Nacht zubrachten, uns dort versteckten. Auch tagsüber ließen wir die Kinder nicht draußen spielen, weil die Russen dann dort sofort junge Frauen vermutet hätten. Die ersten Wochen kamen wir nur ganz kurz herunter, um uns zu waschen, die Toilette zu benutzen. Sonst blieben wir in unserem Versteck und zogen uns auch zum Schlafen nicht aus. Wir waren immer gewärtig, ausrücken zu müssen und uns zu verstecken, wenn man uns im Hause gefunden hätte.

Meine Schwester und ich mussten uns dann zum Arbeiten melden, sonst hätten wir auch noch nicht einmal das Brot wöchentlich erhalten. Wir wurden eingeteilt, im Konzentrationslager in der Küche abzuwaschen. Dort sahen wir noch einzelne übriggebliebene KZ-Häftlinge, die damals zu schwach waren zum Wegtreiben und die schon zum Sterben verurteilt waren. Heut noch sehe ich diese armen Menschen vor mir, Knochengerüste mit Wasserköpfen, die sich auf den Stufen von der Küche niederließen und auf die Reste vom Essen warteten, die die russischen Soldaten noch übriggelassen hatten. Ganz entsetzlich waren noch für uns die Anblicke von ganzen Haufen von Schuhen und ganz kleinen und kleinsten Kinderschuhen von Menschen, die dort im Lager vergast worden sind. Wir waren völlig verzweifelt und deprimiert und konnten uns später so viel erklären, was wir vordem nicht gewusst hatten. Wenn die Öfen dort an manchen Tagen so stark rauchten, wenn die Nebenstraßen zu einem außerhalb vom Ort mitten im Wald liegenden Bahnhof abgesperrt waren, wo man dann die Elendszüge ausgeladen hatte und die zum Tode verurteilten Menschen bei Nacht heimlich ins Lager verbracht wurden. Jetzt erst konnten wir uns das alles zusammenreimen, was wir einfachen Menschen vordem uns in unseren Hirnen nicht hatten ausmalen können.

Am Tage waren wir im Lager sicher, aber die Heimwege waren gefährlich. Da wurden die jungen Frauen in die Mitte genommen, und mit unserer Verkleidung auf alt kamen wir auch dort wieder glimpflich davon. Wenn aber nachts das Schreien der Frauen und Mädchen ertönte, die von den Russen abgefangen und vergewaltigt wurden, dann ging es uns durch und durch. Noch jahrelang hab' ich nachts daran denken müssen, und wenn später irgendwo in der Nacht ein Hund anfing zu bellen oder Autos herumfuhren, dann überkam mich immer wieder die große Angst. Am Morgen sah man oft die geschändeten und ermordeten Frauen herumliegen. In den Gärten sah man immer öfter Grabhügel, denn die Toten wurden auf den eigenen Grundstücken gleich beerdigt. Es war eine furchtbare Zeit. Die Bevölkerung von Oranienburg wurde besonders schwer von den Russen drangsaliert, da ja dort das Konzentrationslager Sachsenhausen war; sie wollten Vergeltung an uns üben. Auch waren im Lager von der SS riesige zurückgelassene Lager mit Schnaps, an denen sich die Russen gütlich tun konnten und somit wieder reif für neue Grausamkeiten waren.«

RENATE B. (1925), sie war damals als Schwesternschülerin im Lazarett tätig: »Die Russen haben einen erschreckt mit ihrem Auftreten, indem sie immer mit dem Gewehr vor der Nase herumfuchtelten, aber sie taten nichts Schreckliches. Wenn man nicht gleich gehorchte, schrien sie: ›Du Bunker, du Bunker!‹ d. h., sie würden einen einsperren, aber von irgendwelchen Übergriffen ist mir nichts bekannt. Ich habe sogar erlebt, dass ein verletzter Russe sich behandeln ließ und ein paar Tage später wiederkam, um sich zu bedanken. Er hatte in Zeitungspapier eingewickelten Reis und schüttete uns das so auf den Tisch! Und ein Stück Brot, und der Doktor und die Schwester, die ihm geholfen hatten, mussten mit ihm ein Glas Wein trinken. Mutter erlebte etwas Schlimmes: Sie war mit meinem Bruder unterwegs aufs Land, um zu versuchen, irgendwas beim Bauern zu bekommen, hatte einen kleinen Wagen dabei. Und dann kommt unter einer Überführung ein Russe auf sie zu, hat sie, ohne etwas zu sagen, mit dem Gewehrkolben niedergeschlagen. Sie hatte eine große Platzwunde, war sofort bewusstlos. Mein Bruder hat mit viel Mühe die Mutter auf den Wagen gepackt und mit großer Anstrengung den Berg hinauf kam er dann zu Hause an. Mutter war inzwischen wieder etwas bei sich, blutverkrustet. Vielleicht hat ein Russe gemeint, dass sie die Ausgangssperre halten sollte, war vielleicht die Zeit überschritten, ich weiß es nicht. Diese ständige Bedrohung hat man dann doch gespürt... Das Lazarett wurde zwar mit Posten abgesperrt, aber sonst gab's da keine Eingriffe. Die Kaserne, die direkt gegenüber lag, war jetzt Kriegsgefangenenlager, da durfte man nicht ran, um von dem wenigen, was man hatte, den Gefangenen etwas zu geben. Nach einiger Zeit wurde das Kriegsgefangenenlager aufgelöst, und es wurde russische Kaserne. Da wohnte ich dann wieder zu Hause. Ich behielt meine Rote-Kreuz-Tracht, war offiziell Angehörige dieser Schwesternschule. Ich wurde zum Nachtdienst auf der Gynäkologie eingeteilt. Und wenn ich dann abends das Haus verließ, hörte ich die Russen singen. Und dies mit dem Gefühl, es kann auch gleich einer aus dem Dunkel auftauchen, der seinen Kolben schwingt, das war eine Mischung von... , es lässt sich nicht beschreiben, wie es einem da zumute ist. Solche Szenen, die bleiben in Erinnerung. Es gab viele Vergewaltigungen. Da kamen die Frauen in die Gynäkologie, und es wurde auch nicht viel Aufhebens davon gemacht. Die Frauen, die da kamen, die konnte man nicht danach fragen: ›Warum willst du abtreiben lassen?‹ Die konnten wirklich die Kinder nicht austragen. Ich habe neulich einen Vortrag gehört über Abtreibung, in dem die Rednerin behauptete, viele Frauen bekämen noch 20 Jahre danach schwere Neurosen. Wie viele Frauen müssten mit schweren Neurosen heute durchs Leben gehen, die damals Vergewaltigungen und Abtreibungen erlebt haben! Die Zusammenbrüche erlebt haben in der Familie und grausame Schicksale. Wo sind denn all diese Hunderttausende Neurotikerinnen? Nein, so einfach ist die Gleichung nicht zu machen. Dass sie kollektiv betroffen waren, ist vielleicht ein Stückchen Erklärung, aber nicht alles.

I: *Dazu gehört eine große seelische Kraft.*
B: Ja, sicher. Und dann genügte es, dass in der Umgebung vielleicht eine oder zwei waren, die das bewältigen konnten, die Ruhe ausstrahlten, an denen man sich orientieren konnte, das hat geholfen. § 218 war kein Thema.«

ANNA J. (1912) in ihren Erinnerungen, aufgezeichnet im Herbst 1989. Sie wollte vor den Russen fliehen: »Die Russen nahmen uns Armbanduhren und Eheringe und sonstigen Schmuck ab und durchwühlten unsere wenige Habe nach allem, was sie brauchen konnten. Wir befanden uns alle in einem Zustand, in dem wir genau so gerne tot gewesen wären. Die Ängste waren unbeschreiblich groß. Gegen Abend strömten immer mehr Russen in das Gasthaus, das an einer Hauptstraße lag. Sie brachten viel Wein und Schnaps mit, welchen sie aus einem nahegelegenen Lager genommen hatten. Es wurde gegessen und vor allem viel getrunken, was unsere Ängste immer noch mehr steigerte. In diesem Chaos schliefen die Kinder vor Erschöpfung ein – wir Frauen waren starr vor Angst. Schließlich setzte sich ein Russe neben mich und wurde zudringlich. Ich wehrte mich – die anderen Frauen hatten dann jedoch die panische Sorge, der Russe könnte evtl. auch schießen! Er zog mich schließlich in einen kleinen Nebenraum, wo ich gezwungen war, mit ihm die Nacht zu verbringen. Ich war unsäglich deprimiert – meine Freundinnen trösteten mich, so gut sie konnten... Einem anderen Russen – vielleicht war es der Diener (*Bursche*) eines Vorgesetzten – hatten wir dann wahrscheinlich viel zu verdanken. Dieser legte sich auf zwei Stühlen zum Schlafen, und zwar hatte er die Stühle vor die Türe des Zimmers gestellt, in dem wir – ausschließlich Frauen und unsere Kinder – zusammengepfercht hockten und beteten. Die Russen gingen in diesem Gasthaus unablässig ein und aus, jedoch respektierten sie den russischen Soldaten, der sich vor unsere Tür gepflanzt hatte, und gingen an diesem Raum vorbei – ein Segen für uns alle. So hatten wir auch eine ruhigere Nacht. Am anderen Morgen kam dieser Russe auf Geheiß seines Vorgesetzten direkt auf mich zu, nahm mich bei der Hand und sagte: ›Frau, komm!‹ Was das für mich bedeutete, kann sich nur derjenige vorstellen, der ein eigenes Erlebnis dieser scheußlichen Art hatte... Bald darauf kehrten wir nach Freudenthal (*Sudetenland*) in unsere Wohnung zurück und erlebten die nächste böse Überraschung. Mein ehemals trautes Heim war besetzt von einer Familie aus der Innenstadt. Dort machten die Russen regelrecht Jagd auf junge Frauen; die 16jährige Tochter dieser Familie war laufend vergewaltigt worden. Sie lag wie tot im Bett, konnte gar nicht mehr laufen. In unserer Gegend am Stadtrand war es doch etwas sicherer.«

LIESELOTT DIEM (1906) in Berlin: »Die Russen richteten eine Feuerstelle in der Ruinenlandschaft unserer Nachbarn Lücke, die schon längst Eichkamp verlassen hatten, ein. Sie brachten Pfannen, Eier und Fett und veranlassten mich, stundenlang Eierkuchen zu backen. Dabei konnte sich auch meine Familie ernähren. Die Spannung löste sich, manche ›unserer‹ Russen zeigten sich mit sehr menschlichen Zügen – wir behandelten sie wie unsere Gäste. Immer wieder holten sie etwas zu essen oder halfen. In irgendeiner Weise fühlten wir uns allmählich sicher. Es beginnt eine Verständigung mit dem einzelnen Russen – man könnte es auch Vertrauen nennen, und Vertrauen erzeugt Gegenvertrauen. So wie mein Mann (*er war ein bedeutender Sportler und Sportwissenschaftler und genoss als solcher bei den Russen Respekt*) nie seine Geduld verlor, so zeigte niemand von uns Aggressivität oder Abscheu. Wir lernten eine neue Art von Achtung einer unbekannten, bisher verfemten Nationalität gegenüber. Die jahrelang aufgestaute Angst, die Impfung mit Parolen und die Diskriminierung dem Andersdenkenden, Andersglaubenden gegenüber verschwand wie ein Spuk. Ich empfand keine Angst.«[41]

Nur in ganz seltenen Fällen und nur da, wo wie sich verständigen konnten, erfuhren die Frauen etwas davon, was die deutschen Eroberer in der Sowjetunion den dortigen Familien angetan hatten –

die anonyme Berlinerin: »Nun bittet Fräulein Behn, ich möchte doch für ein paar Minuten heraufkommen; man habe Russenbesuch, zwei, ein junger und ein älterer Mann, die schon einmal dagewesen seien und die heute Schokolade für die Kinder mitgebracht hätten. Man möchte sich gern mit ihnen unterhalten, bittet mich, den Dolmetscher zu spielen.

Schließlich sitzen wir einander gegenüber, die zwei Soldaten, Fräulein Behn, Frau Lehmann, an deren Knie sich der vierjährige Lutz festklammert, und ich. Vor uns in seinem Wagen sitzt das Baby. Ich übersetze, was der ältere Russe mich zu übersetzen bittet: ›Welch hübsches kleines Mädchen! Eine wahre Schönheit.‹ Und der Sprecher ringelt sich Babys Kupferlöckchen um den Zeigefinger. Er bittet mich dann, den beiden Frauen zu übersetzen, dass er auch zwei Kinder habe, zwei Jungen, die bei der Großmutter auf dem Lande leben. Er kramt ein Foto aus seiner zerschlissenen Pappkarton-Brieftasche: Zwei Borstenköpfchen auf bräunlich nachgedunkeltem Papier. Seit 1941 hat er sie nicht mehr gesehen. Von Urlaub wissen die wenigsten Russen was, das habe ich schon herausbekommen. Fast alle sind sie seit Kriegsbeginn, seit beinahe vier Jahren also, von ihren Familien getrennt. Ich nehme an, weil ihr Land die ganze Zeit hindurch Kriegsschauplatz war und die Zivilisten hin- und hergeworfen wurden, so dass keiner recht wusste, wo seine Familie gerade steckte. Dazu die ungeheuren Entfernungen des Landes, die kümmerlichen Transportwege. Und vielleicht befürchteten die Machthaber auch, wenigstens in den ersten Jahren des deutschen Vormarsches, ihre Leute könnten dann desertieren oder überlaufen. Wie dem auch sei, einen Anspruch auf Urlaub wie die unsrigen hatten diese Männer nie. Ich erkläre dies den beiden Frauen, und Frau Lehmann meint verständnisvoll: ›Ja, das entschuldigt so manches.‹

Der zweite russische Gast ist ein junger Kerl, siebzehn Jahre alt, Partisan gewesen und dann mit der kämpfenden Truppe westwärts gezogen. Er sieht mich mit streng gerunzelter Stirn an und fordert mich auf, zu übersetzen, dass deutsche Militärs in seinem Heimatdorf Kinder erstochen hätten und Kinder bei den Füßen gefasst, um ihre Schädel an der Mauer zu zertrümmern. Ehe ich das übersetze, frage ich: ›Gehört? Oder selbst mit angesehen?‹ Er, streng, vor sich hin: ›Zweimal selber gesehen.‹ Ich übersetze. ›Glaub' ich nicht‹, erwidert Frau Lehmann. ›Unsere Soldaten? Mein Mann? Niemals!‹ Und Fräulein Behn fordert mich auf, den Russen zu fragen, ob die Betreffenden ›Vogel hier‹ (am Arm) oder ›Vogel da‹ (an der Mütze) hatten, das heißt, ob sie Wehrmacht waren oder SS. Der Russe begreift den Sinn der Frage sofort: Den Unterschied zu machen, haben sie wohl in den russischen Dörfern gelernt. Doch selbst wenn es wie in diesem Fall und ähnlichen Fällen SS-Leute waren: Jetzt werden unsere Sieger sie zum ›Volk‹ rechnen und uns allen diese Rechnung vorhalten. Schon geht solches Gerede; ich hörte an der Pumpe mehrfach den Satz: ›Unsere haben's wohl drüben nicht viel anders gemacht.‹«[42]

Im Mittelpunkt aller schrecklichen Erinnerungen an die Russen steht die Vergewaltigung. Die Erlebnisse im Zusammenhang damit sind so einschneidend und schmerzhaft gewesen, dass sie alles andere in den Hintergrund drängen. Da diese Erfahrungen aber auch mit westalliierten Besatzungstruppen gemacht wurden, besonders mit Marokkanern, lohnt es sich, den mit ihnen verbundenen Gefühlen und Reaktionen eine zusammenfassende Betrachtung zu widmen. Das lange über die Besetzung hinaus anhaltende Gefühl, in dauernder Gefahr für Leib und Leben existieren zu müssen, war aber nur gegenüber der Roten Armee so stark ausgeprägt.

Es sollte aber festgehalten werden, dass mir nur wenige Frauen von ihrer eigenen Vergewaltigung erzählt haben. Das lässt keinesfalls darauf schließen, dass es nur wenige gegeben hat[43], vielmehr vermute ich hier – in Übereinstimmung mit den bisher vorliegenden Forschungsergebnissen – ein ausgesprochenes Erzähltabu, sei es, dass Frauen, die derartiges am eigenen Leibe erlebt haben, sich immer noch nicht zu Gesprächen darüber bereit finden[44], sei es, dass sie bis heute wohl über andere Kriegserlebnisse, aber nicht »darüber« sprechen können, weil es ein traumatisches Erlebnis war[45]; sei es, dass sie es verstecken, als hänge ihnen dadurch immer noch ein Makel an. Sie berichten selbst als Augenzeuginnen mit einer gewissen Scheu, malen meist keine Einzelheiten aus und gehen rasch darüber hinweg. Am liebsten erzählen sie, mit wieviel List, Glück und Resolutheit (die aber auch das Gegenteil bewirken konnte) es ihnen gelang, davonzukommen.[46] In den allerersten Tagen halfen auch alle diese Tricks nichts. Die Vergewaltiger machten nicht einmal vor Kindern, Greisinnen, Kranken, Wöchnerinnen und Sterbenden halt. Am wehrlosesten waren die Frauen, die auf der Flucht von der Roten Armee überrollt wurden. Die oft gerade bei diesen schrecklichen Begegnungen buchstäblich zu Tode vergewaltigten und gemarterten Frauen können nicht mehr erzählen. Die ersten Tage waren die gefährlichsten. Später scheuten die Soldaten die Öffentlichkeit und Lärm immer mehr, weil Vergewaltigungen verboten waren und auch geahndet wurden.

Fast ebenso groß wie vor der Vergewaltigung war die Angst, gefangengenommen und in die Sowjetunion verschleppt zu werden. Auch dieses Schicksal traf nicht wenige Frauen.[47]

Neben diesen elementaren Bedrohungen ließen sich andere Ausschreitungen der sowjetischen Besatzungstruppen leichter verkraften, obwohl sie für die Betroffenen leidvoll, ja existenzgefährdend sein konnten, so die brutalen und absichtlichen Verwüstungen, die offenbar lustvolle Zerstörung wertvoller und unersetzlicher Dinge, bei den Russen meistens in Verbindung mit wilden Saufgelagen und planlosen Schießereien. Demgegenüber wurden die Requirierungen von Gegenständen, besonders von Uhren und Fahrrädern, fast mit einem gewissen humorvollen Fatalismus hingenommen.

Vielen Frauen fiel auch das Unverständnis für zivilisatorische Einrichtungen auf, z.B. der merkwürdige, geradezu belustigende Umgang mit Toiletten. Darin sahen viele den Beweis für zivilisatorische Rückständigkeit, ja Kulturlosigkeit. Dass nicht nur unvorstellbarer Schmutz, sondern haufenweise Fäkalien an allen nur denkbaren Orten hinterlassen wurden, erwähnen fast alle; es wurde als fast atavistisches Zeichen der Missachtung gegenüber den Besiegten empfunden.

Manche beobachteten auch plan- und zwecklose Demontagen, die den Siegern gar nichts nützen konnten, weil sie ohne jede Fachkenntnis ins Werk gesetzt wurden.

Es ist allen Frauen klar, dass nicht alle Russen fortgesetzt Frauen vergewaltigt oder sich in Vernichtungsorgien ergangen haben. Was sie aber mehr als alles belastet hat, besonders auch verglichen mit der westlichen Besatzung (nicht wenige haben ja beide hintereinander erlebt), war die Willkür, der plötzliche, oft unerklärliche Stimmungsumschwung, das auf Gnade und Ungnade Ausgeliefertsein. »Es kann jeden Augenblick etwas Schlimmes passieren«, war die vorherrschende Stimmung. Dieses Gefühl wurde noch verstärkt durch die »Sprachlosigkeit«, die zwischen Deutschen und Russen herrschte. Man konnte sich in der fremden Sprache einander kaum verständlich machen.

Aus den Schilderungen einiger Frauen geht aber auch hervor – und das sollte nicht verschwiegen werden –, dass sich in die Ausschreitungen des »Feindes« auch Ausschreitungen ihrer deutschen Mitbürger mischten. Deutsche nahmen Gelegenheiten zum Plündern wahr, zeigten oft wenig Solidarität, »verpfiffen« einander um eigener Vorteile willen.

Freundlich erscheinen die Erinnerungen an die Russen schon dann, wenn einmal »nichts« passierte, weil man so gar nicht damit rechnete. Aber auch Schutz vor Gewalt durch Einzelne, keineswegs nur durch Offiziere, sondern auch einfache Soldaten, Geschenke an Lebensmitteln von den eigenen kargen Rationen, Hilfe in schwierigen Situationen, viele kleine Gesten, nicht nur Kindern gegenüber, werden berichtet, und zwar nicht nur als die berühmten Ausnahmen, wie schon an unseren wenigen Beispielen unschwer zu erkennen ist. Es war offenbar möglich, und das ist erstaunlich angesichts der Verhetzung auf beiden Seiten, gegenseitig nicht nur den Feind, sondern den Menschen zu sehen.

Vergewaltigungen
Besondere Beziehungen der Frauen zu den Siegern

Die Beziehungen der Frauen als Frauen zu den vormaligen Feinden waren vielfältiger und nicht nur gewaltsamer Natur. Es gab auch durchaus freiwilliges Sich-Einlassen mit den Männern in verschiedenen Spielarten: harmloses »Fraternisieren«, »Verhältnisse«, Prostitution, aber auch Freundschaft, Liebe und Ehe. Die Grenzen waren fließend. Daneben gab es noch durchaus sachliche Arbeitsverhältnisse und Kollegialität.

Zunächst müssen wir nochmals auf die *Vergewaltigungen* zurückkommen. Mich interessierten nicht nur die Erlebnisse als solche, sondern auch die Reaktionen der Frauen und der Umwelt auf dieses Massenphänomen am Ende des Zweiten Weltkriegs. Weder in der deutschen Nachkriegsöffentlichkeit noch in der historischen Wissenschaft wurde dieses Thema gebührend beachtet, geschweige denn bearbeitet.[48] Dabei waren schätzungsweise mehr als zwei Millionen Frauen davon betroffen.[49]

Die Reaktionen der Betroffenen waren ganz verschieden. Einige stellten lediglich sachlich das Faktum fest und konnten sich schon damals innerlich davon distanzieren, andere fühlten sich in ihrer Würde als Frau völlig vernichtet und gingen mit Selbstmordgedanken um, wussten auch von Bekannten und Freundinnen zu berichten, die sich »danach« umbrachten.

Wie lassen sich diese unterschiedlichen Reaktionen erklären? Sicher gab es mehr oder weniger brutale Vergewaltiger, mussten Frauen mehr oder weniger körperliche Torturen durchstehen, trugen sie mehr oder weniger physische Verletzungen davon.[50] Das aber reicht zur Erklärung nicht aus. Entscheidend war die innere Einstellung zu diesem Gewaltakt. Jene Mädchen und Frauen, die die bürgerliche Sexualmoral mit der Ineinssetzung von weiblicher Unberührtheit und ihrem Wert als Frau internalisiert hatten, mussten sich »entwertet« vorkommen. Sie fühlten sich »geschändet«, ohne die Perversität des Begriffes zu durchschauen, der die Schande dem weiblichen Opfer und nicht dem männlichen Täter zuschreibt.[51] Frauen, die diese Moralvorstellung von vornherein nicht teilten, und das waren vor allem die »einfachen«, nichtbürgerlichen Frauen oder allgemein solche, die sich davon freimachen konnten, denen es gelang, ihren Körper von ihrem eigentlichen Selbst gleichsam abzuspalten, konnten sich viel leichter damit abfinden, auch wenn sie den Gewaltakt nicht sofort »wegstecken« konnten. Wenn sie nicht physisch krank und siech wurden[52], konnten sie diese gewiss auch schlimme Erfahrung einreihen in die allgemeine Not des Krieges. Andere Notlagen und Existenzsorgen waren womöglich noch drückender.[53]

MARTHA L. (1914): »Am nächsten Morgen kamen sie an ... und denn hatt' ich 'ne Kammer, und da hatte ich Spiritus und Wein und Flaschen und alles so... Da ham sie die Flaschen alle ausgeleert und alles auf den Fußboden hingegossen, verstehst? Ham se wohl Schnaps oder was gesucht. Na, und dann sagt der eine zu mir, ich soll mit raufkommen. ›Nö‹, sag ich, ›ich nicht raufkommen.‹ Ich soll gehen! ›Warum?‹ Und nu sagt er schon: ›Du mitkommen mit mir auf Heuboden!‹ Da wusste ich ja, was...dann...also... Und dann hat er sich da an mir da, und mir blieb weiter nichts übrig (*sehr leise*) ... Da hab' ich mich so erschrocken, da hab' ich gerade meine Tage gekriegt, und dann hat er sich alles vollgeschmiert gehabt, nich (*schadenfrohes Auf-*

lachen)! ›Ibcha krev!‹ sagt er, das weiß ich so wie heute noch (*lacht*), ›Ibcha krev!‹ Wie das heute heißt, das weiß ich nicht, ›Verdammte ... ‹ oder? Ich weiß es nicht. Aber das weiß ich noch, ›Ibcha krev!‹ hat er gesagt... Nu war alles voll und nu sollte ich ihm das auswaschen. Dann hab' ich ihm das 'n bisschen rausgewaschen, und dann kam er raus und hat sich noch ein bisschen versteckt, und dann hat der eine Bauer gesagt: ›Ach, Frau L., das haben Sie recht gemacht!‹ Der hat aber gedacht, ich hätte ihn bepinkelt (*amüsiertes Lachen, mit der Faust auf den Tisch schlagend*). Der Fall war erledigt. Und nun hatten wir ja auch kein Brot und kein nichts und gar nichts (*leise*), und das war gerade vor Pfingsten ... und dann haben sie an die Fenster geklopft, nachts, und haben da reingeguckt, und wie und was ... wir ham uns ja auch alle versteckt. Und 'ne alte Frau, die Nachbarin, die hat immer aufgepasst, ob wer kam und so, und wie und was. Und dann hat sie immer geschrien. Wir haben gesagt, öfters, so kann's nicht weitergehen. Dann kamen sie auch mal wieder an, besoffen, aber nicht von unseren da, nicht von unserem Kreis, die kamen von weiter her, verstehst ... von überall her, das waren Fremde (*erregt*). Und dann kamen sie auch wieder an, und dann bin ich aus dem Fenster gehopst, hinten raus, und dann ganz hinten rum und dann in den Teich. Hab' ich bei mir gedacht (*kaum hörbar*): ›Tauchste unter und denn biste erledigt! Christel (*ihre kleine Tochter*) kommt schon durch, nich, die geht dann zur Oma... ›Nachher gingen die doch vorbei... Und dann weiß ich, das war *ein* Tag vor Pfingsten, dann sind wir Frauen alle nach Bütow. Na, und denn kamen wir dort zu dem Kommandant, und dann sagt er, es soll eine reinkommen, und dann haben die anderen Frauen gesagt: ›Martha, da gehst du.‹ Und, na ja, ich hatte keine Hemmungen. Ich denk auch, dir kann nichts mehr passieren. Hab' alles geschildert, wie's wirklich war, und dann sag ich dem Kommandant, wir kriegen Tag und Nacht keine Ruhe nicht, und abends da kommen immer Fremde, und ob er mir nicht, ob er uns nicht irgendwie verstärken könne. Mit Verstärkung wäre schlecht, sie hätten auch keine Leute, so ungefähr. Und dann hab' ich gesagt, ich möchte doch wenigstens bitten um ein Dokument, das dann, wenn die kommen, man zeigen kann, dass das nicht sein darf und so... Dann hat er was aufgeschrieben, ich wusste aber nicht, was draufsteht... Und dann hab' ich einen kleinen Beutel mir genäht und hab' den Beutel um den Hals... Und dann ham sie sämtliche Schweine, alles weggeholt, alles, alles weggeholt von den Bauern und auch ... die Kühe, und das hatten sie ja vorher schon alles rausgetrieben, die Russen, nicht, alles zusammen, und dann mussten wir die halbe Nacht aufstehen und mussten die Kühe melken und immer in den Rasen rein, damit die Kühe bloß keine schlimmen Euter kriegten, verstehst du.

I: *Ihr durftet die Milch nicht auffangen für euch?*

L: Och, och, wir haben aufgefangen, aber welche Kühe hatten schon die Maul- und Klauenseuche, verstehst du? Aber wir mussten ja die Kühe melken, die haben die nachher alle weitergetrieben, welche hatten solche großen Euter, und mir ham se auch meine Kuh weggenommen, die Stärke weggenommen ... und Schweine ... Eines hab' ich schwarz geschlachtet, ein Schwein, aber ich hab' geschwitzt, da denke ich heute noch dran ... und dann ham wir auch manchmal in der Gemeinschaft was verteilt... Und dann war ein Problem. Wenn wir tagsüber auf dem Feld

geschafft haben, dann kamen die an, und dann haben sie sich junge Mädchen rausgenommen und sind weggefahren... Und dann war Heukommando, mussten wir draußen schlafen, und da waren auch welche dabei, die konnten auch schon ein bisschen Deutsch, und da hab' ich gesagt zu dem einen, er möchte mir doch das erklären, was da draufsteht, und dann hat er gelacht. Dann hat er gesagt: ›Da steht drauf, sie sollen diese Frau in Ruhe lassen, sie ist geschäftlich beim Kommandant.‹
I: *Aber nur für dich halt?*
L: Ja, bloß für mich. Nu war mir klar. Jedes Mal, wenn ich angekommen bin mit meinem Dokument, dann ham sie immer gesagt, ich Kommandant in Hose! ... Wie oft wollten sie mich erschießen! Ja, Fremde waren das dann, denn wenn ich nicht mitgegangen bin oder so. Hab' ich gesagt: ›Ich Kommandant in Hose!‹ Und wie oft haben sie in meinem Hof geschossen... Und dann sind sie wieder ab... Und dann, wie ich das Schwein geschlachtet hab, haben Christel und ich einen Ziehwagen genommen ... sind wir über die Straße nach Melz gezogen, nach meinen Eltern. Wir haben eins vom andren nichts gehört, ob die noch leben oder nicht... Und wie wir nach Hause kommen, meine Geschwister! Eine war im Kleiderschrank versteckt, die anderen waren im Kornfeld versteckt und so. Mein Vater kriegte Bescheid mit noch den Männern da, sie müssten nach Melz zum Rüben Verladen... ›Ach‹, sagte meine Mutter ... ›ach Kind, warum bist du bloß gekommen?‹ Ich hatte ja die Bescheinigung... Da war ich mir ja etwas sicherer. Die ließen mich dann auch viel in Ruh, ich hatt' mir immer ... hatten wir uns immer, wenn die ein Huhn geschlachtet haben oder ein Schwein, das Blut aufgefangen und haben uns überall damit beschmiert.«

In der ganzen Art, wie Martha L. erzählt, ist die Vergewaltigung zwar das zentrale Thema, sie ist auch einmal nahe daran, ihrem Leben ein Ende zu machen, aber es ist keine Frage der Ehre oder Schande. Es ist einfach die Tatsache, dass die Frauen Tag und Nacht keine Ruhe hatten vor ihren Peinigern. Sie zeichnet sich durch besondere Beherztheit aus, indem sie sich die Bescheinigung vom Kommandanten erwirbt und findet einen guten Ausweg, die Soldaten abzuschrecken, aber wirklich sicher ist sie damit natürlich nicht. Ähnlich brutal sind die Drohungen mit Erschießen, ist die unterbrochene Verbindung zu den Eltern und Verwandten. Um über sie etwas zu erfahren, riskiert sie den weiten Weg nach Hause. Dort ist es dann die Sorge um den Vater, die die Familie bedrückt, auch die Sorge um die Geschwister. Überlebensnotwendig ist, dass man sich irgendwie etwas zum Essen besorgt, und sei es durch das verbotene und deshalb besonders gefährliche Schwarzschlachten. Sie meistert die Situation nicht nur für sich allein, sondern gibt allen Frauen des Dorfes ihren Patent-Tip, offenbar mit großem Erfolg.

Die märkische Gutsfrau CLARA VON ARNIM (1909) erlebte die Vergewaltigung als »Gestoßensein in einen Abgrund von Verlassenheit und Verzweiflung«, aber sie kommt mit sich selbst darüber ins reine:

»Dass sie (*die Russen*) selbst, unwahrscheinlich genug, fast ebensoviel Angst hatten wie wir Frauen vor ihnen, die wir doch unbewaffnet und ihnen völlig ausgeliefert waren, erfuhr ich erst sehr viel später. Sie fürchteten sich vor den deutschen Soldaten oder Partisanen, die wir versteckt haben könnten, als sei die Rede vom Werwolf nicht bloße Propaganda, sondern gefährliche Wirklichkeit. Uns, die wir ihre Opfer wurden, erschienen sie als eine Meute von Wilden.

Das war nicht nur das Ergebnis der Goebbelsschen Propaganda, unser aus Schrekken und Abscheu geborener Hass hatte tiefere Wurzeln. Der Mythos von der reinen und keuschen deutschen Frau war ja nicht eine Erfindung der Nazis, er war ein Erbe der viktorianisch-wilhelminischen Periode in Europa, einer Zeit extremer Männerherrschaft, in der die Männer sich jede Art von Seitensprüngen genehmigten, aber ihre ›eigenen‹ Frauen in eine Art imaginären Tempel versetzt hatten, den zu verlassen für diese mit sozialer Ächtung verbunden war.

Vergewaltigt zu werden bedeutete für uns deshalb nicht nur den extremen psychischen Schock, den jede Frau durchlebt, wenn sie von einem Mann als physisches Objekt missbraucht wird. Es bedeutete darüber hinaus den Fall ins gesellschaftliche Nichts. Es gab damals viele Frauen, die Selbstmord begingen, weil sie meinten, die Schande, vergewaltigt worden zu sein, nicht überstehen zu können.

Die Horde Männer nun, die da hereingekommen war, war besonders groß und schlimm. Das junge blonde Kinderfräulein, das häufigste Opfer unter uns, wurde hinausgezerrt. Plötzlich setzte sich ein Kerl neben mich und fing an, sich mit den Bilderbüchern zu beschäftigen. Wie töricht war es doch von mir gewesen, zu glauben, dass ich durch die Kinder geschützt sei! Die Kinder! Die Kinder! In mir war die Kraft und der Wille einer Löwin, sie zu verteidigen, und doch wurden mir schließlich die Knie weich, als das Ballern der Maschinenpistolen zwischen den Köpfen der Kinder mich um ihr Leben bangen ließ. Willenlos ließ ich mich hinausziehen wie zu einer Exekution.

Im Exekutionszimmer, einem der vielen Gästezimmer im oberen Stock, warteten mehrere Henkersknechte auf mich. Der erste, soviel erinnere ich mich noch, war relativ sauber, hatte eine Lederjacke an mit einem Blechabzeichen in Form eines Flugzeugs, und ich schrie: ›Es kann nicht sein!‹ und sagte mir, mir ist doch unwohl, er *muss* mich in Ruhe lassen.‹ Dann packten grobe Hände zu. Du röchelnde Bestie! Kampf, Ohnmacht, durch den Kopf hämmerte mir nur noch ein Gedanke, und ich klammerte mich daran wie an einen Rettungsring: ›Das bist nicht du selbst, nein, nicht du, nur der Körper, der elende Körper! Du bist weit, ganz weit weg.‹ In einem Moment kurzen Erwachens entrang sich mir das Stoßgebet: ›Lass mich hinaus, schütz mich vor den anderen, lass es bei dem einen!‹

Ich versuchte um jeden Preis, mich dem Kerl verständlich zu machen, drückte ihm dieses und jenes in die Hand, ein Feuerzeug, Zigarette. Es nutzte nichts. Einer nach dem anderen bemächtigte sich meiner, fünf oder sechs. Ich weiß nicht mehr, wie viele, ich war nicht mehr anwesend, es zog an mir vorüber wie ein Höllenspuk. Einer hatte eine Tatarenmütze auf, einer lachte immerzu, einer sagte besänftigend oder höhnisch ›Maruschka‹ oder so ähnlich – vorbei! Nur zurück zu den Kindern, war mein erster Gedanke, aber dann schoss es mir durch den Kopf: Sollte ich nicht besser in den See gehen, vergessen, ausruhen, diesen schmutzigen Leib abwerfen? Wie würdest du, Vaterchen (so nannte ich Friedmund, *ihren Mann*), es ertragen, wenn du es erführst? Wie gut, dass ich nicht in Zernikow bin. Dann lebtest du jetzt wohl nicht mehr, sie hätten dich meinetwegen umgebracht. So lebst du jetzt noch und erfährst es vielleicht nie? Also denk an die Kinder, nur an sie! Schnell zurück zu den Kleinen!

Gebrochen schwankte ich zu ihnen hinein. Irgend jemand steckte mir eine Zigarette an, das tat gut in der Lunge, in den Gliedern. Die Knie wurden fest, und der Kopf saß wieder halbwegs auf den Schultern.

Ein Blick auf meinen Vater erweckte Mitleid mit ihm. War er nicht ausdrücklich zu unserem Schutz hier, und nun fand er sich, der Zweiundsiebzigjährige, in einer so ohnmächtigen Lage. Ich wusste, wie verächtlich er sich deshalb vorkommen musste.

Dann begann er, etwas von ›Ehre‹ zu stammeln. Wie ich ›Ehre‹ hörte, fuhr ich auf, irgendeine Kraft stärkte mich und gab mir die Worte ein: ›Red jetzt nicht von Ehre, das ist völlig fehl am Platz! Wir haben alle noch unsere Ehre, was auch geschehen ist. Der Krieg ist eben noch ›totaler und radikaler‹ geworden, als wir uns das vorgestellt haben! Dieses eine Mal hat Goebbels nicht gelogen! Du redest als Soldat von Ehre, nun gut. Jetzt sind wir Frauen verwundet. Wir haben unsere Kriegsverletzung erhalten wie Soldaten.‹ Und zu den Frauen gewandt: ›Es traf den Körper, der ist vergänglich – Kopf hoch, deswegen werden wir doch keine Dummheiten begehen!‹«[54]

SABINE K. (1926) schreibt in ihr Tagebuch am 3. Mai 1945: »Am meisten hatte noch Mutti Angst. Sie redete mir immer gut zu, das sei eben eine Gewalttat, die ja am Menschen nichts ändere… Am tapfersten war eigentlich Mutti; sie sagte immer wieder, wir müssten durchhalten, es würde ja sicher alles wieder besser. Diese Kerls seien ja nur Marodeure.«[55]

Nicht alle vermochten so überlegen mit dem gewiss Abscheulichen umzugehen, das ihnen Widerfahrene als »Kriegsverwundung« einzustufen, die »nichts am Menschen ändert«. Für viele blieben die Beziehungen zu Männern gestört. Am leichtesten hatten es noch die, die überhaupt die sexuellen Beziehungen zwischen Mann und Frau nüchterner und illusionsloser ansehen konnten. Schwerer war es für die, die sich ideale und »reine« Vorstellungen von Liebe und Ehe und auch von den Männern gemacht hatten.[56] Für sie lag der seelische Schock noch in etwas anderem: Sie mussten erleben, dass »normale« Männer, die ganz offensichtlich nicht geistesgestört waren, es fertigbrachten, Geschlechtsverkehr nicht nur ohne Liebe, sondern sogar mit Hassgefühlen und Schmerzzufügung lustvoll zu erleben. Einer normal empfindenden Frau musste dies unvorstellbar sein. Die Männer mussten ihr als sadistische Bestien erscheinen. Dies hatte Folgen für ihre künftigen Beziehungen zu Männern. Manche waren nicht mehr oder lange nicht zu intimen oder überhaupt näheren Beziehungen in der Lage. Besonders tief verstört, ja zerstört waren die ganz jungen Mädchen, oft Kinder, die gar nicht begriffen, was mit ihnen geschah, und überhaupt keine Möglichkeit hatten, irgendeine Distanz zu der Quälerei zu gewinnen.

Aber es gab auch Frauen, die sich – wenn sie sich dem Unvermeidlichen nicht mit List oder Glück entziehen konnten – nicht einfach »stumme Beute« bleiben wollten, sondern ihr Schicksal selbst in die Hand nahmen und sich beispielsweise selbst einen Offizier »anschafften«, der sie dann vor anderen potentiellen Vergewaltigern beschützte[57], oder die sich an den Kommandanten wandten, wie das Beispiel von Martha L. zeigt.

Ob es gelang, das seelische Trauma der Vergewaltigung zu überwinden, hing nicht allein von der eigenen Ich-Stärke, unabhängigem Denken und unkonventionellem, mutigem Handeln, sondern auch vom Verhalten und den Reaktionen der Umwelt ab.

Dass man ein »kollektives Schicksal« teilte, half vielen Frauen.[58] Sie sprachen sich aus mit Leidensgenossinnen und konnten dabei sogar nicht wenig makabren Witz und Galgenhumor entwickeln, untermischt mit Spott und fast ein wenig Mitleid mit den »Helden«. Sie stützten sich gegenseitig. Die anonyme Frau aus Berlin konnte sagen: »Überhaupt fangen wir an, den Schändungsbetrieb humoristisch zu nehmen, galgenhumoristisch.« Und: »Wir haben mit der Zeit einen seltsamen Jargon entwickelt, reden von ›Majorszucker‹ und ›Schändungsschuhen‹, von ›Plünderwein‹ und ›Klaukohle‹, von ›Essen anschlafen‹.«[59]

Genauso wichtig war das Verhalten der Ärzte und Krankenhäuser, denn die Angst vor einer Schwangerschaft war mit das Schlimmste an der Sache.

Die Erzählungen meiner Gewährsfrauen, die als Krankenschwestern mit Vergewaltigten zu tun hatten, lassen Abtreibungen als problemlos erscheinen. Dagegen stehen Aussagen anderer Frauen in der Literatur und Dokumente, die ich an dieser Stelle wenigstens kurz andeuten möchte, ohne ihre Repräsentanz oder Wirksamkeit belegen zu können. Ingrid Schmidt-Harzbach[60] erinnert mit Recht daran, dass der § 218 in Kraft war, der Schwangerschaftsabbrüche grundsätzlich verbot, bei »ethischer Indikation« aber Ausnahmen zuließ. Sie erklärt die »liberale Großzügigkeit« von Behörden und verantwortlichen Personen, mit der unter Anwendung der ›ethischen Indikation‹ abgetrieben werden konnte, auch mit der ›legalen Absicherung‹ durch einen Erlass des Reichsministers des Inneren vom 14.3.1945 (sic!) über die ›Unterbrechung von Schwangerschaften, die auf eine Vergewaltigung von Frauen durch Angehörige der Sowjetarmee zurückzuführen sind‹[61], wobei sie offenlassen muss, wieweit dieser Erlass den damit befassten Ärzten und Gesundheitsämtern bekannt war. Der Antrag auf offizielle Zulassung der ethischen Indikation, der im Berliner Magistrat von Prof. Sauerbruch und dem ev. Probst Heinrich Grüber eingebracht wurde, wurde von den Kommunisten und Katholiken abgelehnt. Die Abtreibungen kurz nach Kriegsende spielten sich also in einer rechtlichen Grauzone ab; sie wurden im allgemeinen ambulant und ohne Narkose vorgenommen. Es ist anzunehmen, dass nicht alle Frauen verständnisvolle Ärzte fanden oder sich leisten konnten, dass sie überhaupt Angst hatten, sich zu exponieren.⁶²

»So kursierten damals Adressen von Frauen, die für ein Pfund Kartoffeln, Kaffee oder Zigaretten die Abbrüche auf dem Küchentisch vornahmen. Frauen mit mehr Geld, Schmuck oder Einfluss fanden immer einen Arzt, der ihnen ein Bett im Krankenhaus und medizinische Betreuung garantierte.«⁶³

Als ausgesprochen entwürdigend empfanden Frauen spätere gesundheitliche Überprüfungen, bei denen sie sich mit »Straßenmädchen« auf eine Stufe gestellt fühlten, auch vor der Öffentlichkeit.

EDITH H. (1912) kam kurz nach dem Krieg aus Berlin, wo sie vergewaltigt worden war, in ihre Heimatstadt Wertheim: »Da kam ein Schreiben aus Tauberbischofsheim ... ich müsste mich in T. melden, ich sei ja während des Krieges in Berlin gewesen. Und ich hab' den Fehler gemacht zu sagen, dass ich vergewaltigt worden bin, weil wir in Berlin bloß zueinander sagten: ›Wie oft warst denn du dran?‹ ›So und so viel‹, und damit war der Fall erledigt. Und ich hab' nicht gewusst, dass ich das in Wertheim nicht sagen durfte. Und dann ist das in T. gemeldet worden, und da haben die mich dabehalten. ›Es könnte ja sein, dass Sie eine Geschlechtskrankheit haben.‹ Ich war ja dauernd unter ärztlicher Beobachtung, vor allen Dingen grad wegen der Vergewaltigungen. Da haben die mich in einen Raum hinein, wo nur Straßenmädchen waren. Wir hatten ein gemeinsames Klo und einen Dreck! Und in dem anderen Trakt, da war Scharlach und ansteckende Krankheiten. Keiner hat die Hände gewaschen, die für einen zu sorgen hatten, oder hatte Handschuhe an... Und wir mussten jeden Tag, vormittags und nachmittags, nackt hintereinander anstehen, vor den anderen uns auf die Bank legen und uns untersuchen lassen. Von deutschen Ärzten!... Das war noch schlimmer als das andere (*sie meint die Vergewaltigungen*). Und da war dann eines von diesen Straßenmädchen, wenn die mich gesehen hat, hat sie geschrien: ›Hallo, Edith, wie geht's dir dann?‹ Da hätt' ich doch früher gar nichts geredet. Da musste ich damit rechnen, dass die sagt, die war bei denen. Das Daheimsein war dann sehr schlimm, ja.«

Am wichtigsten aber war für alle Frauen, wie der Ehemann und die Familie reagierten. Es gab viel Verständnis, aber auch unfassliche Roheit als Folge der männlich bestimmten Sexualmoral. Sie machten den Frauen Vorwürfe, als seien sie mit schuld daran, bestraften sie mit Missachtung, »verstießen« sie und zwangen sie sogar zum Selbstmord oder trieben sie indirekt durch ihr Verhalten dazu. Das alles im Namen der »Ehre« und für das, was Männer ihnen angetan hatten.

Diese absurde Sexualmoral prägte auch das Klima der Nachkriegszeit. In diesem Klima mussten sich Frauen, denen Schreckliches widerfahren war, auch noch stigmatisiert vorkommen. Sie versuchten, das alles möglichst rasch zu verdrängen oder zu vertuschen, um »keinen Ärger mit der Familie« zu bekommen. So erklärt sich auch mit die bis heute anhaltende Hemmung, offen darüber zu reden.

Weitgehend im Dunkeln liegt bisher das Schicksal der Frauen, die nach Vergewaltigung unfreiwillig oder möglicherweise auch freiwillig ein Kind bekamen.[64] Lang anhaltende gesundheitliche Schäden sind vielfach belegt.[65] Sie gehören zu den Nachwirkungen des Krieges und sollen in diesem Zusammenhang nochmals aufgegriffen werden.[66]

Man könnte annehmen, dass Frauen, die so unmittelbar am eigenen Leibe unter den Besatzern gelitten haben, ganz besonders starke Hassgefühle gegen diese entwickelt hätten. So eindeutig ist es aber nicht gewesen, wie wir beim Stichwort »Revision des Feindbildes?« sehen werden.

Aus den Stellungnahmen von Ärzten und Kirchen (aber auch von einigen meiner Gesprächspartnerinnen) zur Frage der Abtreibung lässt sich Misstrauen gegen Frauen herauslesen, die behaupteten, sie seien vergewaltigt worden. Vermutet wird *freiwillige Prostitution* oder ein uneheliches *Verhältnis*, bei denen man sich vor unerwünschten Folgen schützen wollte. Die Grenzen sind natürlich schwer zu ziehen, ebenso die Grenzen zwischen einem gelegentlichen Flirt, einer kurzzeitigen Bekanntschaft ex- oder inklusive Intimitäten und einer ernsthaften und tiefergehenden Liebesbeziehung, die auch zur Ehe führen konnte.

Ich habe keine Frau gesprochen, die sich zur Prostitution oder zu einer freiwilligen intimen Beziehung zu einem Soldaten der Besatzungsarmee bekannt hat, obwohl es solche Verhältnisse häufig gegeben haben muss. Auch hier liegen Grenzen der Oral History, die nicht so leicht zu überwinden sein dürften. Wohl aber haben sich zahlreiche Frauen über andere geäußert, bei denen sie derartiges beobachtet zu haben glauben. Der Ton ist manchmal sachlich konstatierend, öfters wird auch die »Blitzableiterfunktion« solcher »leichten Mädchen« anerkannt. Meist wird verächtlich von ihnen gesprochen und die eigene Distanz zu solch »unwürdigem Verhalten« deutlich markiert.

ELISABETH M. (1920): »Ich ging ja wieder eine Weile in Sigmaringen ins Krankenhaus, habe da jede Woche jeden Tag zwei, drei, vier bis zu sechs abrasio gemacht. Die Mädchen, die kamen, die angeblich vergewaltigt waren, konnte man ja nicht prüfen. Eine einzige kam mit zerrissener Bluse und gesträubten Haaren und heulend und dreckig. Die hatten sie also vom Rad gerissen. Hat der Arzt gesagt: ›Der glaub' ich's, aber die anderen ... ?‹«

HANNELORE S. (1927), in der Besatzungszeit in Radolfzell: »Zum Glück wohnte uns gegenüber eine junge Frau, die sich um die Franzosen, besonders um den afrikanischen Offizier, der sehr sauber und gepflegt daherkam, ›liebevoll annahm‹. So hatten *wir* weitgehend unsere Ruhe. Helene, so hieß diese junge Frau, hatte offenbar mächtig viel zu tun, es war ein ständiges Kommen und Gehen in der Straße, Türen schlugen zu, Gelächter und hinreißende Verabschiedungsszenen sorgten für nächtliche Unruhe, die uns bald mehr zu schaffen machte als die ganze ›Besatzerei‹. – Tagsüber, wenn die geplagten Nachbarn zur Arbeit mussten, schlief die Dame und erholte sich dabei recht gut von ihren nächtlichen Abenteuern. Materiell ging es ihr auch nicht schlecht, die Franzosen sorgten für eine reichhaltige Auswahl von Lebensmitteln in der Speisekammer; teils brachten sie kostbare Gaben aus ihren eigenen Armeebeständen mit, aber öfter als uns lieb war, fehlte auch bei uns mal ein Huhn, oder die Stallhasen des Nachbarn waren verschwunden. Großzügig verteilte sie aber auch etwas von ihren Schätzen in der Nachbarschaft.«

DOROTHEA G. (1914): »Unsere Wohnung wurde beschlagnahmt, russische Offiziere zogen ein. Ein Zimmer durften wir behalten, dafür musste ich die Bedienung übernehmen. Das hatte den Vorteil, dass ich gelegentlich einen Hering oder ein Stück Wurst stibitzen konnte, musste aber je nach Bedarf mit den Russen feiern. Nach Wodka, wasserglasweis, erhielt ich eine Alkoholvergiftung, konnte danach für viele Jahre überhaupt keinen Schnaps mehr riechen. Unsere Wohnung verwandelte sich in eine Art Bordell. Deutsche Mädchen standen abends vor der Haustür, immer schon auf Abruf bereit.«

Solche Aussagen wechseln mit verständnisvollen Stimmen. Unter den Berliner Frauen, von denen berichtet wurde, war wohl keine, die einen Stein auf eine Leidensgenossin geworfen hätte, wenn sie sich z. B. einen Offizier als Beschützer »hielt«. In anderen Regionen ist das nicht so selbstverständlich gewesen.

Dass solche »Verhältnisse« auch eine Überlebensstrategie für die Frauen selbst und für ihre Familien bedeuten konnten, räumen einige Frauen ein.[67]

Die anonyme Berlinerin, die sich selbst einen russischen Major zum Beschützer erkoren hatte, in ihrem Tagebuch am 7.5.1945: »Übrigens berichtete er mir von den beiden Sauf- und Jubelschwestern, die in die verlassene PG (Parteigenosse)-Wohnung eingerückt sind. Unter den Namen Anja und Lisa sind sie offenbar unter den russischen Offizieren sehr populär. Eine der Schwestern hab' ich auf der Treppe gesehen: sehr hübsch, schwarz und weiß, groß und zart. Der Major berichtete achselzuckend und leicht geniert von dem munteren Treiben der beiden Frauen: Man habe ihn heute am hellichten Vormittag in die Wohnung gebeten, wo die Mädchen mit zwei Männern zu Bett gelegen und ihn lachend aufgefordert hätten, sich dazu zu legen – ein Angebot, das den gutbürgerlich denkenden Major noch beim Erzählen schockierte. Ein Anziehungspunkt für die Russen soll auch das sehr niedliche dreijährige Söhnchen der einen Schwester sein – der Major sagt, dass es schon drei Worte Russisch plappert und von den männlichen Besuchern nach Kräften verwöhnt wird.«[68]

RITA S. (1911): »Es waren sehr viele junge Frauen in Gschwend, deren Männer im Krieg waren, wie ich evakuiert mit Kindern. Die Amerikaner haben dann so Tanzabende veranstaltet, aber da sie gemerkt haben, dass die Frauen da ein bissle Scheu haben, hat man die Fenster mit Packpapier und Zeitungspapier zugeklebt, damit man nicht sieht, wer da hineingeht. Es war eben so, dass viele Frauen sicher ein sehr schweres Leben hatten, denn jetzt war der Krieg zu Ende und kein Einkommen, so dass die eben da hin sind. Und außerdem waren sie jung, ich hab' das gut verstanden.«

DORA G. (1927): »Nach Kriegsende gab es einige unter meinen Freundinnen, die sich schnell auf die Besatzungssoldaten einstellten, die ihnen schön getan haben, und sich sagten, ich lach' mir so schnell wie möglich einen Amerikaner oder einen Franzosen an. Ich hab' es gar nicht geschätzt... Sicher, ich fand nichts dabei, wenn man sich mit ihnen normal unterhalten hat. Aber dass man sich da was vergibt wegen Schokolade oder Kleidern oder sonst was ... mir hat das nicht gepasst. Ich war immer noch der Meinung, man soll seinen Stolz nicht wegwerfen. Natürlich muss man in Betracht ziehen, wie ausgehöhlt die Menschen waren. Man war ja preisgegeben. Man war durch die Mühle der Nazis und die Mühle des Krieges und die Mühle des Übergangs (*gegangen*), und jeder hat halt versucht, dass er irgendwie, irgendwo einen Platz findet.«

Insgesamt aber ist bei den Frauen die Neigung zu erkennen, recht undifferenziert zu urteilen und abzuurteilen, ohne die Beziehungen der Geschlechtsgenossinnen wirklich zu kennen. Nicht alle Mädchen, die z.B. aus einem Jeep stiegen, »hatten etwas« mit einem Amerikaner, sondern waren vielleicht nur aus Gefälligkeit oder in irgendeinem Auftrag mitgenommen worden.[69]

Dass es auch *Freundschaften* oder lose Beziehungen ohne jegliche Intimitäten gab, wird oft übersehen. Frauen waren keineswegs nur Sexualobjekte. Vielfach suchten die jungen Männer einfach etwas Anschluss, ein wenig menschliche Nähe, denn sie waren weit weg von der Heimat in einem fremden Land, in dem die Mehrzahl der Bevölkerung ihnen wenn nicht feindlich, so doch distanziert und abweisend gegenüberstand. »Unmoralisches Verhalten« wurde leicht auch denen angehängt, die wirklich einen Besatzer liebten und eine dauerhafte Verbindung anstrebten. Das Fraternisierungsverbot war nicht nur ein Verbot der Sieger, ihm entsprach auch ein moralisches Verbot auf deutscher Seite, das besonders auch von vielen national gesinnten Frauen geteilt wurde und z.T. bis heute gilt: Eine deutsche Frau lässt sich auf gar keinen Fall und auf keine Weise mit dem »Feind« ein! Viele, besonders ganz junge, vom Nationalsozialismus geprägte Mädchen weigerten sich, auch nur das Geringste von den Besatzungssoldaten anzunehmen, obwohl sie wahnsinnigen Hunger hatten.

ANGELIKA H. (1926): »Es waren zunächst mal Besatzer und waren *die Feinde!* Das Feindbild war ja ganz stark in einem festgemacht worden. Und also ich hab' immer, immer teils – wie soll ich sagen – eine Art schlechtes Gewissen gehabt, wenn man mit denen reden musste und wenn man mit denen was unternehmen musste, also Eisenbahn fahren und so ... hat sich gelegt... Wir hatten ja also unten ein Büro oder vielmehr die ganzen unteren Räume vom Bahnhof waren ja dann von einer amerikanischen Feldküche belegt, und mein Vater war ja dann so quasi außer Dienst, hat ja keine Arbeit gehabt und ist ein leidenschaftlicher Klavierspieler gewesen. Und er hat Klavier gespielt, und da waren also verschiedene amerikanische Soldaten, also wir haben im ersten Stock gewohnt, und die Soldaten haben also dann gehört natürlich und standen und haben gehört, und der eine, der muss wohl irischer Abstammung gewesen sein, der hat mal gebeten, ob er nicht raufkommen dürfte ins Wohnzimmer. Dann saß er also bei uns in der Sofaecke und hat stundenlang meinem Vater beim Klavierspielen zugehört und hat dann auch erzählt von seiner Familie, hat Bilder gezeigt, und ich glaub', er war auch katholisch ... ja, aber man hat noch im Hintergrund gesagt: ›Ja, ihr fraternisiert ja mit den Amerikanern!‹ (betont) Und ich weiß, an einem schönen Tag war bei uns im Hausgang unten ein Zettel, so abhektographiert, also: ›Ihr Verräter usw., ihr fraternisiert mit den Amerikanern.‹«

Die recht zahlreichen Geschichten und abfälligen Urteile über das »würdelose« Verhalten deutscher Frauen spiegeln eher die rigiden, von alten Feindbildern und von Selbstgerechtigkeit nicht freien Maßstäbe und die nicht verwundene »Schmach der Niederlage« wider als die Realität der Beziehungen. Das Bild dieser »Amiliebchen« oder »Russenflittchen« hat zu stereotype Züge, um wahr zu sein. Es sind meist Frauen gemeint, die schon vorher einen fragwürdigen Ruf hatten, meist »Ortsfremde«; sie nehmen es auch sonst mit der Moral nicht so genau, stehlen unter Umständen, sprechen dem Alkohol zu, sind arbeitsscheu usw.[70] Ich verzichte deshalb auf weitere Beispiele und plädiere für eine gründliche und auf Dokumente gestützte Aufarbeitung dieses ganzen Themas.[71] Zeitzeuginnen, die aussagewillig und aussagefähig wären, dürften kaum mehr auffindbar sein. Immerhin sollte beachtet werden, dass es »unmoralisches Verhalten« von Frauen und »leichten Mädchen« ohne eine entsprechende Nachfrage auf seiten der Männer nicht gegeben hätte. Die amerikanische Militärregierung verbot es, Namen der beteiligten Soldaten und Offiziere öffentlich, z. B. in der Presse, zu nennen. Auch eine evtl. Vaterschaft brauchte nicht anerkannt zu werden.[72]

Nicht ganz so schwierig ist es, Zeitzeuginnen zu finden, die Besatzungssoldaten oder -offiziere *geheiratet* haben, vor allem Amerikaner, aber auch Franzosen. Viele von ihnen wanderten aus. Einige dieser »Kriegsbräute« haben Autobiografien geschrieben[73], das Fernsehen hat einen ersten Versuch gemacht, die Geschichte von vier dieser Frauen nachzuzeichnen. Ich muss auf diese ersten Bausteine verweisen, denn unter meinen Gesprächspartnerinnen ist keine mit entsprechendem Lebenslauf.[74] Mir ist auch nichts bekannt geworden über Nachkriegsehen mit Russen.[75] Gab es Frauen, die »ihrem« Russen in sein Land folgten? Wie gestaltete sich das Zusammenleben? Fast gar nichts wissen wir über die Besatzungskinder. Dabei war ihre Zahl keineswegs gering.[76] Wie überwanden sie den doppelten, wenn nicht gar dreifachen Makel ihrer Geburt (unehelich und von einem »Feind«, womöglich gar von einem »Schwarzen« gezeugt)? Wie kamen sie in der von Vorurteilen geprägten Umwelt zurecht? Was wurde aus ihnen und ihren Müttern? Ich kann nur einige wenige der vielen offenen Fragen formulieren und hoffen, dass die historische Forschung sie aufgreift.

Aber auch Kontakte ohne erotische oder sexuelle Komponente wurden von manchen Frauen skeptisch und mit einer gewissen Herablassung, wenn auch nicht ganz ohne Verständnis betrachtet. Dabei scheint ein deutlicher Unterschied bestanden zu haben zwischen den »besseren Kreisen«, die auf Abstand hielten, und den »kleinen Leuten«, die leicht und gern *fraternisierten*«, wenn sich die Möglichkeit bot und sie Vorteile daraus ziehen konnten.

ANNELIESE W. (1921), ihr Haus war von Franzosen beschlagnahmt worden. Während bei den Amerikanern die Bewohner in der Regel das Haus verlassen mussten, nahmen es die Franzosen damit nicht so genau: »Und die kleinen Leute, die natürlich in ihrer bescheidenen Wohnung viel beengter waren, dadurch auch oft nur einen Soldaten, der reinkam und sich da an den Tisch setzte, hatten, aber nicht das ganze Haus genommen kriegten, die haben deswegen sehr schnell mit den Franzosen fraternisiert. Die haben dann mit denen zusammen Bratkartoffeln gebraten und das Zeug, was der hatte, wurde dann auf den Tisch gestellt, und alle haben das gegessen. Das fanden wir auch ganz schrecklich. Aber das war auch ganz verständlich.«

Frauen mit guten Sprachkenntnissen fanden verhältnismäßig leicht *Arbeit* bei den Besatzungsmächten, besonders bei Amerikanern und Engländern, oder, vermittelt durch die Besatzungsmächte, bei örtlichen Behörden oder anderen Dienststellen, die meisten als Dolmetscherinnen oder Sekretärinnen. Sie wurden meist fair behandelt. Einzelne »Arbeitgeber« kamen sogar zu Besuch in deutsche Häuser, unterhielten sich über die Familien, tranken zusammen Tee. In ihrer Position konnten diese Frauen zuweilen zwischen Besatzungsmacht und Bevölkerung vermitteln, Härten bei Ausquartierungen mildern, Beschlagnahmtes frei bekommen, lebensrettende Medikamente, z.B. das neue Penizillin, beschaffen. Frauen waren aber auch jetzt meist in untergeordneten Positionen beschäftigt; die oberen Stellen der Verwaltung wurden von den Alliierten mit Männern besetzt, den Frauen fehlten dafür Qualifikation und Erfahrung. Materiell litten die bei Amerikanern, Engländern oder Franzosen Angestellten keine Not. In der Zeit nach dem Kriegsende, als kein Wehrsold und keine Familienunterstützung mehr ausbezahlt wurden und es auch noch keine Unterstützung gab für Kriegerwitwen und Frauen, deren Männer vermisst oder gefangen waren, hielten diese Frauen sich und ihre Kinder mit diesem Verdienst über Wasser. Manche verdingten sich auch als Putz- oder Waschfrauen. Dadurch kamen sie an zusätzliche Lebensmittel.

In der sowjetischen Besatzungszone und in den ehemaligen deutschen Gebieten östlich von Oder und Neiße wurde die Bevölkerung zu Zwangsarbeiten verpflichtet, die sich bis weit in die Nachkriegszeit hineinzogen. Zahlreiche Frauen wurden auch in die Sowjetunion verschleppt. Vor ihrer Vertreibung wurde die ostdeutsche Bevölkerung zum größten Teil interniert, und die Menschen wurden ebenfalls als billige Arbeitskräfte eingesetzt. Von diesen Erfahrungen der Besatzungszeit handelt ein späteres Kapitel.

Andere Bedrohungen und Erfahrungen am Kriegsende

In der Zeit des »Umbruchs«, wie die Frauen oft sagen, ging eine Bedrohung aber keineswegs nur von den Besatzungstruppen aus. Für manche, je nach Wohnort und Vorgeschichte, konnten die befreiten Zwangsarbeiter und Kriegsgefangenen zu einer regelrechten Landplage werden. Auf vielen Bauernhöfen waren Fremdarbeiter und Kriegsgefangene beschäftigt. Nach der Besetzung, als sie sich als Sieger fühlen konnten, rächten sie sich für angetanes Unrecht an den Deutschen.[77] Oft standen ihnen die Frauen allein gegenüber, weil ihre Männer noch nicht zu Hause, in Kriegsgefangenschaft, gefallen oder vermisst waren. Die Frauen beschreiben, dass die »Befreiten« in Gruppen oder »Banden« durchs Land zogen und nicht nur unmittelbar Schuldige überfielen. Auch Morde kamen vor.[78] Später wurden diese heimatlosen Ausländer, besonders die Russen und Polen, als *Displaced Persons* (DP's) in Lagern zusammengefasst, was sie aber nicht hinderte, sich weiterhin wie Marodeure aufzuführen.[79] Viele von ihnen waren, im Gegensatz zu den Deutschen, bewaffnet.

Aus den Erzählungen der Frauen spricht ein starker Gerechtigkeitssinn im individuellen Fall. Am allgemeinen Unrecht des Krieges aber, der diese Zustände geschaffen und Menschen versklavt hatte, üben sie, bis auf Ausnahmen, keine Kritik. Das kollektive Schicksal dieser Menschen interessiert – aufs Ganze gesehen – nicht. Insgesamt erscheinen die DP's (der Terminus »Displaced Persons« wird von den Frauen kaum benützt) als »Masse« oder gar als »Bande«, nicht als Einzelwesen. Nur wo es über die Kriegsjahre hin zu persönlichen Kontakten gekommen ist, verhält es sich anders.

Zu den Ausnahmen, die das Unrecht an diesen Menschen beim Namen nannten und auch ganz persönlich erlebten, in welchem Zustand z.B. kriegsgefangene Russen waren, gehört die Bäuerin KATHARINA S. (1922). Sie erzählt, wie die Amerikaner mitten durch das Dorf in den Wald hinaufschossen in der Meinung, dort hielte sich noch deutsches Militär. Das waren aber gefangene Russen:

»Da sind ganze Haufen, Hunderte oder wie viele, sind da heruntergekommen und haben Zaunlatten und Sach weggerissen. Und da sind sie da runter ins Dorf gekommen und hinten rein in meiner Großmutter ihr Haus und rein in die Küche, und man hat so Hagermehl angemacht gehabt für die Schweine, gell, und die haben den ganzen Kübel ausgegessen, den Saukübel, den Schweinekübel haben die ausgegessen, so haben die Hunger gehabt.
I: *Ja, und die Russen sind dann hier plündernd durchs Dorf gerannt?*
S: Nein, geplündert haben die nicht, die haben nix gemacht, die haben nix geklaut. Und dann waren bei uns doch so viele Polen. Die hat auch der Hitler doch alle zwangsverschleppt da herauf. Das hätte der ja auch nicht tun brauchen, gell. Einfach so junge Leute, so wie ihr (*die Interviewerin war eine Studentin*), gell, einfach alle mitnehmen, und in einem fremden Land einfach schaffen müssen ...«

Bei der Schilderung einzelner Ausschreitungen wird meist ausdrücklich erwähnt, dass derjenige, den es traf, zuvor seine Gefangenen schlecht behandelt hatte. Sehr häufig und mit besonderer Genugtuung wird hervorgehoben, dass der »eigene« Franzose oder der »eigene« Pole oder Russe die Familie und den Hof vor seinen Landsleuten geschützt hat. Er konnte ja nicht nur mit ihnen in ihrer Sprache reden, sondern war auch glaubwürdig. Das hatte schon vorher beim Einmarsch geholfen und wird immer wieder erwähnt.

ANNELIESE F. (1916) war evakuiert bei einer Bauernfamilie: »Ein paar Tage später (*nach der Besetzung*) kam eine große Gruppe Ausländer den Berg hoch, um zu plündern. Es waren bestimmt 150 Menschen. Viele waren sicher auch während des Krieges schlecht behandelt worden, ganz abgesehen von der Vertreibung von zu Hause. Unsere Bauern fingen an zu zittern. André (*ihr Franzose*) hatte plötzlich ein Gewehr und sagte, indem er Mutter Kunz berührte: ›Du wie Vadder und Mutter, kei Angst, wir gehn.‹ Und die Ausländer aus allen vier Höfen kamen mit Waffen in den Händen und gingen auf den grölenden Haufen zu. Insgesamt waren ca. zwölf Ausländer auf den vier Höfen. Die standen nun da, die Waffen auf die große Menge gerichtet, welche ja auch bewaffnet war. Es gab eine kurze, laute Diskussion, und dann verließ der große Haufen das Plateau. Dieses Erlebnis habe ich nie vergessen. Es machte mir bewusst, egal, was auch andere mir einreden wollen, immer muss ich mich im Leben so anderen gegenüber verhalten, wie ich auch möchte, dass andere mit mir umgehen.«

Durch solche Beispiele wird das eigene gute Verhältnis zu den Fremdarbeitern in ein vorteilhaftes Licht gerückt. Zur Bekräftigung und zum weiteren Beweis wird öfters noch hinzugefügt, dass bis heute gute Kontakte bestehen, die auch belegt werden durch Besuche und Fotos. Gelegentlich kommen aber auch erschreckende Vorfälle zutage.[80]

So erzählt die vorhin zitierte KATHARINA S. (1922), dass auf dem Lindenhof eine entfernte Verwandte von ihr ein Verhältnis mit einem Polen gehabt hatte, dass dieser Pole gehängt wurde und alle Polen dabei zusehen mussten. Damit erklärt sie die spätere Rache der Polen, obwohl die Bauern des Dorfes ihre Polen im allgemeinen gut behandelt hatten.

Es konnte auch sein, dass die Menschen sich in ihrer Not an die amerikanischen, englischen und französischen Besatzungskommandanten oder auch an einfache Soldaten wandten. In der Regel sorgten diese für Ruhe und Ordnung und wurden so aus Unterdrückern zu Beschützern. Dies bestätigte bei manchen Frauen die gewohnte »völkischen Rangordnung«, die »Westvölker« schützten gegen die »Ostvölker«.

MARGARETE L. (1916): »Am dritten Tag kam ich bis Kalthoff. Dort hatten russische Kriegsgefangene 5 Bauernhöfe angesteckt, die Bauern erschlagen. Sie drehten jetzt den Spieß um und fuhren mit ihren Kutschen, das Vieh war auch getötet, es lag auf der Weide. Im Wald waren mehrere Hundert Fahrräder angekettet, jedem wurde das Rad abgenommen. Als ich an einer Straßenwiese saß und meine Kleine stillte, stand plötzlich ein Russe vor mir, nahm mir mein Kind, warf es in den Graben. Inzwischen kamen noch zwei andere, die mich festhielten, mir meine Kleider zerrissen, und als ich mich wehrte, bekam ich Tritte in den Leib mit Stiefeln und einen Busch Haare ausgezogen. Wehren konnte ich mich nicht, aber als ich laut schrie, bekam ich wieder Tritte in den Bauch. Nun hörten sie ein Auto. Bevor sie von mir ließen, nahmen sie noch meinen Korbkinderwagen, den ich nie zurückbekam. Gerade auf diesen Korbwagen war ich so stolz, weil ich ihn auch nur durch Tausch erwerben konnte. Als ich versuchte aufzustehen und mein wimmerndes Kind zu holen, merkte ich, dass ich blutete. Dann dachte ich mir, was das Kind wohl abbekommen habe, aber das hatte einen Schutzengel. Es war in der Nähe niemand mehr zu sehen. Ich dachte, bis es dunkel wird, wird mich wohl jemand finden. Diese Stunden vergesse ich nie. Keinen Kinderwagen, nicht mehr laufen können, mein Kind schrie unentwegt, ich konnte nichts anders tun als beten. In der Ferne hörte ich ein Auto nahen, ich schrie nach Leibeskräften. Es waren Amerikaner mit einem Negersoldaten, dem ersten Schwarzen, den ich im Leben gesehen habe. Sie fuhren Polizeistreife. Ein Amerikaner konnte Deutsch, und ich bekam eine Eskorte bis zum Hammer Krankenhaus.«

MARIE WALHEINKE erzählte am 17. Juni 1946: »Oft kamen auch Polen über die Allerheide herangezogen, zu Wagen, zu Fuß, meistens in Horden zu zehn bis zwölf Mann. Sie holten sich die Schweine aus dem Stall und die Rinder und schlachteten sie und verlangten stantepeh zu essen. Wir mussten alles stehen- und liegenlassen und einfach bloß kochen, sonst wäre es uns schlecht gegangen. Einmal kamen sie und wollten plündern, verlangten Zeug. Aber dank unseres Zivilgefangenen, des Polen Josef, es war ein 23jähriger Schneider, ist uns nie auch nur das Geringste passiert. Er sprach so lange auf sie ein und tat so, als ob er der Chef vom Hofe wäre, bis sie wieder abzogen.

So ging es auch den Russen, die unsere Räder klauen wollten, er hat es ihnen einfach ausgeredet. Auch der Ukrainer Franz und der Pole Marian haben uns nie etwas Böses getan. Sie haben uns beschützt, wo es nur nötig war. Josef kam vom Felde, wenn er merkte, dass Polen ins Dorf kamen, um nach dem Rechten zu sehen. Leider kam der polnische Kommissar fast jeden Tag und redete, dass sie weg und ins Lager gehen sollten. Sie sind aber noch bis zum August bei uns geblieben, bis die schlimmste Gefahr vorüber war. Ich habe sie ins Lager fahren lassen und ihnen schön was eingepackt. Als ich mich bei ihnen bedankte, sagte Josef: ›Herr und Frau Walheinke immer gut!‹«[81]

Aber es gibt auch versöhnliche, ja humoristische Erlebnisse mit den ehemaligen Fremdarbeitern.

CHARLOTTE HEGE: »In Hohebuch brachte uns der Mangel an Arbeitskräften in große Bedrängnis. Wenn ich frühmorgens bei Sonnenaufgang in den Kuhstall ging, um unserem jetzt allein dastehenden älteren Melkermeister mit seinen vierzig Kühen zu helfen, hörte ich im gegenüberliegenden Haus die nicht mehr arbeitenden Russen randalieren. Sie hatten sich aus der Umgebung einige adrette Polinnen geholt und feierten rund um die Uhr. Sie waren freie Menschen in einem besiegten Volk, und sie ließen es uns fühlen. Gewiss, wir wollten Verständnis aufbringen, aber manchmal strapazierten sie unsere Geduld bis an die Grenze des Erträglichen. Außerdem besaßen sie Waffen und machten willkürlichen Gebrauch davon.

Da kam uns ein kurioser Umstand zu Hilfe. In einer lauen Mainacht wurde ein Stein an mein Schlafzimmerfenster geworfen. ›Charlotte, du kommen! Wir alle sterben!‹

Ich wusste wohl, warum die Burschen in der Russenwohnung ihren Geist aufzugeben gedachten. Sie hatten tags zuvor in der Nähe eine größere Menge Schnaps entdeckt, in unserem Schweinestall ein gemästetes Tier stibitzt, geschlachtet und ein Fest gefeiert.

Es war riskant, ohne Waffe und als Mädchen allein in das Russenquartier zu gehen. Ob mir mein Vater die Erlaubnis gegeben hätte, weiß ich nicht, ich habe ihn nicht gefragt. Aber ich hatte bisher ein Vertrauensverhältnis zu ›meinen‹ Russen gehabt und manchen Kranken gepflegt, so wagte ich es. Das Bild, das sich mir bot, war zum Erbarmen komisch. Viele hatten sich erbrochen und lagen auf dem Boden. Sie klammerten sich an mich, als müsse ich sie vom Tode erretten.

So kochte ich denn zunächst auf dem glühend heißen Herd eine große Kanne Pfefferminztee. Dann öffnete ich die Fenster, um den Gestank ins Freie zu lassen. Am östlichen Horizont zeigte sich das erste Morgenrot. Kühl strich der Wind über meine von der ungewohnten Melkarbeit geschwollenen Arme. Da kam mir eine Erleuchtung: ›Ihr müsst sterben, weil ihr nicht arbeitet‹, sagte ich. ›Euer Körper ist es nicht gewohnt, nur zu schlafen und zu essen. Wollt ihr nicht beim Melken, Füttern und Misten helfen? Oder auf dem Feld beim Kartoffelhacken? Dann werdet ihr wieder gesund, ich verspreche es euch!‹ Daraufhin erhoben sich in der Tat sechs junge Russen. Nach zwei Stunden kehrten sie zurück. Der Pfefferminztee, die frische Luft und die Bewegung hatten ihnen gut getan. Sie aßen meine Hafersuppe mit Appetit und wurden von den anderen bewundert. Von da an entschlossen sich die übrigen, einige Stunden am Tag zu arbeiten; auch die Militärregierung gab einen entsprechenden Erlass heraus. Der schlimmste Engpass war überwunden. Vater lachte nachträglich herzlich über meinen Schelmenstreich.

Endlich, eines Tages, wurden die Russen mit einem großen Lastwagen abgeholt. ›Auffwiderrrsehn!‹ riefen sie fröhlich zu uns herunter. Wir winkten ebenso fröhlich zurück. Warum sollten wir einander nicht in guter Erinnerung behalten?«[82]

Am Kriegsende bewegten sich auch seltsame, erschreckende »Gefangenenzüge« durch das Land: *KZ-Häftlinge,* die im Zuge der Auflösung von Konzentrationslagern vor dem anrückenden Feind in noch unbesetzte Teile des Reiches getrieben wurden, auf »Todesmärschen«, oder aus den von den Alliierten befreiten Lagern auftauchten.[83] Viele Frauen sahen zum erstenmal die Elendsgestalten in den gestreiften Anzügen und ihre oft brutalen Wächter mit eigenen Augen. Sie kamen auch teilweise mit befreiten Häftlingen in Berührung.[84]

STELLA S. (1914): »Und dann kam ganz am Ende vom Krieg einmal ... es war eine mondhelle Nacht. Mir fiel ein merkwürdiges Geräusch auf, was da die Schloss-Straße heraufzieht. Dann habe ich die Verdunklung weggemacht und habe hinausgeguckt: Eine Schar von Menschen auf der Straße! Teilweise angetrieben von hinten. Sie haben sich dann genau unter meinem Fenster auf die Straße, auf den Gehweg und auf die Staffel vom ›Waldhorn‹ (*wo sie wohnte*) gesetzt, ausgemergelt, so viel hat man gesehen im Mondschein. Ein Gestank kam da herauf, fürchterlich! Und nach einer Weile, man hat gemerkt, von hinten werden sie wieder angetrieben, mit Peitsche oder ohne, das ist mir nicht mehr klar, aber ich habe es so in Erinnerung, als wären sie auch gepeitscht worden, und haben sich also dann weitergeschleppt. Und dann fiel mir's wie Schuppen von den Augen: Das ist der Asperg![85] Jetzt haben sie den Asperg geräumt! Damit sie denen ... (*gemeint sind die Feinde*) nicht in die Hände fallen. Dann sind die gegen Süden getrieben worden. Da habe ich gemerkt: Das ist nicht recht.«

MARGRET B. (1927) versuchte, sich mit einer Kameradin von einem aufgelösten RAD-Lager zum anderen nach Hause durchzuschlagen. Sie kamen an einen Ort, in dem der Onkel der Kameradin Kommandant eines »Lagers« war:

»Es dunkelte schon, als wir an vielen Posten und Stacheldraht vorbei das Wohnhaus betraten. Der Onkel war gar nicht erbaut, uns zu sehen. Er hatte schwere Sorgen und riet uns, schleunigst wieder zu verschwinden. Er leitete ein KZ. Viel wussten wir damals nicht darüber, hielten es wie die Allgemeinheit für Lager, wie sie in Kriegszeiten in allen Ländern üblich sind, um gefährdende Elemente festzusetzen. Die Inhaftierten müssten viel arbeiten, hieß es, und würden oft schlecht behandelt. Leider nichts Ungewöhnliches. Jeder Erwachsene war im Krieg arbeitsverpflichtet mit endlosen Sonderschichten; Hunger erlitten wir seit Jahren; bei der Wehrmacht mussten die Soldaten viel Grausamkeit erdulden und ihr Leben lassen, dazu starben täglich Zivilisten auf schreckliche Art im Bombenhagel. Eine böse Zeit für alle. Wir durften noch übernachten und erhielten reichlich Proviant. Im Morgengrauen zogen lange Kolonnen Männer in gestreiften numerierten Anzügen zum Tor hinaus zur Arbeit. Hungriger als die allgemeine Bevölkerung und magerer wirkten sie nicht. Aufseher, aber auch im gestreiften Drillich der Gefangenen, schlugen manchmal auf sie ein, die den Strom begleitenden Wachsoldaten nie. Gern verließen wir den unheimlichen Ort.«

MARGRIT H. (1924) kam auf ihrem langen Marsch aus Österreich, wo sie im RAD war, nach Hause, nach Karlsruhe: »Am Bodensee bin ich den ersten KZ-Häftlingen begegnet. Und das war ein ziemlicher Schock für mich. Die sind verlagert worden. Wir sind damals nur nachts unterwegs gewesen, weil tagsüber viel zu viele Jagdfliegerangriffe gewesen sind... Da bin ich auch zweimal unter Beschuss gekommen. Da habe ich mein erstes Treffen mit KZ-Häftlingen gehabt auf der Straße, und dann bin ich später noch einmal direkt in so einen Steinbruch hineingekommen, wo KZ-Insassen waren und eine SS-Mannschaft. Die haben mir was zu essen gegeben. Ich war ziemlich ratlos und am Ende meiner Kräfte. Da haben die gesagt: ›Ja, wir sind hier, und die sollen heute noch alle erschossen werden.‹ Und dann hat ein SS- Mann, ein älterer, gesagt: ›Hoffentlich müssen wir das nicht einmal bezahlen!‹ Ich habe Gänsehaut gekriegt. Ich habe die Menschen, die fast keine Menschen mehr waren, angeguckt. Es war furchtbar, ganz furchtbar. Ich habe einige Nächte lang davon geträumt.«

FRAU WALHEINKE: »... Trotzdem wurden die KZ-Leute doch sehr unangenehm. Da haben wir es mit List versucht: Sahen wir eine Horde daherkommen, sahen wir mit lachender Miene aus dem Fenster und riefen: ›Ihr wollt uns wohl mal besuchen, nehmt bitte Platz da auf der Bank vor der Haustür!‹ Wir hatten meistens schon Essen fertig oder sonst kochten wir ganz schnell. Erst schrien sie: ›Wir wollen nicht mehr schmachten, wir haben lange genug im KZ gesessen, und ihr habt euch hier gepflegt!‹ Aber wenn sie erst ihre Milchsuppe und ihre Butterbrote intus hatten, dann wurden sie anders und räkelten sich vor lauter Behagen auf der Bank wie das liebe Vieh. Meistens rief ich dann: ›Setzt euch bitte auf die andere Bank, da kommt schon ein neuer Zuzug!‹ Dann mussten sie selbst lachen, wenn die nächsten antraten.

Ich hatte meistens immer zwei große Pötte voll Essen auf dem Feuer. Sie hatten aber auch selbst ihre Milchpotte mitgebracht, die sollten auch noch voll. Ich rief dann: ›Alle meine Freunde, hier heran!‹ Dann kriegten die KZ-Leute einen Liter, und die

Frauen kriegten einen halben Liter, wenn mir auch das Herz dabei blutete, aber so rettete ich wenigstens meinen Hof. Einmal wollte mich einer an den Arm fassen, da habe ich gesagt: ›Schämt euch, wer wird eine deutsche Frau anfassen!‹ Da kriegt er einen ganz roten Kopf. Einmal rief einer aus dem Haufen: ›Ich auch mal was schenken! Du Kaffi!‹ und damit reichte er mir eine große Büchse feingemahlenen Kaffee. Es haben dann noch oft KZ-Leute mir etwas mitgebracht.«[86]

AGATHE K.: »Die schöne Bibliothek von Karl K. (*ihrem Mann*) in dem kleinen Raum rechts vom Wohnzimmer im Haus Nr. 66 2/2 in Nonnenhorn, in der auch das Harmonium stand, wurde stark geplündert, als das Haus eine Zeitlang als Zwischenstation für entlassene KZ-Häftlinge diente. Das war in der Zeit, als ein französischer Offizier mit einem silbernen Kreuz vorne am Käppi Chef des Hauses war, also gleich nach dem Waffenstillstand am 8. Mai 1945.

Weil wir damals zum anderen Garten gegenüber der Straße noch Zutritt hatten, kam ich manchmal vorbei und sah im Garten der Villa durch den Zaun kahlgeschorene Männer und Frauen hin- und hergehen. Einer, der mich wohl beobachtet hatte, kam an den Zaun – was anscheinend streng verboten war – und fragte mich, ob ich in diesem Haus gewohnt hatte. Er habe sich mit Interesse in die Bücher in der Bibliothek vertieft, er habe die Originalausgabe von Henri Barbusse ›Le feu‹ gefunden und anderes, was darauf schließen lasse, dass dies kein Nazi-Haus gewesen sei.

Dieses Wort von diesem Mann freute mich sehr. Er stellte sich sogar vor und sagte, er stamme aus Köln, heiße Dumont-Schauberg, es war jedenfalls ein Doppelname mit ›Dumont‹ dabei, und später las ich diesen Namen im Impressum einer Kölner Zeitung. Er war ein ›Politischer‹ im KZ gewesen. Ich sagte ihm, es freue mich, wenn er Lesestoff fände, und ich hoffe, er und seine Kameraden fühlten sich wohl ... Die KZ-Leute in unserem Haus haben viel demontiert und auch Bücher mitgenommen. Die Frauen haben sich aus den Vorhängen Kleider geschneidert.«

MARIA T. (1931): »Das große Chaos kam auf Osterburken zu. Zwischen Osterburken und Adelsheim stand ein Güterzug voll mit KZlern; ich weiß nicht, wo der Zug hin sollte. Die Bewacher flohen. Die Befreier machten die Türen auf, und es waren viele Tote darin, sie wurden gleich in ein Massengrab im Wiesental eingebettet. Sie kamen dann mit ihren gestreiften Anzügen nach Osterburken rein, etwa 1000 Mann. Sie wurden in Sälen untergebracht. Es starben täglich ehemalige Häftlinge. Aus jedem Haus musste eine Matratze geliefert werden. Ehemaliges Jungvolk und Jungmädel mussten jeden Tag zum Einsatz. Jeden Morgen lagen Tote auf den Matratzen. Parteigenossen trugen täglich Tote auf den Friedhof. Die Sträflinge holten sich Kleider von den Einwohnern, oft stopften sie ihre Streifenanzüge ins Klo, das dann verstopft war. Durch Hunger und Durst waren die Armen kopflos und aßen und tranken, was sie fanden. Ich hörte, dass sie in der Drogerie alles leertranken, die Folge waren Durchfall und Tod. Einige waren doch vorsichtig, so kam jeden Mittag 12 Uhr ein Häftling zur Großmutter, die gab ihm ein Essen. Er redete nichts, ging so still, wie er gekommen war, und das einige Zeit; er verabschiedete sich nicht. Wahrscheinlich fuhr er nach Hause. Zu uns kam ein rothaariger polnischer Jude, ich hatte große Angst vor ihm, denn er kam auf mich zu und sagte: ›Du heiratest meinen Sohn!‹ – Ich war 14 Jahre und erschrak sehr. Er sah in die Töpfe und nahm die Milch von der drei Monate alten Roswitha. Rita kam mit dem Kind auf dem Arm und sagte: ›Wir brauchen die Milch für das Kleine.‹ Er war rücksichtslos und nahm die Milch mit. Am anderen Tage brachte der Mann einen Sack voll Trockenerbsen. Mutter solle davon jeden Tag ein Essen kochen. Sie tat es einige Zeit, dann kam auch er nicht mehr. So langsam fanden sie den Weg nach Hause, blieben hier, verheirateten sich.«

ROSWITHA N. (1924) kam ebenfalls mit KZ-Häftlingen in Berührung.
I: »*Haben die irgend etwas erzählt über ihre Erlebnisse aus dem KZ?*
N: Wissen Sie ... das sind Sachen gewesen, was die mir erzählt haben, das, das kann ich bis heute nicht vergessen, und wenn irgend jemand sagt, das ist nicht wahr, dann kann ich bloß sagen, das ist wahr, denn das kann einem niemand erzählen, der es nicht miterlebt hat, grad auch dieser Mengele da.
I: *Davon haben Sie auch gleich nach dem Krieg schon gehört?*
N: Ja, ja, ja, wo sie gekommen sind, haben sie es erzählt, und wie sie mit Zichorienpapier ihre Backen rot gemacht haben, damit sie gut aussehen, damit sie in den Arbeitseinsatz kommen, und wie die Mütter von ihren Kindern getrennt worden sind. Das war eine junge Frau, die war auch bei uns, das Kind ist spurlos verschwunden, die hat es nicht erzählt, aber die anderen haben es gesagt, sie hat den angefleht auf den Knien, er soll doch ihr Kind bei ihr lassen, nichts zu machen (*spricht die letzten Worte sehr leise*). Und der Mengele ist bloß so dagestanden, so (*zeigt die Haltung*).
I: *Und Sie haben es ihnen geglaubt? Also, ich meine, das muss doch für Sie ein unglaublicher Schock gewesen sein!*
N: Da gab es, da gab es gar keinen Zweifel, diese schrecklichen Bilder von, von Auschwitz nachher mit denen, den Gerippen, das hat man da noch gar nicht gesehen gehabt, das kam ja erst viel später, wo die publiziert worden sind. Ha, das habe ich ohne weiteres geglaubt.
I: *Kam das nicht als ein unglaublicher Schock?*
N: Wissen Sie, ja, das war es, der Schock kommt, aber kam erst viel später. Wir waren froh, dass wir diese schrecklichen Angriffe und das alles auch überstanden haben, da hat man gar nicht so... Da war man so abgehärtet. Da war man so maßlos hart, das kann man sich überhaupt nicht mehr vorstellen.«

Die Reaktionen sind ganz unterschiedlich. Während die einen, wie Frau Wahlheinke, die KZ-Häftlinge kaum von Displaced Persons unterscheidet und sich über ihr vorausgehendes Schicksal keine Gedanken macht, sondern nur darauf bedacht ist, eine Strategie zu entwickeln, um sich der Plünderungen zu erwehren, überkommt andere ein erstes Erschrecken über etwas, was man vorher nicht wahrhaben wollte oder aus seinen Gedanken verdrängte: Hier ist etwas nicht recht gewesen. Ganz ideologiekonform interpretiert Margret B., was sie sah. *Dass* es KZ gab, war ja durchaus kein Geheimnis, das gaben die

Nationalsozialisten unumwunden zu, sie interpretierten sie in einer für den außenstehenden »Volksgenossen« in einer durchaus plausiblen Weise. Aber selbst dieses gesinnungstreuen jungen Mädchens bemächtigt sich ein Gefühl des »Unheimlichen«. Es wird nicht ganz klar, wieweit sie sich heute von ihrer damaligen Deutung gelöst hat. Ganz im Sinne der NS-Rassenideologie reagierte Lieselotte S.: »Warum schießt man sie nicht tot?«- Eine Reaktion, über die sie heute entsetzt ist, die sie gar nicht mehr begreifen kann.[87] Der jungen Else W. brach Stück um Stück der Boden unter den Füßen weg. Zum militärischen Zusammenbruch kam nun noch die Erkenntnis von dem offenbar mörderischen Charakter des Nationalsozialismus, an den sie geglaubt hatte: Sie erkennt in den »heruntergekommenen Gestalten« geschundene Menschen. Frauen, die dem Regime ablehnend gegenüberstanden waren, wie Agathe K., hatten keine Schwierigkeiten, die Erfahrungen einzuordnen. Sie konstatieren Plünderungen, Diebstähle, unliebsames Verhalten mit Verständnis. Sie konnten auch leichter mit den Verfolgten sprechen. Aber sehr wenige erfuhren Genaueres über ihr Schicksal, wie z.B. Roswitha N., aber auch sie lässt den Schock nicht an sich heran: » Man war hart geworden«, so völlig beschäftigt mit sich selbst. Die Frauen bekamen zunächst keine Antwort auf ihre aufkommenden Fragen, denn es war keine Zeit für eine Aufarbeitung, es ging den Menschen einfach ums Überleben.

Für die meisten aber, die nicht in eine unmittelbare menschliche Beziehung zu den KZ-Häftlingen treten konnten oder mussten, blieb auch diese Begegnung ein flüchtiger, befremdlicher oder unheimlicher Eindruck, von dem man sich möglichst rasch innerlich distanzierte[88], der im günstigsten Fall ein Umdenken anstieß, aber nicht automatisch bewirkte. Ob die spätere massive Aufklärung erfolgreicher war, wird uns noch beschäftigen müssen.[89]

Während die Lagerhäftlinge auf deutschem Boden für die Frauen gleichsam Fremdkörper, »exterritorial«, »Aussätzige«, wenn nicht gar »Feinde« oder »zweifelhafte, primitive Kriminelle« blieben, die es ja unter den Häftlingen zweifellos auch gegeben hat, war das Verhältnis zu den auf deutschem Boden in amerikanische, englische oder französische *Gefangenschaft* geratenen *deutschen Soldaten*[90] ganz anders. Sie waren »unsere« (so sagen sie), um die sich viele Frauen, so gut es ging, kümmerten, wenn sie sie nicht vorher vor dem Zugriff der Feinde hatten schützen können. Und davon wird mit besonderem Stolz gesprochen. Die Erinnerungen an die erbärmlichen Zustände in manchen Lagern, die Frauen mit ansehen mussten, sind immer noch sehr lebendig. Aus der großen Zahl der Zeugnisse wähle ich nur eines aus:

Die Hebamme und Krankenschwester HILDEGARD P. (1913), die sich schon während des Krieges um russische Zwangsarbeiter angenommen hatte, half auch deut-

schen Kriegsgefangenen. Hier eine ihrer Aktionen in Sankt Georgen im Schwarzwald. Sie erinnert sich in ihren Aufzeichnungen von 1991:
»Mit organisierten Leiterwagen von der Bevölkerung meiner Heimatstadt und mit den Frauen, die selbstlos in der Schweizer Kinderspeisung mitarbeiteten, haben wir Mäntel, Decken, Unterwäsche, Socken, Hemden, Esswaren, Zigaretten, Zigarren auf diese Leiterwagen gepackt, weil Transporte deutscher Kriegsgefangener auf der Landstraße in die französische Gefangenschaft abgeführt wurden. Wir hofften, dass sich die französischen Offiziere, die zu Pferde ritten, und die Wachmannschaft erweichen ließen zu einer kurzen Verschnaufpause der Soldaten, die stark ermüdet waren. Diese wurden aber im Laufschritt an uns vorbeigetrieben, und so rannten wir mit unseren vollgepackten Wagen nebenher und verteilten die Sachen, die gestiftet und erbeten waren von der Bevölkerung. Auch die warme Suppe und der Tee und die Brote wurden in diesem Tempo jedem Soldaten gegeben. Es war bitterkalt, und der erste Schnee fiel. Viele der Dahingetriebenen waren leicht bekleidet und froren entsetzlich. So kamen unsere Sachen an die rechte Stelle. Die Offiziere und die Wachmannschaft haben es aufgegeben, uns weiter den Weg zu versperren; wir nahmen wenig Notiz davon, obwohl wir bedroht wurden, aber unsere Hilfeleistung war uns weitaus wichtiger, und es war wie ein Wunder, dass wir Frauen vor Schlimmem bewahrt blieben.«

Zusammenfassung

Im Chaos der letzten Kriegstage behielten die Frauen in den Gebieten, die nicht von der Roten Armee bedroht wurden, meist einen klaren Kopf. Sie ließen sich nicht zu Panikreaktionen drängen, z.B. zu einer sinnlosen Evakuierung, sondern taten das Nächstliegende und Mögliche für die Sicherheit und das Überleben ihrer Familie, angefangen von der Beschaffung von Lebensmitteln, Textilien und anderen Gebrauchsgegenständen aus geöffneten Lagern bis zur Sorge um eine möglichst gefahrlose Unterbringung in den Tagen erhöhter Fliegergefahr und niemals auszuschließender Kampfhandlungen. Sie hielten weiße »Fahnen« bereit, überließen es aber in der Regel den noch vorhandenen Männern, zu bestimmen, wann sie herausgehängt werden sollten. Auch »Verhandlungen« mit dem Feind waren fast immer Sache der Männer.[91]

Es gibt aber auch Beispiele – und sie würden durch detaillierte lokale Untersuchungen wahrscheinlich vermehrt –, dass Frauen aktiv in das Geschehen eingriffen, sinnlose Verteidigung tatkräftig und beherzt verhinderten. Um den »eigenen« deutschen Soldaten ins Zivilleben zu verhelfen oder ihnen in der Gefangenschaft Hilfe zukommen zu lassen, scheuten viele Frauen kein Risiko.

Die Leiden der Besetzung trafen die Frauen unterschiedlich schwer. Das hat vielerlei Gründe: Im Durchschnitt verhielten sich nach den Erfahrungen der Frauen die verschiedenen Besatzungsarmeen durchaus unterschiedlich. Auf der Skala derjenigen, die die schlimmsten Ausschreitungen begingen, standen »die Russen« ganz oben. Aber auch bei ihnen wird unterschieden zwischen »Asiaten« und »Mongolen« und »anständig aussehenden Russen«. Es folgen die »Schwarzen« in der französischen Armee, besonders die Marokkaner, dann die weißen Franzosen, die Amerikaner (einschließlich der farbigen) und Engländer.

Die Frauen machen auch Unterschiede zwischen den Fronttruppen und den Nachrückenden. Während bei den Amerikanern die ersten Einheiten in ihren Augen meist »Elitetruppen« waren, waren die zweite Welle oder die Etappe weniger angenehm. Es waren die eigentlichen Besatzer, die blieben und mehr Zeit hatten. Umgekehrt bei den Franzosen und Russen, die offenbar ihre Nordafrikaner bzw. »Asiaten« vorzuschicken pflegten, während die Nachrückenden fast immer als »anständiger« qualifiziert werden. Aber auch hier gibt es Widersprüche und sind die Aussagen der Frauen nicht unbedingt zuverlässig.[92]

Ganz allgemein schneiden auch die Offiziere besser ab als die Soldaten. Von dieser groben Einteilung gab es aber viele Ausnahmen. Die banale Erklärung, zu der viele Frauen neigen, in jeder Nation und in jeder Situation gebe es eben »gute« und »schlechte« Menschen, trifft sicher zu. Die Frauen erwähnen neben den vielen Beispielen von Unmenschlichkeit und Brutalität auch zahlreiche noble und humane, die sie aus dem Charakter der Offiziere und Soldaten ableiten und für die sie bis heute dankbar sind.[93]

Es gibt aber noch weitere Faktoren, die das Verhalten der Besatzer beeinflussten. Sehr viel hing davon ab, ob ein Ort bis zuletzt verteidigt oder kampflos übergeben wurde. Selbstverständlich gingen die Sieger im ersteren Fall ungleich härter vor als im letzteren. Besonders auf dem Lande entschied vielfach die Hilfe oder die Rache eines ehemaligen Zwangsarbeiters oder Kriegsgefangenen über die Behandlung durch die Alliierten. Sie konnten aber auch ihre deutschen Familien vor Übergriffen ihrer eigenen Landsleute, der Displaced Persons, die nun befreit, aber heimatlos waren, schützen. Sehr oft retteten sie ihren »Arbeitgebern« das Leben oder wenigstens einen Teil ihrer Habe. Hier wurde unmittelbar belohnt oder bestraft, je nachdem, wie die Bauern und Bäuerinnen während der Kriegszeit mit ihnen umgegangen waren. Hier wurde vielen Frauen deutlich vor Augen geführt, dass die Begriffe »Freund« und »Feind« nicht an der Nationalität hängen, sondern an den Beziehungen, die Menschen zueinander aufbauen.

Das Verhalten der Besatzungsarmeen war stark dadurch beeinflusst, dass sie die Konzentrationslager befreit hatten und die unvorstellbaren Greuel sahen, die von Deutschen mitten in Deutschland verübt worden waren. Sie

glaubten wohl, alle Deutschen seien irgendwie an diesen Verbrechen beteiligt.
Nicht selten, aber keineswegs immer, waren Kinder ein »Schutzschild« für ihre Mütter. Natürlich wurden diese oft rührenden Erlebnisse besonders gut behalten und werden gerne erzählt.
Nicht zu unterschätzen ist aber auch das Verhalten der Frauen selbst. Wer die Feinde in ihrer Landessprache anreden konnte, wie bruchstückhaft auch immer, war von vornherein im Vorteil. Sie konnten erklären, entschuldigen, bitten, auch Witz und Schlagfertigkeit anbringen; sie konnten in menschliche Kommunikation treten. Besonders russische Sprachkenntnisse, da für die Russen besonders überraschend, konnten viel bewirken, wenn auch keine Wunder.
Frauen zeigten sich auch besonders begabt darin, menschliche Kontakte der verschiedensten Art zu den Siegern anzuknüpfen. Außer Vergewaltigung und Prostitution gab es viele Spielarten, miteinander zu verkehren, von denen reichlich Gebrauch gemacht wurde: Es gab flüchtige und nähere Bekanntschaften, Freundschaften, Liebesbeziehungen, Eheschließungen, sachliche, sogar kollegiale Arbeitsverhältnisse.
Schließlich legten Frauen auch ein ungewöhnliches Maß an Schlauheit, Gewitztheit, Beherztheit und Mut an den Tag, wenn es galt, Gefahren von sich und den ihnen anbefohlenen Menschen abzuwenden und irgendwelche Vorteile für sich und andere herauszuschlagen. Dass ihnen das in vielen Fällen gelungen ist, erfüllt sie heute noch mit Genugtuung und pfiffigem Stolz und zählt bei ihnen durchaus zu den positiven Erfahrungen der Besatzungszeit.
Auf der anderen Seite stehen die, denen das alles nichts half, die in unvorstellbar grausamer Weise zu Tode gequält oder für lange Zeit, wenn nicht für ihr Leben, zu Krüppeln gemacht wurden. Und das waren eben nicht die »Hauptschuldigen« an diesem Krieg, es waren meist die Unschuldigsten, junge Frauen und Kinder. Noch schlimmer als bei den Bomben kam den Frauen die Wahllosigkeit und Ungerechtigkeit dieser »Vergeltung« zum Bewusstsein. Die Sieger fragten in den seltensten Fällen nach dem Ausmaß der persönlichen Schuld; nur wo sich Regimegegner glaubwürdig ausweisen konnten, wurde manchmal Schonung geübt.
Vor diesem Hintergrund stellt sich die Frage, inwieweit die Feindbilder durch die Besatzungserfahrungen revidiert werden konnten.
Die Frauen hatten bei einer deutschen Niederlage mit harten Maßnahmen gerechnet, die jungen Mädchen mit den härtesten. Die Propaganda hatte ein übriges getan, die Folgen einer Niederlage in den schwärzesten Farben auszumalen. Doch selbst ideologische Scheuklappen verhinderten nicht eine dif-

ferenzierte Wahrnehmung, wie wir aus den vielfältigen Erzählungen gesehen haben. Frauen waren relativ schnell bereit, im ehemaligen »Feind« den Menschen zu sehen, ihn auf seine Menschlichkeit hin anzusprechen, und dies nicht ohne Erfolg. Besonders »einfache« und durch die NS-Schulung und bürgerliche »Bildung« weniger beeinflussbare und geprägte Frauen »fraternisierten« trotz anfänglichen Verbotes relativ leicht. Sie sahen sich ebenso wie die einrückenden »einfachen Soldaten« als Opfer eines Krieges, den »das Volk« auf beiden Seiten nicht gewollt hatte. Gemäß der volkstümlichen und einfachen Vorstellung, dass immer »die Oberen« Kriege anzetteln und »die unten« die Suppe auslöffeln müssen, nahmen sie alle Gelegenheiten wahr, die ihnen von den Siegern geboten wurden, die Situation erträglicher und angenehmer zu gestalten. Auch Frauen aus »besseren Kreisen« nützten – wenn auch eher im verborgenen – die Chancen, die sich boten, um besser zu überleben und stellten »feindliche Gefühle« hintan.

Die große Masse aber hatte unter der Besatzung mehr oder weniger zu leiden. Je nachdem, was sie erlebten, wurden ihre Vorurteile bestätigt, verstärkt oder abgebaut. Die freundlichen Erfahrungen mit Soldaten und Offizieren, gegen die ihre Männer, Brüder und Söhne eben noch Krieg geführt hatten, brachten manchen die Unsinnigkeit dieses Krieges, ja wohl von Kriegen überhaupt, erneut nachhaltig zum Bewusstsein. Eine faire Behandlung durch die Vertreter der westlichen Demokratien hat erheblich dazu beigetragen, dass Frauen später gegenüber der neuen demokratischen Regierungsform aufgeschlossen waren.

So sehr sich auch die einzelnen Erlebnisse unterschieden und so menschlich sich auch manche Kontakte gestalteten, blieben doch gewisse Klischeebilder an den ehemaligen Feinden haften. Sie lassen sich grob umreißen: Die Franzosen, obwohl Nachbarn, mit denen man sich eigentlich recht gut verstehen könnte, blieben die »schwachen Helden« mit ihrer Arroganz, die »grande nation« sein und bleiben zu wollen, obwohl sie den Krieg eigentlich verloren hatten, nur darauf bedacht, Deutschland auszuplündern und deutsche Arbeitskräfte auszubeuten. Die »Schwarzen« im französischen Heer blieben die »Wilden«, als Kanonenfutter mit Beute und Frauen belohnt, obwohl sie auch »kinderlieb« sein konnten. Wenn sie sich auch nicht als »Menschenfresser« entpuppten, galten sie doch weiterhin als »primitiv«. Von ihnen sprechen die Frauen als »Bande«, »Gesindel«, positiv als »kindlich«, »große Kinder«, selten als »Menschen wie wir auch«. Die »Amis« waren »nette Burschen«, wenig strapaziert vom Krieg, mit einem gewissen Kulturdefizit.[94] Die farbigen Amerikaner sind »gutmütige Kinder«, die auch als besonders kinderfreundlich galten.[95]

Während man den Westalliierten – ausgenommen den Marokkanern in der französischen Armee – in ihrer Mehrheit nichts allzu Schlimmes nachsagte, ist es bei den Russen umgekehrt. Sie haben durch ihr Verhalten das Feindbild massiv verfestigt.[96] Frauen neigen dazu, allgemeine Lebensweisheiten auch auf die Politik zu übertragen, in jeder Nation »gute und schlechte Menschen« zu sehen. Während aber bei den Amerikanern, Engländern und Franzosen die schlechten die Minderheit bilden, gibt es für sie den »guten Russen« nur als Ausnahme, vornehmlich unter den Offizieren. Das Bild vom »slawischen Untermenschen« bestätigte sich zwar nicht generell, im Grunde fühlte man sich »den Russen« aber immer noch weit überlegen. Das Zivilisationsgefälle wird immer wieder mit herablassendem Spott festgestellt, auch »Kulturlosigkeit« wird konstatiert, obwohl viel mehr Russen Deutsch konnten als umgekehrt. Sie werden öfters als »kindlich« bezeichnet und »gefährlich«, besonders wenn sie unter Alkoholeinfluss standen. Vor allem blieben ihnen die Russen fremd, unberechenbar und unheimlich. So verstärkten die Erfahrungen der Besatzungszeit den Resonanzboden für die antisowjetische Ideologie, die seit der Oktoberrevolution virulent war und im Kalten Krieg wieder auflebte. Umgekehrt sind auch ostdeutsche Frauen nicht frei von propagierten »antikapitalistischen« Vorurteilen gegenüber den westlichen Besatzungssoldaten.[97]

Bei allen ihren Urteilen unterstellen die meisten Frauen, es habe sich bei diesem Krieg um einen »normalen« Krieg gehandelt. Weder waren noch sind sich alle darüber im klaren, dass es sich um einen deutschen Angriffskrieg gehandelt hat[98], noch hatten sie eine Vorstellung von den ungeheuren Verbrechen, die die Deutschen in diesem Krieg an anderen Völkern, besonders in Sowjetrussland, begangen hatten.

Eine der ganz wenigen, die davon sprechen, ist MARIANNE B. (1920): »Wir sind ja während des Dritten Reiches so manipuliert worden, Feindbild Russe, Untermensch. Wenn wir den Krieg nicht gewinnen, dann wird's ganz schlimm, dann überrollen uns die Russen, und dann gnade uns Gott. Und ich meine, es ist ja auch so gekommen von den Russen, die vielen Vergewaltigungen und so, bloß: Umgekehrt haben wir Deutsche uns in den eroberten Gebieten auch nicht ganz so fein benommen.«

Aber aus dieser Äußerung spricht eine später gewonnene Einsicht. Fast keine der befragten Frauen wusste damals und viele wissen es bis heute nicht, dass nicht nur die SS, »die Nazis« oder einige »Sadisten«, die es in jeder Nation gibt, wie sie in allzu einfacher Distanzierung sagen, sondern die deutsche Wehrmacht an diesen Verbrechen nicht nur passiv, sondern aktiv beteiligt war.[99] Plünderungen und Ausbeutung der besetzten Länder wurden von manchen gesehen und zugegeben.[100] Aber nahezu alle, mit denen ich sprach, wiesen es weit, ja entrüstet von sich, ihr Mann, ihr Bruder, ihr Sohn könnte irgend etwas mit diesen Verbrechen zu tun gehabt haben.[101] Bis auf ganz wenige Ausnahmen halten sie z.B. die von Deutschen verübten Vergewaltigungen in den besetzten Ländern für gänzlich ausgeschlossen. Ganz wenige erfuhren gerade durch die Besatzungssoldaten von Morden und Ausschreitungen. Das waren solche, die näher mit den Besatzern bekannt wurden.[102]

Weil den meisten Frauen die Kenntnis der historischen Zusammenhänge weithin fehlte, konnten die Ausschreitungen, besonders auch die Ausschreitungen der Roten Armee, wie übrigens auch der DP's, nicht eingeordnet werden und blieben so als etwas unüberbietbar Barbarisches in den Köpfen und Herzen vieler Frauen.

Man sollte annehmen, dass bei den Frauen, die schreckliche, oft mehrfache Vergewaltigungen über sich ergehen lassen mussten, der Hass gegen die Feinde, insbesondere die Russen, ins Ungemessene gewachsen ist. Die betroffenen Frauen bekennen, dass sie eine ungeheure Wut auf ihre Peiniger hatten. Aber wenn sie die Erfahrung im aufgezeigten Sinn verarbeiten konnten, hielt sich der Hass in Grenzen und konnte in die allgemeinen notvollen Kriegsereignisse und Kriegsfolgen eingereiht und damit auch mit der Zeit aufgelöst werden. Hingegen bildete sich gerade bei den Vergewaltigungsopfern ein anderes Gefühl heraus, das Gefühl, doppeltes oder dreifaches Opfer männlicher Willkür und Ungerechtigkeit zu sein: Nicht nur der »Feind« erniedrigte sie, sondern vielfach auch der eigene Mann, die eigene Gesellschaft, die sie mit ihrem Schicksal allein ließen und sie als »Entehrte«, »Geschändete« noch brandmarkten.

Einiges ist auch aus den Zeugnissen der Frauen darüber zu entnehmen, wie sich umgekehrt das Bild der Besatzer von »den Deutschen«, besonders von den deutschen Frauen, durch die persönlichen Erfahrungen und Kontakte gewandelt hat. Welche verschiedenen Vorstellungen vom »deutschen Nationalcharakter« sie im ganzen auch hatten, für die meisten Alliierten waren alle Deutschen Nazis.[103] Dieses Pauschalurteil haben viele unter dem Eindruck persönlicher Begegnungen, gerade mit Frauen, rasch revidiert. Wenn sie erstaunt feststellten, dass auf einmal »niemand mehr ein Nazi gewesen sein wollte«, so sahen sicher manche von ihnen gleichzeitig ein, dass die Gründe dafür nicht nur Tarnung und Heuchelei aus Opportunismus waren, sondern dass es unter den Frauen wahrscheinlich sehr viel weniger fanatische und überzeugte Nationalsozialistinnen gegeben hatte, als sie vermutet hatten.[104] Gewiss haben die zahlreichen willfährigen »Frolleins« der Moral der deutschen Frauen in den Augen der Besatzer kein sehr vorteilhaftes Zeugnis ausgestellt; ihre eigene Moral blieb dabei in den Augen der Gesellschaft bezeichnenderweise unbeschädigt, der verächtliche Name »Veronika – Dankeschön«[105] wurde von

Amerikanern geprägt. Aber sie haben auch viele deutsche Frauen kennengelernt, denen sie die Achtung nicht versagen konnten.

So wurden durch die massenhaften Begegnungen, die die totale Besetzung Deutschlands mit sich brachte, nicht nur Feindbilder konserviert, sondern auch revidiert, nicht nur neue Gräben aufgerissen, sondern auch erste Brücken geschlagen. Daran hatten gerade die Frauen einen nicht geringen Anteil.

Wenn sie in ihren Erzählungen immer noch von »Feinden« sprechen, besagt das natürlich nicht, dass die Feinde von damals Feinde geblieben sind. Ob sich Relikte von Feindbildern auch im Zeichen der Europäischen Union, des Atlantischen Bündnisses und des Zusammenbruchs des Kommunismus erhalten haben, wird in Band III nochmals aufzugreifen sein.

Wie das Ende des Krieges ganz allgemein erlebt wurde, ob als Zusammenbruch oder als Befreiung, und was es an den Lebensumständen der Frauen änderte, das kann erst angemessen beschrieben werden, wenn die Situation von Flüchtlingen, Gefangenen und Verschleppten mit bedacht wird. Dieses zentrale Thema soll deshalb einem Kapitel des dritten Bands vorbehalten werden.[106]

KAPITEL 9

Flucht

Zu den größten Katastrophen, die Frauen im Krieg treffen konnten, gehörten Flucht und Vertreibung. Ihre Erfahrungen werden in diesem und dem folgenden Kapitel dargestellt.[1] Die einleitenden Bemerkungen gelten für die beiden folgenden Kapitel. Allein die Zahlen sprechen eine schreckliche Sprache: Aus den deutschen Gebieten östlich der Oder und Neiße mussten mehr als 7 Millionen Menschen fliehen oder wurden vertrieben, hinzu kamen etwa 5 Millionen aus den deutschen Siedlungsgebieten im Ausland (Tschechoslowakei, Polen, Jugoslawien, Rumänien, Ungarn, dem Baltikum, Danzig). Mehr als 2 Millionen Zivilisten kamen auf der Flucht oder während der Vertreibung ums Leben.[2] Wie viele Frauen und Kinder darunter waren, weisen die Berechnungen nicht aus, es waren schätzungsweise weit mehr als die Hälfte.[3] Im Vergleich dazu starben im gesamten Reichsgebiet durch Bombenangriffe »nur« etwa 600-800000 Menschen. Es flohen auch aus dem Westen in die Ostgebiete evakuierte Frauen[4], nicht nur eingesessene. Überschlägt man die verfügbaren Zahlenangaben, so war mindestens jede achte Frau aus dem deutschen Reichsgebiet von Flucht und/oder Vertreibung betroffen.

Mir selbst liegen 44 z.T. sehr ausführliche Flucht- und Vertreibungsberichte von Frauen vor. Sie wurden häufig unter dem unmittelbaren Eindruck des Erlebten niedergeschrieben. Die große »Dokumentation über die Vertreibung der Deutschen aus Ostmitteleuropa« hat aus Tausenden von Berichten, zum überwiegenden Teil Erlebnisberichten, 382 ausgewählt, darunter 162 von Frauen. Diese stammen ebenfalls aus der unmittelbaren Nachkriegszeit. Viele Autobiografien und autobiografische Zeugnisse schildern diese Erfahrungen. Auch in zahlreichen Publikationen der Vertriebenenverbände haben Zeitzeuginnen darüber geschrieben. Über kein Kapitel der Kriegs- und Nachkriegsgeschichte gibt es so viele Augenzeugenberichte aus den ersten Jahren nach Kriegsende wie über dieses.⁵ Eine umfassende Auswertung wurde noch nicht versucht. Auch Frauenforscherinnen haben sich dieses Themas bisher nicht angenommen. Es ist verständlich, dass niemand in den Verdacht geraten will, damit von vorausgehenden deutschen Verbrechen abzulenken und die »anderen« anklagen zu wollen. Jeder, der darüber schreibt, muss sich klar sein, dass diese Geschehnisse in den großen Zusammenhang von »Völkerverschiebungen und -versklavungen« gehören, die von den Nationalsozialisten mit großer Brutalität begonnen wurden.⁶

Ich kann in diesem Kapitel nicht den Versuch machen, das ganze »Unheil und Unrecht«, so nennt es die sehr sachlich und vorsichtig formulierende Einleitung zur Dokumentation über die Vertreibung, auch nur in groben Umrissen darzustellen. Erneut zeigen Ausschnitte einige typische Frauenerfahrungen aus der Sicht der Betroffenen. Damit sie eingeordnet werden können, sei der politische Rahmen, in dem sie sich abspielten, ganz knapp skizziert.

Die politischen Rahmenbedingungen

Die Vertreibung vollzog sich in zwei großen Akten mit einem »Zwischenspiel«. Der erste Akt umfasst die letzten Kriegsmonate, in denen etwa die Hälfte der ostdeutschen Bevölkerung vor der Roten Armee floh. Die Menschen glaubten und hofften, dass das nur eine vorübergehende Evakuierung sein würde. Die Flucht war aber schon die Vorstufe des endgültigen Verlustes der Heimat. Viele versuchten, nach dem Ende der Kampfhandlungen wieder nach Hause zurückzukehren, was sich als äußerst schwierig erwies und schlimmere Strapazen und Leiden mit sich brachte als die vorausgegangene Flucht. Es war auch nur ein Zwischenspiel bis zum zweiten Akt, der endgültigen Austreibung. Diese Rückkehr wurde teuer bezahlt, denn von einem »Heimkommen« konnte überhaupt nicht die Rede sein. Die Heimat verwandelte sich für die Deutschen in kürzester Zeit zu einer unwirtlichen Fremde, in der sie mehr und mehr verelendeten und umkamen. Die erwähnte Dokumentation, auf der dieser einleitende Abriss fußt, fasst den gesamten Vorgang der Bevölkerungsverschiebung aus dem Osten unter dem Begriff »Vertreibung« zusammen. Das ist legitim, da es sich um einen im ganzen unumkehrbaren Prozess handelte.

Ich teile Flucht und Vertreibung in zwei Kapitel auf, und zwar aus folgenden Gründen: Die Flucht vor der Roten Armee spielte sich noch im Kriege ab. Sie wurde von fast allen als Interim betrachtet, nach dem man wieder in die Heimat würde zurückkehren können. Sie war ein Vorgang, der sich, zumindest zu Beginn, unter Deutschen abspielte. Während der Flucht überrollte die Rote Armee dann viele Flüchtende. Aber die Organisation der Flucht war zunächst von Deutschen zu verantworten. Die Fluchtwelle erfasste nicht nur die Landschaften östlich der Oder und Neiße, die später unter russische und polnische Verwaltung fielen, sondern das ganze von der Roten Armee bedrohte Gebiet, also auch weite Teile Mitteldeutschlands. Wie viele Menschen sich von dort auf den Weg nach Westen machten und wie viele wieder zurückkehrten, ist unbekannt. Von dort gab es keine Ausweisungen, aber eine Fluchtwelle ganz neuer Art, nämlich die Flucht vor dem kommunistischen Regime in die Westzonen bzw. in die Bundesrepublik.[7] Die Vertreibung im engeren Sinn, also die Ausweisung der Deutschen aus den Gebieten östlich der Oder und Neiße (sowie aus der Tschechoslowakei und aus Ungarn), spielte sich nach dem Ende der Kampfhandlungen zwischen 1945 und 1949 ab, gehört also schon in die Nachkriegszeit. Sie wurde von den Alliierten auf der Konferenz von Potsdam (17. Juli bis 2. August 1945) vereinbart und sollte »in ordnungsgemäßer und humaner Weise« erfolgen. Sie stand unter der Verantwortung von Polen und Russen (bzw. Tschechen und Ungarn); die Deutschen waren dabei völlig rechtlose Objekte. Vor allem aber haben sie zwischen Besetzung und Ausweisung eine besonders harte Leidenszeit erlebt, die die Strapazen der Flucht noch weit übertraf, ehe sie des Landes verwiesen wurden. Die Ausgetriebenen wussten, dass sie ihre Heimat endgültig verloren hatten.

Anders als in den vorhergehenden Kapiteln werde ich die vielen mir zugegangenen und erzählten Fluchtberichte nicht nach kategorialen Gesichtspunkten mit den zugehörigen Belegstellen auswerten, sondern vier davon ausführlicher vorstellen[8], die – zusammengenommen – einen großen Teil der Fluchterfahrungen abdecken.[9] Auf dieser Basis lassen sich dann zusammenfassend immer wiederkehrende und daher verallgemeinerbare Grundzüge kollektiver Fluchterfahrung herausstellen. Ergänzt wird der zusammenfassende Kommentar zu den vier Erlebnisberichten durch Gesichtspunkte aus Berichten anderer Frauen, der herangezogenen Dokumentation und anderer Literatur, ohne dass dafür alle Belegstellen einzeln zitiert werden.

Fluchtberichte

Margret B. (1927) floh mit ihrer Mutter im letzten Augenblick aus Berlin-Erkner; Trude S. (1910) floh, nicht gesund, mit zwei kleinen Kindern (das jüngere war erst drei Monate alt) und ihren alten Eltern (der Vater war 80) aus

Breslau, ihr Mann war an der Front; Gertrud L. (1910) floh im Januar 1945 mit vier Kindern aus dem Freistaat Danzig und geriet in dänische Internierung. Ihr Mann war im März 1944 in Russland gefallen; Gräfin Isa von der Goltz (1895) führte einen Treck von Heinrichsfelde in Westpreußen nach Mecklenburg, ihr Mann war 1944 gefallen.

MARGRET B. (1927)[10] war in Berlin-Erkner zu Hause. Ihre Eltern bezeichnet sie als »Nationalsozialisten aus Idealismus und als feine Menschen, ganz christlich.« Der Vater hatte sich als 48jähriger freiwillig zur Wehrmacht gemeldet. Die damals 24jährige Schwester war »Braune Schwester« (*in einem nationalsozialistischen Schwesternverband ausgebildete Krankenschwester*) in der Nähe. Sie selbst war Anfang 1945 aus dem RAD entlassen worden (zur Wiedereinstellung – so die Bescheinigung aus dem letzten Lager! *Das bedeutet, dass sie, wenn es die Kriegslage erlaubte, wieder zurückkehren sollten!*) und hatte sich unter den größten Schwierigkeiten nach Hause durchgeschlagen. Buchstäblich in allerletzter Minute floh sie mit ihrer Mutter und dem 10jährigen Bruder vor den anrückenden Russen: »Unser Elternhaus war in einer Sackgasse, sehr hübsch und klein, dahinter ein Flüsschen, und bei der nächsten Straße, da ging über das Flüsschen ein Brückchen. Und die ganze Nacht waren die Russen auf der anderen Seite, 100 m weg, Luftlinie. Die einquartierten Soldaten kamen auch nicht mehr zum Übernachten, nur holten sie am Abend Feuer. Und die einen sagten: ›Rennen Sie, was Sie können‹, vor allen Dingen zu mir, und die anderen sagten: ›Es ist zu spät, bleiben Sie.‹ Und ich hatte panische Angst, meine Mutter wollte bleiben. Ich sagte zu meiner Mutter: ›Also, ich will weg, ich geh allein.‹ Dann ging sie noch gegen Abend los, da war SS und sperrte ab, es konnte niemand mehr weg, es kommt irgendwann Verstärkung. Meine Mutter kam zurück, wir blieben die ganze Nacht im Keller, es wurde ununterbrochen geschossen, und am Morgen hab' ich gesagt: ›Ich geh allein.‹ Und meine Mutter sagte: ›Nein, ich lass dich nicht allein gehen.‹ Wir nahmen uns einen Leiterwagen, taten Koffer drauf. Ich nahm mein Fahrrad, band so'n Gestell von einem Kinderwagen dran. Es wurde ununterbrochen geschossen, Granaten und Schüsse, und wir gingen zu dritt los, auf die Brücke zu. Hinten herum über Treppen. Dann sahen wir die ersten Toten, kamen da auf die Straße, die nach Berlin geht, und die war voller Flüchtlinge, nicht von Erkner, sondern Trecks, diese unglücklichen Menschen aus dem Osten, Pferdewagen, überall auch tote Pferde und liegengebliebene Trecks. Die Menschen waren so weitergelaufen, und daneben im Wald, da sahen wir einen Panzer. Wir gingen von der Hauptstraße weg, die wurde am meisten beschossen, gingen durch den Wald; man konnte gar nicht gehen, wie man wollte, man ging mit dem Strom. Ich hab' Soldaten gesehen, die stiegen aus dem Panzer aus, die ließen den stehen. Es kamen immer bei diesem Flüchtlingsstrom zuerst SS, motorisiert, dann der normale Soldat, dann der Volkssturm, dann die Flüchtlinge. Wir liefen den ganzen Tag, mussten durch den Spreetunnel. Der ist nur für Fußgänger, mit Treppen. Ein Soldat stand außen: ›Das Licht tut nicht, unten sind die Kanaldeckel geöffnet, wegen Sprengladung.‹ Und meine Mutter war auf der einen Seite vom Spreetunnel, mein Bruder auf der anderen, und ich trug unsere Sachen rüber. Ich lief in Todesangst, weil die Kanaldeckel sind immer so in der Mitte oder am Rande, dachte ich mir. Und ich hatte Todesangst, wenn ich da reinfalle, mich hört ja niemand, mich sieht da niemand. Das ist uns geglückt. Wir liefen dann weiter. Nachts haben wir schließlich in einer Schule übernachtet, wo auch Verwundete untergebracht waren. Wir saßen im Keller in so Gängen, und die ganze Nacht wurde geschossen! Es kam immer näher; wir wussten, dass der Russe uns wieder eingeholt hat. Es wurde geschossen, alles wackelte, und über uns waren die Rohre mit dem Wasser. Man hat ja x-mal gehört, wie die Menschen verbrüht wurden oder in den Kellern verschüttet. Die Kohlen brannten, die Menschen wurden geschmort! Grauenhaft war das, was den Zivilisten passiert ist. Und die haben oft noch lange Klopfzeichen gegeben. Wer sollte sie rausholen. Es war ja alles in Flammen!

Am anderen Morgen liefen wir weiter, haben uns einmal verloren, weil ich hängte unseren Leiterwagen mit unserer Habe an einen Treckwagen dran, und meine Mutter konnte nicht Radfahren, die kam uns nicht nach. Wenn ich den Wagen abgehängt hätte, wären wir zurückgeblieben und in das Chaos geraten, und meine Mutter hat uns für eine Weile verloren und war ohne uns, ohne alles, sie war verzweifelt. An einer Gabelung wusste sie nicht, Reste vom Treck hier, Reste vom Treck dort, sie hat die richtige Seite gewählt, gebetet. Weil der Treck irgendwo wieder stockte. Und dann haben sich die Soldaten teils vorgedrängt. Ich habe volles Verständnis dafür, was man in der Not macht. Wir kamen dann abends in Potsdam an. Das ist eine Strecke, die wir bewältigt haben in der Zeit, fast ohne zu essen. Wir haben natürlich dann alles stehen lassen, immer wieder was, immer wieder was. Und Sie hätten ein Vermögen aufsammeln können an der Straße. Da lagen Musikinstrumente, Koffer mit Silberbestecken, aufgerissen. Man hat reingeguckt, ob was zu essen ist. Was Warmes zum Anziehen oder was zu essen. Oder auch so Arztbesteck hab' ich mal gesehen, die teuersten Sachen, Pelzmäntel, viel zu schwer.

In Potsdam war auch alles zerstört, und man konnte schlecht laufen auf dem Pflaster. Und dann sagte uns jemand: ›Da liegen an der Spree so Zillen‹, sagte man bei uns, diese großen Lastkähne. Und wir sind auf diesen Kahn, da wurde eine Leiter runtergelassen, und die Flüchtlinge und wer da gerade so war, der kletterte diese Leiter runter, dann wurde die Leiter raufgezogen; man konnte also nicht mehr hoch. Und dann wurde der nächste Laderaum gefüllt. Er trieb dann mehr so lautlos auf der Havel. Er war gefüllt mit Flüchtlingen, wir hatten keinen Platz zum Liegen. Wir saßen so (*zeigt mit den Händen an, wie beengt*), und dazwischen alte Leute, Leute mit kleinen Kindern. Wir Jüngeren konnten, wenn die Leiter mal rauf- und runtergelassen wurde, mal raus über Bord, uns erleichtern. Die alten Leute, die stanken, es war entsetzlich. Man hatte keinen Topf, kein nix. Die Kinder stanken. Es war grauenhaft. Es wurde die ganze Zeit geschossen. Wir wussten genau, der Russe war auch dort. Wenn man uns beschießt, wir saufen ab. Wir Jüngeren hätten vielleicht schwimmen können.

Am anderen Morgen waren wir in Rathenow. Jedenfalls, der Russe war auch wieder da, wir waren zu langsam. Und hinter uns kam noch ein solches Schiff mit Verwundeten. Die armen Kerle litten auch. Es war kalt, und die hatten so Verletzungen. Es war furchtbar.

Nun liefen wir wieder. Eines muss ich sagen: Wo man hinkam, die Organisation, dass man irgendwo etwas zu essen bekam (*klappte*). Da saßen die Parteileute und haben für die Flüchtlinge irgend etwas getan. Man hatte seine Lebensmittelkarte, aber man konnte ja nichts kaufen, man war ja immer unmittelbar an der Front, im Zusammenbruch. Die haben immer irgendwie noch etwas verteilt oder haben gesagt: ›Gehen Sie hier lang.‹ So weit wie möglich hat man für die Menschen gesorgt, und die blieben an ihren Posten. Ich hab' allerdings auch kurioserweise gesehen, dass ein Lastwagen mit Akten oder so was unterwegs war, und diese Beamten, diese zuverlässigen, wollten ihre Akten retten! Und als wir gerade fragten nach Essen, da kam ein Mann rein und sagte: ›Ich hab' draußen einen Lastwagen mit 30 oder 35 Säuglingen unter einem halben Jahr, gebt denen was zu trinken.‹ Wo diese Kinder mal gelandet sind? Soweit sie überlebt haben! Die armen Mütter!

Wir liefen die ganze Nacht. Haben uns dann mal zwei Stunden in den Wald gelegt zum Schlafen. Es war zu kalt und zu hart, man hat so'n bisschen gedöst. Im Morgengrauen, wir konnten auch fast nicht mehr, aber es ist erstaunlich, was man in Todesangst leistet, und dies, ohne viel zu essen, und frierend! Mein Bruder genauso. Wir hatten inzwischen so gut wie nichts mehr. Ich hatte das Fahrrad und was dranhängen. Anfangs hat Mutter den Leiterwagen immer so am Riemen gezogen wie so'n Sklave, und später trug sie so einen großen, selbstgenähten Sack. Man muss ja was zum Anziehen haben.

Im Morgengrauen kamen wir in eine Ortschaft, da standen Militärwagen, so Nachrichtenwagen, geschlossene Wagen. Soldaten grad im Aufbruch. Ich hätte mitfahren dürfen. Meine Mutter hatte Zigaretten gesammelt. Die hatten wir dabei. Haben ihnen 100 Zigaretten gegeben. Dann nahmen sie uns widerwillig mit. Hatten ganze Kopfkissen voll mit Haferflocken. Als wir dann drin waren, waren sie sehr nett zu uns. Jetzt hatten wir endlich einen kleinen Vorsprung vor der Front. Da sagten sie: ›Wir halten hier, jetzt können Sie wieder laufen. Wir kommen sonst zu nah an die Auffanglinie.‹ Da konnten Sie in Wäldern überall Soldaten sehen, die blieben da, bis der Russe wieder fast da war, weil sie nicht noch mal an die Front wollten.

Sind wir wieder gelaufen. Irgendwo haben wir in einem Bahnwärterhäuschen übernachtet. Aber Sie glauben nicht, was an Menschen unterwegs war, Verwundete, Frauen mit Kindern, Kinderwagen. Es war immer gerammelt voll. Man hatte kaum Platz zum Liegen, man hockte irgendwo. Zu essen gab es so gut wie nichts. Ich hatte von den Soldaten etwas Haferflocken, und meine Mutter konnte nichts mehr schlucken. Dann ging ich in ein Privathaus und fragte, ob ich da kochen darf. Durfte ich. Brachte meiner Mutter die Suppe – und das erzähl' ich nur, damit Sie wissen, wie meine Mutter war. Ich hab' nichts davon genommen, mein Bruder nicht, obwohl wir Heißhunger nach was Warmem hatten. Dann sagt eine andere Frau: ›Ach, wie gerne hätte ich eine Suppe!‹ Meine Mutter hat die Hälfte ihr gegeben. So gibt's Menschen!

Dann haben wir zufällig meine Schwester aufgesucht. Wir kamen dorthin, weil eben die Front so verlief. Meine Schwester war Krankenschwester, braune Schwester in einem Ort. Sind wir auch hingelangt, haben dort einmal übernachtet. Dann war der Russe wieder da. Wir gingen mit meiner Schwester und kamen in dieses letzte

Chaos. Man wusste nicht mehr, wo man hinrennen soll, es wurde überall geschossen. Schließlich ballte sich alles auf der Straße. Die Menschen fuhren sich gegenseitig die Autos in den Graben, die größeren die kleineren. Ein Offizier, der sprang auf die Straße und schrie, er erschießt jeden, der nicht in der Reihe bleibt, sonst sind wir alle verloren. Den hätten sie überfahren, der musste beiseite springen. Pure Panik! Wir Zivilisten ohne Autos mussten einfach in den Graben oder ins Feld rein, sonst hätte man uns überfahren. Da stockte alles, weil vorne wieder alles zusammengeschossen war und man nicht weiterkonnte. Wer nicht weiterkonnte, kein Benzin mehr hatte, sprangen sofort die Männer dazu und schmissen das ganze Fahrzeug mitsamt dem Zeug drauf in den Graben. Und da lagen auch Treckwagen usw., alles lag da. Wir selber liefen so am Rand, meine Mutter konnte auch nicht mehr! Dann stockte alles. Wir waren grad auf der Höhe von so einem Lastwagen mit Soldaten. Das waren Russen, so Hilfsvölker in deutscher Uniform. Die haben uns samt Fahrrad auf den Lastwagen gezogen. Aber der Wagen hielt nur zwei oder drei Minuten. Ich wäre nie allein so schnell mit Mutter und Bruder raufgegangen. Diese Russen haben uns das Leben gerettet! Und mit Schrecken stellten wir fest, wir sitzen auf lauter Granaten. Dann haben die später die einfach runtergeschmissen.

Wir fuhren den ganzen Nachmittag in dieser Schießerei, und da wurde es ruhiger, und plötzlich kamen die ersten Amerikaner auf uns zu. Niemand hat die beschossen. Alles war froh, dass er nicht beim Russen, sondern beim Amerikaner gelandet war. Meine Mutter sagte: ›Jetzt weiß ich, alles ist aus, und alles war umsonst.‹ Mein Vater war irgendwo; niemand wusste, wo meine anderen Geschwister sind, die Heimat war weg, das Haus war weg. Meine Eltern hatten das wunderschöne Haus mit Garten erst 1939 gekauft.«

Sie gerieten dann in ein amerikanisches Internierungslager auf den Elbwiesen, sind dort nicht schlecht behandelt worden, mussten aber praktisch auf dem Boden kampieren, auch bei Regenwetter, das Essen sich mühsam zusammensuchen; bekamen gelegentlich etwas von den Amerikanern geschenkt. Dort hausten sie drei Wochen und kamen dann in ein Barackenlager nach Lauenburg bei Hamburg. In der Folge Auszüge aus meinem Interview mit MARGRET B.:

»Da hat man sogar ein bisschen Verpflegung bekommen… Wie Ölsardinen waren wir in dieser Baracke! Dann hieß es, der Russe bekommt das östliche Ufer. Wieder waren wir in Angst. Wir erfuhren dann aber, dass im Morgengrauen die Engländer (*sie waren jetzt in der englischen Zone*) irgendwann Kähne über die Elbe fahren lassen, aber ohne jede Garantie. Sobald es hell ist, schießen sie. Da ging ich hin. Da warteten unendlich viele im Gebüsch versteckt. Und es fuhren ein paar schwere Ruderkähne, die waren aber alle angeschossen, und es stand so hoch das Wasser. Man wusste nicht, schafft's der Kahn, und wer rudert? Und dann haben die Männer die Kähne gerudert und auch wieder zurückgerudert. Wir waren drin in einem Kahn, die trieben dann ganz weit nördlich über die Elbe, und wir haben nass und verfroren die andere Seite erreicht. Manche Soldaten sind durchgeschwommen. Ich wahrscheinlich hätte es gekonnt, aber meine Mutter und mein Bruder nicht. Ohne mein Reisegepäck, ohne Fahrrad, ohne alles! Das war Anfang oder Mitte Mai. Auf der ande-

ren Seite liefen wir wieder und liefen und liefen, haben wieder irgendwo übernachtet, und es klappte noch die Organisation. Die Partei hat noch nach dem Waffenstillstand die Menschen versorgt, die Flüchtlinge. Man kriegte eine Adresse: ›Gehen Sie in die Scheune‹, man kriegte eine Adresse: ›Gehen Sie dahin, da bekommen sie etwas zum Essen.‹
I: *Sie hatten den Eindruck, das war noch die Partei?*
B: Vielleicht auch eine Gemeindeverwaltung, aber die waren ja alle in der Partei. Da hat man immer noch die Adressen angelaufen. Die haben ausgeharrt. Später sind sie sicher alle verhaftet worden.

Da war also halb Deutschland unterwegs auf den Straßen. Man ging zu Fuß, man fuhr mal mit. Wir sind fast bis Bielefeld gelaufen und haben nachts irgendwo geschlafen. Wir haben dort Verwandte gehabt. Die haben uns dann aufgenommen. Und ich hatte einen ganz dicken Fuß vom vielen Laufen. Man hatte ja auch schlechte Schuhe! Und wieder die Leute, die alten! Sterben wollten sie, die Alten! Liegenlassen hat man sie oft. Ich will gar kein Urteil geben, da starben so viele, da kam es auf einen nicht an *(tränenerstickt)*. Heute erregt man sich so – richtig, ganz richtig – um eine Geisel, und damals hat man nach Hunderten nicht gezählt...

Nach einem Vierteljahr sind wir hier in Stuttgart bei meinem Großvater angekommen.«

TRUDE S. (1910) musste am 20. Januar 1945 mit ihren zwei Kindern (Petra: 3 Monate, Dorle: knapp 4 Jahre) und ihren alten Eltern (der Vater war 80 Jahre alt) aus Breslau fliehen. Ihr Mann (Forst- und Holzkaufmann) war an der Ostfront. Sie selbst war als Sekretärin in einer Gewerkschaft tätig gewesen und von daher gegen den Nationalsozialismus eingestellt. Sie litt gerade in dieser Zeit an einer Thrombose. Ihren Bericht über die Flucht schrieb sie in den ersten Nachkriegsjahren. Es folgen Ausschnitte:

»Ich sehe mir meine Bücher an, den Garten, unser Heim in seiner lieben verspielten Buntheit, aber in mir ist nichts als Dumpfheit und unbedingtes Handelnmüssen. Morgens 9 Uhr, Eiseskälte, 12 Grad minus, Detonationen (sind es Sprengungen oder die Russen?), Petraleins erste ›Spazierfahrt‹. Ich kann weder fühlen noch denken, sonst würde ich zusammenbrechen oder wahnsinnig werden. Musch *(ihr Mann)*, unser Haus, unser Heim, unser Garten, nicht denken.

Grau und trüb ist der Wintertag, überall Menschen auf den Straßen mit Sack und Pack. An der bezeichneten Stelle bekommen wir Lebensmittelkarten – und werden wieder nach Hause geschickt mit der Weisung: ›Weitere Befehle abwarten.‹ Diese Schufte, sie haben sich in Autos gesetzt und sind mit ihrem Kram einfach ausgerissen. Den ganzen Tag über warten wir wieder, es sieht toll aus, alles drunter und drüber. Ich arbeite und schufte, versuche, alles so gut wie möglich im Keller zu schützen, dauernd kommen Menschen gelaufen in völliger Rat- und Kopflosigkeit, wollen von mir, die ich selbst völlig durcheinander bin, Rat haben. Nachts um 11 Uhr klingelt es Alarm, wir liegen startfertig in den Betten, in einer Stunde soll der letzte Zug nach Görlitz fahren. Wir *müssen* fort. Wir stolpern durch die eisige Nacht davon. Ich kann nicht mehr denken. Nacht und Nebel sind um mich und in mir. Ich habe so

Mühe, mit dem Kinderwagen, dem schweren Gepäck und dem weinenden Dorle über die Schneeberge wegzukommen. An der Haltestelle eine dicke Menschenmauer, alle wollen noch mit. Eine Straßenbahn fährt vorbei, wir laufen zur Endstation. Am Hauptbahnhof ein zäher Menschenbrei, Geschrei, Weinen, Ohnmächtige werden weggetragen, mein Peterle weint, will Nahrung haben. Ich kann mich nicht rühren vor Menschen, wie soll ich das Kind stillen, und es ist noch so klein, es kann schwersten Schaden leiden durch die Kälte und den Hunger. Angst ist in mir, dass Flugzeuge den Bahnhof bombardieren könnten. Nicht auszudenken die Panik. Ich will fort von hier, nur fort. Und wenn man nicht mehr aus noch ein weiß, weint man (als ob das was helfen würde). Zwei Soldaten fragen mich, ob sie mir helfen können. Sie tragen Gepäck und Dorle nach dem Freiburger Bahnhof. Dorle weint vor Kälte und verlangt nach ihrem Bettel. Es ist die zweite Nacht, die ich nicht geschlafen habe. Grausig ist die Stadt in ihrer gespenstigen Kälte und ihrem Gewusel von flüchtenden Menschen. Am Freiburger Bahnhof dieselbe Menschenmauer, aber ich habe »Glück«, um 6 Uhr morgens sitzen wir in einem Zug Richtung Görlitz, nachdem wir mit Gepäck und Kinderwagen über etliche Zäune weggeklettert waren. 8 Uhr Abfahrt, bittere Kälte, verstörte Menschen, den ganzen Tag fahren wir, in Hirschberg völlig erschöpft. Dorle, mein kleines Dorle und mein Peterle ohne Heimat, kalt und lieblos alles, eine Welt, in der man alle Kraft zusammennehmen muss, um nicht zu verzweifeln. Übernachtung in einer Schule, vollgepfropft mit Flüchtlingen, Schmutz, Hässlichkeit, übler Geruch, eine scheußliche Hitze. Aber ein wenig was Warmes zu essen. Ich schlafe immer und wache wieder auf und kann es nicht fassen und bete und weiß nicht wohin mit meinem Hass auf die Menschen, die uns in so bodenloses Elend und Unglück gebracht haben. Morgens schließen wir uns einem Transport nach Zillerthal an, ich will noch nicht so weit weg von der Heimat jetzt im Winter, vielleicht auch erst einmal ein paar Tage ausruhen und dann weiter. Mein Riesengebirge, meine geliebten, lieben Berge machen es mir vielleicht ein bissel leichter. In Z. erst herumlaufen wegen Quartier. Wir bekommen Wohnung in der Försterei, ein eiskaltes, aber ganz ordentliches Zimmer. Dorle bricht in der Nacht und hat Fieber. Petralein kann ich kaum stillen vor Kälte. Aber wir richten uns ein, sägen und hacken Holz, völlig unbekannte Tätigkeiten für uns, bekommen Marken, und es geht so recht und schlecht bis aufs Dorle. Dorle ist schwer krank, das Kind fiebert und kann nichts bei sich behalten. Ich bin völlig fertig, die Strapazen, innerlich wie ausgenommen, schlaflose Nächte, das kleine Kind, man erträgt so viel. Damals glaubte ich, es wäre viel, es war nichts gegenüber dem, was noch kam.«

Ende Februar müssen sie weiter fliehen in Richtung Tschechoslowakei. Nach drei Tagen und drei Nächten im unbeheizten, völlig überfüllten Zug, ohne etwas Warmes zu essen, landen sie schließlich in Beching bei Tabor. Das Petralein wird todkrank. Mit Hilfe der feinen tschechischen Ärztin, bei der sie Quartier finden, kann es gerettet werden. Dort erleben sie das Kriegsende. Die Tschechin spricht gebrochen Deutsch und bittet sie zu versuchen, nach Deutschland zu kommen. »Sie sagt, die Tschechen würden Lidice nie vergessen, und wenn der Krieg schlecht ausginge, wäre es sehr schlimm für uns.«

Am 9.5.1945 werden die Flüchtlinge von der deutschen Wehrmacht zu den Amerikanern befördert. Dort erleben sie die ersten tätlichen Feindseligkeiten von Tschechen und kommen im Talkessel von Wallern in ein amerikanisches Lager:
»Wir fuhren durch Dörfer. Vor einigen Häusern standen Gruppen von Tschechen, sie drohten uns mit den Fäusten, schrien, warfen Unrat und Steine nach uns, aber noch kamen wir heil durch... Kurz hinter Moldautyn begegnen wir einem wildreitenden Tschechen. Er schießt. Wir kommen aber vorbei. Es ist eine glühende Hitze, wohl an die 30° Grad. Auf der Straße vor uns laufen Landser, müde, abgehetzt, aufgelöst, wissen sie nicht wohin, aber sie haben noch ihre Gewehre. Wir haben noch Platz auf den Wagen und nehmen sie mit. Plötzlich Schüsse aus dem Chausseegraben, und vor uns tauchen eine Menge Tschechen auf, bewaffnet bis an die Zähne, mit Gewehren, Revolvern, Maschinengewehren und Panzerfäusten. Ich denke, nun ist es wohl aus und vorbei. Die Soldaten auf unserem Wagen, junge Kerlchen, wollen sich zur Wehr setzen und schießen. Ich halte sie mit aller Kraft zurück. Der eine reißt aus und jammert ›Panzerfäuste‹. Ich schreie ihn an, er solle sich nicht so dumm benehmen. Wir sind alles hilflose Menschen auf dem Wagen, Frauen und Kinder und alte Leute, und wir haben keine Angst. Und dieser Jammerlappen winselt vor Angst und Feigheit. Wir haben eine Tote und mehrere Verwundete von den Schüssen aus dem Chausseegraben. Man durchwühlt unser Gepäck nach Waffen, die Soldaten werden heruntergeholt, und wir müssen im Schritt in die Stadt einfahren, Budweis. Die Soldaten müssen nebenher gehen, werden getreten, gestoßen, geschlagen, angespien von dem Pöbel, der überall herumlungert. Auf dem Marktplatz ist eine johlende Meute versammelt. Wir müssen halten, und der Mob kreischt vor Vergnügen, johlt und klatscht in die Hände und freut sich über unsere klägliche Armseligkeit.

Ja, wir waren Deutsche, gehasst, verfemt, geächtet. Wie die Juden im Nazideutschland. Wir sahen uns nur alle an. Ich nahm mein Petralein aus dem Wagen und spielte mit ihm. Das Kind lächelte, und ich lächelte auch. So fingen wir einen Blick auf von einem Mann, der an einem Fenster stand und sich das Schauspiel ansah. Auch er lächelte, es war sehr viel Güte und Verachtung in seinem Gesicht, ein fremder Mensch, aber ein *Mensch*. Irgendwie hat es mir Kraft gegeben. Endlich ließ man uns weiterfahren... Je tiefer wir ins Tal kommen, um so mehr sieht man die Spur des Krieges, zerschossene Flugzeuge, Bombentrichter, abgebrannte Häuser, halbzerstörte Brücken, über die unsere Fahrzeuge wegbalancieren müssen, am Wegrand Kriegsausrüstung in jeder Form, Stahlhelme, Patronengurte, Gewehre, tote Pferde. Vor uns ein riesiger Talkessel, und die ersten Amerikaner nehmen uns in Empfang. Befreit atmen wir auf, nun sind wir geborgen. Der erste kommt und spuckt in großem Bogen vor sich her, Gewohnheit? Oder will er uns seine Verachtung ausdrücken? Ich bitte einen jungen Ami um etwas Milch für Petralein. Er verspricht mir, Milch zu bringen. Die Verständigung ist gut, mein Englisch hilft mir doch ein bisschen. Die Amis verteilen Knäckebrot, Bonbons, Zigaretten, Konserven. Dann werden wir in ein Lager – ein ehemaliges Arbeitsdienstlager an einem Berghang – geschleust, dort ausgeladen, und wir können uns in den Baracken einrichten. Es sind im Lager außer uns 600 Menschen wohl im ganzen 2000 Leute. Der ganze Talkessel wogt und wirbelt durcheinander von Menschen. Es sind Hunderttausende. Alle Wehrmachtseinheiten aus der Tschechei, alle Flüchtlinge haben den Weg zum Amerikaner gesucht und hoffen nun auf seine Hilfe. Zu essen bekommen wir weiter nichts... Im Barakkenraum stirbt ein kleines Kind. Die Mutter verbringt ihre Nächte mit den Soldaten. Ich versuche, dem winzigen Ding – es ist vielleicht ein halbes Jahr alt – das Sterben zu erleichtern, netze die trockenen Lippen, versuche, dem Kind irgendwelche pfleglichen Erleichterung zu bringen, aber ich kann ihm nicht mehr helfen. Wut packt mich, auf die Menschen, das Leben, auf alles. Wie ein kleiner Vogel ist das Händchen in meiner Hand, zuckt und flattert, und ich vermag das Leben nicht zu halten. Herrgott, wie ist das alles schwer. In Wallern werden Konzentrationslager-Häftlinge beerdigt, die kurz vor dem Einmarsch der Amis noch ermordet worden sind. Zusammen mit dem kleinen Kind werden sie bestattet. Auch die Amis schauen jetzt böse. Trotzdem sind sie kameradschaftlich und hilfsbereit. Wenn ich um Milch für Petra bitte, melken sie eigenhändig und verschaffen mir so das, was das Kind braucht.«

Unter dem Vorwand, sie würden in die Heimat transportiert, werden sie bei Pisek den Russen ausgeliefert.

»Wir stehen nun also da, inmitten unseres Gepäcks, unter freiem Himmel, Tausende von Menschen. Was nun weiter? Alles sucht sich erst einmal ein Plätzchen zum Lagern, es ist Spätnachmittag und glühend heiß. Wir sehen erschreckend aus, sind über und über mit Staub bedeckt. Wasser? Nirgends. Eine der schrecklichsten Nächte meines Lebens bricht an. Wir lagern Mensch an Mensch auf der Wiese, kein Wasser, kein Baum, kein Strauch, nichts. Petra müsste gereinigt werden, Windeln gespült werden, wir alle sind schmutzig, die Kinder haben den ganzen Tag nichts Warmes gegessen, ich kann Petralein nichts Warmes geben, und es muss Nahrung haben, so klein, wie es ist, das Kind weint, hat Hunger und Durst, ich bin nicht ganz gesund, dazu die schreckliche Hitze, und wir sind so entsetzlich müde und stumpf. Der Schlaf ist unsere einzige Rettung aus diesem Elend. An der einen Hand halte ich mein Dorle, mit der anderen Hand den Kinderwagen. Irgendwie hab' ich eine instinktive Angst. Von einer furchtbaren Schießerei und einem tosenden Hilfeschreien wache ich auf. Neben der Wiese, auf der wir Flüchtlinge lagern, ist ein Russenlager. Die Flüchtlinge, die in unmittelbarer Nähe der Russen sind, sind übel dran. Frauen schreien in irrsinniger Angst, dazwischen Schießen und das wilde Rufen der Russen. Über all dem scheint taghell der Vollmond und schimmern große Sterne, gespenstig, unwirklich schön. Dazu das Feuerwerk der Russen. Etwas kriecht um mich herum und will mich wegzerren. Entsetzen und Kälte sind in mir, die Russen schleichen auch zwischen uns herum, sie sind wie Tiere, raublustig, lautlos, gefährlich, Bestien. Ich stelle mich wie tot, lasse aber das Rad vom Kinderwagen nicht los. Der Russe kriecht weiter. Erst gegen Morgen hört das Hilferufen auf. In dieser Nacht haben sich viele, viele Menschen das Leben genommen, und mehrere Frauen sind ermordet worden. Eine Frau, hoch in anderen Umständen, wurde mit Messerstichen im Leib tot aufgefunden. Immer, wenn etwas Furchtbares hinter mir liegt, habe ich das Gefühl, mich erst waschen zu müssen und so wieder Abstand zu den Dingen zu bekommen. Ich gehe im Morgengrauen in ein nahes Kornfeld und wasche mich mit Tau. Die Russen schlafen meist in den frühen Morgenstunden, und tagsüber sind sie wie Wölfe im Schafspelz. Eine halbe Stunde hin ist ein verschlammter Teich. Dort versuche ich, irgendwie die Wäsche von Petralein zu ›reinigen‹. Dann frage ich nach einer Trinkwasserstelle, man muss da eine Stunde hinlaufen und eine Stunde zurück. Ich mache mich also auf den Weg, finde unterwegs ein paar Spänchen Holz, bringe Trinkwasser für die Kinder und uns und versuche, zwischen Steinen ein Feuerchen zu machen, damit ich Petralein etwas Warmes aus Mehl und Wasser und Zucker geben kann. Die Menschen schlafen meist noch, alles liegt kreuz und quer durcheinander, ein widerlicher Anblick, diese ungepflegten Menschen in ihrer trostlosen Hilflosigkeit. Aber ich darf jetzt nur immer an die nächste halbe Stunde denken, nichts anderes, und nur an das, was unser Leben erhält. An den Rändern der Wiese sind Gruben ausgehoben, dort soll jeder frei und ungeniert das tun, was jeder jeden Tag tun muss. Ein entsetzlicher Gestank ist dort, furchtbar. Eher laufe ich stundenlang, aber was bleibt den meisten Menschen im allgemeinen übrig, als sich voreinander in den übelsten Situationen zu entblößen? ›Daitsche nix kultura‹, ja, die Herren verstehen es, uns ›Kultur‹ beizubringen. Wie sie nur aussehen, diese Steppen-Kannibalen! Wenn sie singen, hört es sich an, wie wenn ein Rudel Wölfe heult. Und doch kann ich sie nicht hassen, sie *sind* so, sie verstellen sich nicht, sind Tiere, brutal, rücksichtslos, ganz ihren Trieben und Neigungen lebend. Ich kann sie nicht hassen, weil ich weiß, dass auch in unseren sogenannten zivilisierten Ländern so viele ihnen gleichen. Sie sind vielleicht schlimmer, weil sie sich den Anschein geben, besser zu sein. Für uns sind die Russen irgendwie unverständlich, wie wenn eine Glaswand dazwischen wäre, dies Gefühl bin ich nie losgeworden...«

Eines Tages ergeht der Befehl, dass alle Flüchtlinge nach dem 30 km entfernten Tabor laufen müssen. Sie lässt nun alles zurück bis auf den Kinderwagen mit den lebensnotwendigsten Dingen.

»Da kommen schon Russen und Tschechen und reißen sich um das, was ich dalassen muss. Ein Tscheche, den wahrscheinlich sein schlechtes Gewissen plagt, bietet mir ein Brot. Mich hat eine furchtbare Wut gepackt. Das Brot gebe ich einem kranken Soldaten, der in unserer Nähe lagert und dem Schauspiel dumpf zusieht. Und ich nehme meine Sachen und werfe sie den Tschechen und Russen an den Kopf. Wie die Tiere raffen sie alles zusammen und verschwinden, und ich muss fürchterlich lachen. Alles ist fort, meine Tagebücher, Wäsche, Papiere, ein Mützchen von Dorle, das ich in schönen, stillen Stunden gestickt hatte, liegt im Staub, aber zum Lachen oder Weinen bleibt keine Zeit, nur nicht dem Gesindel irgendwie allein ausgeliefert sein, nur Anschluss an die anderen Flüchtlinge gewinnen! Es ist glühend heiß. Wir marschieren in Wintersachen, weil ich sie unter allen Umständen retten will – ich habe geahnt, dass im nächsten Winter die Not schwer sein wird – bergauf, bergab. Wir laufen, laufen nur noch stumpf und ohne Gedanken. Dorle ist so müde mit ihren knapp vier Jahren. Ich setze sie noch mit auf den Kinderwagen. Irgendwie gefällt mir dieses Wandern. Es ist ein Tun, es ist irgend etwas, das mich beruhigt. Immer schon war es so. Quälte mich etwas, bin ich gelaufen, und der Rhythmus der Bewegung, das Streicheln der Luft gaben mir mein Gleichgewicht zurück. Der Abend kommt, und von anderen Flüchtlingen, die schneller gehen können als wir, wird uns angeraten, Anschluss an ein Lager zu suchen. Wir gehen und gehen, immer wieder überholen uns Flüchtlinge – mein Vater mit seinen 80 Jahren kann nicht so schnell laufen – wir treffen aber auf kein Lager. Gegen 11 Uhr nachts kommen wir an ein Wegkreuz, unter dem etwa 30 bis 40 Flüchtlinge im Straßengraben lagern. Wir sind total erschöpft und kauern uns dazu. Ich versuche, Petra irgendwie etwas Tee einzuflößen, unterwegs gaben uns mitleidige Tschechen etwas Milch für das Kind. So müde bin ich, so furchtbar müde. Russen kommen. Sie fordern mich auf, mitzugehen. Ich frage, ob sie eine Mutter haben. Eine polnisch sprechende Frau übersetzt, was ich sage, übersetzt mir auch der Russen Antwort. Sie fangen gleich an, ihre Mutter zu preisen und von ihrer Heimat zu erzählen. Ich sage ihnen dann, dass ich auch Mutter sei und Kinder habe. Irgendwie schämen sie sich ein bisschen. Es ist mir geglückt, sie in der richtigen Weise zu packen, und sie gehen fort mit vielen Beteuerungen ihrer Sympathie. Diese bin ich erst einmal los. Andere kommen, schreien mich an, ich solle mitkommen, ich sage nichts als das einzige russische Wort, das ich kann, ›babuschka = Großmutter‹. Meine polnische Dolmetscherin ist eingeschlafen, und ich bekomme sie nicht wach. Die Russen lachen, schütten sich aus vor Lachen, nehmen mein Kopftuch beiseite und sehen mir ins Gesicht. Ich behaupte stur weiter ›babuschka‹ und lache mit. Irgendwie sind wir uns auf einer anderen Ebene einig, und ich habe Glück, sie gehen.

Im Morgengrauen geht's weiter. Den ganzen Tag wandern wir, bergauf, bergab, glühende Hitze, Gewitterregen, der uns bis auf die Haut durchnässt. Unsere Kleider sind schwer. Das Dorle trabt neben mir her und tröstet mich: ›Mama, jetzt gehen wir nach Hause!‹ Das Kind ist lustig und vergnügt, ihr macht das Spaß. Am Wegrand koche ich zwischen Steinen Grießbrei für Petra und Dorle. Wir essen ein Stückchen Brot und einen Löffel Zucker. Wir haben merkwürdigerweise keinen Hunger trotz der Anstrengungen. Es gelingt meiner Mutter, für 100.- Mark bei einem Bauern einen kleinen Wagen zu kaufen, wo wir unser Gepäck aufpacken können. Eine Flüchtlingsfrau mit ihrem Jungen schließt sich uns an. Der Junge, das Dorle und der Opa werden oben aufgesetzt. Meine Mutter und die junge Frau ziehen, ich fahre den Kinderwagen mit Petralein, so ziehen wir unsere Straße. Überall sind Flüchtlinge. An den Wegrändern liegt unheimlich viel Kriegsmaterial, wohl alle 30 Meter ein PKW oder LKW, oft ganz elegante Wagen. Überhaupt alles kann man am Wegrand finden, Hausrat, Wäsche, Kleidung, Schuhe, Papier in Unmengen. Viele Flüchtlinge haben sich noch weiter ihres Gepäcks entledigt, um besser laufen zu können – alles, alles liegt am Wegrand, ganze Schicksale. Ich finde einen Packen Liebesbriefe, Fotoalben, Abschiedsbriefe. Was für Material für Menschen, die Phantasie haben, aber die Wirklichkeit übersteigt alle Phantasie. Es geht auf den Abend zu. Wir sind in einem großen Wald und kommen nicht raus, laufen lange, lange. Russen streichen um uns herum, tauchen hier auf und da. Sobald wir rauskommen aus diesem verfluchten Wald, wollen wir irgendwie lagern. Hoffentlich treffen wir noch andere Flüchtlinge. Es wird schon dämmerig. Da sehen wir die ersten Häuser. Plötzlich ›Stoj!‹ Ein Russe vertritt uns den Weg. Er fuchtelt mit dem Revolver vor uns herum, schießt ein paar Mal in die Luft und verlangt, ich solle mitgehen zu irgendwelchen Aufräumungsarbeiten. Was das bedeutet, weiß ich wohl. Ich erwidere ganz ruhig: ›Nein, ich bleibe bei meinen Kindern.‹ Er reißt mich am Ärmel. Ich wehre mich. Er sprüht vor Wut und erklärt mir, dass er mich erschießen werde. Mir erscheint das Leben viel härter als der Tod, und ich sage ihm ›Bitte‹, deute aufs Dorle, das fassungslos dabeistand, und mich. Meine Eltern, die ebenso sprachlos waren, bitte ich, das Petralein durchzubringen, das Kind versteht ja noch nichts vom Leben, vielleicht können sie es retten. Der Russe setzt mir die Waffe an die Stirn und schießt. Wenn ich heut daran zurückdenke, ich weiß, dass ich ganz ruhig war, nicht ein bisschen Angst hatte. Ich hörte nichts mehr und wusste nicht, war das nun der Tod, was ist? Das Biest hatte an meiner Stirn vorbeigeschossen. Dorle fing an, furchtbar zu schreien. Ich sah die Bestie vor mir nur immer ganz ruhig an. Plötzlich ging ein Erschrecken über sein Gesicht, ein furchtbares Entsetzen, und mit einem tierischen Laut nahm er Dorle in seine Arme und tröstete das Kind. Ich schob ihn beiseite, da wurde er wieder wütend und schoss. Jetzt wollte er wenigstens unser Gepäck haben. Er trieb uns unter wüstem Gefluch und Geschieße weg von unserem Wagen an einen Lastwagen heran, der hoch beladen war mit Flüchtlingen und Gepäck. Es war inzwischen finster geworden. Wir kletterten mühsam rauf, und ich versteckte mich, so gut es ging, unter einer Decke. Ein Russe reichte uns den Kinderwagen nach, andere standen um den Wagen herum. Jetzt holten sie die Frauen herunter, schleppten sie in den Wald und vergewaltigten sie. Auch hier kam ich gut davon, ich erklärte ihnen, dass ich krank sei. Sie fuhren uns dann in einem irrsinnigen Tempo zurück in den Wald.

Ganz von weitem hörte man scheinbar von einem Russenlager ihren heuligen Gesang. Unheimlich war das, und ich muss sagen, dort hatte ich vollkommen abgeschlossen mit dem Leben. Ich glaubte, sie werden uns alle in das Lager schleppen und dann alle abmurksen. Was sie aber alles mit uns anstellten! Sie fuhren den Lastwagen halb in den Graben, dann auf ein aufgeweichtes Feld. Wir mussten alle herunter und wieder aufsteigen. Dann ging's in einem irrsinnigen Tempo bergauf, bergab, bis sie uns mitten in einem Dorf abluden. Mitten in der Nacht. Wir suchten Unterschlupf in einem Milchabstellhäuschen. Nun besaßen wir also nichts mehr, nicht mal mehr einen Kamm oder eine Zahnbürste, alle Dinge, selbst die persönlichsten, weg, und das in einem fremden, hasserfüllten Land mit diesem Gesindel auf den Straßen. Unser Geld hatten wir retten können, das hatte ich in meine Skihose gesteckt. Aber unser ganzer Schmuck, die notwendigsten Sachen, die wir brauchten, nichts mehr, alles fort, was nun? Ich war vollkommen am Ende meiner Kräfte, und ich sagte mir mit aller Klarheit, dass es ja sowieso keinen Zweck mehr habe, und wozu die Qual des Lebens verlängern, also Schluss. Aber wie? Ich hatte für alle Fälle eine Rasierklinge da. An mich selber hätte ich wohl Hand anlegen können, aber die Kinder? Es waren Stunden vollkommener Verzweiflung, dazu weinte Petralein vor Hunger, und sie durfte nicht weinen, damit uns die Russen nicht etwa wieder aufspürten. Ich weiß dann nicht mehr, was war, bin wohl eingeschlafen. Irgendwie hab' ich aber im Schlaf Kräfte sammeln können. Der Morgen graute, wieder ging's raus auf die Landstraße. Das erste, was wir fanden, war ein Topf Fett, der mitten auf der Straße stand und den wohl

Flüchtlinge nicht mehr mitnehmen konnten. Da hab' ich erst einmal gelacht, gut, jetzt wird man wohl einmal beweisen müssen, wie man auch unter härtesten Bedingungen mit dem Leben fertig wird. Um meiner Kinder willen werde ich alles tun. Man hatte mich besitzlos gemacht, auch ich durfte vor nichts zurückscheuen, es ging jetzt um Sein oder Nichtsein. Der Topf Fett wanderte mit uns. Als Zweites fand ich im Straßengraben eine zerbeulte Milchkanne, eine Tasse, einen Löffel, ein Messer, noch einen Topf, eine Flasche. So, das waren erst einmal die Gegenstände, die ich brauchte. Im Kinderwagen die drei Brote, eine Büchse Nestle und ein Säckchen Grieß hatte ich gerettet. Damit haben wir fünf Menschen drei Wochen gelebt...

Auf einer Viehweide ›durften‹ wir dann die Nacht verbringen. Lauter Flüchtlinge. Es regnete in Strömen, wir waren nass bis auf die Haut. Ich sehe meine Eltern noch an der Abgrenzung stehen, die ganze Nacht, und sie waren den ganzen Tag gelaufen. Ich hatte mich einfach in das nasse Gras gehockt und hielt mir das Dorle im Schoß, damit das Kind wenigstens schlafe. Petralein schlief fast nur noch, sicher vor Schwäche, oh, diese Angst, diese Angst!«

In Viehwaggons werden sie in das zerstörte Brünn befördert.

»Über rauchende Trümmer schlichen wir uns durch die Straßen Brünns. Weinende Kinder, mühsam sich vorwärts schleppende Menschen. Immer wieder hört man den heiligen Gesang von betrunkenen Russen, denen wir unbedingt aus dem Wege gehen müssen, Angst, Angst und Schrecken überall und Hunger und Ungewissheit und trostlose Leere. Woher ich die Energie genommen habe damals, durchzuhalten, ist ein Wunder. Dorle weint und weint, dass sie schlafen will, immer wenn wir anhalten, sinkt sie neben mir zusammen. Meine Eltern sind völlig erschöpft. Es fängt an zu regnen. Wir kommen an ein Promenadenstück und legen uns dicht zusammengedrängt alle auf die Wiese, im strömenden Regen. Petra im Kinderwagen weint, ich weiß nicht, was ich dem Kind zu essen geben soll, habe nicht einmal Wasser. Ich bete und bitte den Herrgott, mir doch zu helfen. Plötzlich denke ich an die Tauben daheim, wie sie ihre Jungen ernährt haben. Und ich denke an meine Büchse Nestle, die ich noch im Kinderwagen habe. Ich nehme Nestle, zerkaue es und gebe dem Kind den gekauten Brei. In normalen Zeiten hätte ich das als Schweinerei bezeichnet. Dort danke ich Gott für diesen Einfall, denn er bringt mir das Kind über das Schwerste weg...

Es sind noch 100 km bis zur Grenze. Der nächste Tag ist der Stichtag. Dann sollen alle Deutschen, die sich noch in der Tschechei befinden, interniert werden. Was das bedeutet bei dem Hass, kann man sich ungefähr vorstellen. Aber ich kann nicht mit den Kindern und mit dem alten Vater weiterwandern, wir werden sowieso auf der Strecke bleiben und das Ziel nicht erreichen. Meine Mutter ist krank, aber ich darf das gar nicht wahrhaben, bin ganz hart. Hier geht es um Tod und Leben, nur irgendwie darüber weggehen, es gar nicht wahrhaben. Schlimmstenfalls können wir uns alle umbringen. Rasierklingen hab' ich noch. Plötzlich ergeht die Weisung, es stünden Güterwagen auf dem Bahnhof, in denen wir weiterfahren sollen. 80 Menschen in einem Güterwagen. Aber wir fahren wieder. Bei der Abfahrt springen zwei Russen in den Wagen, richtige Verbrechergesichter, junge Kerls, sie haben ein großes Schlachtmesser in der Hand. Was werden sie wohl tun? Ein Tunnel kommt. Schnell lasse ich meine beiden Ringe und meine Uhr in die Skihosen gleiten, tue so, als sähe ich die beiden nicht, beschäftige mich mit Dorle (die drei Schmuckstücke hab' ich dann im Winter gegen Brot und Mehl eingetauscht, und sie haben uns über den sehr schweren Monat Dezember 1946 weggeholfen). Die beiden Russen räubern noch, was sie bekommen. Meinem Vater nehmen sie seinen Füllhalter, den er ins Mützenfutter getan hatte. Sie wühlen in den Taschen herum, schneiden den Leuten die Taschen- und Rucksackriemen kaputt und springen dann wieder ab. Ein Bild bleibt mir auch immer haften, das ich vom Fahren aus sah. Ein Mann fährt auf einem Fahrrad. Er wird von den Russen angehalten, springt ab und will sich in einem Kornfeld verbergen. Die Russen springen ihm nach und schießen. Er bäumt sich noch einmal auf, schreit, dann ist das Bild aus meinem Blickfeld verschwunden. Wir fahren, fahren...

Ich habe einen unsinnigen Hunger. Tagelang habe ich nichts Ordentliches gegessen. Kartoffeln, wenn ich doch nur eine einzige Kartoffel mit Salz hätte, sie erscheint mir als der Gipfel der Seligkeit. Im Morgengrauen hält der Zug auf einer kleinen Station. Ich gehe den Bahnhof entlang. An einer Mauer lehnt ein Sack Kartoffeln. Ich hab' da keine Hemmungen. Wie köstlich sie schmecken! Noch nie hat mir eine Speise so geschmeckt wie diese. Hab' mir ein kleines Feuerchen zwischen Steinen gemacht und esse sie mit Salz. Alle, die Hunger haben, sind eingeladen. Ist ein Topf alle, wird der nächste gekocht. Hab' nur Angst, dass der Zug wieder weiterfährt. Petralein bekommt auch was ins Guschel (*in den Mund*) gesteckt. Das Kind sieht erschreckend aus. Mein Nestle ist zu Ende, ich hab' nur noch Tee. Gekautes Brot oder Mehlbrei nimmt das Kind nicht mehr an, ist schon zu schwach und erbricht sich. Aber in mir ist eine Kraft, von der ich weiß, dass sie mir helfen wird, das Kind am Leben zu erhalten. Immer nur halte ich seine kleinen Händchen und übertrage meine Energien auf den kleinen Körper. Dankbar lächelt mir das Kind manchmal zu. Ich glaube daran, vielleicht ist es Unsinn, aber ich glaube ganz fest daran, und ich glaube auch an das Bibelwort, dass der Glaube Berge versetzt. Es ist so!«

In Glatz können sie bei einer Bekannten Station machen und sich etwas erholen. Dann wandern sie weiter ins Riesengebirge, wo sie den Winter 1945/46 unter den Polen verbringen und noch viel Schweres erleben. Danach werden sie vertrieben. Alle fünf haben die Flucht überlebt.

GERTRUD L. (1910) stammt von einem Bauernhof, heiratete einen Kaufmann, betrieb ein Gemischtwarengeschäft in Tiegenhof im Freistaat Danzig. Sie hatte vier Kinder (acht, sechs, fünf und drei Jahre alt). Ihr Mann war 1944 an der Ostfront gefallen. Für ihre Kinder und Enkel schrieb sie den Fluchtbericht Ende der 80er Jahre auf. Hier einige Auszüge aus ihrem 43seitigen, eng auf Schreibmaschine geschriebenen Manuskript:

»Am 23. Januar 1945 kamen ganz besonders viele Flüchtlinge in großer Eile, ebenso Soldaten und berichteten, dass der Russe in Elbing ist. ›Flieht, so schnell ihr könnt!‹ hieß es nur. Am anderen Morgen wurden wir von der Partei aufgefordert, Tiegenhof zu verlassen. Aber wie sollten wir wegkommen? Militärwagen sollten am Ende der Stadt sein, also an der Galgenbrücke, uns aus der Stadt befördern, aber wohin?«

Sie warteten einige Stunden vergeblich und beschlossen, wieder nach Hause zurückzukehren.

»Wir hörten den Geschützdonner, der immer näher kam. Granaten zischten oft über die Stadt. Die Angst wurde immer größer, denn die Greueltaten der Russen wurden bekanntgemacht. Wenn die Russen die Front durchbrachen, mordeten sie bestialisch und erschossen alle. Uns stand das alles bevor, wenn wir blieben. Was tun? Viele nahmen sich selbst das Leben. Meine Frau W., die sonst sehr mutig war, sagte: ›Ehe wir den Russen in die Hände fallen, machen wir Schluss. Wir geben uns alle die Hände und lassen den Strom durch uns gehen und gehen gemeinsam in den Tod.‹ Mir graute und schauderte, wenn sie das sagte. Wenn ich meine vier kleinen Kinder, die ich über alles liebte und die auch sehr lieb waren, ansah, dann wusste ich, solche Tat kann ich nicht als Lösung ansehen, und Gott würde so etwas auch nicht von mir wollen. Es muss doch auch noch etwas anderes geben. Ich habe hin und her überlegt.

Ich bin dann noch nach Hause zu meinen Eltern gefahren, mit dem Rad. Bis Keitlau waren es nur 10 km. Meine Muttchen und Pachen (*ihre Eltern*) waren fest entschlossen, nicht auf die Flucht zu gehen. Muttchen war leidend, sie ging am Stock. Sie sagte: ›Auf der Flucht komme ich auch um, und die Russen sind doch auch Menschen, sie werden doch nicht alle umbringen.‹ Mir riet sie aber, dass ich mit den Kindern fliehen solle. Pachen fuhr mich mit Pferd und Wagen nach Tiegenhof, mein Rad luden wir auf den Wagen. Ich habe ihm noch sehr viel Lebensmittel und Tabakwaren mitgegeben. Als er abfuhr, war es mir sehr schwer, und meinem lieben Pachen auch. Das war das letzte Mal, dass wir uns sahen.

Am 14. Februar 1945 habe ich mich mit meinen Kindern, Lotte (*ihre Hausgehilfin, eine Volksdeutsche mit stark polnischem Einschlag*) und deren Nichte auf die Flucht begeben. Wir nahmen nun nicht den Schlitten, sondern den stabilen Handwagen. Da konnten wir auf Betten und Decken noch zwei Kinder hineinsetzen. Aber bei dem vielen Schnee war es nicht leicht, voranzukommen. Wir sind trotz eisiger Kälte am ersten Tag doch bis an die Weichsel gekommen. Die Kinder sind so tapfer gelaufen. Es wurde Abend, und wir hatten kein Dach über dem Kopf. Wir waren müde, und ich war sehr unruhig. Die Kinder frierend und weinend, so saßen wir am Weichseldamm und wussten nicht weiter. Bomber waren oft über uns. Die Wehrmacht sollte die Flüchtlinge in Quartiere bringen. Wir versuchten, in einem kleinen Haus noch ein Quartier zu bekommen, aber leider waren da schon so viele Flüchtlinge und Soldaten drin; es war unmöglich, da noch reinzukommen. Wenn ich mir das heute vorstelle: Ich, damals eine junge Frau von 34 Jahren, Witwe, Mutter von vier kleinen Kindern, zu Hause ein sehr schönes Heim mit allen Annehmlichkeiten, ein gut florierendes Geschäft, mit Lebensmitteln und Waren vollgestopft bis unter das Dach, und dann so armselig zitternd, frierend, hungernd am Weichseldamm.

Wir sollten die Vertreibung aus der Heimat gleich so grausam zu spüren bekommen. Doch was blieb uns übrig? Das Ziel, das wir hatten, hieß: nur fort, nur nicht den Russen in die Hände fallen.

Wir hatten dann doch noch Glück. Oder war es Gottes Fügung? In das kleine Haus kamen wir nicht rein, aber die Soldaten suchten für uns ein Quartier. In einem

Bauernhof, nicht etwa in dem Wohnhaus, in dem sicher noch Platz gewesen wäre, nein, im Stall auf einem Bündel Stroh konnten wir die Kinder hinlegen. Wir waren froh, erst mal ein Dach über dem Kopf zu haben. Nachdem wir den Kindern zu essen gegeben hatten, legten wir sie hin. Sie fielen gleich in tiefen Schlaf, denn übermüdet waren die Kleinen von dem weiten Laufen im Schnee. Aus dem tiefen Schlaf wurden sie morgens schrecklich geweckt. Bomber flogen Angriffe über uns, und durch die Detonation wurde ich vom Tisch, an dem ich stand, in die Ecke geschleudert. Alle schrien, wir wussten nicht, was los war. Eine Bombe war in dem kleinen Haus eingeschlagen. Man trug Tote und Verwundete hinaus. Wären wir dort untergekommen, so wäre unser Leben ausgelöscht. Aber nein, ich sollte mit meinen Kindern alles bis zum Ende durchmachen. Am Abend, das erste Mal auf einem Strohlager, nur die Stiefel (sie waren neu) ausgezogen und auf Anraten der Soldaten unter den Kopf gelegt, sonst hätte ich morgens keine mehr gehabt, so war die erste Nacht der Flucht. Geschlafen habe ich trotz der Müdigkeit nicht viel. Die Lage, in der wir uns befanden, war auch zu traurig. Aber alle Flüchtlinge und Vertriebenen haben das so grausam zu spüren bekommen. Ja, den Morgen, an dem ich mich von dem Strohlager erhob, um für uns alle ein Frühstück zu machen, und von der Detonation in die Ecke geschleudert wurde, aber sonst ohne Schaden davonkam, auch die Kinder waren alle heil, aber voller Schrecken und Angst, ja, diesen Morgen habe ich nie vergessen.«

Sie kommt dann für etwa einen Monat in einem Pfarrhaus westlich der Weichsel (Trutenau) unter, von wo aus sie mit dem Fahrrad noch einige Male nach Hause fährt, um Lebensmittel zu holen. Da die Russen sich aber in einer Zangenbewegung auch dem westlichen Weichselufer näherten, blieb nur noch die Flucht über die Ostsee. Von Steegen aus wurden sie am 25. April verschifft.

»Am Tag vorher war ein Schiff, beladen mit Frauen und Kindern, gleich beim Auslaufen versenkt worden. U-Boote und Minen waren überall. Wir sind unter Gedränge und Geschubse am späten Abend zum Schiff. Lotte und die Buben waren schon auf dem Schiff, und dann ließ der Kapitän ablegen. Erika und ich waren noch nicht drauf. Ich fing an zu schreien, und Lotte noch viel mehr. Hätten wir das nicht getan, wäre ich von meinem Buben getrennt worden. Wir haben so viele Schicksale gehört, wo Mütter ihre Kinder verloren haben, getrennt wurden. Gott sei Dank ließ mich der Kapitän mit Erika noch auf das Schiff. Viele, die auch noch mitwollten, mussten zurückbleiben.«

Auf der dänischen Insel Bornholm, die sie zunächst anliefen, konnten sie nicht bleiben.

»Unser Schicksal hieß, wieder auf See, nur weiter, immer weiter, der Russe dringt überall weiter vor und kommt auch hierhin. Also, die See verlässt uns nicht. Diesmal ist es allerdings kein Luxusdampfer oder Schiff. Wir werden auf einer Panzerfähre verfrachtet. Der Laderaum, der sonst für Fahrzeuge und Panzer bestimmt ist, wurde über und über mit Flüchtlingen belegt. Auf Eisenboden, und zwar mit einem Quadratmeter, mussten wir sieben Personen auskommen. Aneinander gelehnt saßen wir in diesem eisernen Gefängnis, mehr als eine Woche. An Schlafen war kaum zu denken, immer nur kurz, die Kinder neben- und übereinander auf uns. Zu essen war auch nicht viel da, und was noch schlimmer war, es gab kein Trinkwasser. Der Trinkwasserbehälter war durch Beschuss leck geworden.

Auf Deck waren die Flakabwehr-Kanonen und Geschütze. Die englischen und russischen Flieger kamen oft und beschossen uns. Wenn es soweit war, gab es Alarm, und wir sollten Schwimmwesten anziehen. Es waren aber nicht genug Schwimmwesten vorhanden, und so sollten nur alle Westen anziehen, die über fünf Jahre waren. Nun waren aber unter fünf Jahren viele Kinder, so auch mein Manni und die kleine Erika. Da haben wir Mütter uns geweigert und gesagt, wir ziehen keine Westen an. Wenn beim Sinken des Schiffes die zwei Kleinen ertrinken sollen, wollte ich mit den beiden Großen auch nicht leben. Der Kapitän wurde wütend, zog die Pistole und sagte, wenn der Befehl nicht ausgeführt wird, würde er uns erschießen. Da wir ja tagelang den Tod vor Augen gehabt hatten, war uns das alles egal. ›So schießen Sie doch!‹ war unsere Antwort. Großes Geschrei und Weinen erscholl, aber zu schießen konnte er sich doch wohl nicht erlauben.

Wir atmeten auf, wenn ein Angriff vorbei war und wir nicht getroffen wurden. Aber wir waren ein langer Geleitzug, und irgendein Schiff trafen die feindlichen Bomber immer. Wenn wir zur Toilette mussten, dann mussten wir erst eine Eisenleiter im Inneren des Laderaumes hochklettern, und dann sahen wir die Schiffe, die in gerader Linie fuhren. Es sind sehr viele versenkt worden und untergegangen. Das ging sehr schnell. Wenn ein Treffer das Schiff traf, ragte auf einmal nur noch der Bug aus dem Wasser. Wie viele Frauen, Kinder und Greise den nassen Tod fanden, wird wohl nie geklärt werden.

Unsere Lage auf dem Eisenboden der Fähre war trostlos. Wir waren immer müde und hungrig, fast ohne Hoffnung. Die Kinder waren alle krank und hatten Durchfall, ohne Essen. Hin und wieder gab es etwas Büchsenbrot, das war aber verschimmelt. Wir konnten die Höschen der Kinder gar nicht so schnell ausspülen und trocknen, wie sie sie brauchten. Der Andrang zur Toilette war groß, und da konnte es nicht ausbleiben, dass die Höschen voll wurden. Einige Matrosen waren damit beschäftigt, an langen Leinen uns Eimer voll Seewasser zu beschaffen, damit wir die Höschen ausspülen konnten. Seewasser hatten wir ja genug. ›Rund um uns her Wellen und Meer. Nirgends Rettung. Nirgends Land.‹

Wir hungernden, durstenden Flüchtlinge, teils verloren wir die Hoffnung, teils zeigten wir uns mutig. Wir wollten nicht untergehen. Wir versuchten, den Durst zu stillen und kochten Kaffee mit Seewasser. Aber das ist ein Brechmittel, und wir waren alle schlapp und krank. Der Kapitän sah die missliche Lage und kam, um uns Mut zu machen, und sagte, er habe ein Schiff angefordert, das uns für eine Nacht aufnehmen konnte, damit wir einmal richtig schlafen können.

Richtig, nach einiger Zeit kam ein Schiff mit der Breitseite an unsere Fähre. Wir kletterten die Eisenleiter hoch und konnten in das bereitstehende Schiff hinübersteigen und in Kojen schlafen. Dann mussten wir wieder in unsere Fähre. Die Angriffe wurden immer häufiger. Der Kapitän musste auch die Minen vorsichtig ausmachen und ihnen aus dem Weg fahren. Wir waren auf der ganzen Seereise immer in Gefahr, denn U-Boote mit ihren Torpedos lauerten überall. In der Höhe von Warnemünde wurden wir lange beschossen, und wir hatten wohl mit dem Leben abgeschlossen. ›Hier kommen wir wohl nicht mehr lebend davon‹, sagten viele. Und doch hat uns unser Herrgott aus aller Not herausgeführt.

Wenn wir oft in so großer Not waren und beschossen wurden, sagte mein kleiner Manfred: ›Mutti, wenn uns doch eine Bombe treffen würde, dann kommen wir doch zu unserem Papa in den Himmel.‹ Wenn ein so kleines Kind schon einsieht, wie trostlos unsere Lage ist, in die uns dieser großmächtige, wahnsinnige Führer gebracht hat, möchte man aufbegehren.

Als wir am 1.5.1945 auf unserer Fähre erfuhren, dass Hitler tot ist, atmeten wir auf, denn wir glaubten, nun können wir nach Hause. Nun muss doch Schluss sein, wir Frauen mit den kleinen Kindern wollen wieder heim. Etliche der Frauen, die Hitler sehr verehrten, fingen an zu heulen und zu jammern, dass der Führer uns nun nicht mehr retten kann. Wir anderen Frauen mussten diese jammernden Weiber erst mal aufklären, dass uns dieser Schuft in dieses Elend gebracht hat. Ihm verdanken wir doch unsere unglückliche Lage. Wir hatten doch alle ein Zuhause, und wie glücklich waren wir dort und konnten gut leben, hatten satt zu essen und zu trinken, und nun hungern wir und haben kein Zuhause. Wir hätten sie bald ins Meer werfen können, die nicht einsehen wollten, wer uns in dieses Elend gebracht hatte.

Auf unserer Fähre mussten wir die Seereise bis zum bitteren Ende machen. Ich wurde seekrank und konnte gar nichts mehr essen und bei mir behalten. Seelisch und körperlich krank, bin ich vier Tage rumgehockt. Lotte hatte irgendwo einen Hering aufgetrieben, und den gab sie mir. Tatsächlich kam ich wieder etwas hoch und gewann ein bisschen Lebenskraft. Lotte sagte oft: ›Was soll werden mit Kinder, wenn Mutter nicht gesund?‹ Ich habe mich wieder aufgerappelt.«

In Sonderburg wurden sie interniert und verbrachten mehr als zwei Jahre in Flüchtlingslagern in Dänemark.

Gertrud L. schildert in ihrem Bericht auch das Schicksal ihrer Schwägerin. Diese hatte sich mit ihren sechs Kindern von ihrem Bauernhof im Freistaat Danzig auf den Treck gemacht. Deren Mann (der älteste Bruder von Gertrud L.) war als Volkssturmmann eingezogen, fand aber seine Familie in der Nähe von Danzig. Sie kamen mit ihrem Treck bis Pommern: »Und dort wurden sie von den Russen überholt. Mein Bruder Gustav kam in Gefangenschaft. Die Schwägerin Selma mit den Kindern hat Furchtbares mitgemacht. Geschlagen, geschändet, hungernd und kraftlos und krank machten sie sich auf nach Hause, nach Rosenort. Selma musste den kranken Klaus, der vier Jahre alt war, meistens tragen, von Pommern nach Rosenort, wahrlich eine Leidenszeit. Ursula, die damals vierzehn Jahre alt war, ein sehr hübsches, liebes Mädchen, wurde von den Russen so schändlich missbraucht, dass sie starb. Selma hat sie in Rosenort im Garten begraben. Durch Feindeingriff ist Gustavs Hof niedergebrannt. Die Familie wurde dann irgendwo zusammengetrieben und kam am Ende des Krieges nach Mitteldeutschland. Mit den fünf Buben hat Selma mühsam das Leben gefristet. Ihr Mann ist in Sibirien in sowjetischer Gefangenschaft gestorben.«

Im August 1946 bekam Gertrud L. im Internierungslager zum ersten Mal Post von zu Hause:

»Meine Schwester Friedchen schrieb mir, dass meine lieben Eltern tot sind, von den Russen erschossen, meuchlings ermordet. Alle Tanten und Onkel aus Keitlau sind tot, sie haben den Selbsttod gewählt, um dem mörderischen, barbarischen Leben unter den Russen, den Siegern des unseligen Krieges, ein Ende zu machen. Es waren alles liebe, friedvolle Menschen... Meine Schwester Friedchen hat viel Schlimmes unter den Russen zu leiden gehabt. Alle in der Heimat Gebliebenen wurden aus den Wohnungen, die noch standen, rausgejagt. Nach den Russen kamen die Polen, die waren noch schlimmer. Die nahmen den Deutschen das Letzte weg. Die Deutschen wurden von den Polen zur Arbeit geholt und schikaniert. Sie mussten den ganzen Tag über auf dem Feld arbeiten und bekamen ein Stück Brot dafür. Es reichte natürlich nicht für die Frauen und Kinder. Sie haben Kohlstrünke und grüne Pflanzen, Brennnesseln und alles Mögliche gesammelt und gegessen.«

ISA GRÄFIN VON DER GOLTZ (1895), Gutsherrin und Mutter von sechs Kindern, die aber schon außer Haus waren. Ihr Mann war 1944 in Russland gefallen. Sie war vom 22. Januar bis zum 21. März 1945 auf der Flucht von Heinrichsfelde (östlich von Schneidemühl in Westpreußen) durch Pommern, Mecklenburg nach Güldenstein (südlich von Oldenburg) in Holstein.[11] Sie führte, unterstützt von ihrer Tochter Renate (1923; sie war Rotkreuzschwester in der Nähe und konnte rechtzeitig zum Treck stoßen) einen Treck mit 60 Pferden und (anfangs) 300 Menschen. Auf der Hauptstrecke waren es noch 200 Menschen, darunter 70 Kinder, drei Säuglinge, Alte, Kranke und Gebrechliche. Dazu kamen zeitweise noch Behinderte aus einem »Krüppelheim« und eine hochschwangere Frau, die in den nächsten Tagen ihr Kind erwartete. Ferner erschienen noch die Ukrainer, die bei ihr in der Ziegelei gearbeitet hatten und die sie anflehten, mitgenommen zu werden, um nicht den Russen in die Hände zu fallen. Als sie sich von den Bauernwagen trennen musste, waren es noch 34 Pferde und 125 Menschen. Sie schrieb ihren Bericht noch 1945 nieder. Aus dem langen Fluchtbericht (55 Schreibmaschinenseiten) können nur einige Abschnitte zitiert werden:

Sie hatte sich noch rechtzeitig bemüht, für die alten Damen in ihrer Verwandtschaft Fahrkarten für einen Bahntransport zu bekommen, um sie vor dem Trecken zu bewahren. Aber der Amtskommissar lehnte ab: »Herr Punsch lehnte ab. Man dürfe in diesem Moment keine Geste der Angst zeigen. Er findet es empörend, dass ich überhaupt daran denke, jemanden von unserer Familie jetzt abreisen zu lassen, wo doch viele sich nach uns richten werden.«

An ihrem ersten Haltepunkt (sie fuhr mit dem ersten Kutschwagen immer voraus), als sie auf ihre Wagen wartet, trifft sie ihren Nachbarn:

»Dort sitzt auch Herr Spitzer in SS-Uniform und versichert mir, dass er nur seine Familie in Sicherheit bringen will und dann sofort zu den Männern des Volkssturms zurückkehren würde. Das hat er nicht getan. Hertzens (*ebenfalls Nachbarn*) kommen auch dazu, und Herr Hertz sagt ganz offen, dass er nicht zurückgehen will, da ja doch alles verloren ist. Aber dass die Offiziere sich mit ihren Familien in Sicherheit gebracht haben, während der übrige Volkssturm noch zurückgehalten wurde, fast ohne alle Waffen, das hat die Männer sehr verbittert.«

Sie muss immer vorauseilen, um die Quartiere für die nächste Nacht, auch warme Verpflegung in Volks- und Gemeinschaftsküchen und Futter für die Pferde zu besorgen, was sich für so viele Menschen als äußerst schwierig erweist. Der erste Abend: »Renate und ich erwarten den Treck am Eingang des Dorfes. Unsere Leute kommen erst nach einigen Stunden im Stockdunkeln an, die Kinder zum Teil ganz verklammt vor Kälte. Zuerst gehen alle in den großen Gemeindesaal, wo auch zwei Wagen mit Wolfshagener Kindern (*aus dem Behindertenheim*) unter Schwester Klaras Führung hinkommen. Aber dort herrscht eine so drangsalsvolle Enge, dass Renate alle Familien mit Kindern allmählich noch in Einzelquartieren unterbringt. Frau de Greiff (*die Gutssekretärin*) mit ihrer Mutter hat sich auch noch eine andere Bleibe gesucht, denn im Pfarrhaus ist ein Zimmer immer eisiger als das andere. Nur in der Küche geht es, und die nette alte Dame erlaubt uns, mitgebrachtes Brot und was wir sonst haben, dort zu essen. Für die Pferde finden die Knechte bei Bauern Unterkunft, aber einige müssen die ganze Nacht draußen stehen, und es sind über 20° Grad Frost.«

Sie kommen in Kasernen, verteilt auf Privatquartiere in Bauerndörfern, auf Gutshöfen (besonders bei Freunden), in Ställen (z.T. von Gutsbesitzern, die noch wie im tiefsten Frieden leben) mal recht, mal schlecht unter, werden auch abgewiesen.

»Es geht bei Glatteis durch die Pommersche Schweiz, immer bergauf und bergab, eine entsetzliche Anstrengung für die Pferde. In Gersdorf lasse ich mich bei der Gräfin Arnim melden. Sie lehnt alles ab, rät mir, auf das nächste Gut in Richtung Schievelbein zu fahren. Nachdem wir lange vergeblich auf den Bürgermeister gewartet haben, fahren wir dorthin. Der Besitzer lehnt auch glatt ab, uns aufzunehmen. Und tatsächlich steht sein ganzer Hof voll mit Treckwagen. Er rät, nach Bramstädt zu fahren, zwischen Gersdorf und Polzin. Wir tun es und kommen dort erst recht ins Elend. Der Lehrer, Leiter der NSV, den ich auf der Dorfstraße, umdrängt von Flüchtlingen, endlich zu fassen kriege, lehnt wieder ab. Als ich wenigstens für die Mütter mit Säuglingen bitte, sagt er: ›Drei Säuglinge haben Sie. Ich soll für 150 Säuglinge Unterkunft schaffen und habe keinen Raum mehr frei. Und vor dem Dorf hält ein Güterzug mit Hunderten von Flüchtlingen, der seit drei Tagen dort steht, und jetzt fangen wir an, die Toten herauszuschaffen. Fahren Sie zur Gräfin Arnim, die hat viele Insthäuser (*Gesindehäuser*) und kann Ihnen am ehesten helfen.‹ Also zurück nach Gersdorf. Dort steht der ganze Hof jetzt auch voll von Treckwagen, und alles ist voll von Gefangenen. Denn Tausende von Gefangenen aus Hammerstein sind mit ihren Begleitmannschaften unterwegs nach Westen, und schon seit Bärwalde fahren wir fast ununterbrochen an Gefangenenkolonnen entlang. Die Wachmannschaften sind zum Teil regelrechte Plünderer, völlig demoralisiert. Sie reißen den Männern vom Treck Mützen und Mäntel ab, um Zivilkleidung zu haben. Ich traf in Bärwalde eine Kaufmannsfrau in Tränen, weil die deutschen Soldaten ihren ganzen Laden ausgeplündert hatten. Die Gefangenen, Engländer und Amerikaner, benehmen sich recht arrogant gegen die Flüchtlinge, und wir müssen von hier an immer wieder hören, dass für uns kein Platz ist, weil alles für die Gefangenen reserviert wird.

Diesmal ist die Gräfin Arnim noch ablehnender. Ich werde zwar durch ein riesiges Treppenhaus, einen großen Salon, ein großes Esszimmer zu ihr geführt. Aber sie erklärt weiter, dass sie keinen Quadratmeter für unsere Kinder für eine Nacht frei hat.«

Inzwischen ist aber Trecksperre verhängt worden, und die Trecks sind in die vorhergehenden Quartiere zurückgeschickt worden. Sie kommen wieder zu einer außerordentlich freundlichen Gutsfrau, der guten Frau v. Heydebreck (eine Verwandte von ihnen), die sie erneut mit offenen Armen aufnimmt.

Futter für die Pferde organisieren sie in einem abgelegenen Ort; die russischen Kugeln pfeifen um die Feldscheunen, ringsum brennende Gehöfte. Es gibt Kranke. Einen Ruhetag zu bekommen, gelingt nur selten, weil immer neue Trecks nachdrängen. Die Treckleiterstellen versagen häufig:

»Den 2. März kommen wir südlich von Gollnow auf die Reichsautobahn. Schon vor Gollnow haben wir einen Wagen liegenlassen müssen. Jetzt mehren sich am Wege die zusammengebrochenen Wagen und die verendeten Pferde. Und die Straße wird noch voller, wenn das überhaupt möglich ist. Es fahren zwei und drei Reihen von Wagen nebeneinander, und wenn wir mit den Kutschwagen schneller vorbeifahren wollen, werden wir dauernd beschimpft. Jeder glaubt, dass wir nur das eigene Leben retten wollen und begreift nicht, dass man als Quartiermacher für so viele früher da sein muss als die anderen. Es ist für Renate ein schrecklich anstrengendes Fahren. Es geht steil bergab, es ist Glatteis, dauernd sieht man Pferde fallen, und unsere Pferde sind längst nicht mehr scharf beschlagen. Hier sind wir nur wenige Kilometer von der Front entfernt, die sich von diesseits Stargard auf Altdamm zuschiebt, und man wird begleitet vom Rollen der Geschütze. Wir können heute nicht mehr über die Oder, sondern müssen uns in Sydowsaue, einer Art Fabrikvorstadt von Stettin, Unterkunft suchen. Hier ist in einer Fabrik die Treckleiterstelle ganz groß aufgezogen, mit dem Erfolg, dass überhaupt nichts mehr klappt. Ich bekomme zwar die Einweisung in das Nachbardorf Oberklütz und Quartierscheine für 100 Menschen in die Schule und je zwanzig zu drei Bauern, und die Pferde würde der Ortsbauernführer unterbringen. Aber in Oberklütz liegen in der Schule die Trecks, die nach Meinung der Herren von der Leitstelle heute früh abgerückt sind. Und sie weigern sich, Platz zu machen, weil sie einfach nicht weiter können. Und die Bauern weigern sich energisch, jemanden aufzunehmen, bis auf einen, der dazu bereit ist, aber gleich sagt, dass alles bei ihm von den letzten Flüchtlingen her total verlaust ist. Kortasens (die Wöchnerin und ihr Baby) und die Säuglinge bringen wir notdürftig unter. Dann gehen Renate und ich nach Niederklütz, wo der Ortsgruppenleiter sich nach langem Warten bereit erklärt, Einzelquartiere zu besorgen. Renate geht bis zum späten Abend mit ihm von Haus zu Haus. Und als um Mitternacht der Treck endlich auf einem lebensgefährlichen steilen Umwege von der Fabrik aus ankommt, weil man ihnen dort nicht Bescheid gesagt hatte, wo ich war, da fängt für Renate die Unterbringung noch einmal an. Aber viele haben es dann doch noch gut gehabt nach dem schweren Tage. Nur zu essen bekommen wir weder an dem Abend noch am nächsten Morgen, wo Renate mit mehreren Mädchen und Frauen zur Fabrik geht, um wenigstens Brot zu bekommen, alles durch die großartige Treckleitstelle! Auch die Beschaffung von Pferdefutter wird so zeitraubend wie nur möglich gemacht...

Den 3. März: Es geht über die Oder in einer endlosen Schlange von Treckwagen, die immer wieder lange halten müssen wegen irgendwelcher Stockungen weiter vorne. Auf der Oderbrücke scheint es uns besonders kalt zu sein. Aber wir frieren schon die ganzen letzten Tage, ohne überhaupt mal richtig warm zu werden. Obwohl es dauernd recht nah schießt, kommen wir nie in direkten Beschuss. Einige Flieger sind über uns... Jetzt fahren drei bis vier Reihen Wagen nebeneinander, und wir werden beim Vorbeifahren nicht nur von den Flüchtlingen, sondern auch von den Polizisten beschimpft. Gegen 3 Uhr nachmittags sind wir in Schmölln, wo es von der Autobahn heruntergeht. Hier steht ein SS-Mann als Treckleiter und schickt alles in Richtung auf Prenzlau weiter. Man soll bis 5 Uhr weitertrecken und dann dort unterzukommen suchen, wo man gerade ist. Ich sage ihm, dass ich in den beiden geschlossenen Wagen Mütter mit Säuglingen habe und im grünen Wagen einige Alte und Kinder, die möglichst schnell ins Warme kommen müssten. Als er hört, dass mein übriger Treck erst in etwa drei Stunden ankommen wird, fährt er mich wütend an: ›Wie kommen Sie darauf, vorauszufahren und Quartier zu machen? Andere Trecks haben auch keinen Treckführer, der das macht, und im Deutschen Reich soll alles gleich sein. Ihr Treck soll es nicht besser haben als die anderen. Zur Strafe bleiben Sie hier auf der Straße stehen, bis Ihr Treck kommt, dann wird es sich finden, wo ich Sie hinschicke.‹ Ich bleibe natürlich nicht neben ihm stehen, sondern wir bringen die Frauen und größeren Kinder in eine Kneipe, wo es wenigstens warmen Kaffee gibt. Den alten Steinkes und den Kutschern, die nicht von den Wagen herunter wollen oder können, bringe ich Kaffee heraus... Nach etwa zwei Stunden erlaubt er, dass Renate mit den vier Kutschwagen schon vorausfährt. Ich muss weiter, neben ihm stehend, auf den Treck warten. Da erlebe ich grässliche Szenen. Wenn er die Flüchtlinge weiterschickt, flehen ihn manche unter Tränen an, wenigstens hier bleiben zu dürfen, weil Menschen und vor allem die Pferde nicht weiter können. Sie seien schon lange ohne Obdach, schlafen jede Nacht draußen. Ein alter Herr bedroht den SS-Mann geradezu und bedauert, dass er keine Waffe bei sich hat... Endlich kommt der Treck nach etwa zwei weiteren Stunden. Ich steige auf den ersten Kastenwagen zu Herrn Pahl, und es geht, schon im Dunkeln, schrittweise in endloser Reihe zwischen anderen Treckwagen weiter. In Schwaneberg ist es ganz wüst. Dort haben die verzweifelten Treckleute das Vieh der Bauern mit Gewalt aus den Ställen getrieben und ihre erschöpften Pferde hereingeführt. Die Bauern haben Polizei aus Schmölln angefordert. Aber die ist machtlos. Denn die Männer von den Trecks stellen sich vor ihre Pferde und sagen einfach: ›Bitte schießt uns doch tot. Wir werden euch nur dankbar dafür sein. Aber solange wir noch leben, dulden wir es nicht, dass unsere Pferde herausgejagt werden, die zu Tode erschöpft sind.‹ Die meisten Pferde sind schon drusekrank, unsere leider auch.«

Der SS-Treckleiter schickt den Treck weiter nach Wallmow, wo es noch Platz geben soll:

»Es ist so stockdunkel, dass man keine drei Schritte vor sich etwas erkennen kann. Die Wegweiser sind nicht zu entziffern, und niemand hat eine Taschenlampe. Der Landweg ist dann aber so unpassierbar, dass die starken Pferde von Herrn Pahl schon bis an den Bauch beinah versinken, und der Wagen schließlich festsitzt. Die schwächeren Pferde sind schon vorher liegengeblieben. Ich tappe mich nun auf dem Felde daneben schrittweise weiter, dort ist es fester, und nach einem Kilometer fängt wirklich wieder Pflaster an, also sind wir auf dem richtigen Wege. Inzwischen haben acht Pferde von uns Pahls Wagen herausgezogen, und bis auf den Wagen von Schohn, der erst am nächsten Tage geholt werden kann, geht es nun auf dem Felde weiter, bis man wieder auf die Pflasterstraße kommt. Ich hänge mich hinten an den letzten Wagen an und lass' mich fast ziehen, weil die Füße einfach nicht mehr wollen.«

In Wallmow ist aber alles überbelegt. Erst um zwei Uhr nachts kommen sie in einer eiskalten Scheune unter. Die Bauern sind aber rührend besorgt und helfen, wo sie können. Immer von neuem muss sie sich um Unterkünfte bemühen:

»Es ist immer der schwerste Augenblick, wenn ich in ein fremdes Haus muss und um Obdach für so viele bitten. Es ist meistens dasselbe: Beim Nennen des Namens große Liebenswürdigkeit. Wenn ich dann sage, dass ich so viele Pferde habe, darunter drei Hengste, die extra stehen müssen, dann ist der Jammer groß. Und wenn ich dann noch sage, wieviel Menschen wir sind, dann ist es überhaupt ausgeschlossen. Seitdem wir ohne Bauern nur noch 34 Pferde und 125 Menschen sind, ist es ja schon leichter. Aber immer noch ist der Treck sehr groß.«

In Mecklenburg wird es dann leichter. Bei dem besten Freund ihres gefallenen Mannes finden sie eine vorläufige Bleibe.

Im Begleitbrief zu ihrem Fluchtbericht, den sie an die Heinrichsfelder schickt, schreibt sie: »Wir haben inzwischen von den Erlebnissen vieler anderer Flüchtlinge und ganzer Trecks gehört, und je länger desto mehr scheint es mir, dass wir Heinrichsfelder besonderen Grund haben, Gott für seine Durchhilfe zu danken. Wir haben trotz Kälte und großer Anstrengungen niemand durch den Tod verloren. Wir sind nie unter direkten Beschuss gekommen oder durch Tiefflieger beschossen worden und sind nicht auseinandergerissen worden wie so viele andere Trecks. Das ganze Dorf konnte geschlossen bis Malchin in Mecklenburg ziehen.«

Grundzüge der Fluchterfahrung

So unterschiedlich die Fluchtschicksale sind, so lassen sich doch Grundzüge der Erfahrung ausmachen, die allen oder vielen gemeinsam sind und die durch zahlreiche andere Berichte bestätigt und ergänzt werden.

Die Frauen in Ostdeutschland, besonders in den späteren Vertreibungsgebieten Ostpommern, Ostbrandenburg, Ostpreußen und Schlesien, waren bis weit in das Jahr 1944 hinein von Bomben fast verschont geblieben. Man lebte dort bis dahin, im Gegensatz zu den westdeutschen Gebieten, die schon viel früher unter Fliegerangriffen zu leiden hatten, fast wie im Frieden. Das galt vor allem für die ländlichen Gebiete. Gestört wurde diese Ruhe nur von der Sorge um die Angehörigen bei der Wehrmacht. Viele Frauen waren nach Ostdeutschland und in den »Warthegau« evakuiert worden, nachdem sie ausgebombt waren, oder sie gingen selbst dorthin, um den Bomben zu entfliehen. Als Evakuierte mussten sie noch die Flucht mitmachen, wurden also doppelt getroffen. Es gab auch solche, die im Kriegseinsatz in den Ostgebieten waren und dann auch fliehen mussten. Einerseits hatten die Ostdeutschen am Ende des Krieges noch mehr physische und psychische Reserven, die Bauern auch noch genügend Lebensmittel, als es auf die Flucht ging, andererseits wirkte der plötzliche Fluchtbefehl wie ein Schock.

Denn in den meisten Fällen kam die Erlaubnis bzw. die Anordnung zur Flucht sehr spät, häufig zu spät. Die Propaganda hatte die Bevölkerung in eine wahnsinnige Angst vor »den Russen« hineingesteigert; die Partei hatte aber nichts unternommen, um eine geregelte Evakuierung zu organisieren.[12] Im Gegenteil: Bis zum Schluss hielten die Parteifunktionäre die Menschen mit Beruhigungs- und Durchhalteparolen hin. »Wilde« Flucht und Evakuierung waren unter Todesdrohung verboten. Leute von der Partei kontrollierten sogar, ob jemand nicht heimlich packte (Elfriede S., 1921). Ohne Fahrkarten, ohne Lebensmittelmarken, ohne Quartierscheine waren Trecks oder eine Flucht auf eigene Initiative unmöglich. Die meisten vertrauten darauf, dass im Ernstfall alles für sie geregelt werden würde. Wo sollten sie auch hin? Viele beobachteten allerdings mit Bitterkeit, wie die »Bonzen« sich selbst schon aus dem Staube gemacht hatten, bevor es ernst wurde, manche mit Möbelwagen, per Flugzeug.

LORE EHRICH aus Sensburg in Ostpreußen spricht für viele andere: »In der großen Halle des Landratsamtes sah es traurig aus. Alte, Kranke, Lahme und Kinder hockten überall herum, und verzweifelte Mütter versuchten, wimmernde Säuglinge zu beschwichtigen. Während die russische Artillerie bald stärker, bald schwächer herübergrollte, während Partei, Landrat, Frauenschaft und Behörden längst das Weite gesucht hatten, saßen wir immer noch und warteten auf die versprochene Beförderung... Bisher hatte es stets geheißen, frühe Evakuierungen ließen nur eine Panik unter der Bevölkerung entstehen. Im rechten Moment werde die Partei selbstverständlich alle notwendigen Maßnahmen treffen. Nun gaben plötzlich alle diese selbstsicheren Beruhigungsapostel die kühle Parole aus, jeder sollte tun, was er für richtig halte. So zogen dann noch bei Nacht die meisten zu Fuß auf die verschneite Landstraße...«[13]

In vielen Fällen kam der Räumungsbefehl so spät oder gar nicht, dass der Aufbruch überstürzt erfolgen musste, d. h. so gut wie niemand konnte sich für eine solche Flucht planvoll vorbereiten, das Richtige packen oder sich um Beförderungsmittel kümmern. Trotz alledem haben viele Frauen noch eine erstaunliche Umsicht bewiesen und für sich und ihre Kinder das Lebensnotwendigste gerettet, vor allem warme Kleidung, Decken und Essen. Geradezu symbolisch ist der Nachttopf, den Gertrud L. (1910) ihrem Sohn Hartmut auf den Tornister schnallte, ein in Viehwaggons und überfüllten Nachtquartieren unentbehrliches Utensil. Aber auch Persönliches versuchten Frauen zu retten, z. B. Briefe oder Fotos. Viele mussten es unterwegs zurücklassen. Eine Frau trug ihr Fotoalbum im Rucksack auf der ganzen Flucht mit sich, wie viele außer ihr? Rucksäcke und andere Transportmittel wurden aus allem Erdenklichen hergestellt. Von vielen aber wird berichtet, dass sie nur mit dem fliehen konnten, was sie auf dem Leibe hatten, und das buchstäblich in letzter Minute. In solchen Situationen kam es auch zu Panikreaktionen. Die Organisation für die Flüchtenden wird als höchst mangelhaft beschrieben. Wenn auch der Einsatzwille und die Hilfsbereitschaft mancher Funktionäre, der Bürgermeister und Ortsbauernführer, besonders aber von NSV-Frauen und -männern, häufig gelobt werden (vgl. den Bericht von Margret B.), die Treckleitstellen versagten oft, waren nicht informiert, gaben falsche Auskünfte. Über ihre unsinnig erscheinenden Anordnungen setzten sich Frauen einfach hinweg (vgl. Isa v. d. Goltz). Das Versagen der Organisation im großen (Margret B. hatte darin offenbar Glück) und die effiziente, spontan organisierte Hilfeleistung im kleinen werden besonders anschaulich in einem Bericht von LORE E. (1922):

Sie war als Apothekerpraktikantin in Bad Sulza/Thüringen kriegsdienstverpflichtet. Ihr Mittagessen nahm sie in der Gaststätte »Quelle« ein: »Wie es sich ergab, weiß ich nicht mehr, auf jeden Fall wurde die ›Quelle‹ Anfang 1945 Auffang- und Durchgangsstation für Flüchtlinge. Familie H. scheute weder Mühe noch Zeit noch Dreck – die ›Quelle‹ wuchs sich in wenigen Tagen zu einem Massenquartier aus. Im großen Tanzsaal wurde Stroh aufgeschüttet, im ehemaligen Kinderheim hatten wir Wolldecken organisiert, Geschirr gab es genug. Inzwischen war nämlich der schreckliche Flüchtlingsstrom aus dem Osten bis zu uns vorgedrungen, so dass wir oft ca. 100 Menschen dahatten. Nach kurzer Zeit mussten wir die Aufenthaltsdauer auf drei Tage begrenzen – dann mussten sie weiter. Womit wir sie satt bekamen, weiß ich heute nicht mehr. In Sulza war auch SS stationiert. Ich besinne mich, dass ich dort betteln ging und erstaunlich rasche Hilfe bekam, vor allem Dinge, die es schon lange nicht mehr gab: Suppenpulver, Milchpulver, sogar Schokolade. Etwas ist mir noch sehr gut im Gedächtnis: Es kam ein Zug auf dem Bahnhof an, und da er avisiert war, stand das Rote Kreuz (also wir und einige SS-Leute) zum helfenden Empfang bereit. Es handelte sich um ein Kinderheim aus dem Osten (Schlesien oder Warthegau?) mit vorwiegend behinderten Kindern. Sie hatten in Hausschuhen und Hauskleidung morgens beim Frühstück gesessen, als die Wehrmacht sie evakuierte: ohne Mäntel, ohne Stiefel. Die Nonnen, die sie betreuten, waren ebenfalls in Hauskleidern und Schürzen. Tagelang waren sie in ungeheizten Zügen unterwegs gewesen. Jetzt luden wir sie aus, im wahrsten Sinne des Wortes. Ich weiß genau, wie es mich durchfuhr, als ich ein schwer mongoloides Kind auf dem Arm eines SS-Mannes sah – da dachte ich: es stimmt doch nicht, was man flüstert von Euthanasie, die SS ist genauso menschlich wie wir. Im Kinosaal waren Tische gedeckt, und es gab die erste warme Mahlzeit seit Tagen für die armen Kerlchen. Sie saßen vor den dampfenden Tellern und rührten die Löffel nicht an, ehe sie ein Danklied gesungen und mit den Nonnen gebetet hatten. Dann wurden sie – soweit nötig – gefüttert, und erst, als die Kinder fertig waren, teilten sich die Nonnen den Rest der inzwischen kalten Suppe. Als Nachtisch bekam jedes ein Stück Schokolade – aber die meisten spuckten sie aus: Sie kannten den Geschmack nicht. Übrigens blieb die Gruppe in Sulza; in einem ehemaligen Internat wurden sie untergebracht, wo sie das Kriegsende überlebten. – In der ›Quelle‹ ging es lebhaft zu. Fast jeden Abend machte ich Läusekappen (in der Apotheke hatten wir noch Sabadill-Essig) und puderte Menschen und Klamotten gegen Filzläuse ein. Eine junge Frau kam eines Abends mit einem Handwagen, ein bisschen Gepäck, drei bilderbuchhübschen Kindern, das vierte unterwegs. Als ich ihr beim Entlausen und Entflöhen half, stellte sich heraus, dass sie Ärztin war und ihr Mann als Arzt im Felde... Nach drei Tagen zogen sie weiter. Ich erlebte auch bei der größten Kälte zweimal, dass junge Frauen ihr erfrorenes Baby im Arm hatten und es nicht hergeben wollten.«

Oft war gar keine Zeit mehr zum Abschiednehmen. Vielen aber hat sich der letzte Blick auf das Haus, auf die Heimat schmerzlich und unauslöschlich eingeprägt. Allerdings glaubten die wenigsten, dass dies ein Abschied für immer sein würde. Besonders schwer fiel das Weggehen denen, die alte oder kranke Angehörige oder andere nahestehende Menschen, die unter allen Umständen bleiben wollten, zurücklassen mussten. Selten haben sie diese wiedergesehen. Es blieben nach der Dokumentation über die Vertreibung folgende Menschengruppen zurück: Personen, die nicht fliehen wollten, wie vielfach Frauen, deren Männer bei der Wehrmacht waren und die sich mit ihren Kindern nicht von zu Hause entfernen wollten; körperlich Behinderte und alte Menschen, die die Strapazen der Flucht fürchteten. In Landgemeinden blieben aber auch Bauern zurück, die sich von dem ererbten Hof nicht trennen wollten. Das waren dann aber ältere Bauern, denn die jüngeren waren so gut wie alle bei der Wehrmacht. Wie viele Familien auseinandergerissen wurden, weil nicht alle fliehen konnten oder wollten, ist unbekannt.[14]

Die Hauptschwierigkeit bei der Flucht waren die völlig unzulänglichen Verkehrsverhältnisse. Schon längst gab es keinen geregelten Zugverkehr mehr, vor allem nicht über längere Strecken. Die wenigen Züge, die noch fuhren, waren hoffnungslos überfüllt. In allen Variationen wird geschildert, wie man im letzten Augenblick noch hineingekommen, hineingeschoben, durch das Fenster hineingehoben wurde, wie man gerade noch mitkam oder eben auch nicht. Mütter warfen ihre Kinder in anfahrende Züge und blieben selbst zurück. Wie viele Kinder und alte Menschen allein hier »verlorengingen«, weiß niemand (vgl. Isa v. d. Goltz).

Die Züge waren meist ungeheizt, z.T. fehlten Scheiben. Flüchtlinge fuhren auf offenen Loren, viele erfroren dabei. Züge blieben oft tagelang auf offener Strecke stehen. Auf den späteren Abschiebetransporten zurück in die Heimat oder über die Grenze nach Deutschland waren viele Vieh- und Güterwaggons dermaßen überfüllt, dass die Menschen kaum Luft zum Atmen hatten und kaum Gelegenheit, ihre Notdurft zu verrichten.

Die Treckwagen waren sehr unterschiedlich ausgestattet. Große Gutsbesitzer hatten z.T. gummibereifte Wagen und einige geschlossene Kutschen. Wohlhabende Bauern hatten sich regelrechte Planwagen gebaut, verhängt mit Zeltplanen, Decken oder Teppichen. Sie hatten Federbetten mit. Andere mussten auf offenen Leiterwagen fahren. Die Wagen waren nicht für bergiges Gelände eingerichtet, hatten z.T. keine Bremsen. Die Pferde konnten nicht ordnungsgemäß beschlagen werden. Oft waren die Wagen auch überladen, denn manche versuchten, so viel Hausrat wie möglich zu retten. Die Straßen waren ständig und zunehmend verstopft. Die Wagen fuhren oft in mehreren Reihen nebeneinander. Die Mitte der Straßen musste vielfach für Wehrmachtstransporte freigehalten werden. Es kam zu Staus, wenn Pferde stürzten, Wagenachsen oder -räder brachen oder ganze Wagen umkippten wegen der Glätte, des Gedränges, der Überladung oder beschädigter Straßen. Als Tauwetter einsetzte, blieben die Wagen oft im Matsch stecken. Dann hieß es stundenlang warten oder auf Nebenstraßen ausweichen, die oft ebenso unpassierbar waren. Manche verloren die Orientierung, hatten keine Karten, fuhren im Kreise herum (vgl. Isa v. d. Goltz). Die Pferde waren den fortgesetzten Strapazen nicht mehr gewachsen, wurden krank, mussten erschossen oder einfach liegengelassen werden. Die Straßen lagen häufig unter Beschuss, durch Flieger und durch die heranrückenden Feinde.

Und dabei war es doch ein Wettlauf gegen die Zeit. Kaum konnte man etwas länger verweilen, damit Pferde und Menschen sich ein wenig erholten, schon wurde man weitergeschoben durch ständig nachrückende Trecks. Die Aufenthaltsgenehmigungen galten in der Regel nur für eine Nacht.

Sehr viele aber hatten überhaupt kein Fahrzeug, allenfalls ein Fahrrad (Margret B.), ein Handwägelchen, vor das sie sich selbst spannten. Die kuriosesten Gefährte wurden erfinderisch konstruiert. In allen Einzelheiten beschreibt FRAU G. (1905) ihren Wagen:

Sie war damals 40 Jahre alt und floh aus Hirschberg in Niederschlesien nach Rehau bei Nürnberg. Die Flucht dauerte vom 14.2.-28.2.1945. Sie hatte selbst sechs Kinder, dazu kamen die aus Berlin evakuierte Cousine mit ihren zwei Töchtern im Alter von zehn und zwölf Jahren, das Dienstmädchen, achtzehn Jahre, und die alte Tante, die die englische Krankheit hatte: »Ein Autoanhänger war extra für die Flucht hergerichtet worden. Es waren Zugseile von verschiedener Länge angebracht, damit Menschen, die unterschiedlich alt und groß waren, ihn von vorne und von der Seite ziehen konnten. Auf der einen Seite des Wagens war ein Fahrrad angehängt worden, damit die Frauen, falls nötig, Erkundigungen einziehen konnten. Auf dem Wagen befanden sich ein Abschleppseil, Werkzeugkasten, für jedes Kind Kleidung für warme und kalte Tage, Wolldecken, Kopfkissen, Töpfe, Silberbesteck, Essenträger, Hausapotheke, Rucksäcke, Koffer mit Kleidern und einige Spielsachen. Meine Mutter hatte vorher ihre 14 Hühner geschlachtet und eingeweckt. ›Wie die Witwe Bolte habe ich meine Hühner geschlachtet und mitgenommen‹, erzählte sie immer, und wir hatten unseren Spaß dabei. In einer 10-Liter-Milchkanne hatten wir aus Zuckerrüben selbstgekochten Zuckersirup mitgenommen... Die ersten Kilometer über das Riesengebirge wurden wir noch von einem Auto gefahren, das Großvater gehörte, und dann standen wir da und zogen den Karren. Ein Kind war meistens krank, das wurde in den Wagen gesetzt, mit Betten umbaut. Die anderen mussten zu Fuß gehen... Meine Mutter versuchte immer, eine Fahrgelegenheit zu bekommen. Meistens waren es Soldaten, die zurückgingen und unseren Anhänger anhängten. Wir durften dann auf dem Lastwagen Platz nehmen und ein Stück mitfahren.«[15]

Das gebräuchlichste »Fahrzeug« auf der Flucht war aber der Kinderwagen, in denen Mütter ihre ganz kleinen Kinder und ihr weniges Gepäck vor sich herschoben. Die wackeligen Kriegskinderwagen gingen rasch kaputt, eine Reparatur war – wenn überhaupt möglich – denkbar schwierig. Welch riesige Entfernungen damals von Müttern und Kindern zu Fuß zurückgelegt wurden, ist kaum abzuschätzen. Margareta M.[16] spricht von 60 Kilometern an einem Tag, und selbst, wenn das übertrieben ist, die Hälfte wäre schon ungeheuer![17] Oft hing das Weiterkommen von der Gnade von Fahrzeugbesitzern, besonders von Wehrmachtsfahrzeugen ab. Wie viele haben gebettelt und unter Tränen um Mitnahme gefleht, auch mit dem letzten, was sie noch zu bieten hatten, zu »bestechen« versucht! Meist fand sich – wenigstens für kürzere Zeit – eine Mitfahrgelegenheit, was unter Umständen sehr gefährlich sein konnte, so wie etwa Margret B. von einer Fahrt auf einem Munitionstransport berichtet.

Die meisten Fußwanderer, aber auch manche Wagenbesitzer, mussten nach und nach immer mehr von ihrem Gepäck am Straßenrand zurücklassen, weil es zu schwer wurde. »An der Landstraße lagen ganze Vermögen...« (Margret B., Trude S.) Sie lagen nicht lange dort, denn die plündernden Feinde folgten auf dem Fuße.

Am bittersten wurde auf der Landstraße die Kälte empfunden. Als die ersten Trecks im Januar 1945 aufbrachen, herrschte in Ostpreußen und in Schlesien ca. 20° Grad Frost (Isa v.d. Goltz spricht einmal von 30° Grad). Und wo sollte man sich unterwegs wärmen? Ganz besonders setzte die eisige Kälte den Kindern und Säuglingen zu, viele erfroren. Die Windeln froren zu Eis. Man konnte die Toten nicht einmal begraben, weil die Erde hart gefroren war. Eisige Schneestürme peitschten und nahmen die Sicht. Und selbst dann mussten manche mit Wagen und Pferden im Freien übernachten. Das im Februar und März einsetzende Tauwetter mit seinem Matsch ließ die Treckwagen einsinken und steckenbleiben. Besonders katastrophal war, dass das Eis auf dem Frischen Haff zu schmelzen begann, dem wichtigen, für viele einzig noch verbliebenen Fluchtweg, der Rettung über die See versprach. Viele Augenzeugenberichte schildern, wie vor ihnen, neben ihnen Wagen einbrachen und in den eisigen Fluten versanken. Der Fluchtweg über die See war zudem äußerst gefährdet durch Minen und feindlichen Beschuss. Der Untergang der »Gustloff« ist nur das bekannteste Beispiel für zahlreiche andere Flüchtlingsschiffe, die versenkt wurden oder auf Minen aufliefen (Gertrud L.). Viele erlebten, wie Schiffbrüchige sich vergeblich an die wenigen Rettungsboote anzuklammern versuchten. Die Szenen, die sich dabei abgespielt haben, sind kaum zu beschreiben.

Bei den Abschiebetransporten im Laufe des Sommers quälte dagegen die Hitze in den vollgestopften Güterwagen oder auf den Landstraßen, quälte der Durst auf den endlosen Fußmärschen (Trude S.).

Die nächste Überlebenssorge war: Wo konnte man sich ausruhen? Wo konnte man über Nacht bleiben? Wie schwierig das vor allem für große Trecks war, zeigt der Bericht von Isa von der Goltz. Aber auch Flüchtlinge, die in kleineren Gruppen oder allein unterwegs waren, konnten nur auf ihr Glück hoffen. Eine geregelte Quartierzuweisung gab es kaum mehr, aber in den NSV-Stellen, beim Roten Kreuz oder auch privat erhielten die Frauen doch immer wieder Hinweise und Ratschläge. Dabei hing es von den Einheimischen ab, wie und wo man aufgenommen wurde. Hier fällt auf, wie unterschiedlich die Hilfsbereitschaft war, worüber noch zu reden sein wird. Die meisten, die noch ein Dach über dem Kopf hatten, mussten damit rechnen, selbst früher oder später flüchten zu müssen, und verhielten sich auch großzügig, soweit es in ihren Kräften stand. Wo es nur ging, wurde kampiert (die Gasthäuser reichten ja längst nicht mehr aus): in Schulen, Kasernen, Scheunen und Ställen, auf Dachböden usw. Alle berichten von ständig überfüllten Lagern, von drangvoller Enge. Oft musste man unter freiem Himmel bleiben, besonders dann, als es wärmer wurde.

Wer mit einem großen Treck unterwegs war, musste im allgemeinen keinen bitteren Hunger leiden. Hatte man Tiere in die Flucht hinübergerettet, so konnte in solchen Glücksfällen unterwegs noch ein Schwein, eine Kuh geschlachtet werden. Es gab auch Gemeinschafts- und Volksküchen. Allerdings blieben auch diese begünstigten Flüchtlinge tagelang ohne eine warme Mahlzeit. Schlimmer war es für die weniger Privilegierten. Sie konnten nicht so viel mitnehmen, dass es für das tägliche Leben gereicht hätte, Einkaufen war nur ausnahmsweise möglich. Sie mussten froh sein, wenn sie von der Wehrmachtsverpflegung etwas abbekamen oder von Soldaten oder freundlichen Leuten etwas ergattern konnten. Säuglingsnahrung und vor allem Milch waren Mangelware. Mütter konnten in der Kälte oder wegen der übermäßigen Anstrengung nicht stillen. Die Kinder vertrugen die schlechte und ihnen nicht gemäße Nahrung nicht. Viele wurden krank. Aber Mütter suchten bis zuletzt Auswege, um ihre Kinder vor dem Verhungern zu retten. Sie tauschten ihre letzte Habe oder ihren versteckten Schmuck gegen Lebensmittel, sie bettelten. Nicht allen gelang es.

Als fast ebenso schlimm wie Kälte und Hunger wurde von den Frauen der Schmutz empfunden, der mehr und mehr überhandnahm. Die Massenquartiere waren durch die vielen durchziehenden Menschen oft in einem desolaten Zustand, das aufgeschüttete Stroh war verdreckt. Es gab kaum Waschgelegenheiten, erst recht kein warmes Wasser. So war es fast unmöglich, die Windeln zu waschen, die Kinder sauberzuhalten. Die Läuseplage griff um sich.

Durch die übermäßige Anstrengung, das dauernde Frieren, die unzureichende Nahrung, die mangelhafte Hygiene erkrankten immer mehr Menschen, besonders natürlich Kinder und Alte. Darmkrankheiten, besonders Ruhr, Erkältungskrankheiten und Erfrierungen, wundgelaufene Füße waren am häufigsten. Sie konnten nur schlecht behandelt werden. Fast alle Mütter berichten, dass es kaum möglich war, Medikamente zu besorgen oder gar ärztliche Hilfe. Es war schon ein Wunder, wenn die Erkrankten davonkamen. Wo immer die Menschen eng zusammengepfercht waren, herrschte ein fürchterlicher Gestank. Erstaunlich ist, dass die Mütter selbst – trotz Angeschlagensein und Verzweiflung – meist durchhielten. Die wenigsten machten schlapp. Von einigen wird aber berichtet, dass sie den Verstand verloren. Es verwundert heute, dass es nicht mehr gewesen sind.

In diesem elenden Zustand befanden sich alle in ständiger Angst vor noch Schlimmerem, in der Angst, »von den Russen eingeholt zu werden«. Das dauernde Grollen der Geschütze begleitete den endlosen Flüchtlingszug. Ständig war man in der Gefahr, selbst beschossen zu werden, aus der Luft oder durch Geschütze. Feindliche Flieger griffen mit besonderer Vorliebe die Flüchtlingszüge und Flüchtlingstrecks an. Darunter befanden sich auch Truppenteile der SS und der deutschen Wehrmacht. Viele Trecks wurden aufgerieben, und bei den Angriffen wurden viele verwundet oder getötet. Auch in diesen Situationen waren Mütter mit kleinen Kindern und Alte am schlimmsten dran;

sie konnten nicht so schnell Deckung suchen, wie es nötig gewesen wäre. Manche gerieten auch mitten in die Kampfhandlungen hinein und konnten sich nirgends mehr hinretten.

In diesem grenzenlosen Chaos war es immer die Hauptsorge der Mütter, nicht von ihren Kindern getrennt zu werden. Trotzdem blieb vielen auch das nicht erspart, wie die Suchmeldungen noch lange nach dem Krieg beweisen.[18]

Getrennt wurden Mütter und Kinder oft dann, wenn die Flüchtenden von der Roten Armee überrollt oder später von den Amerikanern den Russen übergeben wurden. Wenn das eintrat, waren alle Strapazen der Flucht umsonst gewesen. Es kann keinen Zweifel geben, dass angesichts dessen, was hier den Flüchtenden und den Zurückgebliebenen in den Ostgebieten geschah, die Angst vor der Roten Armee und die Flucht sich noch nachträglich als begründet erweisen. Die Übergriffe und Gewaltakte ähneln denen, die im vorangegangenen Kapitel über die Besetzung schon zur Sprache gekommen sind. Sie wurden aber noch überboten, weil die Sowjettruppen hier zum ersten Mal mit den deutschen Feinden in Berührung kamen und sich an ihnen austoben konnten. Es waren Truppen, die noch mitten im Kampfgeschehen standen, zwischen Siegestrunkenheit und Angst vor der noch nicht völlig niedergerungenen deutschen Gegenwehr schwankten, die während der Gegenoffensive wochenlang durch ihr Land marschiert waren und die deutschen Verwüstungen und Verbrechen ständig vor Augen gehabt hatten, die noch zusätzlich von ihrer Führung zur Vergeltung aufgerufen worden waren.[19] Für die Flüchtlinge oder die Zurückgebliebenen, die in einem ohnehin schon erbarmungswürdigen Zustand auf der Straße lagen oder zu Hause in ihren zerstörten Häusern keine Bleibe mehr fanden, war dieses Zusammentreffen doppelt grauenhaft. In den Berichten überwiegen die Schilderungen von sadistischen Vergewaltigungen, auch von Greisinnen und Minderjährigen, wobei selbst unter diesen Umständen manche Frauen es fertigbrachten, sich zu wehren oder mit Glück davonzukommen. Kinder mussten mit ansehen oder anhören, wie ihre Mütter und andere Frauen leiden mussten. Oft endeten die Vergewaltigungen in Verstümmelung und Tod. Bei der leisesten Gegenwehr, aber auch bei den geringsten Verdachtsmomenten oder völlig willkürlich konnten Menschen erschossen werden. Brandstiftungen und Plünderungen, mutwillige oder fahrlässige Vernichtung von ganzen Orten und wertvollem Inventar waren an der Tagesordnung. Männer wurden reihenweise und ohne erkennbaren Grund gefangengenommen, in Lager gesperrt und in die Sowjetunion verschleppt. Dasselbe widerfuhr auch Frauen, ohne Rücksicht auf ihre Kinder, die sie zurücklassen mussten.[20] Pferde wurden ausgespannt, mitgenommen oder davongejagt, die Wagen und Menschen ausgeplündert.

War so für viele der Endpunkt der schrecklichen Flucht erreicht, war sie für andere noch lange nicht zu Ende. In Elendszügen wurden diese Menschen dann hin- und hergetrieben, für sie oft ohne erkennbares Ziel, in völliger Ungewissheit auch nur für den nächsten Tag. Viele durchlebten im Verlaufe ihrer Flucht wahre *Odysseen* über Hunderte von Kilometern in die verschiedensten Richtungen. Die Flucht, begonnen als Flucht vor der Roten Armee, mündete in die endgültige Austreibung oder in die Internierung.

Während der ganzen Zeit der Heimatlosigkeit lebten die Menschen in totaler Ungewissheit. Man wusste niemals, wo und ob man überhaupt am nächsten Tag unterkommen würde, noch viel weniger konnte man sich das weitere Schicksal vorstellen. Wollte man unterwegs Verwandte aufsuchen, so konnte es sein, dass diese selbst schon geflohen waren. Nur wer eine Adresse von Verwandten westlich der Oder-Neiße-Linie hatte[21] oder – noch besser – in der amerikanischen oder britischen Besatzungszone, konnte wenigstens ein vorläufiges Ziel ansteuern. Was dann werden würde, da man ja mit »nichts« ankam, hat die Frauen unterwegs noch kaum beschäftigt, jedenfalls erzählen sie so gut wie nie davon. Jede war so völlig in Anspruch genommen und erschöpft durch den täglichen Kampf ums Überleben, dass die Gedanken nicht über das Nächstliegende hinausgingen: Wo gab es Quartiere? Wo eine Verpflegungsstelle? Wo stand die Front? Wo konnte man noch durchkommen, wo nicht mehr? Wo war die Brücke gesprengt? Wie weit war es noch bis »zum Amerikaner«? Solche und ähnliche Fragen beschäftigten die Menschen unaufhörlich. Dabei waren sie von allen zuverlässigen Nachrichten so gut wie völlig abgeschnitten, es gab ja keinen Strom und kein Radio[22]. Telefonieren konnte man, wenn man Glück hatte, nur über kürzere Entfernungen. Es kursierten die wildesten Gerüchte, selbst die Treckleitstellen konnten keine zuverlässigen Auskünfte geben.

Von der Landschaft, durch die sie zogen, haben die wenigsten Notiz genommen. Zu den Ausnahmen gehört Trude S., die sich – trotz allem – immer wieder an der Natur freuen konnte. Aber für die allermeisten war die Natur ein zusätzlicher Feind, den es zu überwinden galt, die Kälte, die Nässe, das Eis, die Entfernungen. Nicht übersehen werden konnte indessen, was sich auf und an den Wegen abspielte.

Der Straßenrand wird von fast allen geschildert: Liegengelassenes Gepäck aller nur erdenklichen Art wie Akkordeon, elektrische Kochplatten, Liebesbriefe, Kriegsausrüstung in jeder Form, umgekippte Wagen, verendete Pferde, tote Soldaten, alte Leute oder Frauen mit Kindern, die nicht mehr weiterkonnten. Diejenigen, die unmittelbar in das Kampfgeschehen hineingerieten und die wieder in die Heimat zurückkehrten, schildern die Verwüstungen, die brennenden Gehöfte und Dörfer, die völlig ausgeplünderten und verödeten Häuser.

Durch alle Fluchtberichte ziehen sich aber auch die Erlebnisse mit den unterschiedlichsten *Menschen*. Die Erfahrungen mit den *Schicksalsgenossen* gehen außerordentlich weit auseinander. Trude S. sagt an einer nicht zitierten Stelle ihres Berichtes: »In mir sind damals Welten zusammengebrochen, und ich bin in meinem Glauben an Menschliches und die Menschheit überhaupt im tiefsten erschüttert worden.« An einer anderen Stelle schreibt sie aber von »sehr viel Menschlichkeit«, die sie damals erlebt habe. Die sehr oft von den Frauen zu hörende banale Feststellung, dass es eben überall gute und schlechte Menschen gibt, trifft natürlich auch hier zu, aber sie erklärt wenig. Wenn man die Berichte aufmerksam liest, kann man genauer unterscheiden: Soweit Fluchtgemeinschaften aufeinander angewiesen waren, bildeten sie »Notgemeinschaften«, ähnlich wie die Nachbarschaften in den Bombennächten.[23] Diese Notgemeinschaften halfen sich gegenseitig, wo immer es ging. Sofern sie nicht ganze Trecks umfassten, die zusammenbleiben konnten (Isa v. d. Goltz), wechselten sie häufig in ihrer Zusammensetzung. Es bildeten sich durch Zufall immer wieder neue Gruppen. Frauen schlossen neue Bekanntschaften auf Zeit, bis die Wege sich wieder trennten. Namen und Adressen wurden selten ausgetauscht, was spätere Suchaktionen sehr erschwerte. In Grenzsituationen aber, wo es nur noch um Leben oder Tod ging, z. B. beim Kampf um die Unterkünfte, um die Rettungsboote, um Verpflegung war sich jeder selbst der Nächste. Eine Ausnahme waren die Mütter, die sich lieber erschießen lassen wollten, als sich von ihren Kindern zu trennen. Viele wurden trotzdem getrennt und nicht erschossen, sondern »nur« verschleppt.

In größerer Gemeinschaft zu sein, konnte auf der Flucht die Gefahr von Angriffen noch erhöhen, z. B. wurden die gut sichtbaren und unbeweglichen Trecks besonders stark angegriffen. Manche Frauen sonderten sich deshalb lieber ab und gingen allein mit ihren Kindern. Allein hatte man eine bessere Chance, nicht von Russen aufgegriffen zu werden und eine Unterkunft und Verpflegung zu finden.

Die Hilfsbereitschaft der *Noch-Nicht-Flüchtlinge* war sehr verschieden ausgeprägt. Fast alle berichten von »Engeln in Menschengestalt«, denen sie begegnet sind, und umgekehrt von geradezu unglaublicher Hartherzigkeit, wenn Bauern z. B. keine Milch für die Säuglinge herausrückten oder eine Gutsherrin sich weigerte, Flüchtlinge aufzunehmen, weil ihr schönes Parkett durch eine Strohaufschüttung leiden könnte (Isa v. d. Goltz). Schon unterwegs mussten es Flüchtlinge erleben, als »Gesindel aus dem Osten« beschimpft zu werden. Es ist anzunehmen, dass besonders diejenigen völlig mitleidslos waren, die noch an den »Endsieg« glaubten und meinten, selbst nicht in die Lage dieser Flüchtlinge zu kommen. Besonders häufig wird auch berichtet, dass »einfache«, ja »arme« Leute gerne geholfen hätten, während man von den Reichen und Satten abgewiesen wurde. Es mag sein, dass diese Wahrnehmung durch eine hergebrachte Klischeevorstellung geprägt wurde oder dass die Überraschung, von einer Seite Hilfe zu erhalten, von der man es am wenigsten erwartet hätte, besonders im Gedächtnis bewahrt wurde. Dasselbe gilt für Freundlichkeiten von seiten des »Feindes«, die dankbar registriert wurden.

Aus den vielen Fluchtberichten schält sich sehr klar eine fundamentale Erkenntnis heraus: In diesen chaotischen, extrem bedrohlichen Lebensumständen, die länger dauerten als die Stunden der Luftangriffe, enthüllte sich der innerste Kern der Menschen: Alles nur Aufgesetzte fiel weg, alles vorgespiegelte gute Benehmen versagte. Es zeigte sich, wer jemand wirklich war. Das gilt für die Flüchtlinge und für die anderen, mit denen sie zusammenkamen. Es gab solche, die selbst hungerten und noch die Suppe mit anderen teilten (z. B. die Mutter von Margret B.), und es gab solche, die die anderen noch bestahlen. Die meisten waren erschöpft und apathisch und völlig überfordert.

In vielen Trecks waren Polen Gespannführer (vgl. Isa v. d. Goltz). Sie gingen freiwillig mit; die wenigsten, weil sie den Deutschen helfen wollten, sondern vielfach auch aus Angst vor den Russen.[24] Sie waren nicht immer zuverlässig und machten sich z.T. unterwegs aus dem Staub. Dagegen zeugt der Bericht von Erna B. (1914) von einem Fall, in dem Polen ihre deutschen Bäuerinnen aus Anhänglichkeit die ganze Flucht über bis zu einem sicheren Aufenthaltsort begleiteten und betreuten. Die in den Warthegau umgesiedelte Bessarabiendeutsche hatte mit ihrem polnischen Knecht, der sich als der enteignete Besitzer des Hofes zu erkennen gegeben hatte, gut zusammengearbeitet. Ihr Mann war im Feld. Als es zur Flucht kam, erbot sich der Sohn Stephan, sie zu fahren. Sie war hochschwanger mit dem zweiten Kind und kam während der Flucht nieder. Er blieb bei ihr, bis sie in Sicherheit war. »Ohne ihn hätte ich es nicht geschafft«, sagt sie.

Auf ihrem ganzen Weg, solange der Krieg währte, kamen die Flüchtlinge mit Soldaten und Offizieren der *deutschen Wehrmacht* in Berührung. Die Wehrmacht war an sich nicht für die Flüchtlinge zuständig. Trotzdem erfuhren sie von dieser Seite sehr viel Hilfe, auch von Angehörigen der SS, was immer wieder betont wird. Offiziere organisierten Transportmittel, betätigten sich als Ordnungswalter, Quartiermacher, gaben Ratschläge für den weiteren Weg. Flüchtlinge kamen in Kasernen unter, wurden aus Wehrmachtsküchen verpflegt. Soldaten nahmen Frauen und Kinder auf ihren Fahrzeugen mit, schenkten ihnen Lebensmittel usw. Vor allem wäre die breitangelegte Rettung über die Ostsee ohne die Kriegs- und Handelsmarine nicht möglich gewesen.[25] Aber insgesamt gingen die militärischen Belange und die eigenen Soldaten vor. Und so mussten die Flüchtenden auf den Straßen auch schlimme und enttäuschende Erfahrungen machen. Grundsätzlich musste die Mitte der Straßen für Wehrmachtsfahrzeuge freigehalten werden. »Der Tross der Wehrmacht hatte Befehl, die Flüchtlingsfuhrwerke in den Graben zu schieben, wenn sie im Wege waren, nötigenfalls die Pferde auszuspannen zu ihrem eigenen Gebrauch. Ich habe diesen Befehl selber gesehen, schwarz auf weiß.«[26] Das bedeutete, dass Trecks oft rücksichtslos abgedrängt oder lange aufgehalten wurden; sinnlose Panzersperren blockierten Ortseingänge, was für manche das Ende bedeutete. Wie oft baten, ja bettelten Frauen, die zu Fuß nicht mehr weiterkonnten, Wehrmachtssoldaten an, sie mitzunehmen. Manchen gelang es, besonders jungen Mädchen; manchen auch, indem sie das wenige, was sie noch hatten, hergaben, besonders Zigaretten; manchen gelang es eben nicht. Wie viele bettelten die Soldaten um etwas Essbares an, manche hatten Glück, andere eben nicht. Die Wehrmacht sorgte bis zum Schluss dafür, dass die Soldaten verpflegt wurden, einigermaßen zumutbare Unterkünfte fanden und Fahrgelegenheiten erhielten, wenn sie sie brauchten. Für die Flüchtlingsfrauen fühlten sie sich nicht verantwortlich. Dass sich die flüchtenden Zivilisten mit der sich absetzenden Wehrmacht auf den Straßen mischten, verlieh dem Gegner auch einen Schein von Recht, alle ohne Unterschied zu beschießen. Was den Frauen aber mit unüberbietbarer Deutlichkeit vor Augen geführt wurde, war der Zusammenbruch der einst so stolzen deutschen Wehrmacht. Sie erlebten, wie sich Offiziere davonstahlen und ihre Männer im Stich ließen (Isa v. d. Goltz), wie Soldaten desertierten und sich versteckten, um nicht noch einmal zum Einsatz zu kommen, wie sich andererseits Offiziere mit einem kleinen Restbestand ihrer Einheiten noch bemühten, so etwas wie eine Verteidigung aufzubauen, wie eine Frontlinie überhaupt nicht mehr erkennbar war, und vor allem sahen sie am Straßenrand zurückgelassenes Wehrmachtsgerät aller Art, neben toten Soldaten auch zurückgelassene Verwundete, Amputierte, die ihrerseits versuchten, von Treckwagen mitgenommen zu werden, oft vergeblich. Die Hochachtung vor der deutschen Wehrmacht »schwand dahin«, wie Isa v. d. Goltz es ausdrückt, und wich eher dem Mitleid. Zunehmend wurden Soldaten in Uniform eine Gefahr für die Zivilisten, weil sie die besondere Rache der Sowjets, der Polen und Tschechen auf sich zogen und Zivilisten verdächtigt wurden, sie unterstützen oder verstecken zu wollen.

Die Amerikaner (oder Engländer) zu erreichen, war der sehnlichste Wunsch aller Flüchtlinge. Sie erschienen den Frauen als Retter vor den Russen. Bei den »Amis« glaubte man in Sicherheit zu sein. Die Erfahrungen, die die Frauen machten, entsprachen dann aber kaum den Erwartungen. Zwar wird den einzelnen Amerikanern fast durchweg menschliches Verhalten und Hilfsbereitschaft attestiert, aber für die Aufnahme und Unterbringung der Massen von Flüchtlingen waren sie ganz offenbar nicht vorbereitet und gaben sich auch keine Mühe damit. In Auffang- und Internierungslagern mussten die Flüchtlinge meist auf freiem Feld kampieren, eine geregelte Versorgung mit Nahrungsmitteln scheint es nicht gegeben zu haben. Und – was am schlimmsten für die Betroffenen war – wo es die politischen Absprachen unter den Alliierten erforderlich machten, wurden sie an die Sowjets ausgeliefert, ohne Rücksicht auf das Schicksal, das ihnen damit drohte. Sie waren, obwohl im einzelnen durchaus als Menschen wahrgenommen und behandelt, im ganzen doch Objekte, Spielball der »großen Politik«.

Die Flüchtlinge wurden den verschiedenen Besatzungszonen, außer der französischen, zugeteilt. Über ihre Aufnahme in der sowjetisch besetzten Zone kann ich nur wenige Angaben machen.[27] Der Empfang in den Westzonen war meist alles andere als herzlich, selbst wenn es die eigenen Verwandten waren.

Die unfreundlichen *Reaktionen der Einheimischen* bei der Evakuierung, die wir in Kapitel 6 kennengelernt haben, waren nur ein harmloses Vorspiel gewesen. Die in Scharen eintreffenden Flüchtlinge verschärften nicht nur die eigene Lebenssituation, vor allem die Wohnungsnot und die Versorgungslage, sie waren noch »fremder«, als es die Evakuierten gewesen waren, vor allem waren sie weit zahlreicher und nicht nur Gäste. Die Unfähigkeit, sich vorzustellen, was die Flüchtlinge durchgemacht hatten, Mentalitäts- und Sprachbarrieren, unterschiedliche Lebensgewohnheiten und auch der jammervolle Zustand, in dem sich die meisten nach den ungeheuren Strapazen befanden, verstärkten die ohnehin vorhandenen Vorurteile gegen die »Eindringlinge«, das »Gesindel«, wie nicht wenige sich nennen lassen mussten. Umgekehrt sahen die Flüchtlinge, wie glimpflich viele der Eingesessenen in diesem Krieg davongekommen waren, wie sie immer noch »wie im tiefsten Frieden lebten«. So musste es ihnen zumindest nach dem, was sie durchlitten hatten, vorkommen, während sie alles verloren hatten. Die Flüchtlinge empfanden die Ungerechtigkeit ihres Schicksals doppelt stark und neigten dazu, ihren Besitzstand und ihre Heimat vor den Einheimischen herauszustreichen, um die Demütigungen zu kompensieren, wenn es nicht gar zu Eigentumsdelikten der »Habenichtse« an den »Habenden« und anderen Übergriffen kam.

Wie schließlich die mit Recht bewunderungswürdige »Integration« der Flüchtlinge und Vertriebenen angebahnt wurde, wird im Kapitel 11 noch zu erörtern sein. Die Flüchtlinge waren noch lange nicht »im Fremden ungewollt zu Haus«[28]. Sie waren erschöpft und arm, in kümmerlichen Behausungen und oft isoliert von ihren nächsten Angehörigen; sie waren zunächst einfach in der Fremde.

Marie Schlei, als Flüchtling aus Pommern am Ende nach Hessisch-Oldendorf verschlagen, allein mit ihrem kleinen Sohn Hänschen, ihr Mann gefallen, ihre Mutter auf der Flucht umgekommen, sagt ihrer Biografin: »Nichts haben, nichts sein, nicht wissen, wohin man soll, dies für einen jungen Menschen zu bewältigen, ist etwas, was ich keinem anderen wünsche, weil es auch Bindungslosigkeit heißt. Unverschuldet bindungslos zu sein, das halte ich für eine ganz, ganz harte Sache.«[29]

Zusammenfassung

»Die Stunde der Frauen« nennt Christian Graf von Krockow sein Buch, in dem er seine Schwester Libussa über ihre Jahre in Pommern 1944 bis 1947 erzählen lässt.[30] In ganz besonderer Weise passt dieser Titel für die Flucht der Mütter und der jungen Mädchen. Sie trugen die Hauptlast für sich, ihre Kinder und vielfach noch die alten Leute, die auf ihre Hilfe angewiesen waren. Viele ältere Frauen haben zwar nicht mehr tatkräftig mithelfen können, waren aber durch ihre Ruhe und Gelassenheit dennoch eine große Stütze. Und das nicht nur, weil sie die Flucht vielfach ganz ohne Männer bewerkstelligen mussten. Sie erlebten geradezu eine Umkehrung der Rollen: Die Männer waren nicht mehr die Beschützer, die Bestimmenden, sie waren oft genau so hilflos der Not und Gefahr ausgeliefert. Weder konnten sie für das Lebensnotwendige sorgen, noch die Frauen vor den Vergewaltigungen, Misshandlungen und vor Verschleppung schützen. Die Frauen mussten für sich selbst sorgen, und sie taten es mit Umsicht, Zähigkeit und unvorstellbarer Energie, die das Klischee vom »schwachen Geschlecht« absurd erscheinen lässt. In scheinbar aussichtslosen Lagen fanden sie Auswege. Die Treckführerin Isa von der Goltz, die ihre Leute, einschließlich der Polen und Ukrainer, »Mutter« nannten, ist nur ein herausragendes Beispiel für viele andere. »Als Treckführerinnen fanden sie instinktiv den richtigen Weg für ihre Wagen«, sagt eine Augenzeugin, und eine andere: »Ich sah Frauen Übermenschliches leisten.«[31] Kinder wurden auf der Flucht geboren. Hochschwangere Frauen mussten die härtesten Strapazen ertragen.

Fragt man sie, was ihnen die Kraft gegeben hat, dann nennen alle übereinstimmend zwei Quellen, aus denen sie schöpften: ihr Gottvertrauen und ihre Kinder. So sagt Trude S. in ihrem Fluchtbericht: »Immer hat mich mein Petralein so vertrauend angesehen, und vielleicht war es dies Vertrauen, das mich in den schwersten Stunden übermenschliche Kräfte anspannen ließ, dass ich das Kind über alles wegbringen konnte.« Hinzu kam die Fähigkeit, sich ganz und gar immer nur auf das Nächstliegende einzustellen, rasch zu improvisieren und nicht über den Tag hinaus zu sorgen. »Immer nur an die nächste Stunde denken und an das, was uns am Leben erhält«, sagt Trude S. Und in der Rückschau, auf meine ausdrückliche Frage hin, antwortet sie in einem Brief vom 6. 2. 1989: »Ich fühlte mich der Urkraft ganz nahe. Da ich die Natur liebe, schöpfte ich immer wieder Kraft aus ihrer Schönheit. Ich betete, und zwar ganz intensiv. Hunger ist zwar schrecklich und grausam, macht aber auch frei. Auch Besitzlosigkeit macht frei. Irgendwie war ich gezwungen, mich über die gewohnten Grenzen im Denken hinauszuwagen. Das Universum ist so groß, wir Menschen so winzige Atome. Und doch geht nichts verloren in der Welt, nicht das kleinste Stäubchen. Hat man diese Erkenntnis, kann man nie wieder zurück. Es ist Geborgenheit im wahrsten Sinne des Wortes.«

Kinder auf der Flucht – wir konnten sie nur als Trost und Aufgabe ihrer Mütter wahrnehmen. Was es für sie bedeutet hat, am Beginn ihres Lebens solchen Eindrücken und Erfahrungen ausgesetzt zu sein, ließe sich nur auf Grund vielschichtiger und sehr sorgfältiger Untersuchungen beschreiben. Sie sollten bald durchgeführt werden, denn diese Erfahrungen betreffen die Generation der heute 50- bis 60jährigen, die noch befragbar ist.

Wir wissen, was die Erfahrungen für die Mütter dieser Kinder bedeuteten. Sie haben sie nie vergessen können, obwohl sie sie oft gerne vergessen hätten. Wieder Trude S. in ihrem zuletzt zitierten Brief: »Die Erlebnisse waren so stark und ungewöhnlich, dass sie auch heute noch ganz lebendig sind – ich möchte sagen – leider!«

Wie tief und fast traumatisch die Erlebnisse haften, wird deutlich, wenn man vergleicht, wie unter dem unmittelbaren Eindruck erzählt wurde und wie in den Erinnerungen erzählt wird, die 40 oder mehr Jahre danach aufgeschrieben wurden: Es ist kaum ein Unterschied festzustellen. Eine gewisse emotionale Distanzierung hat sich im Laufe der Jahre eingestellt. Auch hier ist wieder Trude S. eine Zeugin, die heute das zu Emotionale an ihrem Bericht von damals bedauert. Sie schreibt in einem der vorangegangenen Briefe: »Ich habe seinerzeit Ausdrücke gebraucht, die ich heute für falsch halte. Sie resultieren aus meiner damaligen Empörung, aber alle Tatsachen stimmen.« Da hat sich nichts verwischt oder verschoben, das steht wie ein Filmstreifen vor Augen und kann jederzeit abgerufen werden. Es ist richtig, dass eine Reihe von Erzählmodi sich ähneln, das ist aber kein Indikator für spätere »Bearbeitung« des Erlebten durch Übernahme bestimmter »gestanzter Erzähltopoi«, sondern bezeugt die Gemeinsamkeit bestimmter Grunderfahrungen, die zu beschreiben von Anfang an eben nur bestimmte Sprachmuster zur Verfügung standen. Die Sprachkompetenz und die Sprache selbst versagen vor der Realität des Erlebten. Hinter den stereotypen und abgegriffenen Wendungen scheint aber etwas durch von dem letztlich Unbeschreibbaren der von allen geteilten Fluchterfahrungen. Die wichtigsten: Wenn immer wieder gesagt wird: »Wir kamen noch mit dem *letzten* Zug, mit dem *letzten* Schiff ... heraus«, dann ist das der Ausdruck für das vorherrschende Gefühl, *gerade noch* davongekommen zu sein, und steht für das Versagen der gesamten Fluchtorganisation. »Alle Bahnsteige, alle Züge, alle Unterkünfte ... waren *vollgestopft* mit Menschen«, »Wir lagen, saßen, hockten wie die Heringe...«, »Es war ein endloser Strom«, all das spricht für die *Massenhaftigkeit* des Schicksals, in welchem der einzelne als Individuum nichts mehr zählte, in der es nur noch ein Vegetieren gab, ein »Mitschwimmen« auf Gedeih und Verderb. »Nur das Notwendigste konnten wir mitnehmen«: Auch wenn dann immer noch etwas zurückgelassen werden konnte, drückt sich in dieser Wendung aus, was alles zurückgelassen werden musste, wie depraviert man war. »Ich hatte nun gar nichts mehr« bezeichnet den äußersten Punkt der *Depravierung*, bezeichnet für ältere Frauen den Verlust einer ganzen Lebensarbeit. »Wie glücklich waren wir, dass wir wieder beisammen waren.« Daraus spricht die dauernde Angst, einander zu verlieren, die bis zum Ende der Flucht niemals gebannt war. »Ich hörte das Schreien der Frauen«, »Ich sah Mütter, die ihre erfrorenen Säuglinge im Arm hielten und nicht hergeben wollten«, »Mütter warfen ihre erfrorenen Kinder zum Zugfenster hinaus.« In diesen Sätzen verdichtet sich das furchtbarste *Grauen*, das Frauen unterwegs zustoßen konnte. Und meist am Ende oder immer wieder eingestreut in die Erzählungen stehen die Sätze: »Wir haben Glück gehabt«, »Wir haben Schutzengel gehabt«, »Wie durch ein Wunder wurden wir gerettet.« Anders als durch ein Wunder konnten sich die Frauen ihr Überleben nicht erklären. Und wieder – wie schon bei den Frauen, die von Bombenangriffen und Besatzungsgreueln erzählen – sind die Berichtenden die Überlebenden. Darüber sollte nicht vergessen werden, dass mehr als eine Million Frauen und Kinder Flucht und Vertreibung nicht überlebten.

Auf den ersten Blick könnte man meinen, die Flucht habe alle gleich gemacht. Und ganz gewiss waren die Flüchtlinge gegenüber den Einheimischen so etwas wie eine Schicksalsgemeinschaft. Dennoch darf nicht übersehen werden, dass manche es leichter hatten als andere, ja, dass die Zugehörigkeit zu einer bestimmten sozialen Schicht selbst in einer solchen Situation eine Rolle spielen konnte. Isa von der Goltz hatte eben viel bessere Verbindungen zu anderen Gutsherrschaften und konnte deshalb leichter Quartiere finden als einfache Leute, die nicht »die Freundschaft der Frau Gräfin«[32] hatten. Gutsbesizer und reichere Bauern hatten weit bessere und stabilere Wagen und eine bessere Ausstattung. Obwohl es nicht erlaubt war, haben Bessergestellte, besonders Gutsbesitzer, oft schon ihre Kinder rechtzeitig nach Westen gebracht. Ganz zu schweigen von den Parteifunktionären, die sich auf recht komfortable Weise absetzen konnten. Im Vorteil waren auch die, die Verwandte oder gute Bekannte im Westen hatten. Hier hatten sie eine Anlaufstelle, auch einen Treffpunkt für die Familien, während es die anderen dem Zufall überlassen mussten, wohin es sie verschlug oder wo sie eine Aufenthaltsgenehmigung bekamen.

Die Fluchtberichte selbst enthalten außer den erwähnten allgemeinen Formulierungen wenig Reflexionen und Nachdenkliches; sie können natürlich auch nichts darüber aussagen, wie Frauen diese Erlebnisse verarbeitet haben, wie sie heute dazu stehen. In Gesprächen oder in Briefwechseln kann man darüber einiges erfahren.

Zwei Aspekte scheinen mir besonders wichtig: Vermochten und vermögen es die Frauen, die Flucht in den Zusammenhang des Krieges zu stellen, sie als Folge der deutschen Niederlage und deutscher Verbrechen gegen die Menschlichkeit zu sehen? Während der Flucht haben sie darüber wenig nachgedacht. Auch war das Ausmaß des von Deutschen angerichteten Unheils ihnen damals noch nicht bekannt.[33] Immerhin gibt es Anhaltspunkte, dass diese Zusammenhänge schon damals erkannt oder erahnt wurden: wenn z. B. eine Tschechin Trude S. an Lidice erinnert oder eine andere Frau sieht, wie russische Soldaten Bilder zeigen, auf denen Greuel deutscher Wehrmachtsangehöriger an russischen Frauen und Mädchen dargestellt sind.[34] Gertrud L. spricht von zwei gegensätzlichen Reaktionen, als sie am 1.5.1945 auf ihrer Panzerfähre erfuhren, dass Hitler tot war: »Wir anderen Frauen mussten diese jammernden Weiber (die Hitler sehr verehrten) erst mal aufklären, dass uns dieser Schuft in dieses Elend gebracht hat.« Die Einstellung zur Flucht offenbart die grundsätzliche Einstellung zum Regime.

Der zweite Aspekt: Die vorherrschende und auch von nicht regimefreundlichen Frauen geteilte Auffassung war, dass die schreckliche Vergeltung die Falschen getroffen habe, diejenigen, die selbst am wenigsten Schuld an diesem Krieg hatten. Diese Auffassung haben die Frauen in ihrer Mehrheit bis heute. Sie entspricht den Reaktionen auf den »Bombenterror«.

Wie aber denken sie über die »Feinde«, unter denen sie während der Flucht und teilweise noch in den Jahren danach leiden mussten? Wie denken sie über den Verlust der Heimat? Auf diese Fragen werde ich am Ende des folgenden Kapitels eingehen, denn die Flüchtlinge rechneten noch lange mit einer Heimkehr; sie wussten noch nicht, dass sie aus Flüchtlingen bereits zu Vertriebenen geworden waren.

KAPITEL 10

Zwangsarbeit – Verschleppung – Vertreibung

Für diejenigen, die nicht das Glück hatten, in den drei westlichen Besatzungszonen zu leben, brachte die deutsche Kapitulation am 8. Mai 1945[1] noch nicht das Ende des Schreckens vor kriegsbedingter Gewaltanwendung. Man kann das deutsche Reich nach den Lebensbedingungen in drei große Gebiete einteilen mit einem Gefälle von West nach Ost. Auch wenn die Situation innerhalb der Westzonen je nach der Politik der Besatzungsmächte unterschiedlich war[2] und auch die Besatzung selbst zahlreiche Härten mit sich brachte[3], war dies alles nicht zu vergleichen mit dem, was die Menschen im restlichen Deutschland durchmachen mussten. Dabei muss man wieder unterscheiden zwischen der sowjetisch besetzten Zone (SBZ) und den unter polnische bzw. sowjetische Verwaltung gestellten Gebieten östlich der Oder-Neiße-Linie, also Ostpommern, Ostbrandenburg, Schlesien und Ostpreußen. Weitaus am schlimmsten erging es denen, die in den abgetrennten Gebieten unter der Fremdherrschaft von Polen und Russen leben mussten.

Nicht vergessen werden sollte, dass es jenseits der Reichsgrenze von 1937 Gebiete gab, in denen große, teils geschlossene deutsche Volksgruppen lebten, so in der alten Provinz Westpreußen, im »Warthegau« oder im Freistaat Danzig.[4] Aber auch im ganzen ehemaligen polnischen Staatsgebiet lebten Deutsche, ebenso in der Tschechoslowakei, dort als wichtigste Gruppe die Sudetendeutschen, sowie im gesamten übrigen Ostmitteleuropa, vor allem im Memelland, in Ungarn, Rumänien, Jugoslawien bis hinein in die Sowjetunion (vor allem Schwarzmeerdeutsche, Wolgadeutsche). Ihr Schicksal war durch den Krieg noch stärker in Mitleidenschaft gezogen als das der Deutschen im Reich.[5]

Diese Arbeit beschränkte sich in den bisherigen Kapiteln auf die Frauen in Deutschland in den Grenzen bei Kriegsbeginn, bezog also z. B. den »Warthegau« und das Sudetenland mit ein. Die Untersuchung der Nachkriegsentwicklung wird hauptsächlich die Frauen in den Westzonen berücksichtigen, mangels ausreichenden Materials für die SBZ. Im vorliegenden Kapitel werden aber auch Zeugnisse aus anderen deutschen Volkstumsgebieten herangezogen. Es handelt sich um Frauen, die inzwischen in Westdeutschland leben und mir ihre Erinnerungen schriftlich oder mündlich erzählt haben.

Drei für die SBZ und die Ostgebiete charakteristische und besonders gravierende Eingriffe in das Leben der Frauen sollen in diesem Kapitel dargestellt werden: Zwangsarbeit, Verschleppung, Vertreibung. Alle diese Gewaltakte begannen mit der Besetzung durch die Rote Armee. Die Sowjets nahmen die Verpflichtung zu Zwangsarbeiten und die Verschleppung zur Arbeit in der Sowjetunion in allen von ihnen besetzten Gebieten vor. Die neuen Herren der deutschen Ostgebiete, also die Sowjets in ihrer Besatzungszone und im nördlichen Ostpreußen, die Polen im südlichen Ostpreußen, im ehemaligen Westpreußen und dem Gebiet um Danzig, in Schlesien, Ostpommern, Ostbrandenburg, und die Tschechen setzten die Deutschen ebenfalls zu Zwangsarbeit ein und vertrieben sie in den Jahren 1945-47 endgültig.

Die Potsdamer Übereinkünfte vom 2.8.1945 zwischen den alliierten Siegermächten vereinbarten und verfügten die Ausweisung der Deutschen aus den nunmehr unter polnischer bzw. sowjetischer Verwaltung stehenden deutschen Ostgebieten, sowie aus dem übrigen Polen, der Tschechoslowakei und Ungarn in »ordnungsgemäßer und humaner Weise«. Vorgesehen war die Ausweisung von 6,65 Millionen Menschen. Aber schon Ende 1946 waren 9,2 Millionen vertrieben worden, davon 3,6 Millionen in die Sowjetzone. Am 31.12.1952 befanden sich 8 258 000 deutsche Heimatvertriebene in der BRD und etwa 3 800 000 in der DDR. Aus den deutschen Ostgebieten sind etwa 1 Million Deutsche verschleppt worden. Mindestens 2 Millionen sind bei Flucht und Vertreibung umgekommen.[6]

Schon seit Juni/Juli 1945 begannen die Polen mit zwangsweisen Abschiebungen, vor allem aus den grenznahen Gebieten. Mit der Verkündung der Potsdamer Beschlüsse steigerte sich die Ausweisung und erreichte während des Jahres 1946 ihren Höhepunkt. Am 17.11.1945 hatte der alliierte Kontrollrat einen »Plan zur Überführung der deutschen Bevölkerung« aufgestellt, der die Verteilung auf die sowjetische und die britische Zone regelte und dafür sorgen sollte, dass das Potsdamer Abkommen erfüllt würde. Dazu schreibt der Verfasser der Einleitung zur Dokumentation über die Vertreibung der Deutschen: »Aber nach allem, was heute über den Verlauf der Ausweisungen bekannt ist, steht es fest, dass die Durchführung durch die polnischen Behörden nicht nur ohne zureichende Organisation geschah, sondern dass vielfach ganz offensichtlich auch gar nicht der Wille vorhanden war und gar keine sonderlichen Anstrengungen gemacht wurden, um eine wirklich ordnungsgemäße und humane Überführung der deutschen Bevölkerung nach Westen zu gewährleisten.«[7] Bis zum Herbst 1947 war die Ausweisung aus den polnisch verwalteten deutschen Ostgebieten im großen und ganzen abgeschlossen. Es folgten 1947-50 noch die Deutschen aus dem polnischen Staatsgebiet, die bis dahin größtenteils als Kollaborateure, als »Verräter an der Nation«, in Zwangsarbeitslagern inhaftiert gewesen waren.[8]

Im sowjetisch verwalteten nördlichen Ostpreußen wurden die Deutschen zunächst als Arbeitskräfte ausgebeutet. Erst 1947 – 49 erfolgte die Aussiedlung der kaum noch mehr als 100 000 Menschen zählenden deutschen Bevölkerung. Am 19.1.1946 begannen die Abtransporte der Deutschen aus der Tschechoslowakei, aus Ungarn und Jugoslawien.

Im Zeitraum 1945-47 wurde die Zerstörung der Lebensgrundlagen der deutschen Bevölkerung betrieben: »Ehe sie (*die Deutschen*) mit nur wenigem Handgepäck ihre Heimat verlassen mussten, lebten sie lange Monate und manchmal Jahre unter russischer oder polnischer Herrschaft im Zustande völliger Rechtlosigkeit unter menschenunwürdigen Lebensbedingungen, die ihnen schließlich die Austreibung, wenn sie diese noch erlebten, als Erlösung von unsagbarem Leiden erscheinen ließ.«[9] Schließlich kommen die Autoren der mehrfach zitierten Dokumentation über die Vertreibung der Deutschen zu der Feststellung: »Die Zahl der Opfer bei den Deutschen, die unter russisch-polnische Herrschaft gerieten, beträgt mehr als das Dreifache aller im Verlaufe der Flucht Umgekommenen. Wahllose Erschießungen der Roten Armee, die Einlieferung großer Teile der ostdeutschen Bevölkerung in Zwangsarbeitslager und Gefängnisse, die allgemeine Hungersnot, die zahlreichen in den Jahren 1945/46 herrschenden Epidemien, schließlich auch die Vorgänge während der Deportation nach Russland und der Zwangsaustreibung haben weit mehr Deutschen das Leben gekostet als manche Ereignisse während der Flucht, wie z. B. der Haffübergang, das Bombardement von Dresden und zahlreiche Schiffsuntergänge.«[10]

Niemand hat die Opfer nach Geschlechtszugehörigkeit aufgeschlüsselt. Mindestens die Hälfte dürften Frauen gewesen sein. Errechnet wurde die Zahl von über 2 Millionen Kindern unter den Heimatvertriebenen. 1,6 Millionen davon waren Waisen oder Halbwaisen.[11] Wie viele Kinder »verlorengingen« und gesucht wurden, ist unbekannt.

Die Berichte, die mir zur Verfügung stehen, können bei weitem nicht alle Aspekte dieser Lebenserfahrungen abdecken. Ich muss mich mit einigen Schlaglichtern begnügen, wiederum gewichtet nach den Erzählschwerpunkten der Frauen selbst. Sie konzentrieren sich zwar hauptsächlich auf die

Zwangsarbeit, die Verschleppung und den Vorgang der Ausweisung, beziehen aber das Lebensumfeld selbstverständlich mit ein.[12] Dabei werden besonders die Züge hervorgehoben, die auch in der vielzitierten Dokumentation [788] beglaubigt sind. Wer sich ein genaueres und umfassenderes Bild machen will, sei auf die sehr zahlreichen Dokumente verwiesen.[13]

Den einzelnen Berichten wird jeweils ein Kommentar angefügt. Zusammenfassend wird dann nach dem Umgang mit diesen Erfahrungen gefragt.

Als einziges Beispiel für das Schicksal einer Frau aus den Volkstumsgebieten weit jenseits der deutschen Grenzen steht am Ende der Bericht von Maria S. über ihre Mutter, eine Schwarzmeerdeutsche. In diesem Schicksal verdichten sich in einer extremen Weise Lasten, Leistungen und Leiden von Frauen in den Zeiten beider Weltkriege.[14]

Zwangsarbeit

In den Wochen nach der Besetzung durch die Sowjetarmee waren grundsätzlich alle Deutschen, Flüchtlinge und Einheimische von 15 bis 65 Jahren zur Zwangsarbeit verpflichtet. Nur wer arbeitete, bekam – wenn auch minimale – Verpflegung.[15] Sie wurden zu allen möglichen Arbeiten und Dienstleistungen herangezogen, z. B. zur Beseitigung von Trümmern, zur Bestellung von Feldern, zu Demontagearbeiten[16], aber auch zu völlig sinnloser Schwerstarbeit aus purer Schikane, aus Spaß am Quälen.[17] Sie mussten auch Leichen zusammensuchen und bestatten. Dabei wurde kein Unterschied gemacht zwischen Frauen und Männern, zwischen ehemaligen Parteimitgliedern und Gegnern des Regimes; nicht einmal deutsche Juden hatten immer eine Sonderstellung. Noch am besten ging es Frauen, die für die Kommandanturen kochen, waschen und schneidern mussten.[18]

Mehr und mehr ging die Administration in die Hände der Polen und Tschechen über, die die Deutschen ebenfalls als kostenlose Arbeitskräfte für alle erdenklichen Arbeiten einsetzten, vor allem zum Wiederaufbau zerstörter Häuser und Industriewerke und in der Landwirtschaft.[19]

In der SBZ wurde diese allgemeine Arbeitspflicht offenbar nicht so rigoros durchgeführt. Jedenfalls habe ich nur wenige und vergleichsweise harmlose Berichte darüber, was natürlich auch an der verhältnismäßig geringen Zahl meiner Berichte liegen kann.

Die drei ausgewählten Beispiele machen deutlich, welche große Belastung die Zwangsarbeit für alle Frauen war, dass es aber auch da Abstufungen gab.

Der Bericht von Elfriede S. hört sich im Vergleich zu dem von Augusta F. noch harmlos an. Sie erlebte als »Reichsdeutsche« die Zwangsarbeit unter den neuen polnischen Herren. Die Mehrzahl der Frauenberichte in der großen Dokumentation entspricht mehr den Erfahrungen von Augusta F. und überbietet sie teilweise noch an Grausamkeiten. Der Bericht der Ärztin Margarete B. steht für das Schicksal von Deutschen in einem tschechischen Internierungslager.

ELFRIEDE S. (1921) aus einer süddeutschen Stadt war als Schulhelferin in ein volksdeutsches Dorf bei Hohensalza im »Warthegau« gekommen. Sie schloss sich am 20.1.1945 dem Treck vor den heranrückenden Russen an. Schon am ersten Abend wurden sie von sowjetischen Panzern eingeholt:

»Die ham uns überholt. Wir waren da grad auf so 'nem Hof, auf 'nem fremden natürlich, der da leer stand, wo wir übernachten wollten, so einige miteinander, einige Wagen, und da... die russischen Soldaten, Frauen, die da ankamen im Panzer, des war, des war furchtbar. Man stand starr da, man wusste nicht, man wusste nicht, man war hilflos, man wusste nicht, was machen. Und des war ja die vorstürmende Truppe, also die sind weitergezogen. Die Pferde ham se ausgespannt. Die Wagen standen da, in dem Moment wusste jeder, jetzt hast nix mehr, jetzt stehst da... Und jetzt, was machen? Jetzt haben wir uns wieder zusammeng'schlossen, soweit wir zusammen-'gfunden haben, und sind zu Fuß die Strecke, die wir vorher herkommen sind...«

Sie gelangen wieder zurück in ihr Dorf, finden da – außer dem Vieh, das weggetrieben oder geschlachtet worden war – noch einiges vor und versuchen, sich einzurichten: »Uns junge Mädle hat man versteckt. I weiß, i hab' da tagelang in 'ner Kammer, ohne Fenster, ohne alles, ham se mich g'steckt g'habt und vor die Tür en Schrank g'stellt und bloß immer wieder was zu essen rein. Und dann kam polnische Miliz, das war dann's nächste... Die war natürlich, die war ganz bös. Die ham sich ausgetobt an allen, die sie erwischt haben, an Deutschen, auch Fremden, von dene sie glaubt ham, die ham irgendwie mal Unrecht getan... Und dann mussten wir vom ganzen Ort auf drei Häuser verteilt (werden), ham sie uns zusammeng'jagt, jeder durft' bloß ein Bett mitnehmen und was er halt grad g'habt hat, und da ham wir dann auf'm Fußboden, auf Stroh ham wir dann da geschlafen. Alt und Jung und Männlein und Weiblein, das heißt Männlein waren gar nimmer, 's waren bloß noch die ganz alten da, die schon kaum mehr laufen konnten, die gar nimmer so g'sund waren. Die jungen Männer, was heißt jung, also die so fünfzig rum waren, die aus irgendeinem Grund nicht Soldat waren, die ham se dann mit weg, mit fortgenommen, von dene ham wir au nie mehr was g'hört. Und da hat man sich dann untereinander geholfen.« Sie hatten noch einen ziemlichen Vorrat an Lebensmitteln, so dass sie zunächst noch keine Not litten. »Und jetzt hieß es, jetzt müsst ihr arbeiten gehn... Und von der polnischen Miliz war einer beauftragt worden, auf uns aufzupassen. Der war schon älter, i schätz' heut, so um die fünfzig rum war der. Den hab' ich nie gesehen g'habt ... und der hat also ein Gewehr aufm Buckel g'habt und eine rot-weiße Armbinde, und des war jetzt unser Aufpasser. Ohne den durft man gar net auf die Straß gehe, durft man sich gar net sehen lasse. Und zur Arbeit, ja jetzt, was war Arbeit da? Da waren die

Kuhställ, Pferdeställ, Schweineställ, die waren voll mit Mist. Des hab' i vorher au net so mitgekriegt g'habt, dort war's üblich, dass die Ställe bloß einmal im Jahr, im Frühjahr, ausgeleert worde sind... Da wurde immer frisches Stroh draufgeschüttet, und des war nachher so fest, dass des ganz hart war, nicht feucht. Und wenn's nachher voll war, so wie jetzt im Winter, no musst die Kuh hinliegen zum Fressen, so voll war's, gell. Und jetzt musst man die Ställ, wie sonst au die Feld- und die Frühjahrsarbeit, jetzt mussten's halt die Deutschen machen. Mit Haken rausziehen, des war ganz hart und fest und hat g'raucht und gestunken und schwer, richtig schwer. Ja, ich hab' solche Arbeit natürlich nie im Leben g'macht g'habt, des war mir scho schwer g'fallen, aber i hab' damals, bei allem was war, so ein innere Trotz und so en innere Willen g'habt, i hab' mi da nie unterkriege lasse und hab' au den andren, wenn's manchmal schwer war, immer wieder gut zug'redet. Man konnt' sich net vorstelle, dass sich des irgendwie ändern sollte, oder wie sich des ändern sollt', aber irgendwie hat man doch en Hoffnungsschimmer g'habt, ja es muss, muss ja irgendwie weitergehen.

Und so ham wir dann also wochenlang Stall für Stall im ganzen Ort umeinandergemistet. Ich hab' ein einziges Kleid g'habt, und wie i des mal abends rausg'waschen hab' und am Herd zum Trocknen aufg'hängt hab, no war's morgens nimmer da, und no hat mir jemand so e großes, schwarzes, weites, also unmögliches Kleid (*gegeben*), bloß, dass i überhaupt was zum Anziehen g'habt hab', no hab' i so alte Männerschuh' ang'habt und no en Mantel von meiner Rote-Kreuz-Tracht. Des war's einzige, was i g'habt hab'. Und in dem is man no von eim Stall zum andren. Also penetrant müssen wir g'stunken haben, bloß hat man's net g'merkt selber, net.« Im Frühjahr mussten sie aufs Feld, um Rüben zu verziehen: »Ja, da isch man auf den Knien feldauf, feldab g'rutscht und hat da so e Messer g'habt, da musst' man immer also pikieren, also immer einige rausziehen und wieder eins stehenlassen, und so tagaus, tagein, feldauf, feldab. Wie i's g'schafft hab, i weiß es net, i hab's halt g'schafft, hab' halt mitg'macht. Die andren waren natürlich viel flinker wie ich, aber was soll's ... Und dabei ham wir immer Angst g'habt, hoffentlich kommt kein Russ' durch, kommt niemand durch... Die Polen, die waren beinah no schlimmer, die fremden, die waren sehr bös... und wenn Russen in Sicht waren, dann hat uns junge Mädel der... der polnische Aufseher, der hat uns allemal versteckt oder hat g'sagt: ›Fort! Geht weg!‹ und so. Da war er also... kulant und hat es doch, er hat's net fertiggekriegt, er war sowieso anständig, und, sage wir mal, i hab' a bissle ein Einfluss auf'n g'habt und konnt' no au für den oder jenen manches erreichen... Er hat mi nachher au mol zu seiner Frau g'nommen, die war schwanger, da sollt' des Kind kommen. I sollt' bei denen den Haushalt schaffen, damit i net die schwere Feldarbeit machen muss, aber was i natürlich g'macht hab, war sowieso verkehrt, i konnt's au net so, wie's die g'macht haben. Und die war natürlich bös auf mich, des isch ja klar, die hat immer Angst g'habt, i... Und sie war sowieso, hat die Deutschen mehr gehasst wie er, und wenn i no, wenn er mich dann immer in den Ort wieder zurückgebracht hat, wo wir uns da lagermäßig aufg'halten ham, und i sollt dort schlafen, des war furchtbar. Zu dritt in zwei Betten und in einem Zimmer, was sie dort hatten, das war bloß so ein ganz kleines Häusle, so ein Deputatshäusle, net, da standen meine Möbel von der

Schul' drin, und da stand mei Fahrrad, und da waren die Steppdecken, die i kannt hab' von der Nachbarin, drin und so, also die ham auch schon alles ausg'räumt g'habt... Und eines Tages kam Miliz und hat mi ab'gholt.
I: *Nur Sie?*
S: Nur mich, ja. In den nächsten Ort, also zehn Kilometer weg, in des kleine Städtle, und da war i no mal erst eig'sperrt zwei, drei Tag, und do wollten sich die von der Miliz dort ... wollten no frech werden, aber irgendwie (schnell) kam i au nomal davon... Und dann hat mich irgendwo ein Offizier verhört und mich angebrüllt, was ich hier überhaupt wollt', und i soll mal gefälligst polnisch sprechen. Ja, i kann doch net polnisch, wie soll ich können? Ja, ich hätt' ja Zeit g'habt, des zu lernen. Ja, hier hätt' niemand polnisch g'sprochen, hätt i's au net. Und dann hat er gebrüllt: ›Wissen Sie, was Stutthof ist?‹ Hab' i noch nie g'hört g'habt. ›Ja, in Stutthof sollte die polnische Intelligenz vernichtet werden, aber das ist den Deutschen nicht gelungen, jetzt machen wir's den Deutschen so.‹ Und so einiges hin und her, und was die Deutschen alles g'macht haben und wie sie die Polen behandelt haben. Also, 's ging nachher, ging nochmal gut, es hätt' ja auch sein können, er hätt' mi irgendwie weggeschickt, denn ich weiß, Kolleginnen von mir, die sind wieder Richtung Sibirien verschleppt worden, vor allem au die näher beim Gouvernement waren, also Litzmannstadt. In der Gegend, die sind verschleppt worden, die sind gar net wieder zurückgekommen. Aber in den Ort zurück durft' i nimmer, sondern da kam ein anderer Pole und hat mich abg'holt in ein Ort, da war i noch nie g'wesen, hab' des no nie g'sehen g'habt. Da war e Polin, die wieder auf ihren ursprünglichen Hof zurückkommen isch, der war wegg'nomme worde von den Deutschen, da waren Deutsche drauf, und sie isch wieder zurückkommen, 's war bloß e kleinerer Hof im Verhältnis zu dene, die i vorher kannt hab. Ihr Mann war in Deutschland als Fremdarbeiter, also ... deportiert g'wesen. No hat se no en Knecht dag'habt und au noch so...e alte Frau, die für sie g'schafft haben. Und da sollt i jetzt da mithelfen, hätt' aber au in so ein Lager sollen ... wie's dort eingerichtet war. Aber sie hat g'sagt, sie will des net und hat des au durchg'setzt, und des war gut für mich, dass i da net hinmuss. Sie sagt, sie will niemand, der da hingeht und nachher verlaust und verdreckt zu ihr kommt. Als erstes hab' ich emol e Kleid kriegt und mich mal wasche könne, und war dann nachher wieder bissle besser beieinander, und g'schlafen hab' i auf'm Dachboden, auf'm Stroh, aber wenigstens im Haus bei ihr. Und so war sie, kann man nix sagen, hat sie sich ganz ordentlich mir gegenüber benomme, obwohl sie ja au hätt' bös sei könne, weil ihr Mann net da war. Und bloß, wenn se aus der Kirch kam am Sonntag, no war sie immer besonders gehässig. Aber, hintenach denk ich, 's war verständlich. Die katholische Pfarrer, die wieder zurückkamen, die ham schon vorher die Deutschen gehasst, und jetzt, nachdem se teils aus'm KZ, teils von sonstwo aus'm Gouvernement kamen, die waren sehr bös auf die Deutschen. An 'me...was war'n, Fronleichnam oder irgend an so 'me Tag, da isch se in d'Kirch, da sollt' ich, bis se kommt, Mittagessen machen, ein bestimmtes Huhn schlachten, kochen und fertigmachen. Wenn i heut', wenn i mir' überleg', i weiß net,

wie i 's g'macht hab. I hab' des Huhn g'fangen und i hab' des Huhn geköpft und i hab' des Huhn gerupft und i hab' des g'macht. Da hat man so ungeahnte Kräfte, man denkt gar net, was man da plötzlich kann, aus reinem Selbsterhaltungstrieb, gell…Und no musst i mit aufs Feld naus, und den Polen, den polnischen Knecht, den hab' i erst…abweise könne endgültig, wie i 's zu der Frau g'sagt hab' und die ihn nachher zur Rede g'stellt hat… Und no beim Ernten, beim Garbenbinden, des war mir natürlich au neu. Die Garben so groß wie ich, so schwer, dass i sie kaum im Arm halten konnt' und na mit Binden und mit dem allem. Beim Dreschen, beim Stroh nachher wieder, dem langen Stroh, wieder auf'm Haufen, also lauter Arbeiten, die mir fremd waren. Da kamen ja no immer aus der Nachbarschaft no welche, die sich gegenseitig g'holfen haben…Dann waren's, hat se sieben Küh' g'habt. Die konnten ja überall hingehen, ham sich alles zammeg'holt. Also musst ich melken lernen, hat se mir gezeigt, so ein Melkschemel, setz dich hin, bind der Kuh de Schwanz an und jetzt fang an melken. Probier's. Des Viech hat natürlich koi Milch geben, denn die hat ja g'merkt, dass i 's net gekonnt hab. Na ja, mit der Zeit, mit'm Mut der Verzweiflung ging's natürlich nachher au. Morgens und abends die Küh melken und nachher die Küh naustreiben aufs Feld, wo's abgeerntet war. Na ham wir denen Küh' so en Klöppel zwischen die Füß gebunden, damit se net davon sind. Jetzt jag i meine sieben Küh' da naus aufs Feld, natürlich Angst g'habt in der weiten Gegend, hinten und vorne niemand und nix. Jetzt sollten se des bissle Gras, des da dazwischen war, no rausrupfen, dabei war rechts en großes Kleefeld und links ein großes Kleefeld. Jetzt bin i von oiner Seit auf die ander gerannt, damit i die Biester immer wieder zurückbracht hab. In der Nacht hab' i meistens vor Schmerzen net schlafen könne, i hab' meistens geweint, weil i ja durch die Arbeit, durch die Feldarbeit, i hab' so Schmerzen in de Händ g'habt. und bis i morgens immer wieder ang'fangen hab, des war also scho schlimm. Und an irgendeinem Sonntag hab' i no mal g'fragt, ob i in meinem Ort, wo i vorher immer g'wesen bin, ob i net emol wieder en B'such dort machen könnt', sehen, wer da no da isch und was da no isch, denn i hab' ja überhaupt keine Verbindung, i wusst net, isch Krieg, isch Krieg aus, … i wusst' überhaupt nix.

I: *Von daheim wussten Sie auch nix.*

S: Und von daheim sowieso nix, die ham au nix g'wusst, zuhaus, bloß oimol kam einer, en Fremder, der muss aus dem Ort g'wesen sei, der hat mi so ausg'fragt, net, wo i herkomme und wie's isch. Und i hab' dem erzählt, und der isch irgendwie abg'hauen, und meine Eltern ham mir später g'sagt, der isch hier emol aufgetaucht und hat meine Eltern um Geld oder um Schmuck oder um B'steck (gebeten). Ham sie ihm mitgeben, Silberbesteck und so. Ja, wenn er sowas hätt', dann könnt' er mich rausholen. Der hat meine Eltern g'sagt, das war aber scho im Sommer, g'sagt, dass er mich dort getroffen hat. Der isch natürlich nie wieder kommen, das isch ja klar.«

Sie erreichte den Ort, traf eine Bekannte, die auf einem Hof als Volontärin gearbeitet hatte. Sie erfuhren durch den polnischen Aufseher, dass Reichsdeutsche nach Deutschland zurückkehren könnten. Im September 1945 bekamen beide die Ausreiseerlaubnis.

»Und von dem Moment an war i natürlich, war ich erleichtert. Die Polin, bei der i da war, der war's leid, denn sie hat 'ne Arbeitskraft und was so war, verloren, aber sie konnt' nix machen. No ham se mi abg'holt, und no bin i z'rück und ham wir noch, weil die Polin mir no des Kleid, das sie mir hat machen lassen, wieder abg'nommen hat, ham sie mir dort no wieder eines geben. Wenn, i hab' mir nie vorstelle könne, dass man ohne...Kamm und ohne Wäsche und ohne alles, ohne Seife, ohne alles lebe kann, aber irgendwie kann man's.

I: *Wann war das ungefähr, wie Sie da fort sind?*

S: Wie wir fort sind, des war dann ... ja, des muss i au noch sagen, wir waren scho beim Kartoffelrausmachen, die ham wir barfuß rausg'macht, 's war scho kalt...Und des war dann im September... Und glei da wieder in den ursprünglichen Ort, wo i g'wese bin, und dann isch eines Morgens der (*der polnische Aufseher*) mit uns nach, nach dem, zur Bahnstation marschiert, hat uns e Fahrkarte gekauft, Geld musst' man ja au keins haben, des hatten wir ja dem alles gegeben, hat er uns e Fahrkarte gekauft nach Posen und nach Berlin, also über Posen nach Berlin und hat uns hingebracht. Vom Bürgermeisteramt tät man bei uns jetzt sagen, ham wir die Abmeldung sogar no gekriegt, denn des musst' man ja ham, sonst hätten wir ja net rauskönne, hätten sie uns unterwegs net weiterg'lasse, und etwas zum Essen ham wir au no dabei g'habt, e kloine Tasch' mit kaum was drin, sie (*die Kameradin*) hat nix besessen, i hab' nix besessen. Obwohl, die war besser dran, weil sie ja immer no bei den andern war, die ham sich gegeseitig g'holfen und so. Na sind wir in den Zug eing'stiegen, da ham wir uns g'fürchtet, weil Deutsche oder so waren ja net drin, 's waren ja bloß Polen da ... und wenn wir gesprochen ham, ham wir vielleicht Englisch miteinander g'sprochen, so dass die uns net verstehen konnten. Wir sind au in Posen nachher weiterkommen nach Berlin, und in Berlin ham wir jetzt erst mal gesehen, was los isch.«

Nach einer abenteuerlichen Fahrt und der gefahrvollen Überquerung der »grünen Grenze« gelangten beide noch im Herbst 1945 in ihre Heimatorte.

Elfriede S. teilt eine Reihe von Erfahrungen mit den Deutschen, die unter polnisch-sowjetische Herrschaft geraten waren. Sie hat es aber in mancher Hinsicht besser als die meisten von ihnen. Zu den allgemein bezeugten Erfahrungen gehörten, dass den Treckbauern von den Russen die Pferde ausgespannt wurden, dass sie zu Fuß wieder nach Hause zurückgingen – wo sollten sie sonst hin? – und dort vieles ausgeplündert vorfanden, vor allem kaum noch Vieh. Sie musste erleben, dass alle noch halbwegs arbeitsfähigen Männer gefangengenommen und großenteils in die Sowjetunion verschleppt worden waren (»Wir haben nie mehr was von ihnen gehört«). So blieben fast nur die Frauen, Kinder und Greise zurück. Allgemein üblich war auch die Austreibung aus den Häusern und die Zusammenfassung in Lagern oder »Quasi-Lagern« (in ihrem Ort auf drei Häuser verteilt), das Leben in äußerst beengten Verhältnissen ohne anständige Kleidung (ihr einziges Kleid wurde ihr gestohlen – die Polen durften sich an deutschem Gut »bedienen«) und schließlich auch ohne die notwendigsten Gebrauchsgegenstände, vor allem die schwere, für viele Frauen ganz ungewohnte Feld- und Stallarbeit. Elfriede S. wird auch – ohne erkennbaren Grund – von der Miliz abgeholt, verhört, angebrüllt, wie es Unzähligen geschah.

Genau wie die anderen lebt sie in völliger Isolierung vom großen Weltgeschehen; sie weiß nicht einmal, ob der Krieg zu Ende ist, sie bekommt keine Nachrichten von zu Hause und kann auch keine dorthin schicken.[20]

In vieler Hinsicht ist sie – sind auch die mit ihr in ihren Heimatort zurückgekehrten Deutschen – gegenüber den meisten anderen außerordentlich begünstigt: Ihre Häuser und Höfe stehen wenigstens noch; sie sind nicht mutwillig zerstört oder verbrannt worden. Sie finden auch noch genügend Vorräte vor (Speck und Kartoffeln!), wenigstens für dieses Jahr. Sie bleiben also von der typischen Mangelkrankheit, dem Hungertyphus (noch) verschont. Sie selbst und die anderen jungen Mädchen können vor den Russen versteckt werden und entgehen den Vergewaltigungen. Vor allem haben sie einen »anständigen«, schon »älteren« Polen als Aufseher von der polnischen Miliz. Die schlimmsten Greueltaten wurden – nach zahlreichen Zeugenaussagen – von den jungen Burschen in dieser Miliz verübt. Der ältere Aufseher hat die Leute gekannt und sich ausgesprochen human verhalten, es gab keine Schikanen, keine Prügel, im Gegenteil, er hat die jungen Mädchen noch vor den Russen in Sicherheit gebracht. Zum Schluss bringt er die beiden Mädchen zur Bahn und löst eine Fahrkarte für sie.

Auch beim Verhör wird sie nicht misshandelt. Sie berichtet auch nichts von willkürlichen Erschießungen, die sonst an der Tagesordnung waren. Sie sagt wohl, dass die polnische Miliz »sehr bös war« (»die haben sich ausgetobt an allen, die sie erwischt haben«), besonders auch die »fremden«, »durchziehenden« Polen, aber sie persönlich musste offenbar unter ihnen nicht leiden.

Sie ist auch dadurch entlastet, dass sie keine Kinder oder alte Eltern und Verwandte zu versorgen hat. Als Reichsdeutsche hat sie gegenüber den Volksdeutschen eine Sonderstellung. Sie hat nicht viel zu verlieren, abgesehen von den wenigen Sachen, die sie als Schulhelferin von zu Hause mitgenommen hatte, aber bei ihr steht nicht der gesamte Besitz, stehen nicht Haus und Hof auf dem Spiel, auch nicht die Heimat. Sie muss nur ein dreiviertel Jahr als »Vogelfreie« leben, und dies noch in den günstigen Jahreszeiten. Noch vor dem Winter, als erst das wirkliche Elend anfing, konnte sie relativ sicher nach Hause zurückkehren. Sie wurde nicht nach Sibirien verschleppt wie Kolleginnen von ihr (»und die sind nimmer zurückgekommen«). So war es für sie leichter, sich und anderen Mut zuzusprechen.

Ihr Bericht zeigt eine bemerkenswerte Differenzierungsfähigkeit. Es lässt sich nicht genau sagen, ob sie damals schon zu dieser Reflexion über das Erlebte fähig war oder ob erst der Abstand von Jahrzehnten sie möglich gemacht hat. Sie anerkennt ausdrücklich das Verhalten des polnischen Milizionärs, ihres Aufsehers. Sie spricht nur ganz allgemein von Übergriffen der polnischen Miliz, malt sie aber nicht im einzelnen aus, sondern sagt: »Sie tobten sich aus an denen, von denen sie geglaubt haben, die haben irgendwann einmal Unrecht getan.« Damit wird wenigstens ein Ansatz von Verständnis spürbar, dass die Polen Grund gehabt haben könnten, sich an den Deutschen zu rächen. Und dass Unrecht geschehen ist, war ihr klar. Die Bäuerin, bei der sie dann arbeiten musste, ist ein augenfälliges Beispiel. Nicht nur ist diese Frau von den Deutschen aus ihrem Hof vertrieben worden, ihr Mann ist als Zwangsarbeiter wahrscheinlich zur Arbeit nach Deutschland verschleppt oder gepresst worden. Um so erstaunlicher ist – auch für Elfriede S. –, dass sie sich »ganz ordentlich« ihr gegenüber benommen hat. Sie behält sie zwar nicht aus Menschenfreundlichkeit bei sich über Nacht, sondern weil sie kein Ungeziefer aus dem Lager eingeschleppt haben will, und sie nimmt ihr zum Schluss auch das Kleid ab, das sie für sie hat machen lassen, aber sie schützt sie vor den Zudringlichkeiten des polnischen Knechts, verlangt nicht Unmögliches von ihr, schikaniert sie nicht besonders, lässt sie auf dem Dachboden im Stroh schlafen, lässt sie nicht hungern, erlaubt ihr sogar eines Sonntagnachmittags den Besuch bei ihren Bekannten in ihrem Schulort, dies alles, obwohl sie Grund gehabt hätte, es den Deutschen heimzuzahlen. Interessant ist, dass Elfriede S. bemerkt: »Und bloß, wenn sie aus der Kirche kam am Sonntag, dann war sie immer besonders gehässig.« Die polnische Kirche hat offenbar – was auch aus anderen Berichten hervorgeht – den Hass gegen die Deutschen geschürt. Sie hatte auch unter der deutschen Besatzung besonders leiden müssen.

Aus dem Verhör hat sie die Worte des Offiziers, der sie anbrüllte, behalten: »Ja, in Stutthof sollte die polnische Intelligenz vernichtet werden, aber das ist den Deutschen nicht gelungen, jetzt machen wir's den Deutschen so!« Obwohl der Name Stutthof ihr nichts sagte[21] und dieser Ort ja nur einer von vielen war, in denen Polen verfolgt und getötet wurden, sieht sie – sah sie damals schon? – manche Zusammenhänge zwischen dem vorausgegangenen deutschen Unrecht und dem Verhalten der Polen nach 1945.

AUGUSTE F. (1909) ist Tochter eines Landwirts und nach eigener Aussage ohne Schulbildung. Verheiratet mit einem Kaufmann führte sie mit ihm zusammen eine Kolonialwarenhandlung in einem Dorf in Westpreußen. Der Mann wurde 1939 nach der Besetzung durch die Deutschen gegen Augustes Willen zur deutschen Schutzpolizei eingezogen.(Er brachte es zum Bezirksoberwachtmeister.) Am Ende des Krieges kam

er an die Front. Als sie auf die Flucht gehen musste, hatte sie fünf Kinder. Von ihrem Mann konnte sie sich noch verabschieden. Er ist 1945 an der Ostfront gefallen.
Während der ganzen Erzählung war Frau F. außerordentlich bewegt, als erlebe sie das Ganze noch einmal. In ihrer ganz unmittelbaren, plastischen Sprache[22] und in ihren Gesten kam ihre große innere Aufgewühltheit zum Ausdruck; immer noch wird sie von ihren Gefühlen überwältigt. »Ich darf keine Stunde zurückdenken«, so begann sie das Gespräch mit mir bei einem Besuch im Mai 1990. Dann fing sie ganz unvermittelt an zu erzählen:
»Wenn Sie mir gesehen hätten 1945! Ich war bei die Arbeit zusammengebrochen! Und hab' die Bauchbänder hier geplatzt gehabt. Und hab' dann oben drauf einen ganz großen Bauch gekriegt... Da war ich bei die Arbeit, das war am 6. September 1945. Und dann haben wir Saatklee eingefahren als Zwangsarbeit auf dem Gut. Und dann haben wir gestanden: Ein Paar, zweite, dritte, und ich war im dritten Paar... mir hat man für volle Person gerechnet, und ich war doch nur ein Schatten. Was ich mit die fünf Kinder hab' durchgemacht, wenn ich am Morgen bei die Arbeit sollte gehen. Da musste ich gehen, da hab' ich meine Kinder nur so abgescharrt, rückwärts (*macht es vor, wie sie gestreichelt hat*), Herrgott, Dein Wille geschehe, ich musste arbeiten.
Ich hatte aber noch eine Uhr in Besitz, und die hatte ich an einer Schnur, und die war nie zu sehen. Und dann hab' ich geguckt auf die Uhr: Es ist halb zwölf, aber ich hab' so Schmerzen. Ich hab' fünfmal entbunden, aber diese Schmerzen sind größer wie die beim Entbinden. Und dann hab' ich mir vorne hingesetzt, und dann kam der Aufseher: ›Was ist los?‹ Und im Gesicht hab' ich mir auch gewandelt. Und: ›Was ist los?‹ Und ich sitz' und wein'. ›Na, was haben Sie?‹ – ›Ach, ich hab' so Schmerzen.‹ – ›Bitte gehen Sie nach Hause.‹ Denk ich, ich möcht' doch bleiben bis um zwölf. Nein, ich hab's nicht ausgehalten, ich hab' geschrien (*weint*). Und dann hat man mir runtergeholfen. Dann bin ich heimgegangen, hab' meinen Bauch so gehalten, ich konnte mir nicht so hinlegen, ich konnte mir nicht *so* hinlegen, dann hab' ich mir aufs Bett, ich muss es ihnen zeigen (*kriecht auf allen Vieren!*), so, so. Dass der Bauch hat jehangen. Und dann sind auch die Schmerzen bissel nachjelassen. Und denn hab' ich sechs Wochen jelegen; zwei, drei Wochen jelegen. Dann hab' ich mir am Herd entlang (*gehangelt*), dass ich bisschen Feuer am Abend machen konnte. Wenn die Leute heimkamen, hat man warme Kartoffeln gemacht (*weint*). Ich darf keine Stunde zurückdenken.
Und dann bin ich aufgestanden, und wenn ich im Bett hab' gelegen und mir auf den Rücken gedreht, dann konnt' ich das Bein nicht aufheben, da war doch was. Heb' ich den Rock auf, so 'ne Beule, hier und hier. Hab' meinen Mitbewohnerinnen gezeigt: ›Seht mal her, Frauen, was ich hab'.‹ Hat wieder paar Tage gedauert, dann wurd' der Bauch so groß (*zeigt*).
I: *Und da war kein Arzt?*
F: Doch, aber das hat geheißen: Ach, für die Deutsche brauchen wir keinen Arzt. Wir haben noch so viel Schützengräber (*Schützengräben*) oben auf, da werden wir sie nur reinschmeißen, paar Spaten Boden rauf, und dann sind sie weg! Und wenn ich bin gegangen, jeder Schritt war mir zu viel. Denn waren meine zwei Töchter, dann habe ich mir auf dene ihre Schultern gestützt, dass ich ein Kilometer bis zum

Arzt bin gekommen. Ja, jetzt komm' ich dahin, ja, er nimmt mir nich, ich muss erscht auf die Polizei gehen und eine Bescheinigung bringen, weil ich deutsch bin. Jetzt ging ich hin auf die Polizei, ich komm' rein, sitzen die am Tisch, die Herren, die lachen los, lachen. ›Jetzt kuckt einmal, die F. hat auch einen Russen zu kriegen!‹ Das war denn die Zeit, wo die deutsche Frauen sind vergewaltigt worden und Kinder haben gekriegt. Denn (*habe*) ich dene zu verstehen (*gegeben*): ›Na, wenn das ein Russe wär', dann wär' das halb so schlimm, aber das ist was Schlimmeres.‹ Na ja, hab' ich dann wieder die Reihe erzählt. Dann machten sie solche Augen, denn gaben sie mir die Bescheinigung. Sagte der Arzt auf polnisch: ›Ja der Bauch, der is ja wie ein Bimbim (das bedeutet ›Trommel‹). Ich fühl nichts raus.‹ Er kann nichts feststellen, wo was liegt. ›Am besten überweise ich Sie ins Krankenhaus.‹ Die Bauern haben regiert, im Anfang, nur die Bauern: ›Wir wern doch die Deutsche nicht ins Krankenhaus bringen! Die soll doch krepieren, wenn's is, ihre Kinder sollen auch verhungern, wir haben ja noch so viele Schützengräber offen.‹ Und denn habe ich gelegen, Gott erbarme, was jetzt wird werden. Ich leb' nich, ich sterb' nich. Na, und denn bin ich wieder bei ihm hin, und denn sagt er: ›Eine Rettung möcht' ich Ihnen haben. Sie haben viel Wasser im Bauch. Sie müssten Spritzen haben, und die darf ich Ihnen ja nicht geben auf diese Kasse.‹ Deutsche, die hatten die unterste Stufe. Und denn hatt' ich noch behalten so 'ne Handtasche, eine echt lederne. Und da hatt' ich immer meine Urkunden drin, so hat man mir die nicht weggenommen, sonst hat man uns alles weggenommen. Und dann hab' ich die Tasche bei guter Polin hingegeben. Und dann hab' ich gesagt, wenn ich mal in Not bin, verkauf' ich die Handtasche, dann sagt sie, wenn ich sie verkauf', denn wird sie sie kaufen. Gab sie mir 1200 Zloty, und der Arzt hat zu mir gesagt, ich müsste zwölf Spritzen haben, und jede kostet 100 Zloty. Und denn sagte ich zu die Frau: ›Also, ich will nur so viel, dass ich die Spritzen bezahlen kann.‹ Und dann hab' ich die Spritzen bekommen, und die hat mir lahmgelegt. Und dann hab' ich mir an die Zäune geführt (*an den Zäunen gehalten*), dass ich wieder bei eine gute Bekannte hinkam. Und ich komm hin: ›Och‹, sagt sie, ›meine Frau F., ach Gott, meine Frau F.!‹ Und dann sagt sie: ›Setzen Sie sich doch in den Liegestuhl!‹ Das war die erste Spritze zum Wasserabführen (*und das hat dann geholfen*). Das lauft und lauft und lauft. Aber denk' ich: ›Jetzt bin ich so viel losgeworden, jetzt wird's gut sein.‹ Der Mann hat mich mit dem Pferd nach Hause gefahren.

Und dann hat er sechs (*Spritzen*) fürs Wasserabführen und *sechs* fürs Herz, war so schwach (*erzählt jetzt noch weiter über die Spritzen*). Ich war nicht imstande, die Nadel und Faden in die Hand zu nehmen. Mit großer Not hab' ich dem Sohn die Mütze geflickt. Dann kam meine Schwester endlich an, erscht nach Allerheiligen. Die war auch bei einem Polen, der ließ sie nicht gehen, bis alles fertig war. Die Schwester meinte, die Deutschen können raus. Man muss nach Kreis Leslau.«

Danach erzählt sie, wie sie versucht, die Ausreisedokumente zu bekommen. »Ich mit mein Bauch zur Bahn. Man hat die Deutschen an den Lumpen erkannt, in die sie gekleidet waren. Wir mussten zur obersten Polizeibehörde, hab' mich geschleppt mehr oder weniger. Möchte am liebsten dahin, wo mein Mann geblieben ist. Das ist Deutschland.«

Sie erzählt in der Folge von ihrem Leben vor und während und kurz nach der Flucht; sie greift also noch einmal zurück.

»Und dann kam der Zusammenbruch, dann kam der Befehl am Morgen ganz früh von der Polizei, wir müssten flüchten... Und ich ging auf die Flucht mit die fünf Kinder. Das Kleinste war ja erst acht Monate. Ich sagte: ›Nein, ich geh' nirgends, soll mich der Russe hier umbringen, ich geh' nirgends!‹ Dann hat er (*ihr Mann*) gesagt: ›Ich bitt' dir, nimm das Schicksal, wie es kommt, geh!‹ Zuerst mit dem Lastwagen, mit vielen anderen von Ch. Ich hab' nicht geweint, ich hatte keine Zeit zum Weinen. *Er* hat so geweint. Wie er hat aufgehört, da musst ich seine Tränen aus meine Augen wischen. Das war unser Abschied am 19. Januar (*1945*), morgens früh um drei Uhr, kalt. Na, hab' ich die Flucht durchgemacht, bin am Schluss gekommen bis Dorf Zechlin, Kreis Wittstock...«

Dort wurden sie von den Russen eingeholt. Ein Pole hilft ihr, indem er sich zu ihrem Mann erklärt.

»So bin ich vor die Russen verschont. Wenn die hätten gewusst, ich bin eine Deutsche! Die hätten mir doch umgebracht! Dann bin ich den Krieg durchgekommen. Der Pole, ›mein Mann‹, der ging wieder zurück. So haben wir den Krieg überstanden, Gott sei Dank.

Hab' dann in einer Bäckerei in Zechlin gearbeitet. Und auch dort gewohnt. Das waren drei Schwestern und ein Bruder, alle ledig. Sagt er zu mir: ›Kommen Sie, ich zeig Ihnen meine Schwestern, ältliche. Die sind ganz blau, da sind die Russen achtmal rübergegangen die Nacht.‹ Ich seh' die Frauen, das sind ja offene Leichen! Dann hab' ich wieder gedacht, bis jetzt bin ich in die russische Hände nicht gekommen, aber wenn du da reinkommst, die bringen dir um!

Im Mai geht sie wieder zurück nach Chotzing.

»Ich hab' mir gedacht, da hast du keinem Menschen ein Unrecht getan, du hast ein reines Gewissen, du kannst ruhig zurückgehen. Aber, wie ich zurückkam, meine guten Poler[23] durften nichts sagen, nur alle böse Hunde kamen auf mir zu. Jetzt muss ich ins Lager in einen Hühnerstall... Und dann auf die Arbeit. Durfte mir noch wünschen, und dann sag ich, ›ich möchte am liebsten in das nächste Gut von Ch., dass ich dort bleib.‹ Und da hab' ich müssen Zwangsarbeit machen. Ich hab' gewogen 76 Kilo, wo ich bin gegangen, und wie ich das alles hab' durchgemacht, dann hatt' ich 56. Stellen Sie sich vor! Dann haben die Polen gesagt, die F. sieht ja aus wie ein 16jähriges Mädchen, schlank! Aber meine Füße, die Muskeln (*zeigt mir*) sind runtergegangen (*eine Art Dystrophie*), weil das Herz hat nicht gearbeitet, zu schwach ernährt. Ich hab, wie ich hab' konnt, das gemacht.«

Jetzt kommt sie wieder auf den Anfang zurück, auf die Geschichte mit dem Zusammenbruch und dem großen Bauch. »Die stirbt nicht, die lebt nicht. Der größte Gott hat gesagt, die darf nicht sterben, die hat doch die kleine Kinder! (*weint*).
I: *Wer hat sich denn überhaupt um die Kinder gekümmert?*

F: Die sind gegangen, wo die Augen sind hingestanden (*weint*). Da hat eine Birne gelegen unterm Baum, da war wieder eine Tomate, dann haben sie das gegessen, haben dem kleinsten Kind auch gegeben, die hat einen Durchfall gekriegt. Hatten wir keine Petroleumlampe. Und dann haben wir auf dem Felde gedroschen, das war noch, ehe ich bin zusammengebrochen. Und da bin ich nach Hause gekommen, jedes Kind liegt da ohne Abendbrot, ohne was! Das Jüngste, da waren wir so viele in der Wohnung, den Kinderwagen hat sie auf dem Flur. Das kleine Kind, das da lag, das war im Gesicht zerschlagen, weil, wer vorbeiging, hat es geschlagen (*weint*). Wie sie mir so haben gequält, dann hab' ich gesagt: ›Mein Gott, warum quält ihr mir so? Schießt doch bei meine Augen die fünf Kinder runter, und für mir könnt ihr die Kugel sparen, hab' ich gedacht, denn kann ich mir's Leben nehmen (weint). Und dann hat das Kind einen Durchfall gekriegt, und das war ja jetzt schon ziemlich spät, da kamen schon bei der Nacht die Reife. Da sollte gedroschen werden. Bin am Morgen an ein Wasser gegangen, hab' gewaschen und wollte aufhängen. Und ich komm' zurück und seh' durchs Fenster, wie eine Deutsche mein Kind schlägt mit den Fäusten: ›Bist du ruhig! Bist du ruhig!‹ Kind macht immer so: ›Ach, ach, ach.‹ Ich sag': ›Frau Neumann, was machen Sie?!‹

I: *Eine Deutsche?*

F: Deutsche. Deutsche sind auch nicht immer so, aber das war eine halbe Polin, das Mäntelchen so und so getragen. Ich hab' kein Frühstück gegessen und kein gar nichts. Ich musste zur Arbeit und hab' geweint, dass mir die Tränen immer die Augen haben zugegossen... Und Gott sei Dank, hab' doch das alles wieder überstanden... Es gab auch eine öffentliche Gesundheitsstation. Der Arzt wollte, dass ich mich durchleuchten lasse, damit er weiß, wo das Leiden ist.«

Die Durchleuchtung zeigte, dass die Krankheit nicht mehr tödlich war, aber noch viel Zeit zur Heilung brauchen würde. Sie möchte nun ausreisen.

»Beim Landratsamt haben wir den Antrag gestellt, dass wir wollten rausfahren. Jede Familie muss einen rosa Schein geben, 100 Zloty, das war einfach Bestechung. Wollte das nächste Mal nicht ohne Passierschein nach Leslau, geh auf die Polizei. Fragen sie mich als erstes, wie meine Ehe war. Ich denk', um nicht zu lügen, gut. ›Dann muss Ihr Mann Ihnen doch haben erzählt so Verschiedenes, wie viel Poler hier in Ch. sind umgekommen.‹ Es sei eine Frau verhaftet mit zwei Kinder, und die hätt' man eingesperrt hier auf dem Posten, und die hätt' man totgeschossen samt Kinder, und mein Mann hätt' mir das gesagt. Mein Mann hat mir ja nicht können alles erzählen vom Dienst, er hat ja geschworen, er konnte mir so 'ne Geheimsache nicht sagen. Ich soll sagen, wo die Frau begraben ist, die Polizei hätt' sie umgebracht, die sei wo begraben. Da hatten die so lange Gerten, und da standen etliche Tannenbäume, so 'n Wald, und da haben sie mir rechts und links, und jetzt: ›Komm und sag' uns, wo die polnische Frau begraben ist!‹ Ich sollte da aussagen, ich kann doch nicht nein sagen, ich kann auch nicht ja sagen, weil ich's doch nicht weiß. Und dann hab' ich erzählt (*was ich wusste*), und mein Mann war auf Schulung und war nicht dabei. Und denn führen die mir da raus, und haben da diese deutsche Reitpeitschen, nur das Kantige immer auf mir zu. Und jetzt bitte, kommen Sie, gucken Sie sich die Spuren an (*zeigt mir die Spuren ihrer Misshandlung*). Gucken Sie, gucken Sie! Hier war ein Loch im Kopf, das ich sechs Wochen hab' offen gehabt, das wollt' nicht zu. Und da oben auf dem Kopf, machen Sie die Haare weg! Das hat einen Schorf gesetzt, der wurde immer dicker, aber ich hatte wieder eine gute Polin, die gab mir Borwasser, und da hat die kleine Tochter mir immer müssen Umschläge (*machen*). Und hier ober Auge. Und hier drei Zähne ausgeschlagen. Sie sehen jetzt, es sind noch Zeichen da...

I: *Und Sie konnten doch wirklich gar nichts sagen. Was haben sie dann mit Ihnen gemacht?*

F: Und dann haben die mir so zusammengeschlagen.

I: *Haben Sie das Bewusstsein verloren?*

F: Ach, wieviel Mal! Und da haben sie mir so mit die Kante, und wo die Kante hingeschlagen hat, da war die Wunde da, und ich hab' gesehen, dass die Bäume alle umfallen. Das waren nicht die Bäume, das war ich. Und haben sie mir: ›Jetzt sag, was hier ist!‹ – ›Na ja, grünes Gras.‹ – ›Sag, du verfluchte Schwab, wo die polnische Frau begraben ist mit die Kinder!‹ – ›Ja, ich weiß es nicht. Könnt ihr mir totschlagen, ich kann's nicht sagen.‹ Und da waren die Zähne noch nicht ausgeschlagen. Aber hier, das Blut, das kam, das goss dann, Blut steift doch so, dann hab' ich so gemacht (*zeigt, wie sie sich abwischt*), das Blut weggeschmissen, dass ich doch gesehen hab. Und da hatten die da eine deutsche Dienstbotin, die hat mir dann Wasser gebracht, dass ich abgewaschen hab, das Blut ist aber weitergegangen. Den Moment hat's geregnet, dann haben sie mir unter der Rinne, dann hab' ich mir dieses Blut so bissel ab. Ich sag Ihnen, es ist unmöglich, was ich hab' durchgemacht. Und dann haben sie – das war nicht mehr erlaubt – und dann haben sie gesehen, ich bin schon immer schier zusammengebrochen, jetzt treiben sie mir ins Gefängnis, weil's noch hell ist. Machen sie dort weiter, dann sehen's die Leute, und dann haben sie mir ins Gefängnis. Lag ein Bund Stroh, hab' ich mir da müssen rauflegen, und dann hat's geheißen: Noch einmal zum Verhör. Ich konnte nicht mehr stehen, dann hab' ich gesessen. Der eine Polizist geklopft, hier, dann hab' ich so gemacht (*zeigt, wie sie sich zusammengeduckt hat*), und dann hab' ich wieder so gemacht (*zeigt, wie sie ausgewichen ist*), und dann hab' ich wieder so gemacht, und dann hat er zuletzt so mit der Hand ins Gesicht, und dann waren die drei Zähne im Munde drin, ja, und dann bin ich nach vorne gefallen und war bewusstlos. Und dann hat's geheißen: ›Steh wieder auf!‹ Langsam kam ich wieder zu mir. Ich wollte aufstehen, die Hände sind mir immer auf dem Tisch fortgerutscht, Kopf blutet doch so sehr. Dieser Kiefer (*zeigt*) war schon lange ausgeschlagen. Kiefer hat so gehangen. Und dann wieder: ›Na, steh doch auf, steh doch auf, kannst nicht mehr?‹ Und wie ich mir wieder so hab' hingesetzt, ich weiß nicht, wie ich die Worte hab' rausgebracht: ›Mein Gott, siehst du nicht, wie ich gequält werd'? Ich hab' so viel Polen hier geholfen. Und jetzt helft mir keiner!‹ Da sagt dieser Kommandant: ›Ja, kannst du auch sagen, wem du hast geholfen?‹ Und dann hab' ich Familien aufgezählt. Da war eine Familie, die hatte eine Tochter, so (*nicht ganz normal*), und der Hitler, der hat ja diese Leute fort, und die waren weg. Und die (*die Familie*) haben das erfahren. Dann haben sie sie auf dem Rathaus streichen lassen, die hat nicht existiert. Das waren drei Personen, und die vierte, die mit 18 Jahren, mussten die auf ihre Karten mitziehen. War eine Familie R. Und dann sage ich: ›Die Familie R. hab' ich viel unterstützt und die Familie K.‹ Die K. hatte zwei Kinder. Ihr Mann war Postbote, und der war ein Geheimer (*d. h. in einer polnischen Untergrundorganisation*). Das hat mir mein Mann doch mal gesagt. Da hat er so weiße Stecknadeln gehabt, und die schmeißt er in Mülleimer. Frag ich: ›Warum steckst du die in Mülleimer?‹ ›Ja‹, sagt er, ›das sind die geheimen Abzeichen. Erkennungszeichen.‹ Dann hat die deutsche Polizei geforscht, und wenn sie haben die Nadel gefunden, wussten sie, er ist in dieser Geheimpartei. Und der Mann war in der Partei. Partisanen. Und die Frau kam oft bei mir. Und ihre Kinder haben mit meine gespielt. Ich hab' nie verboten, dass meine Kinder nicht mit die polnischen sollten spielen. Ich hab' mir gesagt, ich bin ja mit denen aufgewachsen, hab' ich auch nichts dagegen. Und eines Tages ist der Mann weg. Hat ihn doch die SS weggeholt. Und die Frau kommt mit Weinen. Ich hab' meinen Mann nicht gefragt, warum. Aber ich hab' sie unterstützt, so viel ich konnte. Und wie ich da so die Hände zusammenschlag' und sag: ›Gott, erbarme dich!‹ Und da hatte der ein Bleistift in der Hand. Und dann sagt er: ›Kannst auch sagen, wer?‹ Dann schmeißt er den Bleistift so hin und sagt: ›Die lassen wir laufen.‹ Waren nur zwei Polizisten, ein so Totschläger und der Kommandant. ›Nein‹, sagt der, ›die schießen wir tot.‹ – ›Nein, sagt der (*der Kommandant*), ›wenn ich sag, dass sie geht, dann geht sie.‹ Und dann fragt er mir, wieviel Kinder ich hab. Hab' ich gesagt: ›Fünf.‹ ›Ja, wie alt sind sie?‹ – ›Das älteste ist zehn, und das jüngste ist ein Jahr.‹ – ›Die müssen wir laufen lassen.‹

Und jetzt muss ich noch etwas zurück: Mein Sohn ist zu der Zeit krank gelegen, unterernährt. Der Totschläger sagt zu mir, bevor sie mich haben laufen lassen. ›Wenn du jetzt heimkommst, was wirst du denen sagen, wer dich hat so zugerichtet?‹ Dacht ich mir wieder: ›Na, die Polizei.‹ ›Was, die Polizei!‹ Wieder rein! ›Was wirst du sagen, wenn du wirst nach Hause kommen?‹ Dann sag' ich mir: ›Du musst jetzt lügen.‹ Dann sag' ich: ›Ich wer sagen, ich bin über die Steiner gegangen und bin gefallen und hab' mir so zerschlagen.‹ – ›Na, denn geh!‹ Und wie ich geh, dann nimmt er wieder den Karabiner an dem dicken Ende, so (*zeigt*) und verpasst mir hier nochmal. Und ich bin so, an die Luft hab' ich mir so gehalten, bis ich an ein Zaun kam, und dann hab' ich mir am Zaun so langgeführt. Und bin bei eine gute Polin wieder hingegangen. Und ich komm' da rein, ich war ja mit Blut beschmiert, so rot wie das Kleid. Da sagt die auf polnisch: ›Ja, wer ist denn das?‹ Man möcht' sagen auf Deutsch: ›Was ist das für eine Missgeburt?‹«
Die Polinnen verbinden und versorgen sie notdürftg.

»... und denn hab' ich mir da so'n bissel abgeruht, und denn ging ich los (*zeigt, wie mühsam sie gegangen ist*). Und dann hab' ich gehört, dass Karabiner schießen, ist doch nicht wahr, hab' phantasiert. Und dann war das so nass, dann bin ich in Graben reingerutscht, die Kleider, die waren doch so in dieser Blotte (*Matsch*), wie man bei uns gesagt hat, in dem Dreck eingeschmiert, die Hände eingeschmiert.

I: *Die Kinder sind doch sicher furchtbar erschrocken!*
F: Die Kleinsten haben geschlafen. Der Sohn, der hat's gesehen. Der hat schwer um die Mutter gejammert, und der hängt bis heutigen Tag noch an mir (*weint*). Ja, und denn bin ich ins Bett. Der Arzt hat gesagt, ich kann Sie heute nicht so richtig verbinden, lassen Sie sich morgen am Tage die Haare alle abschneiden, damit ich an die Wunden rankomm'. Hab' ich anderen Tag zu meine Deutsche gesagt: ›Kommt, schneidet mir doch die Haare ab.‹ Die eine: ›Herr Gott, ich kann das nicht ansehen.‹ Die andere: ›Ich kann da nich raufgucken.‹ Der Buckel, der war schwarz, hier alles schwarz. Die sind fortgelaufen, haben mir rausgeholfen auf so eine Bank, haben mir sitzen lassen. Und dann wusste ich, diese ehrliche Polin, wo ich die Tasche hab' gegeben. Hab' sie durch die Kinder holen lassen. Und die ist dann gekommen. Und die hat mir dann von oben bis unten abgewaschen. Und dann sollte ich den anderen Tage beim Arzt kommen. Ich war nicht imstande, aufs Klo zu gehen! Nun, und dann bin ich erst dritten oder vierten Tag hingegangen. Dann war die Hand hier so ausgeschlagen (*zeigt*). Hab' ich mir eingebunden. Ich komm' hin beim Doktor: ›Herrje, sagt er, auch noch die Hand gebrochen!‹ Dann hat er die Hand untersucht: ›Nein, die ist ausgeschlagen.‹ Dann hat er die auf ein Brett gebunden, ich war ja durchaus noch jung. Und dann ist das geheilt. Jetzt ist diese Geschichte durch.

Denn hab' ich mir, so viel ich hab' konnt, Kamillentee getrunken und Umschläge gemacht, und das ging zurück. Ich hab' vom Gut aus Brot zugeteilt (*bekommen*). Dann hatten wir noch trockenes Brot. Dann war das vom 18. November bis am 17. Dezember (*1945*). Denn bin ich zum ersten Mal an den Wänden verlang aufs Klo gegangen. Denn der polnische Aufseher: ›So, jetzt sind Sie aufgestanden, jetzt kommen Sie ins Lager.‹ Wir hatten so Stockbetten. Unten hab' ich gelegen mit drei Kinder, zwei am Fußende, das Kleine immer im Arm, und der Sohn und die eine Tochter oben. Zum Zudecken hatten wir nichts, haben gefroren. Und dann haben sie uns hingefahren in den Hühnerstall. Das war das deutsche Lager. Und wie der Zusammenbruch war, haben sie da Stroh rein. Und wie ich da hab' gelegen, da hab' ich gemerkt, wie die Läuse auf mir krauche, Läuse wie Gerstkörner. Und die Läuse haben mir gefressen. Die Hand war ausgeschlagen, der Kopf mit Löcher, die Läuse haben uns gefressen. Wenn ich dann zum Arzt ging, dann hatt' ich hier eine durchgekratzte Stelle, denn hier, denn hier. Wenn ich da auf dem Papier hab' gesessen, wenn ich fortgegangen bin, haben sie schon das Papier genommen, und sie werden auch ausgefegt haben. Hab' ich da in dem Hühnerstall gesessen. An einem Tag bin ich bei meine gute Freundin da hingegangen, bei die Metzgersfrau. Und denn sag' ich: ›Mein Gott, jetzt hab' ich nichts zu essen, ich hab' kein Brot, ich kann die Steiner nicht brechen und die Kinder zum Essen geben.‹ Der Kommissar von dem Gut hat mir gegeben im Sack so bissel Schrot, gemahlenes Roggenschrot. Dann hab' ich das Schrot ins Wasser geschütt, aufgekocht, zum Hals rein, das war das Kinderessen. Nebendran hat eine Frau versehen die Hühner. Und denn kam ich langsam in das Zimmer rein. Denn kam ein guter Pole, aber der Familie hab' ich auch die Hand gereicht in der großen

Not, und da kommt er und sagt: ›Mit was werd ihr denn jetzt heizen?‹ – ›Ich weiß nicht, ich kann ja auch kein Holz hacken, ich kann gar nichts.‹ Da sagt er: ›Da steht mein Schober von meinem Acker, da dürfen Sie von dem Stroh holen und heizen, aber‹, sagt er, ›ich will's nicht sehen.‹ Hätt' er nicht dürfen. Der Raum war ziemlich groß. Da bin ich nach die Arbeit hin. Jedes Kind ein Bündchen gemacht. (*Sie zeigt, wie sie das mit dem Stroh gemacht hat*) Ich hab' noch von meinem Besitz eine Tonne gehabt für Petroleum. Ein altes Blech in die Tonne, dann umdrehn, auf den Herd. Das Feuer hat das Blech erwärmt durch die Tonne. Da hab' ich viel Heizung gespart. Das war alles Gottes Wille. Wenn man hat ein Weilchen gefeuert, dann wurd' die Tonne heiß. Es war aber, wenn man geheizt hat, kam das Stroh zurück. Überall lagen diese verbrannte Strohreste, aber es war warm...

So viel Mal, wie ich doch da bin bewusstlos liegen geblieben! Und dann bin ich gelegen, gutgesinnte Poler haben daneben gelebt. Kommt rein und sieht mich liegen, und die Kinder haben noch nicht gegessen, und dann ruft die ihren Mann und sagt: ›Komm, guck dir das an!‹ Und dann kommt der Mann und sagt: ›So kann das nicht weitergehen. Ich geh jetzt aufs Rathaus, die Hilfe muss kommen. Es ist doch ein lebiger Mensch, die muss jetzt ins Krankenhaus. Eine Mutter von fünf Kinder.‹ K. haben die geheißen. ›Ich möchte nicht‹, habe ich gesagt, ›Mich schafft man ins Krankenhaus, die Kinder stuft man ein, zwei kommen dahin, einer kommt dahin, zwei kommen dahin, und ob ich dann noch meine Kinder find ... ich will die doch nicht verlieren. Frau K., seien Sie so gut, kochen Sie doch was, irgendwas, damit die Kinder doch wenigstens eine warme Speise haben.‹ Dann hat die Frau das gemacht, und der Mann ist trotzdem aufs Rathaus gegangen, und dann hat er mir gebracht Lebensmittelmarken. Dann hat ein Brot gekostet 65 Zloty, und auf Karten hat's gekostet 3 Zloty. Das war doch ein Unterschied. Die drei Zloty hab' ich doch schon immer aufgebracht. Da hatten wir doch auch einmal Brot. Ich hab' oft darüber nachgedacht, wie mir der Geist Gottes immer das hat beigefügt. Dann hab' ich gesessen auf diesem großen Herd. Denn wurd' der Herd warm den Tag über. Licht war nicht, dann hab' ich mit Diesel gebrennt, so mit einem Häfele und ein Knot, und hab' das an die Wand gehängt, und hab' dann gestrickt, wie ich hab' konnt. Ich bin so sehr in die Handarbeit, kann gut Handarbeiten. Und die Kinder haben geschlafen. Die Stube war aber so voll Dreck von diesem Diesel. Musst ich aufstehen, Türe aufmachen und die Kinder frische Luft geben. Wenn der Herd erst kalt wurde, ging ich ins Bett. Denn hatt' ich Hunger, hab' mir ein trockenes Stück Brot genommen und hab' das so im Bett geschluckt. Und das war das Gesündeste, was es gibt. Und so bin ich doch langsam höhergekommen...«

Durch Vermittlung von »guten«, ihr verpflichteten Polen darf sie in die leere Halle einer Zuckerfabrik ziehen, wo sie vor Kälte wieder krank wird. Sie berichtet dann noch von ihrem Leben in diesem Lager und ihrer Rückkehr nach Ch. Sie erzählt, dass ihr Mann am 9. Februar vor Frankfurt an der Oder gefallen ist.

Erst 1950 ist sie aus Polen ausgesiedelt worden. Sie konnte angeben, dass ein alleinstehender Bruder in Württemberg für sie sorgen werde. Damit hatte ihr Leidensweg ein Ende gefunden: »Ich kann Ihnen sagen, vom ersten Tag an, wie ich nach Deutschland ankam, hab' ich den glücklichen Boden betreten und bin ein zu glücklicher Mensch.«

Ihre Kinder sind heute alle gut versorgt. Sie selbst hat einen Lebensgefährten, einen Witwer aus der alten Heimat.

Der Bericht von Auguste F. hat zwei deutliche Schwerpunkte: ihre Erkrankung an Bauchdrüsentuberkulose durch Überarbeitung und die Misshandlungen durch die polnische Polizei. Beides hinterließ bleibende Schäden.[24]

In all diesem körperlichen Elend musste sie fast alle Leiden und Belastungen durchstehen, die zum deutschen Nachkriegsschicksal unter polnischer Herrschaft gehörten. Sie durchlitt dies mit fünf Kindern zwischen zehn und einem Jahr, ohne Mann und ohne nähere Angehörige, die ihr hätten beistehen können. Ihre Schwester darf sie erst besuchen, nachdem sie als landwirtschaftliche Arbeitskraft für ihren polnischen Herren entbehrlich war. Sie erlitt Hunger, Kälte, primitivste Wohnverhältnisse, fehlende Kleidung (»Man hat die Deutschen an den Lumpen erkannt, in die sie gekleidet waren«) und war geplagt von Ungeziefer. Lediglich der Vergewaltigung entging sie. Von einem Russen ein Kind zu bekommen, erschien ihr in ihrem Zustand noch »halb so schlimm«, obwohl sie die Vergewaltigungen keineswegs verharmlost. Als sie später derart misshandelte Frauen antraf, erschienen ihr diese als »offene Leichen«.

All das hätten Auguste F. und ihre Kinder nicht überlebt, wenn sie nicht Hilfe von Polen erfahren hätte. Deutsche konnten einander kaum helfen; sie hatten selbst keine Mittel und keine Rechte.

Die höchst unterschiedlichen Verhaltensweisen der ihr allesamt bekannten Polen macht ihre Geschichte besonders interessant. Sie selbst war Volksdeutsche, hatte vor 1939 die polnische Staatsangehörigkeit wie alle Auslandsdeutschen, ließ sich nach der deutschen Besetzung in die »Volkslisten« eintragen und zählte somit als Deutsche. Sie sprach aber auch fließend polnisch. Als Deutsche und weil ihr Mann bei der deutschen Schutzpolizei war, hätte sie den Polen besonders verhasst sein müssen. Das war aber offenbar nicht der Fall und macht ihre Aussage, dass und wie sie vielen Polen während der deutschen Besatzungszeit geholfen hat, glaubhaft. Vielmehr polarisieren sich für sie die Polen in »meine guten Poler« und in »alle bösen Hunde«. Und die letzteren überwogen aus der Sicht der Deutschen. Der ganze Hass, den sie zu spüren bekam, gipfelt in dem Satz: »Ach, für die Deutsche brauchen wir keinen Arzt. Wir haben noch so viel Schützengräber oben auf (*offen*), da werden wir sie reinschmeißen, und dann sind sie weg.«

Die vollständige Rechtlosigkeit und Willkür, der sie ausgeliefert war, zeigt sich in der Szene, als der Kommandant und der »Totschläger« sich streiten, ob sie Auguste F. erschießen sollen. Es ist eher ein Zufall, dass der Kommandant beschließt, sie laufen zu lassen. Diesen »bösen Hunden« stellt sie aber mitleidige und hilfsbereite Polen gegenüber, die ihr in ihrer ärgsten Not beistehen und die dabei sogar viel riskieren, weil sie Deutschen eigentlich nicht helfen durften.

Der unheilvollen Kette von Hass und Gewalt auf beiden Seiten steht in dieser Geschichte eine heimliche andere Kette von Hilfeleistung und Dankbarkeit gegenüber. Weil sie bei dem schrecklichen Verhör die Namen von polnischen Familien nennen kann, denen sie während der Hitlerherrschaft geholfen hat, entgeht sie dem Tod. Ein Pole gibt sich als ihr Mann aus und rettet sie vor den Russen, die sie – wie sie meint – wohl umgebracht hätten, ein anderer beschafft ihr Heizmaterial, obwohl das niemand sehen und wissen darf. Eine Polin bezahlt ihr die 1200 Zloty für ihre Handtasche, damit sie die lebensrettenden Spritzen bekommen kann; eine andere wäscht sie ab, als sie blutüberströmt zu ihr kommt (während die deutschen Frauen vor Entsetzen davonlaufen).

Auguste F. ist aber auch das schuldig-unschuldige Opfer der politischen Ereignisse. Ihr Mann war am Kriegsende Bezirksoberwachtmeister bei der deutschen Schutzpolizei, eigentlich – wie sie betont – gegen seinen Willen, vor allem wollte sie es nicht. In seiner Position konnte er keine reine Weste behalten. Er muss viel gewusst haben von den deutschen Verbrechen an Polen und Juden (»er war viel weg auf Schulung«, sagt sie). Wie weit er persönlich daran mitgewirkt hat, muss offen bleiben. Seiner Frau hat er offenbar nur Fälle erzählt, in denen es sich um rechtlich einwandfreie Verbrechensbekämpfung handelte.[25] Sie weiß aber auch, dass er ihr »Geheimsachen« verschweigen musste, und sie ahnte sicher, dass das nicht so einwandfreie Dinge waren. Dass er durch seinen Beruf zwangsläufig in Unrecht verwickelt würde, war der Frau schon damals bewusst, denn sie wollte ihn ja davon zurückhalten; sie hätte ihn viel lieber als Briefträger gesehen. Sie selbst wurde auch mit in dieses Unrecht hineingezogen, weil sie einen ehemals polnischen Laden übernahm, ebenfalls auf Zuraten ihres Mannes. Aber sie fühlte sich persönlich nicht schuldig, sonst wäre sie nach der missglückten Flucht nicht nach Ch. zurückgekehrt (»Du hast ein reines Gewissen, du hast keinem Menschen Unrecht getan«). Dennoch ist nach allem sie es, die nun für die vermuteten Untaten ihres und anderer deutscher Männer büßen muss. Die Misshandlungen, die Auguste F. erlitt, sind auch von anderen Frauen bekannt. Ihnen sollten Aussagen abgepresst werden, die sie nicht machen konnten, weil sie nichts davon wussten. Oft fehlte dabei auch nur die Spur eines berechtigten Verdachtsmoments.

Auguste F. konnte erst 1950 aus Polen ausreisen. Von da an sei sie »der glücklichste Mensch« gewesen, sagt sie. Die weitaus meisten Deutschen aus Polen und der Tschechoslowakei haben ähnlich empfunden, auch wenn sie in ein noch sehr zerstörtes und armes Vaterland kamen und noch eine sehr harte Wegstrecke bis zu einem »glücklichen Leben« vor ihnen lag.

MARGARETE B.'s (1911) Bericht geht über ihr individuelles Schicksal hinaus und hält ein Gruppenschicksal fest, wie es sich ähnlich überall in den betroffenen Gebieten abgespielt hat. Sie hat ihn kurz nach der Ausweisung (Ende 1946 oder Anfang 1947) »zu keinem besonderen Zweck«, wie sie sagte, verfasst.

Margarete B. wurde noch in der alten österreichisch-ungarischen Monarchie in Südtirol bei Bozen geboren. Die Familie siedelte dann in die Nähe von Prag, nach Leipnik, über. Sie studierte an der deutschen Karls-Universität in Prag, machte zuerst das Lehrerinnenexamen, studierte dann noch Medizin. Das Studium verdiente sie sich durch Privatstunden. Wie fast alle Auslandsdeutschen war sie begeistert von der NS-Bewegung und beeindruckt von Hitler. Aber sie hat in ihrer gut gehenden Praxis auch viele Tschechen behandelt, auch Juden, »solange es noch ging«. Sie bemerkt dazu: »Man hat die Absonderung und den Abtransport von Juden schon bemerkt, sich aber weiter keine Gedanken darüber gemacht.«

Den Krieg empfand sie zunächst als nicht so schlimm. Es gab genug zu essen, auch für die Tschechen. Im Privatleben herrschte zwischen Tschechen und Deutschen nach ihrer Aussage anfangs keine Feindschaft. Im Verlauf des Krieges und nach Kriegsende änderte sich das grundlegend.

»Nach Tagen der Unsicherheit im Luftschutzkeller fielen die Würfel, und Prag wurde der Roten Armee überlassen – es war also das eingetreten, was wir Deutschen so sehr gefürchtet hatten.

Damit waren wir Freiwild geworden und mussten sofort die Luftschutzkeller verlassen. Die erste Station war dann beim Hausmeister – da wurde unser Kleingepäck von Partisanen durchsucht und entsprechend erleichtert. Dann ging es in eine Schule – dabei wurden wir unterwegs wieder durchsucht und büßten weitere Sachen ein. In der Schule verbrachten wir einige Tage – sitzend in engen Schulbänken ohne Essen, ohne Trinken. Dauernd kamen Neuankömmlinge, deren Aussehen nach Prügeln, die sie unterwegs oder schon in der Schule bekommen hatten, schlimm war, mit blauen Augen, mit Striemen am ganzen Körper. Sie wurden oft auch noch zusätzlich in die engen Schachte der alten Schulheizung eingesperrt, wo sie nicht stehen noch sitzen konnten, sondern nur in Hockstellung viele Stunden und oft Tage verbringen mussten.

Als nächste Station kamen wir in eine Turnhalle, indessen war unsere Zahl schon beträchtlich angestiegen. Dort hatten wir wenigstens Strohsäcke und konnten die angeschwollenen Beine ausstrecken, aber Ruhe gab es da auch wenig. Junge Partisanen machten sich einen Spaß daraus, zu jeder Tages- und Nachtzeit zu kommen und in die Gegend zu schießen, nachts Arbeitskolonnen herauszuholen, die entweder Barrikaden fortzuräumen hatten oder öffentliche WC-Anlagen – randvoll verdreckt im wahrsten Sinne des Wortes – säubern oder aber nur stundenlang Kniebeugen machen mussten. Wer nicht mehr konnte, wurde geprügelt, Frauen am laufenden Band vergewaltigt.

Wieder nach ein paar Tagen wurden wir in Reihen zum Bahnhof geführt – ein Spießrutenlaufen, bespuckt, beschimpft, getreten von den tschechischen Partisanen. Viehwaggons warteten auf uns. Dicht gedrängt stehend, wieder ohne jegliche Nahrung, wurden wir zwei Tage lang hin- und herverschoben, ehe wir an das Ziel kamen. War unterwegs – was aber nur ausnahmsweise geschah – eine Austrittspause möglich, wurde unsere Habe in Abwesenheit wieder durchsucht und verkleinert, ob von Tschechen oder von russischen Soldaten.

Endlich hieß es aussteigen. Es kam ein weiter Fußmarsch. Erschöpft von Hunger und Durst schleppten wir uns mit der restlichen Habe in praller Sonne – die ersten verendeten schon auf diesem Weg – bis zu einem Gutshof, in dessen großer Feldscheune wir untergebracht wurden.

Die Scheune – zweistöckig – ohne Fenster, ohne Licht, ohne Wasser, mussten wir erst ausräumen. Es musste eine Latrine gegraben werden, denn wir wurden nicht erwartet. Das Stroh, das uns zugeteilt wurde, war schon mit Riesenflöhen bevölkert, denn es kam nicht aus erster Hand!

Für mehr als ein halbes Jahr sollte diese Scheune unsere Bleibe sein! Wir waren etwa 2000 Menschen, Greise und Kinder mit dabei. Wir lagen Kopf bei Kopf und Fuß bei Fuß auf unseren Strohlagern – nur eine schmale, geländerlose Holzstiege verband die zwei Stockwerke, die Latrine war 200 m entfernt. Nachts musste man diesen Weg im Finstern finden, und das oft, denn die meisten hatten sich erkältet, weil es keine Zudecken gab und die Kost nur flüssig war. Wenn es regnete, war der Weg ein einziger Schlamm, und so mancher fiel nicht nur die Treppe hinunter, sondern auch in die Latrine hinein. Nach einigen Wochen erst kam ein Geländer an die Treppe.

Die alten und gebrechlichen Menschen – es waren auch Menschen aus Altenhäusern und Siechenheimen dabei – wurden schließlich in der unteren Durchfahrt der Scheune untergebracht. Einige waren durch Sturz schon ernstlich verletzt. In der einen Hälfte standen die verschiedenen Wagen des Gutshofes, in der anderen lagen unsere Alten auf blankem Stein, im ständigen Durchzug und ohne Licht.

Es gab kein Wasser. An dem Teich am Gutshof wurde uns ein Streifen am Ufer zugeteilt, etwa 30 Meter, da durften wir uns waschen – Männlein und Weiblein nebeneinander. Da wuschen wir unsere karge Wäsche, die wir auch gleich wieder anzogen. Da wurden Windeln und Kinderhöschen gewaschen, da säuberten wir unser Essgeschirr, fast ausnahmslos alte Konservenbüchsen, die wir irgendwo gefunden hatten, und dieses Wasser wurde auch zum Kochen des schwarzen Kaffees und der Wassersuppe genommen. Am anderen Ende des Teiches mündeten die Abflüsse der Stallungen des Gutshofes.

Wir hatten keinerlei Medikamente, keinerlei Seife oder sonstige Reinigungsmittel, keine Desinfektionsmittel. Es kam, wie es zu erwarten war – Kopfläuse, Kleiderläuse und die ersten Typhusfälle!

Zu dieser Zeit durften wir einen Brunnen graben. Er wurde nie gedeckt und lag in genauer Abflussrichtung der Latrine.

Von morgens bis abends waren nun die Menschen mit Lausen beschäftigt. Nie werde ich die Reihen halbnackter Menschen vergessen, die in den Kleidernähten nach Läusen suchten oder sich gegenseitig die Kopfläuse suchten. Gab es einen Regentag – in der finsteren Scheune konnte man nichts sehen –, wuchsen die Plagegeister wieder heran, und man konnte von vorne mit Suchen beginnen. Schlimm waren die alten Leutchen in der Durchfahrt dran. Sie hatten einfach nicht mehr die Kraft zum Lausen, sie wimmelten vor Läusen, die saßen an offenen Kratzwunden, die saßen in Wimpern und Augenbrauen, an jedem Haar hatte sich ein Exemplar festgefressen. Es gab Lymphstauungen, Beine schwollen an, und die Gesichter sahen aus wie Mondscheiben!

Erst als man im Dorfe Angst vor Typhus bekam, erhielten wir Läusepulver und konnten diese Seuche halbwegs eindämmen.

Eine kleine Baracke wurde endlich unser »Behandlungs- und Isolierraum«. Mehr als ein Aspirin oder eine Zinksalbe gab es aber immer noch nicht, und im kleinen Isolierraum lag alles zusammen – Scharlach, Masern, Typhus und sonstiges. Unter diesen Umständen gab es auch Geburten auf Stroh, im Finsteren, ohne jedes sterile Hilfsmittel – und trotzdem keine Sepsis, aber die Säuglinge starben alle an Hunger, denn stillen konnten die Mütter nicht, und Milch bekamen wir vom Gutshof trotz mehrfachen Bettelns nicht.

Starb jemand, und das war täglich mehrfach der Fall, dann stand ein einziger großer Holzsarg zur Verfügung, in den alle Leichen hineingeworfen wurden, und es ging mit einem Ochsengespann, das noch Mistreste vom Vortag aufzuweisen hatte, zum Friedhof, wo dann die Leiche außerhalb der Friedhofsmauer in eine Grube gekippt wurde. Kein Kreuz, kein Name zeugt weiter von diesen Menschen, und der Sarg kam zur Wiederverwendung zurück.

Mit der Zeit konnten wenigstens die Typhuskranken in ein Krankenhaus gebracht werden. Fielen an einem Tag Verstorbene und Erkrankte zusammen, dann ging es auf einem Pritschenwagen – mit Traktor – zuerst zum Friedhof und dann nach Prag in die Salmgasse, wo die Kranken, erschöpft und durchgerüttelt, abgegeben wurden. Selten kam ein Genesener zurück.

Die Ernährung? Es gab ausgesprochene Hungerkost, die aus schwarzem Kaffee und unzureichenden Brotportionen bestand, eine Wassergraupensuppe oder Pellkartoffeln – das war ein seltenes Ereignis und für uns schon feiertäglicher Genuss. Wir lernten hier nicht nur um Reste an der Gutsküche zu betteln, das wurde aber als zu schade für uns abgelehnt, sondern wir stahlen auch zerdrückte Kartoffeln aus den Schweinekoben, wenn es gelang.

Zu all diesen misslichen Zuständen kam noch das tägliche Antreiben zur Arbeit, von dem niemand ausgenommen war. Es war im wahrsten Sinne des Wortes ein Sklavenmarkt, wenn täglich um 5 oder 6 Uhr morgens alle, ob krank oder siech, ob schwanger oder invalid, unter Schreien und Peitschen aus dem Speicher getrieben wurden. Auf dem Platz vor der Scheune warteten schon feiste, höhnende Bauern und taxierten uns nach Leistungsfähigkeit. Zum Schein musste ein Arzt dabei sein. Nahm er sich aber zu sehr der Kranken an, wurde er ausgelacht, fiel selbst in Ungnade, und der nächste Arzt wurde zu diesem widerlichen Handel beordert. Zwei bis drei Stunden dauerte dieses Aufgebot. Es geschah immer wieder, dass Menschen erschöpft zusammenbrachen und starben.

Die auf den Feldern des Gutshofes eingeteilten Kräfte wurden von der Gutsherrin, hoch zu Ross und mit schwingender Peitsche, angetrieben. Im Dorfe war es etwas ruhiger, und gern aß man sich beim Bauern einmal satt und konnte manchmal – trotz Kontrolle – auch ein Stück Brot mit in das Lager schwindeln, das immer dankbare Abnehmer fand.

Schlimmer noch als das Leben tagsüber war es wochenlang in den Nächten: Lag man endlich müde, hungrig, kalt, von Ungeziefer geplagt, auf der Strohschütte, kamen die jungen Partisanen, machten Sauberkeitskontrollen und jagten uns bei jedem Wetter hinunter zum Teich zum Waschen. Nass kroch man ins Stroh, und es konnte passieren, dass sich diese Befehle auch nochmals in einer Nacht wiederholten, zum Gaudium der jungen Partisanen, die Nachtdienst und wohl auch Langeweile hatten. Das Schlimmste aber war der nächtliche Besuch von russischen Soldaten, die nach Frauen suchten. Wir hatten strengstes Verbot – wegen Feuergefahr – Streichhölzer zu besitzen, viel weniger noch zu benützen. Die Soldaten aber leuchteten die Reihe und die Gesichter der Schlafenden mit brennenden Streichhölzern an, nahmen mit, wer ihnen passte, oft mit brutaler Gewalt. Wenn das nicht ging, erledigten sie ihre Wünsche gleich an Ort und Stelle, ein für uns entwürdigendes Tun, das sich Tag für Tag durch Wochen hindurch wiederholte.

Einmal suchte ein russischer Offizier offiziell eine Frau. Sie sollte sich freiwillig melden, und es meldete sich eine junge Frau, Erna hieß sie. Mehrfach schon hatte sie die Soldaten erdulden müssen, war am ganzen Körper blaugeschlagen, weil sie sich gewehrt hatte. Sie ging freiwillig, zeigte ihren Zustand und klagte dem Offizier das Treiben seiner Soldaten. Ihr und dem einsichtigen Russen verdankten wir es, dass diese nächtlichen Besuche endlich eingestellt wurden.

So verlief unser Lagerleben bis zum beginnenden Winter, da brauchte der Gutsbesitzer den Speicher, und er wurde auch als nicht winterfest befunden. Diesen Umständen haben wir es zu verdanken, in ein anderes Lager umgesiedelt zu werden. An Zahl waren wir jetzt recht dezimiert gegenüber unserer Ankunft. Wieder auf offenen LKW wurden wir umgesiedelt in ein Barackenlager, dessen Eingang ein Roter Stern und Hammer und Sichel zierten. Es waren etwa 20 Baracken. Wir bezogen als erste Gruppe die erste Baracke. Nach und nach kamen viele andere Gruppen, ganze Transporte von »Umsiedlern« aus Schlesien, Ostpreußen, Berlin. Bald waren die Baracken überfüllt und die Zustände auch nicht gerade viel besser als im ersten Lager. Die Neuankommenden wurden auch erst gefilzt. Manche hatten noch Essvorrat mit, der sofort beschlagnahmt wurde. Zu den Läusen kamen jetzt auch die Wanzen. Sie regneten förmlich von den Decken und Wänden. Aber wir hatten ein Dach über dem Kopf, wir hatten Latrinen, wir hatten Wasser, und unsere Toten bekamen jetzt ein Grab – welch ein Fortschritt! Dazu die Hoffnung, dass in diesem Sammellager endlich auch die Aussiedlung stattfinden sollte. Das dauerte aber noch lange, und dann wurde man verfrachtet, ob nach Osten oder Westen, keiner wurde gefragt. Nach einem Jahr kam auch ich zur Aussiedlung dran – viele blieben immer noch da: Wie lange wohl?

Für uns alle war es eine bittere, eine schwere Zeit, die nicht so einfach vergessen werden kann. Vergessen werde ich aber auch nie den kleinen Jungen aus Köln, der mich täglich beim Rundgang begleitete und meine armselige leere Rotkreuztasche trug! Vergessen werde ich auch nie meinen Lagergeburtstag, als die Kinder mir in ihren mageren Händchen ihre Gaben brachten – einen Knopf, einen Stopffaden, eine Sicherheitsnadel oder ein Stückchen Zucker, Kostbarkeiten für Schenkende und Beschenkte! Vergessen werde ich auch nie die Krippe mit Figuren aus gefundenen und bemalten Holzstückchen, die man (*die Insassen des Lagers*) mir zur Lagerweihnacht gebastelt hatte!

Und dankbar werde ich immer an alle Mitinternierten denken, die auch mir manchmal Mut zusprechen mussten und Kraft gaben zum Durchhalten!«

Mit den Augen einer Ärztin beobachtete Margarete B. genau und schreibt sachlich – sine ira et studio – auf, was sie erlebte. Es spricht für sich selbst. Was sie aber nicht besonders hervorhebt und was nur knapp im letzten Abschnitt ihres Berichtes anklingt, ist ihre eigene Rolle als »Schutzengel des Lagers«. In unserem Gespräch zeigte sie mir den Zettel mit dieser Aufschrift, der an der kleinen, für sie von den Insassen des Lagers gebastelten Krippe angebracht war und den sie aufgehoben hat. Sie führte auch eine Liste der Gestorbenen und hat diese Liste dem Deutschen Roten Kreuz übergeben.

»Ich konnte viel helfen«, sagte sie, »auch wenn es oft nur ein gutes Wort war.« Sie wurde bei Krankheitsfällen auch von Tschechen aus dem Lager geholt. »Wehe, wenn ich eine falsche Diagnose gestellt hätte!« Sie ist in ihrer späteren Beurteilung der Geschehnisse sehr fair. »Es gab auch unter den Tschechen nach '45 freundliche Menschen, die sich nicht vom Deutschenhass anstecken ließen. Die Quäler waren meist junge Burschen, Partisanen, die Freude hatten, besonders solche, die sich schwach und wehleidig zeigten, noch zusätzlich zu quälen.«

Margarete B. war nicht wehleidig. Im Gegenteil, es erstaunt, wie hart im Nehmen sie war. Das verrät eine Episode, die sie erzählte. Einmal rutschte sie aus und fiel bis zur Brust in die Latrine. Sie krabbelte wieder heraus, wusch sich im ohnehin schon schmutzigen Teich, legte sich mit den schmutzigen Kleidern auf das ebenfalls schmutzige Stroh – und schlief so wie sie war. »Es musste gehen, und es ging«, meint sie dazu.

Als ich sie 1995 besuchte, war sie 84 Jahre alt. »Ich bin eine sehr alte Frau«, sagte sie, aber ihre Stimme klang frisch und energisch. Sie hat sich ihre Durchhaltefähigkeit und ihre Hilfsbereitschaft bewahrt. Über den Neuanfang 1946 in Süddeutschland sagte sie nur: »Der Anfang war schwer«, aber sie verlor kein weiteres Wort über die Schwierigkeiten. Erst später, während des lockeren Gesprächs beim Kaffeetrinken, flocht sie ein, dass ein Einheimischer in ihrer neuen Heimat einmal zu ihr sagte: »Sie kommen aus der Tschechei? Wieso sprechen Sie eigentlich so gut Deutsch?«

Im Laufe der Jahre konnte sie sich eine große Praxis in einer mittleren Stadt aufbauen, heiratete später und hat heute drei erwachsene Söhne.

Mehrmals war sie nach dem Krieg wieder in Prag, Anfang der 80er Jahre auch in Leipnik. Über diese »Reise in die Vergangenheit« hat sie einen weiteren Bericht verfasst, der verrät, wie sie zu dieser Vergangenheit heute steht und der zum Schlussteil dieses Kapitels gehört.

Verschleppung

Zwangsarbeit in verschiedenen Abstufungen bis hin zu Internierungen in Lagern mussten alle Deutschen in den von Russen und Polen besetzten Gebieten leisten. Noch viel schwerer aber war das Schicksal derjenigen, die von der sowjetischen Besatzungsmacht als Arbeitssklaven in die Sowjetunion verschleppt wurden. Dies Kapitel der Nachkriegsgeschichte ist in der historischen Wissenschaft so gut wie ganz vernachlässigt worden und ist in der Öffentlichkeit nahezu unbekannt. Dabei waren nicht nur einzelne Menschen davon betroffen. Die Angaben über die Anzahl der Verschleppten aus dem Gebiet des ehemaligen Deutschen Reiches liegen zwischen 200 000 und 400 000. Der Anteil der dabei Umgekommenen wird mit etwa 50 % angegeben.[26] Wie viele Frauen unter den Verschleppten waren und umgekommen sind, ist nicht bekannt.

Die »Rechtsgrundlage« für die Verschleppung bildete eine Abmachung der Alliierten auf der Konferenz von Jalta (4.-11.2.1945). Dort wurde vereinbart, dass die UdSSR nach dem Sieg über Deutschland als Teil der ihr zustehenden Reparationen auch über deutsche Arbeitskräfte verfügen durfte. Dazu schreibt die Dokumentation über die Vertreibung: »Im Gegensatz zu den Erschießungen oder sonstigen Gewalttaten und Exzessen, die zu einem beträchtlichen Teil Willkürhandlungen einzelner sowjetischer Soldaten und Offiziere waren, handelte es sich bei der Zwangsdeportation ostdeutscher Zivilpersonen um eine systematisch betriebene Aktion, die von der obersten sowjetischen Führung geplant und in allen sowjetischen Armeebereichen jenseits von Oder und Neiße in gleicher Weise gehandhabt wurde. Die zentrale Leitung dieser Aktion durch die sowjetische Führung ist daran erkennbar, dass schon seit Dezember 1944 auch in Rumänien, Ungarn und Jugoslawien viele Tausende von Volksdeutschen zusammengetrieben und nach Russland ... deportiert worden waren.«[27] Die Lager waren über ganz Russland verstreut: bis zum Eismeer im Norden, in den Kaukasus, ja bis nach Turkmenien.

Man sprach deshalb auch von »Reparationsverschleppten«. Ihr Rücktransport zog sich bis 1949 hin, in vielen Fällen dauerte es aber noch länger.

Das Leben der Gefangenen in den sowjetischen Lagern hat in klassischer Weise der russische Schriftsteller Alexander Solschenizyn in seinem Buch »Archipel Gulag« geschildert. Was der Gulag für verschleppte deutsche junge Frauen bedeutete, vermitteln ihre Erzählungen. Bei diesem Thema soll ausnahmsweise auf eine Biografie in Band I zurückgegriffen werden. Ilse-Marie K. aus Halle an der Saale, Abiturientin aus gutbürgerlichem Hause, wurde 1946 verhaftet. Nach zweijähriger Untersuchungshaft wurde sie in eines der berüchtigsten Lager nach Workuta am nördlichen Eismeer verschleppt und brachte dort fast fünf Jahre zu. Ihre Biografie seht beispielhaft für unzählige andere, die das gleiche Los traf.[28] Der nachfolgende Kommentar bezieht sich auf den Text von Ilse-Marie K.. In ihm sollen Grunderfahrungen der Verschleppung herausgearbeitet und mit einer sprachkritischen Analyse der Erzählweise verbunden werden, die beim Reden über solche Extremerfahrungen unverzichtbar ist.

Das Schicksal der Verschleppung traf die Menschen, vor allem auch die Frauen, wahllos. Razzien wurden willkürlich durchgeführt. Es traf mögliche Schuldige, aber in den weitaus meisten Fällen Unschuldige. So sagt Ilse-Marie K.: »Wir haben ja praktisch die Kollektivschuld zahlen müssen. Denn meine Generation ... ich konnte den Hitler gar nicht wählen. Ich war acht Jahre alt, als der 1933 ans Ruder kam.« Ihr Elternhaus gehörte zu den zahlreichen, die sich weder als Nationalsozialisten noch als Oppositionelle hervortaten. Ihre Familie kann eher zu den passiven als zu den aktiven »Mitläufern« gezählt werden. Sie selbst war gerne in der Spielschar, erinnert sich an Musik und Lieder, aber mehr in der Tradition der Singbewegung, ohne die politischen Implikationen auch des musischen Betriebs zu verkennen. Die Schule war pietistisch geprägt und daher nur mäßig »braun«. Unter dem neuen kommunistischen Regime galt sie als »Kapitalistin« und durfte deshalb nicht studieren. Möglicherweise erregte sie Verdacht, weil sie mit einem Offizier verlobt war, dessen Einheit den Namen Hermann Görings trug, und weil sie sich zu sehr um die Freilassung ihrer Angehörigen bemühte. Ein Rechtsgrund für ihre Verhaftung und Verschleppung – auch nach sowjetischen Strafgesetzen – bestand nicht und war ihr auch in den zahlreichen Verhören nicht nachzuweisen. Frau K. deutet sie als Requirierung billiger Arbeitskräfte, und so zählt sie wahrscheinlich auch zu den erwähnten »Reparationsverschleppten«.[29]

Trotzdem – und das ist charakteristisch für die Praxis der Verschleppung – waren die Sowjets bemüht, der Verurteilung zu 15, 20 oder 25 Jahren Arbeitslager noch eine Rechtfertigung aus dem sowjetischen Strafgesetzbuch zu geben, zumeist mit Hilfe des berüchtigten Paragraphen 58/6, dem Spionageparagraphen.[30] Die endlosen und qualvollen Verhöre dienten aber noch einem anderen Zweck, nämlich der Erpressung von Anzeigen anderer »Verdächtiger«, mit denen man dann den gleichen Prozess in Gang setzen konnte. Erstaunlich ist, welcher Aufwand dafür betrieben wurde und was es sich eine Diktatur kosten lässt, den Zugriff auf die Gesamtbevölkerung zu perfektionieren. »Fünf Männer und ein Hund für ein einziges Mädchen« wurden bei der Verhaftung von Ilse-Marie K. aufgeboten, unzähligen Verhören wurde sie unterworfen, mit Drohung und Lockung wurde gearbeitet. Frau K. gab der Versuchung, sich freizukaufen, selbst unter Folter nicht nach; sie war klug genug zu wissen, dass ihr das nichts einbringen würde.

Die Sprache ihres Berichts ist mehrschichtig. Als Frau K. die Transkription ihres Gesprächs mit mir las, regte sie sich auf über den saloppen Ton und die »lasche« Sprache über eine so »ernste Sache«. Sie korrigierte manches, was ihr zu nachlässig erschien. Aber genau das war der Ton, der es ihr erlaubte, überhaupt davon zu reden und die Erinnerung auszuhalten. Deshalb die vielen anekdotischen Passagen, die »komischen Szenen«, die uns beide zum Lachen brachten – aber es war ein makabres Lachen. Dies war auch ihre Art, sich in den schlimmsten Situationen immer wieder zu retten: So erklären sich auch die »heiteren«, harmlosen Gedichte aus der Einzelhaft; sie schrieb auch später im Lager solche Gedichte. Dazwischen kommen dann immer wieder Sätze und Bilder, in denen man der grauenhaften Wirklichkeit der Verschleppungserfahrungen sehr nahe kommt, Sätze und Bilder wie diese:

– »Vom Moment der Verhaftung an waren wir spurlos verschwunden.«
– »Als ich mit dem Typhus so weit fertig war, dass ich mit der Schubkarre in die sogenannte Banja ... gefahren werden konnte und mal gewaschen wurde ... da haben mich sogar frühere Bekannte gar nicht mehr erkannt.«
– »Von Workuta sagt man ja, unter jeder Eisenbahnschwelle liegt ein Toter.«
– »Wenn diese furchtbaren Stürme waren, dann hat man ja nichts gesehen und gehört, wenn man die Schienen freischippen sollte, und ist dann mit dem Arm oder Spaten an der Lok hängengeblieben, dann hat es einem unweigerlich den Arm ausgerissen. Das war eigentlich der gängige Unfall.«
– »Wir haben uns so die Freiheit gewünscht. Und wir haben alle, das ganze Lager, versucht, immer noch einen Tag rauszuschinden... Wir hatten Angst vor einer freien Entscheidung, Angst, in einen Zug zu steigen. Das können die ja ... einen so entpersönlichen.«

– »Aber wenn ich was sehr Unangenehmes habe, dann träume ich wieder von der Gefangenschaft, und zwar immer, dass ich das zweite Mal drin bin, aber jetzt hoffnungslos, ja.«
– »Und dann war einmal eine Kameradin, mit der ich mich recht gut verstanden habe, die war von einem Lastwagen überfahren worden, und der Kopf war ganz zerquetscht. Und wir haben es gerade gesehen und haben geheult, und da kam der Posten und hat gesagt: ›Was wollt ihr denn? Ihr seid ja nur 'n Stück Fleisch mit 'ner Nummer!‹«

Bei allem, was Frau K. mir erzählte, wussten wir beide: »Es war noch viel schlimmer.«

Die dritte Sprachschicht ist die der Aufzeichnungen aus einem Abstand von mehr als 40 Jahren und ihrer reflexiven Stellungnahmen im Gespräch. Sie zeigt, wie sie ihr Schicksal verarbeitet hat, eine Art, die wohl hauptsächlich für Frauen charakteristisch ist und auf die in der Schlussbetrachtung dieses Kapitels eingegangen werden soll.

Wie hält man das aus? Die Frage beschäftigte mich während des ganzen Gesprächs, und ich stellte sie am Schluss ausdrücklich nochmals. Die Antwort darauf ist ebenfalls mehrschichtig. Dabei ist darauf zu achten, was zwischen den Zeilen und den Worten steht: Man konnte nicht gegen sein Schicksal anrennen: »Man konnte sich nicht befreien«, aber man konnte seinen Lebenswillen dagegensetzen, eine Kraft, die gleichsam unterirdisch wirkte, was an ihrer paradoxen Äußerung deutlich wird: »Man hat nie an Selbstmord gedacht. Man hat gedacht, ich möchte nicht mehr leben, aber mein Gedankengang z. B. war: Also, wenn du stirbst, dann möchtest du nicht so sterben und verscharrt werden.« Und daraus erwuchsen dann auch die List, die Findigkeit, die Stärke, die Selbstdisziplin und die Bewahrung der Selbstachtung, die zum Überleben notwendig waren. Sie macht sich die adäquate Lagermentalität zu eigen: »Mehr essen, mehr schlafen, weniger arbeiten, das waren dort die einzigen Lebensziele.«[31]

Aber sie stilisiert sich nicht zur Heldin. Ihre Wahrhaftigkeit macht den Bericht besonders glaubwürdig: Sie gibt ihre Untröstlichkeit zu, als sie das Urteil bekommt, sie ließ sich im ersten halben Jahr verschlampen und verdrekken, sie verdarb ihren Kameradinnen das Weihnachtsfest mit ihrer Verzweiflung. Dabei blieb sie offen für trostspendende Erlebnisse, auch aus der Natur:

All das aber hätte ihr letztlich nichts geholfen, wenn es nicht immer wieder Menschen gegeben hätte, die ihr beigestanden sind, auch unter den »Feinden«, vor allem aber die Kameradinnen im »Regime-Lager«. Die Solidarität unter den Frauen dort war besonders groß. Ob das in Frauenlagern die Regel war, vermag ich nicht zu sagen.

Ilse-Marie K. überlebte. Nach sieben Jahren kam sie nach Hause, um ihre besten jungen Frauenjahre gebracht, mit 29 Jahren ohne Ausbildung, an Leib und Seele geschädigt.

Ihr Beispiel macht deutlich, wie schwer es war, in einer fremden und ziemlich verständnislosen Umwelt wieder neu anzufangen und sich eine Existenz aufzubauen. In den folgenden Kapiteln wird darauf noch zurückzukommen sein, ebenso auf das traurige Thema des Umgangs mit diesen Verschleppten auf westdeutschen Versorgungsämtern.[32]

Ilse-Marie K. resümiert diese Erfahrungen so: »Und da war so ein junger Richter, der wusste nicht mal, was Workuta ist.«

Vertreibung

Im westdeutschen Sprachgebrauch wurde und wird kaum zwischen »Flüchtlingen« und »Vertriebenen« unterschieden. Dennoch ist die Unterscheidung sinnvoll. Die Flucht vor der Roten Armee musste noch nicht den Verlust der Heimat bedeuten. Viele kehrten in die SBZ zurück und blieben dort oder gingen gleich oder später in den Westen. Anders dagegen die Menschen aus den Gebieten östlich von Oder und Neiße, die der polnischen und russischen Verwaltung unterstellt wurden, und die übrigen Volksdeutschen, die vertrieben wurden. Ein Teil dieser Flüchtlinge sah keine Chance mehr für sich in der alten Heimat und blieb in den verschiedensten Besatzungszonen, in die sie nach der Flucht gekommen waren. Einige versuchten zwar, in die Heimat zurückzukehren, das gelang ihnen aber nur für eine relativ kurze Zeit. Der größte Teil von ihnen wurde zwischen 1945 und 1947 ausgewiesen, der Rest bis 1950.[33] Für sie summierten sich die Entbehrungen und Leiden. Schon die Rückkehr selbst war so strapaziös wie die Flucht. Rückkehrer und Zurückgebliebene mussten als systematisch Verfolgte und Entrechtete unter den neuen Herren leben, bis sie schließlich des Landes verwiesen wurden, das sie kaum mehr als ihre Heimat betrachten konnten. Der Vorgang der Ausweisung selbst verstieß in eklatanter Weise gegen die Potsdamer Beschlüsse; er war alles andere als »human« und »ordnungsgemäß«.[34]

Am schlimmsten erging es denen, die aus den »grenz«nahen, d. h. den unmittelbar östlich der Oder-Neiße-Linie gelegenen Gebieten schon im Sommer und noch vor den Potsdamer Beschlüssen vertrieben wurden. Hier wollten die Polen möglichst rasch vollendete Tatsachen schaffen.

In den folgenden Berichten fehlen die entsetzlichsten Erfahrungen willkürlicher Erschießungen, Ausplünderungen buchstäblich bis aufs Hemd, schmerzhafter Trennungen von Familienangehörigen, erneuter Aussonderungen zwecks Verschleppung und Zwangsarbeit. Alle diese Praktiken sind in der schon oft zitierten Dokumentation über die Vertreibung vielfach bezeugt. Es sei deshalb auch an dieser Stelle noch einmal ausdrücklich auf sie verwiesen. Es kann auch nicht auf Besonderheiten in den verschiedenen Ausweisungsgebieten und während der Etappen der Ausweisung eingegangen werden.

Zwei Berichte geben ein Bild von den üblichen, im ganzen eher glimpflichen Erfahrungen während der Vertreibung. Sie sollen im Zusammenhang, auch auf dem Hintergrund der Vertreibungsberichte in der Dokumentation, kommentiert werden.

UTA M. (1932) erlebte die Ausweisung aus Jungbuch/Sudetenland als 13jährige zusammen mit ihrer Mutter und ihrer Schwester. Sie war ein für ihr Alter unerschrockenes, unbestechlich und genau beobachtendes Mädchen. Ihr Vater – ein bekannter und beliebter Arzt – war schon vor dem Krieg verstorben.

Zunächst erzählt sie, wie die Tschechen mit den Deutschen vor ihrer Ausweisung umgegangen sind. Es gab ein Gefangenenlager mit deutschen Soldaten an ihrem Heimatort:

»Man hat also zum Beispiel die Soldaten im Kreis herumgeführt und mit Ketten auf sie eingeschlagen. Man hat z. B. den Schwiegersohn von dem Nachbarhaus K., wo dann die tschechische Polizei drin war, einen jungen Mann namens (*Name unverständlich*), der zwar Heimat-SS war wegen der schönen schwarzen Uniform, der aber als normaler Soldat gedient hatte, nur, weil er diese Heimat-SS-Uniform getragen hatte, totgeschlagen, ihm die Augen ausgestochen. Man muss ihn fürchterlich zugerichtet haben. So ist es mehreren ergangen... Ein anderer Fall, da war ein Herr, mit dem meine Eltern befreundet waren, in der AEG in Trautenau eingesperrt. Da haben sie deutschen Bauern Schuhbüchschen auf die Köpfe gestellt, Öl hineingeschüttet und angezündet, bis ihnen die Kopfdecke durchgeschmort war. Einer ist verrückt geworden, einer ist gestorben. Es war entsetzlich...

Es kursierten die ungeheuerlichsten Gerüchte, und bald haben auch wir eine Warnung bekommen, dass jetzt in Jungbuch ein Transport abgeht (*es war im Spätsommer 1945*). Aber bei diesem Transport sind nur die Parteigrößen geholt worden. Der nächste Transport, vor dem wir wieder gewarnt worden waren, irgendwer hatte dann doch wieder Wink von der Sache bekommen, beim nächsten Transport klopfte es früh um vier an die Türe, und es war nicht der Milchmann. Es waren Soldaten mit Maschinenpistolen, ein Zivilist dabei, und sie erklärten uns, binnen 30 Minuten müssten wir das Haus verlassen. ›Wenn Sie mitnehmen Schmuck, Gold oder Silber, werden Sie sofort erschossen!‹ Meine Mutter hatte viel zu viel Bange, als einziges hatte sie eine Nadel mit einer Perle in ihren Rockbund innen wie eine Sicherheitsnadel hineingesteckt. Aber sie hat nicht einmal ihren Ehering mitgenommen. Wir nahmen also wieder einmal unsere Luftschutzköfferchen. Aus dem Puppenwagen hatten wir ein kleines Rutscherle basteln lassen, also den Wagen entfernt und ein Brett draufmontieren lassen auf die Räder. Da dran einen Strick, und da luden wir unsere Köfferchen drauf, und noch einen Rucksack hatte wohl jeder – nein, ich hatte eine Seitentasche aus den Lederhosen meines Vaters mir schneidern lassen, beim Schuhmacher. Da haben wir also mitgenommen zweimal Wäsche, ein Kleid. Ich hatte nur ein einziges Paar Schuhe, das waren ein Paar Riesenskischuhe, die mein Onkel durch ›Vitamin B‹ *(Umschreibung für gute Beziehungen)* besorgt hatte, weil ich so furchtbar große Füße hatte…

Wir wurden durchs Dorf geführt, und als wir durch Niederjungbuch kamen, stürzte aus dem Haus, wo der alte Stefan wohnte *(er hatte die Öfen gerußt)*, von dem alten Stefan die Frau, mit der er nicht verheiratet war und die eine Tschechin war *(sie hatte im Doktorhaus ausgeholfen)*, die stürzte herunter, und im Angesicht der Soldaten mit ihren Maschinenpistolen fiel sie meiner Mutter um den Hals und schrie: ›Frau Doktor, Frau Doktor, Sie werden doch nicht fortmüssen, das ist doch nicht möglich!‹ und scherte sich einen Quark um diese Soldaten. Aber schließlich mussten wir halt weiter. Heulend zog die ganze Gesellschaft weiter und wurde gesammelt bei der Schule… Dort wurden wir durchsucht, und meine Mutter musste eine Erklärung unterschreiben, die aber tschechisch verfasst war, und wir wissen von anderen Leuten, dass das eine Erklärung war, dass wir freiwillig das Land verlassen und auf unseren Besitz verzichten. Ich hatte mir im Garten zum Schluss noch eine Rose abgerissen und ins Knopfloch gesteckt. Wir wurden gefilzt von Jüdinnen und von Soldaten, und die Jüdin riss als erstes die Rose aus meinem Knopfloch und schmiss sie in den Dreck. Sie hat wahrscheinlich auch allen Grund dazu gehabt. Meiner Schwester wollte der Soldat die Lupe wegnehmen, und die Regenschirme zerschlugen sie alle an einem Gartenzaun, an dem eisernen vor dem Jahn-Denkmal. Wo der ihr die Lupe wegnehmen will, bin ich wild geworden und habe gesagt: Wie kann man ihr die Lupe wegnehmen, sie hat schlechte Augen … und der hat sich wirklich von mir Fratz einschüchtern lassen und hat die Lupe wieder ins Köfferchen zurückgelegt. Dann war die Gesellschaft abgefertigt. Es waren alle Haus- und Geschäftsbesitzer des Ortes, die man also an diesem Tag zusammengeholt hat. Wir marschierten nach Altstadt, das war vielleicht 4 Kilometer entfernt, und dort im früheren Jüdinnenlager sind wir in die Baracken geschickt worden. Die Baracken waren aber total verwanzt. Weil es im August auch noch so schönes Wetter war, der Aussiedlungstag war der 3. August, haben wir Türen ausgehängt, und auf diesen ausgehängten Türen haben wir draußen im Hof ganz einfach geschlafen, damit wir nicht verwanzen und verlausen. Wir sind in dem Lager gewesen von dem Freitag, dem 3. August, bis Dienstag, 7. August. Wir haben in der ganzen Zeit von den Tschechen weder einen Tropfen zu trinken noch einen Bissen zu essen bekommen. Es wurde aber erlaubt, dass Deutsche zu bestimmten Zeiten eine Stunde oder eine halbe Stunde lang an den Zaun kommen durften. Da meine Mutter ja bekannt war, gab es sehr viele Leute, die uns an den Zaun etwas gebracht haben… Also wir waren jetzt in diesem Aussiedlungslager, wussten nicht, wohin man uns bringen wird, und es wurde dauernd Reklame gemacht, man soll sich freiwillig melden zu tschechischen Bauern zum Arbeiten. Es hatten aber doch irgendwelche Leute draußen, obwohl wir die Radios hatten abliefern müssen, wahrscheinlich schon so 'ne Art tragbares Radio wo versteckt. Jedenfalls wussten die Männer oder erzählten das, dass in Potsdam eine Konferenz stattfindet, auf der über das Schicksal der deutschen Minderheiten entschieden wird. Es ist gerade in diesen Tagen beschlossen worden, dass die Aussiedlung human zu erfolgen hat, dass die Leute ihre bewegliche Habe bis zu 60 kg mitnehmen dürfen müssen und auch einen bestimmten Geldbetrag pro Kopf. Man müsste sich unbedingt weigern, und man dürfte das einfach nicht alles so hinnehmen. Nun ist es sehr schwer, sich zu weigern, wenn 5000 Leute ohne jede Verpflegung Soldaten mit Maschinenpistolen usw. ausgeliefert sind, also da hört einfach der Widerstand dann auf. Das war wie 'ne Herde Schafe.

Endlich, am Morgen des Dienstag, 7. August, wurden wir also zum Lager hinausgeschleust. Da stand ein Tscheche rechts und ein Tscheche links, und wer ihm gefiel, den schnappten sie sich, und die Leute mussten ins Tschechische. Davor hatten wir sehr viel Angst. Denn wir konnten kein Wort Tschechisch, und wir wollten unbedingt beieinander bleiben. Wir sind also auch dann gut durchgekommen, aber hinter uns ist eine Frau weggerissen worden, die fünf oder sechs Kinder hatte. Und da haben sich dann die Männer zusammengetan, ihren Mann hat man zusammengeschlagen, weil er sich versucht hat zu wehren, aber es haben sich die anderen Männer zusammengetan und sind gemeinschaftlich noch einmal ans Tor zurück und haben gesagt: ›Das geht nicht, dass ihr diese fünf Kinder ihrem Elend überlasst, die Mutter muss zu den Kindern zurück.‹ Da haben die Tschechen tatsächlich nachgegeben. Nun waren wir eine lange Kolonne von 5000 Leuten, und es ging Richtung Trautenau. In Trautenau war der nächste größere Bahnhof. Dort standen Viehwaggons, offene, oder Kohlewaggons. Es waren Kohlewaggons, offene, in denen zwei cm Kohlenstaub war. Da wurden wir nun wie's liebe Vieh hineingepfercht. Ich hatte so wenig Platz, dass ich nur mit einem Fuß im Kohlenstaub stand. Mit dem anderen stand ich auf irgendeinem Gepäckgegenstand. Wir hatten aber gehört, dass man sich unbedingt einen Nachttopf mitnehmen soll, weil die Tschechen diese Züge nicht einmal halten lassen, damit die Leute ihr Bedürfnis machen können. Also hatten wir einen uralten blechernen Nachttopf, der auf dem Dachboden war, mitgenommen, in einem grünkarierten Stoffbeutel, den ich über die Schulter trug. Auch hat uns der Nachttopf in dem Zug gute Dienste geleistet. Er kreiste beständig über den Häuptern der Anwesenden, verschwand dann für ein paar Momente, wurde weitergereicht bis an den Rand des Waggons (*lacht*) und dann wieder hereingenommen. An jeder Ecke des Waggons saß ein Wachposten, und die Männer hielten Ausschau, in welche Richtung man uns bringt. Denn wir hatten tödliche Angst, dass sie uns nach Sibirien schaffen. Der Zug fuhr nach Westen. Es gab in der Nacht ein fürchterliches Gewitter. Wir wurden patschpudelnass. Dann wurde der Zug mal abgestellt, mitten im Tschechischen. Wir konnten also heraus, die Türen wurden aufgemacht. Wir konnten mal unser Geschäft draußen verrichten. Dann ging alles wieder hinein, und der Zug fuhr nach ein oder zwei Stunden Aufenthalt wieder weiter. Vorn an der Lokomotive soll ein großes Schild gewesen sein oder Transparent: ›Freiwillige Auswanderer aus der CSSR‹. Das habe ich aber nicht selbst persönlich gesehen...

Wir kamen an in Bodenbach. Dort wurde der Zug ausgeladen. Nun waren wir der Meinung, von Bodenbach bis an die Grenze sind es noch 20 Kilometer, man würde uns da wieder in Autos verfrachten. Dem war nicht so. Wir mussten marschieren. Wir haben also dieses kleine Wägelchen genommen. Wir haben wieder etwas draufgeladen, aber meine Mutter meinte, 20 Kilometer hält dieses leichte Gefährt nicht aus, und sie hatte immerhin einen etwas größeren Koffer für sich mitgenommen, der nicht schwer war, aber ihn 20 Kilometer zu tragen, war aussichtslos. So meinte sie: ›Ach, lasst doch eure Koffer hier, nehmt nur Rucksack und Seitentasche, wandert mit dem Wagele los, ich hab' so ein schlechtes Herz, mich wird schon der Sanitätswagen mitnehmen.‹ Also wir marschierten die 20 Kilometer. Es ging wieder ein Wahnsinnsgewitter nieder, wir wurden mal wieder pitschpatschpudelnass. Aber es war sehr warm, und es hat uns gar nichts ausgemacht. An der Grenze angekommen, hieß der Ort (*Name unverständlich*), und dort gab es eine öffentliche Bedürfnisanstalt, vielleicht war es auch eine Straßenunterführung. Auf alle Fälle ging's Stufen hinunter, und dann war die Sache überdacht. Da hinein rettete sich der halbe Treck für die Nacht, denn es war wieder ein Gewitter im Anzug. Vielleicht so um 9 Uhr, es war schon finster, kam das erste Sanitätsauto. Da war eine hochschwangere Frau mit drin und verschiedene andere Leute, die wirklich nicht hätten laufen können. Die erzählten uns: ›Eure Mutter ist mit allen Koffern zur Seite gestoßen worden, sie ist nicht mitgenommen worden.‹ Meine Schwester und ich sind daraufhin mit unserem Rucksack und unserer Seitentasche den Weg zurückgewandert. Das war geradezu gespenstisch. Die Straße führte immer an der Elbe entlang, und zwischen Straße und Elbe, am Uferstreifen, türmten sich bis zu drei Meter hoch leere Koffer, die die Leute bei der Aussiedlung stehengelassen oder abgenommen bekommen hatten. Natürlich waren sie geplündert, waren leer, aufeinandergeschüttet. Dann hat es fern immer noch wettergeleuchtet. Gespenstisch wurde die Szene mal immer wieder erhellt.«

Sie fanden ihre Mutter. Sogar das Gepäck hatte ein Bäcker auf seinen Wagen geladen und brachte es mit. Nur das Köfferchen mit den Lebensmitteln fehlte.

»An dem Tag sind wir also 20, 30, 40 Kilometer marschiert insgesamt... Dort habe ich auch ein ungeheuerliches Erlebnis gehabt, mein erstes Erlebnis mit Behinderten. Die Tschechen hatten eine Anstalt für geistig behinderte Menschen mit Betreuern ganz einfach in den Zug gesetzt. Diese geistig Behinderten irrten umher. Meine Mutter, die ja nun weiß Gott genug selber am Hals hatte, war ununterbrochen besorgt, diese Leute zusammenzuholen und zu ihren Betreuern zurückzubringen... Als anderes ist mir in der Erinnerung, dass Jungen da waren, Hitlerjungen aus Krakau. Die hatten in einer Fabrik arbeiten müssen. Es war ihnen nicht erlaubt worden, Treppen zu benutzen. Sie hatten am Geländer herauf- und herunterklettern müssen, erzählten sie. Sie hatten Gesichter wie die KZler. Sie waren vollkommene Knochengerüste, die Haare geschoren, die Augen ganz tief eingesunken. Also, was der Hitler in 12 Jahren fertiggebracht hat, das konnten die Tschechen von Mai bis August. Diese Kerle waren also wirklich nur Schatten in Menschengestalt. Aber sie sind da ausgesiedelt worden, also auch die waren dort. Nun wartete alles. Kein Mensch glaubte ja, dass es eine endgültige Sache wäre. Die Russen haben sich einen Spaß daraus gemacht und haben zu den Leuten gesagt: ›Da, Schiff nach Tschechoslowakei, alles einsteigen, heimfahren.‹ Und die Leute glaubten das und gingen auf das Schiff und mussten doch wieder herunter. Das war also fürchterlich.«

In der Nähe der Grenze haben die Tschechen ihr noch ihre Schuhe abgenommen.

»Ich bin barfuß an die deutsche Grenze marschiert, und dort standen ja nun die Russen. Ein Russe mit einer Reitpeitsche in der Hand sortierte die Mädchen und Frauen aus, die hinüber in ein Zelt gehen mussten. Er wollte auch meine Schwester dahin schicken. Da hat meine Mutter gesagt: ›Mädel, renn', da drüben ist doch die Grenze, du wirst doch nicht in dieses Zelt hinübergehen.‹ Und weil ich so geheult hab, war der Russe abgelenkt. Ich hab' aber nicht geheult über den Verlust der Schuhe, sondern über die Idiotie meiner Mutter, zur Aussiedlung einen Hut aufzusetzen. Den Hut hatte ich inzwischen in die Schutzhülle hineingeklemmt und gedrückt in einer Wut, ich kann nicht sagen, wie. Aber mir liefen vor Wut die Tränen noch immer über die Wangen, als wir da in Sch. (*Name unverständlich*) ankamen, und der Russe hat mit mir Mitleid gekriegt. Er ging hinein und brachte mir ein Paar Männerschuhe, Schnürschuhe. Die waren allerdings vielleicht Größe 45 (*Uta M. hatte Größe 40*). Aber diese Schuhe haben mir drei Jahre lang dann im Winter die Füße gerettet, denn mir wären in der Ostzone die Füße abgefroren, solche kalten Winter waren in der Nachkriegszeit... Wir haben dann eine Nacht bei einer Frau in einem Gartenhaus schlafen dürfen, und diese Frau hat uns auch eine Suppe gekocht. Am nächsten Tag sind wir zum Bahnhof. Da standen jetzt Viehwaggons, die also Dächer haben. In die sind wir eingestiegen, es ging nicht mehr so eng zu. Verschiedene haben ja auf andere Weise versucht weiterzukommen, viele glaubten, sie könnten wieder zurück und blieben an der Grenze. Es war ein Chaos. Aber wir stiegen in diesen Zug, und der fuhr in der Nacht nach Pirna. Da haben wir die letzte gemeinsame Nacht mit unseren Landsleuten verbracht. Der Zug stand auf dem Bahnhof abgestellt, ausrangiert, und jemand im Waggon begann das Riesengebirgslied zu singen. Das war unbeschreiblich und unvergesslich. Das hat sich so eingeprägt, die Leidensgemeinschaft, die letzte Nacht beisammen. Am nächsten Tag ging es nach Dresden. Dresden war zerstört. Wir mussten vor der Stadt aussteigen und sind dann zu Fuß wieder mit unserem Wägelchen, das eigentlich doch sehr viel ausgehalten hat, quer durch die Ruinen von Dresden. An den Häusern schwarze Kreuze, wo man die Toten wahrscheinlich nicht mal mehr rausholen konnte. Berge von Schutt rechts und links. Es gab keine Gehwege. Die Straße war ganz schmal, soweit man sie halt schon frei gemacht hatte bis August... Garantiert ist, dass die Sachsen uns empfangen haben mit den Worten: ›Ihr Zigeuner, ihr Gesindel, wärt ihr doch daheim geblieben!‹ Wir müssen aber auch danach ausgeschaut haben.«

Sie berichtet dann weiter, wie sie vergeblich versuchen, bei entfernten Verwandten in der Nähe von Magdeburg unterzukommen. Uta fing dann mit ihren 13 Jahren bei einer Fleischerfamilie an zu arbeiten, ihre Schwester wurde als Haustochter in einem Kinderheim angestellt. Uta bekam Typhus, wohl als Folge der Überanstrengung, den sie mit großer Willenskraft überstand. Ihre Mutter machte Nachtwachen im Krankenhaus.

»Es sind sehr viele Leute gestorben, und ich weiß von meiner Mutter, dass sie mit jedem mitgestorben ist und dass ihr die Leute alle ihre Lebensgeschichte erzählt haben. Bis ins hohe Alter hinein wusste sie von jedem, der bei ihr gestorben war, die Lebensgeschichte, und es waren alle Flüchtlinge gewesen, die gestorben waren.«

MARIA L. (1914)[35] war bei Kriegsende mit ihren drei Kindern (elf, acht und sieben Jahre) auf ihren elterlichen Hof (Sudetenland) zurückgekehrt. Ihr Mann, ein Reichsbahnbeamter, war an der Ostfront. Von seinem Tod erfuhr sie erst nach der Ausweisung.

Sie schildert zunächst, dass der Hof von einem Tschechen mit fünf Kindern besetzt worden war und sie auf die Hilfe von gütigen Nachbarn angewiesen waren, die noch nicht »besetzt« waren, um zu existieren. Sie schildert weiter Zwangsarbeit und üble Behandlung durch die Tschechen, wobei sie unterscheidet zwischen »armseligen Kreaturen« und »Intelligenten«, Tschechen, die wirklich unter dem Nationalsozialismus gelitten hatten, sich aber nicht für diese Ausschreitungen und Quälereien hergaben.

Am 1. März 1946 wurden sie ausgewiesen.

»Binnen kurzer Zeit von einer Viertelstunde mussten wir ein paar Sachen zusammenraffen! Ein Tscheche, der mit unserem Tschechen (*demjenigen, der ihren Hof übernommen hatte*) sich gut verstand, hat uns zur Sammelstelle in die entfernte Schule gefahren. Sonst hätten wir das wenige noch verloren, das wir zusammenraffen konnten. Im Finstern saßen wir die Nacht über in der Schule, 30 Personen, alte Leute, Frauen und Kinder, bestehend aus fünf Familien. Von den Tschechen bewacht, wurden wir früh um 6.15 Uhr auf zwei elendige Wagen aufgeladen und in das Lager Tachau gebracht, es war eine Zigarrenfabrik. Um sechs Uhr abends sind wir dort halb erfroren angekommen. Den ganzen Tag ohne Essen, sind wir vor Müdigkeit auf den Bretterbetten mit ein wenig Stroh eingeschlafen. In unserem Raum waren wir 90 Personen. Ein paar sind in der Nacht verrückt geworden und haben geschrien. Gefangene Deutsche mussten unsere paar Sachen auf den Speicher oder in den Keller tragen. Die Tschechen durchsuchten unsere Betten nach Wertsachen und Geld. Wir mussten uns nackt ausziehen, sie durchwühlten unsere Kleidung, langten uns in die Haare und hinter die Ohren und wo es sonst noch ›Mulden‹ am Körper gab, ob wir nicht Geld eingeschoben hätten. Dann filzten sie die paar Sachen, die auf dem Speicher und in den Kellern waren, durch, und was ihnen gefiel, das nahmen sie auch noch weg. Drei Tage bekamen wir keine Verpflegung. Einige hatten etwas Genießbares mit. Mir brachte unser Herr Pfarrer ein Paket mit Brot und Fett von unseren zurückgebliebenen Nachbarn, die selber nicht mehr viel hatten. Auch andere aus anderen Ortschaften waren in der gleichen Lage. Wer uns was bringen wollte, musste sich an das Tor des Fabrikgeländes stellen. Wir wurden immer zu 15 Personen abgezählt, und dann mussten wir auf Befehl loslaufen. Die Tschechen zählten wieder bis 15, und wenn wir in dieser Zeit nicht das Tor erreichten, mussten wir ohne unsere Pakete zurücklaufen. Mir gelang es beim dritten Mal, mein Paket zu erhaschen, da hatte es mir Herr Pfarrer mit aller Gewalt entgegengeworfen. Nun war wenigstens für die Kinder ein wenig zu essen da. Am dritten Tag abends kam ein Amerikaner, darauf bekamen wir alle ein wenig Suppe. Zehn Tage waren wir im Lager, wir waren 1400 Personen, 1200 wurden zum Transport abgestellt. Vorher mussten wir alle im Hof antreten, und es wurde uns von einem Tschechen mit lauter Stimme ein Protokoll abgefragt: ›Ihr seid human behandelt worden? Zehn Tage vorher verständigt worden?! Und alle gut betreut worden?!‹ Da sagten wir : ›Nein!‹ – ›Was, seid ihr nicht zehn Tage im Lager gewesen?‹ Da schrien wir alle: ›Ja!‹, nur um diesem Elend zu entfliehen.

Viele Heimatsleute aus unserer Gegend waren in diesem Gebäude eingesperrt. Sie mussten mit gesenkten Blicken an uns vorbeigehen. Und, in Holzpantoffeln laufend, unsere Sachen von den Speichern und Kellern in die Viehwaggons schaffen. Sie bekamen oft Fußtritte, wenn ein Tscheche meinte, dass sie zu langsam gingen.

Immer 30 Personen waren wir in einem Waggon untergebracht mit dem bissel Hab und Gut, auf dem wir schliefen. Es war finster, die Türe war verschlossen, und nun dauerte es drei Tage, bis wir nach Bayern kamen. Durch die Fußbodenritzen des Waggons mussten wir unsere Notdurft machen. Einmal stand der Zug den ganzen Tag, dann fuhren wir wieder ein Stück so schnell, dass uns die Köpfe wackelten. Die Gleise waren nicht in Ordnung. In Eger hielten sie in diesen drei Tagen einmal an und gaben uns ein bissel heiße Milch – mehr Wasser als Milch! Das war die Versorgung für die drei Tage in diesen Waggons!

Dann kamen wir nach Wiesau und wurden den Amerikanern übergeben. Sie wollten den Amerikanern etwas Essen für uns dalassen, aber die lehnten es großzügig und höhnisch ab. Sie sagten: ›Hättet ihr es den Menschen unterwegs gegeben!‹ Dann wurden wir umgeladen in deutsche Viehwaggons, wir mussten es selber machen.

Dann wurden wir vom Amerikaner ›großzügig‹ begrüßt und bekamen jeder eine warme Suppe, ein Stück Brot und ein Stück Wurst. Zur Vorsorge gegen Läuse bekamen wir noch alle Pulver am ganzen Leib eingesprüht, und dann ging es gleich weiter nach Schwabach ins ehemalige Russenlager. Hier mussten wir unsere Sachen aus den Waggons auf Lastwagen laden, diese wurden dann in das Lager gebracht. Hier waren wir drei Tage. Wir bekamen Essen, warme Suppe aus Stoppelrüben, Brot und Blutwurst. Aber wir durften uns auch ein dünnes Bier für Geld aus einer Wirtschaft holen, was uns wie ein Wunder vorkam. Wir konnten uns ein wenig waschen und in kaltem Wasser ein bissel Wäsche auswaschen. Die Sonne meinte es mit uns ein wenig gut. Am dritten Tag mussten wir zur Dusche. Es war ein großes Becken und darüber Wasser. Da zogen sie an, und es floss über unsere nackten Körper, ob alt oder jung oder Kinder, alle mussten wir durch, damit wir sauber waren. Wir zogen uns an und bekamen unsere Registrierscheine. Dann wurden wir eingeteilt, 500 Personen nach Weißenburg und 700 nach Eichstätt. Wir mussten unsere Sachen wieder selber auf- und abladen, hinein in Waggons, wo noch Kalk oder Mist von Tieren drinnen war, also wieder in Dreck! Nun waren wir schon müde, und es wurde uns schwer, die paar Sachen, die wir hatten, immer wieder auf- und abzuladen. In der Nacht kamen wir in Weißenburg an. Wir wurden von Menschen abgeholt, und sie liefen so eilig, dass wir kaum folgen konnten. Es regnete und graupelte, und wir wurden sehr nass. Ein Teil von uns wurde in das Hospiz geführt und wir in den ›Kronprinzen‹. In einem Saal, in dem alle Fenster eingeschlagen waren, fanden wir ein paar Strohsäcke. Sieben Personen bekamen immer einen Strohsack! Auf dem Bretterboden, mit dem Kopf auf dem Strohsack, in nassen Kleidern, verbrachten wir die Nacht. Am anderen Tage mussten wir unsere Sachen, die vor der Haustüre standen, wieder auf Lastwagen aufladen, und am Mittag kamen wir auf der Wülzburg an, wo 400 Amerikaner das Lager verlassen hatten.

Wir kamen gleich beim Tor in diesen Trakt. Es führte eine breite Treppe hinauf, da sind angeblich die Ritter mit ihren Pferden hinaufgeritten. Es sah ja auch ganz danach aus, alles unsauber und schmutzig. Es gab auch kleinere Zimmer. Wir waren in einem großen Saal, anfangs 92 Personen. Körper an Körper lagen alle auf dem Fußboden. In dieser Nacht starben gleich drei Personen, eine Frau neben uns. Am anderen Tage wurden die mit einem Karren zum Friedhof auf der Wülzburg gezogen und begraben. Ich war später noch einmal dort, aber die Gräber waren nicht mehr da. Vielleicht haben sie die Angehörigen später in den Wohnort, wo sie waren, nachgeholt.

Es war noch März, und es war noch kalt. Aber die kleinen blauen Blumen blühten schon in großen Mengen im Wald. Es war das einzige Schöne, das uns begrüßte. Mutter fand im Wald eine große Waschschüssel aus Blech, und so waren wir gerettet. In diesem Saale stand ein hoher eiserner Ofen. Wir sammelten Holz, heizten den Ofen an und stellten die Schüssel oben darauf. In meiner Erinnerung war der Ofen sehr hoch. So gab es ein bissel warmes Wasser, aber es reichte nicht für alle.

Dann bekamen wir Essensmarken und konnten für uns ein halbes Stück Brot von einem Zweipfundlaib und für die Kinder einen halben Liter Blaumilch und für uns einen halben Liter dünnen Kaffee und mittags einen halben Liter Suppe abholen. Die Suppe wie der Kaffee waren aus Restbeständen von der deutschen Wehrmacht und schon verdorben. Am Sonntag gab es eine Scheibe Wurst und ein kleines, nussgroßes Stück Butter dazu, für abends gab es nichts! Wir konnten aber nichts mehr essen, fingen alle an, krank zu werden. Hatten blutigen Durchfall und Husten. Dann gab es ein bissel Tee. Da musste man sehen, dass man ein wenig bekam. Es waren zwei Löffel voll und reichte nicht für alle.

Da kam in Eile das Arbeitsamt, stellte einen Tisch auf, und nun mussten sich alle melden und Angaben machen. Die Bauern kamen und holten sich die Familien ab, so wie man heute Ware oder Geräte abholen würde. Und waren sie nicht zufrieden, brachten sie die Familien wieder zurück. Da wir fremd waren, wussten wir nicht, wo alle verstreut waren. Jedenfalls ohne Ausnahme kamen alle zu Bauern. Ich wurde nicht angenommen mit drei Kindern, meiner Mutter und meiner Schwiegermutter. So waren wir zuletzt allein in diesem großen Raum in der unheimlichen alten Burg. Da war nun noch eine Familie mit fünf Kindern in einem anderen Raum. Ein Mann, der sich gleich bei der Ankunft auf der Wülzburg eine Arbeit suchte, wurde mit anderen Männern vom Überlandwerk eingestellt, um die Masten vom Licht wieder aufzustellen. So bekam er auch eine Wohnung in Dietfurt zugeteilt und konnte seine Frau und Schwiegermutter nachholen. Da der Lastwagen ausgelastet werden musste, kamen wir beiden Familien dazu. Dadurch wurde unser Platz frei für andere Heimatvertriebene, die schon wieder unterwegs waren. Es wurde dann der andere Trakt der Wülzburg schnell ein wenig hergerichtet, konnten sie doch vorläufig niemanden in den verschmutzten und durch Krankheiten verdreckten Trakt geben. Zu betonen ist, wir mussten während unseres Aufenthaltes unsere Sachen unten stehen lassen, und so fehlten mir zwei gefüllte Säcke mit Kleidern und verschiedenen Dingen, auch die letzten Briefe von meinem Mann. Somit war das Elend noch größer geworden. Am schlimmsten war meine Mutter dran, es waren fast ihre ganzen Kleider weg.

Es war am 2. April 1946, da wurden wir aufgeladen. In Graben wurde vor dem Bürgermeisteramt die Familie mit fünf Kindern abgeladen. Der Bürgermeister schrie und schimpfte. Die Großeltern von der Familie, die schon früher da waren, luden gerade Mist auf einen Wagen, und unsere Begleiter stellten die Sachen mit der Familie hin und fuhren weiter. Es gab noch Bombentrichter bei Treuchtlingen, und der Staub flog. So kamen wir in Dietfurt an. Die andere Familie lud man in der heutigen Rosengasse ab, für sie war ja ein großes Zimmer besorgt. Wir wurden vor einer Haustüre abgesetzt und saßen da auf einer Steinbank. Der Bürgermeister versprach unseren Fahrern eine Wohnung für uns. Als sie fortgefahren waren, saßen wir bis in die finstere Nacht immer noch auf diesem Stein. Unsere Sachen daneben. So wurden wir von den Kindern bestaunt. Dann halfen wir einer Frau gegenüber Rüben aufladen, und sie gab uns dafür ein wenig heißen Kaffee. Als es finster wurde, haben sich das Dienstmädchen und der Knecht des Hauses, der selber heimatlos war, erbarmt und uns in dem Haus eine Kammer erbettelt. So waren wir vorläufig untergebracht. Unsere Sachen standen 14 Tage im Regen draußen!«

Die Erfahrungen bei der Ausweisung lassen sich in manchen Aspekten mit den Fluchterfahrungen vergleichen: Der überstürzte Aufbruch, wobei aber anzunehmen ist, dass die Ausgewiesenen nicht völlig überrascht wurden, sondern dass sie durch Gerüchte vorgewarnt waren und deshalb das Notwendigste gepackt hatten.[36] Es gab endlose Züge von Menschen, selten auf Wagen, oft zu Fuß und mit Handwagen, notdürftigste Gefährte, teils selbst zusammengebastelt, Kinderwagen, oft unerträglich beengte, verdreckte Unterkünfte, bei wärmerer Witterung auch Nächtigungen im Freien, überfüllte, schmutzige, der Witterung ausgesetzte Züge oder Lastwagen, überlange Transportzeiten, ungenügende oder ganz fehlende Verpflegung, Durst, Krankheiten, Sterbende oder solche, die den Verstand verloren, ein verwüstetes Land, zerstörte Dörfer und Städte, zurückgelassenes Gepäck am Wege, verlorene Kinder. Und dann die große Ungewissheit, in welche Richtung der Zug fährt, ob sie vielleicht nach Sibirien verbracht wurden.

Aber nun stand alles unter einem anderen Vorzeichen: Die Ausweisung war endgültig, und sie stand unter der Regie feindlich eingestellter neuer Herren. Auf der Flucht saß die Angst vor den nachrückenden Russen den Flüchtenden im Nacken, bei der Ausweisung war es die Angst vor weiteren Schikanen und vor dem Zurückbehaltenwerden noch in letzter Minute. Die Flucht war den Menschen sehr schwer gefallen, weil sie Besitz und Geborgenheit hinter sich lassen mussten, die Ausweisung und der immer noch stark empfundene Verlust der Heimat erschien als das kleinere Übel verglichen mit dem Zustand der Rechtlosigkeit und fortschreitender Verelendung, obwohl sich manche immer noch an die irreale Möglichkeit einer Rückkehr klammerten.

Bis zur Überschreitung der deutschen Grenze waren die Ausgewiesenen allen erdenklichen Übergriffen ausgesetzt. Auch wenn es nicht bei allen Transporten zu willkürlichen Tötungen kam, waren sie vogelfrei. Regelmäßig kam es zu fortgesetzten Ausplünderungen, »Filzungen« bis in die Intimbereiche der Frauen, Wegnahme lebenswichtiger Dinge. Allgemein waren Demütigungen, und im besonderen wird oft das traurige Schicksal von Alten und Kranken beklagt, die einfach am Wege liegenblieben, ebenso die hohe Säuglingssterblichkeit und der ganz elende Zustand der Kinder.

Aber die beiden Berichte malen nicht ein einziges Horrorgemälde, sondern zeichnen sich durch ein bemerkenswertes Unterscheidungsvermögen aus – darin sind sie gewiss keine Ausnahmen.[37]

Der Bericht von Uta M. zeigt, dass es einen Sinn haben konnte, sich zu wehren, freilich nur im Kleinen, im Großen war man wie eine »Herde Schafe«. Die lebensnotwendige Lupe wird ihrer Schwester zurückgegeben, die Mutter der fünf Kinder wird auf Einspruch mehrerer Männer nicht verschleppt. Es gab »anständige«, sogar freundliche Tschechen und Tschechinnen, Polen und Polinnen (»Intelligente beteiligten sich nicht an Quälereien«, bemerkt Maria L. dazu), wenn auch die anderen, die »armseligen Kreaturen« das Sagen hatten. Dass eine Jüdin ihr die Rose aus dem Knopfloch riss, kann Uta M. verstehen, wohl erst aus ihrem Wissen von heute.

In Maria L.'s Bericht wird die Betreuung durch Amerikaner als hilfreich erwähnt, auch wenn sie natürlich keine normalen Zustände schaffen konnten oder wollten. Besonders schwer zu verkraften war für Maria L. die Aufnahme in Bayern – hier spricht sie für die große Mehrzahl der Frauen, die ähnliches erlebten. Sie wurden kaum besser empfangen als in einem tschechischen Lager.[38] Wie schwer das Ein- und Zusammenleben wurde, schildert sie im zweiten Teil ihres Berichts.[39] Hier fließen die Erfahrungen der Vertriebenen mit denen der Flüchtlinge zusammen, nur dass sie als die zuletzt Gekommenen auf noch größere Kälte und Feindseligkeit stießen. Dabei waren sie in einer womöglich noch schlechteren körperlichen und seelischen Verfassung, oft völlig verzweifelt und am Ende ihrer Kraft, die Frauen noch zusätzlich belastet durch die Sorge um ihre Männer, die Sorge um das eigene Überleben und das der Kinder, denn gerade Mütter mit kleinen Kindern wollte niemand aufnehmen. Sie waren weithin isoliert von näherstehenden Menschen. Die beiden zitierten Berichte stammen von sudetendeutschen Frauen. Sie stehen beispielhaft für Schicksale aus anderen Vertreibungsgebieten. Von der Vertreibung betroffen war die deutsche Bevölkerung aus dem deutschen Reichsgebiet östlich der Oder-Neiße, also Ostpreußen, Pommern, Ostbrandenburg, außerdem die deutschen Volksgruppen in den nach dem Versailler Vertrag zu Polen gekommenen ehemaligen Provinzen Posen (unter deutscher Besetzung »Warthegau«), Westpreußen und Danzig, sowie die Deutschen im übrigen Polen und in dem nun zu Litauen gehörenden Memelland. Vertrieben wurden auch die Deutschen aus der Tschechoslowakei (die größte Gruppe waren die Sudentendeutschen) und aus Ungarn (hier wurde die Vertreibung nur teilweise durchgeführt). Die Deutschen in Jugoslawien und Rumänien wurden unter der deutschen Besetzung zum Teil »ins Reich« (vor allem in den »Warthegau«) umgesiedelt, anderen gelang die Flucht vor der Roten Armee. Die dort verbliebenen Deutschen sowie die Deutschen in der Sowjetunion verfielen nach dem Krieg der gnadenlosen Rache der Sieger.

Obwohl das Schicksal der deutschen Frauen jenseits der Grenzen des Deutschen Reiches über den Rahmen dieser Arbeit hinausgeht, soll doch am Ende dieses Kapitels der Lebensbericht von Marianne G. aus der »vergessenen« Gruppe der Russlanddeutschen stehen, wie er von ihrer Tochter Maria aufgezeichnet wurde. Er kann leider nur in stark verkürzter Form wiedergegeben werden.[40] Diese Frau hat alles durchgemacht, was die vorausgegangenen Kapitel zu veranschaulichen versuchten: Flucht, Verschleppung, Ausweisung und noch einiges mehr, weil sie Deutsche war, aber völlig unschuldig an der Hitlerschen und Stalinschen Politik. Es ist ein Extremschicksal und entspricht doch in vielen Zügen dem Schicksal deutscher Frauen in der ehemaligen Sowjetunion.[41]

Der Leidensweg der MARIANNE G. (1893) begann schon lange vor dem Zweiten Weltkrieg. Sie stammte aus dem Dorf Jeremewka (Bischofsfeld) bei Odessa am Schwarzen Meer (Russland bzw. Sowjetunion). 1919 heiratete sie einen selbständigen Bauern, der nach knapp drei Ehejahren an Hungertyphus starb. Diese Hungersnöte und Typhusepidemien waren eine Folge der bolschewistischen Revolution. Aus dieser Ehe hatte sie einen Sohn. 1922 heiratete sie einen Witwer mit drei kleinen Kindern, dessen Frau ebenfalls an Hungertyphus verstorben war. Im Laufe von fünf Jahren kamen noch drei Kinder dazu, eines verlor sie später. 1932, in der Zeit Stalins, wurden sie als »Kulaken« (selbständige Bauern) enteignet, ihr Mann kam ins Gefängnis, die Familie wurde aus dem Haus vertrieben, kam bei der Schwester unter. Die Mutter hatte Sachen beiseite geschafft, die sie jetzt tauschte. So konnte sie ihre Kinder vor dem Hungertod retten. Auch den Vater versorgte sie im Gefängnis; ohne sie wäre er verhungert. »Sie war so mager, dass man ihre knochige Gestalt durch ihre Kleider sehen konnte.« Im Frühjahr 1933 kam der Vater aus dem Gefängnis, und es gelang der Mutter, ein Papier zu beschaffen, dass sie keine Kulaken seien. Die Familie kam in einer Sowchose (einem landwirtschaftlichen Staatsbetrieb) unter. Ihre Habseligkeiten hatten auf einem kleinen Leiterwagen Platz. Die Mutter schuftete als Häckerin auf den großen Gemüsefeldern, musste ihre bescheidene Ration noch mit den Kindern teilen. Sie magerte bis aufs Skelett ab. Schließlich gelang es ihr, sich zuerst als Köchin, dann als Händlerin mit landwirtschaftlichen Produkten in Odessa besser durchzubringen. Sie konnte sich zwei Eisenbetten anschaffen (für sieben bis acht Personen!), einen Tisch und zwei Hocker. »Zwar mussten mehrere Geschwister in einem Bett schlafen; wir fühlten uns aber so reich wie nie zuvor.«

Der Vater bekam eine Anstellung als Buchhalter im Nachbardorf Johannestal. Die Mutter machte alle Gelegenheitsarbeiten, vom Weißen eines Gebäudes bis zum Bearbeiten eines Rebgartens. So ging es ihnen nicht ganz schlecht. Dann aber kam der schwerste Schicksalsschlag, der Beginn des deutschen Angriffskrieges auf die Sowjetunion am 22. Juni 1941. Am 25. Juni wurde der Vater verhaftet. Die Familie sah ihn nie wieder. Sie waren jetzt Staatsfeinde und »Hitleristen«. Sie gerieten mitten ins Kampfgeschehen zwischen Rumänen, die auf deutscher Seite kämpften, und Russen. In einem dumpfen, stickigen Keller überlebten sie abwechselnd die »Befreiung« durch die Rumänen und die Rückeroberung durch die Russen. Wieder war alles, was sie besaßen, zerstört und ausgeplündert. Im September 1941 konnten die drei Schwestern mit der Mutter nach zehnjähriger Abwesenheit wieder in ihr Heimatdorf zurückkehren. Sie fanden alles verwahrlost und zerstört vor.

»Als wir nach so langer Zeit wieder vor unserem Haus standen, waren wir entsetzt. Die Fensterscheiben, ja selbst die Fensterrahmen waren herausgebrochen. In der Wand des Hauses klafften große Löcher, denn man hatte die Ziegelsteine einfach herausgebrochen. Alle Bäume im Hof, im Hofgarten und auf der Straße vor dem Haus waren abgeholzt. Mutter weinte sich erst einmal tüchtig aus. Dann krempelte sie wieder die Ärmel hoch und begann, den zehn Jahre alten Schmutz aus dem Haus zu fegen.« Als bald darauf ein Bruder wieder zurückkehrte, sagte sie: »Pius! Des g'hört jetzt alles wieder uns, und ka Mensch kann's uns wieder wegnehme.«

Und sie alle schufteten Tag und Nacht. In diese Zeit fiel ein Erlebnis, das sehr bezeichnend für sie ist. Sie wurden Zeugen eines jüdischen Leidenszuges:

»Tagelang trieb man Hunderte von Juden, alte, kranke Menschen, Kinder, Säuglinge durch unser Dorf. Knöcheltief im Schlamm und wie im Trance bewegten sich die Menschen durch die aufgeweichten Wege. In abgebrochenen Scheunen und Ställen wurde ihnen ein Nachtlager zugewiesen. Es war uns streng verboten, Kontakt mit ihnen aufzunehmen. Mutter scherte sich nicht darum. Sie schickte uns mit Brot, Milch, Kartoffeln zu ihnen... Dann wurde es empfindlich kalt, und immer noch trieb man die Juden durch unser Dorf. Mutter nahm sich jetzt selbst ihrer an. Das ganze Haus, die Scheune, den Stall, ja sogar den Hühnerstall stellte Mutter diesen erbarmungswürdigen Menschen zur Verfügung. Sie durften ihre nassen Kleider trocknen, die vor

Schmutz starrenden Sachen waschen und ihre vor Kälte steif gewordenen Glieder wieder aufwärmen. Sie lagen oder saßen auf dem Boden, dass man über sie hinübersteigen musste, wenn man von einem Raum in den anderen ging. Mutter kochte einen Kessel Suppe nach dem anderen... Am anderen Morgen kam das Unfassbare. Eine Rotte von rumänischen Soldaten drang in unser Haus. Wie vom Teufel besessen schlugen sie mit ihren Gewehrkolben auf diese Menschen ein. Man ließ ihnen nicht einmal Zeit, warme Sachen oder Schuhe anzuziehen. Erbarmungslos trieb man sie aus dem Haus. Neun halbverhungerte, entkräftete Menschen blieben bei uns liegen. Man machte kurzen Prozess mit ihnen, sie wurden vor unseren Augen erschossen.

Mutter, blass vor Zorn, schrie den Soldaten entgegen: ›Niemals werdet ihr den Krieg gewinnen! Dieses Unrecht wird Gott an euch und auch an uns bestrafen.‹ Wütend stellte sich ein Soldat vor die Mutter hin und brüllte: ›Danken Sie Gott, dass Sie eine Deutsche sind und uns nicht unterstehen, sonst wären Sie den gleichen Weg gegangen wie dieses Ungeziefer hier!‹«

Kaum hatte sich die Restfamilie wieder einigermaßen eingerichtet, kam der Befehl der Reichsregierung zur Umsiedlung in den Warthegau, im März 1944.[42] Der Treck dauerte drei Monate:

»Unter Entbehrungen, unmenschlichen Strapazen bei Schnee, Kälte und zuletzt bei großer Hitze durchzogen wir die restliche Westukraine, dann Bessarabien, Rumänien, Jugoslawien bis nach Ungarn. Nur Alte, Kranke und kleine Kinder durften auf den Wagen mitfahren, die anderen mussten die ganze Strecke zu Fuß gehen. Kamen wir abends todmüde am Tagesziel an, so musste Mutter erst einen ›Herd‹ bauen. Sie grub eine Mulde in den Boden, umlegte sie mit Steinen, stellte den Topf darauf. Brennmaterial besorgten die Kinder. Sie gab den Müttern, die nicht stillen konnten, von ihrer Milch ab (*sie führte eine Kuh mit*). Der Treck bestand vorwiegend aus alten Leuten, Kranken, Frauen und Kindern.«

Mitte Juni waren sie in Ungarn. Dort mussten sie sich von den treuen Tieren trennen und wurden in Güterwagen verladen. In Budapest waren sie drei Tage und drei Nächte schweren Bombardierungen ausgesetzt: »Die Bomben schlugen rechts und links von uns ein, aber wie durch ein Wunder wurde unser Zug nicht getroffen.«

Am 29. Juni erreichten sie den Warthegau.

»Ein kleines, bescheidenes Lehmhäuschen war unser Quartier im Dorf Schießen. Wir wohnten in einer kleinen Stube und auf einem kleinen Flur. Als Kochherd diente uns der Ofen, der vom Flur aus ein wenig Wärme gab. Die Stube bestand aus Lehmwänden, Lehmboden und zwei Fensterchen. Sie war schon jahrelang nicht mehr renoviert worden. In den Wänden machten handgroße Löcher das Ganze noch trostloser. Mutter war wie erschlagen, als sie das alles sah: ›In solch einem Dreckloch sollen wir leben?‹ schimpfte sie, ›ich werde keinen Finger mehr im Lebe krumm machen! Ich mag nicht mehr!‹«

Der Bruder wurde gleich drauf in die deutsche Wehrmacht eingezogen, die drei Schwestern zum Ausheben von Schützengräben. Als sie nach acht Wochen zurückkamen, hatte Mutter das »Dreckloch« saubergemacht. Sie bekamen Lebensmittel, Kleider und Bettsachen. Das Leben wurde erträglich. Maria konnte die 200 km entfernte

Lehrerbildungsanstalt besuchen. Die Mutter setzte sich auch über das Verbot, dass Deutsche nicht mit Polen verkehren sollten, hinweg. Schon in den ersten Tagen schloss sie Freundschaft mit den polnischen Nachbarn.

»In der Nacht zum 21.1.45 hämmerte der Pole an unser Stubenfenster: ›Ihr müsst schnell fort, der Russe steht ein paar Kilometer vor unserem Dorf!‹« Die Mutter beschaffte sich bei einer deutschen Nachbarsfamilie Pferd und Wagen. Mit zwei ihrer Töchter (die Tochter Maria machte die Flucht mit ihrer Lehrerbildungsanstalt mit), den Schwiegereltern der Nachbarn und einer jungen Witwe mit drei kleinen Kindern trat sie die Flucht an.

»Wer einmal einen polnischen oder russischen Winter miterlebt hat, weiß, was es bedeutet, Hunderte von Kilometern bei eisiger Kälte mit Schneeverwehungen auf einem Pferdewagen zurückzulegen, immer die Angst vor den nachrückenden Russen im Nacken. Auch diesmal mussten die Erwachsenen die ganze Strecke zu Fuß zurücklegen.«

Anfang März kamen sie in der Nähe von Berlin an. Die Mutter wurde bei einer wohlhabenden, sehr freundlichen Familie untergebracht. Nach einigen Wochen marschierten die Russen ein.

»Mutter verteidigte ihre zwei Töchter wie eine Löwin… Einmal mussten Mutter und meine beiden Schwestern im nahen Wäldchen mit einem Leiterwagen tote deutsche Soldaten zusammentragen. Da standen plötzlich zwei russische Soldaten vor meinen Schwestern und befahlen ihnen mitzukommen in das Innere des Waldes. Mutter stellte sich vor ihre Töchter, ein Soldat schlug sie nieder.«

Durch einen russischen Offizier entkamen die beiden Schwestern der Vergewaltigung. Die Mutter wachte jede Nacht, um ihre Töchter zu warnen, die dann durchs Mansardenfenster aufs Dach krochen.

Im Juni 1945 wurden sie in ein Lager eingewiesen, im August in Güterzüge verladen. Es wurde gesagt, dass es wieder in die Heimat gehen solle. In Wirklichkeit ging es Richtung Sibirien. Drei Monate waren sie unterwegs. Am 3. Oktober kamen die Mutter und die Schwestern im Altaiski Krai in Sibirien an. Es lag bereits Schnee. Bei bitterer Kälte wurden sie auf Lastwagen 100 Kilometer von der Bahnstation in ein Dorf gebracht und als »Verbannte« zu je 50 in einen einzigen Raum eingepfercht. Sie mussten sich schriftlich verpflichten, auf ihre Heimat in der Ukraine zu verzichten. Die Schwestern arbeiteten im Wald. Die Mutter konnte bei einem »Natschalnik« (Beamter, Vorgesetzter) den Haushalt führen. Sie konnte nach drei Monaten bei einem alten Ehepaar in einer einzigen Stube mit den beiden Schwestern Unterschlupf finden. Schlafstätte war ein Strohlager auf dem nackten Boden.

Im Jahre 1949 erfuhr die Mutter, dass ihr Sohn Pius in Mittelasien, in Taschkent, lebte. Er war 1944 zur deutschen Wehrmacht einberufen worden. In der Folge war er im Kriegseinsatz in Ungarn und geriet in Österreich in amerikanische Kriegsgefangenschaft. Als er sich dort zum Arbeitseinsatz freiwillig meldete, wurde er an die russische Armee ausgeliefert und mit vielen Tausenden anderen volksdeutschen Wehrmachtsangehörigen in geschlossenen Viehtransportwaggons in die UdSSR zurücktransportiert.

Marianne G. bestach ihren »Natschalnik« und konnte mit den beiden Schwestern nach Taschkent fliehen.

Ein halbes Jahr nach ihrer Ankunft wurde der Bruder verhaftet und zu 25 Jahren Schwerstarbeit in die Taiga verschickt. Die Mutter verdiente ihren Unterhalt als Dienstmädchen, die Schwestern als Näherin und Gipserin. 1953, nach Stalins Tod, wurde der Bruder begnadigt und kam wieder nach Taschkent zurück.

Inzwischen erfuhr die Mutter, dass ein Sohn und die Tochter Maria in Westdeutschland lebten; der älteste Sohn, der bei der russischen Armee dienen musste, war in Sibirien. Dazu die Tochter Maria: »Adolf wurde 1939 zur Roten Armee eingezogen. Er blieb für uns verschollen. Erst 1953 bekam Mutter das erste Lebenszeichen von ihm. Über sein Schicksal hat Mutter nie etwas erfahren. Er könne nicht darüber reden, weil es zu grausam war. Er lebt heute noch im Ural, krank und arm.«

Vom Vater kam die Nachricht, dass er bereits 1943 in einem Gefängnis verstorben war. Dazu Maria S.: »Erst vor kurzer Zeit erfuhr ich von einem überlebenden Mithäftling unseres Vaters, dass er nicht im Gefängnis verstorben ist, wie uns die russischen Behörden mitgeteilt haben, sondern wenige Tage nach der Verhaftung ohne Gerichtsurteil erschossen wurde.«[43]

25 Jahre lebte die Mutter in Mittelasien. Dann holte sie die Tochter Maria zu sich nach Westdeutschland. »Wieder hieß es, Abschied nehmen: Diesmal von zwei Töchtern, zwei Söhnen und 9 Enkelkindern. Mit 78 Jahren fuhr sie ganz allein noch einmal den weiten Weg zurück nach Mittelasien, um ihre Lieben wiederzusehen. Sie kam wohlbehalten nach drei Monaten zu mir zurück.

»Heute (*ich erhielt den Bericht 1988*) ist meine Mutter 95 Jahre alt. Das Heimweh nach ihren Kindern und Enkelkindern schmerzt. Sie ist trotz ihres hohen Alters ungebrochen an Geist und Seele. Wenn sie von ihrem schweren Schicksalsweg spricht, sagt sie: ›So hat der Herrgott mei Lewa (*Leben*) vorbestimmt, und so hab' ich's in Gottes Namen angnumma (angenommen).‹«

Zusammenfassung

»Verlust der Heimat« – in diesen Worten bündelt sich eine Vielzahl von Erfahrungen: Die Trennung von Haus und Hof, Wohnung und Umgebung, in denen man aufgewachsen war, die Kinder- und Jugendzeit, die ersten Ehejahre oder auch fast ein ganzes Leben verbracht hatte. Gemeint ist aber auch der Verlust des größten Teils, wenn nicht alles dessen, was man besessen hatte, vom Lebensnotwendigen bis hin zu den ganz persönlichen Dingen, die einem lieb und wert waren, sei es »nur« Spielzeug, seien es Bücher, Musikinstrumente oder ererbte Kunstgegenstände. Verloren waren die vertraute Landschaft und das vertraute Ortsbild und – fast noch wichtiger – das vertraute soziale Umfeld, »Menschen, mit denen man sich versteht, die man kennt und denen man vertraut«[44]. Verloren waren alle die materiellen und immateriellen Werte, die sich niemals ganz ersetzen lassen würden und auf die man immer mit Sehnsucht und sicher auch mit der Neigung zu nostalgischer Verklärung zurückblicken wird.

Wer solche »Um- und Aussiedlungen« als Mittel einer »völkischen Flurbereinigung« ansieht und für zumutbar hält, da ja schon die nächste Generation sich in einer neuen Umgebung eingelebt haben würde, spricht mindestens einer Generation Teile ihrer elementaren Menschenrechte ab, einen wichtigen Teil ihrer Identität, auch wenn die Aussiedlungen in »humaner« Form geschehen sollten. Hitler und Stalin waren es, die »ethnische Säuberungen« zuerst in großem Stil betrieben haben. Und bei ihnen kann von »humaner Form« nicht die Rede sein. Polen und Tschechen machten es ihnen nach.

Wenn aber deutsche Menschen, besonders auch die Frauen, vom Verlust der Heimat im Gefolge des Zweiten Weltkriegs sprechen, dann meinen sie nicht allein den barbarischen letzten Akt der Austreibung, sondern den ganzen Prozess der Entfremdung von dem Leben, das sie trotz mancher Kriegsbelastung noch bis 1945 führen konnten, sofern sie sich einigermaßen dem Regime anpassten – und das taten die meisten von ihnen. Jetzt mussten sie am eigenen Leibe Entrechtung und Verfolgung erleben, welche die Verfolgten des Nationalsozialismus auch erlitten hatten, in Deutschland selbst und in von den Deutschen besetzten Gebieten. Das Unrecht schlug auf sie selbst zurück. Der nationalsozialistische Terror rief den Gegenterror hervor. Wenn man die Berichte über den ganzen Prozess von Flucht und Vertreibung liest, drängen sich die Parallelen zu den Judenverfolgungen und der »Behandlung der Fremdvölkischen und Minderwertigen« bis in Einzelheiten geradezu auf.[45] Der fundamentale Unterschied bleibt natürlich bestehen: Die Deutschen wurden nicht »als Rasse« planmäßig gejagt, um vernichtet zu werden, aber für diejenigen, die an Misshandlungen, Unterernährung, Zwangsarbeit, in den Internierungs- und Verschleppungslagern, bei der Ausweisung zugrunde gingen, fällt dieser Unterschied nicht ins Gewicht.

Die wenigsten Frauen waren direkt im Unterdrückungs- und Verfolgungsapparat tätig gewesen. Weder in der Dokumentation über die Vertreibung noch in den mir vorliegenden Erzählungen hatte eine Frau persönlichen Anteil an diesen Verbrechen. Und keine von ihnen konnte sich das Ausmaß der deutschen Verbrechen vorstellen. Ihnen musste die Vergeltung, die nun ausgerechnet über sie hereinbrach, unverständlich und ungerecht erscheinen. Immerhin erkannten manche der mir berichtenden Frauen schon damals einige Zusammenhänge. Wenn Trude S. mehrmals sagt: »Wir wurden behandelt wie die Juden im ›Dritten Reich‹«, dann war ihr schon damals bewusst, wie entrechtet die Juden waren. Wenn sie von einer Tschechin an Lidice erinnert werden konnte, dann wusste sie, was in Lidice geschehen war. Und wenn Auguste F. von der Tätigkeit ihres Mannes in der deutschen Schutzpolizei in Polen spricht, dann war für sie damit mindestens eine Vorstellung von Nicht-Geheurem verbunden, auch wenn ihr Mann ihr nur von harmlosen Ordnungsaufgaben erzählte. Heute wissen diese Frauen weit mehr, wenn auch längst nicht alle alles.[46]

Dennoch können die meisten Frauen bis heute nicht einsehen, dass sie am härtesten für die Untaten »der Männer« hatten büßen müssen. Sie drücken sich allgemein und vage aus, denn dass und wie ihre eigenen Männer oder Söhne oder Brüder an den Untaten beteiligt gewesen sein konnten, ist ihnen unvorstellbar. Sie weisen jeden solchen Verdacht weit von sich, haben dies vielleicht auch niemals so genau wissen wollen.[47] Ob und wieweit sie selbst als »Mothers in the Fatherland«[48] für die Taten der Männer, *ihrer* Männer, mitverantwortlich waren, diese Fragen stellten sie sich nicht, stellen sie sich bis heute kaum.

Auch wenn sie so ihre eigene Verwicklung in das, was »Männer« angerichtet haben, nicht erkennen, so sind sie heute in ihrer großen Mehrzahl doch bereit, sich den erschütternden und beschämenden Wahrheiten über das Verhalten »der Deutschen« im Zweiten Weltkrieg zu stellen und einen Teil der Haftung dafür zu übernehmen.[49] Sie wollen aber auch, dass ihre eigene Geschichte, ihr eigenes Leiden auf der Flucht, unter russischer, polnischer und tschechischer Herrschaft und bei der Ausweisung zur Kenntnis genommen werden. Das hat für sie nichts mit Aufrechnung zu tun, sondern mit dem Insistieren auf der *ganzen* Wahrheit.[50] Damit soll nicht die unheilvolle Kette von Unrecht ihre Fortsetzung finden, sondern die Frauen meinen, dass auch ihre Geschichte dazu beitragen könnte, dass etwas Derartiges sich nicht wiederhole. Sie sind in ihrer überwältigenden Mehrheit für Versöhnung, auch und gerade diejenigen, die besonders Schweres erlebt haben. So schreibt Ilse-Marie K. ausdrücklich in der Einleitung zu ihren Erinnerungen an ihre Verschleppung: »... nicht von den Grausamkeiten und den unmenschlichen Bedingungen, unter denen wir leben mussten, will ich sprechen, sondern ich will ein paar Begebenheiten erzählen, die gerade einer Frau, die Trägerin des Gedankens der Versöhnung sein sollte, im Gedächtnis haften geblieben sind als das Hohelied der Menschlichkeit, der Nächstenliebe und der Güte in einer der unwürdigsten Situationen des menschlichen Daseins, der politischen Gefangenschaft in einer Diktatur.«[51] Ihr Bericht und auch die Berichte der meisten anderen zeichnen sich durch große Fairness aus. Sie berichten nicht nur von den Untaten, sondern auch von guten Taten der »Feinde«. Sie waren für sie besonders beachtlich und beachtenswert, weil es für die Tschechen, Polen und Russen gefährlich war, sich nicht dem allgemeinen Deutschenhass anzuschließen. Damit hat Ilse-Marie K. und haben viele Frauen für ihr eigenes Schicksal ein Stück Aufarbeitung geleistet.

Diese Fähigkeit zur Verarbeitung hat sich nicht mühelos eingestellt; die Frage ist, ob sie je von den betroffenen Frauen zum Abschluss gebracht werden kann. Die schrecklichen Erfahrungen lassen sich nicht aus der eigenen Biografie eliminieren, sie lassen sich auch nicht verdrängen. Ilse-Marie K.'s Träume und die eruptive Erzählweise von Auguste F. stehen für ihre fortdauernde Realität in ihrem Bewusstsein und ihrem Gefühlsleben. Das Aufschreiben oder das Erzählen konnten und können heute eine Entlastung sein. Die Trauer über ihre »verlorenen« oder »gestohlenen« Jahre bleibt, auch wenn paradoxerweise nicht wenige Frauen sagen, sie wollten trotz allem die Zeit nicht missen. Das sind besonders die Frauen, die sich in Grenzsituationen bewähren konnten, die anderen beistehen konnten. Ein Beispiel dafür ist Margarete B., der »Schutzengel des Lagers«, eines Lagers in der Tschechoslowakei.

Für die vertriebenen Frauen war es lange Zeit schwer, nochmals die verlorene Heimat zu besuchen; manche können oder wollen es bis heute nicht. Viele aber haben bei diesem Besuch den endgültigen Schlußstrich gezogen. Trude S. schreibt – und sie spricht wohl im Namen der meisten Frauen: »Im Mai vorigen Jahres (*der Brief an mich ist aus dem Jahre 1988*) waren wir nach 40 Jahren noch einmal in Breslau und dem Riesengebirge, Heimatluft schnuppern. Es war herrlich. Keine Wehmut, keine Trauer um Verlorenes, einfach nur Freude, alles, zwar völlig verändert, wiederzusehen. Es war ja ein Stachel geblieben nach den schrecklichen Erlebnissen 1945/46 in Schlesien unter den Polen. Er ist weg. Die Menschen waren freundlich. Sie sind sehr arm. Es gab keine Ressentiments (auf beiden Seiten). Eine andere Generation ist herangewachsen, und es ist nun *ihre* Heimat.« Johanna I., eine aus Schlesien vertriebene Pfarrersfrau, fasst für die Gegenwart zusammen: »Es war für mich tröstlich, dass nun Menschen dort glücklich sind, wo wir es einst waren. Meine Heimat bleibt in mir in meiner Erinnerung. *Wir* wären sowieso nicht mehr dort. Anders fühlen diejenigen, die ›drüben‹ Besitz hatten, den sie zerstört wiedersahen oder der ihnen enteignet wurde.« Auch Margarete B. hat die »Reise in die Vergangenheit« nach 50 Jahren gewagt und darüber einen Bericht verfasst. Erstaunlich genau hat sie noch die Straßen, die Häuser, die Menschen, die sie einst bewohnten, im Kopf. In ihrer ganz verhaltenen Art nimmt sie Abschied von einer vergangenen Epoche, die ein großes Stück ihrer Jugend war. Heimat? Recht auf Heimat? Auf diese meine Frage sagte sie: »Südtirol, wo ich geboren bin, war meine erste Heimat; meine zweite Heimat war Prag.«

Zuerst sprach sie sich für eine Wiedergutmachung an die Deutschen aus, nahm das aber zurück: »Es hat doch keinen Sinn, das immerfort von neuem aufzurühren.« Sie möchte einen Schlußstrich ziehen, aber man muss »auf beide Seiten hören«, Unrecht auf beiden Seiten anprangern, und sie würdigt den tschechischen Präsidenten Vaclav Havel, der die Ausweisung »inhuman« genannt hat.

Eine revanchistische Politik, in welcher Verkleidung auch immer, würden die Frauen, die Flucht und Vertreibung, Zwangsarbeit und Verschleppung erlebt haben, meinem Eindruck nach nicht unterstützen. Aber würden sie wach und stark genug sein, sie rechtzeitig zu verhindern?

Für die sehr religiösen und gläubigen Frauen waren auch diese Erfahrungen eine Führung Gottes. Sie schreiben und erzählen als Überlebende, und sie können sich die Tatsache, dass sie überlebt haben, nicht anders als durch Gottes Hilfe erklären. Wir treffen hier wieder auf das schon bekannte Muster. Dass diese metaphysische Sinndeutung die historische Erklärung einer von Menschen, auch den »kleinen« und scheinbar ohnmächtigen, gemachten und zu verantwortenden Geschichte verstellt, haben wir schon mehrfach bemerkt. Wir müssen aber auch die andere Seite sehen. Wenn Marianne G. sagt: »So hat der Herrgott mei Lewa (*Leben*) vorbestimmt, und so hab' ich's in Gottes Namen angnumma (*angenommen*)«, dann wird niemand auf den Gedanken kommen können, diese Frau habe an irgendeiner Stelle Einfluss nehmen können auf das, was ihr von der »großen Politik« widerfuhr. Sie hat, wo immer sie auf Unrecht traf, unter höchstem persönlichen Risiko geholfen, und zwar aus ihrem christlichen Glauben heraus. Ein Glaube, der so ungebrochen, ohne »Wenn« und »Aber« in das Leben hineinwirkte, war in höchstem Maße »politisch«. Aus ihm wuchs die Kraft zum aktiven Widerstand gegen Unmenschlichkeit. Marianne G. fand erst im Alter als Spätaussiedlerin bei ihrer Tochter in Süddeutschland eine Heimat, in der sie vor Verfolgungen sicher war. Ob sie sich in Bad Mergentheim jemals ganz zu Hause fühlte? Ich konnte sie nicht mehr fragen.

Anmerkungen

KAPITEL 1
Durchkommen und Überleben in der Kriegs- und Nachkriegszeit

KRIEGSZEIT

1 Rationen für Normalverbraucher, je Zuteilungsperiode von 4 Wochen (28 Tage) und Kopf, in Gramm (Eier in Stück, Kartoffeln in kg).

	Fleisch	Fett	Käse	Eier	Brot	Nährmittel	Zucker	Marmelade	Kartoffeln
1939	2000	1080	250	5	9600	600	1000	400	frei
1940	2000	1040	250	5	9600	600	900	600	frei
1941	1600	1050	125	5	9000	550	900	700	frei
1942	1200	825	125	5	8500	550	900	700	15
1943	1000	875	187	4	9300	500	900	700	12
1944	1000	875	125	3	9300	500	900	700	14
1945	1000	500	62	0	5725	300	800	700	10

Nach Hans-Jürgen Eitner: Hitlers Deutsche [69], S. 439.

2 Vgl. Günter J. Trittel: Hunger und Politik [197], S. 213. Die große Habilitationsschrift Trittels informiert am umfassendsten über das Thema Hunger in der Nachkriegszeit. Er arbeitet die großen regionalen und lokalen Unterschiede heraus und geht den verschiedenen Gründen der Unterversorgung in der Politik der Besatzungsmächte und den innerdeutschen Verteilungsproblemen nach. Für die sowjetisch besetzte Zone fehlt eine entsprechende Untersuchung. Aus den mir zur Verfügung stehenden Zeugnissen von Frauen der »Ostzone«, die ich immer wieder zitiere, geht eine womöglich noch krassere materielle Not hervor.

3 Im Juni 1947 betrug die Durchschnittsration in der britischen Zone gerade 1039 kcal., in der amerikanisch besetzten Zone knapp 900 kcal. Für die französische Zone gibt Trittel keine Zahlen an, sie lagen mit Sicherheit noch darunter. Übereinstimmend wird von allen Frauen betont, in der französischen Zone sei die Ernährungssituation am schlimmsten gewesen. Nicht nur quantitativ, sondern auch qualitativ (Mangel an Eiweiß und Fett) lagen die Rationen der Bevölkerung deutlich unter dem international anerkannten Existenzminimum. (Nach Trittel, Hunger... [197], S. 219.)

4 In den letzten Kriegstagen brach die Versorgung zusammen. Emma K. (1917), aus Ostpreußen geflüchtet, in Chemnitz untergekommen, bekam im März 1945 ihr zweites Kind: »Da es in den letzten Kriegstagen keine Kindernährmittel gab, habe ich die Kinder mit Brotbrei und schwarzem Kaffee ernähren müssen.«
5 Beispiele dazu vgl. Kapitel 1, »Nachkriegszeit«, Stichwort »Hunger«.
6 Vgl. Ingeborg Bruns: Als Vater aus dem Krieg heimkehrte [527], S. 58.
7 Frauen bis zum 25. Lebensjahr erhielten keine Raucherkarte und ab diesem Alter erhielten sie nur die Hälfte der Zuteilung der Männer, waren damit auch in ihren Tauschgeschäften benachteiligt.
8 Kritische Bemerkungen zu den Erzählungen von Städterinnen und Bäuerinnen siehe Kapitel 1, »Nachkriegszeit«, Stichwort »Hunger«.
9 Auch die rigorosesten Strafen konnten nicht abschrecken. Margrit H. (1924) erzählt, dass ein Schwarzschlächter hingerichtet wurde und dass alle, die davon erfuhren, dies als gerecht empfunden haben.
10 Vgl. Inge Deutschkron, Ich trug den gelben Stern [497], S. 132.
11 Vgl. Alltag im 2. Weltkrieg [378], S. 14.
12 Dasselbe gilt natürlich auch für die deutschen Besatzungssoldaten und -offiziere. Die Verpflegung ist zwar ein Dauerthema in den Feldpostbriefen, aber ernsthaften Mangel oder gar Hunger litten sie – von zeitweiligen Engpässen abgesehen – bis zum Kriegsende nach den Erzählungen der Frauen nicht. Auch hierin liegt ein qualitativer Unterschied im Kriegserleben von Front bzw. Etappe und Heimat, von Männern und Frauen.
13 Vgl. Rainer Horbelt/Sonja Spindler: Tante Linas Kriegs-Kochbuch [546].
14 Vgl. Gabriele Jenk: Steine gegen Brot [416], S. 78.
15 Vgl. Alltagsleben im Krieg... [656], S. 10.
16 Vgl. Marianne Peyinghaus: Stille Jahre... [772], S. 160 f., 194.
17 Vgl. Mathilde Wolff-Mönckeberg: Briefe, die sie nicht erreichten [782], S. 138 f.
18 Es ist immerhin bemerkenswert, dass zumindest in den ersten Jahren des Krieges folgende Stoffe bezugscheinfrei zu haben waren: Naturseidene Gewebe, Spitzen und Tüll, Krepp, Georgette, Krepp Musselin, Organdy, Glasbatist, Velours, Chiffon, Opal, Lodenstoffe, Metallfadenware, also ausgesprochene Luxusstoffe. Vgl. auch die Erzählung in der Biografie von Ella K. in Band I.
19 Vgl. Lisa de Boor: Tagebuchblätter... [736], S. 143.
20 Vgl. ebd. [736], S. 225 und 232.

NACHKRIEGSZEIT

1 Vgl. dazu: Doris Schubert: Frauenarbeit 1945-1949 [326]; Annette Kuhn/Dörte Schubert: Frauen in der Nachkriegszeit und im Wirtschaftswunder 1945-1960 [293]; Karin Jurcyk: Frauenarbeit und Frauenrolle... [287]; Anna-Elisabeth Freier/Annette Kuhn (Hrsg.): Das Schicksal Deutschlands... [272]; Irene Brandhauer-Schöffmann/Ela Hornig: Von der Trümmerfrau auf der Erbse... [257]; Klaus-Jörg Ruh (Hrsg.): Frauen in der Nachkriegszeit [806]; ders.: Unsere verlorenen Jahre [805].
2 Vgl. Eine Frau in Berlin [742], S. 285.
3 Nicht systematisch berücksichtigen kann ich die Lebensverhältnisse derjenigen, die in der Nachkriegszeit in den polnisch und sowjetisch verwalteten deutschen Ostgebieten bis zur Ausweisung lebten. Das waren diejenigen, die entweder gar nicht geflohen, von den Sowjets überrollt und zurückgetrieben wurden oder freiwillig wieder nach Hause zurückgekehrt waren. In den Flüchtlings- und Ausweisungsberichten (Vgl. Kapitel 9, »Flucht« und Kapitel 10, »Zwangsarbeit – Verschleppung – Vertreibung«) kommt Detaillierteres zur Sprache. Im übrigen sei auf die große Dokumentation zur Vertreibung der Deutschen [788] verwiesen. Aufschlussreich sind auch Christian Graf von Krockow [551] und Erika Morgenstern [440]. Diese Frauen hatten bei weitem das schlimmste Los von allen.

4 Eine Ausnahme ist Ruth Andreas-Friedrich. Tagebucheintrag vom 21.5.1945: »Den ›unbescholtenen Kulturschaffenden‹ winkt Lebensmittelkarte I. Das bedeutet bei den fünf Ernährungsstufen eine Brotration von 600 Gramm täglich, von 30 Gramm Fett und 100 Gramm Fleisch, sofern die Transportschwierigkeiten es zulassen. Parteigenossen, Berufslose und Hausfrauen erhalten Karte V. Das heißt: 300 Gramm Brot täglich, 7 Gramm Fett und 20 Gramm Fleisch. ›Hungerkarte‹ hat sie das Volk getauft.« (Ruth Andreas-Friedrich: Schauplatz Berlin [735], S 38.)
5 Vgl. Mathilde Wolff-Mönckeberg: Briefe, die sie nicht erreichten [782], S. 185.
6 Geplündert wurden nicht nur Lebensmittel, sondern auch Textilien, Geschirr und viele andere Gebrauchsgegenstände. Vgl. auch Kapitel 8, »Besetzung«, Stichwort »Die letzten Kriegstage«.
7 Vgl. Eine Frau in Berlin [742], S. 48 ff.
8 Gunhild Ronnefeldt: Patchwork eines Frauenlebens [451], S. 7.
9 Dass ein junges Mädchen bei allem Hunger noch so aufgeschlossen für die Natur und die Dichtung ist, erscheint außergewöhnlich. Die ganze Lebensgeschichte dieser Frau beglaubigt aber ihre Aussage.
10 Gabriele Jenk: Steine gegen Brot [416].
11 Vgl. Gabriele Jenk: Steine gegen Brot [416], S. 173 f.
12 Vgl. ebd. [416], S. 87.
13 Vgl. Kapitel 1, »Kriegszeit«, Stichwort »Ernährung«.
14 Vgl. Ingeborg Bruns: Als Vater aus dem Krieg heimkehrte [527], S. 25.
15 Im Jahre 1947 wurden in der US-Zone folgende Schwarzmarktpreise gehandelt:
»1 kg Rindfleisch: 35 – 60 RM
1 kg Schweinefleisch: 60 – 70 RM
1 kg Fett: 200 – 400 RM
1 L Öl: 250 – 300 RM
1 kg Bohnenkaffee: 450 – 700 RM
1 kg Tee: 600 – 900 RM
1 kg Zucker: 150 – 240 RM«
Vgl. Klaus-Jörg Ruhl: Die Besatzer und die Deutschen [179], S. 168. Zum Vergleich nennt Ruhl einen Wochenarbeitslohn eines verheirateten Arbeiters mit zwei Kindern: 35 RM. Weitere Angaben zu Schwarzmarktpreisen auch bei Alexander von Plato : Nachkriegsgesellschaft [173], S. 32. Die Preise schwankten saisonal und regional. Über relativ groß angelegte Schwarzmarktgeschäfte berichtet die Gräfin Maltzan in ihren Memoiren [433].
16 Vgl. Alltag im 2. Weltkrieg [378], S. 79.
17 Vgl. Kapitel 9, »Flucht« und 10, »Zwangsarbeit – Verschleppung – Vertreibung«.
18 Margret Boveri: Tage des Überlebens [737], S. 253.
19 Vgl. Gabriele Jenk, Steine gegen Brot [416], S. 86. Zu den interessanten Brotaufstrichen und dürftigsten Hungerrezepten siehe auch schon Kapitel 1, »Kriegszeit«, Stichwort »Ernährung«.
20 »Die besonderen Beziehungen der Frauen zu den Besatzern« werden genauer betrachtet in Kapitel 8, »Besetzung«.
21 Anonyme Zeitzeugin bei Ingeborg Bruns: Als Vater aus dem Krieg heimkehrte [527], S. 59.
22 Gabriele Jenk: Steine gegen Brot [416], S. 30.
23 Richtig ist, dass die Alliierten, vor allem die Amerikaner, einen Kurs hart an der Hungerkatastrophe entlang riskierten, dass es dann hauptsächlich dem Eintreten des Hohen Kommissars Clay zu verdanken war, dass ein Umdenkungsprozess schließlich (1947/48) das amerikanische Auslandshilfeprogramm in Gang setzte. Die gewandelte weltpolitische Konstellation, der Beginn des Kalten Krieges, machten für die USA eine Wende in der Deutschlandpolitik notwendig. Trittel [197] arbeitet die Phasen und die Zielsetzungen der alliierten Politik genau heraus. Die großen Hunger-Streiks und Hungerdemonstrationen, vorwiegend im Ruhrgebiet, aber auch in fast allen größeren Städten Deutschlands 1947/48, an denen auch viele Frauen beteiligt waren, haben sicher auch zu einer Umorientierung beigetragen (vgl. Trittel, S. 93-96). Ich habe darüber keine Zeugnisse in meinem begrenzten Erhebungsmaterial.
24 Vgl. Helmut Schmidt u.a.: Kindheit und Jugend unter Hitler [456], S. 185.

25 Vgl. Hoovers Programm nach Trittel [197], S. 118: 1. Sofortmaßnahme: Zusatzmahlzeit für Kinder und alte Menschen (»Hoover-Speisung«) ab 14.4.1947 in der Bizone, 2. Gezielte Nahrungsmittelhilfe für besonders Bedürftige, über Wohlfahrtsverbände zu verteilen, 3. Einfuhren von Lebensmitteln.
26 Nach Trittel stieg die Todesrate 1946 in der britischen Zone um 10-15 % gegenüber der Vorkriegsrate, die Säuglingssterblichkeit wuchs um 50 %, 10 % der Großstadtbevölkerung war direkt »hungerkrank«, 20-30 % krankhaft unterernährt, 50-60 % in einem »Schwebezustand«, zumindest nicht mehr voll arbeitsfähig. [197], S. 269 f.
27 Vgl. Eine Frau in Berlin [742], S. 274.
28 Vgl. Ruth Andreas-Friedrich: Der Schattenmann [735], S. 108.
29 Vgl. Eine Frau in Berlin [742], S. 284.
30 In der britischen Zone nahmen die Diphtherie von 29,4 Fällen pro 10000 Einwohner im Jahre 1938 auf 41,7 Fälle, Tbc um 8,8 auf 21,1 Fälle und Typhus von 0,9 auf 9,3 zu. (Nach Alexander von Plato: Nachkriegsjahre...[173], S. 15). Siehe auch über Berliner Verhältnisse Sibylle Meyer/Eva Schulze: Wie wir das alles geschafft haben [615], S. 191, 200, 204.
31 Vgl. Band III, Teil A, Kapitel 3 »Nachwirkungen«, Stichwort »Nachwirkungen«.
32 Vgl. Ruth Andreas-Friedrich: Der Schattenmann [735], S. 120 f.
33 Vgl. Gabriele Jenk: Steine gegen Brot [416], S. 166 f.
34 Vgl. Margret Boveri: Tage des Überlebens [737], S. 195 f. – Margret Boveri ist übrigens die einzige Frau, die sich auch noch aus einem anderen Grunde über die wieder funktionierende Stromversorgung freut, jedenfalls hat keine andere ihn erwähnt: Sie schreibt am 28. Juni 1945: »Jetzt ist bei uns auch Strom. Großes Glück, denn ich kann nun wieder Radio hören, sooft ich will.« ([737], S. 204) Offenbar hat ansonsten keine Frau diese Informationsquelle vermisst.
35 Vgl. Eine Frau in Berlin [742], S. 232.
36 Vgl. Ruth Andreas-Friedrich: Schauplatz Berlin [735], S. 166.
37 Vgl. Helmut Schmidt u.a. (Hrsg.): Kindheit und Jugend unter Hitler [456], S. 177.
38 Vgl. ebd. [456], S. 177.
39 Stuttgart wurde am 22.4.1945 von den Franzosen besetzt; am 7. Juli verließ das Gros der französischen Truppen die Stadt. Die offizielle Übertragung der Besatzungsgewalt an die Amerikaner erfolgte am 8. Juli um 12.00 Uhr.
40 Vgl. Gabriele Jenk: Steine gegen Brot [416], S. 120 f.
41 Diese Beobachtung machten auch Sibylle Meyer/Eva Schulze: Wie wir das alles geschafft haben. [615], S. 143 f. – In extremen Situationen scheinen Frauen besonders unter Schmutz und mangelnder Körperpflege zu leiden. Das bestätigen Berichte aus Konzentrationslagern. Auch Solschenizyn machte im »Archipel Gulag« ähnliche Beobachtungen.
42 Vgl. Gabriele Jenk: Steine gegen Brot [416], S. 59 f.
43 Wie groß die Improvisationsgabe war, ist durch zahlreiche Nachkriegsausstellungen vielfach belegt, vgl. Literaturverzeichnis, Rubrik »Regional- und Lokalgeschichte«.
44 Vgl. Eine Frau in Berlin [742], S. 43.
45 Dem stehen nur scheinbar die oft geäußerten Beteuerungen vieler Frauen entgegen, damals habe »einer dem anderen viel mehr geholfen« als heute, habe es noch keine solche »Ellenbogengesellschaft« gegeben. Dies trifft – bei näherer Betrachtung – fast nur für die engsten und engen familiären und allenfalls nachbarschaftlichen Lebenskreise zu. Das waren Notgemeinschaften auf der Grundlage des, eines schlechthin Aufeinander-Angewiesenseins. Ausführlicher dazu Band III, Kapitel 7, »Es war nicht alles schlecht«, Stichwort »Volksgemeinschaft«.
46 Trittel [197] nennt als Gründe für das Überleben den Schwarzmarkt, die reduzierte Arbeitsleistung, die Kalorien sparte und die weitgehende Vegetabilisierung der Ration, d. h. die Vervierfachung der Kalorien durch Umstieg auf Getreide und Kartoffeln unter Verzicht auf Fleisch und Fett. Er übersieht vollständig die Rolle und Bedeutung der Frauenarbeit.
47 Trittel [197] sieht den entscheidenden Hemmschuh für eine raschere Wiederbelebung der deutschen Wirtschaft in der ernährungsbedingt schwachen Arbeitsleistung der deutschen Bevölkerung. Dies mag für die Industriearbeiter zutreffen. Dass sie nicht noch schwächer war, ist mit

ein Verdienst der Frauen. Die meisten Frauen haben gerade in dieser Zeit mehr gearbeitet als je zuvor.
48 Vgl. Band III, Teil A, Kapitel 3, »Nachwirkungen«, Stichwort »Nachwirkungen« (Erziehung und Ausbildung der Kinder).
49 Von Frauenforscherinnen ist inzwischen wiederholt darauf aufmerksam gemacht worden. Vgl. die Literaturangaben in Anm. 1.
50 Vgl. Band III, Teil A, Kapitel 2, »Neuanfang«, Stichwort »Politischer Neubeginn« und Kapitel 3, »Nachwirkungen«, Stichwort »Brachte der Krieg einen Emanzipationsschub?«. Hier wird genauer auf die politische Abstinenz der meisten Frauen eingegangen.
51 Vgl. Eine Frau in Berlin [742], S. 295.
52 Um so erstaunlicher ist, dass viele Frauen, trotz aller Belastungen, sich noch bereit fanden, ehrenamtliche Hilfe zu leisten, in Wohlfahrtsverbänden, bei der Nachbarschaftshilfe usw.. Vgl. Band III, Teil A, Kapitel 2, »Neuanfang«.

KAPITEL 2
Arbeit

1 Vgl. Stephan Bajohr: Die Hälfte der Fabrik [244]; Karin Jurcyk: Frauenarbeit und Frauenrolle [287]; Leila J. Rupp: Mobilizing Women for War [318]; Annemarie Tröger: Die Frau im wesensgemäßen Einsatz [340]; Dörte Winkler: Frauenarbeit im »Dritten Reich« [350]; Jill Stephenson: Women in Nazi Society [235]; Rüdiger Hachtmann: Industriearbeiterinnen in der deutschen Kriegswirtschaft 1936 bis 1944/45 [278].
2 Vgl. Band III, Teil A, Kapitel 3, »Nachwirkungen«, Stichwort »Brachte der Krieg einen Emanzipationsschub?«.
3 Vgl. Kapitel 5, »Bomben« und Kapitel 9, »Flucht«.
4 Wie Anmerkung 3.
5 Vgl. Kapitel 2, »Trennung«, Stichwort »Urlaubszeiten«.
6 Vgl. die Biografien von Mathilde W. und Ella K. in Band I.
7 Vgl. Dörte Winkler: Frauenarbeit [350], S. 163.
8 Vgl. Hans-Jürgen Eitner: Hitlers Deutsche [69], S. 435 f. (nach Grunberger 170).
9 Ella K. und Maria K. (vgl. ihre Biografien in Band I) beschreiben die Außenarbeiten genau.
10 Auf meine schriftliche Nachfrage schrieb sie mir am 19.4.1994: »Meine drei Brüder, die im Krieg waren, kamen, als er zu Ende war, in Gefangenschaft. Der älteste in Frankreich in amerikanische Gefangenschaft, der zweite war fünf Jahre beim Russen, der jüngste, der 1944 als 18jähriger noch eingezogen wurde, kam auch in russische Gefangenschaft. Wir haben dann nie mehr etwas von ihm gehört. Er war 10 Jahre lang vermisst. Dann kam die Todesnachricht. Er war schon im Sommer 1945 an Typhus gestorben... Als meine beiden ältesten Brüder heimkamen, waren sie sehr krank (Malaria, Tuberkulose). Das dauerte Jahre, bis sie ausgeheilt waren und wieder als normale, gesunde Menschen leben konnten. Mein Vater ist vor Sorgen und Kummer krank geworden. In dieser so schweren Zeit haben wir drei Frauen, meine Mutter, meine Schwester und ich uns so recht und schlecht durchgeschlagen. 1958 wurde mein ältester Bruder endlich als geheilt entlassen. Er hat dann den väterlichen Hof übernommen und hat ein elternloses Flüchtlingsmädchen aus dem Osten geheiratet. Dann starben meine Eltern Anfang der sechziger Jahre. Nun hatte ich die freie Entscheidung zu gehen oder zu bleiben. Ich war schon 41 Jahre und bin geblieben. Es gab jede Menge Arbeit, zudem auch noch Kinder gekommen sind.« Aus ihrem Schreiben wird auch beispielhaft deutlich, wie die Weichen für ihr späteres Leben ganz entscheidend durch den Krieg und seine Folgen gestellt wurden.
11 Vgl. Hans-Jürgen Eitner: Hitlers Deutsche [69], S. 436.
12 Vgl. Band III, Teil B, Kapitel 4, »Wir haben doch nichts gewusst«, Stichwort »Andere Gruppen«

und Kapitel 6, »Was hätten wir denn machen können?«, Stichwort »Nichtkonformes Verhalten«.
13 Heinz Boberach (Hrsg.): Meldungen aus dem Reich [787], Meldung Nr. 30 (18.12.39), S. 588.
14 Vgl. ebd. [787], S. 3384.
15 Vgl. ebd. [787], S. 582 u. ö.
16 Vgl. ebd. [787], S. 582.
17 Vgl. ebd. [787], S. 1411.
18 Vgl. ebd. [787], S. 3383 f.
19 Vgl. ebd. [787], S. 783.
20 Vgl. ebd. [787], S. 3385.
21 Vgl. Christel Beilmann: Eine katholische Jugend [382], S. 40.
22 Vgl. Hiltgunt Zassenhaus: Ein Baum blüht im November... [493], S. 154 ff.
23 Krankenschwestern und Schwesternhelferinnen, ob hauptberuflich, kriegsdienstverpflichtet oder auch freiwillig im Roten Kreuz Dienst tuend, hatten ähnliche Erlebnisse, weshalb sie hier zusammen betrachtet werden. Natürlich waren die Belastungen der hauptamtlichen Schwestern ungleich größer. Manche jungen Mädchen meldeten sich auch freiwillig zum Roten Kreuz, um Arbeits- und Kriegshilfsdienst zu vermeiden, teils auch aus grundsätzlicher Abneigung gegen den Nationalsozialismus. Sie verkannten dabei, dass das Rote Kreuz in Deutschland gleichgeschaltet war.
24 Nach Fliegeralarmen zwischen 20.00 und 6.00 Uhr begann der Unterricht erst in der dritten Stunde.
25 Die Immatrikulationsbeschränkung von 1934 wurde schon 1935 wieder aufgehoben.
26 Zu den Benachteiligungen von Frauen im Berufsleben, besonders auch in akademischen Berufen, vgl. Band III, Kapitel 8, »Warum immer nur wir?«, Stichwort »Benachteiligungen deutscher Frauen durch das Regime«. Ein weiterer Grund dürfte sein, dass solche Positionen selten in jungen Jahren erreicht werden und Frauen ab damals etwa 35 Jahren heute so gut wie nicht mehr befragbar sind.
27 Im Gegensatz zum BDM gibt es noch keine Untersuchung zum weiblichen Arbeitsdienst, die die Sicht der Betroffenen einbezieht. Die Disseration von Dagmar G. Morgan [307] informiert ausführlich über Geschichte, Organisation, Zielsetzungen und Aufgaben des RAD wJ (Reichsarbeitsdienst weibliche Jugend), nicht jedoch über die Erfahrungen von Arbeitsmaiden und Führerinnen. Das gleiche gilt für die kürzeren Beiträge wie den von Lore Kleiber: »Wo ihr seid, da soll die Sonnen scheinen!« – Der Frauenarbeitsdienst am Ende der Weimarer Republik und im Nationalsozialismus, in: Frauengruppe Faschismusforschung: Mutterkreuz und Arbeitsbuch [216]; Stefan Bajohr: Weiblicher Arbeitsdienst im »Dritten Reich«, in VJHZG, Jg. 28 II, 3. Juli 1980, S. 331-357; Gisela Miller: Erziehung durch den Reichsarbeitsdienst für die weibliche Jugend (RAD-wJ). Ein Beitrag zur Aufklärung nationalsozialistischer Erziehungsideologie, in: Manfred Heinemann (Hrsg.): Erziehung und Schulung im Dritten Reich [107], S. 170-190.
28 Das liegt auch an der Prädominanz der Jahrgänge 1921-1926 aus bürgerlichen Kreisen in meinem Material. Sie mussten während des Krieges ihren Arbeitsdienst ableisten.
29 Keineswegs alle gläubigen Mädchen kamen in innere oder äußere Konflikte. Z. B. hat Ingeborg G. (1922, vgl. ihre Zitate), verlobt mit einem Theologen, regelmäßig das Neue Testament gelesen. Sie erwog sogar ernstlich, RAD-Führerin zu werden.
30 Wie ich aus vielen Zeugnissen weiß, fühlten sich individualistische, eigenwillige, schöngeistige Mädchen im RAD nicht wohl.
31 Solche Dokumente, die aus dem unmittelbaren Erleben entstanden sind und daher keiner späteren Deformierung unterlagen, sind z. B. das Brieftagebuch von Gunhild H. (vgl. ihre Biografie in Band I), sind Rundbriefe innerhalb von Kameradschaften und andere Briefe, die mir zur Verfügung standen.
32 Einen recht genauen Plan gibt Gisela Miller: Erziehung durch den Arbeitsdienst...[303], S. 185 f.: »Der Arbeitstag hatte 16 Stunden (5.00-21.00 bzw. 6.00-22.00). Auf die 6 Werktage gesehen ergeben sich in der Regel 42 Std. Arbeit und 14 Std. organisierte Freiheit, davon 6 Std. wirklich freie

Zeit, 4 Std. ›politischer Unterricht‹, 3 Std. ›Leibeserziehung‹ (ohne Frühsport), 1 Std. hauswirtschaftliche oder handwerkliche Erziehung. Ein Abend in der Woche, der Samstag ab 14.00 und der Sonntag waren offiziell frei, doch sollten Samstag und Sonntag wie die 3 ›gestalteten Feierabende‹ möglichst mit Besinnung, Feiern von Festen völkischer Art verbracht werden. Typische Freizeitveranstaltungen waren: Näh-, Flick- und Lesestunden, Basteln, Singen, Musizieren, ›Heimgestaltung‹«.

33 Dazu Ingeborg F. (1924): »Das passierte nur bei uns höheren Töchtern, die andren behielten sie. Also nur bei uns etwas Feineren war das.«

34 Es wird aber auch berichtet, dass solche Treffen zum Teil von Ewiggestrigen dazu benützt werden, die Zusammenkünfte in ihrem Sinne umzufunktionieren. Über die Auseinandersetzung mit der NS-Vergangenheit vgl. den gesamten Band III, Teil B, besonders Kapitel 9, »Es muss einmal Schluss sein«.

35 In ihrer Begeisterung für die Fahnenappelle am Morgen steht Waltraud G. ziemlich allein da, vielleicht wollen das viele heute auch nicht mehr zugeben. Sie meint ja auch nicht eigentlich den Inhalt, zum mindesten nicht den nationalsozialistischen, sondern mehr die Form, das Feierliche überhaupt. Dass darin ein gutes Stück Schizophrenie steckt, ist ihr von heute aus bewusst und wird uns in Band III zu beschäftigen haben.

36 Dazu Anneliese B. (1925), 1943 im RAD: »Das Bedrohliche waren für uns die Fliegerangriffe auch über Eckermünde. Gleich das erste, was wir tun mussten gleich nach unserer Ankunft dort, war Splittergräben zu bauen, damit wir also im Falle eines Luftangriffs Unterschlupf hatten, das war schon kein sehr gutes Gefühl.« Und weiter: »Die Träne in dieser Gemeinschaft war, dass das Rheinland (wir hatten 50 % Rheinländerinnen im Lager) ja nun vorrangig stark bombardiert war und fast kein Tag verging, wo nicht irgendeine unserer Arbeitsmaiden eine Nachricht bekam über familiäre Verluste verschiedenster Art, ausgebombt oder tot oder verletzt im eigenen Heimatland. Das war eigentlich sehr betrüblich, wir haben mitunter versucht zu trösten und zu stützen.«

37 Brigitte H. war nach dem Krieg lange Jahre Vorsitzende des Landfrauenverbandes Baden-Württemberg.

38 Frau M. ist bis heute in zahlreichen karitativen und ehrenamtlichen Tätigkeiten engagiert.

39 Annemarie G. brachte es bis zur Maidenhauptführerin, d. h. sie konnte als Lagerführerin von Großlagern oder Sachbearbeiterin eingesetzt werden.

40 Dagegen stehen einige SD-Berichte, in denen sich Landfrauen darüber beschweren, dass sie selbst wesentlich härter arbeiten mussten als die Arbeitsmaiden, dass die Maiden v.a. zu besonders arbeitsintensiven Zeiten, morgens und abends nicht da waren und dass sie in der Regel alle vier Wochen wechselten. Vgl. etwa Dok. Nr. 376 vom 15.4.43 in: Heinz Boberach (Hrsg.): Meldungen aus dem Reich [787], S. 5140 f. – Die Berichte der Betroffenen belegen aber, dass die Maiden oft weit über die vorgeschriebene Zeit hinaus beschäftigt wurden, vgl. etwa die Biografie von Gunhild H. in Band I.

41 Vgl. Band III, die Kapitel 4 »Wir haben ja nichts gewusst«, Stichwort »Andere Gruppen« und Kapitel 6, »Was hätten wir denn machen können?«, Stichwort »Nichtkonformes Verhalten«.

42 Kritisches dazu in Band III, Kapitel 7, »Es war nicht alles schlecht…«, Stichwort »Volksgemeinschaft«.

43 Vgl. Eva Sternheim-Peters: Die Zeit der großen Täuschungen [472], S. 367.

44 Eine spezielle Untersuchung zu den Wehrmachtshelferinnen fehlt bislang. Unter den von mir befragten Wehrmachtshelferinnen war keine, die am Geschütz eingesetzt war. Ein Erlebnisbericht von Christa Meves (1925): Flakhelferin (in: Cordula Koepcke [423], S. 22-45). Dortselbst der Bericht über Schanzen am Westwall von Ingeborg Hecht (S. 47-57). Anna Spieckermanns: Als Flakhelferin im Einsatz 1944/45 [467], S. 27-38. Spieckermanns wurde als Fernsprecherin bei der Flak ausgebildet, wurde aber am Geschütz eingesetzt und schildert das sehr eindrücklich (S. 33 f.). Sie erlebte, wie Wehrmachtshelferinnen bei diesen Einsätzen getötet wurden und war ihr ganzes späteres Leben geprägt von diesen schrecklichen Erlebnissen. (S. 36 f.)

45 Vgl. Cordula Koepcke: [423], S. 78.

46 Vgl. Kapitel 10, »Zwangsarbeit – Verschleppung – Vertreibung«.

47 Vgl. die Biografie von Lieselotte S. in Band I.
48 Ich habe nur *ein* Beispiel, wo eine Frau Skrupel äußerte und aus diesen Gründen nach einer anderen Beschäftigung suchte. Ein besonders prononciertes Beispiel, dass Rüstungsarbeit sogar ausdrücklich bejaht wurde, findet sich bei Gertraud K. (1924), die ab Frühjahr 1944 ein Kriegshilfsdienstlager leitete: »Wir machten Hüllen für V1, das hat man gewusst, ha, das war die Wunderwaffe! Wir waren stolz! Auf die hat man doch gesetzt. Die Schlacht um England ist verloren, aber jetzt kann man sie mit der V1 besiegen.«
49 Vgl. Literatur in Anm. 1.
50 Vgl. die Zusammenstellung bei Dörte Winkler: Frauenarbeit im »Dritten Reich« [350], S. 110-114. Der SD-Bericht vom 20. Juli 1940 berichtet: »Die Frauen äußern sich dahingehend, dass die sogen. besseren Kreise immer noch ein oder mehrere Dienstmädchen haben, in den Lokalen und Cafés herumsitzen, die Strandbäder, Tennis- und Sportplätze bevölkern und schon am frühen Morgen in Liegestühlen im Garten liegen.« Heinz Boberach (Hrsg.): Meldungen aus dem Reich [787], Dok. Nr. 107, S. 1411; vgl. ebenso S. 1832 f., S. 2820 f.
51 Das wird auch durch die Forschung bestätigt, vgl. Rita Thalmann; Frausein im Dritten Reich [236], S. 180: »1943 gibt es immer noch ebensoviele Hausangestellte wie 1939 (1,5 Mio.!). Die Hausangestellten stehen vor allem im Dienst wohlhabender, nicht kinderreicher Familien.«
52 Vgl. Kapitel 6, »Evakuierung, Kinderlandverschickung«.
53 Das wird auch durch die lokale Presse bestätigt, die immer wieder Aufrufe zum »freiwilligen Ehrendienst« brachte. Auch interne Dienstschreiben beklagen die mangelnde Bereitschaft von mittelständischen Frauen. Durch die SD-Berichte ziehen sich diese Beobachtungen und Beschwerden wie ein roter Faden.
54 Vgl. Eva Zeller: Nein und Amen [569], S. 79.
55 Carola Sachse zeigt in ihrer Studie (Betriebliche Sozialpolitik als Familienpolitik... [321]) auch sehr gut, dass der Widerspruch zwischen den familienpolitischen und rassenhygienischen Zielen und den Anforderungen der Kriegsvorbereitung und der Kriegführung den Frauen einen Ausgangspunkt boten, sich gegen den befohlenen Arbeitseinsatz in der Kriegsindustrie zu wehren.
56 Ursula von Kardoff: Berliner Aufzeichnungen... [755], S. 205.
57 Dies betont auch Dörte Winkler: Frauenarbeit [350], S. 129.
58 Vgl. dazu Kapitel 10, »Nie wieder Krieg!«, Stichwort »Kriegsbeginn«. Zum »Kriegsehrendienst« vgl. auch Bettina Bab: »Frauen helfen siegen« [243].
59 Vgl. Kapitel 5, »Bomben«, Kapitel 6, »Evakuierung, Kinderlandverschickung«; Kapitel 9, »Flucht«.
60 Jill Stephenson stellt fest, 1940 habe sich von den 8 Mio. NSF- und DFW-Mitgliedern weniger als die Hälfte zu irgendeinem freiwilligen Dienst gemeldet, auf dem Land, in Fabriken, in Nähkursen oder als Personal in Durchgangslagern für volksdeutsche Flüchtlinge aus dem Osten. Und aus den Zahlen der NSF gehe hervor, dass 1940/41 jede Freiwillige sich im Durchschnitt nur mit wenig mehr als einer Stunde pro Woche in der einen oder anderen Weise an den Kriegsanstrengungen beteiligte, je schlechter die Kriegslage wurde, desto weniger. Dies kann als Beleg für Drückebergerei gelesen werden, aber auch als Beleg, dass es bei den Frauen bei weitem nicht zu einer totalen Identifikation mit dem Regime gekommen ist. Wichtig erscheint mir, die schon ohne diese freiwilligen Dienste sehr große Arbeitsbelastung der meisten Frauen in Rechnung zu stellen. Wichtig erscheint mir aber auch, umgekehrt, zu bedenken, dass es immerhin Millionen Frauen gab, die sich ehrenamtlich engagierten und sehr viele, die mehr als eine Stunde pro Woche dafür opferten.
61 Wettbewerbe und Wettkämpfe auf allen nur möglichen Gebieten gehörten in der Hitlerjugend zum Programm. Die Wörter »Pflicht«, »Einsatz« und »Dienst« waren nicht zufällig Kernwörter im NS-Vokabular. In den Tagebüchern vieler junger Mädchen, z. B. Irmgard F. (1928) und Gertraud L. (1928), findet sich unabhängig voneinander immer wieder der Ausspruch Friedrichs des Großen: »Es ist nicht nötig, dass ich lebe, wohl aber, dass ich meine Pflicht tue.« Dorothea D. (1924) sagt stellvertretend für viele Mädchen und Frauen aus bürgerlichen Kreisen: »Das Wort Pflicht hatte eine große Bedeutung, aber nicht nur als politische Ideologie, sondern von zu Hause aus. Pflichterfüllung war also ein ziemlich hohes Gebot bei meiner Erziehung. Dass man sich

nicht drückt vor übernommenen Pflichten und dass man eben Pflichten zu übernehmen hat und dass man sich daran zu halten hat. So sind wir erzogen worden.«

62 In ihren nach meinem Gespräch mit ihr 1994 publizierten Erinnerungen erzählt sie genauer von ihrer Arbeit. (Vgl. Anne Egerter: Denn der andere – das bist du! [392], S. 28, 31, 41, 44.)

63 Im Laufe des Krieges übte sie folgende Funktionen aus: a) KdF-Wart seit 1.10.40; b) Betriebsfrauenwalterin (BFW) der Deutschen Arbeitsfront seit 1.5.42; c) Werkfrauengruppenführerin (WFGF) seit 20.4.43. (Die genaue Darstellung ihrer Tätigkeiten findet sich bei ihren Dokumenten, die mir zur Verfügung stehen.)

64 Vgl. Eva Zeller: Nein und Amen [569], S. 268.

65 In der Schlacht von Tannenberg, einem Ort im westlichen Masuren, siegte 1914 die deutsche Armee unter Hindenburg über die Russen, die in Ostpreußen eingefallen waren. Zur Erinnerung an diesen Sieg wurde 1927 das Tannenbergdenkmal errichtet. 1945 wurde es gesprengt.

66 Vgl. Marianne Peyinghaus: Stille Jahre... [772], S. 46 ff.

67 Andere mussten auch sehr schwer arbeiten, z. B. die Schülerin Eva M. (1926), die sich in den Ferien freiwillig nach Ostoberschlesien für einen Monat Arbeitseinsatz meldete: »Das war auf einer sog. Reichsdomäne, ein riesengroßer Gutshof (mitten im polnischen Gebiet), wo Rüben gehackt wurden, wo Heu gegabelt wurde und Mist gestreut. Es war eine sehr, sehr schwere Arbeit von morgens um sechs bis abends um sechs bei sehr schlechtem Essen und ganz wenig Verdienst, und außerdem wurde sonnabends und sonntags auch gearbeitet. Nur alle 14 Tage gab's mal einen freien Sonntag.« Bemerkenswerterweise hatten die Mädchen einen polnischen Aufseher, der sie zur Arbeit antrieb und ihnen die polnischen Landarbeiterfrauen, die »unwahrscheinlich gearbeitet haben«, als Vorbild vorhielt.

68 In Band III wird in den Kapiteln 4, »Wir haben doch nichts gewusst« und 9, »Es muss einmal Schluss sein«, auch an diese Erfahrungen anzuknüpfen sein.

69 Vgl. Kapitel 10, »Zwangsarbeit – Verschleppung – Vertreibung«.

70 Vgl. die in Anm. 1 genannte Literatur.

71 Vgl. die Biografie von Maria K. in Band I.

72 In den Berichten des Sicherheitsdienstes und in der damaligen Presse wird oft über »Bummelei am Arbeitsplatz«, unentschuldigtes Fehlen usw. geklagt. Das betraf vor allem die Arbeiterinnen. Mir berichteten die Frauen darüber nichts, weder von sich noch von anderen. Die monierten Fälle müssten einzeln untersucht werden. Wenn man sich den Arbeitstag dieser Frauen vorstellt, so ist zu vermuten, dass sich dahinter nicht etwa Faulheit verbarg, sondern schlicht Überlastung und eine Strategie, die häuslichen Verpflichtungen und die Kinder irgendwie mit der Fabrikarbeit unter einen Hut zu bringen und nicht unter der Doppel- und Dreifachbelastung zusammenzubrechen. Dies wird auch in den geheimen Lageberichten des Sicherheitsdienstes der SS immer wieder so gesehen; vgl. Heinz Boberach (Hrsg.): Meldungen aus dem Reich [787], S. 3383, 3386 ff. (26. Februar 1942). Auch hier wird in den wenigsten Fällen Sabotage gegen das Regime zu vermuten sein. Vgl. auch Rüdiger Hachtmann: Industriearbeiterinnen in der deutschen Kriegswirtschaft 1936 bis 1944/45 [278], S. 344 f.

73 Marlies Flesch-Thebesius: Hauptsache Schweigen [402], S. 104.

74 Frauen erzählen von eigenen Krankheiten, die sie aber mehr oder weniger rasch überwanden. Über regelrechte Zusammenbrüche berichten sie fast nur von anderen.

75 Vgl. Band III, Teil A, Kapitel 3, »Nachwirkungen«.

76 Vgl. Band III, Teil A, Kapitel 2, »Neuanfang«, Stichwort »Ausbildungsbedingungen« und Kapitel 3, »Nachwirkungen«, Stichwort »Brachte der Krieg einen Emanzipationsschub?«

77 Vgl. Band III, Teil A, Kapitel 1, »Zusammenkommen – Zusammenleben«.

78 Es ist noch nicht genau untersucht worden, wie hoch der Frauenanteil an üblicherweise von Männern besetzten Berufen im allgemeinen und an in den einzelnen Positionen war. Für die Industriearbeiterinnen stellt Rüdiger Hachtmann fest: »Der industrielle Frauenanteil blieb generell auf ungelernte und angelernte Tätigkeiten beschränkt.« (Industriearbeiterinnen in der deutschen Kriegswirtschaft [278], S. 341.)

KAPITEL 3
Trennung

1 Vgl. auch die Biografie von Annelies N. in Band I.
2 Die Motive der »Kriegsfreiwilligen« müsste man im einzelnen untersuchen. Margret B. (1927) äußerte dazu: »Mein Vater als Idealist (er war 1939 48 Jahre!) hat sich sofort zur Verfügung gestellt als Reserveoffizier. War dann den ganzen Krieg auch weg, zwar nicht an der Front, aber in den besetzten Gebieten, und das war mit Partisanen auch immer gefährlich, in Bulgarien und wo er da überall war.« Und Herta B. (1933), die als Kind sehr scharf beobachtete, vermutet, dass bei ihrem Vater auch Abenteuerlust im Spiel war. War dies eine absolute Ausnahme?
3 Vgl. dazu genauer Band III, Kapitel 10, »Nie wieder Krieg!«
4 Die Feldpostbriefe sind voll von Versuchen, einander Mut zuzusprechen.
5 Soldaten und Offiziere, die die Sowjets als Kriegsverbrecher ansahen, hielten sie noch länger zurück.
6 Vgl. Kapitel 4, »Nachrichten«.
7 Walther Flex (geb. 1887) nahm am Ersten Weltkrieg teil und fiel 1917. Seine Bücher sind geprägt vom Kriegserleben. Das bekannteste, »Der Wanderer zwischen beiden Welten« (1917), wurde zu einem »Kultbuch« vieler junger Menschen.
8 Im selben Stil antworteten ihnen auch die jungen Männer. Vgl. auch Alexander von Plato in Lutz Niethammer u.a.: Die volkseigene Erfahrung [622], S. 363 und 369.
9 Vgl. Christa Meves: Flakwaffenhelferin [423], S. 30.
10 Von einem langwierigen Lernprozess spricht auch Norma Holscher in: Lutz Niethammer u.a., Die volkseigene Erfahrung [622], S. 363.
11 Mit Bemerkungen wie diesen soll nicht im geringsten der Eindruck erweckt werden, der Krieg habe offenbar auch »sein Gutes gehabt«. Beziehungen wie die beschriebenen sind selbstverständlich nicht nur in Kriegszeiten möglich.
12 Vgl. Hans Dieter Schäfer (Hrsg.): Berlin im Zweiten Weltkrieg [455], S. 57 f., 312. Diese Berichte scheinen mir darauf hinzudeuten, dass besonders die Bombenangriffe und die chaotischen Verhältnisse in den anonymen Großstädten am Ende des Krieges zur sexuellen Entfesselung beigetragen haben.
13 Vgl. dazu den SD-Bericht vom 13.4.1944 bei Heinz Boberach (Hrsg.): Meldungen aus dem Reich [487], Bd. 16, S. 6481 ff., ebenfalls den »Stimmungsbericht der Oberfürsorgerinnen« vom 17.2.1943 bei Angelika Ebbinghaus: »Opfer und Täterinnen.« [533], S. 137-142.
14 Z. B. bei Hans Joachim Schröder: Die gestohlenen Jahre [639], der Gewährsmann Georg Timm, S. 393-398.
15 Vgl. das Stichwort »Schreiben« in diesem Kapitel.
16 Das verständnisvollste Urteil über die Beziehungen von Männern und Frauen im Krieg habe ich jedoch bei einem Mann gefunden. Herbert Reinecker schreibt in seinem autobiographischen Buch »Ein Zeitbericht unter Zuhilfenahme des eigenen Lebenslaufs« über einen Genesungsurlaub in Bansin im Sommer 1944: »Das Leben wurde bestimmt von alten Leuten und von jungen Frauen, all den jungen Frauen mit Kindern, deren Männer im Krieg waren, den jungen Frauen, die nun schon seit Jahren um normales Leben gebracht wurden, die ihre Jugendjahre verloren, gleichsam ins Leere blühten. Na ja, nicht ganz ins Leere. Ein paar Männer waren immer da, und es ergab sich ein Leben am Rande der Moral, ein bisschen am Rande, ein bisschen über die kleine Grenze hinweg, die die bürgerliche Moral gezogen hatte. Da zog das große Unheil herauf, da gab sich die Zukunft dunkel, verhüllt, und eben dies fügte der Sommerluft in Bansin ein bisschen Leichtsinn hinzu, eine Art von Leichtsinn, in der sich die Sehnsucht ausdrückte nach Liebe, nach Geborgenheit, nach Zärtlichkeit, die jeder bedroht sah, möglicherweise, ohne es zu wissen; irgend etwas im Innern wehrte sich gegen Tod und Verhängnis, und dies mit aller Kraft.« Vgl. Herbert Reinecker [447], S. 154.
17 Ursula von Kardoff, Berliner Aufzeichnungen... [755], S. 39.

18 Hans Joachim Schröder: Die gestohlenen Jahre [639] berücksichtigt dieses Thema: S. 331, 368, 386-404. Ludger Tekampe: Kriegserzählungen [647], S. 149 f. über die Rolle der Frau für den Soldaten: »Dieser Themen- und Erfahrungskomplex tritt in den Erzählungen vom Krieg nur selten hervor ... diese Bruchstücke vermitteln nur ein disparates Bild über das Verhältnis der ehemaligen Soldaten zu ihrer Sexualität und ihrer Beziehung zu Frauen.« Dass dieses Thema aber eine sehr große Rolle, auch in den Gesprächen der Soldaten untereinander, spielte, weiß ich von vielen Zeugen. Es bestehen hier vermutlich gegenüber einem Interviewer ähnliche Erzählhemmungen wie bei den Frauen. Auch Hans Joachim Schröder bestätigt das (vgl. [639], S. 386).
19 Darüber berichtet Angelika Ebbinghaus: »Opfer und Täterinnen« [533], S. 97.
20 Vgl. ebd. [555], S. 200.
21 In welch schauerlicher Weise weibliche KZ-Häftlinge von deutschen Männern missbraucht wurden, gehört zu den düstersten Kapiteln der Verfolgung. Opfer haben darüber berichtet, z. B. Anja Lundholm: Das Höllentor [515], S. 127.
22 Sogenannte Ferntrauungen kamen unter meinen Zeitzeuginnen nicht vor, waren aber nicht selten. Dazu Hans Joachim Schröder: Die gestohlenen Jahre... [639], S. 389.
23 Vgl. dazu Band III, Teil A, Kapitel 1, »Zusammenkommen – Zusammenleben«.
24 Von der ganz allgemeinen Einschätzung dieser Ausländer durch deutsche Frauen und von ihrem Verhalten ihnen gegenüber wird in Band III die Rede sein, und zwar in Kapitel 4, »Wir haben doch nichts gewusst« und Kapitel 6, »Was hätten wir denn machen können?«
25 Fast alle lokalen Studien berichten davon. Vgl. z. B. Joachim Scherrieble: Reichenbach an der Fils unterm Hakenkreuz [715], S. 257 f.; Uwe Kaminsky: Fremdarbeiter in Ratingen [698], S. 192-94. Es dürfte wohl allgemein gelten, was Hans-Dieter Schäfer über Berlin sagt: »... bekam die Regierung trotz schärfster Strafandrohung die Beziehungen deutscher Frauen zu Kriegsgefangenen zu keiner Zeit unter Kontrolle.« (Vgl. Hans-Dieter Schäfer: Berlin im Zweiten Weltkrieg [455], S. 48)
26 Berichte darüber finden sich in zahlreichen Darstellungen über das »Dritte Reich«, auch in der zeitgenössischen Presse. Für gezielte Befragungen von Betroffenen dürfte es inzwischen zu spät sein. Einzelne Schicksale nachzuzeichnen, wäre dennoch verdienstvoll.
27 Das Interview mit Else Beckmann wurde in SDR 2 am 11.7.1990 gesendet. Ich habe die mir überlassene Tonkassette transkribiert und zitiere mit Erlaubnis der Sendeanstalt nach dem Transkript.
28 Wichtig dazu besonders die Untersuchung von Helke Sander/ Barbara Johr (Hrsg.): Befreier und Befreite [322] und Hans Joachim Schröder: Die gestohlenen Jahre [639], S. 386-404.
29 Nach Vestemy Kjendsli: Kinder der Schande [547] gab es in Norwegen nach dem Krieg 9000 Kinder mit deutschem Vater und norwegischer Mutter (S. 39). Doch »nur etwa 400 Norwegerinnen heirateten deutsche Soldaten.« (S. 42)
30 Zahl nach Helke Sander/Barbara Johr (Hrsg.): Befreier und Befreite [322], S. 65. »In Norwegen, Dänemark, Belgien, den Niederlanden und Frankreich wurden etwa 200 000 Kinder deutscher Soldaten geboren. Zahlen zu den anderen europäischen Ländern liegen nicht vor.« (S. 71)
31 Vgl. z. B. Ernst Klee u.a.: »Schöne Zeiten« [128], S. 97.
32 Bei Hans Joachim Schröder: Die gestohlenen Jahre [639], erzählt der Gewährsmann Pahl im Beisein seiner Ehefrau – offensichtlich wohl zum ersten Mal – freimütig die Geschichte eines Bordellbesuches. (S. 400 ff.)
33 Befehl Himmlers an die SS, vor dem Tod im Krieg noch ein Kind zu zeugen, einerlei ob ehelich oder unehelich:

»Der Reichsführer-SS   Feld-Kommandostelle
                                            Hegewald, d. 15. Aug. 1942

SS-Männer!

1. Ihr seid auf Befehl des Führers als letzte Söhne aus der Front zurückgezogen worden. Diese Maßnahme ist erfolgt, weil Volk und Staat ein Interesse daran haben, dass Eure Familien nicht aussterben.

2. Es ist noch niemals die Art von SS-Männern gewesen, ein Schicksal hinzunehmen und von sich aus nichts zu seiner Änderung beizutragen. Eure Pflicht ist es, so rasch wie möglich durch Zeugung und Geburt von Kindern guten Blutes dafür zu sorgen, dass ihr nicht mehr letzte Söhne seid.

3. Seid bestrebt, in einem Jahr das Fortleben Eurer Ahnen und Eurer Familien zu gewährleisten, damit Ihr wiederum für den Kampf in der vordersten Front zur Verfügung steht.

H. Himmler.«

Ähnliche Vorstellungen äußerte Martin Bormann:

»Er hielt am 29.1.1944 fest, dass wegen des großen Aderlasses neue Moral-Grundsätze vorzubereiten sind: ›Neue Romane, Novellen und Bühnenstücke, die Ehedrama = Ehebruch setzen, sind nicht mehr zuzulassen, ebensowenig irgendwelche Dichtungen, Schriftstellereien, Kinostücke, die das außereheliche Kind als minderwertiges, uneheliches behandeln. Das Wort ›unehelich‹ muss...gänzlich ausgemerzt werden.« (zit. nach Manfred Overesch: Das III. Reich 1939-1945 [166], S. 452).

Nicht öffentlich forderte er 1944: »Wir müssen – um der Zukunft unseres Volkes willen – geradezu einen Mutterkult treiben, und hierin darf es keinen Unterschied zwischen Frauen, die nach der bisherigen Weise verheiratet sind, und Frauen, die von einem Mann, dem sie in Freundschaft verbunden sind, Kinder bekommen, geben: Alle diese Mütter sind in gleicher Weise zu ehren.« (zit. nach Charles Schüddekopf: Der alltägliche Faschismus [459], S. 19.)

34 Jutta Rüdiger, damalige BDM-Reichsführerin, zitiert aus einem Entwurf zu einer offiziellen Stellungnahme zu den Forderungen Himmlers und Bormanns. Sie habe darin geschrieben: »Wer einem unehelichen Kind das Leben geben will, tut es auf eigene Verantwortung, muss dann aber aus dem BDM ausscheiden, weil solche Einstellung nicht dem Erziehungsziel für die weibliche Jugend entspricht.« Dieses wichtige Dokument sei allerdings im Dachstock durch Fliegereinwirkung vernichtet worden. Ob die Stellungnahme tatsächlich in die Hände Bormanns und Himmlers gelangt ist, muss offen bleiben. Vgl. Jutta Rüdiger: Der Bund deutscher Mädel [316], S. 187-89.

35 Vgl. Georg Lilienthal: Der »Lebensborn e.V.« [142]; Marc Hillel/Clarissa Henry: Lebensborn e.V. [282]. 1943 gab es im Reichsgebiet neun und in den besetzten Gebieten zusätzlich vier Lebensborn-Heime. Dort wurden »bis 1944 ca. 11 000 Kinder geboren. Da die Akten und Unterlagen des ›Lebensborn‹ fast vollständig vernichtet wurden, ist schwer zu rekonstruieren, wieweit die viel weitergehenden ›Züchtungs‹-Pläne Himmlers verwirklicht worden sind und wieweit der ›Lebensborn‹ in den Raub, die ›Eindeutschung‹ und Adoption von ›Kindern germanischen Typs‹ im Osten verstrickt war.« (Vgl. Bernd Jürgen Wendt: Deutschland 1933-1945 [200], S. 252.)

36 Ortwin Buchbender/Reinhold Sterz: Das andere Gesicht des Krieges [740] sprechen von »weit über 40 Mrd. Feldpostbriefen« (S. 9), davon »24 % der Briefe von der Front, 76 % von der Heimat!« (S. 14) Unter den insgesamt 327 Briefen ihrer Sammlung zählte ich 55 von Frauen.

37 Ortwin Buchbender/Reinhold Sterz: Das andere Gesicht des Krieges [740]; Wolfram Wette (Hrsg.): Der Krieg des kleinen Mannes [780]; Peter Knoch: Feldpost... [887]; Detlev Vogel/Wolfram Wette: Andere Helme – andere Menschen? [198]; Karl Eberhard Zwicker: Feldpostbriefe aus dem Zweiten Weltkrieg an seine Eltern Wilhelm und Luise Zwicker und seinen Bruder Ulrich [784].

38 Einige Vergleichspunkte werden im folgenden angesprochen.

39 Die Zensur war angesichts der Massen von Briefen hoffnungslos überfordert; das konnten sich die Briefschreiber selbst recht gut ausrechnen. Wie unzulänglich sie überdies arbeitete, geht schon daraus hervor, dass ich unter den Tausenden von Briefen, die ich gelesen habe, nur *einen* mit geschwärzten Stellen fand, und dies trotz zahlreicher wirklich verfänglicher Passagen in vielen Briefen. Die Unkenntlichmachung war in diesem Fall dazuhin noch unsinnig: In ihrem Brief vom 17.4.1943 beschreibt die Nachrichtenhelferin Ilse W. ihrem Freund ihren neuen Aufenthaltsort, dessen Name geschwärzt ist, obwohl aus der Beschreibung unschwer zu erkennen ist, daß es sich um Paris handelt. Auch die Stelle über die Bombenschäden in Hamburg ist ausgestrichen; diese waren aber für jeden Soldaten sogar über den Rundfunk zu erfahren.

Daß andererseits die Zensur durchaus ernstzunehmen war, zeigt das Beispiel (nur dieses eine wurde mir berichtet) von Regina J. (1906): Sie schrieb ihrem Mann über ihren schlechten Gesundheitszustand während der Schwangerschaft mit dem sechsten Kind und wie groß die Sorge um die kleinen Kinder daheim sei. »Das schrieb ich meinem Mann, und an einem schönen Morgen bekam ich einen Brief von der Staatsanwaltschaft, ich hätte es nur meinem Zustand zu verdanken, daß ich nicht eingesperrt würde, denn was ich täte, das sei Staatszersetzung. Und ich mußte mich immer bei der Polizei melden, und Post von meinem Mann durfte ich nicht mehr bekommen. Da hat mein Mann mir immer durch einen Kameraden an meine Nachbarin geschrieben.«

Die Organisation und Funktion der Briefzensur wird genau dargestellt bei Ortwin Buchbender/ Reinhold Sterz: Das andere Gesicht des Krieges [740], S. 12-25.

40 Peter Knoch hat daher vorgeschlagen, aus ihnen den Kriegsalltag zu rekonstruieren, vgl. Peter Knoch: Die Rekonstruktion des Kriegsalltags als Aufgabe der historischen Forschung und der Friedenserziehung [602], S. 222 ff. Nur ist zu berücksichtigen, daß die Frauen über die täglichen Routineverrichtungen, die ja hauptsächlich ihren Tag füllten, kaum berichten, weil diese den Männern ohnehin bekannt waren. Nur wo es sich um gerade besonders zeitraubende Tätigkeiten handelte, wie Einkochen, Nähen usw., erzählen die Frauen davon. Erstaunlich ist, daß sie auch recht offen über Schwierigkeiten und Engpässe in der Versorgung berichten und über die Not der Fliegeralarme und Fliegerangriffe.
41 Exaktere Quantifizierungen sind nicht möglich. Eine Beschränkung auf ganz wenige Belege ist leider unumgänglich.
42 Immer wieder bitten die Frauen ihre Männer in den besetzten Gebieten, etwas für sie zu besorgen. Vgl. Kapitel 1, »Durchkommen«.
43 Es liegt auf der Hand, daß für Männer, besonders an der Ostfront, gerade das Wetter eine Lebensfrage sein konnte. In den Frauenbriefen werden vor allem die »hellen Nächte« gefürchtet wegen der Gefahr von Fliegerangriffen.
44 Darüber ausführlicher in Kapitel 7, »Freizeit, Feste, Kultur – Normales Leben im Krieg?«
45 Dass es hier zu schwer verständlichen Widersprüchen in der allgemeinen Haltung zum Krieg gekommen ist, wird noch zu zeigen sein.
46 Dazu genauer Band III, Kapitel 10, »Nie wieder Krieg«.
47 Zitiert nach Ortwin Buchbender/Reinhold Sterz: Das andere Gesicht des Krieges [740], Beleg 110, S. 76 f.
48 Auf Thematik und Stil der Briefe von Männern genauer einzugehen, ist hier nicht möglich.
49 Vgl. Anne Egerter [392], S. 145 f. – Dieser Brief des unverheirateten Siegried S. ging allerdings nicht an eine Ehefrau, sondern an ein Mädchen, das er durch die Briefaktion »Mädchen schreiben an unbekannte Soldaten« kennengelernt hatte. Seiner Ehefrau hätte er ihn vermutlich erspart, ebenso wie er seinen Eltern »keine Einzelheiten schreiben kann«.
50 Dazu Band III, Teil A, Kapitel 1, »Zusammenkommen – Zusammenleben«.
51 Z. B. »Habe solche Sehnsucht nach Dir«, »Ich denke immer an Dich«, »Denke immer an mich, »Bleib gesund«, »Sei recht tapfer«, »Mach Dir keine Sorgen«, »Du hast so lange nichts von Dir hören lassen«, »Hoffentlich kommst Du bald«, »Schicke doch wenigstens ein Lebenszeichen«, »Hoffentlich hast Du Glück«, »Wenn Du nur gesund wiederkommst«, »Man darf gar nicht daran denken«, »Ich glaube trotzdem (*an Gott, Glück oder Führer*)«, »Ich warte sehnsüchtig auf Deinen Brief«, »Meine Gedanken sind immer bei Dir«, »Ich will tapfer sein«, »Wie schön wäre es, wenn Du jetzt hier sein könntest«, »Ich kann das gar nicht so schreiben«, »Ich freue mich über das kleinste Lebenszeichen«.
52 Allein die Kosenamen und -worte, die Namensabkürzungen enthalten so viel Unausgesprochenes, für den Außenstehenden kaum Nachvollziehbares. Auch die Erinnerung an miteinander verbrachte Tage und Nächte ist eine verschlüsselte Botschaft, die nur der Empfänger ganz versteht. Es ist daher wenig sinnvoll, einzelne Belegstellen aus dem Zusammenhang zu reißen. Zu hoffen ist, daß Frauen (und auch Männer) sich entschließen, ihren Briefwechsel zu veröffentlichen, sofern sie ihn noch besitzen. Frauen, deren Männer im Krieg geblieben sind, tun sich bis heute schwer, diese ihre persönlichsten Zeugnisse der Verbundenheit der Öffentlichkeit preiszugeben.

53 Es erscheint mir ganz abwegig, wenn manche Feministinnen glauben machen wollen, die Mehrzahl der Frauen sei im Kriege ganz gern ohne ihre Männer ausgekommen, hätte das Alleinsein oder das Leben in »weiblichen Lebensgemeinschaften« sogar genossen. Gewiß haben die Frauen das Alleinsein mehr oder weniger tapfer ertragen, haben auch an anderen Frauen Trost und Halt gefunden, aber für die Frauen der Kriegsgenerationen war das kein erstrebenswerter Zustand. Erst vor diesem Hintergrund wird auch verständlich, was es für Frauen bedeutete, kriegsbedingt ohne Partner bleiben zu müssen und keine Aussicht zu haben, einen Partner zu finden. Sie mussten es erst lernen, auch allein »ein Ganzes« zu sein.
54 Ich habe den Eindruck, kann ihn aber nicht ausreichend belegen, dass die Liebesbriefe der Männer ganz besonders intensiv und schön waren. Vielleicht erklärt sich das auch dadurch, daß sie sich der Todesnähe noch bewusster und in ihrer persönlichen Einsamkeit noch stärker auf den liebsten Menschen konzentriert waren, während die Gefühle und Gedanken der Frauen stärker durch die Alltagsmühen und vor allem durch die Kinder gebunden waren. Männer hatten wohl auch, wenn sie nicht gerade im Einsatz waren, mehr Zeit zum Schreiben. Besonders überrascht hat mich, welche Innigkeit und Poesie oft aus den Briefen von Männern ohne »höhere Bildung« spricht, auch bei nicht ausgesprochen gefühlsbetonten, lyrisch veranlagten.
55 Der jüngste Bruder fiel am 21.4.1945, der ältere kam erst 1949 aus russischer Kriegsgefangenschaft zurück. Beides erlebte die Mutter nicht. Sie starb am 13. Juni 1945 ohne Nachricht von den Söhnen.
56 Dass der Zweite Weltkrieg ein verbrecherischer deutscher Angriffskrieg war, blieb den meisten damals verborgen. Dazu Näheres Band III, Kapitel 10, »Nie wieder Krieg!«
57 Ich beziehe mich auf die Briefe vom 2.1.1941 bis 21.5.1943. Der vollständige Briefwechsel zwischen dem Sohn und seinen Eltern ist erhalten.
58 Vgl. dazu auch die Biografie von Annelies N. in Band I.
59 Vgl. auch die Biografien von Mathilde W. und Maria K. in Band I.
60 Vgl. dazu Kapitel 5, »Bomben«, und den Brief von Annemarie Z.
61 Wie Ingeborg G. mit der Nachricht »Vermisst« umging, vgl. Kapitel 4, »Nachrichten«.
62 So sagt Gertraud K. (1924): »Was der Hitler anders gemacht hat als im Ersten Weltkrieg, er hat die Männer heimgelassen in Urlaub, Bevölkerungspolitik! Im Ersten Weltkrieg kamen die Männer nie heim (*sie meint seltener*). Er hat die Männer, wenn auch nur auf Kurzurlaub, heimgelassen.«
63 Es genügt der Hinweis auf die NS-Ideologie. Zur Umsetzung einige besonders auf Frauen bezogene Untersuchungen: Irmgard Weyrather: Muttertag und Mutterkreuz [345]; Carola Sachse: Betriebliche Sozialpolitik als Familienpolitik [321]; Gabriele Czarnowski: Das kontrollierte Paar. Ehe- und Sexualpolitik im Nationalsozialismus [263].
64 Vgl. Irmgard Weyrather: Muttertag und Mutterkreuz. [345].
65 Aus einer Reihe von Äußerungen war zu entnehmen, daß der Koitus interruptus neben der Beachtung der unfruchtbaren Tage wohl sehr häufig geübt wurde.
66 Vgl. Bernd Jürgen Wendt: Deutschland 1933-1945 [200], S. 262. Wendt nennt die Zahl von 600 000 »Fehlgeburten« jährlich, wie es nach außen offiziell hieß. Zu rechnen ist auch mit einer hohen Dunkelziffer.
67 Das besagt nicht, daß nicht noch mehr von den Frauen selbst zu erfahren gewesen wäre und immer noch zu erfahren wäre.
68 Vgl. Literaturhinweise in Anm. 63.
69 Zahlen nach Gisela Bock: Zwangssterilisation im Nationalsozialismus [252], S. 143. Näheres dazu bei Irmgard Weyrather [345], S. 148 f.
70 Das Wort geht zurück auf eine Rede Hitlers auf dem Nürnberger Parteitag am 8. September 1934 vor der NS-Frauenschaft: »Das ist ja das Wunderbare in der Natur und Vorsehung, dass kein Konflikt der beiden Geschlechter unter- und nebeneinander möglich ist, solange jeder Teil die ihm von der Natur vorgezeichnete Aufgabe erfüllt… Was der Mann an Opfern bringt im Ringen seines Volkes, bringt die Frau an Opfern im Ringen um die Erhaltung dieses Volkes… Was der Mann einsetzt an Heldenmut auf dem Schlachtfeld, setzt die Frau ein in ewig geduldiger Hingabe, in ewig geduldigem Leid und Ertragen. Jedes Kind, das sie zur Welt bringt, ist eine Schlacht, die

sie besteht für das Sein oder Nichtsein ihres Volkes...« (Domarus, Hitler, Bd. 1, S. 450, zit. nach Bernd Jürgen Wendt: Deutschland 1933 – 1945 [200], S. 248.)
71 Vgl. Band III, Teil A, Kapitel 1, »Zusammenkommen – Zusammenleben«, Exkurs: Was haben Männer vom Krieg erzählt?
72 Es ist bei all den Erzählungen zu diesem Thema bzw. dem Schweigen darüber auch mit starken Verdrängungs- und Abwehrmechanismen zu rechnen. Vgl. dazu Band III, Kapitel 4, »Wir haben doch nichts gewußt.«
73 Vgl. Band III, Teil B, Kapitel 10, »Nie wieder Krieg!«, Stichwort »Glaube an den Sieg?«
74 Diese Zweifel werden mir nicht allein durch meine Gewährsfrauen nahegelegt, sie werden auch bestätigt durch einen bei Angelika Ebbinghaus: »Opfer und Täterinnen.« [533], S. 137-142, zitierten Stimmungsbericht der Oberfürsorgerinnen vom 17.2.1943, in dem zwar gerügt wird, »dass das Verhalten der Frauen Eingezogener in sittlicher Beziehung sich im Laufe der letzten Kriegsjahre erheblich verschlechtert hat«, der aber mit folgenden Worten eingeleitet wird: »Es muss jedoch vorausgeschickt werden, dass der weitaus größere Teil der Soldatenfrauen sich durchaus einwandfrei führt.« Diejenigen, die die »kleine Grenzlinie« (Reinecker) gelegentlich leicht überschritten, als »sittlich verwahrlost« zu bezeichnen, scheint mir übertrieben. Die Beziehungen zwischen Frauen und Männern im Krieg waren viel komplizierter und facettenreicher, als es die Kategorien »treu – untreu« oder gar » rein – sündig« beschreiben können.
75 Aber gerade die bei der Wehrmacht angestellten Frauen betonen die großen Unterschiede zwischen den einzelnen Gruppen, etwa den Flakhelferinnen und den Stabshelferinnen, den freiwillig Dienenden und den Zwangsrekrutierten. Die Flakhelferinnen hatten im allgemeinen einen schlechteren Ruf als die Stabshelferinnen.
76 Einen interessanten Hinweis gibt Hans-Jürgen Eitner: Hitlers Deutsche [69], S. 225: »Während die Reichsstatistik seit 1882 laufend die unehelichen Geburten ausweist, schweigt sich das Dritte Reich in seinen Statistischen Jahrbüchern seit 1940 darüber aus, obwohl weiterhin die Zahlen für Heiraten, Todesfälle und Geburten genannt werden. Es ist anzunehmen, dass die Zahlen für nichteheliche Geburten bewusst verschwiegen werden, weil sie hoch (im NS-Sinne: zu hoch) sind.« Zu hoch aber nur nach den in der Öffentlichkeit noch herrschenden Moralvorstellungen, besonders auch der Frontsoldaten, auf die man Rücksicht nehmen mußte. Nach den Rassevorstellungen der NS-Elite, besonders Himmlers und Bormanns, konnte die Zahl der erbgesunden, rassisch einwandfreien Geburten gar nicht hoch genug sein.
77 Frauen, die mit wechselnden Partnerbeziehungen einen »lebenslustigen« Eindruck erweckten, mussten damit rechnen, als »asozial« eingestuft und entsprechend behandelt zu werden bis hin zu Jugendstrafgefängnis und Zwangssterilisation. Vgl. Angelika Ebbinghaus: »Opfer und Täterinnen« [533], S. 94. Unter meinen Gesprächspartnerinnen war kein solcher Fall.
78 Mir ist nicht bekannt, ob auch verheiratete Frauen im Lebensborn Aufnahme fanden, wenn sie ein Kind von einem anderen als dem Ehemann erwarteten. Soweit ich sehe, räumte der Lebensborn nur den Männern das Recht auf Polygamie ein. Ledigen Frauen aber wurde sicher nichts in den Weg gelegt, wenn sie z. B. mit verschiedenen SS-Männern Kinder zeugten.
79 Aber natürlich gab es auch hier Ausnahmen, Frauen, die von Anfang an ganz unzweideutig den Krieg ablehnten. Vgl. dazu und grundsätzlich zur Einstellung der Frauen zum Krieg das folgende Kapitel »Nachrichten« und in Band III, Teil B, Kapitel 10, »Nie wieder Krieg!«
80 Vgl. dazu Band III, Teil A, Kapitel 1, »Zusammenkommen – Zusammenleben«.

KAPITEL 4
Nachrichten

1 Wehrmachtsverluste nach Hans-Jürgen Eitner: Hitlers Deutsche [69], S. 464, 45: »Die Verluststatistik der Wehrmacht reicht nur bis 31. Januar 1945. Bis dahin sind nachweislich gefallen:

1 809 361, gestorben: 191 338, zusammen: 2 000 699 und bis Anfang 1955 registriert: 2,73 Mio. Unbekannt ist die Zahl der Toten in der Zahl der Vermissten von 1 902 704 (Ende 1954: 1 240 629), ferner die Zahl der vom 1. Februar bis 9. Mai 1945 Gefallenen und der in Kriegsgefangenschaft Gestorbenen. Amtlich festgestellt sind bisher 2,73 Mio Tote, mit den Toten unter den Vermissten etwa 4 Mio.
»Im 2. Weltkrieg wurden 11 % der Bevölkerung getötet, jeder 9. Deutsche... Die Gefallenen hinterließen mehr als 1,7 Mio. Witwen, fast 2 1/2 Mio Halbwaisen und etwa 100 000 Vollwaisen.« (Vgl. Hans Fenske: Wirtschaftliche und soziale Kriegsfolgen in den Familien von Gefallenen, Vermissten und Gefangenen, [74], S. 24 f.)
2 Die vollständige Tagebuchstelle lautet: »Endlich Nachricht von Klaus, die Mama mir heute am Telefon vorlas. Er liegt seit dem 13. August mit Malaria in Neapel im Lazarett. Ich bin glücklich. Grotesker Zustand...« (Vgl. Ursula von Kardoff: Berliner Aufzeichnungen [755], S. 69.)
3 Vgl. auch die Biografie von Ella K. in Band I.
4 Frau S.'s Mann und sie selbst engagierten sich später im Verband der Kriegsbeschädigten und Kriegshinterbliebenen (VdK) und gewannen dadurch guten Einblick in die Verhältnisse der Kriegsopfer. Sie meint, es hätten doch auch sehr viele Frauen ihre versehrten Männer im Stich gelassen. Genaue Zahlen werden sich schwerlich ermitteln lassen.
5 Vgl. dazu auch Band III, Teil A, Kapitel 1, »Zusammenkommen – Zusammenleben«. Wie die *Männer* selbst mit ihren Beeinträchtigungen und Verkrüppelungen weiterlebten, ist auch ein vergessenes Stück Kriegsgeschichte.
6 Maria L.: »Nun war ich Witwe« [428], S. 27.
7 Dies bestätigen indirekt auch die Berichte der Überbringer, häufig, aber nicht immer, niedere oder höhere Parteifunktionäre (Blockwarte, Ortsgruppenleiter), die oft auch schwer unter dieser Aufgabe litten. Es ist hier aber nicht der Ort, die psychischen Befindlichkeiten der Amtsträger zu analysieren. Erwähnenswert ist, was Luise P. (1909) erlebte: »Der Mann von einem Bäsle von mir, der war Lehrer, aber war herzkrank. Er hat müssen im Krieg immer den Frauen sagen, dass der Mann gefallen ist. Und das war eine schwere Aufgabe, und das hat der Mann nimmer verkraftet. Der ist zuletzt hergegangen und hat sich erschossen.«
8 Wie Töchter auf den Tod ihrer Väter reagierten, hing sehr vom Alter und von ihrer persönlichen Beziehung zum Vater ab. Ich muss es mir versagen, dafür und für andere Verluste im Verwandten- und Freundeskreis aus dem reichen Material Zeugnisse aufzuführen.
9 Vgl. auch die Biografie von Margarete M. in Band I: Innerhalb von fünf Monaten verlor sie Mann und Kind, dann den liebsten Jugendfreund. Sie heiratete zum zweiten Mal, verlor auch diesen zweiten Mann, während sie schwanger war.
10 Noch gar nicht berücksichtigt sind an dieser Stelle diejenigen, die durch Flucht, Vertreibung, Verschleppung umkamen. Vgl. Kapitel 9, »Flucht« und Kapitel 10, »Zwangsarbeit – Verschleppung – Vertreibung«.
11 Zu dieser »Normalität« im Krieg vgl. auch Kapitel 7, »Freizeit, Feste, Kultur – Normales Leben im Krieg?«.
12 Auch im Band III, Teil A, Kapitel 1, »Zusammenkommen – Zusammenleben« wird deutlich werden, dass manche Ehen nicht durch den Krieg und die lange Trennung zerrüttet wurden, sondern dass die Beziehungen schon vorher gestört waren, so dass anzunehmen ist, die Frauen hätten wohl lieber den Tod des Partners ertragen, als mit ihm weiterleben zu müssen. Zahlreiche Äußerungen von Töchtern bei Ingeborg Bruns: Als Vater aus dem Krieg heimkehrte [527], weisen in dieselbe Richtung.
13 Solche Briefumschläge wurden mir mehrfach ausgehändigt.
14 Das lässt darauf schließen, dass den Offizieren entsprechende Anweisungen und wohl auch Musterbeispiele an die Hand gegeben wurden. Zur Analyse der Begleitbriefe vgl. auch Urs Jeggle: In stolzer Trauer [125]; ders.: »Lachend sterben«, in: Tübinger Heimatbuch [668], S. 374-380.
15 Vgl. H. Jansen: Freundschaft über sieben Jahrzehnte [752], S. 197.
16 Hier wird der »Heldentod« noch dramatisiert, aber wieder realitätsentleert: »Seinen Leuten voranstürmend...«, Der »Kopfschuss« wird zu oft erwähnt, als dass er glaubhaft erscheinen konnte.

Unterschiedlich verhielten sich die Frauen zu den – uns heute makaber berührenden – post mortem verliehenen Auszeichnungen und Beförderungen. Einerseits erwähnen sie sie als Zeichen der Tapferkeit des Gefallenen, andererseits gibt es in diesem Zusammenhang bittere und abwertende Äußerungen, z. B. Hilde H.: »Ich habe eine ganze Schachtel von dem Zeug.«

17 Vgl. die Biografien von Annelies N., Margarete E., Maria K. in Band I.
18 Die genaue Analyse von Kriegstrauerpredigten, von Kriegspredigten überhaupt, wäre eine lohnende Aufgabe.
19 Das Gedicht, dem die letzte Strophe der Trauerpredigt entnommen ist, stammt von Siegfried Goes, der selbst im Krieg umgekommen ist. Der von Anneliese K. zitierte Satz ist der Abschlussvers eines Gedichtes von Hans Baumann. Hochinteressant scheint mir, was der beim Interview anwesende Ehemann sofort einwarf: »Unten ist man darüber weggegangen.« Dies ist ein Beispiel dafür, wie wenig Eindruck diese Verklärungen des »Heldentodes« auf die Angehörigen machte. Kirchliche Trauerfeiern wurden auch »Heldengottesdienste« genannt. In katholischen Gegenden wurden für alle Gefallenen Trauerbilder gedruckt und verteilt, in denen der Soldatentod in ähnlicher Weise gedeutet wird. Auch das hatte Tradition. Ähnliche Gedenkbilder gab es schon im Ersten Weltkrieg. Sie wurden auch über 1945 hinaus in demselben Tenor weiterverbreitet. Mir wurden mehrere derartige Bildchen ausgehändigt.
20 Vgl. z. B. Hans-Jochen Gamm: Der braune Kult [85]; ders.: Führung und Verführung [86]; Hans Ulrich Thamer: Verführung und Gewalt [196]; Irmgard Weyrather: Muttertag und Mutterkreuz. [345]. Bei allen diesen Untersuchungen scheint mir nicht genügend geklärt, wie sie tatsächlich auf die breiten Massen wirkten, d. h. es fehlt als Ergänzung zur nationalsozialistischen Intention die »Sicht von unten«, von den Betroffenen und Angesprochenen her.
21 Einige Frauen erinnern sich an Besuche von Frauenschaftsangehörigen und an Veranstaltungen für Kriegerwitwen, in denen selbstgebasteltes Spielzeug für die Kinder verteilt wurde.
22 So eine hauptamtliche Jungmädelführerin, Rotraut J., in einem Brief vom 14.8.1994.
23 Solche selbstgefertigten Sammlungen von Zitaten und Sprüchen, die ihnen persönlich etwas bedeuteten, waren weit verbreitet. In ihnen mischen sich ältere und neuere Klassiker, Zitate großer Deutscher mit Aussprüchen Hitlers und anderer NS-Größen. Sie enthalten neben absolut idelogiekonformen auch solche, die mit der Ideologie nicht übereinstimmten, ohne dass das den Jugendlichen selbst damals bewusst war. Eine systematische Auswertung würde viel über die Mentalität der damaligen Jugend aussagen können. Zur Anfälligkeit für das Todespathos vgl. auch Band III, Teil B, Kapitel 1, »Für mich war es eine schöne Zeit«.
24 Viele ärmere Menschen konnten sich eine Anzeige in der Zeitung gar nicht leisten. So Anna Haag in ihrem Kriegstagebuch. Zitiert nach Joachim Scherrieble: Reichenbach an der Fils unterm Hakenkreuz [715], S. 333, Anm. 649.
25 Vgl. Eva Sternheim-Peters: Die Zeit der großen Täuschungen [472], S. 359.
26 Andere häufige Versionen sind: »für seines geliebten Volkes Ehre und Freiheit«, »in treuester Pflichterfüllung«, »für Deutschland«, »für Deutschlands Zukunft«.
27 Vgl. z. B. auch »Ferntrauung – Heirat im Angesicht des Todes«, in: Tübinger Heimatbuch [668], S. 357 f.
28 Zit. nach Lutz Niethammer u.a.: Die volkseigene Erfahrung [622], S. 411.
29 Die SD-Berichte bestätigen meinen Befund, vgl. dazu Hans-Jürgen Eitner: Hitlers Deutsche [69], S. 482 f.
30 Der Brief wurde mir von der Verbandsgeschäftsstelle des VdK Biberach zugestellt.
31 Auch aus Briefen, die sie mir überließ, und aus ihren Erzählungen wurde ganz deutlich, dass Lore sich immer wieder »Er ist für Deutschland gefallen« und »Du musst tapfer und seiner würdig sein« einreden musste.
32 Ich kenne außer ihren Briefen an ihren Sohn auch ihre Tagebuchaufzeichnungen (leider nur bis 1939), später aufgezeichnete Lebenserinnerungen und vor allem die ausführlichen Erzählungen ihrer Tochter.
33 Vgl. Marianne Peyinghaus: Stille Jahre... [772], S. 92.
34 Vgl. ebd. [772], S. 87 f., 206.

35 Zit. nach Ortwin Buchbender/Reinhold Sterz: Das andere Gesicht des Krieges [740], S. 153 f.
36 Vgl. Maria L.: Nun war ich Witwe [428], S. 28.
37 Sie erzählte: »'42 oder '43 ist mein erster Bruder gefallen in Russland ... und '44 ist mein Schwager gefallen, meinem Mann sein einziger Bruder, '44 ist unsere Wohnung kaputtgegangen in Degerloch, und '44 ist mein zweiter Bruder gefallen.« Und 1945, kurz vor Kriegsende, »fiel« ihr Mann. Er hat wahrscheinlich gar nicht an Kampfhandlungen teilgenommen, sondern ist wohl an Typhus gestorben.
38 Sie kannten die Zahlen nicht, vgl. Anm. 1. Zwar ist die genaue Zahl der Toten unter den Vermissten nicht bekannt, aber wenn es Ende 1954 immer noch 1 240 629 Vermisste gab, so ist anzunehmen, dass die überwiegende Mehrzahl nicht mehr lebte. Einige kamen aber zurück, was nach dem Krieg zu tragischen Konflikten führen konnte, wenn die Frau inzwischen eine andere Bindung eingegangen war. Vgl. dazu Band III, Teil A, Kapitel 1, »Zusammenkommen – Zusammenleben«.
39 Vgl. auch die Biografie von Annelies N. in Band I.
40 Vgl. die Dokumentation: 50 Jahre Suchdienst in Deutschland, hrsg. vom Deutschen Roten Kreuz, Generalsekretariat. Friedrich-Ebert-Allee 71, 53113 Bonn. Die zentrale Namenskartei umfasst 58 Mio. Karteiunterlagen für 22 Mio. Personen. Sie enthält alle Meldungen und Suchanträge, die der DRK-Suchdienst seit Kriegsende erhalten hat. Es besteht immer noch Ungewissheit über etwa 1,2 Mio. Wehrmachtsverschollene. In einer Sendung im ARD-Programm am 2.5.1995: »Nach 50 Jahren Schweigen«, während der Zuschauer telefonisch nachfragen konnten, gingen dem Suchdienst etwa 100 000 Anfragen zu.
41 Einen ähnlich schmerzlichen und mühsamen Prozess zeigen auch die Tagebücher von Margarete E. in Band I. Immer kreisen ihre Gedanken um ihren vermissten Sohn Ernst.
42 Vgl. die Biografie von Mathilde W. in Band I.
43 Vgl. dazu Kapitel 8, »Besetzung«, Stichwort »Andere Bedrohungen und Erfahrungen...«
44 Während des Krieges verhinderte die nationalsozialistische Regierung, dass Gefangene in der Sowjetunion ihren Angehörigen Nachricht geben durften. Presseanweisung des Reichsministers für Volksaufklärung und Propaganda, Anfang Februar 1944: Der Verbleib deutscher Kriegsgefangener in der Sowjetunion sei in keiner Form zu behandeln. Überlebende Gefangene konnten nur in sehr seltenen Fällen ihren Angehörigen ein Lebenszeichen geben. Nach Peter Steinbach: »Deutsche Kriegsgefangene in der Sowjetunion« [190].
45 Die letzte große Entlassungswelle kam im Gefolge des Adenauer-Besuches in Moskau 1955. Aber eine ganze Reihe als »Kriegsverbrecher« eingestufte Gefangene wurden noch Jahre zurückgehalten. Im Durchschnitt dauerte die sowjetische Kriegsgefangenschaft 4-6 Jahre. (Vgl. Dieter Riesenberger (Hrsg.): Das Deutsche Rote Kreuz, Konrad Adenauer und das Kriegsgefangenenproblem [176].)
46 Vgl. Ruth Nikolay: Mein Schutzengel war immer bei mir [441], S. 99.
47 Seit einigen Jahren bahnt sich aber eine Neuorientierung in der Kriegsforschung an. Neue Perspektiven und neue Fragestellungen, besonders auch die Sicht von »unten« und von »innen«, finden Eingang. Vgl. dazu die Beschäftigung mit Feldpostbriefen, Kapitel 3, »Trennung«, und beispielhaft den von Gerhard Hirschfeld u.a. herausgegebenen Sammelband »Keiner fühlt sich hier mehr als Mensch...« Erlebnis und Wirkung des Ersten Weltkriegs. Essen 1993. Zu erwähnen sind auch die zahlreichen Ortsgeschichten und Oral-History-Projekte (vgl. Literaturverzeichnis). Bezeichnend erscheint mir aber, dass die große Habilitationsschrift von Hans Joachim Schröder: Die gestohlenen Jahre. Erzählgeschichte und Geschichtserzählung im Interview [639], auf Empfehlung des Fachbereiches Sprachwissenschaften (!) an der Universität Hamburg gedruckt wurde.
48 Einige Frauen glauben sich zu erinnern, dass der Text vorgeschrieben war. Das trifft zwar für die längste Zeit des Krieges nicht zu, aber es haben sich mit der Zeit gewisse Schablonen herausgebildet, von denen viele nicht allzusehr abweichen wollten. Aber völlig trügt die Frauen ihre Erinnerung nicht, denn »im September 1944 wurde die freie Wortwahl bei Todesanzeigen für Gefallene schlagartig beendet und statt dessen in den Zeitungen für alle ›Heldentode‹ ein einheitlicher Obertitel eingeführt mit dem Wortlaut: ›Für Führer, Volk und Reich gaben ihr Leben...‹«(Vgl. Ian Kershaw: Der Hitler-Mythos [126], S. 166 f.)

49 In Konsequenz des schon in Kapitel 3, »Trennung«, festgestellten Zwiespalts zwischen dem Stolz auf Auszeichnungen und Beförderungen und der Angst um das Leben der Männer, zwischen erwarteter »männlicher Kampfgesinnung« und dem Wunsch, die eigenen Männer möglichst aus der Schusslinie zu halten.
50 Vgl. die Biografie von Margarete E. in Band I. Aber selbst bei ihr hat das Mitgefühl Grenzen. Es liegt ja auch in der Logik des Krieges, dass der eigene Sieg die Niederlage des Gegners voraussetzt, und das bedeutet eben auch Vernichtung feindlichen Lebens.
51 Z. B. die Nachrichtenhelferin Ilse S. (1920) im Brief an ihren Freund vom 17.9.1943: »Vorgestern kurz nach 19 Uhr haben wir ein herrliches Schauspiel am Himmel gesehen, sechs feindliche Bomber trudelten von der Flak getroffen zur Erde; es war das erste Mal, dass ich so etwas sah.«
52 Ungefähr ein Viertel aller deutschen Kinder wuchs nach dem Zweiten Weltkrieg ohne Vater auf, der in der Mehrzahl der Fälle gefallen oder vermisst war. In den unmittelbaren Nachkriegsjahren war der Prozentsatz noch höher (Gefangenschaft der Väter). Nach Barbara Willenbacher: Zerrüttung und Bewährung der Nachkriegsfamilie, [347].
53 Zur Versorgung der Kriegerwitwen vgl. Glossar, »Kriegsopferversorgung«. Wie die Frauen diese materiellen Lebensumstände empfanden und wie sie damit zurechtkamen, vgl. Band III, Teil A, Kapitel 2, »Neuanfang« sowie Kapitel 3, »Nachwirkungen«.
54 Wie sie alle diese Aufgaben anpackten, werden wir in Band III, Teil A, Kapitel 2, »Neuanfang«, sehen.
55 Vgl. Band III, Kapitel 10, »Nie wieder Krieg!«

KAPITEL 5
Bomben und Tiefflieger

1 Abgesehen von den relativ wenigen Frauen, die am Ende des Krieges bei der Luftabwehr eingesetzt waren. Auch Männer hatten oft das Gefühl, dem Krieg und der Gewalt passiv ausgeliefert zu sein, wenn auch nicht so durchgängig wie die Frauen.
2 Es gibt viele Belege dafür, dass Männer, die im Urlaub in Luftangriffe hineingerieten, diese viel schlimmer empfanden als die Front. Auch Hans Joachim Schröder zählt die Angriffe auf Hamburg zu den zentralen Kriegserlebnissen der von ihm befragten Mannschaftssoldaten und widmet diesem Erlebnis ein ganzes Kapitel (vgl. ders.: Die gestohlenen Jahre [639], S. 740-769). Die Soldaten waren aber nur ausnahmsweise gerade auf Urlaub, wenn die wirklich verheerenden Angriffe stattfanden. Die Frauen waren dem über Jahre fast Nacht für Nacht, teilweise auch am Tag, ausgesetzt und ausgeliefert.
   Interessant ist in diesem Zusammenhang, dass es offenbar nach den schrecklichen Angriffen auf Hamburg im Juli 1943 keinen Bombenurlaub für Soldaten gegeben hat. Wahrscheinlich fürchtete man um die Kampfmoral der Truppe, wenn die Soldaten die Zerstörungen in der Heimat zu Gesicht bekämen. (Vgl. dazu Liselotte Orgel-Purper [771], S. 84.)
3 Vgl. die Rede Hitlers vom 4. September 1940, in: Max Domarus: Hitler. Reden und Proklamationen [790], Bd. 2, S. 1575.
4 Selbstverständlich gab es hier die Verpflichtung zur Kameradschaft, aber sie war von anderer Qualität als z. B. das Einstehen der Mütter für ihre Kinder, der Töchter für ihre alten Eltern.
5 Allgemeine Fakten zum Bombenkrieg z. B. bei Olaf Groehler: Bombenkrieg gegen Deutschland. Berlin 1990.
6 In den Rundbriefen deutscher Lehrerinnen spiegeln sich diese Unterschiede sehr deutlich: Tilde Fömer im Rheinland berichtet schon ab August 1940 von ständigem Fliegeralarm. Johanna Iltis wohnt in Hochwald im Elsass, erlebt im Dezember 1942 zum ersten Mal einen Fliegeralarm. Von *einer* Bombe wird ihr Haus zwar beschädigt, aber gleich wieder instandgesetzt. Clärchen

Mayer verliert in *einem* Jahr den Mann (durch natürlichen Tod), den Sohn (gefallen), und ihr gesamtes Heim in Stuttgart wird völlig zerstört. (1943). Anna Rauscher, auch in Stuttgart, hat zwar Schäden am Haus, es ist aber noch bewohnbar. (1943). Ottilie Krimmels Biologiesammlungen (auch in Stuttgart 1943), ihre ganze Lebensarbeit, ist zerstört. Helene Müller in Waiblingen sieht die Zerstörungen nur aus der Entfernung. (Alle Zitate nach H. Jansen, Hrsg.: Freundschaft über sieben Jahrzehnte [752], S. 181; 205 f.; 209 ff., S. 211 f.)
7 Das ist die offizielle nationalsozialistische Bezeichnung, die sich aber mit den Erfahrungen und der Einschätzung der Frauen deckt.
8 Es gab hauptamtliche Luftschutzausbilderinnen. Erika K. (1906) z. B. wird am 1.5.1944 mit 28 Stunden eingestellt und erhält einen Lohn von RM 127,62.
9 So berichtet Gerda F. (1917) in ihren fingierten Briefen an ihren vermissten Mann, dass noch Mitte Januar 1945 in Ludwigsburg Richtung Pflugfelden mit dem Bau eines Stollens begonnen wurde, an dem sie in Schichten stundenweise mitarbeitete. Denn nur diejenigen, die mitarbeiteten, durften den Stollen benützen. Hier kam es auch zu schlimmen Ausgrenzungen. Elisabeth K. (1919), die kriegsdienstverpflichtet war, sagt dazu: »Obwohl ich noch auswärts war, habe ich fast alle schweren Luftangriffe auf Stuttgart zu Hause bei meiner Mutter in unserem unsicheren Keller erlebt. Sie durfte nicht in den Stollen gehen, weil sie zu alt und kränklich war, um sich am Schaufeln zu beteiligen, und ihre 5 Kinder waren nicht zu Hause, um an ihrer Stelle zu arbeiten.«
10 Vgl. Mathilde Wolff-Mönckeberg: Briefe, die sie nicht erreichten [782], S. 42.
11 Vorgeschrieben waren ein Notausstieg und ein Notausgang, d. h. ein Durchbruch zum Nachbarhaus. Erwünscht waren auch Eisentüren zu den Kellereingängen, aber bei weitem nicht alle Keller hatten solche. Verlangt und überprüft wurde auch die Entrümpelung des Dachbodens. Vor jeder Wohnung sollten im Treppenhaus Wasserbehälter aufgestellt sein, Tüten mit Sand und Feuerpatscher, aber längst nicht überall wurde das eingehalten.
12 Das ist z. B. für Stuttgart vielfach bezeugt.
13 Vgl. Mathilde Wolff-Mönckeberg: Briefe, die sie nicht erreichten [782], S. 44 f.
14 Ein solches ist abgedruckt bei Rita Bake: »Aber wir müssen zusammenbleiben« [570], S. 89.
15 Vgl. auch die Biografie von Mathilde W. in Band I.
16 Die der Warnmeldung beigefügte Zahl gab an, in wieviel Minuten man mit der Ankunft von Feindflugzeugen rechnete.
17 Für die allgemeine Stimmungslage wären diese Gespräche in den Luftschutzkellern außerordentlich aufschlussreich. Natürlich musste man immer mit Aufpassern und Denunzianten rechnen, so dass nicht völlig offen geredet wurde, wahrscheinlich aber offener als auf der Straße oder sonst in der Öffentlichkeit.
18 Vgl. Rita Bake: »Aber wir müssen zusammenbleiben« [570], S. 101.
19 Vgl. z. B. die Fotos bei Rita Bake: »Aber wir müssen zusammenbleiben« [570], S. 44 f. – Dazu auch Kapitel 7, »Freizeit...«.
20 Vgl. Mathilde Wolff-Mönckeberg: Briefe, die sie nicht erreichten [782], S. 47.
21 Meine Befunde decken sich in diesem Punkt mit Ulla Roberts: Starke Mütter – ferne Väter [628]. Auch Ingeborg Bruns: Als Vater aus dem Krieg heimkehrte [527], bringt ähnliche Beobachtungen, z. B. S. 77-79 und 84 f. – Nur *eine* Aussage liegt mir vor, in der ein Kind eher Halt und Stütze an Männern fand. Allerdings waren diese mit einer zusätzlichen Autorität als Luftschutzwarte ausgestattet.
22 Vgl. Rita Bake: »Aber wir müssen zusammenbleiben« [570], S. 90.
23 Ein Anfang ist inzwischen gemacht mit den Arbeiten von Ulla Roberts: Starke Mütter – ferne Väter [628]; auch Rita Bake: »Aber wir müssen zusammenbleiben« [570], besonders im Kapitel »Die Töchter«, S. 70-127.
24 Dies gilt auch für viele Kinder auf der Flucht. Vgl. Kapitel 9, »Flucht«.
25 Beerdigungen wurden oft durch Tiefflieger und Alarme gestört. Für die Masse von Toten nach schweren Bombenangriffen gab es keine Beerdigungen mehr. Sie wurden in Massengräbern mehr oder weniger verscharrt.
26 Mehr darüber in Band III, Kapitel 7, »Es war nicht alles schlecht«, Stichwort »Volksgemeinschaft«.

27 Vgl auch die Biografien von Annelies N. und Ella K. in Band I.
28 Die Fortsetzung dieser Geschichte ist in Kapitel 4, »Nachrichten«, zu lesen.
29 Die Perspektive der Frauen berücksichtigt auch Rita Bake: »Aber wir müssen zusammenbleiben« [570], ein Buch, das auf Gesprächen mit Hamburger Frauen fußt.
30 Vgl. Heimatfront [408], S. 213.
31 Vgl. ebd., S. 202.
32 Vgl. Rita Bake: »Aber wir müssen zusammenbleiben« [570], S. 76 f.
33 Weitere Schilderungen aus Dresden unter dem unmittelbaren Eindruck des Gesehenen von Gretel W. (1908) in Charlotte Heinritz (Hrsg.): Der Klassenrundbrief [749], S. 295f. Aus Hamburg zahlreiche Beispiele bei Rita Bake: »Aber wir müssen zusammenbleiben« [570], besonders von Frau Szeczinowski, S. 103 f.
34 Vgl. Rita Bake: »Aber wir müssen zusammenbleiben« [570], S. 94.
35 Vgl. Heimatfront [408], S. 209.
36 Was Krankenschwestern ansehen und durchstehen mussten, übersteigt das Vorstellungvermögen. Vgl. dazu auch Kapitel 2, »Arbeit«.
37 Vgl. Helmut Schmidt (Hrsg.): Kindheit und Jugend unter Hitler [456], S. 178.
38 Die Zahlen dürften übertrieben und kaum nachprüfbar sein, die Überbelegung ist aber prinzipiell zutreffend.
39 So etwa Ursula von Kardorff in der Tagebuchnotiz vom 24. Mai 1944. (Berliner Aufzeichnungen [755], S. 147).
40 Was sie nicht wussten: KZ-Häftlinge blieben bei Luftangriffen völlig sich selbst überlassen, während das Wachpersonal schleunigst die Luftschutzkeller aufsuchte. So erlebte es Anja Lundholm öfters. Als sie in den Außendienst zur Rüstungsarbeit bei Siemens eingesetzt wird, darf sie bei Alarm auch nicht in den Keller, sondern muss am Arbeitsplatz sitzen bleiben (vgl. dies.: Das Höllentor [515], S. 209). Auch die Tausende von untergetauchten Juden in Berlin (und anderswo) konnten natürlich keine Luftschutzkeller aufsuchen. (Vgl. Leonard Gross: Versteckt [590], S. 164.)
  Eine rühmliche Ausnahme, zugleich ein treffendes Beispiel für den oft »gespaltenen Antisemitismus« erzählt Brigitte H. (1923), Tochter eines Bauingenieurs, selbst hauptamtliche Arbeitsdienstführerin: »Alle in der Familie waren an sich von dem schädlichen Einfluss des Judentums auf unser Volk überzeugt. Trotzdem hat Vater dafür gesorgt, dass eine jüdische Hausgenossin in den Bunker durfte, der unter seiner Leitung erbaut worden war.« Die Jüdin war nicht transportfähig und wurde wohl deshalb nicht deportiert. Über Antisemitismus bei Frauen aus erfahrungsgeschichtlicher Sicht, vgl. Band III, Kapitel 4, »Wir haben doch nichts gewusst«.
41 Gekürzt zitiert nach Ingrid Hammer/Susanne zur Nieden (Hrsg.): Sehr selten habe ich geweint [747], S. 290 f. – Weitere sehr gute persönliche Beispiele für die Gefühle inmitten schwerer Angriffe bei Mathilde Wolff-Mönckeberg [782], S. 88 f. und bei Ruth Klüger [512], S. 187 f.
42 Vgl. Heimatfront [408], S. 214 f.
43 Vgl. Rita Bake: »Aber wir müssen zusammenbleiben« [570], S. 73.
44 Vgl. Ursula von Kardorff: Berliner Aufzeichnungen [755], S. 152.
45 Vgl. Heimatfront [408], S. 212.
46 Vgl. ebd. [408], S. 217.
47 Vgl. Liselotte Orgel-Purper: »Willst Du meine Witwe werden?« [771], S. 113.
48 Vgl. auch Kapitel 1, »Durchkommen und Überleben«, Stichwort »Wohnungsnot«.
49 Über den zivilen Luftschutz informiert ausführlich: Erich Hampe: Der Zivile Luftschutz im Zweiten Weltkrieg [101]. Allerdings erscheint mir die Einschätzung der »erzielten Wirkungen« (vgl. S. 297) zu positiv, wenn man sie mit den Erfahrungen der Frauen vergleicht.
50 Dies wird auch von Hans-Dieter Schäfer (Hrsg.): Berlin im Zweiten Weltkrieg [455] bestätigt. Vgl. auch die Stichworte »Dienstverpflichtungen und freiwillige Kriegsdienste« in Kapitel 2, »Arbeit«.
51 Vgl. dazu im Zusammenhang Band III, Kapitel 7, »Es war nicht alles schlecht«, Stichwort »Volksgemeinschaft«.
52 Dazu mehr im folgenden Kapitel.

53 Vgl. Rita Bake: »Aber wir müssen zusammenbleiben« [570], S. 77.
54 Die Begebenheit, auf die sie sich bezieht: »Ich habe einmal im Zug ein Gespräch gehört, das war bei einem Angriff, da ist dem Mann seine Frau durch Splitter vollkommen zerfetzt worden, bis auf den Kopf, der war noch da. Und dann war wieder ein Angriff, und dass der Kopf nicht abhanden kommt, hat er ihn in einen Eimer hineingetan und hinter das Haus gestellt, sagt er, bis er raufkommt, war der Eimer gestohlen, und der Kopf war da. Wissen Sie, solche Sachen... (langes betroffenes Schweigen)«.
55 Vgl. dazu auch Kapitel 2, »Arbeit« und Kapitel 7, »Freizeit, Feste, Kultur – Normales Leben im Krieg?«
56 Vgl. Kapitel 1, »Durchkommen...« und Kapitel 2, »Arbeit«.
57 Vgl. den Bericht von Hannelore S. (1927) im Kapitel 1 »Durchkommen...«
58 Vgl. Christel Beilmann: Eine katholische Jugend [382], S. 43 f.
59 In einem Brief an seine evakuierte Tochter Marianne B. (1906) vom 4.1.1945 schreibt der Vater aus Mannheim von 49 Angriffen und von 600 Alarmen im abgelaufenen Jahr.
60 Vgl. Mathilde Wolff-Mönckeberg: Briefe, die sie nicht erreichten [782], S. 116, 132.
61 Vgl. ebd. [782], S. 193.
62 Die Zügellosigkeit und das hemmungslose Sich-Ausleben-Wollen wird in Augenzeugenberichten aus Großstädten immer wieder betont, z. B. bei Hans-Dieter Schäfer (Hrsg.): Berlin im Zweiten Weltkrieg [455], S. 63, oder bei Ursula von Kardorff, die am 21. Juni 1944 nach einem schrecklichen Tagesangriff in ihr Tagebuch schreibt: »Nach solchen Anspannungen bricht unter den Menschen, die nichts verloren haben, eine durch nichts zu dämmende Heiterkeit aus, und die vielen Strohwitwer verbringen ihre Abende dann zügelloser, als ihre Frauen, die sich auf dem Lande langweilen, es je vermuten können. Alle Bindungen haben aufgehört, nichts wird mehr ernst genommen angesichts der Möglichkeit, heute oder morgen zu sterben. Was überhaupt hält dieser Auflösung noch stand?« (Vgl. Ursula von Kardoff: Berliner Aufzeichnungen [755], S. 153.) – Die allermeisten der von mir befragten Hausfrauen, Mütter und berufstätigen Frauen hatten allerdings zu irgendwelchen Ausschweifungen weder die Kraft noch die Gelegenheit.
63 Vgl. H. Jansen: Freundschaft über sieben Jahrzehnte [752], S. 211 f.
64 Vgl. Ursula von Kardorff: Berliner Aufzeichnungen [755], S. 231.
65 Vgl. Mathilde Wolff-Mönckeberg: Briefe, die sie nicht erreichten [782], S. 92. – Vgl. auch Ursula Büttner: Hamburg im Luftkrieg [57]. S. 284-287 spricht sie von einem Autoritätsverlust des Staates und der Partei und von scharfer Kritik an der Führung.
66 Vgl. Heimatfront [408], S. 192.
67 Vgl. Ruth Nikolay: Mein Schutzengel war immer bei mir [441], S. 72.
68 Victor Klemperer berichtet am 29.1.1944: »Frau Stühler hat heute das erstemal in einer Frauenschlange laut sagen hören, mit den Juden sei man doch zu arg umgesprungen, sie seien doch ›auch Menschen‹, und die Angriffe auf Berlin und die Zerstörung Leipzigs seien die Vergeltung dafür.« (Vgl. Victor Klemperer: Ich will Zeugnis ablegen bis zum letzten [756]). Dass die Schuldfrage kein Thema bei seinen Gewährsleuten war, konstatiert Hans Joachim Schröder: Die gestohlenen Jahre [639], S. 79. Bei den von mir befragten Frauen kommt sie zwar vor, aber sie ist ein Randthema, das auch oft nur auf ausdrückliche Nachfrage zur Sprache kam. Die Mädchen, die im BDM oder auch sonst das Lied: »Bomben, Bomben, Bomben auf Engeland!« sangen, hätten ja dann die Bomben auf Deutschland als logische Antwort sehen müssen, was sie aber nicht äußerten.
69 Das Wort »Terrorangriff« wurde erstmals von NS-Seite im Zusammenhang mit der Bombardierung Warschaus benützt. Groehler zitiert v. Richthofen am 22.9.1939, der den Zweck des Warschaubombardements mit den Worten umriss: »Beantrage dringend letzte Möglichkeit von Brand- und Terrorangriffen als großangelegten Versuch auszunutzen.« (Vgl. Olaf Groehler: Bombenkrieg gegen Deutschland [97], S. 13.)
70 Hans Joachim Schröder zitiert Christabel Bielenberg und Ursula von Kardorff, die keine Hassausbrüche und Racheakte beobachtet haben. (Vgl. Hans Joachim Schröder: Die gestohlenen Jahre [639], S. 151 f.; S. 138.)

71 Manche hatten schon vorher eine Zuflucht etwas außerhalb der Städte gefunden und fuhren jeden Abend mit ihrem Luftschutzköfferchen hinaus, mussten dann oft nach den Angriffen zu Fuß wieder nach Hause oder zur Arbeit zurück.
72 Private Initiativen wurden ergriffen. So schreibt Ilse Grassmann, die in Hamburg ausgebombt wurde, am 28. Juli 1943 in ihr Tagebuch: »Am sichersten scheint es, privat, ohne Hilfe einer Behörde, fortzukommen, mit einem Lieferwagen oder einem Lastauto. Immer wieder gibt es einzelne Privatleute, die mit den Autos ihrer Firma am Straßenrand stehen und vorbeikommende Flüchtlinge einladen, mit ihnen nach draußen zu fahren. Die Initiative ist großartig.« (Vgl. Ilse Graßmann: Ausgebombt. Hamburg 1943-1945 [745], S. 46 f.)
73 »Der allerletzte Lastwagen«, »der letzte Zug« u.ä. sind zu häufig gebrauchte Wendungen, als dass man sie wörtlich nehmen könnte; sie drücken aber im Bewusstsein der Frauen aus, dass sie gerade noch davongekommen waren.
74 Vgl. Charlotte Hofmann-Hege: Eine goldene Spur [544], S 123.
75 Vgl. dazu Olaf Groehler: Bombenkrieg gegen Deutschland [97].
76 Vgl. Heimatfront [408], S. 210 f.
77 Vgl. ebd., S. 221.
78 Hiltgunt Zassenhaus: Ein Baum blüht im November [493], S. 157.
79 Siehe dazu im Zusammenhang Band III, Teil A, Kapitel 3, »Nachwirkungen«.
80 Vgl. Rita Bake: Aber wir müssen zusammenbleiben [570], S. 24 ff. (Auszüge).
81 Vgl. Band III, Teil A, Kapitel 3, »Nachwirkungen« sowie Kapitel 11, »Wer die Zeit nicht miterlebt hat, kann sich das gar nicht vorstellen«.
82 Vgl. dazu Kapitel 9, »Flucht«.
83 Sie schossen auch auf KZ-Häftlinge. Dazu Ruth Klüger: »Und ich hatte Freunde, die die Todesmärsche erlebt hatten und von alliierten Tieffliegern beschossen wurden, obwohl gerade Tiefflieger hätten sehen müssen, dass hier nicht die Feinde, sondern die erschöpften, verhungerten Opfer der Feinde die Straße entlang von einem KZ ins andere geschleppt wurden. Oder hatte niemand die Piloten informiert, dass es uns gab?« (Vgl. Ruth Klüger: Weiter leben [512], S. 191 f.)
84 Vgl. ebd. [512], S. 192.
85 Es muss aber beachtet werden, dass laut Weisung vom 14.2.1942 bevorzugt Arbeiterviertel bombardiert wurden. In der Weisung des Air Ministry vom 14. Februar 1942 an das britische Bomber Command über die neue Bombardierungspolitik heißt es: »Es ist entschieden worden, dass das Hauptziel Ihrer Operation sich gegen die Moral der Zivilbevölkerung richtet, insbesondere gegen die Industriearbeiter.« (Zit. nach Olaf Groehler: Bombenkrieg gegen Deutschland [97], S. 34 f.)
86 Einige Frauen erklären aus dieser Abstumpfung im eigenen Überlebenskampf auch ihre spätere Unfähigkeit, sich in das Leid der Opfer des NS-Regimes hineinzuversetzen. Vgl. dazu im Zusammenhang Band III, Kapitel 6, »Was hätten wir denn machen können?«.
87 Vgl. Band III, Kapitel 10, »Nie wieder Krieg!«, Stichwort »Glaube an den Sieg?«.
88 Allgemein zum Erlebnis des Kriegsendes und zur Periodisierung der eigenen Lebensgeschichte siehe Kapitel 8, »Besetzung« und Band III, Kapitel 10, »Nie wieder Krieg!«.
89 Zu dieser »Enthistorisierung« des Krieges ist auch das Tagebuch von Margarete E. wichtig, vgl. ihre Biografie in Band I.
  Aus ihrer Sicht von heute pochen aber die meisten Frauen darauf, dass auch die Bombenangriffe auf deutsche Städte und Ortschaften als Verbrechen gegen die Menschlichkeit öffentlich angeprangert werden sollten. Dies tun auch die Frauen, die nicht aufrechnen wollen und die sich der deutschen Kriegsschuld bewusst sind. Vgl. dazu auch Band III, Kapitel 8, »Warum immer nur wir?« Hier nur ein Zitat meiner ältesten Interviewpartnerin, Elisabeth S. (1897), einer aufrechten, keineswegs dem Nationalsozialismus hörigen Frau, die den Angriff auf Pforzheim miterlebt hat: »Diese Flieger haben in zwanzig Minuten 17000 Menschen getötet. Das war nicht ehrenhaft.«
90 Dazu mehr in Kapitel 8, »Besetzung«.
91 Wobei zu überprüfen wäre, ob mit dem Roten Kreuz nicht auch Missbrauch getrieben wurde. Eine Frau spricht selber darüber: Anne R. (1910) leitete ein Kinderheim im Schwarzwald: »Tief-

flieger haben die Bahnlinie Freiburg – Offenburg angegriffen. Mal war ein Nachschubzug in Titisee gestanden, der war also als Lazarettzug getarnt mit Rotem Kreuz. Den haben sie angegriffen, die wussten ja immer alles.«
92 Vgl. Band III, Kapitel 10, »Nie wieder Krieg!«.
93 Vgl. dazu Kapitel 7, »Freizeit, Feste, Kultur – Normales Leben im Krieg?«.
94 Vgl. dazu Band III, Teil A, Kapitel 3, »Nachwirkungen«.

KAPITEL 6
Evakuierung, Kinderlandverschickung

1 Ganz zu schweigen von den wenigen, die Kinder oder Verwandte im Ausland hatten, von denen sie ganz abgeschnitten waren, wie z. B. Mathilde Wolff-Mönckeberg (1879), die deshalb ihre »Briefe an ihre fernen Kinder« schrieb, die diese erst nach dem Krieg zu lesen bekamen.
2 Die Dokumentation über die Vertreibung der Deutschen aus Ostmitteleuropa gibt folgende Zahlen an: »Insgesamt waren es etwa 10 Millionen Menschen, d.i. nahezu ein Sechstel der damaligen deutschen Zivilbevölkerung des Reiches (in den Grenzen von 1937), die bei Kriegsende als Luftkriegsevakuierte, getrennt von ihren in näherer oder weiterer Entfernung gelegenen Wohnorten, in den verschiedenen Notunterkünften und Zufluchtsorten über das Reichsgebiet verstreut lebten.« (Vgl. Dokumentation der Deutschen aus Ost-Mitteleuropa [788], 2 E.)
»Insgesamt evakuierten die Behörden rund fünf Millionen Deutsche; zur Hälfte stammten sie aus dem Rheinland, dem Ruhrgebiet und Westfalen, ein weiteres Drittel kam allein aus Berlin.« (Vgl. Lothar Burchardt: Geflüchtete, vertriebene und evakuierte Frauen im Zweiten Weltkrieg [259], S. 54.) Die große Diskrepanz in den Zahlen mag sich daraus erklären, dass in erstere auch die Kinderlandverschickung, die »wilden« Umzüge, auch die Verstreuung durch Arbeitsdienst und Kriegsdienstverpflichtungen eingegangen sind.
3 Dazu auch Sibylle Meyer/Eva Schulze: Auswirkungen des II. Weltkrieges auf Familien [616].
4 Vgl. dazu auch die Biografie von Margarete E. in Band I.
5 Vgl. Kapitel 5, »Bomben«.
6 Vgl. Ruth Andreas-Friedrich: Der Schattenmann [734], S. 111.
7 Erst 1946 erfuhr sie, dass das Kind aufgefunden wurde und in einem Heim untergebracht war.
8 Vgl. Kapitel 5, »Bomben«. Der vorliegende Bericht ist die Fortsetzung.
9 Gewitzte Frauen brachten es aber fertig, »schwarz« wegzugehen und die eigene Wohnung zu behalten, ohne jemand hereingesetzt zu bekommen. Vgl. etwa die Biografie von Mathilde W. in Band I.
10 Vgl. die Geschichte ihrer Hinfahrt.
11 Vgl. Rita Bake: »Aber wir müssen zusammenbleiben« [570], S 121 f.
12 Sie kehren später bei der Eingliederung der Flüchtlinge und Vertriebenen verstärkt wieder, vgl. Band III, Teil A, Kapitel 1, »Zusammenkommen – Zusammenleben«, Stichwort »Zusammenleben mit Flüchtlingen«. Anschauliche Schilderungen über das Zusammenleben aus der Perspektive der Evakuierten und der Aufnehmenden auch im Tübinger Heimatbuch [668], S. 354-356.
13 Einige der Ursachen, die zu Spannungen führen konnten und auch führten, gehen auch aus einem Parteiaufruf hervor, den die fliegergeschädigte Tina M. in ihrem Aufnahmekreis in Niedersachsen ausgehändigt bekam. Er sei deshalb vollständig zitiert:
»(*Zeit- und Ortsangabe sind unleserlich*)
Volksgenossen und Volksgenossinnen!
Die Volksgenossen des Aufnahmekreises heißen Euch herzlich willkommen. Sie haben in voller Würdigung Eures schweren Geschickes sich gerne bereit erklärt, Euch in ihren Häusern und Wohnungen gastfreundlich aufzunehmen.
So hart Euer durchlebtes Schicksal auch ist, so bitten wir doch, folgendes zu berücksichtigen und Euer Verhalten im Gastkreis danach auszurichten:

1. Ihr kommt aus dem Luftkriegsgebiet und habt dort eine vorbildliche Haltung gezeigt. Seid auch in Eurem Gastkreis tapfer und treu und helft mit Eurer Zuversicht, die Innere Front der mutigen Herzen aufrecht zu erhalten.
2. Hütet Euch vor Übertreibungen, denn die Erfahrung lehrt, dass ihr damit der wilden Gerüchtsbildung Tor und Tür öffnet und unnötig zahlreichen Volksgenossen das Herz schwer macht, die ihre Kraft und Zuversicht dringend für ihre Arbeit benötigen, die auch für Euch und Eure Angehörigen geleistet wird.
3. Verlangt nicht besondere Vorteile, die anderen Volksgenossen nicht zustehen. Zeigt Euch korrekt in allen Pflichten der kriegswirtschaftlichen Ordnung und beweist auch dadurch das Soldatentum, das Ihr durch Euren mutigen Einsatz in Eurer Heimat vorgelebt habt.
4. Achtet Eigenheiten Eurer Gastgeber. Sie sind vielleicht an andere Verhältnisse gewöhnt, als sie bei Euch zu Hause üblich sind. Klagen über fremde Bedingungen der neuen Umgebung führen zu Spannungen mit den Quartierleuten, die mit gutem Willen zu vermeiden sind.
5. Alle unsere Volksgenossen sind heute durch die vermehrten Leistungspflichten für den Kampf der Front und die Ernährung der Heimat in überreichem Maße in Anspruch genommen. Lasst Euch deshalb nicht bedienen, sondern helft Euch in allen Dingen Eurer Lebens- und Wohnungsordnung selbst. Denkt auch daran, dass Eure Gastgeber in allen Haushaltungsgegenständen überaus beschränkt sind. Deshalb geht mit den Gegenständen, die Euch Eure Gastgeber zur Verfügung stellen, sorgsam um und bringt selbst Haushaltungsgegenstände, die täglich gebraucht werden, soweit solche noch in Eurem Besitz sind, mit.
6. Versucht, soweit ihr nicht einer eigenen beruflichen Tätigkeit nachgeht, zu helfen und Euch nützlich zu machen, wo ihr könnt. Dadurch nützt Ihr Euch selbst am meisten, denn nur ein ausgefülltes Dasein befriedigt und hilft Euch über alles Schwere hinweg, das aus dem Schicksal der vergangenen Wochen und Monate Euer Denken und Sorgen erfüllt.
7. Wenn Ihr Euch in berechtigten Forderungen benachteiligt fühlt, wendet Euch an die Hoheitsträger der Partei. Sie sind die Vollstrecker der Gemeinschaftshilfe, die Euch in Eurer Not zuteil wird. Sie werden alle begründeten Beschwerden abstellen, so gut es unter den gegebenen Verhältnissen möglich ist.
8. Vergesst nie, dass ihr zur großen Front der Kämpfer um eine bessere Zukunft unseres deutschen Volkes gehört.

Das Bild Eurer Haltung ist mitbestimmend für den Sieg!«
Bemerkenswert ist an diesem Aufruf, dass von der Partei vor allem von den Ausgebombten und deren schlimmen Kriegserfahrungen negative Folgen für den Durchhaltewillen der Bevölkerung in den Aufnahmegebieten befürchtet wurden.

14 Barbara Rohr erzählt, wie sie 1942 in ein kleines westfälisches Dorf kommt, dort eine kleine Wohnung zugewiesen bekommt (sie, ihre Mutter und ihre jüngere Schwester als Verwandte des Ortspfarrers, nachdem sie durch den Tod ihres Vaters das Pfarrhaus in Pommern räumen mussten). Die Besitzer sind ein Schreiner, der eingezogen ist, und seine Frau, die vorübergehend auf dem elterlichen Hof ins Nachbardorf zurückgekehrt war: »Dieses Häuschen war der Abgott seiner Besitzerin. Bei jeder nur möglichen Gelegenheit ließ sie uns spüren, dass sie als Hauseigentümerin ›etwas Besseres‹ war als wir. Mehrmals wöchentlich tauchte sie mit ihrem Fahrrad bei uns auf, strich ums Haus herum und tyrannisierte uns mit ihren ›Putz- und Ordnungsvorstellungen‹. Täglich den Plattenweg vor dem Hause fegen, freitags mit Lauge schrubben! Jede Woche Fenster putzen, auch die Kellerfenster! Das Haus nur durch den Stalleingang betreten! Schuhe ausziehen! In der Wohnung nur in Pantoffeln oder Socken laufen! Das Wohnzimmer nur sonntags benutzen, nach dem Freitagsputz abschließen und werktags in der Küche wohnen! Die Küchenherdplatte täglich auf Hochglanz scheuern! Im Gemüsegarten Unkraut jäten, die Beete hacken und die Wege dazwischen festtrampeln und überharken... Diese Frau fürchteten wir. So ähnlich waren auch die Nachbarsfrauen. Diese Frauen, die von früh bis spät innerhalb der eigenen 4 Wände schuften und ackern; Frauen, die sich über den Fleck auf dem frisch gebohnerten Linoleum mehr ereifern konnten als über die Luftangriffe auf das ferne Dresden: Frauen, die in fremd- und selbstauferlegter Arbeit gehalten, nicht zum Bewusstsein ihres Selbst und ihrer gesellschaftlichen und politischen Lage

gelangten.« (Vgl. Barbara Rohr: Die allmähliche Schärfung des weiblichen Blicks [450], S. 44 f.)
So verständlich diese Kritik aus heutiger feministischer Sicht ist und so schikanös die Einquartierten die Behandlung durch diese Frau und die Nachbarsfrauen empfanden, so sollte doch nicht allein die Verachtung über den engen Horizont der in unterdrückter Lage gehaltenen Frauen die historische Betrachtung bestimmen, sondern auch das Verständnis dafür, was damals ein Eigenheim für Frauen aus diesem Milieu bedeutete, wie (sicher übertrieben) sorgsam sie damit umgingen, wie stolz sie darauf waren, es in bester Ordnung zu halten. Und wie weit reicht heute der politische und gesellschaftliche weibliche Blick bei den meisten, auch der gebildeteren Frauen?
15 Vgl. Biografie von Annelies N. in Band I. Siehe auch Kapitel 1, »Nachkriegszeit«, Stichwort »Wohnungsnot«.
16 Alltagsleben im 2. Weltkrieg [378], S. 29.
17 Die Beurteilung der Evakuierung scheint mir in der vorhandenen Literatur zu einseitig. Sibylle Meyer und Eva Schulze heben zu stark die emanzipationsfördernde Wirkung hervor. (Vgl. dies.: Auswirkungen des II. Weltkriegs auf Familien [616]). Lutz Niethammer konstatiert, dass »nirgendwo die Evakuierung positiv geschildert (wird).« (Vgl. Lutz Niethammer (Hrsg.): »Hinterher merkt man...«, [620], S. 40.)
18 Vgl. Rita Bake: »Aber wir müssen zusammenbleiben« [570], S. 122. – Der Bruder aber, der an Diphtherie starb, durfte nicht auf dem Friedhof, sondern musste außerhalb irgendwo an der Kirchenmauer beerdigt werden. Er war ja evangelisch. Dieser Usus galt für alle zugezogenen Evangelischen, später auch zunächst für Flüchtlinge und Vertriebene.
19 Der Bericht von Lysa K. wirft auch ein Licht auf das wahllose Bombardement, das jederzeit und nicht voraussehbar auch kleinere Ortschaften treffen konnte.
20 Unter welchen Bedingungen sie unterrichtet hat und das Ende der Evakuierung erzählt sie im Kapitel 2, »Arbeit«.
21 Hans-Dieter Schäfer zitiert ausführlich aus den geheimen Lageberichten des Sicherheitsdienstes der SS, die bis Kriegsende einen anhaltenden Widerstand, besonders der Arbeiterschaft in Berlin, gegen die KLV bezeugen. Trotz schwerer Bombenbedrohung wehrten sich die Eltern gegen die Trennung von ihren Kindern. (Vgl. Hans-Dieter Schäfer: Berlin im Zweiten Weltkrieg [455], S. 260 f.) Als Hauptgrund nennt Schäfer in Übereinstimmung mit den Berichten: »Gerüchte über mangelhafte Verpflegung, schlechte Unterbringung und Behandlung spielten eine untergeordnete Rolle, entscheidend war der Wunsch, die Privatwelt als letzten Lebenswärme spendenden Ort nicht zu gefährden und auch in Todesgefahr unter allen Umständen zusammenzubleiben.« (S.46) Ob sich dieser Widerstand und die Gründe dafür auch für andere Städte und Bevölkerungsschichten übertragen lassen, müsste geprüft werden. Zu einem ähnlichen Urteil wie Schäfer kommen mehrere Autoren in dem Sammelband von Anselm Faust (Hrsg.): Verfolgung und Widerstand im Rheinland und in Westfalen [670]. Auf jeden Fall haben die Eltern es im allgemeinen vorgezogen, die Kinder privat zu Verwandten oder Bekannten zu schicken als mit der KLV.
22 Man schätzt, dass allein von den Berliner Kindern 1945 noch 10-20 000 ohne Kontakt mit ihren Angehörigen sich in mehr oder minder gefährdeten Gebieten ohne ausreichende Nahrung und Bekleidung aufhielten oder sich auf den mühseligen Rückweg – meist zu Fuß – mit dem fernen Ziel Berlin machten. Wie viele dieses »Abenteuer« nicht überlebten, ist unbekannt.
Auf der anderen Seite gab es am Ende des Krieges und kurz nach dem Krieg regelrechte Wanderungen von Lehrern und Schülern auf der Suche nach einer vorübergehenden Heimstatt und schließlich nach Hause. Bruno Schonig spricht von einer »Schicksalsgemeinschaft«, die sich da ausbildete. (Vgl. ders.: Krisenerfahrung... [638], S. 132 ff.)
23 Vgl. Claus Larass: Der Zug der Kinder [140].
24 Auch Alfred Ehrentreich kommt zu einer eher positiven Bewertung. (Vgl. ders.: Dresdner Elegie [68], S. 61.)
25 Vgl. Jost Hermand: Als Pimpf in Polen, [410].
26 Dies ist ein weiterer Impuls für die Notwendigkeit geschlechtsspezifischer Studien zum Thema »Jugend und Erziehung im Dritten Reich«. Aufschlussreich sind die Berichte von 10 Stettiner Schülerinnen (Jg. 1928/29) in Marie Lammers: Lebenswege in Ost- und Westdeutschland [429].

Die Schülerinnen berichten auch über ihre Evakuierungen in den Jahren 1942-45. Die Erfahrungen sind unterschiedlich, im ganzen aber (besonders für 1942) positiv. Gegen Kriegsende verschlechterten sich die Verhältnisse (Tiefflieger, Sorge um die Eltern, Vorrücken der Front, keine so gute Unterbringung mehr); sie wurden am Schluss zur Betreuung der Flüchtlinge eingesetzt und schließlich nach Hause entlassen.

27 Vgl. Rita Bake: »Aber wir müssen zusammenbleiben« [570], S. 80.
28 Über die intensive sozialpädagogische Betreuung, die fast mütterlichen Beziehungen von Lehrerinnen zu ihren Schülerinnen, die menschliche Nähe durch gemeinsame Erfahrungen von Bedrohung und Tod, die engen Beziehungen, die bis weit über die Kriegszeit hinaus fortbestanden, aber auch von Konflikten mit der Hitlerjugend berichten Lehrerinnen bei Bruno Schonig: Krisenerfahrung [638], besonders S. 132 ff.
29 Dazu schreibt Elfriede B. am 2.11.1996: »1938 war ein Verein der Freunde der Cäcilienschule gegründet worden mit 50 Pf. Jahresbeitrag für die Minderbemittelten, bis 5 RM für die Bessergestellten. Es sind fast alle Eltern Mitglied gewesen. Die Cäcilienschule sollte 1943 zuerst nach Polen ausgelagert werden. Zwei oder drei Lehrerinnen reisten sofort dorthin, um sich das Quartier und die Umgebung anzuschauen. Sie haben dann die Eltern informiert und mit den Eltern den Ort abgelehnt. Deshalb kamen wir dann nach Policka in Böhmen. Die schnelle Information der Eltern ist ohne den Verein kaum denkbar.« Die Schulrätin, Frau Dr. Thöne, hat die Lehrer der Bekennenden Kirche gedeckt, auch die nicht ganz linientreue Frau Encke.
30 Z. B. den einer Lehrerin (1900) an einer Hamburger Hauptschule bei Ute Benz: Frauen im Nationalsozialismus [211], S. 84-87. Es wäre unberechtigt, die erzieherischen und unterrichtlichen Bemühungen dieser Lehrerin und vieler anderer einfach als »Dienst für das Regime und die NS-Politik« abzuqualifizieren. Vielmehr war dieses Engagement genauso ambivalent wie alle anderen Leistungen der Frauen im Krieg: Sie dienten zweifellos dem Regime, aber sie nützten zugleich den Kindern.
31 Siehe Kapitel 9, »Flucht«.
32 Vgl. Sibylle Meyer/Eva Schulze: Auswirkungen des II. Weltkrieges auf Familien [616]; S. 219.
33 Vgl. Band III, Teil A, Kapitel 1, »Zusammenkommen – Zusammenleben«.
34 Vgl. Band III, Teil B, Kapitel 1, »Für mich war es eine schöne Zeit«.
35 Es ist Larass (vgl. Anm. 23) im Kern zuzustimmen, wenn er sagt: »Eine nahezu perfekte Verwaltung rettete das Leben vieler Kinder – eine Verwaltung, die in ihren Schattenbereichen nicht minder perfekt den Tod vieler Millionen Menschen organisierte.« (S. 162) Allerdings scheint die Verwaltung der KLV weit von Perfektion entfernt gewesen zu sein.

Kapitel 7
Freizeit, Feste, Kultur –
Normales Leben im Krieg?

1 Vgl. dazu auch Kapitel 5, »Bomben«, Stichwort »Kelleralltag«.
2 Eine gute Übersicht über Filme, Bühnenstücke, wichtige musikalische Veranstaltungen, Neuerscheinungen bietet Manfred Overesch: Das III. Reich 1939-1945 [166].
3 Vgl. dazu Band III, Teil B, Kapitel 3, »Ich war ganz unpolitisch«.
4 Vgl. Kapitel 6, »Kinderlandverschickung«.
5 Siehe Band III, Teil B, Kapitel 1, »Für mich war es eine schöne Zeit«.
6 Vgl. ihre Biografie in Band I.
7 Vgl. dazu Band III, Teil B, Kapitel 2,«Wir waren jung...«.
8 Vgl. die Kapitel 1, »Durchkommen«, und Kapitel 2, »Arbeit«.
9 Die ausführlichen Lebenserinnerungen von Hanna L. (1919), die von 1942 bis 1944 in deutschen

Soldatenheimen in Norwegen und Frankreich, teils in leitender Position, beschäftigt war, belegen die Ferne des Krieges für Frauen in solchen Stellungen, obwohl sie täglich mit Wehrmachtsangehörigen zu tun hatten. Sie hatten ja gerade dafür zu sorgen, dass es die Soldaten gemütlich und nett hatten, dass ihnen Heiteres geboten wurde, und Hanna L. tat das mit viel Einfallsreichtum, Hingabe bis zur Aufopferung und großem Erfolg. Aber fast alles, worüber sie berichtet, hätte ebenso im Frieden stattfinden können. Am Ende des Krieges, als das Soldatenheim Lazarett wurde, und auf dem Rücktransport in einem Lazarettzug musste sie dann erstmalig der Kriegswirklichkeit ins Auge sehen.

10 Vgl. auch die Kellergeselligkeit und die Überlebensfeste in Kapitel 5, »Bomben«.
11 Dazu im Zusammenhang Band III, Kapitel 7, »Es war nicht alles schlecht«, Stichwort »Volksgemeinschaft«.
12 Vergleichbare Schilderungen, besonders des Weihnachtsfestes auch im Kriege und bis zuletzt, finden sich in der autobiografischen Literatur aus Ostpreußen, etwa bei Marianne Peyinghaus und Erika Morgenstern.
13 WHW = Winterhilfswerk. Bei den Sammlungen wurden oft kunstgewerblich gestaltete Märchen- und andere Figuren verkauft.
14 Vgl. Ursula von Kardorff: Berliner Aufzeichnungen [755], S. 64.
15 Nach den Aufzeichnungen ihres Mannes Kurt O., die sie ihrer Briefsammlung einfügt; vgl. Liselotte Orgel-Purper: Willst Du meine Witwe werden? [771], S. 101.
16 Vgl. Kapitel 1, »Durchkommen«.
17 Vgl. dazu auch Band III, Teil A, Kapitel 3, »Nachwirkungen« und die Biografie von Margarete E. in Band I.
18 Vgl. Eva Sternheim-Peters: Die Zeit der großen Täuschungen [472], S. 364.
19 Tanzverbote wurden immer wieder erlassen und wieder aufgehoben. »Dieses Wechselspiel... setzte sich, je nach Lage an den Fronten, bis zum endgültigen Verbot im Juni 1941 fort.« (Nach Susanne Kremmer: Soldat in der Heimat [702], S. 128.)
20 Vgl. den Lektürehunger und den Kampf ums Lesen im Bericht von Eva M.
21 Sie stehen allesamt in einem von Franz Lennartz 1938 in erster, 1941 in vierter Auflage herausgegebenen Buch »Die Dichter unserer Zeit« des namhaften Kröner-Verlags, Stuttgart. (Einige der aufgeführten Bücher werden allerdings als »nicht mehr dem heutigen Lebensgefühl entsprechend« bewertet, z. B. Hesses »Demian«, »Steppenwolf« und »Narziss und Goldmund«.)
22 Eine Reihe von ihnen bildete in die 50er Jahre einen Kernbestand des Lektürekanons in deutschen Gymnasien. Die literarische Moderne wurde nur zögernd hereingeholt. Vgl. dazu Wolfgang Hegele: Literaturunterricht und Literarisches Leben in Deutschland [104].
23 Bei einem gewissen gemeinsamen Grundbestand unterschieden sich die Lieblingsbücher von Jungen und Mädchen, Männern und Frauen vermutlich stark. Dieses Stück »Volkskultur« müsste gerade für die Zeit des Krieges noch genauer untersucht werden, ebenso wie die Bilder, die in den Wohnungen hingen, die Fotos in den Alben, die Musik, die vorzugsweise gehört wurde, der gesamte Einrichtungsstil, die Mode u.a. Hier kann nur ein erster Anstoß dazu gegeben werden. Dem Lebensgefühl und der Mentalität der Frauen im Kriege käme man durch solche Untersuchungen noch ein gutes Stück näher.
24 Vgl. Christel Beilmann: Eine katholische Jugend in Gottes und dem Dritten Reich, [382], S. 270 ff.
25 Ich habe von den befragten Frauen auch Belege, dass sich nach wie vor »verbotene« Bücher in den Bücherschränken fanden und auch weiterhin gelesen wurden, z. B. Thomas und Heinrich Mann, Erich Maria Remarque, Stefan Zweig, Arthur Schnitzler.
26 Man könnte auch entsprechende Filme oder Radiosendungen analysieren. Aber bei dieser Zeitschrift kann der Leser noch am ehesten auf das Original verzichten.
27 Die Frauen schätzten diese praktischen Ratschläge besonders, vgl. Kapitel 1, Band I: »Durchkommen«.
28 Eine informative Einführung mit weiterführender Literatur liegt vor mit Konrad Dussel: Der NS-Staat und die »deutsche Kunst« [66]. Sehr anschaulich für die Bildende Kunst: Kunst im 3. Reich. Dokumente der Unterwerfung, Katalog einer Ausstellung des Frankfurter Kunstvereins, die 1974-

75 in mehreren deutschen Städten gezeigt wurde. Beachtet werden sollte dabei aber auch die Rezeption durch das breite Publikum von damals, dem in seiner Mehrheit nicht die großen Kunstwerke der Moderne und der abstrakten Kunst (von den Nationalsozialisten als »entartete Kunst« diffamiert) gefielen, weil sie diese gar nicht verstanden, sondern eben diese Bilder, die sie ohne weiteres neben die Meisterwerke der Vergangenheit stellten. Auch große Kunst wurde damals massenhaft unter die Leute gebracht. Stellvertretend für viele andere sei nur die millionenfache Verbreitung bis hin zu verkitschten Postkartenreproduktionen der Uta von Naumburg, des Bamberger Reiters, von Dürers großem und kleinem Rasenstück, seinem Holzschnitt »Ritter, Tod und Teufel« genannt. In fast jeder Wohnung hing mindestens eines dieser Bilder.
29 Der Wirkungskreis der Frauen wird in der Zeitschrift aber keineswegs auf Haus und Familie beschränkt. In einem anderen Heft werden deutsche Wissenschaftlerinnen gewürdigt.
30 Feldpostausgaben in kleinem, handlichem, meist Oktav-Format wurden von 35 deutschen Verlagen billig herausgebracht. In der Folge werden hier erwähnt die »Münchener Lesebogen«, die Reihen von Bertelsmann, Westermann, des Diederich-Verlages. Besonders hervorgehoben werden in dieser Besprechung die »Kunstbriefe« des Verlags Gebrüder Mann, Berlin, in denen jeweils ein Werk eines Künstlers in seiner Gesamtheit und in vielen Ausschnitten dargestellt wird, z. B. Lukas Cranach d. Ä.: »Der Jungbrunnen«, Albrecht Dürer: »Das Rosenkranzfest«, Adolf Menzel: »Das Flötenkonzert« und viele andere.
31 Z. B. Stephen Lowry: Pathos und Politik [144]; Boguslaw Drewniak: Der deutsche Film 1938-1945 [65]; Gerd Albrecht: Nationalsozialistische Filmpolitik [20]; Hilmar Hoffmann: »Und die Fahne führt uns in die Ewigkeit« [117]. Zu beachten ist auch die Reihe von Einzelanalysen, herausgegeben vom Institut für den Wissenschaftlichen Film, München.
32 Am genauesten bisher die Analyse von Karsten Witte, der mir aber insgesamt die Analysefähigkeit des damaligen Durchschnittspublikums zu überschätzen scheint. Dass überall und gerade in den scheinbar unpolitischen Filmen Propaganda und Ideologie übermittelt wurden, ist eindeutig; das Raffinierte lag aber gerade darin, dass das unterschwellig durch die zahlreichen, von Witte genau herausgearbeiteten filmischen Tricks gelang und nicht vordergründig über die Ratio. Darauf weist Hoffmann besonders hin. »Von den im Hitler-Staat etwa 1150 Spielfilmen waren höchstens 5 % massive Propagandafilme, und davon waren die meisten Historien- oder Kriegsfilme.« (Vgl. Hilmar Hoffmann: Propaganda im NS-Film [117], S. 68.)
33 Während durch Erlass von Goebbels vom 20. August 1944 sämtliche Theater, Varietés, Kabaretts und Schauspielschulen zum 1. September 1944 schließen mussten, spielten die Kinos fast bis zum Ende weiter. Schäfer zitiert die Deutsche Allgemeine Zeitung, nach der bis zum 21. April 1945 in Berlin die Ufa-Produktionen »Ein fröhliches Herz«, »Der Mustergatte« und »Es fing so harmlos an« gegeben wurden. (Hans-Dieter Schäfer, (Hrsg.): Berlin im Zweiten Weltkrieg [455], S. 74.) Auch Musik durfte es noch geben. Goebbels ließ noch am 21. April im Schauspielhaus am Gendarmenmarkt bei Artilleriebeschuss Arien aus Tosca singen. Die letzte Film-Uraufführung im Dritten Reich fand am 30.3.1945 statt. Eine ganze Reihe von Filmen wurde noch am 31. März und später zugelassen, kam aber nicht mehr zur Uraufführung. Bei Kriegsende waren 28 Filme unvollendet, d. h. es wurde buchstäblich noch bis zum »letzten Tag« gedreht. Die Filmschauspielerin Anneliese Uhlig schreibt in ihren Memoiren: »Der Russe steht schon an der Oder...und wir filmen weiter. Nach schwersten Angriffen wird der Film zu Ende gedreht.« (S. 186)
34 Am häufigsten genannt: Emil Jannings, Gustav Gründgens, Heinz Rühmann, Willy Birgel, Hans Moser, Theo Lingen, Theodor Loos, Paul Dahlke, Ewald Balser, Hans Söhnker, Attila Hörbiger, Gustav Fröhlich, Wolf Albach-Retty, René Deltgen, Carl Raddatz, Werner Krauss, Will Quadflieg, Hans Albers, Johannes Heesters, Otto Gebühr, Viktor de Kowa, Ferdinand Marian, Eugen Klöpfer, Werner Hinz, Paul Wegener, Günther Lüders, Matthias Wiemann, Willy Fritsch, Louis Trenker, Willi Forst. Bei den Filmschauspielerinnen steht Zarah Leander ganz obenan, aber es werden noch viele weitere Namen genannt. Die Aufzählung gibt keine Rangordnung wieder: Olga Tschechowa, Käthe Gold, Hertha Feiler, Kristina Söderbaum, Brigitte Horney, Magda Schneider, Heli Finkenzeller, Käthe Dorsch, Winnie Markus, Ilse Werner, Gisela Uhlen, Elisabeth Flickenschild, Hilde Krahl, Heidemarie Hatheyer, Henny Porten, Luise Ullrich, Paula Wessely, Hannelore

Schroth, Marianne Hoppe, Sonja Ziemann, Ursula Herking, Lil Dagover, Käthe Haack. Grethe Weiser, Maria Andergast, Marika Rökk, Lilian Harvey, Agnes Straub, Lucie Englisch, Jenny Jugo, Pola Negri.
35 Dieser Film erhielt die Prädikate: »Film der Nation«, »staatspolitisch und künstlerisch besonders wertvoll, kulturell und volksbildend wertvoll, jugendwert.«
36 Der Film »Kolberg« (1945) wurde schon damals von den meisten als »Durchhaltefilm« klassifiziert.
37 So schreibt Leonard Gross über das kulturelle Leben in Berlin noch ganz am Schluss: »Jeden, der darüber nachdachte..., musste es verblüffen, dass eine Stadt zugrunde gehen und sich in Trümmerhaufen auflösen konnte, während ihre Bewohner in langen Schlangen vor den Kinokassen anstanden und bereit waren, sich Karten für die zahlreichen Theaterstücke zu kaufen, die weiterhin aufgeführt wurden.« (Vgl. Leonard Gross: Versteckt [590], S. 279.)
38 Vgl. Karla Höcker: Die letzten und die ersten Tage, [751], S. 8 f.
39 Vgl. Mathilde Wolff-Mönckeberg: Briefe, die sie nicht erreichten, [782], S. 114 f.
40 Vom 1. Oktober 1939 bis Oktober 1944 wurden jeden Sonntag von 16-20 Uhr aus dem Großen Sendesaal des Berliner Funkhauses Schlager, Lieder, Märsche gesendet. Eingestreut wurden Grüße von der Front an die Heimat und umgekehrt. Es traten die bekanntesten Künstler auf. Die Leitung hatte der Ex-Schauspieler Heinz Goedecke.
41 Gerda Szepansky: »Blitzmädel«, »Heldenmutter«, »Kriegerwitwe« [564].
42 Fast ganz außer Betracht blieben bei meinen Erhebungen die Bildende Kunst, Kunstausstellungen, Kunstpräferenzen der Frauen. Einige brachten die Einschränkungen der Freiheit der Kunst zur Sprache, empörten sich über die Abwertung moderner Kunst, über ihre barbarische Abstempelung als »Entartete Kunst«. Dies stand aber meist im Zusammenhang mit dem kulturellen Neuanfang nach 1945 und soll in Band III, Teil A, Kapitel 2, »Neuanfang« besprochen werden. Die meisten vermissten die verbotene Kunst nicht. Der Nationalsozialismus hat es auch in der Kunst verstanden, das »gesunde Volksempfinden« anzusprechen. Neben dem unsäglichen Kitsch der NS-Kunst wurde auch wertvolle Kunst aus allen Stilepochen ausschließlich der Moderne in einem erstaunlichen Maße popularisiert. Die von den Nationalsozialisten als »entartet« degradierte Kunst wurde von den meisten auch so empfunden; zum Teil ist diese Distanz zur Moderne bis heute geblieben. So erklärte Gerhild U. (1924), eine gebildete Oberstudienrätin, selbst Musikerzieherin, ganz offen: »Mir gefällt auch heute nur knapp die Hälfte von dem, was als entartete Kunst galt. Da hab' ich nicht viel übrig dafür.«
43 In den Forschungen über »Kirchen und Nationalsozialismus« wird meines Erachtens noch zu wenig dieses vielfältige Leben an der Basis beachtet.
44 Vgl. dazu besonders das autobiografische Buch von Christel Beilmann und in Band III, Teil B, die Kapitel 2, »Wir waren jung und kannten nichts anderes« und Kapitel 10, »Nie wieder Krieg!«
45 Vgl. die Biografie von Gertraud L. in Band I und Band III, Teil B, Kapitel 2, »Wir waren jung und kannten nichts anderes.«
46 Davon zeugen viele Berichte des Sicherheitsdienstes der SS, siehe Heinz Boberach: »Meldungen aus dem Reich« [787], z. B. Dezember 1940 (Bd. 6, S. 1832), Juni 1941 (Bd. 7, S. 2452 f.), August 1941 (Bd. 8, S. 2638 f.), September 1941 (Bd. 8, S. 2820 f.), Februar 1942 (Bd. 9, S. 3386 f.), August 1942 (Bd. 11, S. 4100 f.).
47 Ganz ähnlich auch die »Kalendernotizen einer 17jährigen zum Kriegsende« vom 30.1. bis zum 4.3.1945, bei Ingrid Hammer/Susanne zur Nieden: »Sehr selten habe ich geweint« [747], S. 445 f.
48 Zu dem Aspekt »Privates und Öffentliches« vgl. bes. Band III, Teil B, Kapitel 3, »Ich war ganz unpolitisch.« Dort gehe ich auch genauer auf die große Rolle der »Innerlichkeit« für Frauen und junge Mädchen damals ein.
49 Dass sie die schlimmsten Verbrechen nicht verhindern konnten und dass schlimmste Verbrecher zugleich Kunstliebhaber, Kunstverständige und Kunstausübende sein und bleiben konnten, gehört zu den dunkelsten Rätseln im Verhältnis von Kunst und Leben. Hans Ulrich Thamer spricht von einem »gespenstische(n) Nebeneinander von Entrechtung und Verfolgung einerseits, von bürgerlichem Kulturbetrieb und Massenkonsum andererseits.« (Verführung und Gewalt [196], S. 510)

KAPITEL 8
Besetzung

1 Mit abgeschossenen Bomberpiloten sind nur sehr wenige, mit Kriegsgefangenen viele zusammengekommen. Dazu siehe die Kapitel 5, »Bomben« und Band III, Kapitel 6, »Was hätten wir denn machen können?«
2 Dazu auch Band III, Kapitel 10, »Nie wieder Krieg!«. Elisabeth S. (1914): »So hatte man auch etwas von dem Morgenthauplan gehört, nach dem die Deutschen ausgerottet werden sollten. Ich stellte mir vor, es würde vielleicht nach dem Krieg nicht mehr erlaubt sein, sich zu verheiraten, und tat es deshalb vorher.«
3 Irmgard B. (1923) erzählt, dass sie den ersten und einzigen »Neger« (so sagt sie) vor 1945 im Tierpark Hagenbeck gesehen habe, wo es eine »Sammlung exotischer Völker« gab.
4 Sie beschränken sich keineswegs auf die kollektiven »fixierten Vorstellungen«, »verfestigte Stereotype«, wie etwa Lehmann meint. Er zählt als Beispiele auf: »Frauen als Kriegsbeute«, »kinderliebe Russen«, »kindliche (schwarze) Amis«. (Vgl. Albrecht Lehmann: Im Fremden ungewollt zuhaus [607], S. 166.)
5 Etwa 4 Millionen deutsche Soldaten waren gefallen. Über 11 Millionen waren in Gefangenschaft. Das Verhältnis von Männern und Frauen war im Durchschnitt 1945 etwa 1 : 1,5, d. h. auf 2 Männer kamen 3 Frauen.
6 Manche mussten auch mehrere Kampfwellen hin und her über sich ergehen lassen.
7 Vgl. auch die Biografie von Maria K. in Band I.
8 Vgl. Isa Vermehrens Bericht »Reise durch den letzten Akt«, zitiert bei Hans-Dieter Schäfer (Hrsg.): Berlin im Zweiten Weltkrieg [455], S. 285.
9 So berichtet Maria T. (1931), ihre Mutter habe einen in den letzten Kämpfen um Osterburken Gefallenen aus einem anderen Ort identifizieren und veranlassen können, dass er in seine Heimatgemeinde überführt wurde. »Ganz aufgelöst und bös schimpfend kam Mutter heim. Sie hatte erfahren, dass in den letzten Kriegstagen ein 17jähriger blonder Junge im Bahnhof als Deserteur aufgespürt worden war. Er wollte in die Pfalz heim zu seiner Mutter. An der Straße nach Adelsheim hat man ihn erhängt, an einem Baum, zur Abschreckung. Es sollte eigentlich ein Gedenkstein dort stehen. Ich fahre nie an der Stelle vorbei, ohne an den jungen Mann zu denken. Seine blonden Locken waren ihm ins Gesicht gefallen... Einige Tage danach war der Amerikaner da.«
10 Es ist jedoch nicht bekannt, wie viele deutsche Mädchen und Frauen flüchtende deutsche Soldaten an die Besatzungsmacht verraten haben. Durchaus nicht immer verhielten sie sich solidarisch. Diese Auskunft konnte ich allerdings nur von Männern bekommen.
11 Auffällig ist, dass man sich offenbar bis zum Einmarsch nicht getraute, Hitlerbilder aus öffentlichen Gebäuden zu entfernen. Erna M. (1925): »Unten war der Einschuss, der ging dann durch drei Hausinnenmauern durch und hat auch noch das Nachbarhaus getroffen. Mit einer Panzerkanone. Die (die Franzosen) sind dann durchgefahren. Da hat man dann gesehen, es passierte weiter nichts. Aber der Hitler hing, die Fenster waren kaputt, der Kachelofen kaputt, aber der Hitler blieb ganz. Meine Tante, die die Hausbesitzerin war, hat sich dann erlaubt, den Hitler zu nehmen und die Kellertreppe runterzuschmeißen. Ich will nur sagen, man hätte sich das zwei Stunden vorher nicht erlaubt.«
12 Vgl. auch Kapitel 1, »Durchkommen und Überleben«.
13 Dies selbstverständlich nur in Orten mit weithin friedlicher Übergabe an die Alliierten. Ein Beispiel ist Rotraut J. (1924) in Waiblingen, hauptamtliche Ringführerin: »Dann kam der Pimpfenführer, der war schwer kriegsversehrt, der kam angerannt: ›Am Beinsteiner Tor sind die Amerikaner... Wir wissen nicht ... ade!‹ Und da wusste man nicht, und da hat's geheißen, man soll die Läden zumachen, und da bin ich auf das Sofa gestiegen und hab' das Hitlerbild von der Wand genommen, und dann hab' ich meinen Blocker genommen und hab' mein Wohnzimmer weiter geputzt. Mutter hat gesagt: ›Du hältst dich am Putzen, sonst geht die Welt unter.‹ Ganz banal.

Man hat ja nicht gewusst, was kommt. Meine Mutter hat wohl Angst wegen mir gehabt, was mir passiert.« Es ist ihr überhaupt nichts passiert.
14 Die Grundlage für diese Evakuierungsanweisungen bildeten die Befehle Hitlers vom 19.3.1945. Bei drohender feindlicher Besetzung sollten alle Verkehrs-, Nachrichten-, Industrie- und Versorgungsbetriebe sowie alle Sachwerte zerstört werden, die sich der Feind zunutze machen könnte (sog. Nero-Befehl) und die Bevölkerung evakuiert werden (sog. Cäsar-Befehl). In den grenznahen Westgebieten kam es auch zu größeren Fluchtbewegungen, aber auch zu baldigen Rückwanderungen. Zur Massenflucht aus dem Osten siehe das folgende Kapitel.
15 Zu ihnen gehörte Gertraud L. (1928), Jungmädel-Scharführerin, die sich noch in ihrem Klassenzimmer stehen und ihre Mitschülerinnen zum »Kampf bis aufs Messer« aufrufen sieht, »weil ja nun doch alles aus ist und die Feinde uns töten werden«.
16 Dazu auch Hans Joachim Schröder: Die gestohlenen Jahre [639], S. 842-845. Schröder nennt dieses Verhalten der NS-Funktionäre sehr mit Recht einen »wichtigen Beitrag zur ›Entnazifizierung‹ der Bevölkerung«.
17 Siehe dazu z.B. die Autobiografien und autobiografischen Aufzeichnungen von »Eine Frau in Berlin«, [742]; Hildegard Knef (Berlin), [420]; Lieselott Diem (Berlin), [394]; Erika Morgenstern (Königsberg) [440]. Die große Dokumentation über die Vertreibung der Deutschen aus Ostmitteleuropa [788] enthält zahlreiche Berichte aus umkämpften Städten.
18 Das wird von zahlreichen Ortschroniken und lokalen Studien bestätigt, z.B. Gerhard Junger: Schicksale 1945 [697], über den Kreis Reutlingen, S. 101, 137, 149 f., 167 f., 181. Bemerkenswert die Pfullinger Frauen, S. 189, 239, 248. Imponierend der Bericht über die Holzelfinger Frauen: »Als im Ort das Gerücht umging, der Ortsgruppenleiter wolle gegen die Besetzung Widerstand aufbauen, taten sich etwa 20 entschlossene Frauen zusammen und zogen vor die Wohnung des Ortsgruppenleiters. Eine ältere Frau rief: ›Wenn die Männer nichts tun, müssen wir Frauen eingreifen.‹« Sie verlangten, der Ortsgruppenleiter müsse auf das Rathaus kommen und sich dort beim Bürgermeister aufhalten, damit er keine Dummheiten machen könne. Am Abend wurde er dann wieder freigelassen. (S. 149) In Metzingen versammelten sich etwa 500 Frauen vor dem Gefechtsstand des Volkssturms. Ihre Sprecherinnen, Frau Künkele und Frau Siegwarth, baten eindringlich, man möge die Stadt übergeben, der Krieg sei doch aus.« (S. 168). Für Reichenbach an d. Fils siehe Joachim Scherrieble [715], S. 338. Von Berlin berichtet der bekannte Sportwissenschaftler Carl Diem, der noch zum Volkssturm einberufen wurde, über den 21. April, als sie auf eine Transportkolonne warteten: »Halt (*der Kommandeur*) wurde aus weiblichem Munde (*Frauen und Kinder hatten sich eingefunden*) nicht wenig beschworen, sich zu diesem Wahnsinnsakt nicht herzugeben. Aber wir Männer waren nicht zu belehren. Auch dieser Befehl wurde ausgeführt.« (Vgl. Lieselott Diem, [394], S. 51). Thomas Schnabel (Hrsg.): Formen des Widerstandes im Südwesten [185], nennt zahlreiche Beispiele (S. 165-179, S. 168, S. 172, 73, besonders S. 175). Er zieht das Fazit: »Frauen spielten in zahlreichen Orten eine wesentliche Rolle bei der Rettung ihrer Gemeinde.«

Eine besonders mutige Aktion erzählt Dora G. (1927) von ihrer Mutter; sie wohnten in der Neuen Weinsteige in Stuttgart: »Das (*die Besetzung*) haben wir sehr hautnah mitgekriegt. Unser Haus, ein Doppelhaus, lag an einer sehr markanten Stelle der Neuen Weinsteige, an der stärksten Kurve, und ist mit starken Stützmauern aufgebaut. Da wollten sich an der anderen Hälfte des Hauses drei SS-Männer einnisten, zur Verteidigung der Neuen Weinsteige, mit Panzerfäusten und schweren Waffen, Maschinengewehre hatten sie dabei. Meine Mutter, eine resolute Frau, ist zu ihnen gegangen und hat sie mit gutem Zureden, Raffinesse und Argumenten dazu gebracht, dass sie sich in den Wald zurückgezogen haben. Das war natürlich ein großes Glück.«
19 Trotzdem habe ich nicht den Eindruck, dass das Erbfeind-Bild bei den Frauen so tief verwurzelt war, wie es der Propaganda entsprochen hätte. Davon zeugen die vielen Erzählungen über das gute Verhältnis gerade zu französischen Kriegsgefangenen und Zivilarbeitern während des Krieges; auch viele Feldpostbriefe erwähnen das freundliche Verhältnis zur französischen Zivilbevölkerung während der deutschen Besatzungszeit. Von den deutschen Besatzungsverbrechen scheinen die wenigsten eine Ahnung gehabt zu haben. Es mag aber auch sein, dass die positive

Entwicklung des deutsch-französischen Verhältnisses nach dem Krieg und die heutige Freundschaft rückwirkend die Erinnerungen einfärbt oder selektiert.
20 Vgl. die Biografie von Annelies N. in Band I, wo sie im Gespräch mit mir von der Vergewaltigung eines Mädchens mit multipler Sklerose erzählt.
21 Vgl. auch Anne Egerter in ihrem autobiografischen Buch »Denn der andere – das bist du!« [392], S. 72 f.
22 Andererseits werden Elsässer z.T. als »besonders gehässig« charakterisiert. Hier weichen die Urteile sehr voneinander ab.
23 Ob Fremdenfeindlichkeit tatsächlich die Dimension zu Ungunsten der »schwarzen Bösewichter« verzerrt, möchte ich bezweifeln. Genaue Zahlen zum Anteil der weißen und schwarzen französischen Besatzungssoldaten an den Vergewaltigungen liegen nicht vor, aber allein die Tatsache, dass die Farbigen meist den ersten Vortrupp bei der Besetzung stellten, macht es sehr wahrscheinlich, dass die große Mehrzahl der Vergewaltigungen auf ihr Konto geht. Eine des Rassismus völlig unverdächtige Zeitzeugin, die Engländerin Christabel Bielenberg, schildert in ihrem Buch »Es war ein weiter Weg nach Munny Haus« [384], S. 13-16, die Gewalttaten von Marokkanern in dem kleinen Dorf Rohrbach bei Furtwangen, wo sie am Kriegsende lebte, und zwar so schlimm, dass sie fast Hass auf die »Befreier« empfand und bei der Militärregierung vorstellig wurde.
24 Dass sich dabei auch »unbelastete Deutsche« hemmungslos bereicherten, sollte nicht unerwähnt bleiben. Elisabeth E. (1923) wurde gegen ihren Willen dem »Amt für Besatzungsleistungen« zugeteilt und wurde wiederholt Zeugin solcher Vorgänge.
25 Die Zeiten der Ausgangssperre werden von den Frauen verschieden angegeben. Sie differierten wohl nach Besatzungsdauer (am Anfang waren sie länger), Jahreszeit, Besatzungszone und besonders örtlichen Gegebenheiten. Stuttgart, das am 21. April besetzt wurde, hatte unmittelbar danach von 20.00 bis 6.30 Sperrstunde.
Klaus-Jörg Ruhl in: Deutschland 1945 [180] zitiert das Düsseldorfer Mitteilungsblatt vom 2.7.1945 mit folgenden Sperrstunden:
Vom 1. Juli bis 14. Juli von 22.15 - 0.4.45
Vom 15. Juli bis 28. Juli von 21.00 - 0.3.45
Vom 29. Juli bis 11. August von 20.30 - 0.4.30
Vom 26. August bis 7. September von 20.00 - 0.5.00.
26 Die Franzosen mussten einen Teil des von ihnen besetzten Gebietes räumen und wurden auf ihre Zone beschränkt. Die Grenze zwischen der amerikanischen und der französischen Zone verlief ungefähr entlang der Autobahn Karlsruhe – Stuttgart – Ulm.
27 Vgl. Eva Sternheim-Peters: Die Zeit der großen Täuschungen [472], S. 376 f.
28 Vgl. Vilma Sturm: Barfuß auf Asphalt [480], S. 181.
29 Vgl. dazu auch die Biografien von Mathilde W. und Maria K. in Band I. Mathilde W. (1916): »Die Amerikaner sind also so einmarschiert auf den Panzern und mit den Regenschirmen.«
30 Siehe Kapitel 1, »Durchkommen und Überleben«, Stichwort »Hunger«.
31 Interessanterweise wird von ähnlichem »Vandalismus« auch von deutschen Soldaten in *deutschen* Häusern kurz vor Kriegsende berichtet. Uta M. (1932), die im Sudetenland lebte: »Noch etwas ist von '45 zu berichten, und zwar stand unserem Haus gegenüber die tschechische Schule, die dann ja umfunktioniert worden war in einen deutschen Kindergarten und zum Schluss besetzt worden war von deutschen Soldaten, die dann also im Hof einen riesigen Berg oder Lagen von Stroh hinterlassen hatten. Als die abgezogen waren, haben wir also dieses Haus dann angeschaut. Es war in einem fürchterlichen Zustand. Hinter dem Haus lagen vielleicht einen halben oder einen Meter hoch weggeworfene Konserven, Ölsardinen, Sachen, die wir schon lange nicht mehr zu essen bekamen. Die müssen also da in Saus und Braus gelebt und gehaust haben, und unter dem Stroh in dem Garten sah's also auch so aus, wie (*nachher*) in unserem Keller, als die Russen ihn verlassen hatten. Den hatten die also auch quasi als WC benützt. Ich weiß nicht, ob sie die Wasserleitungen kaputtgemacht hatten, oder ob die Klos verstopft waren, das kann ich nicht sagen. Aber es sah also unter diesem Stroh auch fürchterlich aus. Es waren deutsche Soldaten gewesen.«

32 Es ist bisher nicht möglich, genauere Zahlen zu Vergewaltigungen deutscher Frauen durch Soldaten der westlichen Alliierten anzugeben. Vgl. die allgemeinen Angaben in Anm. 43.
33 Die Frauen sprechen immer von »den Russen« und nicht von Sowjetsoldaten, obwohl es sich um verschiedene Nationalitäten in der Sowjetunion handelte.
34 Vgl. dazu die vielen Augenzeugenberichte in der Dokumentation der Vertreibung der Deutschen aus Ostmitteleuropa [788]. Dazu in der Einleitung: »…in einer so großen Zahl von Erlebnisberichten (*stehen*) die Tage des Einmarsches der Roten Armee im Mittelpunkt und stellen erlebnismäßig alles andere in den Schatten. Dies war nicht nur eine subjektive Empfindung, sondern entspricht auch der tatsächlichen Schwere der Erlebnisse, die in diese Tage fallen. Massenhafte Vergewaltigungen von Frauen, willkürliche Tötung vieler Deutscher, Raub und Misshandlung während des Einzugs der Roten Armee sind in einem Masse und in solcher Gleichförmigkeit in allen Gebieten jenseits der Oder und Neiße verübt worden, dass keine Darstellung der Vertreibung daran vorübergehen kann.« (Bd. I/1, 67 E) »Es ist erwiesen, dass durch die Zerstörungen und Brandstiftungen in den Tagen des Einmarsches der Roten Armee in Ostdeutschland größerer Schaden verursacht wurde als durch Bombenangriffe und Kampfhandlungen.« (Bd. I/1, 67 E). Vgl. auch die Sicht des ehemaligen Offiziers der Sowjetarmee, Lew Kopelew: Aufbewahren für alle Zeit [425].

Auch Inge Deutschkron musste die Ausschreitungen der sowjetischen Soldaten erleben, die gar nicht wussten und wissen wollten, dass sie Jüdin war und im Untergrund mühsam überlebt hatte. Sie fühlte sich nicht befreit und musste sich erneut verstecken und fliehen. Ruth Klüger berichtet Ähnliches (vgl. dies.: Weiter leben [512], S. 189 f.).

Die Vorkommnisse in den am östlichsten gelegenen und von der Roten Armee als erste eingenommenen Gebieten, insbesondere in Ostpreußen, aber auch im übrigen Ostdeutschland, übersteigen an Grausamkeit die Ausschreitungen in den übrigen von den Sowjets besetzten Gebieten. Vgl. dazu die folgenden Kapitel 9, »Flucht«, und 10, »Zwangsarbeit – Verschleppung – Vertreibung«.
35 Genaue Zahlen werden sich nie ermitteln lassen. Hans-Dieter Schäfer spricht von einer Selbstmordepidemie in Berlin, die im Lauf des Jahres 1945 im Mai 700, im Juli 295 und im August 279 Opfer forderte. Als Beispiele nennt er nur Frauen, führt aber nur wenige Belege an. (Vgl. Hans-Dieter Schäfer: Berlin im Zweiten Weltkrieg [455]). Es müsste bei diesen Fällen auch geprüft werden, was die Motive für die Tat waren und ob nicht das Gefühl des »Geschändetseins« und die Angst vor der Reaktion des eigenen Mannes und der Umwelt treibende Ursachen waren. Belege, dass Männer die Anstifter waren, z.B. in der Dokumentation über die Vertreibung der Deutschen aus Ostmitteleuropa [788], Band I/1 Dok. Nr. 8, S. 28, S. 31; Nr. 72, S. 274; Nr. 196, S. 214; Nr. 197, S. 218.
36 Die Amerikaner übergaben Anfang Juli 1945 einen Teil der von ihnen besetzten Gebiete (Westmecklenburg, westliches Sachsen-Anhalt und Sachsen, Thüringen) an die Rote Armee gemäß der unter den »Großen Drei« schon im September 1944 ausgehandelten Zoneneinteilung.
37 Dafür ist der sowjetische Offizier Lew Kopelew ein herausragendes Beispiel. Er wurde für seine noble Haltung den besiegten Deutschen gegenüber und für seine Proteste gegen die unmenschlichen Vorkommnisse zu 10 Jahren Straflager wegen »Mitleids mit dem Feind« verurteilt. Vgl. dazu auch »Dokumente der Menschlichkeit«, hrsg. v. Göttinger Arbeitskreis 1950, in denen Beispiele für faires und menschliches Verhalten sowjetrussischer Besatzer dargestellt werden.
38 Davon zeugen auch die Biografien von Ella K. und Margareta M. in Band I. In diesen Kontext einzuordnen ist auch »Eine Frau in Berlin« [742], die ihre Erlebnisse unter dem unmittelbaren Eindruck des Erlebten aufgeschrieben hat. Es handelt sich um ein besonders wertvolles autobiografisches Dokument. Es umfasst die breiteste Skala von Erfahrungen mit russischen Besatzern, die mir bekannt ist. Wichtig sind auch die ausführlichen Tagebuchaufzeichnungen von Irmela D. in: Ingrid Hammer/Susanne zur Nieden: Sehr selten habe ich geweint [747], S. 451-477, die ebenfalls sehr differenziert sind.
39 Das gilt sogar für die schlimmsten Schicksale der Gefangenen und Verschleppten, vgl. dazu das

folgende Kapitel und die Biografie von Ilse-Marie K. in Band I. Man vergleiche dazu auch die Tagebuchaufzeichnungen von Irmela D. (vgl. Anm. 38) und »Eine Frau in Berlin«, die Erlebnisse von Christian von Krockows Schwester Libussa (Die Stunde der Frauen [551]) oder Erika Morgenstern [440]. Auch Clara von Arnim [379], S. 293 ff., S. 317f. Ebenso Helke Sander/Barbara Johr: Befreier und Befreite [322], S. 83 ff., Karla Höcker (1901) in Hans- Dieter Schäfer: Berlin im Zweiten Weltkrieg [455], S. 334-344 und Katharina Heimroth (1897), dortselbst, S. 330-334. Bemerkenswert an dem Bericht von Katharina Heimroth ist neben der bewundernswerten Tapferkeit und Energie, mit denen sie ihren gelähmten Mann durch das Chaos rettete (ihr Mann, Oskar Heinroth, war Direktor des Berliner Aquariums), die Beobachtung, dass auch Deutsche sich an den wüsten Plünderungen und Zerstörungen beteiligten: »Die Menschen (*nicht allein die Russen!*) waren außer Rand und Band, jeder Begriff von Mein und Dein war erloschen. Bei allen Kriegsgreueln war dies das Schrecklichste! Seitdem fürchte ich nichts auf der Welt mehr als die Bestie im böswilligen Menschen; kein Tier würde sich so verhalten.« (S. 334)

Schauerliche Vergewaltigungsszenen, Morde und Plünderungen finden sich auch in den Tagebuchaufzeichnungen von Margret Boveri zwischen dem 1. und dem 8. Mai 1945 [737]. Aber auch in den Erlebnissen, die sie berichtet, gibt es das typische Gemenge von Grausigem, Komischem, Lachhaftem, Imponierendem und Freundlichem, das auch meinen Interview-Ergebnissen entspricht. Die schlimmsten Erlebnisse hatten Frauen in den Ostgebieten (Ostpreußen, Westpreußen, Schlesien). Aber auch da wird von Ausnahmen berichtet, wiewohl seltener.

40 Weitere widersprüchliche Erfahrungen mit Russen machten viele Frauen später beim Überschreiten der »grünen Grenze« in den Westen. Davon wird im Band III, Teil A, Kapitel 1, »Zusammenkommen...« berichtet.
41 Vgl. Lieselott Diem: Fliehen oder bleiben?... [394], S. 83.
42 Vgl. Eine Frau in Berlin [742], S. 156 f.
43 Zahlen nach Helke Sander/Barbara Johr: Befreier und Befreite [322].
Rote Armee: Allein in Berlin wurden mindestens 100 000 Frauen und Mädchen vergewaltigt, aber die Zahl der Vergewaltigungen liegt viel höher, da 40 % mehrmals oder vielmals vergewaltigt wurden (S. 52) Dr. Reichling, ehemaliger Leiter der Deutschen Sektion der wissenschaftlichen Arbeitsstelle der Forschungsgesellschaft für das Weltflüchtlingsproblem, schätzt die Gesamtzahl auf ca. 1,9 Millionen; davon 1,4 Mio. in den ehemaligen deutschen Ostgebieten und während Flucht und Vertreibung, 500 000 in der späteren sowjetischen Besatzungszone (S. 58). Nach einer neueren Studie von Norman M. Naimark: »The Russians in Germany« hält der Verfasser es für möglich, dass bis zu zwei Millionen Frauen in Ostdeutschland und in der sowjetisch besetzten Zone Opfer von Vergewaltigungen durch sowjetische Soldaten geworden sein könnten, obwohl die exakten Zahlen wohl nie ermittelt werden könnten. (Zit. nach Werner Terpitz: Wege aus dem Osten [483], S. 147, Anm. 155.)
Offiziell waren Vergewaltigungen in der Roten Armee nicht erlaubt. Deshalb fanden sie auch meist nachts statt, oder man versuchte, die Frauen an abgelegene Orte zu bringen. Die Taschenlampe, mit denen Russen die Gesichter der Frauen anleuchteten, ist ein in diesem Zusammenhang fast immer erwähntes Requisit.
Westalliierte: Auch bei ihnen waren Vergewaltigungen offiziell verboten. Von britischen Soldaten lässt sich nichts belegen; es waren offiziell bisher keine Auskünfte zu bekommen. US-Soldaten: Im März und April 1945 wurden 487 Fälle gerichtlich verhandelt. Für die Zahl der tatsächlichen Fälle gibt es keine ausreichende Grundlage, um sie zu schätzen (S. 61).
Franzosen: Es liegen keine Gesamtzahlen vor, und es sind bisher auch keine Auskünfte zu erhalten. Allein in Stuttgart und Umgebung konnte die Polizei später 1198 Vergewaltigungsfälle ermitteln (die Dunkelziffer liegt sicher viel höher). Die betroffenen Frauen waren im Alter von 14-74 Jahren (S. 34).
Nicht nur die zahlreichen Berichte der Frauen, die z.T. Augenzeuginnen waren oder glaubhaft berichtet bekamen oder als Ärztinnen und Krankenschwestern bei Abtreibungen beteiligt waren, sondern auch Ortschroniken deuten auf hohe Zahlen hin. Einige Anhaltspunkte aus den Berichten der Frauen:

Hildegard P. (1913), Hebamme und Krankenschwester in einem Schwarzwalddorf, erzählt, dass sie in einer Nacht 75 Vergewaltigte ärztlich behandelt haben. Frau Dr. Renate Lutz behandelte allein in Freudenstadt 600 vergewaltigte Frauen (Vgl. Fernsehsendung vom Februar 1995 »Die Franzosen kommen«. Redaktion: Süddeutscher Rundfunk, Mskr., S. 9).
44 Helke Sander und Barbara Johr: Befreier und Befreite [322], konstatieren ähnliche Schwierigkeiten.
45 Einige sagten es mir ganz offen. Christa K. (1921) und Lydia J. (1913): »Meine Eltern und ich waren der Überzeugung, die Russen sind nicht so schlimm, wie sie dargestellt werden. Deshalb haben wir ausgemacht, dass wir bleiben. Und das war ein gewaltiger Irrtum. Ich weiß auch, dass die Russen auch in den Ort kamen. Das Schulhaus lag am Friedhof. Und da trabte ein Pferd auf dem Friedhof herum, muss wohl verletzt worden sein, und kriegte von einem Soldaten den Gnadenschuss. Und da sagte der Herr X neben mir: ›Na also, wenn sie mit Tieren Mitleid haben, dann werden sie wohl auch mit uns Mitleid haben.‹ Na ja, ja, ja ja... *(lachen beide bitter)*. Dann kam also die große Tragödie. Ich möchte jetzt tatsächlich die schweren Dinge, die ich von Russen da erlebt hab', überspringen...« Ähnlich äußerte sich Frau J., die von Russen verschleppt wurde.
46 Darüber werden zahlreiche Varianten erzählt. Weitere bei Ingrid Schmidt-Harzbach: Eine Woche im April, in: Helke Sander/Barbara Johr: Befreier und Befreite [322], S. 25-27. Auch »Eine Frau in Berlin« [742], die folgenden Trick ihrer Freundin Gisela erzählt: »Ehe Gisela sich zur Redakteurin entwickelte, hatte sie schauspielerische Ambitionen gehabt und im Unterricht auch ein bisschen Schminken gelernt. So hat sie sich im Keller eine wunderbare Greisinnenmaske aufs Gesicht gestrichelt und hat das Haar unter einem Kopftuch versteckt. Als Russen kamen und sich mit Taschenlampen die beiden jungen Studentinnen herausleuchteten, haben sie Gisela mitsamt ihren Kohle-Runzeln aufs Lager zurückgedrückt: ›Du Babuschka schlaffen.‹ (S. 193) Viele Frauen berichten aber, dass das »Altmachen« schon bald durchschaut wurde. Eine Frau färbte sich ihre rotblonden Haare mit Tinte. Einer anderen gelang es, sich in einem Altersheim zu verstecken. Auch das Krankspielen konnte helfen, weil die Russen sich vor der Ansteckung fürchteten. Das Vollhängen der Zimmer mit Windeln konnte abschreckend wirken (Sophia C., o. J.). Ein Mädchen wurde von ihren Eltern im Keller versteckt in einem Raum, wo man die Türklinke abgenommen hatte. Dort blieb sie vier Wochen Tag und Nacht (Elisabeth Y., 1920). Selbst auf Dächern und auf Friedhöfen haben sich Frauen versteckt. (Elfriede B., 1904). Emmy Bonhoeffer, die Frau des hingerichteten Klaus Bonhoeffer, schreibt (zitiert bei Lieselott Diem [394], S. 82): »Wenn russische Soldaten nachts in unsere Keller kamen und mit Taschenlampen in unsere Gesichter leuchteten, machte ich immer die Fratze einer Schwachsinnigen (mit Erfolg). Die 14jährige Dorothee versteckten wir in einer Truhe, auf die sich die kleine Anna Dammeier setzte.«

Ein außergewöhnliches, sicher untypisches Beispiel ist Hildegard Knef, die in Berlin als Mann verkleidet noch an der Seite eines Mannes mitkämpfte, mit dem sie damals liiert war. (Vgl. dies.: Der geschenkte Gaul [420], S. 63.) Uta M. (1932) und ihre Schwester wurden von ihrer Mutter als Jungen verkleidet.
47 Dazu das Kapitel 10, »Zwangsarbeit – Verschleppung – Vertreibung«.
48 Nach vereinzelten Vorarbeiten erschien erst Anfang der 90er Jahre nach dem gleichnamigen Film das Buch von Helke Sander und Barbara Johr: Befreier und Befreite [322].
49 Zu den Zahlen siehe Anm. 43.
50 Am schrecklichsten traf es die Frauen in den deutschen Ostgebieten, wo sie die ersten Opfer des sowjetischen Einmarsches wurden. Sie haben vielfach die Vergewaltigungen nicht überlebt, wurden oft auf sadistische Weise verstümmelt und ermordet. Mütter mussten ihre Töchter, die noch Kinder waren, an den Folgen der Vergewaltigungen dahinsiechen sehen. Als ein Beispiel unter vielen vgl. den Erlebnisbericht von M. N. aus Bärwalde, Kreis Neustettin in Pommern, in der Dokumentation zur Vertreibung der Deutschen aus Ost-Mitteleuropa [788], Bd. I/2, Dok. Nr. 198, S. 224 ff. Ein entsetzliches Erlebnis mit einer von ihrer Mutter vergifteten sterbenden Sechzehnjährigen schildert Lieselott Diem [394], S. 74.
51 Aufschlussreich ist, dass z. B. die öfters zitierte große Dokumentation über die Vertreibung [788]

auch ganz unkritisch in diesen Begriffen denkt: »Viele zogen den von eigener Hand gegebenen Tod der immer wiederholten Schande (*sic!*) vor. Viele leiden noch heute unter den psychischen Nachwirkungen des Schreckens und der Entehrung (*sic!*).« (Vgl. ebd. [788], 63 E)
52 Reichling schätzt, dass allein in Berlin ca. 10 000 Mädchen und Frauen die Vergewaltigungen mit dem Leben oder einer bleibenden gesundheitlichen Schädigung bezahlt haben!
53 Hier stimme ich mit Sibylle Meyer/Eva Schulze: Von Liebe sprach damals keiner [614], überein, die vorwiegend Frauen aus nichtbürgerlichen Kreisen befragt haben. Aber auch diese Frauen konnten über die Gewaltakte nicht einfach hinweggehen; das wird aus dem folgenden Beispiel von Martha L. sehr deutlich.
54 Vgl. Clara von Arnim: Der grüne Baum des Lebens [379], S. 300-302.
55 Zit. nach Ingrid Hammer/Susanne zur Nieden: Sehr selten habe ich geweint. [747], S. 400.
56 Vgl. Kapitel 3, »Trennung«, Stichwort »Alleinsein«.
57 So z.B. »Eine Frau in Berlin« [742]: »Auf einmal Finger an meinem Mund, Gestank von Gaul und Tabak. Ich reiße die Augen auf. Geschickt klemmen die fremden Hände mir die Kiefer auseinander. Auge in Auge. Dann lässt der über mir aus seinem Mund bedächtig den angesammelten Speichel in meinen Mund fallen.

Erstarrung. Nicht Ekel, bloß Kälte. Das Rückgrat gefriert, eisige Schwindel kreisen um den Hinterkopf. Ich fühle mich gleiten und fallen, tief, durch die Kissen und Dielen hindurch. In den Boden versinken – so ist das also.

Wieder Aug in Auge. Die fremden Lippen tun sich auf, gelbe Zähne, ein Vorderzahn halb abgebrochen. Die Mundwinkel heben sich, von den Augenschlitzen strahlen Fältchen aus. Der lächelt.

Er kramt, bevor er geht, etwas aus seiner Hosentasche, schmeißt es stumm auf den Nachttisch, rückt den Sessel beiseite, knallt hinter sich die Tür zu. Das Hinterlassene: eine verkrumpelte Schachtel mit etlichen Papyrossen darin. Mein Lohn.

Als ich aufstand, Schwindel, Brechreiz. Die Lumpen fielen mir auf die Füße. Ich torkelte durch den Flur, an der schluchzenden Witwe vorüber ins Bad. Erbrechen. Das grüne Gesicht im Spiegel, die Brocken im Becken. Ich hockte auf der Wannenkante, wagte nicht nachzuspülen, da immer wieder Würgen und das Wasser im Spüleimer so knapp. Sagte dann laut: Verdammt! und fasste einen Entschluss. Ganz klar: Hier muss ein Wolf her, der mir die Wölfe vom Leibe hält. Offizier, so hoch es geht, Kommandant, General, was ich kriegen kann. Wozu habe ich meinen Grips und mein bisschen Kenntnis der Feindsprache?« Sie sucht sich einen Beschützer, einen Major und hat fortan Ruhe vor den Zudringlichkeiten der anderen Soldaten.
58 Vgl. die Berichte von Renate B. und Clara von Arnim: Der grüne Baum des Lebens [379].
59 Eine Frau in Berlin [742], S. 144, 226.
60 In: Helke Sander/Barbara Rohr: Befreier und Befreite [322], S. 36 ff.
61 Abtreibungen nach Vergewaltigung durch andere, als »rassisch höherwertig« eingestufte Besatzungssoldaten sollten weiterhin strafbar bleiben.
62 Wie viele Kinder von Russen oder Polen als Folge von Vergewaltigungen in den Gebieten östlich der Oder und Neiße zur Welt kamen, wo es kaum ärztlich überwachte Abtreibungen gegeben haben dürfte, ist unbekannt.
63 Vgl. Gabriele Jenk: Steine gegen Brot [416], S. 19 f.
64 Helke Sander und Barbara Johr nennen für Berlin folgende Zahlen: Etwa 20 % der vergewaltigten Frauen wurden schwanger. Etwa 90 % dieser Frauen haben abgetrieben, 10 % das Kind zur Welt gebracht. Etwa 5 % der Kinder, die in Berlin zwischen Ende 1945 und Sommer 1946 geboren wurden, waren »Russenkinder«, d. h. mehr als 1100 Kinder. (Vgl. dies.: Befreier und Befreite [322], S. 52.)
65 Vgl. Anm. 52.
66 Siehe Band III, Teil A, Kapitel 3, »Nachwirkungen«.
67 Vgl. Kapitel 1, »Nachkriegszeit«, Stichwort »Hunger«.
68 Eine Frau in Berlin [742], S. 161 f.
69 Einige Frauen berichteten, dass sie »vor Scham fast gestorben seien«, wenn sie nach einer sol-

chen Gefälligkeitsfahrt aus dem Jeep stiegen, weil sie Angst hatten, für ein »Fräulein« gehalten zu werden. (So etwa Elisabeth R.)
70 Davon heben sich einige ganz sachliche Bemerkungen von »einfachen« Frauen ab. Freundschaften und Liebschaften, die sich entwickelten, werden ganz selbstverständlich konstatiert.
71 Auf lokaler Ebene sind Ansätze dazu gemacht worden, z.B. für Heilbronn: Ausstellungskatalog »Friede Freude, Eierkuchen« [681], für Göppingen: Claudia Liebenau-Meyer: Göppinger Frauen in der Zeit nach dem Zweiten Weltkrieg [706] und Ausstellungskatalog »Wir wollten einfach leben« [709].
72 Welche unwürdige Behandlung sich Frauen ohne männlichen Schutz noch von deutschen Beamten gefallen lassen mussten, bezeugt Regina J. (1906): »Die letzten Nachrichten von meinem Mann bekam ich im Februar 1945... und dann kam das große Elend, denn mein Mann war nicht gefallen und nicht vermisst gemeldet, und ich bekam kein Geld mehr. Da wusste ich nicht, von was wir leben sollten. Arbeiten konnte ich mit meinen sechs Kindern nicht. Da sagte mir ein Beamter auf dem Rathaus: ›Es gibt viele Wege, um Geld zu verdienen.‹ Da fragte ich ihn, wie er das meine. Da sagte mir dieser ekelhafte Mensch: ›Für was haben wir Besatzungstruppen? Da sind Frauen wie Sie nachts gewünscht.‹«
73 Vgl. z. B. Anneliese Uhlig: Rosenkavaliers Kind [486]; Ingrid Osborne: Nelken aus Chicago [443].
74 »Das Frolleinwunder« von Esther Schapira. ARD, 10.11.1994. Frau Schapira hat mit etwa 100 Frauen gesprochen. Sie plant einen weiteren Film über Besatzungskinder.
75 Von einigen Frauen sind mir ernsthafte Absichten von Russen berichtet worden, denen sie aber kühl gegenüberstanden. Vgl. auch die Biografie von Ella K. in Band I.
76 Von den 1946 Geborenen waren fast 25 % unehelich, davon 1/6 Besatzungskinder.
Aus einzelnen Zeugnissen kann man sich eine Vorstellung machen, wie schwer es war, unter den damaligen Umständen ein solches Kind auf die Welt zu bringen und aufzuziehen; auch hier bewährte sich Frauensolidarität:
Magda Andre (Köln 1947) spricht von einer »Trümmerfrau«, mit der sie arbeitete: »Mensch war das ein dünnes und junges Ding. Ich hab' Anne sofort in mein Herz geschlossen und für sie gesorgt. Am Anfang war nicht herauszubekommen, wo sie wohnte, wie sie lebte. Irgendwann hat sie dann erzählt, dass das Baby von einem Ami sei, der natürlich schon wieder in Amerika war. Eine Adresse hatte sie nicht. Die hatten auf den Ämtern auch andere Sorgen. Ihre Eltern hatten sie rausgesetzt, und jetzt wohnte sie in einem Keller und wartete auf irgendwas. Tja, so war das damals, eine Verwahrlosung sondergleichen, und dann kamen in solch einer Situation auch noch Kinder. Wir wollten ihr natürlich helfen, aber wie, das war uns auch nicht klar. Zuerst musste sie eine Unterkunft bekommen, und da hatten wir auch gleich ein Zimmer für sie gefunden, sogar in der Südstadt, in meiner Nähe. Als Schwangere bekam Anne auch noch eine Sonderration, und da wir ihr wirklich auf dem Bau halfen, konnte sie die Schwangerschaft einigermaßen gut überstehen. Sie hat bis vier Wochen vor der Geburt bei uns gearbeitet, und vier Wochen danach stand sie schon wieder auf der Matte. Ihre Tochter war unser aller Kind, und ich bin Patin geworden. Petra, so heißt sie, besucht mich immer noch regelmäßig, und wir haben einen sehr guten Kontakt zueinander. Ihre Mutter ist dann aber in den 50er Jahren – als es endlich was zu fressen gab – gestorben. Wahrscheinlich konnte sie sich an das gute Essen nicht gewöhnen.« (In: Gabriele Jenk: Steine gegen Brot [416], S. 98.)
77 Wolfgang Jacobmeyer: Vom Zwangsarbeiter zum Heimatlosen [121] meint: »Die...Kriminalität der DP's war nicht das Ergebnis ihrer durch die alliierte Befreiung spontan freigesetzten Rache- und Freiheitsgefühle. Racheakte gegen einzelne Deutsche, wie sie vor Kriegsende angedroht und befürchtet waren, sind gelegentlich erfolgt, hatten jedoch weder Regelmäßigkeit noch epidemische Größenordnungen angenommen...« (S. 50) Er interpretiert die Ausschreitungen als Folge dessen, dass in dieser »Personengruppe...Leitmotive und Ordnungsvorstellungen einer gewachsenen Gesellschaft außer Kraft gesetzt waren«. Über Größenordnungen wird man schwerlich Genaueres sagen können, ebensowenig über die Motive der einzelnen. In der Wahrnehmung der betroffenen und beobachtenden Frauen sind Racheakte häufig vorgekommen, und sie zeigen in den ihnen bekannten Fällen auch durchaus Verständnis dafür.

78 Inge R. (1924) verlor ihren Verlobten auf diese Weise.
79 Gefährdet waren besonders die Gebiete, in denen es vormals große Gefangenenlager gegeben hatte und wo infolgedessen auch besonders viele und große DP-Lager errichtet wurden. Deshalb sind für dieses Thema lokale Studien besonders wichtig und ergiebig, wie es sie z.b. für den Landkreis Celle gibt. In dieser Dokumentation wird von Augenzeugen auch erwähnt, dass sich Deutsche mit an den Plünderungen beteiligt haben.
80 Was Frauen während des Krieges von ausländischen Zwangsarbeitern wussten und was sie mit ihnen zu tun hatten, behandelt zusammenfassend Band III, Kapitel 4, »Wir haben doch nichts gewusst«.
81 Vgl. Rainer Schulze (Hrsg.): Unruhige Zeiten [721], S. 158 f.
82 Vgl. Charlotte Hofmann-Hege: Eine Goldene Spur [544], S. 139 f.
83 Es gibt keine Angaben über die Gesamtzahl der befreiten Häftlinge aus Konzentrationslagern auf deutschem Gebiet. Nach Jacobmeyer wurden befreit: Aus Bergen-Belsen: 60 000; aus Dachau: 31 501; aus Mauthausen: 72 000-80 000; aus Flossenbürg: 1600; aus Buchenwald und Ohrdruff: 16 000. Weitere Zahlen gibt er nicht an. Zum Zustand der Häftlinge erwähnt er als ein Beispiel das Konzentrationslager Klein-Gladbach: »Bei der Befreiung hatte das Lager 750 Insassen. Nur wenige wogen über 44 kg, und sie starben mit einer Tagesrate von 7-10 Personen. Ein Drittel der Insassen konnte nicht gehen. Über 20 akute Fälle von Typhus wurden gefunden.« (vgl. ders.: Vom Zwangsarbeiter zum heimatlosen Auländer... [121], S. 43.) Nach Bernd Jürgen Wendt: Deutschland 1933-1945 [200], starben nach Schätzungen etwa 1/3 der im Januar 1945 registrierten Häftlinge auf den Todesmärschen.
84 Zur Frage, wer hat wann und wieviel gewusst, wissen können, siehe Band III, Kapitel 4, »Wir haben doch nichts gewusst.«
86 Auf dem Hohenasperg bei Ludwigsburg war ein Gefängnis, in dem nach 1933 auch politische Gefangene »verwahrt« wurden. Das Gefängnis diente auch als Sammelstelle und Zwischenstation in die Konzentrationslager. (Nach Bund der Antifaschisten, Kreisverband Ludwigsburg (Hrsg.): Streiflichter aus Verfolgung und Widerstand [663], S. 10.)
86 Vgl. Rainer Schulze: Unruhige Zeiten [721], S. 259.
87 Vgl. ihre Biografie in Band I.
88 Dieses »Sehen« und »doch nicht Sehen« fiel auch Ruth Klüger auf, die als schon aus dem KZ-Befreite einen Zug von Häftlingen sah und das Verhalten der Bevölkerung beobachtete: »Sie gingen mitten durch die Stadt, mitten auf der Fahrbahn, in vollem Tageslicht, und rechts und links von mir standen Menschen, Männer und Frauen, auch Kinder, und sahen beiseite. Oder verschlossen ihre Gesichter, so dass nichts eindringen konnte. Wir haben unsere eigenen Sorgen, behelligt uns bitte nicht mit humanen Ansprüchen. Wir warteten auf dem Bürgersteig, bis die Untermenschen alle vorbeigezogen waren. Als die Amerikaner kurz darauf einmarschierten, hatte niemand je was gesehen. Und gewissermaßen stimmte es sogar. Was man nicht wahrnimmt und aufnimmt, hat man tatsächlich nicht gesehen. In diesem Sinne hatte nur ich sie gesehen.« (Vgl. Ruth Klüger: Weiter leben [512], S.183 f.) Die Berichte der Frauen zeigen aber, dass viele doch tief berührt waren und auch später nicht vorgaben, nichts gesehen oder gewusst zu haben. Vgl. auch Band III, Kapitel 4, »Wir haben doch nichts gewusst«.
89 Vgl. Band III, Kapitel 9, »Es muss einmal Schluss sein.«
90 Vgl. dazu Paul Carell/Günter Böddeker: Die Gefangenen [59a].
91 Wo die Väter zu Hause waren, gaben sie natürlich den Ton an.
92 Dokumente zeigen, dass die sowjetischen Panzerspitzen schnell weiterfuhren, ohne sich um die Zivilbevölkerung zu kümmern (Dokumentation über die Vertreibung der Deutschen aus Ostmitteleuropa [788], S. 29). Die Frauen hatten es also zunächst schon mit Nachrückenden zu tun, die ihnen aber als die Ersten erscheinen mussten.
93 Sowjetische Aufrufe, die die Rote Armee zur Vergeltung aufforderten, wurden etwa ab März 1945 eingestellt und statt dessen Tagesbefehle und Flugblätter ausgegeben, die zur Disziplin aufriefen. (Vgl. Dokumentation über die Vertreibung... [788], 69 E, Anm. 101) Die Lage besserte sich also noch vor der Kapitulation, ohne dass sich die Disziplin überall durchsetzte.

94 Pauschalurteile über »die Engländer«, die zweifellos vorhanden waren, kann ich aus Mangel an Unterlagen nicht dokumentieren.
95 In diesen Klischeevorstellungen mischen sich Selbsterlebtes, Gehörtes, Gelesenes, in den Medien Verbreitetes fast unentwirrbar, wie Albrecht Lehmann meint. Doch glaube ich, dass diese Stereotypen sich erst auf der Grundlage von massenhafter subjektiver Erfahrung herausbilden konnten. Sie sind nicht in ihrem subjektiven Wahrheitsgehalt anzuzweifeln und bedenklich, sondern in der Verallgemeinerung der subjektiven, wenn auch massenhaften Erfahrung. Sie sind bedenklich – auch hierin stimme ich mit Lehmann überein –, weil sie »die Topoi des Erzählens nach dem jeweiligen Bedarf zu Angeboten der Versöhnung, aber auch zu Mustern der Agitation und Aggression werden lassen.« (Vgl. Albrecht Lehmann: Im Fremden ungewollt zuhaus [607], S. 166.)
96 Das sah Ruth Andreas-Friedrich schon 1945 voraus. Tagebucheintrag vom 16.6.1945: »Da sagt ein Freund, der im Widerstand war und jetzt in der sowjetischen Zone in einem Ort zum Bürgermeister ernannt ist: ›Redet den Frauen vor, was ihr wollt. Dass Russland ein Paradies sei und Bolschewismus der Himmel auf Erden. Sie werden an die vielen denken, die sie vergewaltigt haben, und euch antworten: Nein! Und keiner Macht der Welt wird es gelingen, sie umzustimmen.‹«
97 Ein Musterbeispiel dafür lieferten mir Aufzeichnungen von Elfriede W. (1926), die 1982 als Lehrerin in der damaligen DDR für ihre Schülerinnen Erlebnisse aus der amerikanischen, dann aus der russischen Besatzungszeit aufzeichnete. Die positiven Erinnerungen an die sowjetische Armee und die negativen an die Amerikaner stehen nicht nur in krassem Gegensatz zu den Erzählungen der meisten westdeutschen Frauen, sondern münden auch direkt in das erwünschte politische Verhalten gegenüber dem »sozialistischen Freund« und dem »kapitalistischen Feind«.
98 Über die allgemeine Einstellung zum Krieg vgl. Band III, Teil B, Kapitel 10, »Nie wieder Krieg!«
99 Dieses Kapitel der Geschichte wird erst in den letzten Jahren historisch aufgearbeitet, vgl. Ernst Klee u.a. (Hrsg.): Gott mit uns [130]; Hannes Heer/Klaus Naumann (Hrsg.): Vernichtungskrieg [102]; Omer Bartov: Hitlers Wehrmacht [29]; Walter Manoschek (Hrsg.): »Es gibt nur eines für das Judentum: Vernichtung« [764]; Hannes Heer (Hrsg.): »Stets zu erschießen sind Frauen, die in der Roten Armee dienen« [103].
100 Vgl. Kapitel 1, »Durchkommen«, Stichwort »Ernährung«.
101 So glaubhaft dies im Einzelfall sein mag, kann es allgemein nicht als glaubwürdig aufrechterhalten werden. Vgl. Band III, Teil B, Kapitel 4, »Wir haben doch nichts gewusst«.
102 Vgl. den Bericht von Irma B. und der anonymen Berlinerin.
103 Bei den Sowjets wurde schon frühzeitig zwischen dem »deutschen Volk« und den »Faschisten« unterschieden, gemäß Stalins berühmtem Wort: »Die Hitler kommen und gehen, das deutsche Volk bleibt bestehen.«
104 Vgl. dazu besonders Band III, Teil B, Kapitel 3, »Ich war ganz unpolitisch«.
105 Die Bezeichnung leitet sich ab von den Anfangsbuchstaben für Geschlechtskrankheit: Venereal Disease.
106 Zu den beiden Themenkomplexen vgl. Band III, Teil B, Kapitel 10, »Nie wieder Krieg!«.

Kapitel 9
Flucht

1 Bei diesem Thema denkt man meist nur an die Flucht und Vertreibung aus dem Osten, und mit dieser befassen sich auch das 9. und 10. Kapitel. Es sollte aber nicht vergessen werden, dass es auch eine Fluchtbewegung aus dem Westen gab. Mit dem Heranrücken der Westfront sind zahlreiche Menschen gen Osten geflohen und/oder zwangsevakuiert worden. Auch sie erlebten den

todbringenden Krieg, besonders durch Bombenangriffe und Tiefflieger. Deutschen in Luxemburg konnte es widerfahren, dass sie zuerst vor den Deutschen nach Frankreich flohen und später vor den Franzosen zurück nach Deutschland.

2 Auf die Zahl von rund 2 Millionen kommt man, wenn man zu den 1,6 Millionen Deutschen aus dem Reichsgebiet östlich der Oder-Neiße noch die Verluste der Deutschen aus Polen und Danzig rechnet. Darunter sind mehr als 400 000 Deutsche Opfer von Gewalttaten durch Sowjets und Polen mit Todesfolge. (nach »Die Vertreibung der Deutschen aus Ostmitteleuropa« [788], S. 41). Nicht eingerechnet sind die Verluste unter den Deutschen aus der Tschechoslowakei, aus Ungarn, Rumänien, Jugoslawien, Sowjetrussland.

Zu etwas anderen Zahlen kam das Statistische Bundesamt 1958. Die Zahlen sind aufgeschlüsselt nach den einzelnen deutschen Siedlungsgebieten, mit Ausnahme der Sowjetunion: Deutsche Ostgebiete (Ostpreußen, Ostpommern, Ostbrandenburg, Schlesien): 1 338 700; Deutsche Siedlungsgebiete im Ausland: a) Baltische Staaten und Memelgebiet, Danzig, Polen, Tschechoslowakei: 592 500;
b) Südosteuropa (Ungarn, Jugoslawien, Rumänien): 886 300.
Das ergibt eine Gesamtzahl von 2,817 Mio.

3 Auf diese Zahl komme ich, wenn man bedenkt, dass der Anteil von Frauen und Mädchen an der Bevölkerung generell mit etwa 50 % veranschlagt werden kann. Die Männer waren z.T. noch bei der Wehrmacht, die älteren z.T. noch beim Volkssturm. In den vorwiegend landwirtschaftlichen Gebieten Ostdeutschlands konnten viel mehr Männer eingezogen und durch Fremdarbeiter ersetzt werden als in den Industriegebieten des übrigen Deutschland. Dort war der Frauenanteil deshalb besonders hoch. Hinzu kamen Bombenflüchtlinge und Evakuierte, auch überwiegend Frauen. Nach Herbert Krimm: Beistand [136], befanden sich unter den Heimatvertriebenen allein über 2 Millionen Kinder und Jugendliche. 1,6 Millionen davon hatten die Eltern oder ein Elternteil verloren.

4 Ende 1944 waren rund 2 Millionen Frauen und Kinder evakuiert. Wie viele sich in den von der Roten Armee bedrohten Gebieten befanden und nicht mehr rechtzeitig heimkehren konnten, ist unbekannt.

5 Es stehen auch so gut wie keine anderen Quellen zur Verfügung. Die Dokumentation über die Vertreibung der Deutschen aus Ost-Mitteleuropa [788] ist das erste große Oral-History-Projekt in Deutschland, geleitet von dem Bestreben, das schreckliche Geschehen vor dem Vergessen zu bewahren und einer wissenschaftlichen Behandlung zugänglich zu machen. So heißt es im Vorwort: »Kaum ein Aktenstück gibt der Nachwelt von den ungeheuerlichen Vorgängen im Osten Europas am Ende des Zweiten Weltkriegs authentischer Kunde; die Opfer dieser Katastrophe haben keine amtlichen Berichte verfasst und keinen Dienstweg einhalten können. Sie würden für die Nachwelt stumm, wenn ihnen nicht Gelegenheit geboten würde, ihre Erlebnisse aus dem Gedächtnis niederzuschreiben oder sie zu Protokoll zu geben.« Dass diese große Sammel- und Aufzeichnungsaktion sich »nicht von dem Willen zur Anklage oder zur Rechtfertigung« leiten ließ (Vorwort, S. I), dafür bürgen die Namen der ausgewiesenen Wissenschaftler, die das Projekt betreuten, u.a. Hans Rothfels, mein Lehrer, einer der wenigen aus dem Exil zurückgekehrten deutschen Juden.

Die in der Dokumentation festgehaltenen Erlebnisberichte dokumentieren allerdings nur den Lebensabschnitt der Flucht und Vertreibung, während in meinen Berichten diese Erfahrung in die Biografie eingebettet ist und so z. B. die Verarbeitung bis heute verfolgt werden kann.

6 Vgl. dazu Bernd Jürgen Wendt: Deutschland 1933-45 [200], S. 654.
7 Darüber wird einiges in Band III, Teil A, Kapitel 1, »Zusammenkommen – Zusammenleben« berichtet.
8 Sie können wegen ihrer Länge nicht vollständig abgedruckt werden. Der Zusammenhang wird durch kurze Überleitungstexte hergestellt.
9 Vgl. dazu auch die Biografie von Margareta M. in Band I.
10 Von ihr habe ich eine Erzählung und einen schriftlichen Bericht. Der hier wiedergegebene Text ist der Erzählung entnommen; die Ortsnamen und einige Einzelheiten wurden an der schriftlichen Fassung überprüft.

11 Der Originalbericht mit einer detaillierten Landkarte, in die der Weg des Trecks genau eingezeichnet ist, befindet sich im Besitz der Tochter Inge Steinbeck, Hamburg. Sie hat ihn mir freundlicherweise zur Verfügung gestellt. Gräfin von der Goltz starb 1986, im Alter von fast 91 Jahren. Der Bericht wurde kurz nach ihrer Ankunft in Holstein von ihr verfasst.
12 Die Verantwortung für die Organisation der Flucht lag nicht bei der Wehrmacht und nicht bei den zivilen Verwaltungsstellen, sondern bei der NSDAP.
13 Vgl. Die Vertreibung der Deutschen... [788], Band I, Dok. Nr. 23, S. 90.
14 Vgl. ebd. [788].
15 Zit. nach Text im Rahmen einer Ausstellung: »Frauenschicksale – Flucht, Vertreibung, Exil, Asyl« im Stuttgarter Rathaus im Mai 1945, kein Katalog.
16 Vgl. ihre Biografie in Band I.
17 Am berühmt-berüchtigtsten ist der Fußmarsch der Frauen aus Breslau geworden. »Vom 20. und 21. Januar an wurde durch Lautsprecher die Aufforderung durchgegeben: ›Frauen und Kinder verlassen die Stadt zu Fuß in Richtung Opperau – Kauth!‹. In diesen Tagen begann der Auszug von über 500 000 Menschen aus Breslau.« (Vgl. Dokumentation über die Vertreibung, Bd. I, S. 442, Anm. 1) Es waren überwiegend Frauen und Kinder, und es herrschten 15-20 ° Kälte.
18 Der Suchdienst des Deutschen Roten Kreuzes teilte 1985 mir auf Anfrage folgende Zahlen mit: Suchanträge im Kindersuchdienst von und nach Kindern insgesamt seit 1945: 294 178, davon abgeschlossen 291 038. D. h. noch immer suchen 1973 Eltern ihr Kind, noch immer suchen 818 Kinder ihre Eltern, und noch immer suchen 349 Kinder unbekannter Herkunft ihre Eltern, ihre Geschwister, suchen 349 Namenlose ihre Familie.
19 Wenn die Frauen dabei besonders die schrecklichen Erlebnisse mit »asiatischen Soldaten« erinnern, ist darin keineswegs ein rassistisches Vorurteil zu sehen. Auch die Dokumentation über die Vertreibung hebt diese Komponente hervor (vgl. [788], 61 E). Zu berücksichtigen ist auch, dass es unter den asiatischen Völkern die Tradition gibt, die älter ist als die kommunistische Aufhetzung, dass in den ersten drei Tagen nach dem Sieg der Sieger das Recht hat, sich jede Art von Beute zu nehmen, auch die Frauen. Selbstverständlich waren und sind Vergewaltigungen nicht eine »asiatische Spezialität«. Das von der Kulturstiftung der deutschen Vertriebenen herausgegebene Buch über »Vertreibung und Vertreibungsverbrechen 1945-1948« [799] hebt als Gründe für das brutale Vorgehen der Roten Armee die planmäßige Aufhetzung zu Hass und Vergeltung hervor (dazu werden einschlägige Aufrufe zitiert). Die Durchsetzung speziell dieser Angriffstruppen mit fanatischen Kadern der Politorgane und die schrecklichen Erfahrungen, die zahlreiche Soldaten und Offiziere mit der deutschen Besetzung ihrer Heimat gemacht hatten, taten das Übrige. »Die Soldaten und Offiziere mussten so zunächst unterschiedslos in jedem Deutschen, ob Mann oder Frau, ob Greis oder Kind, einen Faschisten sehen.« (Vgl. [799], S. 26)
Es sollte aber auch nicht vergessen werden, dass Frauen auch auf der Flucht von den Feinden, von Russen, Polen und Tschechen, Hilfe erfuhren, freilich waren diese Gesten der Menschlichkeit, aufs ganze gesehen, Ausnahmen.
20 Vgl. das folgende Kapitel: »Zwangsarbeit – Verschleppung – Vertreibung«.
21 Erst im August 1945 wurden die Potsdamer Beschlüsse bekannt, mit denen die deutschen Gebiete östlich der Oder-Neiße unter polnische Verwaltung gestellt wurden. Das nördliche Ostpreußen kam unter sowjetische Verwaltung.
22 Nur, wo man sich im Bereich der Wehrmacht befand, konnte man mit einigermaßen verlässlichen Nachrichten rechnen. Die Menschen im nördlichen Ostpreußen, die z.T. nach der Flucht wieder dorthin zurückgekehrt waren, erfuhren erst im Herbst 1945, dass der Krieg zu Ende war. Viele berichten, dass sie nicht wussten, ob und wann der Krieg zu Ende war.
23 Vgl. dazu das Kapitel 5, »Bomben«.
24 Weshalb sich z. B. auch Ukrainer den Trecks anschlossen (vgl. Isa v. d. Goltz). Besonders diejenigen, die in einem Dienstverhältnis bei deutschen Behörden oder NS-Dienststellen beschäftigt gewesen waren oder gar als Hilfstruppen bei der Wehrmacht, hatten als Kollaborateure nichts Gutes zu erwarten.
25 Die Kriegsmarine stellte 790 Schiffe und die Handelsmarine 175 Schiffe. Sie retteten etwa 1,6

Millionen Flüchtlinge (nach Hans-Jürgen Eitner: Hitlers Deutsche [69], S. 471). Bernd Jürgen Wendt: Deutschland 1933-45 [200] spricht von mehr als zwei Millionen Flüchtlingen, Soldaten und Verwundeten. Auf den Seetransporten verloren etwa 14000 Menschen ihr Leben, die meisten von ihnen auf den großen Schiffen »Gustloff«, »Steuben« und »Goya«, die durch sowjetische U-Boote torpediert und versenkt wurden.
26 Annemarie Kriep in »Die Vertreibung der Deutschen...« [788], Bd. I, Dok. Nr. 26, S. 103.
27 Das gilt für die gesamten Nachkriegserfahrungen in dieser Zone. In einigen Berichten bei Lutz Niethammer u.a.: Die volkseigene Erfahrung [622] wird darauf eingegangen.
28 Nach dem gleichlautenden Titel des Buches von Albrecht Lehmann [607].
29 Vgl. Marianne Blasinski: Marie Schlei [525], S. 100.
30 Vgl. Christian Graf von Krockow: Die Stunde der Frauen [551].
31 Abiturientin M. M. aus Lyck in Ostpreußen, in: »Die Vertreibung der Deutschen...« [788], Dok. Nr. 20, Bd. I, S. 81.
32 So drückten es die Bauern in ihrem Treck aus. Gemeint sind die freundschaftlichen Verbindungen.
33 Vgl. Band III, Kapitel 4, »Wir haben doch nichts gewusst«.
34 Die Bauersfrau L. T. in der Dokumentation über die Vertreibung der Deutschen [788], Bd. I, Dok. Nr. 88, S. 338.

KAPITEL 10
Zwangsarbeit – Verschleppung – Vertreibung

1 Die bedingungslose Kapitulation Deutschlands wurde am 7. Mai 2.41 Uhr im Hauptquartier der Alliierten Streitkräfte in Reims unterzeichnet. Sie trat am 9. Mai um 00.01 Uhr deutscher Sommerzeit in Kraft. Um 00.16 wurde sie nochmals in Berlin/Karlshorst vor dem sowjetischen Oberkommando wiederholt.
2 So z.B. in den Lebensmittelrationen, in der Art der Entnazifizierung.
3 Gewalttakte gegen Frauen hörten nicht schlagartig auf, dazu kamen Ausquartierungen, Internierungen von Männern, die durch den Nationalsozialismus belastet waren, Verschleppung von Männern nach Frankreich, Entnazifizierungsverfahren, Pressezensur u.a.
4 Westpreußen war in der ersten ponischen Teilung (1772) an Preußen gefallen, kam 1919 durch den Vertrag von Versailles an Polen (»Polnischer Korridor«), wurde 1939 von Hitler besetzt und fiel nach dem Zweiten Weltkrieg wieder an Polen zurück. Danzig war im Vertrag von Versailles als Freistaat unter die Treuhandschaft des Völkerbundes gestellt worden, wurde ebenfalls zu Beginn des Polenfeldzugs 1939 von Deutschland besetzt und nach der deutschen Niederlage 1945 wieder in den polnischen Staat integriert.
5 Die Dokumentation über die Vertreibung der Deutschen aus Ostmitteleuropa [788] behandelt in 5 Bänden das Schicksal der verschiedenen Volksgruppen. Sie enthält 109 Berichte über das Leben unter russisch-polnischer Herrschaft, darunter 56 von Frauen; 34 Berichte über die Ausweisung, darunter 43 von Frauen.
   In dem von der Kulturstiftung der deutschen Vertriebenen herausgegebenen Buch: Vertreibung und Vertreibungsverbrechen [799] sind weitere 45 bis dahin unveröffentlichte Berichte aus den verschiedenen Gebieten abgedruckt. Nach diesem Werk kamen in der Tschechoslowakei mehr als 130000 Menschen, in Jugoslawien mehr als 80000 durch Gewalttakte ums Leben (vgl. [799], S. 53). Mehr als die Hälfte davon dürften Frauen und Kinder gewesen sein.
   Keine der beiden Publikationen befasst sich mit dem Schicksal der Deutschen in der Sowjetunion.
   Vgl. zudem Christian Graf von Krockow: Die Stunde der Frauen [551]; Käthe von Normann: Ein Tagebuch aus Pommern, [769].

Den für mich erschütterndsten Bericht über Flucht, Rückkehr nach Ostpreußen, Leben unter russischer Herrschaft und Abschiebung nach Deutschland hat Erika Morgenstern [440] geschrieben. Sie schreibt aus der Sicht des 6-9jährigen Kindes, das sie damals war, das mit Mutter und jüngerer Schwester diese Jahre überstand und weit über die üblichen Fähigkeiten ihres Alters zum Überleben beigetragen hat.

6 Nach Gerhard Ziemer betrug die Zahl der durch Flucht, Vertreibung und Deportation Umgekommenen 2 280 000. Er stützt sich auf Berechnungen des Statistischen Bundesamtes von 1958, die ihrerseits auf Volkszählungen basieren. Verständlicherweise kann dabei nicht zwischen Flucht, Vertreibung und Deportation unterschieden werden. Bei der angegebenen Zahl sind die rund eine Million Wehrmachtverluste der ostdeutschen Bevölkerung nicht berücksichtigt. Es handelt sich also in der Mehrzahl um Frauen und Kinder und nicht mehr wehrfähige Männer. Sie wurden erschlagen oder starben an Hunger, Kälte, Erschöpfung und Seuchen auf den Elendswegen der Flucht und Vertreibung oder in den Arbeitslagern der Deportationen und bei der Verschleppung dorthin. Nicht eingerechnet sind die Verluste unter den fast 2 Millionen evakuierten Frauen und Kindern, die in die Flucht hineingerieten. Ziemer schätzt die Zahl auf etwa 100 000. (Vgl. Gerhard Ziemer: Deutscher Exodus [207], S. 94-96)

7 Vgl. Dokumentation über die Vertreibung der Deutschen... [788], 148 E. Dasselbe gilt auch für die anderen Ausweisungsgebiete.

8 Zurück blieben von der alten Bevölkerung deutscher Staatsangehörigkeit Personen, die auf Grund ihrer polnischen Volkszugehörigkeit oder auch nur, um sich ihre Existenzgrundlage zu erhalten, freiwillig die polnische Staatsbürgerschaft erworben hatten; Personen, die von den Polen als »Autochthone« betrachtet und zur Annahme der polnischen Staatsbürgerschaft gedrängt wurden, sich aber überwiegend als Deutsche fühlten, z.B. viele Masuren; wertvolle Arbeitskräfte, die gezwungen wurden zu bleiben. (Nach Dokumentation über die Vertreibung der Deutschen... [788], 151 E.)

9 Vgl. Dokumentation über die Vertreibung der Deutschen... [788], S. 87.

10 Vgl. ebd. [788], 159 E.

11 Nach Herbert Krinn: Beistand [136], S. 116.

12 Dabei werden besonders die Züge hervorgehoben, die in der zitierten Dokumentation [vgl. ebd. 788] beglaubigt sind. Wer sich ein genaueres und umfassenderes Bild machen will, sei auf diese Dokumentation und die bestehende Literatur verwiesen.

13 Die Dokumentation enthält 109 Berichte über das Leben unter russisch-polnischer Herrschaft, darunter 56 von Frauen; 34 Berichte über Verschleppungen in die Sowjetunion, darunter 11 von Frauen; 101 Berichte über die Ausweisung, darunter 43 von Frauen. In dem Buch »Vertreibung« [799] sind weitere 45 bisher unveröffentlichte Berichte aus den verschiedenen Gebieten abgedruckt.
Vgl. auch Christian Graf von Krockow: Die Stunde der Frauen [551]; Käthe von Normann: Ein Tagebuch aus Pommern [769].

14 Vor dem Hintergrund dieses Schicksals werden die Kriegsschicksale von deutschen Frauen im Reichsgebiet in neue Dimensionen gerückt.

15 Auch die Westalliierten erließen Anordnungen zur Arbeitsverpflichtung, die aber wenig beachtet wurden.
Vgl. Klaus-Jörg Ruhl: Verordnete Unterordnung [317], S. 27 f: »Im März 1947, als die Arbeitspflicht-Bestimmungen erheblich ausgebaut und verschärft worden waren, zählte das Landesarbeitsamt Nordrhein/Westfalen 889 männliche und 230 weibliche Arbeitskräfte. Das waren gerade 0,03 % der Beschäftigten in Nordrhein/Westfalen.«

16 Nach Dokumentation der Vertreibung der Deutschen... [788] 73 E, 98 E, 99 E.

17 Es scheint, dass Frauen unter besonders sadistischen Quälereien zu leiden hatten, vgl. etwa Dokumentation... [788], Bd. I, 2, Dok. Nr. 267, besonders S. 590-592. In diesem Dokument erwähnt aber die Verfasserin R. S. auch, dass die weibliche polnische Miliz besonders gefürchtet war.

18 Vgl. dazu den Bericht von Hanna L. in Kapitel 8, »Besetzung«.

19 Längere Zeit herrschte auch ein Durcheinander der Kompetenzen zwischen sowjetischen und polnischen bzw. tschechischen Behörden.

20 Offenbar hat es Polen gegeben, die daraus Kapital zu schlagen wussten, dass sie Eltern von Reichsdeutschen aufsuchten und ihnen gegen entsprechende Bezahlung das falsche Versprechen gaben, sie könnten die Angehörigen herausschleusen.
21 Darin ist sie sicher ehrlich. Sie schildert später, welchen Schock sie erlitt, als sie nach ihrer Rückkehr von den KZ-Greueln hörte.
Stutthof (poln. Szutowo) war ein Konzentrationslager, 36 km östlich von Danzig (Gdansk) an der Weichselmündung. Es hatte mehrere Dutzend Nebenlager, die über das nördliche Polen und Ostpreußen verstreut lagen.
22 Der ihr vertraute volksdeutsche Dialekt wurde beibehalten. Die Reihenfolge der Erzählung, die nicht der Chronologie folgt, wird nicht umgestellt, denn darin zeigt sich das Gewicht, das sie ihren Erfahrungen zumisst. Sie beginnt mit dem, was sie am schwersten getroffen hat.
23 Wenn sie häufig »Poler« sagt, so hat das nichts Geringschätziges, sondern war im volksdeutschen Sprachgebrauch ohne Wertung üblich.
24 Im Bescheid über die Feststellung von Beschädigtenbezügen (Kopie des Dokuments im Besitz der Verfasserin), ausgefertigt am 27. September 1955, wurden als Schädigungsfolgen anerkannt: 1. Bauchdrüsentuberkulose, 2. Endokrine Störungen mit Unregelmäßigkeiten der Periode und trophischen Veränderungen an den Beinen, 3. Narben an Kopfschwarte nach Misshandlung.
Der Bescheid stellt abschließend fest: »Durch diese Gesundheitsstörungen ist ihre Erwerbsfähigkeit gemindert um 50 %.« Das war zehn Jahre nach Zwangsarbeit und Misshandlungen. In einem späteren Bescheid von 1972 werden dieselben Gesundheitsschäden nochmals bescheinigt, nur die Bauchdrüsentuberkulose gilt als ausgeheilt. Immer noch ist sie zu 40 % geschädigt.
25 Die Passagen, in denen sie davon erzählt, sind im Text ausgelassen.
26 Die Dokumentation der Vertreibung der Deutschen... [788], gibt 218 000 an (79 E); das von der Kulturstiftung der deutschen Vertriebenen herausgegebene Werk: »Vertreibung...« [799] mehr als 400 000 (S. 34). Der Anteil der dabei Umgekommenen wird in beiden Dokumentationen mit etwa 50 % angegeben. Genauere Zahlen werden sich wohl erst ermitteln lassen, wenn die Archive in der ehemaligen Sowjetunion der historischen Forschung offenstehen.

Im Zusammenhang dieses Themas sollte man auch die Frauen nicht vergessen, die nach ihrer Flucht über die Ostsee nach Dänemark verbracht und dort interniert wurden, wenngleich ihr Schicksal ungleich gnädiger war als das der nach Osten Verschleppten. Gertrud L. verbrachte mit ihren Kindern zwei Jahre in Dänemark hinter Stacheldraht. Ende Oktober 1946 befanden sich rund 192 000 deutsche Flüchtlinge in Dänemark (nach Gerhard Ziemer: Deutscher Exodus [207], S. 101).
27 Dokumentation der Vertreibung der Deutschen... [788], 79 E.
28 Vgl. die Biografie von Ilse-Marie K. in Band I. – Es stehen mir noch weitere sieben Erzählungen über Verschleppungen zur Verfügung. Die Vertreibungsdokumentation enthält elf Berichte von Frauen. Der Rückgriff auf die Lebensgeschichte von Ilse-Marie K. bot sich aber nicht nur aus Raumgründen an, sondern weil ihre Erzählung in exemplarischer und besonders eindrücklicher Weise die wesentlichen Grundzüge abdeckt. Erwähnt werden dort allerdings nicht die rücksichtslosen Trennungen der Mütter von ihren Kindern. Dazu Anna Bodschwinna aus Proskau, Kr. Lyck in Ostpreußen: »Von den herzzerreißenden Szenen beim Abschied der verschleppten Mütter und Töchter will ich ganz schweigen, denn diese wiederholten sich täglich, ja fast stündlich in allen Variationen.« (Dokumentation über die Vertreibung... [788], Band I/2, Dok. Nr. 184, S. 167)

Ausdrücklich hinweisen möchte ich in diesem Zusammenhang mit dem Thema auf einen sehr eindrucksvollen Tatsachenbericht von Waltraud Wischnewski über ihre Verschleppung aus Rastenburg/Ostpreußen nach Karelien: Hinter Stacheldraht, [491].
29 Ob es für die Verschleppung von Menschen aus der SBZ noch andere Motive gab, könnte erst die Einsicht in die entsprechenden sowjetischen bzw. die entsprechenden GUS-Archive enthüllen. Nach der Dokumentation über die Vertreibung [788] habe es keine Verschleppungen aus der SBZ gegeben. Das kann offensichtlich nicht stimmen.
30 Der gesamte Artikel 58 des Strafgesetzbuches der RSFSR von 1926 befasst sich mit »gegenrevolutionären Handlungen«, die »auf den Sturz, die Unterhöhlung oder die Schwächung« der So-

wjetmacht gerichtet sein sollten. Er ist sehr umfangreich und bezieht sich auf die verschiedensten Aktivitäten, die als »Verrat an der Sowjetmacht« gedeutet werden können. 58/6 lautet: »Spionage, d.h. Weitergabe, Entwendung oder zwecks Weitergabe vorgenommene Sammlung von Nachrichten, die sich ihrem Inhalt nach als ein besonders schutzwürdiges Staatsgeheimnis darstellen, zugunsten ausländischer Staaten, gegenrevolutionärer Organisationen oder Privatpersonen, zieht nach sich ...« Je nach Schwere des Vergehens konnte mit Freiheitsentzug bis hin zur Erschießung bestraft werden. (Zit. nach Hans-Joachim Lieber/Karl-Heinz Ruffmann: Der Sowjetkommunismus, [801 a], S. 212 f.)

31 Das entspricht genau der Überlebensstrategie der Gulag-Häftlinge, vgl. den letzten Satz der berühmten Erzählung von Alexander Solschenizyn: Ein Tag im Leben des Iwan Denissowitsch [917].
32 Vgl. in Band III, Teil A, die Kapitel 2, »Neuanfang«, und 3, »Nachwirkungen«.
33 Vgl. die Zahlen in Anm. 6.
34 Das wurde 1997 in der Erklärung zur deutsch-tschechischen Versöhnung auch von tschechischer Seite ausdrücklich zugegeben. Dort heißt es in Art. III: »Die tschechische Seite bedauert, dass durch die nach dem Kriegsende erfolgte Vertreibung sowie zwangsweise Aussiedlung der Sudetendeutschen aus der damaligen Tschechoslowakei, die Enteignung und Ausbürgerung unschuldigen Menschen viel Leid und Unrecht zugefügt wurde, und dies auch angesichts des kollektiven Charakters der Schuldzuweisung. Sie bedauert insbesondere die Exzesse, die im Widerspruch zu elementaren humanitären Grundsätzen und auch den damals geltenden rechtlichen Normen gestanden haben, und bedauert darüber hinaus, dass es aufgrund des Gesetzes Nr. 115 vom 8. Mai 1946 ermöglicht wurde, diese Exzesse als nicht widerrechtlich anzusehen, und dass infolge dessen diese Taten nicht bestraft wurden.« (Vgl. Presse- und Informationsamt der Bundesregierung, Bulletin Nr. 7, Bonn, den 24. Januar 1997, S. 62.)
35 Teile ihres Berichtes wurden, nachdem sie mir das Manuskript überlassen hatte, abgedruckt in: Walter König, Flüchtlingslager Wülzburg. Ankunft und Integration der Heimatvertriebenen in Weißenburg. Weißenburg 1990.
36 Es sollte aber nicht übersehen werden, dass es manchen gelang, vorsorglich einen Teil ihrer Habe in Sicherheit zu bringen, besonders solchen, die verlässliche Freunde oder Verwandte unter den Einheimischen hatten, und solchen, die in Grenznähe lebten und vor der Ausweisung immer wieder einiges »schwarz« über die Grenze bringen konnten. Ich habe dafür allerdings nur zwei Belege, kann also nicht beurteilen, in welchem Umfang das tatsächlich gelang. Die allermeisten Berichte, auch die der Dokumentationen, enthalten keine Informationen darüber.
37 Das bestätigen auch die Vertreibungsberichte in der großen Dokumentation. Inwieweit in diesen durch Auswahl und Kürzungen eine Zuspitzung auf besonders schmerzliche Erfahrungen erfolgt ist und ob die im ganzen auch etwas distanzierteren Erzählungen meiner Gewährsfrauen der heilenden Wirkung der Zeit zuzuschreiben sind, vermag ich nicht genau einzuschätzen.
38 Ganz offensichtlich war man in den Aufnahmegebieten durch die Ströme der Flüchtlinge und Ausgewiesenen zunächst überfordert. Die ersten Transporte, die noch vor dem Potsdamer Abkommen über die Grenze geschafft wurden, wurden dort z.T. einfach sich selbst überlassen. Wer keine Adresse von Verwandten oder Bekannten besaß, war übel dran. (Vgl. z.B. Dokumentation der Vertreibung... [788], Band I/2, S. 659 f.)
39 Vgl. Band III, Teil A, Kapitel 1, »Zusammenkommen – Zusammenleben«, Stichwort »Zusammenleben mit Flüchtlingen«.
40 Die vollständige Fassung des Berichts wurde mir von der Tochter, Frau Maria Schumm, überlassen. Er ist auch schon in den katholischen Sonntagsblättern der Diözese Rottenburg, Freising und im Liboriusblatt, Paderborn, dort ebenfalls in gekürzter Fassung, erschienen.
41 Maria S. und ich haben Kontakte zu vielen Wolgadeutschen und haben eine Reihe vergleichbarer Berichte gehört.
42 Man muss bedenken, dass sich damals die gesamte Ostfront schon auf dem Rückzug befand. Im Süden waren die Sowjets in die Ukraine und an die Dnjepr-Mündung vorgedrungen.
43 Beide Mitteilungen der Tochter Maria S. in einem Brief an mich vom 7.4.1995.

44 Maria L. in einem Brief vom 7. 7. 1990.
45 Die sadistischen Quälereien, die sich der Chefarzt für die deutschen Insassen des berüchtigten Lagers Potulice bei Bromberg (es bestand bis 1950) ausdachte, sind exakt die Kopie dessen, was man über Auschwitz lesen kann. Er war ein überlebender Auschwitz-Häftling; daher sind seine Handlungen vielleicht nachvollziehbar, aber von den Frauen, die solche Formen der Selbst- und Lynchjustiz erlitten, konnten sie nicht verstanden werden. Vgl. den Erlebnisbericht der Stenotypistin P. L. aus Lodz in der Vertreibungsdokumentation [788], Bd. I/2, Dok. Nr. 268, bes. S. 594-606.
46 Vgl. Band III, Kapitel 4, »Wir haben doch nichts gewusst.«
47 Vgl. vor allem Band III, Teil A, Kapitel 1, »Zusammenkommen – Zusammenleben«, Stichwort: »Was Männer vom Krieg erzählten«.
48 So der gleichlautende Titel der Studie von Claudia Koontz [220].
49 Vgl. Band III, Kapitel 9, »Es muss doch einmal Schluss sein« und Kapitel 10, »Nie wieder Krieg!«
50 Vgl. dazu Band III und Kapitel 8, »Warum immer nur wir?«
51 Vgl. ihre Biografie in Band I.

Im Bechtermünz Verlag ist außerdem erschienen

Peter Longerich
Die braunen Bataillone

286 Seiten, Format 14,5 x 22,0 cm
gebunden, Best.-Nr. 480 475
ISBN 3-8289-0368-1
DM 19,90

Die SA, Hitlers „Sturmabteilung", bildete seit den Anfängen der NSDAP bis zum 30. Juni 1934 neben der nationalsozialistischen Parteiorganisation die zweite Säule der NS-Bewegung. Der Autor legt mit diesem Buch eine akribisch recherchierte und detaillierte Gesamtdarstellung dieser Organisation vor.

Peter Longerich arbeitet als Historiker am Institut für Zeitgeschichte in München.

Im Bechtermünz Verlag ist außerdem erschienen

**Ernst Günther Schenck
Patient Hitler**

592 Seiten, Format 13,5 x 21,5 cm
gebunden, Best.-Nr. 445 676
ISBN 3-8289-0377-0
DM 19,90

Wenn auch ärztliche Aussagen aus direkter Kenntnis Hitlers seit 1945/46 vorlagen, waren sie doch bis in die siebziger Jahre hinein der wissenschaftlichen Bearbeitung kaum zugänglich. Seit 1983 ließen sich die für die Gesundheits- und Krankheitsbeurteilung Hitlers entscheidenden Notizen seines Leibarztes Theo Morell aus den Kriegsjahren 1941 bis 1945 auswerten. In langjähriger Forschung entstand eine medizinische Biographie: der Patient Hitler aus der Sicht des ärztlichen Gutachters.

Professor Dr. med. habil. Dr. phil. nat. E. G. Schenck ist ärztlicher Zeitzeuge, der letzte noch lebende Arzt, den Hitler kurz vor seinem Selbstmord ansprach.

Im Bechtermünz Verlag ist außerdem erschienen

**Rainer Horbelt/Sonja Spindler
Tante Linas Kriegskochbuch**

208 Seiten, Format 16,0 x 22,0 cm
gebunden, Best.-Nr. 482 067
ISBN 3-8289-1039-4
DM 16,90

Dies ist ein lebendiges Geschichtsbuch, unterhaltsames Geschichtenbuch und benutzbares Kochbuch in einem. In sieben Kapiteln, von 1939 bis 1945 chronologisch geordnet, wird die Lage des Krieges und die damit verbundene Ernährungslage geschildert. Es folgen jeweils die Tante-Lina-Geschichten: wie sie mit ihrer Nazi-Verwandtschaft umgeht, einen Kommunisten versteckt, zum Hamstern aufs Land fährt, schwarz schlachtet und vieles mehr.

Zahlreiche Fotos und Faksimilies machen den »Alltag der Nation« anschaulich. Über 150 Rezepte liefern Anregungen für fantasievolles Kochen.